湖南社会科学普及
Hunan popularization of Social Science

湖南省
社会科学普及读物
出版资助项目

捍卫尊严

——"中国传统文化陷阱论"批判

彭崇谷 —————— 著

湖南大学出版社

内 容 简 介

人贵在有尊严，国家和民族同样贵在有尊严。学界、文化界长期泛滥着一种"中国传统文化陷阱论"。这种谬论不是指中国传统文化中的某些缺失与落后现象或某些所谓"劣根性"，而是认为中国传统文化整体上是"陷阱"。其实质是否定中国、中国人、中国历史和中国文化，其目的是与西方思想界流行的"西方文明中心论"相呼应，鼓吹中国西方化。本书从捍卫中国人的尊严、中国文化的尊严、中国历史的尊严，中国的今天与西方的关系，中国怎样走向明天等方面，从多学科相结合的角度，采用理论分析与史实梳理、现实实证相结合的方法，尤其是通过这几年在防控疫情上中国与欧美国家的不同态度与效果的对比，对"中国传统文化陷阱论"的各种谬论进行了比较全面的反驳批判，为坚定文化自信提供了比较系统的理论与事实基础。

图书在版编目（CIP）数据

捍卫尊严："中国传统文化陷阱论"批判/彭崇谷著. —长沙：湖南大学出版社，2021.12
ISBN 978-7-5667-2129-7

Ⅰ.①捍… Ⅱ.①彭… Ⅲ.①中华文化—文化研究 Ⅳ.①K203

中国版本图书馆 CIP 数据核字（2020）第 261533 号

捍卫尊严——"中国传统文化陷阱论"批判
HANWEI ZUNYAN—— "ZHONGGUO CHUANTONG WENHUA XIANJING LUN" PIPAN

著　　者：彭崇谷
责任编辑：王和君　祝世英
特约编辑：欧阳强
印　　装：湖南雅嘉彩色印刷有限公司
开　　本：787 mm×1092 mm　1/16　印　张：37.25　字　数：860 千字
版　　次：2021 年 12 月第 1 版　印　次：2021 年 12 月第 1 次印刷
书　　号：ISBN 978-7-5667-2129-7
定　　价：115.00 元

出 版 人：李文邦
出版发行：湖南大学出版社
社　　址：湖南·长沙·岳麓山　邮　编：410082
电　　话：0731-88822559（营销部），88821691（编辑室），88821006（出版部）
传　　真：0731-88822264（总编室）
网　　址：http://www.hnupress.com
电子邮箱：642536045@qq.com

致读者朋友

敬爱的读者：

　　展示在您面前的《捍卫尊严——"中国传统文化陷阱论"批判》这本书非常值得一读。本书作者彭崇谷是一位有着丰富的社会阅历和文化涵养的诗人、学者和书画家，他写的《三江源赋》因其激昂的家国情怀与飞扬的文采于2013年选入了高等教育出版社《大学语文》教科书。本书更是一部充满爱国之情和历史文化底蕴，可读性极强的佳作。无论您是在学海扬帆，还是在政界、商界、军界、科技文化界奋斗，您都将在阅读此书中长知识、增智慧、提精神，从而助力您驾驶理想的飞舟扬帆万里。

　　这是一本使祖国和中华儿女树尊严、增自信之书。本书以足够的勇气在国内第一次对污蔑中国历史、中华民族及全面否定中国优秀传统文化的各种荒谬言论进行比较全面而深刻的批判，并在批判中比较详细地阐释了中国优秀传统文化，澄清了近代以来笼罩在中国文化、中华民族及中国历史上的种种疑云迷雾。这是近百年来首次对中国数千年历史文化正本清源的勇敢实践；它充分展示了几千年中国历史、中华民族和中国传统文化伟大、先进、文明的真实面貌；捍卫了国家、民族及文化的神圣尊严，为坚定国人的文化自信和助推中国文化走向世界提供了坚实的理论支撑。

　　这是一本有着丰富的历史人文知识的书。本书从政治、经济、社会、历史、伦理、宗教、语言、文学、逻辑、军事、哲学、自然科学等诸学科多角度对否定中国历史与优秀传统文化的种种错误观点进行了批驳，从东西方历史与文化的对比中，以中华民族五千年发展的实际为依据，深刻揭露各种错误观点的荒谬性和危害性。书中的知识涉及古今中外。阅读此书，您将从中获得比阅读一般单一学科图书更丰富的知识营养。

　　这是一本充满雄辩智慧的书。本书立足正确的理论与周密的逻辑思考以及丰富的社会历史事实。书中阐述的大量事例是古今中外社会发展及人生经历的经验总结和智慧的凝结。本书对各种错误观点的批判，无一不是刀光剑影、针锋相对。在论述批驳的方法

1

上，文章攻防皆备，左右开弓、正反齐下，使得谬者毫无还手之力，大有"横扫千军如卷席"之势。阅读此书，能使读者从中收获睿智之果。

这是一本帮助您明理修身，走向高尚的书。本书叙述了历史上许许多多使我们民族引以为豪的伟大创举及仁人志士的光辉事迹。从这些辉煌的历史事例及先贤的人生轨迹中，您可获知什么是正确的人生价值取向和人生追求，加强道德修养、提升思想境界有多重要，从而激发您树立高尚远大的人生抱负和志向，激励您为民族伟大复兴的事业而奋斗。在书中您将获得认识世界和为人处世的科学方法，这些方法将对您有所启迪，告诉您怎样在人生道路上少走弯路以顺利到达自己为之奋斗的光明彼岸。

编辑
2021 年 12 月

前　言

2021年是中国共产党成立100周年，也是习近平总书记在哲学社会科学工作座谈会上的重要讲话发表五周年。自2016年习近平总书记重要讲话发表以来，湖南哲学社会科学事业迎来了发展的"春天"。《湖南省社会科学普及条例》正式实施，湖南省社会科学普及主题活动周连续成功举办，"湖湘大学堂"等社会科学普及品牌逐渐形成，多批次省级社会科学普及基地建成并被授牌，社会科学普及进基层特色活动深入开展，省优秀社会科学普及读物推荐与资助出版反响良好，社会科学普及志愿者队伍不断壮大。我省社会科学普及工作踏"春"而来、循"春"而动、迎"春"绽放，在提升公众社会科学文化素质、推动湖南高质量发展方面发挥了积极的作用。

"十四五"征程全面开启，立足新发展阶段、贯彻新发展理念、构建新发展格局对社会科学普及工作提出了新的任务和要求。一方面，人民对美好生活的需要日益增长，对精神文化生活有了更高的追求与期待，这就迫切需要坚持以人民为中心的理念，切实做到"以精品奉献人民"，推动社会科学普及工作高质量发展。另一方面，面对社会思想观念和价值取向日趋活跃、主流和非主流同时并存、社会思潮纷纭激荡的新形势，巩固马克思主义在意识形态领域的指导地位，培育和践行社会主义核心价值观，巩固全党全国各族人民团结奋斗的共同思想基础，迫切需要社会科学普及工作更好地发挥作用。在这个背景之下，社会科学普及工作者应自觉担负起历史使命和时代责任，充分运用"社会科学普及＋"思维，创新社会科学普及形式，在丰富人民群众精神文化生活的同时，对人民群众进行科学的教育、引导，提升人民群众的人文社会科学素养。

基于新形势、新任务、新要求，湖南省社会科学界联合会、湖南省社会科学普及宣传活动组委会办公室贯彻落实《湖南省社会科学普及条例》，不断深化湖南省社会科学普及读物出版资助工作，面向在湘工作的社会科学理论工作者和实际工作者征集未公开出版的社会科学普及优秀作品，对获得立项的优秀作品进行资助出版。其目的就是激发

1

广大社会科学工作者的创作热情，推出更多更好的社会科学普及作品，把"大道理"变成"小故事"，把学术语言转化成群众语言，把"普通话"和"地方话"结合起来，真正让党的理论政策鲜活起来，让社会科学知识生动起来，让社会科学普及工作"成风化人、凝心聚力"，为全面落实"三高四新"战略定位和使命任务、奋力建设现代化新湖南凝聚强大的正能量。

湖南省社会科学界联合会

湖南省社会科学普及宣传活动组委会办公室

2021 年 5 月

一部令中华儿女脸上增光的杰作

周秋光

2019 年秋天，湖南省社会科学界联合会委托唐浩明、朱汉民、赵炎秋等几位全国知名学者和我共同阅看彭崇谷先生所著《捍卫尊严——"中国传统文化陷阱论"批判》一书初稿，并要求我们提出评审意见。彭崇谷先生在此书中，依据大半个世纪以来历史考古的新发现和中外学界研究中国与世界历史的新成果，从全新的角度审视中国五千年历史和传统文化，在理论和实践紧密结合上对一段时间以来国内一些所谓"公知"否定中华文化、否定中国历史、否定中华民族的一系列荒谬观点展开深刻的批判，在很大程度上对中国的历史和文化起到了正本清源的作用。全书体现出高度的文化自信，充满着巨大的正能量。我一阅看此书，即为其视野之开阔，论证之有力，观点之新颖，文字之干练而惊讶。现在，此书即将正式出版了，要求我为之作序。我再读此书稿，深感其不亚于是思想理论领域的一声惊雷，对于那些对中国历史、中国传统文化缺乏全面了解，或存在偏见，甚至怀有敌意的人，将起到振聋发聩的作用。下面，我就阅读该书的一些思考与感想胪陈如下。

中华文化从其萌生直至 20 世纪初以前，总体上是循着其自身的规律和轨迹传承发展的，但在 20 世纪初至 21 世纪初的这 100 多年内，经历了一个曲折复杂的过程，突出表现为遭受了几次大的冲击。

第一次是 20 世纪早中期，这一时期是中国传统文化步入近代以来，在经历了物质的、制度的变迁后随之进入到社会心理变迁的时期。一部分激进的文化士人，认为要从文化的根本上反思，就要彻底否定传统文化，甚至提出了全盘西化的主张。此后出于革命的需要，这种批判否定一直持续到了 20 世纪中期。第二次冲击出现在 20 世纪中晚期，此时期随着中国社会改革开放的深入及国门大开，西方的文化观念、政治管理模

2020 年 12 月于长沙

界各国制造矛盾，造成当今世界动荡不安的思想根源。书中以 2020 年中国与西方抗击新冠肺炎疫情的不同态度、做法及取得的不同效果进行对比，以西方世界因总统选举、政党对立、联邦制、枪击案、贫富悬殊带来的严重社会政治不善等事实，深刻揭示了西方文化理念及制度的局限性，从而对批判 "中国传统文化落后论"，者遏制 "西方化" 起了釜底抽薪的作用。

自　序

一、"中国传统文化陷阱论"葫芦里卖的什么药？

人贵在有尊严，一个国家、一个民族同样贵在有尊严。无尊严者何以能自信，无自信者又焉能自立？然而，令我惊讶的是，一段时期以来看到的一些书或网上的一些文章却严重损害了中国、中国人、中国传统、中国文化的尊严。2017 年年底我在网上看到了中山大学哲学系教授袁伟时先生写的《中国传统文化的陷阱》一文，不久又看到了河南安阳师范学院历史系端木赐香教授的专著《中国传统文化的陷阱》（长征出版社，2005 年 9 月第 1 版），两位教授都评价中国传统文化是"陷阱"。陷阱，《现代汉语词典》解释是"比喻害人的圈套"。这两位教授竟用"害人的圈套"形容滋润自身成为堂堂教授的中国文化，而且两位又是如此配合默契地用同一标题著书行文向中国传统文化"大开杀戒"，这真使我匪夷所思。袁伟时教授在网文中对中国传统文化几乎全盘否定，如他认为"中国人的思维有问题"，他不惜重笔浓墨批判中国进入现代社会落后于西方是因为中国传统文化落后。端木赐香教授在书中更批判中国人充满了"奴性意识"，"保守""缺乏公德"，中国男人"自私""懦弱"，"男性女性化"。（《中国传统文化的陷阱》，第 39 至 50 页）然而闹剧岂止如此，有人也发表网文与这两位遥相呼应。黄奕锋先生在所撰网文《一篇批判中国的文章》中咒骂："中国人生来就具有无情和道德自私的特点，它已成为中国落后的主要原因，中国人的思想被贪婪所占据。"有位尹胜先生于 2017 年 10 月 15 日在网上发表的《我为什么要彻底否定中国传统文化》中说道："正是儒、释、道为核心的中国传统文化，以忠、孝、仁、义……这些骗人的把戏，把中国人或者亚洲人活生生给弄成了刁民和贱民，并且愚昧野蛮、奸诈懦弱、人格卑劣。而这种情况中国更旺，加之'马毛'，犹如砒霜加上老鼠药的效果。……所以彻底否定传统文化就成了思想启蒙的必由之路。"2017 年 8 月 24 日一篇署名海旻，内容是介绍顾准先生的观点，题为《为什么必须彻底批判中国传统文化》的网文说："以儒教为代表的中国传统文化，其蒙昧的本性，更表现在低下的思维能力和认知水平"，"中国人只有奴性的服从，……

中国人没有理性","中国人的精神世界极度黑暗,……西方人有信仰,而中国人没有,所以中国人的内心一团漆黑,人性的自私、阴暗在中国人身上得到了最充分的体现"。就是这样,这些著作用如此辛辣的口气,如此恶毒的语言谩骂中国文化、中国人、中国历史。著作虽然出自不同人笔下,然而调子如此一致,目标如此等同,令人觉得他们似乎有约在先。故我把他们这些否定中国、中国人、中国文化的观点统称为"中国传统文化陷阱论"。我没有想到的是,与上述荒谬邪说相似的观点还大量存在。2016 年 5 月 27 日,察网发布《恐怖的温立三事件:逆向种族主义主编中小学教材》的文章,文章揭露:当代语文教育界权威专家,2006 年就已经是人教社中学语文室副主任,主编中国中小学语文教材的温立三先生,却是一个极端亲美、媚日、仇恨中华民族的典型人物。他公然宣称,中华民族是"一个毫无希望的垃圾民族",是一个"野蛮落后的民族",他想到美国,就会感觉到中华民族"真的不配在这个地球上存在";他公然说"是西方文明改变了中国"。看了这些书、文章及他们的各种"高论"后,我突然回忆起 20 世纪 80 年代台湾作家柏杨先生写的《丑陋的中国人》一书,此书表面看来是在"批判中国人的劣根性"。该书把中国称为"酱缸国",认为中国民族文化是"一个发酸发臭的酱缸";中国人则"上上下下,大大小小,大多数就是生活在这个酱缸里的'酱缸'蛆";在这个"酱缸"污染下,"使我们中国人也就变得自私、猜忌,以致落到今天这种丑陋的地步",成为"丑陋的中国人"了。(见柏杨著《丑陋的中国人》,人民文学出版社 2008 年 4 月第 1 版)由此看来,柏杨先生的《丑陋的中国人》无疑是"中国传统文化陷阱论"的先声。但是"中国传统文化陷阱论"比柏杨先生对中国文化的攻击批判火力更猛,杀伤力更大。因"陷阱"比"丑陋"更险恶、更能害人,其危害性是"青出于蓝而胜于蓝"了。

如何评价上述"中国传统文化陷阱论"的种种观点?曾有好心的学者认为,不论是袁伟时、端木赐香、尹胜,还是柏杨,他们对历史上的中国及其文化的评价,仅仅是提出和代表一种学术观点,或只是批判所谓中国人的劣根性。但实际情况绝非如此。

世人到底应该怎样去评价中国人、中华民族、中国历史、中国文化?中国是一个有着五千年历史的文明古国,中华民族是一个勤劳、勇敢、自强、智慧的伟大民族,中国的历史总体上是光辉灿烂的历史。在不到两百年之前,包括西方在内的整个世界有谁怀疑过这一点呢?从辩证的观点看,诚然中国历史上、中国文化中也有不少落后的东西,如古代天子死后活人殉葬、阉割宦官、女人裹脚这些有违人性的习俗;与权力崇拜相联系的"万般皆下品,唯有读书高""学而优则仕"的读书进仕理念;"一女不嫁二夫""嫁鸡随鸡,嫁狗随狗"这种男尊女卑的妇道观;"父母之命,媒妁之言"的婚姻观;父死，儿子守孝三年这种迂腐的孝道观；等等。但是，稍微有一点历史知识、稍微有一点正义感和道德良心的人都知道，上述这些腐朽落后的东西在中国历史上，在中国文化中并不是主流，而且其中有很多东西也随着历史的进化而烟消云散。中国历史上、中国文化中那些体现着中国人的高尚品德、无穷智慧和博大情怀的历史创造，那些震撼中外古今的伟大业绩，那些令东西方共同景仰的名人俊杰，他们放射出的光辉远远比上述这些黑暗和落后要宏大得多，深远得多。中国人、中华民族、中国历史、中国文化绝没有像"中国传统文化陷阱论"者及温立三之流所说的那样全是野蛮愚昧、黑暗落后。如果中国人、中国文化真的是像他们说的那样一无是处，中华文明怎么没有像世界古代其他三大文明那样中途消亡而五千年昂然立世？封建社会的中国怎么能够创造出西方学界公认的比一千多年黑暗的中世纪欧洲要辉煌得多的历史文化？我们的国家又怎么能够从 20世纪下半叶至今短短 70 年走完西方国家几百年走过的道路而迅速成为世界第二大经济体呢？

可惜"中国传统文化陷阱论"者不是这样认识中国人、中国的历史和中国的文化，他们的出发点是对过去中国的一切彻底否定。我一开始和文化界的许多善良人士一样，也认为他们所说的"陷阱"，或他们所批判的仅仅是中国传统文化中的某些缺失与落后现象，但读了几遍他们的书和文章后，发现这些书和文章完全是在说中国传统文化整体上是"陷阱"，也就是说他们的观点是从总体上断定中国人、中国传统文化是腐朽、落后、黑暗的，因而要全面否定中国传统文化。这从四个方面完全可以得到说明：第一，端木赐香教授在她的《中国传统文化的陷阱》中直言不讳地做了这种解说。她写道："我把传统文化的这种弹性与隐蔽性概括为文化的陷阱。这种陷阱从政治制度层面来讲，会使张勋复辟，会使袁世凯称帝，会使不穿龙袍的皇帝君临中国。这种陷阱从社会生活层面来讲，会使女人继续坚持身体上的或者精神上的裹脚，会使出走的娜拉回头，会使臣民意识、奴性意识继续存留，会使诸多政策与教育目中无人，会使人的解放成为一纸空谈。"（见端木赐香著《中国传统文化的陷阱》前言）从这段话可以看出，端木赐香教授是把中国传统文化从政治制度层面到社会生活层面都看作陷阱。柏杨先生在《丑陋的中国人》一书中，也强调他说的"中国人"不是指某几个中国人，而是指所有有中华民族血统的中国人。第二，从"中国传统文化陷阱论"这句话的文理来看，也不是仅指中国传统文化中的某几种即少数文化现象，而是指的中国传统文化的整体。我们都记得20 世纪初上海外滩英租界公园的一块告示牌上写的"华人与狗不准入内"这句话吧？这里的狗绝对不是指哪几条狗或哪几种狗，而是指所有的狗都不得入租界公园之内吧。20 世纪毛泽东曾庄严指出"帝国主义和一切反动派都是纸老虎"，这里绝不是说只有哪一国或少数几个国家的帝国主义是纸老虎，其他绝大多数帝国主义不是纸老虎。这就足以说明"中国传统文化陷阱论"中的文化指的是整体的中国传统文化。第三，从"中国传统文化陷阱论"宣扬的内容来看，袁伟时教授以阐述"转型时期中国社会存在的问题"为切入点展开论述，认为"中国传统文化的缺失与不足"的表现就是"在政治体制领域儒学带来一系列问题"，中国社会的基本特点是"宗法专制"，"专制制度下严格的等级关系"；中国传统文化的第二个问题是"思维方法有问题"。端木赐香教授在她的书中认为中国的文化是奴性文化，"贪污文化"；中国传统社会的农业经济是落后的经济形态，建立在这种经济形态上的中国传统社会专制制度及各级政府是蒙昧的政府，农民更是蒙昧的人民；中国的外交制度、婚礼制度都愚昧落后。海旻则旗帜鲜明地提出"必须彻底批判中国传统文化"，尹胜先生高呼"彻底否定中华传统文化"，黄奕锋先生则写了《一篇批判中国的文章》。所有这些都可明明白白地看出，"中国传统文化陷阱论"所讲的"文化陷阱"，绝不是单纯指某些文化缺失或所谓国民劣根性，他们所否定的就是整个中国、中国历史、中国文化和所有中国人。第四，从"中国传统文化陷阱论"提出的跳出这个文化"陷阱"的出路来看，袁伟时先生提出，"中国要什么样的现代化？遵守WTO的规则，按照WTO的规则改造经济制度；政治体制改革就按照中国政府签了字的联合国人权公约来办，这就够了"。海旻则提出：彻底批判中国传统文化，推进中国社会"脱亚入欧"。这就是说，在"中国传统文化陷阱论"者看来，跳出中国文化陷阱的出路只能是西方化。这就再次说明，"中国传统文化陷阱论"中所讲的文化，是包括政治、经济、法制、文化教育、思想意识在内的整个社会形态。由此也可以看出我们和"中国传统文化陷阱论"的争论绝不是文化领域的学术之争，而是关系到如何评价五千年的中国历史，如何评价今天的中国，如何看待明天的中国向何处去等根本问题。

二、"中国传统文化陷阱论"是利国利民，还是祸国殃民？

提出"中国传统文化陷阱论"种种观点有无危害？其危害在哪里？有多大？细看这些书和文章，它们全都违背中国历史的整体实际，或是歪曲事实，或是牵强附会，或是以偏概全，或是抓其一点夸大其词。从整体上看，这些书和文章几乎都是不顾事实，充满了荒唐逻辑，失去理智，很多论调就如酒疯子的胡说八道，或如泼妇的冲天骂街。所以，"中国传统文化陷阱论"者绝不是为了厘清中国、中国文化中存在的某些不足以警醒民众，他们也不是在进行真正的学术探讨。他们旗帜鲜明地否定中国传统文化的目的，如司马昭之心，路人皆知。"中国传统文化陷阱论"一出笼马上获得了一些人的赞赏。袁伟时先生的文章出来后，网上马上有人吹捧这篇文章是"深度好文，一部洞穿社会底层到顶层真相的好文，他仅凭一己之力和整个国家机器对抗，最终搞定一切"。是的，他的这位同道挑明了这些文章及其观点的实质就是"和整个国家机器对抗"，"最终搞定一切"就是使今日的中国走上全盘西化之路。这的确称得上是一支射向中国传统文化的毒箭，一颗企图摧毁中华民族五千年精神长城的"原子弹"。

"中国传统文化陷阱论"流传越广，对中国、中国人、中国文化的尊严伤害就越深。这些荒谬之说对"西方文明中心论"的传播，对西方世界尤其是美国用西方的价值观去评判世界，甚至挥舞这根大棒对具有不同文化价值理念又不愿意跟它们狼狈为奸的一些国家一路棒杀，或搞乱其内政，或颠覆其政权起了多大的推波助澜的作用！对西方世界对我们国家实行文化侵略尤其是近两年来搞乱香港更是"功不可没"！！

这种种荒谬之说不仅深深影响到世界客观看中国，而且对今日的中国人的心理及中国文化也产生了极大的负面影响！自20世纪80年代开始，随着国门的大开，许多国人产生了严重的崇洋媚外心理，认为西方的月亮比中国的圆，以致出国定居成为有钱人的一种生活理想，出国留学然后留居国外成为很多学子的奋斗目标。我们国家不顾成本培养的人才为它国所用，这即使不是悲剧也绝非好事。这些现象的出现能说与"中国传统文化陷阱论"及"西方文明中心论"的影响无关吗？2017年冬季的一天，我到一位同宗兄长家做客。这位兄长的孙女儿刚读初中，她数理化及语文成绩都很优秀，又看过不少历史书籍，也喜欢独立思考问题。她对我说她现在对历史上的一些问题很纠结。我问她纠结什么。她说上历史课时老师老批判说中国古代搞专制制度这也不好，那也不行；她看了一些历史书后，觉得历史上的中国地域这么大，民族争夺这么严重，国家不搞大一统中央集权专制恐怕会使国家四分五裂呢。但是如果按照她自己的思考做作业或回答老师讲课时的提问，就要被扣分；如果按照老师讲的去回答问题，自己又心有不甘，所以她很"纠结"。我当然没有办法用简短的语言给这位可爱的小女孩化解这个纠结。但我深深感到，不单是中国的历史、中国的文化已经被人抹满了污浊失去了光彩以致不堪入目，更可悲的是人们的思想也已经被捣鼓得混乱不堪了。

人之所以能自立，在于人感觉到自身活得有尊严，而人能否自我感觉有尊严又取决于人是否能充分自信。那么人的尊严源于哪里？人的尊严是源于对自己的祖先、自己的家庭、自己的身世及工作与生活现状的充分自信与外界的认可。一个国家、一个民族的尊严，就在于广大国人对自己的国家、自己国家的历史、自己国家的文化有高度的认同感和高度的自信心。这种自信是一个国家、一个民族的精神长城。一个民族有尊严和信念,民族精神的万里长城不倒,国家就有希望。然而,"中国传统文化陷阱论"者作为中国人是如此不惜手段向中国、中国人、中国传统文化上倾泻污泥浊水,这使得中国的历史、中国的人民、中国的文化完全丧失了尊严,从而也会导致我们国家广大民众失去对我们国家、民族及文化的充分自信。所以我们与"中国传统文化陷阱论"之争,绝不仅仅是文化领域的学术之争,还是捍卫我们国家、我们民族以及每一位中华儿女自身的尊严之争。

三、江山只喜春风荡,岂容浊雾久成灾

"中国传统文化陷阱论"祸国殃民已毋庸置疑。如果现在还不把这些文化垃圾扫除干净,中国文化自信就不可能有坚实的基础。中国人还有什么脸面立世?还凭什么走向世界?任何一个有良知并稍有一点知识的中国人,任何一位稍有正义感的中华儿女,都会对这些抹黑祖国、抹黑祖宗、抹黑自己同胞灵魂的险恶言论表示无比的愤慨。本人实在无法接受这些观点;我更担心因这些观点出自著名高等学府资深教授、学者及社会名流之笔,以其巨大的欺骗性而蛊惑人心、混淆视听,导致广大青少年学生及一些对历史缺乏全面了解的民众陷入"纠结"。是可忍,孰不可忍!本人已年近古稀,早已无求利之心,更无钓誉之念,秉着一个中国人的良心,故甘冒承受谩骂、非议甚至人身安全风险而写下本书,以与"中国传统文化陷阱论"一辨是非。

为了驱散弥漫在中国历史和中国传统文化上的种种迷雾,本书对宣扬"中国传统文化陷阱论"的代表性图书和文章散布的种种观点进行了梳理,将其归纳成四十多个论点作为批判的靶子,通过从政治学、经济学、哲学、社会学、伦理学、宗教学、语言文字学、逻辑学、文学、自然科学、东西方文明史、中国历史、中国自然科学史等诸学科多角度的综合分析,从东西方历史、文化的比较中,从中华民族五千年发展的实际状态中,从理论与实践的结合上,按中国人、中国文化、中国历史、中国的今天与西方的关系、中国怎样走向明天五个方面共计 46 篇文章,对这些否定中国、中国人、中国历史、中国文化的各类观点进行了比较全面的反驳批判。

一是批判了"中国传统文化陷阱论"对中国人的种种诬蔑,从中国人的家国情怀、文化教养、伦理观念、进取精神、勤俭作风等诸多方面阐明了中华民族是一个伟大的民族,从中华民族种族素质上捍卫了中国人的尊严。

　　二是批判了"中国传统文化陷阱论"对中国的文字，中国的思想理念及深蕴这些内容的儒、释、道文化的诽谤与曲解；围绕中国历史上的科学技术发展，中国人的忠、孝、仁、义、礼、智、信、廉观念，以及"义"与"利"，全局与局部，整体与个人等为主要内容的中国伦理道德观阐明了中国文化的优越性。从而从文化的本质与源流上捍卫了中国文化的尊严。

　　三是批判澄清了"中国传统文化陷阱论"诬蔑中国传统社会农业经济"落后"，以及与之相联系的中国历朝历代政府"蒙昧"、黑暗等错误观念；辩证分析了中国古代建立在自给自足小农经济基础之上的国家政治、法治、外交制度，包括大一统的中央集权专制制度、帝位世袭制、长子继承制、郡县制、科举选官制、藩属国朝贡制等制度存在的历史必然性及其历史作用，比较系统地介绍了古代中国的文明成就，彻底澄清了中国社会停滞不前的种种荒谬之说，有力捍卫了中国历史的尊严。

　　四是批判了"中国传统文化陷阱论"宣扬西方民主、自由、人权具有"普世价值"，鼓吹中国"脱亚入欧"，应"西方化"的种种观点，阐述了中国今日所坚持的道路、制度、文化的历史必然性及其合理性。

　　五是批判了"中国传统文化陷阱论"哲学方法论的缺失、政治立场的错位、文风的卑劣；同时深刻批判了"西方文明中心论"及柏杨《丑陋的中国人》书中的种种荒谬观点。深刻揭示了上述种种邪说理论上的荒谬性及对中华文明发展的巨大危害性。

　　六是以史为鉴，对当代中国在实现民族振兴、国家富强进程中应高度关注的一些重大问题从不同的角度进行了一些思考，这些思考对当前的治国理政也许具有一定的参考价值。

　　必须说明的是，本人对"中国传统文化陷阱论""丑陋的中国人"之说及"西方文明中心论"不留任何情面展开批判，并不是主张我们的国家、我们的民族要妄自尊大。中国与西方文化中各自有值得相互学习的内容，对于西方世界近代乃至当下先进的科学技术和某些社会管理经验，我们无疑应虚心学习，认真借鉴。由于本书涉及的问题太广，加之本人学识和精力有限，故本人绝不认为本书100％正确。其中肯定有不少错误和缺陷，诚恳希望学界提出批评意见以便予以改进。本书的最终目的是洗净泼在中国、中国文化、中国人身上的污泥脏水，分清是非，正本清源，绝不让"中国传统文化陷阱论"等荒谬观点再误导世人，尤其是祸害我们的子孙后代；让全世界广大人民群众能拨开那些散布在古今中国上空的阴霾浊雾，让他们了解真实中国的昨天与今天，为中国文化走向世界澄清疑惑；捍卫我们的国家、民族、文化以及每一个中国人的神圣尊严，维护中华民族的伟大精神长城，使国人对我国历史文化的自信建立在坚定的理论和历史事实基础之上，以使我们伟大的祖国、伟大的中华民族、伟大的中国文化傲立于天下，挺胸昂首走向辉煌灿烂的未来！

有感于斯，故作诗曰：

咏中华

文明久远劲昂头，紫气东升势未休。

宝鼎威严合四海，长城伟岸固金瓯。

狂飙最显苍松劲，恶浪方知铁舰遒。

桀犬吠尧堪可笑，雄狮岂止啸神州！

在撰写本书的过程中，我有幸得到了全国著名作家、岳麓书社唐浩明编审，湖南大学岳麓书院朱汉民教授，湖南师范大学历史系周秋光教授，湖南师范大学文学院赵炎秋教授的用心指导。湖南师范大学李霞、长沙师范学院刘青山二位副教授，知名学者姜天剑、吴晓晖，诗人刘刚也为此书的成稿提供了大量的帮助。尤其是湖南省社科联的相关领导对我撰写此书给了极大的鼓励与支持。没有上述专家、学者及领导们的鼓励、指点与帮助，此书就不可能这样顺利成稿问世，在此我向他们表示衷心的感谢。

2019 年 10 月于长沙

目　次

中国人的尊严

1　"中国人的思维方式有问题"吗？ ……………………………………… 2

2　"中国人的精神世界极度黑暗"吗？ …………………………………… 22

3　中国人"先天缺少开创精神"吗？ ……………………………………… 34

4　"中国科学当然没有办法发展"起来吗？ ……………………………… 45

5　"中国人只有奴性"吗？ ………………………………………………… 62

6　中国人"不劳而获"吗？ ………………………………………………… 75

7　中国人"没有国家观念"吗？ …………………………………………… 83

8　中国"女性的社会角色就是贤妻良母"吗？ …………………………… 90

9　中国的家庭"跟黑社会一个性质"吗？ ……………………………… 101

中国文化的尊严

10　"中国字绝对无法普及"吗？ ………………………………………… 114

11　中国传统文化"儒释道加之'马毛'是砒霜加上老鼠药"吗？ ……… 121

12　中国文化是"贪污文化"吗？ ………………………………………… 135

13　中国文化"伦理与政治的统一"错在哪里？ ………………………… 145

14 "必须将个人权利、个人利益放在第一位"吗？ ………………………… 153

15 中国文化不该重义轻利吗？ ………………………………………………… 160

16 "四书五经"使科学技术"没有办法发展"吗？ …………………………… 166

中国历史的尊严

17 中国传统社会重视农业是"蒙昧"吗？ …………………………………… 180

18 中国传统农业导致"中国农民、中国农业政府更蒙昧"吗？ …………… 191

19 中国传统社会实行中央集权专制制度有错吗？ ………………………… 201

20 封建专制制度那么黑暗吗？ ……………………………………………… 212

21 中国"从未有过实质上的进步"吗？ …………………………………… 228

22 中国文化中的等级观念万恶不赦吗？ …………………………………… 254

23 中国的法制落后吗？ ……………………………………………………… 264

24 不平等，是中国文化之过吗？ …………………………………………… 276

25 鸦片战争失败是中国文化之过吗？ ……………………………………… 281

26 文化是近代中国落后于西方的罪魁祸首吗？ …………………………… 292

27 中国政府不爱百姓吗？ …………………………………………………… 308

28 中国历史上的偶然失误是文化之过吗？ ………………………………… 320

中国的今天与西方

29 "现代文明是西方的文化产生的"吗？ …………………………………… 330

30 西方民主是济世灵丹吗？ ………………………………………………… 335

31 西方的自由有普世价值吗？ ……………………………………………… 346

32 这个世界是谁在践踏人权？ ……………………………………………… 352

33 中国的现代化应是"西方化"吗？ ……………………………………… 364

34 "脱亚入欧"是中国之路吗? ·· 376

35 整个亚洲都是落后于西方吗?

　　　　——兼对"西方文明中心论"质疑之一 ···························· 389

36 中国的文字语言落后于西方吗?

　　　　——兼对"西方文明中心论"质疑之二 ···························· 405

37 抗疫标尺检验下的中国与西方

　　　　——从2020年春夏全球抗疫看"中国传统文化陷阱论""丑陋的中国人"

　　　　"西方文明中心论"的荒谬 ······································· 413

38 "中国传统文化陷阱论"的文道之痞! ································· 446

39 "中国传统文化陷阱论"的方法与立场错位 ·················· 455

中国怎样走向明天

40 反动是知识分子的最高境界吗? ································· 466

41 当前提倡优秀传统文化是陷阱吗? ······························· 481

42 "高筑墙"是强国之重

　　　　——对中国强国之路的历史思考之一 ···························· 495

43 "广积粮"是强国之基

　　　　——对中国强国之路的历史思考之二 ···························· 512

44 "美教化"是强国之急

　　　　——对中国强国之路的历史思考之三 ···························· 522

45 如此信口雌黄

　　　　——首评柏杨《丑陋的中国人》 ································· 537

46 如此背祖离宗

　　　　——再评柏杨《丑陋的中国人》 ································· 554

中国人的尊严

"中国人的思维方式有问题"吗？

袁伟时先生在《中国传统文化的陷阱》网文中说："中国人的思维方法有问题。"袁伟时先生这里讲的"中国人"，我在前言中已说了是指自古至今所有的中国人；袁伟时教授这一论断可谓是对所有中国人的当头一棒。谁都知道，如果说一个人思维有问题，或者他是植物人无思维，或者是痴呆智障者，或者是神经错乱，或者是疯癫狂躁。袁伟时先生说所有中国人都是这种思维病患者，中国人还能创造出优秀的文化吗？还能治理好一个国家吗？那么中国肯定是一个乱七八糟的国家了，中国文化当然是腐朽落后的文化了。大家看清楚了吧，"中国传统文化陷阱论"的先生们就是这样采用釜底抽薪、断根毁基的办法使中国、中国人、中国传统文化陷入难堪之境。其手段之高明，用心之卑劣，真是罕见！只可惜适得其反，这除了说明他们自己的思维方式多少有点问题之外，其他什么都难以说明，恐怕这就是结论。

我们先看看"中国传统文化陷阱论"者是以什么脏物来抹黑中国人的思维吧！

袁伟时先生在他的《中国传统文化的陷阱》网文中开篇就故弄玄虚说中国没有像西方那样顺利"从传统社会转型变为现代社会"，其原因就是"中国人的思维方法有问题"。这种问题表现在"中国没有逻辑学"，"各种是非按照圣人的话来判断，也就不必辩论和讲逻辑理论了"。他说："西方的情况则不同，他们有逻辑学。"所以按照袁伟时先生的逻辑推理是，西方人的思维优于中国人的思维，因而西方文化优越于中国文化。

海旻在《为什么必须彻底批判中国传统文化》网文中武断地说道："以儒教为代表的中国传统文化，其蒙昧的本性更表现在低下的思维能力和认知水平，中国没有哲学、数学、逻辑学、自然科学，没有抽象，没有超越性思维，没有概念、判断、推理，没有知识论和科学精神，甚至连一个最基本的形式逻辑的工具都没有，其思辨能力之低下蒙昧，于此可见。"

尹胜先生在他的《我为什么要彻底否定中国传统文化》网文中说："中国人普遍没有理性思想，也缺乏逻辑思维能力，甚至，对掌握概念的常识都极其缺乏"，"中国连哲学都没有，仅有感性意义上的哲理，根本没有达到抽象理性的层面"。

读者朋友们，大家看吧！这些难道不是一种破天荒的荒谬之谈吗？

首先我要问袁伟时先生、海旻先生和尹胜先生，你们是不是中国人？如果是，按照你们的逻辑，你们的思维方式也就有问题了；你们用"有问题"的思维方式写出的这篇篇文章、部部著作，发出的段段高论也就有问题了；把你们这些思维方式有问题的人写出的有问题的文章著作发表于世的行为也就有问题了。再者，如果你们不是舶来品，那你们的祖先其思维方式是否有问题呢？你们的下一代的思维方式是不是也有问题呢？

其实，历史和现实早就把"中国传统文化陷阱论"的这种荒谬之说击得粉碎。事实早已证明了中国人的思维方式没有问题。

一、从文明古国到"四大发明",中国先人
"没有达到抽象理性的层面"吗?

如果有人说中国人的思维方法有问题,相信稍有一点历史知识的人都会觉得这是犯了一个违反常识的错误。因为举世公认中国与古巴比伦、古埃及、古印度同是世界四大文明古国;中国关于造纸术、指南针、火药和印刷术的四大发明是对世界的重大贡献。这些常识中国人讲,外国人也讲,恐怕讲了数百年了,如果一个国家的国人都有思维问题,这个国家怎么会成为文明古国?四大文明古国中其他三个早就消亡了,中国却五千年立世,经久不衰,一个思维有问题的民族能够立世五千年吗?一个思维有问题的民族能在古代就作出影响世界文明进程的四大发明吗?

下面我们分析一下自古至今的中国人的思维,看他们到底有没有问题。

1978 年,美国历史学者迈克尔·哈特在其所著的《世界最有影响的 100 人》一书中,挑选了世界范围内最具有影响力的 100 位历史人物,并对其评功论过,排名定位。在这 100 人中,中国有八位。他们依次是孔子,位列第五;蔡伦,位列第七;秦始皇,位列第十七;毛泽东,位列第二十;成吉思汗,位列第二十五;老子,位列第七十三;隋文帝杨坚,位列第八十五;孟子,位列第九十二。在 100 人以外而"享有盛誉的人物"中有朱熹、刘彻、刘邦、孙中山和唐太宗李世民。哈特对入选的 100 位人物一一作了评价。他对孔子的评语是:"孔子学说只强调个人的责任而不是个人的权利。根据这种哲学在保持国内和平繁荣中所发挥的作用而论,大体说来,中国是地球上治理得最好的地区。"哈特对孔子的评语无疑是很中肯的,在中国历史上,孔子所发挥的作用是无可比拟的,他的仁学体现了人道精神,其礼学体现了礼制精神。而这两者正是建立人类文明社会的基本要求。所以孔子关于"仁、礼"的思想是华夏成为文明之邦的重要原因。哈特对列第八十五位,为普通中国人了解不多的隋文帝杨坚作的评语是:"他成功地统一了经历数百年民众分裂的中国。他最重要的改革之一是实行通过科举考试选拔政府官吏的制度,为中国提供一批批非常得力的行政官员。"哈特对隋文帝的评价应该说是实事求是的。这就要问"中国传统文化陷阱论"的先生们:哈特所评价的孔子的思想和杨坚的行为是否说明他二人的思维有问题?如果孔子与杨坚及其他六位中国人的思维有问题,他们怎么能够入选世界最具影响力的百人名单?

海旻认为中国人"蒙昧""低下的思维能力和认知水平"的依据是"中国没有哲学、数学、逻辑学、自然科学",尹胜认为中国人"根本没有达到抽象理性的层面"。稍微懂点历史的人就会知道他们的这些论点的依据是何等乏力。

的确,海旻所说的这些学科最能体现人的抽象思维能力。那么中国人在这些学科的抽象思维能力方面是"蒙昧""低下"吗?公元前 5 世纪的春秋末期,中国学派林立,学术思想空前繁荣,正所谓"百家争鸣"。当时有个与孔子的儒家学派齐名的墨家学派。

其创始人墨子，生于公元前476年（还有一种说法是公元前480年），去世于公元前420年。墨子是我国古代一位杰出的思想家，同时也是一位杰出的科学家，他在科技方面有很多惊人的成就。他制造的舟、车、飞鸢，根据力学原理为古代车子创造的"车辖"即今天的车闸，为"备城门"研制的"堑悬梁"，根据声学原理创造的"罂听"即世界上最早的监听器，都是当时世界上最高的也是最早的科技成就。更使世人感到惊讶的是，他在自然观、力学、数学、光学等方面的某些创建，几乎达到了近代科技的水平。如墨子对"力"下的定义与近代物理学上的"力"的概念意义完全相同。墨子说："力，形之所以奋也。"意思是说力是物体发生运动的原因。有些科学家认为，墨子给"力"的定义是2000多年后牛顿发现的第二定律的雏形。墨子还对杠杆原理作了研究。他指出，称重物时秤杆之所以平衡，原因是"本"短"标"长。"本"即为重臂，"标"即为力臂，用力学公式表示即为力×力臂（"标"）＝重×重臂（"本"）。学界认为，墨子的这一研究已经具备了杠杆原理的原始形式。这比公元前3世纪古希腊科学家阿基米德对杠杆原理的研究要早得多。墨子还对几何学作了研究。他既有概念的描述，又有定理的表达。他阐述说：端点没有体积，不占空间，是最原始的几何元素；圆是由同一个圆心到圆周上任何一点的距离都相等的几何图形；方，是四边相等和四个角都是直角的四边形。应该指出的是，墨子对"方"的定义与同时代被称为"几何之父"的古希腊数学家欧几里得关于"四角都是直角的四边形是长方形"这一定义是可以媲美的。可以看出，墨子已完全具有了关于几何学研究对象的思想，他对几何学的研究已遥遥领先于当时世界各国。墨子对几何光学的贡献更为突出，他通过观察实践发现了小孔成像原理。他用物影生成、小孔成像和瞬间鸟影不动三个例子来说明光的直线定律——光线（在同一均匀媒质中）是直线传播的。这里要问"中国传统文化陷阱论"的几位大师，墨子具有"低下的思维能力和认知水平"吗？

此外，不管袁伟时、海旻、尹胜先生是真不知道还是假装不知道，大多数中国人早就知道，早在公元前1世纪，我国就有了最古老的天文学和数学著作《周髀算经》，1世纪左右又有了数学专著《九章算术》。1984年在湖北荆州市出土了一批西汉初年即公元前3世纪末期至公元前2世纪上半叶的竹简，共千余支。其中有专门论证数学问题的著作《算数书》，内容包括部分数的运算、整数的十进位值制、分数性质和分数四则运算、比例、盈不足法则、面积、体积（6种不同形状柱、锥、台体积求解方法及公式），尤其值得指出的是，书中提出了分数除法颠倒相乘的方法，比刘徽提出的同一方法早了4个世纪。

据2010年5月《数学史通讯》第23期报道，我国又新出土两部较早的数学文献。第一部是秦简《数》，这部数学简有200余枚，成简时间据考古专家考证在公元前212年之前，比《算数书》成书时间要早，内容大体与《算数书》相似。第二部是汉简《算术》，成简时间为文景时期，内容与《算数书》相同，仍是讲应用问题。由此看出海旻关于中国没有数学之说是一个天大的笑话！至于海旻说中国没有自然科学，我想问数学是不是自然科学著作？公元前4世纪魏国人石申著的八卷《天文》，系统地记录了金、木、水、火、土五大行星的运行规律，测定了121颗恒星方位，请问这是不是自然科学？中国最早的医学专著《黄帝内经》是不是自然科学著作？北魏时期贾思勰所著的农业百科全书《齐民要术》（成书于533年—544年）是不是自然科学？至于中国有没有哲学，不仅是中国人，还有相当多懂点中国史的外国人都知道，成书于中国远古时代的《周易》是一部集人文科学与自然哲学于一体，充分体现中华民族智慧的专著。19世纪瑞士科学家荣格指出，"谈到世界人类唯一的智慧宝典，首推中国的《易经》，它亘古常新，相距6000年之久，依然具有价值，有与最新的原子物理学颇多相似的地方"。难道《周易》不是哲学著作？还有老子的《道德经》，周敦颐的《太极图说》，王阳明心学著作《传习录》，王夫之的"气一元论"是不是哲学？难道他们这些具有深奥的思辨性的论著及其思想还没有达到抽象理性的层面？够了吧！上述这些难道还不能说明海旻、尹胜的那些荒谬之论贫乏无力吗？！

二、文学艺术的魅力，中国文化的智慧之光

中国人的思维方式是否真的有问题？我们再看看中国人在语言表达及文学艺术方面的思维能力吧。

1. 中国的语言及文学深蕴着无穷智慧

中国五四运动以前的几千年中，中国文学表达的主流形式有散文、诗、词、曲、赋、小说等，这些文学形式都有着极强的思维表达能力，充满着为人治事的智慧。

中国的文学作品中大量运用成语。如"急流勇退"这个汉语成语，比喻人在仕途最得意的时候，要毅然退出官场，以避免风险，使自己在复杂的政治斗争中能确保平安。中国古代的文言文作品中，应用了大量的短句。这些短句，言简意赅，思想深邃。如《吕氏春秋·博志》说："全则必缺，极则必反。"仅八个字就说明了事物发展到极点就会向相反的方面转化这一自然界和人类社会普遍存在的规律。

唐诗宋词元曲被称为世界文学桂冠上的明珠，它们同样蕴含着高超的智慧。唐代著名诗人王之涣写过一首《登鹳雀楼》的小诗："白日依山尽，黄河入海流。欲穷千里目，更上一层楼。"诗人在诗中写了黄昏时节登上鹳雀楼看到夕阳依傍远山缓缓落下，黄河奔腾东流入海这一磅礴千里的自然风光；同时也表达了诗人不满足于当下，欲再上高楼的不断进取精神；更说明了只有站得高才能看得远的这一深刻哲理。仅二十个字所包含的思想内容和智慧能达到这样的高度，在世界文学作品中是少之又少的。南宋朱熹也写过一首《观书有感》："半亩方塘一鉴开，天光云影共徘徊。问渠那得清如许？为有源头活水来。"（引自《千家诗》）此诗表面看写的是一口半亩大小水塘的景观，水塘之源头泉流汩汩，塘中清波荡漾，倒映着云影天光。朱熹以源头活水使方塘之水明丽清新的事例，说明心田的灵秀是新的知识不断滋润的结果，进而说明人们的知识及思想境界要跟上时代，就必须不断地到社会及自然中吸收营养。此诗在写景中阐述了人生智慧源于不断学习的道理。

中华民族先人的著作如周文王的《周易》、孔子的《论语》、老子的《道德经》、墨

翟的《墨子》、庄周的《庄子》、孙武的《孙子兵法》、公孙龙的《公孙龙子》、范仲淹的《岳阳楼记》等都是体现出深刻的思想和丰富的人生智慧的作品。周敦颐的散文《爱莲说》短短一百多字，通过对莲花挺拔秀丽、清逸超群的形象描写，歌颂了莲花"出淤泥而不染"的高尚情操，表明了作者不落俗流、洁身自爱的坚贞态度和洒脱心境，体现了对高尚人格和社会清正风尚的赞美和推崇，以及对社会上寡廉鲜耻之徒和污浊世风的批判与无情鞭挞。

《东周列国志》《三国演义》《水浒传》等一些小说更是竞智竞勇的经典名著，其中无不闪烁着中国人的智慧之光。如《东周列国志》记叙春秋战国时期发生在齐景公时代的晏子"二桃杀三士"，齐国孙膑、田忌围魏救赵，苏秦、张仪在齐、楚、燕、韩、赵、魏、秦七国之间实施"合纵"与"连横"战略争夺天下；《三国演义》中诸葛亮、周瑜用计火烧赤壁以弱胜强打败曹操 80 万大军，诸葛亮实施空城计智退魏国十万大军等；这些经典故事无不闪耀着中国先人智慧的光辉。古代小说中塑造的其他许多人物形象，如管仲、范蠡、张良、庞统、姜维、吴用、刘伯温等都是足智多谋的典范。

2．中国的绘画书法艺术也具有很强的思想性

中国的绘画作品不刻意追求西方油画那样的"形象"，而是追求存形传神。这里的"神象"是讲画要有风骨，要有文化底蕴和思想境界。齐白石认为，中国画重在写意，"不似为欺世，太似为媚俗，妙在似与不似之间"。这里讲画妙在似与不似之间是说画要神似，要有文化与思想内涵，也就是讲绘画作品的思辨性。元朝灭宋后，对大宋江山无限钟情的著名国画家郑思肖画了一幅墨兰图，画中仅有一株兰花，没画土也没画根，这是表示宋朝已灭亡，大宋江山已无土无根了。明末清初时期的大画家朱耷，号八大山人，他本是大明朱家王朝的亡国贵族，对清朝苦大仇深。这种情感使他的画表现得异常冷峻奇崛。如他的画面极其疏朗空灵，画的动物常白眼朝天，画的落款把"八大"两字连写成像"哭"字，"山人"两字连写成像"笑"字，看上去使人觉得他在"哭之笑之"。中国国画的这种深刻的思想性，在西方的画中是体现不出来的。西方绘画追求写实厚重的画面感，主要是通过视觉上的图案及色彩给人以美的享受。中国画则不追求写实，在整体上是追求神韵和气韵的表现，重视通过在书画中表现画面以突出表现作者的学养、品格、情操的思想境界。因而中国画不仅仅给人以视觉上的美的享受，更能给人以心灵上的美的滋润，能的的确确达到使人赏心悦目的效果。所以，欣赏中国绘画作品的过程也是一次践行辩证思维的过程。

中国的书法能"无色而有图画之灿烂，无声而有音乐之和谐"，从而体现出中国人的高超智慧及思维的辩证灵动。中国书法不仅推崇作品的内容应有高尚的思想境界，能启迪人的智慧，即要充满精气神与正能量；更在于书写的作品应是轻与重、正与欹、虚与实、放与收、枯与润、浓与淡的对立统一，要体现出很强的表现力。如中国的草书，尤其是狂草，有人形容其"书写简洁、变化无穷、龙飞凤舞，如雷鸣电闪、风云浪滚、气吞山河；寄情于笔墨与感情融汇，以点、线、面发兴展现于作品之中，在其墨色上追求浓、湿、干、淡、焦，在其速度上讲究抑、扬、顿、挫、轻、重、缓、急，因而草书作品大有滚滚江河一泻千里，激起万重波浪之势"。谁能说数千年来生长在举世无双的中国书法之故乡，且通晓中国书法的中国人其思维会有问题吗？

上述这些事例说明了什么呢？这无非是说明中华文化影响的中国人从整体看都闪烁着辩证思维之光。

3．一些充分体现中国人智慧的著作深深地影响着世界

孔子是春秋时期著名的思想家、教育家，现在他不仅仅是中国的孔子，他已经成为世界的孔子。孔子的思想，早已得到世界的公认。早在1—2世纪，孔子思想就走出了国门，首先传到朝鲜。3世纪，朝鲜一个学者叫王仁，他带了一本《论语》到了日本，从此日本也有了孔子思想的传播。根据北京大学知名学者朱谦之教授的研究，儒家的思想1593年传入了欧洲。当年意大利人利玛窦将"四书"翻译成了拉丁文，如此孔子思想传进了欧洲，西方世界也从此知道了孔子，《论语》也就从这之后开始在西方流传。后来法国的伏尔泰、德国的哲学家莱布尼茨都曾系统地研究过《易经》和孔子的思想，而且深受其影响。正是在研究《易经》的基础上，莱布尼茨提出了他的二进位制观点，这对西方世界的影响是非常大的。今天，孔子的思想对世界的影响越来越大。

春秋时期祖籍齐国乐安的吴国将军孙武创作了一部军事著作《孙子兵法》，这是中国现存最早的兵书，也是世界上最早的军事著作，它早于世界著名军事家克劳塞维茨的《战争论》2300年，被誉为"兵学圣典"。《孙子兵法》充满了在战争中克敌制胜的军事智慧，故很早就漂洋过海在世界范围内流传。早在日本的奈良时代（710—794），日本的著名学者吉备真备受日本政府的派遣在唐朝学习18年。回国时他将《孙子兵法》首次带回日本。从此开始，孙子的思想就在日本大为流行。日本学者写了很多阐释《孙子兵法》的书。这些书至今尚在日本国内流传。在20世纪初的日俄战争中，日本就运用孙子的军事思想打败了俄国的军队。1772年法国神父约瑟夫·阿米欧将中国的一些经典翻译成了法文在法国首都巴黎出版，其中有《孙子兵法》一书，从此孙子的思想在欧洲大为传播。法国的军事家拿破仑就是《孙子兵法》的忠实读者。他经常将《孙子兵法》运用在实战之中。战争的间歇休息时间也不忘学习《孙子兵法》。欧洲的许多知名学者在研究战争的书中也大量引用《孙子兵法》中的论述。孙子的思想在美国也大为流行，在美国有很多种《孙子兵法》的译本。美国原总统罗斯福是《孙子兵法》的践行者，他成功地将《孙子兵法》运用于二战指导之中。据说《孙子兵法》长期以来是美国西点军校的参考书。孙子的很多名言在美国被人耳熟能详。美国人还十分看重《孙子兵法》在商业上的应用，许多知名企业家的著作中都有运用孙子思想指导商战的论述。

这里要问"中国传统文化陷阱论"的先生们，如果中国人的思维真的有问题，西方人却是这样喜欢思维有问题的中国人的著作，这不说明西方人的思维也有问题吗？

三、中国文字与西方文字之比较

人们的思维方式与其文化尤其是文字语言是相互影响的。中国之所以在科学、文学、艺术这种种思维方式上取得如此卓越的成就，这在很大程度上是由中国文字所具有

的独特的优势所决定的。

中华文化的基本元素是汉字，汉字体现出高度的智慧。它深深影响着中国人的思维方式。

1. 中国汉字表意的多维性锻炼了中国人的思维反应能力

汉字表达自身含义的方式有好几种，有的汉字是根据其形状表达意思，如"旦"字，在中国最古老的甲骨文字中，其义是夜晚刚结束太阳刚出来之时。其字形下面一横是大地，上面的"日"字表太阳。"旦"字就是指太阳刚刚从地平线上升起。所以"旦"字其字形与字义是非常吻合的。中国汉字中"马、鱼、象"等这类文字都是象形字。有的汉字是根据其读音表达其意思，如"咕、叽、喳、啾"，表示鸟叫的声音；"淙"，表示水流的声音；"滴"，表示水落下的声音。有的汉字是由两个及两个以上的独体汉字，根据各自的含义组合成新的汉字表达其新的含义，如"尘"字表示小土粒；"从"字是一个人跟着另一个人向前走，表示跟从之义；"张"字本义是把弓展开，引申为放纵、无拘无束及扩展等意。所以汉字是一种可以通过字形、字声、字义等多种方式表达其含义的多维文字。

汉字的多维性还表现在汉字一字可多义，同一汉字在不同的语言环境下可以表达不同的思想。如"实"字，其繁体字为"實"，从字的含义看头顶有能遮风挡雨的盖，中间有田土，脚下还有具备货币功能可以交换商品的贝。所以"实"的本义有充实、充满、富有之意；扩展其义又表示客观存在，如实事；也指植物结的果即果实；同时又可表达一种思想作风"实在"；还可以表达为一种工作态度，即"务实"。所以"实"字与不同的汉字组词表达不同的含义。如与践字组词成"实践"，表示行动起来之义；与落字组词成"落实"，是贯彻到底之义；在"为人实在"中，是"诚实而不狡诈"之义。汉字这种在不同语境下有新的含义的现象是非常普遍的，如"峰"字本义是山峰，在登峰造极中却引申为行为的最高极限或最大程度。"牛"的本义是动物牛，"虎"的本义是凶猛的老虎，现代人却赋予它们新的含义，如形容人的行为有气势就说"有牛劲""牛气""虎虎生风"。因而人们在交流思想时必须根据自己要表达的意思去选择使用汉字。

中国汉字表达的多维性造就了中国语言的最大优势即高度简洁、精练，简单几句话甚至几个字能表达丰富的内容和深刻的思想。汉字成语、古典诗词、楹联、赋及文言政论散文等作品都具有这一共同特点。如"声东击西""狐假虎威""野火烧不尽，春风吹又生"等语句都是言辞简练却有深刻的思想内容。《大学》第十一章有这样一段话："生财有大道，生之者众，食之者寡，为之者疾，用之者舒，则财恒足矣。"用白话文表达的意思是：创造财富也有正确的途径，从事生产的人多，消耗财富的人少，创造财富的人勤奋，消耗财富的人节省，那么财富就会永远充足。简短几句话把一个创造财富的正确方法阐述得清清楚楚，明明白白。《孙子兵法》提出"贵胜不贵久"，仅五个字就表达了用兵作战，只宜速战速决，不宜逞强持久这么一种深刻的思想。

由于中国的语言要求言简意赅、言少意远，故讲话、作文对选字用词要求很高。所以，古人创作文学作品时是绞尽脑汁选字炼句，精雕细作，力求精简表达其义。唐代诗人卢延让形容创作古诗词是"吟安一个字，捻断数茎须"。古人著书行文的过程就是一个反复用脑、穷思苦想的过程。所以人们阅读先人的著述文章时必须根据作者要表达的思想，联系前后语言环境去理解，才能把握每一个汉字的深刻含义。阅读的过程是一个广泛联想、比较、揣摩，深入研究思考的过程，这无疑也是一个辩证思维的过程。这就既决定了以汉文化为主体的中国传统文化实质上是一种充满了思辨性的文化，同时学习交流汉文化的过程也就是辩证思维践行的过程。如影响中华民族几千年的"厚德载物""上善若水""无为而治"等名言，只有辩证地去理解思考才能完整地领会其深刻含义。中国传统文化的这一特点极大地锻炼了长期生活在汉文化语言环境中的华夏民族的思维能力。这就从文化本源和思维习惯上决定了中华民族是一个善于辩证思考、具有足够智慧的民族。

汉字与西方文字如英语文字有很大的区别。这种区别在于英语是由多个不同字母组合排列成线形而成的拼音文字，是根据其拼出的声音而表达其义，因而英语是简单的一维性表意文字。

英语给人的感觉是语义直白、浅显易懂、简单易学。这种语言特点使该语系民众性格一般直率单纯，思维表达通常直接简单，少拐弯抹角。故有语言学家称英语是"笨人"文字。英语与汉语在思辨性方面的差别连大吹特吹"中国传统文化陷阱论"的端木赐香教授也不否认。她说："外国人认为中国人不可理解，我认为那是他们的头脑太简单或者说他们的文化太简单了。中国人所谓的不可理解其实是中国文化的丰富复杂所决定的。……中国文化的复杂丰富决定了中国人民的不简单。"（见端木赐香《中国传统文化的陷阱》长征出版社 2005 年 9 月第 1 版第 18 页）这就足以看出中国与西方在文化上的差异造成了人的思维方式的重大差异。

2. 中国汉字的精练性，加快了中国人思维的速度

汉字这种多维性表意特点，使汉字具备了很强的造词功能，同一单字与其他不同单字组合可以造出很多含义完全不同的双音节词、多音节词和成语。如前述"实"字可组成很多词语。同一个字在不同的语境中有不同的含义。如含"花"字的词语中，"鲜花"是花的本义表示植物开的花，"花费"表示消耗之义，"花心"表示不专心之义，"花里胡哨"表示颜色杂乱，引申为浮华不实的思想作风。

同一个汉字与多个不同的字联合成词组可以表示新的事物或意义。例如，汉语中猪字和肉字可组合成猪肉，与皮字可组合成猪皮，与毛字可组合成猪毛，与脚字可组合成猪脚；同时又可在猪字前加不同形容词联合组成表示各种不同形态的猪的词组，如大猪、小猪、黑猪、白猪、花猪、肥猪、瘦猪、豪猪、疣猪、野猪等；还可以引申为形容人愚蠢的"蠢猪"，形容人熟睡的"死猪"；等等。这样仅一个猪字就可以与其他字联合组成几十个表示不同事物或意义的词组。同样，肉字前加不同的字也可组合表示不同动物肉的词。如加猪字则成猪肉，加牛字则指牛肉，加羊字则为羊肉。由于汉字一字可以多用，故人们掌握了一定数量的汉字后就可以完全满足自身各种文化需求。也因此，汉字总数不是很多也不需很多，常用的四五千个就能满足人们抒情达意、记事述物的复杂要求。

然而英语单词却不能如汉字这样联合组成新的词组。例如英语中猪肉是 pork，猪

是 pig，肉是 meat，这里，英语的猪肉并不是英语的猪字和肉字联合而成；再如猪肠译成英语是 chitterlings，可见英语的猪肠也不是英语猪字和肠字组成的；英语的小字是 small，英语的小猪是 piggy，这里英语的"小猪"也不是英语"小"字和"猪"字的组合。如果再把猪肉 pork，羊肉 mutton，牛肉 beef，以及猪油 lard、羊油 suet 和牛油 tallow 放在一起进行比较就会发现，英语中所有的连体词都是一个与其中任何一个分解词毫无关联的新符号。这就是说，英语的大多新的连体词组都是无中生有、全新创造的，它完全不像汉字那样两个原有的单字可联合组成一个新的词组。然而英语这种连体词却构成了英语词汇的主体，英语的几百万单词就是采取这种方式产生的。随着人类实践活动的不断发展，人们发现的新事物不断增多，故英语每年的词语必将是不断增加的。如"微信"作为一种新生事物，这个词在中文中就是原有的"微"字和"信"字的组合，在英语中却要新创一个单词"WeChat"来代表。问世没有几年的抖音在汉语中就可用原有的"抖"字和"音"字联结来表达，在英语中则要新创一个单词"Tik Tok"来表示。这样，人们发现的新事物越多，发现的速度越快，这可以不增加汉语的汉字量，但相应新增的英语单词却会越多，增长的速度也会越快。这就导致了英语单词每年成千上万地爆炸式增长。

英语词汇爆炸式增长带来两个负面效果。一是英语词汇泛化。词汇泛化则不精，且含义直白简单，故运用英语表述一种思想虽然浅显易懂，但文字冗长繁杂，显得很不精练。与之对比，中国的唐诗宋词言简意赅，意境深远。在西方语言中很难有类似于中国古典诗词、成语、箴言那种言辞简练却充满理智之光的格言短句，如"宁静致远""物极必反""流水不腐，户枢不蠹""野火烧不尽，春风吹又生"。

英语单词暴发式增长带来的第二个负面效果是在"解决人类目前所面临的知识爆炸问题"上遇到了极大困难。有学者统计，中国人现使用的汉字通常在三千到四千。莎士比亚时代的英语仅有 3 万个单词，当时莎士比亚就能够掌握所有的英语单词。到了丘吉尔时代英语单词就已经增长到将近百万个，当时丘吉尔掌握的单词量也只有 3 万来个，尽管在英语使用者中他是佼佼者，但使用起来还是谈不上得心应手。世界上目前的英语单词包括各种生物名称及专利发明的新术语已经超过了数百万；即使考虑到英语中有一些可以推导和联想的成分，比如前后缀和复合词等，人们需认知的基本单词也有 100 万以上。因此，一位学者写道，在当今社会，"语言学家对于英语单词的要求是，一个受过教育的英语使用者，应该掌握 5 万到 25 万单词"。

与之对比的是，"所有这些上百万的英语单词在汉语中都可以用 4000 个汉字来表达"。这就是说，在当今时代，人们只要掌握了 4000 个汉字，就可以满足各种文化交流的需要；而英语则需要认知 100 万以上且掌握 5 万到 25 万单词才能满足这种文化需求。这样，人们不禁要问，在这个知识爆炸年代，面对英语单词每年 1 万至数万的增长压力，到底是用汉字的中国人的思维可能有问题还是用英语的西方人的思维可能有问题呢？

人的思维活动就是一个心理反应过程，人对客观事物的心理反应速度有快慢之分，也有正确与错误之别。人的思维活动的快与慢、正确与错误，这实际上就是一种思维能力的差别。由于英语语言繁复琐碎，文字冗长，当用口语表述同一种思想或讨论同一方面问题时，英语使用者通常需要长篇大论，不如汉语使用者那样用简短几句话就可以说清楚。这种阐述同一方面问题消耗时间长短的差别实际上也反映出思考问题速度的差别，这种差别也就是一种思维能力的差别。有位叫赵元任的学者做了个试验，试验发现使用汉语和英语会产生不同的思维反应速度。他安排两个人分别用英语和汉语背诵乘法口诀表；背完时用汉语的人花了 30 秒，用英语的人花了 45 秒。这就说明，用汉语比使用英语思维反应还要快得多。

中国与西方在语言文字上的差别还表现在：中国文字一经学会后在交流传播上比西文更方便且形式多样，如可以把格言、警句、诗词写成书法制成楹联、牌匾悬挂于楼堂馆所或刻石立碑，这样使其传播更广更深远。这一点文字冗长琐碎的英语是难以做到的。

当然，中国汉字与英语比较，谁半斤，谁八两，我们没必要在这儿作定论。但中国人聪明，中华民族是一个智慧的民族，这却是不争的事实。看看到处揭中国人之短的柏杨先生在他的《丑陋的中国人》中是如何讲中国人之聪明的吧！他说："有一种现象大家无不乐于承认，那就是，中国同时也是一个很聪明的民族，身在'番邦'的中国留学生，无论留日的焉，留英的焉，留法的焉，学业成绩，差不多都比其本国学生拔尖。辜鸿铭先生在英国学海军，他的分数远超过日本留学生伊藤博文先生；蒋百里先生在日本学陆军，学科兼术科都是该期第一名。日本人那时比现在还要小气鬼，忍受不了外国学生的优越成绩，才把他阁下挤下来。这些是远例。近例最惊天动地的，莫过于围棋大王吴清源先生和围棋小大王林海峰先生，在日本本土，横冲直撞，所向披靡，固然是日本棋坛的优美环境所致，但更是中国人的先天智能所致。如果一定说中国人的聪明远超过洋大人似乎吹牛，但至少有一点，中国人的聪明绝不亚于洋大人。中国同胞沾沾自喜，当然没啥争议。就是洋大人，甚至三 K 党，都不能说中国人聪明差劲。……洋朋友往往把中国叫做东方的犹太人，当然是轻蔑，但同时也是一种敬意和畏惧。犹太人最惹人咬牙的不过一毛不拔罢啦，而其他方面的贡献，若宗教，若科学，若艺术，无不震古烁今。试看世界上经济大权，不是握在犹太朋友手中乎？基督教的开山老祖耶稣先生，不就是犹太人乎？现代科学巨星爱因斯坦先生，不也是犹太人乎？"（柏杨《丑陋的中国人》，人民文学出版社 2017 年 6 月第 8 版）。柏杨先生还说道："这不是自我安慰，中国可是世界上最聪明的民族之一，在美国各大学考前几名的，往往是中国人；许多大科学家，包括中国原子科学之父孙观汉先生，诺贝尔奖得主杨振宁、李政道先生，都是第一流的头脑。"他还说道："没有一个中国人承认我们中华民族的智力是低下的。这不是感情上的、打肿脸充胖子式的不承认，而是理智上的、铁证如山的不承认。这些如山的铁证是什么呢？要言之有二项：东南亚华裔人士对当地经济开发的贡献，留美华人在学术上的成就。即使是具有优越感的白种人，也不得不承认中华民族个人智慧之高。"（同上书）

四、从"墨经"到"白马非马"论，
"中国没有逻辑学"吗？

袁伟时先生、海旻先生认定中国人思维有问题的最重要依据是中国人不懂逻辑规则，"中国没有逻辑学"，中国没有抽象、概念、判断、推理。看着他们说的这些文字，我感觉这就好像深井中的青蛙在叫中国没有高山中国没有大河一样滑稽可笑。因为中国历史上本来就不乏闪耀着逻辑思维光辉的著作。

据史学家和逻辑学家所述，中国人的逻辑思维早在远古时代就已产生。产生于公元前一千一百多年商周时期的《周易》就蕴含着丰富的逻辑学思想，成为中国逻辑史的起点。高等教育出版社 2010 年 4 月出版的普及性逻辑教材《逻辑学》（作者杨树森）绪论认为，公元前 5 世纪到公元前 4 世纪，逻辑学作为一门科学在中国、古印度、古希腊三大文明古国产生，在中国古代逻辑学的产生比欧洲要早一个世纪。所以逻辑学在中国至今已有两千四百多年历史。在中国古代逻辑学被称为"名辩"之学。此后除一些逻辑专著外，许多逻辑理论和思想都分散在大量的政治哲学伦理和自然科学等方面的著作中，这些著作还包含了有关逻辑应用方面的丰富材料。学界认为，中国逻辑思想的发展过程根据中国古代逻辑形成发展的特点以及国外逻辑思想的传入和影响，分为先秦、两汉至明清、近代三个历史发展阶段。前两个时期是中国古代逻辑的形成和发展阶段，以名辩逻辑的建立和演变为主干，后一个时期是中国近代逻辑思想的发展阶段，以西方逻辑在中国的传播为主流。这三个阶段中，先秦时期是中国古代逻辑形成并发展昌盛的时期。由于春秋战国时期辩论之风极盛，"百家争鸣"，涌现了一批认真研究名词概念和辩论之术的思想家。经过名家、儒家、法家特别是墨家的总结，建立了比较完整的中国古代逻辑体系。春秋末期的邓析最先在辩论活动中提出了"刑名之辩"和"两可之说"的思想。孔子则从政治伦理思想方面提出了"正名"的要求，其中包含一些合理的逻辑思想，并提出"能近取譬"和"举一反三"等类推方法。老子、庄子的学说中也包含了丰富的逻辑思维。墨子在中国古代逻辑史上最早提出了"辩"的概念，认为"辩"具有明是非、别同异和以往知来、以见知隐的推理认识作用，他最早从逻辑角度提出"名""类""故"等概念，强调"知类""名故"的认识作用，概括了推理、论证中的一个重要的思想原则——三表说。还最早要求将"辩"作为一门专门的技术进行学习。由墨子开创、后期墨家完成的墨辩逻辑将先秦具有逻辑思维特性的名辩之学进一步完善，形成了中国逻辑史上第一个较为完整的逻辑思想体系。《墨子》一书中有六篇性质相同的文章，即经上、经下、经说上、经说下、小取和大取。这六篇专论被后人统称为《墨辩》，又称《墨经》。《墨经》讨论的逻辑问题相当广泛，涉及概念、判断、推理、论证和逻辑规律等各个方面；尤其是提出了"辟""侔""援""推"等四个逻辑范畴即四种类比逻辑推理方式。其中"辟"是比喻，"举他物而以喻之"；"侔"是一种明显有三段论演绎性质的直接推理；"援"是引用对方所说的话或对方赞成的某人说过的话或行为来推理得出结论；"推"就是以对方的一个论点推论出一个荒谬的、连对方也不能接受的论点。墨家提出的这种逻辑思维方法实质上是一种类比逻辑推理方式，其特点是根据两个或两类对象有部分属性相同，从而推出它们的其他属性也相同的结论。所以墨家在实践活动中，能用这种思维方式，根据已有的知识、经验将陌生的、不熟悉的问题与已经解决了的熟悉的问题或其他相似事物进行类比，从而创造性地解决问题。运用这种逻辑思维方式推出的结论得到的信息超过了其前提提供的信息，即从推理中产生了新的知识理念。因此类比推理方式是一种开拓新领域的思维方式。

先秦时期著名思想家荀子继承发展了名家和墨家的正名理论，使儒家的正名思想在逻辑上更加理论化和系统化。他强调制名起于感官，认为"名"具有概括一类事物共性的概念性质，又具有"足以指实"的词语性质。他提出的"制名之枢要"的正名原则，在先秦"名辩之学"中是一突出创见。荀子提出的相当于判断、论证和推理的辞、说、辩的逻辑理论，在中国逻辑史上有重要的价值。继荀子之后，韩非第一个提出了"矛盾"概念，精辟地揭示了矛盾率的思想原则，指出在"不可陷之盾"与"无不陷之矛"的反对命题中不能同时为真（见矛盾之说）。

西汉时期由于在思想领域提倡"罢黜百家、独尊儒术"，中国逻辑学的发展受到了一定的压抑，但并没有走向终结。两汉时期的唯物主义思想家王充，在反对宗教神学的斗争中，自觉运用推理论证的方法探讨论证的作用、要求和方法，提出了一些论证的规则，他将其著作定名为《论衡》，意思是关于言论标准之书。他强调要通过论证而达到辨真伪、证是非、驳虚假的目的。他的论证包括正名和反驳，而且更重视反驳。这种论证不仅包括一一列举事实作为论证的事实证明，而且十分重视"比方物类"和揆端推理的推理方法和逻辑证明。到魏晋时期，论辩之风再度兴起。被禁止了500多年的名辩逻辑思想重新被发掘出来，由魏晋人编的《列子》一书，列举了先秦的惠施、公孙龙和其他辩者的许多命题以及有关名辩的一些情况。鲁胜的《墨辩注叙》是中国第一篇关于逻辑史的专论，他对先秦名辩思想的历史和意义做了新的概括。

宋明时期，中国逻辑学又以新的形式得以继承和发展。当时盛行的理学关于"格物穷理""格物致知"的认识论观点就包含着运用推理的认识方法。程颢、程颐认为天下只有一个理，并且由一理还可类推至万物之理。朱熹充分肯定推理可以由已知到未知的认识作用，认为人的认识可以由个别上升到一般。这一时期的其他思想家如陈亮、叶适等人在批判理学家的唯心主义哲学观点的同时，进一步探讨了名实关系、名辩作用和是非标准，提出了"由一以之万"和"会万而归一"等归纳和演绎推理的思想方法。

中国人真的如海旻先生所言没有判断吗？真是笑话，我们看看墨子给"力"下的定义吧，墨子说："力，形之所以奋也。"这句话的意思是力是物体发生运动的原因。难道这不是判断吗？中国流传着许多连少儿都知道的名言，如"满招损，谦受益"，"盛极而衰，否极泰来"，"流水不腐，户枢不蠹"，"易涨易退山溪水，易反易覆小人心"，"历览前贤国与家，成由勤俭破由奢"。这些名言海先生不会没有听说过吧？那么请问先生，这些是否是判断呢？

考察中国的逻辑发展史就可以发现，逻辑学兴起并不如袁文所说仅发生在古希腊，不管是践行逻辑思维还是逻辑理论研究在中国都是源远流长;只是中国古代学术研究中比较注重的是类比推理和归纳推理的逻辑思维,古希腊及其以后的西方世界注重运用的是演绎推理逻辑思维而已。而且作为古希腊逻辑学之父的亚里士多德,他出生于公元前384年,比周文王创作《周易》晚了八百多年,比墨子也晚了近百年时间。这说明中国推崇的类比逻辑思维方式,比西方流行的演绎逻辑思维方式还早得多。"中国传统文化陷阱论"者没有看到以墨子为代表的学派推崇的类比推理思维方式也是一种逻辑思维,故轻而认为中国没有逻辑学,这只能说明他们对逻辑学和中国逻辑思想史缺乏真正的或全面的了解。

辩论确实有利于锻炼人的思维能力。古希腊人的确重视辩论。难道中国人不重视辩论吗?稍有历史知识的人都知道,与亚里士多德几乎同时代的春秋先秦时期,诸子百家学派中有个以公孙龙(前320—前250)、惠施(约前370—前310)为代表的名家学派,他们自称"辩者""刑(形)名家",以辩论名实,即事物的名称(概念)与事物相互关系为宗旨,将中国文化中的名辩学说推向了顶峰,开拓了中国古代逻辑思维理论的新领域。惠施提出了"历物十事",主要探讨名实关系,他在"善譬"中阐述了以"所知"去类同、推知其"所不知"的原则和方法。公孙龙从理论思维的高度提出了"唯乎其彼此焉"的逻辑正名原则,认为"彼"之名必须专指彼之实;"此"之名必须专指此之实。公孙龙所著的《公孙龙子》一书共有14篇,唐代时分为三卷,北宋时遗失了8篇,现残存6篇。其中《白马论》《坚白论》围绕"白马非马""离坚白"等论题以严密的逻辑思维展开论证,"白马非马"认为马是对物"形"方面的规定,"白马"则是对马"色"方面的规定,对"色"方面的规定与对"形"方面的规定是不可等同的,所以"白马非马"。这一论题强调了一般与个别的区别及视觉与触觉的差异。公孙龙用这种严密的思辨论题把当时许多大学者驳斥得无言以对。就连孔子的六世孙,自认为聪明绝伦且名满天下的孔穿也在公孙龙面前大败而归。惠施与庄周"子非鱼,安知鱼乐"的辩论至今仍给人们以深刻印象。春秋战国时期名家关于"名"的分析,把先秦名辩思想引向逻辑探讨的方向,成为中国古代逻辑学的重要组成部分。这些辩证论题及其著述流传至今。所以,岂能说中国人不重视思辨呢?!可以毫不夸张地说,中华民族是一个善于思辨的民族,这种思维特性就决定了这个民族是一个充满了理性与智慧的民族,这是中华民族之所以数千年来雄立世界民族之林的一个重要原因。"中国传统文化陷阱论"者武断地认定中国人没有逻辑思维的观点是完全没有根据的。

为什么近一个多世纪以来在不少人的心目中中国古代没有逻辑学呢?产生这种认识误区的原因有如下两个方面。

一是因为中国古代虽然有研究逻辑问题的学说,但没有把它称为逻辑学,也就是说没有用逻辑学这个名称。逻辑就是思维的规律,逻辑学就是关于思维规律的学说。逻辑一词源自古典希腊语(logos),最本原的意思是"词语"或"言语",引申出的意思是"思维"或"推理"。在公元前4世纪至前3世纪,研究思维规律的学说在不同的地区有不同的名称,在当时兴起的三大逻辑中,中国为名辩学,印度为因明学,希腊为逻辑学。后来日语中称这种学说为"论理学",我国也有人称理学、理则学、名学、刑名之学等。

从实际情况看，中国古代对思维规律进行系统的研究从战国时代的墨家和名家开始，所以墨家和名家都是逻辑学派。墨家的代表作有《墨子》《墨经》，名家的代表作是《公孙龙子》《邓析子》。而且当时墨家对思维规律的研究比古希腊研究逻辑学还早了一个多世纪。墨家研究逻辑学取得的成果实际上超过了名家，因为墨家在社会政治及哲学、几何学、几何光学等其他领域取得了更为丰富的成果，所以人们就没有把墨家归为研究思维规律的逻辑学派，人们通常是以名家作为中国古代逻辑学派的代表。明朝末年，中国科学家李之藻与当时一位来华的葡萄牙传教士合作翻译了中国历史上第一部西方逻辑学著作，叫《名理探》，字面的意思是"逻辑学研究"，该书的原名是《亚里士多德辩证法概论》，是 17 世纪葡萄牙高因盘利大学的逻辑讲义。这就说明，在当时的李之藻与西方传教士的心目中，中国关于"名理"的学说就是西方的逻辑学。1902 年，近代中国极具影响力的资产阶级启蒙思想家、翻译家、教育家严复也翻译了西方的又一部逻辑学名著，取名为《穆勒名学》，字面意思就是"穆勒著的逻辑学"，该书原名为《逻辑学体系》。这是反映 19 世纪后半叶西方资产阶级经验主义思想的一部代表性著作，是英国经验主义归纳逻辑的总结。这也说明，在严复看来，西方的逻辑学与中国的名学的研究对象相同。上述充分说明，中国古代有实实在在的丰富的逻辑理论和著述，只是没有用逻辑学这个名称而已。

二是跟中国与西方走的是不同的逻辑发展道路有重大关系。考察逻辑学发展的历史，西方逻辑学的发展分为传统逻辑和现代逻辑两个阶段。传统逻辑是从古希腊亚里士多德开创至 19 世纪中期进入现代发展阶段以前的逻辑理论和体系。亚里士多德以推理和论证为研究对象，总结了"从前提必然地得出结论"的演绎推理规则，建立了历史上第一个逻辑演绎系统。因为亚里士多德知识非常丰富，而在他死后几百年中，没有一个人像他那样对知识做过系统考察，所以，西方世界认为他是最博学的人，尊他为"逻辑学之父"。他的著作成为西方世界的百科全书。他创立的逻辑演绎系统成为古代西方逻辑学的正宗，演绎推理成为西方逻辑思维的主要形式。这种演绎论证思维模式规律就是从一般推出个别结论。这一传统从古希腊时代一直延续到五六世纪的亚里士多德学派，同时代但不属亚里士多德学派的其他科学家以及后来欧洲涌现的众多科学家都深受这一逻辑思维学说的影响。由于这种推论的特点是从一般到特殊的推理，结论所求证的信息已经包含在前提之中，因而得出的结论一般具有可靠性。如用这种逻辑方式推理：活人都需要喘气，你是活人，你需要喘气；或用另一种逻辑思维方式推理：如果所有 B 是 A，并且所有 C 是 B，那么所有 C 是 A。这两者都属于这种逻辑思维形式。可以看出这种逻辑推理的优势在于对人的思维的严密性与一贯性有着积极的校正作用，因而在人的思维过程中具有较大意义。

在中国，逻辑学发展的道路与西方不同。先秦时期墨家创立了墨辩逻辑理论。墨辩的问世标志着中国古代初具体系的逻辑学的诞生。墨家创立的逻辑理论有一个显著特点，即十分注重逻辑学的运用，这一点在当时世界的三大逻辑体系中，墨辩逻辑最具特色。在《墨辩注叙》这部著作中有大量运用逻辑说理辩论、克敌制胜的生动事例，这在欧洲逻辑史料中是少见的。

在墨家逻辑思想体系中，大量运用的逻辑思维方式是类比推理和归纳推理。类比推理逻辑思维方式，是根据两个或两类对象有部分属性相同，从而推出它们的其他属性也相同的结论。所以在实践中，按照这种思维方式就是运用已有的知识、经验，将陌生的、不熟悉的问题与已经解决了的熟悉的问题或其他相似事物进行类比，从而创造性地解决问题。其基本模式按照现在的思维方式理解是：若 A 对象具有 a、b、c、d 属性，B 对象有 a、b、c 属性，推论 B 对象也会具有 d 属性。如声和光都有直线传播、反射、折射和干扰的属性，既然声有波动性，由此推出光有波动性。这种推理方式的特点在于，它从前提提供的信息推出结论得到的信息超过了其前提提供的信息，即从中产生了新的知识理念。因此这种类比推理方式是一种创造性思维方式，是一种解决陌生问题、开拓新领域的思维方式。归纳推理是根据感觉和经验所得的多个个别事实，概括出一般原理的一种思维方式和推理形式。从本质来看，这两种思维推理方式都是从感觉和经历过的具体事物出发概括出一般性的结论。由于归纳类比是以对客观事物的观察、感觉与经验为依据，所以它得出的结论一般具有可靠性。但由于这两种方法不可能做到对客观事物完全归纳类比，总有许多对象没有包含在内，因此得出的结论有时候也有不可靠性。将中国人惯用的类比归纳思维模式与西方推崇的由一般到个别的演绎论证思维方式比较，后者的优势在于对人的思维的严密性与一贯性有着积极的校正作用，但却不如前者那样能从推理中获取新的知识。这就完全可以看出，墨家及受其影响的后来的思想家们与古希腊及以后的思想家们运用的是两种完全不同的逻辑思维方式。

正由于中国人在逻辑思想发展史上走了与西方不同的道路，因而当近代西方的逻辑学传到中国时，中国的学者们不仅从中国古代研究思维规律的学说中找不到冠名"逻辑学"的著作，甚至没有发现"逻辑学"这个概念，而且他们从中国古代研究人的思维规律的学说中未感悟到有与西方逻辑学相同或相近的内容，由此有人就轻率地得出了中国古代没有逻辑学的结论。

此外"中国没有逻辑学"之说的产生还有着深刻的社会政治原因。历史上"中国没有逻辑学"之说是不存在的。1902 年，大翻译家严复把西方的逻辑学著作《逻辑学体系》翻译成《穆勒名学》，一方面说明他是把西方逻辑学与中国古代的名学相提并论的，另一方面也足以说明在严复那个时代还没有"中国没有逻辑学"之说。"中国没有逻辑学"之说盛行是近几十年来的事。这一方面是由于有相当多的一部分人，他们不论是中国的还是外国的学者，平时学术关注的重点是其他领域，对中国古代逻辑学（名学、名辩学）发展的实际情况关注不多，因而了解不全面，当然这一点也不奇怪，因为世上无所不知的人几乎没有；另一方面，由于中国从 19 世纪至 20 世纪中叶从经济发展至科学技术明显落后于西方，中国人受尽了西方欺凌践踏之害，一部分人在追根溯源分析造成这种落后的原因时也把其归结于中国文化、中国人的思维方式的落后，因而也就轻信"中国没有逻辑学"之说了。可以看出，这两部分人承认"中国没有逻辑学"之说，都是在学术研究上进入了误区所致。同时，这也是近几十年来这种观点甚嚣尘上的主要原因。近几十年来，由于西方世界"西方文明中心论"的鼓噪之声有愈演愈烈之势，这种观点极力贬低以中国文化为主要内容的东方文化，同时把西方文化吹捧为当今世界最先进的文化，其目的是将西方所谓具有普世价值的政治制度及思想理念推广到全世界。而国内有那么极少一部分人，他们受西方的思想观念影响很深，极力主张中国要全盘西方化；为此他们企图彻底否定中国的传统文化，进而把中国文化落后的原因归根于"中国人的思维方式有问题"，又把所谓"中国人的思维方式有问题"归根为"中国没有逻辑学"。他们就是这样一环套一环地归谬：中国人不讲逻辑思维—中国人思维方式有问题—中国文化落后—中国自古至今政治经济落后—中国的出路在西方化，这就是这一部分被西方思想奴化的人出于政治目的大吹特吹"中国没有逻辑学"的根本原因。

五、条条大路通王国，中国与西方的
不同逻辑思维之路

人们认识客观事物的思维方式绝不止一种，而是有多种途径多种方法。

比较中国与西方的逻辑思想发展史，两者的逻辑思维方式的确有区别。古代西方人崇尚演绎推理，古代中国人则善于从实践经验中通过类比归纳总结出事物发展规律及同时运用其他逻辑思维形式。那么，这种逻辑思维方式的区别，能说明"中国人思维有问题"吗？这是绝对不可以的。

首先必须明白，古代西方推崇运用的演绎推理并不能穷尽真理。由于演绎推理是从一般中推理出结论，它推演出来的结论是否正确，取决于大前提是否正确和推理过程是否符合逻辑。而大前提是否正确，这在演绎范围内是无法检验的，因此演绎推理也有其局限性。如果大前提不够可靠，推理的结论也就会具有不可靠性。

从亚里士多德进行科学研究的实际情况看，他的思维方式也不是百分之百的正确，甚至他研究的结果有时也有失误。如亚里士多德认为白色是一种再纯不过的光，而平常我们所见到的各种颜色是因为某种原因而发生变化的光，是不纯净的。这一结论直到17世纪科学界仍坚信不疑。17世纪下半叶至18世纪前期，英国著名的物理学家牛顿对这一结论产生了怀疑，他把一个三棱镜放在阳光下，阳光透过三棱镜后形成了红、橙、黄、绿、蓝、靛、紫七种颜色组成的光带照射在光屏上，牛顿由此得到了与亚里士多德完全相反的结论，白光是由这七种颜色的光组成的，这七种光才是纯净的。亚里士多德还是"地心说"的积极主张者，结果在1000多年后"地心说"被"日心说"彻底推翻。这就说明了亚里士多德本人推崇的演绎逻辑思维并没有帮助他穷尽真理。

在中世纪欧洲，当时盛行一种经院哲学。这是一种为宗教神学服务的思辨哲学。它只允许在基督教教义的范围内自由思维，为信仰提供合理的根据，反对依靠理性和实践去认识和研究现实，认为研究的结论也不要受经验和实践的检验。在经院哲学中有一个亚里士多德学派，由于受整个经院哲学的影响，它反对依据理性和对实践的研究获取真知，坚持认为单凭推论就能推论出一切问题。在上述思想的影响下，正如有学者所指出的，希腊和中古时代的科学界在亚里士多德的权威影响下，运用演绎法把许多错误的权威论断和学说论证成绝对正确的,并用欺骗性的逻辑形式进行许多错误的推论。最典型的事例莫过于天文学科学理论"日心说"的遭遇。16世纪初,波兰天文学家、数学家哥白尼经过长期的观察和计算,完成了他的伟大著作《天体运行论》,书中他提出了太阳是宇宙的中心即"日心说"观点。他的这一学说彻底颠覆了2世纪由亚里士多德、托勒密提出并被罗马基督教认为是神圣不可侵犯的真理,即关于地球是宇宙的中心的观点,因而哥白尼这一学说遭到了罗马基督教的极力反对。《天体运行论》成书40多年后直到哥白尼临终时才得以出版。再过60年后的1600年,毕生不遗余力支持哥白尼"日心说"的布鲁诺被基督教处以火刑。那么基督教为什么这样极力反对"日心说"而支持"地心说"呢?根本原因就在于,基督教认为上帝创造了世界,也创造了人类,人类所在之地是上帝所创造的世界的中心。这样基督教的观点与亚里士多德和托勒密的"地心说"完全吻合,而且"地心说"为宗教关于人类所在之地是上帝创造的世界的中心这一观点提供了科学依据。所以当时的罗马教廷认为"地心学"是绝对真理,"日心说"则是一种谬误。罗马教廷在认定"地心说"是绝对真理问题上,是运用演绎推理这样做逻辑思考的:

> 所有真理是由上帝认定的,
>
> "地心说"是上帝认定的,
>
> 所以"地心说"是真理。

"地心说"既然被演绎推理论证成了真理,当然"日心说"就是谬论了,所以,哥白尼的《天体运行论》要出版自然就很困难了,布鲁诺也就难免火刑了。

上述现象说明了什么呢?它充分说明了西方世界古代推崇的演绎逻辑推理推出了不少违反科学的荒谬结论。演绎论证并不是保证人们正确认识事物的灵丹妙药。

的确,如果演绎论证能帮助人们穷尽真理,是认识事物的唯一方法,那么作为"逻辑学之父"的亚里士多德自身在科学研究中,怎么也会有那些荒谬之处?西方科学技术发明的高峰为什么不能在古希腊时代或者紧随着古希腊古罗马之后立即发生,而直到1000多年后的17和18世纪才发生呢?甚至,如果演绎法逻辑思维那么神威,中世纪的欧洲神学怎么会那么至高无上?

再者,如果真如袁伟时先生所言,古代中国没有建立在演绎推理基础上的逻辑学就思维有问题,那么,自我标榜运用演绎推理这种逻辑思维方式几千年的西方人,怎么在哥白尼时代还是那样顽固坚持"地心说"甚至不惜烧死布鲁诺呢?难道西方人的这种思维方式就没有问题吗?佛教从汉明帝时代自西域传入中国,至唐朝时已在中国流传上千年。中国唐朝时期唐宪宗沉迷佛教,韩愈对唐宪宗不惜造成巨大浪费迎接佛骨很不满意,他给唐宪宗上了一道奏章,劝谏唐宪宗不要干这种劳民伤财的事。唐宪宗看到韩愈的奏章以后大发脾气,恨不得立即处死韩愈,但最后也只是把韩愈降职贬到潮州去当刺史。仅一年以后,韩愈又被调回朝廷,负责国家最高教育机构国子监的工作。对比布鲁诺反对宗教的"地心说"与韩愈反对佛法的不同遭遇,到底是西方人的思维有问题,还是中国人的思维有问题呢?

此外,古代中国人的著书立说中没有逻辑学概念和缺少关于演绎推理的论述,这就是思维方法有问题吗？回答是绝对否定的。

首先，中国古代的书籍中没有论证演绎推理，不等于说中国人在实践活动中没有运用演绎推理的逻辑思维。

东汉时期中国人发明龙骨水车的过程就是一个在实践经验的基础上，通过观察、感觉与思考，辩证运用归纳推理和演绎推理两种思维形式作为逻辑思维的过程。这个思维过程的形成是古代人民在生产生活的实践中发现了这么一些现象：

农民用肩膀可以把水挑上高处的田土中；

农民也可以用勺舀水把它泼到高处土地中；

牛、羊、马等多种动物可以立在高处通过身体的吸力把水吸进体内，这也是把水传递到高处。

通过这些实践和观察，人们归纳出结论是：水借助外力和载水工具可以传递到高处田土中。

这就是通过感觉、观察、实践、经验运用归纳推理作出结论的逻辑思维过程。下面我们运用演绎逻辑思维对这个结论做如下推理：

水借助外力和盛水工具可以被传递到高处田土中，

龙骨水车可以利用外力并具有盛水功能，

龙骨水车可以把水传送到高处田土中。

正是按照这种推理方式，聪明的古代中国人创造出了龙骨水车。

这个推理方式完全符合古代西方风行的演绎推理这种逻辑思维形式，因西方推崇的演绎推理逻辑思维方式是：

所有 B 是 A，

所有 C 是 B，

所以，所有 C 是 A。

所以，聪明的中国古代先人们虽然没有在自己的著述中使用逻辑学和演绎论证这些概念、名词，但是他们在实践中积极运用这种逻辑思维方式。而且与唯理至上的西方古代的思维方式不同的是，他们把演绎论证这种逻辑思维形式与归纳推理思维方法辩证地结合运用在科学研究及生产生活的实践中，这正是中国古人们的思维方法最可贵之处。而西方世界他们鄙视通过感觉和经验获得知识，运用到思维方式上就是轻蔑归纳注重推理。这是古代中国人与西方人在思维方式上的差别。而正因为中国人思维方式上坚持了归纳与演绎的辩证的统一，中国古代科学技术发明才会有如此辉煌的成就，这也是中世纪中国远远领先于西方的认识论原因。

其次，人们认识客观事物，有很多思维方式，演绎推理仅仅是众多思维方式中的一种，人们可以运用其他思维方式达到认识事物的目的。由于人的思维活动的产生，是客观世界通过人的各种感官反应刺激人的大脑，人们由此而产生联想、欲望及喜怒哀乐等情感而引起的。由于客观世界存在的事物是万千气象而且不断变化的，因此健康人的思维活动是丰富多彩的，这就决定了人的思维方式具有多样性。这种思维方式的多样性，随着人们对思维规律认识的深化而越来越成为人们的共识。2017 年 10 月 3 日，有学者在网上发表文章介绍人的逻辑思维方式包括归纳与演绎、分析与综合、抽象与具体、比较、因果、递推、逆向等多种形式。从人的实践活动来看，这些不同的思维方式在人们认识事物获取知识的过程中各自发挥积极的作用。如分析与综合思维，分析是把事物分解为很多部分、侧面和属性，并分别加以研究，这是认识事物整体的必要阶段；综合是把事物的各部分、侧面、属性按内在的联系有机地统一为整体，以掌握事物的本质和规律。分析与综合互相渗透又互相转化，人们认识事物往往是在分析基础上综合，在综合指导下分析，如此循环往复，使认识不断深化。东汉末期，天下大乱。刘备在势单力薄时，三赴隆中，到诸葛亮家中，就当时天下大势及他未来应采取的对策请教诸葛亮。诸葛亮与刘备的谈话就是千古流传的《隆中对》。诸葛亮分析当时天下的形势是"豪杰并起"；曹操"已拥百万之众，挟天子而令诸侯，此诚不可与之争锋。孙权据有江东，已历三世，国险而民附，贤能为之用，此可以为援而不可图"；荆州地理位置很重要，是"用武之国"，而其主不能守；"益州（四川）险塞，沃野千里……天府之土，刘璋暗弱，张鲁在北，民殷国富而不知存恤，智能之士思得明君"。诸葛亮在对全国各种政治力量经过细致分析之后便综合作出结论，建议刘备"跨有荆、益，保其岩阻；西和诸戎，南抚夷越，外结孙权，内修政理"，"诚如此，则霸业可成，汉室可兴"（见《三国演义》）。这就看出《隆中对》中诸葛亮充分运用分析综合思维形式，给刘备提供了一个进驻荆益，三分天下，成就帝王大业的宏图大计，故《隆中对》也成为千古名文而流传于世。又如递推思维就是按照因果关系或层次关系等方式，一步又一步深入推理，即一个事件的原因产生结果后，这个结果又作为原因产生下一个结果，于是成为因果链。因果链就是一种递推思维。几百年前，英格兰的富兰克林写了一首很有名的诗《钉子与王国》，这首诗后来成了英国的民谣，其内容是：少了一枚铁钉，掉了一只马掌；掉了一只马掌，瘸了一匹战马，瘸了一匹战马，损失了一位主帅；损失了一位主帅，败了一次战役；败了一次战役，亡了一个国家。此诗记载了英格兰王室理查三世为抢夺英国王权与兰加斯特家族亨利伯爵发生激烈战争，理查三世因战马失掌导致战败身亡甚至英格兰亡国的故事，这是一个典型的递推思维的事例。逆向思维是从结果推理出原因。中国历史上有个司马光砸缸救小朋友的故事。和司马光一起玩的小朋友掉进大水缸里去了，按常规的思维模式是"救人离水"，可司马光通过逆向思维砸破大水缸"放水离人"救了小朋友。以上事实说明，中国人在认识和适应以至改造自然与社会的各种活动中，自觉或不自觉地运用了多种当时人们还没有从学术上即理论上作出概括的思维方式。这种种思维方式，绝不是用演绎或归纳这两种方式概括得了的。因此，不能因为中国古代有关思维规律的学说中没有演绎论证这种思维方式的文字论述及相关名词概念，就认为中国人的思维有问题。如果仅凭这一点就断定中国人的思维有问题，那么由此我们也可以因为西方的逻辑学中只有演绎论证而没有对其他思维方式作出概括而断定西方世界人的思维也有问题。但这样的话，西方人承认这种观点吗？

再次，事物的存在是由事物的本质和根本属性所决定的，事物的名称只是把此事物与其他事物区别开来的符号，它与事物的本质属性既有联系也有区别。但绝不能认为事物名称就是事物的本质属性。比如东汉时期的发明家、天文学家、文学家张衡，决定他能千古留名的是他在文学、在发明创造，尤其是在天文学方面的巨大成就；至于他的名字，如果他出生时跟他母亲姓的话，他就有可能不叫张衡而叫刘衡李衡什么的，甚至即使当时碰巧取名叫牛顿也不为错。只是他不是千余年后基因有别的西方的那个牛顿罢了！决定他的本质的还是他是发明家、天文学家和文学家。大家都见过蛇和鳝这两种动物吧，这两种动物都属脊索动物门，如就其外形而言，人们很难把这两种动物区别开来。但是如果从生物学角度分析，鳝属鱼类，它的生存离不开水，一般生活在稻田、池塘、沟渠、湖泊边的淤泥小洞里。蛇则属爬行纲蛇目，它虽然可以游水，但主要是在平原、山地等广大陆地生活。因此，如果不考虑蛇与鳝这种本质属性的区别，单就其外形来说，把它们的名称互换，也未必有错。假设做个试验，叫一个双目失明的人通过手的触摸区分几条大小差不多的蛇与鳝，这肯定是很困难的。逻辑学作为研究人的思维规律的学说，当时西方人根据其读音取名为逻辑学。如果根据其研究思维及其运动规律这一本质而言，它也可以取名为聪明学、智慧学。如果就它能帮助人们能言善辩，在辩论中克敌制胜这一点来说，它也可以称为巧言学、妙语学、辩论学，所以古代日本人把这种学说称为"论理学"。古代中国人给这种学说冠名为"名学"，墨家学派称他们创立的这种学说叫"墨辩"，或叫"墨经"，这也就很好理解了。因此当今时代的中国人尤其是知识分子们绝不要因为中国历史上没有出现逻辑学这个概念而感到自卑，因为我们的先祖们具有强大的逻辑思维；我们也不应该因为中国历史典籍中没有用"逻辑学"作书名的专著而认为中国古代没有逻辑学，因为我们有《墨经》《白马论》《坚白论》《庄子》等一系列研究思维及其运动规律的学说传世；我们更不能因为中国历史典籍中没有取名逻辑学的著作就认为中国人的思维有问题。试想，如果中国人的思维确实有问题，我们这个民族很有可能在世界众多民族刀光剑影的血腥竞争中如其他三大文明古国以及欧洲历史上无以计数的城邦国家那样消失在历史的尘埃之中了。中国能昂然立世五千年这一铁的事实已经证明，而且当今整个世界都认为，在世界民族之林中，中华民族是一个富有智慧的民族。

本篇从理论到实际充分说明，所谓"中国人的思维方式有问题"之说无论如何是不能成立的。当然，中华民族已生存五千年以上，至今人口有 14 亿之多，我们不必否定某些阶段某些地方或某些群体中有少数人也可能思维反应迟钝点，极个别人甚至会患程度不同的逻辑毛病；但从整体而言，能说其"思维方式有问题"吗？首先我自己坚决不同意这种说法，因我不认为我的思维方式有问题，我也不认为我的众多的亲戚朋友思维方式有问题，我更不认为我所熟悉的先辈们及我的子孙思维方式有问题。我相信其他14 亿中国人及海外华人也不会认同这个观点！因为他们坚信全世界人民共同认定的一个事实，即中华民族是一个智慧的民族，这就是结论！

2 "中国人的精神世界极度黑暗"吗?

极力抹黑中国人的精神世界,是"中国传统文化陷阱论"的重要内容。同时,这也是他们否定中国传统文化的重要手段。海旻在他的《为什么必须彻底批判中国传统文化》一文中直言不讳地说:"最恶劣的是,儒教的非宗教性导致的世俗主义、极端功利主义和庸俗实用主义造就了中国人阴暗、丑陋的权谋人格。中国人的精神世界极度黑暗,……西方人有信仰,而中国人没有,所以中国人的内心一团漆黑,人性的自私、阴暗在中国人身上得到了最充分的体现。据说'不要和我玩中国人那一套'已经成了西方人的口头禅,什么是'中国人那一套'?无非就是钩心斗角、欺诈倾轧、权谋厚黑、拉帮结派、党同伐异、无原则、无规则、无理性、无信仰的无所不为!""中国人以道德的名义相标榜,结果却是世界上最自私,凶残,缺乏爱心的民族。"

黄奕锋在《一篇批判中国的文章》中说:"究竟是什么原因导致了中国人的这种劣迹昭彰的品性?……中国人这个字眼已经成为一个用于描述普遍堕落人性的非常贴切的形容词了。""中国人生来就具有无情和道德自私的特点,它已成为中国落后的主要原因,……中国人的思想被贪婪所占据。"

温立三在自己的微博中称"中华民族是一个毫无希望的垃圾民族",是一个"野蛮落后的民族",他说汉族是目前世界上最肮脏、"素质最低""人品最恶劣的民族"。

看厌了吧,他们就是用这样一堆堆臭不可闻的可恶的文字砸向中国人的内心世界。在他们的笔下,中国人的内心是那样的卑劣、黑暗、丑恶。本人痴长了60多年,看了50余年的书,可从来没有看到过这么丑化中国人的文字。我相信在几千年的历史长河中,在这个世界上,无论文化界的哪一位同仁,可能都没有看到过,也难以再次看到。

然而,乌云遮不住太阳的光辉。中国人的内心世界是高大还是卑微?是光明还是黑暗?这岂是主张"中国传统文化陷阱论"的先生们一个骂字能断定的!

一、怎么能说"中国人无信仰"!

凡有一点历史知识的人都知道,中华民族是一个顽强勇敢、勇于进取、百折不挠的民族。正是这一特性使中华民族打不倒,拖不垮,五千年经久不衰。如果没有信仰,中华民族会这样富有生命力吗?回答是否定的。中华民族的信仰是什么呢?

首先,中华民族也有宗教信仰。在中国古代,有相当多的人相信佛教、道教。因果报应、转世轮回及神明灵验这些宗教观念在20世纪之前漫长的中国古代不同程度地影响着相当大一部分中国人的行为。当然,自古至今中国人对宗教的信仰不像西方人那样普遍、执着，但也有相当一部分人未入佛门道院却相信自然的力量及祖宗的灵验。他们中有人仍不同程度地相信恶有恶报，善有善报，人生做了善事好事必有好的回报；有人认为做好事即使今世没有获得什么回报，也能获得心灵的安慰。所以好心必有好报，这是相当大一部分中国普通民众坚守的信念，这种信念影响着中国人的行为。

其次，中国人有一种远远超过西方人的宗教信仰的信仰，这就是道德信仰。中国人有敬畏之心，知礼义廉耻，知道干哪些事脸上光彩，哪些事干了会脸上无光；做了不能做的事，觉得亏心、亏理。所以，中国人觉得做事要无愧于天地，无愧于祖宗，无愧于良心。中国人常讲，"苍天有眼""苍天在上""祖宗在天之灵""问心无愧""若要人不知，除非己莫为"。中国人讲的这个"天"，既是宗教世界中那驾驭人的上帝，又是那光照人间的强大的自然力的天，更是指心灵世界应遵守的最高的精神准则。西方人虽然信仰宗教，信仰上帝，但是他们都没有这种对道德力量的信仰。所以美国人在美洲杀了几千万印第安人，希特勒杀了六七百万犹太人，西方人挑起第二次世界大战使数千万人死于无辜，日本人在南京杀了 30 万手无寸铁的中国百姓，他们把杀人当割稻草一样丝毫不受到良心的谴责。中国人没有干过这种事也不会干这种事。中国人潜意识里认为干了伤天害理的事，干了与良心相违背的事，终生将受到良心的谴责。所以道德良心几乎不同程度地影响了绝大部分中国人的行为举止。

再次，中国人有基于对自然界和人类社会发展规律的深刻认识的知识信仰。他们相信事物是发展的，正义将战胜邪恶，光明将战胜黑暗，真理将战胜谬误。所以就有了苏武被匈奴扣留，牧羊 19 年手持汉朝符节不改其志；西汉张骞、东汉班超历尽千难万险出使西域；唐僧历尽磨难西天取经；20 世纪 30 年代中国共产党领导的工农红军二万五千里长征；杨靖宇在东北老林领导抗日联军艰苦卓绝地战斗直至壮烈殉国等感天地、泣鬼神故事的发生。

再其次，中国人有坚定的政治信仰。他们崇尚真理、崇尚高洁，有理想，有抱负。中国古代的知识分子以修身齐家治国平天下为人生最高奋斗目标。于是就有了屈原"路漫漫其修远兮，吾将上下而求索"的叹息。有了杜甫"安得广厦千万间，大庇天下寒士俱欢颜"的呼号。有了范仲淹"先天下之忧而忧，后天下之乐而乐"的胸怀。有了李纲"但得众生皆得饱，不辞羸病卧残阳"的情感。有了岳飞"壮志饥餐胡虏肉，笑谈渴饮匈奴血，待从头，收拾旧山河，朝天阙"的"壮怀激烈"。有了于谦"千锤万凿出深山，烈火焚烧若等闲。粉骨碎身浑不怕，要留清白在人间"这种对正义的坚守。有了少年毛泽东"孩儿立志出乡关，学不成名誓不还。埋骨何须桑梓地，人生无处不青山"的雄心大志。

再一个方面是中国人追求文明高洁。由于中华民族是一个追求礼仪文明的民族，所以中国人讲面子。特别是中国的各类社会贤达、仁人志士、知识分子等社会精英们，从总体上追求精神的圣洁、品德的高尚和声誉的良好。他们把立德、立功、立言称为"三不朽"，与修身齐家治国平天下一并作为平生的最高境界。而且他们把立德、修身置于其中的首位。所以追求高洁是中国古代社会精英的第一目标。周敦颐是中国宋代一个很有成就的思想家。他的名篇《爱莲说》就充分表达了这样一种思想境界。周敦颐在《爱莲说》这篇文章中提出"予独爱莲"。他通过对莲花高雅的形象的描写，赞颂了莲花高洁的品质，同时也揭示了作为仁人君子应具备的思想品格，表达了他自身刚正清廉、洁身自好的高尚情怀及洒落的胸襟。在文中，他赞美"莲之出淤泥而不染"，告诫人们，尤其是仁人志士要清正廉洁，不与丑恶腐朽行为同流合污。他赞美莲花"濯清涟而不妖"，揭示莲花沐浴清波而出，冰清玉洁，婀娜多姿，但又端庄淡雅、不骄不妖。喻示人们以俭立世，低调为人。他赞美莲花"香远溢清"，喻示社会精英应有家国情怀，承担社会责任，报效苍生百姓。他赞美莲花中通外直"不可亵玩"，喻示作为正人君子要正直坚贞、刚正不阿，不趋炎附势，不见风使舵，保持高尚情操。他赞美莲花"亭亭净植"，告诫人们要谨慎独处，自律其行，洁身自好。这里周敦颐借赞美莲花之高洁提出了仁人志士应具备的君子风范是担当、清廉、高洁、正直、慎独。这些理念千百年来成为中华儿女的一种境界，一种美德。也正是这些优秀的思想理念产生的巨大影响力使我们中华民族五千年文明传承不衰，以至在世界上获得了文明之邦、礼仪之邦的美誉。

上述一切充分说明，海旻的中国人无信仰之说不是乱扯淡又是什么呢？

二、中国人是"阴暗、丑陋的权谋人格"吗？

"中国传统文化陷阱论"抹黑中国人的精神世界的种种观点都是站不住脚的。

1. 中国人道德自私贪婪吗？

见鬼去吧！中国人坚守的道德理念中有两点重要内容就是对自私与贪婪的直接否定。第一点就是在处理义与利的关系上重义轻利，义在利先。中国人坚守不义之财不可取，不义之事不可为。早在春秋时期孔子就提出"君子喻于义，小人喻于利"；孟子甚至主张当人的生命与义相矛盾时，宁可放弃生命也要坚守道义。第二点是在处理个人利益与群体利益及国家利益的关系上，个人利益要兼顾甚至服从于群体利益与社会、国家利益。孟子的"老吾老，以及人之老；幼吾幼，以及人之幼"，范仲淹的"先天下之忧而忧，后天下之乐而乐"，孙中山的"天下为公"，都是这种思想的反映。春秋时期，被认为是中国商圣的越国人范蠡，在辅助越王勾践打败吴国成就了越国霸业之后，急流勇退，辞掉了高官，放弃了厚禄，将家产全部充公，离开了越国，当了当时被认为身份低贱的商人。由于范蠡才智极高，善于捕捉商机，他先到齐国贩马，成为巨富，但他把赚来的钱大量分给了贫民。后来他来到了陶，发现这里野味很多，但日用品奇缺。他便经营用野味换日用品的生意，又成为巨富。之后，他再次把赚来的钱分给了贫民。就这样，范蠡三次发财，又三次散钱给民众，以至成为中国商人之典范，被商界尊称为商圣。如果说范蠡贪婪自私，能做到这一点吗？

在当今社会，有人议论现代人更加追求物质利益，更加讲究实惠。的确，现在的普通百姓有谁不是在为生计奔忙呢。尽管如此，中国人并不是如"中国传统文化陷阱论"者所诬蔑的那样人人都贪婪黑暗。现今的中国人绝大多数都懂得要生财有道，不谋无义之财。本人就亲身经历了这么一回事。三年前夏月的一天，我想去买一个大水桶作家中储水之用。我在小区的一个杂货店里看到了一种大塑料水桶，问了价格之后就付钱给老板，但老板并不急于收钱，他问我买个水桶干什么，我告诉他是要储存食用水。他告诉我这种水桶是回收的废塑料生产出来的，储存水时间久了它会释放出一种有害身体的微量元素，故这种塑料水桶不能储存食用水；而且还说他店里没有能储存食用水的那种塑料桶，要我到别的店里去买。听他这么一说，我深受感动。如果这位老板见钱眼开、自私、贪婪，他就会只图把桶子卖出去赚到钱就够了，怎么还会管人家买桶是做什么用呢？这件事足以说明在崇尚金钱的现代社会里，这位小店主生意虽小，但良心依然，人格高尚。据《湖南日报》2016年4月11日讯，湖南常德籍农民工胡国辉和彭孝良，4月8日下午路过广州白云机场航站楼时，拾到一个白色手提袋，内有35.6万美元，折合人民币235万元。对这笔飞来的巨额横财，两位农民工毅然将手提袋原封不动交给机场派出所。手提袋失主，三名埃塞俄比亚人激动得跪在地上向两位恩人表示感谢。事后新湖南客户端记者采访这两位农民工时，发现胡国辉和彭孝良连初中都没有毕业，他们在广州打工十余年，在一家公司做油漆、制木、钢筋等杂工。他们生活十分拮据，每月仅4000来元的工资用来养家糊口。胡国辉还告诉记者，他和彭孝良每个月只留下600元维持生活，其余全部寄回老家，这样他们每天的生活费平均不到20元。每年春节回家过年，为了省钱他们舍不得坐高铁，也舍不得买卧铺票。买不到火车座位票时，他们都会事先准备一只塑料桶，里面装上泡面、饼干等干粮，上了火车把塑料桶倒过来作为凳子从广州一直坐到湖南常德。记者问胡国辉他们拾到这笔巨款时为什么想到要交到派出所，这两位善良淳朴的农民兄弟回答说："不是我们的钱，就不能要。"就在这件事发生后不久，《长沙晚报》又报道了一篇新闻《路拾两箱巨额现钞不动心》，该新闻报道当天中午12时左右，韵达长沙天心区南站公司洞井分部快递员谭慧在万芙路附近派件时拾到两大箱人民币100多万元，他毫不犹豫地把这100多万元巨款通过派出所交还失主。

在中国，就有这么多讲大义、无私心的好人。

2. 中国人无社会责任感吗？

情况岂是这样呢？《庄子》里面有这么一个故事：楚国国都有一个卖羊肉的屠夫，人称屠羊说。公元前506年，楚国都城被吴国攻破，楚国败亡。楚昭王逃离楚国，屠羊说也跟着楚昭王逃难。在流浪途中，楚昭王的一些军政问题，以至生活上的衣食住行等，屠羊说都尽力设法去解决，功劳很大。后来楚国复国。楚昭王派人去问屠羊说希望做什么官。屠羊说说他帮助楚王复国是他作为一个楚国人应尽的义务，不需要赏赐，只要恢复他卖羊肉的摊位就够了。楚昭王欣赏屠羊说的为人，决定重赏他并授予他卿的职位。屠羊说对楚王说道："卿的职位，我知道它的地位贵于屠羊的职业；万钟的俸禄，我知道它富于屠羊的利益。但是我怎么可以因贪图爵禄而使我的君王有行赏不当的名声呢？"屠羊说最终都没有接受楚昭王封官的赏赐而是继续从事他宰羊的职业。这就可以看出，屠羊说是把他在跟着楚昭王逃亡过程中所做出的贡献看成是作为一个楚国人应尽的一种社会责任，一种对国家的爱心奉献，而不是看成一种索取回报的资本。

中国古代仁人志士追求修身齐家治国平天下，这体现出他们把治国平天下作为一种责任担当。诸葛亮作为蜀国的丞相，鞠躬尽瘁。《三国志·诸葛亮传》中记载，他227年决定北上伐魏，收复长安之前给后主刘禅上书《出师表》，他在表文中写道："受命以来，夙夜忧叹，恐托付不效，以伤先帝之明，故五月渡泸，深入不毛。今南方已定，兵甲已足，当奖率三军，北定中原，庶竭驽钝，攘除奸凶，兴复汉室，还于旧都。此臣所以报先帝而忠陛下之职分也。"这里充分体现出诸葛亮对蜀国一种高度的责任感、一种敢于担当的情怀。此后他不畏艰辛数出祁山北伐中原为实现这一政治抱负而努力，死而后已。北宋政治家范仲淹在政治上主张"居庙堂之高则忧其民，处江湖之远则忧其君"，"先天下之忧而忧，后天下之乐而乐"。范仲淹不仅为国家为社会作出了重大的贡献，而且他大力推崇公益慈善事业，晚年，他捐献大部分积蓄在家乡苏州购置田地千余亩以设置义庄，周济范家族人。义庄明确规定，凡是族人，可以到义庄领口粮、衣料；嫁女儿、娶媳妇可以领婚姻费；族人死了可以领丧葬费；族人参加科举考试可以领科举费；族人可以到义庄租借住房、钱粮。南宋末年，37岁的著名政治家、文学家、诗人文天祥在起草诏书中讽刺当朝丞相贾似道抗元无所作为而被罢官退休。1274年，文天祥被起任为江西赣州知州。次年，元军大举进攻南宋，南宋危机四伏。朝廷诏令天下兵马勤王。文天祥在家乡组织招募了兵丁万余人，并把家里的资产全部捐献作为军费兴兵勤王。当时他的好朋友极力劝阻他不要轻举妄动，但他毫不动摇。文天祥最终因为实力悬殊而兵败被俘。他拒绝元朝的高官引诱决不投降，留下了"人生自古谁无死，留取丹心照汗青"这一千古名句后以身殉国。终年仅47岁。

当代的中国人没有担当精神和社会责任感吗？看看号称"中国百校之父"的田家炳先生的事迹吧。田家炳是香港著名企业家、慈善家。1982年他捐出价值10多亿港元的4栋工业大厦，成立纯公益性质的田家炳基金会，将每年几千万港元的租金收入用于兴办教育公益事业。在中国，包括大中小学、幼儿园在内，田家炳基金会捐助、捐建了300多个教育机构。他也获得了"百校之父"的盛誉。为了把钱都用在更有意义的地方，田家炳非常"吝啬"。他在生意场上，从不搞铺张的仪式；自己80岁大寿也不摆酒；一双鞋子穿了10年，袜子补了又补；他戴的电子表，因款式旧得不便示人，只好装在口袋里。

中国人的这种社会责任感和担当精神，还体现在中国在国际事务中发挥的作用上。为了使非洲人民脱离困境加快发展，中国人民长期以来对非洲实行了大规模的援助。自20世纪五六十年代开始，近50年来，中国为非洲援建了近900个经济和社会发展项目；向47个国家派出了累计1.5万多人次的"白衣天使"为非洲人民救死扶伤；为非洲50个国家提供政府奖学金；共3000多名中国官兵先后前往非洲执行联合国维和任务，成为非洲和平的守护使者。到2005年底，中国与非洲国家共签订了65个文化协定，已执行文化交流计划151个。中国人上述这些举动，不仅说明中国人对本国有社会责任感，而且说明中国人对世界人民同样有一种责任和担当精神。

3. 中国人"是缺乏爱心的民族"吗？

这本来不应该作为问题提出来讨论，因为客观实际早就对这个问题予以了否定。但海旻竟然敢抹去良心咒骂中国人缺乏爱心。黄奕锋也咒骂中国人"无情"。首先我想问他们两位是不是中国人，如果是，你们是不是"无情"？是不是也缺乏爱心？不过可笑的是，海旻与黄奕锋的这一观点很快就在无意中遭到了另一"中国传统文化陷阱论"者端木赐香的否定。端木赐香说，"中国社会，人情最重，中国人身处的环境，是一张人情、亲情、乡情、友情之网。没有一定的定力，你是摆脱不掉的"。明眼人一看就知，端木赐香的观点与黄奕锋关于中国人无情、海旻关于中国人无爱心的这一观点是互相矛盾的，端木赐香的确是无意间给了黄奕锋一记响亮的耳光。正好，这里也充分说明，持"中国传统文化陷阱论"的先生女士们，说话常常不顾实际，不讲源流，不问依据，信口开河，乱说一气。结果说出来的免不了或以子之矛，攻子之盾；或伸脚踢了娘，缩脚踢了爷。

但是，不管谁怎么造谣，中华民族是一个完完全全充满爱心的民族。这是不容怀疑的。墨子就是中国历史上一个极力提倡并践行爱的思想家，他创造了有名的墨家学派，提出了"兼相爱，交相利"的学说，主张对待别人要如同对待自己，爱护别人如同爱护自己，人与人之间相亲相爱，不受等级地位、家族地域的限制。他说："视人之国，若视其国；视人之家，若视其家；视人之身，若视其身。是故诸侯相爱，则不野战；家主相爱，则不相篡；人与人相爱，则不相贼；君臣相爱，则惠忠；父子相爱，则慈孝；兄弟相爱，则和调。天下之人皆相爱，强不执弱，众不劫寡，富不侮贫，贵不傲贱，诈不欺愚，凡天下祸篡怨恨，可使毋起者，以相爱生也，是以仁者誉之。"（《墨子·兼爱中》）墨子进一步指出，"兼相爱，交相利"这是尧、舜、大禹、商汤、周文王、周武王先圣六王亲自实行过的。这就充分说明，中国自远古时代至夏、商、周时期就有爱的传统。在以后漫长的历史进程中，中国人的爱的情怀从来没有中断过。中国人的爱心，首先表现在他们有无私的大爱，这就是对天下之爱，对国家之爱，对民众之爱。杜甫在自己的茅屋为秋风所破时，仍然心想"安得广厦千万间，大庇天下寒士俱欢颜"，李纲"但得众生皆得饱，不辞羸病卧残阳"，郑板桥"衙斋卧听萧萧竹，疑是民间疾苦声"，他们的这种种心境就充分体现出对天下百姓的无私大爱。"慈母手中线，游子身上衣。临行密密缝，意恐迟迟归。谁言寸草心，报得三春晖。"唐代诗人孟郊这首《游子吟》，充分体现了深沉的母子相互之爱。《诗经》的"投我以木桃，报之以琼瑶"，李白的"桃花潭水深千尺，不及汪伦送我情"，王维的"独在异乡为异客，每逢佳节倍思亲"，王昌龄的"洛阳亲友如相问，一片冰心在玉壶"，都体现了亲友之间的深沉的情爱。崔颢的"日暮乡关何处是，烟波江上使人愁"体现的是思念故乡之爱。中国人确实是处在这么一个充满了亲情、爱情、友情、乡情的社会中。

在中国历史上，对百姓有惜悯之情、爱惜之心的封建王朝也比比皆是。西汉时期，汉武帝把疆土扩大到了新疆西北地区。由于西北地区干旱少雨，生产受到严重影响，居民生活困难，汉武帝开始对包括新疆、陕西、甘肃等在内的广大西北地区实施移民实边和修地下暗渠引水屯田等改善当地生产生活条件的措施。汉宣帝时，朝廷还派遣破羌将军辛武贤率兵士15000人驻敦煌一线修渠屯田。新疆地区实施的修渠引水工程就是修建坎儿井，即在高山雪水潜流中找到水源，按一定间隔打深浅不等的竖井，然后依地势高下修通暗渠，暗渠连贯各井，引地下水下流至地面灌溉良田。西北地区坎儿井的修建是西北地区最大的水利灌溉工程，它与万里长城、京杭大运河并称为中国古代三大工程。仅新疆吐鲁番的坎儿井总数就达到 1100 多条，全长约 5000 公里，灌溉良田数十万亩。坎儿井水利工程的修建，有效地解决了新疆百姓头上的旱魔之苦，极大地改善了他们的生产生活条件。中国历史上历朝历代对大江大河大湖的治理，在很大程度上体现出当时执政者对黎民百姓之爱。就是秦始皇修万里长城，汉武帝及后来的唐宋统治者对西北用兵，明朝在东南沿海抗击倭寇，虽然有维护封建王朝政权稳定的考虑，但也有减除边疆地区老百姓受外部侵掠之苦的用心。

中国历史上无论从社会到家庭都演绎了很多充满情爱的故事。南北朝时期北方的乐府民歌《木兰辞》记叙了陕西退役老军官花弧的女儿花木兰响应国家号召代父从军抵抗强敌入侵的故事。这既体现出花木兰对国家之爱，更体现出花木兰对父亲之情。北宋政治家范仲淹出生于北宋一个下层官吏家庭，他刚一岁时父亲就因病去世。母亲谢氏，贫困无依，只得抱着两岁的范仲淹改嫁长山县一朱姓人家，范仲淹也改名朱说。幸亏有其生母和后父的抚养，范仲淹才得以长大成人并接受私学教育。直至 1011 年范仲淹 22 岁时，他才得知自己的身世，伤感不已。然后辞别母亲前往南都应天府戚同文门下求学。数年寒窗苦读后，于 1015 年参加科举考试成为进士，被任命为广德军司理参军。正是生母和后父对他的情与爱，为他仕途上、文学上的发展奠定了基础。20 世纪著名话剧作家、戏曲家、电影剧本作家田汉是一个苦水里挣扎长大的孩子。1898 年 3 月 12 日，他出生于湖南省长沙县一个贫苦农民的家庭，由于人口众多，家里生活拮据。田汉九岁那年，父亲不幸去世，家里生活更加困难。而少年田汉这时在文学与戏剧方面已表现出很高的悟性，他尤其喜欢看家乡的皮影戏、花鼓戏、傀儡戏等地方曲艺。田汉的母亲及他的叔叔们，不管远近都陪田汉去观看各种戏剧表演。家人为了他甘愿忍受家庭生活上的困难，在田汉读了几年私塾之后，又送他进长沙选升高小，进入修业中学预科继续学业，1914 年田汉还随舅父东渡日本留学。由于亲人及其家庭的积极培养，加之田汉本人的努力，他在戏剧创作方面取得了卓越的成就，成为现代话剧的奠基人。他还是中华人民共和国国歌《义勇军进行曲》的词作者。田汉成才的历程，充分体现出中国的亲人之爱、家庭之爱。

今天，历史的车轮已经进入了 21 世纪，偶尔也会听到有人感叹当今社会人情冷淡。但我们绝不能认为现代社会中国人没有爱心。2016 年《人民日报》有篇文章《久病床前有孝婿》报道，广西钟山县唐小权照顾生病岳父母 30 余年。唐小权是广西钟山县国税局的一名普通职员，父母很早去世。1983 年，唐小权与妻子张睿结婚。但是婚后没多久，他岳父因早年落下的眼疾几近失明，不久后他岳母又查出患了糖尿病。两位老人在相距很远的医院就医，唐小权夫妇俩只能分头照顾。那段时间，唐小权每天从清晨六七点忙到午夜时分，买菜做饭，端茶送水，按摩擦洗样样都干。2008 年，唐小权岳母病逝，岳父悲伤过度得了肺结核病再次住院，病床从内科转移到传染科。旁人都劝唐小权少去医院，以免传染，但唐小权每天晚上都在医院陪伴岳父。岳父出院以后，唐小权把他接到家中，为缓解老人失去老伴的寂寞与痛苦，他把自己的床铺搬到岳父房中，悉心照料。人们常说"久病床前无孝子"，但唐小权却用自己的实际行动证实了"孝义存心田，大爱无疆界"的人间真情。

2019 年春节正月初九凌晨 4 点 30 分，我在网上看到一篇一周前的网文，网文题目是《93 岁的她寻找初恋 77 年，只为再看一眼他的名字》。文章记载了这么一个故事：重庆 93 岁老人张淑英，左眼受伤几近失明，身体状况不好。1935 年，当时 14 岁的张淑英刚念完女子私塾，在福州经人介绍认识了出生重庆的国民党军人钟崇鑫，两人很快结婚。两年以后，抗日战争爆发，钟崇鑫部队开赴上海战场，张淑英带着她婆婆转移到了重庆。直到 1944 年，张淑英初步得知丈夫早已在南京保卫战中牺牲。第二年婆婆因病去世。内战爆发后，张淑英的父母和弟弟去了台湾，因放不下钟崇鑫的张淑英却选择留在重庆。她美貌出众，但为等钟崇鑫却多次拒绝重组家庭。直到 1949 年，也就是与钟崇鑫分别 12 年后，她才认识了第二任丈夫李自清，并且生育了两儿一女。1991 年，在三次证实前夫死亡之后，张淑英仍一心要找到亡夫的尸骨和牌位。直到 2014 年 9 月，张淑英的儿子在中央电视台《关爱老兵》志愿者的帮助下，终于找到了钟崇鑫仅存的照片和被安放在台北忠烈祠的灵位。时隔 77 年，93 岁的张淑英在儿子与志愿者的陪同下，从重庆来到了台北。她手捧鲜花，在供奉抗日捐躯将士的忠烈祠中见到了与她阴阳相隔的前夫的牌位，这位老人在祭献钟崇鑫的花圈上仍然署名"妻，张淑英"。看到这个生离死别、充满情爱的故事，我不禁潸然泪下。

当代中国人的爱心不仅仅体现在亲情、爱情之爱上，更多地体现在对社会、对从不相识又需要人帮助的他人之爱上。2018 年 8 月 15 日，《新华日报》报道了一个感人的故事。江苏省如东县税务局 56 名已成家和未成家的女税务干部组成了一个学雷锋"爱心妈妈"群体。自 1984 年以来的 34 年中，他们先后帮助了 1200 多名处于困境的儿童，其中 206 人重返校园，132 人考上大学，106 人实现就业，总计资助 620 多万元。

上述例子已充分说明，中华民族是一个有爱心的民族。这是中华民族之所以和谐、融洽、凝聚力强的重要原因之一，也充分说明海旻关于中国人没有爱心之说只不过是胡说八道。

然而，令人奇怪的是，在端木赐香看来，中国人讲爱心讲感情也是一种缺失。她有这么一段经典的话："中国男人过得很累，对皇上，得忠；对双亲，得孝；对朋友，得义。"（端木赐香《中国传统文化的陷阱》，长征出版社 2005 年 9 月第 1 版，第 55 页）很明显，端木赐香认为古代中国男人因要有对皇上及国家的忠诚之情，对父母的孝顺之情，对朋友的义道之情而过得太累了，她言下之意是中国男人为了过得不这么累，应该放弃这种讲"情"的行为！这可真有点令人大惑不解了。人们都知道，就是在自然界中，动物也尚有一种原始的出自动物本能的爱，如动物母亲都爱自己的幼崽。几年前《参考消息》曾报道，一只企鹅连续多年都要远渡重洋 1 万多里去看望一位生活在海边、曾经在它幼年遇到生命危险时收养过它的老人。我曾在百度里看到一个视频：一位男子在十多年前收养了一只刚生下不久就失去母亲的幼狮。他把这只狮子收养了五六年直至它完全长大。后由于要保障狮子的食物太困难，这位男子不得不把他送给了动物园喂养。8 年后，这位男子因想念这只狮子就跑到动物园去看它。当时这头狮子已经捕捉到了它的食物，当这位男子呼唤这头狮子的名字时，它竟然立即放开它的食物跑过来和这位男子亲热在一起。真没有想到这只以食动物为生的狮子竟还有这种情感。实际上，人与动物的区别首先在于人有社会性，再是人有比动物高级得多的思维、理性与情感。中华民族作为一个有着五千年文明的民族，中国作为一个号称"礼义之邦"的文明古国，具有强烈的爱心和情感无疑是这个民族的固有特性。这也是中华民族得以生存和发展的重要条件。所以，端木赐香认为中国人有理性和情感是一种缺陷，这无疑等于说中国人讲中国话是一种缺陷和过失。难道中国人就不要讲情感和爱心？按照端木赐香的逻辑，唐小权 30 多年照顾重病中的岳父是错的，如东县税务局的"爱心妈妈"们 34 年如一日无私资助 1200 多个贫困孩子也是错的，甚至当年端木赐香的父母对端木赐香本人给予父母之爱也是错的。端木赐香本人对自己的子女们是否应该关爱？由此可以看出端木赐香在这里荒唐到了何等地步。

4. 污蔑中国人缺乏正直，这是"中国传统文化陷阱论"的重要内容

黄奕锋在他的文章中借用一位西方传教士在一个世纪以前的话说，"中国人最缺乏的不是智慧，而是勇气和正直的纯正品性。这个评价虽然历经百年，如今依旧准确诊断出中国人综合征的病因"。中国人，"他们没有从错误中筛选正确事物的能力"。当我们把目光投向中国的历史和现实之中时就可以发现，黄奕锋的这些论调完全是骗人的鬼话。

春秋时期，齐国相国管仲是一位著名的经济学家、哲学家、军事家和改革家。在他的辅助之下，齐国国君齐桓公姜小白成功完成了齐国的内部改革，实现了富国强兵的目的，而且还成为引领天下诸侯的一代霸主。然而就在管仲即将离开人世之前，齐桓公征求管仲对齐国未来大事的建议时，管仲对齐桓公提出告诫。他劝告齐桓公要远离他平时最喜欢的开方、竖刁、易牙这三个人，甚至在必要的时候可以杀掉这三个人，否则齐国将来会大乱。齐桓公对管仲说道，这三个人对自己都是忠心耿耿，怎么会使齐国大乱呢？管仲给齐桓公分析说，虽然这三个人表面对你很忠心，但是品质很坏，留下他们会害国。只可惜，齐桓公没有把管仲这些忠心话听进去，他事后依然重用这三个心术不正的人，最终在年老生病掌控不了国家局势的时候，被这三个人锁在深宫大院活活饿死，导致齐国大乱。但是管仲敢于在自己行将就木的时候冒着得罪齐桓公及三个权臣的风险提议齐桓公杀掉这三个人，这不足以说明管仲的正直无私吗？

东汉光武年间，陈留人董宣任东汉京城洛阳令。湖阳公主的家奴仗势杀人后藏入湖阳公主家，官吏抓他不着。有一天湖阳公主外出，由这位家奴驾车。董宣带领一班人等候在洛阳城北面西头门，强行拦车宣布这位家奴的罪状，当场把这名杀人犯抓住杀了。湖阳公主立即回宫向光武帝哭诉董宣藐视皇庭，光武帝很生气，召见董宣要用鞭子打死他。董宣毫无惧色地对光武帝说道，陛下圣德，中途光复汉室，如果放纵皇亲国戚奴仆杀人，将如何治理天下。光武帝内心觉得董宣有道理，又碍于湖阳公主的面子，便要董宣向湖阳公主磕头认错，然后便放他了事。董宣觉得自己没错，拒不向湖阳公主磕头。光武帝便叫两个黄门侍郎强行按住董宣之头向公主认错，董宣两手撑住地面，死不低头。光武帝爱董宣之正直，十分无奈，便下令赏钱 30 万，"放强项令出去"。试问"中国传统文化陷阱论"者，董宣的行为算不算正直呢？

上面只是举了几个典型事例，实际上，无论是历史上的中国，还是当今中国，正直无私的人处处皆是。这充分说明了海旻、黄奕锋等人为否定中国人正直的品性，给中国人头上戴上的那许许多多丑陋的帽子，什么"中国人阴暗，丑陋的权谋人格"，什么中国人"无非就是钩心斗角、欺诈倾轧、权谋厚黑、拉帮结派、党同伐异、无原则、无规则、无理性、无信仰的无所不为"，什么中国人"充满了谎言和背叛"等等，完全是无根无据的、空口无凭的血口喷人。

5."中国人没有勇气"

黄奕锋说，"中国人没有勇气追求他们认为正确的事情，……因为他们的思想被贪婪所占据"。事实果真如此吗？真是鬼话。

中国人民进行的伟大抗日战争，从 1931 年 9 月 18 日开始，至 1945 年 9 月 2 日结束，持续 14 年。面对经济和军事实力都远远强于中国的强敌日本，中国人民以国家和民族利益为至上，誓死不当亡国奴，同仇敌忾，万众一心，勤劳勇敢，不畏强暴、血战到底，进行了大小战争 20 万次，以巨大的牺牲赢得了彻底胜利，创造了半殖民地半封建的弱国打败帝国主义强国的奇迹，为世界反法西斯战争的胜利做出了巨大贡献。伟大的抗日精神，光耀千古！尤其使中华民族永远值得骄傲与自豪的是 20 世纪 50 年代进行的中国人民志愿军抗美援朝战争。当时，中华人民共和国刚刚成立，由于发生过 14 年抗日战争、3 年解放战争，国家百孔千疮。国内经济、军队装备、民众生活都极端落后、困难。而以美国为首的西方敌对势力 16 个国家组成"联合国军"，扩大侵朝战争，将战火一直烧到了中国边境鸭绿江边。面对武装到了牙齿的西方强敌的入侵，中国政府组织中国人民志愿军入朝奋起抵抗。尽管志愿军在战争中遇到了装备落后、补给不足、朝鲜地区天寒地冻的极度困难，但他们以舍生忘死的大无畏精神英勇奋战，一举打破了美军不可战胜的神话，在大量歼灭美军的基础上将其驱赶到了"三八线"以南，并迫使美国在停战协议上签字。中国军队再一次在世界军事史上创造了以弱胜强的奇迹，从而再一次证明，中华民族是一个无比英勇的不可战胜的民族。

三、中国人"退化"从何谈起

中国人是如黄奕锋所言"无论从种族上还是文化上都已退化"到令人厌恶的程度了吗？

历史的实际情况是，举世公认中华民族是一个古老、勤劳、勇敢、进步、文明的优秀民族。拨开历史的迷雾可以看出，中华民族正是在不断地发现并克服自身存在的某些愚昧、野蛮、腐朽、落后中，一步一步进化走向文明、进步、现代、优秀以至今天仍傲然立于世界民族之林。对比西方，中国在公元前 475 年就开始告别奴隶社会向封建社会迈进，而欧洲自 476 年西罗马帝国灭亡后才开始进入封建社会。中国比欧洲进入封建社会的时间早了将近 1000 年，也就是说中国比欧洲进入文明程度更高的封建社会早了1000 年。而美洲在欧洲人 15 世纪登上美洲之前的上万年间根本没有建立作为文明标志的国家，当地的土著居民印第安人仍然处于族群散居近似于原始的状态。现在非洲国家毛里塔尼亚还有70多万奴隶。中国在封建社会期间创造了令世人称道的汉朝的文景之治、光武中兴，隋朝的开皇之治，唐朝的贞观之治、开元盛世，清朝的康乾盛世，尤其是唐朝的贞观之治使中国成为世界景仰的中心；而欧洲封建社会的中世纪被西方学者称为"黑暗的世纪"。中华民族在漫长的历史发展中，不断地改正自己的缺点。如中国古代有宦官太监制度，这一制度随着清政府的推翻而灭亡。中国古代女人必须裹足，这一劣习也在推翻清朝建立民国后，随着女性的解放而废止。中国历史上歧视女性的"一夫一妻多妾"制已被今天受法律保障的一夫一妻制所代替。古代盛行的卖淫、嫖娼、吸毒这些劣习已被法律明文禁止，并受政府的严厉打击。中国人具有非凡的智慧。从古到今几千年的历史实践证明，中国人谦恭好学，追求进步，遵循客观规律，崇尚真理，具有开拓精神。春秋战国时期，赵武灵王学习西北少数民族进行"胡服骑射"改革提高了国力。春秋战国前古代中国的官吏选拔制度是贵族制，即实行分封制和世袭制；春秋战国时期进化为自荐制和推荐制；汉朝时期普遍实行察举制；晋朝时期实行九品中正制；隋唐直至明清实行科举制。每一种选拔制度的改革，无不是一种进步。中国古代农民为国家尽义务、向地主交地租是实行劳役制度，后来改为农民向地主交实物地租，农民向国家交税。范仲淹为官时，得知青州百姓纳税要来回奔波几百里，劳民伤财。他立即改革征税办法，将粮赋折算成金钱，不但免除百姓奔劳之苦，还将纳粮之后的余钱退还给百姓。今天，中国政府不仅早已取消了农民的农业税，还对耕种粮食给予补助。正是由于中华民族不断地学习创新，不断地开拓进取，因而在一步步走向进步，走向文明。今日的中国人，他们热爱自己的国家、热爱科学、热爱文化、热爱发明创新；他们热爱现代工商业、热爱劳动，非常勤劳。一些在国外从事基础设施建设的中国工人感觉到，中国人几天做的事，有些国家可能要一个月甚至几个月才能完成。我们去国外旅游发现，许多在国外创业的中国人都兼职打几份工。在有些外国城市，当地人开的店周末都关门，唯有中国人开的店周末照常营业。中国人的这种勤奋进取、坚韧耐劳的精神，常使外国人景仰，赞叹不已。

黄奕锋诽谤当代中国人就是那些有"令人讨厌的行为或者有着类似行为的特定人群"。中国人的人品人格果真如此"令人讨厌"吗？看看下面的事例吧。

1998年，一场百年不遇的特大洪水肆虐中华大地，人民解放军千军万马战斗在抗洪第一线。空军部队一位退伍军人、天津银座集团董事长王贵武从电视里看到，空军某部一个连队有10名官兵被无情的洪水卷走。其中，陕西省礼泉县马斐烈士的父母亲还把国家给的五六万元抚恤金全部捐给了学校和抗洪前线。王贵武万分感动，他立即与家人商量要"把烈士的母亲当自己的母亲看待，替烈士们为母亲尽一份孝心"。他精心给烈士母亲们准备了天津特产和生活用品，冒着沿途洪水的危险，从天津出发驱车数千公里，先后找到分布在湖南、安徽、陕西、甘肃省的10位烈士的母亲。他给这十位母亲送上礼物，告诉她们从当天起他就是她们共同的儿子。在此后的20年里，王贵武一直在忠实履行着自己的诺言，在生活上扶持帮助烈士的家庭，与10位烈士母亲结下了深厚的母子情谊。每年春节，王贵武不管多忙，也要抽出时间风雪无阻地去这十位母亲家里看一看，并分别给母亲 1000 元至 1 万元的生活费。到了 2018 年，这 10 位烈士母亲已有三位去世，在世的最年轻的也过了花甲之年。王贵武为了让自己更方便照顾这些已到晚年的烈士妈妈，他把自己在西青的一处大院改造成八套住房，每套都有独立卫生间和厨房，还花 100 多万元把大院里的基础设施整修一新，然后把这七位老人一起接到天津居住，让他们过上了幸福的晚年生活。

浙江传媒学院退休教师陈志凤从 2003 年开始，瞒着家人每个月邮寄 500 元资助一个家庭特别困难的学生，直到 2018 年，这个隐瞒了 15 年的秘密才在学校传开。家住湖南省浏阳市张坊镇的退休干部朱自明，2019 年已 81 岁。他从 1983 年开始，一方面"抠"到连电器都舍不得，穿了 30 年的衣服都继续穿；另一方面却坚持按比例节省出一半工资捐助学生读书。1998 年退休时，他甚至把退休金分文不留全部捐给贫困学生。到 2016 年，共有 128 名学生受到他的资助，捐献总金额为 367905 元。他的新房里粘贴着一张纸，上面有他在 1982 年写的一句话，"为了扶贫助学，节省每一分钱"。

我本人也经历了一次使自己难以忘怀的事。2015 年夏天的一个晚上，我和司机驾车去街头购物，我们把车停在一个商店前面，然后转了几个商店选购一些物品。我们准备回家时，发现车头上有一张纸条，上面有人写了一段话，大意是说他停车时不小心撞了我们的车，如果车撞得严重，请我们与他联系，全部责任由他来承担，纸上还留下了他的手机号码。这位先生这种不掩饰过失、敢于承担责任的精神，一直使我感动不已。

上述这些动人的故事体现了什么呢？难道不是体现出他们人格的高尚、品质的纯洁以及精神的可贵吗？在中国现实中，类似这样的事的确是太多太多。只可惜，这些体现着时代之光，先进的、鲜活的人和事，那些发生在千千万万的中国人中的好人好事，黄奕锋一点都没有看到。也许他看到了也不愿承认。所以从他嘴里吐出来的，就是中国人退化得令人厌恶，中国人普遍丑恶，中国人的人性普遍堕落。更有甚者，黄奕锋在网文中认为日本人在二战期间杀了千千万万的中国人他们很难有罪恶感，原因就在于"他们从来没有把中国人当人看，因为日本人甚至中国人自身也认为中国人本来就是一袋尘土，一堆没有灵魂又枉占了地球空间的废物"。这样，按照黄奕锋的观点推论，本来就是"一袋尘土"又枉占了地球空间的中国人该杀；日本人杀中国人杀得应该，杀得合理！黄奕锋竟敢这样为日本人在二战期间对中国人犯下的滔天罪行开脱，竟敢这样违背历史、违背常识、违背良心，竟敢用这种无比险恶的文字去丑化诬陷与自己同祖同宗的骨肉同胞，实在反动得令人发抖。人们不禁要问，黄奕锋是不是已经变成了一个彻头彻尾与中国人民为敌的冷血动物？

由此看来，海旻、黄奕锋、端木赐香之流强加在广大中华儿女头上的各种丑化之词，完全是造谣污蔑而已。

3 中国人"先天缺少开创精神"吗？

中国人保守、无创新是"中国传统文化陷阱论"给中国人脸上抹的又一污泥浊水。端木赐香在她的书中写道："长期面朝黄土背朝天，两眼向下，土里刨食的耕作方式，又导致中国人的保守精神"，"保守，则决定了国人先天缺少开发精神、缺少探险与浪漫"（端木赐香《中国传统文化的陷阱》，第 23 页）。中国人"重天命，轻人力，无创新，怕变动"（同上书，第 25 页）。

黄奕锋在他的网文《一篇批判中国的文章》中叫嚷："中国文化不鼓励冒险这种优良品质，……事实上没有一项现代的工业产品或者科学发现源自中国。"

让我们先看看他们这些荒谬之说是如何违背客观实际、违背历史与现实的吧！

一、从商鞅变法、胡服骑射、官吏选拔制度
看中国人的改革精神

"中国传统文化陷阱论"企图给中国人加上保守、怕变动的帽子。事实完全相反，中华民族自古至今是一个敢于变革、敢于创新、敢于开拓的民族。这首先表现在中国人对社会管理的创新上。春秋战国时期，秦国的秦孝公执政后，面对天下群雄并立、竞争激烈的局面，决心变法图强。他下令天下招贤，采纳来自卫国的商鞅提出的改革主张，实施废井田、重农桑、奖军功、统一度量衡和建立郡县制等一整套变法求新的发展战略。他在公元前 356 年至公元前 350 年，先后两次实行变法。通过变法，经济上，废除了自周王朝承袭下来的把土地划分成方块，名义上属国家即周王所有，再层层分封给诸侯及下属官吏，由奴隶和庶民集体耕种的井田制。从根本上确立了土地领主私有制，铲除井田周边阡陌，开垦荒地，奖励耕种，从而促进了农业的发展，极大地提升了秦国的经济实力。政治上，建立了强有力的中央集权制度，设立郡县，由朝廷统一派遣官吏管理，使国家的职能进一步健全。军事上，取消国君的宗室亲人长期以来能无功授爵的特权，规定官爵按战场上斩下敌军首级的数量授予。这一鼓励军功的措施使军队战斗力大幅提升。改革后秦国通过 120 余年的努力，终于发展成为战国后期最强的国家。从公元前 230 年至公元前 221 年秦灭燕、楚、齐、韩、赵、魏六国统一全国以后，秦始皇又把秦国实施的这些措施在全国推行，并在此基础上统一全国法律、度量衡、货币和文字，修建了以首都咸阳为中心向四方辐射连接全国各地的主要交通干道。由此中国成为一个强大统一、长盛不衰、延续近两千年的君主中央集权国家（尽管中间有短暂的分裂，但大一统是主流）。

公元前 307 年，处于中原平原地区的赵国在与北方游牧民族骑兵部队作战时，其国君武灵王看到敌军士兵纵马如飞，进退回旋自如，赵军驾驶马拉的战车与其作战几乎无还手之力，便决定向北方游牧民族学习，"将胡服骑射以教百姓"。即全国军民官吏变中原地区长期穿大袖长袍的习惯为改穿北方游牧民族的短衣窄袖服装，以方便生产生活和作战；军队变马拉战车作战为骑马射箭作战。这一变革的目的是使士兵作战更方便灵活。但变革开始即遭到了赵国贵族阶层及各级官吏的极力反对。他们认为这种改变历史习俗的改革是对自身的侮辱。赵武灵王便自己带头先穿胡服，同时坚持耐心细致地说服他亲叔父公子成及其他皇亲国戚带头穿胡服。最后改革在大臣的支持下得以全面实施。这一改革极大地提高了赵国军队的战斗力。赵国迅速强大，几年后战胜了强敌中山国，又西攻胡地，北征匈奴，扩地数千里，成为在战国七雄中仅次于秦国的军事强国。

1572 年，明万历皇帝明神宗登基。曾为帝师的张居正任朝廷首辅。由于明神宗年幼，朝廷军政大事全由张居正裁决。当时明朝已国力匮乏，盗贼四起，官吏贪污，土地兼并，导致"私家日富，公室日贫"。张居正在任内阁首辅十年中，针对当时存在的社会弊端实行了一系列改革。财政上，清丈土地，增加田亩数量，打击贵族地主隐没田产、偷漏税收行为；以往征收赋税与徭役同时进行，张居正决定取消徭役制，将徭役折算为役银，将各种残留的按人丁数量交税的杂征全部纳入按田亩数量征赋银的税制，实行了役银与赋银合并征收的"一条鞭法"，此举扩大了国家的财源。而且征赋改以里甲为单位为以州县为单位，纳税人可以分期缴纳赋银，这样也对里甲之间民众赋银负担轻重悬殊有一定调节作用。张居正还改进了官吏管理制度，对地方官实行类似于今天考核干部政绩的考成法，将追收征赋作为考核官吏的标准。万历四年规定，地方官征赋不足九成者，一律处罚。同年因此降职处理的官吏，山东有 17 名，河南 2 名；受革职处理的山东 2 名，河南 9 名。张居正通过一系列改革，开创了历史上有名的"万历新政"。经济上，国库积银达六七百万两，储存粮食多达 1300 多万石，足够支用 10 年。政治上"虽万里外，朝下而夕奉行"，政体为之肃然。军事上，他重用戚继光、李成梁等名将；又在东起山海关、西至居庸关的长城上加修"敌台"三千多座，大大加固了边防。同时在边疆实行"互市"政策，发展了边境贸易，改善了与周边民族的关系。从而实现了明朝末年的短暂兴荣。

考察一下中国历史上的官吏选拔制度，也足以说明中国人的不保守，中国文化不是保守文化。西周时期，朝廷官吏实行"世卿世禄"制度。天子分封天下。管理天下的官吏由天子、诸侯、卿、士依照血缘关系实行世袭。东周时期，对于其他诸侯国投奔来的特殊人才，根据需要授为"客卿"。秦代则实行了按军功即按在战场上斩敌军首级数量授予爵位的制度。这种制度相比官吏世袭无疑是一大进步。到了汉代，又开始实行察举制。即由各级地方推荐德才兼备的人才。三国魏文帝时，创立了九品中正制，由专职官吏选拔官员，按出身、品德考核民间人才，分九品录用。晋朝、六朝时期沿用了此制度。这一制度的优势在于由地方官吏推荐人才改为由专职选任官吏的部门及其官员察举人才。由于当时世族势力强大，常影响中正官公正考核人才，而且后来选才的标准几乎仅限于门第出身，造成"上品无寒门，下品无士族"，即寒门子弟进不了上层官府任职，士族子弟不去下层官府任职，他们占据着上层官府，影响了民间优秀人才的成长任用。因此，隋朝隋文帝即位以后，废除了九品中正制，实行通过考试选拔官吏的科举制。这一制度的特点是，士子入官主要以科举成绩定取舍，不看出身门第，也不必由公卿大臣或州郡长官特别推荐，这是科举制与察举制的本质区别。科举制在选士方面彻底否定了之前几千年形成的血缘世袭关系和士族的垄断，使社会底层普通民众有了"朝为田舍郎，暮登天子堂"的可能性，从而为部分社会中下层有能力的读书人进入社会上层施展才干创造了机会，既有利于贤能之士的脱颖而出，也为管理好国家提供了人才保障。

二、中国文化的进化与中国人的进取意识

回顾中国历史，作为中华文明载体的中国文化的发展，也是一个不断变化、不断创新的过程。这里充分体现出中国人的无限创造力。我们汉字的演变，就是中国人不断创新的结果。根据半坡遗址的考古发现，大约6000年以前，人们已经创造了一种刻画符号。这种符号共30多种，它们排列整齐规范，具有一定的规律性，是人们最初用来记事的符号。学者们认为这可能是汉字的萌芽。商朝后期，人们发明了最早的文字甲骨文。甲骨文是刻在龟甲和兽骨上的古老文字，以象形、会意表现字义。它的产生为后世的汉字发展奠定了基础。但甲骨文字的造型大部分象形程度极高，且一字多体，笔画不定，这说明殷商时期我国的文字并未统一。殷商时期还有铸刻在青铜器上的文字叫金文，又叫钟鼎文。与甲骨文相比，金文所使用的单字更多，尤其是形声字；金文字形比较简单，象形字比较一致。到了周代，周宣王的史官史籀创造了一种新字体叫"大篆"，也称"籀文"。比起甲骨文来，大篆趋于简便规范，它具有两个明显特点：一是线条化，随实物刻写的线条变得均匀柔和；二是规范化，字形结构趋向整齐，而且逐渐脱离了图画的原形，从而奠定了方块字的基础。到了秦朝时期，秦丞相李斯又对大篆进行删繁就简、美化加工，创造出一种全国统一的新字体小篆。比起大篆来，小篆的线条化、规范化达到了完美的程度，而且完全摆脱了象形文字的痕迹，成为一种整齐和谐、长方形状、十分美观的新字体。但由于小篆书写笔画过于规范而拘束，故书写起来速度很慢。如此民间又发明了一种书写比较简便、速度可以加快、形体向两边撑开成为扁方形的隶书，即秦隶。到了汉代，隶书发展成为一种截然区别于小篆，具有"蚕头雁尾"波折之笔的方形文字，且书写起来轻松自如，易识性大大提高。西汉隶书之后，人们又创造出了笔画比隶书更简练，书写速度更快的章草，而后又演化成今草。唐代，今草又进一步发展到书写者能寄情笔端、直抒胸臆的狂草。另一方面，汉隶盛行的同时，人们慢慢地又创造了一种糅合了隶书和草书特点而自成一体的真书。真书字体保留了篆书圆转笔画，也保留了隶书的方正平直，去掉了其"蚕头雁尾"及其波折性，使汉字的形态结构更趋完善，书写更趋方便流畅。真书在魏晋南北朝时期已很盛行，到了唐代，其普及与完善达到顶峰。颜真卿、虞世南、柳公权、欧阳询等人书写的字体成为后人书写的楷模，故真书又名楷书。当今社会所用的印刷体就源于楷书。魏晋南北朝时期，人们又创

造了介于楷书与草书之间的行书。行书不像楷书那样规范严肃，也不像草书那样奔放不羁以致难以识别，它运笔优雅流畅，字体灵活贯通。王羲之、王献之父子书写的行书是行书字体的典型代表。行书也成为最受民众喜欢且在日常生活中经常被运用的书体。汉字起源与不断演变的过程，体现了中国人有着不可穷尽的创新能力。

中国文学如汉字一样也是不断演变发展的。中国文学的产生可以追溯至远古时期人类生活的原始阶段。原始人在生产劳动的过程中，自然而然地发出有节奏的劳动呼号。这种有节奏的劳动呼号声就是原始音乐，这也是舞蹈的节拍和诗歌韵律的原始状态。后来随着生产劳动的发展，人们为春种秋收举行祭祀活动，那声声祈祷形成的歌谣及口耳相传的神话传说，是中国文学的萌芽。也可说这是中国远古时期的传说文学。到了殷商时期，甲骨文和金文产生了，标志着中国文学由口耳相传文学发展成书面文学。从此，各种文学形式在语言文字的不断成熟过程中分途发展。中国最古老的文学形式是诗歌。先秦时期，诗歌最初与音乐、舞蹈结合在一起，诗乐舞混沌一体成为先秦文学的主要特征。如《诗经》中的作品都是乐歌，而其中的颂诗，则是祭祀时用的边歌边舞的歌舞曲。先秦以后，诗歌逐步从乐舞中分化独立出来，专向突显其文学性和节奏韵律方向发展。先秦时期产生了散文这种文学形式。其特点是文史哲融合一体，如《尚书》《左传》等历史著作，《周易》《论语》《老子》《庄子》等哲学著作都是用散文形式表现的。到了汉代，中国诗歌有了新的发展。与大一统的大汉王朝政治局面相适应，产生了以歌功颂德或讽刺谏喻为目的的一种新兴文体，这就是楚辞这种文学形式转化成的汉赋。汉乐府诗也展示出新的艺术魅力，同时还酝酿出了具有新节奏、新形式的诗歌体裁"五七言诗"。从魏晋开始至唐代，五七言古体诗定型并繁荣发展达到鼎盛阶段，诗占据了文坛的主导地位。文向诗靠拢，产生了诗化的骈文；赋也向诗靠拢，出现了骈赋。从南北朝时期开始，诗人们在古体诗的基础上创造了一种新诗体即格律诗，由于时间上比古体诗接近近代故又称近体诗。这种诗因其结构严谨，句数、字数、行数规范，声调平仄互补，对仗协调，韵律和谐，因而具有明显的整齐美、声调美、韵律美和节奏美。唐代随着李白、杜甫、王维等著名诗人的出现，格律诗达到了中国诗歌的最高水平，而且成为国家选拔官吏的科举考试的重要内容。自唐代始至宋代，韩愈、柳宗元、欧阳修等唐宋八大家还积极推进古文的文学语言和文体的改革，确定了此后的文学语言和文体模式。到了宋代，萌芽于南朝、兴起于隋唐的词进入了鼎盛时期，它以调有定格、句有阕、配合音乐可以歌唱等特点开创了文学形式的一种新境界。元朝时期，人们在民间广为流传的"街市小令"或"村坊小调"这种"胡乐"的基础上创造了元曲这种文学形式，元曲无论是思想内容还是艺术风格都独具特色，自然也就成了元代文学的代表。从元代开始，叙事通俗文学开始盛行。文学的对象更多地从伏案的文人转向勾栏瓦舍的街巷民众。其传播方式不仅仅是书面，还有了说和表演等艺术形式。自元末到明清时期，随着《水浒传》《三国演义》《西游记》《红楼梦》等著名小说的先后问世，小说这种文学体裁更是开创了中国文学发展史的新阶段。从此，中国文学中的唐诗、宋词、元曲及明清小说成为世界文学宝库的瑰宝。

三、现代中国人有极大的科技创造力

为了抹黑中国人保守,"中国传统文化陷阱论"者黄奕锋竟然不顾事实叫嚷:"没有一项现代的工业产品或者科学发现源自中国。"听了黄奕锋这句话,我觉得真要请医院的大夫给黄奕锋先生开治疗耳聋目瞎之药了。黄先生应该反思一下,研究中国科学技术史的权威专家英国李约瑟先生早已证明中国15世纪以前的科学技术远远领先于西方,这说明中国古人就有无穷无尽的创造力;虽然自晚清以来中国有那么一段时间科学技术发展落后于西方,但新中国的成立尤其是改革开放以来,中国的科学技术取得了飞速的发展,中国人怎么会"没有一项现代的工业产品或者科学发现"呢?

我们先看看学界认可的现代中国机械制造方面的几大发明吧:一是机械理想内燃发动机。所谓机械理想内燃发动机就是所有内燃发动机中机械效率最高的,比传统发动机节能省油减排10%以上。中国这一发明的技术意义在于,由于蒸汽机的发明,人类18世纪在英国开始了第一次工业革命;由于内燃机的发明,人类19世纪在德国开始了第二次工业革命;由于机械理想内燃机的发明,人类将于21世纪在中国开始第三次工业革命。二是静态芯片装载由时钟程序驱动的电脑桌面操作系统,此发明改变了以往用电机-机械装置驱动的传统设计,是IT技术的重大革命,具有巨大的经济效益和社会效益。三是白金分割技术,此发明对流体力学及其技术进展具有开创性理论指导意义,特别是对风力发电具有开创性指导意义。中国高铁自主设计,自主制造,自主建设,自主营运,掌握了高铁所有的核心技术。其运行里程数已超过4万公里,占到了世界总里程数的70%以上,成为中国对外输出的一张名片。"蛟龙号"载人深潜器也是我国首台自主设计、自主集成研制的作业型深海载人潜水器。目前全球拥有6000米以上深度载人潜水器的国家包括中国、美国、日本、法国和俄罗斯。"蛟龙号"载人潜水器在西太平洋的马里亚纳海沟潜水达到7062米,下潜深度超过居于全球第二位的日本深潜器6527米的纪录近500米。而且,它可在占世界海洋面积99.8%的广阔海域使用,这对于我国建设海洋强国具有重大意义。

我们再看看被网民自豪地称为中国"造岛神器"的绞吸式挖泥船技术吧。中国近年生产的"天鲸号"自航绞吸挖泥船每小时可挖掘4500立方米的海底混合物,相当于一个标准足球场那么大;它的绞刀直径大的达到3.5米,小的也有2.8米,由4200千瓦的变频电机驱动。对挖掘耐压强度极高的岩石可以"削岩如泥",甚至能轻松自如地粉碎普通的钢筋混凝土码头。"天鲸号"的创新之处还在于,它改变了以往绝大多数挖泥船没有自航能力、必须靠拖船带动的缺陷,"天鲸号"拥有无限航区的航行能力和装驳功能,它"可以在世界上任何海域航行"。而且荣耀远不止如此,中国科技工作者经过5年的攻关,于2017年底,生产出了亚洲最大、技术更先进的"造岛神器",即重型自航绞吸船"天鲲号"。"天鲲号"的设计融合了世界最新科技,装备了当今世界最强大的挖掘系统和最先进的自动控制系统,配备最大功率的高效泥泵,设计生产能力约6000

立方米/小时，绞刀功率 6600 千瓦，最大挖深 35 米，最大排距 1.5 万米，其中远程输送等性能雄踞世界第一，其造岛能力为世界之最。"天鲲号"的研发制造真正实现了挖泥船装备从"中国制造"向"中国创造"的转变。中国正是凭着这一先进技术，在短短几年内，在南海造出了 8 个人工岛，这等于在浩渺无际的南海建造了 8 艘永不沉没的航空母舰。这一特殊成就使世界震惊。

中国国防建设中的导弹制造技术更达到了世界先进水平。中国从 1958 年 4 月开始研发东风系列导弹，先从仿制苏式导弹开始，通过半个多世纪以来的努力，已完全自主研制掌握了一系列近程、中程、远程，可固定发射点发射，可机动发射，可单个弹头、也可多弹头的先进弹道导弹技术，成为我国震慑强敌的重要国防力量。中国是世界上继俄罗斯和美国之后第三个掌握了载人航天技术的国家。中国企业中联重科研制出了全球最大内爬式动臂塔机。业界还认为，中国发明的激光照排技术，电动自行车技术，煤、气、电、热一体化开采煤矿技术还将对世界工业发展产生重大影响。

在农学研发方面，中国人也具有永不枯竭的创造力。中国工程院院士、中国国家最高科学技术奖获得者袁隆平及其团队在杂交水稻培育种植研究领域不断取得新突破，他们先后成功研发出"三系法"杂交水稻，"两系法"杂交水稻，超级杂交稻一期、二期。整个研发过程处处显示着他们敢于挑战困难、敢于向大自然奥秘深处进军的进取精神。1960 年袁隆平开始进行水稻的有性杂交实验。1965 年 7 月，袁隆平经过研究，彻底推翻了传统经典理论米丘林、李森科的"无性杂交"学说，并推论水稻亦有杂交优势，得出了通过培育雄性不育系、雄性不育保持系和雄性不育恢复系的三系法途径来培育杂交水稻可以大幅度提高水稻产量的结论。1973 年 10 月，我国籼型杂交水稻"三系"配套实验取得成功，这是我国水稻育种的一个重大突破。1995 年 8 月，我国两系法杂交水稻研究又取得突破性进展，可以在生产上大面积推广。两系法杂交水稻比同期三系杂交水稻每公顷增产 750 至 1500 千克。1998 年 8 月，袁隆平又开展选育超级杂交水稻的攻关，经过一年多的努力，终于攻克了两系法杂交水稻难关，超级杂交稻小面积试种获得成功，亩产达 800 千克。在此基础上，他们一次又一次地将超级杂交水稻产量推向高峰。2017 年 9 月，他们培育的超级杂交稻品种"湘两优 900（超优千号）"创造了试验田亩产 1149.02 千克的最高纪录。该技术被推广到印度、越南、菲律宾等几十个国家。2018 年 1 月，袁隆平受迪拜国邀请和委托在迪拜沙漠地区开展水稻的种植试验，袁隆平团队克服了沙漠种植既缺土壤又缺淡水的困难，使沙漠种稻取得成功。其中一个水稻材料亩产量超过 520 千克，两个水稻材料亩产量超过 400 千克。这为迪拜乃至其他同类沙漠地区种植水稻提供了可借鉴的经验。袁隆平不仅改变了中国，而且改变了世界。

世界普遍使用的特效抗疟疾药青蒿素的生产也充分体现了中国人在医学领域的探索精神和创新能力。疟疾是危害严重的世界性流行病。据卫生组织统计，全球有百余个国家年约三亿人感染疟疾。以前中国尤其是南方也有不少人感染过此病。中国政府于 1967 年 5 月成立抗疟专业组织开展了对抗疟疾药物的研究，先后集合了全国几十家科研院所和几百位科学家联合攻关。1969 年北京中药所指定化学研究室屠呦呦担任研究组组长，加速了研发进度。屠呦呦从东晋葛洪《肘后备急方》一书中"治寒热诸疟方"

所说的"青蒿一握，以水二升渍，绞取汁，尽服之"的方法得到启发，他们以现代科学方法组织筛选，改用乙醚提取工艺。1971年10月，青蒿的动物效价由30%—40%提高到95%。他们用这种乙醚提取物对小白鼠和猴子进行抗疟疾试验，显示100%的疗效。1972年5月他们进行临床试验获得成功。1981年10月，屠呦呦在世界卫生组织举办的第四届疟疾化疗研讨会上作了《青蒿素的化学研究》报告，在报告中她又独创性地提出了应进一步研发复方青蒿素以防止或延缓抗药性出现的设想。此后中国开始自行研发复方药物，并成功开发出了"复方蒿甲醚"等一系列复方药。1986年，青蒿素和双氢青蒿素获一类新药证书，1992年获得"全国十大科技成就奖"。2015年10月，屠呦呦因创制新型抗疟药青蒿素和双氢青蒿素的贡献，与另外两位科学家获2015年诺贝尔生理学奖或医学奖。以青蒿素类药物为主治疗疟疾的联合疗法的发现，为当今世界人类抗击疟疾危害作出了巨大贡献。据世界卫生组织统计，仅在疟疾重灾区撒哈拉以南非洲地区，就有2.4亿人受益于青蒿素联合疗法，有150万人由于采用这种疗法避免了疟疾导致的死亡。

四、张骞出使西域、玄奘西天取经，中国人没有探险精神吗？

"中国传统文化陷阱论"者还认为"中国文化不鼓励冒险"，"缺少探险"精神，这完全不合于历史事实。

中华民族是一个勇敢的民族，这就意味着中国人的不惧困难，敢闯、敢冒险、敢冲刺。西汉汉武帝时期的张骞就是一位伟大的外交家，同时又是一位卓越的探险家和旅行家。他具有强烈的开拓和冒险精神。当时中国西北边疆有一个强大的游牧民族叫匈奴。他们吞并了周边小国后控制了中国东北部、北部和西部广大地区，有着强大的军事实力并建立起强盛的奴隶制政权。匈奴以西域为据点，不断侵占汉朝的领土，骚扰和掠夺中原居民的财富。汉武帝即位后，决心联络西域与匈奴有世仇的大月氏国夹击匈奴。公元前139年，张骞奉汉武帝之命，率领100多名随行人员，从长安出发前往西域。他们西行至河西走廊时，由于这一原属大月氏的地区已完全被匈奴所控制，张骞团队全部被匈奴骑兵抓获。匈奴单于对张骞威逼利诱，想逼使张骞放弃出使大月氏的念头。张骞坚持"不辱君命""持汉节不失"，始终不放弃汉武帝交给他的神圣使命。他们被匈奴扣留居住了整整10年。直到公元前129年，在一次匈奴人监视有所松懈的时候，他们乘机逃出。然而在匈奴扣留他们期间，大月氏在匈奴和乌孙国的合力进攻下，被迫从伊犁河流域继续西迁，进入咸海附近的妫水地区。他们征服当地的大夏后，在新的土地上另建家园。张骞根据大月氏远迁西域政局变化的实际情况，带领团队折向西南，进入焉耆，再溯塔里木河西行，过库车、疏勒等地，翻越葱岭，直达大宛国（今乌兹别克斯坦费尔干纳盆地）。这是一次极为艰险的旅行，大戈壁滩上，飞沙走石、热浪翻滚；葱岭高原，危崖陡峭，冰天雪地，寒风刺骨。沿途人烟稀少，水源稀少。他们因为是匆忙出逃，物资缺乏，一路上是风餐露宿，粮食吃尽了，只能以射杀禽兽充饥，有不少随从或因饥渴倒毙途中，或葬身黄沙冰窟。他们到达大宛后，通过反复宣传争取，才得到大宛的理解与支持。在其帮助下，他们到达康居（今乌兹别克斯坦和哈萨克斯坦境内），再在康居的支持下到达大夏（今阿姆河流域），通过大夏才到达了大月氏国。然而大月氏这个"行国"到新地方后，由于这里土地肥沃，他们逐渐改游牧为农业定居，加之又远离敌国匈奴和乌孙，而且他们认为汉朝离大月氏太远帮不了本国多少忙，所以不愿意应汉朝之约东还并找匈奴报仇。张骞在大月氏国劝说一年多仍无结果。公元前128年，张骞率领团队动身返国。为避开匈奴控制区，他们改变行程路线，由"北道"改走"南道"，即由塔里木盆地南部，循昆仑山北麓，从莎车，经于阗（今和田）、鄯善（今若羌），进入羌人地区。在这里他又被匈奴骑兵所抓获再次扣留一年多。直到公元前126年，张骞趁匈奴内乱之机才得以出逃回到长安。这次张骞出使西域，历时13年，出发时100多人，回汉时仅留2人了。这次出使，虽然没有达到联合大月氏攻击匈奴的目的，却使汉朝对西域的地理、物产、风俗习惯有了了解，为汉朝开辟通往中亚的交通及对匈奴的军事行动提供了宝贵的资料。公元前119年，为联合乌孙共同对匈奴用兵，张骞又奉汉武帝之命率300人的使团，每人备两匹马，带牛羊万头，价值"数千巨万"的金帛货物出使乌孙。目的是游说乌孙东返进攻匈奴，但没有成功。在此期间，张骞派副使持汉节又到了大宛、康居、月氏、大夏等国，巩固了汉朝与这些国家的友好关系。此后又派使者到过安息（波斯帝国）、身毒（印度）、奄蔡（在咸海与里海之间）、条支（安息属国）、犁轩（附属大秦的埃及亚历山大城）。公元前115年，张骞回到汉朝，第二年去世。汉朝对张骞两次出使西域给以很高的评价。张骞生前被汉武帝特封为太中大夫，博望侯。他出使的所历所见所闻，成为《汉书·西域传》的重要来源。通过张骞的出使，汉朝大大加强了与西域诸国的友好往来。西域开通以后，从敦煌出玉门关，进入新疆，再从新疆进入中亚、西亚，这条横贯东西的通道变得畅通无阻。从此中国与中亚、西亚的政治、经济、文化交往不断加强，中国对西方的影响不断扩大。张骞出使西域的这条通道就是后世千古畅通的"丝绸之路"。

　　绝大多数中国人都知道《西游记》中唐僧带孙悟空、猪八戒、沙和尚三个弟子克服千难万险去西天取经的故事。这个长篇小说故事里的孙悟空、猪八戒等降妖捉怪虽系虚构夸张，但唐僧去西方取经却系真人真事。其事迹突显出中国人追求真理的毅力和勇于开拓探究的精神。唐贞观元年即627年，佛教著名高僧玄奘即唐僧鉴于佛教各派学说严重分歧，为探究真谛，在未获唐太宗批准的情况下，"冒越宪章，私往天竺（印度）"。他独自一人西行，从洛阳出发，经长安，到凉州，继而昼伏夜行至瓜州。取道玉门关，越过五峰，渡流沙，抵达伊吾（哈密），至高昌国（今新疆吐鲁番）。后又走屈支（今新疆库车）、凌山（今别迭里山口）、碎叶城、迦毕试国、笯赤建国（乌兹别克斯坦首都塔什干）、飒秣建国（今撒马尔罕城），过铁岭、铁门，到达睹货罗国故地（今嵚岭西南、乌浒河上游）。南下经位于今阿富汗境内的缚喝国、揭职国、大雪山、梵衍那国，再经位于今巴基斯坦境内的犍双罗国、乌伏那国，到达位于今克什米尔的迦湿弥罗国。在这里他学习梵文经典，同时又赴位于今巴基斯坦境内的4个国家学习佛法。在他31岁那年，他边学边行进入中印度。在印度，他一边学习佛教经论，一边巡礼佛教遗迹，先后巡礼翠禄勒那、袜底补罗、揭若鞠阇等十多个国家，至印度佛教中心那烂陀寺后他在此研学 5 年。贞观十年（636），他离开那烂陀寺，先后去印度北部、东部、南部、西部几十个国家的寺庙访师参学。直至 643 年载誉启程回国，645 年回到长安。玄奘整个西行历经艰辛，长途跋涉 5 万里，在印度前后 18 年学遍了当时的大小乘各种学说。共带回佛舍利 150 粒、佛像 7 尊、经论 657 部。《大唐西域记》十二卷记述了玄奘西游亲身经历的 110 多个国家及传闻的 28 个国家的山川、城邑、物产、习俗等，为推进古代东西文化交流作出了卓越贡献。玄奘被誉为世界文化交流的杰出使者，因其爱国及护持佛法的精神和巨大贡献，被鲁迅誉为"中华民族的脊梁"。

玄奘西行取经 97 年之后的 742 年冬天，唐代又一名高僧鉴真开始冒险漂洋过海东渡日本。鉴真（688—763），俗姓淳于，广陵江阳（今江苏扬州）人，日本佛教南山律宗的开山祖师，著名医学家。日本天平年间及之前，日本佛教戒律不完备，僧人不能按照律仪受戒。733 年即日本天平五年，日本僧人荣睿、普照随日本朝廷派遣的遣唐使入唐，目的是邀请大唐高僧去日本传授戒律。他们访求 10 年，最后确定邀请鉴真赴日。鉴真不顾弟子们的劝阻反对，决定接受邀请赴日传授佛法。从唐天宝元年（742）冬天鉴真从扬州造船下长江实施东渡开始，至 754 年东渡成功，这 12 年中他尝试东渡 6 次。其中，第一次、第三次、第四次因故被阻未能成行。第二次尚未出海，便在长江口狼沟浦遇风浪沉船。船修好后又遇大风漂至舟山群岛中一小岛上，被困五日后方被救，致使东渡失败。第五次是 748 年，这次东渡更为悲壮。这年鉴真已 60 岁了，船队于 6 月 28 日从扬州崇福寺出发，在今江苏南通狼山附近，就遭遇狂风巨浪，他们在一个小岛避风一个月后继续起航。行到舟山群岛时，又遇大浪受阻。在此停留至 11 月才继续进发。这次起航到东海时，遭到更大的北风巨浪袭击，船向南漂流了 14 天，16 天后才上岸。其间只能靠吃生米、饮海水度日。最后在海南岛的三亚靠岸。归途中，鉴真因长途跋涉、操劳过度而身患重病，以致双目失明。然而鉴真并没有因此而气馁，754 年又准备第六次东渡。当时唐玄宗崇信道教，意欲改派道士去日本，故不准鉴真出海。当年 11 月，鉴真在未得到朝廷支持的情况下，带随行 24 人，秘密乘船至苏州黄泗浦（今张家港市塘桥镇）转搭遣唐使大船出海东行。11 月 16 日出海，中途有同行一船只失散，12 月 6 日又有一同行船只触礁。直到 12 月 20 日，才历尽艰难抵达日本萨摩，第六次东渡得以成功。鉴真东渡成功对中日文化交流和加深两国人民友谊具有重大的历史意义。

继鉴真冒险东渡之后，明朝初年永乐年间，明三宝太监郑和奉明成祖朱棣之命，为宣传明朝国威，发展海洋贸易，加强与海岸国家的友好往来，连续开展了多次海上远航活动。从 1405 年第一次到 1421 年第六次，郑和率领一支拥有 27000 多人、240 多艘海船的庞大船队从南京出发，入海远航西太平洋和印度洋，拜访了 30 多个处于太平洋印度洋海域的国家和地区。其中有史料证实他们曾到达过爪哇、苏门答腊、苏禄、彭亨、真腊、古里、暹罗、榜葛剌、阿丹、天方、左法尔、忽鲁谟斯、木骨都束等国家，最远到达东非、红海。甚至还有学者研究认为是他们最早发现美洲、澳洲和南极洲。郑和下西洋是中国历史上规模最大、船只最多、海员最多、时间最久、航程最远的海上航行，其航海时间比后来欧洲葡萄牙、西班牙等国家的航海家，如麦哲伦、哥伦布、达·伽马等人早了将近一个世纪。郑和不愧是"大航海时代"的先驱。郑和说："欲国家富强，不可置海洋于不顾。财富取之于海，危险亦来自于海。……一旦他国之君夺得南洋，华夏危矣。我国船队战无不胜，可用之扩大经商，制伏异域，使其不敢觊觎南洋也。"这一充分体现海权意识的"海权"理论，比19世纪至20世纪的美国海权学教授马汉提出的制海权理论早了500年。

中国人的不保守、敢探险，还表现在对未知客观世界的探索上。徐霞客（1587—1641）是明朝时期一位有名的地理学家，更是一位著名的探险家和旅行家。他少年时就对祖国山川名胜充满好奇，并怀有"大丈夫当朝碧海而暮苍梧"的旅行大志。万历三十六年（1608），徐霞客22岁，他决定正式离开家乡江阴远游，去探寻名川大山的奥秘。他头戴母亲为他做的远游冠，肩挑简单的行李，跋山涉水，求食村巷，借宿寺庙。第一次是1608年至1613年，他重点研究祖国的地理文化遗产，并凭兴趣游览了太湖、泰山等地理名胜。第二次是1613年至1633年，他历时20年游览了浙、闽两省及安徽黄山和北方的嵩山、五台山、华山、恒山等诸名山。第三次是1636年至1639年，他历时4年游览浙江、江苏、湖广、云贵等江南大川。徐霞客最后一次业游时已51岁。他由江西进入湖南，历时55天游览湖南衡阳全境，然后进入西南，直到中缅交界的今云南腾冲。在此地他身患重病被迫终止游览，被送回老家。这30年的考察探险，徐霞客走遍今21个省、市、自治区，"达人所之未达，探人所之未知"，所到之处，探幽寻秘。而且他白天爬山探险，晚上将沿途所见的地理、人文、动植物状况纸记墨载，最后撰写成60万字的地理名著《徐霞客游记》。他这种不折不挠、勇于探索的精神被后世所敬佩，人们赞誉他为"千古奇人"。他开篇写《徐霞客游记》的5月19日，被中国政府定为"中国旅游日"。

中国人有着对未知宇宙世界不停探索的毅力。神话故事嫦娥奔月体现的就是中国人对航天的梦想。古籍《墨子·鲁问》记载："公输子削竹木以为鹊，成而飞之，三日不下。公输子自以为至巧。"《渚宫旧事》云："尝为木鸢，乘之以窥宋城。"这里记载的是春秋战国时期公输子即鲁班制作的木鸟可高空飞行3日，并可用以侦探敌方宋城军情的故事。这是古人进行飞天的尝试。鲁班这一飞天技术比后来英国乔治·凯利爵士于1809年试制的滑翔机飞天，足足早了2300年。元朝末年，有个叫陶成道的人发明了火神器技艺并用它帮助当时任吴王的朱元璋作战。朱元璋按元朝制度授陶成道为万户官。在14世纪末明朝初期，陶成道就猜想到利用火箭发射产生的推动力可以把人类送上天空飞行，并大胆地开始试验。他把自制的47枚箭绑在椅子上，自己坐在椅子上，双手举着大风筝。他的最初设计理念是在火箭的推动下自己能飞上高空，再由风筝的保护平稳着陆。但实验时不幸火箭爆炸，陶成道因此而献出了宝贵的生命。陶成道被后人誉为"中国航天第一人"，他的壮举被航天界称为是中国人实现航天梦的第一个里程碑。后来，中国航天界一致同意用陶成道的名字为月球上发现的第一座山命名。正是在陶成道飞天的基础上，中国人不断进行着航天事业的探索。1970年中国第一颗人造卫星"东方红1号"成功升空，这是中国航天发展史上的第二个里程碑。2003年10月15日，中国"神舟五号"载人飞船成功升空，这表明中国人掌握了载人航天技术，成为中国航天事业发展史上的第三个里程碑。2007 年 10 月 24 日 18 时 05 分，卫星"嫦娥一号"成功"奔月"。此后，"神舟九号"与"天宫一号"相继发射，并实现成功对接。2016 年 9 月 15 日 22 时 04 分 09 秒，"天宫二号"空间实验室在酒泉卫星发射中心发射成功，此举是中国人航天事业发展的第四个里程碑。

中国人之所以不保守、不守旧、不僵化，坚持开拓创新，是因为中国文化强调变易，中国人的文化基因中激荡着变的元素。中国最早的集哲学、社会科学与自然科学于一体的著作是《周易》。它揭示世界万事万物都具有相对特性，事物都是经历孕育、出生、成长、壮大、衰弱、灭亡的过程，再转化为新事物的孕育、出生，如此周而复始地循环交替变化。从"周易"二字的字面理解，"易"就是指事物的变化发展，"周"即周而复始地循环交替。所以《周易》这个书名非常清晰地表明这是讲宇宙发展变化的科学。《周易》的理论正是中国人创新思维的最本源的思想基础。老子的《道德经》更充满了辩证法"变"的智慧。"人法地，地法天，天法道，道法自然"，这里强调"道"是人类应当效法的对象，自然界与人类社会都是依道而运行。人们也只有循道行动其行为才正确。老子还阐述了宇宙本原的道创生天地万物的变化过程，即"道生一，一生二，二生三，三生万物"。这里尤其强调了万事万物都是发展变化的。按照老子的观点，任何事物发展到了极限，还会向对立面转化，"反者道之动"。联系自然社会来观察，人们就发现：月盈则亏，水满则溢；流水不腐，户枢不蠹；祸兮福所倚，福兮祸所伏；满招损，谦受益；世上新叶催陈叶，流水前波让后波；江山代有人才出，各领风骚数百年。中国人正是从古代先贤关于自然和社会无穷变易的认识中得到了启迪：既然万事万物都是变化发展的，人们对客观事物的认识就必须随着其变化而变化，而且这必须是永无止境的。"路漫漫其修远兮，吾将上下而求索。"既然客观世界是发展变化的，人们从事的各种改造自然与社会关系的活动也必须不断调整改进。所以，盲目守旧是不对的，思想保守不利于事物发展，创新才是人类文明进步的不竭动力。这是中国人自古至今的认识理念，更是中华民族几千年来克服保守僵化，不断创新，不断开拓，自强不息，永久雄立于世界民族之林的重要思想根源。

本篇说明，无论是从历史和当今时代看，还是从理论和实际看，所谓中国人重天命、轻人力之说，中国人保守、无探索精神之说，统统属于荒谬。中国人过去是、现在是、将来还是高扬永不知足、永远进取的主旋律，昂首阔步走向那充满光明的未来。

4 "中国科学当然没有办法发展"起来吗?

以中国科学技术落后否定中国传统文化,这是"中国传统文化陷阱论"的一个基本内容。让我们先看看他们的一些"高论"吧!

袁伟时先生为了证明他的中国古代科学技术落后的观点,引用了16世纪末至17世纪初,即明朝万历年间来中国传教的意大利天主教耶稣会传教士利玛窦的一段话,"利玛窦是这样讲的:'为什么中国人不重视科学,不重视逻辑呢?很简单,因为这里面有利益关系,在中国你懂四书五经,不用学数学和逻辑,也不鼓励做试验,就可以考取科举和做官,这样的状况下,科学当然没有办法发展起来。'"

海旻在《为什么必须彻底批判中国传统文化》一文中说"中国没有哲学,数学、逻辑学、自然科学"。

他们的这些"高论"符合中国历史事实吗?只要简单了解一下中国科学技术发展史,看看中国古代科学技术对世界科学技术发展史的贡献,就可以看出这些说法对中国的科学技术发展历史的漠视!

一、西方世界如何评价中国历史上的科学技术成就?

这里首先应该指出的是,袁伟时先生引用的16世纪下半叶利玛窦对中国古代科学发展状况的这一段评价,是不是确有其言?即使确有这么一段论述,是不是代表了他对中国古代科学发展状态的全部看法?有文献记载,进入了中国的利玛窦,对中国文明非常称赞,他感叹"中国除了还没有沐浴我们神圣的天主教信仰之外,中国的伟大乃是举世无双的","中国不仅是一个王国,中国其实就是一个世界","柏拉图在《共和国》中作为理论叙述的理想在中国已被付诸实践"。他还发现中国人非常博学,"医学、自然科学、数学、天文学都十分精通"。但是,他也发现"在中国人之间,科学不大成为研究对象"。从利玛窦上述论述来看,他对中国古代科学的发展总体上是肯定的,并不是如袁伟时先生所引用的那段话评价那样低。

下面让我们先了解一下,西方世界怎样评价中国古代的科学技术发明,中国是如何为世界文明发展作出贡献的吧!

这里先要问问袁伟时、海旻这几位教授先生,你们读小学时,是否听老师讲过中国古代"四大发明"?中国的其他小学生可能都知道,这"四大发明"是:105年,东汉蔡伦在总结前人经验的基础上,改良了造纸术;早在战国时期,河北省邯郸市武安县磁山的先人们就用磁铁石做成磁针以辨别方向,后来人们在此基础上制作了指南针;1000

多年以前，道家的道士们在长期炼丹的实践过程中，发明了火药；北宋时期，毕昇发明了世界上最早的活字印刷术。那么，这"四大发明"是不是科学技术呢？它们对人类文明的发展有什么意义呢？下面我们先听西方人对这"四大发明"的评价吧！

意大利数学家杰罗姆·卡丹，早在1550年就第一个指出，中国对世界所具有影响的"三大发明，是司南（指南针）、印刷术和火药"，并认为它们是"整个古代没有能与之相匹敌的发明"。

1620年，英国哲学家培根在《新工具》一书中认为："印刷术、火药、指南针这三种发明已经在世界范围内把事物的全部面貌和情况都改变了。"

1861年至1863年，马克思和恩格斯将这些发明的意义提到了更高的高度。马克思在《机器、自然力和科学的应用》中写道："火药、指南针、印刷术，这是预告资产阶级社会到来的三大发明。火药把骑士阶层炸得粉碎，指南针打开了世界市场并建立了殖民地，而印刷术则变成了新教的工具，总的来说变成了科学复兴的手段，变成对精神发展创造必要前提的最强大的杠杆。"恩格斯在《德国农民的战争》中明确指出，"一系列的发明都各有或多或少的意义，其中具有光辉的历史意义的就是火药。现在已经毫无疑义地证实了火药是从中国经过印度传给阿拉伯人，又由阿拉伯人和火药武器一道经过西班牙传入欧洲"。

19世纪英国来华传教士、著名汉学家艾约瑟先生最先在上述三大发明中加入造纸术。他在比较日本和中国时指出："我们必须永远记住，他们（指日本）没有如同印刷术、造纸术、指南针和火药那种卓越的发明。"

应该指出的是，尽管西方世界对中国古代"四大发明"及其对世界文明发展的贡献是充分肯定的，但是西方对中国历史上整个科学技术发展的真实状况，却经历了一个由零碎到逐步系统，由局部到全面的认识过程。其主要原因在于中国与西方，在文化上特别是在文字语言上有着巨大差异；中国与西方之间，更有山高水远的地理屏障；也由于中国历史太悠久，文化内涵太深厚，故在世界进入现代工业社会之前，就像中国人对西方不太了解一样，西方人也不大了解中国。即使是马可波罗有对中国的一些介绍，但他所看到的也只是元代中国的表面繁华现象。因此在清朝以前，西方世界对中国悠久的历史和深厚文化，总体上仍缺乏全面的了解和研究。19世纪中叶以后，西方先于中国进入现代工业社会，并随即向世界进行殖民扩张。由于遭受了西方列强的不断侵略掠夺，加之晚清朝廷的腐败，国内连绵不断的内战，中国呈现在世人面前的就是一幅贫穷落后的景象。而大量的西方人也恰恰是从这个时候开始进入中国的，他们所看到的当时的中国又确是那么贫困落后，故他们对中国人的认识，也就框定在当时的"东亚病夫"这个定位上。18世纪甚至有西方学者断言中国"其本质上看是没有历史的，它只是君主覆灭的一再重复而已。任何进步都不可能从中产生"（黑格尔）。直到20世纪之后，西方对中国的了解才不是停留在当时的社会表面，而是逐步深入到中国遥远的历史。尤其是英国近代生物化学家李约瑟先生（1900—1995），他破天荒地开始了对中国科学技术史的研究。

李约瑟出生在一个充满了科学研究氛围的基督教知识分子家庭，他刚24岁就在科学界功成名就,1941 年,就当选为英国皇家学会会员。他于 1938 年开始学习中文,从 1943 年开始,他利用被英国文化委员会任命为设立在中国重庆的中英科学合作馆馆长的机会,研究中国科学技术史。他访问了 300 多个文化教育科学机构,走访了上千位中国学术界的知名人士,行程遍及中国十多个省,并获得了一套总计一万卷一亿七千万字的《古今图书集成》及无以计数的相关资料。通过对这浩如烟海的资料的研究,他从 20 世纪 50 年代起,历时 45 年编写《中国科学技术史》共 7 卷,34 册。内容涉及哲学、历史、科学思想、数学、天文、地理、生物、农业、医学及工程技术等诸多领域。由于有了对中国科学技术发展历史的全面了解,李约瑟在书中第一次全面系统地向全世界介绍中国古代科学技术发明成就,用无可否认的事实证明中国对世界文明的贡献远超过其他所有国家。他写道:"从科学整体而言,有大量无可争辩的事实证明,从远古时代直到 15 世纪前,中国科学技术的成就遥遥领先于欧洲,在这上千年的历史中中国在科学技术方面被世界公认是'发明和发现的国度'。"同时,他也指出中国科学技术取得的成就对比所得到的承认却远远不够。李约瑟这一研究成果得到了当时西方世界的高度肯定。世界《自然》杂志对李约瑟的评价是,"在 20 世纪,没有哪位学者像李约瑟一样,改写了人们脑海中的固有观念,他把中国过去 1500 年的历史描绘、梳理,如画般清晰"。李约瑟因有关于中国科学史这一研究成果,1965 年在巴黎获得第十二届国际科学史和科学哲学联合会授予的国际科学史界最高荣誉奖——乔治萨顿奖章,他也于 1974 年当选为国际科学史和科学哲学联合会科学史分会主席。1995 年李约瑟逝世后,联合国教科文组织为他出版传记,高度肯定他研究中国科学技术史的执着精神及其巨大成就,赞扬他是"20 世纪文艺复兴人"。2008 年英国《经济学家》周刊发文赞扬他,"李约瑟,改变西方对中国文明落后评价的人"。1992 年,英国女王更授予他国家的最高荣誉——荣誉同伴者勋衔,在英国这是比爵士更为崇高的勋号。这一切充分说明,李约瑟关于中国古代科学技术发展成就的研究成果,是建立在对世界科学技术发展的整体了解和对中国科学技术发展历史深入分析的基础之上的,是符合客观事实并得到了包括学术界在内的举世公认的科学结论。

值得指出的是,李约瑟关于中国科学技术发展成就的观点发表以后,曾经有那么少数人,怀疑他把中国科学技术发展成就拔得过高。我要请问这些先生们,第一,你们这种怀疑结论提出前,是否比李约瑟更深刻、更全面、更系统地对中国科学技术发展史做了研究?即使有做过这种研究,是否花了比他更长的时间?是否掌握了比他更多的资料?涉猎的范围是否比他更广?第二,你们是否把中国的科学技术史与西方历史上的科学技术做了认真细致的比较?第三,你们是否发现了李约瑟还没有发现的西方世界科学技术发展的新成果?第四,你们是否发现李约瑟列举的关于中国古代科学技术的那些发明创造事例全部或者大部分不符合历史事实?如果上述这些方面都是否定的,你们仅是凭主观想象推测就说李约瑟的结论让人怀疑,那你们这种怀疑就是水中的浮萍,又有什么根据和说服力呢?

上述充分说明,袁伟时等人"中国科学当然没有办法发展"起来之说,是完全不能立足的。

二、中国古代科学技术的发展成就

从科学技术发展的整体情况看，正如19世纪英国首位来华传教士、汉学家麦都思指出的："中国人的发明天才，很早就表现在多方面。"中国人对自然规律的探索伴随着中华文明的诞生发展而同步发展。"中国传统文化陷阱论"关于中国古代没有逻辑学的观点，我在《"中国人的思维方式有问题"吗?》这篇文章中，已作了彻底否定，现在我们再看看中国古代其他科学技术的发展情况。

中国古代随着生产力的发展，科学技术也相应发展很快。周文王姬昌（前1152—前1056）推演了《周易》的思想。《周易》是一部集人文科学与自然哲学于一体，充分体现华夏民族祖先智慧的名著。19世纪瑞士科学家荣格指出："谈到世界人类唯一的智慧宝典，首推中国的《易经》，它亘古常新，相距6000年之久，依然具有重要价值，有与最新的原子物理学颇多相似的地方。"伟大的科学家爱因斯坦，在探讨中国古代科学技术取得辉煌成就的原因时认为，原因之一就是："中国古代科学家自幼学习《周易》，掌握了一套古代西方科学家们不曾掌握的知识，一把打开宇宙迷宫之门的金钥匙。"此后，中国古代不仅是在数学、几何学领域，就是在天文学、地学、农学、医学等方面也发展很快。中国的科学技术尤其是在近两千年的封建社会，代表了世界的最高成就，成为世界文明发展的标志。

1. 中国古代数学的发展成就

据《淮南子·道应训》记载："今夫举大木者，前呼邪许，后亦应之，此举重劝力之歌也。"这是远古时代我们的祖先成群结队抬着巨大的木头，发出巨大的号子声，以征服强大的自然力的壮观场景的记载。这种号子声不仅标志着原始诗歌的产生，这种壮观场景，更是祖先们对人的力量是1加1等于或大于2这一数学规律的原始感悟。距今约1万年前的旧石器时代晚期，华夏民族的人文始祖伏羲，创造了画圆的"规"与画方的"矩"。大禹则用规矩准绳这些几何工具治理河道。公元前1400年至公元前1100年殷商甲骨文中已有13个记数单字，最大的数是"三万"，最小的是"一"；一、十、百、千、万各有专名。公元前14世纪，商朝时期的甲骨文有用十进制记述了"547"天的实例。直到两千多年后，欧洲才在西班牙一份手稿中，发现有用十进制计数的记载。十进制计数思想，是产生现代科学的重要基础，不能不说这是中国对世界自然科学的重大贡献。公元前388年成书的《墨经》中，有丰富的关于力学、光学、几何学、工程技术知识和现代物理学、数学的基本知识，如关于力、力系的平衡和杠杆、斜面等简单机械的论述。公元前550年中国人发明了用算盘计算，后来逐渐传到世界各地，直到1600年后，才被现代阿拉伯数字所代替。

中国最早的含数学、天文于一体的专著《周髀算经》问世于公元前1世纪，该书是不是如某些专家所指责的"登不上台面"呢?该书主要阐明当时的盖天说和四分历法，其在数学上的主要成就是介绍了"勾股定理"及其在测量上的应用，以及怎样应用到天文计算。《周髀算经》记载的"勾股定理"的公式与证明，相传是在西周时期由商高发现的，故又有人称之为商高定理，这一定理的提出比西方早了500多年。如果连《周髀算经》都"登不上台面"，那么比《周髀算经》晚了500多年才有关于"勾股定理"的同样发现的西方数学科学，能不能登上台面呢？

应该指出，即使《周髀算经》一书，由于成书时代的历史局限性，在某些方面不够深刻全面，但是，在中国数学发展史上，还有多少雄篇巨著在闪闪发光。同在1世纪，数学领域的杰作《九章算术》问世。该书确立了中国古代数学的框架，也确立了以计算为中心，解决人们生产生活中的数学问题为目的的风格，是当时世界上最简练有效的应用数学。它的问世，标志着中国传统数学理论体系的完成。它影响深远，以致以后中国的数学著作，大体上都采取两种形式，或为之作注，或仿效其体例著书。5世纪，又有了数学专著《张丘建算经》，该书现传本有92问，比较突出的成就有最大公约数与最小公倍数的计算，各种等差数列问题的解决，某些不定方程式问题求解等。西汉末年刘歆（前50—23）计算圆周率为3.1547。到了东汉时期，张衡（78—139）计算圆周率求得两个值，一个是92：29＝3.17241，另一个是$\sqrt{10}=3.1622$。500年后，印度数学家罗笈多，也是确定圆周率为$\sqrt{10}$。

南北朝时期，杰出的数学家、天文学家祖冲之（429—500），在前人开创的探索圆周率的精确方法的基础上，首次将圆周率精算到小数点后第七位，即在3.1415926和3.1415927之间，还得到两个近似分数值，密率355/113和约率22/7。欧洲直到1573年才由德国人奥托得到这一密率，荷兰工程师安托尼斯于1625年将奥托这一成就发表于自己的著作中。欧洲人不知道祖冲之早已知道了密率，故将密率错误地称为"安托尼斯率"。所以，中国取得圆周率的近似值比西方世界的欧洲早了1000多年。祖冲之还在他的数学杰作《缀术》中，首次提出了"开差立"问题，就是已知长方体的体积和长、宽、高的差用开立方的办法来求它的边长；同时也包括已知圆柱体、球体的体积来求它的直径的问题。所用到的计算方法已是用三次方程求解正根的问题。而三次方程的解法是祖冲之的创举。元代杰出的数学家朱世杰创作了《四元玉鉴》，书中的成果被视为中国筹算系统发展的顶峰，是一部成就辉煌的数学名著。近代数学史研究专家认为，该书是中国数学著作中最重要的一部，同时也是中世纪最杰出的数学著作之一。

中国数学史上有宋元四大家的说法。宋元四大家指的是南宋末年数学家秦九韶，元代数学家李冶、杨辉、朱世杰。李俨、杜石然在《中国古代数学简史》中写道："宋元时期的中国数学，事实上确是远远超过同时代的欧洲。高次方程解法较欧洲的霍纳法早出800年；多元高次方程组的消元法要比欧洲早出近500年；联立一次同余式解法早出500多年；高次的内插法早出近400年。在许多数学的重要领域之内，中国数学家处于遥遥领先的地位。"

请问"中国传统文化陷阱论"的各位先生，你们承不承认上述中国古代数学领域的成就，如果承认，那又怎么能说中国古代数学没有办法发展起来呢？

2. 中国古代天文学的发展成就

根据天文学发展史研究，春秋时期，中国有了世界上公认的首次哈雷彗星的确切记录。《春秋》记载，公元前 613 年，"有星孛入于北斗"，即指哈雷彗星。这一记载比欧洲早 600 多年。但后来发现的史料证实，其实中国古人在此之前的公元前 1467 年，就有了发现哈雷彗星的记载。这样，中国关于哈雷彗星的记载比西方早了 1654 年。当西方人在争论谁在 1615 年左右发现太阳黑子时，中国早就在西汉时期，便系统记录了太阳黑子，比欧洲早记录 1500 年。公元前 1400 年至 1600 年，中国有 90 项超新星记录。中国早在公元前 1361 年，就有日食记录，公元前 1600 年至 1600 年，有 581 项彗星记录。春秋时期，我国历法已经形成自己固定的系统，基本上确立 19 年 7 闰的原则，这比西方早 160 年。战国时期著名天文学家石申，创作了世界上最早的天文学著作《甘石星经》。石申系统地观察了金、木、水、火、土五大行星的运行，发现其出没的规律；记录名字，测定了恒星方位及与北极的距离，相传他所测定的恒星有 138 座，共 810 颗。石申还撰写了世界上最早用赤道坐标表示恒星位置的天文著作《天文》共八卷，他发明的《石氏星表》是最古老的星表，浑仪是当时世界上最先进的天文观测工具。公元前 1 世纪问世的《周髀算经》在对"勾股定理"进行论证的同时，用最简便的方法确定天文历法，揭示日月星辰的运行规律，包括四季更替、气候变化，以及南北有极、昼夜相推的道理。东汉时期，张衡根据日、月、地球所处的不同位置，对月食作了世界上最早的科学解释。张衡发明制作的地动仪可以遥测千里之外发生地震的方向，这比欧洲早了 1700 年。

3. 中国古代农学的发展成就

学界曾有人认为，中国古代数学、天文学发达是因为这两个学科与皇权的巩固有关，所以朝廷才比较重视。这种观点的言下之意是中国古代政府对其他科学是不重视的，这是中国古代科学技术整体落后的根本原因，这种观点完全是错误的。

下面我们再看看与老百姓的生产生活息息相关的中国农学的发展状况吧。

在 20 世纪中叶开始转向工业化社会之前，几千年来，中国长期处于农业经济社会。因此，农业科学在中国取得了迅速的发展。据有关资料统计，在农业科学技术理论方面，中国有农业科技著作近 400 种，是世界上保存古代农书最多的国家。早在先秦时代中国就出现了农家学派和农书。公元前 239 年秦国吕不韦主持编著的《吕氏春秋》书中，就有比较丰富的农学思想。书中有《上农》《任地》《辨土》《审时》4 篇农学论文，是我国古代农学理论化的典型代表，其主要内容是：在对农业生产本质和规律的整体认识上，指出农业是由天、地、人三大要素与作物构成的有机系统，通常这被称为农业"三才理论"，从而揭示了农业生产涉及的三大要素各自功能及其相互之间的关系；在对农业社会作用的认识上，认为发展农业生产是使国家富强、民食充足的根本途径，是社会稳定的经济基础，是治国安邦的根本大计；后三篇还阐述了整地、播种、田间管理等耕作技术和理论，奠定了我国古代农业精耕细作技术的基础。著名学者齐思和高度评价《吕氏春秋》关于农业的思想"自具系统，盖先秦农家言之精华也"。公元前 1 世纪的西汉末期，著名农学家氾胜之著有《氾胜之书》，这是我国古代最早的一部重要农学著作，记载了黄河中游地区耕作原则、作物栽培技术和种子选育等农业生产知识，这对促进当时农业生产的发展产生了深远影响。后来此书失传，但书中的观点被后来的农学家多处采用。北魏时期，著名农学家贾思勰著《齐民要术》，这是世界农学史上最早的专著之一。该书对6世纪以前黄河中下游地区农牧业生产经验做了系统总结，它的出现标志着我国农业实用科学在北魏时期就已经形成体系，因而深深影响了中国古代农学的发展。宋代陈旉的《农书》一改以往的农书都是以总结黄河流域的农业经验为研究对象的做法，是中国农学史上第一部反映南方水田农事的专著，重点论述了农田经营管理和水稻栽培，同时对养牛、栽桑、养蚕也做了详细的研究，说明了中国古代农业科学技术到宋代达到了新的水平。18世纪此书传入了日本。元代王祯的《农书》、明代徐光启的《农政全书》和宋应星的《天工开物》都是享誉中外的农业科学著作。

衡量一个国家的农业科学发不发达，还要考察其农业机械、农具的创造及使用情况。很显然，中国古代农业农具、农业机械的发明创造远远走在世界前列。战国时期中国就使用了铁农具，并懂得了用牛耕地翻土碎土。这一发明比欧洲早了1000年。唐代发明了结构更加完善的曲辕犁，明代发明了利用辘轳和绳索牵引的人力耕地机，即类似于现代电犁的代耕机。播种机械方面，汉代发明了把开沟和播种结合在一起的播种机——楼车，现在我国有些农村还在使用这一机械。在粮食加工机械方面，汉朝已经出现了利用水力舂米的机械即水碓，如今在偏远山区还可以看到这种机械。汉代还发明了利用风力扇谷的风车，当稻谷经碾压后变为了米和糠混合在一起时，这种机械利用转动风车发出的风力把糠吹出去，从而把米和糠分离开来。这比欧洲发明同样的机械早1400多年。晋代的杜豫和崔亮等还发明了用水力驱动的石碾和水转八磨，这比西欧类似的设施早了1000多年。宋代又创造了水转九磨和船磨等加工机械，早于西欧500多年。在灌溉工具上，春秋时期，中国人已经发明了利用杠杆原理的提水工具桔槔。东汉时期，毕岚发明了后世农村水车雏形的用以引水浇洒的翻车。它的出现比西方早了1500年。后来随着轮轴的发展和机械制造技术的进步，唐宋时期，在这个基础上创造了效率更高的牛转、风转和水转翻车。唐代先人们还发明了筒车。大型筒车可以把低处的水引到10余丈高的高处。在水利方面，夏代就有大禹治水的传说。春秋战国时期的大型水利工程，四川的都江堰、灵渠等，直到今天仍然发挥着巨大作用。

4. 中国古代医学的发展成就

中国古代医学发展很快。春秋战国时期，扁鹊奠定了中医学的切脉诊断方法，开启了中医学的先河。他著有《扁鹊内经》《扁鹊外经》。相传有名的中医典籍《难经》也为扁鹊所著。扁鹊采用望、闻、问、切的四诊法，成为我国中医的传统诊病法，2000多年来一直为中医所沿用，扁鹊被后人称为脉学之宗。《难经》是我国中医现存最早的医学经典著作，"难"即"问难"或"疑难"之义。全书八十一难，采用问答方式，探讨和论述了中医的一些理论问题，内容包括脉诊、经络、脏腑、阴阳、病因、病机、营卫、腧穴、针刺、病证等方面。战国时期问世、西汉时期编定的《黄帝内经》，东汉时期成书的《神农本草经》，唐朝杰出的医学家孙思邈的《千金方》，吐蕃名医元丹贡布编著的《四部医典》，唐高宗时期编修的世界上最早的、由国家颁行的药典《唐本草》，明朝李时珍的《本草纲目》，等等，都是中国历史上有名的中医学科学专著。东汉末年的名医华佗擅长外科手术，被人誉为"神医"，他发明了"麻沸散"，由他首创用全身麻醉法施行外科手术，比西方早 1600 多年。华佗被后世尊为"外科鼻祖"。

欧洲的医学起源于古希腊时期的"四液说"，之后也有一定的发展，其医理也有点接近于中国古代的中医，如在对待疾病问题上同样认为"身体紊乱是致病原因"，而不是细菌病原体的入侵。但随着战争对希腊文明、罗马文明的严重破坏，大量的医学典籍与其他科学经典一样被战火吞灭。加之中世纪封建神学把人带入一个愚昧黑暗的世界，故直到文艺复兴之前，西方的医学一直处于停滞状态。文艺复兴以后，西方的医学进入了西医时代。但即使在 20 世纪初，欧洲也发生了瘟疫，使 5 亿人死亡。中国古代中医的发展，尤其是外科、内科、妇科、儿科的发展则明显领先于西方。这从中国古代人口数量远超西方这里得到了证实。由于中国古代医学科学发展较快，加之小农经济的发展，较好地解决了国人的食品供应，社会的相对稳定及战争的减少，使中国人口在正常情况下远远超过西方。即使在战争年代人口数量剧减，战后也能迅速恢复。而古代西方虽然也知道用草药，但没有像中国的中医成体系。古代西方人病了，特别是在中世纪的广大乡村，主要治疗方法是祈祷神的保佑，所以，古代西方从事巫师职业的特别多；或是没有多少科学依据地对病人实施放血，结果自然导致很多人得不到有效治疗而死亡。连续不断的战争产生的伤残士兵，更只能等死。如果发生疫病更是毫无办法。13 到 14 世纪欧洲黑死病（鼠疫）蔓延，死亡人数达 2500 万人。而中国古代就有了对疫病及其防治的一定认识。东晋名医葛洪《肘后备急方》中有"青蒿一握，以水二升渍，绞取汁，尽服之"可截疟疾的记载。故葛洪从事医学活动的岭南地区，就没有西方这种疫病导致大面积死人的记载。中国当代医学家屠呦呦正是从葛洪的这一记载中得到启示发现并提取了青蒿素，经临床试用于间日疟、恶性疟患者，疗效显著。屠呦呦正是用青蒿素拯救了数百万非洲患者的生命，她本人也因此而获得诺贝尔医学奖。西方的医学直到十六十七世纪，由于西医的发展，才摆脱落后状态，所以愚昧加医学不发达，也是欧洲中世纪人口增长缓慢的重要原因。

5. 中国古代其他科学的发展成就

除数学、天文学、医学、农学以外，中国古代的其他科学也得到了较快的发展。11 世纪末期，北宋著名政治家、科学家沈括撰写了笔记体著作《梦溪笔谈》，全书有十七目，六百零九条；内容涉及天文、数学、物理、化学、生物等各个门类学科。书中发现地磁偏角的存在，比欧洲早了五个世纪。该书受到了国际科学界的高度重视，早就有了英语、法语、意大利语、德语等各种语言的翻译本，被广为流传。20 世纪法、德、英、美、意等国家都有学者、汉学家对该书进行系统的研究。世界科学史专家李约瑟高度评价此书，称其为中国科学史上的里程碑。

明末清初时期，著名科学家宋应星著了《天工开物》，该书被人称为一部百科全书式的著作。共三卷十八篇，全书收录了农业、手工业、机械、砖瓦、陶瓷、硫黄、烛、纸、兵器、火药、纺织染色、制盐、采煤、榨油等生产技术；对以往的石油化学知识做了全面的总结，对石油的开采工艺做了系统的叙述。此书被外国学者誉为"中国 17 世纪的工艺百科全书"。

上述中国古代数学、天文学、农学、医学、机械、化学、物理、生物等科学发展的事例，足以证明"中国传统文化陷阱论"关于"中国科学当然没有办法发展"之说，完全不符合中国古代科学发展的实际。

三、中国古代先于西方的技术发明

下面让我们从世界科学发展史中看看中国的科学技术发明方面，如何在诸多领域先于西方，如何为世界文明发展作出贡献的吧！

中国古代先于西方有了四大发明并因此而奠定了世界现代文明发展的基础，然而中国古代的科学技术发明绝不止这四项。据《中国的世界纪录》一书记载，中国古代科技成果成为世界纪录的，数学有 22 项，天文历法气象有 25 项，地学有 25 项，化学有 9 项，农学有 25 项，机械有 7 项，水利有 7 项，轻工有 8 项，兵器有 8 项，共 136 项。

根据李约瑟的研究：18 世纪的蒸汽机及内燃机中使用的连接杆和活塞杆的结构，并不是西方人的首创，首创者乃是 14 世纪的中国人王祯。王祯在冶炼、水利、鼓风机中首先使用了这种奇妙的连接杆和活塞杆，比西方早了数百年。西方原认为解高次方程的霍纳法，是法国数学家霍纳 1819 年建立的，李约瑟研究发现，中国宋代数学家秦九韶在 1247 年提出的方法与霍纳法一致，早于霍纳 572 年。近代科学革命的关键仪器是时钟，其灵魂是擒纵装置，过去认为是 14 世纪欧洲人发明的。李约瑟研究后发现，723 年唐朝僧人一行就已制造出这种装置。1090 年苏颂在开封研制的水运仪象台构造中，便安装了机械钟。这种中国时钟由英国人坎布里奇复原后，每小时误差仅在 20 秒以内。西方 13 世纪以前还不知道硝石为何物，而中国 850 年的《真元妙道要略》就记载了以硝石、硫黄和木炭制成火药混合物。1044 年的《武经总要》甚至提供了最早的军用火药配方。宋末中国人便发明用管状物填装火药点燃发射，据此制成了火枪火炮。数百年后，欧洲人才在这一基础上改进并装备军队。

公元前 6 世纪之前，中国人就在工业上规模生产铸铁并发明了铁犁用于耕地，欧洲人在 1380 年以前还不懂铸铁技术，欧洲直到 17 世纪才使用铁犁，比中国晚了 2300 年左右。公元前 1324 年殷商时代中国人发明了印刷术，即用印章刻字后印刷到官府文件上。隋唐时代发明了雕版印刷。1040 年即宋仁宗庆历年间，毕昇进一步发明了胶泥活字印刷术。300 多年后，这一技术开始传入西方，400 年后，欧洲才学会用木雕版和木活字版印刷。约公元前 12 世纪中国人发明了铜镜，到 5 世纪又根据光反射的放大作用发明了魔镜，直到 1932 年英国结晶学家威廉·布莱格才系统说明了魔镜理论，比中国晚了 1500 多年。中国在前 2700 年由黄帝发明了指南针，用于雾天打仗，1090 年中国和阿拉伯航海家在船上装上指南针导航，欧洲直到 1250 年左右才用指南针引导航行。中国在公元前 1000 年发明了风筝，1600 年这一技术由荷兰人传到欧洲，19 世纪英国发明家克雷由此产生联想发明了滑翔机，此后才有飞机的问世。中国于 121 年发明了纺车，西方到 1280 年才用纺车，比中国晚了 1100 年。此外，还有瓷器、独轮车、拱桥技术等都首创于中国。

上述这一项项科学技术的发明创造说明了什么呢？是说明中国历史上自然科学没有办法发展吗？是说明中国人不鼓励做实验吗？那完全是废话！没有自然科学，不鼓励做实验，会有这辉煌的科学技术成就吗？

四、中国古代科学技术发展"不成系统"吗？

"中国传统文化陷阱论"认为中国古代"只有知其然不知其所以然的技艺和传统"，没有"系统的"科学。这种观点似是而非，是站不住脚的。

什么叫系统？英文中系统（system）一词来源于古希腊文，意为部分组成的整体。中国著名学者钱学森认为："系统是由相互作用相互依赖的若干组成部分结合而成的具有特定功能的有机整体，而且这个有机整体又是它从属的更大系统的组成部分。"钱学森先生这一论断告诉我们，系统既是一个有机整体，同时又是作为一个更大有机整体的部分而存在。所以系统也是相对的，它并没有穷尽一切。正因为如此，我们评价一位研究学者，只要他在这一研究领域有观点，有理论加事实加以论证，哪怕是他这种研究没有穷尽所研究领域的一切，我们就不能说他的这种研究及其结果不系统。比如古希腊哲学家柏拉图，后人评价他是西方客观唯心主义哲学的始祖，他撰写的哲学对话录共四十多篇，他把"理式"或宇宙间的原则和道理看作第一性的、永恒普遍的，至于感官接触的世界则是"理式"世界的摹本或幻影，无永恒性和普遍性，所以不仅是第二性的，而且是不真实的。这就看出，即使是站在客观唯心主义立场上认识世界，柏拉图也没有把整个世界的生成及运动变化全部作出哲学说明。但学术界并没有说柏拉图的哲学研究不系统。尤其是柏拉图的老师苏格拉底，他毕生不拘场合找人谈话，讨论问题，探求对人最有用的真理和智慧，内容是关于社会伦理道德以及教育政治方面的问题，其实质是阐述他的一种生命政治哲学。然而苏格拉底一生没留下什么著作，他的思想和行为主要是通过他的学生柏拉图和色诺芬的著作记载流传下来。但后人也没有指责苏格拉底的学说不系统。因此，按照学术界评价柏拉图及苏格拉底思想体系的标准评价中国古代的科学技术，绝对不能认为中国古代的科学技术发明都是"不成系统"或"知其然不知其所以然"。

我们先看下列中国古代科学著作是系统还是不系统的。

《吕氏春秋》是秦始皇统一中国前夕，由秦国丞相吕不韦主持编著的一部黄老道家名著。该书以儒家学说为主干，以道家理论为基础，以名家、法家、墨家、农家、兵家、阴阳家思想学说为素材，熔诸子百家学说为一炉，闪烁着博大精深的智慧之光。全书共26卷、160篇、20余万字。

早在1世纪问世的《九章算术》，是中国历史上一本综合性的数学著作，该书对战国、秦、汉社会数学发展的成就做了系统总结。该书记载了当时世界上最先进的分数四则运算和比例算法，还记载了有解决各种面积和体积问题的算法以及利用"勾股定理"进行测量的各类问题。《九章算术》中最重要的成就是在代数方面，书中记载了开平方与开立方，包括一元二次方程数值解法，在数学发展史上，该书最早用整整一章讲述联立一次方程解法，这种解法实质上和现在中学里所讲的方法是一致的。这要比欧洲同类算法早出 1500 多年。在同一章中，在世界数学史上第一次记载了负数概念和正负数的加减法运算法则。所以，《九章算术》形成了一个以筹算为中心，与古希腊数学完全不同的独立体系，是当时世界上最有效的应用数学。在数学发展史上，有谁敢说这本书不系统呢？

《缉古算经》是唐代算历博士王孝通撰写的重要数学著作。该书成书于武德九年（626），全书一卷，记载了 20 个数学问题，对这些问题大部分都是用高次方程主要是三次方程解决。这不仅是中国现存典籍中关于高次方程的最早记述，而且也是世界数学史上关于三次方程数值解法及应用的最古老最珍贵的文献。从实际意义看，它为解决工程建设中遇到的实际问题提供了有效方法。该书也是中国历史上数学十部算经中最难的一部，唐代国子学规定其需要修习的时间也最长，达到三年。该书问世，标志着中国古代在代数方面登上了一个崭新的台阶，同时也为举世闻名的宋元时代天元术和四元术的诞生奠定了坚实的基础。这里要问"中国传统文化陷阱论"的几位先生，你们还能说该书研究数学三次方程不系统吗？

《黄帝内经》又称《内经》，是中国最早的医学典籍之一，也是中国传统医学四大经典之首，传说为黄帝所作，但后世医学界有该书成型于先秦、战国及西汉三种观点，是由中国历代黄老道家传承发展的结果。该书是一本综合性的医学著作，它在黄老道家医学理论的基础上，建立了中医学上的"阴阳五行学说""脉象学说""藏象学说""经络学说""病因学说""病机学说""病症""诊法""论治"及"养生学""运气学"等学说，从而奠定了人体生理、病理、诊断以及治疗的认识基础，是中国影响极大的一部医学著作，被称为医之始祖。

《神农本草经》又称《本草经》或《本经》，是中国现存最早的中药学著作。约起源于神农氏，经过医学界先人们口耳相传，至东汉时期汇编整理成书。这是秦汉时期众多医学家搜集、总结、整理当时药物学经验成果的专著。全书共分三卷，共记载药物 365 种，以三品分类法分上、中、下三品。书中记载的各种药物的疗效，多数真实可靠，至今仍然是临床常用药。提出辩证用药的思想，所论药物适应病症能达 170 多种，而且对用药剂量、时间等都有具体规定。该书是对中国中医药的第一次系统总结，是我国第一部完整的药物学专著，它的问世标志着中医学的初步建立。而且书中规定的大部分中药学理论和配伍规则，以及提出的"七情和合"原则，在几千年的用药实践中发挥了巨大作用，是中医药物学理论发展的源头。

北魏时期贾思勰的《齐民要术》，是我国保存最好且最完整的农书，也是世界农学史上最早的专著之一，书中内容相当丰富，涉及面极广，包括各种农作物的栽培、各种经济林木的生产以及各种野生植物的利用，同时，该书还详细介绍了各种家禽、家畜、鱼、蚕等的饲养和疾病的防治，并把农副产品的加工（如酿造）以及食品加工与贮藏、文具和日用品生产等形形色色的内容都囊括在内。该书是对 6 世纪以前黄河中下游地区农牧业生产经验的系统总结，它的出现标志着我国农业实用科学体系在北魏时期就已经形成，因而对中国古代农学的发展产生了重大影响。

成书于明朝万历年间的《农政全书》，是明代政治家、科学家、发明家徐光启编著的农学巨著。该书囊括了中国明代农业生产和人民生活的各个方面。全书共 60 卷，50多万字，内容宏富，体系庞大。计有农本、田制、农事、水利、农器、树艺、蚕桑、蚕桑广类、种植、牧养、制造、荒政等十二目。全书既有大量考证记录前代有关农业的文献，又有徐光启自己在农业和水利方面的科研成果和译述。此书堪称当时农业科学遗产的总汇，主要分为农政措施和农业技术两部分，前面的农政措施部分是全书的纲领，后者则是实现纲领的技术手段，所以，人们在该书中可以看到开垦、水利、荒政等一些不同寻常的农学知识，并且这些内容占了将近一半的篇幅，这是《农政全书》的独特之处。在这本巨著中，"荒政"一目内容特别多，共有 18 卷，为全书十二目之冠，目中对历朝历代备荒的议论、政策做了综述，水、旱、虫灾做了统计，救灾措施及其利弊做了分析，最后附上可资充饥的草木野菜植物达 414 种。

从人类文明发展史的实际情况看，人类总是在认识客观事物的发展规律进而征服客观事物的过程中发展科学技术；而人们对客观世界事物的认识是一个由现象到本质、由局部到全局、由个体到整体的不断深化的过程。另一方面，人们认识了整体事物中的某一局部，所获得的这方面知识对于这一局部来说具有系统性，而对事物整体来说又是不系统的，这种认识并没有穷尽真理。从这个意义上来说，人们认识所获得的知识，既是系统的又是不系统的，是系统与不系统的统一。人们就是这样不断地深化认识而发展科学技术的。人们关于某一事物认知的科学就是这样在系统与不系统的统一中前进。比如人们对物质构成的认识就是这样一个过程。古希腊时德谟克里特提出朴素的物质由原子构成的原子论，他认为宇宙万物是由最微小的、坚硬、不可入不可分的物质微粒所构成，这种粒子叫作"原子"。构成各种客观物质的原子仅是形状不同而本质都相同。但德谟克里特这种关于原子的理论仅是一种假设。19 世纪，英国科学家道尔顿第一次根据科学实验的证据，系统地阐述了微观物质世界，提出了原子理论。道尔顿理论认为，物质世界的最小单位是原子。原子是单一的、独立的、不可被分割的，在化学变化中保持稳定的状态；同种元素的原子性质和质量都是一致的，不同元素原子的性质和质量各不相同。1811 年意大利科学家阿伏伽德罗在原子学说中引进分子概念，他认为构成气体的粒子不是原子而是分子。单质的分子由同种原子构成，化合物分子由几种不同的原子构成。阿伏伽德罗的假设是对道尔顿的原子学说的补充。科学界认为，如果没有阿伏伽德罗的补充，那么道尔顿的原子学说是不能被真正确立的。这样，从古希腊德谟克里特到 19 世纪道尔顿、阿伏伽德罗三人提出了不同的原子理论，从各自的理论本身来说，是系统的，从对物质整体认识的全过程来看又是不系统的。

上述一切说明，武断地断定人们关于某一事物的认识"不系统"是不符合科学的。因而关于中国古代科学技术发明"不成系统"之说既在理论上不能成立，也违背了中国科学技术发展的实际，这就是结论。

五、关于中国哲学之发展

下面我们再讨论一下"中国传统文化陷阱论"关于中国古代没有哲学之说能否成立。

什么叫哲学？古往今来，哲学的定义一直存在争议，这个领域随着历史的发展而不断地扩张，在不同的时代随着人们对不同问题的兴趣而改变。一般认为哲学是一种方法，而不是一套主张、命题和理论。哲学的研究是基于理性的思考。所以不同的哲学家对哲学有着不同的理解，给哲学下的定义也不相同。

英国哲学家罗素对哲学的定义可概括为：哲学是某种介乎神学与科学之间的东西。

柏拉图认为：哲学是由惊奇而发生，它把自己展现为一种真正解放性的力量。

亚里士多德说：求知是所有人的本性。人都是由于惊奇而开始哲学思维的。

黑格尔认为：哲学是一种特殊的思维运动，哲学是对绝对的追求。

爱因斯坦是这样谈论哲学的：哲学显然可以被认为是全部科学之母。

冯友兰在《中国哲学简史》中提出自己的哲学定义："就是对于人生的有系统的反思思想。"中外哲学的产生皆起源于疑问。

胡适在他的《中国哲学史大纲》中说："凡研究人生切要的问题，从根本上着想，要寻一个根本的解决，这种学问叫作哲学。"

从上述各位哲学家对哲学的理解及定义可以看出，他们都是从不同的角度来研究并定义哲学。罗素是从哲学研究的领域与范围来定义哲学，柏拉图、亚里士多德、冯友兰是从哲学产生的缘由来定义哲学，黑格尔是从研究方式与目标来定位哲学，爱因斯坦是从哲学与全部科学的源流关系来定位哲学，胡适是从研究的任务与目标来定位哲学。

如果把各位哲学家关于哲学的定义综合起来考虑，那么，哲学就是有逻辑系统的宇宙观。它研究宇宙的性质及本原、宇宙内万事万物运动的总规律、人在宇宙中的位置等一些最基本的问题。哲学是研究自然界、社会以及人的学问，是关于世界观的学说。

如此要问袁伟时先生、尹胜先生等，你们说中国古代没有哲学，是没有哪一位哲学家定义的那种哲学？如果是按其中某一位哲学家关于哲学的某一种定义，也可能中国古代没有那种特定的哲学；如果从哲学是关于自然界、社会以及人的世界观的学问这一定义来说"中国没有哲学"，那就只能说是一派胡言。

中国哲学在远古时代问世的《易经》中就得到了充分体现。《易经》作为一部古老的经典著作，从表面看只是一部占卜、预测之书。但是通过卦序、卦名、卦象、卦辞、爻序、爻辞、爻象、断辞及其推演等方面及过程的分析，它深刻揭示了客观世界内在的发展规律，它认为天地万物都处在永不停息的发展变化之中，并形成了"自然而然"的规律，这个规律被称为"道"。道揭示了整个宇宙天地间所有事物的属性，这就是"易"。易的特性是：一是"变易"，这是变化之道，指万事万物时时刻刻都在发生变化。二是"简易"，一阴一阳为万事万物之理，有天就有地，有上就有下，有前就有后，有正就有反，有盈必有亏，万事万物都是相反相成、对立统一的。三是"不易"，世界事物虽变化多端，但都是有规律地发展变化，天地运行、四季轮回、寒暑交替、月满则亏、日午必偏、物极必反，这便是事物发展的规律。万事万物的发展皆有"定数"与"变数"，定数有规可循，变数无规可循；定数中含有变数，变数中又有定数；无论定数还是变数，其变化大势不变。可以看出，《易经》包含了中国传统哲学所有思想的原理，尤其是它所包含的对立统一、相反相成、发展变化、物极必反等思想，充满了朴素的辩证法，因而《易经》成为中国文化中的万经之首，自古以来被看成经典中的经典，哲学中的哲学，科学中的科学。

且不说《易经》对东方世界的影响，就是在西方世界也产生了巨大影响。

1703 年，在法国皇家科学院备忘录上，莱布尼茨发表了《二进制运算的解释》，所用的例子里，便有伏羲先天八卦图和 0—7 八个数字的二进制表示的对应。这一事件在18 世纪初的欧洲知识界引起轰动，1705 年一位欧洲学者撰文称："中国人失去了爻的真正意义，一位欧洲天才为他们重新发现了这一知识。"莱布尼茨二进制的伟大意义，已被现代飞速发展的计算机科学和互联网络所证实，现代计算机和互联网的信息处理和传输，运用的正是二进制表示和算法。这就告诉人们，《易经》揭示的原理不仅被运用于数学，而且影响到了当代的计算机科学和互联网技术。从而完全印证了爱因斯坦的名言——哲学是科学之母。

所以爱因斯坦高度评价《易经》，认为它是"一把打开宇宙迷宫之门的金钥匙"。

在哲学领域有着非凡贡献的唯心主义哲学家代表，德国大哲学家黑格尔高度评价《易经》，认为它代表了中国人的智慧。他说："就人类心灵所创造的图形和形象来找出人之所以为人的道理，这是一种崇高的事业。"

下面我们看一看自《易经》之后中国哲学的发展情况吧。

当中华文明进入春秋战国时期时，中国大地思想领域出现了"百家争鸣"的局面，哲学家、思想家如雨后春笋，层出不穷。他们对自然、社会、人生深刻思考后提出的一些思想理念，如茫茫夜空闪闪繁星一般辉煌灿烂。如老子在《道德经》中阐述了自己丰富的哲学思想。老子认为，天下万物皆生于"道"。"道"是万物的始基，是天下万物产生的根源，"道生一，一生二，二生三，三生万物"，世界一切事物都是"道"产生出来的。这里老子实际上是阐述了哲学关于世界的本原问题。老子又说，"道可道，非常道；名可名，非常名"，这说明，老子看到了客观世界是发展变化的。但"道"又看不见摸不着，它仅是一种抽象的存在，道体虚无；天地万物的诞生就是由"无"至"有"。天下万物生于有，有生于无。在这个基础上，老子提出了"无为而治"的论点。老子在《道德经》里还说"正言若反"，"反者道之动，弱者道之用"。"反者""道"自身包含着矛盾，万事万物都是生存与毁灭的对立统一。老子还从生物界"物壮则老"（三十章）、人事方面"强梁者不得其死"（四十二章）这些客观现象中总结出"物极必反"这一辩证规律。老子这些思想毋庸置疑地说明了一个事实，即《道德经》是名副其实的哲学篇章。尤其是它所包含的辩证法思想，闪烁着人类智慧的光芒。

在这一时期，著名的思想家、教育家孔子也阐述了一系列的哲学主张。在天道观上，孔子有时把"天"理解为主宰一切的上天，有时又把"天"理解为"四时行焉，百物生焉"的自然界，从而体现出原始的朴素的唯物主义思想。在认识论上，孔子不认可生而知之，强调学而知之。在方法论上，孔子提出了"叩其两端""过犹不及"的"中庸"思想，并把其作为一种对待自然、社会、人生的基本方法。在社会政治观上，孔子提出以"礼"与"仁"为核心的治国方略，强调治国要德治和礼治相结合。在经济上孔子提出了"见利思义"的义利观与"富民"思想。孔子还最早提出了人的天赋秉性相近，人人都可以、也应该受教育的"有教无类"思想。孔子的哲学思想有点像古希腊哲学家苏格拉底的思想。苏格拉底提出了"美德即知识"的命题，认为知性与德性是统一的。所以两人的思想都是以政治道德哲学为主要内容。两人的区别只在于苏格拉底注重逻辑与思辨，认为概念反映本质并具有普遍意义，结论依赖于推理与论证过程；而孔子注重感悟与经验。苏格拉底注重思辨，他的任务就是找人谈话，讨论问题，终其一生没有留下任何著作。孔子则在思考问题的同时注重践行，他不仅在鲁国有多年从政参与治国的经历，同时首创私人办学，用他的思想理念教育学生，他弟子三千，贤人七十二，而且其弟子中很多都成为当时一些诸侯国的治国之才。孔子还带领部分弟子周游列国13年，推销自己的政治主张；晚年不遗余力修订了《诗》《书》《礼》《乐》《易》《春秋》六经。他是当时社会上最博学者之一，其思想对中国和世界都产生了深远的影响，他本人亦被列为世界十大文化名人之首。值得指出的是，在思想史上，无论是东方还是西方都认为苏格拉底是思想家，更认为他是一位哲学家，而且广泛认为他是西方哲学的奠基人；但通常是把孔子看成一位教育家和思想家。有人甚至否定孔子的思想是哲学，显然对孔子的这种看法是不够全面的。孔子思想中丰富的哲学内容也充分说明了中国古代没有哲学之说完全违背了历史。

同在孔子那个时代，孟子提出"民贵君轻"的思想理念；庄子提出了"天道无为"的相对认识论；墨子提出的"非命"之说，认为"官无常贵，民无终贱"，显示出浓厚的朴素唯物主义的思想倾向。还有名家学派的公孙龙，提出了"正名实"的哲学学说，主张通过"名"与"实"的逻辑关系的辩证分析，认识客观事物。

春秋战国以后，在漫长的历史进程中，也不断地涌现出许多著名的哲学家。东汉时期，王充发扬了荀子"明于天人之分"的唯物主义思想，提出了天是自然，而人也是自然的产物；故"人不能以行感天，天亦不能随行而应人"。从而否定了自西汉以来盛传的"天人感应"的唯心主义哲学理论。

两宋至明清时期，中国哲学领域同样异常活跃，周敦颐、程颢、程颐、王安石、张载、朱熹、陆九渊、陈亮、王守仁、黄宗羲、王夫之等人，各自在自己研究的领域，提出了一些精彩纷呈的哲学观点，极大地丰富了中国哲学的思想宝库。其中如张载就把唯物主义辩证法哲学向前推进了一大步。首先张载提出了"太虚即气"的宇宙本体论。他认为世界统一于气，气聚则形成万物，气散则形成"太虚"；"太虚"和气都是物质实体存在的不同形态。这一理论明确肯定了世界的物质性及其统一性。其次，张载还提出了一系列的朴素辩证法思想。他明确提出了"物无孤立之理"的命题，高度强调了事物之间的普遍联系；他还论证了事物的运动变化及其形式和状态，把事物的发展变化分为

"著变"和"渐化"两种状态，并详细分析了这两种状态的区别和联系，指出二者的区别在于，"变"是显著变化的状态，"化"是隐微的渐进的状态；但这两种状态又是密切联系的：显著变化之后，必然是渐缓的变化；渐缓的变化达到一定阶段，可以加以裁断，这就是变。张载还认识到了事物发展变化的最深刻的根源在于事物内部的矛盾性，他坚持物质"自己运动"的原理，否认一切外因论和目的论。再次，在认识论上，张载认为人的感性认识，产生于"内外之合"，即主观与客观相符合。他把人的认识分为两类，一是闻见之知，即感性认识；一是德性之知，即理性认识。他认为单凭感觉不能认识无穷的客观世界，"德性之知"必须按孟子所说，只有"尽心"才能"知性知天"。可惜的是张载的认识论在这里陷入了孟子的唯心主义。最后，张载从宇宙本原的气到人的"气质之性""性善恶混"出发，说明了人必须努力学习，修养身心，以变化气质才能返回其"天地之性"；从这一人性理论出发，他提出了泛爱主义的伦理观，主张天下人都是一家，每个人都应该尊老爱幼，同情和关怀一切不幸者。综观张载的哲学思想，他几乎涉及了哲学本体论、方法论、认识论以及历史观的全部领域，在哲学研究的广度和深度上都达到了相当高的水平。

中国哲学的丰富多彩在对知行关系的认识上得到了充分的反映。春秋时期，孔子提出"生而知之"，他认为圣人的知识是生来就有的，是先于经验，先于实践而存在的。这是一种唯心主义的先验论。荀子则提出了与孔子的知行观相反的认识论思想，荀子认为在认识上"行高于知"，"不闻不若闻之，闻之不若见之，见之不若知之，知之不若行之"，从而明确提出了"行高于知"的主张，为知行观树立了第一块里程碑。墨子在知行观上强调实践，注重感觉及历史经验与直接经验，并把这些作为检验"知"的标准。墨子在认识论方面明确提出了判断是非真假的标准"三表法"。他认为，判断事物的是非，需要论证有据，论据要有所本，"上本之于古者圣王之事"，这就是本于古代圣王的历史经验。但仅凭古人的间接的经验来证明还是不够的，必须还"有原之者"，即"下原察百姓耳目之实"，就是考察广大群众所接触的直接经验。第三表是"有用之者"，"于何用之？废以为刑政观其中国家百姓人民之利"。就是说当一种言论或判断当作政策法令实施的时候，还要看它是否符合国家和人民的利益。墨子的这些观点概括地说，就是用"本""原""用"三表上考历史的经验教训，下察百姓耳目所实见实闻，再考察政令的实际效果是否对国家和人民有利。这三表是人判断事物是非、辨别知识真伪的标准。汉代董仲舒主张通过"察"明了事物的规律，然后用思维得到知。宋明时期，围绕知行观展开了一场广泛的论争。程颐提出了"知先行后""行难知易"的学说。朱熹在二程"格物致知"观的指导下，提出了"知先行后"的命题。明朝的王守仁则提出了"心即理"，心之良知即所谓天理，要"知行合一"的主观唯心主义先验论。明末清初，方以智、顾炎武针对程朱理学的空谈论，提出了"无益者不谈"，强调知与行就是要认识和解决与国计民生休戚相关之知，从而将知行观的视角从个人名利场提高到天下兴亡、匹夫有责的境界，使知行观这一古老的哲学命题发生了质的飞跃。王夫之是一位启蒙哲学家，他在知行关系问题上全面清算了宋明道学，提出了知行是相互对立又相互统一的关系，行是主导，行是知和行统一的基础，从而突出了行在知行观中的主导地位和作用。

由此看来，"中国传统文化陷阱论"关于中国古代没有哲学以及产生不了辩证法的种种言论，哪有什么依据呢！

综上所述，中国古代绝对不是"科学当然没有办法发展起来"，而是在整体上发展速度远远超过了西方。"中国传统文化陷阱论"在这个问题上的种种论调，完全违背了中国古代科学发展的实际。

5 "中国人只有奴性"吗?

中国人奴性,这是"中国传统文化陷阱论"的重要观点。海旻在《为什么必须彻底批判中国传统文化》一文中说:"中国人只有奴性没有个性;只有盲从,没有反思。"端木赐香说,在"中国的集权体制下,百姓也就只有做奴隶的份儿了","封建的专制体制导致中国民众的愚、顺、猾"(见端木赐香著《中国传统文化的陷阱》,第 34 页)。端木赐香由此嘲笑中国历史上"三纲五常"这些玩意儿就是要斩人的阳刚之气,中国也就"男性女性化""男性傻气化""男性无性化","男性的自私""男性之懦弱""男性之无奈"等顺理成章(同上书,第 39 页至 56 页)。中国的知识分子"只是紧紧跟在权威的身后循序而行"(同上书,第 163 页)而已。

尹胜在他的文章中也说:关于中国传统文化,"综观诸子百家,无论哪一家都是'王道'思想,……只要是王道思想,那就是奴隶文化,维护王道就是维护强权,维护不平等。……中国文化正是由于皆是围绕王道展开的,是屈服于强权意志的奴隶文化"。

概括上述观点,就是中国的专制集权政治与中国传统文化的忠、孝、义理念使中国人奴性化了,显然这种观点是不成立的。

一、中国没有产生奴性的经济基础

中国人不奴性,不能说"奴性成了中国精神世界的全部内容",我这么说是有依据的。何谓奴性?《现代汉语词典》的解释是:"甘心受人奴役的品性。"(《现代汉语词典》商务印书馆 2016 年 9 月第 7 版,第 963 页)顾名思义,奴性应是源于奴隶之属性。奴隶是奴隶社会中没有人身自由,为奴隶主劳动甚至可以由奴隶主决定生死买卖的人。奴性就是处于卑下低贱地位的奴隶,为了生存在奴隶主面前表现出来的驯化恭顺、唯唯诺诺的状态和属性,推而广之就是弱者在强者压榨下表现出来的不敢反抗、失去独立人格的无奈、屈服与顺从。可见,产生奴性的社会基础是奴隶制的存在。中国早在公元前 476 年,就开始由奴隶制社会转入封建制社会。欧洲在 476 年,随着西罗马帝国灭亡开始向封建社会转化,到 11 世纪完成转化进入封建社会。北美洲直到 19 世纪中叶,才告别奴隶社会。所以,从结束奴性的社会基础来看,中国比欧洲早了一千多年,比美国早了两千四百多年。中国随着奴隶制的结束,产生奴性的社会经济基础也就不复存在了。春秋战国时期,中国进入了封建社会。中国封建社会以封建土地所有制占主导地位,小农经济是中国封建社会的基本生产结构,其主要特征是个体家庭为单位与家庭手工业结合的自给自足的自然经济。在这种经济结构下,农民在自己的土地或从地主租得的土地

62

上劳动。农民家庭通过自己的劳动，既生产出了吃的粮食，又有了穿的布料，还养了家禽鱼类，生活上基本可以自给自足，而且世代相传。中国历史上这种自给自足的自然经济持续了两千多年。长期的自给自足"各当家"的经济形态，养成了作为封建社会主体的农民相对"自主"的个性，这种"自主"个性也就是对"奴性"的否定。所以，在封建社会中不存在奴性长期存在的社会经济基础。

当然，人们从史书或戏剧中可以看到，在中国漫长的封建社会中，皇宫里跑前跑后为皇帝皇后提供生活服务的太监宫女在皇帝皇后面前，清朝时期满族文臣武将在皇帝面前，历代王公贵族及员外财主府上的丫头仆人在主子面前，他们自称"奴婢""奴才"。但这只是高墙大院内的事；对于中国全体民众来说，是极少的现象。所以即使说这深府大院的极少数人有"奴性"，他们也不能代表中国人的国民性是"奴性"。

那么，中国的传统文化是否会产生奴性呢？回答是否定的。的确，中国传统文化提倡国人尤其是士大夫和知识分子要忠、孝、仁、义、礼及谦让等，这是提倡个人的"修身"要养成君子之风。中国传统文化提倡"忍"，但这首先是一种治事的策略，因为大家都认为"小不忍则乱大谋"；其次也是一种克制，是一种人性的修养。中国传统文化从汉代开始在社会关系上推崇君为臣纲，父为子纲，夫为妻纲，也就是所谓的"君臣义""父子亲""夫妇顺"，这里的实质是强调建立一种"各守其责"，互相尊重，相对稳定、和谐的社会秩序。如在君臣关系上，早在春秋时代的孔子认为应是君臣有义，即"君使臣以礼，臣事君以忠"，程树德《论语集释》引《皇疏》认为，孔子在这里是说："君若无礼，则臣亦不忠也。"孟子的思想与孔子这种思想完全一致。孟子说："君之视臣如手足，则臣视君为腹心；君之视臣为犬马，则臣视君为国人；君之视臣为土芥，则臣视君为寇雠。"（《孟子·离娄下》）很明显，孔孟并不认为君臣关系是主与奴的关系。关于父子关系，孔子当然主张父慈子孝。但同时孔子也认为子对父并不是纯粹的盲从，父有错儿子还应该进行劝谏，父子关系也不是主奴关系。在知识的学习上，孔子主张"学而时习之"，但他也没有主张对知识实行奴性地照搬。孔子认为"学而不思则罔"，这是主张对知识要"思"，避免"罔"，这里也包含对知识要进行分析只吸纳其合理成分的意思。上述充分说明，中国传统文化的本质并不是使国人具有"奴性"。

当然，在漫长的奴隶社会和封建社会中，由于国家执政者与人民群众利益上既有互利性的一面，也有对立性的一面，执政者为维护统治权的稳固，当然希望天下秩序不乱，故尤其强调下级官吏及民众对上的顺从听话；对那些对其统治不满的知识分子也会毫不手软地打压，对他们认为的传播不利于他们统治的不满思想、有可能造成天下混乱的书籍也会予以烧毁。正因为如此，中国历史上秦始皇曾"焚书坑儒"；不少王朝统治者也多次掀起"文字狱"，故意从一些知识分子的著作中摘取字句，罗织成罪，以迫害他们认为是对当时政权不满的人。其主观动机正是迫使老百姓听话顺意，也许甚至认为老百姓有奴性更好，但这仅是统治阶级的一厢情愿。从实际情况看，由于中华民族是一个追求真理、不屈服于谬误及邪恶的民族，所以，中国的国民们并没有"奴性"化。

二、中国的黎民百姓不奴性

奴性是屈服于强权的产物。按照"中国传统文化陷阱论"的逻辑，中国的集权体制会使民众成为"奴化的僵尸"，只能"愚、顺、猾"。历史事实绝非如此。中国历史上爆发了无数次的农民起义，有秦朝末年的陈胜、吴广起义，东汉末期的黄巾起义，唐末的黄巢起义，北宋的方腊起义，南宋的钟相、杨幺起义，元末的刘福通、朱元璋起义，明朝的李自成起义，清代的洪秀全起义，这些起义都声势浩大。如洪秀全领导的武装起义，建立了太平天国，历时14年，范围波及中国南方十余省。20世纪上半叶，中国共产党领导广大劳苦大众开展的"打土豪，分田地"，建立代表广大劳动人民利益的红色苏维埃政权的土地革命斗争，由星星之火燃遍全国。这些起义和斗争都是当时社会最底层百姓，对官府政治压迫经济剥夺的一种强烈反抗，是中国民众"为有牺牲多壮志，敢教日月换新天"斗争精神的集中体现。中国百姓的这种行为绝不是用"中国人只有奴性"能形容的。

中国老百姓的非奴化同样表现在坚守正义反对邪恶上。中英第一次鸦片战争期间，占据广州四方炮台的英军到广州市郊三元里抢掠财物，强暴妇女。三元里附近103乡的民众自发组织给英军以迎头痛击。英军被逼撤出虎门时发出告示，恫吓广州民众"后勿再犯"。当地百姓当即发出《申谕英夷告示》，警告英军"若敢再来，不用官兵，不用国帑，自己出力，杀尽尔等猪狗，方消我各乡惨毒之害也"。抗日战争时期，在日军占领的华北华东广大地区，中国的老百姓尽管生活在日军杀光、抢光、烧光政策的腥风血雨中，仍然不畏强暴，不惧牺牲，不论男女老幼，都与日军进行英勇顽强的斗争。尤其感动人的是，一些小朋友也组织成儿童团参加抗日斗争。河北完县（现为顺平县）太行山石岭下野杨村有个小朋友王朴，他在11岁那年成为抗日儿童团团长。1943年的一天，野杨村的百姓被日寇赶到一起，日寇拿着一份村干部和抗日军属名单，一个一个逼迫村民提供八路军的去向及其器械用品收藏的地点。当问到王朴时，他不仅不提供半点消息反而破口大骂，高呼"打倒日本帝国主义"，当即被日寇杀害。王朴的壮举印证了一句形容中国百姓气节的名言，"民不畏死，奈何以死惧之"。现太行山石岭下高高耸立着当地百姓为王朴立的纪念碑。

为什么尽管中国有长达几千年的专制制度却不能导致基层民众奴性呢？这是因为专制制度与国家基层民众的奴性并没有必然的联系。首先，奴性一般是在强权与暴力控制之下才会发生。所以，越远离权力，越远离产生强暴的政治生态，产生奴性的可能性就越小。在奴隶社会中，奴隶主和奴隶是直接联系的，奴隶主掌握了奴隶的生杀予夺之权，所以奴隶自然也就奴性十足了。在中国封建社会，皇帝远在京都朝堂之上，占国民绝大多数的广大民众和底层知识分子远在山乡僻壤，他们终日忙于生计与劳作之中，加之交通阻隔，消息闭塞，如果不发生战争或大的天灾，他们很少又很难去关注朝廷事务。皇帝和朝廷的影响在经过地方官吏层层传达到黎民百姓层面时，已经很小了。过去人们常说的"天高皇帝远",也就是说黎民百姓离皇帝太远,皇帝管不到他们。中国古代的农民起义一般是在偏远之地发生,20世纪共产党领导的农村包围城市、建立起红色苏维埃政权的革命,选在几省交界的边远山区,正是由于这些地方远离官府控制。这也就是占国人绝大多数但远离政治中心的劳苦大众及广大知识分子无奴性的重要原因。

三、中国知识分子不奴性

中国知识分子不奴性首先表现在他们追求高尚、保持贞节上。中国传统社会的知识分子,自小受中国传统文化的教育,受中国传统的价值理念影响较深。他们有对历史、对社会、对人生的独立思考,因而在事关家国、社稷江山等大是大非问题上一般都有主见而无奴性,更绝不"只是紧紧跟在权威的身后循序而行"。《论语》《孟子》《庄子》《吕氏春秋》都记载了这么一件事:伯夷、叔齐是商朝末期孤竹国国君的两个儿子。孤竹国国君生前指定叔齐继位为国君。叔齐却认为伯夷更贤良要让位给伯夷,他便出走他乡。如是国人便推伯夷为君。伯夷则认为自己不能违君父之命,拒绝为国君,他也外出躲避。孤竹国人只好推其他人当了国君。伯夷叔齐后来相遇,便一齐投靠有仁德的西伯侯周文王姬昌。姬昌死后,其儿子周武王姬发出兵,进攻残暴透顶的商纣王。伯夷叔齐二人认为商纣王虽然残忍,但为臣下的去讨伐自己的君王是不仁,二人拽住武王的马缰力阻武王出兵。周武王灭商以后,二人觉得吃周食可耻,便躲进首阳山,以食野菜维持生计。不久两人便饿死在首阳山上。伯夷叔齐的行为虽然有人认为有点迂腐,却典型地体现了中国古代广大知识分子崇尚清高、远离奴性的人格特性。

魏末晋初时期,司马朝廷充满了腐朽黑暗,对内实行血腥统治,但又做作虚伪。当初有社会名士阮籍、嵇康、山涛、刘伶、阮咸、向秀、王戎7人,他们甘居清静无为,不拘礼法,聚集在竹林喝酒、吟诗、唱歌,史称"竹林七贤"。其文学作品大都采用比兴、象征等手法,隐晦曲折地表达对时局及晋王朝的不满。他们的风骨一直为广大知识分子及社会民众所称道。

明末清初,著名哲学家、思想家王夫之自幼随父兄读书,青年时期正逢清兵南进,他怀着对明朝政权的满腔忠诚,积极参加抗清斗争。南明灭亡,清政府统一全国政权后,他隐居故里湖南衡阳曲兰乡"湘西草堂"著书立说,但思念故国明朝之情不改。他始终不剃发,外出时不论天晴与否,头上打伞,足穿木屐,表示他头不顶清朝的天,足不踏清朝的地。清政府慕于王夫之的才气和名节,几次请王夫之出山为官,他予以拒绝。王夫之生活陷于困境,清地方官吏给他送去猪肉及粮食,他坚决不受。他在大门两边写了一副对联,"六经责我开生面,七尺从天乞活埋",充分表达了他要对中华传统文化进行深入研究和创新;尽管明朝已经灭亡,仍不会屈服于清朝统治者的高尚志向,充分表现出他坚持民族大义的浩然正气。他从33岁开始"栖伏林谷,随地托迹",勤勉著述40年,对天文、历法、数学、地理学等均有研究,尤其在经学、史学、文学方面建树突出,从而成为湖湘文化的重要代表人物。

著名国画大师齐白石居住北京想"以画养家",其作品开始无人问津。后友人将其作品带到日本却被炒得价格极高。事后不断有日本人向齐白石求画。可以说是日本人使齐白石国画名扬天下,许多日本人也成为齐白石的好朋友。九一八事变后,齐白石对日本帝国主义侵略祖国的暴行义愤填膺。一天,有几个日本人前来向他索画,齐白石借故不给。为了避免日本人再次登门求画,他在门外贴上告示:凡是买画者,一律差代表办理。如有日本人强烈坚持,他就叫家人回复,齐白石已死。一位日本军官举办生日宴会强行要求齐白石出席为其作画,他当场画了4只栩栩如生的螃蟹,正当满堂宾客啧啧称赞画得好,日本军官本人喜上眉梢时,齐白石却落款"看你横行到几时",然后丢笔扬长而去,使在场的日本人深受羞辱。日本陆军大将板垣征四郎为了拉拢齐白石与之合作,许诺他加入日本国籍,并随时可去日本定居作画,齐白石愤而拒绝。他写诗以明其志:"寿高不死羞为贼,不丑长安作饿饕。"表达自己宁可饿死也不取悦于恶人丑类。齐白石的弟子、著名京剧表演艺术家梅兰芳,在抗日战争期间也蓄须罢唱,坚决不为日本人演出。这一个个可歌可泣的故事,充分体现了明清以后中国知识分子的铮铮铁骨、浩然正气!他们的大义之举,也向世人宣告了"中国传统文化陷阱论"者,有关中国知识分子在明清之后"完全趴下","成为一个脑袋而已"之言完全是一种胡说八道。

中国的知识分子不奴性,还表现在他们追求真理无私无畏、义无反顾上。与王夫之同时代的著名大思想家,还有顾炎武和黄宗羲。顾炎武系苏州人,早期是南明抗清政权的重要官员,明朝灭亡后,他思念故国,多次拒绝为清廷做官。他原名绛,因仰慕文天祥学生王炎午的为人,改名炎武。他从45岁开始,20余年间,足迹遍及山东、河北、山西、河南,"往来曲折二三万里,所览书又得万余卷",开创了一种行万里路、读万卷书的新的治学方法。他学识极广,在经学、史学、音韵、金石考古、方志舆地以及诗文诸学上造诣较深。时政上主张"众治",怀疑君权,具有鲜明的早期民主启蒙思想。治学上提倡经世致用,反对空谈,提出"君子求学,以明道也,以救世也。徒以诗文而已,所谓雕虫篆刻,亦何益哉"!黄宗羲是浙江绍兴余姚人。他抨击君主专制制度,提出"天下为主,君为客"的民本思想,主张"以天下之法",取代皇帝的"一家之法",即限制君权,保证人民的基本权利。他学识渊博,著书300多卷。

清朝主政全国后,虽然大兴"文字狱",对怀疑有反清倾向的知识分子严厉打压,仍出现了许许多多不畏强暴追求真理的杰出知识分子。近代以来,有著名政治家、启蒙思想家,中国近代史上第一个提出"师夷长技以制夷",写下《海国图志》,被称为近代"睁眼看世界"人物之一的魏源(1794—1857)。有系统地介绍西方民主理念和科学,宣传维新变法思想的严复(1854—1921)。有一生鼓动救亡图存,推翻封建帝制,最后跳海报国的陈天华(1875—1905),以及邹容、章炳麟、秋瑾等一大批资产阶级民主革命家。林觉民(1887—1911),更是这一时期尤其光彩耀目的名字,他参加科举考试时,无意获取功名,遂在考卷上题了"少年不望万户侯"7个大字。他参加同盟会积极从事反清斗争,写下给父亲的《禀父书》、给妻子的《与妻书》后参加广州起义,受伤被俘后光荣牺牲。正是由于一批又一批知识分子的呼唤,中国广大民众觉醒了;也正是由于广大知识分子的身先士卒和广大人民群众的参加,辛亥革命取得了推翻清朝封建帝制、建立南京临时政府的历史性胜利。新民主主义革命时期，中国的知识分子们，为了推翻帝国主义、封建主义、官僚资本主义三座大山，建立真正的人民民主专政的新中国，他们前赴后继，不屈不挠地与旧中国的邪恶势力展开英勇斗争。1919 年爆发的"五四运动"，就是一场由广大爱国知识分子发起的全国性反帝反封建运动。在日本帝国主义侵略中国的 1931 年 9 月到 1945 年 8 月这 14 年中，中国广大知识分子更是洒热血，抛头颅，冲在抗日斗争前列。如 1935 年 12 月 9 日爆发的以北平大中学生为主体的抗日救亡运动"一二·九"运动；1936 年 5 月，上海的爱国著名知识分子们反抗国民党逮捕沈钧儒、邹韬奋、章乃器、史良、李公朴、王造时及沙千里等七位爱国知识分子的"七君子案"，充分反映出当时中国的优秀知识分子们不畏强暴、敢于追求正义的精神。再看看新中国成立后，中国两弹一星功勋奖章获得者、被誉为"中国航天之父""中国导弹之父"、中国"火箭之王"的钱学森的爱国事迹吧。钱学森 1934 年毕业于国立交通大学，同年 6 月考取为清华大学第七届庚款留美学生。他先后获美国航空工程硕士学位和航空、数学博士学位。28 岁时即成为世界知名的空气动力学家。1938 年 7 月至 1955 年 8 月，他在美国从事空气动力学、固体力学和火箭、导弹等领域研究，取得了惊人的成就。同时，他也获得了优越的物质生活条件和较高的社会地位。他年薪十余万美元，加上各项科研经费，全年可支配的费用按现在可比价达两千五百万美元，折合一亿六千万人民币。他可自由出入美国五角大楼。1949 年，当新中国成立的消息传到美国后，钱学森即与妻子蒋英商量决定放弃美国优越的生活及科研条件，回祖国为之效力。但 1950 年钱学森在港口准备登船回国时，被美国官员阻拦，并被关进监狱。原因是正如美国海军次长丹尼·金布尔声称的：钱学森无论走到哪里，都抵得上 5 个师的兵力。从此，钱学森受到了美国政府的迫害，同时也失去了自由。移民局抄了他的家，海关没收了他的行李，包括 800 公斤书籍和笔记本。直到五年后的 1955 年 10 月，中国政府以释放在朝鲜战争中俘获的十多位美国飞行员及其他军事人员作为交换条件，钱学森全家才被美国政府放行回到祖国。钱学森回国后，他的月薪只有两百多元人民币，但他怀着一颗报效祖国的赤子之心，义无反顾地投入了中国的国防事业。

上述知识分子们的大义之举，向世人宣告了"中国传统文化陷阱论"者有关中国知识分子在明清之后"完全趴下"，"成为一个脑袋而已"完全是空口无凭之说。

中国的知识分子不奴性，还表现在他们在茫茫苍天、莽莽荒野、滔滔江海、雨雪风雷的大自然面前不弯腰、不低头，他们有对自然的思考与探索，更有对自然的改造与驾驭。这正如战国时期屈原所表述的，"路漫漫其修远兮，吾将上下而求索"。看吧！正是姬昌的《周易》，它揭示了宇宙自然事物"简易""变易""恒常"的存在状态，及"阴阳"对立，阴消阳长、阳长阴消的相互变化规律，为人们认识并进入宇宙自然之门，提供了一把金钥匙。正是中国古代知识分子的勤于观察与思考，早在公元前春秋时代成书的《春秋》一书就留下了中国人在世界上首次发现哈雷彗星的确切记载。公元前 613 年，"有星孛入于北斗"。这一记载比欧洲早 600 多年，且为世界所公认。正是东汉的张衡，他从日、月、地球所处的不同位置，对月食做了最早的科学解释，他发明制作的地动仪，可以遥测千里之外突发地震的方向，比欧洲早了 1700 多年。正是在公元前 256

年，秦国水利专家、时任蜀郡太守的李冰，他率领当地农民群众，在四川成都平原西部岷江上，修筑了大型水利工程都江堰。这个工程依据自然地理条件，以无坝引水为特征实行分水、进水、溢洪，解决了江水自动分流、自动排沙、控制流量等问题，彻底消除了远古历史水患，使工程成为世界水利文化的鼻祖。这一工程为民众造福至今已 2270 余年，1998 年灌溉区域达 40 余县，灌溉面积 67 万公顷。正是在 20 世纪中叶，以钱学森、钱伟长、钱三强、朱光亚、邓稼先、孙家栋等为代表的这些中国知识分子精英们，他们在新中国刚成立不久，国家物资极度贫乏，技术资料被超级大国所封锁以致一无所有的极端困难的条件下，开始了原子弹核武器的研究。他们从中表现出来的对国家对民族的深厚情感，以及那种克服困难勇于攻关的钢铁般的意志，闻之无不令人由衷地敬佩。1964 年 10 月 16 日，中国第一颗原子弹试验成功，两年后的 1966 年 12 月 28 日，小当量的氢弹原理试验成功。又过半年后，即 1967 年 6 月 17 日，中国第一颗百万吨级的氢弹空投试验成功。此后中国的火箭技术、卫星技术迅速发展，今天已迈步进入世界先进行列。由于钱学森回国效力，中国导弹、原子弹的发射及航天技术起码向前推进了 20 年。这就是明清之后中国知识分子在自然科学领域创造的辉煌，它是历代中国知识分子不甘落后、不惧困难、顽强拼搏、自强不息精神的集中体现。上述事例充分说明，"中国传统文化陷阱论"者污蔑中国知识分子的种种言辞，纯属无稽之谈！

四、中国官吏不奴性

"中国传统文化陷阱论"泼往中国人脸上的一桶污水是中国长期实行专制制度，这种集权体制会逼使政府的各级官吏更奴性。

实际情况绝非如此。尽管在中国奴隶社会、封建社会中，朝廷的官吏们天天要与君主共处朝堂，难免有如古人所言的"伴君如伴虎"之感。虽然有的官吏出于升迁之望，在君主面前喜欢察言观色，投其所好；也有一些官吏在君主面前表现得胆小怕事，唯唯诺诺；但大部分官吏还是能为国家民族着想，他们知是非，守正义，所以，中国历朝历代不会出现官吏普遍奴性状况，我们可以从三个方面来理解这点。

第一，中国官吏队伍中有相当一部分人，从其秉性来看就敢于坚持真理，抵制错误。关龙逢是奴隶制夏代末期桀朝时期大臣，为人刚正不阿，敢于以直言劝谏君王。桀即位初期踌躇满志，励精图治，但后来荒淫腐化，朝政败坏。关龙逢担心夏的前途，数次苦苦劝桀改邪归正，桀每次怒而不听。桀还发明一种酷刑叫"炮烙之刑"，即铜柱涂油，下置炭火烧烫，令犯人行其上，犯人失足坠入炭火中即被烧死。关龙逢极力谏桀停止用此刑，他进谏道：君以用酷刑为快乐，是头上悬着危石，脚下踏着春冰；头顶危石无不被石覆压，脚踏春冰无不下陷。最后关龙逢见桀始终不醒悟，义愤填膺赴火而死。他这种为民请命、不惜犯上死谏的精神，千百年来为人民群众所颂扬。清代诗人许鹏扶写诗赞扬他"肝胆空披死谏君"；民国诗人初元方写诗颂扬他是"死谏开先第一人"。

春秋时期，卫国有个大夫叫史鱼。他以耿直敢言、公正无私著称于世。《韩诗外传》

记载了史鱼这样一个故事：卫国国君卫灵公内惧夫人南子，外宠奸臣弥子瑕。史鱼多次向卫灵公进言要重用贤能之士蘧伯玉，罢免品行不端的弥子瑕，但卫灵公始终不听。史鱼因病临死之际，嘱咐儿子不要在正堂办理丧事。卫灵公知道后问史鱼儿子为什么要这样做，史鱼儿子禀告说，父亲垂死之前留下遗言，说他未能为了国家劝说国君罢免奸贼弥子瑕，没有尽到一个臣子的责任，所以不配在正堂办丧事。由此史鱼获得了"生以身谏、死以尸谏"的美誉。在中国历史上，为了国家和民族利益敢于坚持真理秉公直言的官员是灿如夏夜群星。如商时朝廷重臣比干、大夫彭咸，春秋时屈原，战国时齐国宰相邹忌，赵国左师触龙，唐朝魏徵、褚遂良，北宋范仲淹，明朝海瑞，等等，难以计数。

　　第二，尽管中国几千年专制社会实行了严格的等级制，君君臣臣等级分明，君位于权力巅峰，臣必须服从于君；但从中国专制社会运行的实际情况看，君有开明与不开明之别，执政有仁政与暴政之分。帝君开明一般在如下几种情况下存在，第一是皇帝本质属性开明，如唐太宗李世民。他在位期间积极听取群臣的意见，对内以文治天下，对外开疆拓土，与各民族融洽相处，因而开创了中国历史上著名的"贞观之治"。中国历史还有不少总体上比较仁德的帝君，如商朝的成汤，周朝的周文王、周武王，春秋战国时期的秦穆公、宋襄公、齐桓公、晋文公、楚庄王，汉朝的汉文帝、汉景帝，宋太祖赵匡胤，宋仁宗赵祯，明孝宗朱祐樘，等等。第二种情况是有所作为的皇帝，他们一般也表现得比较开明，或登基执政期间前期比较开明，只是后段不如前，如汉武帝、唐明皇、元世祖忽必烈、明太祖朱元璋、明成祖朱棣、清康熙等。从总体情况看，在中国历史上，开朝换代的首任或前几任帝君会比较开明，越往后的帝君则越差。再是有的帝君执政状况呈阶段性变化，表现为前期较开明，后期则很差。如商纣王，他前期雄才大略，天下大治，只是晚期则荒淫暴政。唐明皇李隆基前期也是文治武功，开创了"开元盛世"，只是到了后期因宠爱杨贵妃，误用奸臣，以致乱政。

　　在中国历史上，当帝君处于开明状态或帝君希望自己有所建树时，他们一般知道要起用贤能之士，采纳正确意见，因而不会或较少滥用权力。在这样的时候，即使在权力中心的官吏们，也没有必要表现出奴性，这种情况下的绝大多数官吏也不会变成奴性。这时候的官员，坚守正义，秉公直言，帮助皇帝正确为君理事者总体是多数。唐太宗朝魏徵，官任谏议大夫，他好犯颜直谏。贞观八年（634），陕县县丞皇甫德上书批评朝政，李世民认为这是毁谤自己。魏徵便劝谏唐太宗说：皇甫德虽然语言过激，但是为了警示朝廷，是为社稷前途着想。他力劝李世民不要降罪于皇甫德。听了魏徵的进言，李世民完全改变了对皇甫德的态度，反而下令赏赐给皇甫德参帛二十段。魏徵给唐太宗前后陈谏二百余条，对李世民开创"贞观之治"盛世起了很大作用，他也深为太宗所器重。魏徵死后，唐太宗思念不止，叹息说："以铜为镜，可以正衣冠；以古为镜，可以知兴衰；以人为镜，可以明得失。魏徵殁，朕亡一镜矣！"

　　宋仁宗皇祐三年（1051）九月，郑国公夏竦在京师去世。按照君主制时代的规定，帝王、贵族、大臣死后，必须依其生前事迹给予一个具有评价意义的称号，即谥号。夏竦是朝廷一品大员，也必须赐谥号。夏竦是宋仁宗的老师，宋仁宗又是一个很讲情义的君主，他感恩老师，决定要在宫中给老师服丧举哀，同时也希望给夏竦一个比较好的谥号。但夏竦生前在朝廷口碑不佳。宋史评价他："材术过人，急于进取，喜交结，任数术，倾侧反复，世以为奸邪。"所以按照规定的议定谥号的程序走下来，考功司与太常礼院给夏竦拟定的谥号是"文献"，这个谥号肯定了夏竦博闻多能，勤学善文，是比较合适的。但当仁宗采纳考功司的提议准备下诏赐夏竦"文献"谥号时，负责起草诏书的知制诰王诛却拒绝起草诏书。其理由是宋朝开国皇帝赵匡胤的高祖父赵朓已追尊谥号为文献皇帝。夏竦不能用与僖祖赵朓相同的谥号。如此，宋仁宗便决定亲自给夏竦改赐一个荣誉更高的谥号"文正"。但仁宗此举，又违背了当时朝廷先前规定的谥号议定程序。按规定程序，必须由下而上，先应由考功司和太常礼院礼官提出谥号，并起草诏书，最后以皇帝名义由皇帝签发。签发之前的事，皇帝一般都不参与。所以，当仁宗宣布给夏竦改谥号"文正"时，几位礼官当场表示抗议。考功司刘敞跟仁宗辩论，指出提出谥号是考功司之职，仁宗亲自给夏竦改谥号是下侵考功司之权。太常礼院司马光也上疏讽谏仁宗，他从"程序正义"的角度，申明仁宗的做法不合大宋的赐谥制度；而且指出仁宗明知夏竦平生德行较差，口碑不好，却还私自给夏竦定"文正"这等显贵的谥号，"是将谥号之公器当成天子之私恩"，是对宋朝法度的败坏。司马光的奏疏上去之后，仁宗10天未做回应。司马光又上一道言辞更激烈的奏章，大意是"文正"乃是"谥号至美，无以复加"，而夏竦这种品行不佳的人也赐这种第一美谥，他日就会有"不令之臣""生则盗其禄位，死则盗其荣名"，长此以往，将使朝廷"善者不知所劝、恶者不知所惧"，这无疑有害于社稷江山。迫于大臣的压力，最后宋仁宗不得不收回成命，再按程序由考功司提出，改赐夏竦为"文庄"。

第三，中国官吏要变成有奴性，一般容易发生在狂暴之君实行暴政之时；或君主荒淫不理事，或无能管不了了，朝廷实际由奸臣贼子掌控之时。在这种政治生态下，暴君或掌控朝廷权力的乱臣贼子往往胡作非为，臣子们不听其言，他轻则叫你进监狱，重则杀你头，这就逼使很多官吏为保性命保官帽敢怒而不敢言，不得不逆来顺受。但即使在这种情况下，仍有许多忠臣义士敢于进谏。如明朝后期，明熹宗朱由校昏庸怠于朝政，以致宦官专权。时任司礼监秉笔太监的宦官魏忠贤深得朱由校宠信。他插手朝廷事务，培植个人势力，打击反对自己的官员，擅权乱政。朝廷和地方许多官员，迫于魏忠贤的权势，纷纷向魏献媚讨宠，他们在全国很多地方如苏州、蓟州、密云、昌平、通州、涿州、河间、保定、宣府、大同、五台山等为魏忠贤建了很多"生祠"，长期对魏忠贤进行祭祀供奉。"生祠"按照当时习俗是为那些清明爱民的官吏而作的。魏忠贤的所作所为引起了许多大臣的不满。时任工科给事中的霍守典上书皇帝，历数魏忠贤建生祠对朝廷的危害。后来霍守典在魏忠贤的逼迫下弃官回乡。不久，曾经拥戴明熹宗即位的副都御史杨涟，他对魏忠贤等官员的胡乱作为表现了极大愤怒。他上书弹劾魏忠贤二十四宗罪状。魏忠贤反过来使杨涟下狱并用严刑残酷迫害。杨涟死不屈服，他在狱中写血书《绝笔》痛斥败坏朝纲的奸臣，最后惨死狱中，充分表现了不畏权势、重节操、守真理的浩然正气。

不可否认，在漫长中国历史的某一朝某一代，也会出现那么个别或少数在强权之下不讲正义，只知俯首帖耳、唯命是从的奴性化的人，或奴性化事件。如一些卑劣官员，他们为讨得帝王欢心和宠爱，对帝王往往是言听计从，有时甚至不惜做一些损害国家利益、伤害民众情感的事件，以取悦于帝君，这种人和事当然是奴性。如南宋秦桧害岳飞，就是出于对宋高宗的奴性。但中国漫长封建社会中，这种体现十足奴性的事，相对于那些以国家民族利益为重，坚持正义，敢于抗争的人和事来说，要少多了。

在中国上千年的君主专制时代，帝王至高无上，"普天之下，莫非王土，率土之滨，莫非王臣"。因此，无论哪位帝王，所作所为要完美无缺几乎是不可能的。相反，帝王滥用最高权威，任性所为以致误国害民反而是很容易的事。然而正是由于各个历史阶段中国的知识分子，尤其是帝王身边有那么一批批忠臣贤相和广大官吏，能秉公直言，扬清抑浊，弘扬正义，所以中国历代皇帝中，也有一批开明贤能之主，且大部分能正常执政。昏庸、无能、残暴、腐败者相比尚是少数。所以中国的历史，总体上是"东风压倒西风"，"正道岂容邪道笑"。这是中国历史的主流，也是中华民族之所以五千年经久不衰的重要原因，是中国官吏没有奴性的结果。

中国历史上的官吏总体上不奴性，其思想基础是对国家的忠诚与对社会的责任担当。中国人有着深厚的家国情怀，尤其是中国古代的士大夫们，他们一般都志向比较高远，崇尚修身、齐家、治国、平天下。中国人推崇忠君，这是因为在中国人心中君代表着国家，寄托着国人的希望。但中国人忠君也绝不是愚昧地盲从。当君的行为是维护国家、民族的利益时，人民会服从他，忠于他、捍卫他。如果君的行为不符合国家和民众的利益，中国民众就会毫不留情地予以反对，所以人民在帝君面前表现的忠的行为不是奴性，至于那种反对君王错误行为的壮举就更不是奴性了。

五、中国文化不是"奴性文化"

端木赐香认为，中国传统文化中的"忠、孝、义"导致了中国人的奴性。她说："忠、孝、义三把剑齐下，导致中国的儒家文化犹如被阉割的文化，中国男人的膝盖从此直不起来，长跪数千年。"

这纯粹是对中国文化的造谣中伤！

提倡忠、孝、义就会导致奴性吗？已于前述，古人对君王的忠实质是对国家的忠，这当然不能看作是奴性。再从孝来看，封建社会强调在家庭伦理上讲"父父、子子"，"父为子纲"；提倡孝道，推崇儿女辈要顺从并孝敬父母，这会不会导致中国人奴性呢？回答是否定的。奴性的发生是与强大的权威控制分不开的。父母对儿女，如果说20世纪以前的儿女们在年幼阶段因惧怕父亲的鞭打对父母还有点畏惧感的话，随着儿女的成年这种畏惧感也随之消失了。所以父母与儿女之间，虽然有长辈与晚辈的伦理差别，表现的实质是尊崇、敬仰以及合乎情理的顺从而已。儿女对于父母的孝，一般也是体现在关心、体贴上。平常说儿女听话，也是讲儿女们在父母面前表现得顺从，少逆反行为而已。无论怎样，对于国民大众来说，父子等级关系及对父母的孝绝对没有也不可能达到奴化的程度。中国历史上流传很久的"父要子亡，子不得不亡"这种事例极少发生过。

相反，中国历史上还因为权力利益之争，发生过不少儿子逼迫甚至杀死父亲兄弟这种有违人性人伦的事，如春秋时期，赵国的第六代国君赵武灵王就因儿子们争夺君位，而被围困于今河北平乡县的沙丘宫，时间长达3月之久，最终被活活饿死。唐朝开国皇帝唐高祖李渊，就被儿子李世民逼迫新立他为太子，最后李渊还被迫提前退出帝位当太上皇，让李世民登基当皇帝。唐代"安史之乱"后，唐玄宗李隆基也被迫退出帝位给儿子李亨，自当太上皇。而发起"安史之乱"的安禄山、史思明两人，他们不是死在政府军的刀剑下，而是为自己的儿子所杀。这就是说封建社会提倡儿女行孝道，虽然使父母对儿女有一定的约束力，但远不可能造成儿女奴性。而且中国传统文化提倡孝道，并不是要儿女们无原则服从父母。在孔子看来，儿女行孝，应懂得"几谏"。他在《论语·里仁》一文中提出，儿女孝敬父母，包括了父母有错时，子女应该讲究方法平心静气进行劝说，以免陷父母于不义。中国传统文化还提倡"义"和"礼"，这就是说处理父子伦理关系与儿女守孝道都必须合于尊礼守义的原则，违背"礼"与"义"的父子关系和孝道同样是社会所不提倡的。这就是封建专制社会的等级观念和孝道文化不至于使中国人奴性的又一重要原因。

尹胜所说的中国传统文化中"综观诸子百家，无论哪一家都是'王道'思想，……只要是王道思想，那就是奴隶文化"的论调，更是不能自圆其说。

首先，中国历史上的诸子百家学说，并不"都是'王道'思想"。何谓王道？《现代汉语词典》解释："我国古代政治哲学中指君主以仁义治天下的政策。"（商务印书馆2016年9月第7版，第1352页）所以，王道指的是君主以仁义治天下，以德安抚臣民的执政方式，是与"霸道"相对的治国之道。中国古代的百家学说中，孔子、孟子的学说推崇仁政，这是王道思想；但也有很多不主张德政仁政，故非王道之学，如韩非子的以法治国思想就不能说是王道。孙武的兵法学说，既可为"王道"所用，也可为"霸道"所用。公孙龙的"离坚白"学说，是属于哲学范畴等。庄周的"天道无为"思想哲学上主张一切顺应自然，政治上主张无为而治，反对一切社会制度，摈弃一切文化知识，这也谈不上是王道思想。

其次，即使对于王道思想，也不能说就是奴隶文化。因为奴性是强权压榨的产物，王道推行的是仁政德治，所以，在"霸道"之下必有奴化还略有道理，在王道之下怎么可能都是奴性呢？如汉代"文景之治"，唐李世民"贞观之治"及宋仁宗执政期间，臣民中有奴性的人自然是少数。这里应该指出的是，中华民族是一个推崇礼节、服从正义、敢于奉献的民族。绝大多数中国人知道崇尚贤能，尊敬长者，谦恭地对待同道；他们服从于真理与正义，讲大局，守规矩，知节制；他们不偏激，能宽恕善待他人。这些都是中国人文明的表现，但绝不是奴性，更谈不上是奴性文化。到底哪些人是奴性？我们看看西方世界在宗教面前，是那么诚惶诚恐，在中世纪，就连国王在教主面前也几乎百依百顺。曾几何时，美洲大陆的印第安人和黑奴们在白人的皮鞭棍棒面前，是那么的无奈，是那么的悲哀。请问"中国传统文化陷阱论"的先生们、女士们，发生在西方世界的这种种现象，是不是奴性呢？

中国人本来不奴性，只要不是色盲或盲人都应该清楚这点。那么"中国传统文化陷阱论"者们为什么要把中国人说成是奴性呢？其实，他们指责的中国人奴性，就是端木赐香批判的中国人崇尚忠、孝、义，就是她杜撰的中国人"跟在权威的身后循序而行"；就是尹胜批判的中国人服从于"集权体制"的统治；就是袁伟时批判的中国人"尊贤为大"或人们崇尚的"见贤思齐"。这就明显暴露出"中国传统文化陷阱论"者是一种变态了的价值观：对国家不要忠，对父母不要孝，对朋友不要义，对贤者不要尊敬，对社会秩序不要遵守，对组织或团队的规章制度不要服从，对权威不要顺从，如此而已，舍此而无其他。这就真有点奇怪了，谁都知道，猫喜腥的，狗喜臭的，人喜香的。在广大中华儿女中，有几人不崇尚忠、孝、义？有谁不知道应该尊敬贤者？没想到人民认为是香的东西，袁伟时、端木赐香、尹胜却认为是臭的，这难道不叫人匪夷所思吗？这叫人们怎样看待这几位大学者的所喜所憎呢？

人们遵守社会秩序，遵守团队或组织的规章制度，这是不是奴性？我们知道，人类之所以能告别于动物世界组成社会，就在于人能够放弃自身个人特有的某些欲望或特性，按照大家共同认定的一些契约规定共同生活在一起。恩格斯说："一个哪怕只由两个人组成的社会，如果每个人都不放弃一些自治权，又怎么可能存在。"（《马克思恩格斯选集》第四卷，1995 年版，第 608 页）这就说明，人能够遵从社会秩序和组织团队的制度，不妨碍他人利益地和大家相处并生活，这是人类社会区别于动物世界的根本标志之一，是人之所以成为人的固有特性，怎么能说这是人的奴性呢？

"跟在权威的身后循序而行"是不是奴性呢？回答绝对是否定的。什么叫权威？《现代汉语词典》解释其有两层含义：一是"使人信服的力量和威望"。二是"在某种范围里最有威望、地位的人或事物"。（商务印书馆 2016 年 9 月第 7 版，第 1082 页）

分析社会民众对权威的态度，有两种状态，一种状况是人民对强权被迫服从，因为不服从于强权就有丢掉生命或失去生存条件的危险。但这种状况历史上世界各国都会发生。中世纪的欧洲人在宗教面前难道不是这样的吗？在中国，当这种权威变成了一种强暴，对人民的生命存在造成巨大威胁时，人民会自发起来推翻它砸碎它，中国历史上多次发生的农民起义就正好说明了这一点。中国人对权威还有另一种态度，即对正当权威是建立在充分认同感基础上的服从。被强迫的服从不等于是认同，认同是一种出自内心自愿的遵循和支持。所以，建立在认同基础之上的权威是一种正当的权威，也可以说是一种极具公众影响力的威望。而这种具有公众影响力的权威在人类社会活动中是非常必要的，因为一定的经济关系和社会生活秩序的维持，需要一定的权威才能实现。中国人很早就具有了对权威的重要性的认识。产生于先秦时期的《吕氏春秋·审分》说："万邪并起，权威分移。"这就告诉人民，权威是有效治理各种乱象，实现社会有序运转不可缺失的条件。世界著名的公共行政学最主要的创始人，被后世称为"组织理论之父"的德国知名社会学家、政治学家、经济学家、哲学家马克斯·韦伯（1864—1920）认为，任何组织的形成、管治、支配均建构在某种特定的权威之上，适当的权威能够消除混乱，带来秩序，而没有权威的组织将无法实现其组织目标。中华文明之所以经久不衰，就在于中国人在砸碎一个强暴的权力政权或者结束一个失去公正权威的时代后，又能迅速建立起一个新的大家认同的权威，以使社会在较长时期内处于有序运转状态。而中世纪的欧洲由于长期没有建立起一个强大的国家权威，以致整个欧洲社会四分五裂，战火纷飞，人民陷入了因长期失去社会稳定秩序带来的黑暗与深重灾难之中。所以没有权威的社会必然是混乱不堪的社会，没有权威的组织必然是一盘散沙式的组织。

那么，"中国传统文化陷阱论"的大师们为什么要把中国人对正当权威的认同污蔑为是奴性呢？西方世界曾经有一种极端无政府主义思潮，他们反对包括政府在内的一切管理和权威，提倡个体的绝对自由，所以他们公然提出了"反权威主义"口号。这就不难看出，"中国传统文化陷阱论"者反对"跟在权威的身后循序而行"，这与无政府主义者提出的"反权威主义"完全是一个正说一个反说的互相唱和而已。其本质就是要否定政府的管理，鼓动民众与政府、个人与组织的对立，推行极端自由主义化。但如果真要这样会是什么结果呢？近几十年来，美国在中东、东欧许多国家鼓动和策划了这些国家的国民实行一个又一个摧毁原有国家权威的"阿拉伯之春""颜色革命"行动，可换来的却是这些国家长期的社会动乱、经济的下滑和人民生活水准的下降。由此可以看出，"中国传统文化陷阱论"者认为"跟在权威的身后循序而行"是奴化，鼓动否定权威，否定管理，这的确是把中国和中国人民引向无政府主义的一种腐蚀剂，其结果是祸是福？他们的用心是善是恶？不是已昭然若揭了吗？

值得警觉的是，曾经在一段时期内，在一部分国人中，由于蔑视乃至抵制组织社会的管理，相应产生了一种鄙官、仇官心理。前几年新闻媒体经常报道一些地方城管公安与民众，老师与学生及家长，政府与城市基础设施建设中的拆迁户严重对立事件，而前者几乎都是作为被批判的反面对象出现。产生这种现象的原因，一方面确实是官员腐败，干部作风粗暴，以致严重影响了政府和官员的形象，部分民众对国家和干部失去了认同感；另一方面也是社会上受了一定程度的无政府主义思潮影响，有人认为政府实施社会管理是不应该的。这就足以说明，"中国传统文化陷阱论"关于中国人奴性的种种荒谬观点，对中国人民的社会实践，的确是一剂可致人陷入危途的毒药。

概括全篇可知，从总体来说，中华民族是一个有着独立人格，充满了阳刚之气，勇敢、刚毅、自强的民族；中华文化是有着无穷智慧，充满了英武气概和进取精神的文化。那些什么中国人奴性，什么中国文化是奴性文化，以及用来支撑这两种荒谬之说的种种奇谈怪论，在有着五千年辉煌历史的中国及中华民族面前，是不能在阳光下立足的。让它们统统见鬼去吧！中国人及伟大的中国文化，过去是，现在是，将来更是，挺直腰杆、昂首阔步走向光明！走向辉煌的未来！

6 中国人"不劳而获"吗？

黄奕锋在网文《一篇批判中国的文章》中污蔑中国人说："中国人习惯接受廉价和免费的事物，他们总是梦想奇迹或者好运，因为他们不愿意付出努力，他们总想不劳而获。"

黄先生这种说法真会让人大吃一惊，我活了六十多年，以前看到的文章听到的说法都是认为中华民族是一个勤劳勇敢的民族，今天破天荒地听黄奕锋先生说中国人不爱劳动却想占有，我真不知道这是黄先生独具慧眼发现新大陆，是敢想、敢说；还是睁着眼睛说瞎话，乱说、胡说！

我想问问黄奕锋先生，你的父母及远祖们，你的众多亲戚朋友及其同事们是否"总想不劳而获"呢？

然而，就算他们确是"总想不劳而获"，或黄先生的确在某些地方看到过，或听说过有人是"不劳而获"；但在偌大一个中华民族中，他们也仅是沧海之一粟吧？这就如顽童撒了泡臭尿到海里，我们总不能说海水是臭的吧？黄先生怎么能断定整体的中国人"总想不劳而获"呢？

一、从皇帝凌晨早朝至百姓男耕女织，中国人"不劳"吗？

中国古人的勤劳的本性，首先在皇宫里得到了充分的体现。

在中国几千年的历史上，古代帝王中虽然也有贪图安逸者，但有更多的勤奋进取者。秦始皇就是一位勤勉的帝王，他一天看全国各地及朝廷大臣们上报奏章的竹简就多达 120 斤。朱元璋天天忙于朝政很少休息，他也不允许大臣们惰政。清朝的雍正帝也以勤政著名。他于 1722 年继承帝位，到 1735 年去世，在位仅 12 年 8 个月。他一年中，只有生日那天才会休息。每天晚上，正如他自己在一首诗中写的，"九重三殿谁为友，皓月清风作契交"，他总是工作到深更半夜。一天的睡眠时间，不足 4 个小时。雍正一生共批阅了 4 万余件奏折，其中批阅满文奏折 6600 余件，汉文奏折 35000 余件，平均每天至少批阅 10 本奏折，此外，还要批阅处置各类题本 40 余件。所以，有学者赞誉他"自古勤政之君，未有及世宗者"。

体现中国人勤劳的一种制度，是中国古代朝廷皇帝与官员的早朝制度。史书记载，中国从战国时期开始至清朝晚期止，历代皇帝都坚持早朝会议。据《大明会典》记载，早朝时，大臣必须午夜起床，穿越半个京城前往午门，凌晨 3 点到达午门外等候。当午门城楼上的鼓敲响时，百官就要排好队伍，到凌晨5点左右钟声响起时，宫门开启，官员们依次过金水桥列队入宫，皇帝在太和门或太和殿会见官员。早朝中，大臣们会分别向皇帝报告军政事务，皇帝则提出问题并做出答复处理。历史上明朝的早朝制度要求最严。当时的一位官员担心早朝迟到，跑着去上朝，结果失足掉入河中被淹死。明朝最勤奋的皇帝应该是亡国之君崇祯皇帝。根据史料记载，崇祯登基时，满腹雄心壮志，一心想作中兴之主。他批改奏折到凌晨一两点是常见之事，而且每日早朝必到，从不缺席。史书说他比大明开国皇帝朱元璋还要勤奋。只可惜当时明朝已病入膏肓，明朝的灭亡并不是崇祯无能所致。

清朝的早朝制度与明朝比没有多大变化。据《学治述略》记载，清朝的早朝时间，春天与冬天为早上6点，夏天与秋天为5点30分。很多大臣因居住的地方太远，必须午夜就出发，提前到宫中等候。晚清詹事府官员恽毓鼎，在自己的日记中也如实记载了当时这种早朝情况。

中国人的勤劳精神，深深体现在中国人的文化理念之中。

《古文观止》编入了与孔子同一时期的左丘明所创作的一篇散文《敬姜论劳逸》。敬姜是春秋时期鲁国大夫公父穆伯之妻，公父文伯之母。她既是一位贵夫人，又是一位贤母。左丘明是春秋末期史学家、文学家、思想家。他在文中记叙了敬姜教育儿子文伯的故事，借敬姜之口阐述了劳动的重要性。故事的大意是：公父文伯退朝之后，去看望母亲敬姜。敬姜正在忙于纺纱，文伯对母亲说，我贵为大夫，却让母亲从事纺纱织布这种劳动，让季孙知道这事，他肯定会恼怒，他定会责备我对母亲不孝啊！敬姜听后心情沉重地说，鲁国这样是要灭亡了吧！闲散安逸会导致人们过度享乐，人们过度享乐就会忘记美好的品行，忘记美好的品行就会产生邪念啊！居住在沃土之地的百姓劳动水平不高，是因为富裕后过度享乐所致。居住在贫瘠土地上的百姓没条件享乐，所以没有不讲道义的。敬姜接着对文伯讲了古人们勤俭劳动的情况。她告诫文伯，不安逸、爱劳动、讲勤俭，这是上古时代祖先的遗训！君王操心国事，基层民众用心劳作，这是祖先传下来的制度和作风，是不能改变的。如果忘记了祖先的这些遗训，变得懈怠懒惰，就是罪责。所以，自上而下，谁也不能挖空心思偷懒。敬姜认为自己虽然贵为夫人，但早晚从事点力所能及的劳动，这是本职分内的事。她批评儿子文伯要求她不要劳动，安逸度日，这是忘记了父亲穆伯及先祖们的遗训和重视劳动的好传统，以这种思想作风当官治理国家，会使国家处于非常危险的境地。孔子知道这件事后，他对弟子们说，大家记住，敬姜老夫人都不图安逸，这多么可贵啊！敬姜教子这个故事表明中国古代的先贤们对劳动重要性的认识达到了相当的高度，充分说明他们视懒惰为劣习、视劳动为正道、不图享受、以劳作为荣的正确劳动观。

中国古代流传下来的一些文学作品对古人热爱劳动的场景作了具体的记载。《击壤歌》记述了远古时代先人们每天的劳动是"日出而作，日入而息"。《敬姜论劳逸》一文中，敬姜讲述中国古代先人们勤奋劳动的状况是：天子白天隆重地祭祀太阳，让三公九卿知悉农业生产，中午考察政务，交代百官要做的事务。京都县邑各级官员在朝廷王公大臣的引领下，处理好各种事务，使社会得到治理。天子祭祀月亮时，他要和太史、司载详细记录天象；日落便督促嫔妃们清洁并准备好祭祀的牲果谷物及各种用品，然后才休息。诸侯们清早听取天子布置事务和训导，白天完成他们负责的日常政务，傍晚审查有关典章和法律，夜晚警告众官不要贪图享乐，然后才休息。卿大夫清早统筹安排一天的政务，白天与下级官吏商量处理事务，傍晚梳理一遍当天所做的事，然后处理完他们的家庭事务后，才开始休息。贵族家庭的青少年们清早要做早课，白天讲习所学知识，傍晚复习，还要反省自己一天学习有无过错，明确下一步努力的重点，然后才去休息。皇后要亲自动手编织冠冕上用于装饰的黑色丝带，公侯的夫人要编织系于颔下的帽带和帽子顶上的吊线等装饰品，卿的妻子要负责编织好官吏常用的腰带。所有贵夫人都要亲自做祭祀服装。其他各种士人的妻子还要负责缝制朝服。普通农家妇女，都要给丈夫做衣服。人们在每年春分之后祭祀了土地就开始耕种，冬季祭祀时，男女都要展示自己的劳动成果，即向祖先献上当年收获的谷物及牲畜。懒惰和有过失的人因有辱祖先都不准参加祭祀。这里敬姜向大家口述了中国远古时代上至天子、诸侯国王、士大夫、三公九卿、地方官吏、贵族子弟，下至黎民百姓，从清早起床至夜晚睡觉前的劳动工作状况；同时也讲述了从皇后和各级官吏的贵夫人，到平民百姓的良家女子，是如何各尽其责，不图安逸，积极劳动的事迹。生动地向人民大众展示了一幅古人日出而作、日入而息的劳动画面。

中国古代先人热爱劳动的事迹在古代的文学作品中得到了充分的体现。"天苍苍，野茫茫，风吹草低见牛羊。"这是北朝时期流传于黄河以北的一首民歌，它生动地记述了那个时代，我国西北地区牧民在大草原放牛牧羊的劳动场景。唐代诗人李绅（772—846）的两句诗"锄禾日当午，汗滴禾下土"，生动地描写了当时的农民们在三伏炎热的夏天，中午冒着火热的太阳，在田中大汗淋漓劳动的场面。"昼出耘田夜绩麻，村庄儿女各当家。童孙未解供耕织，也傍桑阴学种瓜。"这是宋代诗人范成大写的《夏日田园杂兴》组诗中的第七首。全诗描写了宋代农村夏日农民紧张繁忙的劳动生活。诗的前两句写乡村农民白天在田间地头为桑稻除草施肥，晚上搓麻纺纱。第三四句写了农村小孩虽然还不懂农作技术，但他们也尽力干一些力所能及的农活，在桑树下像大人们那样学习种瓜。这首诗是对中国农民男耕女织、热爱劳动并且世代相传的真实写照。

受悠久的劳动文化的影响，中国历朝历代的普通民众，都是那样的勤劳非凡。

这里我要介绍我的祖辈，他们的勤劳真是令人由衷地敬佩。我的老家在今湖南中部湘乡市褒忠山区一个山村的高山上。我从小就耳闻目睹了我的祖辈及村里邻居叔叔伯伯们勤奋劳动的事迹。从我曾祖父之前几代开始，直到我祖父母、我父亲和母亲，他们好几代人都是单门独户住在一个离村里有几里山路的高山峻岭之上。他们开垦荒山种植油茶、油桐、棕树、茶叶、苎麻等经济作物和红薯、玉米、高粱、菽、荞麦等粮食作物，此外还养牛、羊、猪、鸡、鸭、猫、狗，还要砍柴、挑水、种菜等。每天东方刚露出鱼肚白他们就起床上山下地劳动，晚上也要劳动到深夜才睡觉。最令我难以忘怀的是我的父母亲。自 20 世纪 80 年代起我三兄妹都已成家并因参加工作，先后远离他们。家中负担已大大减轻，经济条件已大为改善。父母亲当时也是快 70 岁的人了，但直到 2001 年他们仍坚持住在那荒山峻岭上的老屋里。他们每年要种植收获一万多斤红薯，并将其加工成薯粉丝、干薯丝、干薯片、干薯米；每年要采摘几千斤油茶果和油桐果，暴晒后把茶籽和桐籽一粒粒从果壳中分拣清理出来，然后再加工榨出几百斤茶油、桐油。每年种出的蔬菜多得无法吃完，尤其是冬瓜南瓜堆积如山。我母亲还要从屋前屋后，一叶一芽地采回二三十斤茶叶。开始好几年，父亲还要养牛并养几头猪，在我的坚决反对下，后来不养牛了并减少养猪数量。再过几年之后，直到我对父亲发怒"下次回家再看到养猪要把它挖死在堂屋里"，二老才停止养猪。在那段岁月中，父亲总是清早五点左右就起床，咳嗽几声惊醒家中人督促大家起床劳动，用一句家乡话概括就是"天光干到天黑"。我的母亲，每天大约五六点起床，然后去小溪挑水、做早餐、煮猪潲；早饭后，先喂猪、洗衣服，再依据季节上山种植红薯、采茶或采猪草、摘捡茶籽、捡柴火等；中午还要回家做饭；下午继续上山做前面提到的农活；傍晚回家做饭，晚饭后还要喂猪，准备第二天的猪食，或加工制作茶叶，分选粗茶细茶或拣选茶果等。母亲每晚几乎要劳动到十一点左右才会睡觉，她一天辛勤劳动的时间在十六到十八小时。受父母的影响，我自少至今养成了五点左右起床，每天工作或写作、学习、锻炼十三四个小时的习惯。我的父老乡亲中，有许多与我祖父、我父亲同时代的老人，他们毕生翻山越岭、摸爬滚打、辛勤劳动，直到七八十岁生命画上句号为止，他们终生与安逸享乐无缘。

近几十年来，国内虽然有一股"享乐至上"的暗流，但中国人的绝大多数，仍能保持住勤劳节俭的本性。2018 年 7 月 23 日，《湖南日报》发表了一篇《我要改变自己的命运》的报道。文章介绍了湖南永顺县砂坝镇合心村残疾青年宋新安通过劳动自强的故事。宋新安 1983 年出生在合心村一个普通的土家族农民家庭。1 岁时不幸掉入火坑被烧成重伤，失去右臂、右耳，成为三级残疾。8 岁时母亲病逝。迫于生计，宋新安读完初二就停学了。他和姐姐是在父亲宋正光的艰辛抚养下才得以长大成人。命运的不公没有使宋新安屈服，他决心依靠劳动改变自己的人生。开始，他种过田、外出打过工，但收效甚微。2001 年，18 岁的他看上了附近一块地势较平缓的荒山。于是，他和父亲在山上搭了一个木棚，开始垦荒种果。这位独臂青年和他的父亲，每天顶着星星起床，傍晚引来月亮收工，硬是一锄一锄在这长着杂木和毛竹的荒坡石岭上开垦出一块 10 来亩的果园。初获成功后，又通过兑换、流转的方式将果园扩大到 170 余亩。果园种有梨、桃、李、西瓜等 20 余个品种，每年有半年时间出产水果。在创业的过程中，宋新安克服的困难，遭受的艰辛，令人难以想象。资金不够，他将开荒砍伐的杂木烧成木炭换钱；为凑钱买苗木，父子俩连食盐都买不起。不懂技术，他自学，摸索，虚心向购买树苗的果农请教。果园离村里公路较远，水果销售困难，独臂的他和父亲手挖肩挑修通了一条连接村道长 1.4 公里的简易公路。现在，宋新安种植的生态果园已誉满湘西边界，产销两旺，宋新安也成为永顺县创业和励志的典范。

中国人由于具有勤劳的天性，就是到了异国他乡，也是勤奋工作，拼搏进取。2009年，我到澳大利亚，在首都堪培拉，发现这里每逢周末，本地人开的店铺都关门休息，中国人开的店铺却照常营业。这样计算下来，中国人比当地人每月要多经营 8 天。去黄金海岸时，我们请了个来自中国的女士做导游。这位女士告诉我们，她兼了两份工作，每年有两份收入，虽然压力大点，但生活过得不错。2013 年，我到巴西，来自中国的华人导游告诉我们，这个城市以前开店铺的老板有很多来自亚洲的一个海洋国家，随着中国与巴西关系的改善，来巴西做生意的中国人越来越多了。中国人很精明，又很勤奋，生意做得比较好。别的国家在这里的生意人便越来越少，他们大部分转到其他地方去了。由此，中国人的勤奋更是名扬世界。正是由于中国人的这种吃苦耐劳，他们在国外创业，取得了令当地人深深赞叹的成就。

二、"基建狂魔"可不是天赐，说"中国人不劳而获"岂不是胡说

中国经济网 2018 年 12 月 21 日视频报道：1500 多人同时施工，100 多台大小机械轰鸣运作，仅 9 个小时就完成了福建南三龙铁路龙岩车站的改造，轨道对接丝毫不差。中国人的这种建设速度惊艳世界，以至被国际上称为"基建狂魔"。这里面当然有科学技术与工艺的新发明新创举的功劳，但更体现出中国劳动者不分昼夜、争分抢秒、忘我奋斗的劳动态度。

有辛勤的劳动即有收获。自古至今，中国人民用勤奋创造的文明业绩举世瞩目。长城，这是中国古代一道坚固且连绵万里的巨大的军事工程。中国人从西周时期就开始修筑长城，春秋战国时期各诸侯争霸使长城建设进入高潮。秦始皇统一六国后，对各战国长城进行连接和修缮，使长城长达万余里。此后历朝历代都对长城进行修缮扩建。明朝是历史上最后一个大修长城的朝代，其总长度为 8851.8 千米。秦汉及早期长城超过一万千米。所以长城总长度超过了 21196 千米。分布在河北、北京、天津、山西、陕西、甘肃、内蒙古、黑龙江、吉林、辽宁、山东、河南、青海、宁夏、新疆等 15 个省、自治区、直辖市。成为中古时代世界七大奇迹之一。

大运河是中国古人开凿的人工运河，这是中国古代劳动人民创造的又一伟大工程，是世界上最长的人工运河，也是世界上开挖最早、规模最大的运河。早在公元前 486 年的春秋末期，吴王夫差就组织吴国人开凿了胥溪、邗沟、黄沟三条运河。秦朝时期，始皇在湘桂之间修筑了灵渠，李冰在四川修筑了都江堰工程，郑国在关中地区修了郑国渠。西汉时期开凿了漕渠。东汉在治理汴河的同时又开凿了阳渠。此后各朝代帝君及一些地方官吏，如三国时期曹操、孙权，魏晋时期曹丕，东晋桓温、贺循等都先后修建运河。在先前各大小运河的基础上，先人们将各条长度大小不一的河道科学连接疏通，先后成功开凿出隋唐大运河、京杭大运河、浙东大运河三大河段，全长 2700 千米，跨越地球 10 多个纬度，地跨北京、天津、河北、山东、河南、安徽、江苏、浙江 8 个省、直辖市，纵贯在华北平原上，通达海河、黄河、淮河、长江、钱塘江五大水系。仅以其中的京杭大运河一段为例，它作为南北交通大动脉，北起北京通州，连接河北廊坊，经天津，至山东临清、枣庄、中河，再接江苏淮安、扬州，直通浙江杭州。全长 1794 千米，比苏伊士运河长十倍，比巴拿马运河长二十倍，是世界上最长的一条人工开凿的运河。清时著名诗人王维珍游览通州京杭大运河时，他登上河边燃灯佛舍利塔，看到大运

河上千帆竞发、楼影水光的繁华景象，欣然作诗曰："云光水色潞河秋，满径槐花感旧游。无恙蒲帆新雨后，一支塔影认通州。"此诗生动地记载了京杭大运河的美景。时至今日，中国大运河已延续 2500 多年，2014 年 6 月 22 日，中国大运河在第 38 届世界遗产大会上，获准列入世界遗产项目。

新中国成立后，中国的水利建设取得了更加辉煌的成就。从新中国成立的 1949 年至 1976 年这 27 年间，中国人民共建成大、中、小型水库 8.6 万座，塘坝 640 万口，总库容 4000 多亿立方米，人工河渠延长共 300 多万千米，配套机井 220 万眼，各类堤防总长 16.5 万千米，其工程总量折合土石方 3610 亿立方米，相当于 1200 座三峡工程。参照近十来年的水利工程造价，按土石方量简单折算，总造价为 240 万亿元，超过 1980 至 2008 年这 28 年全国 GDP 的总和。令人惊惑的是，如此巨大的水利建设投入还只是当时全国基本建设总投入的 7.08%。可以想象中国人在这个时代创造了多少业绩！付出了多少劳动！要知道，在那个经济尤其是工业经济比较落后的年代，这大大小小的一个个水利设施建设，都是劳动人民一锄锄挖、一筐筐挑，几乎全凭人工体力干出来的。

凭着中国人的劳动热情，新中国成立以后的工业建设，仅仅从 1949 年至 60 年代初这十多年间，就取得了惊人的成就。

据记载，这段时期的工业产生了 12 个第一：

1958 年 3 月 11 日，第一台半导体收音机制成。

同年 3 月 17 日，第一套电视发送设备试制成功。

同年 4 月 12 日，第一台 14 匹马力柴油拖拉机出厂。

同年 6 月 1 日，第一台最大的平炉在鞍钢建成出钢。

同年 7 月 17 日，第一个大型炼钢厂——武钢炼钢厂开工兴建。

同年 9 月 9 日，第一台内燃电动机试制成功。

同年 11 月 28 日，第一艘由苏联设计，中国制造的排水量万吨远洋货轮"跃进号"下水试航。

1959 年 1 月 1 日，第一台 138 吨交流电力机车试制成功。

同年 11 月 1 日，第一座重型拖拉机厂建成投产。

同年 11 月 12 日，第一台液力传动的内燃机车试制成功。

1960 年，第一座大型氮肥厂试制首批氮肥。

1962 年，第一台 1.2 万吨压力自由锻造水压机制成。

在 20 世纪 60 年代至 70 年代这段时间里，中国加快了现代化建设步伐。首先，中国建立起了一个独立的门类齐全的工业体系，在不少领域甚至进入了世界先进行列。仅在 1967 年至 1976 年，国家对能源建设的投资就超过了 500 亿元，在石油工业方面，先后建设了大庆油田、胜利油田、大港油田、任丘油田、辽河油田、南阳油田、长庆油田。原油产量以每年平均递增 18.6% 的速度增长，1978 年产量突破了一亿吨。原油加工量比 1965 年增加五倍多。使中国从"贫油国"跃居为世界第八大产油大国。其发展步伐之大，是以往任何时候都无法相比的。在煤炭工业中，新建了山西高阳煤矿、山东兖州煤矿、河南平顶山煤矿、四川宝顶山煤矿、新疆哈密露天煤矿。在电力工业中，全国建设的大型发电站有刘家峡水电站、丹江口水电站、龚咀水电站、黄龙滩水电站、碧口水电站、八盘峡水电站以及唐山陡河发电厂、山东莱芜火力发电厂等。十年间中国能源产量年均增长率达到 9.2%，全国 80% 以上的县都建立了水泥厂，产量比 1965 年增长 4.1 倍。从 1965 年到 70 年代末期，国家在"三线"建设中投资达到 2050 亿元，建立起了攀枝花钢铁基地、六盘水工业基地、酒泉和西昌航天中心等一大批钢铁、有色金属、机械制造、飞机、汽车、航天电子工业等新的工业基地，促进了我国中西部地区与东南沿海地区的平衡发展，同时也使国家的基础工业和国防工业状况大大改观。中国的造船工业，由造万吨巨轮提高到造五万吨和十万吨巨轮的水平。1965 年，全国企业总数是 15.8 万个，到 1979 年企业总数达到 35.5 万个，是原来的 2.25 倍。其中大中型企业有 4500 个。全国职工总数近一亿人，比 1965 年的 4965 万人增长 70% 以上。就这样中国以很快的速度基本上建设成为了一个工业化国家。1952 年全国工业仅占国内生产总值的 30%，农业占 64%，而到 1975 年这个比例就颠倒过来了，工业占比上升到72%，农业占比下降到 28% 左右。到 1975 年，中国成为了工业综合指数世界排名第六的工业国。

这段时间的交通建设情况，进一步证实了中国人民的勤奋。在 20 世纪六七十年代，中国不仅建成了成昆铁路、湘黔铁路、川黔铁路、襄渝铁路、焦枝铁路、枝柳铁路、京通铁路、阳安铁路等十多条铁路干线，而且建设了包括滇藏公路、韶山至井冈山公路在内的许多贯穿全国各省城乡的公路干线。到 1979 年，全国铁路通车里程达到五万多公里，有复线的铁路 8000 多公里。而且开始了电气化铁路建设，内燃机车也投入使用。铁路货运量达十亿万吨，全国公路通车旅程达 80 多万公里。全国两千多个县，基本上每县都通了公路，这段时间国家还建成了一批当时闻名世界的桥梁工程，有长沙湘江大桥、山东省北镇黄河大桥、前扶松花江大桥、浙江省兰江大桥、蚌埠新淮河大桥、上海黄浦江大桥、闽清大桥、洛阳黄河大桥、田庄台辽河大桥、江苏省淮南大桥、五河淮河大桥、重庆长江大桥等。在航空方面，到 1973 年，国内建立了以北京为中心，连接全国七十多个城市的民用航线，与国际上数十个国家的一百多家航空公司建立了业务往来。从而大大改变了国家交通落后的状况。另外这一时期，在大港口建设、长距离输油管道建设、高压远距离输电变电工程、载波通信干线工程、卫星通信地面站建设等方面，都创历史最高纪录，填补了许多历史空白。

更能体现中国人勤奋的，还是当代中国人干活的速度与效率。在外国人的眼中，中国人干活效率之高、速度之快是令人叹服的。2017 年 7 月 6 日，英国《每日邮报》报道：江西南昌市于 6 月 30 日用两百余台挖掘机，仅 8 小时就顺利拆除了市中心洪都大道上的一座已使用 24 年的 589 米长的 4 车道立交桥。拆桥视频在网上播出后，吸引了上百万人的点击。有英国网友评论，这种工程如果在英国，大概要花 18 个月才能完成。一位美国的网友自嘲道，同样的工程，在美国俄勒冈州需要花 12 年时间。一位德国网友则搬出建造之初曾被称为柏林"面子工程"的勃兰登堡机场，这个机场建设历经三番五次的拖延，修了 14 年终于完工。所以，有英国网友对中国的建设速度惊叹道，这简直比科幻题材电视剧场景还要壮观，有了这样的效率，任何事情都可以迅速完成！其实，这种"中国速度"事例，岂止这几个。还是在南昌，一座"服役"了24年的立交桥为了给地铁腾地，也在数小时内被拆除。还在2015年，北京三元桥须进行整体换梁，为最大努力避免时间拖长影响交通，工程选择从周五晚上11点开始对旧桥整体切割拆除，然后，拥有自主知识产权的"国货"——千吨级托运机"神驮一号""神驮二号"迅速将新桥梁"端"过来架上并铺好，然后迅速把路面铺设完毕恢复通车，整个工程至周日晚上6点全部结束。一座桥从旧到新仅费时43个小时。消息在网上传播后震惊世界。中国港珠澳大桥建设，也是当今世界的劳动奇迹。它是一座连接香港、澳门、珠海三地的跨海大桥，全长55公里，其中海底隧道6.7公里，是中国乃至世界规模最大、标准最高、最具挑战性的跨海桥梁工程，被世界誉为桥梁建设的"珠穆朗玛峰"。大桥建设期间，桥岛隧道工程首创外海深插超大直径钢圆筒快速筑岛技术，创造了221天完成两岛筑岛工程的世界纪录，缩短了工期两年。

由此看来，黄奕锋在劳动问题上对中国人的种种污蔑之词，又何以能面对中国人民大众！

7 中国人"没有国家观念"吗？

通过丑化中国人以彻底否定中国文化，是"中国传统文化陷阱论"的如意算盘。端木赐香教授在她的书中说："中国百姓没有国家观念，那么他们也就相应地没有了爱国情感。"（见端木赐香《中国传统文化的陷阱》，第28页）"在中国古代，朝廷天下是肉食者即皇帝考虑的事，天下是皇帝的家"，所以人民也就"谈不上爱政府"，因此，她断定"中国人私德良好，公德没有"（同上书，第22页）。

与端木赐香观点相呼应，黄奕锋先生在他的文章中，发出这么一串谬论："大多数人认同一个事实，那就是中国人缺乏诚信和社会责任感。……他们脑海中根本就没有国家的概念。"

这纯粹是一种胡编乱造！

一、多少英杰抛血骨，只为华夏四时春

纵观中华文明五千年历史，中国人有着无限的家国情怀。

第一，中国人对国家无限热爱的这种崇高精神，在抵抗外敌入侵，维护国家民族尊严及其根本利益之时表现得尤为强烈。汉朝的天汉元年即公元前100年，苏武奉命以中郎将身份持节出使强敌匈奴，却被匈奴扣留。匈奴贵族多次威逼利诱，逼使苏武投降，苏武严词拒绝。匈奴把苏武关押在地窖里面，不给他吃喝，苏武便用雪和毡毛充饥。后来匈奴人将苏武孤单一人关押到今甘肃省武威市民勤县北海边牧羊，不给他运送粮食，苏武只能掘取野鼠洞中野鼠储存的果实维持生命。尽管他生活艰难，度日如年，苏武仍坚持拄着汉朝颁发的符节，睡觉、行走都不放弃，以至于系在节上的牦牛尾毛全部掉落。苏武就这样历尽艰辛，拘留在匈奴19年，持节不屈。直到公元前81年，匈汉关系改善，苏武才得以归国。北宋时期，宋西北游牧民族契丹人建立的辽国经常南侵。986年，北宋名将杨业率军与数倍于己的辽军激战于陈家谷。因其他北宋部队未能按约予以配合，杨业部队几乎全部战死，儿子杨延玉阵亡，杨业身负重伤十余处仍杀敌数百，最后因战马负重伤不能前进而被俘。生死关头，他丝毫不改忠君之志，连续绝食3天而亡。南宋初年，岳飞目睹金人入侵，百姓遭受奴役和杀戮的惨状，万分愤慨，他让母亲在背上刺上"精忠报国"四字，组织岳家军与金兵进行了大小战斗数百次，为宋朝收复了大片国土。他立志收复失去的大宋江山，在流传千古的《满江红》词中表达了"壮志饥餐胡虏肉，笑谈渴饮匈奴血。待从头，收拾旧山河，朝天阙"这种对仇敌无比愤恨、对国家对民族无比热爱的家国情怀。对日抗战的1941年9月，八路军战士马宝玉、葛

振林、宋学义、胡德林、胡福才五位战士，巧妙地在河北易县狼牙山与数千日军奋战一整天，子弹用光后用石头砸敌人，最后折断枪支纵身跳下深谷。五位壮士所表现的革命英雄主义和民族气节，是何等壮烈！何等高尚！

第二，中国人强烈的国家观念还表现在日常对天下兴衰、百姓安危的责任担当上。中国古代士大夫们崇尚修身、齐家、治国、平天下。儒家文化的重要代表人物孟子在《孟子》的《尽心章句上》（第九）中说："穷则独善其身，达则兼济天下。"意思是一个人不得志的时候，也要重视自身的道德修养，政治上经济上发达了，就要为天下人做好事善事，让广大民众得到好处。中国传统文化中的这种造福天下百姓的观念，深深影响了古代的士大夫们。春秋战国时期的著名政治家、水利家西门豹，在魏文侯执政时期，任现河南安阳北郊的邺城令。他初到邺城时，看到当地人烟稀少，田地荒芜萧条，百业待举，于是立志改善现状。他抓住河伯娶妻的机会，趁机惩治了地方恶霸势力。然后颁布律令，打击巫风，鼓励民众安心耕种。同时他亲自带人勘测水势，探明水源，发动民众在漳河兴修了12条渠道，使大片滩田荒地成为旱涝保收的良田，极大地促进了当地的生产发展，在很短时间内使邺城成为魏国的东北重镇。苏东坡是北宋时期的著名诗人，同时又是著名政治家。1089年，他到杭州任知州，发现西湖因杂草堵塞而面积缩小到临近湮废。而西湖一旦消失，不仅沿湖的千顷良田将失去水源灌溉，杭州全城的商贸、手工业、农业、交通、市民生计及连接江南运河的漕运，都将受到严重威胁。于是苏东坡上奏朝廷，组织军人及民工对西湖进行大规模的疏浚，将疏浚出来的大量淤泥在湖中堆积，建设成一条沟通南北两岸的长堤，在堤上遍植芙蓉、杨柳及各种花草，并沿堤修六座石桥，使湖水东西相通。从而使西湖不仅呈现出六桥烟柳的景色，而且使其六井通，风光秀，水流清，市井繁荣，商贾兴旺，杭州一举成为北宋规模空前的繁华城市，跃居当时全国第一。1094年，苏东坡又被贬谪岭南惠州为官，见惠州闹市区平湖门与孤山远水相隔，百姓交通不便，便捐资动员百姓在此间修筑一长数华里的长堤。此堤极大地方便了当地百姓的生产生活与交通，竣工后惠州官民设宴相庆。东坡以诗记下这一盛事："父老喜云集，箪壶无空携。三日饮不散，杀尽西村鸡。"当地后人为纪念苏公，便将此堤命名为"苏公堤"。宋代李纲毕生忠于朝廷，心系苍生百姓安危。他在一首《病牛》诗中写道："耕犁千亩实千箱，力尽筋疲谁复伤？但得众生皆得饱，不辞羸病卧残阳。"从而抒发了自己以天下百姓生计为己任的高尚境界，充分体现出李纲对社会的责任担当。

第三，中国人的爱国之情，还充分表现在许多志士仁人为国为民不惧强权、以是谏非的壮举之中。商朝末期，20岁就以太师高位辅佐帝乙，又受其托孤辅助帝辛的比干，从政40多年。他忠心为国，一生倡导"民本清议，士志于道"，深得民众爱戴。后来帝辛纣王暴虐荒淫，横征暴敛，他在王宫"流酒为池，悬肉为林"。纣王的暴行引起全国民众的反抗，朝中有识之士纷纷劝谏纣王，纣王拒不接受，反而严词斥责。比干怀着一颗爱国之心予以进谏，他说"主过不谏非忠也，畏死不言非勇也，过则谏不用则死，忠之至也"。他冒着杀头的危险，连续3天在王宫摘星楼强谏纣王。纣王问他"何以自恃"，他对答说"恃善行仁义所以自恃"。纣王怒而杀比干并剖其心。比干的英勇事迹千百年来为华夏民族广为传颂。明嘉靖年间，蒙古骑兵数次侵犯明朝北部边境。奸臣严嵩的同党——大将军仇鸾请开马市以和之。杨继盛当时任兵马车驾司员外郎，他上书皇帝《请罢马市疏》，力言仇鸾之举有"十不可五谬"，由于得罪了仇鸾之流，杨继盛先被下狱，出狱后又被贬职。事后由于开放马市并没有使西北边界安定，足以证明杨继盛有远见。杨继盛弹劾仇鸾客观上也有利于严嵩专权，故杨继盛一年内又被严嵩连续升迁 4 次，提拔为兵部武选司员外郎。但杨继盛知严嵩对国家更坏，他升迁刚一个月就上书皇帝《请诛贼臣疏》弹劾严嵩，力数其"五奸十大罪"，激怒了皇帝和严嵩。严嵩及其同党将杨继盛下狱。杨继盛遭受严刑拷打迫害达三年之久，后被杀害，尸首弃市。杨继盛就刑时慷慨作诗，"浩气还太虚，丹心照千古。生平未报国，留作忠魂补"。那种忠君之心、报国之情激荡云天。天下百姓闻之，无不流泪并传诵此诗。杨涟是明末有名的正直朝臣，多次为政局的稳定、朝廷的安全献计献策。1625 年，他任左都副御史，因弹劾祸害国家的宦官魏忠贤二十四大罪，被诬陷进狱。他历尽了魏忠贤同党钢针刺体、铜锤击胸、土袋压身、铁钉贯耳等毫无人性的酷刑之后，在濒于死亡的状态下，咬破手指写下了一篇绝命血书，表达自己为国忠心赤胆的情怀。读之激昂悲壮，感天地、泣鬼神。

第四，中国人这种强烈的国家观念和社会责任感，也表现在处于社会底层的广大普通人民群众中。陆游"位卑未敢忘忧国"这一名句真实地反映了中国社会几千年来普通民众的家国情怀。曾记得我小时候在家乡湘乡市农村，看到农民家家户户堂屋正面墙上安装了一个神台，神台正中央写着"天地国亲师位"六个大字。这里的"国"即指国家，说明就连社会最底层的民众也懂得国家应置于人民心中的最高位置。南宋末年，元兵攻进湘乡，当地乡民刘叔荣聚集民众起兵抗元。因敌众我寡，兵败后踞山而战，最后兵尽粮绝跳崖就义。后人为褒奖忠义，改此山名为褒忠山。1648 年，清兵南下攻占衡阳，当地出身于"徒四壁立""薄田但供膻粥"家庭的贫困书生王夫之，怀着满腔爱国之情，在南岳衡山组织一帮乡民举起"抗清复明"的大旗。失败后又千里迢迢赶至肇庆，追随南明政权，开展抗清斗争。1645 年夏天，江阴县城百姓自发组织，坚决抵制清朝的剃发令。清政府派出 24 万清军铁骑、200 多门红衣大炮前往镇压。在县城典史阎应元、陈明遇、冯厚敦等人领导下，江阴 10 万百姓与清军展开血战，困守孤城达 81 天之久，击毙清军 75000 人，亲王 3 人，大将军 18 人。清军破城后，百姓拼死巷战，全城 97000 人无人生还，亦"竟无一人降者"。南宋末年，诗人、画家郑思肖对故国一往情深。元军南侵时，他曾向朝廷献抵御之策，叩宫门上疏皇帝，怒斥尸位素餐者之恃权误国，要求革除弊政，重振国威，抵抗元军。南宋灭亡后，他隐居在苏州一座庙里，改自己名号为思肖，因肖是繁体"赵"字的组成部分，郑在这里用肖代表宋朝赵姓国君，表达他对故国的永远思念之情；他字忆翁，以示自己常忆故国；他号所南，甚至坐着、睡觉都朝着南方，表示他永远心向南宋。他擅长画兰草，元灭宋后，他画的兰草均无土无根，表示宋亡后虽国土已属他邦，无处扎根，但兰花仍不失其气节，以暗喻自己仍不失爱国之志。他写了一首著名的《寒菊》，写菊花"花开不并百花丛，独立疏篱趣未穷。宁可枝头抱香死，何曾吹落北风中"，以喻自己坚守气节，决不向元朝俯首的坚贞民族精神。

第五，中国人的爱国情怀还表现在报效国家不图回报上。战国时期，湖北监利人申包胥为楚国大夫。公元前506年，他昔日的同乡好友伍子胥率领吴国军队攻破楚国都城郢，楚昭王出逃随国。伍子胥掘楚平王墓鞭尸。申包胥逃进深山，他派人劝告伍子胥不要灭了楚国。此前申包胥曾警告过伍子胥，伍如灭楚他必兴楚。伍子胥不听劝告继续进兵欲彻底灭楚，申包胥便历尽艰辛跑到秦国请求帮助复国。开始秦王不同意，申包胥便在秦国朝廷上哭了七天七夜，滴水不进，第七天已是声微力竭，眼中血泪流尽，终于感动了秦国君臣，史称"哭秦庭"。秦哀公亲赋《无衣》，发兵救楚。伍子胥的吴军因受秦楚两国军队夹击，加之吴国内乱而被逼退兵。楚昭王复国后要封赏申包胥，他坚持不受，带全家老小逃进山中隐居。申包胥由此成为忠贤典范。中国传统节日中，有个寒食节，即于每年清明节前一二日禁烟火，只吃冷食。这个节日源于古代，起因于一个激动人心的无私爱国故事。据史书记载，春秋时期晋献公时代，晋宫廷发生内乱，公子重耳出逃，途中无食物可吃，常以野菜充饥。其中有个侍从介子推，便割下自己大腿之肉煮汤，谎称是野味汤给重耳吃。重耳知道真相后深受感动。后来重耳在秦国的帮助下回国当了国君即晋文公。晋文公大加奖赏帮助他出逃有功的人，唯独忘了介子推。介子推则认为即使自己作了奉献，对重耳当国君作用不大，对有无封赏不计于心，并带着老母归隐山林。晋文公记起此事后，便带着大臣们前往绵山迎接介子推出山为官，介子推不从。随行大臣们便放火烧山想逼介子推出山。没有想到介子推最终未能下山，死于山火之中。晋文公悲痛难忍，便下令介子推离世这天全国百姓不准生烟火，只吃寒食。此后，寒食节便成为象征和激励人民忠义、清廉、高尚的节日，且延续两千余年。

第六，中国人的国家情怀更表现在许多仁人志士在遭受委屈之时，仍不失爱国之志。屈原是战国时期楚国诗人、政治家，他早年受楚怀王的信任，官至左徒、三闾大夫，兼管内政外交大事。他一腔忠心为国，提出了一系列统一全国的内政外交方略。他提倡"美政"，主张对内选贤任能，修明法度，对外联合齐国抗击秦国。但他遭到了贵族奸臣的排挤诽谤，先后被楚怀王流放至汉北和沅湘流域，受尽了精神折磨和生活困苦。即使如此，他仍不改爱国之志。他在《离骚》诗中写道，"虽体解吾犹未变兮，岂余心之可惩"，最后在楚国国都被秦攻破，他的强国理想完全破灭的情况下，以身殉国，投江自尽。杜甫自小胸怀大志，他24岁进士及第，34岁时参加宰相李林甫主持的选贤考试，因李林甫设骗局而落选，直到45岁时才入京为官。不久又因上书谏议触怒肃宗而被羁押，后经人说情才被释放复职。48岁时不得不弃职投奔亲友，之后颠沛流离，生计艰难。即使如此，他仍以诗明志，"葵藿倾太阳，物性固莫夺"，不改对国家的一片赤忱，对苍生百姓的一腔关爱。

二、不变苍天崇正道，庙祠千古祀忠良

中华民族之所以五千年能始终高扬爱国主义的旗帜，是因为忠于国家、忠于民族、忠于人民已成为华夏民族一种文化理念，一种共同推崇的高尚的道德境界，一种崇高的

人生价值取向。

中国传统文化的主要理念是忠、孝、仁、义、礼、智、信、廉等，而忠是置于首位的。儒家学说代表人物孔子在《论语·八佾》中提出"臣事君以忠"，意思就是做臣子的，对君要忠心耿耿。战国末期赵国思想家、教育家荀子在《荀子·君道》一文中还提出了臣子对君尽忠的方式方法，"以德覆君而化之，大忠也；以德调君而辅之，次忠也；以是谏非而怒之，下忠也"。这里实际说明臣对君尽忠心有以德覆君、以德调君、以是谏非三种形式，并分析了这三种尽忠不同方式会带来的不同结果。这里应该指出的是，在中国历史上，人们认为君与国是一体的，君是国家的代表和象征。忠君就是忠于国家，忠于国家就必须忠于君。所以，孔子讲的"臣事君以忠"即是说臣子对国家必须尽忠心。正是在这个意义上，唐代有"诗鬼"之称的大诗人李贺在他的《雁门太守行》诗中写道："报君黄金台上意，提携玉龙为君死"；南宋著名诗人辛弃疾在他的《破阵子》词中也高唱，"了却君王天下事，赢得生前身后名"，充分表达了他对国家的赤诚忠心。这就可以看出，家国情怀已深深融入广大中华儿女的血液与灵魂之中，忠于国家已成为中华民族的一种最高道德标准和价值取向，故自古以来，中国人对于忠诚为国者，天下共仰之，千秋长纪之。

655 年，唐高宗李治违背唐之祖制，欲废掉王皇后改立武则天为皇后，且态度坚决。当时受唐太宗遗诏协助高宗共治国事的顾命大臣之一褚遂良，置生死于度外，坚决反对高宗这一决定。此事激怒了唐高宗，也得罪了武则天。褚遂良被贬到今长沙任潭州都督。两年后又加重处罚被调至离京都越来越远的广西桂州等地任职。659 年褚遂良去世。褚遂良被贬潭州任职时，曾到今湘乡与地方官吏及市民谈诗论书。言行中其爱国忠君之志丝毫不减，他常登上潭州当地一山峰，远望京师，忧武氏之滋祸，虑国家之有危。当地有一寺庙叫石头寺，他为其大书匾额"大唐兴寺"。后石头寺亦更名为唐兴寺了。褚遂良忠诚为国的事迹在湘乡民众中广为流传。尽管湘乡既非褚遂良之家乡，也非褚遂良任职之故址，湘乡人却感其忠良，慕其书法，从元代开始，便有人在湘乡城东建褚公祠纪念他。每当风雨摧之，即毁即建。至 2017 年最近一次修建为止，已重修 11 次之多。

北宋民族英雄杨业在抗辽战斗中战死后，其事迹在天下广为传颂，宋朝军民无不为之动容，甚至在敌对的辽国也备受崇仰。杨业死后不久，辽人在位于今北京密云的古北口，修建了一座杨无敌庙以作纪念。杨业的儿子，对宋朝江山忠心耿耿的杨六郎和杨七郎，辽人也很敬重，他们在古北口修了七郎坟；尽管杨六郎未到过古北口一带，但据《明一统志》记载，古北口附近有为纪念他而命名的挂甲峪。当时古北口属于辽国，是宋都开封通往辽国都城中京（今内蒙古赤峰市南）的必经之路。辽宋讲和以后，宋朝使者赴契丹都要经过这里。他们以崇敬的心情参拜杨无敌庙后，写下了许多赞美杨业忠心爱国的诗篇。1055 年 12 月，北宋官员刘敞出使契丹，他在过古北口时写下《杨无敌庙》一诗，其中两句中写道："西流不返日滔滔，陇上犹歌七尺刀"，高度赞扬杨业的爱国精神。1068 年，北宋官员苏颂出使契丹回国，也写下《和仲巽过古北口杨无敌庙》诗："汉家飞将领熊黑，死战燕山护我师。威信仇方名不灭，至今奚虏奉遗祠。"这里苏颂把杨业比作汉代飞将军李广予以高度赞扬。北宋著名文学家苏辙出使辽国经过古北口杨无敌庙时，也写下了"驰驱本为中原用，尝享能令异域尊"这一对杨业充满敬佩之情的佳句。明嘉靖年间，民间有人把杨业及其子孙忠心爱国的事迹编成传记文学《杨家将演义》，该书广为流传。此后又有人把杨家女性英勇抗敌效忠朝廷的故事编成戏剧《大破天门阵》《穆桂英挂帅》《十二寡妇征西》搬上舞台表演。从此，杨家将及其爱国精神便成为历代人民心中一座永不垮塌的爱国丰碑。

南宋末年，北方蒙古统治者灭金后，南下进攻南宋，势如破竹，湖北大片江山为蒙古军占领，湖南危急。1276 年，元军直指潭州，时任湖南提刑的衡州人李芾，在危难之时被朝廷急忙任命为潭州知州，李芾在潭州兵力已外调的情况下，勉强招募兵员三千人与元军激战，坚守潭州数月，直至弹尽粮绝，官兵伤亡殆尽。元军攻破危城之时，李芾命心腹部将沈忠先将李芾全家十数口人全部杀死，使他们免受元兵之辱；然后李芾自己引颈受刃。潭州百姓闻此事后，"多举家自尽，城无虚井，缢林木者累累相比"。李芾死后，被南宋追谥为忠节公。衡州的百姓则在衡州城北风光秀丽的石鼓山上建李忠节公祠以长期纪念。

上述这些充分说明了中国人民以忠于国家为高尚品格，这正是中国人民有着深厚家国情怀的生动体现。

三、正道岂容邪道笑，千秋休想再抬头

中国人的国家观念，还表现在广大民众对那些危害国家者或叛国者的深刻仇恨上。由于中国传统文化"忠"的理念已深深融入中国民众的心灵之中，家国情怀已成为中国民众认同的最高道德标准，它也就成为千百年来人民群众评判人格优劣的一个道德尺度。故中国民众对忠心为国者，自然崇拜敬仰他，有的甚至入史入碑、入祠入庙；而对危害国家及陷害忠良者，人民愤恨他，以致唾骂万年。这种是非评判标准成为全体中华儿女的自觉认知与行为遵循。

南宋民族英雄岳飞的爱国事迹，千百年来一直在广大人民群众中传颂。从南宋1221 年开始至明代 1476 年，在岳飞为奸臣所害的杭州、岳飞出生的河南汤阴、岳飞立下抗金赫赫战功的纪念地河南开封朱仙镇三个地方，人民先后建岳飞庙以作纪念，这几座岳飞庙从南宋至今已经历了宋、元、明、清、民国几个朝代，屡毁屡修，且终年香火缭绕，朝拜岳飞者络绎不绝。河南汤阴岳飞庙前，从明代开始铸有秦桧夫妇及张俊等几个奸贼的跪像。历代游人出于对奸臣的愤恨，常对奸贼跪像喷口水、洒鼻涕，甚至拳打脚踢。2017 年夏季，我在朋友陪同下来到这里，见到秦桧几奸贼也是怒从心中起，气向胆边生，当即作诗曰："正道岂容邪道笑，千秋休想再抬头。"在杭州西湖栖霞岭还修了岳飞墓阙，据说岳飞被害后当时有位叫隗顺的狱卒冒着生命危险，连夜将岳飞的遗体背出钱塘门外，草葬于九曲丛祠。宋孝宗即位后为岳飞平反昭雪，将岳飞改葬于栖霞岭下西湖之畔。岳飞墓前也铸有陷害岳飞的秦桧、王氏、张俊、万俟卨 4 人铁铸像，4 人

均反扣双手，面墓而跪。跪像背后墓阙上有楹联写道："青山有幸埋忠骨，白铁无辜铸佞臣。"据说西湖的 4 奸贼跪像已损毁修复 12 次。忠良必千古流芳，奸贼将遗臭万年。秦桧的丑行让他的后代也觉得姓秦不光彩。清朝乾隆年间，秦桧后人秦大士考取文武双科状元后，跟袁枚等一群文人学子游览西湖。他们来到岳飞墓前，看到秦桧夫妻丑态后，免不了议论纷纷。秦大士甚觉脸上无光，亦作诗道："人从宋后羞名桧，我到坟前愧姓秦。"河南汤阴和杭州西湖这两个祠庙，对岳飞与秦桧雕像的对比造型，鲜明地说明了天下黎民百姓对忠良无限崇敬、对危害国家的奸贼无比痛恨的价值取向。

20 世纪抗日战争期间，身为国民党政府副总统的汪精卫背叛民族利益，卖身投靠日本，在南京成立傀儡政权伪国民政府，沦为汉奸，他由辛亥革命的英雄变为了遗臭万年的卖国贼。汪精卫从此受到中国人民的愤怒指责。1944 年汪精卫死去，有人说他是被铁血锄奸团刺杀，子弹深陷入骨，无法取出，铅毒扩散，药物无效所致。汪精卫生前曾留遗言，要葬于南京距离中山陵不远的地方，他老婆陈璧君和汪伪政权便将他葬于梅花山山顶。陈璧君也许早已预料到汪精卫墓难逃被毁的命运，她命人用 5 吨碎钢铁块，掺在混凝土中浇灌，将墓浇铸成一个厚厚的坚硬壳堡，以防止被后人用钢钎戳开。抗日战争胜利以后，人民群众对汪精卫墓与孙中山先生安息的中山陵同处一山非常愤慨，国民党政府在强大舆论的压力下，用 150 公斤烈性炸药炸开了汪精卫墓穴，其棺材和尸体一炬化为灰烬。1994 年汪精卫原墓址上，还造了一个汪精卫跪像。2004 年 11 月 8 日，在汪精卫故乡浙江绍兴市区也挖出了汪精卫跪像，上面刻有"汪逆精卫"4 字。可见卖国求荣者多么不得人心！

明朝后期，抗清名将袁崇焕在辽东边关任蓟辽督师，他在抗击清军战斗中先后取得宁远大捷、宁锦大捷。1629 年，击退偷袭北京的清军，解京师之围。袁崇焕成为清军进攻大明的一道不可跨越的坚强长城。如此清人便实施反间计挑拨袁崇焕与朝廷的关系，加上奸臣魏忠贤对袁崇焕栽赃陷害，袁崇焕被明朝廷以通敌叛国罪凌迟处死，家人被流徙三千里，并抄灭家产。袁崇焕死后，当地百姓轻信朝廷，误认为袁崇焕"通敌叛国"，竟然在袁崇焕行刑时争相抢食其肉以解其恨。清朝政权建立很长一段时间后，袁崇焕事件真相大白，人民对袁崇焕的忠心为国充满了敬意。清乾隆皇帝也为袁崇焕对大明之忠心所感动，他对袁崇焕大加赞扬。为了纪念袁崇焕，清人在北京修建了袁崇焕祠，祠后面修了袁崇焕墓。所以人导对袁崇焕的认识，完全随着人民对他是否忠于国家的认识变化而彻底变化。

上述一系列铁的事实，足以说明，中国人不是没有国家观念，而是有着强烈的家国情怀；不是不爱国，而是对祖国爱得那么深沉、那么刻骨铭心；不是没有公德，而是公德良好。正是这种强烈的爱国精神，使中国人民有着强烈的凝聚力和持续力。因而在维护国家民族利益这一根本问题上，正如高等教育出版社《大学语文》教材《三江源赋》文中所描述的，广大中国人是"同力者史碑颂之，异心者全民诛之"。故我巍巍神州，能"五千年血脉相连，五千载豪雄承传"；不论有何艰难险阻，都能傲立于世界！"中国传统文化陷阱论"诬蔑中国人没有国家观念，这种无由无据，无视历史和现实的言辞，是不怕烂舌根而胡言乱语而已！

8 中国 "女性的社会角色就是 贤妻良母" 吗?

端木赐香认为,中国的传统社会意识是"男尊女卑",男性与女性的角色定位是:男外女内,男动女静,男攻女守,男刚女柔,男强女弱。这种男女之间的对应关系,折射出中国传统女性的标准形象是:"女性天生就应柔弱,女人的价值就体现在围绕着大太阳(丈夫)和小太阳(儿女)旋转,女性的社会角色,就是贤妻良母。"(见端木赐香《中国传统文化的陷阱》第四章,第61页)

使各位读者好笑的是端木赐香在另一处文字中,又拿自己之矛猛戳自己之盾。她在同一本书的第三章《中国文化中国男人》中大讲中国是"女尊男卑"。她举例说中国文学作品及戏曲舞台上的男人,如《梁祝》中的梁山伯,《红楼梦》里的贾宝玉,《新白娘子传奇》中的许仙就是弱不禁风"女性化";男性在爱情场合,总是被女方弄得傻里傻气;中国的农业文化、封建专制体制、传统伦理观的"三纲五常"斩掉了中国男人的阳刚之气,这就造成了中国国民性格的女性化,直接后果是中国男人被统治者玩弄于股掌之上。(同上书,第41页)她嘲笑在当今时代,"中国男人更是被人称作床头跪,三从四'得'也成好男人标准了。三从——太太说话要听从,太太命令要服从,太太指挥要盲从。四'得'——太太花钱要舍得,太太化妆要等得,太太上街要跟得,太太打骂要忍得"(同上书,第42页)。看看这段话,你会感觉到在端木赐香笔下,中国男人完全是一堆稀泥,或是一团被女人揉搓得软巴巴的面粉。而女人,则是历史舞台上真正的强者。人们不禁会想,端木赐香谈的这些东西如果成立,她在前面提到的中国传统文化理念所谓"男尊女卑"之说,又何以能自圆其说!可见,端木赐香是在表演一场自扇其耳的滑稽剧。

一、历览治国安邦事,巾帼岂是让须眉!

当我们回归历史真相时,我们要告诉端木赐香,中国自古至今的女性,并不都是只扮演"贤妻良母"的角色。

神州大地家喻户晓的一个神话传说中,创世女神女娲是华夏民族的人文始祖,是一位福佑社稷苍生的正神。相传是女娲抟土创造了人类。后来水神共工氏和火神祝融氏大战于不周山,共工氏战败怒撞不周山,以致山折天塌,幸亏女娲发现了,及时采五色石将塌天补上。今甘肃天水市,相传就是当年女娲补天的地方,这里现在还保存了史上所建的女娲庙。中华民族所有神话传说中的人物,很多都是以远古时期为人类做过特别重大贡献的人物为原型；如中国神话中的火神，就是以远古时期担任帝喾高辛氏的管火之官吴回为原型。人们既然是传说作为女性的女娲补天，却没有传说是某位男性神灵补天，这说明古代很有可能有一位女性作为氏族首领，而且她为人类文明的发展作出过特殊贡献！从这里就足以看出中国远古时代女性的社会地位及其历史影响。

《周易·既济·九三》记载了中国华夏民族早期一次抵抗外族强敌入侵的重大历史事件。"高宗伐鬼方，三年克之，小人弗用。"又据《通志·卷三上》记载："鬼方恃固而扰诸夏，武丁伐之，三年乃克，自是内外无患。"这两处文字记述的同一个故事是，约公元前12世纪商朝武丁时期，当时生活在乌克兰平原上十分强大而且好战的印欧人大举扩张，他们兵分三路，第一路，西进控制了今中东地区；第二路，南下征服了印度，建立起种姓制度并延续至今；第三路，东征穿过河西走廊，攻进了中国殷商辖地黄河流域。由于印欧人军势凶猛，华夏族面临着亡国灭种的危险。在这关键时刻，武丁派自己心爱的妻子，英勇善战的妇好，领军一万三千人，抵抗印欧人的进攻。经过三年英勇顽强的战斗，妇好终于将印欧人打败，挽救了早期华夏族。

在中国历史上，有不少女性具有卓越的治国安邦之才。北魏冯太后（441—490）就是一位杰出的女性政治家。她是北魏文成帝拓跋濬的皇后，献文帝拓跋弘的嫡母，孝文帝拓跋宏的嫡祖母。北魏和平六年（465），年仅25岁的北魏文成帝英年早逝，年仅12岁的北魏献文帝即位，冯后被尊为皇太后。当时贪权狂傲的太原王、车骑大将军乙浑欺凌这孤儿寡妇，阴谋篡位，北魏政权面临严重的生存危机。冯太后密定计策迅速诛杀了乙浑。由于政局动荡，冯太后临朝听政，采取措施稳定了政局。18个月后，她依据祖制归政献文帝。476年，献文帝暴崩。年幼的北魏孝文帝即位。冯太后二度临朝称制达14年。她执政期间，整顿吏治，起用清正贤能官吏，崇尚勤俭，推崇汉文化，积极对北魏的政治、经济和社会风俗习惯进行卓有成效的改革，为后来孝文帝的改革、北魏的社会发展打下了良好基础。

契丹族女性拔里氏（953—1009），后被辽国国主赐姓萧氏，称萧绰。她是辽朝历史上一位有名的政治家、军事家和改革家。969年，萧绰父亲萧思温被辽景宗重任为北府宰相、魏王。萧绰亦被征召入京选为贵妃。当年又被册封为皇后。不久由于萧思温被人谋害致死，辽景宗体弱多病，萧绰开始协助辽景宗治理朝政。后来辽景宗甚至默许萧绰独立裁决一切政务。在萧绰的努力下，辽国军事日益强盛，政治经济快速发展。982年，35岁的辽景宗病卒于出猎途中，年仅12岁的辽圣宗即位。萧绰以太后身份临朝称制。她充分发挥自身才智，统驭朝臣，并对国家制度、风俗等进行大刀阔斧的改革，促进了辽国由奴隶制向封建制的转化。同时又进一步改善了契丹族与汉族的关系，使辽国政通人和。此后，她击败宋朝两次强大的军事进攻；并于辽圣宗统和二十二年（1004），率二十万辽军势如破竹，仅两个月工夫就打到北宋重镇澶州，距北宋首都开封仅一河之隔，迫使宋朝与辽国议和，签订"澶渊之盟"。宋辽约为兄弟之国，维持原有疆域不变，宋君为兄，辽君为弟，宋君称萧绰为叔母。宋每年向辽提供三十万金帛。从此宋辽之间有了百余年的相对和平期。1009年，萧绰决定将皇权交还给辽圣宗，结束了她自辽景宗以来近40年的摄政生涯。在她摄政期间，辽国强盛，其政治军事经济皆呈现出一片兴旺景象。

武则天是一千多年来中国人几乎家喻户晓的一位女性。她生于 624 年，690 年 67 岁时即皇帝位，705 年年初退位，同年 11 月逝世。她是中国历史上唯一的正统女皇帝，也是即位时年龄最大、寿命最长的皇帝之一。武则天的经历也充满了传奇色彩。她 14 岁时（637）选入皇帝后宫，为唐太宗才人，赐号"媚娘"。649 年，唐太宗驾崩，武则天依唐朝制度入长安感恩寺为尼。这年唐高宗李治即位。651 年，李治因与武则天之前私情甚浓召武则天再度入宫，652 年，封她为二品昭仪。不久又被高宗立为皇后。武则天入宫后逐渐参与国政，支持高宗打击朝廷权臣关陇贵族势力，使李治基本实现了君主集权，改变了自魏晋南北朝以来皇权难振的状况。660 年 10 月，李治因病不能临朝处理国事，便授权武则天处理朝政。683 年 12 月，李治驾崩，唐中宗李显即位，尊武则天为皇太后。高宗临终时遗诏，"军国大事有不能裁决者，由天后（武则天）决定"。684 年，武则天借故废黜唐中宗为庐陵王，立第四子李旦为唐睿宗。武则天临朝称制自专朝政。690 年，武则天宣布改唐为周，自立为帝，建立武周王朝。直至 705 年正月，武则天病笃卧床不起，在朝廷大臣的逼迫下宣布禅让帝位与太子李显，武则天被尊为则天大圣皇后，武周皇朝结束，唐朝得以复辟。武则天从进宫封为皇后参政，后称帝至 705 年，她影响大唐社会 50 余年。纵观她的一生，除了从伦理道德的角度对她非议甚多以外，在治国理政上她是很有作为的。她打击上层贵族旧门阀士族势力，提高庶族地主集团的地位，通过多种途径选拔人才，尤其是进一步发展完善科举考试制度，为下层知识分子进入国家管理层面开辟了道路。她大力整顿吏治，严惩贪官污吏，加强了对各级官吏的考核，严明赏罚，重用贤才。她广开言路，注意纳谏。在经济上，重农桑、轻赋役，推广先进农业生产经验和先进生产技术。在武则天执政期间，社会比较安定，农业、手工业和商业都有了长足的发展。户口也由唐高宗永徽三年（652）的 382 万户，增加到唐中宗神龙元年（705）的 615 万户，平均每年增长 7.21％。这在中国古代，是一个很高的增长率，反映武则天时代的经济发展和社会进步达到了相当高的水平。

二、科技文学与经济，夫人何曾逊先生！

在漫长的中华文明发展史上，有不少女性才华横溢，诗文并茂，成果丰硕，为中华文化的发扬光大增辉添彩。许穆夫人，姬姓，名不详，公元前 690 年，出生于卫国都城朝歌定昌，长大后嫁给许国国君许穆公。她是我国史书记载的第一位爱国女诗人。公元前 660 年，北狄侵卫，许穆夫人闻知祖国卫国灭亡的消息后，异常悲痛，毅然驰驱回卫国拯救其危。半路上，被许国大夫追上逼迫而回。她愤而作《载驰》一诗，痛斥许国那些鼠目寸光的庸官俗吏，表达了一个女子对祖国的无比热爱和拯救祖国的坚定信念。这首爱国诗篇后来被收进《诗经》里，比屈原的《离骚》还要早三百多年。

卓文君，这位西汉时代才女，不仅姿色娇美，而且精通音律，善弹琴，文才超群。她与文学才子司马相如相遇后，大胆私奔与相如相会，并克服重重困难与其结婚。后司马相如在朝廷成为帝王的侍从官，便产生了纳妾之意，寄了一封《两地书》的信给卓文君，信中仅有"一二三四五六七八九十百千万"十三个字。卓文君从这十三个字中少一"亿"字悟出司马相如已移情别恋，因而倍感伤怀。相传她写了一首《怨郎诗》回复司马相如，旁敲侧击，倾吐衷肠。"一别之后，两地相思，只说是三四月，又谁知五六年。七弦琴无心弹，八行书无可传。九曲连环从中折断，十里长亭望眼欲穿。百思想，千系念，万般无奈把君怨。万语千言道不完，百无聊赖十倚栏。重九登高孤身看孤雁，八月中秋月圆人不圆。七月半，烧香秉烛问苍天。六月伏天，人人摇扇我心寒。五月石榴红似火，偏阵阵冷雨浇花端。四月枇杷未黄，我欲对镜心意乱。急匆匆，三月桃花随水转。飘零零，二月风筝线儿断。噫！郎呀郎，恨不得下一世你为女来我做男。"这首诗上片由一写到万，下片由万写到一，卓文君把自己对司马相如那种愁肠百结、百转千回的情感表达得淋漓尽致，充分显示了她的才气。司马相如收到卓文君的这首诗后，深为卓文君才情折服，立即放弃了纳妾念头，把卓文君接到身边白头到老。

李清照是宋代一位名满天下的大才女。她把古典诗词的精髓连着自己的一颗痴心搓揉成团，变成自己的词作精品，用艺术的美感陶醉人心、勾人魂魄，千多年来仍风韵依然。当金兵南进，她与其丈夫避乱南渡途中，经过当年项羽被刘邦战败自刎的乌江，李清照面对滔滔江水，心潮澎湃，发出了气吞万里河山的时代呼唤，写下了铿锵有声的《夏日绝句》。此诗借古讽今，对南宋朝廷在金兵南侵面前软弱无能、一味逃跑的懦弱行为进行深刻的讽刺。尤其是诗中的"生当作人杰，死亦为鬼雄"两句呼吁国人人生在世，应有所作为，实现好自身的价值，死也要死得光前裕后，成为鬼中英雄。近千年来，此诗成为激励广大中华儿女自强不息顽强进取的强大精神动力。在我国文学史上，比较有建树的女诗人达 120 多个。除上述三位外，还有东汉的蔡文姬，魏晋的左棻、谢道韫，唐时的薛涛、鱼玄机、上官婉儿、李冶及宋时的朱淑真等，她们以其文才荣耀当世，其作品在中国文学史上更是大放异彩。

在中国历史上，致力于科学技术发展的女性也不乏其人。如医学领域，就产生了晋代鲍姑、西汉义妁、宋代张小娘子、明代谈允贤四位女性名医。鲍姑是史上著名的炼丹术家，晋代陈留（今河南开封）人，生于 309 年，逝世于 363 年。因她父亲鲍靓随名师学得炼丹之术，鲍姑自幼耳濡目染，后来随父参与炼丹和行医。鲍靓曾任南海太守，他在广州越秀山南麓建越岗院（今三元宫）供鲍姑居住修炼。鲍姑与当时名医葛洪结婚后，共同研究医学和炼丹术，一起炼丹制药。现南海西樵山附近的仙岗还保存了他们炼丹的遗址。鲍姑一生行医、采药，足迹遍及当时南海郡所辖的番禺、博罗等县。她医德高尚，擅长灸法，尤其精通艾灸，又擅长医治赘瘤与赘疣等病症，被当地尊称为"女仙""鲍仙姑"。鲍姑的灸法丰富了我国中医学的灸法内容。原存于广州市三元宫的"鲍姑艾灸穴位图"对人体骨节经络、五脏六腑均有详细叙述，大致符合现代医学原理，成为中医学的宝贵遗产。

黄道婆是宋末元初著名的棉纺织家、技术改革家，对我国棉纺织业的发展作出了重大贡献。她于 1245 年出生于松江府乌泥泾镇（今上海市徐汇区华泾镇），由于出身贫寒，十二三岁被卖给人家当童养媳。为逃避夫家的虐待，她深夜躲逃进一艘海船后，随船逃到海南南端崖州。在这里她以黎人为师，学会了当地较为先进的黎单、黎饰、鞍塔纺织技术，并结合汉人纺织技术的长处，使自己纺织出的产品更惹人喜爱，从而推动了当地纺织业的发展。元元贞年间，大约1295年，她从崖州返回故乡，便毫无保留地把自己精湛的织造技术传授给故乡人，同时又着手改进制造出一套擀、弹、纺、织的工具：去籽搅车、弹棉椎弓、三锭棉纺车，极大地提高了纺织生产效率。她还发明总结了一套较为先进的"错纱、配色、综线、挈花"等织造技术，用这些技术生产出的被、褥、带等织品，上有折枝、团凤、棋局字样，鲜艳如画。一时"乌泥泾被，不胫而走，广传于大江南北"。很快，松江府成为全国最大的棉纺织中心，松江布有"衣被天下"的美称。这些新技术的传播，也极大促进了各产区棉纺织业的发展。1330年，黄道婆逝世，松江一带人民为纪念她，自1336年始直至明清朝，先后有人为她立祠，立庙，立碑。

在新中国成立至今天的祖国和社会主义现代化建设中，女性在各行各业做出的贡献非同小可，尤其是在教育、医疗、文化领域她们作出的贡献更大。从1998年开始，联合国教科文组织和法国欧莱雅集团每年评选出5名来自全球不同地区的为科学技术进步作出卓越贡献的女科学家，这是唯一在全球范围内奖励女科学家的奖项，被称为"女性诺贝尔科学技术奖"。中国自2003年以来，共有6人获得了世界杰出女科学家奖，2003年首次获得者是凝聚态物理学家、电子显微学专家、中国科学院和发展中国家科学院院士李方华；2004年有中国科学院、香港科学院院士，著名神经生物学家叶玉如；2011年有最年轻的中科院院士、著名无机化学家任咏华；2015年有化学领域第一位女性长江学者、著名无机化学家谢毅；2016年有中国科学院院士、著名动物传染病及预防兽医学专家陈化兰；2018年度世界杰出女科学家奖5位女获奖者中，中国科学院古脊椎动物与古人类研究所教授、中国科学院院士张弥曼入选其中。2015年，中国中医科学院研究员屠呦呦因青蒿素的发现成为2015年诺贝尔生理学或医学奖获得者。这足以看出，中国女性在科研领域的贡献已在全球产生了深远影响。据统计，在全国各个科研领域，女性科学家占全部科研人员总数达到30％。

中国女性也是理财创业的高手。2017年10月，胡润研究院发布《2017胡润女企业家榜》，榜单显示2017年中国女企业家财富增速历史最快，上榜的前50名女性企业家总财富比2016年上升43％，达1.2万亿元人民币。上榜门槛为历史最高，已提高到100亿元人民币。而且其中34位都是白手起家。根据胡润研究院统计，在全球白手起家女企业家中，财富最多的前5名都是来自中国，分别是2017年上榜从事电子器件制造的周群飞、从事房地产业的吴亚军、从事家具制造销售的陈丽华、从事环保产业的张茵、从事互联网及金融的彭蕾。胡润百富董事长兼首席调研员胡润表示，全球有75位财富十亿美元级的白手起家的女企业家，其中49位来自中国，占83％，她们已经成为各自领域的佼佼者。其中，获"触屏女王"盛誉的蓝思科技董事长周群飞，她出生于湖南湘乡，自幼家境贫寒，16岁南下广东在一家电子企业打工，22岁在家人鼓励下开始自己创业。她从办家庭小作坊起步，用20年时间，逐步建立起主营业务为视窗防护屏的研发、生产和销售，主要产品为视窗防护玻璃，用于为苹果、三星等知名品牌配套的手机玻璃帝国。华商韬略著文评价周群飞及其蓝思科技，"她的工厂一旦停工全球手机都得断货"。2016 年，她个人财富涨了 250 亿元人民币，平均一个星期增长近 5 亿元人民币，2017 年，周群飞以 700 亿元人民币，位居女企业家榜第二位。

三、三月春晖滋木草，红颜润自多情处

中国女性之高大，不仅在于在智能方面"巾帼不让须眉"，而且在德行上更是可歌可颂。

首先，中国女性有着强烈的家国情怀。写于南北朝时期的叙事诗《木兰辞》记叙了巾帼英雄花木兰女扮男装、代父从军抗击外族入侵的故事，既体现了中国女性对父母的孝顺、对家庭的担当，更体现了花木兰强烈的爱国情怀。北宋爱国故事《杨家将》记叙了抗辽英雄杨业一家，不仅男人忠心为国，杨业的夫人佘太君及女儿、儿孙媳妇几代女性都对国家赤胆忠心，视国事为家事。岳飞的母亲，一位普通的农家妇女，也是满腔的爱国情怀；她对儿子的期盼就是精忠报国，并把这种期望刺字在岳飞背上。正是这种嘱托激励着岳飞在抗金斗争中奋勇杀敌，成为千古民族英雄。南宋抗金女英雄梁红玉，1102 年生，1135 年去世。她幼年时代即练就一身武艺，在抗金战斗中多次随同丈夫韩世忠出征。宋建炎四年（1130），梁红玉配合韩世忠，率 8000 水师与 10 万金兵奋战于长江黄天荡，梁红玉亲擂战鼓指挥战斗，将入侵金兵阻击在长江南岸达 48 天，从此名震天下。事后她独领一军转战各地，多次击败金兵。1135 年 8 月，她随夫出征楚州，在战斗中逝世，年仅 33 岁。

中国女性在近代为反对外族入侵，推翻帝国主义、封建主义、官僚资本主义三座大山，建立新中国的斗争中也功勋卓著。她们或是战斗在枪林弹雨的战场前线，或是为抢救伤病员穿梭在硝烟弥漫的炮火中，或是活跃于宣传发动的舞台之上，或是挥洒血汗为前线运送军粮或武器弹药。红色娘子军是 1930 年在海南五指山区由劳动妇女组成的女红军部队，她们在海南的革命事迹享誉天下。在 1934 年 10 月至 1935 年 10 月的红军二万五千里长征中，蔡畅、邓颖超、贺子珍、邱一涵、杨厚珍、康克清、李伯钊等一批女红军出生入死，随同大部队爬雪山、过草地英勇奋斗。抗日战争时期的 1938 年 10 月，东北抗日联军 8 名女官兵，在指导员冷云率领下，与日伪军展开激战，她们为掩护主力部队安全转移，主动吸引日伪军火力。最后被敌人围困至乌斯浑河边，背水作战至子弹打尽后全部投江自尽。赵一曼，中国共产党党员，抗日民族英雄。她 1924 年加入社会主义青年团参加革命。1935 年，担任东北抗日联军第三军第二团政委，率部给日伪军以沉重打击。日伪军也为这位"红枪白马"的联军女军官的英勇所惊叹。1936 年 8 月，她在战斗中负伤昏迷后被敌人捕获，她守口如瓶，受尽百般折磨也不向敌人透露半点抗日联军情况，最后英勇就义，充分表现出中国妇女为了国家民族利益，视死如归的英雄气概。

其次，中国的女性懂大义，有正气。春秋战国时期，秦国为实现一统天下大举进兵

邻国赵国。赵孝成王命令赵国名将赵奢的儿子赵括代替善于用兵的廉颇为大将率兵抗秦。赵括之母知道后便入宫向赵王汇报，说不能任命赵括为大将。她对赵王分析道：以前赵括父亲赵奢为大将时，他用自己的俸禄供养的谋士要以十来计算；他所结交的朋友要以百来计算；君王和王室贵族赏赐他的钱财丝绸，他全部分给下属各级官吏及士大夫；他从接受出兵命令的那天起，就不再过问家中之事。现在赵括刚做了大将，便接受军吏的拜见，而且军吏们都不敢抬头很亲近地看他；赵王赐给他金钱丝绸，他全部收到家里了；他现在每天还到处寻找并收购合适的田产房屋。所以，他根本不像他父亲。由他当大将领兵去打秦军是没有胜利把握的。由于赵王没有采纳她的意见，赵括领兵 30天后贸然出战，结果赵军被秦军打得全军覆灭，赵括战死。自古至今，做父母者无不希望自己的儿女升官发财，而赵括之母却从国家事业出发，力劝赵王不要用自己的儿子为大将，充分体现了她深明大义、坦荡无私的胸襟。这种境界，许多人是做不到的。

秋瑾是中国近代一位杰出的女性民主革命家，民族英雄。她祖籍浙江，1875 年 11月，出生于福建云霄县。她立志远大，常以花木兰、秦良玉自喻。长大后因父亲秋寿南在湖南湘乡任督销总办，将她许配给双峰荷叶镇王廷钧为妻。面对半殖民地半封建社会的腐朽落后与西方列强在中国的横行霸道，她萌发革命志向，决心"拼将十万头颅血，须把乾坤力挽回"。1904 年，秋瑾不顾家庭的反对，自费东渡日本留学。她积极参加中国留日学生反抗清朝封建帝制的革命活动，积极倡导女权主义，1906 年后加入同盟会，并被推为评议部评议员和浙江主盟人。1907 年她与同盟会会员、安徽主盟徐锡麟策划，商定于当年 7 月 19 日由徐在安徽安庆，秋瑾在浙江绍兴金华一带相互呼应，分别组织推翻封建帝制的武装起义。同年 7 月 6 日，徐锡麟在安庆的起义失败；秋瑾在浙江组织起义之事亦被泄密。7 月 10 日，秋瑾已知道上述消息，但她拒绝朋友们要她离开绍兴的一切劝告，表示"革命要流血才会成功"，她遣散了同志，自己仍留下坚持斗争。7月 14 日被清军逮捕，她坚决不向清军提供任何革命军情况，仅书"秋风秋雨愁煞人"以对，15 日，她从容就义，年仅 32 岁。

最后，中国女性重亲情，其爱夫育子之情尤烈。明朝中期著名谏臣、刑部员外郎杨继盛上疏弹劾朝廷掌握实权的严嵩"五奸十大罪"，遭严嵩诬陷下狱。严嵩故意设圈套诱使皇帝同意将杨继盛定为死罪。杨的妻子张氏上书皇帝，奏明事情真相，恳请皇帝赦免杨的死刑；并请求，如杨继盛不能赦免，希望"立即斩臣妾之首级，以代替夫君受诛"。张氏虽未能如愿，其浩然之气、爱夫之情何等壮烈！

杨开慧，1901 年生，是中国近代一位杰出的女性。1920 年，她与毛泽东结婚，1922 年，加入中国共产党。她全力支持毛泽东反帝反封建，谋求中国人民解救道路的神圣事业。在毛泽东上井冈山建立根据地期间，她独自带着小孩，参与组织和领导了长沙、平江、湘阴等地的革命斗争。1930 年冬，她不幸被国民党军阀何键逮捕。何键急于从杨开慧的口中了解毛泽东的去向。面对死亡，杨开慧崇尚气节，恪守信仰，坚决不向敌人屈服。她拒绝退党，同时更坚决拒绝反动派提出的要她与毛泽东脱离夫妻关系以保留生命的要求，最终被何键所害。

中国女性之重情还表现在对儿女的贴心之爱上。《韩诗外传》记载了这么一个故事：

中国儒家文化重要代表人物孟轲（孟子）幼时丧父，他母亲寡居，竭尽全力抚养小孟轲。为了使孟子小时候有一个良好的学习成长环境，她克服困难带着孟子三次择地搬家。中国近代著名剧作家、戏曲作家、文艺活动家田汉，他19世纪末出生于长沙县一个农民家庭。幼时父亲去世，母亲易克勤当时仅35岁，此后她未改嫁，全心抚养田汉兄弟三人。田汉自小就显示出音乐天赋，对戏剧尤其感兴趣。那时乡里每逢年节，或一些有钱人家的婚丧寿庆，都喜欢演戏热闹，田汉母亲就带着田汉去观看各种演出并当场点评启发引导他，他母亲事实上成为田汉爱上戏剧并成为戏曲大家的第一位老师。易克勤还克服家庭重重生活困难，全力送田汉去私塾、村小各类学校读书。1912年，也就是田汉14岁那年，母亲送田汉进入全国少有的现代化学校长沙师范学校就读。4年后又支持田汉考入日本东京高等师范学校，学习3年。正是由于母亲对田汉的这种培养，田汉在戏剧方面取得了卓越的成就。他创作的长诗《万里长城》的最后一节，后来成为中华人民共和国国歌《义勇军进行曲》的歌词，田汉也成为了中国现代戏剧界三大奠基人之一。

四、纵有"男尊女卑"事，根源岂是在文化

需要指出的是，中国社会几千年来的确不同程度存在着"男尊女卑"观念，而且在五四运动以前，这种观念尤为强烈。五四运动之后百余年来，随着人们对整个封建思想体系的批判，封建思想观念越来越淡化，但不容否定，这种观念的残余仍然存在，在广大农村及贫困落后地区，表现得更突出一些。但如果以此为由完全断定这是中国传统文化所造成的，则缺乏理论的说服力。考察中国漫长的历史过程可以发现，"男尊女卑"意识的形成具有深厚的经济、政治与社会原因。

第一，中国古代社会的生产力发展水平及由此影响的政治、经济、文化状况是产生"男尊女卑"意识的根本原因。按照马克思主义关于生产力是推动人类社会前进的根本动力及生产力决定生产关系，生产关系决定上层建筑的理论，社会成员的社会地位与其在社会政治、经济活动中发挥的作用有着密切的关系。家庭是社会的细胞，所以家庭成员在家庭中的地位也与其在家庭中的作用，即与其在家庭中的分工紧密相关。中国社会在进入现代社会即工业社会之前，是自给自足的小农经济，再上溯到古代则是渔猎经济，西北草原地区则自古至今都是游牧经济。在这几种经济形态中，由于生产力水平低下，人们为了生存对自然界进行驾驭或改造，无论是猎取大型野兽、捕杀凶猛动物，还是抵抗洪涝灾害、修建大型工程、开凿道路、整修河湖、长途货物运输、开荒耕种，尤其是为抵抗外族的入侵或争夺资源财富进行的拼斗，这一切艰苦的生产劳动和战场厮杀，全凭人的体力。由于生理的原因，男性的体力总体上明显强于女性。因此这些拼体力的劳动与战争，几万年来一般是由男性来承担。而女性，由于生理条件差异，首先要承担生育后代的责任，加之体力一般差于男性，性格却比男性细腻等特点，自然在家庭中主要是承担操持家务、哺养小孩、纺纱织布缝衣等劳动。这种家庭分工差异的放大，

体现在国家社会层面上，就是男性更喜欢参与政治、军事等指点江山、激扬文字的活动。尤其是帝王之家，有帝位只传太子而不传公主、女不参政等严格规定。这些现象，彰显出男性的作为，无论是对家庭、家族，还是对国家、社稷，眼前的兴衰强弱都至关重要。而女性，虽然对后代的哺养事关家庭、民族及国家的长远，但对眼前利益的影响却不如男性的作用那么明显。这就造成一种错觉：无论何时何地，在当前及近期的家庭以至社会活动中，尤其是在政治、经济、军事活动中，男性显得比女性有更大作用。这是几千年来"男尊女卑"产生的政治经济原因，而且是最根本的社会原因。这种状况，随着工业化的兴起及现代教育的发展，在中国逐步转型进入了现代社会后，才有所改变。随同机械化水平的提高，人们征服自然力不必完全依赖体力，从而为女性大范围参与生产劳动创造了条件。新中国成立后，随着越来越多的女性参与社会主义经济建设和从事文化教育科研医疗卫生事业，尤其是一批批女性通过参加新民主主义革命时期的土地革命战争、抗日战争和解放战争，在新中国成立后陆续进入了党和国家各级领导机关，故中国女性的政治、经济及社会地位大幅提升。女性就业也使女性在家庭摆脱了对男性的经济依赖，从而极大地提升了女性的家庭地位。这就从正反两面证明，女性的社会家庭地位高低是由其在社会政治经济活动中作用的大小决定的，追根溯源是由社会生产力的发展水平和社会的教育文化发展水平决定的，文化对女性地位有一点影响但不是决定影响。如果不承认这点，我们无法解释在同一种传统文化影响下，历史上又为什么会出现如汉朝吕后、辽国萧太后、北魏冯太后、唐朝武则天、清朝慈禧太后等这么一批影响中国发展进程的强势女性。

第二，中国传统社会男女角色的差别，不能认为是"男尊女卑"。如前所述，中国古代男女在社会舞台上的差别实际是由生理条件差别引起的，是生理差别导致男女扮演了不同的社会角色。但这种角色的不同从本质来看应没有尊卑之别。这是因为，虽然古代社会生产劳动的进行更多地要依赖于体力占优势的男性劳动者，但对下代的生育哺养则更多地依赖于女性。我们不能设想没有母亲哺养的小孩比有母亲的小孩更能健康成长；这种哺养后代对女性的依赖性就从客观上为男女社会角色定位，如端木赐香所说的那种"男外女内、男动女静、男攻女守、男刚女弱"提供了一定的客观依据。那么，女性重点是哺养后代及主内这一社会分工是否意味着她们位"卑"呢？是否人们就应对其另眼相看呢？回答无疑是否定的。在人类文明发展过程中，特别是在依赖人的生命力和体力去战胜自然力和抵抗外族侵犯的传统社会，人口的繁衍是种族延续这一事关长远的根本利益所在。文明的延续首先是人种的延续，如果人丁不旺甚至种族消亡，何以谈事业兴旺？更何从谈文明传承呢？所以传统社会，上至帝王将相下至平民百姓，无不是先把自家生儿育女传宗接代，看作第一大事。由于人口又是社会劳动力和国家军队士兵的源泉，人丁兴旺便成了古代社会强盛发达的先决条件。"人多势众"便是传统社会人口与事业相互关系的客观现象。因此，历史上许多开明的王朝还想方设法制定政策措施，促进人口增长。如社会政府行文鼓励"慈幼"，春秋战国时期的秦国、齐国、越国也出台政策促进生育。特别是在越国，妇女快要分娩时，必须上报政府。政府会委派医生上门无偿守护接生，同时给产妇以鼓励。生育小孩超过3个的，政府无偿派乳母哺育。妇女未婚生育的小孩，由政府抚养。这就充分说明由于女性在繁衍后代方面的特殊功能是男性所不可取代的，因而在文明传承长远发展中其地位本来就是至高无上的。故绝不能由此说明女性之"卑"。

另一方面，由于小孩哺养的需要，女性主内负责处理家庭内部事务也是自然而然的了。女性这一社会分工特点客观上要求女性处事细腻，性格温柔。家庭是社会的港湾，家庭成员们尤其是丈夫要在家中与女性长期相处，所以男性不希望主内的妻子性格刚烈、作风泼辣、处事武断，家庭其他成员也会用同样的价值观看待女性。这种男性对女性的角色要求，其实与女性对主外的男性的角色要求同理。在传统社会以至当今时代，妻子从内心深处无不希望自己的男人是敢于担当、大胆泼辣、事业有成、感情专一。如果男性要求女性"贤妻良母"的主内角色是女性的卑，那么女性要求男性"强夫能父"的主外角色也就成了男性的"卑"了。显然，从社会角色要求去判断男女地位的"尊"或"卑"是不合情理的，二者纯属社会角色的不同。由于这种分工差异，男性在某一重要历史时期或某一重大历史事件中发挥的作用，如为改朝换代进行的战争等方面作用可能大于女性，而在维持民族的延续这一长远利益上女性的贡献要大于男性，这是不争的事实。所以从男性与女性对推动文明进程中的作用大小做比较，也不能断定男女谁尊谁卑！由此看来，中国社会几千年来盛传"男尊女卑"，这完全是一种偏见。

第三，不能把中国传统社会产生不同程度"男尊女卑"现象的原因归之于中国传统文化。的确，中国历史上确实有不同程度的"男尊女卑"观念，如过于强调女性"三从四德"，尤其是女性对男性的服从，对"贞洁"的坚守，在祭祀活动、教育培养甚至职业方面对女性的歧视等，这些不正常现象是否是中国传统文化造成的呢？答案是否定的。因文化的影响仅是潜移默化及长远的，它缺乏政治和经济那种刚性约束力和强烈的冲击力。所以，它对社会成员的影响因人而异。这就是中国传统文化强调对国家的忠诚却有秦桧这类出卖国家民族利益的人存在，传统文化强调清廉却有和珅这类巨贪存在的直接原因。所以，中国传统社会中某些歧视女性的观念，在生活实践中具体落实却因人因家族因时代而异，如中国传统社会提倡女性"从一而终"，推崇"好女不嫁二夫"。《周易·恒》说："妇人贞吉，从一而终也。"就是说女性在丈夫早亡后不得再改嫁。但这种迂腐的说法由于有违人性，在实践中并没有完全遵守，有的女性出于小孩拖累或是出于对结发丈夫的情感或是恪守"三从四德"观念的确是"从一而终"者，有的女性却也多次结婚。如卓文君在丈夫死后住在娘家，见到司马相如后，就私奔和司马相如结婚。三国时期才女、东汉大文学家蔡邕的女儿蔡琰，初嫁于卫仲道，丈夫死后回娘家居住。后因匈奴入侵，她被匈奴左贤王掳去嫁给匈奴人，并在匈奴生育了两个孩子。十二年后曹操统一了北方，用重金将蔡琰赎回后，她又嫁给了董祀。宋代大词人李清照先是与赵明诚结婚，且夫妻感情很深，赵明诚死后李清照与张汝舟结了婚。武则天先是唐太宗李世民的才人，李世民死后，她又成了李世民儿子李治的皇后。杨玉环首先是唐玄宗儿子寿王李瑁的王妃，后来又成了唐玄宗的贵妃。所以"从一而终"在传统社会对女性的约束实际上是苍白乏力的。当然，这种现象的存在一点也不奇怪，因中国传统社会的男性可以妻妾成群，男性有什么理由指责女性不"从一而终"呢？

还有一种情况，是中国传统社会整体上存在对女性的才智开发不够重视的现象。明朝时期陈继儒甚至提出了"丈夫有德便是才，女子无才便是德"之说，又对这一说法作注释认为，"女子通文识字，而能明大义者，固为贤德，然不可多得；其他便喜看曲本小说，挑动邪心，甚至舞文弄法，做出丑事，反不如不识字，守拙安分之为愈也。女子无才便是德，可谓至言"。在陈继儒看来，女子通文识字明大义乃是一种贤德；但如果在看曲本小说中挑动邪心，舞文弄法，做出丑事，那还不如不识字无非分之想为好。所以，无才便是德仅是针对那些有才却出轨的女性说的，而且他说的才主要是通文识字的文才。事实上，中国传统社会中一些女性之所以缺乏教育，主要是家庭经济条件缺乏所致。至于经济宽裕家庭，尤其是富贵人家的女孩，大都是通文习艺的。正因为如此，中国历史上才会出现这么多惊世的才女。不仅有前述的卓文君、蔡琰、李清照，还有班昭、上官婉儿等。如武则天，既是精通治国理政的政治家，其书法也是很有成就的。上述种种说明，中国传统文化中对女性的某些道德说教，由于其迂腐违背人性且不合时宜，故还停留在愚昧的思想领域，其对女性行为的约束，在政治、经济等因素的影响下，是极其有限的。真正影响女性社会地位的，是其在社会政治经济及家庭活动中的所作所为。

自辛亥革命推翻了我国最后的封建政体清王朝后，我国加快了由传统社会向现代社会转型的步伐，封建主义在政治、经济、思想、文化领域，也越来越失去市场，广大妇女也越来越多地获得了参与社会政治、经济、教育、医疗、文化、艺术活动的机会，因而她们的社会地位相比过去也就有了很大的提高。如新中国第一届中央政府中有女性副主席1名，有20名女性担任了中央政府机构中26个副部级以上领导职务。1954年，基层投票选举中，有84％的女选民参加了投票；各级人大代表中，有女性代表98万余人，占代表总数的17.3％。2008年，党和国家领导人中有8名女性，省部级领导干部中有230位女性，全国女性干部占干部总数的39％。从女性就业来看，2000年，我国城乡共有女性从业人员3.3亿人，约占全部从业人员的46％；2004年，全国城乡就业人数为7.44亿，其中女性为3.37亿，占全部就业人数的44.8％，接近于世界发达国家41％至48％的水平。随着参与国家社会管理及政治经济文化活动的女性比例越来越高，发挥的作用越来越大，当代中国社会女性的社会地位大幅度提升，许多家庭中女性甚至占据主导地位。这一现实充分说明女性的社会地位取决于她们在社会政治经济活动中扮演什么角色，绝不是单纯由文化所决定的。

上述一切充分说明，中国女性在中华文明发展的历史长河中，绝不仅仅是扮演"贤妻良母"的角色。在政治、军事、经济、医疗、文化、教育、艺术领域，她们都发挥了重大作用，作出了重要贡献。可以肯定地说，没有女性的这种贡献，中华文明就不可能有今天这样灿烂辉煌。由此可以看出，所谓的中国女性"社会角色就是贤妻良母"之说，完全背离了历史事实。端木赐香教授本人能写出《中国传统文化的陷阱》这种"稀有"的著作，也说明她自己早已没有定位在"贤妻良母"上。端木赐香的谬论早已被她自身踏得粉碎，只是在那儿散发出不堪入闻的臭气罢了。

9 中国的家庭"跟黑社会一个性质"吗？

为达到极度丑化中国人的目的，《中国传统文化的陷阱》的作者端木赐香极力诽谤中国的家庭。她说："家族主义在西方学者眼里是不道德的，……这种家族主义……无助于社会的前进，甚至是社会发展的障碍，……中国的每一个大家庭，其本质特征可能跟黑社会一个性质。"

这里，端木赐香教授否定中国的家族的重要依据是"家族主义在西方学者眼里是不道德的"。可见，端木赐香评价事物是以西方人的眼光为标准，完全是一副十足的看西方人脸色说话的嘴脸！

真是匪夷所思，这种人吐词要么伤人，要么就是令人费解。

一、家族主义"是社会发展的障碍"吗？

家族主义是以家庭为伦理本位的思想观念和学说。中国古代的家族主义建立在父系家长制和嫡长子继承制的基础之上，以维护家族总体利益为出发点，注重家族内部人伦关系的稳定与协调，强调"尊祖敬宗"和尊卑长幼，以孝悌友善作为维系家族和睦团结的主要道德准则。

家族主义根源于原始时代的父系社会。远古时代生产力非常低下，先人们靠狩猎维持生计。为了防御猛兽袭击、捕获大型动物以及抵抗严重自然灾害的危害，他们必须组成群体实行互助才能达到维持生存的目的。这种群体自然是由同一个祖先、血统相同相近、彼此熟悉、有着相同的习俗和相对共识的人组成。他们居住在一起共同生产生活。随着生产力的提高和剩余产品的增加，社会出现了占有剩余产品的私有制；不同群体之间的争斗产生了胜利者和失败者，甚至有了俘虏；俘虏自然而然成了被胜利者奴役的工具，如此有了阶级的划分，在此基础上也就有了国家。所以家族主义本身就是生产力发展，社会由野蛮走向文明过程中的产物。

人类进入阶级社会后，家庭成为社会最基本的单元，也是最基本的生产单位。社会生产、人口繁衍都是由家庭来承担的。而且，在阶级社会中，国家对社会的管理，尤其是对人们的生产生活的扶助都是有限度的；而社会的生存竞争依然激烈。如此，社会的各单个家庭为了生存和发展，就必然也不得不在血缘关系相近的家庭和同一祖先的族人中加强相互联系，并在生产生活及家庭的一些重大事务中，实行不同程度的互相帮助，以实现大家的共同利益，这样家族观念得到了发展。随着家族观念的日渐强化，也就有了家族主义的产生。由此可见，家族主义是人类社会早期低下的生产力发展的结果，它的形成有着强烈的社会和经济需求。在人类告别野蛮走向文明的漫长历史过程中，家族所发挥的作用是不可低估的。

由于家族及家族主义比较注重全家族的整体利益，注重家族内部的协调和谐，更注重家族的长远发展，所以，即使在人类社会产生了国家以后，家族在不同的社会历史条件下，也发挥着不同的社会作用。在正常情况下，家族能促进社会的和谐协调，尤其是当家族中正直贤良的人占主导地位的情况下，家族能发挥重大积极作用，推动社会的进步与发展，这种情况是中国历史长河发展的主流。但当家族中有作为的人较少时，它对社会发挥的积极作用是有限的；如果家族成员中品行不正的人能量大，如果家族被邪恶势力所利用，家族就会起影响公众利益及阻碍社会进步的作用。

在中国历史上，家族主义深刻影响了中国古代社会的国家组织形式及文明进程。中国从奴隶社会开始实行王族按血缘关系分配国家权力，并世袭统治的宗法专制国家制度。这一制度由氏族社会父系家长制演变而来，夏朝时正式确立，商朝进一步发展，到周朝时更加完善，并一直影响到后来直到清朝为止的历代封建王朝。在夏商周三代这一千多年历史中，这一制度的特点是家族中的宗法制与国家政治生活中的分封制高度统一，实行宗族组织和国家组织结合、宗法等级和政治等级结合，也就是"国"与"家"密切结合的国家组织形式。核心是国君称天子，掌握国家最高权力。国君君位的延续实行嫡长子继承制，即正妻所生的长子为天子的法定继承人，国君的其他儿子被分封为诸侯，诸侯分封卿大夫。按照周代的宗法制度，宗族中分为大宗和小宗。天子称为天下的大宗，诸侯对于天子而言是小宗，但在他自己的封国内却是大宗。诸侯把嫡长子以外的其他儿子封为卿大夫，卿大夫对诸侯而言是小宗，但在自己的领地内却是大宗。以下的士也是如此。在这一制度中，王族及其他贵族的嫡长子总是不同等级的大宗。大宗不仅拥有对全体宗族成员的统治权，而且还享受对财富、封地的继承权。所以，夏商周时期宗法制度的实质是一种以父系血缘亲疏关系为准绳的，分配与继承包括统治权力、财富、国土（封地）在内的宗族（国家）组织制度。由于宗法血缘关系经几代以后就会逐渐疏远，封国的实力一旦强大起来，中央政权就会控制不住地方政权而造成天下大乱；故中国自秦始皇统一六国，建立秦朝开始，建立起了大一统的中央集权的封建主义专制制度，作为夏商周三代宗法制度重要内容的分封制，被逐渐取消。但在全国范围内由皇帝（天子）掌握国家最高权力，家族世袭，以嫡长子继承制为主线的宗法制特征仍然延续下来，直到晚清灭亡，才退出政治历史舞台。

宗法制度在中国得以生存发展五千年，绝不是无缘无故的。在中国传统社会中，由于它与国家政权建设紧密结合，其积极意义首先在于由中央到地方、由大宗到小宗从上至下实现了对国家的有序管理，有利于避免社会一盘散沙，特别是有利于避免地方各自为政甚至割据混战。嫡长子继承制的实施，能有效防止天子的众多儿子为争夺最高权力带来的内部纷争，在一定程度上促进了统治集团家族内部的相对和谐。而这一切无疑既有利于国家政权的稳固，也有利于社会的稳定。中国历史上建立在氏族或家族世袭制基础上的各个王朝一般都能持续两百至三百年，其重要原因也在于此。还应该看到，中国传统社会长期实行的是以一家一户为生产单位、自给自足的小农经济，这种经济在工业社会到来之前是优越于狩猎、游牧等其他经济形式的先进经济形态。但实现这种经济形态最需要的是社会的稳定，确保农民能安居乐业。如果国家政权不稳，地方割据，战争不止，必然使大量的青壮年投入甚至亡命于战争，农民也会因战争而四处流浪。这种状态的结果是生产力的严重破坏和社会进步的停滞。"五胡乱华"和"五代十国"时期都属于这种情况。而夏商周三代实行的宗法专制与秦朝以后至晚清实行的以宗法制为基本特征的大一统中央集权封建专制制度，比较有效地避免或减少了上述弊端。

不应忽视的一点是，由于中国从奴隶社会至封建社会，都是在以家族世袭为核心的宗法制度的基础上建立国家，故国家也就有了"家天下"的特征。天下就是君王家族之天下，国家也就是君王家族之国家，君王的家与人民的国未能分离，而是融为一体的。在这个基础上，君王家族尤其是其家庭的利益，与国家的利益和国民的利益是紧密相连的。正是出于这种原因，所以范仲淹在《岳阳楼记》中，呼吁要"居庙堂之高则忧其民，处江湖之远则忧其君"。所以在这个制度下，中国古代虽然有些君王昏庸，认为天下皆为他所有，所以奢侈、荒淫无度，但也有更多君王把国家当作自己的家来治理，是尽心尽责的。如此也就有了勤勉非常的宋代的赵光义，明代的朱元璋、崇祯，清代的康熙、雍正；节俭治国的隋文帝杨坚、宋太祖赵匡胤、清代的道光皇帝等一批个人品行比较受人称颂的皇帝，出现在中国的历史舞台上。中国古代的王朝，其前期和中期帝王一般是思想比较进步、治国理念比较开明、治国方略比较得当的，从而有力地推动了中华文明的发展。例如刘邦作为汉朝的开国皇帝，建立并巩固了中国历史上自秦朝以后又一个大一统的封建制国家，是汉民族和汉文化的伟大开拓者之一。继刘邦之后，他这个家族中的汉文帝刘恒、汉景帝刘启还相继开创了中国历史上有名的"文景之治"，汉武帝刘彻则分别在政治上、经济上、文化上采取强有力的措施，加强了君主专制与中央集权，并且南征北战，西抗匈奴，破闽越、南越、卫氏朝鲜、大宛，又开通西域，大大地扩展了中华民族的国土版图。而国土疆域的广大，无疑是中华民族几千年来打不灭、拖不垮的一个重要原因。

上述说明，中国古代建立在与家族主义紧密联系的宗法制度基础上的中央集权专制制度，适应了中国传统社会自给自足小农经济形态的需要。这也是中华文明之所以五千年昂然立世的重要原因。对于中国古代宗法专制制度与中国传统社会经济形态相符合这一点，连"中国传统文化陷阱论"者袁伟时先生也不否认。他在《中国传统文化的陷阱》一文中写道："中国传统文化的骨干是儒学。而儒学讲伦理和政治的最多，从西汉开始，就强调以孝治天下，把家族伦理拓展到整个国家的治理，后来发展为一个完整的公式：修身齐家治国平天下。这一套体现中国社会的一个基本特点：宗法专制，伦理与政治统一，这与当时的社会状况完全是符合的。因为那个时候的社会是自然经济，经济状况比较稳定。"

上述说明，以宗法制度为特征的家族主义存在于中国传统社会，具有历史必然性，它对中华文明的发展所起的积极作用，是不能否定的。家族主义"无助于社会的前进"之说不能成立。

二、中国古代家族的爱国情怀与责任担当

在历史发展的矛盾运动中，自然而然要涌现出一批批历史杰出人物。当这些杰出人物被推到历史潮流的巅峰时，他们本人及在他们影响下的家庭家族对历史的发展将产生重大的作用。

东晋孝武帝司马曜执政时期，东晋的实权实际上由两大氏族掌握。长江上游由桓氏家族掌握，长江下游由谢氏家族掌握。谢氏士族的谢安总揽朝政。383 年 8 月，统一了北方的少数民族氏族政权前秦首领苻坚，率军 83 万南侵东晋。东晋氏族谢安统领族人，以尚书仆射谢石为征虏将军、征讨大都督，以徐、兖二州刺史谢玄和辅国将军谢琰为前锋，率领由谢氏家族招募且训练有素的 8 万"北府兵"一举将 83 万前秦军击败于淝水。接着东晋军队乘胜北伐，收复了黄河以南的广大地区。此举不仅使东晋王朝的统治得到了稳定，而且有效地遏制了北方少数民族南下侵扰，为江南地区社会经济的恢复和发展提供了有利契机。从长期来看，它使自北方流落到南方的汉族中原文化能够在江南地区得到持续和传承，从而为中华文化这一核心部分在"五胡乱华"之后得到喘息和发展创造了条件。

唐朝中期"安史之乱"爆发时，当时的颜真卿家族为平定"安史之乱"、维护大唐王朝的统一做出了卓越的贡献。颜真卿（709—784）为唐代中期著名政治家、书法家，唐开元二十二年（734）登进士第，历任监察御史、殿中侍御史。由于他耿直刚烈，得罪了权臣杨国忠，被贬为平原太守。不久安史之乱爆发，平原郡为安禄山的管辖之地。颜真卿与镇守常山的从兄颜杲卿合谋，率先组建义军，举起了反抗安禄山叛乱的大旗。湖北 17 个城市受颜真卿颜杲卿的影响，同一天宣布自动归顺朝廷，各路义军推举颜真卿为盟主。在颜真卿的组织之下，湖北义军英勇作战，有效打击了安禄山叛军的嚣张气焰，得到了唐玄宗的高度嘉许。756 年，叛军围攻常山，擒杀了颜杲卿的儿子颜季明。城破之后，颜杲卿被叛军抓获并押解到叛军总部洛阳。安禄山表明是自己提拔了颜杲卿代任常山太守，斥责颜杲卿为什么要负于他的恩义背叛他。颜杲卿怒目而视表示：颜家世代为唐朝大臣，信守忠义，绝不可能跟着安禄山反叛朝廷。安禄山非常愤怒，他命人把颜杲卿绑在大桥的桥柱上，肢解其身体并吃他的肉。颜杲卿骂不绝口，叛贼钩断了他的舌头说，看你还能骂吗？颜杲卿在含糊不清的骂声中遇害，时年 65 岁。这一天，颜杲卿的幼子颜诞、侄子颜诩，都被叛军截去手脚遇害。国人闻之无不为之流泪。后来，唐肃宗追赠颜杲卿为太子太保，定谥号为忠节。

安史之乱平定以后，颜真卿在朝廷任职。783 年，淮西节度使李希烈叛乱，攻陷汝州。朝廷派颜真卿前往李希烈叛军中劝其停止背叛行为。颜真卿知道此行凶多吉少，但他毫无畏惧前往。他到达李希烈军营宣读朝廷圣旨时，李希烈的心腹 1000 多人，手持钢刀围着颜真卿又是谩骂，又是威胁。颜真卿面不改色，他义正词严痛斥叛军背叛朝廷、祸害天下的罪行。李希烈逼迫颜真卿写信给朝廷，以洗刷自己叛逆的罪行，颜真卿

坚决拒绝。李希烈请同党劝说颜真卿投降并许以高官厚禄，颜真卿严词予以痛斥。为逼迫颜真卿屈服，李希烈在关押颜真卿的寺中堆起干柴，烧起大火，并威胁他，"你再不投降，就烧死你"。颜真卿纵身就要往火里跳。李希烈称帝前，派人找颜真卿请教登基的礼仪。他坚决拒绝告知。颜真卿估计到自己终将被李希烈杀害，于是他给皇帝写了遗书，又给自己写了墓志和祭文，他指着寝室西墙下说，这是放我尸体的地方。784 年 8 月 23 日，颜真卿被李希烈缢杀，终年 76 岁。嗣曹王李皋听到颜真卿死节的消息后，为他流下眼泪，三军都为之痛哭。半年以后叛乱平定，唐德宗为他废朝五日，追赠司徒，谥号"文忠"。宋绍兴三年（1133），宋高宗赵构御赐颜真卿庙额为"忠烈"，尊其为神。

中国晚清时期的曾国藩家族，对中国社会的历史进程也产生了很大的影响。曾国藩作为一介书生，他在清王朝不提供军备物资支持的情况下组建了强大的湘军平定了太平天国运动。曾国藩兄弟 5 人，长弟曾国潢，一生在家务农，操持家务。六弟曾国华、最小的弟弟曾国葆参加曾国藩组织的湘军，在平定太平天国战斗中，南征北战，屡立战功，最后死于沙场。曾国藩的九弟曾国荃，在湘军中独领一军，作战勇猛。1864 年，曾国荃亲自指挥湘军攻克太平天国首都天京，战功显赫。曾国藩率领湘军平定太平天国以后，威震天下。当时有人鼓动曾国藩率领湘军反清称帝。曾国藩弟弟曾国荃及湘军高层将领中也有人频频心动。曾国藩则低调处事，他不仅耐心说服曾国荃坚持不反叛朝廷，还动员曾国荃称病辞官回乡，他毫不犹豫地解散湘军将士退役，从而有效地避免了当时有可能发生的又一次内战，并实现了晚清的短暂中兴。曾国藩也因其品行获得赞誉而载入史册。

家庭成员在家族内部有责任担当，这是中国历史上家族发挥积极作用的一种表现。这通常表现在平常情况下各家族成员的扶弱济困，互相支持。一人有事，大家来帮；一家有难，大家来扶。特别是一些农村家庭面临婚丧喜庆、建房造宅、农忙抢种抢收或者天灾人祸等大事情时，家族成员之间往往能提供一些不同程度的帮助与支持。在 20 世纪上半叶以前，由于社会经济不够发达，生产力发展水平较低，家族成员之间与亲友之间的互帮比较普遍，尤其是家族成员中社会地位较高或经济条件较好者在这种互帮互动中更能起主导作用。

1049 年，北宋政治家范仲淹调任知杭州，子弟们以为范仲淹有隐退归田之意，商议购置田产以供他安享晚年。范仲淹严词拒绝，当年 10 月，范仲淹出资委托弟弟购买良田千亩，并找贤人代为管理，成立范氏义庄。所得地租收入他自己分文不取，全部用于赡养同宗族的贫苦成员，给他们资助口粮及婚丧嫁娶用度。范仲淹给义庄订立章程，规划族人的生活，严禁奢靡浪费。他去世之后，他的二儿子宰相范纯仁、三儿子尚书右丞范纯礼又续增加规定条款。宋金之战，范氏义庄也遭到了破坏。南宋时范之柔对义庄加以整顿，恢复了原有规模，后世范氏子孙也对义庄屡有捐助：明朝末年范允临捐献田地 100 亩，清朝前期大同知府范瑶捐助田地 1000 亩。范氏义庄作为一个非宗教性的民间家族组织，一直到清朝宣统年间，仍有田产 5300 亩，且运作良好，一共持续了 800 多年，历朝历代不知资助了多少贫寒家庭，成为家族对社会做出贡献的典范。

中国传统社会家族的积极作用还在于，通过发挥家族中一些威望较高的贤人志士及年龄较大、辈分较高的老族人的作用，在一定程度上能化解家族内部的矛盾，协调各家族成员之间的关系，实现家族内部的平和相处，从而增强家族的凝聚力。在中国广大农村，一些大的家族聚居地几乎就是一个村庄。一个家族的安宁稳定，就等于是一个村庄或一片地方的安宁与稳定。所以，在家族按照国家的法律及约定俗成的乡规民约正常发展运行的情况下，它对于社会的稳定和谐有着一定的积极意义。

在中国传统社会中，一些家族出于对本家族长远发展的考虑，一般都重视对家族子弟的文化教育。一些家族还举办专门的家族学校培养教育本族的子弟。毛泽东的二舅父文正莹就在家开了个小私塾，专门教族中子弟读书识字，三四岁的少年毛泽东，也在这里接受了学前读书识字教育。

三、家风建设，中国传统社会家庭的一道亮丽风景

着眼于家族的长远发展，中国的家族都比较重视家族教育与家风建设，这是中国家族的一大特点。尤其是在中国历史上涌现出的一些特殊的家族，他们在治家、立世、为人以及报效社会方面堪为楷模，影响后世，对推动中国社会发展和中华文明传承发挥了不可低估的作用。

颜氏家族是中国历史上一个有名的大族，其家风建设千百年来为人们广为称道。东晋南北朝时期，颜之推（531—597）曾任梁朝的散骑侍郎，梁被陈朝所灭后，他留居北齐任黄门侍郎。后来北齐灭亡并入周，不久周又被隋朝所取代，颜之推便在隋朝为官。所以颜之推一生历仕四朝，"三为亡国之人，饱尝离乱之苦，深怀忐忑之虑"。为了教育子孙，他本着"先王之道，绍家世之业"的宗旨，结合自己的人生经历及处世哲学，写成《颜氏家训》一书。全书二十篇，各篇内容涉及的范围相当广泛，但主要是以传承儒家思想教育子弟如何"修身、治家、处世、为学"等。在书中，颜之推首先把读书做人作为家训的核心，主张无论年龄大小，都应该读书学习，"幼而学者，如日出之光，老而学者，如秉烛夜行"。其次，颜之推主张人生必须选择正确的人生偶像。他认为在某种意义上，选择怎样的偶像，就会有怎样的人生。北齐朝时期，鲜卑族执掌朝政，一些人便教孩子学习鲜卑语，弹琵琶，希望通过服侍鲜卑族的王公贵族，来获取荣华富贵。颜之推对此则不屑一顾，他认为这样会迷失人生方向，即使能得到卿相之位，亦不可为之。他要求子女"慕贤"，要将大贤大德之人，作为自己的人生偶像，并且要"心醉神迷"地仰慕与仿效他们，以他们为榜样进步成长。再次，颜之推主张要确立家庭教育的各项准则，家长要变成为子女的楷模。他说，"夫风化者，自上而行于下者也，自先而施于后者也，是以父不慈则子不孝，兄不友则弟不恭，夫不义则妇不顺矣"。所以，颜之推提倡，要在践行"箕帚匕箸，咳唾唯诺，执烛沃盥"等细小生活礼仪中树立"士大夫风操"。持家要"去奢""行俭""不吝"。在婚姻问题上做到"勿贪势家"，反对"贪荣求利"。要务实求真，不求虚名，摒弃"不修身而求令名于世"的行为。他说："名之与实，犹形之与影也。德艺周厚，则名必善焉。"书中主张杜绝迷信，绝对不谈"巫觋祷

请"之事，"勿为妖妄之费"。可以看出，《颜氏家训》其基本内容，适应了封建社会中广大民众尤其是士大夫家庭教育子孙立身处世的需要，提出了立足"治国有方，营家有道"的实用型人才培养新理念。《颜氏家训》成书于6世纪末期，自成书以来，在中国漫长的封建社会里，一直被作为家教的范本，广为流传，经久不衰。在颜之推家教思想的影响下，颜之推家族在为人、治学、立业方面卓越优秀，为世人所赞美。颜之推的长子颜思鲁在隋朝任东宫学士，唐朝初年任秦王李世民府记室参军。《颜之推文集》（《颜氏家训》）就是由他整理编辑的。次子颜愍楚，他继承了颜之推音韵学上的成就，著了《证俗音略》一书。三子颜游秦，唐武德年间任廉州刺史、鄂州刺史，他对《汉书》有独到的见解，并著有《汉书决疑》一书。《颜氏家训》反复告诫子孙要勤学及忠孝仁义，这点被后人遵循不悖。颜之推之孙、颜思鲁之子颜勤礼，书法工于篆籀，尤其精于训诂，与颜师古两兄弟同为弘文崇贤学士。现西安碑林尚存的颜真卿所书的"颜勤礼碑"，即是颜真卿帮曾祖父颜勤礼书写的神道碑。颜思鲁另一个儿子颜师古是唐朝初期经学家、训诂学家、历史学家、著名大儒。颜师古之侄，即颜勤礼长子颜昭甫，长于训诂，书法擅长篆、隶、草书，对金文、古鼎之籀文更有造诣，当时即有硕儒之称。颜昭甫长子颜元孙，次子颜惟贞，少年时因祖父颜勤礼受妻兄柳奭参与反对唐高宗废王皇后，册立武则天为皇后一事株连而家道衰落，由于"家贫无纸笔"，兄弟二人"以黄土扫壁，木石画而习之，故特以草隶擅名"。在他们的影响下，颜惟贞第六子颜真卿成为唐代著名书法大家，中国颜体书法创始人。颜元孙后来官至濠州刺史；颜惟贞在科举考试中判入高第，授衢州参军，温县、永昌二县县尉，曾代颜元孙任长安尉，后迁太子文学，加勋上柱国，赠秘书少监，国子祭酒。颜元孙之子颜杲卿（692—756）与颜真卿兄弟二人，牢记《颜氏家训》，对国家赤胆忠心，为平定"安史之乱"做出了积极贡献。

北宋名臣包拯一生刚正廉洁，因此也严格要求后辈做官必须公正清廉。据续修润州《包氏宗谱》记载，他亲自手书《家训》曰："后世子孙仕宦（做官），有犯赃滥（贪赃枉法）者，不得放归本家。亡殁（死）之后，不得葬于大茔（坟地）之中。不从吾志，非吾子孙。仰珙（大壁）刊石，竖于堂屋东壁以诏（告诫）后世。"中国近代史上的曾国藩及其家族，在家风教育上也令人称道，影响深远。曾国藩在《曾国藩全集·家书》咸丰十一年三月十三日《谕纪泽、纪鸿》一文中写道："吾教子弟不离八本、三致祥。八者曰：读古书以训诂为本，作诗文以声调为本，事亲以得欢心为本，养生以少恼怒为本，立身以不妄语为本，治家以不晏起为本，居官以不要钱为本，行军以不扰民为本。三者曰：孝致祥，勤致祥，恕致祥。"曾国藩的这些论述，充分体现了他自身及对家族后人在读书、修身、养性、治家、立业方面的严格要求。为了教育家人及后代，曾国藩将其在双峰县荷叶堂所建的住宅命名为"八本堂"，并将"八本"刻于其匾额之上，以宣示后人，从而使这里成为集古代家教思想之大成，最系统最科学的家教殿堂。曾国藩尽管自己在军事、政治等方面取得了卓越成就，但他深知从政的风险。晚年他在回忆起自己的一生时，说得最多的就是"这个世界上最害人的事莫过于打仗"。曾国藩晚年直至临终再三叮嘱后人，尤其是自己的子女们千万不要走他走过的路，不要去做官。他给后人留下了这样的4句话，"慎独则心里平静；主敬则身体强健；追求仁爱则人高兴；

劳动连鬼神都敬重"。曾国藩的这些思想充分体现了中国传统文化尤其是优秀传统道德关于忠、孝、仁、义、礼、智、信、廉、耻的价值观念。在他治理家族思想的影响下，曾国藩家族人员爱国爱乡，奉公守法，低调做人，耕读传家，从曾国藩兄弟开始其家族延绵至今 190 余年，共出有名望的人 240 余人。尤其可贵的是没有一名"败家子"。他的大儿子曾纪泽是清代著名的外交家。在清朝与俄国签订了丧失领土的条约之后，他非常气愤，自告奋勇，向光绪皇帝请求出使俄国，后来在与俄国的领土主权谈判中，他在左宗棠率领的清军的支持下，从俄国人手中收回了本来属于中国领土的伊犁。曾国藩二儿子曾纪鸿不恋官场，尤其喜爱自然科学，精通天文、地理、代数，是一位著名的数学家。他的几位女儿一生过得非常普通。曾国藩的第 3 代，没有大富大贵，但也过得比较自在。到了第 4 代，这个时候清朝快要灭亡了，他的这些后人靠着自身的努力，都取得了不俗的成就。曾约农、曾宝荪成为教育家，曾宝葹成为翻译家，侄系的曾昭抡成为化学家，曾昭燏是考古学家。新中国成立之后，曾国藩的后人越发低调，在社会上出头露面更少。截至如今，曾国藩的后人已经发展到了第 8 代，他的这些后人中虽然没有在政治军事领域轰轰烈烈的人物，但是他们在文学、艺术、医学、科技和商界都取得了不小的成就，曾国藩家族构成了一个声名远播的华夏望族。

四、中国家庭"跟黑社会一个性质"从何谈起？

说中国家庭"跟黑社会一个性质"，这是对中国家庭的极大污蔑。

我们先分析一下"家"为何物。许慎在《说文解字》中说："家，居也。"古人看来，家就是指人类居住的处所。汉代郑玄在为《周礼·地官·小司徒》所作的注释中说："有夫有妇然后为家。"李中华先生据此认为，"所谓家，指夫妇共同生活所组成的人群最小单位"（李中华《中国文化概论》，华文出版社 1994 年版，第 78 页）。由此可以看出，中国的家庭，是社会的最基本单位。从实际情况看，中国的家庭不仅仅是最基本的生活单位，在中国进入工业化现代社会之前，在几千年上万年的渔猎时代以至小农经济社会，中国家庭也是最基本的生产单位。所以，从总体来看，中国的家庭是一个以血缘关系为纽带组织生产、生活，积聚财富，繁衍、培育后代最基本的社会组织。中华文明的大厦正是建筑在千千万万个家庭有机组织的基础之上。正如《孟子》所言："天下之本在国，国之本在家。"中国家庭以至家族的健康持续发展，是中华文明持久传承与发展的基础。

中国家庭在中华民族发展和中华文明传承中发挥的作用主要表现在如下几个方面。

第一是发展社会生产。在中国几千年的历史发展中，家庭首先表现为在以小农经济占主导地位的传统社会中承担了组织生产的作用。中国自春秋战国开始，以农民家庭为单位在有限的土地上耕耘和通过手工操作生产家庭生活必需品，这种小生产经济形态的特点使农业和家庭手工业相结合形成了自给自足的家庭自然经济。男耕女织，老小参与。生产出来的产品都是用于家庭消费或绝大部分用于家庭消费。随着生产的发展，一些农业和手工业结合的家庭又分化出了手工操作纺织、陶瓷、制茶、酿酒、造纸等家庭作坊。这种家庭作坊经过长期的发展，成为明清之际中国民族资本主义产生的摇篮。所以，中国家庭是中国历史上最小的农业和手工业生产单位。正是因为有了以家庭为单位的生产才维系了家庭的生活，同时也为历朝历代国家提供了赋税。所以，中国传统社会正是由于家庭生产与家庭生活的有序进行才维系了社会的和谐稳定与发展。中国古代文学作品《击壤歌》描写的古代农民"日出而作、日入而息"，宋代范成大诗歌描写的"昼出耘田夜绩麻，村庄儿女各当家。童孙未解供耕织，也傍桑阴学种瓜"这种场景，就是对中国古代家庭生产劳动的生动记述。历史发展到今天，在城市，家庭的生产功能已不复存在；但在广大农村，尤其是农业现代化进程比较慢的地区，家庭的生产功能仍然没有消失。

第二是养老抚幼，延续后代。人口是社会文明持续的基础。家庭承担着人口繁衍的职能，是一个民族人口生产的最基本单位。在进入工业化现代社会之前的农业经济社会，在国家、民族之间争斗及兴修水利、大型工程建设中，人多力量大，这是不容置疑的事实。中国人口数量在世界上长期处于领先地位，鼎盛时期甚至占了世界总人口的1/5—1/4。这既得益于中国古代有领先于西方的农业经济和明显少于西方的战火危害，同时也更得益于中国古代家庭关系的比较稳定。不能否定中国几千年来倡导的坚贞爱情、敬老爱幼的家庭观，对中华民族人口繁衍的积极作用。比如，中国古代家庭完全承担了赡养老人的责任。在 20 世纪以前，中国的家庭很多是三代甚至四代同堂。绝大部分老人，尤其农村的老人是在家中养老，即使是老病缠身，也是在家中亲人的陪伴下寿终天年。中国几千年来的家庭理念及其结构，还能使家庭成员中的病人、残疾人、弱者都能得到照顾。历史上的中国家庭中，父母抚养残疾小孩，夫妻服侍大病终身或致残的配偶，哥嫂照顾病魔缠身且无子女无依靠的弟妹，伯伯叔叔抚养失去了父母的侄儿侄女，兄弟姊妹对手足中的特别困难者给予关照支持，这种情况不断出现。所以，中国家庭在养老抚幼，照顾病、残及扶弱帮困方面发挥了巨大的不可替代的作用。2019 年，我的一位表婶当时已 74 岁，从 2000 年开始她得了类风湿关节病，四肢瘫痪，生活不能自理。19 年中，她全靠丈夫即我表叔曹英杰细心照顾。据表叔儿媳妇对我说，表叔每天帮表婶不厌其烦喂饭、喂药、送茶、洗脸、洗脚，隔几天洗一次澡，关怀备至。我的另一户亲戚表姐刘秧青，在 20 世纪 70 年代，她刚 28 岁时，丈夫因病早逝，留下 5 个年幼的儿女。表姐克服了重重困难，抚养 5 个小孩，她始终没有改嫁。大儿子长大以后，他又挑起家庭重担，协助母亲把弟弟妹妹们抚养大，支持弟弟妹妹们读书、创业、成家。我的亲姑父刘云生年轻时就失去了父母，但两个弟弟当时年幼。我姑父、姑母全身心支持弟弟读书、参军。弟弟成年后，姑父姑母又给他们建房，支持他们娶亲成家。正因为有上辈及年长的家庭成员的支撑，这两个弱势家庭中的儿童，才得以长大成人并成家立业。古往今来，中国社会这类情况非常普遍。

今天，历史的车轮已经进入 21 世纪，但不论怎样，赡养老人、抚育后代这一社会职能，很大程度上仍然必须由家庭来承担。就养老来说，除孤寡老人以外，其他老人谁不希望在家中，在亲人的陪伴下度过自己的晚年。他们最害怕的就是老来孤独，真正心甘情愿去敬老院养老的为数较少。同时，社会上也很少有人认为把自己的父母亲送进敬老院养老是一件光彩的事。中国的敬老院事业如果走市场化之路前景难以预测，重要原因也在于此。从社会层面来看，我们不能设想国家除了照顾好那些无子无女的孤寡老人以外，还能把属于其他情况的所有老人，包括身体自然衰老的老人，长期卧床养病，残疾以至失去生活自理能力的老人，脱离其家庭子女而全部负责赡养。至少在目前的条件下，国家还不具备完全做到这一点的条件。在对下一代的抚养上，对那些失去父母，或父母已丧失抚养能力，或被无故遗弃的儿童，国家当然应该而且实际上也已经做到了对他们承担起抚养的责任。但是，对那些有父有母，但小孩身体不能健康发育，如残疾、智障、痴呆的儿童，父母可以甩手不管，全部由国家社会包揽吗？显然这在近阶段是不可能的，也不是最人性化的。所以，中国的家庭过去是，现在以及将来仍然要在很大程度上承担起养老抚幼、扶弱助残的职责。也只有这样，中国社会才会多一点温馨，少一点冷酷；多一点情感，少一点麻木；多一点和谐，少一点隔离。

第三是在修建惠及国计民生的重大工程方面发挥了重大作用。中国古代社会修建了许多重大的建设工程，如战国时期秦国蜀郡太守李冰，率领百姓修都江堰水利工程；魏国西门豹任邺令时，修建十二条河渠，治理邺县水利；秦朝时期修建以洛阳为中心连贯全国的九条驰道，修筑西北的万里长城；汉武帝在新疆修建连延5000多公里的水利工程坎儿井；隋朝时修京杭大运河；北宋时苏东坡治理杭州西湖和惠州西湖；以及历朝历代对黄河、淮河、太湖等大江大河湖泊水利航运进行治理。北京、西安、洛阳、杭州、沈阳这些古代大都市的兴建，储藏着中华文明之果的历代皇家陵墓的建设，所有这些都令国人骄傲、外域人景仰，体现了中国人的智慧与勤劳，展示着中华文明之花的灿烂与辉煌。然而这些伟大建设工程，无一不是由千千万万的家庭提供劳动力来完成的。没有历朝历代千千万万家庭的奉献，中国古代社会建设，就不可能取得这么伟大的成果。

第四是弘扬美德，重视家庭管理。中国人都懂得"天下之本在家"的深刻道理，所以特别重视对家庭的管理与教育。尤其是仁人志士、社会贤达，他们把治家摆在处世做人的突出位置。在"修身、齐家、治国、平天下"这一千百年来社会精英们追求的人生最高境界中，齐家被摆在治国平天下的前面。有史以来，尊老爱幼，妻贤夫安，母慈子孝，兄友弟恭，耕读传家，勤俭持家，知书达理，遵纪守法，这些都成为治家的重要内容。北宋政治家、文学家范仲淹治家甚严，专门写《诫诸子书》教育自家后代。他家后人按照其训导内容整理形成《范文正公家训百字铭》，铭文写道："孝道当竭力，忠勇表丹诚；兄弟互相助，慈悲无过境。勤读圣贤书，尊师如重亲；礼义勿疏狂，逊让敦睦邻。敬长与怀幼，怜恤孤寡贫；谦恭尚廉洁，绝戒骄傲情。字纸莫乱废，须报五谷恩；作事循天理，博爱惜生灵。处世行八德，修身奉祖神；儿孙坚心守，成家种善根。"这篇家训仅100字，却字字珠玑，句句箴言，充分强调了忠信孝悌、尊师重学、勤俭持家、乐善好施的重要性，被范氏后裔奉为传家之宝。范仲淹为官从政，每到一个地方，总是以百姓利益为重。他位至宰相，但毕生节俭。饮食上粗茶淡饭，除非宾客上门，否则"食不重肉"。他的儿子们曾请求他在洛阳购买一处宅第供退休养老时用，他却把这些钱捐出来资助需要帮助的人。他的几个儿子，平时在家都是穿着朴素的粗布衣服。他出将入相几十年，逝世时家里连丧葬费都不够。

第五是启智育人，教育后代。中国人尤其重视对子孙后代的抚养与教育。他们不仅希望家庭能薪火相传，后继有人，更希望后人一代更比一代强。所以，中国家庭几千年来都有重视小孩培养教育的传统。中国古代家庭特别是比较富有的家庭，都聘请家庭教师以专职教育自家的小孩；一些家族也由族人捐资兴办家族学校，资助贫寒子弟读书。家庭对小孩的教育既重视对知识的传授，又重视思想、道德、人品的培养。在《论语》季氏第十六篇中，有这么一段话。孔子的学生子禽有一次见到了孔子的儿子伯鱼，他就问伯鱼孔子是否教给了他不同于其他学生的学习秘诀。伯鱼回答说，父亲有一次提醒自己要学诗，还有一次提醒自己要学礼，此外就没有说过什么了。子禽从伯鱼的回答，也就是从孔子对儿子伯鱼的教育中得到了三点启示：首先是学诗和增长知识对人生尤其重要；其次是学礼懂礼对人生更有帮助（这两点是文化的中心）；再次，他由此知道了孔子是一位真正的圣人，没有私心，他对自己儿子的教育和对其他学生的教育完全一样。从这个故事可以看出孔子很重视对儿子的知识与人格的培养。中国历史上有个传颂数千年的孟母三迁的故事。孟子很小的时候，家里居住的地方离墓地很近，孟子在这里学了一些祭祀跪拜之类的事。孟子母亲认为这个地方不利于孩子的学习成长，于是就将家搬到一个集市旁。孟子在这里又学了一些做买卖和屠杀牲口之类的事。他母亲又认为这个地方也不适合孩子的学习成长，于是她又将家搬到一个学宫旁边。孟子在这里学会了在朝廷上需要的鞠躬行礼及谦让的礼节。孟母认为这才是适合孩子居住的地方，于是就在这里长期定居下来了。三国时期蜀汉丞相诸葛亮总结了自己一生做人治学的经验，写下《诫子书》劝勉自己的儿子说："夫君子之行，静以修身，俭以养德。非淡泊无以明志，非宁静无以致远。夫学须静也，才须学也，非学无以广才，非志无以成学。淫慢则不能励精，险躁则不能治性。年与时驰，意与日去，遂成枯落，多不接世，悲守穷庐，将复何及。"《诫子书》主旨是教育儿子勤学立志，修身养性，要在淡泊宁静中下功夫，力戒怠惰险躁。这些动人心弦的故事，是中国古代家庭重视小孩教育的写照。中国古代的很多技艺与知识，也是通过家庭一代一代向后人传承的，比如一些能工巧匠将绝技传给儿女，博大精深的中医领域的"祖传秘方"，餐饮领域以传承先人厨艺为宗旨而兴办的"百年老店"，等等。这也从一个侧面反映出中国人对培养后人的重视。当今时代，随着社会向工业化、信息化日益迈进，人们对小孩的培养教育更加重视。就是在一些贫困的农村家庭，也不知演绎了多少砸锅卖铁也不亏孩子读书的故事。不惜成本为小孩选择名校、名师，父母陪伴小孩就读，这已成为中国社会一个非常普遍的现象。《文萃报》2018年7月24日报道了延安市安塞区北坪街道办事处五里湾村吴治保、胡珍爱夫妇，5个小孩有4个考入清华北大的故事。一个非常普通的农民家庭，为什么能走出这么多高才生呢？原来吴治保和胡珍爱生在农村，出身贫寒。夫妻两人年轻时尝尽了没有文化的苦果，立志要让孩子们学文化上大学。于是吴治保披星戴月耕田种地，胡珍爱几十年如一日挑担苹果在安塞县城走街串巷叫卖。夫妻俩省吃俭用，衣不更新，饭不变样，节省每一分钱供孩子们上学读书。他们对孩子最好的教育就是言传身教，如果知道了哪个孩子在学校不好好学习，就领回家让其跟着他们一起下地干活，让他（她）体会父母没有文化所受的苦头。正是这样，这个家庭就演绎出了一个这么精彩的寒门出才子的励志故事。正是由于中华民族的家庭有这么一种重视后代培养的风尚，从而保证了中华民族历朝历代的人才辈出及全民族整体素质的不断提高。

总之，中国社会的家庭及家族主义在中华文明发展进程中是起了积极作用的。当然，世界的事物都不是完美无缺的，所以中国的家族主义的确也存在一些负面影响。古代建立在家族主义及宗法专制基础上的国家政治制度在一定程度上束缚了社会的生机与活力。在作为家族主义存在基础的家庭观中，男尊女卑、生男孩为上的生育观，推崇寡妇终生守寡的贞洁观，还有思想不正的族人利用甚至组织家族成员，干一些危害他人与社会公共利益的事，有的家庭则成为包庇、潜藏犯罪族人的保护场所，这些消极现象在中国历史上都不同程度存在过。但是，纵览中国五千年历史，家庭、家族在促进社会和谐、维系社会安定、优化社会风尚、推动中华文明进步方面，的确也发挥过重大作用，而且这种积极作用是主要的，其消极作用是次要的。这是不容否定的事实。

当然，随着社会的进步、经济的发展、国家经济实力的提升及国家与社会功能的日益完备，家庭成员对家庭特别是家族的依赖程度也在呈日趋减弱的趋势。但家族，特别是家庭对社会的积极意义仍将长期存在。所以，必须充分认识到重视家庭和家风建设，不仅是中华民族的优良传统，也是传承中华文明、弘扬中华优秀传统文化的重要内容。特别是今天我们倡导并努力践行家庭文明建设，更是十分必要。2016 年 12 月 12 日，国家领导人在会见第一届全国文明家庭代表时的讲话中指出："家庭是社会的细胞，家庭和睦则社会安定，家庭幸福则社会祥和，家庭文明则社会文明。历史和现实告诉我们，家庭的前途命运同国家和民族的前途命运紧密相连，我们要认识到千家万户都好，国家才能好，民族才能好。"这一段论述，充分说明了家庭文明对于国家富强、民族振兴的重大意义。

值得注意并感遗憾的是，现在有不少家庭却出现了一些令人伤感的现象，如有的儿女不赡养没有经济收入的父母；有的家庭婚姻不稳定，有人视结婚、离婚为儿戏，给小孩造成身心伤害；有的家庭亲情淡薄，家庭成员互不关心。这些问题的出现说明了什么呢？难道是说明中国人重视家庭文明建设有问题吗？截然相反，出现这些问题完全是中华优秀传统家庭观严重缺失的结果，它从反面说明了忽视家庭文明建设，会给家庭幸福、社会和谐、文明发展带来严重的危害。这更进一步说明了，在当今社会加强家庭文明建设的极其重要性。同时，也是对端木赐香教授诋毁中国优秀传统家庭观的一个极其有力的讽刺。

中国文化的尊严

10 / "中国字绝对无法普及"吗?

　　通过否定汉语进而否定中国文化,这是"中国传统文化陷阱论"者企图对中国文化实行釜底抽薪的一大阴谋。如此,他们否定汉语在中华文明发展过程中的积极作用,甚至认为汉语存在几千年是一大缺失。尹胜在《我为什么要彻底否定中国传统文化》一文中讥讽汉语说:"许多人都说汉语存在了几千年,总还是有好的一面,或说有精华的一面。这句话的论据是几千年这个时间,时间越长就越好吗?为什么存在几千年就不能更糟糕的呢?比如女人裹脚、太监,也是两千年的历史,事物的好坏与其时间长短没有绝对关系。"

一、汉字语言难学难普及吗?

　　应该指出,尹胜这种否定汉语论调的存在,不是偶然的。这种观点至少可以上溯到20世纪《丑陋的中国人》的作者、台湾已故作家柏杨。柏杨说,中国"古文没有标点符号,不能断句,看起来简直不懂……现在虽有了标点符号,可以断句了,但方块字的最大缺点更呈现出来,那就是,既不能隔字,又不能连音,……即令字字认识,也看不懂"。"中国字绝对无法普及,所以必须改成拼音",使"汉语拼音化"。柏杨先生认为,不要以为汉语改成拼音,"用 ABCD 是英文字母,拼出的是英文,其实不是;我们要了解,这个 ABCD 就是中文字母,拼出的字,就是中文,……文字完全是工具,就好比车子,你买了就是你的,他买了就是他的。……拼音化之后,古书看不懂就看不懂算了,……过去的事,老祖宗的事,交给几个人,让他们去庙堂里打扫。我们不要为祖宗活。"(柏杨《丑陋的中国人》,人民文学出版社 2017 年版)柏杨先生这种汉语难学难普及的论点,真还得到了一些学者的赞同。就是前不久,大陆有学者也认为,中国在五四运动以前的书面文字是以文言文为主,和老百姓的日常生活语言并不一样,难以被普通百姓所读懂和接受,只能在社会精英阶层流传。所以中国伟大的文明没有穿透到下层,仅仅是社会精英的文明罢了。由此他们认为中国的文字语言不利于中华文明的发展,主张放弃汉语学习。

　　首先,尹胜先生以女人裹脚、皇宫里有太监为例,证明中国文化存在几千年不是好事,这可真让人啼笑皆非。

　　第一,必须明白,女人缠足、皇宫有太监的确在中国社会存在几千年,但这两种现象是中国传统文化的全部内容吗?答案是否定的,中国传统文化博大精深,关联到政治、经济、文学、教育、伦理、道德、宗教和科学技术,几乎影响了社会的一切方面。

所以仅以这两种腐朽落后现象，就全面否定中国古代博大精深的传统文化，这是很不科学的。

第二，我们要请问尹胜先生，如果中国文化存在几千年不是好事，那存在时间短就好吗？与中国汉字同为世界三大最古老文字的是苏美尔人的楔形文字，古埃及有象形文字之称的圣书字，可惜这两种文字今天都只存在于史书中或博物馆中了。其中苏美尔人创造的产生了古巴比伦文明的钉头楔形文字，随着波斯人的入侵，被希腊语的腓尼基字母文字所取代。639年，古埃及人创造的圣书字，随着古埃及被阿拉伯人的征服而被阿拉伯文字所代替。试问这两种古老文字的消亡，对于它们难道是好事吗？今日的埃及人，认识不了古埃及人时代的文字；今日的希腊，也与古希腊时代的历史文化无关。这对于今日的埃及人和希腊人难道是好事？

第三，如果存在时间短的就是好的，中国文字如果是如尹胜先生所言，不怕它时间如何短，甚至从今天开始新起炉灶也行，那么再过几十几百年或再后移一些时间，我们的子孙们，怎么能知道中国古代的四大发明？怎么能知道古人的《周易》《诗经》、汉赋、唐诗、宋词、元曲这些文学瑰宝？甚至那时他们根本搞不清自己的祖先，以至不明白自己是从何而来！这对于我们这个民族十四亿人口，难道真是好事？

再次，能以汉语难学为理由放弃学习汉语吗？答案当然是否定的。

人们都知道，文字语言是文明的基础，文字语言的落后即意味着民族的落后与愚昧，故古人常常把那些没有文化的族群称为蛮族。如果说中国文字难学难普及，这必然会影响中国社会的进步及文明发展状况。然而实际情况是，考古发现中国最早的记事符号、刻画符号在8000多年前早已产生，汉字从甲骨文产生发展到20世纪五四运动前已三千来年历史。这数千年间，中国成为世界四大文明古国之一；进入封建社会后的几千年中，中国不仅创造了令世界瞩目的"文景之治""贞观之治""开元盛世""康乾盛世"，还使科学技术发明，在上推至18世纪之前，远远超过被学术界认定的"黑暗的欧洲"。试问，如果作为华夏文明载体的中国汉字语言那么难学，不便传播，中国汉字语言又怎么可能会成为世界上最古老的文字？怎么解释中国会产生深刻影响世界的以四大发明为首的科学技术？怎么会有《易经》《论语》《道德经》《孙子兵法》《诗经》及唐诗、宋词、元曲等影响世界的文化瑰宝的问世？怎么会有这五千年华夏文明的辉煌？

说中国文化没有普及到底层民众这也不合事实。中华民族作为一个创造了中华文明的民族，自古至今有重视文化教育的传统。这表现在不仅历朝历代的皇帝王侯、各级官吏一般都受过良好的文化教育，就是社会底层民众也重视文化教育。中国古代不仅国家重视办国子监、太学这类官方学校，而民间也兴起办私学之风，这对于文化向社会民众普及发挥了重大作用。如孔子可以说是中国历史上办私学有特殊成就第一人。他"贤人七十，弟子三千"，办学规模还真不小。教学对象上，他提出"有教无类"。他收学生的学费是10条干肉。这说明他的学生普及社会最基层的劳动人民大众。教学内容是包含自然科学、技术、礼仪、音乐在内的礼、乐、射、御、书、数六艺，教学方法上提倡"因材施教"，学思并重。孔子的这些早期教育思想，对以后文化的普及与发展产生了深远的影响。尤其是在兴办私学、将文化推广到社会基层劳动人民大众方面，起了良好的示范作用。自孔子至明清数千年间，中国社会涌现了一大批兴办私学、推广文化的杰出民办教育家。他们是未能进入官场或从官场中退出的知识界精英，如春秋战国时期的孟子、荀子、韩非，秦末汉初的鬼谷子，两汉时期的郑玄，两宋的张载、程颢、程颐、朱熹、陆九渊，明朝的王阳明等。他们对办私学的大力推动，有力地促进了文化向底层普及。古代兴办的私学，学生人数有多有少，形式更灵活多样。中唐至明清时期，社会上一些仁人贤达，兴办书院集中讲学。程颢在任泽州晋城令时，既兴办了程颢书院，还建立乡校72所，社学数十所。程颢程颐兄弟都在书院讲学。朱熹在庐山办白鹿洞书院。王阳明在贵州修文县龙岗山办龙岗书院。衡阳作为湖南下辖的一个地级城市有14所书院。书院教育对于文化的传承起了很大的促进作用。早在春秋时期兴起的私塾，既包括富贵之家请老师在家教子弟的坐馆或家塾，又有乡、村、宗族捐助钱财或学田聘老师教贫寒子弟的村塾或族塾，还有老师私人设馆收费授课的门馆、学馆或私塾。北宋年间，范仲淹因遭贬黜到绍兴任越州知府。他看到一些穷苦清寒家庭的子弟无钱读书，便在州府所在地办义学稽山书院，学生的学费、教师的费用都从自己的俸禄中开支。据《古文观止》记载，范仲淹还设置义田抚养一族三百户贫寒子弟。值得庆幸的是，他这种兴办义学的模式，在以后得以兴起，发展成为一种依靠国家官款、地方公款或地租设立蒙学，招生对象多为贫寒子弟的办学形式。应该指出，私学、义学既补充了国子监、太学教学能力有限之不足，又推动了文化普及基层民众。中国古代流传最广的孟母三迁教子，就是平民百姓重视读书教育的典型事例。从古代教育的内容看，古代学生一般是学习四书五经，后来则通常是以《三字经》《百家姓》《千字文》《千家诗》等为启蒙教材，在此基础上，再教学一些具有故事性的《幼学琼林》《龙文鞭影》《古文观止》及四书五经等。这些文学作品，内容虽然有深有浅，但经过老师的讲解及学生的反复诵读后是不难理解的。尤其是古代的家塾和私塾或宗族学堂规模都较小，老师教的学生少则几人多则十几人，更便于手把手传授知识给学生。所以汉字语言能在普通民众中流传也就不难理解了。当然，不能否认，中国古代至"五四运动"之前肯定有部分人没有进过各类学校，接受过正规文化教育，因而也不排除有不少文盲存在。但出现这种情况的原因一般是家居穷乡僻壤，或家境贫困，或儿童身体不宜，或性别歧视等，而不是因为汉字语言难学，把社会底层民众拒之文化门外。所以说中国五四运动以前的文言文，未能普及基层平民百姓是不符合历史实际的。

第三，中国汉字语言是否真是那么难学难推广？回答是否定的。当然，初学中国方块形汉字，与学习西方的拼音字母文字相比可能接受没那么快，古汉语文言文，没有现在的白话文那么容易看懂。但是，即使有点难，它却流传了五千年，更是在这种文字熏陶的基础上，产生了灿烂辉煌的五千年中华文明。这说明了什么？这就充分说明了中国汉字具有顽强的生命力。再者，中国古代汉字语言如果真是那么难学，那如何解释中国历史上一些少数民族，是那样推崇以至极力普及汉字语言呢？471年，北方鲜卑族建立的北魏王朝的第七位皇帝魏孝文帝拓跋宏即位，490年亲政。他是一位杰出的政治家、改革家，极力推行北魏"汉化"政策，把国都从今属山西大同的平城迁到洛阳，改鲜卑姓氏为汉姓，实行汉族朝廷的官制朝仪，推广汉服，尤其是孝文帝宣布以汉语为"正音"，称鲜卑语为"北语"，要求朝臣"断诸北语，一从正音"。孝文帝的崇汉改革，既增强了国力，又极大地促进了鲜卑族与汉民族的融合，使汉文化普及北方广大地区。916年，北方游牧民族契丹族，在今内蒙古赤峰市建立契丹国。947年，辽太宗率军南下中原，灭了后晋，在今河南开封登基，改国号，建立辽朝，并从石敬瑭手中得到了燕云十六州，其管辖疆域，覆盖了广大北方汉民族地区。契丹辽朝立国210多年，他们在其管辖区内，一方面在汉人的协助下，以汉字隶书减少笔画，或直接借用汉字创造了契丹大字；后又改制为拼音文字契丹小字。同时又规定契丹语和汉语，都是官方和民间的通用语言。实际上辽朝的历代皇帝和契丹上层人物多仰慕汉文化，很多人有较高的汉文化修养。如辽朝文人也喜爱创作诗、词、歌、赋等各种文学体裁。辽朝几代皇帝尤其喜欢诗。圣宗十岁即能写诗，一生作诗五百多首。辽兴宗还喜欢以诗赋测试进士于朝廷。辽道宗的文学修养更高，诗作清新雅丽，意境深远。如他的《题李俨黄菊赋》："昨日得卿黄菊赋，碎剪金英填作句。袖中犹觉有余香，冷落西风吹不去。"充分展示了身为契丹人的辽道宗的汉语修养水平。1115年至1234年的金朝，是中国历史上由女真族建立的封建王朝，存在120年。金朝历代帝王不仅不排斥汉文化，而且以学习、保护、收集、发展汉文化者自居。金人的诗词创作也达到了相当高的水平。金朝海陵王时期，金人先于俄国海军700年，造出了历史上第一艘最大且最重，具有压、撞、砸、凿等完备功能，用破冰机械调节的破冰船雏形。他们用诗歌《撞冰行》记下了这一辉煌文明成果。此诗曰："船头傅铁横长锥，十十五五张黄旗。百夫袖手略无用，舟过理棹徐徐归。吴侬笑向吾曹说，昔岁江行苦风雪。扬槌启路夜撞冰，手皮半逐冰皮裂。今年穷腊波溶溶，安流东下闲篙工。江东贾客借余润，贞元使者如春风。"金朝时期，中医医学百家争鸣。有医家针对高琪当权期间，专以酷刑对付士大夫之暴行，研制出"医家用酒，下地龙散，投以蜡丸，则受杖者失痛觉"的地龙散止痛药。并用诗记述此事曰："嚼蜡谁知味最长，一杯卯酒地龙香。年来纸价长安贵，不重新诗重药方。"从金人创作的这两首诗看出，他们对汉诗创作规则运用驾轻就熟。足以说明女真族大金王朝，汉文化达到了相当高的水平。1271年蒙古族入主中原建立元朝，国祚98年。一方面元朝统治者保留蒙古语，作为官方用语，同时也不排斥朝廷至地方官吏以至基层民众使用汉语。而且恢复了以汉语为考试内容的科举考试制度。在民间，还创造了以汉字为载体的元曲、散曲这种新的文学形式，促进了汉文化的普及。满族入主北京，建立清朝以后，清朝政府推行汉化政策，比其他统治汉族地区的少数民族王朝力度要大得多。清初以来，所有施政文书都以汉文、满文两种文字发布。自康熙起大力推行以儒学为代表的汉文化，汉传统经典成为包括皇帝在内的满族人必修课。到乾隆中期，满人几乎以汉语为母语。到19世纪，官方文件中的满文已基本为汉文所取代。清朝尤其重视诗，以帝王、宗室为首，官方大力提倡诗学，自清圣祖以后诸皇帝主导朝廷编修的诗赋集有《御定全唐诗》《御选唐诗》《御选宋金元明四朝诗》《御定全金诗》《御定历代题画诗》《钦定熙朝雅颂集》《御定千叟宴诗》《御定历代赋汇》等几十本。清高宗尤其酷爱作诗，一生作《御制诗》五集，共计十余万首。可见清朝对汉文化的重视及爱好之深。

特别值得提出的是，中国的台湾、香港、澳门地区至今用古人用的中文繁体字。

二、汉字对世界文化的影响

以汉语为基础的汉文化的神奇伟大，自古至今得到了世界民众的高度认可。

首先，世界历史上有很多中国周边国家都以汉语为本国文字。据史书记载，日本古代，并无正式文字。自 248 年以王仁从百济来到日本，献《论语》十卷及《千字文》一卷为标志，汉字汉学即开始传入日本，汉字便成为当时日本唯一的文字。直至 8 世纪中叶，日本人才开始用汉字偏旁造假名，为汉字注音。从此开始采用假名和汉字混杂使用的方式，一直到现在。在 7 世纪至 9 世纪末约 260 余年的时间里，日本为了进一步学习中国文化，先后派出十九批"遣唐使团"，每批多达百人以上，有时多至 500 余人来中国学习。学习内容包括中国的文学艺术、律令制度、科学技术以及风俗习惯等。受汉文化的影响，古代亚洲国家中除日本外，还有朝鲜（今朝鲜和韩国）、琉球（被日本吞并，今日本冲绳县）、安南（今越南）等国家，用汉字作本国文字。现在亚洲的新加坡、马来西亚以及泰国曼谷，均用汉字。

其次，世界上也有很多不以汉语为国语的国家民众热爱汉文化。400 多年前，意大利传教士把《论语》译成拉丁文，传到了欧洲。而今，孔子学说已传遍五大洲。19 世纪初，西方开始了对《道德经》的研究。据联合国教科文组织统计，在世界文化名著中，译成外国文字发行量最大的除《圣经》外，就是《道德经》。到 20 世纪四五十年代，欧洲共有 60 多种《道德经》译本流传，德国人几乎家家户户有《道德经》。谁都知道，西方人持有《圣经》主要是因为宗教信仰；而对《道德经》之爱，完全是出于文化之爱。《孙子兵法》现已成为美国各大军事院校学员的必修教材。20 世纪下半叶，随着中国改革开放取得伟大成就及外国人对汉语了解的加深，全球掀起了一股学习"汉语热"。中国根据各地的实际情况，在有需求的国家建立以为汉语学习者提供规范、权威的现代汉语教材，提供正规的学习渠道的管理组织孔子学院。从 2004 年在韩国首尔建立第一所孔子学院开始，14 年后，全球已有 140 个国家和地区，建立了 511 所孔子学院和 1073 个孔子课堂。注册学生达 210 万人，中外专、兼职教师 4.6 万人。今日之汉语在世界流传之广，由此可见。

中国汉字对汉文化学习者而言会难到何等程度？我们再看看世界著名的英国科学技术史专家、《中国科学技术史》作者李约瑟是如何学习研究中国文化的吧。李约瑟作为一个英国人，他没有系统地接受中国教育，学习汉语，开始仅在英国大学和中国留学生有几年接触，后来仅在中国任外交官三四年时间，但他深入掌握了中国古汉语规律，并系统深入地研究了中国科学技术发展的上万年历史。"百度"介绍李约瑟在中国开始研究中国古代科学技术史和学习中文资料时，这样写道："1943—1946 年间，李约瑟出行十一次，行程 3 万英里，他以外交官的身份几无禁区。他在戈壁沙漠的敦煌盘桓，在洞窟速写、拍照，积累了足够写一本书的资料。他到都江堰驻足于公元前 250 年建立的大坝前，对这一中国工程深感敬佩。他喜爱战争时期的冒险生活，在途中遇见了不少三教九流的人物，对中国文化历史有了更深的了解，也使自己的中文日渐精通。"李约瑟在此期间，拜访了时任浙江大学的竺可桢校长，竺可桢校长立即帮李约瑟收集了大量的图书资料，后来寄给了他，其中"最为珍贵的要数一套完整的《古今图书集成》，总计一万卷一亿七千万字"，供李约瑟学习研究中国科学技术发展史用。李约瑟正是在广泛涉猎研究这浩如烟海的中国文史资料的基础上，历时45年，编写出《中国科学技术史》共7卷34册，第一次全面系统地向全世界展示了中国古代科学技术发展的成就。

上述一切说明了什么呢？说明中国汉字语言难学必须抛弃吗？截然相反。试问柏杨老师及认为中国汉文化难学必须改用其他文字的各位专家先生们：如果汉文化真是那么难学以至必须放弃，那些曾经管辖广大汉民族地区上百年至几百年的鲜卑族、契丹族、女真族、蒙古族、满族政权为什么不用本民族语言取代汉语呢？为什么身为少数民族的辽、金及清朝皇帝们在汉字的学用修养上会取得那么显著的成就呢？为什么日本、朝鲜、马来西亚、越南这些非汉人国度这样爱好汉文化，以至长期用汉语作国语呢？怎么能解释近几十年来全球掀起的"汉语热"呢？怎么能解释李约瑟作为一个英国人，却能在这么短的时期内精通汉语并写出这样规模宏大的《中国科学技术史》呢？这只能说明，中国文化是一种值得学习又便于学习推广的文化。那种认为中国汉字难学难推广的观点是不能成立的！

从汉文化发展的历史进程看，中国文字有一个由复杂向简单、由难向易演变的过程。大约在距今六千年的半坡遗址等地方挖掘出的刻画符号，是汉字的萌芽。到公元前16世纪商朝时期，随着甲骨文的出现，汉字已成为一种系统象形文字。此后，汉字从形体看，经历了由商代甲骨文，到殷周时期金文，到西周时大篆，秦朝小篆，到汉代隶书，到晋时草书、行书，到唐时楷书的转变过程。直至今天，汉字及其语言经过几千年的演变，已经发生了巨大的变化。首先是弱化了表形功能，加强了其表音功能和表意功能。其次是通过减省笔画，使字体由繁杂转向简单。人们从19世纪开始，对汉字多次减省笔画，直到2013年6月，中国教育部正式颁发了《通用规范汉字表》，统一规范了今天常用的简化字，简化后的字比之前的字笔画精减了许多，书写到记忆都比简化前要容易得多。再次，使用频率较高的汉字主要集中在部分简体字上。汉朝许慎在《说文解字》中，收录汉字9353字。此后宋朝官修的《类篇》收字31319个，另一部宋修《集韵》收录汉字53525个。但收录的字中有很多是异体字和罕用字，这种字很多除古文之外，一般只在人名、地名中偶尔出现。现绝大多数异体字和罕用字已自然消亡或被规范掉。人们日常使用的汉字只需两千至三千个就可得心应手。这也是汉字越来越不难学的重要原因。

汉语不难学还有一个更重要的原因，就是近代社会以前，中国人是用口语即白话文和书写语即文言文两种形式来交流思想的。在先秦以前，人们口语和书写语一样，没有什么差别。产生于这一时期的《诗经》就记录了当时很多平民百姓口语化的歌谣。如"窈窕淑女，君子好逑""桃之夭夭，灼灼其华"。这些句子，既简练优美，也不难明白其含义。但是由于口语追求通俗，在不同的地方表达意思不同，而且随着时间的推移会发生变化，所以先秦以后，人们为了节省竹简多记事并规范语言，便将口语高度精练，统一语法，形成了文言文。于是就形成了口语为白话文、书写语为文言文两种形式。此后随着时间的变化，文言文的书写方式几乎都固定不变，但是全国各地人们的口头语言却是不断地发生变化。到了唐代，人们的口语在语法上看与现代人越发接近了。到了宋、元、明、清时期，口语和文言文形式上进一步脱离。但对于非官方文体，人们也逐渐用白话文进行写作。元代戏剧家关汉卿写过这样一段唱词："我是个蒸不烂，煮不熟，捶不匾，炒不爆，响当当一粒铜豌豆。"这段话基本上不是文言文，一看就懂。明朝时期问世的《水浒传》《金瓶梅》这两部书，现代人读起来基本没什么困难，都是当时人们的平常口语即大白话。自"五四运动"后，汉字语言完全由文言文向白话文转化，这使汉语作品愈加易懂。所以汉字语言愈接近现代则愈加易学易于传播，这是不争的事实。

"中国字绝对无法普及"，汉语难学这种论点的荒谬性已无须再论证了。这就要问那些主张放弃汉语的先生们，中华民族的先人们无论是汉人还是其他少数民族，都没有说汉语难学想放弃而改用其他文字，现在世界上的汉语热势如潮涌，而由汉语熏陶出来的你们各位汉人先生，却仍在叫喊汉语难学要把它送到庙堂里去，这到底是为了什么？你们说用英语 ABCD 拼读中国字拼出来的是中文，"这个 ABCD 就是中文字母"，这难道不使人觉得这是要 14 亿中国人都忘掉炎黄尧舜，忘掉自己的祖先，ABCD 化？你们可能对此没有耻辱感，我可感到这是侮辱我母亲、侮辱我祖先的奇耻大辱，我相信百分之九十九点九九九的中华儿女，都会与我同感！七大洲五大洋那些正在努力学汉语的千千万万的外国人更会耻笑我们忘祖忘宗，鼠目寸光。

于此，我要对主张汉语 ABCD 化的先生们大喝一声，请止步！

11 中国传统文化 "儒释道加之'马毛'是砒霜加上老鼠药" 吗?

尹胜先生在《我为什么要彻底否定中国传统文化》网文中,对中国传统文化进行极力诽谤。他笔下狂言:"正是儒释道为核心的中国传统文化,以忠孝仁义,无为无不为,道可道非常道,空即是色,色即是空,这些骗人的把戏,把中国人或者亚洲人,活生生给弄成刁民和贱民,并且愚昧野蛮、奸诈懦弱、人格卑劣,而这种情况中国更胜。"他又写道:"在目前现实中国人的人格塑造几乎还是传统儒释道加'马毛',可谓毒上加毒!"尹胜甚至咒骂,对于中国人来说,儒释道"加之'马毛',犹如砒霜加上老鼠药"!

但是,狂犬吠日堪笑止,良知、正义与真理是永远骂不倒的。

一、金子发光遮不住,中国传统文化的积极价值观

我们知道,作为中国传统文化的主要组成部分儒释道文化,是中华传统文化的精髓,它博大精深,对中华民族的形成、发展作出了重大贡献,它蕴含的积极的思想理念,是中华文明延续五千年的巨大精神力量,这些思想理念及其巨大价值,可归纳为如下几个方面。

1. 崇尚大一统

中国文化有浓厚的大一统思想,推崇国家在政治秩序和文化上的高度统一。孔子主张建立"天下有道"的理想的社会秩序。孟子主张"君仁臣义,君民同乐",天下"定于一"。他认为"天无二日,民无二主"。管仲甚至还提出了具体政治制度上的大一统,即"天子出令于天下,诸侯受令于天子。大夫受令于君,子受令于父母,下听其上,弟听其兄,此至顺矣"。《汉书·王吉传》:"《春秋》所以大一统者,六合同风,九州共贯也。"秦灭六国,建立高度中央集权的天下统一的国家,车同轨,书同文,度量衡一致。唐朝李白乃赞叹曰:"秦扫六合,虎视何雄哉。"故历代帝王及贤人将相,都把追求国土统一、政畅天下,作为自己的职责与目标。这种文化理念是中国 2000 年封建社会大一统的思想基础,在很大程度上也是当今时代广大中华儿女的共识。这一观念使中华民族产生了巨大的向心力和民族凝聚力。它表现在奴隶制社会的夏、商、周时期,天下诸侯皆臣服于当朝天子,后世历代封建王朝一统全国。这种大一统不仅指地域上的统一,更指国家政治上的整齐一致,思想文化上也追求同心同德。我国从夏朝至商、周逐步实施这种国家制度。到秦始皇灭六国结束诸侯混战,朝廷统一派遣从中央到地方的各级官吏,统一文字、统一度量衡,在全国建立起大一统的封建主义中央集权王朝,为以后历

121

朝历代建立大一统国家政权，奠定了基础。自秦以后，维护国家统一及国土完整便成为历朝历代帝王及文臣武将的奋斗目标，每当外族入侵及国内有人分裂，朝廷都能号令天下举全国之力，捍卫疆土或平定内乱。所以这种大一统国家制度的最大的优势是有利于捍卫国土安全和避免国家分裂。从长远看更有利于避免战乱，促进社会稳定和生产力的发展。中国历史上除了东周至秦朝时期的春秋战国，东汉末年至隋朝之间的魏晋南北朝，唐朝末年至北宋建立前的五代十国，北宋至元朝之间的宋与辽国、西夏、金国的对峙，南京临时政府建立至新中国成立之间的北洋军阀割据、中国反抗日本侵略的抗日战争、国共内战这五大分裂时期外，其余数千年，中国历史基本上处在以中原地区建立的国家政权为核心，统领全国的大一统状态。从而在更长时间内较好地避免了欧洲在千年封建社会中，因没有强大国家统一宽广的疆境，以致邦国林立、小国之间混战不断、政权更迭不断对文明进步、百姓生活造成的巨大伤害。这是中华文明之所以能五千年传承不断最重要的原因，更是中国区别于西方强调个体权利，导致国家疆域和政治经济利益碎片化的优越性所在。

2. 崇尚"大同"理念

中国文化中有推崇"大同"的理念。《礼记·礼运》中说："大道之行也，天下为公。选贤与能，讲信修睦，故人不独亲其亲，不独子其子，使老有所终，壮有所用，幼有所长，鳏寡孤独废疾者，皆有所养。男有分，女有归。货恶其弃于地也，不必藏于己；力恶其不出于身也，不必为己。是故谋闭而不兴，盗窃乱贼而不作，故外户而不闭，是谓大同。"这段话，从社会理想、财富分配、人员分工、社会治理、风尚习俗、养老保障等方面，对大同社会特征作了详细表述，集中体现出建立天下为公、民众共荣、海晏河清的大同社会的思想理念。唐著名诗人杜甫千古名句"安得广厦千万间，大庇天下寒士俱欢颜"，北宋李纲诗"但得众生皆得饱，不辞羸病卧残阳"等诗词体现出对"大同"社会的追求。随着历史的发展，中国人关于"大同"的思想也因被赋予新的内涵而不断发展。晚清末期的资产阶级维新派康有为认为"大同社会"就是共和政治，社会由"据乱"进为"升平"（小康），再由"升平"进为"太平"（大同）。资产阶级民主革命家孙中山，则着重发展了"大同社会"中的"天下为公"思想，提出了民族、民权、民生的三民主义主张。

在追求"大同"这种理想的支配下，中国广大民众以完善自我，乐于担当，在报效社稷苍生中体现人生价值，作为人生最高境界，"穷则独善其身，达则兼济天下"成为社会公认的高尚价值取向。尤其是一些贤人志士及士大夫们把"修身、齐家、治国、平天下"作为他们的精神追求。如上述杜甫、李纲的诗句、郑板桥的"衙斋卧听萧萧竹，疑是民间疾苦声"等及他们的践行，就体现出深厚的民本理念，表达了中国古代有志之士对天下苍生的深沉情感和责任担当。在中国古代，广大知识分子、社会贤达，也看到了民众生活的安宁与否，是与国家的兴衰紧密联系在一起的，而国家的利益与君王的利益，在很大程度上又有共同性；所以忠君爱国，也成为古代知识分子及贤人志士们共同的价值取向。陆游的"位卑未敢忘忧国"，岳飞的迎回二帝、收复失去国土的雄心壮志，都体现了这种深厚的家国情怀。正因为中国广大民众尤其是仁人志士、社会贤达，有这种忠君爱国及对天下担当的精神，中华民族千百年来能从危局中奋起，困难中前进，终于成就了中华文明的辉煌。

3. 崇尚孝情

中国传统文化崇尚孝道，提倡父慈子孝，夫唱妇随，敬老尊贤。故中国几千年来总体上家庭关系比较稳定。家庭是社会的细胞，家庭的稳定，又促进了社会的相对安宁与自给自足的小农经济的发展。中华民族是一个讲亲情的民族，由于注重父母子女之间的亲情，如每逢春节，做儿女的不管千里万里，都想尽办法赶回家陪伴父母过年。在中国这个古老的大地上，每时每刻不知道要演绎多少父母关怀儿女、儿女孝顺父母的可歌可赞的故事。中国人注重友情。孔子说的"有朋自远方来，不亦乐乎"就体现出中国人的这种情感。每逢重大节日，朋友之间相互问好；逢生日喜庆，朋友之间相互祝贺；朋友父母去世，不忘前往悼念；朋友之间有困难，不忘互相帮助。"拔刀相助"，正是形容朋友之间这种互相帮助的情况。

中国人崇尚恩情回报。忘恩负义，恩将仇报，在中国被认为是最可耻的品行。端木赐香认为："中国社会，人情最重"，"中国人身处的环境，是一张人情亲情乡情友情之网"。的确，中国人很讲礼节情义；但这绝不是端木赐香所认为的是坏事，相反，它正体现了中华文化的先进与文明。

4. 崇尚仁爱，追求和谐

中国人在哲学上坚持对立统一的宇宙观，认为客观世界万事万物既相互对立又相互联系。这种观念运用到人类社会中，就是讲究中庸，推崇不偏不倚、折中调和及合理的处世态度。《论语·庸也》认为："中庸之为德也，其至矣乎"，意指中庸是一种最高的道德标准。按照中庸的哲学观，在处理人际关系上，中国文化追求和谐、仁爱。认为人与人之间应相互尊重，应设身处地、站在对方角度思考问题，处理问题，反对把自己的价值观强加给别人，提倡"己所不欲，勿施于人"。所以中国社会没有发生过欧洲中世纪连续 200 年十字军东征那种文化战争和宗教战争。和谐成为人们处理人际关系的最理想状况。中国人崇尚善良慈爱，提倡人生在世，凭良心做事，不要做损人利己的事。中国文化的这种强烈的崇善尚仁观，正是西方文化所欠缺的。西方文化崇尚唯我独尊，我行我素，导致社会充满了种族、宗教、意识形态之间的激烈冲突；而且西方国家还喜欢把自己的价值观强加于人，总是居高临下企图征服别人，改变别人，为此可以无休止地向别的国家、别的民族发起一系列战争，以致无论是给本国还是给被侵略国的广大民众，都带来无穷无尽的灾难。这是中国文化与西方文化的又一重要区别。谁优谁劣？谁造福人类谁祸害人类？人们自有公论。

5. 崇尚重义守节

义是指合乎正义和公益的行为，是人们在处理人与社会、人与人之间相互关系上应坚持的一个准则。在端木赐香的书中，偶尔有一个正确的发现，她说："欧美从文艺复兴时代开始注重人本身，关注的是个人自由，至于人与人之间的关系却被完全忽略"，那么中国的道则"既调节人际关系，又调节人本身"。（端木赐香《中国传统文化的陷阱》，第 20 页）中国人调节人际关系的正确行为，表现为古往今来推崇讲道义。首先，见义勇为，见到别人有困难时尽力相助，这种行为在中国人中备受推崇。《水浒传》中塑造的人物形象，如宋江、鲁智深、柴进等人，都是一些仗义行事、乐于助人的好汉。这反映出古代中国人的价值取向。中国人推崇守信义，诚信如金，一言既出，驷马难追。兑现承诺，这也是中国人推崇的道德信条。中国人提倡知恩图报，最鄙视过河拆桥、忘恩负义的行为。《三国演义》中的关云长，在困境中不图自身富贵，坚守与刘备的桃园结义情义；又不忘曹操的恩义，在曹操兵败华容道时，让他能死里逃生，因而被中国人奉为守义道的典范。

中国人坚持道义，还表现在不违理行事上。中国人喜欢讲良心，就是做事讲道理，不做违背公理的事。故中国人在军事行动上，坚持不出无名之师，不打无义之仗，对敌国开战必有堂而皇之的理由。就是战场上两军交战，也要先对敌军下战书。在经济活动中，中国人虽然认为商贾谋利很正常，但认为获利必须合乎道义，不谋不义之财是经商的最高也是最基本的道德信条。中国人从骨子里鄙视那些不讲道义发财致富的人，批评他们"为富不仁"。所以绝大多数中国人在商务活动中坚持讲理、讲义、讲诚信。我本人就碰到过这样两件事。有次我去一家杂货店，想买一个水桶以储备水，问了价格后就准备付钱。店主问我买个水桶作什么用，我说是要用来储存食用水。店主告诉我，他们店的这种水桶是用废品塑料生产的，含有毒素，不能用于装吃喝的生活用水，他劝我不要买。显然这位店主是先讲义再谋利的，确实做到了不谋不义之财。还有一次是我去菜市场买菜，在一位菜贩那里选好了青菜，结果却发现自己身上没带一分钱，菜贩让我先拿菜走，下次再补钱。第二天，我去补钱时问她以前有没有人拿菜事后不来补钱的，她说发生过七八例顾客没交钱先拿了菜的事，其中只有一人没来补钱。这足以说明中国人总体上是"君子爱财，取之有道"。所以，外国人赞赏中国自古以来就表现出真正的"文明"。

再次，在个人修养上，中国人认为坚持正义、追求高洁是人生最高尚的价值取向。在坚持正义与个人利益甚至与生命发生矛盾时，甚至敢于"舍生取义"。孔子说："志士仁人，无求生以害仁，有杀身以成仁。"（《论语·卫灵公篇》）孟子说："生亦我所欲也，义亦我所欲也，二者不可得兼，舍生而取义者也。"儒家文化的这一生死观，深深影响了中国历史上的许多志士仁人。南宋末期，文天祥在元兵大举南下，宋朝江山风雨飘摇之际，挺身而出，兴兵奋力抗元。兵败被俘后，元朝对他许以高官厚禄，文天祥不为所动，留下了"人生自古谁无死，留取丹心照汗青"这两句惊天地泣鬼神的诗句后，慷慨就义。明朝名臣于谦为国忠心耿耿，为政清正廉洁，只因为奸臣所害被捕入狱。他临死不改其志，写下《石灰吟》一诗，借吟咏石灰来抒发自己追求高洁的志向："千锤万凿出深山，烈火焚烧若等闲。粉骨碎身浑不怕，要留清白在人间。"

6. 崇尚礼节

中国被称为礼仪之邦，国与国、人与人之间交往，讲究礼仪礼节，故中国在世界上有良好的声誉。中国历史上很多时期是万邦来朝，交友天下，所以礼仪文明是中华文明的重要组成部分。它具体表现为：中国人日常生活中，待人讲究彬彬有礼，礼貌待人；注重礼尚往来，接受了别人的礼物，不忘回敬别人；重视礼仪仪式，遇到重大节日如春节、端午、清明，或个人家庭发生了重要事件，如婚丧、生日、添小孩等，都会不同程度地按照约定俗成的方式举行仪式。毫无疑义，这些礼节仪式是民族的健康行为，因礼仪本身就是对野蛮、粗俗的否定。古代思想家曾经以禽兽附皮毛与人讲究礼仪进行比较，认为禽兽没有皮毛，就不称其为禽兽，人失去礼仪就不称其为人。所以礼仪本身就是社会文明的进化状态，它反映出一个民族的精神风貌，也是个人修养的表现。而且，讲究礼仪，在国内有利于改善人与人之间的关系，促进社会的和谐；在国际交往中，能促进国与国之间的友好往来，建设良好的国际交往环境。同时中国传统文化也主张，讲礼仪要把握一个适度的原则，如人的行为礼节过度，则显迂腐；礼仪活动过于讲排场、摆阔气，则是铺张浪费，是不宜提倡的。

7. 崇尚自强

数千年来，中华民族以自强不息、勤奋进取著称于世。周文王姬昌在《周易》中说："天行健，君子以自强不息。"意思是说，宇宙在不停地运转，人应效法天地，永远不停地前进。姬昌这一思想，至今仍是激励中华民族顽强进取的强大精神力量。战国时期，有位思想家列子，他创作了一个愚公移山的寓言故事。90岁的老人愚公，为了挖掉阻碍他家顺利出行的太行、王屋两座大山，每天不畏艰险，挖山不止，最终感动天帝而将两座山搬走。表现了中国人民敢于攻坚克难、奋勇进取的毅力和精神。南宋著名词人李清照"生当作人杰，死亦为鬼雄"这两句诗，更生动地体现出中华民族这种追求完美、顽强拼搏、勇于进取的精神风貌。中国人正是凭着这种坚忍顽强的精神，无论是面对强敌入侵，还是遭遇重大天灾人祸，无论困难有多大，环境有多险恶，都打不倒，压不垮，总能在困境中奋起。于是，就有了越王勾践卧薪尝胆，励志兴越灭吴的壮举；有了东晋将领祖逖闻鸡起舞的豪情壮志；有了抗日战争时期，东北抗日联军在自然条件极度恶劣、物资军械极度贫乏的情况下，与日本关东军进行了长达十四年的浴血奋战；有了抗日联军总指挥杨靖宇在对日军作战中直到孤身一人，仍在深山老林坚持战斗数日并歼敌二十余人，光荣牺牲后敌人剖开其腹部时，惊骇地发现他胃肠里尽是未能消化的枯草、树皮和他穿的旧棉衣上的棉絮，没有一粒粮食，这样一种坚强的意志；有了新中国刚刚成立，在国家百孔千疮、困难重重的情况下，中国人民志愿军跨过鸭绿江，与以美国为首的16个西方国家组成的武装到了牙齿的联合国军顽强奋战这种惊天地、泣鬼神的奇迹和壮举。

8. 崇尚勤劳

中国文化颂扬勤劳节俭。《尚书·大禹谟》提出"克勤于邦，克俭于家"。意即勤劳为国，节俭持家。汉代桓宽在《盐铁论·散不足》一文中主张"春夏耕耘，秋冬收藏，昏晨力作，夜以继日"。这种文化理念熏陶着历代中华儿女，形成了勤勉劳作的优良作风，故中华民族以勤劳智慧著称于世。"日出而作，日入而息。"《诗经》中的这两句诗，正是中国远古时代先人热爱劳动的真实写照。"田家少闲月，五月人倍忙。夜来南风起，小麦覆陇黄。妇姑荷箪食，童稚携壶浆。相随饷田去，丁壮在南冈""锄禾日当午，汗滴禾下土"，这是唐代诗人白居易和李绅写唐代农民劳动的诗句。这些诗句既体现了那个时代人民生活之艰辛，同时也真实地反映出当时劳动人民的勤劳。这种勤勉劳动的作风,对培养中国人不畏艰险、自强不息、开拓进取的精神具有重大意义。古往今来,中国人一直把劳动作为一种优秀美德,而对懒惰者嗤之以鼻。所以,勤俭持家,勤勤恳恳地做事,成为中国人生活的常态。美国《华尔街日报》有一篇评价中国人的文章说,"世界上有群最勤奋的人,他们是中国的下乡知青、高考学子、出国留学生、下海闯荡和进城务工者,短短20多年创造了世界奇迹,把一个几乎最落后的中国变成经济总量世界第二。……几十年来,这群中国人'晴天抢干,雨天巧干,白天大干,晚上加班干'。当欧洲人每天工作5个小时,他们每天工作15个小时;当印度人躺在恒河边等下辈子时,他们心中只有'只争朝夕';当美国人充当世界警察时,他们默念'发展才是硬道理'。在今天的中国,很少有西方那种享受着社会福利保障却'今朝有酒今朝醉',贪图安逸,不事劳作的群体。尤其是听说在西方有些国家,有些身强力壮的男子汉,不思劳动,不想上班,周一到政府领取失业补贴,守着啤酒喝到周末,下周一又去领取失业补助喝酒度日,这样的事在中国很少见到。而中国人克勤克俭的作风正是培养一个民族保持艰苦奋斗积极向上的气概,使之经久不衰的重要因素"。

9. 崇尚文化

中华民族对文化的重视,首先表现在对子孙后代的培养教育上。中国人几乎都希望一代更比一代强、青出于蓝而胜于蓝。因此,他们特别重视对子孙后代的培养教育。中国古代家庭厅堂正面墙上的神台正中央,写着"天地国亲师位"六个大字,其中的"师"就是指传授知识的老师,可见老师在中国古代人民心目中,有着仅处于亲之后的极高地位。中国历朝历代的皇帝家族都懂得要安排一个"太傅"要职,专门负责对皇帝接班人太子的培养和文化教育。现代中国人更恪守一句名言,"再穷不能穷教育"。为了孩子学好知识,中国的父母想方设法让孩子接受良好的教育。这种思维方式和价值观念,促使中华民族整体素质不断提高,能一代胜过一代。中国自古至今,文化人总体上受社会尊重。中国是隋唐时代开始实行的科举取士制度,这就是以文化水平作为选拔政府官员的最终标准,这比古代西方的爵位实行贵族世袭制要先进得多。中国的山水名胜,到处可看到古人遗留下来的碑刻墨迹;楼台馆所,甚至经济条件比较宽裕的家庭,到处可以看见悬挂着精美诗文、对联的牌匾。这一切都充分显示出中国人对文化的喜爱。

10. 崇尚节俭

中国传统文化崇尚俭朴。"历览前贤国与家,成由勤俭破由奢"这两句古诗明显地表现出崇尚俭朴、反对奢侈的思想理念。"谁知盘中餐,粒粒皆辛苦",这是告诫人们要珍惜粮食,注意勤俭,不要浪费。李世民作为一代帝王,他也是告诫人民要注意勤劳节俭。他在《百字铭》里面说道:"耕夫碌碌,多无隔夜之粮;织女波波,少有御寒之衣。日食三餐,当思农夫之苦;身穿一缕,每念织女之劳。寸丝千命,匙饭百鞭;无功受禄,寝食不安。"虽然,中国历史上的帝王,没有都像李世民这般讲俭朴;但是,推崇俭朴,是中国文化的价值取向。中国历史上有名望的人家,都喜欢给后人留下家训,这些家训中对后人讲得最多的是保持勤俭朴实品德,提倡耕读传家;而不是要求后人如何谋取富贵。如司马光强调"由俭入奢易,由奢入俭难"。诸葛亮写给儿子的《诫子书》

强调："静以修身，俭以养德。非淡泊无以明志，非宁静无以致远。"《朱子家训》全篇强调的也是"勤俭"二字，"一粥一饭，当思来处不易。半丝半缕，恒念物力维艰"。

在中国传统文化的基本理念中，还有"无为无不为，道可道非常道""空即是色，色即是空"这些理念被尹胜骂成是"骗人的把戏"。这是何等无知！

"道可道非常道""无为而无不为"，这是中国传统文化道家学说的基本理念。老子《道德经》第37章说"道常无为而无不为"。说的是人要遵循自然之理，人的行为应顺应自然规律，不要去干预自然的运行，不做不该做的事；同时，人也必须做好那些合乎自然与社会运动规律，能促进人类文明发展的应该做的事。老子的这一观点，是针对阶级社会的统治者，第一次提出无为的主张。老子所处的春秋时期，社会动荡不息，各诸侯国之间战乱不止，百姓期盼有安定祥和的社会环境。在老子看来，在这种动荡的时代，君主无为，老百姓就可以自化、自正、自富、自朴。所以，老子的无为思想，基本点是消解统治者对老百姓过多的控制与干涉，给百姓以更多的生存空间，以使社会保持和谐与安宁。在社会政治生活中，如果能做到这样，对于百姓来说无疑是一件大好事。

至于"空即是色，色即是空"，出自《般若波罗蜜多心经》，也是中国佛教文化的基本观点。佛教的色既是指大自然各式各样数不胜数的一切颜色，又泛指人类万众生命和一切所有的事物。佛教的空指大自然中，万事万物，分分秒秒不停地运动和变化；这种变化表现在自然界，就是春夏秋冬的时空变换和人类的生老病死。佛教讲"空即是色，色即是空"，就是强调人要善于调节、平衡好自己的心态。凡事都能把握一个度，掌握分寸，不偏不倚，正确认识大自然环境空间的各种事物，使自己的思想和行动，与大自然的运动规律保持一致，实现真正的天人合一。同时，使自己的身心不致被客观世界的各种色相即事物纷繁复杂的变化所影响，使自己分分秒秒明心见性，确保整个生命体在运动变化中保持宁静的生态平衡。由此看去，佛家宣扬的"空即是色，色即是空"，实质上也蕴含着实现人与自然以及人与人和谐相处的思想，这种理念与建设和谐社会这一人类文明境界具有一致性。

概括上述，以儒释道为主体的中国传统文化，以其博大精深的人文精神，开放、包容的思想理念，成为中华民族的精神食粮。它对中华民族产生的巨大的凝聚力和向心力，成为维系华夏民族五千年经久不衰、傲然立世的重要的精神动力。所以，"中国传统文化陷阱论"者，全面否定以儒释道为基本内容的中国传统文化，这足以看出他们的怪异和荒诞。

二、"千锤万凿出深山"，中国传统文化的永久价值

中国传统文化的永久价值，就如于谦描写石灰"千锤万凿出深山"这句诗所形容的，它是从悠久的中华文明发展史中锤炼形成的，同时也在这悠久的历史长河中得到了充分体现。以汉文化为基本特征的中华传统文化，存在至今已有五千多年了。在这几千年的历史发展中，尽管有几个民族曾进入中原地区，取代汉族建立国家政权，其时间累

计达四五百年之久，但这些民族没有用本民族文化取代汉文化的主流文化地位，反而要本民族学习、推广汉文化。请问"中国传统文化陷阱论"者想到没有，如果以汉文化为主体的中国传统文化确实是毒药，为什么这些少数民族政权，不以本民族的文化取代汉文化呢？他们之所以不愿意这么做，正好从反面说明中华文化是中华大地上不可替代的先进文化。这也是世界历史上四大文明中，其他三大文明都先后消失，唯有中华文明能五千年经久不衰的一个重要原因。

当然，中国传统文化是一种历史的积淀，是中国各民族人民在历史上共同创造的，它必然打上时代的印记。所以我们现在提倡发扬优秀传统文化，并不是说对传统文化要照搬照抄。我们一直强调对中国传统文化要发扬其精华，去掉其糟粕。但决不能由此就全盘否定中国传统文化整体上的文明性、合理性、践行性。决不能否定中国传统文化优秀价值观，现在乃至今后都是广大中华儿女的精神食粮。令人费解的是，"中国传统文化陷阱论"却认为这么一种文化是毒药，我要问尹胜先生，难道我们现在就不应该强调人民要忠于国家，忠于民族，忠于社会，忠于事业？难道现在就不应该强调儿女对父母祖辈的孝顺，父母对子女的慈爱？难道现在不应该在全民族中提倡一种自强不息、勤劳俭朴、艰苦奋斗的作风？难道不应该在全民族中提倡对那些生活的弱者有同情之心、慈善之举？

从我们国家乃至世界当今时代文明发展的实际情况看，弘扬中国传统文化更具有时代意义和社会意义。从国内情况看，虽然人民普遍感觉到经济发展了，物质丰富了，手中的钱也多了，国人的生活水平提高了，人均寿命也延长了，但是社会上党纪国法观念淡薄、道德沦丧、诚信缺失的现象却不时发生。之所以发生这些问题，既与以往我们重视经济建设，放松了对国人的思想道德教育有关，也与有些人极力诋毁中国优秀传统文化，推崇西方个性至上、唯利是图这些腐朽消极的价值观有着重大关系。如何解决这些问题，当然，一方面要靠健全法治；但是必须明白，仅靠法治还难以解决这些普遍存在的属于思想意识、道德领域的问题。必须切实加强对广大民众的思想道德教育，用优秀传统文化来唤醒广大民众的良知，以普遍提高国人的道德水准，真正提高国家的文化凝聚力。只有这样，才能真正实现社会的和谐、民族的复兴和国家的强盛。这也从反面证明了中国传统文化对于中华文明发展的不可欠缺性。因此中国优秀传统文化绝不是如尹胜之流所谩骂的"毒药"，更不能如尹胜之流所企求的把中国传统文化抛弃。

三、"两岸猿声啼不住，轻舟已过万重山"，中国传统文化在世界的反响

有人认为中国传统文化是"毒药"，可中国传统文化却正如李白写飞越三峡的两句诗所形容的，"两岸猿声啼不住，轻舟已过万重山"。中国传统文化，不仅对中国而且对世界都产生了巨大影响！

稍微了解一点历史的人都知道，中国传统文化在古代对亚洲其他地区，尤其是东南

亚、日本等地,有着非常深远的影响。汉唐以后,中国传统文化包括儒释道思想,以及文字、绘画、建筑、雕刻艺术等,传入了日本,譬如程朱理学与陆王心学,在日本就广为流传,形成了日本的朱子学、阳明学。唐时鉴真东渡,中国的佛教文化也传到日本。当时,大量日本遣唐使如吉备真备、高僧空海、阿倍仲麻吕等到中国研习中国的文化,如此使日本的文化深受中国文化的影响。到过日本的人都知道,现在的日本文字中汉字很多,而且越往古代,日本文字中的汉字所占比例越大。所以中国的书法在日本非常地受欢迎。在中国古代很普遍,但现在国内很难见到的十字亭,在日本还有保存。中国文化,尤其是儒家思想和明清以后的实学思想,对韩国的影响也非常大。如果人们不知道李退溪、曹南冥、李栗谷、洪大容、丁若镛等哲学家是韩国人,仅看他们的著作就会认为他们是中国人。中国文化不但对韩国、日本,也对东南亚、南亚一些国家如菲律宾、新加坡、越南等产生了深远影响。明朝时期,郑和七下西洋,更是加深了这种影响。由此形成了世界公认的以中国文化为核心的东亚文化圈,特别是亚洲四小龙的经济腾飞和崛起,更加引起了全世界对中华文化的关注和思考。

那么,中国传统文化中的儒、释、道对世界产生过何种影响?在当下以至未来又有何影响呢?

据联合国教科文组织几年前的统计,世界文化名著,总销量除了《圣经》以外就是老子的《道德经》最高。而据最近的统计,在西方《道德经》的销量已经超越了《圣经》,荣登世界书籍销量排行榜榜首。联合国教科文组织统计资料显示,在世界各国经典名著中,《道德经》被翻译的语种最多,译本也较多,其外文译本总数近 500 种,其中德文译本达 82 种,研究老子思想的专著也多达 700 多种。

德国电视台的一项调查表明,老子是德国人心中"最知名的中国人",每四个德国人家里就藏有一本《道德经》。

当代管理学巨著《第五项修炼》风靡全球,它的作者学习型组织的创始人彼得·圣吉最推崇老子的管理思想。

日本"经营之神"松下幸之助,最推崇老子的管理哲学。在松下公司花园里有一尊老子的铜像,下面的石座上用中文刻着老子的名言"道可道,非常道"。

儒家经典孔子的《论语》也深深影响了世界。

最早受《论语》影响的是汉文化圈内的日本、韩国以及东南亚、东亚的国家和地区。

早在 271 年,晋朝王仁将《论语》传到日本,日本颁布大宝律令,举行隆重祭孔典礼。5 世纪,日本仁德天皇说:"朕以百姓为本。"7 世纪,日本推动天皇改革政制,实行"大化改新"。官位封德、仁、义、礼、智、信六等。圣德天子制定宪法 17 条,首条是"以和为贵""以礼为本""每事有信"。这些政治道德的要旨,完全出于《论语》精神。

德川时代日本,以朱熹著作为"四书五经"的训诂本,使儒学经典著作通俗化。并采用汉唐大儒的论著作补充教材。朱熹写的《宋名臣言行录》由日本知名学者近藤元龙译为日文发行。日本名将德川家康以此作为处理政事的工具书。16 岁登基的明治天皇,尤其爱读此书，他牢记书中精义，以此作为指导良师。他由此成为领导日本走向强盛的一代明君。日本众多著名学者也认为，这是一部改变日本历史的中国读本。

力推日本改革的大臣伊藤博文说，日本明治维新正是得益于《论语》的启发。

著名学者岛田虔次认为，"孔子儒学不仅是中国的精神文明，而且是东亚的精神文明。儒学在日本受到尊重，在明治维新时，发挥了很大作用。这种东亚文明共同体，也是东亚工业文明的基础"。

1983 年，日本首相中曾根康弘说："日本要把民主主义、自由主义和孔子的教导结合起来。"

日本三菱综合研究所高级顾问中岛正树说："中庸之道是最高的道德标准。"

日本著名经济学家涩泽荣一写的《论语与算盘》一书，系统阐述了"义利合一"与企业经营的关系，作为建立现代企业的指导思想。按照该书的观点，职工以企业为家，劳资和谐合作，这是创造高速度、高质量、高经济效益的关键所在。这一思想对日本 20 世纪 60 年代的经济腾飞产生了重大影响，充分显示出《论语》所发挥的巨大效力。

在相当长的历史时期内，孔子的思想成为日本国学的基础，孔庙不仅广泛存在于日本各地，且名称也各式各样，有孔子庙、圣堂、圣庙、至圣庙、孔夫子堂、孔子公园等，不一而足，有的甚至直接称为学校。

孔子儒学对韩国文化影响很深，韩国社会组织、政治组织、历史观念、哲学文化思想，无不体现出孔子儒学的思想。李氏朝鲜王朝 500 年中，大量翻印并出版通俗解读的《论语》。《论语》也是正祖撰写的《十三经问》六册之一，成为韩国选拔官吏的科举教材。

今天韩国的首尔、高丽、庆熙等市的重点大学、中小学都设有儒学课程和教材，《论语》是必读书。成均馆大学以弘扬孔子儒学为办学宗旨，每年都要在该校大成殿举行祭孔大典。

孔子学说，也深深影响了欧美西方世界。

1544 年，意大利传教士利玛窦，将充分体现孔子思想的"四书"翻译成拉丁文在西方传播。耶稣教新教派的经书，多方面吸取了儒学的思想，如把《论语》中的名言"己所不欲，勿施于人"列为主要教义，并重视通过办学以利传教。

清代英国、法国、美国、德国、意大利等国的不少知名学者翻译了《论语》，并在欧美各国大量发行，使众多学者、政治家、宗教界人士和广大民众逐渐认识了孔子和儒学，促进了欧洲的宗教革命和理性学说的兴起。

当代著名孔子研究专家，美国芝加哥大学东方哲学教授顾立雅博士，在名著《欧美人士看孔子》中指出："启蒙运动开始时，孔子成为欧洲的名人，一大批哲学家包括莱布尼茨、沃尔夫、伏尔泰以及一些政治家和文人，都用孔子的名字和思想来推行他的主张……，在欧洲，以法国为背景的民主理想发展中，孔子哲学起到了相当重要的作用。通过法国思想，它又间接影响了美国民主的发展"，他又指出，"孔子是一个革命者、改革家、民主先驱，孔子的影响，超过了基督"。

英国诗坛领袖蒲柏对孔子非常崇敬，他说孔子推崇礼制，乐知天命，写诗赞曰：

"东方有孔子，挺立如高峰。叫人以为善，切实且有用。"

英国显赫的政治家和著名的散文家天朴尔说："孔子是杰出的天才，博于学，长于德，美于行，爱国爱民。词句典雅，巧譬善喻。孔子哲理，所讲的都是私人道德、公众道德、政治道德和经济道德。"

20 世纪初，世界著名的和平学者、英国大哲学家罗素，极力称赞奉行儒文化的中华民族热爱和平。他说，中国人的天性，态度是宽容和友好，以礼待人并望得到回报。罗素主张东西方增加接触，互相学习，对双方有利，对和平有利。

法国著名的哲学家伏尔泰说："孔子讲的都是最高道德，不讲怪力乱神，不讲自己为神所托，不涉虚言的科学态度，比基督教高明得多。"

法国大革命中的雅各宾派领袖罗伯斯庇尔，在 1793 年起草的《人权和公民权利宣言》中，把《论语》中的"己所不欲，勿施于人"直接写进了宣言，以此作为最高的道德界限。

美国《独立宣言》和第一部宪法起草人、著名总统杰斐逊，十分仰慕孔子重视教育、积极培养人才的思想，特别赞赏孔子倡导的君子精神，并把它演绎为人文主义，写进《独立宣言》和美国第一部宪法，采取立法积极措施，大办教育，大力培养人才，为美国的迅速富强奠定了坚实的基础。

美国历史上伟大的总统林肯赞扬孔子仁义博爱的人道主义，特别赞赏"己所不欲，勿施于人"的平等和宽恕之道。

1945 年，第二次世界大战结束，随之成立了联合国，发表了联合国制定的《世界人权宣言》。宣言充分吸收了《论语》"四海之内，皆兄弟也""仁者爱人"和孟子提出的人生来具有"良知""良能"的思想，在联合国总部大厅中，孔子的画像与天主教的耶稣、佛教的释迦牟尼等肖像并列悬挂在一起。

进入 20 世纪以后，孔子思想的影响力更大了。1988 年 2 月，75 位诺贝尔奖得主齐聚巴黎开会。会后发表了一个宣言，得出的结论是，人类想要获得发展和幸福，唯一能做的是回到 2500 年以前的孔子那里去汲取智慧。

根据国家汉办官网发布的公告显示，截至 2017 年 12 月 31 日，全球共建有 525 所孔子学院，1113 个孔子课堂。由此我们可以看出，孔子在世界上的影响有多大！

中国的佛教在世界上有什么影响呢？

近两百年来中国佛学在西方的传播，影响极大。先是欧洲 19 世纪思想家叔本华，接受了中国佛教的思想，认为人生本质是苦的。恩格斯也认为中国佛教的辩证法，是比较高级的思维阶段。20 世纪初，英国牛津大学人类学家伊文思博士翻译的《西藏度亡经》在英语世界影响极大。当代美国管理学家彼得·圣吉，他到东方来学习过佛法，还做了南怀瑾先生的弟子。他的《第五项修炼》是管理学界的世界名著，书中体现了许多佛教的思想，如见地、修证、行愿三者的完美统一，书中的"四项核心修炼"包括自我超越、心智模式、共同愿望、团体学习、掌握修炼等，就借鉴了佛教的修行理法。中国佛教的思想得到了世界的认可，许多佛家大僧在世界也很受推崇。如净空法师，他是中国安徽省庐江县人，曾是香港佛陀教育协会董事主席，同时又是澳洲格里菲斯大学、南昆士兰大学的荣誉教授和荣誉博士，印尼夏利悉达亚都拉回教大学荣誉博士，澳洲净宗学院院长。这里，真要问一下尹胜先生想过没有，如果中国的佛教是毒药，那么为什么会被西方世界所认可呢？中国佛教的大僧们，为什么会在世界上如此受人推崇呢？

美国著名历史学家迈克尔·哈特，曾经对世界上最有影响力的100位伟人进行了排名，进入该名单的中国人有八人，他们是：

孔子名列第5，老子名列第73，孟子名列第92，此外，中国还有蔡伦、秦始皇、毛泽东、隋文帝、成吉思汗排名榜上。

在100名以外而列入"享有盛誉的人物"的中国人有朱熹、汉武帝、汉高祖、孙中山和唐太宗。

我们应该注意到这个名单中，孔子、老子、孟子以及朱熹都列入其中，他们都是中国传统文化的代表人物。如果他们的学说是毒药，怎么解释迈克尔把他们也列入影响世界的伟人名单呢？

当今时代，世界运行发生了很大的变化。全球不断的经济危机、能源短缺、领土争端、局部战争、民族分裂、宗教纠纷、贫富分化、教育衰退、环境恶化以及由此导致的恐怖主义、难民泛滥、毒品扩散，尤其是在世界政治格局上，经济全球化严重冲击着单极世界构建的可能性。一些具有一定经济基础和军事实力的大国，希望迅速壮大自身的经济实力，提高自身的国际地位，企求在国际事务中有更多的话语权。但是，超级大国美国凭着自己强大的经济实力、军事实力和科技实力，把本国的利益凌驾于其他一切国家的利益之上，全力维护自己的世界霸主地位，在世界范围内强行要求别的国家，接受和照搬自己的社会制度和意识形态，对其他国家进行控制、干涉和侵略，造成世界动荡不安，战争危机四伏。

面对这么一个多事之秋，如何解决这些日益复杂的社会问题，维护全世界民众尤其是社会底层广大民众的利益，实现世界的和平稳定发展，需要广大有识之士的思考和探索。

英国的汤因比博士作为一名历史学家，他对世界历史发展趋势的看法给人以启发。他全名叫阿诺德·约瑟夫·汤因比，生于1889年，1975年去世，被誉为"近世以来最伟大的历史学家"。他对历史有其独到的眼光，撰写的12册巨著《历史研究》，讲述了世界各个主要民族的兴起与衰落，被誉为"现代学者最伟大的成就"。

汤因比十分看重中国在历史上和未来将发挥的作用，他不仅对中国的历史和文化大加赞赏，而且很盼望并认为中国一定能够对未来世界在政治上和精神上的统一作出主要贡献。汤因比很欣赏中国，尽管历经2000年的改朝换代，但直到现在，仍然保持政治和文化的统一，他认为在全世界，找不到第二个这样的大一统的局面。

在汤因比看来，19世纪是英国人的世纪，20世纪是美国人的世纪，而21世纪，将是中国人的世纪。当然，他说21世纪是中国人的世纪，是指中国的文化，尤其是儒家的思想和大乘佛教，将引领人类走出迷雾和苦难，走向和平安定的康庄大道。他认为以中华文化为主的中华文化和西方文化相结合的产物，将是人类未来最美好和永恒的新文化。

的确，当我们面对由遵循个人利益至上、利在义先等价值观的西方世界挑起的，国与国之间那种无休止的因利益争夺引起的战争以及宗教偏见、民族纠纷、暴力、恐怖袭击等诸多问题时，除了用中国文化中崇尚大同、"天下为公""和而不同""义在利先""己所不欲，勿施于人""仁者爱人"，以及不偏不倚的中庸之道等思想去解决，目前还能找到其他什么更好的办法吗？

由此看来，中国传统文化不仅对当前的中国不是"毒药"，就是对当前的世界也不是"毒药"。它的确称得上是当今人类社会的一种良知和先进思想理念，也是解决当今世界存在诸多问题的一种比较切实有效的方法。这就是结论。

四、"狂犬吠日堪笑止"，"马毛"的光辉能被抹黑吗？

尹胜断言"马毛"对于中国人来说是"老鼠药"，这简直是狂犬吠日，太阳的光辉能被抹黑吗？

谁都知道，正是因为马列主义与中国革命的伟大实践相结合，才产生了中国共产党及由其领导的中国革命，才建立了新中国。马克思主义在中国文化史上的积极意义，任乌鸦怎么鼓噪，也是叫不黑的。

至于毛泽东及其思想在中国历史上的功过，中国人民和世界人民早有公论。

尹胜没有看到，现在的中国大地，正流淌着一股毛泽东热。"华哥读报"网站2019年夏，曾发表一篇网文《一个80后女子竟如此评价毛主席！全国震惊！》，这篇文章，写的是一位80后女子对毛泽东的认识以及对当下全国掀起的"毛泽东热"的分析。文章写道："现在的毛泽东热潮，不是官方立场，而更多的是来自民间，相信大家有所意识。……呼唤毛泽东精神，……关注毛泽东，更多的是悼念与缅怀，而这种追思正是来自民间，来自底层，来自人民真实内心。"

这位80后女子进一步分析写道："……我想人民之所以认为毛泽东伟大，是因为他心里只有人民，心里只有人民的人，人民是永远都抹不掉对他的思念和爱恋的，这就是毛泽东的巨大人格魅力。"

文章还回顾了毛泽东时代新中国的建设与发展成就。

这位80后女子的文章在网上发表以后，有很多网友发表网评肯定她这篇文章的观点。一位叫三酉的网友写道："文章写得好，有事实，有根据，有分析，符合实事求是精神。对待历史，就是要站在公正的立场上去表现和评说；歪曲事实，篡改历史，那是别有用心，终将被历史的长河所荡涤。"

毛泽东及毛泽东思想获得了世界人民的高度赞扬。现任俄罗斯总统普京在《真理报》发表讲话时，对毛泽东作了这样的评价："中国的毛泽东主席，是人类社会的伟大领袖。毛主席搞的不是个人崇拜，而是人民崇拜！因为他赢得了绝大多数人和许多正直善良的外国领导人由衷的发自内心的崇拜！我的从政之道，就是要向毛主席学习。但是，到死我也学不到毛主席的雄才大略和文治武功。因为，毛主席是个世界奇才，我的能力永远也赶不上他老人家！中国刚刚解放，就敢和强大的美国打了一场伟大的战争；而美国人的确被毛主席打得如此狼狈不堪。这种伟大的气魄和胆识，就连斯大林都非常佩服。一个一穷二白的国家，打败了一个装备精良的、由16个国家组成的联合国军，这是任何一个军事领导者和军事统帅都没有的雄才大略。现在许多人都怕美国，而我不怕。那些给美国人当哈巴狗的人，我感到太可笑了，连一个做人的尊严都没有的领导者还能带出一个有尊严的国家吗？这些人，应该好好学习伟大的毛泽东，是毛泽东给了中国人民尊严，中国人民从此站起来了。……我要强调的是，那些否定毛主席的小人，就连敌人也看不起！我也是追星族，我的偶像是毛泽东。"

毛泽东对中国及中华民族的贡献，就连他国际上的对手们也不否定。1993年美国版《国际军事与防务百科全书》在"毛泽东"条目中如此介绍："在20世纪，没有哪位领导人像毛泽东那样对现代政治、军事战略产生如此深远的影响。在长达83年的生涯中，这位革命家、普通战士、战场指挥官、军队统帅、战略思想家和中华人民共和国的绝对领袖，给他的时代打下了永不磨灭的印记。无论是非功过如何，在一个风云变幻的时代，毛泽东领导了地球上人口最多的国家、最大的共产党和规模最大的武装部队。"

上述这些说明了什么呢？"中国传统文化陷阱论"的先生们：你们的良心如果没有泯灭的话，难道不为你们的儒、释、道是"砒霜"，"马毛"是"老鼠药"这一派胡言而感到羞耻吗？是非岂能颠倒！黑白岂能混淆！"中国传统文化陷阱论"休矣！

12 中国文化是"贪污文化"吗？

端木赐香教授在她的《中国传统文化的陷阱》一书中，引用先人翦伯赞先生的话说："殷商以后，跟着私有财产制度和阶级国家的成立，贪污遂成为统治阶级的职业。"所以，端木赐香教授认为："华夏五千年文明史，伴随着五千年的贪污史"，"专制制度与官僚体制，是造成贪污不止的组织与技术原因"，"贪污文化是中国传统文化之一"。

端木赐香教授这些观点是不能成立的。

一、用自己之手打自己之脸，端木赐香自相矛盾的贪腐观

为什么说端木赐香这些观点陷入了自相矛盾之中呢？因为，端木赐香在《中国传统文化的陷阱》一书中，一方面认为中国发生的贪污现象，有"人性的原因""社会的原因""管理方面的原因""文化的原因"。端木赐香的动机与愿望是想说明"而贪污又是专制与官僚体制下的必然伴随物"，贪污是"文化的原因"造成的；她想进而以此证明中国传统文化的落后性。但是端木赐香又讲产生贪污是"人性的原因"，她甚至把"人性的原因"排在其他原因的前面。这样，端木赐香就不可避免陷入了一种自相矛盾之中。

什么是人性？《现代汉语词典》解释道："在一定的社会制度和一定的历史条件形成的人的本性。""人所具有的正常的感情和理性。"（《现代汉语词典》2016 年 9 月第 7 版，第 1100 页）

这样，端木赐香的自相矛盾就表现出来了。第一，端木赐香教授认为贪污的产生"有人性的原因"与"有文化的原因"相矛盾。她在《中国传统文化的陷阱》一书中，在讨论人的本性属善、属恶这一古老哲学命题时说："善恶论争论已经几千年了，这里我不想陷入争论的泥潭，我有我自己的说法，人之初，性本贪。"她还说："人的欲望是无止境的。"这里端木赐香真还说了几句合乎实际的话："贪"是与人的欲望这一本性相联系的。接着，端木赐香教授在书中又引用了周怀宇先生《贪官传·序》的观点，认为"贪官大约在原始社会晚期尧舜时期即产生，迄今已有五千年的历史了"。然而，人性是在人类告别类人猿成为人过程中及在尔后长期的社会活动中形成的，即人性伴随着人的诞生而存在。从类人猿变为人到文化的产生，这期间有一个漫长的历史时期。作为中国文化载体的最古老的汉字甲骨文，产生于我国古代商朝后期，即公元前 14 世纪至公元前 11 世纪前后，最多也只有 3000 多年的历史。人性及由此引起的各种社会行为的产

生，比文化要早得多。所以，贪污现象早在文化尤其是文字产生之前就出现了。从文明发展史的实际看，贪腐是随着私有制的出现而产生的。所以，从这个角度来说，就不能把贪污现象归罪于文化；更不能说中国的文化是"贪污文化"。

第二，端木赐香教授既然认为贪污有社会原因和管理原因，就不能把发生贪污现象，完全归罪于中国传统文化，而应该把这种原因归于社会和管理，所以，同样也不能说"中国文化是贪污文化"。

第三，端木赐香教授认为"贪污又是专制与官僚体制下的必然伴随物"，而官僚体制是人类社会生产力发展到有了私有制和国家后才产生的，专制也是人类社会发展到一定阶段的产物。所以，贪污行为只能是生产力发展到有了财产私有制和国家后的产物。从这个意义上说，贪污是由财产私有制和生产力发展所决定的。如果没有多余的东西可以贪污，如果社会以及他人的东西占有后不能属于自己，在那种情况下贪污就不会存在。所以端木赐香教授一方面说贪污源于人性，又说贪污归因于文化和社会，还说贪污源于管理及政治体制，这种种说法完全是互相矛盾的。

二、逃出笼子的私欲，贪污腐败是人的贪婪本性的产物

什么叫贪污？贪污是指国家公职人员利用职务上的便利，侵吞、窃取、骗取或者以其他手段非法占有公共财物的行为。贪污是一种腐败。国际货币基金组织关于腐败的定义是，腐败是滥用公共权力以谋取私人的利益。所以，贪污腐败就是利用公权谋取私利。

为了弄清楚中国存在的贪污腐败现象是否是中国传统文化所致，我们有必要先对贪污腐败产生的根源做一个粗浅的分析。

首先，贪污腐败是个人对物质财富的过度贪欲的产物。谁都知道，人呱呱落地就有欲望。所以，欲望是人的一种本性。孟子认为，"人之初性本善"，人生下来是一张白纸，但人生而有食色喜怒等先天性情，虽然这种性情是微弱的，但随着人逐渐长大进入社会后，将受环境的影响有可能发生变化。荀子则认为"人之初性本恶"，他认为人的本性具有恶的因素，因为人生下来就有好恶、喜怒、哀乐的天性，人性中的恶是一种动物本能。所以孟子认为人必须加强自身的思想道德修养，防止社会环境对人的善良本性的侵蚀。荀子则认为社会必须一开始，就加强对人的管理和思想道德教育，把人性中的"恶"关进笼子，使其不能为所欲为。西汉时期成书的《礼记·乐记》认为："人化物也者，灭天理而穷人欲者也。于是有悖逆诈伪之心，有淫泆作乱之事。"意思就是说人的内心受到外界事物的诱惑而发生变化，人变成了物，就会泯灭人类固有的善良本质，违反正道，奸诈虚伪，为所欲为，以追求无情的个人私欲的满足。所以，南宋儒学大家朱熹提出要存天理，灭人欲。北宋的程颢程颐也认为，"人心私欲，故危殆。……灭私欲则天理明矣"，即是说人在保证了自己的基本需求的基础上，必须控制超出人的基本需

求以上的欲望，如私欲、淫欲、贪欲等。这就足以说明，个人是有私欲的；在人类社会中，只要还存在着政治地位、经济占有、文化享受上的差别，就会产生欲望的膨胀。所以，人必须管住自己的私欲，正如荀子所言，要把私欲关在笼子里，不许它胡作非为。私欲控制住了，人就不会见物眼开，贪污腐败行为就不会发生了。人如果没有控制住自己的私欲，私欲溜出了笼子，它就会兴风作浪导致人的道德堕落，使之胡乱作为。所以，贪污腐败首先是人的私欲过度膨胀的结果。

其次，贪污腐败与滥用权力紧密相关。19 世纪英国理论政治家阿克顿在他的著作《自由与权力》中说："权力使人腐败，绝对的权力绝对使人腐败。"权力是在特定的领导岗位或工作岗位产生的影响力。当一个人正确运用权力时，它是推动工作的强大力量；当一个人用权力或岗位的便利来谋取私利时，就会产生极大的腐败。所以腐败总是与权力、与乱用职责联系在一起的。在有财富差别、政治地位差别、文化享受差别、社会荣誉差别存在的社会里，凡是具有权力和对他人具有一定影响力的工作职责的岗位，都有运用权力不当产生贪污腐败的可能性。所以自古至今，从东方到西方，从国内到国际，总有人利用权力去谋取私利，因而腐败现象几乎没有断绝过。仅仅是在不同的时期、不同的地方，表现的程度与方式不同而已。

再次，腐败程度与对权力运行的制约程度和对腐败的打压程度有着非常紧密的关系。由于腐败的发生与个人欲望的无限膨胀、与权力的运用有关，所以在私有财产存在、等级差别存在的阶级社会中，腐败的彻底消灭是非常困难的。大大小小的腐败现象总是存在，只是发生的程度有轻重之别而已。那么，为什么腐败发生的程度又有轻重之分呢？在当今世界，为什么有的国家腐败问题很严重，有的国家虽有腐败但相对较轻呢？这又取决于两个方面。一是，是否有一个良性的权力运行机制，这就是对官员使用权力是否实行了有效的监督与制约，是否在运行机制设计上能防止官员滥用手中的权力谋取私利。这就是是否有效从源头上预防了腐败的发生。二是，对社会上各种腐败现象是否进行了严厉打压。而且这种打压是在贪腐问题始发之时而不是在泛滥之后。如果这两个问题解决得比较好，腐败现象即使存在，也不可能猖獗。这就好比虽然人人身上有癌细胞，但只要一个人身体机能好，体质强壮，抵抗力强，这种癌细胞就不会发展成癌症，以致影响人的生命。

最后，一个国家的腐败程度与其社会价值导向也紧密相关。在一个社会政治清明、追求高洁、崇尚清廉的社会，贪腐之风是缺乏市场的。我国 20 世纪 50—70 年代，物质比较匮乏，但社会风气比较好，贪腐问题就少，这一事例，就充分说明了这一点。但如果社会价值观出了问题，对某些初发腐败行为人们习以为常，见怪不怪，那么腐败就会成为燎原之势。如十多年前公款大吃大喝现象相当普遍，这与当时社会认为吃点喝点不是大问题有关系。而最近几年各级纪检监察机关，对公款吃喝问题抓得很严了，公款吃喝现象就很少了。

三、阴风暗流，腐败是一个丑遍世界的难题

美国著名政治学家迈克尔·约翰逊，通过对世界普遍存在的腐败问题做深入的研究，认为腐败是指对公共角色或资源的滥用，或公私部门对政治影响力量的不合法的使用形式。他根据政治和经济机会的不均等性，将腐败现象划分为四种类型。

（1）利益集团竞争型腐败。利益集团凭借各种经济资源（竞选捐款、其他的各种礼物、公然的贿赂），来寻求对社会的影响，如美国、英国、德国等。

（2）精英统治型腐败。他们控制住经济机会以此获利，操纵着政治机会（有价值的稀缺商品）以获得更多的经济报答，在某些国家中，政治人物、官僚以及整个政府机构，都在进行经商活动或成为企业的合伙者，如日本、韩国等。

（3）半施舍型腐败。精英们不仅政治的参与性较大，而且还可以在激烈竞争和相对稀少的经济机会中寻求权力，掌握权力的不仅有政治组织，而且还有更为邪恶的集团，如意大利和俄罗斯的"黑手党"、哥伦比亚的贩毒集团，也包括中国各地的"走私集团"与海关官员的内外勾结。

（4）施舍机器型腐败。利用施舍组织控制政治竞争，控制政府，攫取经济利益。第二种和第三种腐败，常处于控制之外，同时为黑手党利益和政治精英服务，威胁到政治的稳定，导致道德衰败，社会不满，政治分离。

迈克尔·约翰逊的上述几种划分说明，贪污腐败问题在当今世界，不仅存在于东方，也存在于西方；不仅存在于社会主义国家，也存在于发达的资本主义国家。（以上引自《腐败成因的经济学分析及反腐对策》，《江西社会科学》2009年第6期）

现在，我们再看看腐败在世界各国发生的实际情况吧。

2010年，笔者本人与同事们因公事曾出行老挝，办入境手续时，拖延许久未能办好；后来给了对方办事人员"小费"以后，才得以通过。事后才得知，不给钱不办事，是这个国家的惯例。有次与长期旅居俄罗斯经商的一朋友聊天，我问他现在中俄关系这么好，中国有钱，俄罗斯经济发展慢，中国人拿钱帮助俄罗斯搞开发，他们应该挺高兴吧？朋友说现在并不是这样，一方面是俄罗斯的基层百姓都知道他们有资源，日子还过得下去，你们中国人来不来搞开发，他们并不在乎，他们真还有点担心你来搞开发，破坏他们那优美的环境。更麻烦的是中国人想去搞开发，并不那么容易，你想要去俄罗斯哪个地方帮助他们搞发展，哪怕是无偿，不求回报，你不给那个地方层层审批经办人员送礼还办不通。所以中国人在那个地方办事很纳闷，我来给你做贡献，你还有心为难我，让我给你先送礼，天下有这个理吗？这就是说俄罗斯也有腐败啊。

韩国也有腐败。据2018年5月15日《文萃报》报道，韩国总统文在寅与朝鲜最高领导人金正恩，上个月会晤后，双方拆除了军事分界线附近的喊话扩音器。然而在5月13日，韩国检察机关对已于3月被捕的陆军上校，曾任韩国军方心理战负责人的权某提起诉讼，原因是这名官员负责采购对朝喊话扩音器过程中，帮助一个扩音器生产厂家

赢得了总价 166 亿韩元，约合 9853 万元人民币的业务，而采购的扩音器却是次品，在朝鲜根本听不清韩军喊话的声音，检察机关怀疑权某在采购扩音器过程中，涉嫌滥用职权和受贿。

美国是世界上公认的制度比较健全、管理比较严格的国家，它是否也存在贪污腐败现象呢？回答是肯定的。

美国官员在日常的政务活动中也有普遍的腐败，即利用公共权力谋取私人利益。1868 年到 1871 年，美国纽约市议员和国会议员威廉特威德任坦慕尼协会老板时，他直接或间接盗取的国库金额，按当时美元价格计算不少于 3000 万。2017 年 11 月 15 日 11 点 29 分，作家天佑在"猫眼看人"网站上发表一篇题为《美国官员如果敢贪污，被发现后会生不如死》的网文，作者主旨是分析美国贪污现象较少，主要的原因是美国法律健全，新闻监督充分，制度监督力度强，以及对贪污行为的处罚严厉，等等。文章以新墨西哥州前州务卿杜兰为例，对此做了说明。杜兰作为州首席选举官员负责州里面的选举工作，在确认谁有资格作为候选人参与竞选，确认其所得选票，及验证选举结果的过程中，她挪用了公款 13800 美元用于赌博。所以她被新墨西哥州司法部长巴尔德莱斯起诉。最后法院判决杜兰：①获刑期七年半；②退回 13800 美元的挪用金再加上 14000 美元的罚款；③出狱后必须佩戴卫星定位器，两年内不许进入赌场；④到社区服务 2000 小时；⑤登报公开承认自己的过错。这个事例足以说明美国对贪污行为的处罚的确是很严厉的，另一方面也足以说明美国社会也有贪污现象。

在美国军界，尽管对防止和处罚腐败同样有极其严格的规定，比如只允许公开收受 20 美元以下的礼物，而且全年累计同一来源不得超过 50 美元，否则将被处以 2 万至 6 万美元的罚款，最严重的甚至可以开除公职，禁监 15 年。但美国军界的腐败行为也同样存在。《环球人物》杂志 2009 年第 5 期《美军 500 亿贪腐窝案》一文报道，负责伊拉克重建工程的美国陆军后备役上校科蒂斯·G. 怀特福德与承包商串通一气，贪污了 500 亿美元。除此之外，尚有 1000 多亿美元的伊拉克战后重建资金不知所终。2018 年 8 月 27 日 15 点 05 分，百度转载百家号作者科罗廖夫的一篇文章，题目是《美国军队的腐败到底有多严重？吃喝嫖赌，外加泄密》。文章说："美军存在很多公开和暗地里的腐败，冒领军功、生活奢靡、乱拍马屁、请客送礼。……从近年来曝光的案件看，美国军方的腐败比我们想象的要严重，上至四星上将，下至普通中士，只要手里有点权，都发生过腐败案件。"文章披露，2016 年的监察报告中，美国海军少将、第三舰队第 15 航母打击大队司令威廉姆斯，因为顺手把办公室里价值 500 美元的电脑拿回家，被勒令下台。"在 2013 年，为美国海军第七舰队提供后勤服务的马来西亚大亨伦纳德弗朗西斯，被美国联邦调查局逮捕，由此拔起萝卜带出泥，超过 400 名美国海军现役和退役官兵牵涉其中，只有十人最后被确认清白。涉案的美国海军高官中有中将迈克尔·米勒，海军少将泰利·卡夫，海军少将戴维·菲普。最新曝光的是美国海军少将、海军补给部队司令特别助理罗伯特·吉尔博。此外，美国海军情报总监布兰奇中将，也接受过贿赂。这些海军官员涉嫌为多家防务承包公司提供消息，内幕合作，内外勾结，骗取巨额经费超过数百亿美元，引发了冷战后美国海军最为严重的腐败和国家安全丑闻。这位马来西亚大亨伦纳德弗朗西斯行贿的手法也很简单，就是用豪华派对，免费酒店住宿，色情服务，赠送演唱会门票、智能手机、古巴雪茄、神户牛肉等手段直接拉拢美国海军相关人员，造成项目低中标，高价宰客，骗走巨额军费。"

美国实行民主党和共和党两党通过竞选总统、轮流执政的制度，这种总统竞选，更使美国腐败合法化、公开化。谁都知道美国总统大选，是一项很花钱的事。2008 年，美国总统大选花了 16 亿美元，2012 年花了 13 亿美元，2016 年超过了 20 亿美元。这么多的钱从哪里来？个人捐款，历年来都是竞选经费的主力，2012 年，奥巴马 7.2 亿美元的竞选经费中，有 5.4 亿美元来自个人捐款。总统竞选期间 PAC（政治教育委员会）可以说是竞选团队的外联部，这个组织帮助候选人找赞助商投资，这其中无疑就埋下了总统候选人与总统竞选经费赞助商的利益交换问题。所以总统当选以后，就在一定程度上成为总统竞选经费赞助商既得利益的保护人。这就是赞助商花钱向政府买到了他的产业或企业所需要的保护和发展企业利益的公共权力；参与竞选总统的候选人则通过预支公共权力从赞助商那里获得了竞选总统所需要的大量资金，这就是变相的权钱交易。

美国多年持续发生枪击案也是权钱交易之果。美国社会长期以来枪支暴力泛滥成灾，根据日内瓦高级国际关系和发展学院最近发表的一份研究报告，美国人口只占全球人口的 4%，他们却拥有全世界 40% 的枪支。又据轻武器调查项目称，在全世界平民拥有的 8.57 亿支枪之中，有 3.93 亿支在美国，超过其他前 25 个国家和地区普通公民持枪数的总和。枪支的泛滥，导致了美国每年数万人死于枪支暴力。由此美国的百姓发起控枪运动，强烈要求政府控制枪支泛滥的现象。令人不可思议的是，美国这一事关社会安宁、人命关天的控枪运动，却得不到美国政府的支持。原因是美国的枪支生产商和销售商们组成了美国步枪协会，这个协会给特朗普当选美国总统提供了一笔极大的竞选总统资金。所以特朗普不仅不采取措施控枪，反而亲自参加步枪协会的大会，对他们的反对控枪要求，给予明确支持。

这种举世罕见，在光天化日之下发生，且明明白白以金钱换权力的事件，在美国却能堂堂正正进行，你说这不是腐化透顶的腐败吗？可悲的是，这还是受美国法律保护的腐败啊！

四、别胡乱栽赃，中国文化不是贪污文化！

纵览中国社会五千年历史，虽然自古至今都存在腐败现象，但是，不能说腐败是中国的文化，也不能说中国的文化产生腐败。

从历史事实看，中国文化不仅不滋长贪污腐化，反而是一种抑制贪腐，充满了清廉之风的文化。

首先，中国古代思想家们推崇的是"学而优则仕"，入仕则"修身、齐家、治国、平天下"。所以，修身是中国古代知识分子的奋斗目标之一。古人讲修身，就包含着对私利的克制，包含着仁人志士应把天下社稷、苍生百姓的利益放在第一位的责任担当。

《礼记·礼运》说"大道之行也，天下为公"。这句话的原意是天下是公正的，天子之位，传贤而不传子，所以天下为公，体现出一种美好的政治理想，即"大同"社会的思想，同时又是仁人志士一种美好的德行操守。范仲淹所呼吁的，"先天下之忧而忧，后天下之乐而乐"，就是这种美好的政治伦理道德的集中体现。所以中国的传统道德理念，从本质上是排斥贪腐行为的。正因如此，几千年的中国历史，都以清廉作为一种高尚的处世标准和为官之道。如早在秦时，佚名的《为吏之道》一书认为，"凡为吏之道，必精洁正直，慎谨坚固，审悉毋私"。东汉马融在《忠经·守宰章第五》中说："在官惟明，莅事惟平，立身为清。清则无欲，平则不曲，明能正俗。三者备矣，然后可以理人。"这里，马融把"清"与"明""平"一同作为为官治事的三条标准。北宋陈襄在《州县提纲》中写道："廉，盖居官者分内事。……故为官者，当以廉为先。"北宋理学家周敦颐写了一篇著名的文章《爱莲说》，他借赞美莲花之高洁，劝告人们要"出淤泥而不染"。

中国古代崇尚清廉的思想，在中国传统诗词中也得到了充分的体现。明代官员吴纳曾写《礼盒题诗》："萧萧行李向东还，要过前途最险滩。若有赃私并土物，任教沉在碧波间。"充分表达自己追求一身清白的志向。明弘治十七年（1504）秋，朝廷任李汰为主考官，去福建主持秋闱考试。他先后拒绝了三位考生的送银行贿。开考那天，他在考场上张贴一大榜，上面写了他的一首拒礼诗。"义利源头识颇真，黄金难换腐儒心。莫言暮夜无知者，怕塞乾坤有鬼神。"蔡信芳是清朝时期湖南善化人，进士出身，道光年间任陕西蒲城知县。他离任时曾写诗一首："罢郡轻舟回江南，不带秦川一寸棉。回看群黎终有愧，长亭一别心黯然。"充分表达了作者心系百姓、追求清廉的高尚情怀。

中国历史上一些封建帝王，也懂得教育官员要保持节操、清正廉洁。唐太宗李世民写了一首流传很广的《百字铭》，他写道："耕夫碌碌，多无隔夜之粮；织女波波，少有御寒之衣。日食三餐，当思农夫之苦；身穿一缕，每念织女之劳。寸丝千命，匙饭百鞭，无功受禄，寝食不安。交有德之朋，绝无义之友。取本分之财，戒无名之酒。常怀克己之心，闭却是非之口。若能依朕所言，富贵功名可久。"武则天在《臣轨》文中，也告诫官员应公正无私，清廉守节。她说："人臣之公者，理官事则不营私家，在公门则不言货利，当公法则不阿亲戚，……唯公心可以奉国，唯公心可以理家。……理官莫如平，临财莫如廉。廉平之德，吏之宝也，故君子行廉以全其真，守清以保其身。"

受古代这种清廉思想的影响，中国历朝历代不贪不腐、崇尚清廉的官员层出不穷。南北朝时，南朝中书通事舍人顾协虽位高权重，但他崇尚清廉。一次他以前的一位门生，因有事相求向他送礼行贿，顾协十分愤怒，责令将此人重打二十大板赶出门外。明朝周新担任司法按察使后，有人给他送来一只烤鹅，他坚决不受，但送礼者丢下烤鹅就跑了。周新便叫家人把烤鹅挂在屋子后面，以后凡有送礼者，他就叫家人领着去看那风干了的烤鹅。从此再也没人给他送礼了。

浙江省博物馆里，收藏了唐代大书法家颜真卿的行书真迹《乞米帖》。颜真卿在帖中写道，"拙于生事，举家食粥，来已数月。今又罄竭，只益忧煎，辄恃深情，故令投告，惠及少米，实济艰勤，仍恕干烦也。真卿状"。我们细看《乞米帖》，其实是颜真卿向好友李光进借米的一个借条。颜真卿当时官至吏部尚书、太子太师，封鲁郡公，人又称"颜鲁公"，他又是三朝重臣；其岳父韦氏家族，伯父元孙以及二兄允南都在朝廷为官，可谓至亲好友遍于朝野。这里有两个问题值得深思，一是颜真卿身为朝廷高官，为什么还要借米度日？二是他为什么只向李光进借米？原来当时唐朝因安史之乱，弄得国库空虚，而且关东地区又遇大旱，江南又遭水涝，百姓生活维艰。唐朝宰相元载，又实行厚外官轻京官的俸薪政策。颜真卿由于为官清正，家中毫无积蓄，故生活异常拮据。他和夫人一日三餐以粥度日。数月之后，罄竭瓢空。颜真卿却不愿向朝廷伸手，更不愿向贪奸富贾人家开口，故写借条向为人耿直、忠诚孝悌的好友李光进借米。这就是名垂书坛青史的《乞米帖》的来历。所以《乞米帖》生动地体现出颜真卿的清廉之风。

明朝时期，徐九思四朝为官，当过九年县令，工部营缮司主事，为官既勤政又廉洁。他生活特别节俭，极少吃肉，一般都是以蔬菜佐糙米饭过日子。为了告诫下属廉洁为官，他任县令时在县衙前立一块石碑，碑上刻画一青菜，题曰："为民父母，不可不知此味；为吾赤子，不可令有此色。"

海瑞更是明朝一位清正廉洁的官员，他一生不贪污不受贿也不接受任何"灰色收入"。他在浙江淳安当知县时，穷得要靠自己种菜食用，当然更舍不得吃肉。有一次海瑞母亲过生日，海瑞买了两斤肉孝敬母亲。这条消息，被总督胡宗宪知道后，胡宗宪对人夸奖海瑞说："昨天听说海知县给老母过生日，买了两斤肉。"（参见《明史》卷226，《海瑞列传》）后来海瑞官职升到了吏部侍郎，这个职务相当于现在的中组部副部长。这位吏部侍郎去世以后，连丧葬费都凑不齐。时任南京金都御史的王用汲去看望他的家属，只见布衣陋室，衣服用料是质量比麻布还差的葛藤皮丝织的布，而且破烂不堪。王用汲感动得直流眼泪，便主动凑钱为海瑞下葬。当时有个叫朱良的人去海瑞家看了，回去后写了一首诗，其中有四句足以证明海瑞的穷苦。"萧条棺外无余物，冷落灵前有菜根。说与旁人浑不信，山人亲见泪如倾。"

于成龙是清朝的著名清官，在20余年的为官经历中，三次被举"卓异"，以卓越的政绩及清正廉明得到了康熙帝的赞赏，又深得老百姓的爱戴。他官位越升越高，但生活却更加清苦。他任职每到一地，带头实践"躬先俭朴"。他在直隶任职时以"屑糠杂米为粥，与同仆共吃"。任江南江西总督时是"日食粗粝一盂，粥糜一匙，侑以青菜，终年不知肉味"。江南的老百姓因此亲切地称他为"于青菜"。总督衙门的官吏们在他的严格约束下，"无从得蔬菜茗，则日采衙后槐叶啖之，树为之秃"。他一生天南地北为官，总是只身一人，不带家眷，结发妻子在家，两人分别20年后才得一见。

在中国历史上，如同历朝历代都有清官一样，历朝历代也有贪官。但是，贪腐行为总是要遭受正义之士的贬斥及朝廷的严惩。东汉外戚梁翼做过大将军，在朝廷里横行20多年，贪污财产30多亿银钱，最后被朝廷逼迫夫妇自杀，遭处置的党羽达300多人。南宋权臣右丞相陈自强贪赃枉法，最后被朝廷罢免流放以致死于流放地。明太祖朱元璋对贪官污吏的整治十分残酷，贪污五六十两银子的官员要被剥皮，在皮囊里填满草以后放在衙门公座旁，以警戒继任者。明宣宗时，经历了四代皇帝、资历高深的最高司法官左都御史刘观，知法犯法，大肆收受贿赂，最后被朝廷贬到辽东任职并死在辽东。

所以贪腐在中国文化中代表着反动，代表着可耻，虽然中国历史上，朝朝代代有贪官，但贪腐始终没有成为社会历史的主流。从历史发展的规律看，一般来说，王朝更替，新的朝代诞生初期，开国皇帝及其后来几位接位者，尚知政权来之不易，故官场风气清正，能占主流；尔后随着官场陋习增多，贪腐之风会日渐盛行。但如出现皇帝有所作为或有刚正清廉的宰相主持朝政，贪腐之风又将得到抑制。一旦官场正不压邪，贪腐之风特别严重且长期得不到遏制，这个王朝也将寿终正寝了。这是历史运行的铁的法则。1947 年，黄炎培到延安考察，谈到中国历史上的王朝"其兴也勃焉，其亡也忽焉"，就是这种情况。中国从古代社会的奴隶制、封建制到民国时期近二十个朝代，存在时间长的七八百年到二三百年或百余年，短的几十年。但短命的王朝毕竟极少。而且有些王朝短命还与强大的外族入侵有关。这说明中国历史上的王朝，在绝大部分时间内尚是以正压邪、扬清廉压贪腐的。

当今中国政府对腐败贪污行为有着世界上少有的打击力度，这也足以说明中国的文化不是贪污文化。

香港《南华早报》网站 2018 年 12 月 5 日，发表记者威廉·郑的报道文章，文章报道，中国整治奢靡之风六年来，有近 35 万名党员干部受到中共反腐监察机构的惩处。其中，因违反中共中央 2012 年提出的八项规定，有 25 名省部级官员受到了纪律处分，28532 名县区级官员受到处罚。文章转述中纪委发布的消息说，仅在 2018 年前十个月，就有 6.85 万名各级干部因违纪受到处理。处理措施从口头警告到入狱服刑均有。

这就说明，贪腐在中国 960 万平方公里的土地上，自古至今都没有法定市场。腐败作为一个世界性的难题而存在：腐败是否猖獗，取决于权力运行与监督机制对腐败的防范与打击力度；而腐败追根溯源，即在于人对自身欲望的有效控制程度；文化的原因仅仅是其中的一个方面，而且不是最直接、最主要的方面。从这个角度来看，就不应该说中国文化是腐败文化。而且，既然人们没有说同样存在贪腐行为的美国、韩国等国家的文化是贪污文化，没有说历史上有贪污行为的国家的发展史是贪污史，又怎么能说中国文化是一种贪污文化，中国的历史是一部贪污史呢？

由此看来，端木赐香关于中国文化是"贪污文化"之说，无论从理论到实际都是荒谬的，端木赐香歇斯底里污蔑中国文化是贪污文化，醉翁之意不在酒也。当我们揭穿了这一论调理论上的荒谬、本质上的反动之后，善良的人民还会相信它吗？把它扔到大西洋喂鱼去吧！

五、"宜将剩勇追穷寇"，中国反贪腐之路任重道远

当然，我们否定"中国传统文化陷阱论"关于"中国文化是贪污文化"之说，我们揭示腐败产生的政治经济原因及它在一定程度上存在的普遍性与长期性，并不是说，对我们国家存在的腐败问题，要习以为常，无动于衷。我们要通过这种研究，进一步明确如何去防止腐败的发生与盛行，防止腐败工作的着力点在哪里。

第一，要充分认识到反腐败是国家治理、政权建设中一个长期的任务。贪腐行为的产生既然与人的欲念及社会的政治经济文化密切相关，所以反腐绝不是发一阵风，下一场雨，就可以彻底解决的。反腐工作正如毛泽东一句诗"宜将剩勇追穷寇"所表述的那样，必须牢固树立打反腐持久战的思想，对腐败穷追猛打，常抓不懈，治标与治本相结合。

第二，要充分认识到反腐败对于当前我们国家尤其重要。中国自进入阶级社会几千年来，几乎没有杜绝过腐败。新中国成立至改革开放前几十年间，中国人民受到在几十年革命斗争中形成的优良作风的影响，腐败现象基本上得到了控制。自改革开放以来，由于中国几千年来形成的一些优秀的道德准则，曾因对传统文化的过度否定而被淡化，而西方唯利是图及个人利益最大化的价值观则潮水般涌入，加之在政治生活中对权力还没有建立起一套有效的监督机制，在以往的较长时期内，反腐倡廉工作力度不够，由此引起了一段时期内腐败现象的恶性蔓延，导致政府的公信力下降，对国家的长治久安造成了较大的不良影响。这些腐败现象近几年虽然随着反腐力度的加大而有所抑制，但人民群众最关注、议论最多的一些问题依然存在。抑制腐败仍然任重道远。

第三，必须推进全面从严治党，全面加强党的建设，加快加强党的自我革命。要完善和落实民主集中制，民主集中制是党的根本组织制度和领导制度。民主集中制是全面从严治党的重要制度保障。

第四，鉴于当前不仅权力运作领域腐败问题较为严重，而且，金钱至上、诚信缺失、道德沉落的思想观念及行为已经影响到了社会生活的各个领域，因此，用中国优秀传统文化中的责任观、义利观、勤廉观、权力观等去教育国家公职人员是当前干部教育的重中之重；同时用这些道德理念教育广大国民，提高整个社会的思想道德水准，同样十分重要。遗憾的是，这一工作，目前还没有真正落实到社会底层及普通民众中去。

总而言之，中国反腐之弦，一刻也不能放松。这就是结论。

13 中国文化 "伦理与政治的统一" 错在哪里?

袁伟时先生用很大篇幅论证 "中国文化究竟有哪些不足和缺失"。他认为这种不足和缺失,第一个就是 "儒学讲伦理和政治的最多,……这一套体现中国社会的一个基本特点:宗法专制,伦理与政治的统一"。这里,袁文是把伦理与政治统一,作为中华传统文化落后于西方文化的一个重要因素。他还说 "(中国的)道德规范也有很大的缺陷","进一步考察这些规范的内容,问题就出来了:儒学的核心是仁义。用《中庸》的话来说:'仁者,人也,亲亲为大。义者,宜也,尊贤为大。'讲仁不是讲人的平等,而是将亲情摆在首位;义的内容拐个弯变为要尊重别人!"从这几段文字看出,袁文认为中华传统伦理道德的提倡孝敬父母,讲亲情,尊贤者,"不是讲人的平等",因而落后于西方。这就是袁先生的结论。

端木赐香教授在《中国传统文化的陷阱》一书中,对中国传统文化的核心理念忠、孝、义进行了辛辣讽刺。她写道:"中国男人过得很累,对皇上,得忠;对双亲,得孝;对朋友,得义","可以无性,但唯独不能有情"。这样,"导致中国男人的脑袋,永远地低了下去,就这样一低几千年!"

袁伟时、端木赐香这些观点似是而非,使人难以置信。

一、中国传统文化 "伦理与政治统一" 何罪之有?

大家知道,伦理与政治都是文化范畴中应有之义。文化分为广义的文化与狭义的文化。广义的文化涵括了过去到今天人们在物质世界和精神世界的活动成果,是人们创造的物质成果与精神现象的总和,具体内容包括群族的历史、地理、风土人情、传统习俗、生产工具、附属物、生活方式、宗教信仰、文学艺术、律法、道德标准、制度规范、思维方式、价值观念、审美情趣、精神图腾等。狭义的文化专指语言、文学、艺术及一切意识形态在内的精神产品。无论是从广义还是从狭义来分析,伦理政治都是属于精神领域的文化,二者都是一种文化现象。既然袁文指责中华传统文化伦理与政治统一是一种 "缺失与不足",那么按照袁伟时先生的逻辑,只有那种政治与伦理分离的文化才是合理的、先进的文化,显然这种文化是不存在的。

下面我们看看,被袁伟时先生吹捧为至善至美的西方文化,是否伦理与政治不统一呢?袁伟时先生在《中国传统文化的陷阱》文中有一段论述,他在阐述中国的 "道德规范也有很大的缺陷" 时写道:"一方面,我们的道德规范有一些是跟世界各国一样的,比如我们讲仁、义、礼、智、信，大致上从任何一个文化体系里都能找到类似的东西。在西方，仁是博爱，义是正义，有些道德规范世界各国是一样的。"稍微有一点逻辑知识的人一看就明白，袁伟时先生在这里陷入了严重的逻辑矛盾之中。一方面袁伟时先生批评中国道德规范中有仁、义、礼、智、信，这种政治与伦理的统一"有很大的缺陷"；另一方面，袁伟时先生又讲"从任何一个文化体系里都能找到（仁、义、礼、智、信）类似的东西……不同的语言系统表达了同样的意思"。这说明，在袁伟时看来，西方世界文化体系里也有类似仁、义、礼、智、信这些东西，这不也是"伦理与政治的统一"吗？这就说明，在东西方世界的文化中，伦理与政治都是相对统一的。既然如此，袁伟时先生有什么理由批判中国的道德规范相比西方的道德规范"有很大的缺陷"呢？这里袁伟时先生不是明显的自相矛盾吗？

从西方世界的实际情况看，西方文化首先与政治是紧密结合的。袁先生非常赞赏西方世界的"四大自由"，即"言论自由、信仰自由、免于匮乏的自由和免于恐惧的自由"，难道这不是政治与文化的结合吗？宗教是西方文化的重要内容，西方的宗教文化对社会的影响，远远超过了中国包括宗教在内的任何一种文化观念对社会的影响。这种影响涵盖了政治、法制、经济及各种文化领域。从宗教与政治的关系来看，在历史上，西方统治者都是用宗教来作为维系统治的精神工具。中世纪时，西方很多国家都采取政教合一的制度，国家政权与宗教合而为一，宗教首领就是国家首领，教规就是国法，公民没有信仰其他宗教或不信仰宗教的自由，否则会被认为是"异教徒"而遭到迫害。宗教还深深影响了西方国家的经济政治形态。基督教从诞生那天起，就不断与世俗政治争夺权力。自从成为罗马帝国的国教后，有时甚至企图取代世俗政权。最典型的是罗马教会越过欧洲世俗君主的权力，直接煽动欧洲基督徒的军事狂热和财富的贪占欲，号召和指挥基层的信徒，发起持续 200 年的十字军东征。东征的结果是，基督教与自家兄弟东正教的互相残杀历时 20 年之久，对欧洲内部法国阿尔比派的圣战，设立宗教裁判所，对各种异端思想的镇压，以及对犹太人严厉的种族歧视、残酷迫害等。16 世纪，德国教皇还利用赦罪来敛取民众财产以增强国家经济实力。宗教对政治的干预，在现今美国社会中表现为必须借由基督教的理念与价值，来提供政府的合法性。如美国的政治选举，因公民的宗教信仰直接影响选民对政府的态度与立场，故美国历届总统在就职仪式上，都要将手按在《圣经》上宣誓。艾森豪威尔甚至坦言，"我们的制度如果不是建立在一种深刻的宗教信念之上的话，它就失去了意义"。

西方文化与伦理道德观念也是密切结合的。袁伟时先生自己前文也讲了，西方文化中也有"博爱"，甚至还有所谓"正义"，不管西方世界在他们的践行中是否"博爱""正义"了，至少从文字上看，这也是在讲伦理。从实际情况看，西方文化中的伦理不仅十分突出，而且与政治观念互相渗透。西方文艺复兴时期的波兰天文学家哥白尼，提出了日心说，由于这一发现，否定了自古希腊以来几千年被经院哲学和神学奉为神圣不可侵犯的托勒密地心说，违反了《圣经》认定的关于天体运行的理论，从而也否定了罗马教会的神圣权威。故哥白尼的日心说，遭到了当时西方世界统治阶级及与其政治利益紧密相连的教会的坚决反对。意大利自然科学家布鲁诺捍卫和发展了哥白尼的太阳中心说，勇敢地批判当时思想领域占统治地位的经院哲学和神学，他被教廷革除教籍，被宗教裁判所指控为"异端"，以致宗教法庭到处通缉他，致使他不断流亡于意大利、瑞士、法国、英国、德国、捷克等国家。他最后被罗马教会逮捕，经残酷的8年折磨后处以火刑，烧死在罗马中央广场。布鲁诺的悲剧，当然主要是当时宗教政治迫害所致，但不容否定，也与当时西方世界的伦理观念有关。由于宗教神学奴役西方世界思想领域几千年，当布鲁诺宣传与《圣经》认定的地心说相违背的日心说，以致被宗教裁判所指控为"异端"时，当时西方社会基层民众，竟然有很多人支持教会这种观念，所以当布鲁诺在一些大学演讲、宣传他的观点时，也经常遭到教授、学生以至学校的坚决反对而被驱赶。这说明宗教神学的一些理念，在当时已演化为西方世界的一种伦理道德标准。由此可看出西方文化相较中华文化其政治伦理色彩要浓厚得多。

文化既然是人的精神活动成果与物质活动成果的总和，自然就会把人的思想理念及价值取向融入其中，从而打上深刻的时代烙印。因而西方文化有深深的伦理政治倾向，一点也不奇怪。毋庸置疑，中华传统文化同样有伦理政治倾向，只是这种倾向没有西方文化那么鲜明罢了。那么应如何看待中华传统文化中包含的伦理政治观念，在中华文明发展进程中的功过是非呢？用辩证的观点分析，这种伦理政治倾向与中华民族祖先在改造自然与社会活动中的各种行为一样，虽然不可能至善至美，但肯定是有积极意义的，而且在当时的历史条件下是利大于弊、功大于过。这一点袁伟时先生在《中国传统文化的陷阱》一文中，也不自觉地肯定了。他说："中国传统文化的骨干是儒学，而儒学讲伦理和政治的最多。从西汉开始，就强调以孝治天下，把家族伦理拓展到整个国家的治理，后来发展为一个完整的公式：'修身、齐家、治国、平天下。'这一套体现中国社会的一个基本特点：宗法专制，伦理与政治统一，这与当时的社会状况完全是符合的。因为那个时候的社会是自然经济，经济状态比较稳定。"这就明显看出，袁伟时先生在这里是充分肯定中华传统文化中"伦理与政治统一"的"宗法专制"与中国传统社会比较稳定的"自然经济""完全是符合"的。我们知道，在人类历史发展的长河中，完全符合社会经济形态发展的政治与文化就有合理性与先进性，历朝历代的政权更替与农民起义，被推翻和抛弃的就是那种与社会经济形态不相符合甚至成为阻碍的政治与文化。所以袁伟时先生能有上述认识，这足以说明中国传统社会"伦理与政治的统一"的"宗法专制"的确有存在的客观必然性。因而没有理由认为对比西方文化有"缺失与不足"。很遗憾的是，袁伟时先生理论上总表现为混乱不清，他后来又自相矛盾否定了上述观点。

二、驱散浮云睁慧眼，中国传统伦理观的历史价值

下面我们具体分析与政治相统一的中国传统伦理道德的历史价值。

诚如袁伟时先生和端木赐香所言，忠、孝、仁、义，是传统伦理观的主要内容。这些观点几千年来影响了中华民族的道德价值取向，维系着伟大祖国五千年大一统，经久

不衰，为中华文明的发展做出了巨大贡献。

1. 关于"忠"

忠是中国传统文化中儒家学说的核心价值观。孔子在《论语》中说"臣事君以忠"。几千年来，忠的理念犹如栋梁，支撑着国家、民族的思想大厦。忠的核心是强调要忠君爱国，即臣子要忠于君王，国人要忠于国家。由于古代君主是国家的代表，在正常情况下，君主政治的安危，国家局势的稳定，民众生活的安康，三者是紧密联系的，三者的利益在很大程度上有其共同性。所以，忠君不仅仅是忠于皇帝个人，而且与爱国爱民族联系在一起。南宋抗金英雄岳飞立誓要为国家收复失地，迎回二帝。他在《满江红》词中，抒发自己的雄心壮志是"待从头，收拾旧山河，朝天阙"。很明显，岳飞的忠君与爱国是紧密联系在一起的。南宋爱国诗人辛弃疾的凤愿是"了却君王天下事，赢得生前身后名"，"君王天下事"也就是国家之事。正由于"忠"包含了对国家之忠、对百姓之爱，所以，忠君爱国成为中国传统文化的核心理念，是中华民族的最高道德原则，是否有家国情怀，也成为千百年来评价人的社会价值的重要标准。北宋政治家范仲淹写下的《岳阳楼记》，之所以能成为千古名文，当然与文章的文采华丽有关，更主要的是范仲淹在文章中抒发了"居庙堂之高，则忧其民；处江湖之远，则忧其君"，"先天下之忧而忧，后天下之乐而乐"的高尚情怀。范仲淹毕生把"忧其君"与"忧其民"有机结合在一起，所以其人其文，千百年来为天下百姓所崇敬。

在中国历史上，忠君爱国，成为广大有志之士的最高追求。从屈原对国家"虽体解吾犹未变"的坚贞，陆游"位卑未敢忘忧国"的境界，到文天祥"人生自古谁无死，留取丹心照汗青"，林则徐"苟利国家生死以，岂因祸福避趋之"的情怀，中国历史上演绎了多少这种忠君爱国的佳话。正由于中国人的骨子里有这么一种家国情怀，它如铁凝铜铸，冲不散、折不断，于是，就有了苏武被匈奴扣留19年持节不屈，岳飞明知朝廷12道金牌强召回京、自身有灭顶之祸仍慷慨回朝的悲壮故事。明朝大臣、学者、思想家方孝孺，为明朝第二任皇帝建文帝朱允炆所重用，出任翰林侍讲及翰林学士，国家重大政事都要征求他的意见。后燕王朱棣以"靖难"为名，兴兵反建文帝，建文帝亦派兵北伐，当时讨伐燕王的诏书檄文，都出自方孝孺之手。燕王击败建文帝，军队进京以后，建文帝自焚。朝中文武百官多见风使舵，投降燕王。方孝孺拒不投降，日日穿着丧服啼哭建文帝，结果被朱棣逮捕入狱。事后朱棣想要方孝孺起草他的即位诏书。方孝孺被召到朝廷，他穿着丧服，悲切哀恸之声响彻朝堂。朱棣亲自劝慰他并要左右递交纸笔给方孝孺起草诏书。方孝孺执笔疾书"燕贼篡位"，然后掷笔于地并边哭边骂："死即死耳，诏不可草！"朱棣发怒说："汝不顾九族？"方孝孺愤然答曰："便十族奈我何！"骂声愈烈。朱棣大怒，叫人将方孝孺嘴角割开撕至耳根。方孝孺血泪纵横，仍喷血痛骂。朱棣一面将其关至狱中，一面搜捕其家属亲人，当着方孝孺的面——杀戮。方孝孺强忍悲痛，始终不屈。他弟弟方孝友临刑时从容吟诗："阿兄何必泪潜潜，取义成仁在此间。华表柱头千载后，旅魂依旧回家山。"方孝孺亦作绝命诗一首从容就义。此次，朱棣对方家共诛十族，连他的学生朋友也受牵连，总计873人凌迟处死，行刑的日期长达7日之久！

忠的理念也深入到中华民族平常百姓的心灵深处。直至现在，我的农村老家，家家堂屋正面墙上的正中央都有个神台，上边放着本家祖先神主牌位，神台中间则书写"天地国亲师位"几个大字。"国"字被置于天地之后。从中可看出中国民众，把对国家的忠诚置于敬天地祖先同等的位置。古往今来，是否忠于国家，也成为中国人民评价人的是非功过的一种最高道德准则。南宋抗金英雄岳飞赤胆忠心，报效国家，成为深受国人敬仰的爱国英雄，千古流芳。而害死岳飞出卖民族利益的奸臣秦桧，则千百年来被人民所指责。

然而在欧洲，这种忠诚国家的理念，就比较淡薄。欧洲人今天定居这个国家，明天迁居那个国家，一辈子在众多国家中几经迁移是平常事，民众也就淡化了对国家的忠诚情感。古希腊时期，雅典具有卓越军事指挥才能的将军阿尔西比亚德斯，受国家之令，正准备率军对国家强敌西西里岛上的民主城邦希拉求斯开战，由于政敌的陷害，雅典执掌国家权力的民众法院，却指控阿尔西比亚德斯并拟将他提交法庭审判，阿尔西比亚德斯被迫出逃，投降了雅典敌国斯巴达，他动员斯巴达支持希拉求斯，一举击败了雅典海军。几年后，雅典与斯巴达又爆发了战争，雅典却又请回了阿尔西比亚德斯为雅典海军统帅，取得了对斯巴达战争的胜利。这种情况，在忠君爱国理念滋润下的中国，几乎是不可能发生的。在中国由于中华民族子孙有强烈的家国理念，视爱国为高尚，视叛君叛国为大逆不道，视国家统一为职责，因而历朝历代帝王及文臣武将，每逢发生地方割据分裂或外族入侵，便举旗扬戈，四方呼应，全力维护国家民族根本利益。故中国能万里江山一统，国家千古立世。这是中华民族之所以战不败、打不倒，傲然而立五千年的根本原因！

由此看来，忠于国家的理念是一个民族的精神脊梁，更是一个国家立于不败之地的重要保证。怎么能说"忠"对于中国传统伦理道德而言是一种"缺失"，是骗人的把戏呢？难道作为一个国人，就不应该忠于自己的国家和人民？忠于国家和人民反而有错？中国历史上如苏武、杨业、韩世忠、文天祥、戚继光，他们都是忠于国家的典范，能说他们的行为是骗人的把戏吗？难道像历史上的石敬瑭、秦桧、汪精卫这些出卖民族利益的国贼，反而要做国人之楷模？忠也包含着待人要忠诚，未必这也有错？难道人与人之间，要像李林甫之流那样口蜜腹剑、两面三刀、虚伪以待吗？

2. 关于"孝"

我们先了解中国传统文化中"孝"的含义。"孝"字上半部分是"老"字头，下半部分是"子"字。按照中国传统家庭伦理观，它的含义是：在家庭关系中，老一辈应慈爱庇护晚辈，父母应抚养后代；另一方面，儿子应赡养老人，晚辈应尊敬长辈；兄弟姊妹应互相关照、和睦相处。这种家庭伦理道德观的本质，是讲亲情。千百年来，这种观念已印入了中国人的思想深处，成为人们处理家庭关系的一种道德准则。中国历史上涌现出了不少行孝的佳话，如舜忍辱顺父，曹娥投江寻父尸，董永卖身葬父。全社会都懂得人无论尊卑贵贱，都必须履行孝道。所以凡能践行孝道的人，就会得到社会的称赞，反之则遭人冷眼。孝的理念也融入了社会政治生活，如汉代还实行"举孝廉"制度，行孝尚廉的低级官员或知识分子，经地方官吏推荐，考试合格后，可以到朝廷当官。中国古代还规定父母去世后，任职官吏必须辞官回家，守陵墓三年。这种把孝作为选拔管理官员的制度，因过于强化孝的行为，而有一定的片面性。但由此可看出崇尚孝道，作为一种社会美德已深入人心。几千年来这种传统伦理观念，深深影响了华夏民族的家庭风尚。表现在一家之中老有敬养，小有抚带，兄弟姐妹和谐，遇到重大事件，全家人全力以赴，亲戚及同宗合力帮忙。因而家庭中亲情浓厚，所以中国古代社会三代甚至四代同堂，三兄四弟共居一宅的大家庭，随处可见。家族之中联系紧密，互助互帮之风也很盛行；个别家庭出现的违背社会公德，国家难顾、法律不管的现象，家族可凭借自身力量予以节制。家庭是社会的细胞，家安则国安。中国古代士大夫们践行的"修身齐家治国平天下"中，齐家是前提。即使是普通民众，也无不把安家作为立业之首。如家中父母病老，儿子一般不会长期外出不归。中华民族这种以孝为主要内容的家庭理念，对维系中国社会基层的稳定发挥了重大作用。正是由于孝理念的长期存在，它维系了中国人家庭关系的相对稳定，维系了家族关系的融合和乡风的淳朴，在很大程度上也助力了一家一户自给自足的小农经济的发展。它成为维系中华民族五千年经久不衰的一根重要精神纽带。

对比中国的孝道观，西方家庭强调各人自主自力，儿女长大就离家独立生活。父母困苦病残，儿女也少有过问。父子、兄弟姊妹亲情淡化，家庭纽带作用脆弱，亲戚之间互帮互助少，甚至孤居老人老死数日、无人知晓的惨况时有发生。自 20 世纪 20 年代以来，中国社会由于受西方价值观的影响，以孝道为中心的传统家庭观也被日趋淡化。西方家庭关系中存在的问题，在中国家庭中也日趋显现。国人对当今家庭关系中出现的小孩对父母的叛逆心理，儿女对父母的背离心理，老人缺少晚辈关怀度日艰难，男女婚姻关系难以稳定等状况的担忧日趋严重。而且社会的"养老"也出现困境，不少民众甚至产生了希望国家为"养老"买单的依赖心理。这些都是自 20 世纪以来，传统家庭伦理观念淡化，孝道弱化的一种苦果。这里，提倡与放弃以孝道为中心的家庭伦理观，谁利谁弊一目了然。

当然随着生产力的发展、社会的进步和文明的进化，孝的具体内容和形式可以随着社会经济条件的变化不断地改变。如现在交通发达，"坐地日行八万里"，如仍固守"父母在，不远行"这种传统孝道观，显然显得十分迂腐。但父慈子孝作为一种道德标准，应随着人类的存在而存在。情感是人类区别于动物的根本标志，它体现在家庭关系上，就应是父慈子孝。如果这种情感都应消磨掉，那人和动物有什么区别？所以，怎么也不能说孝是骗人的把戏。这里要问"中国传统文化陷阱论"的大师们，难道你们觉得横蛮叛逆自己的父母是一种高尚，或者认为子女孝顺你们是一种祸害缺失？毋庸讳言，有正常思维的中国人都会推崇孝道、赞美孝行，只有精神病患者才会觉得孝是枷锁、孝是毒药！

3. 关于"仁"

中国传统文化中的"仁"内涵丰富，主要指的是一种使人诚服的人格魅力。孔子说："夫仁者，己欲立而立人，己欲达而达人。""己所不欲，勿施于人。"这里孔子将"将心比心，推己及人"确立为基本的道德原则，这种原则强调在对他人充分理解的基础上，人与人之间的互爱。孟子说"仁者爱人"，在孟子看来，仁者是充满慈爱之心、满怀爱意的人。所以，"仁"的本质是爱他人。这就可以看出，仁是人性的核心，是人区别于动物的重要标志。这种观点无疑是对的。人类组成了社会，难道不要相互关爱吗？那么，提倡人与人之间讲"仁"，减少矛盾，减少欺骗，减少欺凌，难道反而有错吗？

值得指出的是，西方世界是不讲"仁爱"的。西方强调的是以自我为中心，个性至上，哪里还记得讲什么"仁爱"、爱人。正由于西方世界不讲"仁爱"，所以古罗马雅典的斗兽场内，角斗士们相互之间刀光剑影、你死我活，最后一个个被对手砍倒在地，血肉横飞；一个一个角斗士在与狮虎等猛兽的搏斗中，被猛兽撕扯得四分五裂。罗马帝国的皇帝及贵族官员们却能在这荡漾着恐怖、血泪的惊恐和哀号中乐之、笑之、舞之、掌之。这哪是什么仁爱？简直连半点人性都没有。正由于西方这样把杀人视如割草宰鸡，所以当欧洲人移民到美洲以后，为了剥夺土著印第安人的土地，竟肆无忌惮地大规模屠杀印第安人。英国殖民者甚至利用英国女王的名义，颁布奖励制度：砍一个印第安人的人头，不给钱，剥下头皮领赏。美国开国总统华盛顿亲自砍下印第安人的头后，剥下头皮做成长筒靴。华盛顿满口洁白的牙齿，就是用活活的黑人的牙齿换上去的。美国第三任总统，《独立宣言》起草人之一的托马斯·杰斐逊说："美国人必须追踪并灭绝印第安人。"所以，在西方的确不讲什么"仁者爱人"。那么他们与讲"仁爱"的中国人比区别在哪里呢，这就是他们少了一点人性，多了一点兽性；少了一个"善"字，多了两个字，"吃人"。这样看来，"中国传统文化陷阱论"者认为"仁爱"是缺失，那么兽性倒是美德了。这除了说明他们丧失了良心以外还能说明什么呢？

4.关于"义"

义（義），始见于商代甲骨文，上部是羊，下部是我。意思是像羊一样与人为善；如此，人们把一个人为他人做好事、肯奉献的精神称为义。后来又引申出"仗正道曰义"（见《康熙字典》）。几千年来，义的理念已融化于中华民族的灵魂深处，成为广大中华儿女尤其是仁人志士遵守的一种行为准则。义的举动通常会表现为或是济人之困，解人之危，扶人于难；或是坚持正义，弘扬正气，反对邪恶，反对霸道；或是讲情感，知恩图报，忠诚待人。

千里走单骑是中国古典名著《三国演义》中的一个重要故事情节：关羽与结拜兄长刘备在下邳因兵败失散，关羽陷身曹营，他不为曹操对他的优越待遇所动，坚持一心要找到刘备。当他得知刘备去向后，单人匹马护送刘备的二位夫人，千里寻兄，在途中过五关、斩六将，克服千难万险，最后终于实现了兄弟相会。数年后，曹操在赤壁被蜀吴联军打败。关羽奉命在华容绝道，伏击曹操，他本可以将曹操斩获，但念及曹操当年对他的恩义又刀下留情放走了曹操。关羽的这些忠义之举，深深赢得了中国民众的赞许。他死后忠义故事被民间广为流传，又经历代朝廷褒封，以至被尊为"关圣帝君"，并被推崇为"武圣"而与"文圣"孔子并列于中国圣坛之上。《水浒传》中除暴扶弱的鲁智深，北宋锄奸除邪的包拯，明代清正廉洁的于谦都是义的典范。关羽因其义，人们为其建庙；包公因其义，人们使其入书入剧，而成为为官之范。这就充分说明，仗义为人处事，是中国人民倡导的一种高尚品德，是全社会推崇的一种正义行为标准。正因为推崇义，社会才能举贤良、抨奸凶、除恶扬善、扶正压邪、风清气正，这有利于优化人与人之间的关系，使社会和谐安宁。岂能说，在中国传统伦理道德中义是骗人的把戏。

5. 关于"尊贤为大"

尊贤就是崇尚贤人。中国自古至今把品德高尚、社会声誉良好的人尊称为贤人。全社会则对贤者特别尊重，提倡"见贤思齐焉，见不贤而内自省也"。选择官员力求"选贤任能"。所以"尚贤"同样是中国伦理观的一种价值取向。由于有了这种价值观，能充分发挥一些贤人志士在社会行为中的良好影响力，引领社会发展方向，后人也从先贤的良好德行中，受到激励和正面影响。如屈原、岳飞、文天祥的爱国情怀，范仲淹、李纲的忧民意识，包拯、于谦的正义高洁，诸葛亮的勤政，关羽的重义，董永的行孝，匡衡的好学等高尚精神、优秀品质激励和感染着无数后代人，被效法和学习。故在中华民族中形成了爱国、勤劳、坚韧、高洁、好学的良好风尚，从而有力推动了社会的文明进步。这就说明"尚贤"绝对不应该是中国文化的缺失，它正是中国文化优越之所在，如果说有缺失，尚贤不够才是真正的缺失。一个崇尚贤良的社会比那种良莠不分、是非混淆的社会更文明、更进步，这是不容置疑的。袁文却以中国人崇尚亲情贤人是"不讲平等"而认为中国传统文化比西方文化落后，说出来的确可笑。实际上，难道袁先生不希望自己子孙成为贤者，不希望学生朋友把自己当作贤人来尊重？

这里应该进一步说明的是，平等属于政治法律范畴。它讲的是人们在人格上、政治上、物质上以及在法律面前的权利生来平等，对任何人不应分彼此厚薄。而实际情况是这种平等在西方也是相对的，世界上没有绝对的平等。讲亲情尊贤人，这是伦理道德领域的事，是人们的一种潜意识行为，也是一种良好的社会风尚，与人的政治、经济、法律方面的权利属两个不同的范畴。怎么能说，讲亲情尚贤人，是不讲平等呢？所以"中国传统文化陷阱论"者们，对中国人讲亲情尊贤者的指责，除了说明这些人真的思维有问题以外还能说明什么呢！

14 "必须将个人权利、个人利益放在第一位"吗?

强调个人利益至上和个人意志第一,是"中国传统文化陷阱论"的重要内容。袁伟时教授在他的《中国传统文化的陷阱》一文中认为,中国道德规范之明显不足是,"中国道德观念里群体的利益是第一位的",这是"蔑视个体权利"。在袁文看来,"人要现代化,社会要现代化,都必须将个人权利、个人利益放在第一位"。

尹胜先生在他的文中极力鼓吹:"捍卫个体生命意志,这才是现代文明的真正含义。"所以,他说道:"无论这个国度叫什么,什么文化,什么传统,首先是我们个体生命的自由权利有保障,生存有尊严,才不用管它是什么传统,什么文化,叫什么国度呢!"尹胜叫嚷:"凡损害人的个体利益,损害人的个体尊严,不论你打着什么文化、什么国度、什么传统的旗号,不论你运用什么文化概念,无论你以什么面目出现,都是一种虚伪和野蛮。"

一、袁、尹叫嚣的所谓"个体生命意志"和"个体权利"是教人雾里看花!

大家一看就知,袁伟时先生、尹胜先生在这里鼓吹的所谓"捍卫个体生命的意志""捍卫个体生命的自由权利"就是个人的意志、个人的自由、个人的利益要置于整体和社会之上。社会、国家、组织要绝对服从个人的意志和自由,绝对保证权利的实现。

可笑的是,当袁伟时、尹胜二位,在这里大骂特骂中国传统文化没有将人的个体权利、个体意志放在第一位时,另一位极力诋毁中国传统文化的黄奕锋先生,却在《一篇批判中国的文章》中批评"中国人脑海中就从未接受过任何国家和社会人的概念,换句话说,中国人不了解他们作为社会个体应该对国家和社会所承担的责任和义务"。黄奕锋先生在这里是在骂中国人只看重自己的个体权利,没有对社会履行责任义务!大家这一看就明白了吗?袁、尹二先生是在批判中国文化不看重个体权利,黄先生则与之相反,在批评中国人只看重个体权利。他们三人之说,深深陷入了自相矛盾的泥潭之中!

英国在十四十五世纪农奴制解体过程中,新兴资产阶级和新贵族通过暴力把农民从土地上赶走,强行占有农民的土地及公有地,使之变成资产阶级及新贵族的大牧场、大农场。在这场圈地运动中,的确保障了资产阶级和新贵族占有土地的个体生命意志和个体权利,但保障了农民对土地的个体意志和个体权利吗?

16世纪,欧洲人开辟了横渡大西洋到达美洲和绕道非洲到达印度的新航线。大航海时代到来，由此也兴起了一场令人发指的"黑奴贸易"。欧洲白人进入美洲大陆以后，因为缺乏劳动力去开垦美洲肥沃的土地，生性娇贵的白种人是绝对不会从事这种体力劳动的；于是一些白人奴隶主便从非洲买进黑奴，把其转卖到美洲，以从中获取暴利。在数百年的黑奴贸易中，白人奴隶主从非洲向世界各地，输送了近亿的黑奴劳动力。在这场跨海大贸易中，黑奴被扒光衣服捆住手脚，装进阴暗潮湿的船舱里。有近半数的黑奴因挤在狭小的空间感染了疾病，而被丢入大海喂了鲨鱼。即使有幸熬到了目的地的黑奴，也在暴力逼迫之下，在白人奴隶主的庄园里没死没活地劳动。在这里，白人奴隶主获取暴利的个体意志和个体权利的确得到了保障，但是黑人的个体生命意志和个体权利却被丢到大西洋喂鱼去了！

第二次世界大战期间，希特勒作为极端民族主义者，他在欧洲人的心中，掀起了对犹太人的宗教仇视，从而在欧洲开展了一场惨绝人寰的屠杀犹太人运动。据资料统计有六百万犹太人惨遭杀害。这里要问袁伟时、尹胜先生，希特勒和当时的欧洲人，为什么只想到要保障他们自己的个体生命意志和个体权利？却一丁点也没有想到要保障犹太人的个体生命意志和个体权利呢？

我们还要问问袁伟时先生和尹胜先生，在当今时代的现实生活中有这种绝对的"个体生命意志"和"个体权利"吗？

二位应该知道，大千世界，芸芸众生，各有各的欲望，各有各的利益；官场之上，一把交椅，张三也想坐，李四也想坐；生意场中，一笔赚钱买卖，你也想做，他也想做；小学生上课，家长们都希望自己的小孩坐前几排。请问二位先生，这里每一个人的个体利益，都能放在第一位吗？

我再要问问袁、尹二位先生，如果为了方便一个地方百姓，需要在某一地方建学校，或建医院，或修机场，或高速公路要经过这儿修出口，为此要拆迁张先生的私房，可张先生说这房子是他的祖产祖业，不管你怎么赔偿补损都不能拆。请问二位先生，这里是把这个地方成千上万的百姓们的权利和意志放第一位，坚持建医院，建学校，修高速公路出口，修机场；还是把张先生的个体权利和意志放在第一位，不在这儿建学校、医院、机场，高速公路不在这儿开口子呢？

由此看来，尊敬的袁伟时、尹胜二位先生，你们说什么个体生命意志和个体利益第一，这是想得太天真了吧，世界上这种事能成为普遍吗？这不是雾里看花又是什么呢！

二、骂不贱的珠宝，中国传统文化的个人利益观

下面我们再从理性的角度分析一下个体利益与群体利益的关系，看应不应该、能不能够把个体利益和个体生命意志放在第一位。

人类自从告别了类人猿，开始作为一个富有理性的种群，区别于其他动物生存于世界，就形成了社会。然而人的自然属性实际上来源于动物性。春秋时期的荀子提出了"人性恶"的学说。他认为："好恶、喜怒、哀乐，夫是之谓天情。"按照荀子的观点，

人生来就有欲望，甚至有占有所喜欢物体的贪心。所以宋朝思想家、教育家朱熹提出要"存天理，灭人欲"。朱熹讲的要控制的"人欲"就是指超出人的基本需求的欲望，如私欲、淫欲、贪欲等。明代大思想家王阳明也向弟子们提出要"灭人欲"。这就说明，在先哲们看来，人类社会中如后来袁伟时、尹胜所说的那种所谓绝对的个体生命意志是必须抑制的。当众多的个人对同一客观物体产生了欲望时，如果要保证所谓绝对的个体生命意志和个体权利的实现，那么偷窃、诈骗、掠夺、争斗自然就无法避免了。而最终对绝大多数人来说，所谓个体生命的意志和个体权利也就无法实现了，而且社会还将由此陷入混乱。所以，人类要在赖以生存的社会中安宁地生活，这个社会就必须安全和谐，这就要求每一个社会成员，首先要懂得克制自己欲望的无限膨胀。另外，每个社会成员还要具备一种意识，这就正如黄奕锋先生也看到了的，作为社会的人，应该"了解他们作为社会个体对国家和社会所承担的责任和义务"，同时要求每个社会成员遵守人类在长期生产生活中形成的大家认可的社会规则，维护其群体以至社会的整体利益。这实质是说明人要具备一种区别于其他动物的社会属性。这种社会属性决定了人之所以是社会的人，而不是自然界的一般动物。它不仅使人在群体内能和谐共处，还在于它使人明白人作为社会个体应把承担社会责任、维护群体利益作为自身应负的职责；而且在个人的特殊利益需求与群体以至国家社会利益相矛盾时，它能使人自觉把全局利益放在首位。人只有达到了这种认识，才完全脱离动物属性而具备真正的人性。也只有在社会实践中做到了这点，才能维护社会全局的和谐发展，各社会个体的自身权益才能真正得到保障。所谓"大河有水小河满，大河无水小河干"的事实，非常明显地说明了这个既通俗又天经地义的道理。

人生活在社会中，人与社会、与国家、与组织、与群体的关系，也就是个人和整体的关系。那么，应如何辩证地看待个人利益和整体利益的关系？谁都知道，个体利益与群体利益是一种对立统一的辩证关系。这首先表现在二者是相互依存又相互对立的。个体是构成群体的组成部分，群体是众多个体的有机组合；故众多个体利益的实现有利于群体利益的发展，在这个意义上讲，我们不能忽视个体利益。另一方面，群体是众多个体的有机组合，群体内的各个体之间既互相矛盾又互相联系，作为群体既要处理好自身与各个体之间的利益关系，又要兼顾好广大个体相互之间的利益关系。而每一个个体的发展都有自身特有的个性需求。个体的这种个性需求如果不影响其他广大个体的利益，或与其群体利益基本一致，是应该支持发展的。但如果个体对自身特殊利益的过分追求，影响到其他广大个体的利益，与群体利益就会发生矛盾，在这种情况下，再一味强调放大个体对自己利益的特殊追求，则会严重影响群体和全局的根本利益，而群体或全局根本利益的损害反过来又将对各个个体利益造成损害。所以，从事物发展的整体看，必须要求个体利益服从于群体利益，把群体利益放在首位，这样才能实现群体利益的最大化。这就比如一个旅行团队，游客们有各种不同的爱好。有的喜欢了解地方的历史文化，有的爱游山，有的爱游水，有的则喜欢娱乐体验。故在安排游览这些景点的时间时，必须兼顾各个不同爱好个体的诉求，不能为了照顾喜欢山水的游客减少游览文化景点和娱乐体验的时间。反过来，也不能为了满足喜欢娱乐体验或游览文化景点的游客的爱好，而减少游览山水的时间。同样道理，一个国家的经济实力是靠发展产业增加税收实现的。国家要强盛，就必须对企业征收一定比例的税费以保障国家各项国务活动的正常运转。而企业追求自身的利益，则希望少缴税费甚至全部减免税费为好。如果只强调保障企业利益而该上缴国家的税费不上缴，那么国家的经济利益如何保障，国家的政治、军事、教育、文化、外交等国事活动怎么能正常运转？所以，在兼顾企业利益的同时，必须强调国家利益应置于首位；这是确保国家发展的需要。而当国家健康发展时，生存于其中的企业的根本利益也就得到了保障。这样，不能把个体利益放在首位也就不难理解了。

如果我们再做进一步的分析，发现群体与个体还是相互转化的。在一定条件下，个体（局部）变为了群体（全局），群体（全局）又变成了个体（局部）。所以，二者的关系不能简单理解为，仅仅是单个的人与其所处的组织或团体的关系。在更大的范围内考察，个人与组织、与国家的关系是个体与群体的关系；地方政府与中央政府的关系也是个体与群体、局部与全局的关系；某一国家或地方与作为人类生活共同体的世界的关系，同样是一种放大了的个体与群体、局部与全局、部分与整体的关系。从这个角度考虑，更应强调个体即局部的利益必须服从群体即整体利益。如果置全局利益于不顾，过于强调局部利益，就会严重影响全局，最终倒过来影响局部。如对于一个国家而言，过分强化地方权利，将会出现国力分散、国运不振，甚至四分五裂以至破坏国家整体利益的局面。

在这个问题上，中华民族在历史上有不少沉痛教训。东周时期，周天子统领下的华夏大地，有许多诸侯国。各诸侯国都全力扩张自己的个体权利和势力，导致周王朝朝纲败坏，王朝势力衰落，以致被秦灭六国所代替。西晋时期，司马氏政权内部皇室成员，为扩大自己的个体利益，不顾朝廷大局发生"八王之乱"，导致国力大衰。从304年至439年这130多年间，华夏大地，群雄割据，边疆不保，中原沦陷。北方的黄河流域成为各少数民族的逐鹿之地，直至东晋灭亡时，中原地区仍未收复，国家分裂，出现"五胡十六国"的混乱局面。唐朝实行节度使制度，给予割据地方的节度使过多的政治、军事、经济权利，导致一些节度使过度扩大自己的个体权益以致难以管辖。唐玄宗年代，便发生节度使安禄山及史思明为了继续扩大自己的个体权利举兵反叛的"安史之乱"，严重损伤了大唐的元气。此后，一些地方节度使，同样为了确保自己的个体权利，拥兵自重，不服唐王朝的管辖。唐王朝日益衰落，最终被曾经担任宣武节度使的朱温所推翻。唐王朝灭亡之后，各地节度使纷纷举旗自立，如此，从907年至979年，这70多年间出现了中国历史上再次大分裂的"五代十国"时代。回顾中国历史上这些不光彩的分裂史，这完全是将个体利益放大到超过整体利益带来的恶果。所以纵观中国五千年文明史，国家的统一与相对安定与否，与能否正确处理中央政权与地方政府的权利关系以及国家与民众的权利关系密切相关。执政王朝如果能维护国家整体（群体）利益，同时又兼顾好民众（个体）利益时，国家就安定发展，如"贞观之治""康乾盛世"等。如果只强调整体（王朝）利益忽视个体（民众）利益时，百姓就反抗，历史上的秦末农民起义，汉时的黄巾起义，元末的红巾军起义都属于这种情况。与之相反，如果过于扩大局部（个体）利益，严重损害整体（国家）利益时，国家就会尾大不掉软弱无力，导致一片混乱甚至四分五裂，百姓就难免战火之害。

三、丑陋的理念给人类带来的灭顶灾难

与中国人的行为道德观截然相反，西方世界在对待个人利益与集体利益的态度上，从骨子里主张个体利益应是第一位的。这从西方世界引以为豪的文学作品《荷马史诗》《伊利亚特》对他们极为崇拜的人物阿喀琉斯的形象塑造中就可看出这点。阿喀琉斯是古希腊时期参加希腊征伐特洛伊战争的一个半人半神的英雄。在诗人笔下，他年轻、英俊、勇敢、威猛，力大无穷，所向无敌，在战争中百战百胜。他杀死了特洛伊军队无数英勇善战的将军，包括其主将赫克托耳，使希腊军转败为胜。但他在战争中之所以能不畏死亡奋勇向前，是他把勇敢视为最高荣誉，并把维护自己的尊严与荣耀，看得高于一切。为了维护他个人的尊严和荣耀，他可以置国家利益民族大义于不顾。当希腊军队主帅阿伽门农声言要从他帐下，抢走他心爱的战利品——一个女奴时，他失去理智，如果不是智慧女神雅典娜的制止，他几乎杀死主帅。此后，他不参加战斗，任凭自己的同胞成批死于特洛伊军队的刀剑之下。即使主帅登门谢罪并答应给他更多的战利品，他也无动于衷。阿喀琉斯的自私自利给希腊军队造成了巨大灾难，但他最终却赢得了至高无上的尊严和荣誉，西方把他尊崇为希腊最伟大的民族英雄。西方对阿喀琉斯这一人物形象的塑造，说明了什么呢？它说明了在西方人眼中，个人利益是至高无上的，其他什么国家利益、民族利益、群体利益都在其次；对于个人，无论你怎样自私自利，无论你如何贪得无厌，这既不是丑恶卑鄙，也不是可耻渺小。由此看出，袁伟时先生、尹胜先生批判中国传统文化把群体利益放在第一位，坚持要以个体利益为先，这其实是对西方世界个人利益至上这种自私自利道德观的推崇和景仰！遗憾的是这种价值主张与动物世界对客观存在物体那种原始本能的占有欲望，并没有本质的区别。或者说它恰恰是丧失了人的社会属性，仅保留其自然属性的动物本能的反映。由此可以看出袁、尹二位先生，今天还在宣扬个体利益为先，难免令人耻笑。

放眼世界发展历程，世界文明的发展深受西方这一理念的毒害。本来，地球作为人类共处之地，人类要安宁地生活，就要有一个和谐安宁的世界。这就要求各洲以至各个国家和平共处。所以和平相处，就是世界整体（群体）的根本利益，也是人类进入文明状态的重要标志。这里应指出的是，各民族、各国家自身的个体利益，相对于世界整体利益而言，都应处于服从的次要位置。如果某些国家仅仅为了本国、本民族的个体利益，做出有损于他国根本利益以致影响世界和平的事，都是对世界利益的破坏，都将有害于全人类的发展。欧洲历史上的古希腊城邦诸国，是人类历史上四大文明地之一。公元前499年至公元前450年，古希腊的邻邦波斯帝国，为自身个体利益扩张领土，向希腊开战。从而爆发了世界历史上第一次欧亚两洲国家大规模参与的世界大战。战争最终是希腊取胜，波斯帝国从此一蹶不振。但希波战争结束后，希腊诸城邦国家，又形成了以雅典为首的提洛同盟和以斯巴达为首的伯罗奔尼撒同盟。两个同盟之间为了谋求成为霸主这一自身个体利益，不断发生内战，最终导致了古希腊文明的衰落。世界进入中世纪后，欧洲在罗马天主教的引导下，又发生了由封建领主和骑士以收复阿拉伯人侵占领的土地为名义发动的对地中海东岸的国家的一系列征战，即持续 200 年的十字军东征。这次欧亚两大洲的战争，深刻改变了地中海沿岸的政治格局，还深深影响到当今世界中东地区的局势，给中世纪以至今天的欧亚两洲人民带来了深重的灾难。当资本主义发展到帝国主义的 19 世纪末 20 世纪初，各帝国主义国家为自身个体利益重新瓜分势力范围和争夺世界霸权，又发生了由德意志帝国、奥匈帝国、奥斯曼帝国、保加利亚王国组成的同盟国阵营，针对由大英帝国、法兰西、俄罗斯帝国、意大利王国和美国组成的协约国阵营的欧洲历史上破坏性极强的第一次世界大战。共有 6500 万人卷入了战争，1000多万人丧生，2000 多万人受伤，战争造成了无法估量的经济损失。20 世纪 30 至 40 年代，又发生了由欧洲引起，波及全世界的第二次世界大战。由德国、日本、意大利三个法西斯轴心国和匈牙利、罗马尼亚、保加利亚等仆从国，各自为国家个体利益结盟为一方，以苏联、中国、美国、英国、法国等反法西斯同盟国，为捍卫本国个体利益结盟为另一方。战争范围从欧洲到亚洲，从大西洋到太平洋，先后有 61 个国家和地区、20 亿以上的人口被卷入战争，作战区域达 2200 万平方公里。据不完全统计，战争中军民共伤亡 9000 余万人，5 万亿美元的财富毁于战火。中国人民由于日本帝国主义的侵略遭受了 14 年战火之苦，不仅严重阻碍了中国社会的经济发展，还使上千万百姓流离失所，数千万军民在炮火中丧生。由此可以看出，一部西方社会史，就是一部弱肉强食、以大吞小的战争史，是一部用千千万万平民百姓的血泪，书写帝王及少数贵族骑士"辉煌"人生的辛酸史！这正是西方一些霸道国家，奉行不以损人利己为耻的个体利益至上价值观，演出的一部血洗世界的历史悲剧！

由此看来，因推崇个体利益至上必然导致损人利己的西方伦理观，竟然还有袁伟时、尹胜等人为其大唱赞歌，这真有点令人百思不得其解了。

四、混淆是非的逻辑

对比中国与西方两种截然相反的个体利益观，可以看出，中国传统文化坚持群体利益先于个体利益的道德价值取向，正是中国文化对西方个体利益至上价值观的一种重要超越，这一理念也可说是东方比西方思想更文明的重要证据。中国几千年历史中，除春秋战国，魏晋南北朝，五代十国，宋朝时期宋、辽、西夏、金国并立等那么几个短暂混乱时代国家分裂外，中国在相当长时期内是统一稳定的。中国总体上不至于像欧洲那样邦国争利，战火不断，生灵涂炭。这与中国文化推崇整体利益先于局部利益、群体利益先于个体利益的伦理价值取向有很大关系。然而袁、尹二位先生却对中国文化这一文明价值观加以指责否定；相反，导致西方世界那样邦国之间为各自利益不顾道义残酷争斗、危害百姓的个体利益至上的价值观，袁伟时、尹胜之流却这么信奉倍加，推崇备至。这完全是颠倒黑白，混淆是非，是搞乱国人思想的腐蚀剂。

至于尹胜先生提出的，所谓现代文明的真正含义就是"捍卫个体生命意志"，就是"我们个体生命的自由权利有保障，生存有尊严"，这种说法似是而非。大家知道，文明是对野蛮的否定。现代文明应该是文明发展到现阶段呈现出的先进社会形态，包括现代化的工业和农业、现代化的科学技术、现代化的国防、现代化的教育卫生体系，还包括能体现全国广大人民群众意志，实现广大人民群众根本利益的政治法律制度和被人民大众所认同的先进的道德及思想理念等。至于个体的权利和意志，当它不与人民大众及国家的利益相冲突之时，当然应在保障之列，但如果它有损于人民大众和国家的利益，则不应予以保障。试想，对那些自私自利、害人利己、败坏社会公德，甚至损坏国家利益、毁坏国家声誉、伤害民族情感的不法分子的所作所为，如偷盗、拐骗、贩毒、涉黑、造假、插足别人家庭、破坏生态环境、出卖国家机密、为外国人当枪手、诬蔑攻击国家的所谓个体自由权利和个体生命意志，难道国家还要使用政治、经济、法律、科技等现代文明手段去保护吗？尹胜先生想过没有，当你保护了贩毒者的个体权利，你就损害了广大民众健康生存的权利。当你保护了生态环境破坏者个体生命的意志，你就损害了广大人民群众要求享受绿水青山的意志。所以，尹胜先生笼统地提出现代文明的真正含义，就是捍卫个体的自由权利，这是经不起推敲的，是极不科学的。

袁伟时先生在前面说到的晚清时期，有些企业"只准公家办，不准私人办"，认为这是限制个人财产权的实现，这一观点也是难以成立的。因为从古到今，从东方到西方，都有国家为了控制财源直接办企业的做法。在西方，国家资本主义更是一种普遍的经济形式，国家利益优先同样是西方的通用法则。故不能根据国家对某些产业生产实行垄断式管理，就此得出中国传统文化限制个体财产权的结论。

说来说去，个体利益个体意志至高无上的观点，其自私、其丑恶、其狭隘不是十分明显了吗？不能让这种观点再危害社会，毒害人民了，把它抛到垃圾堆里去吧！

15 中国文化不该重义轻利吗?

袁伟时先生在《中国传统文化的陷阱》网文中认为,中国人的"道德规范有明显不足","首先是重义轻利"。在袁看来,"人性本身是追求利的",重义轻利的思想不利于人性的发挥,这是明显不足。

那么中国人的"重义轻利"到底该不该呢?

一、"人,一半是天使,一半是野兽",
社会不"重义轻利"行吗?

理论界认为,义是指某种特定的伦理规范、道德原则,也包含人的行为的理由;利是指人为维持生存必须获得的物质和精神利益。人们要生存,社会要发展,首先必须获取物质利益;在物质利益满足以后,同样追求获取政治利益和精神享受。人们依据什么道德标准,用何种手段,从自然界和社会去获取这些利益呢?这就是义利观要解决的问题。所以,如何对待义利是事关人类社会能否安宁和谐的重要原则问题。

人类社会古往今来,在义利这个问题上存在着两种根本对立的观点。分歧的关键是义在先还是利在先。西方文化的基本特征是个人主义。个人利益至上是西方人的根本信条。所以西方人旗帜鲜明地主张利在前义在后,为了自身的利益,可以不顾道义赤裸裸掠夺他人之物。在古代西方,强势国家为了自身的利益,可以不需要任何理由去夺取邻国或其他弱小国家的领土和财富,成为常态。这就足以说明在西方文化中谋利是可以不讲道义的。

中国文化则不同,中国文化一方面肯定人们在合乎道德规范的前提下,获取利益的合理性,同时强调人的行为必须合乎道义,人必须在符合伦理道德的前提下,去追求物质或精神及政治利益。孔子说,"子罕言利",孔子甚至认为守义重于谋利,不能把二者等量齐观。他强调"义以为上""义以为质"。孔子把对待义利的态度作为评价人的道德高度的标准,他说:"君子喻于义,小人喻于利。"认为有道德的人,在现实生活中务必做到"见利思义""先义后利""以利从义""舍利取义"。孟子也认为,不义之利"不苟得",意即人不能获取不合道义的利益。当人的行为在义与利之间发生严重对立冲突时,为了坚持正义甚至应舍生取义。他说:"生,亦我所欲也;义,亦我所欲也。二者不可得兼,舍生而取义者也。"

中国古代的这种义利观对整个民族产生了深远影响。所以,中国推崇人的社会行为要坚守道义,在处理人与社会的关系上要"克己"。如朱熹提倡的"存天理、灭人欲",

反对超出本分及自身需求而损害他人的贪婪。提倡人的行为，要讲大局，守规矩，个人利益服从于整体利益、局部利益服从于全局利益。这种重义"克己"的文化理念，克服了以个人利益为核心，突显个性自由，视个体及局部利益重于群体全局利益的私利观，以及避免了由重利轻义的文化理念带来的为了满足私欲，可以不顾道义，不讲公理，不择手段，为所欲为，甚至刀兵相见的天下大乱。故中国社会几千年来，没有欧洲那么多你夺我抢、攻城略地、战火纷飞、分合无序的情况。中国社会几千年，除了十来次王朝更替与几次少数民族和地方武装割据混战外，基本保持了社会的有序与稳定。

中国古代先贤之所以强调重义轻利是基于对人性的一种实事求是的认识——人性是社会性和生物性的统一，无论是孟子的性善论还是荀子的性恶论都承认这一点。人首先是生物，人为了生存需要会使自身的各种欲望得到满足。人在满足欲望的过程中，难免与社会其他成员的利益发生矛盾，所以动物界的弱肉强食法则在人类社会也难以完全避免，这是自然界与人类社会发展不可避免的客观规律。这样人在实现自己的欲望时，就有可能出现两种情况，或者说是用两种手段。一种情况就是只顾私欲不顾道义，不管他人及社会的利益，巧取强夺，这就是把人的动物兽性充分予以发挥；另一种情况就是突出人的社会性的一面，讲究道义，坚守社会规则，在兼顾社会和他人的利益的同时，合理合法地谋取自己的利益，有时甚至不求任何私利去服务他人和社会。所以世界上任何一个人，既有动物兽性的一面，又有社会性的一面。正是在这个意义上，人是野兽和天使的综合体现。所以恩格斯说："人，一半是天使，一半是野兽。"对于这一点，袁伟时也有相同的认识。他说"人性本身是追求利的"。然而社会又是由千千万万的个体组成的共同体，人们为了获得自身在生理情感及物质方面的满足，会采取一些行为手段，这些行为手段，只有合乎社会规范伦理道德，才不会危及他人的利益，才不会造成社会混乱。如果为了达到自身或集团利益的最大化而不择手段，为所欲为，那么就有可能突破道德法律及良心的底线，以致危害他人利益。严重时还会造成社会动乱，甚至国家危亡。如强盗拦路抢劫，或穿窗入户盗窃行凶就属这种情况。春秋战国时期，各诸侯国之间的弱肉强食，以大欺小；秦汉时期，匈奴对中华的侵略；魏晋时期的"五胡乱华"；唐朝的"安史之乱"；明朝时期的倭寇侵犯东南沿海；晚清时期，西方列强对中国的多次侵略；20世纪的日本侵略中国，美国侵略朝鲜、越南；等等，同样属于这种不顾道义只顾私利的情况。所以无论是对于个人还是群体甚至国家，在处理公共关系上，必须强调重义轻利，使人们的行为合乎国家规则、社会伦理和道德规范。这就说明中国人强调重义轻利的思想，是建立在对人的本性实事求是分析的客观基础之上。

千百年来，正是这种义利文化影响着广大中华儿女处理各种社会关系。不谋不义之财，不行不义之事，成为一种美德。春秋时，宋国司城子罕清正廉洁。有人得到一块宝玉，请人鉴定以后拿去献给子罕，子罕拒不接受。他说："您以宝石为宝，我以不贪为宝，如果我接受了您的玉，那我们俩就都失去了自己的宝物，倒不如我们各有其宝呢。"古代的劳动人民也以通过勤奋劳动或正常商贾获取财富为合情合理，以通过偷盗骗贪等手段发财为不义。《三国演义》中《美髯公千里走单骑，汉寿侯五关斩六将》这一章记叙了关羽拒绝曹操对他的高官厚禄的引诱，千里护送义兄刘备的夫人与落难中的刘备团聚的仗义行为。后人高度评价关羽此举是"拼将一死酬知己，致令千秋仰义名"。中国古代甚至国与国之间、不同政治军事势力之间开战，也得要有正当理由，即要师出有名；师出无名为不义之战。至于战争过程中的设伏偷袭，则是战略战术上的智慧而已。如三国赤壁大战之前，曹操以奉汉朝皇帝之命征伐叛逆之罪的名义，派人给东吴孙权下战书："近者奉辞伐罪，旌麾南指，刘琮束手。今治水军八十万众，方与将军会猎于吴。"晚清曾国藩组建湘军进攻太平军，是以捍卫中华传统文化精髓孔孟道义的名义出兵。正因为有了无理谋利会失去公理和人心的顾虑，这在很大程度上制约了某些人违背公理谋取最大私利的行为。如湘军征伐太平军打下南京后，湘军成为晚清皇朝旗下几乎是唯一的一支劲旅，声振天下。不少汉族知识分子尤其是包括曾国藩弟弟曾国荃在内的湘军上层将领，蠢蠢欲动，劝曾国藩换旗反清。曾国藩却始终不愿跨越忠君这一传统伦理道德观的底线而没有出现这种行为，避免了继太平天国之后又马上发生内战之害。这说明中华传统重义轻利的观念，从道德伦理上有利于维系华夏民族的稳定发展，是中华文明之所以五千年薪火相传的又一重要原因。

尤其值得一提的是，由于中国人强调义，故在处理与他国的关系上，尽管中国在亚欧大陆属泱泱大国，处于中心地位，历史上，由汉人主政的中央朝廷总体上是坚持礼义为先的，很少发动对周边国家的战争，做到了不无故伤害他国利益。元朝时期，虽然发动了几次以扩大版图为目的的西征，兵力先后远达伊拉克、伊朗、印度、钦察、俄罗斯、匈牙利、波兰、叙利亚、埃及等国家，但这是个例，并不能否定以汉文化为主体的中华传统文化，几千年来重义轻利这种价值取向。20世纪初，世界著名的和平主义者，英国大哲学家罗素就称赞奉行儒文化的中华民族，是热爱和平的民族。他说："中国从来没有像西方国家那样，强迫别人接受自己的文化，中国统治别人的欲望明显比白人弱得多，中国人的天性、态度是宽容和友好，以礼待人并望得到回报。中国人的这种理念不能不归因于中国重义、守序、克己的文化元素潜移默化的深度影响。"

就是在今天，中国经济飞速发展，国力日益提升，在世界上的大国地位已无人质疑。我国在处理同包括社会主义国家在内的世界各国的关系时，始终奉行中华人民共和国建国初期，周恩来总理提出的独立自主的和平外交政策，坚持"互相尊重主权和领土完整，互不侵犯，互不干涉内政，平等互利，和平共处"这五项原则。1974年，邓小平在联合国大会上还向世界宣告，"中国永远不称霸，永远不做超级大国"。2015年9月3日，在中国人民抗日战争暨世界反法西斯战争胜利70周年纪念大会上，习近平又庄严宣告："无论发展到哪一步，中国都永远不称霸，永远不搞扩张。"中国这种友好处理与世界各国关系的主张，深得世界人民的赞同与敬佩。实际上，这种外交政策的制定与中国人几千年来，始终遵循义在利先的伦理道德观是分不开的。

二、狼性险恶，重利轻义祸害世界

与中国人的义利观相反，西方主张重利轻义。袁文甚至说这正是西方文化优越于中国文化之所在。到底应怎么看西方这种义利观呢？明眼人一看就明白，重利轻义，这是狼性，即一种能吃人的秉性。重利轻义就是不必顾及道德礼义为自身谋取利益，是抢劫掠夺欺诈的代名词，是唯利是图的露骨表述，这也是以自我为核心的剥削阶级价值观的集中体现。这种理念支配下，无论是个人、团体还是国家，为了获得自身利益，都可以不择手段，为所欲为。正是由于这种理念支配，西方历史上，国与国之间为争夺领土与利益，几乎从未间断过血与火的拼杀。一部西方历史，几乎就是违背道义内部争权夺利，对外以占领他国领土、掠夺他国财物为目标的战争史。

从公元前600多年开始，位于伊朗高原的波斯王国，通过一系列战争扩大版图，首先征服了西亚，后经过几代国王的征伐，到公元前571年，国力达到全盛，成为历史上第一个横跨亚欧非大陆，治下领土面积最大，人口涵盖腓尼基人、犹太人、亚述人的大帝国。但公元前330年，波斯帝国被亚历山大帝国所灭。而亚历山大帝国，开始仅是古希腊衰落后，存在于希腊半岛上的一个小国家，后经过腓特烈和亚历山大两代国王治理，击败波斯，成为历史上第二个地跨欧亚非三大洲的大帝国。

罗马时代是西方历史上最辉煌的时代，西方人甚至因罗马的辉煌而骄傲。实际上罗马也是因不讲道义而生，最终又灭亡于违背道义。公元前753年，意大利中部地区的拉丁人中的一支始建了罗马城，罗马城邦开始进入王政时代，初期有4任国王，是由罗马人担任。之后罗马城邦被近邻意大利北部的埃特鲁斯坎人占领。直到公元前509年，罗马人奋起反抗，夺回了政权。从公元前509年至公元前27年，罗马改为实行共和制，建立了罗马共和国。这400多年间，罗马大力对外扩张领土。公元前396年，攻陷埃特鲁斯坎人的维爱城，将领土扩大一倍。公元前343年至公元前280年，罗马通过三次艰苦的萨莫奈战争，夺得埃特鲁斯坎人的领土，从而控制了意大利中部。公元前282年至公元前265年，罗马又对南部希腊人开战，并取得胜利，从而几乎占领了全部意大利。公元前264年至公元前146年，罗马又消灭了北非强国迦太基并占领其全部领土。公元前215年至公元前168年，罗马征服了东地中海的马其顿王国及其统辖下的希腊。公元前192年至公元前188年，罗马征服叙利亚，兼并了小亚细亚地区。至1世纪，罗马已远远超出了一个城邦国家的范围，成为一个环地中海的多民族、多宗教、多语言、多文化的大国。公元前27年，元老院授予盖乌斯·屋大维"奥古斯都"称号，罗马由此进入了帝国时代。二世纪，罗马达到极盛，经济空前繁荣。这样，罗马由亚平宁半岛中部一个又穷又小的城邦国家，通过不间断地以开疆拓土聚财为目的，向周边民族、国家发起征战，最终把本国扩大成为一个雄踞欧亚两大洲，以地中海为内海，控制大约500万平方公里领土，包含了今天的意大利、法国、英国、西班牙、马其顿、希腊、土耳其、伊拉克、匈牙利等40多个国家版图在内的强大帝国。

然而不讲道义的行为也导致了罗马帝国的衰落。这首先由于罗马帝国统治者内部争权夺利的斗争越来越激烈。今天立一个皇帝，明天又被杀掉，成了常态。在235年以后的50年中，竟换了10个皇帝。284年，罗马皇帝卡鲁斯率军远征波斯，大获全胜后在回师途中神秘死亡，随军远征的皇帝之子即位后，在一个月后又遭到暗杀。近卫军长官阿培尔下令封锁皇帝死亡消息，引起了近卫军队长戴克里先的怀疑，戴克里先揭发了阿培尔连杀两位皇帝的罪行,他杀了阿培尔,平定了近卫军的叛乱,并被士兵拥立为新一任罗马皇帝。戴克里先退位后,罗马日益走向衰落。395 年,时任罗马皇帝狄奥多西一世,将帝国分给两个儿子,实行东罗马与西罗马分治,从此罗马帝国再未统一过。在罗马帝国陷入混乱之际,东方日耳曼人中的哥特人为了扩张领土和掠夺财富,发起了对罗马的进攻。统率这支大军的是哥特人中最有名的勇士阿拉里克。他出征前对妻子许愿说:"我要打进罗马,让城里的贵妇给你做奴婢,把她们的财富给你做礼物。"这充分说明了哥特人发起这场战争同样不讲道义。不以抢劫为耻,反以为荣。408 年,阿拉里克再一次率领军队向罗马进攻,逼迫罗马进献黄金 5000 磅,白银 3000 磅,绸料 4000 块,皮革 3000 张,胡椒 3000 磅。罗马人为了凑足这 5000 磅黄金,甚至将国内的金质神像都熔化了。476 年,日耳曼人奥多亚克最终废黜西罗马皇帝,西罗马帝国灭亡。

欧洲中世纪从 1096 年至 1291 年,信奉基督教的欧洲人,组织十字军东征,与西亚地区地中海东岸伊斯兰国家,进行了旷日持久的战争。这场战争发生前,塞尔柱突厥在安纳托利亚,对信奉基督教的拜占庭帝国发起军事侵略,在取得军事胜利时对基督教徒进行大肆屠杀掠夺。拜占庭被迫向西欧的基督国家求助。在罗马天主教教皇准许下,由西欧的封建领主和骑士主导,以收复被穆斯林占领的基督国家失地为借口,向地中海东岸伊斯兰教、东正教阿拉伯国家发起东征。东征共进行了九次,持续两百多年。通过这九场世界性战争,罗马天主教势力占领了伊斯兰教统治的西亚地区,并重新建立了一些基督教国家。同时,欧洲人也从西亚穆斯林手中,夺得了大量的财富。大批大批的穆斯林惨遭杀害。所以,十字军东征也是一次失去道义的世界性战争。

那么被称为近代文明象征的西方资本主义,又是如何处理义利关系并发展起来的呢?

对西方资本主义作了深刻剖析的马克思对此有个经典论述:"资本主义来到世间,从头到脚,每个毛孔都滴着血和肮脏的东西。"西方资本主义产生于 14 世纪末 15 世纪初地中海沿岸一些城市。虽然最早是通过小商品经济及商人之间发放高利贷而萌芽,但真正的资本原始积累过程就是征服、奴役、掠夺、杀戮的过程,是资本过度剥削劳动,资本家利用暴力剥夺农民的土地,列强对弱国进行残忍的殖民掠夺的代名词。在自由竞争时代,西方列强用坚船利炮在世界范围开辟殖民地,通过贩卖奴隶、贩卖鸦片及各种非正常手段掠夺财产和资源,积累资本。例如此阶段的英国,其殖民掠夺之手伸及全世界,以至自吹为"日不落帝国"。中英鸦片战争后,中国沦为西方列强的半殖民地,西方通过一系列不平等条约,迫使清政府赔款达 13 亿多两白银。资本主义发展到垄断阶段后,为了按其势力重新瓜分世界市场,发起两次世界大战。二战以后,以美国为首的西方,利用之前积累的巨大财富优势,通过不平等交换、资本输出、技术垄断以及债务盘剥等手段,变本加厉地剥削和掠夺发展中国家的资源和财富。就是在当今世界,西方发达国家仍通过它们在经济结构和贸易、科技、金融等领域的优势,在经济全球化进程中谋取最大利益,致使发展中国家长期遭受被剥削掠夺之苦。

上述这些说明了什么呢?这充分说明了西方世界的最初发展史,是一部违背伦理道德、不讲良心与正义、充满了罪恶与血泪的历史。而且当今世界动荡不安,战火不断,这正是西方重利轻义这棵长满棘刺之树结出的苦果。这又从反面证明，只要世界上国家之间有大与小、民族之间有强与弱之分，人与人之间知识有多与寡、能力有大与小、地位有高与低之别，就必须推崇义在利先。只有这样，人类才不会失去人性的光辉，社会才不会失去秩序的保障。如果一味强调重利轻义，那无疑是人类向动物的退化，是文明向野蛮的屈服，社会也将由此陷入混乱。

从中国社会当前思想意识领域的实际情况来看，更应大力提倡全社会继续发扬义在利先的优良传统。近几十年来，随着对外开放以及对中国优秀传统文化的过度否定，剥削阶级的唯利是图、见利忘义、金钱至上的价值观，在相当大一部分国人中得以蔓延。近几年发生的苏丹红咸鸭蛋、三聚氰胺毒奶粉、地沟油、瘦肉精等食品安全事件，商业贸易中的短斤少两、以次充好，基础设施建设中的豆腐渣工程，领导干部中的贪污腐败，等等，这些都是剥削阶级重利轻义的价值观泛滥的体现，是伴随着"中国传统文化陷阱论"鼓吹重利轻义而结出的恶果。这种观念对国民之危害的确不可低估。

现在，"重义轻利"的先进性及必要性与"中国传统文化陷阱论"鼓吹的"重利轻义"的丑恶性和不可行性，已经非常清晰地摆在我们面前。其是与非、优与劣，已经一目了然！可以看出，"中国传统文化陷阱论"赞赏的"重利轻义"的伦理观，完全是一剂祸国殃民的毒药，把它扫进垃圾堆去吧！

16 "四书五经"使科学技术"没有办法发展"吗?

袁伟时先生在《中国传统文化的陷阱》网文中认为,"在中国你懂'四书五经'……就可以考取科举和做官",由此他认为古代的中国"科学当然没有办法发展"。他还说,在中国古代,"各种是非标准按照圣人的话来判断……在这样的环境下怎能产生现代科学"。袁先生这两段话的实质,就是认为中国古代推崇孔孟之道,压抑了科学技术的发展,或者说中国传统社会没有发展科学技术的社会环境。而且学术界甚至社会上,也有不少人误信了这种论点。然而一旦我们对中国传统社会的社会状况作点简单分析,就可以发现这种论点,同样似是而非,难以成立!

一、大道向天,各走一边,"四书五经"何以能阻止科学技术的发展?

中国古代的"四书",指的是由南宋理学家朱熹汇编并根据自己的理解做了注释的《大学》《中庸》《论语》《孟子》四部著作。"五经"指的是《诗经》《尚书》《礼记》《周易》《春秋》五书。"四书五经"就是这几部儒家经典著作的合称。这些著作记载了中国早期思想文化发展史上政治、军事、外交、文化等各方面的史实资料以及孔孟等思想家的重要思想。袁伟时先生这里所指的"圣人的话"也是儒家的这些经典论述。后来,南宋朝廷将朱熹所编并注释的"四书"定为官书。元代延祐年间(1314—1320)恢复科举考试,明确把考试出题范围限制在朱熹注的"四书"之内。明清两代,也延续了元代这一做法,还衍出了"八股文"考试制度,规定考试的题目不能超出"四书"的范围。

古代推崇"四书五经"究竟对科学技术的发展有多大负面影响呢?我们稍微作点分析便可知道,"四书五经"并不是如"中国传统文化陷阱论"的先生们宣扬的那样,严重阻碍科学技术的发展。

第一,"四书五经"中并没有反对和限制发展科学技术的内容。"四书五经"讲述的主要是处理人际关系与社会关系等政治伦理道德问题,核心内容是宣扬儒家关于如何"修身、齐家、治国、平天下"的一些理念,即忠、孝、仁、义、礼、智、信、廉、耻等方面的规范。如《大学》中说:"大学之道,在明明德,在亲民,在止于至善","古之欲明明德于天下者,先治其国;欲治其国者,先齐其家;欲齐其家者,先修其身;欲修其身者,先正其心;欲正其心者,先诚其意"。孔子在《论语》中说:"学而时习之,不亦说乎?有朋自远方来,不亦乐乎?人不知而不愠,不亦君子乎!"《孟子》中提倡

"民为贵，社稷次之，君为轻"。《中庸》写道："故君子慎其独也，喜怒哀乐之未发，谓之中。发而皆中节，谓之和。中也者，天下之大本也；和也者，天下之达道也。致中和，天地位焉，万物育焉。"从以上这些论述完全可以看出，"四书五经"阐述的，是规范人的社会行为的内容。"四书五经"的基本思想与处理人与自然关系的科学技术，是两个完全不同的领域。而且"四书五经"没有明确规定，中国古代的知识分子或普通民众，不能涉足科学技术，也没有限制人们对自然界的探索。因此，推崇"四书五经"怎么可能完全扼杀科学技术的发展呢？袁伟时先生认为中国古代推崇"四书五经"，"在这样的状况下，科学当然没有办法发展起来"之说，完全是一种似是而非的假设，难以避免有杜撰与捏造之嫌。

第二，自汉代开始的"独尊儒术"及对"四书五经"的推崇，并没有阻止中国先人们对人类社会与自然奥秘的探索和对其他文化领域的开拓。自汉代开始提倡独尊儒术到从元代开始规定以"四书"作为科举考试内容，这虽然在整个社会树立了儒学的正统地位，也极大地促进了儒学的传播，但这并不等于历朝历代的知识分子，真的就会把他们自己彻底禁锢于孔孟儒学的"四书五经"之内。

比如东汉时期的张衡（78—139），学习爱好广泛，既熟悉"五经"，又通六艺，而且还喜欢研究数学、天文、地理和机械制造等，是我国历史上有名的伟大的天文学家、数学家、发明家、地理学家、文学家。张衡青年时期在诗歌、辞赋、散文等方面也很有成就，他与当时的司马相如、扬雄、班固并称为汉赋四大家。由于国家太平日久，官府奢靡之风甚浓，张衡殚精竭思十年，创作成《二京赋》以讽谏朝廷。《二京赋》和他的《归田赋》在当时影响很大。张衡在个人修养方面受儒家的思想影响很深。汉和帝永元（89—105）年间，他被推举为孝廉，但他没有接受，官府几次征召也没有到任。后来朝中大将军邓骘欣赏张衡的才华，又多次召他入朝为官，张衡一直不接受征召。在哲学思想领域，张衡在《灵宪》一书中，阐述了天体演化思想，同时继承了《易经》中的"阴""阳"两个基本哲学范畴。他的宇宙观不是僵化的而是发展的，闪烁着朴素的唯物论和辩证法的光芒，在我国古代的哲学界产生了广泛的影响。111年，张衡被朝廷公车特征进京，任郎中，再升任太史令。133年，升侍中；136年，外调任河间相；晚年又入朝任尚书。他专心于机械、天文、阴阳、历法的研究。在天文学方面著有《灵宪》《浑天仪图注》，在数学方面著有《算罔论》等专著，并于132年制作了能测定地震方位的精密铜制仪器浑天仪、地动仪，是东汉中期浑天说的代表人物之一，被后人誉为"木圣"（科圣）。由于他的贡献突出，联合国天文组织于1970年，将月球背面的一个环形山；命名为"张衡环形山"；又于1977年，将太阳系中的1802号小行星，命名为"张衡星"。2003年，国际小行星中心为纪念张衡及其诞生地河南南阳，将小行星9092命名为"南阳"。从张衡的经历看出，他不仅在科学技术方面有特殊贡献，而且在哲学、文学方面也有突出成就。在他的身上充分体现出学习"四书五经"、爱好文学、研究哲学与从事科学技术研究完全不矛盾。

第三，虽然从汉代开始就提出了要"独尊儒术"，但实际上在当时乃至以后，都没有阻止住其他思想流派的发展。如道家，作为春秋战国时期"百家争鸣"中的一家，在不断的发展过程中，其众多的哲学家被源于春秋战国时期崇拜诸多神明的原生宗教方仙道所神化，道家也逐步向宗教方面演变。汉朝后期，产生了正式的道教教团，四川的天师道奉老子为太上老君。到南北朝时期，道教宗教形式逐渐完善。唐代道教有了进一步的发展，老子被尊封为大道元阙圣祖太上玄元皇帝。这样一来，道教在中国古代宗教信仰的基础上，承袭了方仙道、黄老道、民间天神信仰等大部分宗教观念和修持方法，逐步形成了以"道"作为最高信仰，以太上老君为教主，以老子的《道德经》等为修仙境界经典，追求修炼成神仙的一种中国本土宗教。正是在大力推崇儒学期间，佛教在中国也经历了从无到有的过程并得到了极大的发展。东汉永平七年，即 64 年，印度佛教开始传入中国。68 年，中国修建了第一座佛寺白马寺，这是印度佛教传入中国后建成的第一座官办寺院。从印度驮经像来华的迦叶摩腾与竺法兰两位印度僧人合译的《四十二章经》成为中国第一部汉译佛经。经过长期的流传发展，印度佛教被发展成为现在具有中国民族特色的中国佛教。春秋时期孙武、司马穰苴，战国孙膑、吴起等人的兵家思想，也在后世得到了广泛流传，并且深深影响着军事领域的知识将领们。如战国晚期赵国的赵括、三国时期蜀国的马谡都以精通兵书而著称。春秋战国时期，商鞅、申不害、慎到、韩非等法家推崇的运用法度治理国家的思想，尤其是"不法古""王子犯法与庶民同罪"的理念，更是长期影响着中国封建社会直至今天的历史进程。"独尊儒术"对古代中国文学的发展也没有造成多大影响。在汉赋的基础上，后来的文人学子们又创造了唐诗、宋词、元曲、小说等新文学体裁。这些新的文学形式，虽然深深打上了儒学思想的烙印，但与"四书五经"毕竟有明显的区别，深深影响着中国广大民众。从思想领域看，先秦儒学思想体系本身也随着时代的推移而不断发展变化。如北宋周敦颐的理学思想虽然整体上属于儒学体系，但他又提出了许多新问题，作出了许多新论断，从而把孔孟儒学向前推进了一大步。他提出的无极、太极、阴阳、五行、动静、主静、至诚、无欲、顺化等理学基本概念，构成理学范畴体系的重要内容，他本人也成为两宋理学的开山祖师。经过邵雍、张载、程颢、程颐、朱熹等理学家的发展，两宋理学发展成为一种集儒、佛、道思想为一体，以"理"作为产生万物的基本概念，既贯通宇宙自然和人生命运，又能治国理政的新儒学哲学思想体系。而明代王阳明创立的以"致良知"为宗旨的心学，充分强调生命的过程，把中国圣人的学问进一步推向"哲学化"，成为一种与朱熹的理学分庭抗礼的儒学新学派。

上述内容充分说明，即使汉代董仲舒提出要"独尊儒术"，但实际情况是中国思想文化领域并未达到儒学一统天下的程度。这表现为思想文化领域不是一潭死水，而是源头、主流、支流、暗流并存，水面波涛平静而漩涡处处涌动。这种状况丝毫不会限制中国古代具有科学技术发展的社会历史环境。

二、并驾齐驱，中国历史上"四书五经"的
盛行与科学技术的发展

从中国历史发展的实际情况看，尊崇以儒学为主体的"四书五经"与发展科学技术

同步迈进，并驾齐驱。

汉武帝元光元年，即公元前 134 年，董仲舒（前 179—前 104）作为西汉的政治家、思想家、教育家，他向汉武帝提出"推明孔氏，抑黜百家"的主张，被汉武帝所采纳，从而使儒学成为中国社会的正统思想。但董仲舒提出的这一主张并未将科学技术排斥在外。董仲舒在应答汉武帝下诏征求治国方略的《举贤良对策》中对"推明孔氏，抑黜百家"的细致解说是："诸不在六艺之科、孔子之术者皆绝其道，勿使并进。"董仲舒这句话的意思是，凡不是在六艺之列和不符合孔子思想的其他教派学说都不允许它流传发展。这就可以看出，董仲舒主张并被汉武帝采纳的罢黜百家是不包括"六艺"和"孔子之术"的，也就是说"独尊儒术"并不否定传承发扬"六艺"。这里的"六艺"是什么？"六艺"首先指的是始于公元前 1046 年的周王朝的一种贵族教育体系，即要求学生掌握的六种基本才能，包括礼、乐、射、御、书、数。其中，礼是讲礼节；乐是讲音乐；射是讲射箭技术；御是讲驾驶马车的技能；书是指包含书法、识字、作文在内的书写；数是数术，即计算数学的技术。汉朝以后，儒家的"六经"即《诗》《书》《礼》《乐》《易》《春秋》这六种儒家经书，也称"六艺"。董仲舒在《举贤良对策》中，把"六艺之科"与"孔子之术"并列同时提出。这就说明，董仲舒这里说的"六艺"并不是指儒家的《诗》《书》《礼》《乐》《易》《春秋》"六经"，而是周朝以后推崇的士大夫们应掌握的礼、乐、射、御、书、数六种基本能力。这就可以看出，汉时的罢黜百家并没有规定要压制包括在"射""御""数"之中的科学技术的发展。

从汉武帝"独尊儒术"后的实际情况看，两汉时期正是我国科学技术史上的辉煌时期。汉武帝在公元前 134 年提出"独尊儒术"的同时，还在全国实行了对践行儒学思想具有重大作用的"举孝廉"官吏选任制度，规定以"孝顺亲长，廉能正直"作为选拔官吏的标准。尽管汉武帝从理论到实践都在尊儒，但一些科学技术的重大发现发明也是在这一时期，有些甚至是在皇帝身边产生的。公元前 1 世纪，中国最古老的天文学和数学著作《周髀算经》问世。这本书在数学上的主要成就，是介绍了勾股定理。同时，这本书又用最简便可行的方法确定天文历法，解释日月星辰的运行规律，包括四季更替，气候变化，包含南北有极、昼夜相推的道理，给后来人们的生活作息提供了方便和指导。这一时期内，数学领域的杰作《九章算术》问世。该书是对战国、秦、汉等古代社会时期创立并巩固的数学知识和学问的总结，列有分数四则运算、今有术（西方称双设法）、开平方与开立方，包括二次方程数值解法、盈不足术（西方称三率法）、各种面积和体积公式、线数方程组解法、正负数运算的加减法则、勾股形解法，特别是勾股定理和求勾股数的方法等筹算方法，形成了一个以筹算为中心的与古希腊数学完全不同的独立体系。中国大约在公元前 100 年发明了曲柄，用于转动石磨。这一发明与后来发明的连杆一起使活塞的往复运动转为旋转运动，成为 1800 年后英国发明家瓦特发明的蒸汽机的主要器件。5 年，中国又发明了滑动测绘仪。31 年，南阳太守杜诗发明了以水为动力、用于铸造铁制农具的水力风箱。80 年，中国制出了龙骨水车。105 年，蔡伦发明制造了"蔡侯纸"，并得以全面推广。132 年，张衡在长期认真研究机械、天文、阴阳、历法的基础上，在天文学方面写出了《灵宪》《浑天仪图注》，在数学方面写出了《算罔论》等专著，并于 132 年制作了能测定地震方位的精密铜制仪器浑天仪、地动仪。1 世纪，中国发明了世界最早的烧制瓷器。2 世纪，发中国明了使船不会沉没的造船绝技，船中设有防水密舱、多重桅和船尾柱舵，并且开始使用罗盘。121 年，中国发明了纺车。汉朝时民间医生华佗制成"麻沸散"，在世界上最早采用全身麻醉的方法。汉末时期，中国造出了独轮车等。这个时期还发明了蒸馏法、水力磨坊、现代马轭、漆器，冶炼技术也有长足的发展和进步，铸铁技术成熟，煮盐技术也不断提高，产生了"汉代魔镜"铜镜。农业方面发明了水排等新式灌溉工具。

两汉以后，中国的科学技术得到了进一步的发展。隋唐时期，中国在世界上首次发明了雕版印刷术和火药。唐朝僧人一行，在世界上最早用科学方法实测了地球子午线长度。唐高宗时，由国家编修并颁布了世界上最早的药典《唐本草》。宋元时期，"四书五经"在思想领域又被推向一个高峰。南宋朱熹融合前人的学说，并结合自己的独到见解，分别对四部书做了注释，朝廷将朱熹注释过的"四书"审定为官书。元代朝廷恢复科举考试制度后，又规定把考试出题内容限制在朱熹注释的"四书"之内。明清的"八股文"考试题目也规定要出自朱熹注释的"四书"。尽管朝廷把"四书"捧到这么高的高度，也并没有影响科学技术的发展。正是北宋时期，布衣毕昇在雕版印刷术的基础上，发明了活字印刷术。他将原来的正版雕刻改为胶泥雕刻烧制的单字，再排版印刷，省工省力，大大提高了印刷效率。宋神宗元丰年间，中国利用风力，进一步发明了风磨。元朝时期，中国研制出了我国兵器史上第一个金属管形射击火器——火铳，还有回回炮等。明朝时期，中国的造船技术在世界处于领先地位。明朝郑和下西洋时，他的船队的宝船，最大的长 148 米，宽 60 米，排水量超过了 2500 吨，是当时世界上最大的木帆船。船有 4 层，船上九桅可挂 12 张帆，锚重有几千斤，要动用两三百人力才能起航。关于中国古代科学技术的成就，20 世纪英国近代生物化学专家、科学技术史专家李约瑟在他所著的《中国科学技术史》一书中做了充分论述。这部巨著共 7 卷，34 册，超过 4500 万字。李约瑟在该书中，以系统翔实的资料全面介绍了中国科学技术发展过程的巨大成就，揭示了中国从古代至 18 世纪这一漫长的历史时期中，科学技术的发展远远领先于西方这一事实，从此一举推翻了世界尤其是西方关于中国科学技术停滞的观点。上述一切充分说明，中国古代社会对"四书五经"的推崇并不影响中国科学技术的发展。

三、相得益彰，推崇"四书五经"对科学技术的 促进作用

实际上，只要我们不人云亦云，稍微作点辩证分析就可以发现，中国古代推崇"四书五经"不仅不会成为发展科学技术的阻力，而且还有利于科学技术的进步与发展。

第一，推崇"四书五经"有利于提高国人的文化水准与人文素养。"四书五经"无疑是中国传统文化宝库中的名篇名著。学习"四书五经"毫无疑义有利于国人文化水平

的提高，更有利于人们正确处理好人与人之间、人与社会之间的关系；因为文化水准、文化素养也是一个人能正确为人处世的前提条件。所以，具体到同一个人，重视学习践行"四书五经"与为科学技术效力并不是水火不相容的。这就犹如现代教育中，学生学语文与学数理化的关系。强调学生学习好语文并不等于不要他（她）学习数理化，语文学习好了有利于学生理解能力、分析能力、推理能力、计算能力的提高，同样"四书五经"学习好了也有利于从事科学技术的研究。

第二，"四书五经"倡导的家国情怀，能激励知识分子投身于科学技术事业。如《论语》提出"执干戈以卫社稷"；曾子说："可以托六尺之孤，可以寄百里之命，临大节而不可夺也。君子人与？君子人也。"这是主张仁人志士应有社会责任担当。《礼记·大学》明确提出"修身、齐家、治国、平天下"是仁人志士的最高境界。这些论述虽然没有明确鼓励仁人志士应效力于科学技术，但都是把报效社稷苍生、造福民生作为人生的最高价值取向。古代许多仁人志士都懂得科学技术是人民打开自然之门的金钥匙，是造福民生的千年大计。所以，这些思想理念，也会激励很多有识之士，投入或推动科学技术研究。如东汉蔡伦，他在汉明帝永平十八年（75）入朝廷作宦官，章和二年（88）他升为出入朝廷，侍从天子的中常侍，成了传达诏令、掌理文学、参与朝政的高等宦官。同时他又以位尊九卿之身兼任尚方令。这时候的蔡伦，可以说是位高权重，荣华富贵。可是他仍极为关注当时科学技术的发展。他掌管的尚方，是一个掌管皇宫制造业的机构，集中了天下的能工巧匠，代表那个时代制造业的最高水准。史书记载，尚方制作的刀剑器物，"莫不精工坚密，为后世法"。即是说当时尚方制造的器械，长期居于技术的顶峰。他制造的尚方宝剑，后来成为最高权力的象征。晚蔡伦四十余年的崔寔在《政论》中评价尚方制造的宝剑"至今擅名天下"。中国远古时代，文字一般书写在石头、骨头及青铜器等器件上，殷商时代，开始发展到写在竹简、木片、帛、丝绸上。由于帛和丝绸很昂贵，所以比较普遍的还是书写在竹简上。然而竹简又很笨重，极不利于文化的传播交流。正是在这么一种背景下，蔡伦兼任尚方令后，尤其注重对造纸术的研究。他认真总结了以往人民的造纸经验，革新造纸工艺，终于制出了"蔡侯纸"。105 年，他向汉和帝奏报新制之纸，汉和帝即下令推广新的造纸法，从而极大地促进了新的造纸技术的传播和推广。纸的发明和广泛使用，大大加快了世界文明进步的步伐。

第三，"四书五经"本身就包含着引导人们进行学习与科学研究的方法和智慧。《论语》本身就是一篇指引人们科学做学问的经典，文中的许多箴言名句，对于指导人们从事科学研究有着重大的意义。《论语·学而》写道："学而时习之，不亦说乎？"《论语·为政》说："温故而知新，可以为师矣"；"学而不思则罔，思而不学则殆"。《论语·卫灵公》说："吾尝终日不食，终夜不寐，以思，无益，不如学也。"《论语·公冶长》说："敏而好学，不耻下问，是以谓之文也。"《论语》这些论述，都是强调做学问搞研究应采取的方法和态度，这是不论学习与科研都应遵循的方法和采取的态度。《礼记·大学》则明确提出"致知在格物，物格而后知至"，"所谓致知在格物者，言欲致吾之知，在即物而穷其理也"。这段话阐述的就是人们认识事物、获取知识的有效方法；意思是探究事物原理，从中获得智慧和感悟。后来人们把其概括为"格物致知"。宋代思想家、理学家朱熹认为，世界上每一个事物中都有理，人去研究每一个事物之理，把事物的理研究到极点，这就是格物；人研究事物开始得到的可能是事物的具体表象及相互之间的关系，但研究深入下去了就会豁然贯通，对理的认识也就达到了极点，当人认识到了最高的理以后，那么一切事物的理也就已经掌握了，这就是致知。朱熹所说的理，其实质就是每一类事物内在的本质规律。理在不同事物中，又表现为不同的形态：在自然界，表现为事物的运动规律；在人身上，理表现为伦理道德，例如忠、孝、仁、义、礼、智、廉、耻等。所以朱熹提出的格物致知既是人们认识自然规律、发展科学技术的方法，也是人加强自我修养、进入最高道德境界的途径。

第四，"四书五经"中的先进伦理观有利于形成发展科学技术的社会环境。"四书五经"蕴含着中国先人们优秀的伦理道德观，它对历史上的社会规划、人际关系、文化交流等，产生了不可估量的影响。如《论语》提出了"己所不欲，勿施于人""己欲立而立人，己欲达而达人"的人道观；提出了"仁者爱人"的仁爱思想。《易经》提出"利者，义之和也""君子喻于义，小人喻于利"，强调"义在利先"的义利观，强调个体自身的节制。《中庸》教育人们，做人做事要掌握好度。《礼记》则教育人们在社会交往中其行为必须讲规矩。这些伦理价值理念，无疑有利于规范人的社会行为，打造和谐稳定的社会环境，避免给社会造成无序、混乱甚至动荡和战争。而这种环境十分有利于人们从事科学技术研究，从而推动科学技术的发展。

四、事出有因，影响科学技术
发展水平的因素是哪些?

回顾中国科学技术发展史，在 18 世纪之后，中国的科学技术发展的确失去了往日的辉煌，几乎陷入了停滞或半停滞状态，以至于远远落后于西方。那么，影响这一时期中国科学技术发展的主要因素到底是什么？为了弄清楚这一问题，我们有必要对影响科学技术发展水平的各种因素做一个简要分析。通过分析我们可以发现，影响一个地方科学技术发展水平的因素是多方面的，绝不是"中国传统文化陷阱论"者所说的仅仅只是文化原因。

第一，社会需求是科学技术发明发展的第一动力。人们为了生存及方便生活的需要，便会产生了解自然界与人类社会运行规律的冲动，更会产生驾驭这些规律的欲望。于是，揭示这些规律奥秘、适应并驾驭这些规律的措施方法、工具设施和科学技术，便得以产生与发展。比如在语言产生以后、文字出现之前的漫长年代里，先人们为了摆脱时空限制，记录人类客观经济活动及其数量关系，便发明了"结绳记事"方法。这种方法是用不同的绳结表示不同性质和规模，或不同数量的事物。随着生产的发展和时代的进化，人们感觉到"结绳记事"难以完全表达人类活动的各种数量关系，于此便在社会实践中创造了早期文字符号。那么用什么媒介来记载这些文字呢？人们首先把文字刻写在岩壁、兽骨、石块、树皮、树叶等自然材料上。后来人们发现在竹片或木片上刻画的东西可长期保存，而且木片或竹片取材容易，于此人们便学会了把文字刻到经过加工的狭长竹片或木片上。那时候人们要传播文化知识、传递信息，特别是朝廷要发布政令文告全靠用手抄写，既费时又容易写错。实践中人们从个人或朝廷的印章可重复多印的技术中得到了启发，尤其是用纸在石碑上墨拓的方法给人们以启示。到唐朝时期，人们便据此发明了把整篇文章或告示全部雕刻在一块块完整木板上多次印刷的雕版印刷术。雕版印刷术对于之前文章或告示全靠人工一篇一篇抄写是一大进步，但一个雕版只能印刷同篇文章，印后版本不能再用。到北宋时期，毕昇在雕版印刷基础上，发明了活字印刷术。这种根据文章内容选择活字制成版本印刷的技术相比雕版印刷既节约了制版成本又节省了时间，无疑是一大进步。此后这一印刷技术便逐渐传播至全国以至世界，为文化的广泛传播作出了巨大贡献。正是因为古人有了治疗疾病、健康长寿的愿望，所以早在战国时期，中国就发明了将不同的几种药物加温升华制成新的药品的炼丹术。用此方法制成的药品有内服和外用两种，治疗效果非常好。有些制成的外用药品至今还有一定价值。这一技术于10世纪传入了阿拉伯，于12世纪传入了欧洲，对近代化学的发展有较大影响。古人有了水上运载物体的渴望，并从木头可漂浮于水上这一现象得到启发，于此就有了造船术的产生。上述内容充分说明社会需求是科学技术发展的原动力。换个角度说，只要有社会需求存在，在具备一定条件的前提下，就有产生相关科学技术的可能性。这就是中国传统社会虽然奉儒术为正宗但并未抑制住自然科学技术发展的根本原因。

第二，科学技术人才的涌现是科学技术发展的重要条件。中国自周朝开始实行官学教育制度，规定学生要学会礼、乐、射、御、书、数六种技能，至汉武帝时虽然提倡"罢黜百家，独尊儒术"，但也明确规定"六艺"非罢黜之列。这就是说"六艺"作为中国人的教育学习内容，一直传承至周朝以后的历朝历代。对"六艺"尤其是其中的"数""御""射"等技能代代相承的学习训练，是对中国人科学技术素养的一种熏陶和培训，故中国历史上也涌现出了一批又一批有影响有作为的科学家和发明家。另一方面，中国传统社会的知识分子虽然受以"四书五经"为主要内容的儒学的影响很深，但具体到其人生追求上，也是人各有志，道路各异，并不都是"学而优则仕"一个模式。有相当一部分知识分子是通过"举孝廉"及科举考试走上了为官的道路，但也有一些知识分子无意官场，乐在探索宇宙奥秘，走上了专家学者的道路。如建于隋朝的至今仍完好无损的赵州桥，其建设者李春就是一位桥梁专家；南北朝时期，把圆周率推算到小数点后七位的祖冲之，是毕生致力于科学事业的杰出数学家、天文学家；宋庆历年间发明了活字印刷术的毕昇是杭州书肆的刻工。有的知识分子虽然曾步入官场，但最后又退出官场搞学问。如东汉名医张仲景曾被举孝廉而任长沙太守，后辞官不受，坚持行医。东晋名医葛洪曾被封为关内侯，他辞官隐居罗浮山研究炼丹。唐孙思邈心在医学，三次拒绝为官；魏晋南北朝时，他被北周征为国子博士，他称病不受；唐太宗李世民时，他被召至长安欲授予爵位，仍固辞不去；唐高宗李治登位后，又召他至京师封为谏议大夫，他依然坚持不受。明李时珍38岁时，被武昌楚王召去任王府"奉祠正"，三年后，又被推荐到朝廷任专为朝廷服务的太医院判，仅一年便辞官回乡从事药学研究，并坚持三十年而著《本草纲目》。有的知识分子步入仕途后，一面为官，一面利用职业之便热心于科研创造。如战国时期水利工程专家李冰被秦昭王任命为蜀郡太守期间，与其子一起主持修建了至今仍世界闻名的都江堰水利工程；汉代蔡伦利用官职尚方令之便发明了纸；张衡借在朝廷任职太史令之便，研究天文并制成了地动仪。上述内容说明，中国古代不乏热心科学技术事业的知识分子，从整体上为当时科技事业的发展创造了人才条件。

第三，具备相应的社会政治经济条件是科学技术发展的客观基础。一方面，只有当生产力发展到一定水平，社会政治经济关系发展到一定程度，随着新的矛盾的出现才会产生新的需求与欲望。如没有战争与打猎的需求，人们便也不会产生制火药枪炮的渴望。另一方面，只有具备了一定的物质条件，才能为科学研究的开展、新的工具和器械的发明提供物质保障。如只有发现并生产出木炭、硫黄、硝石这些基本物质后，人们才有可能制成火药。中国自秦建立大一统的封建专制主义国家政权，结束了春秋战国长达550年的地方诸侯混战局面，此后虽然有过多次王朝更替，也有过局部分裂战争，但时间相对较短。这就为中国封建社会自给自足的小农经济的发展，创造了一个相对安定的社会环境，确保了封建社会经济的平稳发展，从而为中国传统社会科学技术的发展创造了物质和社会条件。这也是中国封建社会科学技术发展明显先于西方的重要原因。

第四，社会民众的文化水平，整个社会的文明化程度对同时代科学技术的发展有着较大影响。人们从事科学技术发明的创造力，只有在人们具备了一定文化水准的基础上才能产生。中国作为世界文明古国，自古至今重视文化的学习与传播。教育是发展文化的最有效形式。中国从远古时代开始就兴办教育。据史书记载，舜帝时代，"设庠为教"。庠即当时的学校，分下庠、上庠。学生七岁入下庠，庶老为师；十五岁入上庠，国老为师。这就是说当时七岁以上小朋友读小学，十五岁入中学，下庠是以退休的士"庶老"为老师，上庠是由国家委任的在职的知识分子为老师。可见当时国家办教育是很规范的。夏代，国家设立了以"序"为形式的官方学校。商代则兴办官学，称大学、右学，学习内容以文武、礼仪、乐舞为主，在天文、历法方面也多有涉及。西周时期，政府设国学和乡学两类，国学分大学和小学两级，乡学名为庠、序、校、塾等，教学内容既有文化教育，又学"六艺"。汉唐时期重视以儒学为主体的文学科目的学习，国家办中央官学和地方官学。中央官学有最高学府国子监和太学，同时朝廷还办其他中央官学，如东汉的鸿都门学，南朝的史学、文学、儒学、玄学，唐宋明三代分别创办书学、算学、律学，医学、画学，武学等专科学校。元明清时期，国家设最高学府国子监。自中唐时期开始，中国还兴起书院制度，经两宋至元明清经久不衰，一些有名的书院皇帝还亲笔题写院名，如衡阳的石鼓书院院名由宋仁宗题写。中国历朝历代对教育的重视促进了中华文化的发展，使中国人的文化素养大幅提升。这为中国古代科学技术发展奠定了文化基础。

五、科学天才与科学技术，没有好骑手
骏马能奔驰万里吗？

考察世界科学技术发展史，人们就会发现，科学天才的出现，也是科学技术发展的前提条件。历史发展的实践证明，人类社会一些重大的科学技术的发现与科技天才的出现有密切的关系。天才在心理学上被称为有超常智力的人物。一般认为，智商80—120叫作正常，其中110—120属于较聪明，达到130叫作超常，超过160叫天才。也就是说天才就是具有卓越想象力、创造力和突出的聪明才智的人，约占全球人口的0.4%。实际上真正卓越的科学天才比这个比例要少许多。20世纪最伟大的科学家爱因斯坦就是一位人类历史上最具创造才华的科技天才。他1879年3月14日出生于德国一个犹太人家庭；1900年21岁时，毕业于苏黎世联邦理工学院；1905年26岁时，获苏黎世大学物理学博士学位；他26岁这年，创立狭义相对论；36岁这年，创立广义相对论。1955年4月18日，爱因斯坦去世。去世之前他在普林斯顿医院接受治疗，为他治病的医生托马斯·哈维对这位科学巨匠仰慕已久，在爱因斯坦生命结束之后，碰巧正由哈维负责对爱因斯坦进行验尸。哈维在验尸房内，悄悄地打开了爱因斯坦的颅骨，把他的大脑完整地取了出来，带回家中，浸泡在消毒防腐药水里，后来又用树脂固化，切成200余片；他购买了不少保存设备对其予以私藏。哈维保存爱因斯坦大脑几十年，科学界上百名科学家先后对爱氏的大脑进行了研究。根据加拿大安大略省麦克马斯特大学女教授桑德拉·威尔克森领导的研究小组的研究发现，爱因斯坦大脑左右半球的顶下页区域，比常人大15%，显得非常发达。大脑后上部的顶下页区同样发达，这些对一个人的数学思维、想象能力以及视觉空间认识，都发挥着重要的作用，这就是爱因斯坦具有独特的思维、才智过人的根本原因。这说明爱因斯坦的天才是天生的，并非全靠后天用功求学得来。这一发现证实了后天的努力虽然也能成才，但先天的智力也同样重要。

20世纪享有国际盛誉的伟大物理学家之一霍金，1942年1月8日出生于英国牛津，17岁时入读牛津大学攻读自然科学，用了很少时间得到了一等荣誉学位，随后转读剑桥大学研究宇宙学。1963年，他被诊断患有肌肉萎缩性侧索硬化症及运动神经细胞病，全身瘫痪，不能言语，手部只有三根手指可以活动。当时医生诊断他患的是绝症，只能活两年，但他一直坚强地活下来了。1985年，他因患肺炎做了穿气管手术，被彻底剥夺了说话的能力，演讲和问答只能通过语音服务器来完成。但他坚持到2018年3月14日才逝世，顽强生活到了76岁。他毕生致力于对宇宙论和黑洞的研究，证明了广义相对论的奇性定理和黑洞面积定理，提出了黑洞蒸发理论和无边界的霍金宇宙模型，在统一20世纪物理学的两大基础理论——爱因斯坦创立的相对论和普朗克创立的量子力学方面走出了重要一步。霍金因此获得英国荣誉勋爵，逝世以后全世界都在悼念他。显然，霍金也是一位科学天才，这种天才不是单纯通过后天努力可以成为的。

东汉天文学家张衡，生于78年，逝世于139年。张衡在朝廷担任太史令时，开创

中国天文、地理研究之先河。经过细致精密的分析和实验，他于 132 年在人类历史上第一次发明了最早的地动仪；并于 134 年在京城洛阳成功测报了距洛阳 1000 多里外的甘肃省天水地区发生的地震，这比起西方国家用仪器记录地震的历史早了 1700 多年。显然，根据当时的历史条件，张衡在天文学方面的杰出成就，不可能只凭他的勤奋努力就能实现，更主要的还是在于他有观察、思考、创造方面的特殊能力。

世界著名科学家、空气动力学家、中国载人航天事业奠基人，被誉为"中国航天之父""中国导弹之父""中国自动化控制之父"和"火箭之王"的钱学森，生于 1911 年 12 月，于 2009 年 10 月去世。他 18 岁考入铁道部交通大学上海学校机械工程学院铁道工程系；1934 年 23 岁时，毕业于国立交通大学；24 岁进入美国麻省理工学院航空系学习，25 岁获航空工程硕士学位。后转加州理工学院航空系，成为世界著名的大科学家冯·卡门最重视的学生，此后又获得航空、数学博士学位。1938 年 7 月至 1955 年 8 月期间，他在美国从事空气动力学、固体力学和火箭、导弹等领域的研究，在 28 岁时就成为世界著名的空气动力学家。1950 年，钱学森准备回国效力时，被美国官方千方百计予以阻拦，并将其关进监狱。当时美国海军次长丹尼·金布尔声称，钱学森无论走到哪里，都抵得上 5 个师的兵力。钱学森回国以后致力于发展中国的导弹、原子弹研究，将中国导弹、原子弹的发射至少提早了 20 年。

上述几位盛誉古今中外的科学巨匠的经历足以说明，科学天才的成长，当然有赖于社会环境和个人的艰苦努力，但也有赖于本人自身的创造力。科学天才是客观存在的。然而在社会历史发展的长河中，科学天才何时出现，又在什么地方出现，具有很大的不可预见性。既然"王侯将相，宁有种乎"，那么科学天才也就不可能有"种"了；天才没有"种"，就意味着科学天才何时出现、在何处出现只能是必然性与偶然性的结合了。近代科学认为"太阳中心说"是由哥白尼发现的，全世界至今仍在怀念哥白尼为坚持"太阳中心说"作出的牺牲。其实，根据古希腊科学家阿基米德的著作提供的资料，历史上第一个提出"太阳中心说"的人是生于公元前 4 世纪后期、死于公元前 230 年的古希腊天文学家阿利斯塔克，他比哥白尼整整早了 1800 年提出"太阳中心说"。如果科学天才的出现及其卓越发现没有偶然性，我们就无法解释为什么阿利斯塔克在古希腊时期就提出"太阳中心说"，为什么在 1800 年之后才有哥白尼再次发现"太阳中心说"；同样也无法解释为什么在张衡发明地动仪 1700 年之后，西方才发明用于测报地震的仪器。这就说明，科学天才的出现及科学的重大发现有其偶然性。如果说生产力发展与社会的需求，社会的政治、经济、教育、文化条件是科学技术发展的必然性的话，那么，科学天才出现在什么时候、什么地方、什么家庭就不具有必然性。科学家的后代不一定又是科学家，这种现象也可从反面证明这一点。按这种观点来观察中国科学技术发展的全部历史，包括西方在内的世界史学界都认为，中国在近代社会之前科学技术发展都超过了西方，只是在近代社会落伍了几百年；而且近几十年来中国的科学技术又迅速崛起，在许多领域甚至超过了西方。这就足以说明中国在 20 世纪上半叶之前的二三百年间科学技术的落后，与这一时期没有产生特殊的科学天才密切相关。科学天才出现的历史偶然性，影响到中国在 20 世纪之前的近代社会科学技术的落后，这一现象本身也具有偶然性。所以，不能把中国近代社会科学技术一度短暂落后的原因，归结于流传了几千年的中国传统文化。

综上所述，一个时代的科学技术发展状况与当时社会民众的需求、具有科研热情与卓越创新能力的科研人才的涌现，以及社会为科学技术发展创造的物质文化条件紧密相关。同时，也与社会的文化基础有密不可分的联系。二者相互依存相互促进，但绝不是单纯的文化因素左右每一时代科学技术的发展。由此可得出结论，中国传统社会虽然把以"四书五经"为主要内容的儒学推到极高位置，但并没有排斥发展科学技术；在某种意义上还通过提高全民族的文化道德修养，为科学技术发展创造了一个稳定有利的社会文化环境。因此，"中国传统文化陷阱论"断定中国传统社会提倡"四书五经"便没办法发展科学技术的论断，不仅不符合中国几千年历史的实际，在理论上也是经不起推敲的。

中国历史的尊严

17 中国传统社会重视农业是"蒙昧"吗？

端木赐香为了彻底扫尽中国、中国文化、中国人的脸面，她不惜挖地三尺，最后，她竟然从中国传统社会的经济基础去寻找根据。她叫嚷中国传统社会的一切落后，都应归根于中国传统社会经济基础的落后。她在《中国传统文化的陷阱》中说："中国的经济基础是深耕细作的小农经济，它对国民性格的养成具有不可低估的作用。"（长征出版社 2005 年 9 月第 1 版，第 21 页）接着她冷嘲热讽，挖苦中国传统农业经济，这种"一家一户的个体经营方式"和"面朝黄土背朝天，两眼向下、土里刨食的耕作方式"远远落后于当时西方的商业文明；她指责是这种自给自足的传统农业经济导致中国"人口的无限制膨胀"，引起了农民的"温饱问题"和"肚皮危机"；它使"传统中国政府就是个事实上的大农户"，使传统的中国农民只知道"老婆孩子热炕头"。一句话，在端木赐香的眼里，这种自给自足的小农经济是中国传统文化、中国传统政府、中国传统农民落后的罪恶之源。

端木赐香对中国传统社会实行自给自足农业经济的种种措辞，完全是荒谬之说。

一、绝非乱点鸳鸯，中国传统社会实行自给自足农业经济的历史必然性

中国汉语中有句俗语叫"乱点鸳鸯谱"，喻指将男女错配结为夫妻。中国几千年传统社会，都是实行自给自足的农业经济，绝非是凭一时之兴乱点鸳鸯。

首先，中国传统社会发展传统农业是由中国的地理气候条件所决定的，从整体上说是最适合中国传统社会的经济发展方式。

考察世界文明发展史我们可以发现，一个国家或地区重点发展什么产业，这首先与其地理、气候环境及历史人文状况有着密不可分的关系。在干旱少雨的高原地区，老天爷提供给先人们的，只能是草原、沙漠、戈壁滩。这里的先人们采用的也只能选择的自然而然是游牧经济形式。故中国广大西北地区的人们，在工业文明产生之前的几千年中都是以放牧牛羊为生。"天苍苍，野茫茫，风吹草低见牛羊"，从南北朝时期流传下来的这首《敕勒歌》，就是这些地区古代人民大众生产生活的生动写照。在热带雨林地区，古人们采用的是采集和渔猎经济形式。在海岛或海岸沿线，古人往往会采用渔业和商贸结合的经济形式。中国之所以成为一个农业文明古国，完全是由中国所处的地理和气候环境所决定的。从地理上讲，中国由西向东地势逐渐降低，东南部靠海。中国的雨水量由西向东南逐步增加。这种地势走向给中国造就了黄河、长江流域及广大平原地区，这

些地区的面积在 500 万平方公里左右,仅黄河流域的黄土高原冲积平原,就有 70 万—80 万平方公里。从气候来看,中国地理环境的复杂多样性,决定了中国气候分布的多样性。中国包括了温带至寒温带的多种类型、亚热带、暖温带、中温带、寒温带这些都具有。黄河、长江流域广大地区雨水充足、土地肥沃、气候适宜,有利于农作物的生长。从而为在这一广大地区发展农业经济,创造了有利条件。依据考古发现,中华民族主体部分的先民们早在远古时代,就生活在黄河、长江流域。他们在生产生活实践中感觉到通过种植,比渔猎更有利于获得食物和生活的稳定。故大约在 6000 年前,他们已逐渐摆脱狩猎和采集经济,进入以种植经济为主的原始农业经济。随着历史的发展,文明的进化,这种原始农业经济,逐渐发展成作为中国传统社会经济基础的自给自足的传统农业经济。正是在这种传统农业经济的基础之上,产生了中国古代的农业文明。所以中国传统社会高度重视农业,有着深刻而又悠久的历史原因。

其次,中国传统社会重视农业,是最适合当时生产力发展水平的经济行为。比较人类社会各种经济形态,活动在黄河流域和长江流域的华夏民族的古代先人们发展农业,这是合乎当时生产力发展客观实际的科学选择。中国地处东亚,西北干旱少雨的特点决定了西部地区的先人们只能从事游牧业。黄河流域与长江流域广大地区山地、丘陵、平原交错分布、森林茂密,河流与湖泊连贯交织,故这一地区的先人们既可以从事农业,也可以从事渔猎业。而农业与渔猎业比较,农业是一种更适合于先人们生产生活的经济形态。这是因为,第一,渔业只适合于在湖区发展,狩猎业只适宜于在森林密布的平原丘陵和山区发展;而农业则无论是在湖区或者山区、丘陵区、平原区都可以发展。农业不受渔猎业所受的地域限制。第二是渔猎业对劳动者的身体素质和技术素养有较高的要求。小孩和年老体弱者难以参与狩猎活动,不会驾船不识水性的人,难以胜任捕鱼活动。而农业尤其是一家一户自主经营的小农经济,无论男女老少都可以参与:青壮年可以下地种田耕耘,老人小孩可以采摘果蔬,妇女可以饲养家畜和纺纱织布。宋代诗人范成大写的诗《夏日田园杂兴·其七》就生动地记述了古代农民这种自给自足生产劳动的场景。所以农业比渔猎业有更多的劳动力支撑。三是从事渔猎业人们的生活来源全部靠老天供养。人们只能靠山吃山,靠水吃水。农耕文明则可以通过人们对农作物的种植和家畜的饲养,使人们在较长时期内获得相对稳定的生活资料,相比渔猎业更能减少自然力对人们的制约。四是从事渔猎业尤其是游牧业的人们居无定所,从事农业的人们能定居生活。有了相对稳定的生产生活环境后,人们对抗自然灾害的能力大大提升;特别是人们可以在生产之余学习文化,交流生产生活经验和技能,还可以从事一些简单的娱乐活动。这既有利于大大提高社会生产力,也极大地提高了人们的生活质量和生存能力,更有利于促进文明的发展。因此,农业便成了人类文明史的起点。所以,中国古代先人们选择了发展农业,这无疑是选择了当时社会最先进的经济形态。

再次,中国传统农业在世界处于领先地位,这反过来又证明了中国重视传统农业的合理性和科学性。对比世界古代农业发展状况,我国是东亚农业起源中心之一。与东亚其他地区农业比较,中国古代农业发展水平处于遥遥领先地位。中国在距今七八千年前,就告别了"刀耕火种""火耕"的原始农业,进入了"耜耕"和"石器锄耕"时代,约在公元前 22 世纪，中国农业进入锄耕阶段。在春秋战国时期，人们开始使用当时世界上最先进的"铁犁牛耕"耕作方式，同时测知了一年中的二十四节气，农民可根据一年四季气候的变化安排农事，从而大大提高了农业生产效率。这一时期，人们还懂得了整地、育苗、除草、施肥、灌溉等农业措施。到了秦汉时期，人们创造了耧车，使播种的效率有极大提升；同时还懂得了选种育秧，有效地提高了单位面积的粮食产量。东汉汉灵帝时期毕岚发明了龙骨水车，三国时期，诸葛亮又对它进行改造后，首先在蜀国大面积推广，隋唐时期，全国普遍使用。它对农田灌溉发挥着巨大作用，并连续使用1700 年。唐朝时期，中国农民改进了犁的构造，制造出了曲辕犁；同时又推广使用了新型的不依赖人力的灌溉工具，水转筒车。中国农民还不断地发现推广新的农作物品种。北宋时期，从越南引进了先进水稻品种占城稻，并在福建普遍种植，后来政府又把它推广到江浙和淮河流域。南宋时期，棉花种植从广东、福建向北扩展到长江流域和黄河流域，元朝时期则推广到了全国。棉花的普及，使之成为人们的普遍衣料，尤其是棉袄的发明使长江以北广大地区的人们大大提高了抗寒能力。明朝时期，人民从美洲和东南亚引进了玉米、甘薯、马铃薯、花生、向日葵等旱地粮食作物，并大面积推广，使西北地区和广大山地的农民有了更加充足的食品来源。远在公元前 3000 年至公元前 2700年，伏羲氏发明了结网的方法并运用于打猎捕鱼。这样先人们捕捉到的一时吃不完的鸟兽大幅度增多，对这些被捕捉到的野兽的大量驯养又极大地促进了中国早已产生于远古时代的畜牧业的发展。水利是农业的命脉。中国的先人们深深懂得改善水利灌溉条件对发展农业生产、提高粮食产量的重要性。早在公元前 22 世纪至秦汉时期，这一时期青铜工具特别是铁器广泛使用，生产能力大大提高，中国先人们就掀起了历史上第一次水利建设高潮。约在公元前 22 世纪，大禹继承了其父亲鲧治水的事业，他改变父亲埋堵治水的方法，疏导分流洪水，将黄河下游入海通道"分播为九"，经过 10 多年的艰苦努力，终于取得黄河治水的巨大成功。中国古代有许多重大的水利工程，如沟通二江的广西灵渠、灌溉成都平原的都江堰、沟通南北的大运河，这三项我国历史上的伟大水利工程，先后经历了 2000 多年以上的拓建与经营，工程浩大，人力开凿，历千百年而不衰，至今仍有灌田、水运及调洪济水之利，是古今中外水利史上的奇迹。世界推崇，堪为伟业。上述也充分说明，端木赐香污蔑中国传统农业"2000 年没有本质上的技术革新，犁、耧、牛、人、锄就是中国社会永远的风景"之说，完全没有历史依据！

这里还要指出的是，端木赐香嘲讽中国农业长期用"犁、耧、牛、人、锄"的耕作方式，"2000 年没有本质变化"的指责，是没有任何实际意义的。谁都知道，人类社会是 18 世纪 60 年代后，才开始进入工业化社会，直到瓦特发明蒸汽机并大量运用于生产实践，人类才逐渐告别原有的以人力和畜力为动力的旧生产方式，开始以大规模机器作动力的生产活动。从农业来看，直到 1920 年前后，在欧美一些国家，才开始使用手扶拖拉机从事菜园、果园、苗圃及小块农田的耕作。这就是说，在 1920 年之前，世界上所有国家的农业耕作，都是使用犁、锄、耙等形式略有区别的传统农具，依靠人力和畜力。所以，端木赐香诽谤中国几千年的传统农业落后，这等于就是咒骂在 1920 年之前，世界上所有国家的农业生产方式都是落后的。端木赐香这种对中国农业的批评又能说明什么问题呢？

最后，中国传统农业供养了世界上数量最多的中国人口，这可从效果上再次证明中国推崇传统农业取得了巨大成功。我们知道，农业与人口的生存息息相关，因为人口的生存与增长，必须以解决温饱二字作为基本条件，温饱问题解决不了，人就会饿死或冻死。历史上曾经出现过的"饿殍遍野""路有冻死骨"这种惨状，就说明了这个问题。解决温饱问题必须以充足的食物供给为前提条件，而人口生存所需食物是否充足又与农业发展情况有着直接关系。中国人口数量增长很快。历史记载中国很早就成为一个人口大国。西汉后期，中国人口已经接近 6000 万。12—13 世纪，中国人口曾经超过 1 个亿。明朝洪武年间，跌到 6500 万，明朝万历年间，中国人口达到 1.5 亿，18 世纪前期到 19 世纪鸦片战争前，中国人口由 1.5 亿上升至 4 个亿。在很长历史阶段内，中国人口在世界上总是处于领先地位。这说明中国的传统农业基本满足了中国传统社会当时人口生存的需要。我们不能设想，在生产力水平极其低下的古代社会，如果农业有问题、人们的食品供给肯定有问题时，人类怎么能快速繁衍增长。所以中国古代人口快速增长的事实，从反面证明了中国实行传统农业的合理性。这也说明中国古代先民以农业作为生存的经济手段，是一种符合中国当时实际的科学选择，绝不是如端木赐香等人所认为的，先人们从事传统农业是"蒙昧"行为。

二、中国古代"贵五谷而贱金玉"，错有多大？

由于农业是最适合中国传统社会生产力发展水平的经济产业，所以，中国历史几千年来都高度重视农业的发展。中国传统文化中包含着丰富的重农思想。《国语·周语》说："民之大事在农。"孟子认为，"不违农时"是农业发展、百姓富裕的王道。北魏时期著名的农学家贾思勰在他的农学专著《齐民要术》中说道："盖神农为耒耜，以利天下。尧命四子，敬授民时。舜命后稷，食为政首；禹制土田，万国作乂，殷周之盛。《诗》《书》所述，要在安民，富而教之。"此段论述吸收了《周易》《诗经》《尚书》《论语》等儒学经典中的以民为本、以农为本的思想。同时从中也可看出，"古先圣王之所以导其民者，先务于农"。这就说明从神农、舜、禹至殷商、周各代帝王，无不是以农业为先，他们把粮食生产当作本，把商贾之事称作末，大力倡导老百姓发展粮食生产。而且，这些帝王还率先垂范，每年国家都要举行"亲率诸侯耕帝籍田"，"妃率九嫔蚕于郊，桑于公田"的春耕仪式，引导百姓把精力集中到粮食蚕桑生产上。

中国古代先人们之所以把农业摆到这么突出的位置，是缘于他们首先对农业与其他产业的关系有一个辩证的认识。先人们知道，在文明发展史上，农业是历史上最早形成的产业。只是随着时代的进步和生产力水平的提高，农业和手工业在发展过程中开始有了可以用于交换的产品后，才有了从事产品交换活动的商业。没有生产出可用于交换的产品，就不可能有进行产品交换的商业。所以先人们深深懂得，农业是基础，商业、手工业等其他产业的发展都必须建立在农业发展的基础之上。因此在社会经济活动中，尽管某个民众个人从事商业活动可能获得更多的财富，但是从国家层面上，历朝历代的执政者，都是重视优先发展农业，把商业放在其次的位置。这就是学术界所指的中国传统社会"重农抑商"现象。

中国传统社会之所以会"重农抑商"，这与中国先人们对农业与国计民生的关系有一个辩证认识有极大关系。产生重农抑商这种思想，主要有如下几方面的原因。

第一，民生的原因。中国传统社会重农的思想理念，首先与传统文化中以人为本的思想有着直接关系。民本理念是中国传统文化的重要内容。反映中国古代原始生活的神话和传说，就有民本思想的胚芽，如有巢造屋、神农尝百草、燧人取火等。这些神话，反映了人类社会形成初期，部落首领们对部落成员和社会所表现的本能性的责任感。后来广为流传的尧舜仁政，大禹治水，盘庚时期的"重我民""施实德于民"，周朝初期统治者提出的"敬天保民"思想都体现着一种民本情怀。反映上古时代文化的约成书于公元前5世纪的《尚书》说："惟殷于民"，并明确提出了"民惟邦本，本固邦宁""民之所欲，天必从之"的思想。春秋战国时期，孔子、孟子等为代表的儒家的民本思想更进一步强化。孟子提出了民贵君轻的主张，认为君主必须重视人民，"诸侯之宝三，土地、人民、政事"。由于古代比较开明的这些君王及其哲人们有了这种民本理念，他们懂得必须重视民众的生活，把百姓赖以生存的粮食生产摆在执政的首位。东汉班固甚至提出"食为政首"。所以，以解决老百姓吃饭穿衣为主旨的农业，自然而然就成为历代君王执政的第一要务，商业自然就处于从属的地位。《管子》曰："一农不耕，民有饥者；一女不织，民有寒者。"《齐民要术》引用晁错的话说："夫珠、玉、金银……饥不可食，寒不可衣。……粟、米、布、帛……一日弗得而饥寒至。是故明君贵五谷而贱金玉。"这几段论述说明了农业、商业与民生三者之间的辩证关系。它说明传统社会比较开明的君王与先哲们"贵五谷而贱金玉"、重农业而轻商业的根本原因是，农业能解决老百姓的生活与生存问题，商业离开了农业却做不到这一点。

第二，执政的原因。中国传统社会之所以重农轻商，还因为农业是社会安宁、政权稳固的先决条件。因为没有农业的发展，粮食供应就会有问题。老百姓手中缺粮，心里就会慌，社会就不得安宁。中国历史上所爆发的农民起义，很多是因为天灾人祸导致百姓无粮，不造反就会饿死，所以他们被逼上梁山，铤而走险。只有发展农业，保证社会有丰富的粮食供给，才能避免社会有大的动荡。同时，强调以农为本，提倡农民安居务农，能最大限度地把农民留在本乡本土，有利于加强对农民的组织管理，有利于社会安宁。再次从中国传统社会经济结构看，长时期内手工业和商业在国民经济中所占的比重太小，国家的税赋收入主要靠农民经营耕种土地的农业地租来提供。农业出问题，国家的赋税收入会跟着出问题，这就会影响到国家政权的正常运转与社会稳定。无粮则天下不安，政权不稳。所以《管子·治国》明确指出："粟者，王之本事也，人主之大务，有人之涂，治国之道也。""食为政首。"无粮难以治国，要社会安宁，政权稳定，就必须重点发展农业，这是古代先人们形成的共识。

第三，御敌的原因。中国西北部历史上长期受到西北游牧民族的侵扰掠夺，明清期间又有了东南海外异族及强大海盗势力的威慑。为了防御侵略，巩固边防，历史上的中国传统政府，都重视建设数量庞大的军队。养军队需要粮食，打仗更是"兵马未动，粮草先行"，无粮不可能强军，无粮不可能战胜。而粮食又离不开农业的发展。为了解决军队的粮食问题，中国早在西汉开始就实行军屯制度，汉文帝时期在西北地区驻军，组织士兵及发配来的罪人、奴婢，同时招募农民开拓荒地种粮。这不仅解决了西北地区军粮远途运输的困难，也缓解了粮食供应的压力。所以积粮御敌，也是中国传统社会重农轻商的重要原因之一。

第四，社会教化的原因。中国传统社会推广文化教育，强调道德教化，提倡礼仪文明，淳化习俗风尚。而这一切都必须以解决好百姓的温饱为前提条件。《管子·牧民》讲："凡有地牧民者，务在四时，守在仓廪，……仓廪实则知礼节，衣食足则知荣辱。"没有农业经济的高度发展，文化繁荣、教育发达、道德进化，也会是一句空话。

第五，道德的原因。几千年来，中国人的脑子里始终坚守着一个道德原则，即重义轻利，义在利先。而商业始终奉行的准则是低价进、高价出，以谋取他人让出利益为宗旨。所以在远古时代，先人们不同程度地认为务商是一种不义的行为，因而对商人商业也有不同程度的鄙视与轻蔑。

正由于上述种种原因，所以中国古代的先人们认为不能重视商业轻视农业，认为过于重视商业于国于民都不利。战国时期，在秦国推行变法的商鞅在《商君书》中，对农业与商业的关系有这么一段论述："言谈游士事君可尊身也，商贾可富家也，技艺足以口也。民见此三者之便且利也，则必去农，则必不为上守战也，……国之所兴者农战也……农者寡而游食者众，则农者殆，农者殆，则土荒。"这就说明，那时先人们早就看到了作为个人从事商业可富家，技艺可养家糊口，游说事君可富贵当官；而从事这些职业的人多了，他们就不会从事农业了，也不会为国家去打仗了。这样务农的人就没有种粮的积极性了，国家的土地就会荒芜，国力就会下降。所以先人们从国家及民众的根本利益考虑，提倡重农。在人民从事的士、农、工、商四类社会实践活动中，他们把务农列在工商之前，认为国家如果不重视农业而过度强调追求商业谋利，那是舍本求末。《齐民要术》批评这种现象时，尖锐地指出："舍本求末，圣哲所非。"意即忽视农业而重视商业的发展，是历代君王和先哲们所极力反对的。

从上述可以看出，中国传统社会重农业轻商业虽是不争的事实，但其存在有着历史的必然性。而且，这里还有一个问题我们必须弄清楚。那就是中国传统社会"抑商"，只是抑民商，但重视官商。盐、铁经营是中国传统社会国家财税的主要来源。西汉以前和西汉初期，盐铁是私人经营，国家只设盐官、铁官征收盐税、铁税。西汉汉武帝时期，为增加政府财政收入，打击私营工商业者，实行盐铁国家垄断经营。朝廷在中央大司农之下设立盐铁丞，总管全国盐铁经营事务。地方各郡县设盐官和铁官经营盐铁的生产与销售。国家经营盐业的具体办法是：征集民众自备生产费用煮盐，政府提供主要的生产工具牢盆（大铁锅）以间接控制盐的生产过程，制成的盐由政府收购、政府运输、政府销售。铁的官营政府控制更紧，包括直接组织开矿冶炼、铸造器物及销售，即控制了生产和流通的各个环节。盐铁官营制度被长期延续下去。到明代，政府对矿业的开采、冶炼、交换非常重视。特别是黄金，管得非常严格，其开采、冶炼、流通全过程全部由朝廷控制。据明代沈德符著《万历野获编》记载，万历十三年（1585），太监王房征集 6000 名老百姓在辽东黑山淘金。永乐十五年（1417），有人报告广西南丹发现了大金矿，皇帝即命令开采。成化十年（1474），湖广宝庆府金矿，征用了 55 万老百姓采金。从唐朝开始，政府与民间还共同从事酒类经营，到了宋代酒则成为了国家专卖品。茶叶从宋代开始也由国家垄断专卖。从中国传统社会对盐、铁、酒、茶叶之类日常生活物资实行国家垄断经营之事可以看出，中国传统政府非常懂得商业致富的道理，更懂得按价值法则来从事商业活动。简单地说就是政府对利润越大的商品交换越重视，更懂得要抓在政府自己手里。因此笼统地说中国传统政府"抑商"是不科学不全面的。中国传统政府重视官商，打压的只是民商。而政府打压民商的又一个重要原因，就是担心民商与官商争利以致影响国家根本利益。由此又可以说明，端木赐香关于"传统中国政府缺少必要的商业思维与商业技术"的观点，是完全不能成立的。

三、古代中国与西方的商业之比，谁先进，谁落后？

端木赐香在批判中国传统社会重农轻商的现象时，把中国的商业和西方进行比较。她认为中国是长期重视传统农业的农业国；西方长期重视工商业，是具有商业文明的商业国。因此，在端木赐香看来，中国的商业落后于西方，中国传统社会这种经济基础的落后，决定了中国的政府和中国人比西方都落后。

然而，只要我们稍微看看历史就可以发现，端木赐香这种理论毫无事实依据。中国传统社会与西方根本没有农业国与商业国这种本质上的差距，而且中国传统社会的商业，还远远超过了西方。

近日看到发表于天涯社区 2015 年 9 月 21 日 19 点 45 分的一篇网文。文章题目是《欧洲何曾有过商业文明，欧洲古代何曾有过文明》，文章说："很多人对比欧洲史与中国史，就会说欧洲是商业文明，中国是农业文明。这完全是扯淡，这个说法是欧洲人为了美化自己，贬低他人而编造的。"文章首先举例说："欧洲人近代之前只有金币（很可能金币也是西亚人制作的），黄金作为贵金属，注定了大部分古代欧洲人可能一辈子都没有见过钱，这也叫商业文明？"文章认为凭这个常识，就可以判断说欧洲是商业文明是一种说谎。

文章分析说，欧洲人中世纪都住在庄园中，大部分人一生没有出过庄园，因为中世纪的欧洲占社会人数不多的贵族，拥有可随便杀死奴隶的权力，普通人只要跨出庄园大门，就会被杀掉。庄园中一切都是自给自足，偶尔需要与其他庄园进行交易时，只能通过自原始社会流传下来的那种物物交换方式，因而即使是一般富裕的庄园主，也没有一枚金币，在欧洲有条件持有金币的，是那些贵族中的极少数的贵族。所以，以物换物是欧洲中世纪商业贸易的主要形式。文章由此推论说，在一个以物换物的社会，怎能说有商业文明？

由于中世纪欧洲经济总体上是属于庄园经济，而庄园是自然经济的一种。学术界形象地把庄园经济称为"小农经济"，即"小型个体农业生产为基础的经济模式"。庄园经济的特点就是：封建主拥有庄园，在庄园中使用无人身自由、终身及其后代都属于封建主的农奴，以及雇佣自由农民进行农业劳动，生产上自给自足。由于中世纪欧洲战争频发，影响了经济发展，所以在生产技术改造方面，远远落后于中国、阿拉伯等地区，因而生产力水平低下。在庄园收成分配上，农奴劳动部分甚至全部上交给主人，主人仅提供农奴维持生存的必需物品。雇佣农民的收成，至少一半甚至达到八成以上要交给封建主。所以，无论是农奴或者雇佣农民，哪里有维持生活之外的多余农产品进行交换呢？因此，欧洲长期实行上缴农产品的实物地租制度。直到15世纪以后，才逐渐向货币地租转变。所以，欧洲在中世纪，根本不可能实现商业文明。

欧洲中世纪的商业与当时中国的商业相比存在着巨大差距。这可从威尼斯商人、世界著名旅行家马可·波罗（1254—1324）来中国游览后，留下的《马可·波罗游记》一书中得到证明。马可·波罗1254年生于威尼斯一个商人家庭，1271年，17岁的马可·波罗跟随父亲和叔叔前往中国，历时约4年，1275年到达元朝的首都，与元世祖忽必烈建立了友谊。他在中国游历了17年，先后到过新疆、甘肃、内蒙古、山西、陕西、四川、云南、山东、江苏、浙江、福建、北京等地。回到威尼斯之后，马可·波罗在一次威尼斯与热那亚之间的海战中被捕。他在监狱里口述旅行经历，由鲁斯蒂谦写出了《马可·波罗游记》。

《马可·波罗游记》一书详细记述了马可·波罗在中国的所见所闻，盛赞了中国昌盛发达的工商业，繁华热闹的市集，华美廉价的丝绸锦缎，雄伟壮观的都城，完善方便的驿道交通，普遍流通的纸币，等等。书中的内容，使每一个读过这本书的人都无限神往东方。有人说，马可·波罗从欧洲来到当时元代的中国，简直就像乡巴佬进城，眼花缭乱，目不暇接。他去过的这些城市都给他留下了深刻的印象。他把对这些城市的赞美毫不吝惜地留在那本游记里。如他写大都，"汗八里城里和相邻城门的12个近郊的居民的人数之多，以及房屋的鳞次栉比，是世人想象不到的，近郊比城内的人口还要多。""济宁这是一个雄伟美丽的大城，商品与手工业制品特别丰富。……河中航行的船舶数量之多，几乎令人不敢相信。这条河正好供两个省区航运，河中的船舶往来如织，仅看这些运载着价值连城的商品的船舶的吨位与数量就会令人惊讶不已。"……马可·波罗去世之时，仍然坚持他有关东方的所有叙述都"童叟无欺"，完全属实。他还留下一句惊人的话："我所说的连我看到的一半还不到。"马可·波罗来到中国时，那时蒙古人刚于1271年在宋朝基础上建立元朝，中国刚刚遭受战争破坏之后还没有恢复元气，但他也被中国经历战争不久后表现出的那种商业繁华彻底震撼。他的游记，那些自以为是的威尼斯人开始绝对难以相信。因为同时期对比，威尼斯的贸易活动与《马可·波罗游记》书中介绍的任何一座中国城市的都无法相比。而威尼斯却是整个欧洲商业中心，准确地说，那时的整个欧洲几乎只有威尼斯一座城市存在商业。所以《马可·波罗游记》于1299年成书问世以后，激起了欧洲人对东方的热烈向往。几个月后，这部书已在意大利境内随处可见。1324年马可·波罗逝世前，《马可·波罗游记》已被翻译成多种欧洲文字，广为流传，现存的《马可·波罗游记》有119种文字版本。意大利的哥伦布，葡萄牙的达·伽马、鄂本笃，英国的卡勃特、安东尼·詹金森、约翰逊和马丁·弗罗比歇等众多航海家、旅行家、探险家，读了《马可·波罗游记》以后纷纷东来，以图来中国大陆获取商业利益，从而开启了欧洲大航海的新时代。1492 年 8 月 3 日，哥伦布受西班牙女王派遣，带着给印度君主和中国皇帝的国书，率领三艘百十来吨的帆船，从西班牙巴斯港出大西洋，直向正西航行。哥伦布这次远航的目的，是要到达东方的印度和中国。经过 70 天的艰苦航行后，他于 1492 年 10 月 12 日凌晨，终于登上了一块陆地，这里却是属于中美洲加勒比海中的巴哈马群岛。哥伦布为这个岛命名为圣萨尔瓦多，即救世主的意思。哥伦布直到 1506 年逝世，他还一直认为这次到达的是印度。

从这里我们可以思考一个问题，如果威尼斯的商业是那么的发达，马可·波罗到中国以后看到中国的繁华怎么会表现出如此的惊讶。那种状态真有如《红楼梦》中的刘姥姥一进荣国府；大山里的老婆婆，首次走进城市那种新奇的感觉。如果哥伦布从《马可·波罗游记》中看到的中国的工商业水平不是比当时的意大利更发达更繁华，哥伦布怎么会产生这种甘冒天大风险，急不可待前往中国从事商业探险的冲动。这就正好反过来说明，中国元朝时期的工商业发达程度，有可能远远超过处于欧洲贸易中心地位的威尼斯，以及 100 多年后哥伦布生活时期的意大利。所以哥伦布才会对东方文明古国中国产生这么大的兴趣。

中国商业发展的历史资料显示，宋元时代的商业发展水平的确是《马可·波罗游记》所详细记述的那种情况。早在宋代，中国的商业已经发展到在世界上处于遥遥领先的地位。据记载，宋朝首都开封，当时有商业行 300 余个，而且行业众多，分工细化。今日我们的生活很多都能在宋代找到源头和雏形。如商业一条街、连锁店、24 小时营业店等，城里有专门贩卖飞禽走兽的鹰鹞一条街、茶坊一条街、医药一条街、马市、服装一条街、24 小时营业的夜市"鬼市子"。全城布满了商铺酒家，有各类具有地方特色的餐馆，著名小吃店、馒头店、包子店、素茶店、北食店、南食店、面馆、油饼店、胡饼店等。南宋都城临安，是当时政治、经济、文化的中心。从浙江以至全国各地前来贸易的货船络绎不绝，此外平江、梧州、江陵等沿线城市，手工业和商业都很发达。专用于商品贸易的市场墟市更加普遍，仅广东一路就有 800 个。杭州作为大城市，那种繁华情景，北宋大词人柳永在《望海潮》一词中，就有生动的描述："钱塘自古繁华，参差十万人家。"南宋时期，临安作为一国之都，人口迅速积聚。临安府九县，上户口的人口就有 124 万，名副其实成了国际大都市和世界之最。宋代 10 万以上人口的城市有洛阳、杭州、扬州、成都、广州、福州、应天府。而同一时期，即 13 世纪，伦敦只有 2 万人，巴黎只有 4 万人，西方最大最繁华的城市威尼斯，也不过 10 万人口。宋熙宁十年（1077），北宋税赋总收入共 7073 万贯，其中农业的两税 2162 万贯，占 31%；工商税 4911 万贯，占 69%。这就说明，宋代构成国家财政收入主体的，已经不再是农业税而是工商税，农业社会已经在开始向工业社会大步迈进。

中国传统社会的商业发展情况不逊欧洲，我们还可以从其他很多方面得到佐证。前不久，看到《新周报》一篇文章，文章介绍了上海成为今天远东明珠现代化城市的过程。唐代，上海还是东海中若隐若现的沙洲。随着沧海桑田的变化，到了宋代的 1074

年，上海设镇。元朝时期，上海设县，属松江府。当年留下的一幅地图显示，当时上海最显眼的建筑是衙门、军营和庙宇，远算不上城市。即使到了明朝，城区直径也不到一公里。由于上海是中国内地布匹出口的重要码头，历史上因特别经久耐用而著称的"南京布"的外销部分，几乎全部由上海经海路运往广州，再从广州出口，仅 1786 年一年里，出口的"南京布"就达 37.2 万匹；不到 10 年，这一数字惊人地飙升到了 100 万匹；到 1820 年，就达到了峰值 300 万匹。正是布匹贸易，给了上海成为远东明珠的第一推动力。19 世纪之初的上海，已从一个荒凉的滨海小镇，发展成一座拥有 12 万居民的名副其实的城市。这里，各种会所，如布业公所、丝业公所、成衣公所以及会馆鳞次栉比，可以说是商业贸易带来了上海的高度繁华。

中国历史上商人的经商成就，也可折射出中国历史上商业的发展。史书记载，中国历史上最早且最有名的商人叫王亥（前 1854—前 1803），是公认的商业始祖。他是夏朝时期商丘人，商族，是商部落的第七任君主。他在商丘驭牛驯马发展生产，并发明了牛车。他用牛车拉着货物到其他部落去交易，从而开创了华夏商业贸易的先河。久而久之，人们把从事贸易活动的商部落人称为商人，把用于交换的物品叫商品，把商人从事的职业叫商业。

范蠡（前 536—前 448）是春秋末期著名的政治家、军事家、经济学家。他曾经献策扶助越王勾践恢复越国，功成名就后急流勇退经商，很快成为巨富后，即将财富捐献于社会。于此三次。他被尊为商圣。

沈万三是元朝末年明朝初期的著名商人，生于 1330 年，卒于 1394 年，吴兴南浔（今浙江湖州）人，元至顺年间，随父亲迁居平江路长洲县（今苏州市昆山周庄）。他率其子弟勤耕农桑，广辟田宅；依周庄凭三江之利开展商业贸易，后又大力开展海外贸易，积累了巨大财富，迅速成为"资产万万，田产遍于天下"的江南第一豪富。

胡雪岩（1823—1885），是中国近代著名"红顶商人"，富可敌国的晚清著名徽商。他早年开办胡庆余堂中药店，后协助左宗棠创办福州船政局，个人在各省设立银行 20 余处，又经营中药、丝茶业务，拥有资金高达两千万两以上。

中国历史上，这样的商贾巨富很多。如战国时期就提出"人弃我取，人取我与"经商理念的商业理论大师白圭，"往来贩贱卖贵，家累千金"的吕不韦，晚清时期创设"同庆丰"的赫赫巨富王炽，创办大生纱厂与牧垦公司的"状元商人"张謇，商业巨族乔家大院主人公乔致庸，等等。他们的产生说明了什么呢？这只说明，中国历史上的"重农抑商"并不是那么真正落到实处。试想如果中国历史上商业真是那么受打压，商业环境真是那么恶劣，经商真是那么地位低下，又怎么可能会产生这些商业明星呢？

由此我们又要思考一个问题，怎样解释中国传统社会在长期提倡"重农抑商"的背景下商业仍然会有如此辉煌的发展呢？其实这不难解释，第一，已如前述，中国传统社会只是压抑民间商业活动，国家却在大力发展官商活动，而官商活动比民商活动对社会的影响更大。第二，中国传统社会即使对民间商业活动不提倡甚至有压抑，但其措施更多的是停留在伦理道德的舆论导向和税赋征收上。尤其是在明清时期未采取海禁之前，中国传统政府并没有对民间商业活动采取伤筋断骨的措施。第三，是人们受商业趋利性的影响驱动。中国古代社会商业界流行一句名言："人为财死，鸟为食亡。"马克思在《资本论》中有这么一段名言，形容资本主义社会资本家追求利润的贪婪行为："一有适当的利润，资本就会非常的胆壮起来，只要有 10% 的利润，它就会到处被人使用；有 20% 的利润，它就会活泼起来；有 50% 的利润，它就会引起积极的冒险；有 100% 的利润，就会使人不顾一切法律；有 300%，就会使人不怕犯罪，甚至不怕绞首的危险。"这段论述说明，在西方资本主义社会里，贪婪的商人为了追求商业利益，甚至可以牺牲道德，挑战法律，蔑视人性。这段话对我们解释中国传统社会在重农抑商时代背景下，民间商业活动仍然能较快发展这种情况有一定的启发。所以尽管你朝廷高喊农业如何如何重要，务农如何如何好，社会重商如何如何有害，个人经商如何如何不光彩；人们只要感觉到从事商业比务农更有利可图，民间就总会有人走上经商之路。从汉开始至隋唐之后，中国的农业、手工业发展水平逐步有所提高，社会也生产出了一些可用于交换的产品，这一现象也促使民间不得不把多余的产品用于交换，从而促进了民间商业活动的开展。这就是在重农抑商条件下，中国传统商业能先于西方高速发展的根本原因。

上述说明，端木赐香别有用心地、主观地把以自给自足庄园经济为主体经济的中世纪欧洲说成"商业国"，却把商业发达水平比西方高得多的中国称为"农业国"，进而以此为据断定中国传统社会的重农思维是"蒙昧"。而且，在以往较长时间内，这种观点在学术界也有一定的市场。通过以上分析，我们完全可以断定，这种观点完全不符合中国传统社会的实际，在理论上也是不能成立的。

18 中国传统农业导致"中国农民、中国农业政府更蒙昧"吗?

　　端木赐香认为,中国传统社会一家一户自给自足的小农经济,导致中国农民"蒙昧""短视";她进而断定,"如果说,传统中国农民是蒙昧的,那么中国的农业政府更是蒙昧的,有什么样的人民就有什么样的政府。这一逻辑放到整个中国封建社会,似乎最成立了"。(端木赐香《中国传统文化的陷阱》,第249页)为什么中国的传统政府是蒙昧的呢?端木赐香便胡乱地把中国传统政府与西方国家政府相比较,她写道:"中国政府是靠天吃饭的,始终处于一种被动的状态。这与西方的一些商业国家是有很大区别的,商业国家是靠人吃饭,靠冒险吃饭,靠交易吃饭,民众的素质决定了商业政府的高效与高智。"大家一看就明白了,在端木赐香眼中,中国古代落后的传统农业经济导致了中国民众的素质比西方人落后,中国政府比西方的一些商业国家"蒙昧",西方"民众的素质决定了商业政府的高效与高智"。

　　这是完完全全的荒唐逻辑。

一、偏重农业是传统中国政府的"蒙昧"之举吗?

　　对于中国古代农民是不是蒙昧,首先必须明白,在中国古代,由于农业经济在国民经济中占绝对主导地位,手工业和商业的比例很小,所以,中国古代国民的主体是农民。因此,我在前面文章中,在批判所谓"中国人的思维方式有问题""中国人'先天缺少开创精神'""中国科学当然没有办法发展""中国人的精神世界极度黑暗"等谬论的一系列文章中,对中国古代农民蒙昧这个问题,已经作了彻底的否定。中华文明能不同于其他古文明,昂然立世五千年,稍微有一点逻辑思维能力的人就可由此推断出,这个文明国度的民众怎么可能蒙昧呢!

　　那么中国古代,偏重发展农业,这是否意味着政府蒙昧呢?

　　完全可以肯定地说,在古代社会,一个国家是偏重商业还是偏重农业,绝对不能作为区分一个国家政府是高智还是低能的依据。端木赐香关于商业国政府高效高智的断定,也完全不符合历史事实,西方世界古希腊文明的兴衰史充分说明了这一点。

　　我们知道,世界上普遍认为西方文化主要来源于最早的古希腊文明。黑格尔曾经说道,"我们欧洲人提起希腊就有家园之感"。根据历史资料,古希腊文明就是一种商业文明。那么,古希腊的商业文明,是当时的哪个政府高效高智地创造出来的吗?

　　从希腊文明的形成来看,最早的古希腊人是从北方来的雅利安人当中一支叫阿卡亚人的族群。阿卡亚人是游牧民族。当他们从北方来到处于爱琴海区域的希腊半岛之后，发现这个半岛的特点是：地少山多，海岸曲折，岛屿密布，无数山脉和丘陵被海洋分割；土壤贫瘠，没有大江大河及辽阔平原，不适宜进行农业生产，也不适宜于畜牧业的发展。但是，这里的海岸线漫长，而且离北边和南边不远都有陆地，如果顺风顺水，从希腊出发往南一天一晚可以到中东，往北可以到意大利的亚平宁半岛，也就是说这个地方虽然不可能发展农业和游牧业，但人们可以靠手工业和商业谋生，并且这个地方长期以来有发展手工业和商业的习俗。所以他们就把自己由游牧民族变成了当时地球上唯一的工商业民族，并在约公元前800年创造了辉煌灿烂的古希腊文明。

这就说明，古希腊在远古时代就产生了世界历史上唯一的商业文明，并不是哪个时代、哪个王朝的哪一位天才人物突发奇想拍脑袋创造的，这完全是由这里的地理环境及当地居民的生产生活习惯所决定的。所以希腊文明的形成，并不能说明当时的希腊王朝执政者比别的王朝执政者更高智高能。而且古希腊文明在历史上也仅仅存在了650年，随着历史的发展，古希腊文明后来即被消亡。公元前338年，马其顿人打败希腊联军，希腊诸邦丧失主权，成为马其顿的附庸。公元前146年，属于商业文明的希腊文明，被日耳曼人的游牧文明所摧毁。这里要请端木赐香解释，如果属于商业文明的政府真的比农业文明的政府高智高效高能，那又怎么解释处于商业文明范畴的希腊文明能被日耳曼人的游牧文明所摧毁呢？

的确，中国传统政府长期是"重农思维"，从某种意义上说，也是一个"农业政府"。那么，能否就能由此肯定中国传统政府比西方的所谓商业政府低智低能，甚至"蒙昧"呢？回答无疑是否定的。

谁都知道，远古时代，人们首先是通过采集和渔猎活动来维持生存，在漫长的历史发展中，形成了以种植为主要内容的传统农业，随后逐渐派生了手工业。只有当农业和手工业有了一定发展，也就是在生产者维持生活后，还有多余的产品用于交换时，才有了商业。没有农业手工业的基础，没有用来交换的商品，就不可能存在商业资本，也就不存在商业活动。因此，在古代，农业是一切财富的来源，是一个民族得以生存的基础，也是一个国家稳定的根本保障，更是道德教化、文明发展的前提条件。所以在人类社会没有进入大工业现代社会之前，除一些海岛或江河海岸地区有可能重点发展手工业和商业，莽莽丛林地区有可能优先发展狩猎业，辽阔草原地区重点发展游牧业外，世界五大洲的其他国家和地区尤其是内陆国家和地区，几乎是以农业为主导产业。几百年前的亚洲、美洲如此，欧洲、大洋洲也如此，非洲很多国家至今还没有多少工商业。所以，纵观人类进入工业化社会之前的几千年，就是在西方也没有几个如端木赐香所杜撰的所谓商业国。按照端木赐香的逻辑，如果只有所谓商业国政府"高效与高智"，农业国政府则"低效与低智"，由此会推断出绝大部分国家和地区政府，在进入工业社会之前的几千年以来都是低智、低能、低效了。西方人的老祖宗们也毫无例外，端木赐香及所有认同"中国传统文化陷阱论"的先生的老祖宗们也不例外。这里足以看出端木赐香的这种逻辑，是何等荒谬。

下面我们再看一看中国传统政府"重农思维"即重视发展传统农业是不是"蒙昧"。

　　首先，中国纵深广袤的陆地的地理气候条件，决定了在进入工业化现代社会之前，绝大部分地区最具发展优势的是农业而不是商业。因为在传统社会时期，生产力发展水平比较低下，人们生产出的产品还相当匮乏。解决温饱维持生存，是社会乃至个人的第一要求。而农业是一切财富的来源，是人们生活生存的基本保障，所以，在社会还没有生产出多少可用于交换的产品的情况下，如果一个国家大部分人，不从事产生社会财富的农业而去搞赚钱谋利的商业，从国家整体来说，等于放弃谋一袋米费大力去谋一袋糠。因此，中国从远古社会开始，到进入工业化现代社会之前，一直把农业作为主导产业。

　　其次，中国的外部地理环境决定了在传统社会时期，中国不可能突出商业而轻视农业。放眼中国地图就可以知道，中国的南面是人迹罕至的横断山脉和热带雨林等烟瘴之地，古人称这些地方为蛮荒之地。西北是天寒地冻的帕米尔高原。西南是世界最高峰，喜马拉雅山脉。北面是人类难以生存的荒原沙漠。中国的东面虽然比较平坦开阔，但面临的是广无边际的太平洋。这就说明，中国又处在一个相对封闭独立的地理环境中。在生产力极其低下的远古时期及后来的传统社会，在现代化的交通运输工具没有问世、人类的行走与货物的运输全靠人力畜力之前，中国的地理环境决定了中国传统社会不具备古希腊那种四面通达开放的商业地理环境，这也就决定了中国传统社会，不适宜于把商业作为支撑国计民生的主导产业。

　　再次，中国的人口状况也决定了必须突出农业的主导地位，而不能以商业作为主导产业。中国长期以来是一个人口大国。这是因为中国人长期坚守一个信念，人多是福。的确，社会的发展依赖于生产力的发展，生产力是推动社会向前发展的基本力量。而在生产力诸要素中，人是首要的、最基本的要素。所以中国人深深懂得人多力量大这个道理。这就导致了如下结果：一是，对于一个家庭来说，由于种田、种地、饲养牲畜都需要人力，而且中国人很追求香火传承、传宗接代，所以中国的家庭，也希望家中添丁添福。二是，中国的家族也希望本族家家人旺财兴，这样不仅有利于家族实力的增强和后代的传承，也有利于在与别的姓氏争斗的过程中，免受欺凌。三是，对于一个国家来说，人口数量决定着兵力、地力和财力，所以历朝历代的政府，都会想尽办法鼓励人口生殖。因此中国传统社会从家庭到家族到国家，都视人丁兴旺为喜事好事。四是，由于大部分时期建立了强有力的中央集权的大一统的国家，保证了社会的相对稳定，百姓能少受战争之苦，更减少了由于战乱造成的人口死亡数量。上述原因，让中国人口一直在世界上处于领先地位。鸦片战争之前，中国人口达到 4 个亿。必须肯定，在传统社会中，中国以 4 亿总人口占世界第一位，这绝不是坏事。这也从侧面反映出中国传统社会的经济发展、社会治理水平较高，文明进步程度够快。这也是中华民族能有效地抵制或者同化外族的入侵，使自身五千年经久不衰的重要原因。所以我们完全没有必要为中国历史上长期人口居世界第一而自责自卑以至诋毁中国传统政府"蒙昧"。

　　但是，庞大的人口数量又是一把双刃剑。由于人既是生产者，同时也是消费者，所以，这又使中国承担着解决 4 亿人生计问题的巨大压力。"温饱问题是中国历史恒远的一个问题。"这一点，端木赐香倒是没有说错。因此，中国传统政府始终把解决老百姓的温饱作为第一要务，也就是把发展农业放到最重要位置，这是自然而然的，也是完全正确的。可笑的是，端木赐香却在那儿嘲讽，"传统农业政府每日关心的就是两个大事，一件事情是，天空没有干旱，雷公没有雨涝，黄河没有决口，运河没有淤塞，蝗虫没有飞来，疫病没有袭来"。明眼人一看就知，这有什么值得嘲笑的呢？她列举的这些事儿，哪一件不与老百姓的生活生存息息相关。一个政府如果不把关系到老百姓生存和生活的事放在心上，不顾及百姓的冷暖安危，却天天如端木赐香、黄奕锋、尹胜、袁伟时、顾准先生们所鼓噪的那样，去捣鼓什么自由经、民主经、人权经，却让这些天天面朝黄土背朝天、靠天吃饭的老百姓在那儿遭受干旱之苦、雨涝之害、黄河洪水之灾，去饱尝蝗虫疫病之祸，这又有多大实际意义呢？这样的政府，苍生百姓要它干什么呢？所以中国传统政府有"重农思维"，天天挂念这些事关百姓实际利益的民生大事，这是政府对百姓负责任的表现，是完全正常的，更是无可指责的。而且，如果历朝历代的每一届政府真能这样，中国的百姓就真有希望，中国的发展就真有希望。只可惜，在中国历史上有不少政府并没有做到这一点。

最后，中国传统社会的生产力发展水平，也决定了中国不可能在很早以前就以商业作为国计民生的主导产业。因为商业只有在人们通过农业生产出了多余的产品可用于交换的时候，才可能出现。与世界上绝大部分传统国家一样，中国传统社会的生产力发展水平比现代社会要缓慢得多。远古时代的农业，几乎是处于刀耕火种状态。直到商周时期，人民才发现可用牛代替人力耕地，春秋战国时期，用牛耕地才开始普及。通过考古挖掘，人们在河北燕下都遗址和河南辉县发现了战国时代的铁犁铧。这说明先人们在战国时期才开始使用铁制农具取代木制农具耕地。直至汉代，人们才懂得在铁犁铧上装上犁壁使之起到翻土碎土的作用。直到隋唐时期，用龙骨水车灌溉农田这一先进方式才开始向全国普及。所以，在唐代之前，中国传统农业所用的工具，尽管在许多方面优于西方，但是从总体来看，其生产效率是比较低的。而且中国远古时代种植的粮食主要是黍、稷，商朝时期小麦才从西亚传入我国。北宋时期，在越南的占城稻传入中国之后，中国南方才大规模普及种植水稻。明清时期，才从南美洲和东南亚引进了红薯、土豆。只有这些高产的大宗粮食作物在中国大面积种植以后，中国的粮食产量才有较大幅度的提高，人民才有比较充足的食品保障。反过来说，在小麦、水稻、土豆、甘薯、玉米这些大宗粮食作物没有成为中国民众碗中食品之前，中国古代的传统农业不可能产生多少用于交换的粮食产品。那个时代，人们能够用于交换的主要是手工业产品。但当时的手工业发展，大部分停留在一家一户男耕女织及部分家庭式手工作坊上，所以可用于交换的手工业产品数量也很少，这种自给自足的自然经济占绝对主导地位的经济形态，决定了商业在国民经济总量中比重太少，难以成为支撑整个国计民生的经济力量。这也就决定了中国传统社会不可能以工商业作为国计民生的主导产业。从隋开始至唐代以后，随着农业生产力水平的逐步提高及手工业采矿冶炼业的发展，社会上可用于交换的产品及从事交换活动的民众才逐步增多，商业才比以前有了较大的发展。

以上论述充分说明，中国在进入工业化社会之前的传统社会，不可能重点发展商业而轻视农业。中国传统社会以一家一户、自给自足的小农经济作为国民经济基础，有它的历史必然性。那么，建立在这种传统农业经济基础之上的中国传统政府，该如何评价呢？

二、"低效、低能"是中国传统政府的特色吗？

端木赐香认为"中国传统政府是低能的，这种低能，除了因农民本身的蒙昧对他没有促进以外，更多的是他自身的痼疾"。造成中国传统政府有低能痼疾的原因是："种地不需要智商，管理所谓种地也不需要多高的智商，甚至也不需要效率，所以，低效与低能是中国传统政府的特色，或者通常的说法是小农经济导致了官僚主义"；中国传统农业的"管理技术，不需要提高与进步，执政者的执政素质也就永远在一个最低的水平徘徊"。

端木赐香这些观点，完全是胡说！

2002 年，在湖南湘西土家族苗族自治州龙山县里耶古城的一口古井中发掘出一批秦代简牍。简牍上的字数在 20 万至 30 万之间，字体属于古隶，内容多为官署档案，简牍记载的是从秦嬴政二十五年至秦二世二年，即公元前 222 年至公元前 208 年这 14 年期间的事件，一年也不少。其内容涉及秦代政治、军事、百工、货殖、赋税、徭役、法律、财政、邮政、地理、交通、民族、文化、职官、历法等各个层面。有具体的通邮办法、军事装备、行政设置、职级管理的记载。提到的地名有迁陵、临沅、洞庭、弋阳、酉阳、沅陵、阳陵等数十郡县，官吏设置有司空、司马丞、守丞、令守等。这些职位都有具体人员担任，如"迁陵守丞腾"。

里耶秦简里，有一则关于逃兵的报告：

"廿五年九月己丑，将奔命校长周爰书：敦长买、什长嘉皆告曰：徒士五右里缭可，行至零阳溪桥之、不智□□□（简缺文）。

缭可年廿五岁，长可六尺八寸，赤色，多发，未产须，衣络袍一、络单衣一，操具弩二、丝弘四、矢二石、巨剑一、米一石□□□（简缺文）。"

这段话大意是记载了秦始皇二十五年九月，一个叫缭的秦朝士兵在行军途中逃亡的事件。文中记载了该逃兵的年龄、身高、肤色、发型以及穿的衣袍后，还记载他带了两把弩，四个备用的弩弦，两石发弩箭，一把剑，一石米（秦时一石大米相当于现在的 59.2 公斤），在行进到零阳溪桥时逃走，不明去向。由此可以看出，秦时的地方官府文献资料，对这些官府管理事件的记载特别详细。

从这批简牍中还可看到这么一个故事。秦二世元年七月，即公元前 209 年，这个时候几乎正是陈胜吴广在蕲县（今宿州）大泽乡起义的同时，由于当时交通不便，信息传播迟缓，这一导致秦帝国灭亡的重大事件，全国多数郡县并不知道。所以，这些地方仍然按照秦朝严密的律法，有条不紊地运行着。如此，在南方数千里之外的洞庭郡迁陵县就遇到了一件这样的公事：一位名"固"的迁陵县守丞，接到零阳县送来的一份写在木牍上的公文，公文里告知迁陵县官吏说，零阳县有两位名为辨、平的狱警和一位叫贺的文吏，已办完一个案子，携带案卷前往洞庭郡下属的某地，他们带的干粮只能吃到甲寅日，希望经过的县、乡提供膳食。迁陵县守丞接到公函后，立即作出批示：按有关规定办理。从这个故事中，就可以看出秦朝制度对当时官吏出差的行程时间、所带干粮数量、沿途的接待等环节规定得何等精细，是一点也体现不出政府的蒙昧。

中国传统政府对国家、对农业的管理是否蒙昧，我们从汉代对黄河的治理中，也可见一斑。早在西汉平帝时期，黄河和汴渠就出现了决堤情况，但当时苦于国力贫困，一直没有修理。光武帝登基之后，启动了修补缺口工程。光武帝甚至亲自率领百官，跑到黄河工地背土筑堤。可是由于工程量太大，工程进行了一小部分后，就因国家财力难以为继而停止。随着时间的推移，黄河缺口越来越大。57年，东汉明帝刘庄登基后，他计划对事关农业收成和百姓安危的江河水系进行治理，特别是下决心治理黄河和修补汴渠决口。他挑选了擅长水利的王景。王景从小开始阅读《周易》，喜欢天文和数学，他先后担任的官职从司空属官到河堤谒者，再到徐州刺史和庐江太守。王景首先按照汉明帝的要求疏通了浚仪渠。然后，汉明帝征集了10万农民，命令王景和王吴，开始修缮黄河和汴河。工程开始之前，王景亲自到河道沿线进行勘察，并画出了详细的地形图，规定了河道的规格。在施工步骤上，他们确定先修缮黄河渠道，然后再修汴渠。修缮的黄河渠，从今郑州北的荥阳到今山东利津境内，总共有500多公里。汴渠修理是从郑州西北引黄河水入渠，沟通黄河和淮河两大流域，途经开封、商丘、虞城、砀山、萧县、徐州等广大地区。修直了渠道的弯道后，在渠道两旁修一片浅沙滩，对两边河堤予以加固。为稳定流水，还在渠道上每隔十里设置一道水门，这样洪水来时，即使前面汹涌泛滥，后面还有水门作抵挡。这次黄河治理耗资巨大，历时数载。但治理后除发生过几次小型溢水外，黄河得到了数百年的安定。抓水利保民生，组织十万民工和花费巨额资金周密规划，精心治理黄河，这足以说明中国传统政府对社会对农业的治理总体上是高智、高效的。

中国传统社会对城市的管理也显示出高超的智慧，如宋代的城市消防机制就很健全。宋朝初期，城市管理依旧沿用里坊制，后来被街巷制取代。当时开封府规定，每坊460米左右设一巡捕屋，负责夜间治安和消防工作，并于高处砖砌望火楼。望火楼上有人值班，各种消防器具齐全。一旦有民宅失火，驻地马军步兵，开封府各级各类官吏，全部出动救火，不需动员老百姓。而欧洲中世纪前期，城市衰落，直到11世纪前后，城市才开始兴起，就城市管理而言，根本达不到当时宋朝的水平。

以上论述再次说明，端木赐香关于中国历史上，传统政府低智低效之说，完全是违背历史事实的。

三、"短视与蒙昧"是中国传统农民的素质吗？

端木赐香断言，中国传统农业导致了中国农民"蒙昧"，因为"种地不需要智商"。中国农民"蒙昧"表现在哪里呢？端木赐香以电视上记者与一西北放牛娃的对话为例：

"记者问他为什么不上学，他说要放牛，记者问为什么放牛，他说放牛挣钱，记者问挣钱干什么，他说挣钱娶媳妇儿，记者问娶了媳妇儿干吗，他说生娃娃，记者问生娃娃干啥，他说娃娃长大后也放牛、挣钱、娶媳妇儿，再生娃娃，……别震惊于这放牛孩子的人生理想，因为这就是传统农民的真实的生存状态。生存的天空没有足够的光线，导致他们先天的弱视，环境的恶劣，没有足够的空间，导致他们后天的短视。"所以，端木赐香得出结论："短视与愚昧，就是传统农民的素质，这素质，是农民长期面朝黄土背朝天的结果；是统治者长期'饱其腹弱其智'的结果。"

就是这样，端木赐香仅以这位不知名的七八岁的放牛娃儿为例，来论证几千年来中国传统农民"短视与愚昧"。可对于一位还没有上过学的七八岁的农村放牛娃来说，他知道了放牛、挣钱、娶媳妇、生娃娃这些基本的生活、生产常识，应该说已经很不错了。至少他不比那些只知道问父母要钱、买玩具、吃零食、追吵、玩耍，再要钱、再买玩具……如此天天循环往复的富家娃儿差到哪儿去。端木赐香教授有什么理由去嘲讽这位放牛娃没有信誓旦旦地表现出远大的理想和高深的智慧呢？再者，退一步说，就算这位只知道放牛、挣钱、娶媳妇、生娃娃，其他啥也不懂的 7 岁放牛娃"蒙昧"，难道就能证明中国五千年历史上的所有农民，今天全国的几亿农民都"蒙昧"吗？

下面我们再看看中国历史上的农民是否真的"愚昧"吧。

在前文提到的湘西龙山里耶挖掘的秦简中，考古人员发现了我国最早最完整的乘法口诀表。我们知道乘法口诀是启蒙儿童必须背诵的数字运算基本工具，而这个 2200 年以前的乘法口诀表与现今生活中我们使用的乘法口诀表，有着惊人的一致，而且这个口诀表里还涵盖了"二半而一"这样的分数运算，这是不同于现今教科书的地方。可以说秦简改写了世界的数学发展史。西方最早的乘法口诀表是在 1600 年前出现的。这就说明我们中华民族发明乘法口诀表比西方早了 600 多年。灿烂的中华文明，再一次在这里得到了有力的证明。这个乘法表的发现也宣告了端木赐香关于中国传统农业导致中国农民"蒙昧"这一谬论的破产。因为这个乘法口诀表诞生在以自给自足小农经济为基础的秦代，而且比西方世界整整早 600 年，如果中国农民真的蒙昧，他们又怎么能够在算术上取得如此杰出成就？如果那时的中国农民"蒙昧"，那么比中国晚了 600 年才总结出乘法口诀表的西方人，是不是更蒙昧呢？

中国古代社会对农田灌溉工具的改进过程，也充分体现出中国农民的智慧。现在那些郁郁葱葱的农乡，在风景秀丽的山涧溪流间，我们经常可以看到一种古老的水利灌溉工具——提水转筒车。这种筒车用竹子或木材制成；筒车的水轮直立于河边水中，水轮周边斜装数十个小竹筒，利用水流的力量推动主轮自行旋转；而水轮转动时，周边的小竹筒依次进入河水中舀满了水，水轮自转将小竹筒提升至最高位置时，小竹筒中的水倾出倒入木槽中，木槽将河水导入岸上水渠中，进而流入农田。由于这种筒车不需要人力自行引水灌溉，大大减轻了农民的劳动量并提升了农田的水利灌溉能力。正如南宋张孝祥《湖湘以竹车激水粳稻如云书此能仁院壁》诗所言："转此大法轮，救汝旱岁苦"，"老农用不知，瞬息了千亩"。这种筒车高高立于青山绿水之间，水流车转，从而构成了一幅美妙至极的田园风光图。那么筒车是什么时候发明的呢？据史料记载，发明于隋代而广泛用于唐代,至今已有一千多年的历史。那么这种筒车又是谁发明的呢?这肯定不是西方哪位发明家的发明,也不是中国历史上哪位深宫大院文人雅士的创举;这是饱受干旱之苦,深悟引水灌田之要的中国农民的发明创造。试问如果中国传统社会的农民是蒙昧的,在那遥远的历史时代,能创造出如此先进的水利灌溉工具吗?

那么,中国自给自足的小农经济会使农民"短视"吗?

稍微有一点社会阅历的人都知道,一个人眼界是短浅还是高远,这与其所处的历史时代、政治经济地位、人生经历和文化素养有着密切关系。我们不能埋怨远古时代的工匠们,为什么不发明高速列车解决当时人民出行的交通困难;不能埋怨中国历史上的那些教书匠们,为什么不向当时的年轻学子们多传授西方的自然科学,以启发民智、用科学救国;不能埋怨晚清时期爆发的义和团运动中,农民们为什么不懂得统统用洋枪洋炮,却用大刀长矛木棍和洋鬼子对战以致战败。假如有人在埋怨裁缝师傅不懂得干锯、刨、凿、劈等木工活,埋怨生活在高山上的猎人不会下海捕鱼,难道你不觉得他本人就是一种愚昧?所以端木赐香有什么理由,批评中国传统社会的农民,这些真正"脸朝黄土背朝天"的农夫们天天想着"老婆孩子热炕头"是一种"短视"和过错。而且,反过来思考,如果那个时代的农民们脸朝着黄土背朝着天却连"老婆孩子热炕头"都不想,"温饱"之事也不管,而是整天想"朝为田舍郎、暮登天子堂",或奇思妙想什么行军打仗、治国安邦,甚至闹什么"脱亚入欧",那又有多大实际意义呢?

孔子在《论语》中,有一段话说明了人生的经历与人的眼界视野的关系。他这段话的大意是:我15岁开始有志于做学问,30岁能独立做事情,40岁能通达事理,不被外物所迷惑,50岁能知道哪些事是不能为人力所支配,60岁能听得进不同的意见,到70岁才做事随心所欲,不会越过规矩。孔子这段话启示我们,一个人不同的年龄段及其不同的生活经历,会使一个人有不同的眼光和视野。所以评论中国传统社会农民的视野时,如果离开其历史时代以及他们的职业经历去妄加评论,显然是不科学的,也是不令人信服的。

从实际情况看,中国传统社会农民的眼光与视野,绝不是端木赐香所污蔑的那样"短视"。

中国传统社会的农民有道德信念,他们懂得要赡养老人,懂得要慈爱儿女。中国古代农民家庭演绎了多少三代四代同堂,三兄四弟同院,年轻寡妇守寡终生抚养小孩,以及侄儿侄女照顾无子女的叔伯父母,叔叔伯伯抚养已亡弟妹的子女这种动人故事。

中国传统社会的农民推崇文化教养。他们或许由于客观条件限制,童年时没有读多少书,但他们懂得"书中自有黄金屋,书中自有颜如玉""万般皆下品,唯有读书高"。不管有多困难,他们也会省吃俭用,甚至不惜砸锅卖铁,送自己的子女读书接受教育。例如历史上流传千古的孟母为教育好儿子三迁住所;欧阳修四岁丧父,母亲孤身一人在"房无一间、地无一垄"的艰苦环境下"画荻教子",即用芦秆代笔、铺沙当纸,教欧阳修写字读书,最终将他培养成国家栋梁的典型事例,充分体现出中国古代女性农民的那种远见卓识。

中国传统社会的农民绝不是端木赐香在书中所污蔑的"私德良好,公德没有"!他们有社会责任感和家国情怀。岳母在儿子岳飞背上刺字"精忠报国",就体现出岳母这位农民女性对国家安危的责任担当。19世纪末期,在山东、直隶一带,爆发反对西方列强侵略瓜分中国、由广大农民为主体组成的义和团运动,更体现出中国传统社会广大农民担当天下的良好公德。

19世纪中叶,鸦片战争爆发期间,广州三元里农民自发组织起来,抗击英国侵略者的故事,不仅充分体现出中国传统社会农民的家国之情,更把端木赐香关于"国人先天缺少合作意识"的谬论砸得粉碎。1841年5月29日,英军窜到三元里一带抢劫,并侮辱菜农韦绍光的妻子。韦绍光等忍无可忍,与敌力搏,当场打死几名英国士兵。为预防英军报复,三元里农民在北郊三元古庙集会,决定组织起来武装抗击英军,商定以三星黑旗作指挥旗,旗进人进,旗退人退。三元里附近103乡的农民闻讯后积极参加,自发组成了一支反侵略的武装力量。5月30日,数千名农民逼近英军司令部所在地四方炮台,他们把英军引诱至预设埋伏的包围圈牛栏岗,以大刀、长矛、锄头为武器奋勇打击英军。经过一天激战,打死英军200多人,其中还有两名校官,直至英军增援部队来营救,他们才狼狈逃回四方炮台。5月31日,番禺、南海、花县(今花都区)、增城、从化等县105多个乡的农民闻讯赶来助战,达15000人。农民义军再次包围了四方炮台。英军惊恐万分,逼迫广州知府,强行解散了抗英农民军。英军从虎门撤退时,发出告示,恫吓中国人民"后勿再犯"。农民们当即发出《申谕英夷告示》,警告英军若敢再来,"不用官兵,不用国帑,自己出力,杀尽尔等猪狗,方消我各乡惨毒之害也!"

三元里农民这种自发组织抗击外国侵略者的义举,再一次说明了传统农民目光"短视"之说的偏见与荒谬!

端木赐香为了证明传统社会的中国农民落后,她在中国农民身上贴上许多以表示愚昧落后的标签。在《中国传统文化的陷阱》一书中,她指责中国农民价值观混乱。文章写道,中国农民"认为富有就是缺德;贫穷才是道德,越穷越光荣,于是他们的目的就是均贫富,就是杀掉旧富豪"。这完全是无中生有的造谣。谁都知道传统社会的中国农民也渴望幸福,渴望有美好的生活和美好的未来。谁会相信农民们会觉得"贫穷才是道德,越穷越光荣"呢?如果中国传统社会的农民都是这样的认识,他们又怎么会"日出而作,日入而息","昼出耘田夜绩麻,村庄儿女各当家,童孙未解供耕织,也傍桑阴学种瓜"这样勤奋劳动呢?还有,中国传统社会的农民们的确提出过要"均贫富",但绝不是如端木赐香曲解的那样把富人"均"成穷人,而是希望穷人通过努力,都发展成富人,中国农民绝没有如端木赐香所杜撰的短视到那种程度!

端木赐香还说,几千年的封建社会演变史中,中国农民也"暗示出人性恶"的一面,"农民也会残暴"。接着端木赐香以明朝末年农民起义时,张献忠在四川建立大西政权,立下"七杀碑"大杀老百姓;李自成打进北京时,也以杀人为儿戏等事例来证明她的观点。但是我们知道,张献忠、李自成是明朝末年农民起义的领袖,就算他们两人真的有残暴、人性恶的一面,哪怕他们引导手下乱杀人,杀了很多人,难道就能以此证明中国农民都残暴、人性恶吗?

20世纪,希特勒挑起了第二次世界大战,导致世界七千万人死于无辜。希特勒穷凶极恶到甚至集中屠杀了 600 万犹太人。能不能说德国人残暴、人性恶？

美国人在建国初期，杀了数千万土著民族印第安人，几乎使印第安人这个种族断根绝种。美国在第二次世界大战中，在日本丢下原子弹，使数十万日本人抛尸荒野。能不能说美利坚民族残暴、人性恶？

日本人 20 世纪入侵中国，使千千万万中国人成为枪下之鬼。仅南京一城，日本人一次就杀人 30 万。能不能说日本大和民族残暴，人性恶？

如果端木赐香说这些行为仅仅是帝国主义的侵略者或者执政者的个人罪过，不能说他们整个民族残暴、人性恶，那么端木赐香仅以张献忠、李自成二人为例，却给中国农民以种种污蔑之词，不是不攻自破了吗？

此外，端木赐香还批评中国传统社会农民"保守""缺少开发精神，缺少探险与浪漫""重天命、轻人力，无创新、怕变动"，她的这种种荒谬观点，我在《中国人"先天缺少开创精神"吗？》一文中，已予以彻底批判，这里就不再重复啰唆了。

在评论中国传统社会农民的素质与品德时，我记起了端木赐香自己说过的一段话。她的这段话中（端木赐香《中国传统文化的陷阱》，第 262 页）前几句对中国农民的素质与品德给予肯定，可惜她在后文中又对这一观点予以彻底的否定。她在后面那几句话中表现出的荒谬思想，我在此文前面已作驳斥。我在这里引用她前几句对中国传统农民的素质做个评价吧，这就是："生活在封建社会最底层的中国农民，是社会上最善良的一个阶层。……中国农民是世界上最勤劳的一个阶层，世界上似乎找不到比中国农民更勤劳的群体了。……中国农民是世界上最能吃苦耐劳的一个阶层，……是世界上智慧的一个群体。"这虽然是端木赐香自己彻底否定了的几句话，但我觉得这却是此文给农民作出的最好结论。

19 中国传统社会实行中央集权专制制度有错吗？

"中国传统文化陷阱论"否定中国传统文化的一个重要依据是，中国历史上建立的是大一统的中央集权的专制制度。袁伟时先生在《中国传统文化的陷阱》网文中认为，这种专制制度的罪恶在于皇帝、官僚、百姓有"严格的等级关系"，"不能逾越"；"中国的大小事都是天子或尊长说了算，抗上是最大的罪恶"。他认为正是这种专制造成的文化缺陷，阻碍了中国顺利从传统社会进入现代社会。端木赐香教授认为在封建"集权体制下，百姓也就只有做奴隶的份儿"，与封建专制制度"相对应的，中国政治体制里才会出官僚主义作风"。

海旻在《为什么必须彻底批判中国传统文化》一文中说："以儒教为代表的中国传统文化，其全部的功用就在于维护专制社会的尊卑等级秩序"，"专制主义是中国传统文化的核心精神"。海旻说，"在中国，除了礼教伦常，没有学问"。而所谓的"礼教伦常"，无非就是封建等级制度，"三纲五常""君臣父子""秩序如冠履之不可倒置"的"名教"。这就可以看出，"中国传统文化陷阱论"者把专制制度看成中国传统社会的万恶之源。那么，我们究竟应该怎样看待中国封建社会实行的专制制度呢？

一、专制政体与民主政体，是否有优劣之分？

专制政体是一种与民主政治体制相对立的政治制度。中国封建社会实行的是专制主义中央集权制度，其基本特征是由帝王个人或帝王与宰相几个人掌握国家政治军事经济的最高权力，实行帝位终身制和皇位世袭制；在决策方式上是皇帝个人独裁或一个至几个权臣决断。中央政府对地方政府高度集权，地方政府必须服从中央政府的管理。

那么专制政体是否是人类社会历史上最落后的政体呢？答案不是那么简单。考察一种社会政治制度是先进还是落后，根据辩证唯物主义的历史观，从经济的角度看，这要看它能否适应并促进社会的生产力发展，适应并能促进生产力发展的，就是先进的，反之才是落后的。从政治的角度看，就是要看这种制度是否能保证国家和社会的稳定即长治久安。因为有了一个安定的稳定的社会，人民群众才能安居乐业，社会生产力才能得到发展。所以，有利于社会稳定、有利于生产力发展的，肯定是比较合理的；一个国家如果动荡不安，甚至生存不了几天就消亡，如果百姓水深火热，肯定不能说其社会政治制度是合理的、先进的。

在人类社会发展史上，专制政体和民主政体早已有之。古希腊文明（前800—前

146）是西方文明最重要和最直接的源头。斯巴达与雅典是同处于古希腊文明时代的两个不同体制的城邦国家。斯巴达实行贵族寡头掌握国家权力的专制主义制度。它的特点是实行严酷的纪律、独裁统治和军国主义。雅典早期和斯巴达一样，同样实行贵族专制统治。从公元前594年至公元前593年梭伦改革开始，雅典逐步过渡到奴隶主民主制度。经过公元前462年至公元前461年的新的改革，剥夺了以执政官为首组成的贵族会议的权力，将其分别交给公民大会、民众法庭和五百人议事会。规定全体男性公民参加公民大会，会议每10天召开一次，由公民大会讨论决定每一个重要事件。每个公民享有在公民大会的发言权与投票权，大会按照少数服从多数的原则对重要事件作出决定。公民大会休会期间，从公民中抽签，选出500人组成"五百人议事会"，负责处理日常事务，各级官员也由抽签产生。民众法庭是雅典的最高司法机构，陪审员从公民中抽签选出。这样就把雅典的民主政治发展到一个新的阶段，这段时期雅典的经济、政治和文化也达到了极盛。但是，雅典的民主制度虽然能使公民们参政议政，但占人口大多数的奴隶、妇女和外来人，却没有任何政治权利。有资料显示，这一时期雅典城邦人口总计40万左右，其中奴隶有20万人，女人和外来人口有16万人，这近36万人都没有参与政治的权利；真正具有民主政治权利的贵族和公民只有4万人左右，仅占雅典总人口的百分之十。而且雅典在实施民主政治的过程中伴随着激烈党争。特别是在公元前5世纪中叶，党争极为激烈。一段时间民主党战胜了贵族党，后一阶段，则是民主派与寡头派轮流执政。由于政府更迭频繁，难以制定长期可行的政策，加之缺乏强权以统一执政集团的意志，由此产生内耗削弱了国力。公元前431年至公元前404年4月，雅典与专制政体斯巴达为争夺对希腊的霸权，发生伯罗奔尼撒战争。这场战争时停时打持续了27年，强大的雅典在军事上和财政上变得枯竭难继。公元前405年，雅典海军惨败，被迫向斯巴达投降。雅典在希腊世界的霸主地位，被斯巴达所取代。公元前323年至公元前322年，雅典与野蛮异族的马其顿，在拉米亚发生战争又遭失败。从此雅典在政治上完全失去独立，成为马其顿的附属品，民主政体名存实亡，公元前2世纪中叶，雅典被并入罗马帝国版图。雅典先后与实行专制政体的斯巴达与马其顿的斗争两次都归于失败，而且政息人亡，那么，雅典实行的这种民主政体，对比斯巴达与马其顿实行的专制政体，其利弊在哪里？的确值得人们深思。

从欧洲进入封建社会以后各国的发展进程看，也并不是实行专制制度的国家就如何的差，不实行专制体制的国家就如何的好。波兰曾经是一个对欧洲产生了深度影响的大国。它处于西欧和北欧结合的咽喉地带，北临波罗的海，有着良好的区位优势，国民素质也比较高。960年至992年期间，皮亚斯特家族为首领的波兰部落逐渐统一了其他部落，建立了早期的封建制国家。1025年，波列斯瓦夫一世加冕为波兰国王，波兰成为一个强大而统一的封建王国，最盛时期，其国土面积达到100多万平方公里。1138年，波兰国王波列斯瓦夫三世，临终前立下遗嘱，把波兰一分为四，分给4个儿子，后来这4个小公国又进一步分裂，导致了200多年的封建割据局面，国家四分五裂；对内阻碍了社会经济文化的交流发展，对外也不是一个统一的政治实体，成为周边强国进行政治军事角逐的对象。直到1320年，波兰才实现了不完全的统一。1385年，为抵抗强敌神圣罗马帝国天主教军事组织德意志骑士团的侵略，波兰王国和立陶宛大公国实行了王朝联合，立陶宛大公为波兰国王。经过联合王朝几十年的努力，终于击溃了德意志条顿骑士团的侵略，波兰又恢复了大国和强国地位。但国王的存在使当时的波兰人感到压抑，1505 年，波兰议会通过宪法规定，未经议会同意，国王无权发布法律。当时波兰的民主制度，好像和今天的美国差不多。随后波兰的君主制逐渐被贵族民主制代替，1573 年更是确立了"自由选王制"的民主原则。这一制度实行的结果是加深了政局的混乱、分裂、腐败和危机。每次选举国王，不仅波兰国内的众多贵族互相争夺，而且欧洲其他强国，也纷纷插手选择扶植符合本国利益的代理人，以图把波兰置于自己的影响之下。据统计，在 1573 至 1795 年的 220 多年中，波兰共选出了 11 个国王，其中 7 个是外国人。当时的波兰议会实行的也是极有民主性的"自由否决权"，长期以来，作为国家政治枢纽的国会，成为议员们高谈阔论和宣泄情绪的场所，处于实际的瘫痪状态。不适合波兰国情和生产力需要的民主制度，使波兰丧权辱国，最后被俄罗斯、普鲁士和奥地利三个国家彻底瓜分而亡国。从 1772 年 5 月到 1795 年 1 月，俄、普、奥三国，共三次瓜分波兰，俄罗斯夺占了 46 万多平方公里，普鲁士夺占了 14.11 万平方公里，奥地利夺占了 12.18 万平方公里。1795 年，存在了 800 多年的波兰国家彻底灭亡。波兰在欧洲地图上消失了百多年之后，1809 年，拿破仑在波兰中部建立华沙公国，但仅作为法兰西的一个卫星国家。拿破仑失败以后，华沙公国又被肢解。直到 1916 年、1918 年 11 月，德国和俄罗斯才分别正式宣布承认波兰的独立地位，波兰才得以恢复独立重建祖国。直到现在，波兰的国土面积只有 31 万平方公里，它实际上成为一个经常遭国际社会忽视的小国。所以，西方学术界评价波兰是"被民主害得最惨的国家，从欧洲一流强国沦为三四流小国"（资料来源，见"百度"《大国之梦》文章）。

与波兰所走之路相反，法国国王路易十四亲政期间，创立了有史以来无与伦比的绝对君主制，使当时的法国成为欧洲君主专制的典型。自 1661 年 3 月以后，24 岁的路易十四决定亲自执掌政权。他事必躬亲，强力推行自己的意志。对敢于反叛的外省贵族领主无情镇压，同时建造凡尔赛宫，把原来主政各地的法国大贵族宣召进宫侍奉王室，从而将整个法国的官僚机构集中在他的周围以便巩固他的统治。他还向各省派遣司法、警察和财政监督官，整顿军队，扩充兵源，引进新式武器和先进技术，并把驻各省军队的调度权控制在中央手里，从而大大增强了国王对军事、财政和机构的权力。在思想上路易十四要求全体臣民一律信奉天主教。他废除了先王亨利四世于 1598 年以来对新教实行宽容的政策，剥夺新教徒的一切合法地位；新教的教堂被摧毁，新教的学校被关闭。他强迫新教胡格诺教徒改宗天主教，致使 20 多万不愿改宗的胡格诺教徒移居国外。在经济上他强力推行重商主义。他为复仇，于 1678 年对荷兰发动大规模征战，重创荷兰、名震西欧。1688 年 9 月，他进攻德意志，展开对哈布斯堡王朝的速战计划，大大削弱了对方的国力。高度的专制，使法国一度成为名副其实的欧洲霸主。

中国在生产力水平低下、私有制和国家还没有产生之前的远古社会，原始部落联盟首领是由各部落推选产生即采取禅让制的方式产生，其基本原则是"选贤举能"，这实质上是一种原始的民主选举制度。尧传位给舜就是这种民主禅让方式的典型事例。后来大禹的儿子启破坏了以禅让方式推选部落首领的方法，他杀害了被民主推举为首领的伯益，以强权手段夺得部落首领的职位。启死后又把首领职位传给了自己的儿子。这样，古代具有原始民主选举性质的禅让制被世袭制所取代。世袭制成为奴隶社会至封建社会帝王传承的基本方式，也是专制制度的主要内容。中华民族在其发展过程中，某些阶段由于国家暂时没有完全统一，一些还没有纳入中华民族大家庭的少数民族，也实行过不同于专制制度的民主政治制度。唐朝末年，生活在中国东北地区的游牧民族契丹首领耶律阿保机统一了契丹各部落，于907年，即可汗位。916年，建立帝国称帝，国号契丹。947年，辽太宗改国号为辽。契丹人在辽太祖耶律阿保机称帝之前没有皇帝，也就是没有建立帝制。全部落组成部落联盟，执掌最高权力的联盟可汗，由八个部落酋长共议推选，三年选一次。这种制度的好处是可以废庸推能，但其不良后果是部落酋长们为争夺部落联盟最高权力，引发混乱争斗，相互杀伐。耶律阿保机学习中原历代封建王朝的做法改为帝制，并实行皇位世袭制，使政权稳定。辽国直到1125年，在强大的女真族金国的进攻下才灭亡，国存213年。1132年，契丹人耶律大石又称帝建立"西辽"，并一度成为当时中亚地区的强国。直到1218年为蒙古族所灭，国存96年。

从中国封建社会发展进程来看，凡中央集权强盛即专制特征突出的时代，一般是改朝换代后新的王朝的初期至中期。在这段时间里，国家一般相对安定，生产力得以恢复和发展，人民生活得以安宁。而一旦地方政权权力过大，国力分散，中央政府对地方的调控力下降，国家左右大局乏力的时候，就会造成国家分裂，地方割据。266年，司马炎取代曹魏政权，建立晋朝，史称西晋。司马炎登基之初，大封宗室子弟为王，并且赋予地方各王国相当大权力。如选拔官吏、收取税赋、建立地方军队，并用统领地方的诸王统率朝廷军队镇守要害地区，致使中央政权力量架空。司马炎死后，继承者晋惠帝大权旁落，皇室宗亲为争夺国家权力，发生历时16年的"八王之乱"。此时塞外以匈奴、鲜卑、羯、羌、氐族为代表的众多游牧民族趁机建立数个少数民族政权与西晋对峙，成为"五胡乱华"。316年，西晋被北方少数民族族政权所灭。317年，晋室在江南建立政权，史称东晋。北方则被少数民族称王割据，百余年间，建立政权数十个，最后形成"五胡十六国"局面，成为中国历史上分裂最严重时期。直到386年，北魏统一北方，中国进入魏晋南北朝分裂时代。这次中华民族史上最严重的分裂，持续了300年之久，直到隋朝才统一全国。唐代"安史之乱"后，又形成了藩镇割据的局面，致使唐朝衰落加速，各地藩镇纷纷自立称王、称帝，再次形成历时50余年的"五代十国"分裂局面。直到北宋基本统一中原后，这种情况才逐渐改变。当然，从中国封建社会全过程看，由于各朝代绝大部分时期中央权力集中，对全国的掌控能力较强，故总体上社会比较稳定。中国古代天下动乱的时间比相对稳定的时间要少得多，相对较多的稳定时期，使中国封建社会文明进化的程度要远远高于欧洲，尤其是封建社会的中国人比中世纪的欧洲人要少受刀剑之害和血泪之苦。这就说明，中国封建社会实行大一统的中央集权的封建专制制度，对中华文明发展的积极作用是不能否定的。所以，这里可以用上端木赐香说的几句话，"大一统既是中国的传统政治思想，也是中国的传统地理思想。地理上的大一统，也就意味着政治上的大一统，为了这两个大一统的稳定，又会出现思想上的大一统"。但绝不能认为中国追求这种地理、政治、文化的大一统是一种错误！那种认为历史上的中国实行专制制度比西方落后并大加挞伐的行为，是不符合历史事实的！

上述一系列历史事实说明，无论是简单地认为专制政体落后于民主政体，或简单断定民主政体落后于专制政体，都不符合历史辩证法。

二、中国在秦朝以后实行封建主义中央集权专制制度，是否是一种随心所欲？

近代以来，国内外学界有一种舆论，即认为中国专制制度是一种维护统治阶级的统治、压制民主、欺压百姓、禁锢思想、腐朽落后的国家制度。这种制度几乎成了落后腐朽的代名词。公元前221年，秦灭六国，建立中国历史上第一个大一统王朝——秦朝，直至清朝灭亡，共历时2100余年，这期间大都实行中央集权的封建专制制度，这就好像是中国社会几千年来长期贴上了一张腐朽落后的标签，人们从而断定中国的一切都是腐朽、愚昧、落后。中国广大民众无论是黎民百姓还是社会精英，虽然从情感上无时不想抛弃这个标签，但苦于这个观念似乎已入脑入心，故对撕掉这张标签似乎总是缺乏勇气或者心有余而力不足，致使认为封建专制制度腐朽落后的观点，长期游荡在中国人的心里并使大家对本国的历史，或多或少有一种自卑感。

从历史发展的实际看，中国自秦朝以后，建立具有专制与中央集权两个特征的专制主义中央集权制度，这种制度的建立绝不是无缘无故的天外飞来之物，也不是哪一位历史人物心血来潮爆发灵感的杰作。透过历史的迷雾看，它是中国社会发展的必然结果，它的产生有着不可改变的历史必然性。

首先，这是总体上适应当时中国经济社会发展的需要，是生产力发展的必然结果。中国社会的封建制是古代奴隶经济发展为封建经济的必然产物。中国从原始社会解体经夏、商、周三代，直到春秋晚期，都属于奴隶社会。奴隶社会的经济基础是土地国有制度下的"井田制"。在这种土地制度下，土地所有权属于国王即天子，所谓"普天之下，莫非王土"。国王再将全国土地层层分封给下属的贵族。贵族役使奴隶进行生产劳动，土地上收割的谷物全部交给统治者。所以，当时天子属下的诸侯臣子只有土地的使用权，而无所有权。男子成年受田，死了还田。奴隶们依附于"井田"，通过集体劳动进行大规模的土地开垦和种植。奴隶社会的这种井田制相对于原始氏族社会的那种"刀耕火种"、土地氏族部落共同所有共同种植的原始农业经济无疑是一大进步。它极大地促进了奴隶社会生产力的发展，尤其是为奴隶社会实行分封制提供了经济保障。周朝以后，自春秋初期开始，随着铁器牛耕的使用，大量井田之外的荒地得到了开垦，成为开垦者所拥有的私田，到了春秋后期，随着生产力的发展，这种私田日益增多。为了增加政府的收入，从鲁国开始实行"初税亩"制度，规定不论公田私田，都要由国家按田亩的实有数目收税。这实际上是承认了所开垦耕种的土地为耕者所有，也就是承认了私人对土地的所有权。这就破坏了土地国家所有的"井田制"。随着"井田制"的瓦解，奴隶制生产关系也被解体，实行自给自足的个体小农经济大量涌现。这种小农经济的特点是农民在自家周边的土地上日出而作日入而息，男耕女织。由于那时生产力水平低下，人们生产的产品只能维持自己的食用，社会上也就没有或很少有商品贸易，农民只能在自家或租的土地上耕种，才能维持其生存，这就需要一个相对稳定的社会环境，因而更需要一个强有力的政治制度来维系这种小农经济形态，以保证自给自足的小农经济的生产和再生产。另一方面，新产生的地主阶级也需要建立强有力的中央集权制度来保护这种土地所有制度，以维护其政治经济利益。正是为了适应这种新的封建经济形态的需要，专制主义的中央集权制度得以应运而生。

其次，是认真总结中国古代尤其是春秋战国时期的经验教训而选择的一种治国理政的正确方式。西周时期是奴隶社会发展的顶峰时期。周朝实行一种完全意义上的领主分封制。西周姬姓家族及一些异姓功臣灭掉商朝以后，整个天下的国土民众都归了这个家族。如此周天子把天下分为若干个藩国，分给本家族各个分支。每个藩国的土地、民众与其全部的政治经济权益都归受封者所有。被封的家族又实行分配与再分配。被封的藩国世世代代承袭。中国古代的家族之所以会产生宗法制度，一个重要的原因就是要对家庭家族财产继承、分配与再分配。这些被分封的领地，具有两个非常明显的特征。一是私属性，所封的领地世世代代归受封者及其子孙所有；二是独立性，所封的领地已不属于周天子而独立存在，它只归受封者所支配。所以受封者越多，独立的领地也就越多。一个封地就是一个政治经济独立的小封国。如此造成封国林立。周朝初期所封的国家，实际上有些也就跟现在的一个县的面积差不多；数量多，有资料记载有七十多个，有人说还更多。周朝实行分封的目的，是通过层层分封来保护中央朝廷，维持整个家天下的统治。但却带来了一个重大弊端，这就是各藩国政治、经济、军事独立自主，因发展不平衡，藩国之间不断地发生兼并战争，实际上是弱肉强食。通过互相兼并，某些国家的领土越来越大，而国家的数量越来越少，周朝时期的几十上百个小藩国，兼并到战国时期，就只有韩、赵、魏、楚、燕、齐、秦7个大国了。而且这7个大国，相互之间继续兼并，使得整个中华大地，战火纷飞，生产力受到严重破坏，民不聊生。分封制的又一重大弊端就是相当多的被封的藩国强大以后欺凌、甚至取代中央国家政权。也就是说，受封者兼并了主封者，形象说是儿子吃了父亲。诸侯国内部由于层层分封，也会产生同样的弊端。晋国是周朝的一个诸侯国，春秋时曾成为四强国之一。在晋献公时期"并国十七，服国三十八"；晋文公继位后大败楚国成为天下霸主；晋襄公时期，曾大败秦国，继续为中原霸主；晋景公时期，大败齐国；晋厉公时期，连败秦、狄，再败楚国，复为天下霸主；晋悼公时，国势鼎盛，独霸中原。但从公元前633年，晋文公立三军设六卿开始，晋国的军政大权便由六卿所掌握。到晋平公时代，韩、赵、魏、智、范、中行氏六卿，相互倾轧，智、范、中行氏被赵、韩、魏三家所灭，从此晋国公室名存实亡。公元前376年，魏、韩、赵三国瓜分了晋国公室；公元前349年，末代晋国国君晋靖公，被废为庶民，晋国彻底灭亡。周朝进入东周时期后，被周天子分封的诸侯国势力越来越大，周朝王室日益衰弱，东周末期，周王室衰落到其领土局限在洛阳的一个很小的地方，没有任何权威，不仅不能号令天下，反而要看强大的藩国的眼色，小心行事。周赧王以天子名义召集六国出兵伐秦，结果六国都不配合而归于失败。公元前256年，秦国攻破洛阳，周赧王被杀，周朝彻底灭亡。

秦灭亡周朝以后，再经过持续的兼并战争消灭了其他六国，一统天下。秦国吸取了周朝实行分封制导致诸侯割据、战火不断以致政息人亡的教训，建立起专制主义的中央集权的封建国家制度。这一制度的特征是在帝位终身制和皇位世袭制的基础上，皇帝或宰相汇集国家最高权力于一身，实行从决策到行使军政、财政及官吏任免大权，都是由皇帝或宰相少数人说了算的决策形式。第二个特征，是中央集权，这是相对于地方分权而言的，其特点是地方政府在政治、经济、军事方面没有独立性，必须严格服从中央政府的命令；地方的官吏由中央派遣，地方的一切受制于中央。这是一种高度集权的国家管理方式，这种方式是对秦朝之前的分封制的一种彻底否定。

再次，是对秦国自身治国成功经验的进一步完善与延续。公元前770年，秦襄公带兵护送周平王东迁都城至洛邑有功被封为诸侯，并赐给他岐山以西的土地，从此时开始，秦国正式成为了周朝的诸侯国。经过近百年的艰苦创业，秦国灭掉了西方戎族的12个小国，占领了关东平原大部分土地，开辟国土千余里，成为西方新兴强国。后来秦国又经历了百余年的衰落，到春秋末期，又奋起成为诸侯国中的第二等国家。春秋战国时期，铁制农具的使用和牛耕进一步推广，以井田制为基础的土地国有制，逐步被土地私有制所代替。地主和农民这两个对立阶级产生。新兴地主阶级随着自身经济实力的增长，要求获得相应的政治权力，他们纷纷要求在政治上进行改革，发展封建经济，建立地主阶级的统治，因此当时很多诸侯国纷纷掀起变法运动。如魏国实行了李悝变法，楚国实行了吴起变法。这些国家通过变法加速了分封制瓦解和中央集权制确立。战国初期，秦国井田制瓦解，土地私有制产生和赋税改革，都比其他6个大国晚，社会经济发展也落后于齐、楚、燕、赵、魏、韩6个大国，故秦国在诸侯争霸中处于不利地位。尤其是秦国与魏国在边界争夺战争中，多次惨败，导致国力大减。秦孝公在位时期，他决心变法图强。他采纳了卫国人商鞅的建议，并任命商鞅为负责改革的左庶长，在公元前356年和公元前350年，先后两次在秦国实行变革。商鞅吸取了魏、楚等国实行变法的经验，结合秦国的具体情况，后来居上，使秦国的变法取得了较大的成效。秦国进一步破除了土地国有的井田制，扩大了土地地主阶级私有制，重农抑商，奖励实行一家一户、男耕女织的生产，鼓励垦荒，从而大大促进了秦国小农经济的发展；普遍推行郡县制，制定法律，统一了度量衡，建成了中央集权的君主政体；废除世卿世禄制度，制定二十等爵制度，奖励军功，从而大大提高了军队的战斗力。秦国打击反对变法的旧贵族，并且"燔《诗》《书》而明法令"，使变法得以迅速贯彻执行。随着变法措施的实施，秦国封建的土地私有制度得到了确立，国家机制大大健全，中央集权制度得以建立，军队战斗力大大增强。秦国很快就发展成为战国后期最强大的国家，为以后统一六国奠定了坚实的基础。从公元前230年起至公元前220年，秦国用十年时间消灭了东方六国，从此完成了统一大业，结束了中国历史上历时500多年的诸侯割据的混乱局面。秦国正是在吸取春秋战国500余年间诸侯割据、国家动乱、周朝灭亡的教训，沿袭了秦国商鞅变法以来治国的成功经验，在此基础上建立了大一统中央集权的专制主义的君主专制制度，秦朝同时在全国实行了文字统一、度量衡统一、货币统一、政令统一的一系列有利于国家统一的措施，为中国社会长期实行大一统中央集权的专制主义制度奠定了基础。

当然，秦朝建立中央集权专制制度之后，分封制也出现过短暂的复辟。首先是由于秦朝立国以后不顾国力，大兴土木，人民徭役沉重引起农民起义以致很快亡国。刘邦取代秦朝，建立汉朝以后，既总体上承袭了秦朝实行的中央集权的专制体制，实行了郡县制，同时也封了七个在汉朝立国过程中立了大功的功臣为异姓王，这七个诸侯王所管的地方占了汉朝疆域的一半。为了巩固自己的政权，刘邦后来一一采取措施，剪除了这七个异姓王，同时又分封了一批刘姓宗室子弟为诸侯国国王。随着时间的推移，这些诸侯国的势力越来越大，很多方面不服从中央朝廷的管制。汉景帝时期，当时吴王刘濞统辖的吴国，占据了东南三郡五十三城，他利用官营盐铁大肆筹钱，大肆招兵买马，图谋推翻汉景帝政权。公元前154年，刘濞带领楚、赵、胶东、胶西、菑川、济南等共七个诸侯国举行叛乱，史称七国之乱，这是当时地方割据势力与中央专制皇权之间矛盾激化的结果。由于汉景帝集中了强大的军事力量平叛，七国之乱在三个月之内即被平定，这标志着西汉诸侯王势力的威胁基本被清除，中央集权制度得到进一步巩固和加强。西晋时期，晋武帝在实行郡县制的同时也部分地实行分封制，他曾分封了27个同姓王。结果后来西晋内部爆发了同姓王争夺中央统治权力的"八王之乱"，随着中央朝廷统治权力的下降，以致出现了"五胡乱华"的局面。西晋仅仅存在51年即亡国。正是在历史发展中，人们认识到了分封制将给国家带来无穷灾难。故隋唐以后实行分封制的越来越少。另一方面，自汉朝及以后，中国的疆域不断扩大，中原地区之外的许多少数民族，也不断地加入了中华民族这个大家庭之中。由于国土辽阔，东西南北差异很大，不同区域及不同民族思想观念、文化习俗、生活诉求各不相同，这就要求必须有强有力的中央集权，才能统一各地区各民族的意志，避免民族之间的相互争斗及地方分裂割据。所以，在汉朝进一步巩固了中央集权封建专制主义制度以后，历代封建王朝根据当时的实际情况，继续沿用并不断完善秦汉以来中央集权的封建专制制度。所以，中国总体上是中央集权的专制主义政治制度，延续了2000多年，清朝时期，这一制度发展到了顶峰。直到晚清末年，中国社会工商业逐渐兴起，新兴资产阶级开始走上政治舞台，中国社会的经济、政治状况与封建专制制度严重不相适应，1911年孙中山领导的辛亥革命，终结了封建王朝的统治，建立了南京临时政府，这一制度才彻底结束。

上述充分说明，中国自秦代开始建立起中央集权的专制主义制度，这完全是中国社会历史发展的必然结果，尽管在实施这一制度的过程中，还存在着很多在今天看来是很腐朽落后的东西，但在那个时代的历史条件下，这仍然是相对适合古代中国国情的必然选择。当然这里有一个不容回避的事实是，在西方最终是资本主义的民主制战胜了封建制而结束了黑暗的中世纪；在中国实行中央集权封建专制的清王朝，到晚清使国家陷入了一百多年的贫穷落后局面，最终也被资本主义民主制所推翻。但是清朝的灭亡，并不能说明在此之前实行的中央集权封建专制制度在当时是落后的，因为清政府的垮台，既与它自身的腐败及西方资本主义列强的侵略有直接关系，也是当时资本主义的生产关系和生产力在中国有了一定程度发展的必然结果。所以，片面指责并全盘否定中国古代社会实行中央集权专制制度的种种观点，是违反科学精神的。

三、对当今世界的一党执政与两党竞选轮流执政利弊分析

与人们对专制制度与民主制度的认识紧密相连的是，人们也会自然而然地对当今世界存在的一党执政与多党或两党轮流执政这两种政体进行对比，而且有相当多的人认为一党执政比多党联合或两党轮流执政专制，所以认为一党执政比两党轮流执政或多党联合执政体制落后。西方一些实行资本主义民主制度的国家由此也大肆攻击与他们的国家政治制度不一致的国家落后。这种种观点同样是难以成立的。从当今国际社会各国的实际情况看，就制度设计来说，这二者各有利弊，主要看在运行过程中各国如何抑弊扬利。两党或多党通过竞选轮流执政，社会政治生活显得很活跃，民众表面感觉民主程度相对一党执政要高；政策的出台可能平衡照顾了各参与执政的政党或群体的利益，双方互相监督的力度较大、防止腐败发生的力度较大。但这种执政形式缺点也很多。

一是竞选费用大。2008 年奥巴马和约翰·麦凯恩的黑白大战，总统大选，总耗资 24 亿美元。

二是表面是通过竞争让优秀者当选，实际上选出的人未必优秀。2016 年美国特朗普与希拉里竞选总统，特朗普当选后，有人于 2016 年 11 月在搜狐网上发表文章说："疯子对决骗子，疯子上台，好坏各占 50%；骗子上台，受骗上当是 100%，你选谁?"这场选举其实就是在两个都不受欢迎的候选人中"两害相权取其轻"。

三是选民直接投票选举并不见得真正体现了民意。2016 年 11 月，观察者网刊登了该网专栏作家宋鲁郑写下的文章，记载他参加美国副总统拜登举行的支持希拉里的竞选集会的实际情况。文章记载道，作者去参会途中发现出租车司机并不知道当天的活动，这说明美国人对选举的参与率还是很有限的。文章还记载说："两党竞选现场真感觉政客在玩火。""集会原定下午 2：30 开始，3：30 结束。但拜登副总统 3：35 才到。其间长时间无人主持，或许这就是美国社会的政治文化。""所有发言人表达的就两个意思：希拉里很称职，特朗普很糟糕。大家必须发动所有人去投票。发言的人很激情，听众也随着他们的节奏欢呼。"这就说明，美国人把票投给谁选谁当总统，全凭媒体及参选人组织的竞选班子对参选人的宣传，以及参选人在竞选演讲时对国人的许诺以及其表现；他们对参选人的人品、实际组织管理能力、见识、作风、性格等细节实际上并不了解。理智地分析，在一个有几百万、几千万甚至几亿人的国家，绝大多数的人都在为自己的生计与事业而忙碌，有几人会去关注与自己平常的生活无直接联系的人的优劣与长短呢? 换一句话说，如果在茫茫人海中，有人自己跳出来，或者别人把一个人抬出来竞选总统或别的什么，除这个人的生活工作圈子内的人及与他有所交往的人对他有所了解之外，其他的绝大多数的国人怎么会知道他的长与短、优与劣呢? 所以对于绝大多数的国

民来说，选票投向谁就只能通过听参选人在演讲中的自吹自擂及他的追随者对他的宣传了。这里就暴露出直接投票选举隐藏着一个难以避免的弊端，即这种人云亦云、凭参选人一时的炒作而投票的选举方式很容易被媒体及参选人造成的假象所蒙蔽。所以选民直接参与投票并不能保证选上的人就是他所希望的人和真正优秀的人。因此，这种直接选举的所谓民主，实际上已强奸了处于社会最底层的广大选民的民意；这种选民直接投票选举所体现出的一丁点民主，也是扭曲了的民主，对处于社会最底层的占人口绝大多数的平民百姓的政治、经济生活来说，这一丁点民主有何实际价值？而且，候选人之间在竞选过程中的互相诘难、互相揭短、互相攻击又会使政府信誉扫地。

四是决策迟缓且实施难，推动工作缺乏效率，特别是由于行动缓慢应对突发事件的能力也较弱。这在西方很多国家的建设重大工程、扑灭山火、应对地震、抗洪等方面，表现特别明显。

五是政策缺乏连续性，一些事关国家长远利益的政策，容易随着执政党的更替及执政首领的轮换而发生变化，故这种制度易造成政局不稳和社会动荡。比如美国总统特朗普执政以来，就对美国政府以前实施的内政外交政策做了较大的调整，他宣布美国退出《巴黎协定》和世界卫生组织，而这种调整对国际社会的稳定和谐来说，几乎是一场灾难。美国现任总统拜登取代特朗普执政以后，随即签署多项行政命令，宣布美国将重新加入《巴黎协定》和世界卫生组织。

六是由于两党或多党竞争执政权力要通过竞选才能实现，而竞选需要大量资金，所以国家法律允许参选人通过社会筹资尤其是个人捐款筹集竞选资金；这为有经济实力的大资本家或财团，通过捐款用金钱影响政治运作提供了可乘之机。这种"金权政治"不可避免成为受法律保障的腐败的温床。通过获取财团捐款支持而选上的总统，在政策取舍上自然要维护捐款财团的利益而不顾全国普通民众的利益，也就在所难免了。特朗普不支持美国民众的戒枪诉求，而支持步枪协会这一强大的利益集团，就充分说明了这一点。

七是在这种选举制度下，谁竞选总统，都需要本党派的支持；因而无论谁当选总统，他制定的政策，首先必须符合本党派的利益，也必须考虑符合其他党派的利益，因为只有这样才能获得其他党派的支持；这样政府制定与执行的政策几乎仅是符合本党和其他几党的利益，不可能是最大限度符合处在党派之外的广大最基层人民群众利益的政策。所以在几党和多党执政领导下的政府，并不是真正代表全体人民利益的政府，而是受大财团左右的代表党派利益的政府。美国之所以贫困群体增多财富两极分化越来越严重，就是因为代表政党利益的联邦政府，不愿意用联邦资金去扶助贫困人口。

至于一党执政，它的优越性在于，一是不需依赖大财团的捐款作为选举经费，故能避免西方那种"金权政治""财团幕后干政"现象的产生；同时由于免去了竞选环节，相对于多党竞选也大大减少了竞选经费。二是便于统一全国人民的意志，集中力量干大事。三是没有党与党之间的利益之争，决策效率较高，尤其是应对突发重大事件的能力较强。四是作出的决策规定，不需考虑照顾党派利益，能更大范围地兼顾广大人民大众的利益。当然，这种一党执政制度也有不利因素，这就是监督力度相对有限，要使国家权力能正确运行，完全依赖于执政党内部充分发扬民主；如党内缺乏民主，就容易被滥用权力，造成决策失误，以致给国家带来灾难性的损失；再是由于外部监督力度有限，在这一制度下，杜绝腐败发生的难度相对较大。

从上述看出，专制制度并不如袁文中所认为的那么罪恶可怕。中国历史上曾经实行的以高度中央集权为特征的专制政体，却使中国在封建社会远远超过了中世纪黑暗的欧洲，中华民族比欧洲人少受了多少血与火的苦难。历史地、客观地分析，无论实行何种政治机制，是专制集权还是分权，不管民主自由开放到什么程度，都应看其与该国的自然地理环境、经济发展水平、社会文明程度、国人的思想道德水准是否相适应，应看其能否确保国家政局稳定、社会安定、民生安宁、经济发展。能促进社会发展的，才是先进合理并应该坚持的；反之，不论贴上何种标签都应被淘汰。从总结人类历史发展的经验教训来看，无论是民主政体还是专制集权，自由到何种程度，两者都不能走向极端化，过度的民主自由或过度的专制集权，都会给国家民族带来灾难性的后果，都会影响社会的健康发展，只有发扬民主时不放弃集中，自由时不失约束，集权时不失民主，这才是最可行的决策机制与行为。由此看来，袁伟时等人脱离客观历史条件或指桑骂槐或含沙射影，批评否定中国当今实质上具有中央集权性质的社会制度，理论上是空白乏力的，实践中更是十分有害的。

20 封建专制制度那么黑暗吗？

"中国传统文化陷阱论"者叫嚣中国传统文化是一个"陷阱"的重要依据，是他们认为中国古代社会的各个王朝，都是反动透顶的。中国历史上各个王朝的国家制度，都是"官僚体制"，在这个制度下，国家对社会的管理，被叫作"统治"；皇帝与官员，被称为"中国的统治者"；皇帝、官员管理社会的行为，被称为"控制中国人"（黄奕锋《一篇批判中国的文章》），或者叫"牧民"。"中国文化充当集权政治的帮凶，在愚民方面起了决定性作用。"概而论之，在"中国传统文化陷阱论"者的眼中，中国传统社会的制度、皇帝、官员以及他们的所作所为，都是反文明、反社会、反人民的黑暗。

这些观点，貌似革命，貌似站在人民立场说话，但当我们纵览中国社会几千年历史时，就可以发现，这些观点并不符合历史事实，也不符合历史唯物辩证法。

一、如何看待中国封建专制制度下的皇帝？

在相当长时间内，作为中国古代专制制度的代表人物皇帝，在相当多的国人的心目中，尤其是近代许多文人的笔下，是个反面人物，几乎成为反动、落后、腐败、残忍或无能的代名词；把文字中所有形容丑陋、反动、黑暗的词语用在一个或者几个皇帝身上，在他们看来一点也不为过。端木赐香在《中国传统文化的陷阱》一书中，把中国传统社会的政府骂得体无完肤；在尹胜先生的文章中，皇帝就是"强权意志"。袁伟时说"中国的大小事都是天子或尊长说了算，抗上是最大的罪恶"，所以在袁伟时先生的笔下，皇帝就是专制。中国悠悠历史数千年，有皇帝或类似于皇帝的君王近千人，据史书记载，仅从秦始皇建立秦朝开始，至袁世凯复辟帝制止，共有 408 位皇帝。这个数字没有包括春秋战国上溯至夏、商、周三代之前几千年间的那些天子及诸侯国的君王们。如果从皇帝们整体来看，彻底否定皇帝这个群体，则是不符合历史事实的。根据辩证唯物主义的观点，任何事物都是对立的统一，即都可一分为二。人的德行、才能、相貌都有上中下之分。普通人中也有好人、坏人、不好不坏的人。文学作品有精、中、劣之别。中国人的思想理念中，提倡为人处世、看人看物要不偏不倚，推崇折中调和的处世态度，这实际上也是一种一分为三的理念。按照这些观点来评价中国历史上的皇帝群体，把他们全盘否定得一无是处，这既在理论上说不通，也是不符合历史事实的，而且从社会效果看也是极端有害的。因为，如果管理中国社会的皇帝们，都是肮脏丑陋或愚蠢的，这些皇帝管理下的中国社会又怎么能不黑暗落后呢？在他们的管理下中国人又怎能不肮脏丑陋蒙昧呢？"中国传统文化陷阱论"的各位先生们想要得到的，就是这个结论。

翻开历史的篇章，用历史唯物主义的观点来评价中国历史上的皇帝，古代的皇帝大体上也可以分成三种状态。一种是适应历史潮流，推动社会生产力向前发展，比较关心民生，使国家比较富强，国土统一、民族兴旺，这一类皇帝是历史上值得肯定、称道的皇帝，他们对于中华文明的延续发展，为中华民族整体上昂首立世五千年，发挥了重大的作用。这类皇帝包括至今为人民所敬仰的，中华民族早期首领的炎帝、黄帝、尧帝、舜帝、禹帝等君王。随着私有制的产生，中国进入奴隶社会以后，尽管有了奴隶主与奴隶这两个阶级的对立，有了国家和民众两个不同的利益集团，但也有比较开明的君王。夏朝第六代国王少康，他广施德政，不仅结束了他父亲太康失国8年的历史，恢复了夏后氏国家政权，而且勤政爱民，重视水利，开创了"少康中兴"时代。商朝第二十三任君主武丁，他在位时勤于政事，励精图治，破格重用贤能辅政，使商朝的政治、经济、军事、文化得到了空前发展，史称"武丁盛世"。

中国历史上的皇帝，是从秦朝开国之君秦始皇开始。他先后灭韩、赵、魏、楚、燕、齐六国，完成了中国统一大业，建立起一个以汉族为主体的中央集权的强大国家；地方上废除分封制，代以郡县制；同时实行书同文、车同轨、统一度量衡，对外北击匈奴，南征百越，修筑万里长城，修建灵渠，沟通水系，从而把中国推向了大一统的时代，奠定了中国2000余年政治制度的基本格局。明代思想家李贽赞誉他为"千古一帝"。汉朝的开国皇帝刘邦，他是汉民族和汉文化的伟大开拓者之一，在赢得楚汉之争统一了天下后，建章立制，休养生息，励精图治；采取兵员返家的政策，豁免徭役，发展农业，恢复经济，稳定政治秩序，安抚人民生活，积极缓和汉匈关系，开放边境关市，有效地促进了汉初经济社会的发展，从而奠定了汉朝雍容大度的文化基础，对汉民族的发展以及中国的统一做出了突出的贡献。在尔后推进中华文明发展的过程中，涌现了一大批有所作为的皇帝，如西汉开创"文景之治"的汉文帝刘恒、汉景帝刘启。他们在位时采取与民休养的政策，减轻赋税，着力恢复与发展农业生产；提倡节俭，禁止诸侯国向朝廷献宝；休兵息战，减轻百姓负担。国家走向富强，百姓安居乐业，开创了中华文明迈入帝国时代的第一个盛世。汉武帝刘彻（前156—前87）是一位伟大的政治家、军事家、诗人。他在承袭"文景之治"实行休养生息政策的同时，政治上通过实行推恩令，削弱了诸侯王的势力；设置刺史，监督地方。经济上实行中央政府经营盐、铁、酒及铸造货币，从而进一步加强了君主专制，中央集权。军事上，在南方统一了闽越国所辖地区，在西北通过强有力的军事打击，结束了西北游牧民族匈奴自秦以来百余年对中原地区不断侵扰造成的巨大威胁，继而通过和平和军事手段，使西域诸国臣服，通过派遣张骞出使西域，开拓了丝绸之路。在汉武帝的努力之下，西汉王朝的国土疆域比汉朝初期扩大了两倍。在思想上，他一方面采用董仲舒"罢黜百家，独尊儒术"的建议，对广大百姓宣扬儒道以宣示政府的怀柔仁德，为确立儒学在中国古代思想领域的至尊地位铺平了道路。同时他又采用法规和刑法来强化政府的权威。从公元前89年开始，他停止对外用兵，实施与民休养生息。东汉开启"光武中兴"的光武帝刘秀，他消灭割据势力，结束军阀混战、农民暴乱的局面，再次实现了国家的统一；励精图治，政治上改革官制，整饬官风吏治，精简机构，优待功臣，经济上休养生息，恢复发展生产，文化上大兴儒学，推崇气节。正如司马光、梁启超所言，刘秀开创了中国历史上"风化最美，儒学最盛"的"光武中兴"时代。

在汉以后中华文明发展的过程中，也涌现出不少有作为的皇帝。唐朝第二位皇帝李世民，他在位时，积极听取群臣的意见，对内以文治天下，厉行节约，奖励农桑，让百姓能够休养生息，国泰民安。对外开疆拓土，攻灭东突厥和薛延陀，征服高昌、龟兹、吐谷浑，重创高句丽，设立安西四镇，使得各民族融洽相处，万邦来朝，被各民族人民尊称为"天可汗"。开创了史上著名的兴旺唐朝百多年的"贞观之治"。宋代有结束五代十国混乱局面，务农兴学，轻徭薄赋，体恤百姓疾苦的宋太祖赵匡胤。明代有结束元朝在全国的统治，加强中央集权，恢复民族平等，兴修水利，发展经济，解放奴婢，减免税赋，对外加强海外交流，恢复中华宗主国地位，开创"洪武中兴"的明太祖朱元璋。清康熙在位时，果断平定"三藩之乱"，收复台湾，实现了国家完全统一。东北反击沙俄，西北征服准噶尔部噶尔丹，实现了东北与西北广大边境地区的安定。同时禁止圈地、奖励垦荒、恢复生产、发展经济、实行与民休养，由他开启的"康乾盛世"延续了134年。

当然，评价历史上这些有作为的皇帝，并不是说他们是完人圣人。其中有些皇帝自身或是在思想道德、生活习性上有缺点，有的在治国措施、执政手段上有过重大失误。但这些不是主流，他们在中华文明持续发展过程中的贡献大于失误。

历史上的第二类皇帝是守业型的皇帝。这些皇帝在执政期间个人的品德行为同样难免有缺陷；在位期间，也可能在某些方面有所作为，也可能在某些方面有重大失误；但总体上能维持住先帝们开创的事业，并使之维持或基本维持下去。这类皇帝在中国历史上占大多数。

历朝历代皇帝中的第三类，也就是较差甚至最坏的一类。这一类皇帝或者是其本人人品腐朽败坏，或者是昏庸无能，治国严重不当，其所作所为为国家民族带来了巨大损失，严重者造成国亡政息，民众陷入水深火热的重大灾难之中。如西周第十二任君主周幽王姬宫湦，他在位时贪图腐败，不问政事，重用奸臣虢石父执掌朝政，加重对百姓的剥削。他废除王后申后及所生的太子姬宜臼，改立宠妃褒姒为王后及褒姒所生之子姬伯服为太子，演绎了历史上"烽火戏诸侯"这一丑剧。他还加害原太子姬宜臼，激愤申后父亲申侯，联合缯国、西夷犬戎攻入西周都城镐京，杀死周幽王，拥立原太子姬宜臼登位，致使西周灭亡。西晋第二任皇帝，晋惠帝司马衷（259—307）290年即皇帝位，但痴呆无能，由太傅杨骏辅政，事后，皇后贾南风谋害了杨骏家族，掌握实际大权，导致司马氏皇室家族的8位同姓王为夺取朝廷最高权力，互相残杀发生"八王之乱"。赵王司马伦篡位时，以司马衷为太上皇并予幽禁，后来诸王辗转挟持，司马衷沦为傀儡，受尽凌辱致死。"八王之乱"使当时社会经济遭到严重破坏，导致了西晋王朝以后近300年的动乱，当时的中国进入了五胡十六国即"五胡乱华"时期，中华民族也因此而遭受了历史上最惨痛的灾难。五代十国时期，沙陀族后晋开国皇帝即晋高祖石敬瑭，他原是后唐最后一位皇帝李从珂的河东节度使。他于936年起兵造反，在契丹援助下，灭后唐，建立后晋。他兑现承诺，把幽云十六州，即今天的河北和山西北部的大片领土，献给了契丹，此后契丹又乘机夺得了平州、宁州、营州、易州四州。石敬瑭还称比他小10岁的契丹主耶律德光为"父皇帝"，每年进奉帛30万匹。由于幽云十六州是华夏北部的天然屏障，这一大片地区划给契丹之后，不仅使中原地区失去了大片领土，而且使契丹轻而易举占领了长城一带险要地区，此后契丹及其他游牧民族，便可以长驱直入中华腹地黄河流域。这也是五代十国之后辽国、金国、西夏可以长期独立于宋朝而存在，华夏在宋朝数百年间，处于割据分裂，以致后来蒙古铁骑能够驰骋中原并主政中华的直接根源。第三类皇帝数量不少，但相对于前两类还是少数。正由于这一原因，所以中华民族在五千年文明史上虽然遭受了不少灾难，但仍然昂首阔步走到今天，并巍然屹立于世界民族之林。假如中国历史上的历朝历代皇帝都是那么腐败，那么无能，中华民族也就不可能有五千年的成就。

中国皇帝群体之所以好的、比较好的、本质不坏能稳住国家基业的占大多数，主要有以下三个方面的原因。

一是从小就接受了比较好的教育，优秀传统文化和道德观念，对他们的影响。华夏民族自古以来有重视教育下一代的传统，历代帝王更是重视对下一代尤其是自己的接班人的培养。早在商、周两代，朝廷就设立太子太傅或少傅职位，选择学识渊博，品德较优，口碑好、能力强的人担任，以作为太子的师傅。汉以后绝大多数朝廷，沿袭这一做法，设太傅一职，作为朝廷的辅佐大臣和帝王的老师，帝王年幼或缺位时，他们可以代为管理国家，而且位列三公之一。《后汉书·百官志一》："太傅，上公一人。本注曰：掌以善导无常职。"《后汉书·百官志四》："太子太傅一人，中三千石。本注曰：职掌辅导太子。"贾谊就是历史上敢于承担责任的一位太傅，他任梁怀王太傅时，梁怀王坠马而死，贾谊深自歉疚，他33岁时竟忧伤而死。三国时魏王曹丕在《典论·自叙》中回忆其父曹操对他幼儿时的教育："余时年五岁，上以世方扰乱，教余学射，六岁而知射，又教余骑马，八岁而能骑射矣。以时之多艰，故每征，余常从。"《三国志》记载了吴王孙权对儿子孙登的教育："是岁，立登为太子。选置师傅，铨简秀士，以为宾友，于是诸葛恪、张休、顾谭、陈表等以选入，侍讲诗书，出从骑射。"南宋抗元名臣陆秀夫，元兵大举南侵后，在福州拥赵昰为帝并担任左宰相，太傅。1279年，于崖山与元兵海战兵败后，背负年仅7岁的南宋最后这位皇帝赵昺跳海自杀。张居正、于谦都是当时德才兼优的皇帝的太傅。所以皇帝从小时候开始直至登基以后，不同程度要受这些高师贤者的影响。再者是受皇帝家风的影响。清史学者冯尔康评价道光皇帝："旻宁是遵循皇家家法的……清朝的'勤政爱民'家法，确是代代相传。这是将皇帝的对家国臣民的责任心具体化了应有可以称道的内容。"这里说明清朝初期皇帝有"勤政爱民"的传统。道光皇帝受先皇这种家风的影响，在勤政爱民方面是做得比较好的。

二是能把天下当作自己的家，把国当作家治。中国古代有天下即皇帝的天下，国家即皇帝的家之说。所谓"普天之下，莫非王土，率土之滨，莫非王臣"说的就是这个意思。正是因为有这么一种思想认识，所以中国历史上的大部分皇帝不同程度地把国当作家治。既然治国就是治家，所以，除少数荒淫、懒惰、昏庸皇帝外，其余绝大部分皇帝对国家事务是不会过于马虎随便的。宋朝第二位皇帝赵光义，他就是一个典型的工作狂。在位期间，从来没有一天不上朝，早朝结束之后还要批阅奏章到深夜。而且赵光义特别爱学习，据说一年要看书 1000 卷左右。明朝末年，崇祯皇帝登基时，明朝已经内忧外患，破烂不堪。崇祯一心想使国家振兴。他勤勉执政，忙碌得几乎没有一天能睡好觉。史书记载他连做梦的时候都在处理国家大事，有一次他因生病上朝迟到了，竟然公开做了检讨。清世宗雍正皇帝毕生也非常勤奋。史书记载他每天休息的时间不超过 4 个小时，每天深更半夜还在看白天群臣上报的奏章。目前保存的雍正朱批有 3.5 万多件，批语总字数达上千万字。这就意味着雍正皇帝在位期间，每天早朝以后，至少还要用毛笔批七八千字的批件，而且坚持将近 13 年。直到临死的前一天，他仍在处理政务。清史学家孟森先生评价道："自古勤政之君，未有及世宗者。"

历史上相当一部分皇帝，也懂得民生对政权安危的影响。因而他们也比较关心老百姓的生产生活。汉孝文帝，在位 24 年，他重视民生，积极发展农业生产，到了播种的时候，亲自带领大臣到乡下耕地、播种。他不新建亭台楼阁，把省下的钱用来照顾孤儿和老人。汉光武帝刘秀登基以后，没有采纳官员们提出的攻打匈奴的建议，而是停止征战。他说："今国无善政，灾变不息，人不自保，而复欲远事边外乎，不如息民。"他多次发布诏令，释放因失去土地而卖身的奴婢，同时禁止残害奴婢，使得西汉末年以来大量失去土地的农民，其生存状况得到了极大的改善。他实行轻徭薄赋，救灾济贫，大力发展农业生产，使东汉初年社会和谐稳定，百姓实现了安居乐业。唐玄宗登基不久，正逢闹蝗灾，百姓收成不好，叫苦连天。为了鼓励老百姓齐心协力战胜蝗虫灾害，他亲自来到田间地头，抓了一只蝗虫狠狠地说：你吃我百姓的禾苗，就是吃我的心肝，我恨死你了。说完抓起蝗虫就塞进嘴里把它吃了。唐玄宗的这一举动深深感动了当时的老百姓。

当皇帝把国当作家治理的时候，他们也懂得要节俭。史书记载，汉文帝刘恒毕生节俭，尽管他登基时国库已有所剩余了，但他常常穿着草鞋上殿办公，而他的后宫，也都是穿着非常朴素的衣服，不带花边，不带刺绣，他穿的以往每个皇帝都看得最重的龙袍，也打了不少补丁。刘恒当了 23 年皇帝，没有修建过宫殿、园林，没有增加皇宫车马。清朝道光皇帝，1820 年即位，在位 30 年。他真心想以德治国，毕生勤俭节省。萧一山评价说："宣宗之节俭，均有可称。"道光即位后，明确规定各省停止向朝廷进贡水果、蔬菜、药材等土特产，同时规定不再增建宫殿楼阁，有谁花言巧语蛊惑圣听，提议增建扩建者，谁就是大清的万世罪人，要追究刑事责任。道光皇帝还将每年朝廷 40 万两白银的宫廷费用，削减为 20 万两。他带头节俭，每餐只点 4 个菜，穿的衣服补了又补，致使官员们纷纷仿效，朝廷官员们集体议事时，有人戏称是丐帮大会。道光还将以前皇帝用的特制的笔墨纸砚，一概改为用普通的。规定除太后、皇帝、皇后以外，其余嫔妃及宫廷人员，非节日不得吃肉。皇帝生日招待官员们，也是每人仅一碗卤面。

三是一定程度的道德约束和家规国法的监督。历史上的皇帝虽然操生杀大权、一言九鼎，但并不是无约无束，他们也不同程度受家规国法的制约。唐"安史之乱"时期，广平王李俶奉唐肃宗之命，统率二十万军队收复长安，他向皇帝父亲唐肃宗李亨辞行后，在皇帝行宫门前不敢上马，直到走出栅栏后，才敢上马而行。而王府都虞候管崇嗣先于广平王骑上马。颜真卿认为管崇嗣违反了朝规，他对管崇嗣予以弹劾。李亨退回了颜真卿的奏章，他劝慰颜说："朕的儿子每次外出时朕都谆谆教导他，所以不敢失礼；管崇嗣年老腿跛，你暂且宽容他吧！"朝廷百官从此都严肃守礼起来。这个故事说明古代皇帝的家里还是有规有矩的。中国历史上还有内宫不得干政的规定。殷纣王时"惟妇言是用"被宣布为罪状。周武王在伐纣时说，母鸡是不可以在早上打鸣的，倘若母鸡在早晨打鸣，这一家子就完了。后人们由此引申为后宫不得干政。《穀梁传僖公九年》中齐桓公的盟文："毋使妇人与国事。"明朝朱元璋在位时还明确规定太监不得干政。洪武十七年（1384），他铸造铁牌规定："内臣不得干预政事，患者斩。"当然，历史上也有那么一些皇帝并不顾忌家规国法，为所欲为，但这必然引起国家的大乱以致政权的丧失，所以这种人相对还是少数，对自己的行为有所节制的还是占多数。这也是中国之所以能长期存在的一个重要因素。

在对历史上的皇帝作评价时，我们还会发现一种现象，即衡量皇帝的道德标准与功业标准有不一致性。如唐太宗李世民，是在兄弟争夺帝位的夺斗中，杀了哥哥和弟弟夺得帝位的。明成祖朱棣，是把侄儿皇帝建文帝赶下台，夺得帝位的。从道德的角度讲，唐太宗与明成祖，两人当上皇帝都是不光彩的。但从功业标准来讲，唐太宗开创了"贞观之治"，明成祖开创了"永乐盛世"，这两位皇帝在中华文明史上，立下的功勋是光彩夺目的。所以世人在评价这两位皇帝时，往往是看重他们的功业标准，而对其道德方面的缺陷几乎忽略。另一方面，世上也有这么一些皇帝，虽然个人品行较完善，但业绩一般，甚至很差。清朝道光皇帝，在位30年，鸦片战争爆发时期仍在位。学者冯尔康评价他：遵循清朝皇家家法"勤政爱民"，"将皇帝对国家臣民的责任心具体化了"。郭实腊评价他："具有宁折不弯的诚实品性，对受难者悲天悯人，乐于助人之所需。"喻太华说他"是一位循规蹈矩，不好声色的帝王"。张玉芬也这样评价道光皇帝："就个人品行来说，道光在清朝乃至中国历代帝王中绝非贪暴、淫逸之君。相反，其'俭德'向来为旧史家所津津乐道。道光治理朝政，也称得上勤、谨。如果按照中国封建社会的传统道德标准来衡量，道光大概不失为有德之君。"综合上述学者的评价，说明道光皇帝本人的人品、责任心、思想作风在历代皇帝中是比较好的。但正是道光在位期间，由于他生性多疑，处事反复无常，用人不当，导致中国在鸦片战争中失败，太平天国起义爆发，中国从此陷入了百余年的深重灾难之中。所以我们评价中国历史上的皇帝，应从推动中华文明发展、促进社会进步的角度出发，把其功业放在首位。这才符合历史的辩证法。

"中国传统文化陷阱论"否定中国封建社会专制制度有一个重要理由是，在专制制度下"中国的大小事都是天子或尊长说了算"。他们试图以封建社会的皇帝可以为所欲为，说明中国专制制度的黑暗及国人的愚昧和奴性。

历史上的皇帝或国君是否全是这样呢？回答是否定的。的确，皇帝作为一国之尊，具有至高无上决定下属生死荣辱的权力，在某些时候，或对某些皇帝而言，大小事都是由皇帝说了算的现象是存在的。但是，这并不能说历史上所有的皇帝，任何时候都是大小事个人说了算。首先是历史上的皇帝并不是都不听别人的意见。许多开明的皇帝是认真听取了他人的意见后做决定的。战国时期，齐景公在位时，连下了三天大雪，天还没有转晴。景公披着用狐狸腋下白毛皮缝制的皮衣在正堂台阶上观雪。晏子进宫来见他。景公对晏子说:"奇怪啊,下了三天雪可是天气不冷。"晏子回答说,天气不冷吗?景公笑了。晏子说:"我听说古代贤德的国君自己吃饱时,也挂念别人的饥饿,自己穿暖时,也挂念别人的寒冷,自己安逸,也知道别人的劳苦,现在君王您却不知道别人的困苦了。"景公说:"你批评得好,我听从您的教诲了。"便令人发放皮衣粮食给饥饿寒冷的人。他下命令,在路上见到的,不必问他们是哪乡的;在里巷见到的,不必问他们是哪家的;巡视全国统计数字,不必记他们的姓名;士人已任职的,发给两个月的粮食;病困的人发给两年的粮食。汉朝开国皇帝刘邦,古今名人都评价他"豁达大度,从谏如流"。刘邦出身贫寒,却成为开国之君,就在于他能识人用人,广泛听取他人的意见。他回顾自己成功的原因时说:"夫运筹帷幄之中,决胜于千里之外,吾不如子房。镇国家,抚百姓,给馈饷,不绝粮道,吾不如萧何。连百万之众,战必胜,攻必取,吾不如韩信。此三者,皆人杰也,吾能用之,此吾所以取天下也。"这段话表明,刘邦在建立天下的过程中,是充分听取了张良、萧何、韩信的意见。刘邦开始并没有重用韩信,是他听取了萧何的建议,把韩信拜为大将,充分发挥韩信的军事才能,故在楚汉战争中,取得了决定性胜利。三国时期刘备开始势单力薄。是他听取了诸葛亮的意见,先取四川,然后联合东吴抗击曹操,才取得了占据四川与孙权、曹操三足鼎立的局面。据史书记载,有些皇帝,不仅在决策前能听取官员的意见,即使在作出决策之后,发现自己某些失误时,也能听取下属的意见收回成命。唐太宗李世民在位时,夫人长孙皇后听说一位姓郑的官员,有一位特别年轻、才貌出众的女儿,并请求唐太宗,将其纳入宫中备为嫔妃。唐太宗便下诏将这一女子聘为妃子。魏徵听说这位女子已经许配给一位陆姓人家,便进谏表示反对。唐太宗最终听取魏徵的意见,收回成命。

在专制制度下,皇帝虽然有一言九鼎、生杀予夺之权,但是不是每个皇帝都会无所顾忌,随心所欲呢?创造了"贞观之治"的李世民,就不是这样。有一天李世民正在玩一只鹞子,他逗着鹞子在手臂上跳来跳去,玩得开心极了。魏徵进来了,太宗怕魏徵唠叨他,避之不及,就把鹞子藏在怀中。魏徵早就看到了,魏徵深知君王宠爱一物,官吏们如上行下效,会给朝廷带来不好风气,所以他在汇报公事时,故意说个不停。太宗不好意思拿出鹞子,等到魏徵离开,鹞子就这样被闷死了。事后太宗生气地说要惩处魏徵,经长孙皇后一劝说,也不责怪魏徵了。明朝时期,朝廷实行内阁处理政事制度,并且要求至少三人在阁。明万历十九年(1591),因有两位内阁大学士退休,必须补充两人入阁。按照当时的规矩,补充这两个职位要经过"廷推"。"廷推"是明朝当时规定的一项官员选拔程序,相当于现在的推荐选举,即由朝廷的九卿六科十三道150多人,讨论投票选举产生预备人选,然后提交内阁,报皇帝审批,最后由吏部办理入职手续。由于当时刚退休的内阁大学士申时行有私心,偷偷向万历皇帝推荐了他的两个好友赵志皋和张位。赵张两人也偷偷向皇帝表忠心,取得了万历皇帝的好感。但是赵张两人当时都职位不够、资历太浅,廷推时肯定会推选不上。万历皇帝便与申时行密议,绕过廷推这个步骤直接颁旨,任命赵张二人为内阁大学士。但当圣旨走完一系列流程,到吏部办入职登记时,吏部尚书陆光祖退回圣旨,不同意给赵张办入职手续。万历皇帝大吃一惊,赶紧把陆光祖叫来，问他为什么这么做，陆光祖理直气壮回答万历皇帝，"廷推宰相那是百年制度，不能绕过，皇上这样做是不对的，百官不服"。万历皇帝又惊又怒，于是颁旨杖责陆光祖。同时他又把这道圣旨下到了唯一的内阁大学士王家屏那里，结果又被王家屏以同样的理由原封不动地退了回来。最后在申时行的反复周旋及万历皇帝的深深自责及苦苦哀求下，这道圣旨才得以实施。这几个事例说明了两个方面的问题，一是说明即使在封建专制制度下，皇帝并不是事事都能随心所欲，在某些时候某些事件上，也是受方方面面的制约。尤其是在皇帝的行为有损国家社稷利益或背离正义的轨道时，社会上仍不乏正义力量对其制约。二是说明了即使在封建专制制度下，中国人中坚持真理、主持正义、坚守独立人格个性的力量，大量存在。因而这也彻底宣告了"中国传统文化陷阱论"者尹胜捏造的"奴性成了中国人精神世界的全部内容……，因为中国人在本质上都是奴化的僵尸，所以他们变成了纯粹的动物"这类谬论的彻底破灭。

二、封建专制制度下皇帝的"家天下"与国运、民生

中国古代社会的皇帝，都会认为天下是自己或自己的先辈们打出来的，他们家坐天下是天经地义的事。因而他们无不把自己统领下的国家视为家，认为国家、天下也就是自己私家的"家天下"。正因为如此，长期以来，一些关注史学的人们在评价中国古代社会时，通常是把皇帝及其中央朝廷对天下的治理称为统治，而且认为皇帝治理天下的所作所为全是为了维护自家即"家天下"的利益。"中国传统文化陷阱论"者则认为封建社会皇帝治理国家纯粹是"牧民"，皇帝就是统治者，黎民百姓就是被统治者。这里实际上是把皇帝与百姓推到一种完全敌对的关系上。深入分析中国历史上皇帝、朝廷官员与百姓的关系，实际上并不完全是一种敌对的关系。虽然，的确在古代皇帝的心目中，天下江山、社稷、民众都是他的私产，所以也出现了有些昏庸皇帝生活奢靡腐化、荒淫无度、心狠残暴，视天下江山百姓甚至朝臣为草芥，为所欲为的情况。在这种情况下，皇帝的私事与国运，皇帝的利益与百姓的利益是相矛盾的；当百姓对皇帝的这种剥削和压迫奋起反抗时，双方关系甚至是敌对的。但是，这种情况在一个王朝建立的初期和中期一般不会成为主流。往往是在一个王朝已经腐朽堕落，社会处于非改朝换代不可时期才会大范围发生。所以，从中华发展史整体来看，发生这种完全敌对情况的时间，绝对少于皇帝利益与百姓利益有矛盾但还没有激化，社会仍比较稳定的时间。

在历史上，大多数君王、皇帝还是希望把国家治理好的。这一方面是因为他们认为国事就是他们的家事。同时，也因为他们受几千年中华传统文化修身、齐家、治国、平天下思想的影响，有志在执政期间有所作为、名垂后世。因此他们在执政期间，会围绕实现国家统一、社会稳定、经济发展、政治清明、百姓生计采取很多相应的措施。而实施这些措施，绝不是皇帝"小家"的事，因为皇帝小家的事，最多就是他父母妻室、儿女子孙及皇亲国戚的事；而这些事务却是关乎整个天下江山得失、亿万黎民百姓福祉安危的大事。所以在皇帝积极推进这些举措时，皇帝的利益与百姓的生存、生产、生活利

益，在整体上、在长远利益和根本利益上，是不相矛盾的。司马迁在《史记》中记载了西汉早期，汉武帝在山东水灾之后救济灾民的作为："其明年，山东被水菑，民多饥乏，于是天子（汉武帝）遣使者虚郡国仓廥以振贫民。犹不足，又募富人相贷假。尚不能相救，乃徙贫民于关以西，及充朔方以南新秦中，七十余万口，衣食皆仰给县官。数岁，假予产业，使者分部护之，冠盖相望。其费以亿计，不可胜数。"（引自《史记·平准书》）这里记载了汉武帝采取一系列措施，救济遭受水灾的平民百姓之事，足以证明皇帝在国家治理上与老百姓根本利益的一致性。古代帝王推进的一些重大工程，例如秦朝时，修筑连通全国的道路实现"车同轨"，历朝历代几千年对黄河的治理，自春秋吴国开始至元代京杭大运河的修建，汉武帝为抗击匈奴在西北地区驻军屯田修筑数千公里长的"坎儿井"，既可说是历朝历代皇帝的"家业"，但毫无疑义也促进了生产力的发展，方便了人民的生活，促进了社会的进步，对中华文明的发展是重大贡献。所以在诸如此类重大工程建设上，皇帝"家天下"的利益，国家民族的利益，老百姓的利益从总体上同样是一致的。

当然，即使还没有到需要改朝换代的时候，也就是说在正常年代，皇帝与朝廷出于对国家根本利益、长远利益的考虑采取一些重大措施时，有可能要牺牲民众的一部分眼前利益，因而完全有可能在这些方面与民众发生比较深的矛盾。如汉武帝为了从根本上消除强大的西北游牧民族匈奴长期来的经常性侵略对国家造成的巨大威胁，一举改变以往委曲求全的和亲政策，先后发起三次大规模军事行动打击匈奴，将当时汉朝的北部疆域，从长城扩展到漠北地区。同时又采取和平手段和军事手段相结合，使西域诸国臣服。之后又征服了割据200余年的南方闽越国。汉武帝采取的这些措施，不仅解除了边疆百姓长期遭受异族抢劫杀戮之害，而且开疆拓土大大扩大了中国的版图，为建立大一统的中央集权的中国作出了重大贡献。从长远来看，汉武帝的这些举措对国家、对中华民族是很有利的，所以在这里皇帝的家事与国运、民生从长远看是一致的。但是由于接连不断的军事行动，消耗了国力，增加了当时老百姓的经济负担，对当时百姓的生产、生活带来了不利影响。从这个角度看，皇帝的家事、国事与部分民众的当下利益，又是有矛盾的。所以，史上有人批评汉武帝"穷兵黩武"，如果从历史发展的长远观点来看，这种批评是不能成立的。中国历史上与这种情况类似的还有秦始皇，为抵抗强大的北方游牧民族匈奴铁骑的侵扰，在统一六国的战争结束后，又征集七十万民工举全国之力，修筑万里长城；隋炀帝在隋朝建立后不久即开工开凿全长2000多公里的大运河，以沟通南北水运。这两项工程的建设，毫无疑义给当时的百姓带来了沉重的劳役及赋税负担，甚至有不少民工被抛尸工地，从而激化了民众与皇帝及中央朝廷的矛盾，导致了这两个王朝的迅速瓦解。过去常看到有文字以修建这两个工程为由，批评秦始皇和隋炀帝好大喜功，残害百姓。从道德的角度看，这种批评不无道理。但是，从中华民族的长远及根本利益来看，从中华文明的传承和发展来看：长城的修筑对当时抵御强大的北方游牧民族的入侵，实现广大西北地区的长治久安，巩固新建立的大一统国家，是很有必要的。没有当时的长城，偌大的西北以至中原地区的老百姓，将多少次横尸沙漠？历史将上演多少戍边的将士"古来征战几人回"的战争悲剧？大运河的开通对加强南北交流、促进航运、发展经济、方便民生意义非常重大。尤其是京杭大运河造福社会，至今已有1000多年历史。所以在这两大工程上，秦始皇与隋炀帝当时决定这两件事关国家兴衰的大事，与当时民众的眼下利益虽然有矛盾，但符合中华民族的长远利益和根本利益。在中国历史上还有一种情况是，即使一个王朝还处在正常发展期内，由于个别或少数地方官员的不当行为，会出现侵犯当地百姓利益、加重当地百姓负担的情况，从而引起当地民众，对地方官吏进而对中央政府和皇帝的严重不满，而与之发生对立冲突。但这种情况的发生具有偶然性，一般难以转化为全局性的使社会发生根本变革的矛盾。

纵览中国历史，皇帝家天下的兴衰与国家兴衰、民众安危是基本同步的。中国历史上的各个盛世时期如"文景之治""光武中兴""贞观之治""康乾盛世"，从整体上看是国旺民安。在这个时期内，皇权总体上是稳固的，社会有矛盾但不伤大局，国家从全局看呈上升或稳定状态。这几个历史时期内老百姓也获得了实惠，这就是社会相对安宁，经济发展，百姓安居乐业。如西汉"文景之治"即汉景帝末年和武帝初年，社会和国家都比较富裕，司马迁在所著的《史记·平准书》中记载这一盛况："今上（指汉武帝）即位数岁，汉兴七十余年之间，国家无事，非遇水旱之灾，民则人给家足，都鄙廪庾皆满，而府库余货财。京师之钱累巨万，贯朽而不可校；太仓之粟陈陈相因，充溢露积于外，至腐败不可食。众庶街巷有马，阡陌之间成群。"而在历史上的几个动乱时期，如"安史之乱"使大唐帝国由此走向衰落，五代十国时期，各路帝王"你方唱罢我登场"，19世纪中叶之后的晚清政府，只能在西方列强的刺刀之下苟延残喘。与之同一时期，人民群众也遭受了深沉的苦难。尤其是西晋的"八王之乱"导致朝廷病入肌骨，国力衰弱日下，造成西北众多游牧民族趁机"五胡乱华"，使广大北方地区的汉人不仅遭受了刀剑屠戮之灾，甚至几乎绝根灭种。在羯族石勒建立后赵政权统治的北方广大地区内，汉人几乎到了灭族的边缘。到冉闵消灭羯赵政权时，中原地区剩下的汉人有人说是400万左右，有人统计只有200万。而西晋时期，这一地区的汉人总数是2000万。冉闵解放邺都后一次释放被羯人俘虏的汉族女子就达20万。在"五胡乱华"这近300年间，整个中原大地战火纷飞，人民朝不保夕，十室九空，饿殍遍地，白骨成丘，中华民族遭受了千古未有的灾难，西晋朝廷的厄运导致了全体民众的厄运。这也从反面证明在正常状态下，皇帝、朝廷的利益与民众的利益在很大程度上具有一致性。正是基于这一原因，中国历朝历代的有识之士深深知道在新的封建王朝处于正常运转的年代里，皇帝是国家的代表，皇帝的利益代表着国家、民众的整体利益，忠于皇帝就是忠于国家，效忠于皇帝的事业就是爱国。正是由于他们有了这种认识，我们才能理解历史上杨业、文天祥、李芾、史可法这些充满家国情怀的英雄们为什么愿意抛头颅、洒热血，效命沙场；为什么岳飞死心塌地主张要"踏破贺兰山阙""迎回二帝"；为什么比干、屈原、魏徵、颜真卿、范仲淹、包拯、海瑞这些正义之士，敢于冒着杀头的危险对君王犯颜直谏。这就是因为他们深刻认识到了皇帝的行为不只是他一家之事，而是民族之事和国家之事，他们才会有这些惊天动地、光照千秋的壮举。

上述充分说明，在中国漫长的历史时期内，君王、朝廷与民众的利益是一个矛盾统一体。一方面，君王、朝廷与人民大众的矛盾自始至终存在，但是，只有当君王、朝廷的所作所为严重禁锢了生产力的发展和妨碍了人民大众的根本利益时，这种状况才发展为不可调和的对抗性矛盾并导致改朝换代。但这种情况存在的时间比较短，它会随着王朝的更替而终结。新的朝代产生的总体上是非敌对性的一般性矛盾。正因为如此，君王、朝廷与民众，虽有矛盾仍可以在同一封建王朝的较长时期内共存。这是中国历代王朝存在时间比较长的重要原因。中国封建社会持续期内之所以比西方世界要稳定，并且能创造出远远超过西方世界的成就，其原因也在于此。因此，过度丑化中国历史上君王以及官员的所作所为，过度夸大中国历史上君王、官吏与民众矛盾的对抗性，不仅违背了中国五千年历史的客观实际，而且将使中华文明作为世界上的伟大文明，中华民族作为世界上的优秀民族，中华文化作为世界上最灿烂的文化失去客观存在依据，也将使我们坚持文化自信失去坚实基础，这无疑是十分有害的。

封建专制制度下国家是皇帝的家天下的一个重要特征是皇位世袭制。这一制度早在奴隶社会的夏朝就开始实行了。在夏朝之前的原始社会末期，那个时候还没有产生国家，原始部落的首领是在没有血缘关系的人中间，通过大家共同推举的方式产生，没有谁继承父亲的首领地位。原始社会末期，华夏部落的首领大禹死后，他的儿子夏启凭着自己的权力和势力强行攫取了王位；并且规定从此以后王位都由自己的亲属，主要是由儿子继承，不再需要经过大家的推荐。如此王位世袭制便取代了禅让制。经过商末和周初，这一制度进一步完善为嫡长子继承制，即明确王位和爵位只能由正妻所生的长子继承。所以到秦朝建立封建主义中央集权专制政权时，世袭制在中国古代已沿袭了2000多年。

一切否定专制制度的观点，毫无疑义更加否定皇位世袭制。这种观点认为皇位世袭制，只在儿子及有血缘关系的亲属中选择接班人，有可能矮子里面选将军，甚至将智障者也选为皇储，不能保障皇帝素质的优化。有人甚至认为皇位世袭制祸国殃民，有可能导致暴政。这种观点只看到了皇位世袭制不利的一面。如果辩证分析这一制度，皇位世袭制又有它进步的一面。由于实行皇位继承制，明确了皇位接班人的产生，只能在儿子及其他有血缘关系的亲属范围内挑选，从法理上杜绝了其他没有血缘关系的人对帝位的企图；随着嫡长子继承制的建立，又从法理上杜绝了皇帝的其他子女贪图皇位的可能性。在人类社会中，由于帝位对权力和荣耀几乎可以无限制地占有，使多少人对它梦寐以求。而随着皇位世袭制和嫡长子继承制的建立，这就使得与皇帝没有血缘关系的人以及不是皇帝正妻所生的其他儿子们，不管他们有多大的本领和多大的势力以及立下了多少功劳，他们对帝位的追求与谋划，都是处于不合法的"篡位"的地位。当然，中国五千年历史，不按这一制度当上皇帝的大有人在，但这或是做父亲的皇帝在确立皇储时不按祖制"废长立幼"产生的；或是其他有势力、有野心的皇子皇亲采用不正当手段"篡位"而成的。所以，历史上这种情况出现的频率比正常登基的少多了。这就看出，实行皇位世袭制和嫡长子继承制，可以有效避免社会众多政治、军事势力为争夺帝位而发生的动乱，这有利于社会的稳定和国家的统一。在人类发展史上，不仅中国，在西方世界许多国家都实行过这一制度。就是在今天，如欧洲的英国、西班牙、荷兰、瑞典、比利时、卢森堡、挪威、丹麦，亚洲的日本、沙特、科威特、阿联酋、柬埔寨、泰国、文莱、不丹，非洲的摩洛哥、斯威士兰，大洋洲的汤加等也继续实行这种制度。所以有人过度诋毁中国历史上实行的皇位世袭制，无论是学术上还是政治上都是没有多大意义的。

三、如何看封建专制制度下的官吏？

在"中国传统文化陷阱论"者的眼中，中国历史上的官员也是丑恶形象的代表，他们或者被看成是统治者的帮凶或皇帝的奴才，或者被指责为都是贪官污吏，或者被认为是一帮庸人惰夫。从总体上，他们被看成是站在人民的对立面，帮助统治阶级"牧民"的腐朽势力。

从实际情况，当我们认真分析中国历史上的官吏队伍时，我们会得出全不相同的结论。

中国的官吏这个群体与皇帝群体一样，也可分为三种类型。第一类官员是好的和比较好的，这其中有怀着深厚爱国主义精神含恨沉江的屈原，被扣留匈奴19年持节牧羊、始终不屈的苏武，以死报国的杨业，敢叫金人"还我河山"的岳飞，"留取丹心照汗青"的文天祥，以死抗蒙、全家守节的李芾，至死不降清的史可法，鸦片战争时，敢叫英国人丧胆的林则徐，带着棺材随军征战，收复占国土1/6的面积、有三个东北三省大的新疆的左宗棠，等等。"中国传统文化陷阱论"者极力宣扬中国古代官员在皇权统治下是奴性，只会俯首听令，没有独立思考，实际上不完全是这种情况。战国时期"邹忌讽齐王纳谏"的事迹流传至今；唐代的魏徵，就敢于犯颜直说，向唐太宗提意见；唐高宗李治，欲废掉王皇后改立武则天为皇后，老臣褚遂良明明知道唐高宗的决心已定，也明明知道武则天事后要当皇后并掌控朝政，他冒着杀头的危险置朝笏于地下，然后磕头于地直至鲜血喷面，向唐高宗提反对意见。中国历史上这类敢秉公直谏的官员为数不少，如包公、海瑞、张释之、董宣等都是这种人物。

"中国传统文化陷阱论"鼓噪中国历史上的官员心中没有百姓，不关心百姓疾苦。这种说法纯粹属片面之词。中国人都知道杜甫辞官后，在贫困潦倒自家茅屋被秋风所破之时，仍思"安得广厦千万间，大庇天下寒士俱欢颜"，宋代李纲官至尚书左仆射，他身处困境时也念"但得众生皆得饱，不辞羸病卧残阳"。中国社会无论是官场还是民间，至今都传颂着北宋政治家范仲淹"先天下之忧而忧，后天下之乐而乐"的这种高尚情怀。范仲淹本人无论在何地为官都心中挂念着百姓的利益。宋仁宗时期，有一年江淮、东京等地区，发生非常严重的蝗灾与旱灾，他反复说服皇帝主动请缨前往赈济，所到之处开仓放粮，免除赋税，救济了数十万百姓。1024年范仲淹调任黄海之滨的兴化县令，他报经朝廷同意，对当地年久失修的海堤进行全面修复，给当地百姓解除了数十年来海水淹没良田、盐田之害，现在当地仍留有"范公堤遗址"石碑。范仲淹在邓州任职时，有一天与官员们登楼宴饮，刚想举杯，突然看见楼下有几个身穿丧服的人，正神情沮丧地整理殡葬用品，他叫人去问，原来是一位穷书生病故，朋友们想把他葬在城郊，但一件陪葬物品也没有，故而伤感。范仲淹知道以后潸然不语，他下令撤掉酒席，拿了些钱给那些人，叫他们好好安葬这位书生。范仲淹晚年在杭州为官，他用一生积蓄购买了1000亩良田作为"义田"，供贫困百姓耕种，可他自己穷得连一座像样的宅地也没有。病逝以后，他家无钱财，连像样的丧葬都没有办。与范仲淹同时期的韩琦，他在四川任职时，整治贪官，淘汰冗员，"活饥民百九十万"。郑板桥是清乾隆年间的官员。乾隆七年（1742），他任山东范县县令，在此任职期间，他"衙斋卧听萧萧竹，疑是民间疾苦声"。他重视农桑，体察民情，兴民休息，百姓安居乐业。乾隆十一年（1746），他调任潍县县令。这年山东发生大饥荒，有些地方甚至发生人吃人现象。郑板桥开仓救灾，给老百姓发券供应灾粮；动员大户煮粥救济饥民，组织远近饥民修城筑池换取食物维系生存。他勤政廉政，"无留积，亦无冤民"，深得百姓拥戴。乾隆十八年（1753）郑板桥61岁，他因为民请赈忤大吏而被免去官职。他离开潍县之时，百姓拦道挽留，家家画像以祀，并自发于潍城海岛寺，为他建了一个生祠长期纪念。19世纪下半叶，晚清重臣左宗棠受命，率湘军收复新疆时，看到西北气候干燥，沙尘蔽日，了无生气。为防风固沙，方便行人阴凉，巩固道路路基，他所到之处，都要动员军队和当地百姓在大道沿途、宜林地带、近城道路旁边遍栽杨树、柳树。此后这些地方绿树成荫。此举深得当地民众人心，至今人民仍颂称这种柳树为"左公柳"。当时的湘军将领杨昌浚写诗盛赞此举说："大将筹边尚未还，湖湘子弟满天山。新栽杨柳三千里，引得春风度玉关。"在中国历史上这种具有民本情怀的官员岂止少数。

中国历史上的官员也不是如"中国传统文化陷阱论"者所认定的那样都是贪官污吏。东汉时，洛阳县令董宣，忠心为国，铁面无私。他死后，汉光武帝刘秀派人去董宣家里看望，见董宣家里贫困得竟没有钱买棺材。唐朝重臣颜真卿734年登进士第，历任监察御史、殿中侍御史、平原太守，"安史之乱"因对抗叛军有功，756年至朝廷授予宪部尚书，御史大夫。至此颜真卿当官22年之久，但家里却贫困得几个月喝粥度日，甚至家里连煮粥之米也没有了，颜真卿不得不写下借米条，向同事兼好朋友李太保借米以度时艰。这张"乞米帖"便成为颜真卿的书法真迹千古流芳，保存至今。郑板桥在山东任范县、潍县县令共12年之久，1753年他61岁离职后，只能在扬州靠卖画度日。

当然，中国历史上的官吏群体中，也有一些招人唾骂遗臭万年之徒。如有的官吏出卖国家民族利益谋取私利，南宋害死岳飞的秦桧，助蒙灭宋的张弘范，明末清初的吴三桂；专权误国、乱政坏事的有东汉末年的董卓，唐玄宗时期的杨国忠，北宋时期的蔡京，明朝的严嵩；贪污腐化最劣的有东汉的梁冀，明代的太监刘瑾，清朝时期的和珅。当然这类官员的数量，对比第一类官员要少得多。至于第三类官员，这类官员主要是服从型、守成型的，其作为和缺陷都具有一般性。中国历史上的官员群体，总体上就是这种情况。

上述说明，中国历史上的官员群体总体上是好的、比较好的加上一般的占大多数；差的、极差的占少部分。之所以会这样，是因为从总体来看，中国历史上的官员队伍是由社会精英阶层组成的。为什么会形成这种现象呢，主要是以下四个方面的原因。

一是进入官员队伍的人大多数都经过了挑选，整体素质都比较高。中国在夏商周时代，官员任用实行世禄世卿制度，在这种制度下，最高统治者按血缘关系的远近，分封自己的亲属；中央和地方的国家权力，分别掌握在大大小小的贵族手中，并且世代相传。这一制度虽然不是从全社会选拔优秀人才，但由于贵族阶层处于特殊的政治和经济地位，其文化和教养比其他社会成员相对要高一些，因而进入官吏队伍的人其综合素质，也会相对高些。春秋战国时期，世禄世卿制度开始瓦解，一些诸侯国开始破格从全社会选用地位低下、才干出众的人进入官员队伍，同时实施"军功爵制度"，即按军功授予官职。这样社会管理阶层的素质有了大幅提高。汉代官吏选拔实施察举制，汉高祖刘邦首次下达求贤诏，要求郡国推荐具有治国才能的贤士大夫；汉文帝即位时也下诏书，要求地方官吏"举贤良方正能直言极谏者"。汉武帝时，察举制达到完备，规定官员选拔必须经过考试；制定了统一的官员选择标准和考试办法。察举的具体科目主要是孝廉、茂才、贤良、方正、文学。其中，尤其重视以孝廉为主要内容的个人德行，这为形成重视德行的社会风气提供了制度条件。汉代选官还以"乡举里选"为依据，充分尊重社会基层舆论对士人德才评判的权威性。汉代的这些官员选拔办法，为以后不同程度坚持"任人唯贤""选贤任能"的官吏选择价值取向奠定了基础。魏晋时期，实行九品中正制选官制度。这一制度规定各州郡都要推选出品评人才的官员大中正一人，大中正再产生小中正，然后再把地方上的各类人才划分成九等，并制定相应的人才调查表，由各地大小中正将自己所了解的地方官吏及社会上的仁人志士的情况，都登记于调查表上，然后将表推荐给吏部，由吏部以调查表记载的人才情况为依据，进行官吏的选拔与罢免。此项制度进一步突出了地方民众舆论和公共意见，而且使当时选拔人才的标准更具体客观。因此，九品中正制是察举制的一种新的选任形式。但是，由于中正官员都出身于世族，在评选人才时，难免官官相护，只顾及门第，不论才德，造成世家大族子弟选任得多，社会底层贫寒子弟中大量优秀人才难以入选的现象。因此从隋唐时代开始实行了科举制度，这一制度根据考生在朝廷组织的科举考试中取得的成绩，给予相对应的官位，其最大特点是公平公正，以才论高下。考生不受年龄、地位、家族等条件的限制。只要有才，即使是寒门子弟也可以参加。科举制考试不仅推动了全社会教育文化事业的发展，而且选拔了许多出身低微的知识分子进入社会管理部门，从而有效地改变了官员队伍的结构，提升了官员群体的素质与修养。这一制度持续到明朝以后，由于在考试内容上实行八股文取士，带来的负面效应增多，因此在清朝晚期，这一制度在运行了1300多年以后被废止。

回顾中国几千年来的官吏选拔制度，尽管在某一历史时期内实行的某一种制度都有其历史局限性，但在总体上都坚持了不同程度的、有限度的选优原则。从而也就不同程度地保证了那个时代官员群体在文化素质、思想素养、管理才能方面整体上有相对较高的素质。

二是中国的官员群体深受优秀传统道德观念的影响。中国传统文化推崇社会仁人志士以修身、齐家、治国、平天下为人生最高境界；立德、立功、立言；追求高洁，保求名节；衣锦还乡，光宗耀祖，这些都是中国历史上广大知识分子追求的人生价值理念。故苏武、颜真卿、杨业、岳飞、文天祥、李芾等人，临死也不改报国之志；诸葛亮、颜真卿、周敦颐、范仲淹、于成龙、郑板桥等人，久处官场而不污清廉之身；比干、邹忌、魏徵、褚遂良、包拯、海瑞等人，敢置个人安危于不顾，犯颜直谏君王。中国历朝历代各种有所作为又能洁身自好的成千上万的官员的出现，无不都是受优秀传统文化这种价值取向影响的结果。

三是中国历史上封建王朝对官吏有比较严格的管理与监督，这是历代官员不至于在整体上腐化堕落的重要原因。中国历代封建王朝都懂得官员队伍素质高低对政权运转的至关重要性，所以他们首先都重视对官员的管理与约束。任职回避是古代重要的官员管理制度，其内容包括有亲属关系的不得在同一地区和同一部门任职，官员不得在本籍供职；科举考试时，考官亲属不能应试。西汉时期还规定，皇帝的亲属不得在京城做官，皇后的兄弟不能做位高权重的九卿，皇帝宗室成员不能担任紧靠京城的河东、河北及河南的地方长官。任职回避制度比较有效地避免了官员拉帮结派、积劣成习弊端的发生。

为了监督各级政府官员，督促他们积极作为，防止为非作歹，中国古代社会很早就建立了监督各级官吏的监察制度。战国时期，朝廷执掌文献史籍的御史官就有如实记载皇帝及官员功过得失的职责，这种制度实际上已具有明显的监督性质。从秦代开始，对政府官员的监察开始成为一项重要的政治制度。秦朝在中央设立御史大夫，位列三公；御史府其职能是为官府掌握天下文书和监督各级官员。同时，朝廷还派御史常驻郡县，负责监察地方各项工作。自秦朝以后，历代王朝对监察制度不断地进行完善，尽管其机构及官吏的名称有所变化，但对各级政府及官员进行监督的职能没有变。历代王朝还要求各级监察机关及官吏严格履职。如清朝还在入关之前，皇太极即下诏："凡有政事背谬及贝勒、大臣骄肆慢上、贪酷不清、无礼妄行者，许都察院直言不隐。""倘知情蒙弊，以误国论。"（《大清会典·事例》卷九百九十八）故历史上也涌现出不少监察官员惩治腐恶的典型事例。史载颜真卿任职监察御史期间，奉命巡查河东、陇州。他在巡视过程中平反了五件冤狱，受百姓称赞。巡查河东时，劾罢不孝的朔方县令郑延祚，使其被朝廷下诏终身禁止录用。

四是社会公众舆论对官员行为的影响。中国社会几千年形成的优秀传统道德理念，是推崇忠、孝、仁、义、礼、智、信、廉。尤其是是否忠君爱国、是否关爱民生、是否勤于职守、是否廉洁清正，是社会评价官员的一个共同标准。在这些方面表现优秀的官员，社会敬仰，人们传颂，人们甚至为其建庙立祠，如诸葛亮、关羽、岳飞、郑板桥、李苐等都是如此。反之，如果做官期间，违反上述标准，作恶多端，甚至祸国殃民者，也可能在世时即被弹劾罢官，甚至家破人亡；死后也遭人民千古唾骂，遗臭万年。唐玄宗期间，朝臣杨国忠，在其妹妹杨玉环被玄宗皇帝所宠以后，飞黄腾达，直至升任宰相，封卫国公。他专权误国，败坏朝纲，最终导致发生了"安史之乱"。杨国忠与杨玉环遭天怒人怨，最终于756年，在唐玄宗准备逃入四川途中，杨国忠被跟随唐玄宗的禁军愤而所杀，甚至尸体也被肢解。禁军还不解恨，同时杀了杨国忠的儿子户部侍郎杨暄及杨玉环的姐姐韩国夫人与秦国夫人，逼迫唐玄宗赐死杨玉环。事变中杨国忠的妻子与她的小儿子，杨玉环姐姐虢国夫人及她儿子趁慌乱出逃，在逃到陈仓县时，被当地官吏发现后也被当即杀掉。

南宋宋高宗执政期间，秦桧深得宋高宗信任，官拜宰相，执政 19 年。1155 年，秦桧 66 岁时病死后，还被追赠申王，谥忠献。但由于秦桧生前在朝廷内力举与金国和谈，奉行向金割地、称臣、纳贡政策，而且极力打击排斥抗金将士，以莫须有罪名害死岳飞。他结党营私，屡兴大狱陷害贤良，是中国历史上著名的奸臣之一。所以在 1208 年，也就是在秦桧死后 53 年，宋宁宗追夺其王爵，改谥谬丑。后来在杭州、汤阴岳飞庙内，人们为秦桧铸了一个跪像，他长跪于岳飞像之前。游客经过，无不对其像脚踢唾骂以致毁坏，但屡毁屡修，这充分显示出国人对国贼的千古痛恨，出卖国家利益者将挨千古骂名。明朝嘉靖皇帝在位期间，宠任严嵩。严嵩权贯朝廷，败坏纲纪，陷害忠良，贪污腐败。他儿子严世蕃狂妄至极，甚至在家中宝库内大笑说，"朝廷无我富"。严嵩乱国引起众多大臣上书弹劾。最终严世蕃被判斩首，严嵩被没收家产，削官还乡。他甚至无家可归，两年后病死，死时寄食于墓舍，既无棺木下葬，也没有人前去吊唁。明朝末年，袁崇焕奉崇祯皇帝之命，驻守辽东边关抗击清兵入侵，先后取得了几次大战的胜利。但由于袁崇焕与朝廷权臣魏忠贤余党不和，以致被这些人捏造勾结清人的罪名弹劾；清朝皇太极也趁机实施反间计，致使崇祯皇帝误认为袁崇焕与清朝确有勾结而下令将其凌迟处死。据明史记载，袁崇焕被处死那天，通往法场的路两边聚集了近万人，这些人不是来为英雄送行的，而是要来生吃他们认为是叛国者袁崇焕之肉的。中国数千年来形成的褒崇忠良、贬斥奸邪的道德价值取向，对历朝历代官员的行为产生了深刻的影响。这也是中国历史上官员群体能以正压邪的重要思想原因。

"中国传统文化陷阱论"者是如此疯狂地批判中国传统社会的封建专制制度，其实醉翁之意不在酒。

尹胜在《我为什么要彻底否定中国传统文化》网文中直截了当地说："中国社会目前还是专制社会。无论你是否承认，事实就是如此。这种专制，严格地说还不如人家古希腊，古罗马时期。"如此，尹胜进而断定："要想主动改变这样的制度，迈进现代文明的门槛，就只能改变人的思想。思想是文化的核心，改变思想自然要改变文化。"由此尹胜又得出了"必须彻底否定中国传统文化"这一恶毒结论。这就明显可以看出，"中国传统文化陷阱论"否定传统文化的目的是要否定封建专制制度，而否定封建专制制度的企图就是否定他们认为比封建社会还要专制的当代中国的现实政治制度。真是司马昭之心，路人皆知也！

可喜的是，时光并没有让谣言变成永远，历史以真相大白于天下。当代中国人在经过几代人的艰苦探索之后，已选准了自己该走的光明大道。任你"中国传统文化陷阱论"者如何红口白牙鼓噪咒骂，中国特色社会主义这条大船已是"两岸猿声啼不住，轻舟已过万重山"。

21 中国"从未有过实质上的进步"吗?

尹胜先生在《我为什么要彻底否定中国传统文化》文章中说:"至少我们看出西方历史是不断否定和发展的,所谓的中国文化一直在原地踏步,从未有过实质意义上的进步";"中国历史是一直在建立强权政治,推翻强权政治,再建立强权专制,周而复始"而已。

黄奕锋先生在《一篇批判中国的文章》中说:"我们不把中国当作一个真正意义上的国家,而只不过是一块聚集了不同社会属性但有相同生活习惯的人群的土地。"把这两段话连起来看,说明白了就是,中国几千年没有任何实际意义的发展,甚至不能作为国家而存在,中国历史成了空白或虚无。

这两位先生的"高论"完全不合历史事实。

首先,欧洲自希腊罗马文明后迅速陷入中世纪的千年黑暗,直到十八十九世纪前后才再度崛起。这就说明尹胜先生关于所谓西方是"不断发展"之说就不符合历史事实。

难道中国几千年就"一直在原地踏步"吗?

一、"三万里河东入海,五千仞岳上摩天",
大一统封建制中华的英武雄风

标题中的诗句是南宋著名爱国诗人陆游在故乡浙江绍兴向往着中原地区的万里河山,描写黄河、华山的诗句。前句写出了黄河叱咤万里的浩荡气势,后句写出了华山高耸云天的伟岸雄姿。黄河作为祖国的母亲河,是中华民族的摇篮,是它孕育了伟大的中华文明。"三万里河东入海"不正是中华文明源远流长、博大精深的形象写照。中华文明又是一座高山,扎根大地,上接苍穹,巍然屹立五千载,风雨不摧。"五千仞岳上摩天"正是中华文明崇高、伟岸的形象描绘!

当希腊文明辉耀欧洲之前,中国早就作为世界四大文明古国之一傲立于世已两个余年。中国先于希腊兴起的文明,也就是中国历史上的夏、商、周时代。中国在这一时期内首先有了较大的疆域。史书记载当时夏朝有国土面积210万平方公里,商朝有320万平方公里,周朝有340万平方公里。这一时期,中国还有了高度发展的奴隶制农业经济"井田制",建立了以"礼"为基本内容的奴隶制社会秩序。商朝时期,发明了甲骨文并进化到了金文。根据甘肃省临潭县磨沟寺洼文化墓葬考古发现,中国在距今3510年至距今3310年(前1500—前1300)之间就冶炼出铁。工业和科学技术方面由青铜时代进入了铁器时代,比欧洲公元前800年左右出现铁制工具,提早了500至700年;铁农具、铁兵器大幅使用。耕牛开始运用于农业生产，农业生产力大幅提升。天文学方面的成就及《周易》问世，标志着当时的科学技术已开始起步领先于西方，《诗经》更标志着当时的文学水平达到了相当的高度。中国在夏、商、周时代创造的文明成就，是希腊文明之前的西方世界远远比不上的。

中国早于欧洲近 1000 年，在公元前 475 年即战国时代中期开始进入了封建社会，这本身就是先进于西方的一个显著标志。随着公元前 221 年建立秦朝，中国建立了中央集权的封建君主专制制度，成为大一统的封建制国家，历经汉、晋、隋、唐、宋、元、明、清，直到 20 世纪初辛亥革命结束，封建帝制共持续了 2000 余年。这漫长历史时期内，中国无论是在领土完整、政治、经济、文化还是在科学技术方面，都取得了远远领先于西方世界的成就。封建制时代，中国在文化、科学技术方面远超西方的成就，前面文章已做了介绍，这里不必再作阐述了。中国在封建社会取得的其他成就，具体表现在如下几个方面。

1. 保持了中国辽阔的疆域及大一统的封建专制制度

据文献记载，秦朝建立时，国土面积为 360 万平方公里。汉朝鼎盛时期，发展到 1040 万平方公里，包括了现在的越南北部和朝鲜的全部。三国魏蜀吴时期，共有 940 万平方公里。晋时有 960 万平方公里。南北朝时期，935 万平方公里。隋朝时有 840 万平方公里。唐朝鼎盛时期，扩大到 1240 万平方公里，包括了现在中亚大片土地，大半个蒙古国和俄罗斯贝加尔湖地区。元朝版图甚至扩大到 1680 万平方公里。明朝虽减少为 710 万平方公里，但清朝上升时期又拓展到 1400 万平方公里。（引自［百度·2017年 5 月 31 日网文《中国古代历代国土面积究竟有多大》食品检验员培训网］）辽阔的疆域意味着一个国家占有了更多的资源和人口，尤其是有着广阔的军事回旋空间。故中华民族在与域外众多少数民族的竞争中，自然而然能处于优势地位。

2. 保持了华夏文明数千载延绵不断

文明发展史上自"人猿相揖别"，有了私有财产、有了阶级、有了国家之后便充满了竞争。人类社会从此也难以摆脱物竞天择、优胜劣汰、弱肉强食这一自然界、生物学丛林法则的支配。谁都知道世界上原有四大文明古国，也称古代四大文明。这就是尼罗河流域孕育的古埃及文明，底格里斯河、幼发拉底河这两河流域孕育的古巴比伦文明，恒河流域孕育的古印度文明，黄河流域孕育的中华文明。这四大文明古国，在漫长的历史发展变化中，古巴比伦文明从公元前 3500 年左右，持续到公元前 729 年，因为波斯的入侵而消失了。古埃及文明于公元前 3100 年延续至公元前 30 年，被古罗马帝国屋大维入侵，并入罗马帝国版图而灭亡了。古印度文明兴起于公元前 1800 年至前 600 年的吠陀时代。在公元前 200 年至 200 年这 400 年间，印度先受到了中亚巴克特里亚人，接着有安息人、塞种人、大月氏人的入侵。特别是异族人在印度建立了贵霜帝国，该国鼎盛时期，从印度西部到恒河流域中部都在其版图之内。5 世纪中叶，哒哒人攻入印度，占领了印度北部和中部大部分地区。当时代表印度主权的笈多王朝遭受哒哒人打击后，内部各小邦纷纷独立，陷入分裂混战之中。999 年至 1030 年，兴起于中亚阿富汗境内的突厥人，先后 17 次侵入北印度并建立国家。在经历了无数次外族入侵和内部分裂战争之后，在 1526 年 4 月，蒙古人后裔巴布尔侵入印度，建立莫卧儿帝国（1526—1858）。至此古印度文明不复存在，现在的印度，已不是古印度文明的延续。西方学者评论现在的印度，没有自己的历史。古罗马帝国取代古埃及文明，在人类历史上也曾经烜赫一时。历史学家评价古罗马帝国像中国古代的汉朝一样，同是当时世界上最强盛的国家。图拉真在位时，即 98 年至 117 年，罗马帝国经济空前繁荣，疆域达到最大，西起西班牙、高卢与不列颠，东到幼发拉底河上游，南至非洲北部，北到莱茵河与多瑙河一带，地中海成为帝国的内海，全盛时期，控制了大约 500 万平方公里的土地，成为世界古代史上国土面积最大的君主制国家之一。但由于 395 年，狄奥多西一世将帝国分给两个儿子，从此罗马帝国分为东罗马、西罗马两个国家，且永久分治。410 年日尔曼的西哥特人侵入意大利，攻入罗马城。此后又在西罗马帝国境内建立西哥特王国。476 年，随着日耳曼人废除了西罗马帝国最后一位皇帝，西罗马帝国灭亡。东罗马帝国延续了 1000 多年，它在希腊古城拜占庭的基础上，建立了都城君士坦丁堡。鼎盛时期，也大大扩张了自己的版图。1453 年 5 月 29 日，奥斯曼帝国军队攻入君士坦丁堡，东罗马帝国彻底灭亡。

上述说明，人类历史上普遍存在弱肉强食的生存法则。一个民族如果自身势力不强，如果周边邻国强盛，就随时有亡国灭种的危险。史书记载，华夏民族早在商周时代，也曾遭受西方游牧民族的侵略。春秋战国时期，华夏文明已经发展成为当时世界上最先进的文明。而当时西北少数游牧民族尚处于分散的原始部落状态。故此时期，周边少数民族对华夏民族的威胁不大。公元前 3 世纪，中国西北的匈奴进入了铁器时代，随着铁兵器的使用，其军事势力大大加强。经过不断地向周边国家的征战吞并，匈奴完全统一了蒙古草原，发展成为一个极强大的游牧民族帝国。它对中国的西北地区造成了极大的威胁。公元前 215 年，秦始皇派大将蒙恬率 30 万大军征剿匈奴，并把其驱赶出河套和河西走廊地区，短暂地维持住了西北边境的稳定。从汉朝建国到汉武帝时期，匈奴国力进一步强大。据 19 世纪 50 年代蒋介石下令由台湾编写的《中国历代战争史》记载：匈奴军臣单于时期，"其国力亦极其强盛之际，国界东达辽河，西至今苏联之中亚西亚大部分地区，康居（今苏联境内的中亚西亚），大宛（新疆西境外）皆属役之"，"当时之乌孙（今新疆西北至巴勒哈什湖），及今新疆之西域诸国，皆是匈奴其势力范围"，匈奴在这些地方派遣官员征收税赋。"其贸易，西达今之地中海，大月氏（今咸海以南及阿富汗），安息（今伊朗、伊拉克），大秦（今土耳其、叙利亚、约旦、埃及东部及苏联一部分地区），条支（今伊拉克、阿拉伯）皆兴其通使贸易"，"汉之西北，则祁连山及敦煌、酒泉、张掖、武威及贺兰山；汉之北，则今之绥远省、察哈尔、热河皆为其游牧生息之地；且其铁骑常进出于陕北、甘东、晋北、冀北等地区。匈奴实为古代世界最大之游牧帝国"。而且匈奴人强盛善战，史书评价，"匈奴轻疾悍亟之兵，至如疾风去如收电，畜牧为业，弧弓射猎，逐兽随草居处无常，难得而制"，正由于匈奴如此之强大凶悍，以至逼迫汉朝在建立初期不得不委曲求全采取"和亲"政策换取边境的短暂安宁。据史书记载，从公元前 200 年汉高祖开始，历经汉惠帝、汉文帝、汉景帝、汉武帝 5 朝，至公元前 103 年，汉武帝将宗女解忧公主嫁乌孙王岑陬、翁归靡止，这近 100

余年间，汉朝先后选了 10 位公主，嫁与匈奴单于以换取边境的安宁。直到汉武帝执政数十年后，随着汉朝国力的提升，从公元前 127 年至公元前 119 年间，汉武帝举全国之力，对匈奴实行军事打击，才以武力解除匈奴的边境威胁。在汉朝的严厉打击下，匈奴分裂成了两支。一支于公元前 51 年被迫降汉，融入华夏民族，成为西汉王朝的属国。另一支则西迁至欧洲并使欧洲社会变得极不稳定。

对比世界其他三大文明的灭落及欧洲希腊、罗马帝国的兴衰史，中华文明之所以能昂然立世数千年，之所以能击败强大匈奴帝国并在以后与众多少数民族的生存竞争中，最终处于不败之地，分析其原因，除了有中华文明处于一个相对封闭独立的自然地理环境和文化的凝聚力这两个因素外，一个最主要的，也是起决定作用的，就是中国自秦代开始建立起了大一统的中央高度集权专制的国家制度。这种制度的优势首先表现在，从秦统一六国以后，秦始皇又凭据强大的军力，不仅将中国的版图进一步扩大，而且在扩大的疆域内设官置吏、建立行政机构，同时大量鼓励民众并将囚犯迁移至北部边远地区进行开发。西北打击匈奴的侵扰保障边境一段时期内的安全。秦朝的这些措施，有效实现了国家政权对辽阔疆域的统一管理，从而使中国成为一个实实在在统一的多民族的泱泱大国。再是秦朝变容易导致割据的分封制为郡县制，官员由中央朝廷派遣；车同轨，书同文，统一度量衡，从而使中国通过严密的组织结构，不仅从国土上，还从政治上、经济上、文化上实现了高度统一。这就从国家制度层面上大大提升了中华民族的内部凝聚力和组织发动力，从而也大大提升了对域外民族的竞争力。秦朝灭亡，刘邦建立汉朝后，汉朝在政治上采取多种措施，巩固和完善了大一统的中央集权专制制度。同时注重与民休养生息，发展经济。汉朝历时 400 多年，依次出现了"文景之治""汉武盛世""昭宣之治""光武中兴""明章之治"等兴旺发达时期。汉朝的国土范围最广时，东并朝鲜，南包越南，西逾葱岭，北达戈壁，总面积达 1040 万平方公里。2 年，全国人口达六千余万，占世界总人口 1/3。汉朝和大约同期欧洲的罗马帝国，并列为当时世界上最先进的文明和最强大的帝国。

3．避免了欧洲那种分裂割据带来的社会混乱

要正确评价中国封建社会大一统的中央集权的专制制度，我们可以从欧洲中世纪的封建制度与中国封建社会封建制度的相互比较中得到正确答案。

欧洲有几种势力分治一个国家的历史。395 年，罗马帝国正式分为东西两部。由两个皇帝，两个政府分别治理，双方共用同一法典，有关国家大事双方共同商讨决定。但由于日耳曼人的入侵，西罗马日益被蚕食瓜分，476 年彻底灭亡。东罗马帝国在其运行过程中，也经历了不断的分裂，714 年至 741 年间，东罗马的法兰克王国的查理·马特推行采邑改革，建立起一套完整的封建等级制度，其特点是以土地为中心，实现政治权力与经济权力的层层分封。在这种分封制度下，国王、贵族把土地以及当地的农民一起作为采邑分封给有功于国家的臣属。但一旦这些领地和农民被分封给臣属以后，国王、贵族就管不到封臣了，国王、贵族也不能收回分给封臣的土地，也不能插手封臣领地的管理。封臣又可以把分给自己的领地分给自己想分的人。封建领主们在其封地内首先拥有的仅是土地的所有权，进而在国王权力被弱化之后，又逐步取得了王权在地方的各种

权力，并将其转化为同封地一并世袭的永久性的私人权力，其中包括行政、司法、税收、铸币等权力。所以西欧封建制度下的分封，实际上是一种分裂。而且欧洲的继承制度比中国的继承制更广泛，不只是男性继承，女性也可以继承，欧洲历史上出了好几位出名的女王。此外，在中国没有继承权的外甥、外孙、姨侄在欧洲也有继承权。如英格兰国王亨利二世，就是英格兰国王亨利一世的外孙。有继承权的人越多，想继承的人就越多；如此争夺，动乱更多，一国被瓜分成多国的现象也更多。这种泛滥的分封，导致的混乱还在于，A 地的诸侯可以是 B 地的领地的贵族，也可以在 C 的封地内有领地；神圣罗马的皇帝，同时又是法兰西国王的臣子；英国金雀花王朝的首位国王，同时也是法国的伯爵。所以在这种状态下，国王和臣下、封主和封臣仅成了一种契约（合同）关系。故欧洲封建制度下的中央权力即王权是很有限的，中世纪欧洲最终没有形成强大统一的封建制大国。几个被称有大帝的国家，也只是统一了小部分欧洲。如罗马帝国的实力也只有地中海。整个欧洲由于分封导致了城邦国家林立，各自称王称霸，争夺内斗严重。在西罗马帝国被蛮族日耳曼人消灭以后，欧洲大陆相继又出现了一批与东罗马帝国同时存在的蛮族国家，先后有法兰克、伦巴德、奥多亚克、勃艮第、汪达尔、阿兰、东哥特、西哥特、盎格鲁撒克逊等王国，这些蛮族国家相互混战，其中的法兰克在欧洲大陆打败了高卢，建立了墨洛温王朝。这个王朝持续 300 年后，由于内乱被加洛林王朝所取代。加洛林王朝期间，帝国三分，子孙混战。直到查理大帝时才统一了西欧。查理大帝一死，三个儿子打来打去，最后签订合同《凡尔登条约》，把法兰克分成东、西、中法兰克三个国家。后来的法国、意大利、德意志三国的疆域就是以这个条约为基础的。因此这三个国家，也就是后来的法国、意大利、德国的老祖宗。东法兰克的亨利一世国王在 936 年死后，他的儿子奥托在位期间加强了中央集权，罗马教皇为之加冕，故他号称神圣罗马帝国，并称自己才是古罗马帝国的正统。在教皇的准许下，他组织十字军东征，攻打东部的伊斯兰和拜占庭帝国。这场"十字军东征"一直打了 200 多年。西法兰克政权后来演变成法兰西王国，并与隔壁英国的安茹王朝发生"英法百年战争"，战争结果是法国获胜。也就在英法百年战争结束的同一年，欧洲东方坚守了 1000 多年的拜占庭帝国，即原来东罗马帝国，被奥斯曼土耳其帝国所消灭，欧洲的封建社会也到此寿终正寝。中世纪的整个欧洲，是这样被撕扯得四分五裂。而且即使在一个王朝统治期内，域内小民族、区城邦、细小岛屿，几乎是举旗即称帝，占地便称王。欧洲封建领主王国最多的时候，有 1100 多个。当然谁也不服谁，你夺我抢，弱肉强食，分久必合，合久又分，"你方唱罢我登场"。欧洲的中世纪，正如现实主义理论指出的："当世界处于无政府状态，弱肉强食必然是国家间关系的基本法则。"欧洲版图现为 1016 万平方公里，人口仅 7.3 亿左右，即使经过了千多年的拼杀合并，现在还有主权国家 48 个。除俄罗斯以外，欧洲人口最多的国家德国，也只有 8269 万人左右，排名世界第 17 位，国土面积仅为 35.74 万平方公里，与我国云南省面积相当。人口数量占第 2 位的法国，也只有 6711 万人左右，排名世界第 21 位，国土面积为 67.28 万平方公里，还略小于我国青海省面积。还有一些国家则小之又小，如梵蒂冈仅 1000 人左右，居住面积仅 0.44 平方公里；圣马力诺仅 3.3 万人，国土面积仅 61 平方公里；摩纳哥仅 3.8 万人，国土面积仅 2.08 平方公里；安道尔作为欧洲一个内陆山区国家，面积也仅 468 平方公里，人口仅 7.7 万。所以欧洲自奴隶社会进入封建社会直至 20 世纪，几千年来战火不断，国家领土增减不断，建国亡国不断。受害的是老百姓，生灵涂炭，血泪滔天。

中国与欧洲不同，中国由于吸取了春秋战国惨痛的历史教训，从秦朝开始，经过汉朝的不断完善，彻底废除了承袭数千年的分封制，代以郡县制，建立强有力的大一统中央集权王朝，强化中央对地方的管理，将辽阔的疆域与众多的民族，由一个帝王统领的高度集权的中央朝廷实行管理，实现了国家的相对集中统一，从而有效避免了地方的分裂割据及由此带来的地区之间民族之间的相互混战，实现了社会的相对稳定，百姓的相对安宁。自秦至明清这 2000 年间，中国社会尽管经历了数次王朝更替，由于这期间国家的地理、民族、经济结构无大的变化，这种制度仍能延续几千年之久。而且在这漫长历史过程中，还创造了西汉的"文景之治""汉武盛世"，唐代的"贞观之治""开元盛世"，清代的"康乾盛世"等十余个光照历史、誉满天下的辉煌盛世。18 世纪中国人口占了世界人口的 1/3，经济总量也占 1/3。19 世纪上半叶，清道光年间中国的人口达 4 亿，为世界第一，国土面积为世界第二。这充分说明中国大一统的中央集权的专制制度，不仅适应了这几千年中国社会的政治经济状况，而且比欧洲中世纪的社会制度更具有合理性和先进性。

4. 避免了欧洲那种宗教对社会对民生的极大祸害

西欧中世纪自始至终贯穿着宗教矛盾和冲突，这一冲突最后发展成为旷日持久、尖锐复杂的教会权与王权之间的斗争。中世纪初期，罗马教皇和神职人员还是从属于世俗的君王或领主，但是由于当时的欧洲四分五裂，各世俗封建主为了扩大领土，争夺对整个欧洲的霸主地位，相互之间拼杀不止。为了扩张自己的实力和争取教会的支持，他们纷纷与教会合作并支持宗教。这样就极大地增强了宗教的经济实力和政治力量。在 6—7 世纪，罗马主教趁拜占庭皇帝对意大利的控制削弱之机，首先统治了罗马，并在意大利中部控制了大片土地。此后罗马主教逐渐独占了教皇的名号，在 751 年，教皇与西欧新兴封建主法兰克国王结盟，支持法兰克王篡夺了王位。在法兰克王的支持下，教皇在意大利中部得到了一大片领土，形成了一个世俗国家教皇国。11 世纪后，教会的经济力量越来越大。1073 年，出现了教皇格里戈利七世与神圣罗马帝国皇帝分庭抗礼的局面。皇帝作为世俗封建主的首领主张皇权至上，教皇作为教会封建主的首领主张教权至上。12 世纪后期开始，教皇与皇帝为争夺对意大利的控制权展开了更加激烈的斗争，结果皇帝腓特烈一世于 1176 年惨败，几乎放弃了在意大利的一切要求。教皇权威在教皇英诺森三世（1198—1216）时期达到了极盛。他在中部意大利建立教皇国，以拱卫罗马，他任命皇帝，甚至控制了许多国家。英国向他屈服，法国与他结盟。

欧洲中世纪宗教势力的高度膨胀，对欧洲的政治、经济、社会、文化产生了十分不利的影响。政治上，由于教会教皇的权力膨胀，大大制约了皇帝的权力和权威，这进一步加剧了欧洲的封建割据和分裂。割据与不同教派之间的斗争，更加使百姓的困苦雪上加霜。13 世纪，罗马教皇组织阿尔比十字军，对法国南部阿尔比城镇的清洁派教徒发动进攻，致使大量异教徒因圣战的名义遭受屠戮。16 世纪下半叶，欧洲天主教与新教发生持续 30 年的宗教战争，凡战争波及的地区，百姓是苦不堪言。1096 年至 1291 年，在罗马天主教教皇的准许下，由西欧的封建领主和骑士组成的罗马天主教势力，以收复阿拉伯穆斯林占领的土地的名义，对他们认为是异教徒的穆斯林统治的西亚地区众多国家发起十字军东征，这场宗教性的军事行动，前后共计 9 次，持续 200 多年。十字军发起的每一次战争，都给伊斯兰教世界的老百姓造成了血腥的灾难。后世史家记载说："十字军在抢劫了圣地耶路撒冷后，进行了空前的血洗，单在一所寺院里，就有 1 万名避难者惨遭屠戮。"十字军一个指挥官写给教皇的信里说，他骑马走过尸体狼藉的地方，血染马腿到膝。寺院、宫殿和民间的金银财物被抢劫一空，许许多多的古代艺术珍品被毁。《耶路撒冷史》记载说："十字军占领该城后不分男女老幼实行了惨绝人寰的 30 天大屠杀"，勇士们"为了掠取黄金，剖开死人的肚皮，到肠胃里去找。后来，因死人太多，干脆把死人堆架起来烧成灰烬，再在尸灰里扒寻黄金。十字军攻占君士坦丁堡时对该城烧杀抢掠整整一星期，将这儿的金银财宝、丝绸衣物和艺术珍品一抢而光，将这座文明古城变成了一片尸山火海的废墟"。十字军的这种强盗行径，充分暴露了其宗教的欺骗性和虚假性。在欧洲本土，由于宗教处于至高无上的地位，各地教会组织对不满宗教统治的各类人士进行残酷迫害甚至处以极刑。捷克的爱国主义者，布拉格大学校长杨•胡斯（1369—1415）因在君士坦丁堡的宗教会议上，公开谴责德意志封建主与天主教会对捷克的压迫和剥削就被处以火刑。随着基督教会权威的无限上升，宗教神学也统治了整个思想领域，人民的思想以及社会文化都以教会神学作为评判是非的标准。1231 年，天主教会甚至决定成立宗教裁判所即宗教法庭，对天主教会认为是异端的异己分子进行侦查、审判、裁定并处决。从这时候开始，宗教裁判所，将一切违背神学教义的理论学说都斥为"异端邪说"予以封杀，对有关违背神学教义的书籍予以销毁，当时宗教裁判所就烧毁了大量珍贵的科学著作，有时一天要烧掉 20 大车。宗教裁判所还将稍有一些开放思想的知识分子视为"异端"，予以严厉处罚。1327 年，意大利天文学家采科•达斯科里被活活烧死，他的罪名就是违背《圣经》的教义，论证了地球是球体，在另一个半球上也有人类存在。1513 年前后，当时的著名天文学家哥白尼，提出了彻底否定宗教神学认为是神圣不可侵犯的"地心说"和"日心说"，哥白尼由此受到了宗教的打压。始终支持哥白尼"日心说"的布鲁诺，被宗教视为"异端"无情打击迫害，迫使其终生颠沛流离，最终被宗教裁判所烧死在鲜花广场上。由于宗教的迫害，割据分裂导致战争接连不断，近千年的欧洲经济发展被破坏，人民生活水深火热，思想禁锢，科学技术基本停滞，致使中世纪的欧洲陷入黑暗时代。

在中国则没有出现欧洲这种宗教统治世界带来的黑暗。回顾中国历史，宗教虽然在中国长期存在，它也渗透到了社会生活的方方面面，但中国的世俗权力，即皇帝、国家的权威和权力都大大高于神权。佛教自东汉明帝永平十年（67）传入中国内地以来，虽然在南北朝、中唐、晚唐时期，曾几度辉煌，但是先后经历了北魏太武帝、北周武帝、唐武宗、后周周世宗"三武一宗灭佛"运动。明朝时期严格查处了民间宗教白莲教，清朝时期禁止基督教传播。这些举措，极大地打压了宗教在中国的活动空间，尤其是降低了宗教对国家政治生活的影响力。宗教在中国始终处于皇权、政权的管辖之下。中国的宗教活动主要是在民间进行传法传道、治丧、避祸、祈福、慈善、讲学等活动，故中国的宗教没有也不可能像西方宗教那样，对国家对社会造成严重不利影响。这是中国封建社会之所以有效避免了欧洲那种"中世纪的黑暗"的一个重要原因。

二、"市列珠玑，户盈罗绮，竞豪奢"，繁华的中国封建经济

这是宋代著名诗人柳永在 1054 年作的《望海潮·东南形胜》词中，描写当时杭州兴旺繁华景象的三句词。柳永整首词是这样写的：

东南形胜，三吴都会，钱塘自古繁华。烟柳画桥，风帘翠幕，参差十万人家。云树绕堤沙，怒涛卷霜雪，天堑无涯。市列珠玑，户盈罗绮，竞豪奢。

重湖叠巘清嘉，有三秋桂子，十里荷花。羌管弄晴，菱歌泛夜，嬉嬉钓叟莲娃。千骑拥高牙，乘醉听箫鼓，吟赏烟霞。异日图将好景，归去凤池夸。

柳永这词把当时的杭州写得美丽极致繁华极致了，以至我不忍心把其中任何一句省去。

中国古代的文学作品中，写封建社会中国繁华景象的诗词，绝不止柳永这一首。

杜甫有一首《忆昔》诗回忆了开元盛世时期，唐朝经济发展繁华的情况。

忆昔开元全盛日，小邑犹藏万家室。稻米流脂粟米白，公私仓廪俱丰实。九州道路无豺虎，远行不劳吉日出。齐纨鲁缟车班班，男耕女桑不相失。宫中圣人奏云门，天下朋友皆胶漆。百余年间未灾变，叔孙礼乐萧何律。

"稻米流脂"，仓廪丰实，大唐开元年间早就如此繁华。

纵览中国封建社会发展历史，中国的封建制经济总体上是发展较快的。这是因为，经济的发展除了受自然资源环境的影响外，还受社会和政治环境的影响。中国封建社会由于实行了大一统中央集权的专制制度，随之即有了社会整体上的相对稳定。历朝历代占多数的比较开明的皇帝，对经济和民生的重视、大江大河的治理、全国交通道路的连贯、运河水系的发达、统一的度量衡和货币的使用，这一系列措施的实施，都从不同的层面促进了中国封建社会封建经济的发展。中国历史上接连不断出现的各种"盛世"和"之治""中兴"，就是当时经济社会兴旺发达的反映。

中国封建社会经济的发展，首先体现在农业经济发展水平上。据史书记载，两汉之际，由于推行休养生息，轻徭薄赋，奖励农耕，同时加大了对江河的治理，用牛耕种的广泛使用，西汉比欧洲早 1000 多年发明了翻土碎土的犁壁，农学家赵过发明了播种机械耧车。先进农耕技术的推广，极大地促进了农业的发展。文景之治时期，甚至出现粮食堆积充沛的情况。在唐高祖统一全国之后稳定的 130 年之中，仅史书记载的重要水利工程，总计 160 多项，其中著名的如修建玉梁渠、绛岩湖和安徽镜湖治理，山东窦公渠、山西文水、河北三河、四川彭山、湖南武陵的治理等。开元二十八年（740），耕地面积达到 14003862 顷。天宝八年（749），官仓存粮达 9600 万石，开元十四年（726），

长安洛阳米价最低时，每斗仅十三文，青州、齐州每斗仅 5 文。这说明当时的确是五谷丰盛。

中国封建社会农业经济发展水平较高，在北宋时期著名画家张择端画的《清明上河图》中得到了充分体现，在这幅描绘北宋都城汴京（今开封）繁华景象的传世名画中，有一个描绘汴京郊外农村的画面：小溪旁边的大路上，一溜毛驴队从远方向汴京走来，两名驮夫驱赶着负重累累的五匹毛驴急急赶路，这是从事商业货运行走多年的老马帮。小河的小桥旁，一只小船拴在河边的大树上，几户农家小院错落有序地分布在丛林中，高高的树上有 4 个鸦雀窝。打麦场上有几个用于秋收给小麦脱粒的石碾子，羊圈里圈着几只羊，羊圈旁边有鸡鸭圈，里面养着很大一群鸡鸭。村边的小路上一队长长的接亲娶妻的队伍徐徐而来。村头的一家农舍养着两头牛，远方田里的麦苗生机勃勃，农户正在为它浇水施肥。南面一家两口正在往东南方出行，他们雇用了驮夫骑着两头牲口，还请了一个脚夫挑着一担行李，这是一幅多么恬静的乡村图景。人们不由得惊叹 1000 多年前的宋代，就有如此发达的农业和养殖业。

中国封建社会的手工业也高度发达。两汉时期，纺织业能织出锦、绣、罗、纱等许多品种的丝绸，成为两汉时期对外的主要物资。棉花、羊毛等都扩展为纺织原料。西汉的长安、临淄等地有了大规模的官营纺织业。两宋时期，两浙、四川成为丝织产品两大中心，花色品种繁多。棉纺织业兴起，棉布逐渐代替了麻布，成为主要衣被原料。纺车、弹弓、织机等棉纺织工具普遍使用。元朝时期，黄道婆把海南先进棉纺织技术传到松江，松江成为全国棉纺织业中心。中国封建社会的冶铸业，也取得了快速的发展。西汉的宛、巩是有名的冶铁中心，煤成为冶铁燃料，此时还发明了淬火技术。用水力鼓风冶铁的创新，使中国冶铁水平长期领先世界。隋唐时期，铁的产地在全国有一百多处，而且普遍采用了切削、抛光、焊接等新工艺。两汉时期，中国的冶铜业发展迅速。低温炼铜技术得以使用并大幅推广，冶铜场和铸铜作坊遍布全国。广汉、蜀郡的冶铜享誉全国。汉代的造船航海技术已臻成熟，当时的水军拥有用途不同、类型多样的航船，其中楼船高达十余丈。隋唐时期，能制造出当时世界上最大的海船，获"海上霸王"之称。这一期间，船上已开始使用推进器，这种舰船是后来发展的机械动力轮船的雏形。唐朝初期，在杭州就造海船五百艘。两宋时期，中国的造船技术，更遥遥领先于世界，海船已设隔离舱，局部撞坏时可以抢修，当时已能生产出大型远洋海船。

我们再看看中国古代的商业。中国远古时代的商族人，以善于经商而著称于世，故商人取代夏朝后，建立新的国家称商朝。商业也是从商朝开始与农业、手工业分离成为一种专门的职业。春秋战国时期，政府控制商业的局面被打破，商人社会地位再次提高。秦汉以后，朝廷基于对稳定的考虑，采取鼓励农业、相对抑制商业的政策，但相对抑制的是民营商业。加之全国的统一，道路的连通，度量衡的统一，所以整个商业虽速度趋缓，但仍有一定的发展。到了隋唐时期，随着农业手工业的发展，货物的增多，特别是唐朝国内交通，在当时世界上处于领先地位，陆路交通以长安为中心，道路遍布全国，水路交通则是以洛阳为中心的南北大运河为主。全国共有驿站 1463 所，其中陆驿 1297 所，水驿 166 所，陆路和水路交通的发展带来了城市商品经济的发展。当时的长安、洛阳、苏州、扬州、成都、广州，都成了一定区域内的商业中心。唐代中期，长江流域商业城市发展快速。当时苏州的繁华程度开始超过扬州和洛阳，仅次于首都长安，成为南方最繁华之地，有"甲郡标天下"之说。杭州、湖州等新兴商业城市也快速涌现。苏州、扬州已出现坊与市的商业分工。夜市也开始流行。除都市商业以外，农村的集市贸易也发展起来，有些地方已出现草市。为商业服务的柜坊和飞钱相继问世。

两宋时期，商业有了更快的发展。商业活动不再受到官吏直接监管。出现了世界上最早的纸币"交子"钱。商业税收收入在政府财政收入结构中比重剧增。商业的发达又促进了城市的发展。张择端创作的《清明上河图》更如实记录了 12 世纪北宋都城汴京当时社会各阶层人民的生活及北宋城市经济兴旺发达的景象：小溪旁边的大路上，一溜毛驴队从远方向汴京走来，两名驮夫驱赶着负重累累的五匹毛驴急急赶路。这是从事商业货运行走多年的老马帮。进入市区，街头有茶馆，茶馆对面有酒店。酒店旁边是散装货运码头。紧靠码头停靠着几条货船。码头上货主正在清点发往外地的货物。搬运工人正在装卸堆运货物。透过一棵 200 年树龄的大树枝叶，可以看到粗大的帆樯及绳索，这应是一艘六七十吨排水量的大商船。往前看又是几家店铺字号，街道上行人驴马接连不断。再往前进入闹市区，以高大的城楼为中心，两边的屋宇鳞次栉比，有茶坊、酒肆、脚店、肉铺、庙宇、公廨等。商店中有绫罗绸缎、珠宝香料、香火纸马等专门经营。有医药门诊、大车修理、看相算命、修面整容，各行各业，应有尽有。街上行人，比肩接踵、川流不息，男女老幼、士农工商、三教九流，无所不有。交通运载工具有轿子、骆驼、牛车、马车、人力车，形形色色，样样俱全。街市中心有货运码头，码头边店铺里喝茶喝酒的、进餐的、看相算命的、购物的，来来往往。河里船只往来，首尾相接，或纤夫牵拉，或船夫摇橹，有的满载货物逆流而上，有的停靠河边稍作休息，好一派繁忙景象。横跨汴河之上有一座规模宏大的木质拱桥，结构精巧，形式优美，宛如飞鸿，故名虹桥。这座大桥对通过大型船舶的精心设计，既折射出那个时代水上交通与商业的高度繁荣，也反映出宋代建桥技术是何等的先进。从文献中可知，汴京是 12 世纪初世界最大的城市之一，人口达 137 万。《清明上河图》所展示的正是汴京作为北宋大都会商业兴旺发达的气象。

元代的商业，随着疆域的扩大、国内大市场的进一步扩大而发展。城市和乡村集镇商贸都很繁荣。13 世纪，意大利商人马可·波罗在狱中口述，由狱友执笔写成了一本西方世界称为"世界一大奇书"的《马可·波罗游记》，此书记载了 13 世纪马可·波罗游历中国和亚洲各国的所见所闻。书中以大量的篇章详细地记述了元朝初期，中国城乡商业繁华的情况。在他的笔下，中国有无穷无尽的黄金和财富、巨大的商业城市、极好的交通设施、富饶的商业贸易，以及华丽的宫殿建筑，这一方面证实了北宋年间留下来的《清明上河图》描绘北宋都城繁华景象的真实性，同时也足以说明元代中国城市的商业水平已经远远超过了当时欧洲商业最繁荣的威尼斯。

明朝时期，中国封建经济也取得了较快的发展，尤其是国库比较充裕，国力比较强盛，这在明朝的最后一位皇帝崇祯皇帝执政时期得到了见证。1644 年李自成攻进北京，全盘接收了明崇祯皇帝的国库。据文献记载："有镇库银，积年不用者 3700 万锭，金

1000 万锭，皆 500 两为一锭。"这就是说，明朝灭亡时，国库尚有白银 1850000 两，黄金 500000 两，一个面临灭亡的明王朝尚有如此多的财富库存，这足以说明大明王朝有多么强的经济实力。

中国古代集镇的发展也反映出商业与手工业的繁荣。明清时期，河南朱仙镇发展到了面积为 25 平方公里，民商 4 万多户；镇内街道纵横，百货云集。江西景德镇一直以生产瓷器闻名于世，史籍记载，该处冶陶，"始于汉室"。所以该处陶瓷生产时期已超过 1400 年历史。陶瓷产品古代就销往世界各地。广东的佛山，史上就成为南方的工商业大镇。古籍记载，佛山"诸宝货南北互输，以佛山为枢纽，商务益盛"。到明清时期，佛山已发展成为岭南地区商品集散地和冶炼、铸造、陶瓷、纺织、中成药等制造业中心。湖北汉口镇则凭借长江、汉水的水运码头之便，发展成为包括朱仙镇、景德镇、佛山镇在内的全国四大名镇之首的"九省通衢"大市。

对比中国封建社会与同时期中世纪欧洲的经济发展状况，可以看出欧洲存在着巨大的差距。城市发展状况是一个国家经济发展的综合体现。先看看欧洲中世纪的城市吧！由于西罗马帝国灭亡，5 世纪之后的很长一段时间里，由于经济衰落，欧洲几乎没有城市。查理帝国分裂后，西欧各国处于割据状态，很多奴隶制时期的城市，要么已经毁于战火，要么变为军队据点或国王的行宫。直到 10 世纪后期至 11 世纪，中国此时正处于北宋时期，欧洲各国才开始进入旧城复苏和新城产生阶段。也就是说从这时候开始，欧洲才复苏或产生了一些城市；但面积通常不大，一般也就一二千人，后来逐步发展到三四千多到 5000 千人。有 2 万居民的城市，就算是很大的了，但为数很少。巴黎的人口直到路易十四时期，即 17 至 18 世纪才首次接近 50 万。而且那个时期的欧洲城市，都像随时进入临战状态的军事设施而非大都会，每座城市都修了又高又厚的城墙，城墙上都修了许多附属的用于战斗的塔楼等设施。城墙外面修有宽阔的护城河，城门全天有全副武装的卫兵把守；一到夜晚，就立即拉起吊桥紧闭城门，城内实行夜间管制，即宵禁；直到第二天天明，城门才再次开放。城里房屋一般都是木头建成，非常拥挤，而且采光很差。城市街道基本上没有硬化，垃圾成堆，晴天尘土飞扬，阴雨天气道路泥泞，城里没有防火设施，卫生状况极差。故欧洲那时经常传染病流行。对比当时宋朝的城市，北宋的汴京和南宋的临安都是当时人口超过百万的大都会。汴京人口达到一百二三十万。宋朝当时管辖县的州市级城市中著名的有：开封府、杭州、苏州、京兆府（西安）、大名府、江陵府（荆州）、江宁府（南京）、成都府、亳州、宿州、明州（宁波）、常州、温州、广州、湖州、密州（诸城）、绵州、福州、建州（建瓯）、登州。这些城市人口有四五十万，其中流动人口两三万以上。宋朝的城市取消了宵禁，城门开得很早关门很晚，居民可以市内通夜行走、经商、娱乐。城市功能区更加清晰合理，有比较完善的防火、防盗及市容管理措施，有专职的城市治安管理人员。中国的城市既是当时所管辖区域的政治中心，又是经济、教育、文化中心。其特征是人口稠密、建筑先进、市场繁荣。难怪一二百年后，欧洲最大城市威尼斯的商人马可·波罗进入中国走一圈后，大开眼界，大有《红楼梦》中描写的乡下刘姥姥一进荣国府的感觉。

国家举办大型活动的状况，也是一个国家综合实力和文明程度的体现。我们对比一下几百年前中国与欧洲先后各自举行的几次大航海活动的情况，也可看出中国与同时期中世纪欧洲在经济、军事、科技方面的差别。

从1405年开始，中国正处于明朝永乐时期。三宝太监郑和奉明成祖之命，开展了一场海上远航活动。他率领一支海上船队，共有大船240多艘，海员共27000人，第一次，从福建长乐太平港出海远航。直至1433年，郑和率领的庞大船队共远航西太平洋和印度洋7次，先后到达过爪哇、苏门答腊、苏禄、彭亨、真腊、古里、暹罗、榜葛剌、阿丹、天方、左法尔、忽鲁谟斯、木骨都束等30多个国家和地区，目前已知最远达到东非红海。郑和这次使用的船，是当时世界上最大的海轮，长度为151.18米，宽61.6米，船有四层。船上九桅可挂12张帆，锚重几千斤，要动用200人才能起航，一艘船可容纳上千人。《明史·兵志》记载："宝船高大如楼，底尖上宽，可容千人。"

然而，西方世界开展的第一次大航海活动，用上端木赐香评价他们这次活动的一句话说："相形之下，西方人比咱差远了。"这里要感谢端木赐香，她在《中国传统文化的陷阱》一书中，提供了大量证明"西方差远了"的材料。郑和第一次远航，时间在1405年，西方则"至少比咱晚了半个世纪：葡萄牙人迪亚士发现好望角的探险，始于1487年；葡萄牙人达·伽马发现印度的探险，始于1497年；哥伦布第一次横渡大西洋，把新大陆美洲当作印度，始于1492年；麦哲伦环球，1519年开始。看看这张时间表，由不得咱不自豪"。而这个时间表，更被如下材料所证明，"英国海军退役潜艇军官，航海史学家孟席斯历时14年，走访了120多个国家，900多个档案馆、图书馆之后，提出惊人理论，郑和船队早在哥伦布之前72年，就航行到美洲；早在达·伽马之前77年，就绕过好望角；早在麦哲伦之前一个世纪就完成了环球航行；早在库克之前350年，就到达澳洲"。

那么，西方这次大航海的船队规模有多大呢？端木赐香提供的材料说："至于西方的航海，那就寒酸得不成体统了：迪亚士出动，堂堂的葡萄牙王室也就给他配备三只小破船；达·伽马出动，三只破船变成了四只；水手160人；哥伦布横渡大西洋，西班牙王室搞的赞助，西班牙王室与葡萄牙王室一样小气，三艘船，87人；西班牙出手比较阔绰的一次探险，当时，麦哲伦环球了，五艘船260人！当然了，等老麦回去（当然不是老麦本人，半路上他就因公殉职了），只剩下一只破船和18位气息尚存的人。"即使过了430多年以后，"英国来中国发动那可恶的鸦片战争，仅来了40艘船，4000名步兵，加上海军总共不到万把人，美国独立战争时（1775—1783），英国派兵25000人，一句话，大明这27000人，相当于大英帝国干涉美国独立的整个队伍，更是大英发动鸦片战争的数倍"。这就足以看出，郑和下西洋的壮举，不仅体现了当时中国远远超过西方的造船技术和航海技术，更体现了大明王朝当时具有远远超过西方的强大的经济实力和军事实力。

中国在漫长的封建社会取得的政治、经济文化成就说明，大一统的中央集权的封建主义专制政治制度能适应当时自给自足的小农经济形态的发展。这就从另一个角度说明，在中国封建社会中，当其生产力和生产关系还没有发生质的飞跃变化，即还不可能被新的更先进的生产力和生产关系所代替之前，大一统的中央集权的封建专制制度，就有它存在的合理性，而且对比欧洲中世纪封建制度更具有先进性。这就好比母亲怀胎，自给自足小农经济这个胎儿，在大一统中央集权专制政体这个母体内能比较健康成长，因此，既不可能，也没有必要离开并抛弃这个母体；如果全面否定这个母体，这是不符合历史辩证法的非理性行为。

值得说明的是，"中国传统文化陷阱论"者不时指责中国封建社会持续太长，农民起义或改朝换代只是皇帝的交替变换，没有改变其社会性质。如端木赐香教授说："农民杀了旧皇帝，代之而起的是新皇帝，农民杀了旧地主，代之而起的是新地主；可农民依然是农民，中国仍然是皇帝、儒家和小农构成的金字塔的最下层。"端木赐香教授忘记了，社会采取何种经济形态是与当时的生产力发展状况紧密相连的。中国封建社会虽然经历过 2000 余年历史，十余代王朝的更替，但自给自足小农经济的生产力和生产关系并没有发生本质变化，在这种植根于自给自足小农经济生产力与生产关系土壤的大树上，一开始结成的就是中央集权的专制制度之果。所以后来只要自给自足的小农经济的土壤不发生变化，在这一土壤上长成的中央集权的专制制度之树及其花果，自然也不会发生质的变化。这就好比不论是在中国还是西欧几千年的奴隶社会中，不论老的奴隶制王朝被推翻，新的奴隶制王朝取而代之，重复了多少次，但新诞生的王朝，仍然没有改变奴隶制的性质一样。所以，中国封建社会大一统的中央集权的专制制度的长期存在，更说明了这种专制制度对中国封建社会生产力与生产关系的适宜性。如果"中国传统文化陷阱论"者觉得没有理由指责欧洲为什么不在古希腊文明之后就立即搞文艺复兴和发展资本主义文明，如果觉得没有理由指责欧洲的中世纪为什么要连续 1000 多年，他们就同样没有理由指责中国历史上王朝更替其社会的性质没有发生变化。因此"中国传统文化陷阱论"者在这些问题上的说三道四，只能说明他们对历史辩证法缺乏正确的理解而已。

三、"参差十万人家"，人丁兴旺的古代中华民族

"参差十万人家"，这是柳永 1045 年所写的当时杭州人口兴旺的景象。人丁兴旺，也是中国封建社会的一个主要特征。

按照历史唯物主义的观点，对历史进程产生决定性影响的是生产力。而构成社会生产力的是劳动者、以生产工具为主的劳动资料和引入生产过程的劳动对象。而生产工具和劳动对象是相对稳定的，换句话说，就是人们不可能天天发明新的生产工具和产生新的劳动对象。所以在生产工具和劳动对象大体相同的历史时期内，劳动者数量的多少，素质的高低，将对社会生产力发展水平产生重大甚至是决定性的影响。在人类处于奴隶社会、封建社会包括欧洲的中世纪这段历史时期内，在社会生产中还没有大规模使用机械作动力取代人力之前，社会生产的发展以及社会的持续与变革，很大程度上必须依赖于人口的数量和质量。只是到了现代社会，当大机器、自动化、信息化广泛应用于现代化生产领域时，社会进化对人口数量的依赖程度才有所降低；而人口质量的高低，继续

影响着社会的文明进化程度和生产的发展水平。这种状态在今后乃至更长的历史时期内都不会改变。所以，从人类发展历史的全过程来看，人口是一个民族生存的基础，尤其是在生产力发展水平极其低下的远古时代，部落人口的多少，既决定一个部落抗御战胜自然的能力，又决定了一个部落在与其他部落争夺食物领地的战争中，能否取得胜利。在社会发展到建立了国家之后，当人民还必须依靠自身的体力在自然界获取食物和抵抗域外民族的侵扰时，人口多少同样是一个民族是否强盛的重要标志，也是一个国家存在与发展的先决条件。因为只有在有充足的人口基础的条件下，国家才能进行一些大的社会建设，如大江大河的治理，运河的开凿，城市街道、宫殿、城墙、陵园等重大工程的修建；也才能组织强有力的军队抵抗外族的入侵或征服别的民族。从另一个角度看，人口的增长又受社会政治经济条件的制约，受思想文化观念的影响。因此人口的兴衰也反映出民族、国家的兴衰，人口的生存状态可反映出社会的文明进化程度。

对比中国与欧洲的人口发展状况。中国现在国土面积960万平方公里，人口超过14亿。欧洲面积1016万平方公里，人口是7.46亿。可以看出欧洲的人口增长远远慢于中国。欧洲与中国这种人口的差距，不是欧洲文明进化的表现，而是欧洲历史上尤其是中世纪的黑暗造成的后果。欧洲罗马共和时代到帝国前期，人口发展呈增长态势。公元前2世纪，罗马通过疆域扩张，成为横跨欧亚非、称霸地中海的庞大罗马帝国。据美国霍普金斯大学估计，公元前225年，古罗马总人口为500万（自由人450万，奴隶50万），到公元前28年，总人口增至600万（自由人400万，奴隶200万），200年间，增长了100万人。1世纪初，罗马人口总数为740万。2世纪，罗马人口达到了最高数额。395年以后，罗马帝国分裂为东西两部，此后动乱不安。476年，西罗马帝国彻底覆灭。这段时间罗马的动乱，导致人口锐减，到500年，减少至400万人，总人数减少近一半。罗马人口的变化说明，一个国家人口的增减，基本上与国运的兴衰相对应。欧洲进入中世纪以后，城邦国家林立，争城夺地，政权更替，战火不断，战争不仅使千百万青壮年军人直接死于沙场，而且对社会对经济的破坏，也导致大量人口在动乱中死亡。这是欧洲人口总体上增长缓慢的一个极其重要的原因。所以到14世纪时，混乱的欧洲总人口不到8000万。

引起欧洲人口增长缓慢的第二个原因是疫病的祸害。从1347年到1353年间，欧洲大陆爆发了一场极其悲惨的被称为"黑死病"的鼠疫大瘟疫。这场"黑死病"从意大利蔓延到西欧，然后到北欧、波罗的海地区，再到俄罗斯。总计有2500万人死于这一瘟疫。然而仔细分析这一事件的前因后果，这一瘟疫之所以会给欧洲人民带来这么悲惨的灾难，这与欧洲当时社会及政治的黑暗有着密切的关系。欧洲的"黑死病"在中国叫鼠疫。鼠疫是一种由鼠疫耶尔森菌引起的烈性传染病，它通过老鼠身上的跳蚤咬人而传染病毒，所以老鼠是这种病毒的携带者。历史上的欧洲人对疫病的了解知之甚少。中世纪末期，基督教的势力掌控了欧洲大陆。基督教认为猫是邪恶是魔鬼，如此整个欧洲大陆开展了长达数百年的对猫的残杀。对猫的杀戮导致了老鼠在欧洲的横行。加之中世纪欧洲卫生状况极差，城市垃圾肮脏物成堆，这进一步加剧了老鼠的盛行。老鼠的横行又导致了老鼠身上跳蚤的泛滥。而当时的欧洲人几乎没有洗澡的习惯，17世纪的法国国王路易十四，也是一年仅洗一次澡；如此跳蚤的繁衍成灾，也就成为必然。这就是欧洲出现鼠疫后立马盛行的初始原因。然而原因还不止于此，欧洲由于邦国林立，各自为政，各邦国官府既不知，又没有能力，也不可能相互配合，集体采取行动对疫情实行隔离、掩埋等措施，致使鼠疫肆无忌惮迅速四方传播。更为可笑的是，由于对"黑死病"起因的无知，欧洲还掀起了一波又一波迫害犹太人的浪潮，理由是犹太人到处流动传播瘟疫并四处投毒。在德国美因茨，有1.2万犹太人被活活烧死，在斯特拉斯堡城内有1.6万犹太人被杀。这就可以看出，"黑死病"泛滥是中世纪欧洲这棵黑暗之树结出的恶果。另外西方世界个人欲望至上的价值观，社会责任感、家庭观、婚姻观的缺失，也影响了人口的增长。1840年英国曼彻斯特统计，有4/5的儿童活不过5岁。由此完全可以看出，中世纪欧洲的人口增长缓慢与欧洲社会当时的黑暗是完全分不开的。

那么，中国的人口为什么能超过欧洲的人口水平较快增长呢？

一是要归功于中国优先于世界的农业所提供的粮食能较好解决当时的人口生存问题，同时，自给自足的小农经济，也使占人口绝大多数的农民，在相对稳定的环境内生产生活。这为中国人的稳定性增长创造了最有利的条件。

二是要归功于中国建立了大一统的中央集权的专制制度。这一制度把辽阔的疆域、几十个民族统一在一个强有力政权的领导之下，这种大一统的效果，一是大大提高了国力，使之能有效地抵御外域民族侵扰带来的对国人的屠杀；同时也避免了欧洲那种内部严重分裂割据，导致战火纷飞对人口增长的重大破坏。

三是要归功于中国历史上绝大部分时间内对民生尤其是对人口增长的高度重视。历史上的许多开明官员们深深懂得人口增长对于种族延续的重要性，故他们采取了许多保民生促进人口增长的措施。比如早在春秋战国时期，不少地方就由官方设立了"掌媒"，也就是官方媒人，其主要职责就是掌握全国男女的姓名和出生时间，督促适龄男女结婚。《管子·入国篇》写道："凡国皆有掌媒，丈夫无妻曰鳏，妇人无夫曰寡。取鳏寡而合和之，予田宅而家室之，此之谓合独。"也就是说这个掌媒的官员要帮助鳏夫寡妇重新组织家庭，政府还要赐给他们田土帮助他们成家。《魏书》记载："其妻无子而不娶妾，斯则自绝，无以血食祖父，请科不孝之罪，离遣其妻。"也就是说，已婚男子的正妻不生孩子就必须纳妾，否则就是犯罪。在唐代，一个地方的婚姻生育状况，还是考核地方管理的一项标准。从这些政策的实施中，足以看出中国古代政府对人口增长的重视程度。而这些政策的实施，毫无疑义促进了中国人口的增长。

四是要归功于中国历朝历代对重大灾害的防治。远古时代，由于生产力发展水平和人们对自然界认识能力有限，人们特别是个人抵御自然灾害的能力非常低，一旦发生重大自然灾害，特别是水灾、旱灾、地震、疫病之后，就会尸横遍野，大量人口死亡。所以中国历史上历朝历代政府都重视对大江大河的治理。如从战国时期开始的西门豹在黄河支流漳河上修筑引漳十二渠，秦国在陕西兴建郑国渠，汉朝在渭河上修筑成国渠、灵轵渠，尤其是中国历朝历代政府都重视黄河流域的治理，从而大大减少了重大水灾发生的次数，减少了灾中的人口死亡。再是历朝历代政府有限度地对灾荒的救济。重大灾情发生后会导致重大饥荒引起人口大量死亡，中国古代政府从中央到地方知道灾情后，相应会采取一些措施救济灾民，以及时帮助灾民渡过难关。国家往往首先向灾民无偿发放救灾钱物。元代规定，凡有水灾、旱灾，根据受灾人口多少，发放钱粮，救济期限为两三月。明朝初期，一般规定每户救灾粮食一石。洪武二十七年（1394）规定，大口6斗，小口减半。永乐二年（1404），降为大口1斗，6—14岁6升。灾害期间，地方政府还会发动寺庙、地方大户提供稀饭救济饥民。这些灾害期间应急救灾措施的实施，有效地减少了人口的大量死亡。中国古代先人对疫病的有限度的认识与防治，也减少了大量的人口死亡。中国古代先人一方面由于医学的发展，对疫病的认识比欧洲要早，另一方面由于大一统的中央集权的国家制度的建立，一旦发生疫情，也能及时采取比较有效的措施，予以防治。如从汉代开始就懂得对病人实行隔离。据《汉书·平帝纪》记载："元始二年，旱蝗，民疾疫者，舍空邸第为置医药。"晋朝时有书记载，当朝廷官员家只要有3人以上感染了疫疾，即使没有被感染的人，在百日之内也不得入宫。到了南北朝时期，这一办法已成为制度。萧齐时，太子长懋等人曾设立了专门的病人隔离机构——六病馆，以隔离收治患病之人。再是对疫病死亡者尸体的处理，由于尸体是主要的疫病传染源，中国先人们早就懂得了通过掩埋尸体防止疫病扩散。据《周礼》所载，从先秦时期开始，官府就有了处理无主尸体的做法，此后凡遇大疫，官吏一般都会组织掩埋死者尸体。如南朝梁武帝时，郢城大疫，全城10余万口，"死者十七八"，朝廷遂命给死者赐棺器盛殓以防止其传染。宋代嘉定元年（1208）江华一带大疫，官府遂招募志愿者，凡掩埋尸体200人者，则给度牒一道作为奖励。从北宋末年开始，各地普遍设立漏泽园制度，以掩埋平时因贫困无以安装的尸体及大疫后的无主尸体，从而大大减少了由尸体滋生传染病毒细菌的机会。1910年11月，肺鼠疫从俄国侵入我国的满洲里，并迅速蔓延，波及中国东西北一带的5个省，死亡6万余人。清政府任命伍连德为全权总医官，到东北领导防疫工作，1912年辛亥革命后，南京临时政府决定在哈尔滨设立东边防疫管理处，伍连德受命组建防疫工作机构并担任总医官。

中国历史上人口的增长态势与当时国家的政治社会状态相对应。当一个封建王朝处于上升阶段时，社会比较稳定，经济得以恢复和发展，人口就增长比较快。春秋战国时期，诸侯国混战不休，当时人口约2000万。秦朝统一时人口估计已缓慢增长到3000万。秦末由于爆发了反秦战争及后来的楚汉战争，长期战乱导致人口锐减，西汉建国初期户口在籍只有1300万人。经过"文景之治""汉武盛世"等较长时间的休养生息，至西汉末年，在籍人口有6000万以上，垦田8270536顷。王莽时期到东汉初期，由于战争频繁，总人口又下降到3500万。经过"光武中兴"到东汉后期，总人口又重新突破6000万。但从184年黄巾起义爆发到220年三国鼎立形成期间，天下极不稳定，战火不断，人口损失估计达60%，仅存2300万。4世纪初的西晋人口又缓慢增长到了约3500万，东晋末年，由于南北战争，北方的五胡十六国乱华，全国人口锐减到约1800万。隋朝初期，经过隋文帝的"开皇之治"人口有所提升。隋朝末年的战乱使人口又大幅下降。至唐建国时，只存2500万人。经过"贞观之治""开元盛世"，到中唐时期，人口又发展到9000万。唐朝后期，由于五代十国的战火，到960年宋建国时，减少到只有4000万人。北宋期间社会经济快速发展，当时人口超过了1亿。南宋末年，宋、西夏、大理和其他少数民族人口共计已经超过 1.2 亿。蒙古灭金和西夏是人口发展的一次大灾难，这次北方人口损失高达 80%，仅剩人口 1000 余万。元朝统一建国时，全国实际人口只有 7000 万。明朝初期的人口不足 6000 万。到 17 世纪初又突破了 2 亿。明末的天灾人祸和清初的残酷战争，又使人口降幅达 40%，清朝顺治十二年（1655），估计约 1.2 亿。经过"康乾盛世"以后，中国的人口有大幅度增加。到道光三十年（1850），全国人口创造了 4.3 亿的新纪录。但鸦片战争爆发以后，持续不断地抵抗西方列强入侵，太平天国、捻军、白莲教起义引发的战争，导致中国人口遭受的损失，作保守估计也在六七千万人以上，直到 1912 年也没有恢复到 1850 年时的水平。1949 年以后，中国内地社会基本稳定，生产力持续发展，故人口发展迅速。1953 年，新中国人口普查结果为 5.8 亿（不含台湾、香港），现在中国人口已超过 14 亿，成为世界上第一人口大国。

但是，尽管不断发生的战乱给中国人口增长造成过很大的破坏，但由于战乱时间相对比非战乱时间要短，所以中国的人口发展在各个历史时期，整体上处于世界领先地位。人口数量在世界人口总数中所占的百分比总是处于高位状态。除东汉末年处于人口低谷，所占比例可能低于 10% 以外，其余历史阶段占世界人口的比例，基本都在 20% 以上，一般维持在 30% 左右。生存是人的最基本需求，人类社会的文明进化程度最终体现为人们对生存环境的改造与驾驭的程度。人生存的质量与数量，也反映出人所处的生存环境、精神物质条件的优与劣。中国几千年历史以大大少于欧洲的国土面积养育了欧洲两倍以上的人口，这足以说明中国几千年来社会政治环境，对比欧洲中世纪整体上更具有合理性和先进性。

这里值得指出的是，端木赐香教授在《中国传统文化的陷阱》一书中，把中国历代农民起义的原因，归结于"膨胀的人口与有限的土地资源之间的矛盾"。因此她批评中国历代封建政府不懂得通过限制生育解决农民肚皮填不饱而造反的问题。她嘲讽说道："这些最英明的帝王与学者怎么着也不会想到限制生育这一条路上去。"端木赐香这种理论完全似是而非。首先，中国封建社会 2000 余年的农业，本质上都是自给自足的小农经济。同是在这种经济形态下，秦朝末年，当时人口是 3000 万左右，却爆发了陈胜、吴广起义；东汉末年，当时人口约 6000 万，也爆发了黄巾起义；北宋时期，当时人口是 1 亿左右，却有王小波、李顺起义；南宋年间，当时人口到 1.2 亿左右，也发生了钟相、杨幺起义；元朝末年，当时人口已下降到 5000 万左右，又来了红巾军起义；清朝道光年间，当时人口已经超过了 4 亿，出现了太平天国起义。这就充分说明把农民起义社会动乱的根源，归于人口增长超过了极限是不合乎逻辑的。因为能否引起农民起义的人口数量的标准是无法确定的。其次，端木赐香嘲讽中国传统社会的政府没有限制人口生育，这是非常滑稽可笑的。因为几千年来，由于自给自足的小农经济的影响，中国人仍然信奉人旺财兴、人多力量大这些理念，小农经济生产也确实需要通过人口增长以提供劳动力，国家政权的稳固也需要通过人口生育以提供充足的兵力，而且当时医学界也没有提供限制生育的科学方法和条件。在这种历史条件下要求古人限制生育，这合乎实际吗？从社会的实际情况看，印度是世界上第一个实施计划生育政策的国家，它是在

1952 年开始实施计划生育的。中国人口问题专家马寅初先生直到 1957 年前后才提出计划生育理论，中国到 20 世纪 70 年代才开始部署，直到 80 年代才开始实施计划生育。但是，没过几十年，由于对劳动力的需求以及社会过快老龄化，现在政府又不得不逐步放开对计划生育的限制。所以端木赐香讽刺中国历史上的传统政府不懂得限制生育，就犹如讽刺鸦片战争中，中国军队不懂得用原子弹氢弹打英国鬼子一样，这是多么的荒唐可笑。

四、"有朋自远方来，不亦乐乎"，封建制中国 举世仰慕的国际地位

孔子在《论语》中开篇即说"有朋自远方来，不亦乐乎"，这不仅写出了中华民族尚礼好客的人生态度，同时也写出了中国友好邻邦的文明礼节。

自秦汉建立大一统中央集权专制制度后，中国以其强盛的国力和伟大文明的形象昂然立世。那时中国历代王朝对外交往的基本原则是："慕化外邦，以德感人，备有武力却轻易不用。"故几千年的中国在国际上整体上获得了良好的声誉。

汉朝从汉武帝改变以往对西北强敌匈奴采取妥协政策，经过 40 余年不断的征伐，取得彻底击溃匈奴的胜利之后，汉朝对周边国家的影响力高度提升，从此，中国就以大汉王朝的气概面世。"公元前 53 年，匈奴呼韩邪单于'称臣入朝事汉'，并且沿用春秋战国时中原各国纳质子的方法，把自己的儿子送到了汉朝。在他之后，南越与西域诸小国也相继纳质于汉。""汉哀帝时期，匈奴单于给大汉政府上书，说'蒙天子神灵，人民盛壮，愿从 500 人入朝，以明天子盛德'。""唐太宗时期，前来进贡的夷国竟然不绝于路，这种盛景连后世的大宋人也表示羡慕，认为唐太厉害了，'际天所覆，悉臣而属之'。亦即普天之下几乎都受大唐的影响，四方无不向唐称臣而从属于唐。"（以上出自端木赐香《中国传统文化的陷阱》，第 180 页）从 630 年到 895 年约 265 年中，日本为了密切与大唐的关系和学习中国文化，先后向大唐帝国派出了 19 批遣唐使。每次派出的人数，多的有百人以上，有时甚至多达 500 人。中国的许多律令制度、文化艺术、科学技术以及风俗习惯等，通过遣唐使传到了日本，对日本的社会发展产生了重大影响。

百度上有 2017 年 8 月 5 日署名"诸史"的一篇文章，介绍中国历史上的国际影响力：汉朝时期，周边胆敢不听话的，几乎没有多久就被消灭，所以后来汉朝人出去，向来是趾高气扬，国际地位非常高。那时候就有许多外国人来汉朝做生意，对中国人非常谦恭。唐时，在长安大街上，如果有胡人踩到唐人的脚，被扇一耳光，然后被骂"猢狲不长眼乎"，胡人都只能点头哈腰赔笑。唐朝政府发布诏令规定，"回纥诸胡在京师者，各服其服，不得效华人"；禁止与胡人通婚，甚至不许外国人占田和营建房舍……这些都说明了胡人当时都羡慕华夏，甚至极力仿效华人。如今世界各地的"唐人街"也说明了大唐的国际地位和影响力。宋朝时期，虽然军事实力不够强大，但所创造的文明，却让周边国家心服口服。比如苏轼等文人写的诗词，会快马加鞭地送到辽国首都，甚至隔

天就传到辽国。为啥,因为辽国人特别喜欢宋人的诗词。宋朝的钱币像今天的美元一样"在与中国有交往的国家"有很大的影响力,宋朝周边国家都有宋钱交易,民间都喜欢储存宋钱,由此导致宋朝经常闹钱荒。因为铜钱不够用,以致后来宋朝不得不优先使用纸币"交子"。宋时,还有一些日本人到中国"度种",让美女、妻子等和汉人睡觉。还有西北的回鹘,也有让未出嫁的女儿和宋人同居的传统,一旦同居了,她的父母会很自豪地对外宣扬:我女儿和哪个汉人同居生活过。虽然由于乾隆把明朝官方上千万份档案毁于一旦,致使研究明史很困难,但外国人对明朝的记载却清晰地表明,即使在明朝晚期,外国人对明朝人同样很尊敬。荷兰人曾向日本人传教,日本人一般都先要问,"明朝人信不信",得知明朝人不信之后,日本人会说:如果连最聪明的明朝人都不信,那么这个教肯定不靠谱,所以就不相信荷兰人的话。明朝和荷兰、英国、葡萄牙等国家交往时,非常强硬,所以这些国家不敢胡来,甚至对明朝还很尊重。16世纪中期葡萄牙人通过贿赂等手段,以每年1000两的土地证租金,获准可以在澳门居留。但澳门的主权,包括行政、司法的权力,都掌握在明朝澳门政府手里,只是到了晚清以后,澳门才彻底变为葡萄牙的殖民地。

中国历朝历代实行的藩属国制度,进一步证明了专制制度下的中国在国际上的影响力。藩属国制度,是中国历代王朝的主要外交手段,藩属国王必须向中国皇帝称臣,接受中国王朝的册封。其国家要服从中国政治模式的管理,定期向中国朝贡。同时中国也要保护它们的领土完整和主权。汉武帝时,中国就拥有50多个藩属国,主要集中在西域,同时也包括西南一些国家,如东越、南越、夜郎国、滇国、交趾国等,汉朝的军威还影响到中亚、欧洲里海、俄罗斯贝加尔湖地区。到了唐代,大唐的富丽堂皇影响到了印度、阿拉伯和东欧地区。明朝的藩属国有100多个。到清朝初,中国还有40多个藩属国,包括中亚的一些游牧民族国家,以及朝鲜、越南、日本、老挝、柬埔寨、缅甸、暹罗(泰国)、爪哇(印度尼西亚)、菲律宾、锡兰(斯里兰卡)、马六甲(马来西亚)等。

端木赐香在《中国传统文化的陷阱》一书中,把历史上这种体现中国强大国际影响力的藩属国制度,称为"朝贡外交"。她写长篇对中国实行这种藩属国制度予以批判,认为这种对中国的"四夷宾服"仅表示一种"臣服之意",而中国对藩属国们却是"厚往薄来,意味着宗主国(中国)一方要付出沉重的经济代价"。所以,她认为中国实行藩属国制度的朝贡外交,"无论对统治者来讲,还是对臣民来讲,夹有自作多情、自慰、自恋、自满等多种情结"。所以,端木赐香也批评中国明朝时期郑和七下西洋,"是财政上的沉重负担",几乎没有产生什么商业利益,甚至连"本钱都捞不回来,亏损实在太大"。她的这些论述的言下之意是,藩属国的朝贡是中国历朝历代专制政府花大钱买来的"赔本生意",也是中国近代社会落后的原因之一。端木赐香无非想以此说明,中国历朝历代在国际上的盛誉是虚假的,中国政府在对外关系上的所作所为是蒙昧。

端木赐香教授这种对中国历代实行藩属国朝贡制度的轻蔑和批判,如果按照西方推崇的"唯利是图""利在义先"的价值观,如果纯粹以得到几斤几两利益为标准来衡量,似乎没有多大错处;但是,国与国之间的关系纯粹是一种商业买卖等价交换关系吗?恐怕不是。假如有人对端木赐香教授说，某人要你认他做干爹；你每年送几个鸡蛋，或一点小鱼等小礼物去看他一次，他还赠你 100 元人民币或 10 美元等几倍的礼；这种生意在物质利益上你绝对没有吃亏，端木赐香教授你会干这等事吗？应该不会吧！如果有谁卑贱到连自己的人格都不要而去贪图那点蝇头小利，他不是神经病才怪。所以把藩属国的君王们每年对中国的俯首称臣朝贡看成是为了贪图中国皇帝的那点点赏赐，这恐怕把藩属国的君王们看得太低了。明摆着的事实是，藩属国们之所以对中国实行朝贡，首先还是出于对中国威严、国力强盛的敬畏，再是对中国文化的景仰，周边小国更是寻求保护。如果不是这样的原因，怎么解释汉朝初期要委曲求全向匈奴贡献美女以求边境安宁，到汉武帝登基把匈奴打得伏在地下爬不起来的时候，匈奴呼韩邪单于倒过来又要对大汉皇帝"称臣入朝事汉"这种截然相反的变化呢？在多国林立的国际格局中，国与国之间的关系不可能时时、处处、事事都是一种等价交换，有时候政治军事结盟，比经济上眼前获得几斤几两更重要。历史上的朝鲜与中国长期存在一种藩属国关系。663 年，日本出兵 42000 余人，战船 1000 余艘大举进兵作为大唐藩属国——朝鲜的新罗。唐朝出动兵力 13000 人，战船 170 艘与其在朝鲜白江口奋勇交战。唐军凭着高超的造船技术和灵巧的战争策略以弱胜强，大败日军。此战迫使日本此后 200 多年，不断派遣遣唐使来唐朝学习与套近乎。试想如果唐朝计较新罗平常朝贡少返回的多，这次不出兵抗击日本，而当日本一旦吞并新罗，以日本的强盛，唐朝的东北还会有事后几百年安宁的希望吗？白江口大战之后，中国与日本于元朝时期，又在朝鲜发生"文永之役""弘安之役"；明朝时期，中国再次出兵朝鲜抗击日本对朝鲜的侵略；20 世纪 50 年代，中国人民志愿军为抵抗美国为首的 16 个国家组成的联合国军对朝鲜的侵略，开展抗美援朝战争，对于中国的利益来说都具有这种积极意义。就是在今天美国充当世界宪兵，插手世界各国的事务，在全球各地安插势力扩大影响，无非也是出于谋取美国的整体利益和长远利益，故在一些具体国际争夺中付出短暂代价。所以那些对中国历史上实施藩属国朝贡制度的种种指责批评，完全是鼠目寸光之说，甚至难免有人怀疑是"以小人之心度君子之腹"。

五、"崖山之后无中国，明亡之后无华夏"吗？

一段时间以来，海内外有一种否定今天中国的文明是古代中华文明延续的论调。持这种观点的人说"崖山之后无中国，明亡之后无华夏"。这里的"崖山之后"指的是南宋末期，即 1279 年，南宋与蒙古军队在今广东新会崖山进行的一次直接关系到南宋存亡的海上决战。战争的结局是南宋军队全军覆没，南宋大臣陆秀夫背着 7 岁的皇帝跳海自尽，许多忠于南宋的文武官员、士兵 10 万余人追随其后跳海殉国。至此南宋彻底灭亡。所以，这种观点认为汉人的宋王朝，在崖山以后已经灭亡了，新建立的王朝是蒙古族人的王朝。朱元璋建立的明朝，虽然是以汉民族为主体的中华民族的复国行为，但明朝很快又被满族人推翻并建立清朝以取代。经过元朝、清朝的两次颠覆，以汉民族为主体的中华民族创造的华夏文明，包括宋代那种繁华的经济、先进的科学技术和文化，尤其是宋代士大夫所具有的那种家国情怀、知识分子们的那种人文精神，都不复存在了。看看黄奕锋在这个问题上是如何大放厥词的吧。他说："中国人被满人和蒙古人统治了几百年，古代汉人宽厚仁慈和荣耀的文化已经完全被奴性思想所代替，……今天的中国以及中国人和过去真正意义上的中国没有什么关系。一个学者对当今中国人普遍表现出的心态更是大为失望，他做出一个非常大胆的评论，他说，日本才是真正意义上的'中国'，或曰天国。"这种种观点，完全违背了历史事实。实际情况是，中华历史上虽然有蒙古人满人主政中华两个时代，但其文明进程仍一路走来延续至今天，它在历史上从没有中断过。

首先，自元以后，不仅中国仍叫中国，行不改名，坐不更姓，而且质也未改。中国以自给自足的小农经济为特征的经济基础及其生产关系，几乎持续到20世纪中期才基本结束；作为中国封建社会国家基本特征的中央集权的封建专制主义政治体制及其相关政治制度，直到辛亥革命推翻清朝统治时才彻底改变。如隋唐时期开始实施的科举制，直到晚清后期才停止实施。州、县制及中央向地方派遣政府官员的制度到现在还在实施。从社会政治经济发展整体情况看，元以后还创造了几个使华夏文明增辉添彩的盛世年代。明朝朱棣执政后加强和完善了中央集权，经济上大力发展农业，兴修水利，疏通大运河，减轻税负；军事上征服漠北，南征安南，使中国的领土面积达到了1000万平方公里。他迁都北京，外交上派郑和七下西洋，经营南海，西交西域，管理东北，开创了万国来朝的局面；文化上编纂了包含自先秦以来所有经典著作，如百科全书的《永乐大典》。由此朱棣开创了"永乐盛世"，与后来明仁宗、明宣宗开创的"仁宣之治"，共开创了中华文明33年的繁荣局面。清朝入主中华以后创造的长达134年的"康乾盛世"，在中华文明史上更是灿烂辉煌。仅这两点就足以说明崖山之后无中国，这一论点不能成立。

其次，构成中华文明的基本文化元素，元清以后仍继续传承至今。大家知道，文字、语言、文学、艺术及广大民众在漫长的历史实践中形成的生活方式、习性、风尚是一个文明的核心或基础。在中华大地上传承了几千年的作为华夏文明基本特征的这些文化元素，自元清以后，不仅没有被废弃，相反还得到了不同程度的发展。如唐宋时代发展起来的格律诗词，不仅传承到了元朝之后，而且还增加了元曲这种新的诗词形式。今天，中华大地上，爱好古体诗词的诗人有数百万之众，各类诗词组织、诗词刊物如雨后春笋。随着《西游记》《三国演义》《红楼梦》《水浒传》的问世，中国的小说被推上了一个新的文学高峰。作为中华文化符号的一些重大的节日，如春节、端午、清明、中秋、七夕在广大中华儿女中不仅承袭至今，而且越来越被重视，各民族在漫长的历史发展过程中形成的生活习性如婚丧习俗等，依然保存完好。

再次，中华民族在漫长的历史岁月中形成的精气神，元清以后至今仍浩荡神州大地。有人说随着崖山海战10多万宋朝文人才俊、社会精英的跳海自尽，宋代的文人风骨已荡然无存，留下的只是奴性，这纯粹是无稽之谈！明朝末年的1664年，南明兵部尚书张煌言兵败隐居于家乡浙江南田悬嶴岛，后被清军所俘。他知自己不久于人世，在押解赴杭州临刑途中慷慨赋绝命诗一首："国亡家破欲何之，西子湖头有我师。日月双悬于氏墓，乾坤半壁岳家祠。惭将赤手分三席，敢为丹心借一枝。他日素车东浙路，怒涛岂必属鸱夷！"此诗充分表达了张煌言不畏强暴，忠贞不渝，欲效民族英雄岳飞、于谦魂归西湖（岳飞、于谦就义以后都葬在西湖之畔），为了国家民族不惜献出自己生命的高尚情怀，其正义悲壮之气浩荡云天。晚清末期的1898年，湖南人谭嗣同参加领导"戊戌变法"，失败后拒绝逃亡保命，留下了"我自横刀向天笑，去留肝胆两昆仑"这一悲壮诗句后慷慨就义。近代史上著名的民主革命家秋瑾，积极投身于孙中山领导的反清斗争。1907年在浙江绍兴组织反清武装起义，她知道已泄密面临失败杀头之祸时，拒绝亲友要她离开绍兴的劝告，表示"革命要流血才会成功"，毅然留守坚持斗争。她被捕以后，拒不屈服，坚持"秋风秋雨愁煞人"以对清朝官府，最后英勇就义。这一时期的陈天华蹈海殉国，20世纪上半叶抗日战争中的八女投江、狼牙山五壮士奋而跳崖，这一个个生动事例，无一不是惊天动地、充分体现中华民族风骨的悲壮之歌。

上述都充分说明，蒙满两族执政中华两个历史阶段，虽然对中华文明的发展有所影响，但并没有中断中华文明的血脉风骨。相反，这两个民族不仅被强大的汉文化所同化而加入了中华民族这个大家庭，而且还极大地扩大了中国的领土面积。元朝时期，中国疆域达到1372万平方公里，东起日本海，南抵南海，西至天山，北包贝加尔湖，元史称，"东尽辽东西极流沙，北逾阴山南越海表，汉唐盛极之时不及也"。清朝时期的1760年，平定准噶尔汗国后的清朝疆域最盛，面积达1316万平方公里。所以，从总体上客观地评价蒙满人主中华，不是中华文明的中断，反而是中华文明的再创辉煌。这两个王朝与其他汉族人主政王朝的差别，只是形式上的坐皇位人员的变换而已。

综上所述，"崖山之后无中国"之说企图否定中华文化在元以后的传承与发展是站不住脚的。这种观点的危害在于，它否定了中华传统文化是一脉相承直至今天，它意图使我们对今天的文化失去自信。显然，这是一种完完全全的历史虚无主义。

六、文艺复兴运动为什么发生在欧洲而不是中国？

一段时间以来，学界有人提出14至16世纪，发生的影响世界发展进程的文艺复兴运动，为什么会发生在欧洲而不是中国？提出这种观点的人企图以此证明中国文化比西方文化落后。如有人说"儒家思想的传播并长期占据统治地位实际上导致了文艺复兴在中国的不可能发生"。还有人则认为：中国在宋朝时期，"那时的治理路线和社会理念是与现代西方社会有共同点的。然而正所谓'崖山之后无中国'，宋朝被野蛮的北方蒙古所灭，至此中华陷入蒙昧状态，包括国家治理和社会理念全部倒退。即便后来明朝灭掉元朝后，这种遗产仍然根深蒂固。何况后来又是努尔哈赤统治中原，中国的文艺复兴前途彻底毁在这些蛮族手中。即使没有八国联军，也根本没有可能出现文艺复兴"。

这些观点都是违背历史辩证法的。文艺复兴运动之所以产生在中世纪的欧洲，而不是产生在明朝时期的中国，这是因为在14至16世纪时，欧洲具有产生文艺复兴运动的政治、经济、思想基础，而明朝时期的中国不具备产生文艺复兴运动的政治、经济、思想条件。我们先看看当时的欧洲的社会情况吧。

14至16世纪时，欧洲正是从封建社会向资本主义社会转变的关键时刻。在这一两百年间，欧洲社会发生了巨大的变化。这就是在14世纪以前存在的那些四分五裂的小城邦中，涌现出一些较大的城市，城市工商业由此开始兴起。随着矿业、冶炼业及海上贸易的发展，欧洲已经出现资本主义经济萌芽。与这种经济的变化相适应，欧洲新兴资产阶级渴望欧洲经济上打破割据，开拓统一的市场，实现商品的交流；同时也渴望改变他们的社会地位，进入国家上层政治领域，反映他们的利益诉求；思想上渴望打破宗教神学一统天下的桎梏，以自由反映他们的心声。因而他们对当时欧洲四分五裂的封建割据、政教合一、神学作为终极真理的这些黑暗现象极端不满。新兴的资产阶级为了自己的生存和发展，必须掀起一场反对封建制度和教会迷信思想的斗争，用人文主义反对封建主义，用以人为中心的思想，取代以神为中心的思想，用人否定神。要达到这个目的，他们使用的战斗武器，只能是还未被神学玷污，在欧洲远古时代曾放射出耀眼光芒的古希腊的哲学、科学和文艺，这就是用优秀的古希腊文化，否定当时在社会思想领域占主流地位的宗教神学。所以他们提出"文艺复兴"的口号。这就说明在欧洲产生文艺复兴运动有它的历史必然性，这种必然性就是中世纪的欧洲过于黑暗，如果让这种黑暗持续下去，也就是说再不打破这种黑暗，欧洲就将进一步陷入绝境。物极必反，人处死地必图后生，这就是文艺复兴运动在欧洲产生的根本原因。

中国的情况与中世纪欧洲的情况有很大的差异，正是这种差异决定了14至16世纪的文艺复兴运动不会在中国产生。但是，这种差异不是如有人所说是因为儒家思想长期影响了中国，也不是因为那种根本不存在的所谓蒙古族人、满族人入主中华，使中华文化倒退所造成，而是在于14至16世纪明朝时期的中国有着与中世纪欧洲完全不同的政治、经济、思想文化基础。

首先，明朝时期大一统的国土疆域，为自宋朝以来萌芽的资本主义商品经济的发展，做了充分的市场储备。商品经济的特征是生产的商品是用于贸易，而不是自己使用，所以商品贸易的发展需要市场的不断扩大。中世纪，欧洲由于小城邦国家林立，封建割据使之四分五裂，商品贸易被束缚在小城邦国家内部进行，这就严重束缚了商品市场的扩大和商品经济的发展。中国由秦朝开始建立了大一统的中央集权的专制主义国家。明朝时期，其国土疆域广大，"东起朝鲜，西据吐蕃，南包安南，北距大碛，东西一万一千七百五十里，南北一万零九百四里"，加之明朝时期，国内地方势力没有形成割据，因此那个时期，商品经济的发展不会受到市场的制约，商品贸易有着广阔的地域空间。所以，尽管明朝是实行专制主义的中央集权，作为资本主义经济萌芽的手工业和商业，仍拥有着比较广阔的发展空间。这种市场条件在14至16世纪的西欧是没有的。

其次，明朝时期以自给自足小农经济为基础的封建经济正处于欣欣向荣的发展态势，整个社会没有中世纪欧洲晚期那种对打破旧的经济秩序的迫切渴望。1368年，明太祖朱元璋推翻元朝的统治以后，从初期到中后期，总体上实行休养生息政策，发展经济；大力进行大规模的农田水利建设，积极发展水稻生产，在福建、浙江一带开始推广双季稻，在岭南地区推广三季稻，同时将水稻生长推广到北方广大地区，粮食产量大幅增加。稻田亩产一般两石或三石，有些地区可达五六石。16 世纪前后，许多高产农作物如玉米、红薯、凉薯、马铃薯、花生、向日葵、菜豆、南瓜、番茄、菠萝、木瓜等粮食、菜蔬、水果品种被大量引入中国，极大地增加了中国民众的食物种类，为避免缺粮产生大面积饥荒创造了条件。明朝时期，还大力推广桑棉麻种植，为手工业的发展增加了原料供应，从而大大促进了官营、民营手工业的迅速发展。商业城市增多。1567 年，隆庆皇帝废除了明初以来实行的海禁政策，东西南北商业流通畅通；海外贸易往来活跃，全盛时期，远洋船舶吨位高达 1.8 万吨，占当时世界总量的 18％。故十六十七世纪期间，明朝成为世界上手工业与经济最繁荣的国家之一。无论是铁、造船、建筑等重工业，还是丝绸、棉布、瓷器等轻工业，在世界都是遥遥领先。明朝的铁产量为北宋的两倍半。棉布取代麻布成为纺织品的主流产品，工业产量占全世界的 60％以上。在明朝时期，先后出现了朱元璋开国后创立的"洪武中兴"、明永乐帝时期的"永乐盛世"、明仁宗和明宣宗时期的"仁宣之治"、明孝宗时期的"弘治中兴"、明穆宗朝时的"隆庆新政"、明万历皇帝时期的"万历中兴"。混乱时间在明代出现较少也较短，绝大部分时间、绝大部分地区内的明朝国民能安居乐业。所以，14 至 16 世纪的中国不具备欧洲中世纪末产生文艺复兴运动的经济条件。

再次，明朝在政治上是中国封建专制主义中央集权制度发展的又一个高峰时期，其政治局面呈现出稳定状态，因而不具备产生文艺复兴运动的客观政治条件。朱元璋建立明朝以后，实行在世界政治史上少有的专制政体，实行军权、行政权、监察三权分立的国家体制。为加强监督，明太祖设立了由宦官统领的特务机构锦衣卫，后来明成祖设立东厂，明宪宗设立西厂。明朝注重整顿吏治，严肃查处贪官污吏，着力打造素质较高的文官队伍。明朝又先后成功击退了瓦剌、鞑靼的侵略，国家基本处于安定状态，这种内外部环境，更有利于当时经济和社会的发展以及民生的稳定。

最后，中国古代的优秀传统文化一直在传承延续，中国没有出现欧洲那种古代优秀文化被神学所淹没以致几乎断流的问题。14 至 16 世纪，欧洲之所以提出"文艺复兴"，是因为欧洲在远古时代有着辉煌灿烂的古希腊文化，但在后来随着蛮族入侵的破坏，到中世纪时，封建神学占了思想文化领域的绝对统治地位，欧洲新的经济力量要冲破封建神学的统治地位，自然而然要提出复兴欧洲优秀古典文化，要用古希腊的民主政治思想否定中世纪的封建制度，以为资本主义的发展扫清障碍。

中国的情况的不同之处，在于中国在漫长历史时代创造的文化，包括远古时代产生的《周易》，春秋战国时期孔子、老子的学说以及后来佛教传入中国后形成的儒、释、道文化，悠悠存在了几千年，并在明代发展到了一个新的高峰。明朝时期，王阳明提出的心学思想，是对已产生数千年的中华传统文化的新发展，而且对中华民族的发展产生了深远的影响。这一时期，古典小说的问世，使中华文学达到了一个新的巅峰。明成祖时期，皇帝下令编修百科全书《永乐大典》，解缙率三千文人，历时三年才完成此书的编纂工作。《永乐大典》有 22877 卷，有凡例、目录 60 卷，11095 册，汇集了古今图书七八千种，有 3.7 亿字。所以，中国根本不存在欧洲那种优秀传统文化被神学取代断流的问题。所以中国没有"文艺复兴"的社会历史基础。

总之，正如学界所评论的，明朝是继汉唐之后的黄金时期，无汉之外戚，唐之藩镇，宋之岁币，天子守国门，君王死社稷。明朝的接替者，清朝康熙皇帝高度评价明太祖是"治隆唐宋"，《明史》则评价明成祖为"远迈汉唐"。

上述说明，在14至16世纪时期的中国明朝，大一统封建主义中央集权的专制制度，无论是政治上、经济上、文化上都还有着一定的发展空间。事实上，明朝被清朝代替之后，不久又产生了历时百多年且光照世界的"康乾盛世"。所以，作为敲响封建社会丧钟的文艺复兴运动，在14至16世纪的时候，就只能发生在欧洲，而不可能在中国发生。这就是对这个问题的辩证唯物主义的科学理解。

中国在封建社会中的确取得了辉煌的成就，那么，中国在这漫长的历史时期内，是否还存在弊端呢？用历史唯物主义辩证法的观点来分析，中国封建社会也存在许多缺陷并对社会的文明进化带来了许多不利影响。这主要表现在如下几个方面。

第一，由于缺少监督与民主，高度集权于皇帝或者总揽朝政大权的一两位大臣，容易造成重大的决策失误和导致政治昏暗腐败。中国历史上秦朝短期内垮台，西晋的"八王之乱"，中唐的"安史之乱"，宋代的"靖康之变"，以及鸦片战争的失败，其原因皆出于此。

第二，长期存在的陈规陋习，严重影响了社会的文明进化，如女性裹脚、皇宫男仆的被阉割、婚丧中的繁文缛节、封建迷信等，这些陈腐落后的习俗，严重影响了中华民族的发展。

第三，中国封建社会崇尚"官本位"，鼓励"学而优则仕"，以当官及官职大小作为衡量一个人事业成功程度的标志。这种社会价值取向不利于广泛吸引社会优秀人才从事科学技术的发明创造和发展经济实业，因而也在一定程度上影响了科学技术能以更快的速度发展和社会物质财富更快速度的增长。

第四，很长时期内对发展自给自足小农经济的过度保护和鼓励，在客观上必然对商业贸易的发展造成不同程度的压抑，尤其是明清时期，对民间海外贸易的控制，更在一定程度上压抑了海外商品经济的快速发展。换句话说，如果没有政府对民间商贸活动的轻视以及明清时期对海外民间贸易的压抑，中国的商品经济可能会发展得更快一些。

第五，明清时期，妄自尊大的民族心理及故步自封的治国理念，致使中国未能及时跟上世界发展潮流，学习掌握西方先进科学技术，从而加重延缓了中国由传统社会进入现代社会的进程。

应当指出，上述封建专制社会的缺陷尽管对中国的历史发展产生过很大的负面影响，但是有一点必须明确，那就是有些腐朽落后的东西只存在于历史上的一个或几个阶段。如女性缠足产生于唐代，到宋代才开始盛行；活人殉葬在商朝、周朝、秦朝时期盛行，在汉朝、唐朝、宋朝时期得以制止，明朝及清朝前期虽死灰复燃过，但一般是在帝王死后才有人殉葬；扼杀人的创造性的科举考试"八股取士"制度，到明朝时期才开始实施；控制民间海外贸易的闭关锁国政策也是在明清时期，才断断续续予以实施。所以，这些腐朽阴暗的东西在中国五千年历史进程中并不是主流。中国历史，自古以来如滚滚长江一泻千里，奔向文明，这是不容否定的事实。也正因为如此，中国才会被世界人民称为文明古国，中华民族才会被举世公认为是一个伟大、勤劳、勇敢、智慧的民族。"中国传统文化陷阱论"者以及一些历史虚无主义者，全盘否定中国的历史和中国的传统文化，这等于好像是在说中国五千年历史，已成为腐株朽木，但却在这腐木之上长出了今天的中国这株参天大树，这种事客观世界怎么会出现呢？所以，那些把中国的全部历史和文化否定得一无是处的种种言论，无一不是违背逻辑与事实的胡言乱语。把这些奇谈怪论统统扫进历史的垃圾堆去，腐烂发臭吧，"长风破浪会有时，直挂云帆济沧海"，中华文明将永远是一江春水，汹涌澎湃，滚滚向前。

22 中国文化中的等级观念万恶不赦吗？

袁伟时先生在《中国传统文化的陷阱》一文中认为，中国文化的不足和缺失"是专制制度下严格的等级关系"导致的，即所谓"君君，臣臣，父父，子子，……等级森然，不能逾越"；"君为臣纲，父为子纲，夫为妻纲"。他甚至写道，中国传统文化就是缺失在"严格的等级关系"及服从"圣人"与"尊长"上。

袁伟时先生的观点是站不住脚的。

一、等级制度的产生并非无风起浪

等级制是一种法定的或社会约定俗成的社会秩序。等级制的出现不是偶然的，它是历史发展的必然现象，随着人类告别动物世界组成社会而产生。当原始人经过漫长的历史进化开始进入氏族社会后，他们按照自然形成的血缘关系群体一起活动，每个群体的成员都是同一祖先的后代（不排除其中可能有收留和俘虏的外族成员）。他们共同生活、共同生产、共同与外族战斗、财产公有，并且有共同的语言、共同的崇拜对象、共用的墓葬地等。所以，通常的氏族，是由一位祖先率领 5 代及 5 代以内的后裔组成的；氏族的族长，或叫酋长和首领，是由这些成员中辈分最高、年纪最长而且威望最高的人担任。在野蛮时代，族长首领通常是体格最健壮、体力最强大的人；在文明时代，族长通常是最富有智慧、影响力最大的人。族长有权组织全氏族的成员进行渔猎、生产、战斗、祭祖和征伐等活动。这就可以看出族长承担着组织全氏族的生产、生活，抵抗外族的抢掠，推动本氏族繁衍发展的责任；同时族长也拥有管理本氏族全部事务的权利。族长与氏族成员这种约定俗成的责任与权利的区别实质上就是一种等级差别。所以，早在原始社会的氏族社会阶段，人们心目中的等级观念就产生了。

随着生产力的发展及文明的进化，社会有了私有财产，于是也就因占有财产的差别产生了阶级和国家。等级制度是奴隶社会和封建社会中的统治阶级按血缘关系、种族、财产关系、政治地位等将国人划分为不同的社会集团，用以维护其统治地位的制度。生产资料私有制是产生等级的基础。在这种制度下，可以通过政治、财产、法律、宗教、职业以至婚姻等关系，把国人的社会地位界限分明地固定下来，所以等级关系实质上是一种阶级关系的表现。由于等级关系确定了国人必须在与自己的等级相当的责权范围内从事社会活动，所以等级关系又是维系社会有序运转的纽带。

等级也是社会出现了社会成员所处社会地位和占有财富不平等，在社会活动中发挥作用及承担的责任不相同现象的必然产物。一旦社会成员地位有了高低之分，物质财富占有有了多寡之别，承担的社会责任有了大小之异，国家就必须通过制定的制度和法律来维护这种现象，或是通过潜移默化的影响使广大社会成员认可这种现象。没有国家的法定权力或社会的公信力来维护认可这种现象并以此规范广大社会成员的行为，社会就有可能由于千千万万的社会成员因欲望的驱使追求不同、行为方式各异而成为一团乱麻。所以等级制度是应对社会事实上存在的政治经济不平等而存在的，而且二者互相影响，互相转化。社会只有消灭了上述不平等，完全实现了平等，这种等级制度才有可能取消，这是历史的必然规律。

等级制是一种普遍的社会现象。考察人类发展史，等级制随着私有制的出现已存在数千年之久。如爵位制度是欧洲古代封建君主国内分封贵族的等级制度，它一般是根据占有土地的多少，从高到低把贵族分为公爵、侯爵、伯爵、子爵、男爵五等。这种制度在近代欧洲的一些国家中继续沿用。欧洲在古罗马时期把社会划分为贵族、骑士、平民和奴隶四个等级。在中世纪的法国，城乡居民因职业、生活方式和社会地位不同也彼此隔绝。到 11 至 12 世纪，教士、武士和平民三部分人被逐渐固定，形成教会贵族、世俗贵族和市民三个等级。前两种贵族被称为第一、二等级，市民等级即第三等级，在这些等级之下还有广大农奴这个等级。这种社会结构是法国中央集权封建专制国家的基础。1302 年法国国王首次召开了有三个等级代表参加的三级会议。我们由此可以看到，最底层的农奴阶层是没有资格派代表参加这个会议的，所以，那时的法国社会实际被撕裂成 4 个等级。在 14 至 15 世纪，这种等级会议在法国社会政治生活中有着重要的地位。

印度社会长期存在一种种姓制度。这一制度起源于印度教，又称瓦尔那制度，是在后期吠陀时代形成的，具有 3000 多年历史。这是古代世界最典型、最森严的等级制度，种姓制度下的各个等级世代相袭。在这个制度下，印度人被分为 4 个等级，即婆罗门、刹帝利、吠舍和首陀罗；在这 4 个等级之下，还有一种人称贱民。一张根据《梨俱吠陀·原人歌》所绘的瓦尔那等级图显示：婆罗门是原人的嘴，刹帝利是原人的双臂，吠舍是原人的大腿，首陀罗是原人的脚；至于贱民，则排除在原人的身体之外。印度社会这四个等级在地位、权力、职业、义务等方面都有严格的区分。第一等级婆罗门主要是僧侣贵族，他们的职能主要是从事教育和宗教活动，拥有解释宗教经典和祭神的特权以及享受奉献和垄断文化教育的权力。第二等级刹帝利是军事贵族和行政贵族，他们掌握国家的军政大权，是婆罗门思想的受众，拥有征收各种税赋的特权，负责守护婆罗门阶层的生生世世。第三等级吠舍是普通的雅利安人，他们主要从事工商业，政治上没有特权，必须以布施和纳税的形式来供养前两个等级。第四等级首陀罗绝大多数是被征服的原土著居民，属于非雅利安人，其职业主要是干普通的体力活，由佣人、工匠、农民组成，是人口最多的种姓，被认为是低贱的职业群体。最惨的要数那些被叫作达利特的贱民，他们甚至连第等级四都算不上，是印度地位最低的一类人，他们所从事的是被社会认为最倒霉的体力活，而且大都过着很凄惨的生活。在印度，不同种姓的人一般不允许通婚。较高等级的印度人多数是白人，其他肤色的人等级则比较低。印度虽然名义上在 20 世纪中叶废除了种姓制度，但是种族等级观念早已深深地印入印度人的脑海中，人分高低贵贱的种姓歧视在印度人的心中根深蒂固。

由于等级制是与财产私有制及社会不平等现象紧密联系在一起的，而消灭财产私有制及社会不平等还需一个漫长的历史过程，所以等级制的消亡也绝不是短时期内的事。在当今世界，哪怕是最早进入工业文明社会的西方国家，不平等现象依然存在，等级制度同样存在。这是因为西方的现代文明并没有消灭自奴隶社会起至今仍然存在的财富不均现象。现代文明对比农耕文明，不论西方世界是实行何种政治体制，依然是富者更富，贫者相对更贫，这是不争的事实。而且西方世界极其强调私有财产神圣不可侵犯，这种对私有财产的绝对保护制度实际上是对大资本家大财团占有的财富的绝对保护，是对富者愈富、贫者愈贫这一财产占有不平等现象合法化的绝对认同，从而也是对财富占有等级差别的法律保护。所以，只要西方世界私有财产神圣不可侵犯这种观念和制度存在一天，西方世界的等级制度也将存在一天。可笑的是，袁伟时先生在《中国传统文化的陷阱》一文中，一方面批判中国传统社会"经济上没有坚决彻底地保护私有财产"，并且认为这是中国传统社会落后于西方的重要原因；另一方面又批评中国传统社会存在着等级制度。袁先生根本没有弄清楚财产私有制是社会等级制之根源。所以他的这种批判，在理论上是以子之矛攻子之盾，越批越糊涂；在实践中将误导人们走向泥潭，越陷越深。

从西方世界的政治实践看，西方喊出的口号是政治上人人平等，平等应该意味着没有等级差别。但如美国等多党轮流执政国家在实行多党竞选产生总统时，对总统候选人条件的限定就已经将许多人排除在总统候选人名单之外，这在国民中也就造成了政治上的不平等。而且作为总统候选人是要以拥有一定的财富作为条件，所以总统候选人条件的限定实际上又说明了西方世界经济上等级差别的存在。而且在总统竞选中，往往是有大财团提供巨额资金支持竞选的候选人才有可能当选，竞选资金的多少几乎决定了竞选的成败，总统竞选几乎是财富的比拼。通过这种竞选产生的总统自然也就成了提供竞选资金财团的代言人，成为这些财团利益的真实保护伞，他们执政又会绝对保护这些大财团政治上与物质上的绝对利益，这样，实际上是维护甚至扩大了社会的等级差别。

现在的西方世界如美国这样的国家，国家政治生活中就处处体现出等级制。例如总统做总统职责范围内的事，国会议员只能做议员职权内的事，州长只能做州长职权内的事，你不能染指别人的事务。总统享受的物质待遇与国会议员、州长以及其他政府官员的待遇也有差别。如美国总统现在的年薪是 40 万美元，2018 年美国加利福尼亚州州长的工资是 173987 美元，阿拉斯加州州长的工资是 145000 美元，夏威夷州州长的工资是143748 美元。这足以说明美国总统与州长的工资待遇就有等级差别，而且这种差别是制度规定的，这就是实实在在的等级制。

工业化社会的现代企业也有严格的等级制度。一般从上至下有股东制的董事长，总经理，总经理助理，部门经理，车间主管，部门主管，班组长，部门科员或职员，一线员工。从顶层的董事长到最基层一线员工，共有九个等级。

国际上的大公司同样等级分明，一般有总裁，第一副总裁，副总裁，副总裁助理，首席执行官，首席营运官，首席财务官，首席信息师，人力资源总监，市场总监，运作经理，生产经理，产品经理，一线职员等。

所以袁伟时认为只有中国有等级制的观点是不合客观事实的。

二、如何认识中国封建社会的等级制

在"中国传统文化陷阱论"者看来，"三纲五常""六纪"是中国传统文化中等级观念的具体化。"三纲"是东汉时期，汉章帝召集儒家学者开会议定的，由班固执笔在《白虎通义》中定义为"君为臣纲，父为子纲，夫为妻纲"。"三纲"来源于孔子《论语·颜渊》中的一段论述，齐景公问政于孔子，孔子对曰："君君，臣臣，父父，子子。"公曰："善哉！信如君不君，臣不臣，父不父，子不子，虽有粟，吾得而食诸？"这段话的大意是，齐景公问孔子如何治理国家，孔子说，做君主的要像君主的样子，做臣子的要像臣子的样子，做父亲的要像父亲的样子，做儿子的要像儿子的样子。齐景公说：讲得好，如果君不像君，臣不像臣，父不像父，子不像子，虽然有粮食，我能吃得上吗？由此可以看出，"君君、臣臣、父父、子子"是孔子提出的治理国家的八字方针，就是要求君臣父子各自按照应承担的责任和遵守的原则去做，是所作所为要符合自己充当的角色的要求。孟子进而提出"父子有亲，君臣有义，夫妇有别，长幼有序，朋友有信"的"五伦"道德规范。汉代董仲舒根据孔子、孟子提出的这些观点，按照他自己创立的大道"贵阳而贱阴"的阳尊阴卑理论，对"五伦"观念作了进一步的发挥，提出了"三纲"原理和"五常"之道。在董仲舒看来，在人伦关系中，君臣、父子、夫妻三种关系是最主要的关系，君、父、夫是阳的一面，臣、子、妻属阴的一面，所以君、父、夫处于主导地位，臣、子、妻处于服从的地位。董仲舒由此总结出"君为臣纲、父为子纲、夫为妻纲"。把孔子、孟子、董仲舒三人的观点联系起来看，"三纲"指的是君、臣、父、子要各行其道的人伦道德原则。这些原则实际上涉及了三种社会关系，一是以君臣关系为核心的行政等级关系；二是与第一种关系相联系的作为国家最高管理机关的朝廷与地方政权的关系；第三种关系是以父子关系、夫妻关系为核心的家庭伦理关系。"五常"是指封建宗法社会包括君臣父子夫妇在内的每个社会成员都应遵守的仁、义、礼、智、信等五种最基本的品格和德行。"五常"之说最早由孔子提出，经过孟子和董仲舒的不断发挥而充实完善。因此，"三纲五常"成为宗法封建社会人人应遵守的基本伦理道德。

那么"三纲五常""六纪"在宗法封建社会到底有多大缺失呢？

1. 如何认识"君为臣纲"的君臣关系

按照孔子及董仲舒的观点，"君为臣纲"，就是君要像君，臣要像臣。这一规范的含义就是首先君要有君的风范，既要尽君之责又要行君之道，也就是说皇帝既要尽治理国家的责任自己又不能乱来。范仲淹在《岳阳楼记》中说，"居庙堂之高则忧其民"。这就是要求皇帝坐在朝堂之上要心系老百姓的忧乐。中国历史上的朝廷都有早朝制度，这就要求皇帝在朝会这天大清早就组织大臣们到朝廷开会商议国事。明朝隆庆年间，皇帝朱载垕（1537—1572）某日因为身体有病不想早朝议事，他向内阁请假，竟然未获批准，只好带病上朝。中国古代的君主，一般来说也要受几种约束：一是祖宗法度的约束。每个朝代的开国皇帝，都会留下很多规矩，这就是一个朝廷的祖宗法度，比如不让后宫干政，对这种祖宗法度，很多皇帝是不敢违抗的。所以中国历史上有很多大臣们利用这种祖宗法度来约束皇帝的事例。第二是受相权及权臣的限制。宰相的权威高，影响力大时，正常情况下皇帝是不敢为所欲为的。比如唐太宗李世民对魏徵这样敢于直谏的忠臣是比较敬畏的。第三是皇帝也要受传统道德礼仪的约束。君为臣纲对臣的要求是臣要行臣之道，即遵臣之规、行臣之职、尽臣之责。大臣在朝廷为官，虽然权力很大，荣耀至极，但既有操生杀大权的皇帝，有国法照管你，也有身边的同僚及下属盯着你，所以一般来说大臣也不能胡来。

君为臣纲的第二层意思才是君支配臣，臣服从君。这就是说君有支配臣的无限权力，君可以要臣晋级就晋级，要臣降职就降职，要臣去哪里任职臣就必须去哪里任职，君甚至对臣有生杀之权。对于臣来说，则必须效忠于君。之所以要如此，是因为在中国宗法社会里君是国家的象征，臣对君的忠就是对国家的忠。加上臣拿了国家的俸禄，"食君之禄，当尽君事"，因而忠君是臣下的职责。

"君为臣纲"还包含了以君为代表的朝廷与地方政府的关系，这既包括商朝、周朝时期的天子与其分封的藩国、诸侯的关系，汉时中央政府与诸侯王的关系，更包括自秦建立郡县制以后历朝历代中央政府与地方政府的关系。在这种关系中，朝廷要号令天下行使国家职能管好全国的事，地方有重大灾情、疫情时，中央政府要予以救济；地方有外敌入侵或匪盗叛乱时，中央政府要派兵镇守或征剿。地方政府则要管好自己辖区范围内的民众事务，维护好地方的稳定；同时地方政府要服从朝廷的管理，不得跨越职能行使权力。中央政府遇到内部兵变、边疆敌人入侵等重大事件时，地方政府要服从中央政府的调令全力以赴予以支援。唐朝"安史之乱"时期颜真卿在平原郡兴兵反抗安禄山，南宋岳飞率军抗金，晚清曾国藩组织湘军对抗太平军，都是尽臣子之职的典型事例。

这里还有一个如何看待中国传统社会提倡忠君，怎样理解忠君即是爱国的问题。中国历史上一个新的王朝的出现，一般都是在旧的王朝已处于腐朽没落时，由某位历史杰出人物通过自己一代人甚至子孙几代人的拼杀奋斗而换取的，如秦始皇在祖辈的基础上统一六国建立秦朝，刘邦推翻秦朝建立汉朝，朱元璋推翻元朝的统治建立明朝，努尔哈赤、皇太极在东北立国改国号为清然后推翻明朝夺取全国政权。第二种情况是某些历史杰出人物首先通过自己或几代人的努力在旧王朝中取得较高政治地位并掌握了极大权力，然后通过政变或禅让取代旧王朝掌握全国最高统治权建立新王朝。这种情况，比如220年曹丕篡夺汉朝最后一位皇帝的帝位建立魏国，266年司马炎篡魏建立晋朝，581年杨坚接受北周静帝的禅让建立隋朝，618年本是隋朝唐国公的李渊逼迫隋恭帝退位禅让建立唐朝，以及五代十国末期，后周归德军节度使赵匡胤在后周众多将领的拥护下发动陈桥兵变，逼迫后周恭帝退位建立宋朝。上述事例说明，不论采取什么形式取得政权，新的王朝的建立有其历史必然性和合理性，新的王朝建立后一般都会采取一些有利于民生和恢复经济发展的政策措施，所以在这种状况下，君主既代表了家族的利益，也代表国家的利益和民众的利益。强化这种状况下臣对君的忠及地方政权对国家的维护服从就是强化国家的意志，强化对国事的尽职尽责。这种政治风尚在君主比较开明、国家处于进步的情况下无疑有利于国家的统一，有利于社会的发展和老百姓的安居乐业。秦从建国到秦始皇统一六国，汉从建国到汉武帝开疆拓土，唐朝的贞观之治及开元盛世，清的康乾盛世，大体上都属于这种情况。

如果淡化或者破坏君为臣纲这种关系会是什么后果呢？东周初年，周天子名义上保留天下共主的地位，但由于国力下降，其直接管理的地域日趋狭小，天子的威望一落千丈，周朝制定的一些规章制度遭到了极大的破坏。各诸侯卿大夫违反朝廷规则乱用礼乐，变王田为私田，变封建分封制为郡县制，并开始在地方私自征收赋税；诸侯之间为扩张领土不断征战，整个社会呈现出君不君、臣不臣的混乱局面。如郑国郑庄公执政时期，全力扩充领地，侵略诸侯，同时对周朝王室倨傲不羁，无视周天子权威，甚至发生"周郑交质"事件，即周平王的儿子姬狐与郑庄公的儿子公子忽互换作为人质。公元前715年周桓王在位期间，郑庄公为发泄对周天子的不满，派兵割了周王室温地的麦子及成熟的禾稻，后来竟拒绝朝觐周桓王。周桓王十三年（前707），周桓王为维护王室尊严，亲自率军并征调陈国、蔡国、卫国三国之兵联合进攻郑国，结果被郑庄公打得大败，周桓王也在战争中被郑兵射伤。此战使周天子威信扫地，原规定的只有周天子拥有制作礼乐及发令征伐的传统从此消失。而且继郑国之后，齐国、晋国、楚国、秦国等大国先后兴起，诸侯争霸，周王室无力征讨，天子之位形同虚设，从此天下战火蔓延，兵荒马乱，民不聊生以致生灵涂炭。公元前256年，周朝被秦国所灭。此后，历史上还出现了东汉末年魏蜀吴三国争天下，五胡乱华，南北朝对峙，唐代安史之乱以及后来出现的五代十国，吴三桂反清等正常君臣关系被破坏的情况，给国家安定、民族发展带来了极大的破坏。而历史上一个个新的王朝的建立，一个个"中兴""盛世"的出现，如夏朝时的"少康中兴"，商王朝的"成汤之治""太甲之治"，周朝的"成康之治"，西汉时期的"文景之治""汉武盛世"，东汉时期的"光武中兴"，北魏的"太武之治"，隋朝的"开皇之治"，唐朝的"贞观之治""开元盛世"，明朝的"永乐盛世"，清朝的"康乾盛世"，无不都是在君君、臣臣这种正常的君臣关系存在时出现的。历史中的经验与教训从正反两面证明，儒家提倡的君臣等级关系在历史进步时期整体上对文明进步、社会发展、民众安居乐业具有十分重大的积极意义。中华文明五千年的历史中，其间虽然出现了几次民族分裂、社会动乱时期，但相对整个历史长河而言都比较短暂。"分久必合，合久必分"，久治出乱，一乱必治，这就是历史发展的规律。然而不管出现什么情况，民族融合、国家统一、社会发展始终是中国历史不可逆转的主流。显然，这与中国推崇"君为臣纲"这种正常君臣关系是分不开的。

值得指出的是，中国传统社会推崇君为臣纲并不意味着臣对君是无条件地效忠和服从。孔子在论述君臣相互关系时指出："君使臣以礼，则臣事君以忠。"孔子这句话可以看出，他强调臣与君各有义务，必须相互尊重，君如不尊重臣，臣则大可不必效忠于君。孔子还说："所谓大臣者，以道事君，不可则止。"如果君的行为违背了道，臣也可以不听君的。孟子的思想比孔子更进一步，他认为君臣虽然职责不同，地位有高低之别，也应该相互尊重。他说："君之视臣如手足，则臣视君如腹心；君之视臣如犬马，则臣视君如国人；君之视臣如土芥，则臣视君如寇雠。"若君主无道，臣民甚至可以起来推翻他。他说,"君有过则谏,反覆之而不听,则去","有大过则谏,反覆之而不听,则易位"。意思是说君有错误,臣就要给君提意见,君如果不听,臣就可以离开君不跟他干了。君有了大过,臣更要给他提出来,君如果不听,就可以把他换掉,另立新君。这些都充分说明,君为臣纲这种君臣相互关系,并不是不讲原则规矩的。它既是对君责、权、利的明确,在强调臣下对君要忠的同时,也强调了君必须守为君之道,君与臣要相互尊重,各尽其责。从实际情况看,几千年的中国历史上既有农民起义对朝廷对君王的反抗,也有掌握军政实权的权臣对君王的制约,还有历朝历代忠臣谏吏出自对国家兴衰、民众安危的担当对皇帝的进谏劝阻。如春秋战国时期邹忌谏齐威王,赵国触龙劝谏赵太后,唐时魏徵谏唐太宗,褚遂良谏唐高宗,宋时包拯谏宋仁宗,明时海瑞谏嘉靖皇帝,等等。这些都充分说明,中国历史上推崇君为臣纲,并不是说无论何时何地君王的权力都无任何限制,可以为所欲为。

这里还有一个如何看待历史上流传的"君要臣死,臣不得不死"这一说法的问题,许多人原认为这是儒家推崇的观点。从孔子、孟子的一贯思想来看,他们是不可能提出这种片面的关于君臣关系的观点的。2015年2月5日,历史研究者、腾讯《大家》专栏作者吴钧先生在《腾讯新闻》发表文章认为,"翻遍儒家典籍与历代儒者文章,都找不到有哪个儒者鼓吹过'君要臣死,臣不得不死'"。吴钧先生还在文章中写道,他和一位朋友曾在网上声明:不论是谁,只要从任何儒学典籍与历代儒家言论中找出宣扬"君要臣死,臣不得不死"意思的话,他们共奖励对方奖金4000元。但直至吴钧先生发表文章这天,这4000元奖金仍未被人领走。这就说明,"君要臣死,臣不得不死"这句话并不是出于儒家经典,有文章认为这不过是明清以后的小说、戏剧等文艺作品中无限夸大皇帝权力的一种误传。从实际情况看,中国历史上虽然也出现过荒淫残暴的皇帝乱杀大臣的情况,但在五千年历史的君臣关系中这毕竟是少数现象,这更没有成为中国文化推崇的价值取向。所以用这句话来曲解抹黑"君为臣纲"的君臣关系是不科学的。

2. 如何认识"父为子纲"的父子关系

对儒家提出的"父父,子子",及"父为子纲"应怎么看?从前文所述孔子与齐景公的对话可以看出,孔子强调的"父父,子子"以及后来与此一脉相承由董仲舒提出的"父为子纲",就是说父亲要像父亲的样子,儿子要像儿子的样子。这里说的"样子"有两层含义:首先是做父亲的在儿子还未成年不能自立的时候,要承担起抚养儿子生活,教育、培养其成长的责任;儿子成年以后即使成家立业了,当儿子遇到自身难以克服的困难,父亲又具备帮助解决这些困难的能力时,从道义上父亲应积极帮助儿子去解决这些困难。另一方面,做儿子的,也要尽做儿子的责任,这就是对父母要孝顺。中国最早的一部解释词义的著作《尔雅》给"孝"下的定义是"善事父母为孝"。汉字"孝"就是由"老"字省去右下角加一个"子"字组成。其意思就是老人要庇护哺育儿子,儿子要赡养父母亲。孔子又说"弟子入则孝"。也就是说子女在家里要孝顺父母。孔子提倡的孝包含如下几层意思:生活上赡养、关心父母;感情上体贴父母;行为端正,不让父母操心;关心父母身体病痛;父母去世了,按照礼制规则办理丧事并及时祭祀。这里可以看出,孔子说的"父父,子子",就是强调父子要各守其职责,也就是人们通常所说的要父慈子孝。当然，在父子关系上，一方面由于父母对儿子有养育之恩，另一方面，在一般情况下儿子在未成年之前，其生存能力、行为能力、判断能力都有限，也必须接受父母的教育培养，因此更强调儿子对父母要孝顺。所以中国古代更强调"百善孝为先"，"孝"成为中国伦理道德中的一个主要内容，是漫长的中国社会正确处理家庭关系的重要伦理道德规范。

这里还必须说的是，当年孔子提倡的儿子对父母的孝，并不是盲目的孝。

《论语·里仁》有这样一段话，孔子说："事父母几谏。见志不从，又敬不违，劳而不怨。"这段话的意思是，侍奉父母，看到父母有做得不对的地方，儿女应该立即委婉地劝解并阻止父母的行为，如果父母心里不愿意听从，儿女也要多次劝阻。当然儿女态度要恭敬，不要触犯他们，哪怕忧心忡忡，也不要怨恨父母。这段话说明，孔子并不主张儿女对父母百依百顺。历史上流传一个关于孔子的学生曾参行孝的故事。曾参的父亲叫曾点，他也是孔子的学生。一次，他们父子俩在地里锄草时，曾参不小心一下把瓜苗锄断了。曾参父亲脾气暴躁，一下子冲过来打曾参，曾参也不逃跑，他恭恭敬敬地站在原地接受父亲的打骂。曾点一棍子打过去，曾参一下被打倒在地晕过去了。曾参醒了以后仍对他父亲检讨自己说"儿子不孝，惹你生气了"。孔子听说这事以后非常生气，他叫其他学生去转告曾参，说他不孝，他不认曾参这个学生了。曾参听说以后就过来拜见孔子，问他错在哪里。孔子说，你父亲这样狠心打你，很有可能会把你打死，如果把你打死了，你父亲就是罪犯，会被官府抓起来。如果造成了让你父亲犯罪的后果，你就是不孝了。如果你真的孝顺父亲，你应该赶紧跑开，别让你父亲犯这样的错误，别让他遭受丧子之痛。这个故事也足以说明，孔子提倡的孝，并不是要求儿子对父母要百依百顺。如果碰到父母有错误行为，儿女也要极力反对、劝阻以使其不酿成大错。

3. 如何认识"夫为妻纲"的夫妻关系

从孔子、孟子对君臣父子关系的思想观念来分析，夫为妻纲的第一层意思是夫妻要各守其道，夫要有夫的样子，妻要有妻的样子。夫为一家之主。主，就要立正标杆，要承担责任，要明白道理，对妻要坦诚相待，体贴关怀。妻则要哺育好子女，关心丈夫，不产生婆媳矛盾。在生活中夫妻要同甘共苦，互敬互爱。

夫为妻纲的第二层意思是强调了妻对夫的服从关系。仔细分析，这种服从关系是由我国长期处于农耕经济社会这一客观实际决定的。农业耕作是中国几千年传统社会农民家庭生存的条件，耕、耘、狩猎、捕鱼、运输等耗体力的农活主要是由夫来承担，因而家庭的经济状况主要由夫的劳动行为所决定。这样不仅自然形成了"男主外女主内"这种家庭分工，而且还不同程度地形成了妻对夫的依赖心理，所以妇女及儿女辈对夫及父而言在家中很自然处于从属地位。这种由于社会家庭分工的不同导致的地位差别由于顺应了同时代生产力发展水平，也合乎社会发展的客观实际和社会伦理，所以不会引起社会矛盾，人们都习以为常。在工业化社会的今天，在工商企业就业的女职工由于有了经济收入摆脱了对夫的经济依赖，在家对夫就不是一种绝对服从的地位。这就从反面证明，中国几千年传统社会中女性对男性的服从关系，很大程度上是由当时的生产力发展水平所决定的。

　　中国传统社会也推崇女子出嫁从一而终，意思是丈夫死了，妻子应守寡终身。但从实际情况看，虽然社会上确有这样的女性，但这仅仅是一种推崇，并没有成为一种普遍行为，即有许多女性在丈夫死后又再次结婚。西汉"文景之治"时期，冶铁巨商的女儿卓文君十六岁与人结婚，几年后丈夫去世，她返回娘家居住，后来她遇到了才华横溢的司马相如，即私奔与司马相如结婚了。据《后汉书·列女传》记载：东汉末期才女蔡文姬初嫁于卫仲道，无奈卫仲道早亡，蔡文姬只好回娘家居住，由于战乱蔡文姬又被南匈奴左贤王所获并与胡人成家，在胡地十二年生育二子。十二年后曹操统一北方，曹操因蔡文姬父亲蔡邕对他有恩，便用重金赎回了蔡文姬，蔡文姬归汉后又与董祀结婚。有"千古第一才女"之称的南宋著名词人李清照在四十四岁时丈夫赵明诚去世，三年后李清照又与张汝舟结为了夫妇。

　　由此看来，父为子纲、夫为妻纲其本质是确保家庭的和谐稳定。中国历史上的贤人志士都追求修身齐家治国平天下，父为子纲、夫为妻纲这种伦理准则正是修身齐家的重要内容。中国历史上建立在这种原则基础上的家庭就是父慈子孝，夫唱妇随，整个家庭洋溢着和谐融洽的气氛。家庭是社会的细胞，家庭的和谐稳定是中国传统社会小农经济得以持续发展和社会安宁稳定的基础。而父为子纲、夫为妻纲正是维系家庭稳定的伦理准则，这就决定了这种父子夫妻关系存在于中国传统社会有它的历史必然性和合理性。当然，在历史的发展中，儒家文化开始倡导的这种父子夫妻伦理观念的个别或部分地方后来有被绝对化倾向，尤其是在对夫为妻纲的理解上，不少人误解了孔子在夫妻关系上的一些正确观点，出现了女性的人格尊严被抹杀、在个别家庭妻子成了丈夫的附属物等陈腐落后现象，在现代社会中这些都应该被坚决抛弃。

　　综上所述，从总体上看，以"君为臣纲，父为子纲，夫为妻纲"为表现形式的等级制度实质上是与小农经济相适应的一种社会秩序。这种秩序维系了中国奴隶社会与封建社会几千年的相对稳定与发展，成为支撑中华民族五千年经久不衰的一种重要精神因素。所以彻底否定"君为臣纲，父为子纲，夫为妻纲"在这种社会秩序中的积极因素，无限夸大其消极因素，既不符合历史唯物主义，也不符合中国几千年文明发展的实际情况。至于"中国传统文化陷阱论"者批判的等级制，其本身就是人类社会发展到有了阶级和阶层、有了国家、有了地方政府和各种社会组织时的必然产物。人类社会只要还存在私有制，还存在职业分工，还有社会地位及财富的差别，就必然存在社会管理，那么等级制也就必然存在。所以袁伟时对中国传统社会存在的等级现象指三道四，这完全是历史唯物主义知识的缺失，可惜袁伟时先生还在一个响当当的名牌大学当哲学教授。

　　那么，"服从"与"尊长"是不是如袁伟时先生所批判的那样是中国传统文化的缺失呢？回答毫无疑义也是否定的。人类社会什么时候没有"服从"与"尊长"呢？有，当然有，但那只是原始社会。在原始社会中，原始人为抵抗猛兽的袭击处于原始群居状态，大家使用石器工具集体劳动，以采集天然食物和渔猎为生。由于生产力非常低下，原始人获取的食物非常有限，因而生活资料只能平均分配。由于没有多余的食物，而且在抵抗自然力的原始劳动中大家都必须齐心协力才能保存生命，在这种状态下，社会不需要什么管理和组织，没有什么等级差别之分，也就没有什么"服从"与"尊长"了。

但尽管如此，在那个时代的原始人群体内，也肯定有一种无须语言大家也心知肚明的契约，如见到猛兽大家须群起而攻之；获取了有限的食物后强者不能独占，必须由大家分而食之。这种状态就如动物世界中的狮群猎取大象、斑马、野牛、长颈鹿等大型动物时狮子们需集体行动，成功后狮子们集体享受一样。特别是原始社会的婚姻关系，经历了一个由乱婚、血亲群婚、氏族婚、对偶婚，过渡到一夫一妻制（单偶婚）的演变过程，在这个过程中更需要大家有一种没有语言却已约定俗成的契约才能维护这种状态。但当人类告别了原始社会，通过生产劳动有了多余的食物，甚至是族群以至部落之间因争夺领地和食物发生战斗，战胜方有了俘虏后，社会也就开始有了分工，有了组织与管理，也就开始有了"服从"。当经济社会发展到有了阶级、国家、政府后，这种"服从"就更成了一种社会普遍现象。所以"服从"是有阶级社会，包括奴隶社会、封建社会的普遍现象。在一定意义上说，"服从"象征着与动物世界的告别，象征着对落后的否定，象征着社会的进步和生产的发展。就是在工业化的现代社会，"服从"也不可能消失。比如只要企业是由董事长组织生产而不是任何一位职工都可指挥生产，战场是主将指挥战斗而不是任何一个下属或士兵都可以指挥，国家是元首掌握全国事务而不是任何一位国民或地方官吏都可以号令天下，那么这个社会就存在着秩序，也就存在着等级差别。而只要这种等级差别与社会秩序存在，管理与被管理、领导与被领导、支配与服从也就存在，这是不以人的意志为转移的客观存在。

中国传统社会"尊长"是否有错？有多大错？尊长本意是尊敬年长者。《礼记·乡饮酒义》说："乡饮酒之礼，六十者坐，五十者立侍，以听政役，所以明尊长也。"这就说明尊长是一种谦让和礼义。尊长是人类文明的一种表现，动物世界肯定是不懂得尊长的，原始社会原始人的尊长意识也可能不强。但随着生产力的发展，人类进入了文明社会以后，人们也就有了礼义廉耻意识。所以懂不懂礼节正是人类与动物世界的区别所在，也是野蛮与文明的分界线。中国具有五千年文明史，自古就以"礼义之邦"著称于世，尊长正是讲文明、讲礼节的表现。年长者意味着有知识、有阅历，对社会一般有不同程度的贡献。这样尊长又意味着对知识的推崇，对贤者的尊敬，对造福于社会者的感恩。袁伟时先生说"尊长"是中国传统社会的缺失，这就令人费解了。难道有人在袁伟时先生面前蛮横不讲理倒是对的？这些人对待他人"老子天下第一"，横行霸道也是对的？这难道不是黑白颠倒，是非混淆吗？

实际上人们稍作分析就可以知道，袁伟时先生批判"三纲""六纪"，否定等级秩序，否定"服从"与"尊长"，其实质就是反对政府对社会的组织管理，否定法纪及道德伦理对个人的约束。他的这一思想与西方世界曾流行几千年的主张社会取消政府，无组织，无法纪，对个人没有约束的极端无政府主义如出一辙。值得指出的是，反感政府的管理，追崇个人任性自由的思想观念，在当今世界也没有绝迹。所以袁伟时先生大肆批判中国传统社会的等级制及否定"服从"与"尊长"，在很大程度上是迎合了那种无政府主义、极端自由主义的思想倾向。袁伟时先生在高度组织化的现代文明时代，还在推崇只有原始社会才存在的那种无政府无组织的类人猿式群居状态，显然是反进步、反文明、反理性的极端荒谬行为。

23　中国的法制落后吗？

"中国传统文化陷阱论"者认为，中国传统社会的法制是落后的，这导致了中国由传统社会向现代社会转型落后于西方。袁伟时先生在《中国传统文化的陷阱》一文中说："如果你要了解一个国家的状况，最好的办法之一是看它的法典。当时的社会关系、文化状况、国家管理状况都体现在那里了。"袁伟时先生又认为，中国法制缺失首先在于"中国的传统文化法典化"，中国法典"体现儒家政治的三个基本特征"："宗法专制，伦理与政治统一"；"严格的等级关系"，"三纲六纪、服从尊长"；"经济上没有坚决、彻底地保护私有财产"，"皇帝和官府侵犯民产，屡见不鲜"。所以中国法典比西方落后，这也是中国近代社会"转型这么困难，没有产生出现代经济"的原因。

袁伟时先生这种种说法，可以归纳为三点：一是法典是评价一个社会是否进步的标准；二是中国的法制比西方落后；三是法制落后是中国近代落后于西方的原因。

袁伟时先生这些观点是难以立足的。

一、法典是评价社会状况的唯一标准吗？

如何评价法典的社会作用？我们知道，法典是同一门类的各种法规经过整理、编订而形成的系统法律，是现行法系统化的一种表现形式。法典的意义在于，它便于查阅、适用法律规范和消除法规存在的某些缺陷。所以法典的制定有利于社会的法治建设，也能在一定程度上体现出一个国家运用法律进行社会治理的完善程度。

然而能不能依据有无法典，或者制定的法典的完备周密程度去断定一个国家的法治（站在现代法治社会的角度，根据历史发展的实际情况，在不同语境下，区分使用"法治"和"法制"两个概念）水平呢？回答是否定的。因为有无法典及法典的完备周密程度，并不包括一个国家法治建设的全部内容。衡量一个国家法治建设的好坏、优劣，当然要考虑有无法典或法典内容编写是否完备周密这些因素，但却不能到此为止；更应看法典内容及在实施中是否体现了公平公正，是否有法必依且执法到位，更主要的也是第一位的是应看所推行的法制的实际效果，即看在这种法制治理下的社会状况、国家管理状况——是否为政治的清明、生产力的发展、社会的稳定、文化的繁荣、社会成员的安居乐业提供了强有力的保护。如果做不到这些，就算一个国家制定了一部法典，这部法典又非常完善周密，但国家柔弱贫穷，社会黑暗混乱，民生得不到保障，那就是有了法典又有什么意义呢？这一点，袁伟时先生在自己的文章中也曾经谈到了，只可惜当他分析中国历史上具体的法制情况时又背离这一原则。他离开法制的实施情况及实施效果，仅是从法律条文及体系去评价国家法制的优劣，这实际上是空对空的说长道短而已。因为法典毕竟还是停留在纸上，纸上的东西不论如何完备，如何周密，最终要靠践行的效果检验。离开法治行为及效果评价一个社会的法治建设状况，作出的结论自然会不够全面而难以令人信服。更有甚者，袁伟时先生置中国古代法制建设的实际状况于不顾，却相信十九世纪初英国的一个小报纸（《爱丁堡评论》）的话，以洋人对中国古代的法制建设的只言片语为依据来对中国古代法制说三道四，他说："1810年，中国的法典（《大清律例》）第一次翻译成英文出版，英国的一份报纸《爱丁堡评论》说，中国人在很多方面的知识都是不足的，我们发展很快的东西他们都不知道。"这足以看出，在袁伟时先生看来，洋人说是好的就是好的，洋人说是差的就是差的，洋人说中国人知识不行，他也跟着说中国人知识不行。

从西方文明发展历史的实际情况看，不要说一部法典，就凭整个法律制度也不能完全决定一个国家的兴衰强弱。古希腊雅典是古代奴隶制民主政治的典型代表，同样它也建立了当时最为完备的法律制度。这种法律制度在公元前7世纪之前就已产生，公元前5世纪至公元前4世纪进入最发达时期。雅典法律充满了民主性。这表现在：形式上承认公民的民主权利；公民大会是国家最高权力机关；国家公职人员均由选举产生；重大公共事务均由集体决定、集体负责；一切私有的不动产（土地、房屋）和动产（牲畜、奴隶等）均可进行自由买卖。同时，雅典还设立了许多专门性质的法院负责法律的执行。然而这样一种比现在世界上有些国家还完备的法律制度，在当时的实施中也留下很多遗憾甚至造成了不少历史悲剧。如前文所述，正在雅典经过长时期争论决定征战强敌西西里的前一天，少数政客挑起雅典最高权力机构500人会议通过最高司法和监察机关决定对这次远征的最高领导人、具有极强军事指挥才能的亚西比德进行法律审判，以亚西比德涉案赫尔墨斯神像事件为由对其进行政治迫害，迫使亚西比德投奔雅典强敌斯巴达而导致雅典这次征伐西西里战争的彻底失败。几年后的公元前406年，雅典人与斯巴达人进行了著名的阿基诺萨海上大战，在雅典海军取得重大胜利后，雅典公民大会又由于少数政客出于私利和偏见，以战争中没有对落水士兵进行抢救的罪名，对这次战争最高指挥机构十将军委员会中的8名进行审判并对其中6名处以死刑。这次错误判决使雅典海军中精通海战的人才几乎消失殆尽，依赖海军立国的雅典此后一蹶不振，最终被斯巴达所灭。雅典法律为雅典成为古代民主政治的典范增添了光彩，同时又成了葬送雅典民主政治的屠刀。这就是法律为古代民主造成的悲剧。在欧洲的中世纪，尽管一些封建国家也制定了一些维护当时社会秩序的法典，但都带有很大的随意性和片面性。罗马法《查士丁尼法典》规定，凡有违反统治者意志的异端言行的人可定为死罪。而且当时的政教合一使宗教神学成为最高权威，神学标准便是至高无上的法律。教会成立宗教裁判所即宗教法庭，对被认为是异端的人员进行侦查、审判和裁决，致使不少对宗教神学及教会持有异见的人员被残酷迫害，上演了布鲁诺因宣传"日心说"被教会烧死于罗马广场这种悲剧。欧洲掀起的猎杀"女巫"风暴使数百万女性死于非命，而这些被残酷处死的"女巫"大都是良家妇女。若有女子得罪了心怀不轨者、图报私仇者，一封告密信就可以把这些女子处以投水、斩头、绞杀或火刑，以致欧洲社会告密成风。文献记载

1575 年有个叫埃舍尔的人说，他能供出 30 万个女巫，最后确有 3000 多女子因此而遭厄运，可见当时的法律何等落后、荒谬以至野蛮。欧洲中世纪之所以陷入黑暗年代，形形色色的充满缺失的法律，尤其是宗教法律起了为虎作伥的作用。

考察东方世界文明发展史，从以往发现的史料看，也不能完全以一个国家的法典情况去判断一个国家的先进与否。亚洲的法制建设比欧洲还要早，而且在亚洲的发展历史上也曾放射出耀眼的光辉，但它发挥的作用也是有限的，也没有成为确保当时社会经久不衰的万能神器。早在约公元前 2113 年，位于西亚两河流域的乌尔第三王朝建立了强大的中央集权帝国，同时制定了在乌尔全境通用的以适应奴隶制度需要的《乌尔纳姆法典》。法典对奴隶制度下的婚姻、家庭、继承、刑罚等方面都有明确规定。但到公元前 2006 年这个王朝即为阿摩利人击灭，被建立的古巴比伦王国所取代。古巴比伦曾与中国、古埃及、古印度一并称为四大文明古国。公元前 18 世纪，古巴比伦第 6 代国王汉谟拉比建立了强大中央集权的奴隶制国家，他制定的《汉穆拉比法典》是世界上迄今发现的古代第一部较完整的成文法典。法典对维护私有财产、强调公民平等、明确公民的权利和义务、巩固奴隶制统治等方面作了明确细致的规定。但汉谟拉比死后，巴比伦王国受到外族入侵，公元前 1595 年即被北方入侵的赫梯人所灭，当时先进的法典没有扭转巴比伦灭亡的命运。这也充分说明法制对一个国家的兴亡有影响但不是决定性的。

由上述可知，法典的有无及完备程度并不代表一切。只有从法律的制定与执行，以及法制机构、执法队伍建设、执法的社会环境，尤其是法律是保护占全国人口绝大多数的广大民众的利益还是保护某一特定阶层或社会群体的利益等法治制度建设的整体状况和实施的社会效果来综合考虑，才能对其社会状况作出比较客观、全面、准确的评价。袁伟时先生无限夸大法典的作用，以一典定论全局，显然是不科学的。

二、中国的法制有那么落后吗?

中国的法制建设始于远古的夏代，据《左传》记载"夏有乱政，而作禹刑"。所以，夏朝的《禹刑》是中国历史上最早的治"乱政"的法典。商取代夏后立即制定的《汤刑》是中国历史上最早的成文法典，《汤刑》的罪例有 300 条之多。从总体上看，中国法律思想与西方法律思想有着重大差异。中国法律强化集体本位，它遵循群体重于个体、整体重于局部、国家利益重于地方以至个人利益的原则，突出特点是贯彻宗法为上、家族本位、集体主义、义务第一的指导思想。中国法律文化的这种特点适应了中国古代经济政治发展情况的需要。中国发展自给自足的小农经济和以家庭为小生产单位更为适应，这就对社会和家庭的稳定提出了要求。所以中国法律文化突出以孝来稳定家庭关系。商代《汤刑》中最重的刑例是不孝。为维护"三纲五常"宗法专制，唐、宋、元、明、清以来的法律有这么一条规定：祖父母、父母在，不准分户口、分财产，不准"别籍"，不准"异财"。中国地域辽阔，自然条件及经济发展悬殊且民族众多，需要强有力的中央集权及行政管理手段才能避免国家分裂，维护国家的统一和社会的稳定。所以从秦开始变分封制为郡县制，地方官员实行中央任免委派制。对地方与中央政府对立，拥兵自重，不顾国家整体利益过于强调地方和个体利益的行为，认定为非法。而且为了强化这些法律的实施和执政机关的权威，加之受法家思想的较深影响，国家对违法行为，重惩罚、轻教育警诫。从中国法律的实施功效来看，它为维护中国几千年封建社会整体上的繁荣昌盛发挥了重大作用，为中华文明的传承发展作出了贡献。

在评价中国古代的法治建设时，有两个问题我们不能回避。

为了给否定中国的传统文化找到依据，尹胜说中国的刑法只是"针对奴隶"。尹胜这句话的实质是认为中国历史上的法律不公正，仅是针对平民百姓，达官贵人可以凌驾于法律之上。然而从几千年中国史的实际看，这不完全符合事实。

春秋战国时期，著名政治家、思想家、法家代表人物商鞅应秦国国君秦孝公求贤令进入秦国，他说服秦孝公变法图强。在秦孝公的支持下，秦国实行变法，国力大增。但由于商鞅新法使秦国上层贵族的特权利益深受影响，因而引起了很多人对新法的反对和对商鞅的痛恨。秦孝公十六年（前346），由于太子犯法，商鞅把太子的两个师傅公子虔和公孙贾都治了罪，一个割掉了鼻子，一个在脸上刺字。秦孝公死后秦惠王执政，那些痛恨商鞅的贵族们鼓动秦惠王给商鞅治罪，秦惠王派人捉拿商鞅。商鞅逃亡至边关，欲投宿客舍。客舍主人不知他就是商鞅，见他没有带任何凭证，便告诉他说，按照商鞅制定的法律规定，留宿没有凭证的客人要"连坐"治罪，因而不敢留他住宿。商鞅感叹自己制定的新法竟然贻害到了这种地步。后来商鞅终被秦国处以极刑。这就是成语"作法自毙"的来历。这里太子太傅公子虔、公孙贾及商君商鞅都因秦国法令而被治罪，所以能说秦国的法律只针对奴隶吗？东汉时期，光武帝刘秀的姐姐湖阳公主的家臣在大白天行凶杀了人，他依仗公主的威势及对他的宠爱企图躲藏在公主家逍遥法外。当时的洛阳令董宣知道以后，亲自带人伺机将他抓获并当着公主的面对他处以死刑。晚清时期的1869年，中国发生了一件震惊朝野的大事，山东巡抚丁宝桢杀了太监安德海。安德海是慈禧太后最宠信的太监，因为正是在安德海的周全之下，慈禧才得以垂帘听政。安德海亦因有功，被晋升为六品蓝翎太监，任职总管大太监。仗着慈禧的宠爱，安德海在皇宫内专横跋扈，有时甚至把年轻的同治皇帝都训斥得体无完肤，根本就没有把同治当皇帝看。在朝廷中，慈禧与大臣之间的议事也是由安德海上传下达。所以大臣们都不敢得罪他，一些想升官的大臣还绞尽脑汁向他靠拢并向他行贿。这一次安德海以为同治大婚采买龙袍为理由，经慈禧应允以后他浩浩荡荡出宫想风光一番。由于安德海在宫里骄横惯了，因此他这次出宫自称为钦差，但并没有携带钦差公文。安德海出宫以后，一路上呼风唤雨，作威作福。他到达山东境内时，却被山东巡抚丁宝桢凭着清朝祖制关于太监不许出宫，不许结交外官，否则就地正法的规定，将安德海逮捕并就地正法。

这几个事例说明，在中国历史上，国家制定的法律法规并不只是针对基层民众，官员违法也同样要受到法律的制裁。从法律层面上看是"王子犯法与庶民同罪"。当然，无论哪朝哪代，都会出现有些贵族官员，利用特权逃避法律制裁的现象，但这不会成为普遍现象。那么，应如何理解中国古代曾经流传的"刑不上大夫"这一规定呢？的确，《礼记·曲礼》说道："礼不下庶人""刑不上大夫"。其实，这里的"上"与"下"是尊与卑之意。东汉郑玄注释说：刑不尊大夫，是讲不论愚贤者犯法，这都应在有司惩处。所以这两段话的原意是，不会因为大夫之尊就可以免除法律制裁；也不会因为是平民，就将他们排除在文明礼仪之外。"刑不上大夫"只是对已犯法的士大夫在刑罚处理上的一种礼制原则。孔子对这一原则解释说，对于君子的治理，通常以礼教驾驭其内心，从而赋予其廉耻之节操。士大夫们如果有违法犯罪行为，不必直接定其罪名，而令其自己请罪或跪拜自裁。这种原则在实践中称"八辟"或"八议"，指法律规定有八种士大夫以上身份的人，包括皇亲国戚、皇帝的故旧、按照传统标准德高望重的人、才能出众的人、对封建国家有重大贡献的人、上层官僚贵族、为国服务特别勤劳的人、前朝的贵族及其后代。对这八种人一般司法机关无权审判，必须奏报皇帝，由皇帝根据其身份及犯罪具体情况实施刑罚的制度。一般为皇帝定罪以后，不使用损伤肢体的刑罚，而是选择让其自杀，或者不押赴法场而是将其斩于朝廷，以励臣节。对犯了罪的同姓贵族，则派甸师秘密暗杀于郊野（见《周礼·甸师》）。这就足以说明"刑不上大夫"，并不是说大夫可以不受刑法的惩处，而是说朝廷对这些违法但有功于国的官员用一点特殊的方式进行处罚。

第二是中国的老百姓是否有法制意识。另一位"中国传统文化陷阱论"者黄奕锋试图另辟蹊径来说明中国法制的落后，他叫嚣着认为，"中国人的思维方式与守法行为格格不入"，这句话的言下之意是中国人历来不守法。

从古到今，中国人中肯定有不守法的人，但只是少数。我们看看下面这个故事吧。唐"贞观之治"时期，大唐海晏河清，政通人和。有一年春节期间，唐太宗看到此时的长安城比以往更为热闹，一片普天同庆的气氛，心里扬扬自得。此时他突然想到，被关在大理寺中的390多名被判了死刑的囚犯不能享受到过节的气氛，他顿生怜悯之心。唐太宗便来到大理寺，查看了死囚们的案卷并一一和死囚们谈心，结果发现，没有一个死囚犯认为自己被判得冤枉，每个死囚犯的认罪态度都非常好。如此唐太宗认为这些死囚犯并非大恶之人。为了让他们能最后一次与家人春节团聚，他决定放这批杀人犯回家过年，并要求他们来年秋收后再回长安受刑。到了来年秋收后，唐太宗又来到大理寺看望这批死囚犯，结果发现那些回家过年的死囚犯，一个不少地都回来接受处罚。唐太宗深为这批死囚犯的诚信精神所感动，他不顾大臣们的反对，坚决释放了这390多名死囚犯。这里要请问黄奕锋先生，这390多名杀人犯重回长安大理寺接受处罚的行为，难道不足以说明中国人的思维方式与守法格格不入是一种荒唐之说吗？

实际上，只要一个人稍微有一点理性思维就应该想到，中华文明能持续几千年，重要原因就在于中国社会总体上比西方能保持稳定；如果中国人都是与守法格格不入，又怎么能维护这个社会的稳定并使这个古老文明持续数千年呢？

三、中国古代只有刑法，没有民法吗？

这是"中国传统文化陷阱论"者关于中国法制落后的另一个重要依据。袁伟时先生在他的文章中说:"中国的法典有什么特点呢?民法内容很少,基本内容是刑法,甚至连民事纠纷也作为刑事案件来处理。"尹胜先生与袁伟时教授相互呼应,他说:"中国历来只有律,没有法,也就是只有刑法,没有民法,也不存在自然法……法制观念在我看来肯定也是一种文化和传统,这一点中国有吗?他们有的只是王法,针对奴隶的刑罚而已。"

首先,这里要告诉袁伟时教授和尹胜先生,中国不仅现在有民法,就是古代也有民法。因为中国古代虽然以农业经济为主,但商品经济也很活跃,有市场就有交易,有交易就有民事纠纷需要协调。先秦时期,礼和刑是法律最重要的两大构成因素,礼就是来源于民间形成的风俗习惯,包括怎么分享食物,怎么恋爱结婚,怎么尊老爱幼,这就是古代人们的行为规范,也就是民法的雏形。西周时期,人们把体现交易行为的买卖合同称为"质剂",这种契约写在竹简和木片上,一分为二,双方各执一份。"质"是买卖奴隶牲口所使用的较长的契券,"剂"是买卖兵器、珍宝等物件所使用的较短的契券。质与剂都由政府制作,由"质人"专门管理,而且实行有偿收费。同属于西周时期的"傅别",也是一种借贷关系。把借贷的权利义务写在正反两面的竹片上,然后一剖为二,双方各执其一,合起来就能判断借贷关系,想赖也赖不了。战国以后各国制定的一些法规律令中,总有关于人、物、债、婚姻、继承的民法规范的内容。如魏国的《法经》中有"杂法";汉代的《九章律》有"户律";特别是秦汉时期,由于货币经济的发展及土地制度的变化,民间借贷业日益兴盛和发达。官府为了规范民间的借贷行为和维护国家经济的稳定,专门制定了民间"相贷资缗"的法律制度,规定民间借钱达到一吊钱的,必须制定契约报给官吏。如果没有契约发生纠纷到官府投诉,官府可以不受理,这如同朝廷发布的律令。唐代的《唐令》有 27 篇 1546 条,其中专章设置的民法规范有《户令》《赋役令》《仓库令》《厩牧令》《关市令》《丧葬令》《杂令》等。这些民法条文规定具体、清晰、凝练。如关于收养礼有"无子则为之置后"和"同宗则可为之后"一说,《唐令》将其概括为"无子者,听养于同宗昭穆相当者"一条。宋元以后,中国的商品经济空前发展,民法规范已经十分丰富,到了明清时期,已细化到"户役""田宅""婚姻""课程""钱债""市厘"若干篇章。而且在民间还流行很多"乡规""俗例",大家必须共同遵守,从而成为对政府制定的民法的一种补充。如出租房屋,"大修归东",即房东要负责房屋大修的钱,"小修归户",即租房者负责小修小补。鸦片战争以后,晚清政府开始各方面向西方学习,包括民法的修订。1911 年中国历史上第一部民法典《大清民律草案》终于问世。虽然这部法典由于清政府的垮台没有来得及实施,但它的思想和内容却为后来的民国政府提供了鲜活的参考和借鉴。1920 年北京政府司法部为制定民法在全国 19 个省区进行民商事习惯调查,经调查发现,从古代沿袭到当时,有大大小小 3432 件民商事习惯。这足以说明中国古代民法历代一脉相承、陈陈相因。新中国成立以后,特别是改革开放以来,中国加快了法治建设的步伐。2020 年 5 月 28 日,十三届全国人大三次会议表决通过了《中华人民共和国民法典》,自 2021 年 1 月 1 日起施行。当然,由于中国历史上的法制建设存在重刑罚的倾向,因此中国的刑法相当严密完备,后人所关注的更是中国刑法的光辉,却在一定程度上忽略了对民法应有位置及其作用的研究。这与西方世界罗马法以其精要的民法而著称于世，以至掩盖了西方世界刑法的残酷同样一个道理。所以尹胜先生关于中国没有民法之说纯粹是口出谬误，是违反客观实际的。值得注意的是，尹胜不因西方民法显于刑法而批评西方没有刑法，却因中国古代刑法显于民法指责中国没有民法。尹胜对自己国家的历史及自己国家为什么持这种态度呢？

四、管中窥豹，从罗马斗畜场看
古代西方法制的野蛮与兽性

西方人长期以来标榜他们的法制先进，先进的法制离不开公平与正义，西方世界的法制真的做到这一点了吗？罗马法，即罗马奴隶制国家整个历史时期形成的法律、皇帝的命令、元老院的告示、成文法和包括一些习惯法在内，至今仍被西方世界作为西方古代法制先进的象征而对外炫耀。这些法律的条文及体系有些的确比较周密完整；并且罗马法对后世法律制度的发展影响很大，尤其是对欧洲大陆的法律制度影响更为直接。正是在全面继承罗马法的基础上，形成了大陆法系，亦称为罗马法系或民法法系。西方甚至有人评价，"罗马法中所蕴含的人人平等、公正至上的法律观念，具有超越时间、地域与民族的永恒价值"。然而罗马时代的实际情况说明这种评价完全是虚假的。真正的罗马法律哪里有这么美好？因为那时的罗马法律保护的仅仅是罗马帝国奴隶主阶级及罗马贵族的利益。属于社会最底层的广大的奴隶却不受这种法律的保护。在罗马法中，哪有什么"人人平等、公正至上"？

我们很多旅游爱好者去过欧洲游览过罗马斗兽场吧，这是在公元前1世纪前后建成的一座椭圆形建筑物。虽然经历了近2000年的风雨和人为剥蚀，现在已经成为一座废墟，但仍然保留了其规模浩大的外观，显示出无比恢宏的气势。整个建筑物占地约有2万平方米，周长足有500多米，外围墙高57米，几乎相当于现代19层楼房的高度。斗兽场内的看台同时可以容纳5万多名观众，建有80个门洞，有76个供观众进出，另外4个，1个专供罗马皇帝进出，2个专供角斗士只进不出，1个专门抬出那些死于角斗和人兽搏斗中的斗士尸体。斗兽场地面结构为4层，还有一层地下室。当年这座建筑物还盖了顶，80个门洞和数百个窗户都有精美的雕塑，整个斗兽场全部贴上了大理石。据史料记载，这个巨大的建筑物最初的名字不是斗兽场，而是叫圆形剧场。之所以后来被称为斗兽场，是因为在这个圆形剧场内进行的各种庆典和竞技表演，以人兽搏斗表演出现的频率最高，次数最多，场面最为惊心动魄，也最能代表当年罗马帝国称雄全球、扬鞭寰宇的大罗马精神，如此，久而久之，这个剧场也就改名为斗兽场了。

据史料记载，从公元前1世纪前后开始，至4世纪前后罗马帝国灭亡，罗马帝国的皇帝们为了展示大罗马精神，炫耀无与伦比的军事力量和经济力量，达到震慑敌人、称霸世界的目的，持续数百年在这个椭圆形剧场内举行人兽搏斗、大规模处决战俘和角斗士对决三项血腥竞技表演，以此作为全民的娱乐方式。每逢竞技庆典活动，场内上午举

行人兽搏斗，中午是战俘集体处决，下午是角斗士对决。其中又以人兽搏斗最为惨烈。在斗兽场的地下室，一共有 90 间阴森森的楼房，每间楼房都关押着满满的战俘奴隶。一旦角斗士决斗开始，就是一批批全副武装的奴隶进行生与死的决斗。当人兽搏斗开始，罗马帝国的统治者们便从地下室押出一批一批战俘奴隶，把他们活生生地投给那些狮、虎猛兽，让它们撕咬吞噬。角斗士决斗与人兽搏斗在一个足球场大小的斗兽场内进行。斗兽场周围都是高高的看台，无可逃遁；看台上，5 万观众狂呼乱喊，推波助澜。斗兽场内，角斗士与角斗士，猛兽与斗士，无一不是双眼血红，杀气腾腾。于是，在罗马统治阶级获得了惊喜与刺激的满足的过程中，伴随着的是难以计数的生命的瞬间消失。80 年，罗马帝国皇帝提图斯庆祝弗拉维圆形剧场落成，举行了长达 100 天的人兽搏斗表演。有 9000 头野兽、3000 名战俘和犯人在血腥大厮杀中丧生。107 年，为了庆祝达西亚之战胜利，罗马帝国的皇帝图拉真举行了 23 天的庆典活动，有 11000 头野畜和更多的战俘犯人在人兽搏斗中丧生，10000 多名角斗士进行了生死对决。完全可以想象，那种人与狮、虎等猛兽撕咬杀戮，人与人互相残杀，惨号不绝、血流成河的场面，是多么触目惊心，多么令人毛骨悚然。

这就是罗马法保护下的罗马帝国时代的状况。我们要请问西方世界及"中国传统文化陷阱论"者的各位先生们，罗马斗兽场内，决斗士和斗兽士的利益与看台上的罗马皇帝、贵族及其他统治阶级成员的利益一样受到罗马法的公正保护了吗？如果没有，这样的法正义吗？这样的法制比中国历史上的法制先进在哪里？

继罗马法之后，西方世界这种充满野蛮和兽性的法制仍在重演。18 世纪末期至 19 世纪中期，英国资产阶级取得决定性胜利之后，工业进一步发展，城市人口急剧增加，对农产品的需求日益扩大。地主贵族为了发展生产增加肉类和商品粮，加速进行圈地。资产阶级则大力鼓励圈地，政府甚至通过议会立法使圈地合法化。18 至 19 世纪，英国议会通过 4763 件有关圈地的法案，共批准圈占 269 万公顷共耕地和公有用地。直到 1876 年才公布禁止非法圈地的法案，圈地作为一种运动才告结束。而且当时的圈地运动，还不仅仅发生在英国，在德意志、法国、俄国和丹麦也很盛行。这些国家也主要是通过政府法令实行的。欧洲圈地运动的结果是以农民的血肉和尸骨换来了农业资本主义的大发展。到 19 世纪末，约曼虽有 6 万多农户，但作为一个阶级已经消失，大部分破产农民被迫到处流浪，其中有一部分人则流入城市成为雇佣工人。由此可以看出，欧洲许多国家在进入资本主义社会初期关于圈地运动的一系列法律条文，其实质就是剥夺农民的土地去保护地主和资产阶级的利益来换取资本主义的大发展。再次请问"中国传统文化陷阱论"者，欧洲这种有关圈地运动的法律法令，难道体现了公平与正义？

从西方法律的整体来看，西方的法律文化起源于具有突显自由开放精神的希腊法和突出个人主义特色的罗马法，其显著特点是重在强化个体权利，确保个体对整体的独立自主和自由。这种法律推行的结果导致了欧洲难以产生强大的中央集权国家，而邦国的碎片化及重利轻义的伦理观又使邦国之间为各自利益不讲公理强抢强夺，弱肉强食，由此导致了欧洲社会数千年来战火动乱。所以古希腊文明的衰落、中世纪欧洲黑暗年代的形成，与西方法律文化的缺失是分不开的。

五、金玉其外，败絮其中
——当代西方法制的虚伪与黑暗

西方世界进入资本主义社会后，资产阶级为维护其国家统治地位也制定了各种各样的法律。这些法律表面上看来很公正，但其本质是维护占社会成员少数的资产阶级的利益，而不是维护占社会成员绝大多数的广大普通人民群众的利益。一句话，西方的法制就是维护少数人利益的法制。

比如法律规定私有财产神圣不可侵犯，这条法律看上去很公平，而资本主义社会人们对财富的占有是不平等的。2015 年 10 月财富网站发布的安联《2015 年全球财富报告》显示，这一年全球个人财富总规模已经达到了 1532000 亿美元。其中，美国占了635000 亿美元。榜单的前 10 位主要被美国、加拿大等西方国家占据。其占比是：美国41.6％，中国 10.5％，日本 8.9％，英国 5.6％，德国 3.9％，法国 3.5％，加拿大3.0％，澳大利亚 2.0％，韩国 1.6％。安联的报告计算了每一个国家的财富基尼系数，系数最低为 0，表示人均财富绝对均衡；最高为 100，表示绝对不均，或者说仅一个人占有了全部财富。结果显示美国的财富不均是最严重的，基尼系数达到了 80.56％。基尼系数在 70％以上的国家有 10 个，从高到低依次排列是：美国、瑞典、英国、印度尼西亚、奥地利、德国、哥伦比亚、智利、巴西、墨西哥。这就完全可以看出，资产阶级特别强调私有财产神圣不可侵犯，其本质就是维护他们自身对社会绝大部分财富的占有。此外受资产阶级法律保障的资本主义社会个人享受的民主权利也不是平等的。美国人把选举权看成最大的民主权利，但根据美国宪法规定，想竞选美国总统，必须是本土出生的美国人，年龄超过 35 岁，在美国定居 14 年以上。这一法律规定实质上剥夺了年龄在 35 岁以下，移民美国定居不到 14 年的相当大一部分人作为总统候选人的权利。此外还有一些不成文的不是法律但又胜似法律的规定，如候选人必须是民主党或共和党成员；必须筹措一大笔经费用于竞选期间的开支。2008 年美国总统大选共花了 16 亿美元，奥巴马竞选总统自己的花费达到了 7.29 亿美元。2012 年美国总统选举花了 13 亿美元，奥巴马连任竞选也花了 7.2 亿美元。这就产生了一个问题，在美国，那些非民主党或非共和党人，那些占人口绝大多数，但本人没有雄厚的资金实力，也没有大的财团捐款支持的普通老百姓，法律保障了他们被选举的权利吗？还应该看到，在现实生活中，由于法律的实施还需要经济做支撑，有理无钱打不起官司的事在平民百姓中时有发生。这就决定了资本主义法制对普通民众的保护作用有极大的局限性，从本质上说资产阶级的法律仅仅保护了美国资产阶级少数大财团以及美国的国家利益。美国口口声声讲平等，但他们的法律保护的恰恰是不平等；美国也口口声声讲民主，但他们的法律保护的仅仅是少数人享受的民主。所以，这种不以保护占人口绝大多数人民群众根本利益为宗旨的法律是优是劣岂不是一目了然了吗？

再看看美国当今社会的法制是怎样不考虑普通老百姓利益的吧！美国自称为当今世

界最文明、最发达、最有势力、法制最完备的国家，所以在很多人的眼中，美国几乎就是天堂。然而就是这么一个所谓天堂国家，普通老百姓的生命最没有保障，社会最没有安全感。

2017 年美国西部时间 10 月 1 日晚 22 时 08 分，美国西部赌城拉斯维加斯，在曼德烈海湾酒店旁的露天音乐会上发生了一起令全球胆寒的枪击事件，至少造成 59 人死亡，527 人受伤，成为美国历史上最严重的一次枪击案。这次枪击案发生的第 2 天，美国允许公开携带枪支州之一的得克萨斯州，每一个出门的普通成人，包括进超市的妇女，都不约而同地带上了自己所持有的最先进的枪支，并且把它挂在身上最显眼的位置。美国枪击案件在 20 世纪 60 年代以来总是不断发生，而且越来越严重。2007 年弗吉尼亚理工大学枪击惨剧导致 32 人死亡。据路透社报道，在 2015 年当中，美国发生的枪击案超过了 350 起。平均每天有一起超过 4 人丧生的枪击案件。

美国之所以枪击案泛滥成灾，是因为在美国持枪是受宪法（第二修正案）保障的公民权利。1791 年，美国《权利法案》第 2 条规定："……人民持有和携带武器的权利不受侵犯。"根据这一法案，在美国没有重罪记录的成年公民都可以获得枪支并长期持枪。如，美国公民或移民签证者、绿卡持有者可以购买枪支；非移民签证者，如学生、商务、上班工作者群体，在所在的州超过三个月后，只要有狩猎执照和 SSN，就可以购买长枪；年满 21 岁可以购买手枪；年满 18 岁可以购买长枪；私人之间不可以跨州买卖枪支，必须通过有执照的销售商；个人可以通过网上订购枪支，但必须在本州有执照的销售店取货；一些枪支管理法律不够严的州，交钱填表经过选择还可以买到任何轻武器，包括机枪、全自动步枪、短枪管步枪；一些枪支管理法律较严的州，在考了枪牌以后也可以购买这些武器。这就可以看出，在美国，几乎家家户户可以像购买面包、咖啡、衣服、汽车、菜刀之类生活物资一样购买枪支。有人戏说，在美国"买枪如买菜，超市就能买"。据 2016 年的有关资料显示，全美私枪保有量当年就超过了 3 亿支。所以，美国基本上是一人一枪。而且由于枪击案不断发生，美国公民都企图买枪自卫。美国联邦调查局公布数据显示，2015 年年底的"黑色星期五"，他们接到的购枪申请打破历史纪录。当天平均每秒处理两个购枪背景审查申请，总共处理了 185345 个购枪审查申请，比 2014 年同期增加了 5.5%。由于私人枪支的普及，所以在美国对于一个有心肇事的持枪者来说，枪击他人就好像拿把菜刀割草一样随时随地可以进行。近几年来，有美国组织提供数据表明美国每年死于私枪的人数超过了 3 万多。面对这一充满血腥气的枪击无辜民众的惊人数字，美国的法律为什么不禁枪呢？实际上美国的平民百姓是渴望禁枪的。2018 年 3 月 24 日，美国爆发越战之后规模最大的一次示威游行即"为我们的生命游行"。全美数百万学生、教师、家长在 400 多个城市同时举行游行，呼吁"不惜一切代价"，最终阻止枪支暴力。这次游行全球有 800 个城市积极响应，但是最终结果还是成了泡沫。美国的控枪法案，尽管数十年来不少有良心的美国人在为之呼吁奋斗，但至今没办法出台。

美国的控枪法案之所以千难万难出不来，的确是因为美国的宪法第二修正案作出了"人民持有和携带武器的权利"的规定。但是，难道现在这么一个每年导致数万人死于非命的私人持枪规定就不能废止吗？回顾美国的发展史，美国历史上也废止过不合时宜的法律。1619 年第一批非洲黑人奴隶来到了美国弗吉尼亚，这标志着黑奴贸易在美国的开始。由于买卖黑奴完完全全是对人性和文明的践踏，遭到了世界人民的强烈反对。所以到了 1865 年 12 月 18 日，美国就正式宣布废止黑奴贸易。因此，只要美国政府真的重视老百姓的生命安全，在美国废止公民私人持枪法案是完全可以做到的。美国之所以不愿意就私人持枪作出决定，这是因为美国上层人物知道，禁枪将不仅影响到美国那些进行枪支销售与生产的大资本家巨大的物质利益，而且影响到与枪支生产销售商们利益捆绑在一起的拥有 500 多万会员的美国全国步枪协会，甚至影响美国最高统治集团。美国全国步枪协会已涉足美国政治领域，他们通过向美国高层政治人物捐献竞选资金直接影响美国总统和美国最高法院法官的竞选。所以得到美国全国步枪协会实惠的美国总统们和最高法院法官们自然而然地支持全国步枪协会反对禁枪。这就是美国的私人持枪法案尽管几十年来造成血流成河、尸骨成山却仍然能继续执行，禁枪法案百姓千呼万唤却始终难以出台的根本原因。由此看来美国的现行法律究竟是有利于平民百姓，还是有利于美国最高统治者以及利益集团，是否公平，是否正义，不是一清二楚了吗？

评价一种法制是优是劣，还要看执法者执法的立场与态度，看执法者是站在维护人民利益、国家利益、民族利益的立场公正执法，还是为一己之私或者为小集团利益甚至受雇于他人而执法。如果法律是掌握在不顾人民利益和国家利益，却擅长以法谋私或为某集团谋利的人的手中，那么法制对于一个国家和人民大众有什么意义呢？我国香港在2020 年之前的法制情况就充分说明了这一点。

作为中国领土的香港在 1842 年至 1997 年这 155 年间曾受英帝国的殖民统治。1997年 7 月 1 日，中国政府对香港恢复行使主权以后，中国政府对香港实行"一国两制""港人治港""高度自治"的基本国策。由于香港临近回归时当进的港英政府并不想让华人掌握太多实际权力，便以"聘用原资深法官有利于'一国两制'的实施及维护香港交接前后的社会稳定"为借口，坚持让香港特别行政区基本上全盘接收了原香港的法官队伍，致使香港地位最高的终审法院 22 位法官中，包括首席法官、常任法官、非常任法官在内共有 20 人为外国籍，其中英国籍的 15 位，仅有 2 人为中国籍。尤其是终审法院司法常务官为外籍，香港高等法院法官 53 名，香港区域法院法官 40 名，其中大多数为外籍。从法官产生的环节看，新法官虽然是特首任命，但却是由现任法官和法律界知名人士提名推荐，立法会的通过和全国人大常委会的备案基本就是走形式。至于法官的免职，则只能由法官组成的审议庭审议通过之后才能决定，由于香港现任法官大部分为外籍人士，法官的任免从实质看也不是由现任香港特区政府及全国人大常委会所决定。而这些从港英政府手中接收执法权的法官们仍然按照原港英殖民政府的价值观践行法律，他们常常是看美国英国等西方反华势力的眼色行事，大有唯恐香港不乱之势。

2014 年 11 月，一些"港独"分子打着"普选"的旗号叫嚣要占领作为香港象征的中环，发起非法"占中"运动，这实质上是一次带有"港独"性质的活动。时任警司朱经纬到旺角执勤维持秩序，其间一位男子在施暴时被朱经纬强行制服，然而有人以这位男子手中未拿武器为由指控朱经纬打伤市民。2018 年 1 月，已经退休的朱经纬反而被香港东区裁判法院判囚三个月。判决后大批香港市民到庭为朱警官申冤，指出他是尽职尽责，法院对他的指控是不公正行为。香港警察队员佐级协会发表声明，斥责法院判决"严重打击前线人员士气"，感到"极度失望"；警司协会也严肃指出法院的判决有失公正。

2018年10月6日，一位的士司机途经深水埗时遭到暴徒疯狂殴打，受伤严重送医院治疗，并一度传出病危消息。警察事后拘捕了两名涉案者，其中一名被指控有"参与暴动""伤人"等三项罪状。但是，案件在裁判法院审讯时，主任裁判官钱礼批准被告只需保释候审。

2019年，香港围绕《逃犯条例》修订（简称"修例"）发生了一场大的政治风波。2019年春，香港特区政府根据香港特区《逃犯条例》存在漏洞，香港已成为境外一些犯罪分子逃避法律制裁的避风港的实际，提出修订《逃犯条例》以堵塞这些法律漏洞。香港一些反对分子勾结美国、英国的反华势力发起反"修例"运动，他们发布恐吓言论，组织集会，制造社会冲突。6月9日甚至有暴徒冲击立法会伤害警员。特别是6月以来香港发生了几次大规模游行，一些游行活动甚至已演变为打、砸、烧，堵塞机场、地铁及街道交通，破坏机关上班、学校上课、商店经营等社会秩序的暴乱。而且尽管特区政府做出决定暂停"修例"后，这种暴乱仍然愈演愈烈。反"修例"实质上已演变为又一场搞乱香港、对抗中央、推动香港"独立"的背离国家民族利益的政治动乱。在这次反"修例"暴乱中，香港法院再次明目张胆地表现出对外国反华势力、"港独"分子及暴徒们的宽容与支持，对不忘祖国、支持特区政府、反对暴乱人士情感上的仇恨和行动上的打压。这些"钱礼法官"们不止一次给人们上了"司法双标课"，这就是几乎每天都上演为制止暴乱"警察抓人"，为支持"港独"、搞乱香港"法官放人"的"捉放曹"戏。从反对派立法会议员郑松泰、谭文豪、许智峰等人到"港独"头目黄之锋、周庭、林朗彦等再到参与暴力示威活动的暴徒们，香港法院能保释则保释（据媒体报道被警方拘捕的2000多暴徒绝大多数处于保释状态），不能保释也从轻处罚。

所以，2019年10月17日《北京日报》客户端发表文章认为，"香港法官的立场可以总结为：对待'港独'分子和暴徒如春风般温暖，对待香港警察如寒风般凛冽！""事实已经证明，香港外籍法官制度已经成为香港的一大公害，甚至可以毫不讳言地说，这一制度已经成为乱港分子嚣张的重要原因"。

香港的实际说明，深受西方资本主义世界影响的香港法制实质保护的是西方反华势力，抑制的是香港特区政府、执法警察及所有爱国爱港人士为维护香港稳定发展所作的努力。这完全是颠倒是非，混淆黑白。香港这样的法制，尽管它标榜是当时世界最"完备的法制"，这种"完备"于民何用！于国何用！

概括上述，"中国传统文化陷阱论"在法制问题上肆意诋毁中国吹捧西方的种种论调，无不是一堆堆散发出阵阵臭味的垃圾，把它们扫进垃圾堆，还大地一个清白吧，以免它们继续误导民众！

24 　不平等，是中国文化之过吗？

　　袁伟时先生在他的《中国传统文化的陷阱》文中批评中国的"道德规范也有很大的缺陷"。他说，"进一步考察这些（道德）规范的内容问题就出来了，儒学的核心是仁义，用《中庸》的话来说：仁者人也，亲亲为大。义者，宜也，尊贤为大。讲人不是讲人的平等，而是将亲情摆在首位；义的内容拐个弯变为尊重别人"。袁文还说，"我们的道德是以三纲为基本架构的，没有人际的平等"。由此看出，袁先生是把是否平等作为衡量一种道德规范是否先进的标志，他认为中国的道德是不讲平等的，西方文化是讲平等的，所以中国的道德规范落后于西方。

　　尹胜先生在他的《我为什么要彻底否定中国传统文化》网文中与袁伟时也同唱一个调子，他说，"自由平等是天赋的人权，民主的核心是自由平等"，中国"古汉语中连自由平等的词汇都没有"，所以"我要反传统文化"。

　　袁、尹二公这种观点是值得商榷的。

　　首先，我想问二位先生是否弄清楚什么是平等？这个概念缘何而来？平等本是一个佛教名词，意谓无差别，"佛言众生平等或公平"，引申为指一种人与人之间的关系；多指人们在社会、政治、经济、法律等方面具有相等地位，享有相等待遇。西方的平等观念萌芽在古希腊时代。15—16世纪文艺复兴时期，新兴资产阶级的早期思想家们强调个人主义、人本主义，宣扬男女平等、人类平等。在17世纪欧洲掀起的反封建、反教会的资产阶级启蒙思想运动中，法国的孟德斯鸠、伏尔泰、卢梭等启蒙思想家为批判封建和宗教神学，提出了天赋人权理论，认为人生来就是自由和平等的。主张"人人自由，人人平等"，"法律面前人人平等"。这些思想写进了法国资产阶级革命的纲领性文献《人权宣言》中，标志着西方平等学说的确立。欧洲新兴资产阶级的思想家们之所以当时要大力宣扬人权、自由、平等，是因为欧洲中世纪极度黑暗。17世纪的欧洲，封建制的庄园式自然经济已进入晚期，以地中海为中心周边出现了一批商业城市。然而这个时代欧洲政治非常黑暗，封建等级森严，大大小小的封建主构成了公—侯—伯—子—男的公爵制度，教皇、国王以下是公爵。骑士是最低级的封建主。在思想文化方面，教会掌握了世俗权力，并实行非常严厉的统治。教士不能结婚，主张禁欲，严格控制科学思想的传播，并设立宗教裁判所惩罚有反宗教行为的所谓异端。学校教育也服从服务于神学。正是为了消除这种黑暗，启蒙运动的思想家们提出天赋人权理论以否定封建制的天赋神权。所以自由、平等、人权这些新口号，是当时新兴资产阶级否定黑暗欧洲封建暴政的思想武器，其目的就是使新生的资本主义经济在封建庄园经济中争得自由发展的空间，新兴资产阶级在严格的封建等级制统治下能自由发展并拥有与封建主平等的经济政治权利。

从法国资产阶级启蒙思想家们提出平等口号的动机与效果来看，平等首先是作为一种政治经济制度或权利提出来的。从字面来看，这当然能引起一切尚未站在社会政治经济上层但又有着这种强烈愿望的人尤其是还处于社会最底层的人的强烈共鸣。做臣子的也想拥有与帝王平等的权力，做下属的内心也渴望与上司同样享受威严与荣华，贫困者更希望与富人平等享用社会财富。所以平等、自由、人权这些口号毫无疑问会得到处于社会中下层民众的拥护与响应。从资产阶级民主革命的实践看，这些口号对于当时动员新兴资产阶级团结起来去从封建王朝手中夺取民主、自由、平等、人权的确起了重大作用。

但是，由于平等这些政治口号是资产阶级在特定时期出于自身利益而提出的政治目标，它本身就有着深刻的时代烙印和阶级局限性，所以当资产阶级以平等为武器向封建主要平等时，一方面它破坏了封建统治阶级享受到的平等，另一方面它又在资产阶级内部及资本家与职工之间制造了新的不平等。英国通过资产阶级革命建立了世界上第一个君主立宪制国家，在确立议会主权的同时保留了君主。国王处于"统而不治"的地位。到 20 世纪初欧洲所有剩下的国王都是立宪的君主。

他们虽然形式上是国家最高领导人，但又或多或少受到法律的制约。所以对比过去，立宪制国家的君主们都会感到不平等。然而对比国内的老百姓，他们对财富的占有比普通百姓多得无法计算。如英国王室年度报告显示，英国女王 2012 年年薪是 3100 万英镑，2014 年增加到 3789 万英镑。女王这些年薪从何而来呢？原来英王乔治三世在 250 年前和政府签署协议，将几乎所有皇室产业都交由政府经营管理。这些产业包括伦敦中央地带的无数地产，遍布全英各地的十几家大型商业中心，14 万多公顷的土地和森林，英国一半以上的海滩以及矿产、风能发电等各项组合投资，总值达 81 亿英镑。女王母亲伊丽莎白王太后生前最喜欢的梅伊堡出租一个周末 5 万英镑。皇室的两块世袭领地，一块是女王专属的兰开斯特公爵领地，面积达 18700 公顷，内有古城堡、大片的耕地和森林及矿藏；另一块是查尔斯王储所属的康沃尔领地。两地价值达 4.3 亿英镑，连经济情况不是很好的 2012 年两地的经营收益也达到了 1250 万英镑。而英国 2017 年人均 GDP4.09 万美元。无疑英国王室与英国中小资产阶级、农场主以及普通城市居民有着巨大的财富差别。2018 年英国富豪排行榜提供，英国拥有 15 亿美元以上的富翁有 57 人，100 亿美元以上的 7 人，其中莱恩·布拉瓦特尼克达 204 亿居首位，大卫·鲁宾和西蒙·鲁宾兄弟及欣杜贾家族拥有 191 亿美元，居第二位。试想在财富极度不均的国度里还有平等可谈吗？

下面我们再看看作为现代资本主义世界之代表的美国是个什么状况。美国总统奥巴马在位时年薪 40 万美元，当时约合 250 万元人民币。美国 2017 年人均收入 57765.5 美元。总统的年收入相当于 7 个普通民众的收入。可见美国总统的收入与普通百姓经济收入也没有实现平等。美国是世界上亿万富翁最多的国家。2018 年世界十大首富排行榜中有 7 位来自美国，前三名更是被杰夫·贝佐斯、比尔·盖茨和巴菲特占据。而前 10 位美国最有钱的人的身价之和达到了惊人的 7093 亿美元，在世界所有国家 GDP 排名中可进入前 20 位，真正达到了富可敌国的程度。由此可见美国人的经济平等仅是一句空话。

那么美国人在政治上是否平等呢？以选举权为例，美国法律规定人人有选举权或被选举的权利。比如选总统，法律规定只要是符合美国本土出生、年满 35 岁、在美国至少已居住 14 年这三个条件，竞选上了就可以当总统。从条文看，美国对关于竞选总统的条件对美国大多数国人似乎是平等的，但这个条件又剥夺了 35 岁以下，不是美国本土出生，在美国未住满 14 年这部分国民竞选总统的权利，而且美国是个移民国家，所以剥夺被选举权的这部分人数额相当大。这个法律规定对具备三项总统条件的这部分美国人是否平等呢？回答是否定的。因总统要通过竞选选上才能算数，要竞选就要做铺天盖地的宣传，要做没完没了的演说，要千方百计拉选票，而且只有在主流媒体上狂轰滥炸才能被民众了解并获得民众支持。奥巴马竞选总统花了 7.29 亿美元，四五十亿人民币。所以具备竞选总统资格的这些美国人中有多少人有这个经济条件呢？这又从更深层次告诉世人尤其是那些对美国选举制度顶膜礼拜的人们，美国选举制度的平等是多么虚伪！

当今世界贫富悬殊现象越来越严重化。巴西是南美洲一个很富裕的国家。2015 年上了福布斯全球亿万富豪榜拥有 10 亿以上净资产的有 50 个巴西人。其中排第 26 位的啤酒商豪尔赫·保罗·雷曼净资产 250 亿美元。这些富豪拥有的豪华别墅、游艇、飞机、豪车及金银珍宝难以计数。然而那里的穷人是个什么情况呢？2018 年《TOP 旅行》杂志发表了一篇文章《天堂地狱一念之间——来自里约贫民窟的真实影像》。文章首先介绍巴西著名城市里约，"上帝花了六天时间创造世界，第七天创造了里约热内卢，里约曾经是巴西的首都，是巴西乃至南美的重要门户，也是经济最发达的地区之一，而位于里约耶稣山的国际性地标基督像也是世界新七大奇迹之一，而你未必知道的是这座城市里无时无刻不在上演着极度奢华与极端贫困的巅峰对决"。接着文章作者介绍了里约贫民窟的情况，"贫民窟又称为贫民区，一般指穷人居住之地，联合国人类居住规划署将其定义为'以低标准和贫穷为基本特征的高密度人口聚居区'，自 19 世纪 20 年代首次出现起，贫民窟一词一直用来指最恶劣的住房条件、最不卫生的环境，这里是犯罪、卖淫嫖娼和吸毒等一系列非法活动滋生的摇篮，甚至是多种传染病肆虐城市的传染源，可以说贫民窟是一个同安全健康毫不相干的地方"。接下来作者记述了自己进入里约贫民窟用相机拍摄到的贫困情况，"也许你也在《速度与激情 5》等好莱坞大片中看到过这些贫民窟的标志性画面：崎岖的道路，密密麻麻的砖瓦房，沿街臭气熏天的下水沟和被五花大绑的电线杆，远望这些山寨，毫无章法的搭建，密密麻麻得让人喘不过气来。当然，现实的贫民窟和电影里比起来差别真的不大，这里的生活环境仍旧恶劣，大部分居民的房屋里只有一张破床、一台电视，甚至一台电风扇在这里都属于比较奢侈的电器。而这里也并非像很多国产片中仅仅是为了拍摄电影某个剧情而特别搭建的一个区域，住在这里的家庭大多六七口同住一室，有些穷人只能用铁皮和木板搭建临时的简易房，狭窄得连伸展双臂都很困难，一直以来它都是如此真实地存在"。"有超过 200 万人以贫民窟为家，生活在这个被高速发展的都市所遗忘的角落"。巴西真实的贫民窟实况就是这样。其实我本人 2013 年到巴西登耶稣山时也近距离看过这个贫民窟的概况。一眼望去，那些五颜六色的如蚂蚁般密密麻麻的木板房、铁皮房、蒙布房乱七八糟地黏附在耶稣山的山坡之上，几乎不着边际；斜挂在如蜘蛛网一样的电线上的那些破布条破纸条使人眼花缭乱；一阵风儿吹过，偶尔闻到的那股酸臭味使你只想早点离开。而使人感觉到最有讽刺意味的是作为世界新七大奇迹之一，耸立着西方最受信仰最受人崇拜的基督像的耶稣山边却还存在这样规模巨大的贫民窟，西方民众心中的上帝没能消灭人类的贫困，也没能消灭人间的不平等。西方从 1789 年法国资产阶级革命颁布《人权宣言》提出自由平等目标至今已 230 年之久，在富得流油的耶稣山边却还有如此的贫民窟，可见西方的平等除了口号还是口号而已！

分析当今世界人们现实生活中存在的各种提倡平等的观点，可以看出平等是极度有限的，离开了特定的社会历史条件，可以说提倡平等几乎没有多大的实际意义。

比如提倡每个社会成员都应该享受平等的物质生活保障水平，这可行吗？实际上，只要社会存在财产私有制，对物质的占有及生活的不平等就必然存在，前述英国、美国、巴西的情况就说明了这一点。而且如果把物质利益平等过于绝对化，又会陷入绝对平均主义，这反而不利于鼓励人们为创造更多财富不断地奋斗，从而不利于文明的发展。

再比如提倡人与人之间政治权利平等。只要这个世界还有私有制，还存在国家，还存在社会分工，也就是说还有不同层次不同领域的社会公共事务；另一方面人的智能及思想道德水准还存在差别，人的个人欲望还有高低之分，这种政治上的完全平等就不可能实现。比如说人人希望当总统当君主当总理当省长州长市长，这可能吗？刚入校的大学生们都希望像袁伟时和端木赐香二位老师一样当教授、一样主讲教堂，如果满足学生们的要求两位老师心里服气吗？而拒绝满足学生们的要求对他们来说不也是一种不平等吗？所以，政治权利平等也不可能绝对化。

还有人说平等可以理解为人们平等拥有实现自己愿望、促使自己幸福的权利。这实际上也是脱离实际的。因为人的愿望，对幸福的追求既不一致又无止境。如青年学生们对接受教育的愿望，有的想上大学进而读硕士读博士，有的想去国外，但若满足了一部分人实现各自愿望获得了各自幸福的权利，也意味着对平等地遵守教育规则和平等地享受教育资源和教育物质保障的破坏，从而又形成了与其他人的不平等。

还有人说平等应理解为是机会的平等。比如职业选择、个人升迁、入学、就医等，但这些社会行为都附带有很多相应条件，如职业与职位升迁有年龄、文化、经历、技能、专长的条件要求，入学有经济与文化基础要求，就医有经济与身体条件要求等。所以机会对于具备这些条件的人平等时，对不具有这些条件的人又不平等，因为它使这一部分人又失去了机会。这就如美国的总统选举一样，仅给了 35 岁以上的美国人竞选总统的机会，却剥夺了 35 岁以下的美国人参与竞选的机会。能说这是平等吗？

"法律面前人人平等"是西方最响亮的政治口号，也是 18 世纪法国资产阶级革命纲领《人权宣言》的重要内容。《中华人民共和国宪法》也有这一规定。这一原则的实质是指任何人不论其身份地位如何，在法律面前是平等的，不允许任何人有超越法律之上的特殊权利。所以提倡这一原则对于推进我国依法治国具有重大意义。而对于西方而言，一方面资产阶级提出这一口号是对封建阶级特权的彻底否定，这无疑是一大社会进步；但另一方面，这一法定原则强化了资产阶级法律的权威性，而资产阶级法律是对资产阶级占有财产政治权利的一种保护。所以这一原则又强化了资本主义社会中资产阶级与工人群众的不平等，维护了资本主义社会的两极分化。

那么西方世界的平等到底是怎么一回事呢？有人用下面这个故事做了注释。俄国作家屠格涅夫有一次在街上散步，一乞丐跪倒在他面前向他乞求道："先生，给我一点食物吧！"屠格涅夫搜遍全身无一点可充饥之物，只好说："兄弟啊！对不起！我没有带吃的！"这时，那乞丐站起身，脸上挂着泪花，紧握着作家的手说："谢谢你！我本已走投无路，打算讨点吃的后就离开这个世界。您的一声'兄弟'让我感到这世界还有真情在，你给了我活下去的勇气。"这个故事说明，在西方，平等就是一种人与人相互之间的尊重，一种人的尊严的体现；这当然也有一点意义。但是如果平等仅停留在这个层面，如果不与人的政治经济权益的平等相联系，那意义就显得太浅薄了。

由上述来看，西方世界推崇的平等好比小朋友玩泡泡枪，吹出的小水泡漫天飞舞，在阳光的照耀下五彩缤纷，但当你伸手去抓时，不管你怎么努力却都是一触即破，最后一个泡也未能抓住。所以尹胜先生宣扬要把西方世界在几百年前吹嘘的一直是虚无缥缈的平等当作一种普世原则，给人的印象除了虚伪还是虚伪外，到底还有多大意义？至于袁伟时先生认为中国文化讲究亲情、尊重贤者是不讲人的平等，这既是一种概念混乱，又是一种几乎野蛮落后的主观推断，因重亲尊贤本身就是社会进化的产物，是一种文明行为，更是中国文化优越于西方文化的重要标志，怎么能由此否定中国文化落后于西方文化呢？

25 鸦片战争失败是中国文化之过吗？

袁伟时先生在《中国传统文化的陷阱》文中说："1840 年鸦片战争失败了，但是英国不是用铁甲舰把中国打败的，那个时候它的军舰还是木头造的，15 世纪郑和下西洋的时候，中国的造船技术已经是世界一流的了；到了 19 世纪，却被别人打得一败涂地。中国传统文化是优秀的，有很多珍宝，然而为什么社会转型这么困难，没有产生出现代经济？为什么没有产生现代科学？这是一个问题。"联系上下文，袁伟时认为鸦片战争的失败、中国近代社会转型的困难、没有产生现代经济，是中国传统文化落后所致，这种观点是经不住推敲的。

一、鸦片战争失败是人为的偶然性

首先，我们分析一下鸦片战争到底该不该失败。

1839 年 6 月，受道光帝派遣，林则徐在广州虎门销毁了英国走私入境的鸦片近 2 万箱，237 万余斤，随之宣布封港，断绝和英国的贸易往来。1840 年 1—2 月，英国政府为了彻底打开中国贸易市场，以林则徐虎门销烟为借口，决定派出远征军侵略中国。6 月，英军舰艇 47 艘，陆军 4000 人抵达广东海面，随即封锁广州海口，鸦片战争爆发。但英军到达广州海面时发现林则徐已备战在先，便改变战略，绕过广州北上，7 月强占浙江定海（今舟山）作为前进据点。8 月，英军抵达天津大沽口外威胁北京。本来主张对英作战的道光帝，慑于英军兵威，抗英思想动摇。他于 8 月 21 日在批答英国国书中，令时任直隶总督的琦善转告英人，允许通商和惩处林则徐，企图以此求得英军撤至广州。10 月，他派琦善南下广州与英军和谈，并任命琦善署理两广总督。禁烟与备战抗英有功的林则徐、邓廷桢则被革职。琦善到职以后，与英军谈判拖延时间，清廷则下令沿海各省督抚设防海口，并令伊里布率兵至浙东，准备收复定海。1841 年 1 月 7 日，英军失去和谈耐心突然发起广东虎门之战，攻占虎门大角、沙角炮台。清兵伤亡 700 余人，毁坏舰船 11 艘。琦善向英军做出让步，赔偿英军 600 万银圆，并同意将香港割与英国。英国军队随后便强占香港。

1841 年 1 月中下旬，道光帝因对英军侵略虎门及琦善在与英军谈判中的失利极度不满，又立即下令对英宣战，派侍卫内大臣奕山为靖逆将军，并从全国各地调兵万余人赴粤作战。2 月下旬，英军攻陷虎门及沿线各炮台，5 月下旬，英军向广州发动进攻，攻占城东北炮台及要地，用大炮远轰广州，18000 多清军退回城内。5 月底，广州两万多民众在三元里围攻英军，英军惊恐万分，逼迫广州知府强行解散了抗英队伍。

1841 年 8 月 21 日，英国军队舰船 37 艘，陆军 2500 人，离开香港进行第二次北侵，后英军增兵至 7000 余人，先进攻福建厦门，占据鼓浪屿（第三次厦门之战），8 月英军再次侵入浙江定海、宁波。1841 年 10 月，英军因兵力不足，停止进攻等待援军。

1842 年 3 月以后清军拟组织水陆反攻收复失地宁波、镇海、定海。结果失败。6 月底英军趁势攻入长江门户吴淞，攻陷镇江。8 月 4 日英军直逼南京。1842 年 8 月 29 日，英军逼迫清朝政府与英国订立了丧权辱国的不平等条约《南京条约》。

第一次鸦片战争中国就这样失败了，这是无法挽回的历史悲剧。但中国军队在这场战争中的失败是否具有历史必然性呢？我的回答是否定的。分析鸦片战争的全过程及清政府在这场战争中失败的原因就可以看出，这场战争既有后来已成为英胜中败这一历史现实的可能，也有可能出现与已成历史事实相反的英败中胜的结果。

分析清朝政府在鸦片战争中失败的原因，就可以发现这场战争的失败完全具有偶然性。

1. 清政府一开始就是以一种轻蔑的态度对待英军的侵略，因而对英军发动侵华战争从思想上、政治上、军事上没有任何准备

鸦片战争以前，清朝政府由于不了解世界发展大势，故一直以"天朝大国"自居。在清政府的眼中，英国不过是对中国不构成任何威胁的西方的蛮夷而已。因此清朝政府在英军挑起战争之前，除林则徐在广东、邓廷桢在厦门对英国发动侵略战争有所警惕并有一定准备外，其余从中央到地方尤其是其他沿海城市思想及军事准备严重不足，故当英军绕过早已备战的广州、厦门北上时，所攻之处都因备战不足以致被英军轻而易举攻城略地。而凡有战争准备的地方，英军都受挫折。鸦片战争第一阶段，英军主力部队先到广州，因林则徐早在此招募兵丁，整修炮台，英军副总司令义律通过望远镜看了看虎门新增的 200 多名西洋大炮，知道虎门早有准备，便采取先不打广州而北进的战略。英军到厦门时见厦门守军防备较严也放弃进攻继续北上。英军先后多次进攻台湾，因台湾战备充分使英军进攻多次损兵折将始终未能如愿。英军第二次攻打厦门时，遭早有准备的清军抗击，付出了被打沉 6 艘战舰的代价。假如清政府对英国早有了解，对英军的侵略早有防备，何至于会使英军这样轻而易举获胜！

2. 全局把握上严重失误，战和不定

鸦片战争爆发以后，清朝高层在对英战与和的问题上有两派。湖广总督、禁烟钦差大臣林则徐，两广总督邓廷桢，江苏巡抚兼署两江总督裕谦，福建水师提督陈化成等人主张坚决抗战；而军机大臣穆彰阿、直隶总督琦善主张和谈。道光帝因支持禁烟故首先支持抗战，但 1840 年 8 月当英军北上攻陷定海抵达天津大沽口威慑北京时，道光的主战思想动摇。他把主战派林则徐、邓廷桢停职查办。其间林则徐不顾个人安危，两次向道光帝奏报，提出加快制造火炮和舰船，组织民间义勇军参战，全力抵抗外敌入侵等建议。此时道光帝一意求和，他听不得任何主战的建议，斥责林则徐是"一派胡言"。他派主和派琦善为钦差大臣与英军和谈，并下令当时镇守厦门的颜伯焘解散已招募的用于抗英的 1 万名地方武装。后来当琦善把香港割让给英军以后，他又因英军要求赔偿条件过高转而主战。在清军企图收复宁波、镇海、定海的战斗失败，英军攻陷镇江威胁南京

时，他在 1842 年 8 月又转而同意与英军和谈，并同意签署丧权辱国的《南京条约》。由于清政府在整个鸦片战争期间先后两次主战、两次主和，反反复复，摇摆不定，这就导致了如下恶果：使朝野上下许多人皆在揣摩皇上意图，观察风向；上层抗英意见难以统一，下层在抗英上自然会谨言慎行，行动自然迟缓，导致贻误战机。

3. 对整个战争缺乏严密的组织，缺乏统一谋划，没有形成战争合力

在战争全过程中，清政府没有从战略上做出整体部署，没有系统的作战安排，不是全国一盘棋，统一调度，配合行动。相反，面对英国侵略军的进攻，几乎是头痛医头，脚痛医脚。英军进攻哪个城市，哪个城市就是孤军奋战，缺乏政府组织的部队之间、城市之间，朝廷与地方的相互呼应，相互支援。再是由于中央没有统一的指挥部署，加之一些地方大局观念不强，出现了如下一些地方不顾全局、自作主张以图临时自保的怪现象：

琦善奉道光帝之命署理广州军务期间，英军 1841 年 1 月 7 日突然攻占虎门的大角、沙角炮台（穿鼻炮台）后，琦善不向朝廷和道光帝报告，竟自作主张同意割让香港给英国，还补偿英军 600 万银圆。香港随后即被英军占领。香港也就成为第一次鸦片战争期间英国侵略军的后勤保障基地。

1841 年 5 月下旬，靖逆将军奕山在广州与英军作战失利，奕山向英军求和，他与英军签署《广州和约》，付英军赎城费 600 万银圆，赔偿英国商馆 30 万银圆损失费，条件是英军撤出虎门以外。然而，狡猾的侵略军得到巨款以后，立即置协议于不顾，又发起对清朝的进攻。

在 1841 年 8—9 月，英军再次北上攻打长江门户吴淞时，江南提督陈化成率军坚守西炮台，两江总督牛鉴却自作主张欲下令撤退向英军求和，遭到拒绝后牛鉴率 2000 多清军放弃东炮台逃走，致使陈化成守的西炮台因孤军无援被攻破，吴淞因此失守。从此英国侵略军舰船可以在长江内河长驱直入我国腹地。

1842 年春英军进攻镇江，英军 6000 余人与镇江城外绿营守军激战多日，7 月 21 日终于破城而入与 1500 蒙古八旗兵巷战，最后镇江落入英军之手。镇江与扬州仅隔长江相望。扬州对镇江的战争却是隔岸观火，甚至与英军商谈付英军 50 万银圆，以求英军免除对扬州的军事占领。

这些现象的出现意味着什么呢？说明清朝政府由于腐败已完全缺乏对战争全局的宏观掌控。从战争全过程看清军在战场上几乎是一盘散沙。试想，假如在广州战事中没有广州地方政府两次给英军的 1200 万银圆的资助，假如琦善不擅自做主将香港割让给英军，英军舰船因远离本土缺乏基地及后勤生活物资保障，英军对这场战争的持续性是不是要大打折扣？假如扬州在战争中不是隔岸观火，能与镇江互为犄角，遥相呼应，英军占领镇江是不是要付出更大的代价？晚清政府以这种让各地自生自灭的状况独自对付强大的英军入侵，清军怎么能避免失败？

4. 严重用人不当

导致鸦片战争失败的一个重要原因是严重的用人失误。鸦片战争爆发之前，道光帝重用林则徐为钦差大臣到广州禁烟；战争初期，道光帝也支持林则徐主战的主张，并重

用支持林则徐禁烟的两广总督邓廷桢任闽浙都督负责福建浙江抗英事务。应该说道光帝这时的决策是正确的。早在鸦片战争爆发前，林则徐、邓廷桢对中英在军力上的差距与英国的殖民扩张野心有初步了解。他们在取得禁烟胜利的同时，预感到与英国将有一战。他们首先在广州积极备战，整顿部署军队，招募水勇团练数千人以增强兵力。据史书记载，林则徐还根据海岸风向及海潮规律，依据炮台在抗击英军舰船战斗中将发挥不同作用的情况，在虎门炮台共设置了 300 门大炮，派驻了 3000 余人的重兵；在澳门派驻兵丁 1300 人；在尖沙咀也派兵 800 余人，各原有炮台的防御工事也得到了加固。同时又在处于海上交通要道的官涌山上新建炮台，炮台内配置了五六十门大炮。针对原有火炮陈旧落后、射程短、火力弱的缺陷，林则徐大力购买西洋火炮，"设法密购西洋大铜炮及他夷精制之生铁大炮自五千斤至八九千斤不等，务使利于远攻"。同时，增设木排、铁链，为英军舰船制造障碍。故 1840 年 6 月英国侵略军第一批部队到达广州海面时，见林则徐已防备森然，不敢贸然而动，只能挥师北上。邓廷桢已于 1840 年 1 月调任闽浙总督，他到厦门后也是大力购置洋炮，修建炮台，招募练勇，出海巡缉，加强备战。7 月份英军到达厦门时，他亲率水师、水勇反击英军侵略。因此英军在林则徐、邓廷桢驻防的广州、厦门几乎没得到什么便宜，不得不挥师北上，八月直抵天津大沽口外。道光帝慑服于英军兵临城下，安排直隶总督琦善与英军接触了解英军真实意图。琦善作为当时的直隶总督，他原来就反对对英国禁烟，加之他管辖的京津一带军备松弛，战斗力弱，硬打硬拼不是英军的对手。琦善担心在自己管辖的京津地区与英军交战对自己凶多吉少，弄不好会身败名裂，因此极力主张与英军和谈。再者琦善对林则徐早有怨恨。因嘉庆二十五年，即 1820 年 2 月，当时林则徐任江南道监察御史，琦善任河南巡抚。由于琦善办事不力，河南境内黄河南岸大堤缺口引发大水灾，给河南百姓造成重大灾难。林则徐不惧琦善是满洲贵族的背景，向嘉庆皇帝上奏琦善无能治水不力。琦善对林则徐怀恨在心，故这次借机报复打击林则徐。他向道光皇帝汇报英军这次兴兵侵华是因对林则徐在广州禁烟不满，只要严惩林则徐，所有问题都可解决。为官刚正不阿的林则徐平常得罪的一些满洲权贵及一些主和派便趁机落井下石，诬陷林则徐。由此道光皇帝改变对英抗战的思想，他企图以林则徐为替罪羊与英国军和谈。1840 年 9 月 29 日，道光皇帝下令革去林则徐湖广总督、钦差大臣职务；第二年 6 月，又再次将林则徐"从重发往新疆伊犁，效力赎罪"。与林则徐志同道合的抗英主战派邓廷桢也被同时革职，充军伊犁。

那么，在林则徐、邓廷桢被打压后，道光皇帝重用了一些什么人呢？

道光皇帝首先重用主和派代表人物琦善取代林则徐。琦善是满洲正黄旗人，为官平庸。1819 年任河南巡抚，后被革职仅以主事衔留办管理河道事。后任两江总督、东河总督时又因治水不力而被革职。19 世纪上半叶，当英国以大量的鸦片走私进入中国导致中国白银大量流失，国人受到鸦片严重毒害，中国国内有识之士积极呼吁禁烟时，琦善却是极力反对禁烟，并成为清朝上层反禁烟派的主要代表人物。1840 年 8 月英军到达天津以外的口岸时，琦善此时在直隶总督任上已十年，然而天津防务废弛到了极点。据琦善本人对道光皇帝的奏报，"天津存兵共止八百余名，除看仓库监狱城池暨各项差使外，止六百余名，其余沿海之葛沽、大沽海口等三营，葛沽止额设兵一百余名，余二营均数十名不等"，另外，所存大炮都是"锈坏不堪用的旧炮"，"山海关一带本无存炮；现存之炮，在于报部废弃炮位内捡得数尊，尚系前明之物，业已蒸洗备用"。这说明在琦善治理下的天津防务，根本没有多少抗英的战斗力。1840 年 8 月至 12 月，琦善奉道光皇帝之令，接任林则徐担任两广总督。其职能为"总督两广等处地方提督军务、粮饷兼巡抚事"，成为广东广西的最高指挥官。他一心向英军妥协。为了讨好英军，他下令撤退炮台守军，并且尽撤了珠江两岸炮台的大炮，对猎德和可控制珠江中流主航道的大黄滘炮台一带，便是采取"沉船塞石"的消极防守办法。他还派与英军打得火热被人称为"汉奸式或烟棍式"的本地人鲍鹏向英军求和，与英军私订《穿鼻草约》，割让香港给英军，还赔偿英军银圆 600 万。此举被道光皇帝认为是奇耻大辱而将琦善革职。琦善在主政广东抗英期间，既不对下部署安排也不向道光皇帝建议怎样设法购备西洋船炮或自行仿制，以及研究抗英对策等，却无端夸大敌情，为妥协制造借口。1840 年 8 月北上天津的 7 艘英国舰船中最大的旗舰威里斯厘号不过装炮 74 门，可是琦善向道光帝的奏报中称"舱中分设三层，逐层有炮百余"。当时有朝臣唐鉴就指出，琦善的言行是在"长叛国之骄志，生汉奸之逆谋"。20 世纪著名历史学家陶元珍指出：琦善在外交方面应受责备的地方似乎比值得称赞的地方还要多，他对政府缺乏起码的诚实，对外人不免卑屈，对敌方的认识除了船炮的厉害之外是"一无所知"，对汉奸式或烟棍式的人物鲍鹏"根本就不该用"，琦善之"未能坚持禁烟是琦善外交的失败"。

奕山是道光皇帝重任的第 2 位人物。奕山是满洲镶蓝旗人，康熙皇帝十四子的玄孙，道光皇帝的族侄，任侍卫内大臣，御前大臣等职。1841 年 1 月 30 日，道光皇帝将主持广东军务的钦差大臣琦善革职后，任命奕山为靖逆将军负责广东军务。奕山却日夜饮酒作乐，花了 57 天才从佛山行至广州。佛山市区至广州市区现在距离不到 33 公里，那个时候再怎么弯曲绕道也不过七十多里。仅这一点就可看出奕山的责任心与时间观念何等淡薄！5 月 21 日，奕山在广州一带仓促组织对英战争，结果一败涂地，广州城外的炮台尽失，清军退入广州城内，不敢出战。英国侵略者占领城外的四方炮台以后，向广州城内进行炮击。而城内由于管理混乱，南海乡勇和湖南乡勇为争抢粮食发生争斗，导致城内大乱。26 日奕山派人举起白旗投降，与英军签订《广州和约》，用 600 万银圆换取英军撤兵，事后又串通广东官吏欺骗道光皇帝，谎称广州战事取得重大胜利。最后因事情暴露被道光皇帝革职。

道光皇帝错用了琦善、奕山为抗英主帅。琦善有心讲和无心对战，奕山仓促处事。二人在对英战略上缺乏全局谋划，在具体的战术指挥上严重脱离当时的实际情况，思想僵化，战术呆板，尤其是不懂得依靠人民的力量打击侵略势力。鸦片战争的失败与错用这些人有很大的关系。

5. 严重敌视人民群众，不依靠民众力量抗英

战争的胜负，人心的向背是个重要因素。特别是在敌强我弱的形势下，充分发挥多方面的积极性，依靠广大民众的力量，尤其是发挥当地民众熟悉情况了解地形等特点，就可以扬长避短，以弱胜强。在鸦片战争初期，林则徐对发挥人民群众在抗英战争中的

作用有着十分清醒的认识。他在广州抗英时，提出"民心可用"，他还谕令各地民众自卫保家，如遇敌人来犯，"许尔人人持刀痛杀。凡杀死白鬼一名，赏洋一百圆；杀死黑鬼一名，赏洋五十圆。如持首级来献，本部堂验明后，即于辕门立时给赏。擒夹鸦片之侦船者倍之，擒及杀死鬼夷官者又倍之。如能夺其炮位，亦照炮之大小，分别给赏"。林则徐充分肯定群众抗英的力量，他说："察看内地民情，皆动公愤，倘该夷不知改悔，唯利是图，非但水陆官兵，军威盛壮，即号召民间丁壮，已足制其命而有余。"为弥补清朝八旗兵战斗力不强的问题，当时，林则徐在广州招募壮丁共 5000 多人组成团练、水勇的抗英队伍，台湾也组织了 6000 人的队伍，厦门甚至组织了上万人的抗英队伍。在林则徐领导抗英期间，广州人民群众已发动起来团结抗英，主动打击敌人，有的提供英军情报，形成了一支重要的抗英力量。

1841 年 5 月英军又攻陷临近广州的四方炮台，奕山以赔偿英军 600 万银圆的代价与英军签订《广州和约》时，广东一带的义军仍不断对英军展开进攻。5 月 30 日，占据广州四方炮台的英军到三元里抢掠财物，强暴妇女，当地人民奋起反抗，打死十余名英军。次日，三元里附近 103 个乡的群众聚集，将英军引诱至牛栏岗予以包围，义军们手执大刀长矛锄头等武器英勇作战，歼敌 200 余名，抓获 20 余人。英军司令卧乌古亲率大队英军来接应，在连山遭义勇军痛击溃败。直到英军再派了大批增援部队到达后，才将被围困的英军解救回四方炮台。5 月 31 日，番禺、南海、花县数万乡民高举长矛、大刀、锄头再次包围四方炮台。英军惊恐万分，向清军奕山求救，奕山为讨好英军，派广州知府余保纯强行解散义军队伍，英军在余保纯的护送下才得以退回军舰。

1841 年英军侵占定海、镇海、宁波以后，四处骚扰，烧毁房屋、抢劫金钱、奸淫妇女、强夺牲畜，从而激起了浙东等地人民及爱国人士的强烈反抗。6 月 7 日，定海县 36 岙民众集誓订盟，"协心"杀敌，他们发出告示，号召人民用各种方式抗英。"一无成，二次再举；水战不胜，陆战再图；明不得手，暗可施谋"，"使彼有防所不及防，有备所不能备"。宁波人民也发出公启，号召"各乡里父老……各自为主，或一人而聚数十人，愈多愈好。或用暗计，或用明攻，总要把红毛夷人除灭，不在浙省滋扰人"。江浙民众还自发组织了"黑水党"，用"奇策秘术"折取英军的头颅，仅宁波一地，被擒斩的侵略军就有 42 名，使侵略者防不胜防，内心大惧，不敢复留，遂放弃宁波、定海，退驻镇海。英军攻陷厦门后，当地民众自动组织起来袭击侵略军，迫使英国军队退守鼓浪屿；侵略军进入长江后，沿江人民也以多种方式袭击敌人，阻止英国舰队前进。这里特别值得指出的是，1840 年 7 月英军占领定海之后，定海民众设法进行抵抗，他们实行坚壁清野，同时污染水源。驻定海的英国军队因得不到新鲜的食物和干净的饮水，就先后生病了，4000 人的英国军队基本上每人都病了一次，运气不好的得病两三次。其中有 448 人死亡。这也是迫使英军几个月后不得不退驻广州的重要原因。

中国历史上有很多由于民间的力量发展壮大促使改朝换代或击败敌军的事例。秦时有陈胜吴广起义；到汉朝，刘秀整合绿林军、赤眉军等农民军的力量实现"光武中兴"。东晋时期，晋武帝令谢玄招募淮南江北百姓，成立北府军。379 年，谢玄率 5 万北府兵与前秦军队作战，四战四胜，取得淮南之战的胜利。朱元璋利用红巾军的力量推翻元朝统治建立明朝。《水浒传》中也有北宋王朝借助梁山泊农民军力量消灭方腊义军的记载，虽然这只是小说所记，但至少能启示人民：民众可以组织起来形成强大的军事力量，问题只在于你利用这支军事力量去打击谁而已。鸦片战争爆发13年后的1853年，曾国藩组织的湘军后来就成为平定太平天国的主力部队。19世纪末期中国大地爆发的义和团运动，也对西方列强给予了沉重打击。

可惜满族贵族占主导地位的清政府从道光皇帝到一些主和派贵族看不到人民群众的这种力量。琦善更加仇视人民，对民众抗英的积极性大泼冷水，甚至把民众看成一支敌对的力量。他主张"患不在外而在内"，"防民甚于防寇"；他命令部下"凡有报缉汉奸者，则诃曰：汝即汉奸"；有探报洋情者则拒曰："我不是林总督，以天朝大吏终日试刺探外洋情事"，全力反对前任林则徐的所为。奕山到广州以后，同样仇视民众，极力反对动员民众投入抗英战争，他强行解散自发组织的两万多农民义军。道光皇帝也命令驻防厦门的颜伯焘解散了一万多民众组成的农民义军。英军进攻镇江时，镇江驻防副都统海龄听说吴淞失守，认为是汉人通敌，甚至纵兵杀害汉人。由于严重敌视人民群众，不相信民众的力量，故清军的作战，几乎既无外援，又失去了当地民众的支持。而且由于晚清政府腐败加深了民众与政府的对立，以致后来有的地方民众对英军的入侵表现出麻木不仁，这也加剧了清政府在鸦片战争中难逃失败的命运。

6. 战法呆板僵化，脱离实际

《孙子·谋攻》说："知己知彼，百战不殆。"《孙子·军争》也说："故善用兵者，避其锐气，击其惰归。"意思是说善于用兵的人，要避开敌人初来时的凶猛气焰，等待敌人疲劳松懈想要退兵的时候，再给予打击。中国历史上，春秋时期的齐鲁之战就是这样的战争典范，而且此类战例数不胜数。鸦片战争从国力上，尤其是军事器械装备上英强中弱，这是明摆着的事实，但是，当我们对鸦片战争的全局进行辩证分析时，就可以发现在这场战争中英军也有诸多不利因素，清朝政府如果能抓住英国军队这些不利因素，有序地组织抗英斗争，完全有可能改变失败的结局。

二、不利英军作战的多种因素

在鸦片战争中，英国侵略军面临诸多不利因素，这些不利因素完全有可能导致英军的失败。

1. 距离英国本土遥远，兵力和后勤保障运输困难

从英国在远东地区距中国最近的殖民地印度孟买港口到广州是8361公里，相当于4500海里左右。当时的军舰单只航速是每小时15—20海里，从印度到广州，需要225—300小时。由于英军是大规模舰队航行，速度相对慢些，所以第一批英军抵达广州时航行了一个月。

如果从英国本土运送增补的兵员和军火物资到广州，由于苏伊士运河直到1869年才修通，在鸦片战争期间还不能通行，因此英军必须绕道走非洲好望角，这就需要三个

月时间。

这样英军有了一个极端不利的因素，兵员补充、后勤保障因远途运输困难，所以，在时间上宜速战速决，不宜持久。如果中国方面避免正面对战，或者坚壁清野，实行持久战，不仅可以避免清军及百姓的大量伤亡，同时又会使英军的兵员补充，弹药、粮食供给极端困难。1841年8月至10月，英国侵略军攻占福建厦门鼓浪屿（第3次厦门之战）后，十余日内攻陷定海、镇海、宁波。但因兵力不足，只好停止进攻，等待援军。此后直至1842年6月英军兵力增加到7000多人后，才组织对吴淞镇和宝山县的进攻。英军前后两次大规模发动进攻的时间，相距达10个月之久。这里正好暴露出英军存在后续兵力与战争物资及时补充的困难。

2. 英军的总兵力不足以坚持打持久战和分散驻防作战

英军当时全国兵力总数是20万人左右，投入对华战争的总兵力最多时是2万人。清军总兵力有80万人，投入战争的是10万人左右。英军若集中兵力攻一城或几城，自然有绝对优势；但如果集中驻守内地一城一地或几城几域，只要本地不给英军提供后勤保障，时间久了英军生活后勤供应就很困难。如果分兵过多，又容易被各个击破。故英军北上占领的一些城镇，也先后多次放弃。而中国地域辽阔，腹地纵深，回旋余地大，就算是英军占领了中国少数城市或局部地区，也不会对中国造成致命威胁。假如清军避开与英军的硬碰硬正面交锋，在一些沿海沿江城镇实行坚壁清野，以分散英军兵力，再寻找机会各个击破；或使英军陷入欲战不能、欲退不忍的境地，都可以避免后来这种惨败的结果。

3. 英军不便在内陆地区特别是丘陵区山区及晚上用短兵器作战

英军的优势是利用"坚船利炮"实行海军和陆军的配合作战，因而最大优势是在沿海和沿江城市开战。如果清军避免在海上和在沿海、沿江城市与英军进行正面交锋，再将英军引诱至内陆城市和山丘地区，英军的军舰优势尽失，其枪炮优势就将失去大半，假如再设法把战争改到晚上和英军进行近距离用短兵器拼杀，中国军队特别是当地乡勇、农民义军，将充分发挥熟悉地形及善用大刀、长枪等短兵器的优势，英军的坚船利炮优势将丧失殆尽。

4. 气候变化、水土不合也将在一定程度上影响英军战斗力的发挥

1840年9—10月，英军抵达大沽时，清政府提出与英军和谈并要求英军退兵至广州。实际情况是英军也因疾疫流行，故同意南退至广东进行谈判。

1840年7月6日，英兵攻下定海，然而到12月间，英国数千名军人在定海都得过一次以上疫病，并病死了448人。故到了1841年2月，英国不得不放弃占领的定海。

1841年5月29日，盘踞在广州北郊四方炮台的英国侵略军进入三元里抢劫，被当地数千群众围困至牛栏岗。因天降大雨，英军枪炮火药受潮，无法发挥出威力，农民与侵略军展开肉搏战，英兵伤亡严重。

5. 失去民众的拥护

英军由于远离本土，后勤保障困难，加之西方侵略者见利忘义的秉性，故每到一

地，免不了奸淫掳掠，杀人抢劫。侵略者的暴行自然会激起民众的愤怒与反抗。在广东、浙江、福建及台湾等地，英国侵略军所到之处，当地百姓都不同程度地组织起来与其进行斗争。广州三元里两万多民众及浙江"黑水党"自发组织的抗英斗争，定海民众实行坚壁清野、扩大疫情的策略迫使英军撤退的事例，充分说明外国侵略者在有着炽热的爱国情怀的中国民众面前，总是避免不了要碰得头破血流的。

上述不利因素都可能导致英军在鸦片战争中的失败。

三、鸦片战争取胜的可能性分析

讨论鸦片战争得失时，史学界长期有人认为导致清军在鸦片战争中失败的主要原因是英国军队在装备上的优势。的确，在鸦片战争中英国军队确实有着船坚炮利的绝对优势，那么，船坚炮利是不是战争胜负的决定因素呢？回答是否定的。

16世纪初的明朝正德年间，当时的海上强国葡萄牙殖民者仗着船坚炮利，打着通商的旗号企图在深圳的屯门修筑堡垒作为据点，并派出舰队侵扰深圳南头，1521年和1522年，广东按察司按察使汪铉率领深圳军民与葡萄牙舰队在屯门海澳（今深圳湾）及茜草湾（今香港荃湾）进行激战，一举击沉了两艘葡萄牙战舰后迫使葡萄牙舰队狼狈逃窜。明朝末年的1661年，南明将领郑成功收复被荷兰人占领的台湾。当时的荷兰已经在竞争中超过了英国，甚至取代了昔日的殖民霸主西班牙；其对外贸易占到了全球的一半，成为全世界最强大的殖民帝国。在台湾的荷兰军队当时使用的已是红夷大炮，并拥有最大的军舰"赫克托"号，其装备也是坚船利炮，而郑成功军队的背景仅仅是已行将就木偏居福建江浙一带的南明政权，用的是长矛、大刀，但战争结果是"荷兰火枪败给中国长矛"。

在鸦片战争爆发43年之后的1883年，由于法国侵略越南并进而侵略中国引发了中法战争。当时法国已经是西方世界一流强国，经济、军力、军事装备方面都远远超过清朝。1885年2月，清军七十多岁的老将冯子材率军在镇南关大败法军，重伤东部法军统帅尼格里，使清军在整个中法战争中转败为胜，法国总理被迫引咎辞职。就是在鸦片战争中，尽管英军船坚炮利，台湾军民也先后5次粉碎英军舰船的进犯。战争爆发前，清台湾兵备道姚莹和总兵达洪阿就招募乡勇、水勇、屯丁6000余人，精心备战。道光二十年，即1840年7月16日，一艘英军军舰到达台湾鹿耳门外洋，被姚莹、达洪阿率众击退。1841年9月30日，英军在侵袭闽、浙沿海的同时，一艘载有274人的军舰进攻基隆。台湾守军在当地群众援助下奋起抗击，英舰被参将邱镇功开炮击断桅杆，在狼狈逃窜时触礁沉没。此战斗打死英军32人，活捉133人，淹毙或逃到荒岛上饿死75人，缴获大炮10门，仅有34人划小舢板逃脱。10月19日，英军一艘三桅兵舰进攻三沙湾，登陆后被守军击退。1842年3月11日，英军三艘三桅军舰驶入大安港。其中"阿恩号"被守军引诱至礁石区搁浅，毙敌数十人，俘获49人，缴获11门大炮等众多战利品。1842年4月下旬到5月上旬，在英军兵舰掩护接应下，由英军收买指挥的一批海盗驶船进入台湾打鼓洋、四草湖一带，被台湾水师击沉海盗船 10 只，毙俘海匪数十人，迫使英国军舰仓皇退兵。英国军队侵犯厦门时，也被颜伯焘指挥的清军击沉了 6 艘舰船。1841 年 4 月 28 日，佛山的义勇军夺回了被英军占领的位于珠江口控制珠江主航道的龟岗炮台。

上述战例说明，坚船利炮不是战争胜利的决定因素，英军"无敌"是无根据之谈。只要清军组织得力，扬长避短，完全有可能取得鸦片战争的胜利。

对于 19 世纪上半叶中国与英国的这一场决战究竟应该怎么打，有没有高明之人提出过好的建议？这里我们可以看一看魏源对鸦片战争的主张。魏源被誉为中国近代史上"睁眼看世界第一人"，鸦片战争爆发之前魏源与时任江苏巡抚的林则徐往来甚密。鸦片战争期间，他在清两江总督裕谦幕府，直接参与抗英战争，并在前线亲自审讯俘虏。因而他对中英双方的情况都有一个基本的认识，对鸦片战争中如何克敌制胜，有自己独到的见解。首先魏源认为鸦片战争要取得胜利，必须依靠人民群众的力量，在这一点上，他同林则徐"民心可用"的观点相一致，提出"义民可用"的主张。魏源从三元里和台湾等地人民进行的抗英斗争中得到鼓舞。在三元里人民痛击英国侵略者之后，他满怀激情写诗"同仇敌忾士心齐，呼市俄闻十万师"予以赞颂。魏源还在《海国图志》中写道："三元里之战，以区区义兵，围夷酋、斩夷师、歼夷兵，以欸开网之而逸，孰谓我兵陆战之不如夷者？"又说，"广东之斩夷首，捐舰者皆义民"，"两禽夷舶于台湾，火攻夷船于南澳者亦义民"。可以看出，魏源主张利用和依靠人民群众作为抵抗英国侵略军的主要力量，他的主张与投降派的"防民甚于防寇"的政策形成鲜明的对照。其次是反对"浪战"，而主张"以守为战"。魏源提出"自守之策"有二，一曰守外洋不如守海口，守海口不如守内河；一曰调客兵不如练士兵，调水师不如练水勇。他主张采取诱敌深入的策略，"设阱以待虎"，"设罟以待鱼"，即主张利用有利地形，依靠熟悉当地情况的官军及地方乡勇、水勇伏击侵略军。可以看出，魏源的这些思想非常符合当时抗英斗争的实际情况。

总之，鸦片战争失败是因为当时清政府决策阶层盲目自大，对英国的发展态势一无所知，对中国社会及民众的力量认识不足，既不知彼，又不知己；决策上和战不定；腐败严重导致用人不当；缺乏对战争全局的宏观把握，全国没有形成抗英合力；战术上呆板僵化。如果早做准备，坚定抗战决心，动员全国，在全国形成统一的抗战力量，采取切合实际的、灵活机动的战略战术，扬己之长，克敌之短，经过较长时间的艰苦奋战，完全有可能取得抗英战争的胜利。

结合魏源的战争思想，针对英军的短处，清廷必须采用新的战争方略，应该在如下几个方面努力：①变各地独自作战为全国协调集中兵力统一作战。②重用林则徐、颜伯焘等了解天下大势、主战态度坚决的优秀人才总揽战争全局。③避免在海上、江河水战，引放至陆地作战；避免沿海沿江城市作战，引敌至内陆山地丘陵地区作战；避免白日作战，提倡夜战；避免远距离作战，提倡近距离短兵器作战。④广泛发动社会基层民众参加抗英战争。大力招募乡村农民、江湖渔民组织新的武装力量对英作战。⑤避免正面阵地战，适宜伏击战、偷袭战、持久战。⑥向西方世界采购新式火枪火炮，改善军械装备。

完全可以预料，如果清政府能在抗英方略上朝上述几个方面努力，有极大的可能性打败英军取得鸦片战争的胜利。即使达不到彻底战胜英军这个效果，也不至于让英国能这么轻而易举与中国签订《南京条约》以获取那么大的利益。如果不出现第一次鸦片战争清政府丧权辱国大量赔款这一事件，国内矛盾也可能不会那么激化以致发生太平天国运动。如果在第一次鸦片战争中英国政府得不到什么甜头，也可能不会发生第二次鸦片战争以至后来的中法战争、中日甲午战争以及八国联军打进北京，中国近代史的进程也就有可能改写。所以，鸦片战争失败给中华民族带来的灾难是巨大的，其教训是极其惨痛深刻的。

分析鸦片战争的全过程，这场战争的失败，并不具有历史必然性。如果说历史发展到这个时候，中国政府的对外战争都必然要失败，那我们就无法解释明朝后期即正德十六年（1521）及嘉靖元年（1522）在深圳屯门海战中葡萄牙舰队何以被中国军队打得舰毁人亡；无法解释在同一场鸦片战争中英国军队为什么打不进台湾；更无法解释在第一次鸦片战争结束 40 多年后的清朝对西方一流强国法国的战争中，冯子材何以能取得镇南关大败法国侵略军的胜利；也无法解释，在第一次鸦片战争结束 35 年后的左宗棠何以能够粉碎英国、俄国这两个西方列强吞并新疆的阴谋，从受他们控制支持的阿古柏手中收回 160 万平方公里的国土新疆，接着又从俄国手中收复领土伊犁。这就说明鸦片战争的失败全是人为因素造成的，主要原因是清朝的腐败，道光皇帝、琦善、奕山等人的昏庸无能及卖国行为。所以，"中国传统文化陷阱论"者把鸦片战争的失败归根于中国的传统文化，这从理论到实际都是站不住脚的。

26 文化是近代中国落后于西方的罪魁祸首吗?

　　袁伟时先生在《中国传统文化的陷阱》一文中认为,世界各国都要从传统社会转型为现代社会。中国在这一转型过程中因"丧失掉很多机会"而落后了。他认为造成这种落后的根本原因在于中国传统文化的影响,他以"1840年鸦片战争失败"为例提出反问,"中国传统文化是优秀的,有很多珍宝,然而为什么社会转型这么困难,没有产生出现代经济?为什么没有产生现代科学?这是一个问题"。

　　务必指出,袁伟时先生这样提出问题似是而非。诚然,中国由封建社会进入现代社会的转型很不顺利,明显落后于西方,而且在鸦片战争中吃了败仗。但断定其根本原因在于中国文化的落后,这显然不合乎历史事实,在理论上也是不能成立的。

一、难分伯仲,转型初期中国与西方工商经济之比较

　　首先,袁伟时先生说中国由封建社会转入现代社会的转型时期"没有产生出现代经济"过于片面。什么是当时的现代经济?我理解这应是区别于作为封建社会经济基础的自给自足小农经济的新经济形态,即是代表了当时先进生产关系和先进生产力发展方向的工业和商业贸易。学界认为西方世界向资本主义经济转型即封建制农业向现代工业转型的时间是16世纪至19世纪上半叶,其进程可分为两个阶段。第一阶段是16世纪至18世纪上半叶,为准备阶段,其主要特征是手工业技术的进步、农业技术的改进和农牧产品的增长,社会分工的逐步扩大,商业资本的增加,国内外市场的形成。这一时期英国已有了大批手工场及其场主、包办商等带有资本主义性质的生产关系和生产力,有了早期的资本家和专职手工业工人及其雇佣关系,而且有了包括手工业产品和农业产品的商业贸易。第二阶段为18世纪晚期至19世纪上半叶,18世纪晚期棉纺织业生产中开始使用蒸汽机,这标志着英国工业革命的开始,社会进入向现代经济转型时期。19世纪30—40年代,蒸汽机在以纺织业为主体的工业中占了主导地位,这标志着英国工业革命的结束,英国由农业国转型变成工业国。

　　中国的纺织业在转型时期到来之前早已产生,发展到明朝中后期苏州已有了许多以纺织为业的"机户",他们开设机房,雇用机工进行生产。《明神宗实录》《苏州府志》(乾隆年版)等文献记载,"明万历苏民无积聚,多以丝织为生。东北半城皆居机户,郡城之东皆习机业"。清朝前期,苏州一地就有织机一万多台。南京、广州等地的纺织业后来又超过了苏州。南京的纺织工厂规模大的拥有织机五六百台。湖南长沙城东有条街道从明代开始叫织机巷,这里取名"织机"的原因与纺织作坊有关。明朝嘉靖年间

292

（1522—1566），这里已成为纺织作坊区。明崇祯《长沙府志》也记载，此处为纺织作坊聚集区，"终日机杼之声不绝于耳"。中国的棉纺及丝织产品明清时期曾远销欧洲。鸦片战争前，中国对英国的贸易一直处于顺差地位。而且当时江南那些水陆交通便利的地区，几乎十里就有一个市场或集镇进行货物贸易。尤其是明清时期的上海，特别经久耐用的"南京布"由上海经海路运往广州，再从广州出口，仅1786年，出口的"南京布"就达37.2万匹；不到10年，这一数字惊人地飙升到100万匹；到1820年则达到了峰值300万匹。所以19世纪初的上海，已成为一座拥有12万户居民，布业公所、丝业公所、成衣公所林立，会馆鳞次栉比，酒店商铺繁荣的名副其实的城市。这就充分说明自明中后期至1840年鸦片战争前，中国已进入产业革命和工业化准备阶段并向工业文明发展的过渡阶段。1860—1890年间晚清政府掀起的"洋务运动"中，以曾国藩为首的有识之士一方面积极引进西方军事装备、机器生产和科学技术，一方面在国内大办以机械制造业和造船业为主体的现代工业和民用工业。包括曾国藩1861年在安庆办军械所；李鸿章1865年在上海办江南制造总局，1872年在天津办电报局，同年又在上海办轮船招商局；左宗棠1866年在福州办船政局；崇厚1867年在天津办机器局；张之洞1890年在湖北办枪炮厂。这些现代工业的产生绝对不全是外来品，都是在鸦片战争前明清时期工业生产积累的结果。1881年5月中国领土上开始了第一条铁路——唐山至胥各庄的唐胥铁路的建设。1888年这条铁路延伸到天津，全长130公里。这说明此时期中国正式启动了向现代经济转型的步伐。实际上，追寻中国工业经济的发展历史，其源头可远追至新石器时代，古人在采石时不断发现各种金属矿石。他们在烧制陶器的过程中又发现了矿石可以熔化，于此便有了青铜冶炼技术的产生。随之推动了中国的制陶业及青铜、金、锡等金属冶炼业的发展。考古学家在甘肃东林县马家窑文化遗址中就发现了距今约5000年的青铜刀；还在距今约3600年的河南偃师二里头商朝早期遗址，出土了陶范、化铜炉残壁和铜渣；郑州商代前期都城周围的作坊遗址，仅南关外一处铸铜遗址面积就有1000平方米以上；洛阳北郊西周青铜炼铸遗址面积有9万至12万平方米。西周时期中国先于欧洲两千年发明了铸铁技术。春秋时期中国的冶铁产业蓬勃发展。考古发现山东临淄齐国故都冶铁遗址有四处，其中最大的一处面积40余万平方米。河北易县燕下都城址内有冶铁遗址三处，总面积达30万平方米。1000多年前，始于唐代的以浙江越窑、河北邢窑、长沙铜官窑三大出口窑瓷为代表的陶瓷业世界闻名。考古发现，当时的长沙铜官窑遗址面积沿长沙望城铜官湘江东岸覆盖10里河滨，已发现烧窑遗址19处，面积最小的300多平方米，最大的万余平方米。其产品通过海上和陆地丝绸之路远销世界各地。正如袁文所说的，15世纪郑和下西洋时，中国的造船技术也是世界一流的。以上充分说明，中国古代工业经济一路辉煌。所以说在英国工业革命前，清朝中早期的棉纺织产品能出口西方，中国已具备了现代工业经济的雏形，这是有根据的。

对比16世纪至19世纪向现代社会转型时期中国与英国的纺织业，16世纪至18世纪上半叶二者都处于手工工场时期即工业革命早期，其发展程度难分先后。两国的差别在于，1776年英国著名发明家瓦特发明了有实用价值的蒸汽机，经过一系列重大改进后于18世纪80年代投入生产。这标志着以英国为代表的西方第一次工业革命的开始。

19 世纪 30—40 年代,英国把蒸汽机广泛用于以纺织为主体的工业各生产领域。机器生产取代了手工工场生产。这标志着以英国为代表的第一次工业革命结束,英国由农业国变成工业国。1866 年,德国人西门子发明发电机,到 19 世纪 70 年代用于工业生产,包括美国、日本、德国在内的西方开始了第二次工业革命,社会向电气化时代迈进。而西方在进行第一次工业革命时中国仍处在手工工场阶段。而且中国这种工业形态由于战火及政权更替往后延续了很长一段时间,但转型期间中国已进入现代工业的准备阶段这是不争的事实。所以怎么能说 16 至 19 世纪社会转型时期中国"没有"一点现代工业呢?准确点说应是"落后"于西方而已。

中国从洋务运动开始直至 20 世纪中期新中国成立后完成"一五"计划、"二五"计划,建立工业化的初步基础时,才完成向现代工业社会的转型。这个时间持续将近 100 年。这就是说,中国启动向现代工业经济转型比英国晚了 60 年,完成转型的时间比英国晚了 110 年左右,英国用 60 余年完成了这种转型,中国完成转型则用了近 100 年。与工业的发展相关联的是枪炮器械业。中国是火药的故乡,中国早在唐朝末年就将火药用于军事。1295 年南宋晚期,南宋出于抵抗蒙古军队的需要发明了当时世界上最先进的发射子弹的枪械突火枪和火炮。这一技术不久传到了西方。由于西方长期混战,特别是欧洲列强 19 世纪末为了向世界扩张领土掠夺财富不断地发动战争,战争的需要刺激了军火技术的进步,而中国由于明清特别是 18、19 世纪社会相对稳定,对枪炮需求缺乏紧迫感,导致本来处于先进的枪械技术后来反而远远落后于西方,并由此导致中国与西方在第一次鸦片战争中处于严重被动挨打局面。西方列强却凭借坚船利炮进一步扩张领土,通过强盗式掠夺和贸易为本国工业化积累了资金并开拓了世界市场,从而造成了中国与以英国为代表的西方在向现代经济转型上差距的不断扩大。

二、西方的血腥侵略与掠夺是中国社会转型落后的罪魁祸首

下面我们具体探讨造成中国由传统社会向现代社会转型落后于西方的真正原因。

根据辩证唯物主义的历史观,分析一种社会现象及其发展变化,必须从这个社会自身与外部的相互关系来考察。任何社会的矛盾运动规律是:经济基础决定上层建筑,上层建筑反作用于经济基础。上层建筑是建立在一定经济基础之上的思想意识形态以及与之相适应的政治法律制度、组织等。在上层建筑诸因素中,对经济基础能产生近期影响的是属于政治因素的政策法令,文化对社会、对国人的影响是长远的、潜移默化的;而在同一历史阶段,文化对经济的影响却远不如政治制度、法制、政策那么直接。中国社会的进程到 18 世纪下半叶已近五千年之久,在此之前中国社会的发展总体上先于西方,这近五千年的实践充分说明中国的文化总体上是先进而优秀的文化。这是不能把中国在晚清时期落后一两百年的主要原因归结于中国文化的根本理由。

仔细分析中国近代社会这段历史,造成中国向现代社会转型落后于西方的直接原因是如下几个方面。

1. 外国侵略者对中国发动的一系列侵略掠夺是造成中国转入现代社会落后于西方的最根本最直接原因

如前所述，英国在瓦特发明的蒸汽机没有大规模用于工业生产之前，也就是在18世纪80年代之前，中国与英国同处于工场手工业阶段，中国与西方经济发展水平大体不相上下。西方在这一阶段在自然科学领域如数学、天文、物理方面虽然有新的进展，但总体上对自然的探索仍处于萌芽时期。即使科技上有某些突破仍不至于使英国与中国生产力水平有很大差距。拉大中国与西方生产力水平差距的是瓦特蒸汽机的改良并广泛用于纺织业。1776年瓦特制造第一台有实用价值的蒸汽机，并经过一系列重大改装，使之成为"万能的原动机"，自18世纪80年代后蒸汽机在工业上广泛应用使英国开始向大工业社会迈进。从此英国工业与中国工业就拉大了距离。但清朝全面实行闭关锁国政策到英国将蒸汽机广泛用于工业生产仅相隔几十年时间，也就是说闭关锁国政策影响先进科学技术进入中国的时间也仅是蒸汽机的运用至1840年鸦片战争爆发前后这几十年；因鸦片战争逼迫清政府打开了对外通商的大门，之后不久又开始了学习西方科学技术发展实业的"洋务运动"。对于中国这么一个刚经历康乾盛世且有近五千年辉煌历史的泱泱大国来说，仅仅这几十年在思想意识上的偏差及经济决策上的失误虽然对中国转入现代社会有影响，但这绝不是主要的或关键的影响。中国社会顺利转入现代社会的最大障碍是战争，而且是外国侵略者对中国发动的一系列以侵略掠夺为目标的战争。

众所周知，近代史上外国侵略者对中国发动了无数次战争，包括明朝期间日本对中国沿海的侵犯抢夺；1840年6月—1842年8月英国对中国发起第一次鸦片战争；1856—1860年英法联军对中国发起第二次鸦片战争；1871年，俄国侵占伊犁；1883—1885年，法国入侵中国的战争；1894年7月—1895年4月的中日甲午战争；1900年5月—1901年9月英、俄、德、美、法、日、意、奥八国联军侵略中国的战争；1904—1905年，日本与俄国在中国东北发生的为争夺东北控制权的战争；1914年，日本与德国在山东爆发的争夺对山东控制权的战争；1931—1945年日本侵略中国的战争；1950—1953年以美国为首的资本主义世界十六国发动的目标直指新中国的朝鲜战争。这些战争对中国完成转型、进入现代文明产生了极大的破坏。这主要表现在五个方面。

一是这种入侵对当时中华民族的生存造成了严重威胁。外国侵略军攻入中国后，无不是枪炮开路，轰城炸地，烧杀掳掠，尤其是制造了不计其数的屠杀惨案。如日俄战争期间日军旅顺大屠杀，两三万人被杀得仅留下36个抬埋尸体的中国居民。1900年7月，沙俄军队将黑龙江北库孟家村的5000多中国居民、乌苏里江东岸的2000多中国人，不分男女老幼，全部杀害。第二次世界大战期间日本发动的侵华战争，使中国军民伤亡3500多万，仅南京一城就被屠杀30万人。这场战争使中国城乡烧毁，田园荒芜，尸骨成山。战争造成的财产损失及战争本身的消耗达5600亿美元。如果把百余年间屡次战争造成的人口屠杀、财富的损害、战争消耗予以统计，数目将更加触目惊心。袁伟时先生质问19世纪和20世纪中国人口各损失1个亿原因在哪里，就算数字属实，难道上述外国侵略者入侵无责任？日俄、日德之间这种在中国领土上的狗咬狗厮杀无责任？特别是20世纪上半叶日本对中国的14年屠戮无责任？

　　二是外国侵略者对中国榨取巨额战争赔款及对财富与资源的掠夺进一步加剧了中国的贫困。西方列强杀了中国的人、夺了中国的地、抢了中国的财宝，却要求中国加倍承担其战争费用，巨额战争赔款造成了中国严重的财政危机。第一次鸦片战争后英国榨取了中国赔款 210 万银圆，第二次鸦片战争后英法各从中国夺得赔款 800 万银圆，甲午战争后日本从中国掠夺白银 2.597 亿两，相当于清政府 3 年的财政收入，日本正是凭着这笔赔款用于国内兴办教育、发展经济迅速成为帝国主义强国。八国联军侵华战争西方列强强迫清政府赔款 4.5 亿两白银分 39 年还清，本息合计近 10 亿两银子。至清政府垮台前，中国对外赔款共达 13 亿两。有关资料统计，近百年来外国侵略者通过战争赔款和其他手段从中国共掠夺白银达 1000 亿两，给清政府财政造成了灭顶之灾。而且外国侵略军每侵占一地，就肆意抢劫民间财富，掠夺文物珍宝，焚烧城楼馆所。汇集着中华文明奇珍异宝的北京圆明园就是在第二次鸦片战争期间被英法联军抢劫一空后付之一炬。

　　三是西方列强通过侵华战争和武力威胁严重破坏了中国的领土和主权完整。帝国主义的侵略和武力胁迫使中国割让大片领土，并且在中国政治经济文化发达地区强设租界、划分势力范围，这不仅对中国的领土和主权完整严重破坏，而且严重损害了中国的经济。在这灾难岁月中，英国从中国割走了香港，葡萄牙割走了澳门，俄罗斯 1858 年割走了黑龙江以北 60 万平方公里领土、1860 年割走乌苏里江以东 40 万平方公里领土、1864 年割走中国西北 44 万平方公里领土、1881 年再割走 7 万平方公里领土，整个沙俄侵占中国领土 150 多万平方公里，相当于 15 个浙江省的面积。清末至民国初年，本属于中国版图的现俄罗斯图瓦共和国 17 万平方公里国土被沙俄侵占。在沙俄的干涉下，本属于中国领土的外蒙古宣布独立，中国又减少了 150 万平方公里国土。1895 年日本又割走台湾及其附属岛屿。不仅如此，外国侵略者还插手中国的内政外交以获取最大的政治经济利益。它们通过不平等条约把持中国海关，控制进出口贸易，垄断航运、工矿企业、铁路等，并向中国大量倾销商品和资本输出。海关是抵御外国商品倾销、保护民族经济的工具，而中国的海关大权从第二次鸦片战争后却被外国人掌控。1885 年《新关题名录》统计，当年 41 名税务司全部是外国人。英国人赫德 1863—1908 年一直掌控中国海关总税务司。西方列强的经济掠夺行径，使中国的民族工业根本无法与其竞争，许多民族企业或者倒闭破产，或者被兼并。

　　四是极大地分散了中国人民从事经济建设和社会发展的精力。从第一次鸦片战争到新中国刚建立时抵抗以美国为首的西方十六国侵略的抗美援朝战争，在这 100 余年之内，中国政府和全国民众既为了抵抗残酷的外族侵略掠夺不得不倾尽全力为民族生存而战，同时为了民族振兴建立一个真正代表全体民众利益的新中国，又不得不开展推翻腐朽透顶的与西方列强利益藕断丝连的清封建王朝，以及后来地方割据的北洋军阀和代表官僚买办资产阶级利益的国民党政府的国内战争。这些战争对于中华民族的振兴来说都是必要的和正义的。但是这些战争从客观上又使当时的中国人民缺乏财力且无精力从事经济建设和社会发展。而资本主义各列强国家在这 100 余年间利用从广大弱小国家掠夺到的财富和资源全力发展科技和生产力，从而大大加速了向现代化转型的步伐。这是导致中国现代化进程与资本主义西方世界的差距越来越大的又一重要原因。

五是这种入侵干扰了中国向现代社会转型的进程。外国侵略势力对中国社会发展进程的干扰可以追溯到明朝时期日本倭寇对中国东南沿海的侵略掠夺。因为倭寇的危害不仅仅是对沿海地区的烧杀掳抢，导致当地百姓无法安心生产生活，而且迫使明清朝廷很长时间内不得不实行"海禁"，并发展为一度实施"闭关锁国"。海禁与闭关锁国不仅不同程度限制了海外贸易尤其是私人的海外商务往来，而且对中国商品大量进入海外市场和国外先进技术向国内的传播也产生了消极影响。尤其是到了晚清，外国列强对中国的侵略掠夺更加严重阻碍了中国由传统社会转入现代社会的进程，这从中日甲午战争对中国近代社会的影响可以得到更充分的证明。

已于前述，西方世界在 17 世纪后半叶蒸汽机没有普遍用于纺织业之前，中国与当时西方资本主义国家的代表——英国同样处于工场手工业阶段，水平难分上下。英国在 19 世纪 30 至 40 年代完成了以普遍使用大机器为标志的工业革命，进入工业化社会，而中国工业此时仍处在手工工场阶段。1840—1842 年的第一次鸦片战争使中国人认识到中国与西方工业化的差距及由此带来的对民族的灾难，因而在第二次鸦片战争结束以后在同治帝在位的 1862—1874 年及以后一段较长时期内，晚清政府采取了很多措施企图实现中国的复兴并且取得了一定成效。这一时期内，清政府对外与英国、法国媾和，国内太平天国运动、捻军起义和西南"平南国"的独立被平定，国家避免了形式上的大分裂而再次得到统一。对内在社会治理上清政府采取了安置流民，经济上低价售卖或租赁土地、种子，降低农村赋税，奖励支持农民恢复生产的休养生息政策；同时又大兴并改进科举考试，广揽人才，稳定知识分子；推行贤人政治，重用以曾国藩、左宗棠、李鸿章、胡林翼、张之洞等为首的一大批汉族开明人士，并在这些人的大力推动下启动了学习西方科学技术的"洋务运动"。曾国藩 1861 年办安庆内军械所，李鸿章 1865 年在上海办江南制造局，后来又办造船厂、建电报局等一批现代工业企业，与此同时还建立了新式军队及与之配套的军事工业。1865 年夏天，长江水师成立，包括 800 名军官和 1.2 万名士兵，成为当时东亚最强的海军，同年江南制造局成立，在这里工作的工人薪水是当时农民收入的 4—5 倍，实行每天 8 小时工作制。1868 年江南制造局制造的现代型炮舰下水。随后，时任闽浙总督的左宗棠建立福州船政局。该局附属学校开授工程技术、驾驶、法语、英语、化学、冶炼、国际法等现代课程，培养出了一批严复这样杰出的人才，从而迈出了中国走向近代化的第一步。这一时期国家实力得到了显著提高，国家年财政收入大幅度增长到 8000 万两白银，这几乎是康乾盛世的两倍。1876—1878 年，清政府消灭了侵占新疆的阿古柏势力，收复了新疆 160 万平方公里国土。1883 年 12 月—1885 年 4 月，中国在抵抗法国的侵略中也取得了军事上的胜利。1888 年晚清政府组建了北洋舰队，清政府每年拨出 400 万两白银给予海军建设，根据当时《美国海军年鉴》排名，北洋舰队实力曾为亚洲第一，世界第九。晚清政府取得的这些成就在当时就引人瞩目，以至周边一些藩属国对中国的朝贡开始恢复，像越南、朝鲜这些从前的朝贡国又开始向北京派遣使者。曾在清朝任职的德国军官日意格在 1872 年写道：中国正在迅速成为一个令人生畏的对手。英国的《泰晤士报》在一篇评论中国成就的文章中也承认了这一观点。这一时期的成就也保证了中国在中法战争和中日甲午战争中在军事器械方面相比西方没有多大差距，有人还认为中国在这两场战争中运用的新武器比对手更多。

然而晚清在这一短暂时期内所取得的成就很快就被甲午战争所破坏。1894 年 7 月—1895 年 4 月，日本为了实现攻占台湾、吞并朝鲜、进军蒙古、灭亡中国、独霸亚洲的野心，向中国发动了中日甲午战争。这场战争由于清政府的腐朽没落，主战与主和两派出于私利明争暗斗，战争准备不足，延误战机，用人不当，以及过于依赖外交，放松军事努力，军队素质低下等而失败。战后清政府与日本签订极不平等的《马关条约》，割地辽东半岛、台湾岛及其附属各岛屿、澎湖列岛给日本；允许日本驻军威海卫；给日本赔款 2.597 亿两白银，这还不包括日本通过战争从中国掠夺的财物折合 8000 万两白银。这些数额相当于清政府 3 年多的财政收入，是日本年度财政收入的 4.87 倍。清政府由于自身无力支付这巨额赔款，只能以高达 4 厘的利息向英法德等国贷款，致使中国经济雪上加霜。中国还增开沙市、重庆、苏州、杭州为商埠，并允许日本在中国的通商口岸投资办厂。事后辽东半岛由于俄国、法国、德国的干涉日本未能到手，但甲午战争使日本获得了巨大的利益，战后日本强迫中国承认朝鲜独立，朝鲜实际上已为日本控制，从而更加便利了日本在远东地区进一步的侵略。日本利用在中国获得的额外赔款进一步加快了本国向现代化转型的步伐，使日本一跃成为亚洲唯一的新型资本主义强国。条约也适应了帝国主义列强对华资本输出的需要，随后西方列强迅速掀起了瓜分中国的狂潮。甲午战争耗尽了晚清政府在"同治中兴"中取得的一点成就，开展了几十年的"洋务运动"归于失败。甲午战争之后，随着朝鲜被日本所控制，从法理上标志着中朝之间的宗藩关系正式终结，东亚传统的华夷秩序和朝贡体制也彻底崩溃，中国的国际地位一落千丈，其半殖民地化程度大大加深，民族危机空前加剧，国内各种社会矛盾日益激烈。1898 年 6 月，清朝当时主政的光绪皇帝为图强亲自主导实行"戊戌变法"。变法的内容中既有改革政府机构、裁撤冗官、任用维新人士的政治改革，也有鼓励私人兴办工矿企业、开办新式学堂、开放言论、创办报刊、训练新式陆海军等经济改革和社会改革。但由于变革内容损害了以慈禧太后为首的守旧派的利益及手段方法不当而归于失败。1899 年秋至 1900 年，义和团运动爆发，八国联军入侵北京并扩大到附近华北地区。1904—1905 年，日本和俄国为了争夺朝鲜半岛和中国辽东半岛的控制权，在中国东北的土地上进行了日俄战争。帝国主义列强在中国的各种强盗行径给中国人民带来了无比深重的灾难，也进一步激化了国内的各种社会矛盾，最终导致了 1911 年辛亥革命的爆发、清王朝的垮台。

2. 人类社会按照其固有规律在发展的过程中往往通过一些偶然事件而改变其历史的进程

客观地说，如果鸦片战争以后没有甲午战争的发生及由此带来的对中国人民不择手段的掠夺而造成的苦难，国内人民大众和帝国主义列强与封建清王朝的矛盾也许没那么快就激化到爆发义和团运动和辛亥革命，中国也许存在随着洋务运动及变革的深入逐步转入工业化社会的可能性，中国完成向现代经济转型的时间也许不会拖这么长。这种不经战争对封建制度进行改朝换代，由封建制传统社会转型为以工业文明为主的现代社会的事例，世界上为数不少。英国在中世纪也属于封建专制国家。1688年通过资产阶级革命建立了议会君主制，用非暴力手段将国家权力从国王手中转入议会。政治上使英国走向了资产阶级政治民主化，同时又实现了农业经济向工业经济的转型，使英国成功进入了现代社会。19世纪上半叶以前日本的情况和中国差不多。当时日本仍处于封建专制的德川幕府时代，对外实行闭关锁国，禁止外国传教士、商人与平民进入日本，限制对外贸易。19世纪60年代，日本由上而下开始进行现代化改革的"明治维新"，建立了君主立宪政体、学习欧美技术、推广工业化、发展教育等，从而使日本顺利由封建制社会进入了现代工业社会。1861年，沙俄帝国在国王亚历山大二世的推动下实施了农奴制改革，使沙俄由封建农奴制转入了资本主义社会。可是，西方帝国主义列强没有给予中国像英国、日本、沙俄这样和平转型的机会。随着连续而至的第一、二次鸦片战争，法国侵华战争，甲午战争，八国联军侵华，帝国主义列强就这样不仅通过穷追猛打破坏中国早已贫穷的社会生产力，夺走中国进行社会转型的财力物力，而且不给中国以推动社会转型的时间与精力。在这种历史条件下，中国向现代社会转型自然是难上加难。而袁伟时先生却在他的文中提出，"我们的洋务运动和明治维新是同一时期起步的，但是日本成功了，我们却失败了"，袁伟时先生试图以此证明洋务运动失败是中国的文化落后所致。上述历史的实际已经说明，"洋务运动"是由于甲午战争的破坏未能把中国引入现代社会，日本却因既无内乱又无外族入侵使"明治维新"有了足够的人力财力和时间获得了成功，又通过甲午战争从中国获取巨大的利益使自己一跃成为资本主义现代化强国。所以中日两国采用和平手段推动国内转型结果的不同完全是有无战祸及国际国内一些政治经济原因所决定的，绝非袁先生认为的是两国文化的差异所致。

三、持续内战，阻碍中国转型的泥潭深壑

国内围绕争夺国家领导权引起的接连不断的内战，是中国从传统社会进入现代社会的重大阻力。

从1840年第一次鸦片战争到20世纪50年代初这一百余年，对中国来说，既是进行抵抗外敌入侵的一百年，也是进行激烈内战的一百年。因而此时期是近代中国历史上最动荡的时期。这种连接不断的混战局面，分以下四种情况。

一是19世纪下半叶以反抗清封建统治和帝国主义列强侵略掠夺为目的的农民起义战争。①1851—1864年的太平天国运动。这场农民战争发展到广西、湖南、湖北、江西、安徽、江苏、河南、山西、直隶、山东、福建、浙江、贵州、四川、云南、陕西、甘肃等17个省，攻克过600余座城市，并建都南京与清廷对抗达13年之久。②1853—1868年的捻军起义。这场起义捻军活跃于皖、豫、鲁、苏、鄂、陕、晋、直（冀）8省，兵力鼎盛时期20多万，持续15年。③1900年前后的义和团运动，这场运动虽然是以"扶清灭洋"为目的，但前期却遭到了清政府的残酷镇压，义和团在山东、直隶地区攻城夺地屡败清军。这场运动后来导致西方列强八国联军对华发动侵略

战争。

二是以推翻封建帝制建立和巩固民主共和政体为目标的一系列资产阶级民主革命战争。①辛亥革命，即 1911—1912 年初以推翻清朝专制帝制、建立共和政体为目的的资产阶级民主革命运动。这次革命从 1911 年 10 月 10 日武昌起义爆发开始，至 1912 年元旦孙中山就职中华民国临时大总统结束。②二次革命，即 1913 年 3 月—1913 年 10 月以孙中山为首的国民党人发动的以反对袁世凯统治的战争。③护国战争，即 1915—1916 年由孙中山领导发动，唐继尧、蔡锷、李烈钧在云南宣布独立联合西南数省进行的反对袁世凯复辟帝制的斗争。④1917 年至 1922 年护法运动，包括 1917 年 7 月到 1918 年 5 月以孙中山为首的资产阶级革命党人联合西南军阀为维护临时约法、恢复国会，反对北洋军阀专政的虚假共和的战争，此外还包括孙中山在广州成立中华民国军政府，为重新建立新生共和民主法统的护法战争。

三是北洋军阀统治时期的北洋军阀混战，从 1916 年 6 月袁世凯去世至 1928 年 6 月止。袁世凯取得"二次革命"的胜利后，为加强中央政府对地方的控制，遣派将军督理各省军务。袁也曾计划通过发展实业振兴经济，但由于他 1916 年登基复辟帝制遭到全国人民的反对，3 月 12 日被迫取消帝制，6 月 6 日即去世。袁世凯死后，由于无人具有足够势力统领整个北洋军队及全国政权，各地军队统领便以省割据自立；并以军队为主要力量以本省为核心向周边省扩张建立势力范围。北洋军阀分裂为皖系、直系、奉系三大派系。皖系以段祺瑞、徐树铮、段芝贵等人为代表，在日本的支持下，控制皖、浙、闽、鲁、陕等省。直系以冯国璋、曹锟、吴佩孚、孙传芳为首，在英美的支持下，控制长江中下游地区的苏、赣、鄂及直隶等省。奉系以张作霖、张学良为代表，在日本的支持下，占据东北三省。另外，还有占据山西的晋系军阀阎锡山、西南的滇系军阀唐继尧和桂系军阀陆荣廷等。军阀们掌握了自己占领区内的最高权力，他们可以招募士兵，强派劳役，征收税赋。为了争夺地盘，他们在外国势力的操纵下，相互之间连续不断地发动战争。1918 年前后，皖系掌握着中央政权。1920 年，直系与皖系为争夺北京中央政府的权力发动直皖战争，直系联合奉系击败了皖系军队，一起控制北京政府。1922 年 4 月，直系与奉系为夺得地盘和权力发动首次直奉战争。直系将奉系赶出关外，独控中央政府。1924 年直系与奉系爆发第二次直奉战争。北京政府实际上被奉系控制。直系形成了由孙传芳、吴佩孚分别控制的两大军事势力。孙控制浙、闽、苏、皖、赣 5 省，吴控制苏、浙、鄂、赣、川等 14 省。直到 1926 年，孙中山领导的国民党联合共产党发动了北伐战争，1928 年 6 月，国民党北伐军攻破北京，北洋政府垮台，直系军队被消灭。北伐战争结束后，为争夺党内统治权以至全国行政权，国民党新军阀、掌握中央大权的蒋介石与其他地方军阀又展开了激烈的斗争。从 1927 年到 1932 年初，国民党内大小军阀之间的战争有数十次。1927 年 10 月至 1928 年 3 月，爆发了桂系李宗仁掌控的南京国民政府与湘系唐生智掌控的武汉国民政府进行的"宁汉大战"。战争以新桂系为主力的南京政府获胜。1929 年 3 月至 6 月，又爆发了国民党内以蒋介石为一方，以桂系李宗仁、白崇禧为另一方的蒋桂战争。战争以桂系失败而结束。1929 年 4 月至 11 月，爆发了冯玉祥反对蒋介石统治的蒋冯战争。1929 年 9 月至 12 月，张发奎部队联合桂系发动反蒋的第二次蒋桂战争。1929 年 12 月初，唐生智联合石友三发起反蒋的蒋唐战争。1930 年 5 月至 11 月，国民党左派汪精卫联合阎锡山、冯玉祥、李宗仁、张发奎等军阀，发起了反对蒋介石掌控中央政府的中原大战。这次大战以蒋介石取胜而告终。就这样，北洋军阀及后来的国民党内部新军阀之间的混战，从 1918 年前后一直延续到 1931 年前后，共十余年，这不仅使中国百姓陷入水深火热之中，而且严重阻碍了中国社会的经济发展与进步。

四是中国共产党领导的为推翻帝国主义、封建主义、官僚资本主义在中国的统治，建立人民民主专政的新中国而进行的人民革命战争。这场战争包括从 1927 年 8 月 1 日由中国共产党领导在江西南昌举行反抗国民党统治的武装起义开始至 1937 年抗日战争全面爆发前止的土地革命战争，还包括从 1945 年 8 月抗日战争结束至 1949 年 10 月新中国成立，中国人民在共产党领导下为推翻国民党蒋介石统治集团进行的解放战争。这两场战争虽然属于内战，但通过解放战争推翻了国民党蒋介石集团的反动统治，废除了封建土地制度，建立了代表劳动人民大众的新中国。这就在政治上使统治中国社会几千年的封建专制制度彻底结束。这无疑是对中国进入现代社会的最大贡献，但由于这两场战争加上夹在中间的抗日战争，一共延续 20 年之久，在此期间中国社会无论哪派政治力量都难以专心于经济建设，所以在这一特定时期内也延迟了中国社会向现代社会的转型。

四、腐朽衰败，影响中国向近代转型的肌体癌症

人最怕得癌症，绝大部分得此症者难以医治。清王朝肌体晚年也得了癌症，这就是政府的腐朽衰败。清王朝的腐化衰落正是造成中国近代落后于西方的重要原因。

清朝推翻明朝主政全国后，在立国初期一段时间为推动中华文明的发展还是做了很多有益的事情。如经济上鼓励垦荒，实行更名田和"摊丁入亩"，废除人头税，从而有效地推动了农业生产的发展。同时，通过一系列的军事行动和采取结盟等政策，先后把新疆、西藏、青海、内蒙古、蒙古、台湾及东北的广大地区收入大一统的中国版图；清朝后期，即使在国力衰弱的情况下，仍然驱除了侵占新疆的阿古柏军，统一了实际上由沙俄、英国掌控的新疆，维护了祖国的领土完整。康乾盛世时期的中华版图，南起曾母暗沙，北跨外兴安岭到达今俄罗斯的西伯利亚，东起大海，西到葱岭，东北到库页岛，西北到巴尔喀什湖，总面积达 1380 万平方公里。在民族关系上，平定噶尔丹和大小和卓叛乱，确立由中央册封西藏达赖和班禅的制度，设立驻藏大臣；热情接待土尔扈特部回归祖国。这些措施对我国统一多民族国家的巩固具有重大意义。

但清朝运转至中晚期以后，变得日益腐朽落后。首先，思想僵化，因循守旧，虚骄自大，对西方世界经济与科技飞速发展带来的巨大变化视而不见，尤其是对西方军事科技如枪炮火器的发展一无所知。其次，在经济上抛弃了明朝后期的一部分工业发

展模式，忽视工商贸易业的发展，片面重视农业经济。再次，文化上禁锢人们的思想，甚至大兴文字狱。最后，最严重的是政治上极端腐败：当时的许多官员，都信奉"以模棱为晓事，以软弱为良图，以钻营为进取之阶，以苟且为服官之计"；自乾隆以后，奢靡腐败之风愈来愈烈。乾隆后期大贪官军机大臣和珅被入选《华尔街日报》世界级富翁行列，被嘉庆皇帝抄家时所获的财产相当于乾隆盛世18年的全国赋税收入。共有：现金资产赤金186900两，白银6556000两；可作现金使用的京果（银）583万个，苏果（银）315万个，洋钱银圆58000块。全部现金资产折算成当今的人民币为10.62亿元。此外合计共有房产包括花园亭台2170间，合43400平方米。共有田地合80万亩。还有当铺十处，银号十处。还有玉器珠宝，多得无法计算。随后的领班军机大臣穆彰阿，揽权卖官，大肆收受贿赂，被世人讽刺为"上和下穆"。1841年大学士琦善被抄家，有黄金102万两，白银1805万两，珠宝11箱，臭名万里。清朝晚期，买官卖官更是明目张胆。袁世凯为讨好慈禧，在慈禧奔逃西去的路途中，袁世凯派骑兵急追千里，给她送去10万两银子做路费，慈禧到西安后，袁世凯又源源不断地送去30多万两银子和几百匹贡缎及其他珍贵的物品。更为严重的是，清朝廷内部为争夺最高权力或排斥异己出现了严重的帮派斗争。当时，围绕对外的妥协与斗争、和与战，对内的守旧与革新等内政外交的不同政见，以及地域关系、师生关系的不同形成了林立的派系，各派系为自身的利益明争暗斗。到19世纪末期，围绕维新还是守旧形成的以光绪、翁同龢、康有为、梁启超等人的帝党和以慈禧、荣禄、袁世凯等人的后党之间的斗争更为激烈。这种斗争明显阻碍了中国由传统社会转型进入现代社会。如1890年，为了对抗沙俄与日本对中国东北及朝鲜半岛的侵略，光绪皇帝下旨兴建关内连通关外的关东铁路。面对日俄对华野心的日益暴露及侵略行为的加快，这条铁路的建设本应快速推进，然而工程进展却非常缓慢。究其原因是，当时名义上光绪执政，慈禧太后退居"二线"，但因慈禧明退暗不退，光绪帝与慈禧之间的权力之争非常激烈。光绪帝的老师、主管清朝财政的户部尚书翁同龢，为讨慈禧欢心促使她早日完全退休，便极力推动为庆祝慈禧六十大寿修建具有江南特色的颐和园。为此，翁同龢不惜把本来用于修建关东铁路和当时抵抗日本海上侵略的北洋舰队的军费共260万两白银用于颐和园建设。这不仅使关东铁路的建设严重受阻，也使北洋舰队因缺乏资金、舰炮装备落后，在甲午海战中被日本海军一举击败，此举致使衰落的晚清政府雪上加霜。同时，晚清政府的腐败也加深了朝廷与百姓的矛盾。老百姓一方面对晚清政府抵制西方列强的侵略、实现民族振兴失去了希望和信心，另一方面又因官府对老百姓的剥削与压迫感到非常愤怒。这种矛盾的心理状态导致了部分老百姓对西方列强与清政府的尖锐对立表现出麻木不仁，以致个别地方出现中国老百姓为了得到英军较高的劳务费不惜给英国人搬运物资带路的现象。

五、闭关锁国，影响中国转型的绊脚石

自明朝至清朝前期推行的闭关锁国政策对中国由传统社会顺利转入现代社会也产生了一些不利影响。

从元末明初开始，日本在中国沿海进行武装走私，抢掠不断，故明朝从洪武元年（1368）开始即实行比元朝更严格的"海禁"政策。撤销了自唐朝起就存在的负责海外贸易的福建泉州、浙江明州（今宁波）、广东广州三处市舶司，同时对允许海外贸易的货物及民用船只的大小做出严格规定。《大明律》规定"擅造三桅以上违式大船，将带违禁货物下海，前往番国买卖"者，"正犯比照已行律处斩，仍枭首示众。全家发边卫充军"。这就看出海禁主要是禁止中国人赴海外经商，也限制外国商人进入中国贸易，当然外国来进贡者除外。明永乐年间"海禁"有所放松。甚至有了1405—1433年以宣示国威及兼顾官办海外贸易的郑和七下西洋之举。明朝前期政府对海外贸易实行垄断，直到1567年"隆庆开海"，明隆庆帝才宣布解除"海禁"，开放私人出海贸易。明朝前期、嘉靖时期和清初的"海禁"成为闭关锁国的前奏。正式启动闭关锁国政策是1723年，当时西方正处于政治经济文化的大变革时期，以葡萄牙、西班牙、荷兰、英国为代表的西方国家海外贸易蓬勃发展，而中国正处在最后一个封建君主专制社会的全盛阶段"康乾盛世"。当时，因清朝与罗马教廷关于中国礼仪之争的白热化，雍正皇帝禁止天主教在国内发展，不许外国传教士在国内传教，并限制贸易。乾隆时期，甚至下令除广州一地外，停止厦门、宁波等港口的对西洋的贸易，即仅保留"一口通关"。此后至嘉庆时期，英国多次派出使者送来国书、礼品要求和中国通商都被拒绝。这些政策的实行从不同程度上影响了中国社会向现代经济转型的速度。

当然，明清实行闭关锁国政策并不是一时糊涂所致，而是事出有因。

首先，高度集权大一统的封建专制和自给自足的小农经济创造了自秦汉至清前期近2000年的辉煌。康乾盛世时期，清朝政府将内外蒙古、东北、新疆、西藏、青海、台湾等全部纳入中国的版图，国家疆域面积达1300万平方公里，真正实现了大一统的局面。在两千多年的封建社会中，以农为本是中国传统经济思想的主调，由此形成的"重农抑商"方针成为历代统治者的基本国策。这一国策在18世纪前适应了中国社会的生产力发展水平。至明末清初，中国自给自足的自然经济仍占国民经济的主导地位，并在世界经济中领先。按当时购买力计算，1600年中国占世界GDP的比重约为四分之一。18世纪世界经济总量，中国占三分之一。所以，几千年形成的重农轻商的经济理念在当时并未改变。"禁海"限制海外贸易使人觉得无伤中国经济大局，但却能为中国广大沿海地区创造安定环境。这是闭关锁国政策出台的经济原因，而且是重要原因。

其次，几千年来，中国由于国土面积大，人口众多，国力一直雄踞世界前列，产生了过于自信的心理。直至鸦片战争前中国周边的诸国从国土面积到人口到国力没有几个能与中国平起平坐，且相当多的国家长期以来都是中国的藩属国。西汉时期，中国周边

有 50 多个藩属国。明朝和前清时期，周边仍有 40 余个国家为中国的藩属国，包括中亚的一些游牧民族国家，朝鲜、越南、日本、老挝、柬埔寨、缅甸、暹罗（泰国），爪哇（印度尼西亚）、菲律宾、锡兰（斯里兰卡）、马六甲（马来西亚）等都是中国的附属国。这些藩属国必须向中国皇帝称臣，接受中国政治模式的管理。这就使中国这几千年间确实处于"天朝"大国及"中国为天下共主"的地位。随之而来就产生了对自己的国家过于自信的心理。这种心理影响了清朝统治集团以开放的胸怀学习采纳国外先进的科学技术，因而在一定程度上影响了当时中国社会的与时俱进。

再次，中国处于亚洲大陆中心，远隔重洋，朝廷及国人对西方自 15 世纪地理大发现开始迅猛发展的海外贸易及 18 世纪晚期工业革命带来的经济、科技、军事的变化知之甚少，甚至对自西方传来的有限的科学技术也不够重视，这也是中国实行闭关锁国政策的重要原因。然而由于闭关锁国政策的实施，在一定程度上影响了中国与西方的经济文化交流并加剧拉开了与西方在经济与科技方面的差距，对中国顺利转入现代社会造成了不利影响。

但值得指出的是，虽然晚清政府实行闭关锁国政策对中国社会向现代社会转型有不利影响，但如果把晚清时期中国由传统农业社会进入工业社会落后于西方的原因完全归结于清政府实施的闭关锁国政策，这又不符合历史的实际。如前文论及，中国历史上从元明两朝开始为防患海盗就实施过断断续续的海禁政策，直到 1723 年清王朝处于康乾盛世时期才开始实施严格的闭关锁国政策。尽管这样，这对当时中国社会经济的发展并没有产生伤筋动骨的重大影响。18 世纪，中国占世界经济总量达到 1/3，成为全球最大经济体。这一时期中国的工商贸易在世界上也处于领先地位，当时广州、南京、上海等城市的纺织业欣欣向荣。伴随工商业的发展，上海由 19 世纪初的一个荒凉小镇迅速发展为一个繁华城市。在鸦片战争前，中国的对英贸易长期处于顺差地位。长期的海禁和闭关锁国为什么对明清时期的经济没有造成伤筋动骨的影响呢？因为中国当时是自给自足的农业经济占主导地位，手工业与商业贸易在国民经济中占的比例并不很大。而且中国历代政府对影响当时国计民生的一些重大产业，也是经济利润最高的产业都是实行"官营"即由国家主管，如盐业、矿业、漕运等。清政府对海外贸易还实行垄断。政府的"海禁"主要是禁止民间的商务往来。而且海外贸易在国民经济中占的比重本来很小，国家对重大的海外贸易垄断以后，民间海外贸易这一块体量就更小了。19 世纪上半叶，中国已拥有 4 亿人口，成为世界第一人口大国，这就说明中国本身拥有一个超过了世界上任何一个国家的巨大的商品贸易市场。因此清政府实行闭关锁国影响最大的是 18 世纪晚期西方兴起的科学和工业技术的传入。因而把中国由传统社会进入现代社会落后于西方的原因完全归结于明清两朝实施闭关锁国，这是不符合历史事实的。这一观点，我们也可以从日本发展的历史得到证实。日本于 1633 年开始实施了闭关锁国政策，全国仅在长崎设一个通商口岸，这与将近 100 年以后的乾隆王朝实施闭关锁国只在广州设一个通商口岸的措施一样。然而这并没有妨碍日本后来先于中国进入现代社会。这进一步从侧面说明，实施闭关锁国绝不是导致中国近代社会落后的主要原因。真正影响中国顺利进入现代社会的主要原因或直接原因，首先应是西方帝国主义列强对中国的侵略。如果认识不到这一点，实际上就是为西方列强当时对中国的侵略所造成的危害减轻罪责而已。

综上所述，源于外部西方列强不断地侵略掠夺、晚期清政府腐朽没落导致的国内各类矛盾激化以致产生的连绵不断的战争，是中国由传统社会转入现代社会落后于西方的直接原因。

以上对中国由传统社会进入现代社会落后于西方的原因的分析，完全符合辩证唯物主义的历史观。因为根据历史辩证法，分析一种社会现象及其发展变化，必须从这个社会自身与外部的相互关系，社会内部的政治、经济、文化的相互运动来考察。任何社会的矛盾运动规律都是：经济基础决定上层建筑，上层建筑反作用于经济基础。上层建筑是建立在一定经济基础之上的思想意识形态以及与之相适应的政治法律制度、组织等。在上层建筑诸因素中，属于政治范畴的政权构建、官吏队伍、政策法令等能在很短时期内对社会政治经济活动产生巨大影响。文化观念则对社会、对国人产生长远的、潜移默化的影响，因而在同一历史阶段，文化对经济的影响远不如政治制度、法制、政策等那么直接。中国社会的进程到 18 世纪下半叶已近五千年之久，在此之前中国社会的发展总体上先于西方，这近五千年的实践充分说明中国的文化总体上是先进而优秀的文化。不可能在晚清这一百余年间就会变得那么腐朽落后以导致中国社会的整体落后。

从实际情况看，如果把晚清落后于西方的原因归结于中国的文化所致，那么，我们就无法解释在同一源流文化影响之下当代中国的崛起并能赶超除美国以外的西方许多发达国家这一伟大历史事实的发生。

六、飞速发展的当代经济，再次印证了中国文化的伟大

下面，我们简单了解一下中国特色社会主义现代化中国的综合实力。据国家统计局提供的数据，2018 年中国 GDP 总量为 90.0309 万亿元，达到了 13 万亿美元，经济总量早已居世界第二位，是日本 GDP 的两倍。高铁 2 万公里，占世界六成。高速公路 12 万公里，占世界 52%，超过了美国占世界第一。钢铁产量 8 亿吨，占世界的 50%。外汇储备保持世界第一。科技方面，"中国天眼"是世界最大的单口径射电望远镜。北斗卫星世界排名第 2 位。神舟飞船载人航天，使中国成为世界第三个把飞行员送入太空的国家。探月工程使中国成为世界第五个能独立发射人造卫星的国家。中国的神威·太湖之光计算机其计算能力为世界第一位，天河二号计算机曾经也是世界第一，现在居世界第二。中国的量子卫星墨子号世界独一无二。中国在民众生活方面取消了农业税，提高最低工资标准，强制用工单位购买社保，提高医疗保险的报销额度，强制用人单位签订劳动合同，这一系列的措施都体现出中国民生的进步。

解脱贫困、人均寿命、医疗、教育、安全是衡量一个国家居民生活质量的重要指标。那么中国人的这些指标情况怎样呢？

1949 年，中国是当时世界上最贫困的国家之一，直到 1978 年，中国还有 7.7 亿农

村贫困人口，占农村总人口的 97.5％。从新中国成立特别是改革开放以来，中国实行以政府为主导的大规模开发式扶贫战略，成功减少农村贫困人口 7 亿多人，中国是世界公认的减少贫困人口成就最显著的国家。

1949 年中国人口平均寿命仅为 35 岁。2010 年延长至 75 岁。2016 年世界卫生组织公布的世界各国平均寿命排行榜显示：中国的人均寿命远远超过人均寿命 65.4 岁的印度、68.8 岁的俄罗斯，非常接近人均寿命 78.5 岁的美国。中国人均寿命的显著提高，充分说明中国人的物质生活、健康卫生、社会安全条件都达到了中上水平。

具体到医疗水平。根据世界卫生组织 2016 年世界各国医疗体系评估报告，中国排名第 64 位。从癌症发病情况来看，中国的癌症总发病率数据为十万分之一百八十一，而美国癌症发病率数据为十万分之三百，几乎是中国的两倍。

关于中国人的教育情况。2016 年全国两会期间，教育部原主要负责人在接受记者采访时指出，中国教育总体水平已进入世界中上行列。通过独立第三方对中国教育进行的评估显示，学前教育毛入学率为 75％，达到世界中上收入国家平均水平；小学净入学率达到 99.9％，初中毛入学率为 104％，中国有 1.5 亿完成九年义务教育的学生，普及率超过世界高收入国家的平均水平；高中阶段毛入学率为 87％；高等教育毛入学率为 40％，这两项指标高于世界中上收入国家平均水平。

中国人的生活安全感。全球最大的城市数据库网站 Numbeo 的数据显示，在 2016 年全球各国犯罪与安全指数排行榜中，中国排名第 88 名。非洲、南美等地区犯罪率较高，中国在全球属于犯罪率较低的地区之一。

综合参考各类指标，在联合国 2016 年人类发展主要指标中，中国已经属于高人类发展水平国家。虽然中国低于美国、日本、韩国、瑞士这些极高人类发展水平国家，但远远高于属于中等人类发展水平的印度。应该看到，对世界各国人类发展水平起决定作用的优先是经济实力。美国自 1776 年建国至今已有 240 余年，早在 1894 年开始美国就成为全球第一大经济体，至今 120 余年来一直蝉联世界第一经济体的宝座。早在二战结束之时，美国的工业产值就占了全球的一半，拥有全球 1/4 的黄金。也就是在这个时候，美国通过 170 年的努力，成为世界霸主。日本在 1868 年通过"明治维新"开启了现代化的进程，至今已有 150 余年的历史。日本在 1968 年成为世界第二大经济体。中国从建立新中国并开启现代化进程至今只有 70 余年。而且中国是经历了外扰内战近100 年后，在国家一穷二白的基础上实施现代化进程的。中国与美国国土面积相差不大，但人口数量是美国的 4 倍，约占世界总人口的 1/5。故中国在人均 GDP、人均资源占有量、人均社会保障福利支出等方面承受的压力是世界上其他国家的几倍、十几倍，甚至几十倍、上百倍。尽管如此，中国没有像西方列强那样通过抢劫别人的财富来加快本国的发展，而是通过自身的努力奋斗推进本国的现代化。中国自 2010 年开始 GDP 超过日本正式成为第二大经济体。这一年美国 GDP 总量是 15.6 万亿美元，中国 GDP 总量是 5.8 万亿美元，美国 GDP 总量是中国的 2.7 倍。2018 年中国 GDP 总量超过 90 万亿元，按平均汇率折算达到 13.6 万亿美元，美国 2018 年 GDP 总量突破了 20 万亿美元，为中国的 1.5 倍。由此可以看出，中国的经济发展速度远远超过了美国，而且与美国 GDP 总量的差距正在缩小。

由此我们要问问袁伟时、端木赐香、黄奕锋、尹胜等各位"中国传统文化陷阱论"者，如果真是中国传统文化造成了晚清时期中国落后于西方，那么为什么同一种文化又造成了当代中国的迅速崛起呢？

上述正反两方的事实足以充分说明，把中国在晚清时期由传统社会进入现代社会落后于西方的主要原因完全归于文化既违背历史唯物辩证法，又违背了中华文明发展的历史实际。"中国传统文化陷阱论"者之所以抛出这种荒谬观点，无非是企图以釜底抽薪的办法使中国人对中国的历史、现实及中国的文化彻底失去自信，从而误导中国人走上全盘西化的道路，其用心何其毒也！

27 中国政府不爱百姓吗?

端木赐香教授认为中国没有人权,这表现为中国的政府不爱自己的百姓。她在书中写道,"中国古代,至于朝廷,天下之事,那是肉食者们考虑的;而肉食者们也相应地认为,天下就是他的家,百姓只是他家的奴才,他的家,那是宁赠友邦,也不能给家奴的"。(见端木赐香《中国传统文化的陷阱》第 28 页)尹胜先生在他的《我为什么要彻底否定中国传统文化》中说:"所谓的中国传统,连自由和平等的观念都是不具备的……然而,它却以感性的道德说教,以诡辩和玄虚进行愚民,弱民,欺民。"按照上述观点的逻辑,那就是中国政府不爱人民,中国没有人权。

一看便知,端木赐香在这里是把中国古代的政府称为"肉食者",把老百姓称为肉食者"他家的奴才",她认为朝廷与老百姓的关系就是肉食者和家奴的对立关系;这就自然谈不上朝廷爱老百姓了。那么,是否确于"中国传统文化陷阱论"者指责的那样,政府没有把黎民百姓当作一回事呢?回答是否定的。

一、中国文化自古就是民本文化

中国自古是一个尊重人的国度,中国文化是一种包含着深厚的民本思想的文化。老子说:"圣人无常心,以百姓心为心。"《孟子·尽心章句下》指出:"民为贵,社稷次之,君为轻。"《孟子》还认为,"失天下者,失其民也,失其民者,失其心也","得其心有道,所欲与之聚之,所恶勿施尔也。""乐民之乐者,民亦乐其乐;忧民之忧者,民亦忧其忧。乐以天下,忧以天下,然而不王者,未之有也。"屈原坚持将民生置于心中,"长太息以掩涕兮,哀民生之多艰"。汉代贾谊说,"民者,万世之本也","国以民为本,君以民为本,吏以民为本"。三国陆凯也说道,"臣闻有道之君,以乐乐民;无道之君,以乐乐身。乐民者,其乐弥长;乐身者,不乐而亡。夫民者,国之根也,诚宜重其食,爱其命。民安则君安,民乐则君乐"。《三国志》说,"为国者,以民为基"。唐代著名诗人杜甫在自己的茅屋被秋风吹破的时候,首先想到的是"安得广厦千万间,大庇天下寒士俱欢颜"。北宋范仲淹积极倡导的是,"居庙堂之高,则忧其民;处江湖之远,则忧其君。先天下之忧而忧,后天下之乐而乐"。张载毕生呼吁要"为生民立命","为万世开太平"。李纲以"但得众生皆得饱,不辞羸病卧残阳"作为自己的高尚志向。上述说明,尊重民众,坚持人本为上,是中国几千年传统文化的重要内容。

由于中国社会长期受人本理念的影响,故绝大部分君王也深知民众是国家强盛的基础,因而他们在一定程度上懂得如何爱护百姓,懂得如何重视关心百姓的切身利益。

1. 古代中国政府对百姓的情怀，首先体现在减轻百姓负担即减免税赋上

自古至今世界通行百姓向政府交税。中国古代朝廷也同样以不同的名称和手法如役、赋、贡、助、彻、租、调、捐、厘金等向民众征税。由于中国文化推崇民本情怀，故一些开明的皇帝及官员都力求用减免税赋这一措施以减轻百姓的负担，惠及民生。

一般来说，新的王朝都会实行减税政策，以利民生，恢复发展生产。汉文帝即位期间，为了减轻由于长期的灭秦建汉战争给百姓带来的沉重负担，他推行轻徭薄赋，甚至12年免收全国田赋。隋朝建国后，隋文帝杨坚实行轻徭薄赋，"轻税入官"，减轻百姓税赋负担。开皇二年（582），在前期减税的基础上，隋朝又将田租降低，并减少了农民服劳役的天数。隋朝还废除了盐酒官卖制度，停征盐酒税，这和现代取消农业税一样，是一起了不起的事情。从先秦时期起，盐税就已经成为国家收入的重要来源。因盐是生活必需品，废除盐酒税减轻了全国千家万户老百姓的负担。宋朝立国后，宋太祖赵匡胤下令，对百姓种桑、枣树，开辟荒田等停征租税。宋太宗赵光义即位后，又诏令全国减免税收："凡州县旷土，许民请佃为永业。蠲三岁租，三岁外，输三分之一"；同时还废除工商业的杂税。明太祖朱元璋在减税方面同样很到位，明朝初年，首先降低了商业税，改税率为"三十税一"；明洪武十三年，即1380年又明确诏令，军民嫁娶丧祭之物，舟车丝布之类，都不征税。清朝从顺治时起，便在多处地方蠲免田赋。康熙时期全国有更多的地方实行田粮赋役蠲免。康熙在位六十年中，全国普免，各省轮流蠲免以及区域性减免全国影响较大的便有30多次。乾隆期间，甚至还出现过"天下无税年"的盛况。乾隆十年（1745），朝廷将各省钱粮全行蠲免，这样的"天下无税"，在乾隆三十五年（1770）、四十三年（1778）、五十五年（1790）都先后施行过。乾隆三十年（1765）、四十五年（1780）、六十年（1795）这三年，各免全国漕粮一次，这在中国税收史上是少见的。

2. 中国政府对百姓的情怀，尤其体现在赈灾济民上

由于中国国土辽阔，地形复杂，气候各异，加之古代生产力水平低下，故千百年来特大自然灾害不断，地震、洪灾、旱灾、虫灾等自然灾害严重危害人民的生活。数千年来，历朝历代中国政府为了给百姓创造基本的生活和生存条件，积极施行了各种抗灾救灾措施。

史料记载，远在秦汉之际，中国政府就有意识地在地震后开展了抗赈救灾活动。学者统计在这一时期发生了60多次地震。这一时期中央政府采取的救灾措施主要有以下几个方面。首先是在灾害未发之前建设粮仓储存救灾粮食。其次发生地震灾害或者其他灾害之后，政府对灾民发放粮食或者直接赐钱。秦时有一次地震后政府对因震死亡者每人赐2000钱。再次是政府借钱给灾民以解一时之急。最后是政府给贫困灾民免赋税或减少赋税。汉朝时期大凡田土因灾减收一半以上的，政府就会免去当年田租。

唐代时期也发生了数十次地震，唐朝政府采取了相对于秦汉时期更完备的救灾举措，从中央到地方都有了完备的救灾机制。地震后不仅仅发粮食，还会在当地组织老百姓修建一些公共设施，以工代赈，发放食盐、布匹，赐给灾区民众医药、耕牛、粮食种子，赐给死者棺木，帮助灾民修建房屋，鼓励逃难灾民返乡参加灾后重建。唐高宗时

期，河东地震遇难 5000 余人，皇帝便赐给每个遇难家属 3 匹绢作为安家费用。

两宋时期地震等各种自然灾害不断，宋朝政府继承了唐代的救灾体系。1033 年，范仲淹调任朝廷右司谏。当年 7 月，天下大旱，江淮和京东一带灾情尤其严重，粮食歉收，百姓生活困难。范仲淹奏请朝廷派员视察灾情，开始宋仁宗未引起重视，范仲淹便质问仁宗，"如果宫中停食半日，陛下该当如何？"仁宗认识到问题的严重性，便派范仲淹负责救灾事务。范仲淹应诏赈灾，他深入视察实情，开官仓放粮救灾，并将灾民充饥的野草带回朝廷，警示朝廷官员的生活奢侈之风。宋朝熙宁元年（1068），湖北路大名府发生强烈地震，宋神宗派出数十万官兵参与抗震救灾。"城壁皆压，发卒数十万治之。"

明清时期等救灾制度相对唐宋又有了新的发展。地震后灾区要从下至上一级一级呈报灾情，中央政府还会派人下去勘察灾情，这一时期政府除了对灾民发放粮食等救灾物资之外，还鼓励民间自发赈灾，政府对其进行奖励。康熙十八年，即 1679 年，北京遭遇八级特大地震，波及数省，北至辽宁，南至河南，东至山东，西至陕西。北京城内，受灾尤其严重，房屋倒塌，官吏伤亡。地震发生后仅两个小时，康熙立即召集内阁、九卿、詹事等满汉官员入朝议事，部署抗震救灾工作。康熙诏令中央财政向灾区拨付十万两白银，同时还调拨粮食医药和棺木，指示户部和工部立即到灾区查看实情，开展救灾济民。凡是房屋倒塌而无力修缮的，旗人给四两银子，其他人给二两；家里有人遇难不能下葬的，每人再给五两五钱，并减免一年的税赋，之前未缴纳的税赋也一并减免。同时还宣布开官仓放粮救济灾民。清朝还要求地方官吏重视灾民的救济。于成龙任直隶总督时，将很大的精力用在救灾上。康熙十九年，即 1680 年，直隶宣府下属的东西二城和怀安、蔚州二卫，1000 多公顷庄稼被洪水淹没，长期无法耕种。于成龙上任之后，多次来这个地方视察，看到百姓为了照常纳税，已经负债累累，生活极度困难，如此多次请示朝廷，免除了该地赋税。此后不久，宝安、西阳、紫沟等地又遭遇蝗灾，于成龙又向朝廷申请缓征赋税，并平价出售官仓储备粮，解了老百姓的燃眉之急。康熙二十年（1681），正定府下属的获鹿、井陉、曲阳、平山、灵寿五个县遭遇旱灾，庄稼干枯，百姓颗粒无收，朝廷派户部员外郎叶纶赶赴直隶，协助于成龙救灾济民，经过争取免除了五县当年的赋税。鉴于于成龙救灾有功，当年 12 月，康熙帝特赏赐他 1200 两白银，于成龙却将赏银全部捐献给了灾民。

3. 中国古代政府的民本情怀还体现在国家对百姓的教育、医疗的重视上

据《孟子·滕文公上》记载，中国从夏代开始就有了以教为主的学校。"夏曰校，殷曰序，周曰庠。"殷商主办的这些学校又分为"东序""西序"两种。东序为大学，设在国都王宫的东面；这是贵族及其子弟入学之地。西序为小学，设在国都西郊，是平民学习之所。西周是奴隶制社会教育发展的巅峰时期，当时学校分为国学与乡学两种，国学专门为贵族子弟而设，乡学由各地地方设立，以方便平民子弟读书。西汉景帝、武帝时期，朝廷诏令天下郡国皆设学宫。按制度规定，郡曰学，道邑曰校，乡曰庠，聚曰序，以方便百姓子弟的教育。东汉时期，国家出现了"学校如林，庠序盈门"的局面。

我国是世界上最早设置医院的国家，国家也最早重视对普通病人的治疗。每当大疫发生，国家即动用医院给百姓治病。据《汉书》记载，远在西汉年间，黄河一带瘟疫流行，汉武帝刘彻就在各地设置医治场所，配备医生、药物，免费给百姓治病。汉平帝元始二年（2），"民疾疫者，舍空邸第，为置医药"，其功能类似现在的隔离医院。北魏太和二十一年（497），魏孝文帝曾在洛阳设"别坊"供百姓就医。北魏宣武帝拓跋恪是个年轻的皇帝，他在位时也比较重视医疗事业，尤其是对大灾导致的疾病预防与控制特别重视，这在他经历的北魏延昌元年即512年山西原平至代县间7.5级特大地震中表现特别突出。这次地震波及山西全境及河北、河南、内蒙古等部分地区，如此魏宣武帝直接下诏："肆州地震，陷裂死伤甚多，宜加疗救，可遣太医、折伤医并给所需之药，救治之。"（见《魏书·灵征志》）隋代国家也设"疠人坊"收治麻风病人。唐开元二十二年（734），朝廷设置的为百姓治病的"患坊"布及长安、洛阳等地，还有悲日院、将理院等机构收容贫穷的残疾人和乞丐等。到了宋明时期，医院组织更趋周密，当时，官方办的医院叫作"安济坊"，和私人及慈善组织办的医院一起收治平民百姓。

4. 中国古代政府的民本理念还体现在对老人的关照上

早在西汉初年，政府就在全国范围内实施养老福利政策，对贫穷老人赠予麻布绸布等多种衣料。东汉开国皇帝刘秀还下令对全国贫困老者给予粮食补贴。三国时期，曹操曾下令，对于没有丈夫和儿子的年满70岁的老妇，国家必须赡养。北魏时期，政府为保证老人有儿女所养，首创"存留养亲"制度，规定如果犯罪不特别严重的犯人的直系长辈老无所养，国家应当对这个犯人减刑和缓期执行，即使坐牢也一般关押在当地，以方便其可以随时回家照顾老人。521年，南朝的梁武帝命令设立中国历史上第一家由政府开办的"孤独园"，专门收养老人和孤儿，从此，中国的养老院开始制度化。到了唐代，国家强盛，养老院更为普遍，当时称为"悲田院"。北宋时期，政府设立只收养贫困老人的"居养院"，老人的年龄标准划定为50岁，使养老人群的范围得到了极大的扩展。南宋初年，政府还专门为贫苦老人设立了福利医疗机构，叫作"惠民和剂局"，全部开支由政府财政负担。明代朱元璋规定，年龄在70岁以上的老人可免去一个儿子的所有徭役，其实就是把这个儿子指定为老人的专职供养者。到了明代中期，国家规定，百岁以上的老人国家要给他定制高级华美的正装，给予极大的国家奖励和荣誉。明朝嘉靖年间，京城除了增加养济院的数量与扩大规模外，还派官员定期进行督察，看贫者和老者有无饭吃，有无养老制度上的弊端。嘉靖十一年（1532），在北京地区，仅政府免费提供给老无所养和各类贫困者的衣服就花费275两银子。清代延续了明代的制度，继续设立"养济院"和"施棺局"照顾老人和救济贫困者，即使到了清朝末期国家日趋衰弱之际，对养老的支出也毫不吝啬。据有关资料记载，光绪年间的某一年，仅广东一省的"养济院"就花费白银1.7万两。

二、江湖治理，这是不是政府"爱百姓"？

由于中国面积辽阔，大江大河众多，数千年来洪灾不断，而每一次洪灾都会给老百姓带来巨大的财产损失和人员伤亡。因此治理江河湖泊，为百姓创造优良的生产条件，保护老百姓的生命财产安全成为几千年来历朝历代中国政府的重要任务。传说远在公元前2000多年前的舜帝时代，神州大地，洪水泛滥成灾，天下民不聊生。舜帝首先派鲧治理洪水数年未获成功。舜一怒之下斩了鲧改派鲧的儿子大禹负责治理洪水。大禹不负众望，他治水13年，改"堵"为"疏"，三过家门而不入，终于治水成功。黄河是中国流贯东西的一条大河，据历史记载，在1946年前，黄河有1593次泛滥成灾，因为洪水泛滥导致黄河大改道共26次。有句古话说，黄河三年两决口，百年一次大改道，所以，治理黄河、兴修水利、保障黄河两岸百姓的生命财产安全成为历朝历代沿线政府所谋划的重要大事。大禹治水，也包括了对黄河的治理。春秋战国以后，有关黄河治理的文献记载逐渐增多。中国最早的水利工程首推黄河流域的滤池（在今陕西省咸阳西南），《诗经》中有"滤池北流，浸彼稻田"的记载。到了战国初期，黄河下游已普遍修筑堤防，公元前651年，春秋五霸之一的齐桓公会诸侯于葵丘，提出"无曲防"的禁令，以解决诸侯国之间修筑堤防的纠纷。在此后漫长的历史过程中，伴随着黄河经常发生的决堤、溢堤、改道，防御黄河水患，成为历代王朝的大事，朝廷投入了大量的人力、财力，不断堵口修防。西汉时期朝廷专设"河堤使者""河堤谒者"等官职，沿河州县长官都有防水、护堤的职责，配备专职防守河堤人员达数千人，治理防守河堤经费数以万计，"濒河十郡，治堤岁费且万万"。《汉书·沟洫志》记载，当时滑县西南的淇水口上下，黄河已成地上河，堤身高丈余。说明当时黄河河堤的防守已非常艰难。《史记·河渠书》中记载，公元前109年，汉武帝命汲仁、郭昌发军队数万人修复黄河缺口。史书记载最早的一次大规模治理黄河工程是69年的"王景治河"，"永平十二年，议修汴渠……遂发卒数十万，遣景与王吴修渠筑堤"。永平十三年（70）夏，汴渠修成。从而遏制了黄河泛滥，恢复了边区的漕运，取得了良好的效果。北宋时立都开封，宋王朝对黄河治理仍很重视，设置了权限较大的都水监专管治河，并在各州设河堤判官专门管理河道事务。一些朝廷重臣都参与河堤重大事务的决策。王安石还组织开展机械浚河、引黄、引汴、发展灌溉等。元朝末年，朝廷组织了十几万农民治理黄河。明朝时期，黄河灾害加重，朝廷更加重视黄河治理，明确以工部为主管，总理河道，后来整理河道的官员又加上提督，可以直接指挥军队，沿河各省巡抚以下地方官员也都负有河防的责任。清代设立的河道总督权限更大，直接受命于朝廷。明末清初，治河事业有了很大发展，堤防修复维护技术都有长足进步。

从春秋时期开始，黄河流域就出现了大型的引水灌溉工程。公元前422年，西门豹为邺令，他在当时黄河的支流漳河上修筑了引漳十二渠灌溉农田。前246年，秦国在陕西省新建了郑国渠，引泾河水灌溉4万多公顷的"泽卤之地"。于是关中为沃野，无凶年，百姓安居乐业。汉朝时期对黄河的水利更为重视，修建了六辅渠和白渠，扩大了郑国渠的灌溉面积。同时在渭河上修建了成国渠、灵积渠等。从此关中地区成为全国开发最早的经济区，为这一带民众的生活富裕奠定了基础，从而实现了由水患向水利的转变。

古代中国政府非常重视江海湖泊的治理。北宋天禧五年（1021）范仲淹调任泰州西溪盐仓监，负责监督淮盐的贮运及转销。西溪濒临黄海，唐代李承修筑的旧海堤因年久失修，多处溃决，海水倒灌，卤水泛滥，不仅淹没良田，还毁坏盐灶，当地人民生活苦不堪言。范仲淹视察以后立即上书江淮漕运张纶，痛陈海堤溃坏之害，建议沿海筑堤，重修捍海堰。1025 年，张纶奏明朝廷，宋仁宗调范仲淹为兴化县令，全面负责修堰工程。1026 年 8 月，范仲淹因母亲逝世按旧制辞官守丧，朝廷又安排张纶主持修堰工程直至完工。

苏轼是北宋时期著名的诗人、书法家，他又是一位有着深厚的民本情怀的政治家。宋元祐四年（1089），苏轼任龙图阁学士，知杭州。由于西湖长期没有疏浚，淤塞过半，湖水逐渐干涸，湖中长满野草，严重影响了当地的农业生产和居民的生活。苏轼到杭州的第二年即发动当地百姓疏浚西湖，动用民工 20 余万，开除葑田，恢复旧景，并在湖水最深的地方建三座宝塔为标志，即现在的三潭印月。他把挖出的淤泥堆积成一条纵贯西湖的长堤，堤用六座桥连接以方便行人。这就是现在的"苏公堤"。后来苏轼又被贬调颍州（今安徽阜阳），他又动员当地百姓对颍州西湖也进行了疏浚，并筑一长堤。1094 年，苏轼又被贬为远宁军节度副使、惠州安置。年近六旬的苏轼到惠州以后，把皇帝赏赐的黄金捐献出来，发动百姓对惠州西湖进行疏浚，并沿湖修了一长堤以方便百姓。

三、传统社会国家与百姓是"肉食者"与"家奴"的关系吗？

"中国传统文化陷阱论"者极力宣扬古代中国政府、朝廷是统治者，是"肉食者"，老百姓是被统治者，是"家奴"；极力宣扬中国古代政府和百姓的关系，就是统治者与被统治者、主人与家奴的关系；认为前者与后者的关系是水火不相容、完全对立的。当然，不可否认的是，在 20 世纪中叶前后几十年中，这种观念在相当一部分人的思维中也同样存在。

然而在中国历史上，也有许多开明之士，绝大部分王朝的绝大部分帝王与官员，都不同程度地懂得，国家、政府与民众的关系并不完全是水火不相容的对立关系。早在周朝时期成书的《尚书·五子之歌》说："民为邦本，本固邦宁。"唐太宗李世民认为老百姓与封建国家的关系好比水与舟的关系，他指出，"水能载舟，亦能覆舟"。所以在历朝历代，大多数执政者不同程度地有着重民、惜民的情怀，比较重视民生。他们通常会采取一些压制豪强、打击贪官污吏、维护社会安定、发展生产的利国利民措施。在这个时期内，封建帝王及朝廷与广大老百姓的利益主要是相辅相生，而不是绝对对立。

中国在进入现代工业社会之前，农业赖以依存的土地是财富之源，也是国家的立国之本，更是黎民百姓的生存基础，因此，中国历史上从奴隶社会开始几千年来都存在着大贵族兼并小贵族、地主兼并农民的土地兼并现象。而土地的兼并意味着大量农民丧失土地、失去生存基础而陷入极度贫困，国家不仅将失去税收来源，还将激化农民与地主、政府的矛盾，导致社会动乱。因此，中国历史上许多王朝都为抑制土地兼并采取了许多措施。如北魏至唐朝时期国家实行均田制。宋朝的王安石变法，明朝张居正草拟的一条鞭法，清朝康熙年间的摊丁入亩制度，都是朝廷对土地兼并采取的强力措施。

在清康雍乾之前，中国社会已连续两千多年都是按人头收税（丁税）。这一税制的弊端在于，缴税的多少与拥有土地多少没有联系。结果大量拥有土地者交税很少，没有土地和土地占有很少的穷苦民众却要交很多的税，以致这部分民众越来越陷入贫困，同时，国家税收增长也缺乏来源。到康熙皇帝时，清廷实施了"滋生人丁永不加赋"这一有利于人口增长的政策。雍正皇帝执政后，决定废除人头（人丁）税，实行摊丁入亩，又称摊丁入地，地丁合一，将丁银并入田赋征收。摊丁入亩这一改革的实施，减轻了无地少地农民的税收负担，促进了人口的增长，同时，劳动者也有了从事工商业的自由，这有利于社会经济的发展。同时这一制度还有效地限制了地方一些贪官污吏随意增加税收的行为，增加了国家的财政收入。到雍正末年，国家库存银两由康熙的800万两增加到6000多万两，极大地解放了生产力，促进了经济的增长，由此中国人口也快速增长。乾隆六年（1741）人口突破1亿，乾隆五十七年（1791）突破3亿，到道光十四年（1834），全国人口突破4亿，占世界人口总数超过40%，从而奠定了中国人口大国的基础。所以摊丁入亩的实施，不仅使清王朝增强了国力进入盛世，而且也使广大农民百姓得到了实惠，充分体现出政府与百姓一条藤上结瓜、藤荣瓜荣的利益一致性。

唐玄宗末年，唐朝爆发安史之乱，这是由唐朝将领安禄山与史思明背叛朝廷同李唐王朝争夺国家统治权的内战。这场内战对唐朝的危害是巨大的，成为唐朝由盛而衰的转折点。安史之乱前，唐代经历了唐太宗的"贞观之治"，唐高宗的"永徽之治"，武则天的"治宏贞观，政启开元"，以及唐玄宗的"开元盛世"共130余年的治理，人口增长，生产发展，疆域辽阔，四边畏服，达到了中国古代帝王政治理想的繁华盛世，成为帝国历史中凸起的高峰，这时的中国是一个实实在在国富民强的国家。安史之乱以后，唐朝中央权力遭到极大削弱，政令不通，国力衰落，封建割据加重，朝廷税收只能征自浙东、浙西、宣歙、淮南、江西、鄂岳、福建的狭小地区。北方广大地区被藩镇割据。而且唐王朝也失去了对周边地区少数民族的控制，造成边疆极不稳固。先有西北吐蕃占领了陇右及河西走廊广大地区；接着又失去了对西域安西北庭的管辖。安史之乱使唐朝社会广大百姓遭受了一次空前浩劫，整个黄河中下游广大战乱地区一片荒凉，人烟断绝，千里萧条。潼关和虎牢关之间几百里内，仅有"编户千余"。邓州的方城县，从天宝时的万余户骤降至两百户以下。唐肃宗乾元三年（760），全国各州上报的户口为2933174户，大致为1600万人口。同安史之乱前的玄宗天宝十三年（754）各州上报的人口数量5200万相比，人口损失超过3600万，户数减少率高达67.1%，人口减少率高达67.9%。杜甫写诗记载了安史之乱以后唐朝天下的衰落破败景象："寂寞天宝后，园庐但蒿藜。我里百余家，世乱各东西。"说明经过战乱，广大百姓皆处在无家可归的状态。安史之乱也充分说明国家与百姓同处在国损民损、国衰民衰的利益相连带上。

上述事例说明，古代封建王朝的利益与广大民众的利益总体上有相当大的一致性。因此历史上各朝各代占大多数的皇帝和官员，对百姓会比较宽仁，也会比较重视民生。

康熙帝本人常自察民间疾苦。康熙四十二年（1703），他对大臣们说："朕四次经历山东，于民间生计无不深知。山东省与他省不同，田野小民俱系与有身家之人耕种。丰年则有身家之人所得多，而穷民所得之分甚少；一遇凶年，自身并无田地产业，强壮者流离四方，老弱者则死于沟壑。"第二年康熙又说："为民牧者如能爱善而少取之，则民亦渐臻丰裕。今乃苛索无艺，将终年之力作而竭取之，彼小民何以为生。"康熙五十一年（1712），康熙帝下旨"永不加赋"。雍正在即位之初，就向各省、督、抚、司、道及府、州、县分别发布谕令，要他们"不得任意苛索"，并明确指出："至于钱粮，关系尤重，丝毫颗粒皆百姓之脂膏，增一分则民受一分之累，减一分则民沾一分之泽。"这些足以体现出康雍乾对百姓的关怀，所以康乾盛世的形成与他们及政府的民本理念是分不开的。

以前有一种观点认为封建帝王采取一些利民措施仅仅是为了维护自己的统治，这种说法当然没有错，但细细一想，客观上他们采取这种比较利民的执政方式实实在在有利于让老百姓得到实惠，这比起一些王朝实施暴政，无限制地掠夺百姓利益要进步得多、文明得多。

不能否定，中国历史上也有封建王朝与百姓利益尖锐对立的时期，这往往是当某一封建王朝处于没落的时候。在这个时期确有为维系自己的统治地位不惜用手段压迫剥削百姓的帝王与官吏。当这些君王及官吏的残酷暴行达到了极端的时候，就会出现官逼民反的农民起义。在这种情况下，要么是起义的农民力量直接推翻旧的封建王朝的统治建立新的国家政权，如秦朝末年刘邦通过农民起义推翻秦朝统治建立西汉，元朝末年朱元璋通过农民起义推翻元朝统治建立明朝，要么是新的政治力量直接或间接利用农民起义的力量推翻旧的王朝统治建立新的王朝，如西汉末年刘秀利用农民起义力量推翻王莽政权建立东汉王朝，隋朝末年李渊借助农民起义的力量结束隋朝统治建立唐朝，清朝实际上也是间接利用了李自成农民起义对明朝统治力量的严重削弱进而推翻明朝统治建立清朝。而每一个新的王朝建立之后，一般会在较长时期内谨慎地处理好各种主要社会矛盾以维持社会的安定，发展生产，稳定民心，不同程度地维护好广大百姓的利益。这就是中华文明之所以经历五千年不中断，即使每一历史时期短期内有所衰落但很快又能兴起，特别是作为中华民族主体民族的汉族能较快繁衍发展，其人口数量长期在世界各民族中处于领先地位并能够经久不衰的重要原因。所以"中国传统文化陷阱论"者统而论之说中国历朝历代政府不爱百姓是站不住脚的。

明朝时期西班牙人屠杀侨民事件说明中国政府不爱百姓吗？

"中国传统文化陷阱论"者以 1603 年西班牙人在马尼拉屠杀华侨 2 万余人，明朝政府没有兴兵讨伐西班牙一事为由，攻击中国政府历来不爱自己的百姓，这种指责是不能成立的。历史情况是，1603 年西班牙人的确在马尼拉屠杀了 2 万多中国侨民。刚开始西班牙人很担心明朝政府会兴兵问罪，结果过了好几个月，福建抚臣才将此情况禀报朝廷，一年以后，明朝皇帝才下旨给福建抚臣，又过了一年，福建抚臣才将朝廷的檄文向西班牙发出。檄文仅轻轻批评了西班牙人无故杀害中国侨民，要求他们释放华人，退回财物，同时表示明朝政府不会对西班牙兴兵开战。明朝政府为什么不对西班牙在马尼拉屠杀华侨的暴行兴兵讨伐呢？其原因主要有三个方面。一是由于历史上中国是一个以农业为国计民生的国家，历朝历代封建王朝不同程度地实施重农抑商政策，明朝也不例外。在长期的农业社会中，支撑国家财政来源的主要是农业方面的税赋。据有关资料统计，明朝末年全国每年总收入约为 3700 万两白银，从以长途贩运为业的大商人和海商中征收的有关课税约 41 万两，仅占全国总收入的 1.11%，约为国家来自土地收入的 1/90。所以朝廷对不事农桑的普通商人不够重视，甚至有一种偏见，认为他们不务正业。二是这些被屠杀的华侨早已离开祖国本土多年移居马尼拉。明朝政府认为他们是所在国家的居民，他们的被杀事件是所在国家的内政。三是明王朝那个时候已开始显露衰落迹象。1603 年前几十年间，明朝前后两次在朝鲜进行了抗倭援朝战争，国力几乎耗尽。而此时出生于明朝建州女真族的努尔哈赤在东北地区脱离明朝建立了后金政权，明朝在几次讨伐后金的战争中失利。后金对明王朝已经构成了巨大的军事威胁，所以明朝政府对西班牙在马尼拉屠杀华侨事件上根本无力顾及。加之当时西班牙正处于殖民扩张时期，船坚炮利，马尼拉又远离中国本土，明朝朝野上下感觉到没有必要花大量人力财力远离中国本土，去为已移居国外多年的侨民商人与西班牙展开一场没有胜利把握的战争。历史地看待明王朝对待西班牙人屠杀华侨这一事件的做法，可以肯定明王朝是出于无奈而为之。至少不能由此得出中国政府历来不爱本国百姓的结论。

那么，应如何看待所谓慈禧有"宁赠友邦，勿与家奴"之说呢？

端木赐香在《中国传统文化的陷阱》一书中认为，晚清时期慈禧甚至说过"宁赠友邦，勿与家奴"。端木赐香以这句话为依据抹黑中国传统社会的政府不爱老百姓。其实，说慈禧讲了这句话并无依据。据梁启超《戊戌政变记》记载，前清军机大臣刚毅说过一句类似的话。戊戌变法失败后，作为守旧派代表人物的刚毅对人说："我家之产业，宁可赠之于朋友，而不必畀诸家奴。"后来由于全中国排满主义兴起，反清的革命派出于推翻清政府的政治需要把刚毅这话修改成"宁赠友邦，勿与家奴"，并到处传播这是慈禧说的，以图激起天下民众对慈禧统治的愤怒。但无论是慈禧还是刚毅所说，都必须弄清楚说话人是在什么历史背景下说这句话的，这句话的真实意思是什么。这里的"友邦"是指帝国列强，"家奴"指清朝统治下的老百姓。这句话的原意是指为了保住清朝政府的专制统治，宁愿出卖国家利益向西方帝国主义列强割地赔款，但绝不愿意自动放弃清朝政府的封建专制统治而按照维新派的主张搞"君主立宪"。其实，在慈禧、刚毅这批清朝统治集团里，"赠友邦"和"与家奴"都非其所愿。但当他们不得不要在这两项中做一选择时，也就是当面临着要么保全皇权专制就不得不出卖国家利益，或要么保全国家利益就不得不放弃皇权专制的时候，他们是宁可选择出卖国家利益也不肯放弃皇权专制的。

当然，这句话虽然非慈禧所说，但并不能说她并无此想。从实际情况看，这句话传出的时代，正是在戊戌变法失败后，1900 年八国联军入侵北京，慈禧挟光绪皇帝被迫出逃西安，1901 年 1 月 15 日清政府批准与西方八国列强签订《议和大纲》，并颁布了"量中华之物力，结与国之欢心"的卖国政策。其割地赔款的确有点像菜农临市卖菜，要割地就割地，要赔款就赔款，要多少给多少；同年 9 月 7 日甚至签订了丧权辱国的《辛丑条约》，真是无耻至极。但是这毕竟是已腐朽透顶的晚清政府在西方列强的强大军力逼迫之下，为保住已经摇摇欲坠的晚清贵族集团的最高统治地位之无奈而为。而且即使如此，也仅仅是晚清末期慈禧这一届政府之所为，并不能说明五千年中国历朝历代政府都不爱百姓。所以端木赐香张冠李戴抓住刚毅这句话抹黑中国五千年社会，其论据是苍白乏力的。

四、新中国不爱百姓吗？

其实，"中国传统文化陷阱论"者指责古代中国政府不爱百姓，醉翁之意岂在酒哉！他们的目的无非是借古讽今，想抹黑中国当今政府不爱老百姓。当然，他们这一无耻企图无疑将被新中国发展的历史事实击得粉碎。

从历史实际看，1949 年 10 月以后的新中国人民政府爱老百姓，谁人不知！新中国建立以后，中国政府在旧中国一穷二白的基础上，排除万难开展社会主义建设，实施156 项国家重点工程，大力兴修水利、发展交通、兴办教育文化、发展卫生事业等，这一项项事业，哪一项不是为了百姓的利益？中国从 2006 年 1 月 1 日起废止了农业税。2002 年 10 月，中国明确提出各级政府要引导农民建立以大病统筹为主的新型农村合作医疗制度。到 2009 年，新农合作为农村基本医疗保障制度正式确立。2017 年国家财政对新农合的补助标准达到人均 450 元。从 1998 年起，中国在对企业职工实行养老保险的基础上又对农民实行养老保险制度。当然，中国由于人口基数太大、新中国成立时间太短、生产力发展水平较低，故社会保障水平不高，但中国毕竟已走出了这非常艰难的一步，相信今后随着社会生产力的发展，人们的生活水平也会逐步提高。这些难道不是当今政府爱百姓的表现？

让我们看一看 2008 年中国汶川"5·12"大地震时中国政府对民众的态度吧！

2008 年 5 月 12 日 14 时 28 分，中国西部地区汶川发生 8.0 级地震，地震波及大半个中国及亚洲多个国家和地区。严重破坏地区超过 10 万平方公里，其中一般灾区 186个县（市），较重灾区 41 个县，极重灾区有 10 个县。截至当年 9 月 18 日 12 点，这次地震共造成 69227 人死亡，374643 人受伤，17923 人失踪，地震造成的直接经济损失达8452 亿元人民币，这是中华人民共和国成立以来破坏力最大的一次地震。

地震发生当天，中国政府立即在北京成立由时任国务院总理温家宝负总责的抗震救灾指挥部。指挥部立即召开紧急会议动员全国力量迅速开展抗震救灾。中国人民解放军总参谋部立即命令有关部队迅速展开抗震救灾工作，并指示有关抗震救灾部队如有紧急情况可直接向设于北京的全国抗震救灾指挥部报告，减少指挥环节。

看看地震当天全国各地是如何迅速动员支援抗震救灾的吧！

灾情刚一发生，成都军区立即派遣三架直升机紧急赶赴汶川救援，视察灾情。

5月12日19点30分，也就是地震发生5个小时后，成都市区上千辆出租车自发地奔赴都江堰灾区。

20点整，武警四川总队阿坝支队向汶川灾区出发。

20点02分，两架伊尔76军用运输机，从北京南苑机场起飞，运送国家地震救援队175人飞往灾区，并于22点正先后抵达成都。

5月13日凌晨，第三军医大学于12日深夜紧急组成的联合应急医疗队赶到德阳灾区一线，并立即开展抢救伤员工作。

1点12分，成都军区派往汶川灾区查看灾情的4架直升机因遭遇恶劣天气被迫返航。

公安部消防局调派重庆等10个消防总队1060名消防官兵和30余条消防搜救犬赶赴四川地震灾区。

3点整，公安部从公安边防部队抽调200名医务人员，与从四川省公安消防部队抽调的100名医务人员，组成医疗救援队连夜奔赴灾区。

3点24分，武警部队已出动13000余名官兵奔赴灾区，还有4600名官兵已经做好出发准备。

4点整，云南边防总队成立由总队长为组长的抗震救灾领导小组，连夜抽调医疗救护队，调运价值15万元医疗物品，迅速赶赴灾区现场。

至6点30分，去往灾区的解放军和武警部队已投入16760人，其中解放军11760人，武警5000人。当天还计划使用20架飞机输送兵力到灾区去。

至7点，救出受伤人员1800人。

7点，总指挥温家宝再次召开国务院抗震救灾指挥部会议，强调务必在5月13日晚上12点以前打通通往震中灾区的道路，全面开展抗震、抢险、救人工作。从当天开始从全国各地运送抢险部队、医疗救护人员、救灾物资、医疗药品的汽车和飞机源源不断地开往灾区。

至5月14日8点，解放军和武警部队投入救灾的现役部队95553人，民兵预备役部队36174人，出动军用运输机直升机近300架次。

5月15日，成都军区向北川、汶川等县城灾区空投包括50000份干粮、25000双军用胶鞋、5000床棉被、54000件衣物在内的救灾物资。

时任国务院总理温家宝及时赶赴灾区视察灾情。国务院于6月4日召开第11次常务会议，通过《汶川地震后恢复重建条例》部署对汶川的灾后重建工作。6月18日国家下发《汶川地震后恢复重建对口支援方案》统一部署全国对口支援灾区任务，提出"一省帮一重灾县，举全国之力，加快恢复重建"的口号，明确要求19个省市以不低于全省1%的财力，对口支援重灾县三年。在地震发生后不到三个月，就解决了上千万受灾群众的住房安置问题。2016年，浙江省就投资828万元，对口支援松潘县经济社会发展。

从 2008 年 10 月到 2010 年 9 月，灾区纳入国家重建规划的 29700 个重建项目已开工 99.3％，完工 85.2％，概算总投资 8613 亿元，已完工 7365.9 亿元，占 85.6％，圆满完成国家"三年重建任务两年基本完成"的目标。受灾群众住进了新房，公共服务设施全面上档升级，重建城镇初展新姿，基础设施根本性改善，产业发展优化升级，防灾减灾能力显著增强。

国际社会对中国政府这种雷厉风行抗震救灾的行为给予了高度评价。

《纽约时报》评价说："关键时刻中国政府反应迅速。温家宝总理对灾区群众高度关切的形象和他亲临第一线的鲜明姿态一次次叱咤于电视屏幕上，与其他一些国家发生灾情时政府的迟缓表现形成了鲜明对比，中国领导人的努力证明了在关键时刻中国政府能够迅速做出反应。"

美国《洛杉矶时报》评价："越来越人性化的政府努力向民众提供精神安慰和国家支持。"

加拿大 CBC 电视台："中国军队的反应速度和人员、装备、物资投放能力，真给人留下深刻印象。"

这里要问"中华传统文化陷阱论"的各位先生们，中国政府在"5·12"大地震中的所作所为，难道还不能说明他们爱百姓吗？

上述论述充分说明，"中国传统文化陷阱论"者关于中国政府不爱百姓之说，完全是昧着良心说瞎话而已。

28 中国历史上的偶然失误是文化之过吗？

为了彻底否定中国文化，袁伟时先生以中国历史上曾经出现过的某些时候国家受损民族遭殃的具体事件为例说明中国传统文化的落后性。他说："15世纪郑和下西洋的时候，中国的造船技术已经是世界第一流的；到了19世纪，却被别人打得一败涂地。""19世纪中国付出了代价，既割地赔款，而且人口损失了1亿多。太平天国造反期间，中国人口从4.3亿降到3.2亿，减少百分之二十六。这些冤魂基本上是中国人自己杀死或者饿死的。这又是为什么？跟我们的文化有没有关系？""文化大革命""照样不行"，"也有1亿左右的中国人非正常死亡，原因在哪里，中国文化那么优秀，为什么不能解决这些问题？"

袁先生提出的这个问题似是而非，似乎凭这几个例子就足以证明中国文化不优秀，是击中了中国文化的软肋，或者说是可以置中国文化于死地了。这里我们暂不讨论袁文所举这些事例的数据是否准确，只谈谈凭这些例子就能否定"中国文化那么优秀"吗？

一、西方世界几千年的悲惨历史，证明西方文化优秀吗？

我这里要请"中国传统文化陷阱论"者先看看在被袁伟时先生吹捧为具有"人类核心价值"的西方文化滋润下的西方世界，是否出现过中国历史上曾经出现过的悲惨事件。当我们揭开西方世界历史的面纱，就可以发现西方世界历史上出现的这些问题，比中国古代要多得多；西方老百姓比中国历史上的老百姓要悲惨得多。

表面看来，古代雅典比今天一些民主国家的民主程度文明程度似乎要高得多吧。公元前雅典征服米提兰城邦战争期间，雅典要求与米提兰同盟的米诺斯城邦放弃中立支持雅典。当米诺斯城邦放弃了长达700年的独立自由向雅典投降后，雅典却杀死了米诺斯的所有成年男人，并将其全部妇女儿童贩卖异国他乡为奴，其残忍程度不堪想象。辉煌于欧洲古代的希腊文明和罗马文明没能使欧洲长期强盛。之所以这么说：首先，欧洲直到5世纪才进入封建社会，比中国从战国中期进入封建社会晚了900余年。我们都知道，奴隶社会的基本特征是：奴隶是奴隶主的私有财产，可以买卖，奴隶主可强迫奴隶工作，甚至可以处死奴隶，体力劳动须以奴隶为主，奴隶没有报酬和人身自由。所以，欧洲人比中国人多遭受了900多年奴隶社会的生活苦难。其次，从476年西罗马帝国灭亡到1500年"欧洲是黑暗的中世纪，这1000年间欧洲极不稳定，邦国林立且变化无常，封建主贵族你方唱罢我登场，新兴国家之间为扩大领土，掠夺财富，争夺霸权战斗不休"。正如现实主义理论所指出的："当世界处于无政府状态，弱肉强食必然是国家间

320

关系的基本准则。"连绵不断的战火严重阻碍了生产力的发展，给人民群众带来了无穷无尽的灾难。中世纪欧洲政教合一，基督教统治一切，宗教变为国家意志至高无上。它建立了一整套完备森严的等级制度，运用掌控的大多数国家资源和专政权力统治社会、奴役人民。对人的迫害登峰造极，各种对宗教不利的言行都被教会视为"异端邪说"予以严厉惩罚，布鲁诺就因宣传有违基督教教义的"日心说"而被宗教法庭处死。在15世纪至18世纪300年间，欧洲有数据可查的有10余万女性被指控为"女巫"而被教会处以投河、焚烧、绞杀、断头的极刑，整个欧洲千余年间屠杀"女巫"数百万之众。宗教成为奴役人们的精神枷锁，严重禁锢了人的思想。上帝被奉为主宰世界的绝对权威，对世界的解释都要以《圣经》的观点为准，谁也不能违背。由于宗教的禁锢，故中世纪欧洲不仅没有产生古希腊那种辉煌灿烂的文化，没有留下多少文化产品，科学技术的发展也受到封建宗教神学的打压以致几乎停滞，甚至出现布鲁诺坚持"日心说"而被宗教法庭烧死这种悲剧。中世纪欧洲人口增长缓慢，罗马帝国的崩溃使欧洲人口急剧下降，往后又由于接连不断的战乱，加上饥荒瘟疫使欧洲人口锐减，7世纪欧洲人口在3000万以下，而中国同期的唐朝在4500万以上。明朝末期人口1亿多，乾隆即位时1.4亿，咸丰元年（1851）达到4.3亿。

从西方世界发展的全过程来看，西方文化不仅没能给中世纪欧洲带来辉煌，相反还给欧洲甚至世界带来了不少无休止的而且是惨绝人寰的灾难。持续200年的十字军东征既伤亡了数十万十字军官兵，也使地中海东岸信奉伊斯兰教、东正教国家的数百万黎民百姓遭受战火伤亡之苦。14世纪至15世纪延续116年的英法百年战争，使数万万生灵涂炭。欧洲对犹太人的迫害更是令人发指。从古希腊罗马帝国时期开始直至近代，分布在欧洲各地的犹太人不同程度被剥夺生存权利，他们被驱赶远离家乡，甚至被囚禁被追杀，第二次世界大战期间仅纳粹德国就残杀了600万犹太人。1914至1918年由德国、意大利等欧洲国家争霸引发的第一次世界大战由欧洲蔓延至非洲、太平洋、大西洋、印度洋、中东地区，不仅伤亡将士900万人，还使700万平民遇难，受伤人数更是无法统计。1939年9月，又从欧洲开始爆发了第二次世界大战，这场战争波及亚洲、大西洋、太平洋，先后有61个国家和地区、20亿以上人口卷入战争，伤亡军民9000余万，5万多亿美元财富毁于战火。这场战争前后，中国人民遭受了14年抗日战争之苦，中国抗战武装力量死亡1780万人，还有1740万无辜百姓被杀害。中国遭遇了南京大屠杀的惨案，日本也饱尝了美国原子弹轰炸之苦果。我们再看看高举现代民主人权大旗的美国在近几十年干了些什么。20世纪50年代美国出兵朝鲜把战火烧到了中国的鸭绿江边，迫使中国人和朝鲜人为保家卫国又一次饱尝战火之苦。1955后美国又挑起印度支那战争并进攻北越，美国共向越南投下800万吨炸弹，远远超过第二次世界大战期间各个战场投弹量的总和，造成了越南160多万人死亡。第二次海湾战争期间，美国和英国出兵对伊拉克实行长期围困，导致伊拉克20万儿童早夭，当国际社会指责这种残暴行为时，美国轻描淡写解释说是要让其国民为统治者付出代价。纵览以欧洲为代表的西方社会史，中世纪充满了肮脏、野蛮与落后；进入资本主义社会以后，虽然它创造了先进的科学技术与先进的社会生产力，但同时它挑起了无数次世界性的反人性的战争，甚至用先进的技术装备去破坏社会生产力，用最残忍的手段去剥夺千千万万普通人的生命。可以说它对人类犯下了滔天罪行。是的，中国历史上发生过多次战争，也死了不少人，但中国多是内斗，且死人远没有西方这么多；中国是大国，却不像西方那样以强欺弱、以大欺小。中国从没有像西方那样打到人家家里去，中国讲道理，知是非，从来没有像西方那样见到别人的好东西就强抢强夺，甚至不惜叫人亡家灭种。中国历史上有英国那种强盗式的圈占土地的行为吗？有把黑奴像卖猪狗一样从非洲贩卖到美洲以牟取暴利那种肮脏的商业贸易吗？有美国那种屠杀几千万印第安人以换取经济快速发展需要的土地这种惨无人道的暴行吗？没有！根本没有！这就是几千年来中国与西方的差别。请袁伟时大教授和那些对西方及其文化顶礼膜拜的先生们回答这个问题，如果西方的文化那么优秀，怎么解释西方还有这么多的人类悲剧发生？如果西方文化比中国文化优秀，怎么解释西方世界发生的人类悲剧反而比中国要多得多呢？

二、辩证看历史，历史发展的必然性与某一事件发生的偶然性

在中国的历史上，的确曾经发生过诸如袁伟时先生列举的那些对中国的文明和发展、对中国历史上的百姓造成了巨大灾难的重大悲剧性事件，那么我们应该怎样解释这些事件的发生呢？按照历史唯物主义的世界观，考察整个人类历史时，首先必须明白社会总是向前发展的，但这种发展不是直线形前进而是螺旋式曲折进行的，所以在社会发展过程中要完全避免失误，不走一点弯路是做不到的。同时，社会的发展变化、重大历史事件的出现，是多方面原因造成的；既有政治的、经济的原因，又有社会的、历史的、文化的原因。而且每一种原因所起作用的大小、影响时间的远近是不一样的。文化在社会历史中的作用，是潜移默化影响长远的。如中国传统文化对中国社会进步的影响，是爱国、恤民、亲情、勤劳、尚善、进取、高洁、好学、务实的作风品德使中华民族产生了巨大的凝聚力和开拓进取、自强不息的精神气概，为中华民族长期自立于世界民族之林提供了精神动力。至于那些具体的重大悲剧性事件的出现，起直接作用的是政治、经济或社会因素和人力所为。就以太平天国运动的发生为例，谁能说是中国文化中的某种思想理念造成了这次农民运动呢？引起这次农民起义的原因，是鸦片战争后清政府为支付英国战争赔款加紧搜刮人民，贪官污吏土豪劣绅趁机勒索百姓，清政府更加腐败。加之两广地区地瘠民穷，水、旱、虫等自然灾害不断发生，广大劳动人民陷入饥饿与死亡困境。洪秀全、洪仁玕、冯云山等人以宗教组织为核心，利用广大贫困农民对清廷的不满发动了这次农民战争。由于战争持续 14 年之久，太平军流动作战区域遍及大半个中国，故死伤人数多。这就说明，发生太平天国运动的直接原因是当时中国在对英国的反侵略战争失败，社会矛盾激化。袁文还提到 19 世纪中国社会死 1 亿多人。谁都知道在 19 世纪中国大地发生了两次中英鸦片战争，太平天国农民战争，英法联军攻陷北京，阿古柏政权掠夺新疆，左宗棠收复新疆，中日甲午海战，八国联军侵华战争，加之还有自然灾害，这是造成当时人口死亡多的直接原因。如果说 19 世纪中国的历史悲

剧是中国文化的原因，中国文化与中华民族共生共荣已数千年了，那中华大地这几千年来绝大部分时期是兴旺发达阳光灿烂的，这是不是中国文化的原因呢？国际学术界普遍认为，封建社会的中国，远远超过了黑暗中世纪的欧洲。那么，这一时期中国对欧洲的超越是不是中国文化的原因呢？如果是文化的原因，那就等于说中国文化创造了中国5000年历史的辉煌，又怎么能说中国文化造成了19世纪的悲剧呢？同一种文化怎么能创造出两种完全不同的结果呢？我们再举一具体事例看看吧。家国情怀是中国传统文化中道德伦理观念的核心。屈原、范仲淹、岳飞、文天祥、王夫之、郑成功、谭嗣同、秋瑾、杨靖宇等无数杰出的中华儿女，他们为了国家和民族的利益，不顾个人安危荣辱，甚至不惜赴汤蹈火，抛头颅、洒热血，其所作所为无不体现出强烈的家国情怀和民族责任感，他们的爱国事迹在中华民族史上流芳千古。然而中国历史上也有不少不顾国家大义、出卖民族利益的人。如北宋李邦彦、唐恪，南宋秦桧，晚清琦善，难道说是中国传统文化中的爱国主义思想教导他们去出卖国家和民族利益吗？这显然不是。他们的罪恶行径，正是他们抛弃了爱国主义、家国情怀这一中国优秀传统文化的核心的结果。所以袁先生把19世纪中国产生的那些历史悲剧归罪于中国传统文化是说不通的！

所以，解释历史上发生的那些给人民和社会造成危害的偶然事件，比如分析鸦片战争为什么会失败，我们必须从历史发展的必然与偶然的相互运动中来分析，这样才能对这些现象予以科学解释。

辩证唯物主义认为，客观世界任何事物都是发展变化的。事物在发展变化中在其趋向上既存在着必然性，也存在偶然性。必然性是指现实中由本质因素决定的确定不移的联系和唯一可能的发展趋势；偶然性是指现实中由非本质的互相交错的因素决定，既有可能出现，也可能不出现，既可以这样出现，也可以那样出现的不确定的趋势。必然性的产生是因为事物内部处于支配地位的因素决定着事物发展的前途和方向，因而在其发展方向上具有确定性和"一向性"。偶然性的产生则是因为事物内部一些次要因素的相互作用，或外部因素对事物的作用，影响了事物的发展进程，使其在发展的方向上呈现出非确定性和"多向性"。这一现象在自然界有着普遍的表现形式。如种瓜必得瓜、种豆必得豆，这就是种瓜豆的必然性。但瓜豆得多得少，瓜豆成熟时期的早与晚，豆是否饱满，瓜是否丰硕，由于受土壤、肥分、气候的影响就具有不确定性，这就是种瓜豆的偶然性。同样，由春到夏，气温上升；由秋到冬，气温转低，这是每年气候的必然性。但由春到夏的过程中，偶尔有那么两天气温突然下降；从秋到冬的过程中，偶尔有那么两天气温突然上升，这种情况几乎每年都发生过，这就是气候变化的偶然性。我国的地势是西高东低，所以江河水流方向总体上是由西向东流。"滚滚长江东逝水"就是这一趋势的生动写照。但长江支流乌江在贵州省思南县城那里，有一段却是向北流。湖南绥宁县境内的巫水甚是向西流去。思南县城内乌江向北流与绥宁县内巫水向西流现象正是长江水流方向的一种偶然性。

在中华文明发展的历史长河中，也会不断出现这种必然与偶然的情况。华夏民族是一个勤劳、勇敢、智慧的民族，所以在远古时代，尽管人类在自然界获得的食物有限，各族群为了生存争斗很激烈，自然环境中的严寒酷暑、洪荒猛兽、病疫瘴疠很恶劣，人类在不可预知和驾驭的强大自然力面前其生存能力很脆弱，中华民族却不仅战胜了各种恶劣自然环境，而且在和各族群的竞争中日益发展壮大。随着文字的发明，国家及社会制度的建立和日益完善，特别是在漫长的社会生产实践活动中形成了全民族共同认同的，诸如爱国爱家、崇尚贤能、勤劳俭朴、追求高洁、推崇礼义等文化价值理念，中华民族也不断地走向文明，走向社会进步，历经五千年仍然是昂然立世。而且将随着生产力与科学技术的发展而进一步走向繁荣昌盛，这已经成为一种不可改变的趋势。这就是中华文明发展的必然性。

然而，在中华民族发展历史上，也遇到过挫折，走过弯路，这就是中华民族发展史上出现的偶然性。西晋建国初期，晋武帝为了取得宗室对西晋政权的支持，大封同宗子弟为王。265 年，晋武帝分封了 27 个同姓王。各王都是以郡为国，既可以自行选任国中文武官员，收取封国租税，同时还可以组建军队。在这段时间内，由于晋武帝本人统治能力较强，在国内威望比较高，他基本上把持了政局。加之老百姓的赋税徭役不是很沉重，所以整个社会生产获得了一定发展，社会比较稳定。但是，晋武帝死后，继任者是他的儿子晋惠帝司马衷，晋惠帝是晋武帝妻子皇后杨芷所生，其性鲁钝，根本无能力治理朝政。晋惠帝的皇后贾南风，是开国元老贾充之女，她心狠手辣，有政治野心。晋武帝在位之时，贾家和杨家在朝廷都有重要的政治地位。晋武帝死了以后，由杨芷皇太后的父亲杨骏独揽大权辅政。贾南风为了执掌朝政，秘密联合汝南王司马亮、楚王司马玮杀了杨骏，并废除了杨芷的皇太后之位。然后贾南风又使司马玮杀了司马亮，第二天又耍手段杀了司马玮。如此贾南风独掌朝政大权。9 年之后，贾南风用计谋杀害了与自己一向不和的皇位继承人司马遹，导致司马氏宗室的其他几王为争夺皇位发生内战。在司马氏族"八王之乱"的 16 年中，参与作乱的八王相继败亡，人民群众被杀害者无数，社会经济严重破坏，西晋的国力消耗殆尽。同时，隐伏着的阶级矛盾、民族矛盾爆发，西北一带的少数民族政权趁机作乱，造成"五胡乱华"，西晋灭亡。"八王之乱"以极端的形式向世人昭示，社会风气的畸变造成秩序崩溃，全社会所有的人陷入动乱的深渊。也因此给中华民族带来了深重而又长久的灾难。然而，当我们分析造成"八王之乱""五胡乱华"的原因时，就可以发现，这完全是由晋惠帝是一个白痴与贾南风专权所引起。试想假如晋惠帝有汉武帝那样的雄才大略，就可能不会导致贾南风专权、"八王之乱"事件的发生。所以，晋惠帝白痴执政，贾南风专权，"八王之乱"，这在中华民族发展史上就是一种偶然性。

下面，我们再看看袁伟时先生引以为据攻击中国传统文化落后的 19 世纪中国割地赔款事件，即 1840 年中国和英国发生第一次鸦片战争以中国失败而向英国割地赔款的事件。我们分析一下这次战争发生初期的情况就可以发现，清政府在这次战争中的失败具有很大的偶然性。1840 年 6 月英国远征军到达广州海面时，见林则徐在广州已严阵以待，英军惧于林则徐的刚毅与胆识便不敢在广州贸然开战，转而挥师北进。而北进途中城市的清军事先防备不足，故使英军轻而易举地到达天津大沽口外。此时道光帝轻信了一贯反对禁烟的直隶总督琦善的奏报，以林则徐为替罪羊将其革职查办，变对英主战为主和，后又变主和为主战，而且又错用了琦善和奕山这两个软骨头庸才为主将，由此导致了在对英作战上一系列荒唐事件的出现，最终导致鸦片战争的失败。

回顾鸦片战争发生的过程，假如英国侵略军到达广州后，不是北上而是在广州一带直接与林则徐开战，就可能不会出现琦善与英军接触及动摇道光皇帝的主战态度，进而林则徐被革职一连串荒唐事件。而英军与清军在广州一旦开战以后，尽管英军依仗坚船利炮开始可能取得优势，但由于林则徐早有准备，至少英军也要付出极大的代价。而林则徐一旦发现英军船炮的优势后，根据他在鸦片战争期间体现出的战略战术方面的思想，他完全有可能发动地方武装及人民群众，同时改变战略战术，采取诸如三元里人民围攻英军那种战法对付英国侵略军。这样战争也可能陷入较长时期的相持之中。然后清政府如果能动员全国力量形成全国一盘棋共同抗英，鸦片战争就有可能出现另外一种结局。如果通过鸦片战争英国没有得到什么便宜，西方列强对中国也将是另眼相看，而后西方列强对中国的多次侵略战争就有可能不会发生，或推迟发生；中国的半殖民地化也有可能不出现，或者推迟出现。可是历史就是开了这么一个玩笑，英国远征军到广州后却不打广州又转向北上，结果导致林则徐在广州的备战未派上用场，反而让琦善搅乱了全局，以致出现道光帝转变抗英态度，林则徐被撤职查办及后来琦善、奕山兵败卖国那些乱七八糟的事件。这里，道光皇帝的举棋不定，琦善、奕山的误国行为的发生，都是历史过程中的一种偶然性。只是随着这种偶然历史事件的发生，中华民族陷入了百余年的深重灾难。

三、或是济世英雄，或是乱世贼子，不同历史人物在文明发展过程中的不同作用

在分析中国历史上出现的各种各样的历史事件时，我们将清楚地看到这么一种现象，即历史人物在中华文明的发展过程中起着巨大的作用或反作用。中华文明是在必然性与偶然性对立统一的矛盾运动中不断发展进步的，而这种必然性与偶然性对立统一的矛盾运动，又必须通过个人在历史活动中发挥作用来体现。中华文明通过中国社会生产力与生产关系、经济基础与上层建筑的矛盾运动，从远古社会经历了奴隶社会、封建社会、半殖民地半封建社会，现已进入现代社会。不论发展过程中遇到过什么挫折，中国社会总是不断地克服困难向前迈进，这就是中华文明发展的历史必然性。而中华文明这种发展的必然性，对外要受环境因素的影响，在内部，它又必须通过一个个历史人物所从事的具体历史活动体现出来。由于每一个历史人物其政治态度、生活经历、文化教育程度、道德伦理水准、观察思考问题的角度和方法，以及能力的大小不同，因而这些历史人物所从事的历史活动，对社会的发展、文明的进步、民众的福祉所起的作用也不同。有的能起积极的推动作用，有些则起阻碍甚至破坏作用。这些不同的人物所起的不同作用，产生的不同效果，使历史在发展过程中也表现出必然性与偶然性的对立统一。春秋战国时期，秦国采纳商鞅的建议实行变法，秦国迅速壮大国力消灭其他六国，在中国历史上建立了第一个大一统的中央专制集权王朝，而且使其基本的国家管理制度能延

续至今。正是因为北魏孝文帝强力推行汉化改革，极大地推动了北魏经济、文化、社会、政治、军事等方面的快速发展，而且还消除了民族隔阂，对北方各民族人民的融合起了积极作用，为中华民族的发展壮大，为中华文明的发展进步做出了积极的贡献。东晋时期，由于丞相谢安有效组织了淝水之战，以8万兵力击败了前秦80万军队，有效遏制了北方少数民族对南方广大汉民族地区的侵扰，为江南地区社会经济的恢复发展做出了贡献。正是由于秦始皇、汉文帝、汉武帝、东汉光武帝、隋文帝、唐太宗、宋太宗、宋仁宗、明太祖以及清康熙、雍正、乾隆等一批既开拓进取，又比较开明的国君的积极作为，中华民族从分裂中走向统一，从混乱中走向安定，从衰弱中走向强盛。正是因为孔子、老子、庄子、孟子、墨子、韩非子这些思想巨匠留下了充满智慧之光的经典论述，屈原、司马相如、曹植、李白、杜甫、苏轼、李清照这些诗词歌赋大家留下的精美诗赋，几千年后的我们才然能沐浴在几千年前创造的优秀传统文化的春风雨露之中，中华文明之光才能在世界民族之林大放异彩。

然而，在中华民族发展史上，也有一些历史人物由于自身思想品德、学识能力、情怀境界等方面的不足，他们所从事的历史活动，不仅对中华文明的发展没有起多少促进作用，有的人甚至对国家安定、社会进步、民众福祉起了严重的阻碍或破坏作用。如公元前210年，因秦始皇出游南方病死途中，秦始皇第十八子胡亥在宰相赵高与太尉李斯的帮助下，阴谋逼死早已确定的帝位继承人太子扶苏，当上秦朝的二世皇帝。赵高在杀害李斯后独自掌握了朝廷实权，他实行残暴统治，终于激起民怨，陈胜、吴广揭竿起义，原被秦国灭亡的六国旧贵族也纷纷复国，导致秦朝在建国14年后倾即土崩瓦解。唐玄宗后期，他重用口蜜腹剑的奸相李林甫，李林甫排斥异己，培植党羽，拉帮结派，陷害忠良。后来接任的杨国忠依仗杨贵妃的势力，公行贿赂，嫉贤妒能，骄横跋扈，不可一世；尤其是杨国忠与安禄山争权夺利，最终导致了"安史之乱"的爆发。"安史之乱"历时8年，不仅使战乱地区的百姓饱尝了战火之苦，人口大量消减，经济被严重破坏，大唐文明从此由盛而衰；而且"安史之乱"以后，唐朝藩镇割据局面形成，由此导致了唐朝的灭亡，中华民族又陷入了五代十国的分裂混乱局面。战国时期的公元前260年，秦国与赵国发生战争，赵军统帅赵括自认为很会打仗，但死搬兵书上的条文办事，结果所带军队被秦军全部歼灭。上述几个历史事件，皆为人为因素所致。假如没有秦二世及赵高的残暴统治，秦朝何至于灭亡得那么快？没有唐玄宗的昏庸及杨国忠的横行，"安史之乱"怎么会发生这么早这么惨烈？没有赵括军事上脱离实际的空谈误军，那40多万赵军又怎么会在长平走上黄泉不归路，赵国又何至于被秦国统一得那么快？由此可见，个别人或少数人的不当行为，尽管发生有其偶然性，但对历史的发展进程也会产生重大的影响。

袁伟时否定中国传统文化有一个重要依据是：晚清政府不准私人经营新的经济模式，比如学外国人经营轮船，只准公家办，不准私人办。他举例说，19世纪70年代李鸿章做直隶总督，不同意广东商人在天津办轮船企业；1890年张之洞任湖广总督，不同意湖南的一些商人在洞庭湖、长江上办小轮船公司。袁伟时试图以这两个事例说明中国"经济自由受到限制"，"中国的道德没有人际平等"，再由此追溯中国传统文化的落后性。

袁伟时的这种指责是没有任何理由的。

首先，他这里举的两个例子，实际上都是讲晚清政府干预了经济活动。而政府干预经济的事，中国早有先例，如从汉代开始对盐业实行政府专卖，汉代开始政府经营冶铁业。以后有些王朝还经营茶业、酒业。所以政府要经营轮船的做法绝不是晚清的独创。必须明确，政府经营产业是国家增加财政收入的一项重要经济举措。过于指责政府维护国家利益的具体措施是没有多大意义的。美国自特朗普执政以来感觉到中国信息产业和高科技产业的高速发展对美国利益有影响，所以，美国与一些国家联手千方百计打压中国华为 5G 产品的发展，美国在国内也想方设法阻碍中国的投资进入美国的高科技产业。袁伟时批评晚清政府"限制经济自由"。试问，美国的这些行为难道不是"限制经济自由"吗？实际上，不仅在国与国之间，就是在国家内部，绝对的经济自由也是没有的。有人走私毒品换取暴利，这好像也是经济活动吧，该不该限制它自由？对那些假冒伪劣产品，该不该限制它们的自由？还有，对那些破坏生态环境的企业，该不该放任自流？

其次，袁伟时讲的晚清政府干预轮船经营的两个事例，都是经济领域的事。但是，经济领域的自由是相对的，或者说，经济领域本来是没有绝对自由的。袁伟时希望以这两个事例说明"中国的道德没有人际的平等"，而"道德没有人际的平等"讲的是道德领域的事，怎么能以经济的不能绝对自由来说明道德的不平等呢？试问袁伟时先生，难道有人要贩卖毒品，就让他去贩卖毒品？有人要制造假冒伪劣产品，就让他制造假冒伪劣产品？有人要从国外走私进口垃圾食品，就让他走私进口垃圾食品？有人要以绿水青山去换取金山银山，就让他去毁掉绿水青山？难道只有这样，才是"道德人际的平等"吗？这种所谓的道德人际的平等，如果你袁先生想要，你就要吧，可是 99% 的中国人绝对不想要，也绝对不能要。

再次，从实际情况看，国家对经济活动的干预，即国家在经济运行中垄断经营什么，参与经营什么，在民间鼓励发展什么，禁止什么，这是从当时国计民生的角度，至少是从国家和集团利益的角度采取的一种经济措施。随着时间及地域的变化这些措施的使用也会发生变化，即有可能长期使用这些措施，也可能只使用一段时间，因而都具有时效性。在历史进程中，这也仅仅是一种偶然性的表现。而且，应当看到，在社会管理实践中，以什么样的管理理念，采取什么措施和手段，这与社会管理阶层，尤其是主要管理者的人品、见识、境界、思考观察问题的角度有很大的关系。如宋神宗时，王安石积极推行以发展生产、富国强兵、改革北宋积贫积弱为目的，以"理财""整军"为中心的变法，而吕海、司马光、韩琦等人却从维护封建大地主阶层和大商人利益出发反对实行变法，最终变法失败。盐业专卖通常是全世界强势政府控制财源的重要手段，曾于世界多处实施，古罗马、古印度、古代中国都实施过盐业专卖制度。由于东南沿海经常有海盗抢劫，故中国历史上从宋代开始就有过海禁。元朝时期反反复复，禁了废，废后又禁。元末明初，当时的日本处于封建诸侯割据时期，互相攻伐，在战争中失败的封建主就大量组织武士、商人、浪人（倭寇）到中国沿海地区进行武装走私、抢掠骚扰，致使中国海防问题更加突出。朱元璋为防患沿海军阀余党与海盗勾结，于是又开始实施较严的海禁政策，既禁止中国人赴海外经商，也限制外国商人到中国进行贸易（进贡除外）。明永乐年间朱棣只禁止私人出海贸易，开放官府贸易，故有了郑和七下西洋的壮举。后来由于倭寇侵扰严重，朱高炽主政时海禁日益严格。隆庆年间张居正又调整政策，允许民间海外通商，史称隆庆开关。清朝初年，为隔离东南沿海的反清武装，朝廷又颁布迁海令，实行比明朝更为严厉的海禁政策，山东以南的沿海居民甚至被迫内迁。海禁对维护沿海地区的社会稳定，保护沿海居民的生产、生活、生命安全，具有一定的积极作用，但却抑制了民间海外贸易发展，从一定程度上影响了中国商品经济的快速发展。

回顾历史，不仅仅是一些具体的经济措施，甚至包括更多的政治措施的实施，都会因时因人因事而不同。汉朝建立初期，汉朝政府为了保障西北边境的安定，对强大的匈奴主要采取选皇宫美女嫁给匈奴首领的和亲政策，如此就有了王昭君远嫁匈奴呼韩邪单于的故事。汉武帝主政时则对匈奴实行大规模军事征伐。晚清时期的1874年，清朝内部也爆发了一场史上有名的海防之争，以李鸿章为代表的海防派针对日本以弱旅之师入侵台湾、东南沿海告急的形势，主张放弃西北新疆把其用兵经费用来加强东南海防建设；以左宗棠为代表的塞防派则强调加强西边对保京师固全国的重要性，提出"东则海防，西则塞防，二者并重"的主张。最后清政府支持了左宗棠的意见，派左宗棠收回了新疆160万平方公里的土地。

概括上述，发生在悠悠历史长河中的各种具体历史事件，尤其是那些对中华文明发展起了不同程度的阻碍甚至破坏作用的事件，都是在特定的历史时期，在特定的政治、经济、社会、军事环境下，通过特定历史人物的作为发生的一些临时性事件，这些事件在历史发展的过程中其出现也有偶然性。而且这些事情的发生与参与其中的历史人物的素质有着十分紧密的关系。所以，不能把这些事情的发生完全直接归结于是中国传统文化的原因。"中国传统文化陷阱论"者把发生在中国自古至今出现的各种腐朽、没落、黑暗现象统统归因于中国传统文化，这无论从理论到实践都是站不住脚的。

中国的今天与西方

29 "现代文明是西方的文化产生的"吗？

"中国传统文化陷阱论"的先生们极力否定中国传统文化、鼓吹西方文化的理由是近代西方比中国提前告别传统社会进入现代工业社会，所以他们认为是西方文化产生了现代文明。因此，这些先生们一方面极力挖苦中国传统文化的落后，另一方面又极力赞美西方文化的优秀。如袁伟时先生认为西方世界民主自由这些理念"是 20 世纪人类文明的新成就"。尹胜在《我为什么要彻底否定中国传统文化》一文中更是露骨地吹捧西方文化，他断然说，"现代文明是西方文化产生的，而且是他们自发推进和创造的吧，从现代文明是由哪里产生的，这个问题已经充分说明文化的优劣了"。这里说明，在尹胜看来，一是西方文化产生了现代文明，二是西方文化优于中华文化。

尹胜的这种观点能成立吗？

的确，西方世界早于中国由传统社会转型进入了现代文明社会，但这是西方文化的功劳吗？下面我们分析一下西方近代资本主义典型国家英国是如何进入现代文明社会的吧！

英国从 18 世纪下半叶开始开启了向工业化社会迈进的步伐，到第一次鸦片战争即 1840 年之前就进入了工业化社会，这期间一个最重要的事件是英国发明家瓦特在 1776 年发明了蒸汽机。因蒸汽机的发明使机器生产取代手工生产而进入工业社会具备了可能性。但谁都知道，发明一台仅是一种生产工具的蒸汽机只是为进入现代工业社会提供了一种可能，这并不是一种现实。正如中国宋代就发明了当时世界上最先进的发射子弹的火枪火炮，但直到 1840 年鸦片战争前也没有用来大规模装备军队一样，只发明不推广使用是形不成生产力的，真正能促使科技发明的大机器广泛运用于工业生产的，是基于旺盛的生产需求冲动并为其准备的产业工人、资金积累和国内外市场。所以只有当大机器一是能大批量生产，二是广泛地应用于各种工业领域，三是大工业生产出的大量产品有销售市场，四是有了大量的资金积累，在这几个条件同时具备时才能完成传统社会向工业社会的转化。那么以英国为典型代表的西方是运用什么手段解决这些问题的呢？

第一，15 世纪掀起的圈地运动，用零成本占有了农民的土地，为西方世界工业化的兴起奠定了坚实基础。15 世纪末 16 世纪初，欧洲直通印度新航道的开通和美洲大陆的发现以及环球航行的成功，使英国的对外贸易迅速增长，这就进一步带动了当时的羊毛的出口和毛纺织业的增长。养羊成为利润远远大于耕地的产业。养羊业的发展需要牧场主扩大牧场规模，为此，后来发展为新兴资产阶级的领主贵族们便掀起了圈地运动。他们不给一分钱补偿用暴力把农民从土地上赶走，把强占的土地圈起来变成大牧场，这种赤裸裸剥夺农民直接利益的强盗行径虽然造成了千千万万农民的倾家荡产和流离失所，但另一方面却扩大了养羊牧场的规模，促进了羊毛及其纺织业的迅速增长，使大宗农牧产品成为商品；同时那些被圈去土地的农民为养家糊口不得不被雇用于牧场主和手工工场成为产业工人。所以西方的圈地运动几乎是以零成本扩大了当时养殖业和以手工工场为主体的毛纺织业，扩大了社会分工，在培养了大批手工场主的同时也用暴力打造了一批脱离土地以手工劳动为职业的产业工人，从而为西方转型为商品经济工业化社会奠定了基础。英国是西方实行圈地运动力度最大的国家。刚开始贵族只圈占公有地，后来发展为圈占农民的租用地及其私有土地。1485—1550 年，贵族在莱斯特郡圈地的面积占土地总面积的 60%，所以西方思想家莫尔 1516 年在《乌托邦》一书中辛辣地讽刺英国的圈地运动是"羊吃人"。自 1688 年以后英国政府制定大量的法律法规支持这种圈地行为。仅 18 世纪至 19 世纪英国议会就通过了 4763 件有关圈地的法律，共批准圈占 269 万公顷土地。西方正是通过这种残酷无偿剥夺农民生存条件的圈地运动，为由农业国转型为工业国开辟了道路。

第二，以黑奴贸易为主的对非洲、美洲财富的掠夺是西方为实现工业化积累资金的重要途径。哥伦布 1492 年 10 月发现美洲新大陆后，殖民列强西班牙、葡萄牙、荷兰、法国和英国以地球为战场，展开了空前激烈的商业竞争和殖民扩张。在征服抢劫亚洲、美洲、非洲的过程中，黑奴贸易是最黑暗最肮脏的一幕。从 1501 年，即在哥伦布发现新大陆后不到十年，葡萄牙人和西班牙人在向西印度群岛及美洲大陆进行领土扩张及对当地印第安人进行灭绝人性的屠杀的同时，为了满足这里发展种植园及开发矿藏对劳动力的需求，便从非洲贩运黑人奴隶到美洲，此后 400 年间，除奥地利、波兰和俄国等少数国家外，其他的欧洲国家以及后来的美国都先后参与了这一罪恶活动。英国是世界上最大的黑奴贸易国。在黑奴贩卖过程中，欧洲殖民者在非洲把黑人奴隶当作猎掳对象。正如 1526 年刚果国王阿方索写信给葡萄牙国王诉说这种暴行一样，"这个国家每个角落都有许多商人。他们将毁灭这个国家。人们每天在遭受奴役和劫掠。甚至贵族和王族成员也不能幸免"。资料统计，在对黑奴 400 年的"猎奴战争"中，非洲黑人被杀上千万，圣多明各岛在 18 世纪上半期共输入黑奴 280 万人，而到 1976 年仅剩下 65000 人，平均每年要死亡 4 万多人。由于黑奴从非洲运输到美洲要经受六到十周的生活磨难，运至美洲的黑奴能生存的不到十分之一。照此计算，黑奴贸易使非洲损失人口一亿以上。这个数字相当于 1980 年非洲人口的总和，而欧洲殖民主义者在黑奴贩卖中却获得了高额利润。如利物浦船只从事黑奴贸易 900 趟，所贩奴隶卖价 1500 万镑，净赚 1200 万镑。欧洲殖民者就是这样用上亿非洲黑奴的滴滴鲜血、节节白骨换取了堆积成山的黄金白银。另一方面，欧洲殖民主义者在美洲强占印第安人的土地建立大规模的种植园，同时对他们自认为在田间劳动能力不如黑奴的印第安人进行肆无忌惮的屠杀和驱赶，使印第安人人数锐减，从而为黑奴进入美洲开拓了市场。欧洲殖民主义者在美洲大陆不仅从贩卖黑奴中获得了丰厚利益，而且又从美洲廉价收购黑奴种植园生产的咖啡、蔗糖、棉花、蓝靛、烟草等农产品和工业原料，并大肆掠夺美洲的矿藏资源。欧洲殖民主义者就是这样通过从黑奴贸易中获得的丰厚回报和掠夺美洲资源并贩卖得到丰盛利润为进入工业化社会积累了大量资金的。所以，分析西方列强实现原始资本积累的过程，正如马克思所声讨的，"当我们把自己的目光从资产阶级文明的故乡转向殖民地的时候，资产阶级文明的极端虚伪性和它的野蛮本性就赤裸裸地呈现在我们面前"。

第三，对外侵略掠夺和贸易扩大了西方资本原始积累的规模，加快了向现代社会转型步伐。如18世纪以后西方殖民主义者向中国非法输入鸦片，18世纪初开始每年运到中国的鸦片约2万箱，后来最多达8万箱。鸦片贸易改变了中国对外贸易的长期优势，造成白银大量流入西方。仅1834年至1839年5年间，西方帝国主义国家利用鸦片走私每年平均从中国掠走白银400多万两。从第一次鸦片战争至20世纪中叶一百年间由中国流入西方的银子达1000亿两。白银的大量外流造成中国国内银价上涨，中国政府财政陷入空前困境。1894年日本向中国发动甲午战争，不仅迫使中国划出自古以来是中国藩属国的朝鲜，还强迫清政府割让台湾和澎湖列岛，国家支付的赔款及被掠夺的财富总计约3.6亿两白银，等于当时清廷三年半的财政总收入，更相当于日本全国平均年收入的6.4倍。日本有了这笔巨额财富后，经济实力军事实力猛增，从而为20世纪30年代再次发动侵华战争留下了伏笔。

第四，通过武力或暴力手段实行领土侵略扩张开拓了工业产品销售市场。现代工业的成功不仅在于要生产出超过自身消费需求的产品，更重要的是要使这些工业产品变成商品。这就需要有巨大的产品销售市场。这是现代工业兴起的关键。那么，西方资本主义是怎样开拓出这巨大的商品市场的呢？考察资本主义经济发展史可知，资本主义市场的形成及其拓展不外乎是，建立在民间有生产和消费需求基础上的顺其自然的贸易往来和生产企业的推销，但这两种方式在当时仅能在国内实施，其作用极其有限而且缓慢。欧洲列强为了加快发展资本主义经济便积极进行殖民扩张活动，他们采用政治或经济甚至军事手段强力征服世界他国，使其他国家成为西方列强的商品市场和原料产地。如16世纪的西班牙和19世纪的英国被称为"日不落"帝国，用当时西班牙国王卡洛斯一世的话说，"在朕的领土上，太阳永不落下"。这就是说当时的世界各地都有他们的殖民地，他们生产的工业品可以销售到世界各地。西方工业品国际市场的形成完全是凭借其坚船利炮敲开其他国家的国门。16世纪，西班牙人在西印度群岛及美洲大陆正是通过对当地土著印第安人进行灭绝人性的屠杀开拓了黑奴贸易的美洲市场。爆发于1840—1842年的第一次中英战争更是西方殖民主义者用武力开拓商品国际市场的战争。在这之前，尽管清朝实行了闭关锁国政策，但在对英贸易中，中国一直处于超出二三百万两白银的贸易顺差地位。英国为了改变这种贸易逆差局势，开始对中国走私毒品鸦片以获取暴利。此事遭到了清政府的反对。1838年，清道光帝派林则徐为钦差大臣赴广东查禁鸦片，林则徐在虎门烧毁走私的鸦片2万余箱。英国政府为了打开中国市场大门，便以此为借口组织舰船47艘、士兵4000余人从广州珠江口向中国军民发起战争，揭开了鸦片战争的序幕。经过断断续续一系列战斗后，中国失败被迫签订中英《南京条约》。《南京条约》规定中国向英国赔偿包括鸦片赔偿、债务偿还、军费赔偿共2100万元，割香港岛，开放广州、厦门、福州、宁波、上海为通商口岸，英商可以在这些地方自由贸易，并且双方商定关税，从而使中国既丧失了领土主权又丧失了贸易主权和关税主权。1856—1860年，英法美俄等西方列强为扩大通商范围以更多地获取侵华利益，英法组成联军又发起第二次鸦片战争。由于清军战败，英法俄强迫清政府通过签订不平等条约，开放一系列重要城市为通商口岸。此后，随着西方列强对中国侵略的不断进行，晚清政府对列强开放的市场不断增加，中国一步一步沦为西方资本主义国家的殖民地。西方早期资本主义正是凭着这种暴力手段，将自己的产品市场扩大到了全世界。

第五，文艺复兴运动为西方快速进入现代社会提供了精神动力。上述几条是西方世界由传统社会迅速进入现代社会的物质原因。西方世界之所以能迅速向现代社会迈进还有一个精神原因，这就是14世纪至16世纪欧洲兴起的文艺复兴运动。这场运动是以推翻天主教的神权地位以及虚伪的禁欲主义为目标，借助复兴古代希腊、罗马文化反对封建统治。运动中提出要以人为中心，而不是以神为中心，肯定人的价值和尊严，提倡个性解放，反对愚昧迷信的神学思想，所以这场运动本质是新兴资产阶级反封建的新文化运动。运动不仅对欧洲封建社会秩序造成猛烈冲击，同时也极大地解放了欧洲人的思想。思想的解放又推动了欧洲人去大胆地探索未知世界，追求个性自由，实现个人的幸福，从而极大地推动了欧洲社会政治、经济、文化的飞速发展。

第六，东方文明是西方快速进入现代社会的强大推动力。分析西方世界快速向现代社会转化的原因时，我们可以发现，这种转化绝不是西方世界本身独自运动的结果。东方文化对西方世界的影响是西方世界实现这种转化的直接动因。这种动力首先要归之于中国的造纸术、指南针、火药、印刷术四大发明。从某种意义上说，没有中国的四大发明就没有西方现代文明的产生。历史资料记载，中国四大发明是由阿拉伯人传播至欧洲：8世纪造纸术传于欧洲，12世纪指南针、火药、印刷术也相继传至欧洲。恩格斯认真分析了中国四大发明对欧洲的影响，他在《德国农民战争》中明确指出："一系列的发明都各有或多或少的意义，其中具有光辉的历史意义的就是火，现在已经毫无疑义地证实了火药是从中国经过印度传给阿拉伯人，又由阿拉伯人和火药武器一道经过西班牙传入欧洲。"

马克思也高度评价了中国四大发明对西方现代文明兴起的意义，他在《机器、自然力和科学的运用》中写道："火药、指南针、印刷术——这是预告资产阶级社会到来的三大发明。火药把骑士阶层炸得粉碎，指南针打开了世界市场并建立了殖民地，而印刷术则变成了新教的工具，总的来说变成了科学复兴的手段，变成对精神发展创造必要前提的最强大的杠杆。"

中国的四大发明对西方的文明进化是巨大的。中国的造纸术没有传入西方之前，欧洲人一般把文字写在生产于埃及的一种莎草纸以及羊皮纸上。莎草纸像粗布一样厚重粗糙，价格很贵却不好用；羊皮纸是用硝化的羊皮作纸张，价格更加昂贵。这两种纸导致了书籍、手稿的书写传播非常困难。所以没有中国造纸术、印刷术的传入，欧洲的文明进化就要慢得多。没有中国的指南针的传入，欧洲人就不可能有地理大发现，由此也不可能出现黑奴贸易、美洲开发给欧洲带来的巨大的资本积累。正因为有了火药技术的传入，欧洲人才得以造出火枪利炮攻城夺地，实行殖民扩张，开拓出世界市场。而且，根据世界著名科学史专家李约瑟的研究，西方世界大工业的兴起，也得益于中国人对机械制造的发明创造。因为18世纪瓦特及以后所有的蒸汽机及内燃机中使用的连接杆和活塞杆的结构，并不是西方人的首创，14世纪中国人王祯就使用过。王祯在冶炼水力鼓风机中首先使用了这种奇妙的连接杆和活塞杆，他比瓦特早了四百年。上述这一切充分说明，西方现代文明的兴起是以中华文化为主体的东方文化与欧洲文化共同作用的结果。所以那种认为西方文化优于中华文化，以及把西方从传统社会顺利进入现代社会的功劳完全归于西方文化的观点是不能成立的。

根据历史唯物主义的历史观，人类社会的进化是生产力与生产关系、经济基础与上层建筑矛盾运动的结果，其中生产力是推动社会进步的决定性因素。西方世界先于东方进入工业文明社会，同样要遵循人类社会矛盾运动的这一发展规律。分析上述促使西方顺利进入现代文明社会的各种因素可以看出，中国古代四大发明传入西方为当时西方世界生产力的发展提供了最初技术条件，圈地运动进行资本的原始积累，大航海发现新大陆后开展黑奴贸易，通过殖民扩张开拓世界市场，通过掠夺式世界贸易汇聚财富，这些都转化成巨大的生产力成为西方工业文明爆发式发展的直接而且是最主要的动力。没有这些外部条件，如果只凭西方内部手工业作坊循序渐进的自发式发展，西方结束封建主义经济转入现代工业经济社会的时间可能要推迟上百年。西方能够先于东方进入现代工业文明社会，最主要的是他们用屠刀、枪炮、铁舰、铁骑通过掠夺本国和外国人民的财富实现的。那么，西方文化对这种社会转型起了什么作用呢？经济基础决定上层建筑，上层建筑只能反作用于经济基础，西方文化不可能是西方现代工业文明产生的决定因素，只能对西方现代文明的产生起一个推动作用。这种推动作用诚如袁伟时先生所认为的，是"人类的核心价值"的自由、民主、人权理念使西方资产阶级能自由地剥夺广大农民的生存权利强占农民的土地，能自由贩卖非洲黑奴到美洲为发展工业积累资金，能自由地侵占他国的领土使其成为殖民地以推销商品和掠夺廉价原料。还有西方世界"利"在"义"先、唯利是图、金钱至上的伦理道德观，使资产阶级能自由自在、理直气壮、肆无忌惮刮尽别人的血肉把自己喂得肥肥胖胖，但丝毫不觉得这是对世界及本国人民的犯罪。这就是西方文化在西方向现代文明转化过程中的"伟大"作用及其价值所在！

由此看来，还有什么理由说现代文明是西方文化产生的呢？还有什么理由说西方文化优于中国文化呢？让这些胡说八道通通见鬼去吧！

30 西方民主是济世灵丹吗？

鼓吹西方式民主，是"中国传统文化陷阱论"的基本思想，也是它们彻底否定中国传统文化的最终目标。尹胜先生在他的《我为什么要彻底否定中国传统文化》文章中直言不讳地说："民主只是一种手段，而民主的核心是自由平等，公平公正，人权高于主权，捍卫个体生命意志，这才是现代文明的真正含义。"海旻在《为什么必须彻底批判中国传统文化》文中说："民主的本质是自由"，"真正想在中国实践民主的途径只有一条，那就是从文化根基上西方化、文明化"。

这就是"中国传统文化陷阱论"宣扬的所谓民主观的真实含义。显然，这些观点是经不起推敲的。

一、民主自古以来就不是普世的灵丹妙药

什么是民主？民主是否如海旻、尹胜所言就是自由、平等，就是捍卫个体生命意志呢？回答无疑是否定的。百度对民主的解释是，"一种社会状态，其特点是：人民有参与国事或对国事有自由发表意见的权利"。民主的反义词是独裁、集中、专横。如果我们再进一步探讨民主的内在含义，就可发现，民主一词源于希腊，意为"由人民进行统治"；人们对民主还有一种理解，即民主是指在一定的阶级范围内，按照平等和少数服从多数原则共同管理国家事务的国家制度，同时又是指在一个组织内通过平等协商按照少数服从多数原则决定重大事务的决策方式。简而言之，民主是一种政治制度和决策方式。尹胜先生这里讲的自由，仅指个人的意志和行为；至于平等和公正，这是在民主制度下在决策实施过程中对社会成员的一种态度和原则，这属于政治道德范畴，不能与民主同日而语。所以尹、海二位先生把民主与自由、人权、平等混为一谈，这完全是概念混淆，东扯葫芦西扯叶！

民主是不是具有普遍性的济世原则，我们先看看古代社会的民主制吧！公元前 7 世纪古希腊国家雅典就开始实行平等协商、少数服从多数的集体领导制度，经过近两个世纪的不断改进，雅典建立了完备的奴隶制民主政治制度。国家的最高权力分别掌握在公民大会、民众法庭和五百人议事会手中。其中公民大会是最高权力机关，具有决定一切国家大事的权力。五百人议事会是公民大会的附属机构，负责为公民大会准备提案并主持大会，同时监督行政官员落实大会决议。民众法庭是最高司法机关，并负责高级公职人员任职资格的终审。不难看出，雅典政治制度是一种完备的奴隶制民主制度。学界评价雅典民主政治是人类早期历史上一颗璀璨的明珠。但是这种民主制度本身又包含着一

种难以克服的弊端。在这种政治体制下各股政治势力为了自身利益千方百计扩大影响以致互相争斗形成内耗。过度泛滥的民主往往使公民们在野心家的花言巧语下，忽视客观事实仅凭政客的演说言辞决定国家大事，随风飘忽的民众意志难免被少数政客利用来翻云覆雨。正如西方思想家修昔底德所说："他们彼此间大都处于平等地位，而每个人都想力争居于首要地位，最终他们竟准备靠牺牲整个城邦的利益来迎合民众的幻想。"

公元前5世纪，雅典与劲敌斯巴达为竞争在希腊半岛上的霸主地位经历了长期的争斗后开始和平谈判。雅典具有卓越才能的年轻商业家阿尔西比亚德斯坚决反对与斯巴达的和谈。在他的努力下，雅典各政治派别经过激烈的争论后，决定由阿尔西比亚德斯率领雅典海军远征另一个强敌西西里岛上的民主城邦希拉求斯。这是一次影响雅典未来局势的征战。然而就在这样一个需要全体雅典人团结一致共对强敌的时候，在阿尔西比亚德斯出兵的前一天，他的政敌们竟通过民众法庭指控他亵渎赫尔美斯神像并将逮捕他，迫使阿尔西比亚德斯逃奔斯巴达并推动斯巴达援助西西里，使这次征战的雅典海军全军覆灭。几年后雅典海军在与斯巴达的又一次大战中取得了胜利，战后却被政客出于私利以在战争中没及时抢救落水的士兵为由，挑动公民大会通过法律审判，对最高军事指挥机构"十将军委员会"中的8位将军进行审判，把其中6位送上了断头台。从此雅典精通海战的将军几乎损失殆尽，海军失去了战斗力。雅典是由众多海岛组成的城邦国家，强大的海军是其安身立命的基础，雅典海军的崩溃导致了雅典的日益衰落及斯巴达的强大。雅典就是这样在民主政治体制下被政客们巧借公民意志排斥异己、扩大私利，帮派纷争、腐败流行以致国力大耗，最终被实行寡头专制统治的斯巴达所灭。由此可见，民主一旦被野心家阴谋家利用，对社会也会产生极大的破坏作用。

西方历史上曾经兴盛至极的罗马共和国也是一种带有民主制性质的国家政体。公元前510年，罗马人驱逐了前国王暴君，结束了罗马王政时代，建立了罗马共和国。国家由元老院、执政官和部族会议三权分立。元老院是最高权力机关，执政官在重大决策上要经过元老院讨论决定，执政官的产生要经元老院选举。但由于罗马共和国是贵族元老共和而不是公民共和，元老源于贵族，贵族垄断官场，这个所谓的共和国完全没有平民参与政治的可能，是绝对意义的奴隶主阶级专制政权。而且，罗马共和国赖以生存的支柱是平民自耕农和公民兵制度。罗马国家依仗自耕农与平民组建罗马军团，依仗公民兵制度维系国家军制和战斗力。但是随着奴隶制经济的发展，平民自耕农制度也逐渐瓦解，公民兵制度也随之瓦解，元老院内耗加剧以致无法控制整个国家。至公元前27年，带有民主制色彩的罗马共和国制度被具专制性质的罗马帝国制度所代替。

那么中国古代是否有过民主制度呢？以前人们常说中国古代只有专制，其实中国历史上也有类似这种形式的社会形态。原始社会晚期，人类社会出现了新的社会组织即部落。这是由若干血缘相近的宗族、氏族结合而成的新集体组织。在部落组织中，各氏族地位平等，部落最高首领称为酋长，由各氏族推选产生，公共事务由各氏族首领组成的部落议事会讨论决定。显然，这种社会组织是一种原始民主制形式。后来随着生产力水平的提高社会有了私有财产以后，这种原始民主制被以私有制为基础的国家所代替。在中原地区华夏民族进入封建制宋朝的时候，西北地区有个叫契丹的少数民族于907年建立辽国，契丹部落联盟首领耶律阿保机成为辽国首位皇帝，称辽太祖。在辽太祖耶律阿保机之前，辽国没有设皇帝，执政的联盟可汗由八个部落酋长共议推选，三年选一次。这种在原始民主制基础上发展起来的社会制度延续到辽太祖时，契丹人感觉到它有很大的局限性，便学习汉族的皇位传承办法改为世袭制。这就说明，民主制并不是解决国家问题的普世妙药。

二、西方现代民主制度能真正代表民意吗？

那么，现在西方世界实施的民主制度是否完美无缺呢？能否真正代表广大人民的意愿呢？这就很难说了。比如现代西方国家大多实行多党执政或两党执政，表面看来这些国家似乎比一党执政的国家要民主。一些人也常常以此为据炒作两党轮流执政的美国比一党执政多党参政议政的中国更民主更文明更先进，甚至攻击中国共产党一党执政是专制。大家知道，民主选举国家领导人是现代民主制度的核心。下面我们就从民主选举国家元首这个角度来对一党执政与两党轮流执政的利与弊做个辩证分析。

的确，一党执政最后是等额选举国家领导人，一选一，似乎民众没有民主选择的余地；多党联合执政或两党轮流执政是差额选举，民众有从两个以上人选中选择国家领导人的权利。所以这容易被人认为多党或两党轮流执政比一党执政要民主。其实这只是一种表面现象。

首先，一党执政代表的是社会各阶层各民众群体至少是社会绝大多数人的利益，所以其代表的群众具有广泛性。多党或两党执政各党派要代表的首先是与本党利益相关阶层，尤其是本党派代表阶层的利益，所以与一党执政相比，代表的民众要少得多。即使是两党或多党执政，选民选来选去，最终也跳不过从预定的人选中选一个做国家领导人。所以这种民主表达的是极其有限的民意。

下面我们分析一下作为当代西方资本主义民主的代表美国的选举制度其民主的有限性。

在200年前，美国刚刚建国时，美国的先贤们就设计了选举人制度，即由"选举人"间接选总统。在现代美国执行这一制度主要是为了尊重地方各州的权利，是向地方各州的放权。按照这一制度设计，美国每一次选举全部"选举人票"共538张，选举人分别是参议员100名、众议员435名、首都华盛顿特区代表3名。这538名选举人分配到各州是：参议员按州分配，50州每州2名；众议员按人口产生，50多万人选出1名。按照这一分配办法，例如纽约州约有1600多万人口，就有31名众议员，再加上2名参议员，共有33张选举人票。

在得票数的计算方式上，美国的选举办法规定，除缅因州、内布拉斯加州以外，任何一个总统候选人如果赢得了这个州的多数人投票，就算赢得了这个州的所有选举人票，这被称为"赢者通吃"。最终按照选举人团制度，候选人在各州赢得的选举人票累计超过538张票的一半即270张票，就当选总统。由于是采取"赢者通吃"的计算方式,这就可能出现候选人赢了全国按人头计算的普选票,却因选举人票没有过半而输了大选的现象。2000年总统大选时,本来民主党候选人戈尔比共和党候选人布什多了50万张人头票,但由于最后的佛罗里达州布什赢了戈尔几百张人头票,按"赢者通吃"的办法布什就赢得了该州的全部25张选举人票,因而使他的选举人票在全国超过半数而当选总统。

这样我们反过来就可以看出布什通过两党竞选当上总统这个过程中的"民主"有多少水分了。一方面,是按照"赢者通吃"的办法,布什所获得的每一个州的赞同票中本身就包含了每州中对戈尔的赞同票。另一方面,即使布什的选举人票在全国超过半数,他也只赢在佛罗里达州的这25张选举人票上,而且不排除佛罗里达州的人头票中布什也有反对票,这说明在全国有少于半数的人投布什的反对票。这就足以说明布什当选美国总统所代表的民意在全部人头票中仅略超一半,有近一半是反对他的,所以,布什当总统,对这接近一半的人来说,完全是不民主的选择。这里完全可以看出美国的民主选举总统制度是多么的虚伪。

其次,从多党或两党竞选总统执政方式产生的过程及其后果来看,它将带来严重的制度腐败。这表现在两个方面。第一,一个国家内的两个或多个党派要取得竞选胜利,每一个候选人都需要组织大量的人力财力参与竞选活动。据说美国与特朗普竞选的希拉里共雇用了783人为她打理竞选事务。同时竞选需要花费大量的经费,用于竞选团队的工资及工作费用,如竞选演说现场费用,电视、广播、网络、报纸、杂志的宣传造势费用,而且这笔费用如今越来越大。1860年林肯竞选美国总统只用了10万美元,到2008年奥巴马和约翰·麦凯恩黑白大战,总统大选总耗费达24亿美元。那么这巨大的竞选资金从哪里来呢?首先你自己得有钱撑腰,2008年候选人罗姆尼花了4400万美元,结果党内初选就没有入围。特朗普则花了5600万美元才在党内竞选上候选人。所以正如连续两次帮助共和党拿下大选的马克·汉纳所说:"在美国政治上有两个东西十分重要,第一是钱,第二还是钱。"然而仅凭候选人这笔支出还远远保障不了整个竞选活动的巨大支出,还得依靠大财团和个人的捐款赞助。2008年美国总统选举时,所有的候选人共得到16.8亿美元的捐款,其中13.3亿美元是个人捐款。华尔街金融投资大鳄索罗斯不惜下血本支持对自己有利的候选人希拉里,他为希拉里投资1300万美元!2012年,美国61个超级富豪和机构提供的竞选资金达2.86亿美元。所以美国的总统选举实质上是财力的打拼。入选的最终条件是美元,美国的政治是有钱人的政治,普通百姓与政治实质上是绝缘的。

最后,这种选举将导致国家的政策导向失去公正性。由于每一个党派背后都必须寻求若干大财团给予资金支持,竞选人与财团交换的条件是竞选取得胜利后制定对这些财团有利的政策,因而对于财团来说就是花钱买对自身发展有利的政策保障。西方所谓民主政府制定的政策很大程度上是为了满足支持竞选财团的利益,而且哪个财团支持资金越多,政策对它越有利。所以,不可能奢望美国执政者制定的这些政策能代表全体基层群众的利益,充其量是以大财团为中心的少数有钱人意志的体现而已。

三、美国永不停止的枪击案是西方民主酿成的历史悲剧

下面我们剖析一下 2018 年 1 至 5 月席卷美国的控枪运动，从中可以看出美国总统从两党竞选中产生这一形式上的民主给美国社会带来的可怕后果。

根据美国宪法第二修正案规定，美国公民或移民签证绿卡持有者均可以购买枪支。由此导致很多美国家庭都拥有枪支。美国的枪支生产销售商也从中获得了巨大的经济利益。这一规定的后果是导致美国各地接连不断发生枪击案，导致无数的人员伤亡。2018年法新社美国达拉斯 5 月 4 日电："美国每年有 3 万多人死在枪口之下。"2017 年 10 月，一枪手袭击拉斯维加斯的一场音乐会，导致 58 人遇难。2018 年 2 月 14 日，美国佛罗里达州道格拉斯高中 19 岁的前学生克鲁兹在学校开枪，导致 17 人死亡、14 人受伤。事件发生后，由该校学生主导，在全美各地学校掀起了"为我们的生命游行"的呼吁控枪的热潮。

2018 年 5 月 18 日，美国得克萨斯州圣达菲高中又发生枪击案，一名 17 岁高中生带了父亲合法持有的两把枪在学校开火导致 10 人死亡、30 余人受伤。同一天，美国佐治亚州一所高中也在学校毕业典礼上发生枪击案，造成 1 人死亡、2 人受伤。

美国《华盛顿邮报》援引数据称，2018 年在美国死于校园枪击案的学生人数已达到美国军人死亡人数的近两倍。"为我们的生命游行"运动的组织者在维特上称，5 月 18 日得州发生的校园枪击案是 2018 年美国（到 5 月 18 日止）的第 22 起。

这一连串的枪击案使美国民众普遍感到没有安全感。圣达菲高中旁边一家餐馆的老板对英国《卫报》发表评论："我觉得这种事在任何地方都会发生"，"人们总说，（学校）应该是个安全的地方，但我想现在学校已经不再（安全）了"。

无止境的枪击案使美国民众尤其是学校师生产生了巨大的心理恐慌。道格拉斯学校枪击案发生后，美国各地爆发了有史以来最大规模的强烈要求政府管控枪支的游行示威，但这一运动也受到了由枪支生产销售商参加或受其支持的美国全国步枪协会的反对。该协会出于自身经济利益坚决反对政府控枪，并且不断地给政府施加压力。富有戏剧性的是尽管这次控枪运动声势很大，枪支管制立法却毫无进展，以共和党占多数的国会对控枪持反对意见。根本原因在于美国全国步枪协会拥有大约 500 万会员，在财政和政治两方面影响着地方乃至全国的政策。尤其是美国前总统特朗普竞选期间，美国全国步枪协会毫无保留地支持他。所以特朗普表示，"没有人比我更加支持第二修正案与全国步枪协会了"，特朗普甚至不顾反对声浪，参加美国全国步枪协会会议，在会上公然宣告"本届政府为保护（宪法）第二修正案而努力，我们将继续保护它"。

美国这次控枪运动的失败说明了什么呢？

首先，此事说明了美国的法律并不是代表全体美国公民意志的法律，而仅仅是代表了美国少数人的利益，或者说是美国少数富人用来维护自身利益的工具。试想，如果美国的法律真正能够代表民意，那么，对于持枪管制这一美国民众盼望出台的法律修改成

什么问题呢？

其次，这说明了美国的总统虽然是坐在全民总统的位置上，但优先考虑的是维护本党本派及其支持者的利益。如果不是这样，他怎么会不顾及广大民众的强烈要求反对管制枪支法案的出台呢？

再次，这说明了美国的两党竞选总统的选举制度并不能选出真正代表全体人民利益的总统，这种制度不可避免要产生谋一党之私的国家元首。

最后，这说明了美国的所谓民主、人权、自由、平等是何等虚伪。尤其是人权，为了维护枪支生产销售商的利益可以置每年3万多黎民百姓的生命于不顾；在美国执政者的眼里，平民百姓、学生的生命值几斤几两？枪支生产销售商的钱才是最重要的，步枪协会的选票才是最重要的！可见，西方的人权、民主、自由、平等这些漂亮的口号，其实质就是维护少数富裕阶层或大财团的利益，普通民众在这些口号中得到的仅是一种空洞无物的精神慰藉罢了。

必须指出的是，由于美国的政治是受国内大财团左右的，国际私人银行也深深干预美国政治。这就迫使美国执政者不得不维护一些大财团和国际金融组织的利益，否则总统自身也没有好下场。美国自建国以来先后有9位总统被刺，其中有4位总统由此而失去生命。很难说与这种政治格局没有关系。由此看来，两党或多党竞选轮流执政制度到底有多大价值不是一目了然了吗？此外，美国的总统必须经过两位候选人的竞选演说赢得选民好感投票产生，因而竞选的成功与否很大程度上凭竞选人的口才与对听众夸下的海口能否打动人心、对竞选对手的攻击能否击中要害。这样参选人很容易制造无中生有或似是而非的谣言对竞争对手进行中伤以减少对手的选票，或参选人脱离实际与可能胡乱吹牛许诺以换取民众信任。这些行为对社会政治生态的破坏是不言而喻的。而且选出的总统也不一定是符合国家和选民利益，满足选民愿望的最佳人选。如特朗普竞选美国总统，美国民众开始对这位没有任何从政经验，仅仅是一个极富娱乐色彩的商人不感兴趣。然而特朗普在竞选过程中信口开河地向美国选民夸下系列海口，如他的竞选纲领之一是沿着美国和墨西哥边境建一道一千英里的墙，以阻止非法移民的入境，而且他强调其建墙费用由墨西哥政府出资。当墨西哥总统声明不会出这个钱时，特朗普第一反应是这道墙要增高10英尺，以示对墨西哥总统态度的惩罚。特朗普还声明要禁止穆斯林进入美国。他跟奉行白人至上和歧视有色族裔主义的3K党也关系暧昧，但他扬言要"让美国重回伟大"！一些有知识的人评价特朗普是美国的希特勒，还有人说他是先经营米兰足球后三届当选意大利总理的贝卢斯科尼。说他不是要搞独裁统治就是要搞寡头政治。然而对于这样一位思想怪异口无遮拦的商人，居然选票领先最终当选总统。所以可以肯定的是，美国的大部分选民不是因特朗普的过去及现世所为而投他的票，因为基层民众对他这些根本不了解，也无须了解。他们只因对他那娱乐性的演说能力有兴趣，为他随兴而发的许诺动心，也不思量这些许愿能否实现便选择了他。由此可以看出美国的这种选举制度对能否选出最优秀的人选当总统具有很大的偶然性，这就等于一场赌博，可能输也可能赢，全凭运气而已。

四、西方民主代表了几个人的利益？

西方世界极力吹嘘西方式民主是代表全民利益的民主，这是天大的笑话！英国在中世纪长期实行君主专制制度，1688 年英国发生"光荣革命"，英国资产阶级和新贵族发动了推翻詹姆士二世的统治、防止天主教复辟的非暴力政变。1689 年英国议会通过了限制王权的《权利法案》，国家权力由君主逐渐转移到议会。但这一时期选民人数的比例仅占总人口的 10％左右。所以，英国历史研究专家钱乘旦先生在《西方"民主"的历史与现实》中写道，"光荣革命后议会成为权力的中心，但民主制度并没有到来，光荣革命解决了一个人统治国家的问题，但创造的是少数人的统治，几十个大贵族通过议会来进行统治。这个制度在英国历史上叫'旧制度'。英国直到 20 世纪才完全确立资本主义现代民主制度"。

中国《诗经》中揭示了人世间的一种礼节是"投我以桃，报之以李"，由于西方国家的元首是在一个或多个大财团的支持之下通过金钱大比拼走向权力巅峰的，这种"投桃报李"现象反映在西方的政治生活中，就是执政者制定的政策总是要向支持过他选举的大财团倾斜，至于其他社会阶层尤其是基层老百姓的诉求，大财团们不关注，总统也难以关注。这就导致了美国贫富悬殊呈现出日益扩大的趋势。有学者提供的数据显示，20 世纪 70 年代美国中产阶级人数增长到占总人口比例的 61％，到了 20 世纪 80 年代，中产阶级人数增长到接近 80％，20 世纪 80 年代也是美国老百姓生活水平最高的时期。但是从 20 世纪 90 年代开始，美国老百姓的收入增长开始变缓，到 20 世纪 90 年代末期陷入停滞状态，1999 年美国 GDP 是 10 万亿美元，当时美国家庭中位数收入是 5.7 万美元；到了 2015 年，美国 GDP 是 18 万亿美元，但是美国家庭中位数收入却不增反减到 5.6 万美元；而且中产阶级占总人口的比例从 20 世纪 80 年代的 80％锐减到 49％。由此可以看出在美国式的民主中只有少数人是真正的大赢家。

尤其值得指出的是，美国的贫富悬殊正在进一步拉大。2018 年联合国人权组织资料显示，美国仍有 4000 万人生活贫困，超过了美国总人口的 13％。其中 1850 万人极度贫困，有 500 多万人生活在绝对贫困之中。更为严重的是，美国政府打算在未来 10 年间削减联邦政府 3.6 万亿美元的支出。执行这项预算案须大幅度削减对美国贫困群体的福利支出。2017 年 5 月初，美国众议院已经通过特朗普提出的新医保草案，计划未来 10 年削减 8000 亿美元公共医疗补助预算。国会预算办公室预计此举将导致未来 10 年 1000 万人失去这项福利。这些措施对早已在贫困中呻吟的基层民众无疑是雪上加霜。2018 年上半年，美国爆发了一场席卷 30 多个州和首都华盛顿的"穷人运动"。穷人们发起了对贫困、种族、移民以及收入不平等议题的抗争，时间持续了一个多月。穷人们要求修改联邦和州府的最低工资标准，使其与 21 世纪的经济水准相符合；开始向公共住房投资，废除 2017 年共和党主导的税法改革；停止正在进行的军国化，把军费转移到教育、医疗、保健；杜绝系统的种族主义。在 50 多年前，美国民权领袖马丁·路德·金也发起过一场"穷人运动"，以非暴力手段争取美国黑人的公民权转变为经济权，掀起了一场"反对贫困的战争"。50多年过去了，马丁·路德·金的梦想没有实现，美国仍有千千万万的穷人在痛苦中遭受煎熬。

美国作为世界上第一大经济体，为什么"穷人"问题总是解决不了呢？这是由美国的制度决定的。在美国决策阶层眼里，贫困主要是个人问题和社会问题，造成贫困的责任主要由个人承担，治理贫困主要由社会慈善和社会救助来解决，政府没有必要在贫困问题上投入太多的精力。所以美国建国后长期没有针对穷人的福利项目。直到20世纪60年代，在"穷人运动"和"民权运动"的推动下，有利于穷人的社会保险和公共福利项目才得以确立。即使这样对穷人的援助也极其有限。直到今天，美国不可能有中国这样的举全国之力的脱贫攻坚计划。

国际舆论认为，对于一个国家来说，贫困人口的存在并不可怕，可怕的是对贫困问题漠不关心。相比之下，自2013年至2016年，中国现标准下的农村贫困人口由9899万人减少至4335万人，年均减少1391万人，在中美两国综合国力相近的情况下，贫困人口的总数也在接近。但贫困人口占总人口的比例，美国占了13%，中国不到4%。

这就可以看出，美国的民主并不代表基层贫困老百姓的利益。

五、西方理想与现实的矛盾，少数服从多数与分权原则带来的决策失误与延迟之苦

民主制度的表现形式还体现在分权制约及少数服从多数上。然而在实际操作过程中，理想的"少数服从多数"有时也会带来不理想的后果，以致被西方思想界批评为这是"多数人的暴政"。原因在于，首先，这里的"多数人"仅仅是进入决策圈的人的多数，而不是全国人民大众中的多数。这个多数人的意志不一定能代表社会多数人和后代人的根本利益和长远利益。其次，正如一位哲人所言，真理有时掌握在少数人手中。所以，有些时候由多数人形成的决策也难免有其短视性或草率性；而且这种决策还难以避免小部分人代表的利益对大部分人代表的正当利益的侵犯和剥夺。这就正如法国思想家托克维尔所言："民主政府的本质，在于多数对于政府的统治是绝对的，因为在民主制度下，谁也对抗不了多数。"希腊哲学家苏格拉底（前470—前399）是一位被称为"西方孔子"的哲人。他毕生坚持真理，主持正义，经常批评雅典统治阶层的腐败，因而遭到了雅典包括最高领导人在内的统治阶层的反对。他的政敌给他制造了"不敬神""腐蚀青年"几大罪名对他提起控告，结果苏格拉底在一个由501人组成的法庭上，以281票认定他有罪、220票认定他无罪的结果判处死刑，最终以毒酒结束了他的生命。法国大革命中，雅各宾派执政时期实行恐怖政策，一个人是否要送上断头台，只需要看观众是赞同的多还是不赞同的多，这种荒唐可笑的"大多数决定一切"的民主政治，同样造成大量的错杀无辜。2016年英国卡梅伦政府就是否脱离欧盟举行全民公投，事前政府预计英国大多数民众会选择留在欧盟。但最终结果是赞同脱欧的占51.89%，反对脱欧的占48.11%。这种微弱的人数差别迫使

卡梅伦政府不得不违反本意启动脱欧程序。国际社会认为，尽管英国政府是按民主政治方式操作的，无论后果如何，其决策本身都是轻率的。这就充分说明，简单地以多数或少数确定决策结果来评估是否民主，也是不科学的做法。

另外，作为民主政治特征的分权执政虽然能有效避免独裁统治带来的缺失，但由于决策圈内的每一位成员各自代表着不同地区或不同群体的利益，且西方强调个人财产及个人权利的神圣不可侵犯，因此每决定一项重大事务需要充分平衡兼顾各方的利益。故做出决策过程中参与各方为了维护自己及所代表派别的利益需进行反复博弈。这就使某些决策讨论来讨论去最终因难以平衡各方利益无果而终，有些决策虽然形成了统一意见但耗时太久，严重影响了决策效率，甚至出现错失时机的情况。为什么西方国家在处理突发性的大范围的危难事件时往往反应迟缓、措施乏力，如在跨地区修建铁路、高速公路这些大型基础设施建设时从决策到实施往往拖延缓慢、效率低下，这与西方实施这种缺乏效率的民主政治制度有密切关系。现西方政治家们已愈来愈明白这种民主决策机制的缺陷性，正试图进行改革，但改革又牵涉各方利益的调整。对某些阶层或群体来说，改革如果有利于自身利益，会支持改革；如果不利于自身利益，会反对改革。所以要通过完全的民主推动改革，这几乎是不可能的。

那么，什么是真正的民主呢？民主的真实意义在哪里呢？民主不应只停留在对权力的集中的否定上，也不能陶醉在三权分立或几党竞选轮流执政上，因为不论是如封建制社会皇帝一人独裁行使权力，还是如现代的美国三权分立互相制约行使权力，如果这种权力只用来维护少部分社会成员的利益，如皇帝只考虑其自身或皇族的统治地位如何持久、如何享受，美国的执政者只考虑如何维护某些大财团及富有阶层的利益，就如美国政府只顾及步枪协会中枪支制造商和销售商的利益而无视美国社会广大民众的生命安全那样，那皇帝独裁与三权分立两种执政方式仅是形式的区别，其内容与社会效果都是一样的，都不是以社会广大民众的根本利益为出发点。所以，民主最有价值的东西，不是在于由一个人还是几个人或几个机构行使权力，而是在于权力是否在维护社会广大民众的根本利益。或者说执政者只有在为广大人民群众做主时，这才是真正的民主。如果执政者只维护少数人的利益，只为少数人做主，哪怕是通过三权分立政体做出的决定，或者是通过少数服从多数会议形式做出的决定，这都不是真正意义上的民主，这种既不能体现广大普通民众之意，也不能体现广大普通民众之利的形式上的所谓民主，对于社会广大普通民众而言哪有什么"普世价值"？

总之，民主作为一种社会制度和领导决策方式，它无疑是大众所希望的理想文明政治状态。所以追求民主自然可以作为社会进步的理想与目标。但是，第一，世界文明发展的进程已经说明，民主的实现需要具备众多的条件，实际中的民主并不如书本上或说教中的民主那样简单，从古到今那些自我标榜的民主都呈现出异常复杂的情况。这就是说民主的实现要受社会及历史条件的制约。第二，民主不是一蹴而就的，它必须是一个循序渐进的过程。历史上没有一呼即成、一步到位的民主，英国资本主义民主制度的建立足以说明这一点。第三，民主只有在形式与内容相统一的前提下，才能真正体现民众的愿望与根本利益；那种只有形式没有内容的民主，对于广大民众来说并没有多大的实际意义。试想，当戈尔和布什竞选总统时，是布什当总统还是戈尔当总统，对于美国最基层的普通老百姓来说其利益有多大的区别呢？早在50多年前，美国黑人领袖马丁·路德·金就发动了"穷人运动"，现在50多年过去了，美国仍还有4000多万贫困人口，这50多年中换了多少届总统，但穷人还是穷人。第四，民主作为一种执政方式，或者作为一种执政手段，只有当它被正确运用时才能对人民的根本利益和对社会的进步发挥积极作用；一旦对它理解不全面或者被少数人的阴谋所利用，它在实施中就有可能走偏甚至完全有可能成为影响民众利益和社会进步的破坏力。古希腊时期雅典民主制对阿尔西比亚德斯的审判和对苏格拉底的审判，美国的当代民主解决不了每年因私人持枪非正常死亡数万人等种种事例不就充分说明了这一点吗？所以，民主并不是任何时候都是解决社会问题的灵丹妙药。

六、当代西方强力推行其核心价值观的用意何在？

长期以来，以美国、英国、法国为首的西方世界，抱着一个理念：他们所干的就是正确的，别人必须跟着他们干；你不跟着干他们就看不顺眼，不是要教训你，就要制裁你，甚至要搞死你。按照这种理念，他们策划了苏联的解体，20世纪又颠覆了南斯拉夫、伊拉克，21世纪初颠覆了阿富汗后又挑起了至今仍在继续的"阿拉伯之春"运动。

阿拉伯之春又叫阿拉伯觉醒或阿拉伯起义，是指自2010年底在北非和西亚的阿拉伯国家和其他地区一些国家发生的一系列以"民主"和"经济"等为议题要求推翻本国的专制政体的社会运动。

2010年12月17日，突尼斯一位26岁的年轻人在做生意期间，为抗议警察的粗暴对待自焚身亡。这个事件激起了突尼斯广大民众长期以来对国家失业率高涨、物价上涨，以及政府腐败潜藏的怒火，以致形成了全国范围内的大规模骚乱。由突尼斯点燃的民众反政府运动潮水般迅速扩展，波及埃及、利比亚、也门、叙利亚、巴林等国，同时在一定程度上影响到了阿尔及利亚、约旦、沙特阿拉伯、伊拉克、阿曼、摩洛哥等国家和地区。阿拉伯之春运动深刻影响了中东、北非的地缘政治格局，在整个运动中，突尼斯总统本·阿里，埃及总统穆巴拉克，利比亚总统卡扎菲都纷纷退出了历史舞台，当地新形成的政治派系接管了新的国家政权。叙利亚陷入全面内战。

西方世界为了使它们的核心价值观在阿拉伯世界成为普世价值，故在助推阿拉伯之春的过程中，扮演了重要的角色。

2011年2月，利比亚发生了大规模的反政府示威，还建立了反政府的武装组织。3月10日，法国正式承认利比亚反对派成立的全国委员会为代表利比亚国家的合法政府，并计划与这个新成立的机构互换大使。3月17日在美国、英国、法国等国家的推动下，联合国通过1973号决议在利比亚设立禁飞区。3月19日法国飞机空袭利比亚，美国海军于深夜通过部署在地中海上的军舰向利比亚发动了导弹攻击，并派出战机参与空袭。8月，利比亚反对派组织在西方的支持下控制了全国政权。10月，利比亚原总统卡扎菲因伤被捕身亡。

2011 年 3 月 15 日，叙利亚大马士革市爆发反政府游行示威，并且很快扩展到全国多个城市，国家安全部队与民众发生流血冲突。4 月 29 日，美国主导的联合国通过了叙利亚问题的有关决议，决议谴责叙利亚对抗议者使用暴力，还将向叙利亚派遣一个调查小组。当日美国宣布对叙利亚进行"人权制裁"。事后，叙利亚成立了反政府武装组织。在此期间尽管叙利亚总统阿萨德宣布实行多党制、修改宪法、组成新内阁、制订全面改革计划，但西方国家仍不满意。2011 年 8 月 18 日，美国总统奥巴马签署总统令，宣布立即冻结叙利亚政府在美国管辖范围内的所有资产，加强针对叙利亚的出口禁令，禁止美国公民到叙利亚投资；英国、法国、葡萄牙、德国均在联合国表示要开始拟订针对叙利亚的安理会制裁决议草案。2012 年 2 月 21 日至 24 日，由突尼斯组织召开了有欧盟、美国和阿盟参加的"叙利亚人民之友"会议，实施把叙利亚国内问题进行国际化解决的办法，会议将叙利亚现政权总统排除在外；会议决定支持叙利亚反政府政权及其武装力量。

阿拉伯之春导致一些中东国家政权颠覆。一些没有颠覆政权的国家国内有了反对派政权及反政府武装力量，随之就是国家权威的崩塌，权力真空出现以致引起国家混乱。现在回过头来看，西方世界是乐观地估计了这场革命之后阿拉伯世界民主化进程的结果，这些国家更没有看到运动中喊得最响的"民主""经济"口号在今天的现实中取得了多少成效。现在来看，今天的也门、埃及、利比亚的经济政治形势比之前更差。叙利亚已经是因旷日持久的内战成为西方多国博弈的中心聚焦地。

那些被以美国为首的西方势力强力推行"民主""自由""人权"的核心价值观的国家现在是个什么情况呢？叙利亚被搞乱了，数百万难民被迫离乡背井，他们渴望进入欧洲，但又被标榜实施高度人道主义的西方世界推三阻四，致使千千万万的难民滞留在进入欧洲国家的一些国家的边境线上，苦不堪言。有网友写文章描述被西方颠覆及遭受阿拉伯之春的国家的现状是，"萨达姆死了，并没有找到大规模杀伤性武器，如今天天爆炸、袭击，教派冲突"；"卡扎菲死了，利比亚人民幸福了吗？如今遍地废墟，重建遥遥无期"，"民众当时侮辱死去的卡扎菲，估计现在后悔极了"；"穆巴拉克下台了，带来埃及的民主和谐了吗？如今血流成河，示威游行天天不断。这究竟是社会的进步还是倒退？这难道就是西方国家鼓吹的人权高于主权的进步和普世价值的文明？"

综上所述，西方现行的民主制度并不如"中国传统文化陷阱论"所宣扬的那么完美无缺；西方某一种民主自由模式也不可能成为任何国家不能违背的"人类的核心价值"。现实中的西方民主仅是执政方式之一，而且它缺乏维护广大普通民众利益这一最本质最有意义的内容；人民理想中的民主也必须与现实的历史社会状况相适应才有实际价值。这就如电视剧《红楼梦》中林黛玉头上戴的那朵鲜花，不管它多么漂亮，只有扎在林黛玉秀发上才增色添彩，如果扎在贾宝玉头上反而觉得不伦不类、不堪入目。所以，离开社会的经济状况、民众心理、思想文化水准等历史条件，去照搬别人那种不是为普通人民群众做主，而是为少数富有阶层或特定人群做主的所谓民主，是没有任何实际意义的。

由此看出，"中国传统文化陷阱论"者今天还在做中国要实现西方式民主的美梦，这不是要求中国的道士做法事念《圣经》，乱来吗？

31 西方的自由有普世价值吗?

西方世界的自由,这是"中国传统文化陷阱论"者异口同声的呼唤。如袁伟时先生在他的文章中说:"英国在 1215 年就有《大宪章》,国王加税要得到诸侯的同意,要保障各地自由、自治的权利。""罗斯福提出四大自由:言论自由、信仰自由、免于匮乏的自由和免于恐惧的自由。……是 20 世纪人类文明的新成就……任何国家要现代化都不能忽视文明的新进展,人类的核心价值是任何国家不能违背的。"

尹胜先生在他的文章中狂轰滥炸中国文化及中国"没有自由和平等",他叫嚣,"如果这个传统文化,没有自由和平等还要做什么!"在他们的眼中,中国的文化与制度压制了自由,这是中国落后于西方的标志。所以,中国的传统文化必须彻底抛弃,中国应该走西方的自由化之路。

西方的自由"是人类的核心价值,是任何国家不能违背的"吗?真是可笑!

一、世界上有完完全全的自由吗?

要看清楚袁伟时、尹胜上述观点到底荒谬在哪里,我们先看看自由的真正内涵是什么。

什么叫自由?英国 19 世纪历史学家、理论政治家、自由主义大师阿克顿勋爵统计,众多思想家对自由的界定达 200 余种。在欧洲文字中,"自由"含有解放之意,指从外力制裁下解放出来,由自己做主。在中国古文中,"自由"的含义,就是不由于外力,由自己做主。因而,自由的基本表现形式是:①一种能保障人民免受专制政权奴役控制,获得人生解放权利的自由权。②一种任性行为的自由,想说什么就说什么,想做什么就做什么,自由放任。③按照规律办事意义下的自由。④自律意义下的自由。自由的最基本含义是不受限制、束缚、控制、强迫。"百度百科"上说,一般意义上的自由是:没有外在障碍而能按照自己的意志进行的行为。"中国传统文化陷阱论"鼓吹的自由,也就是这种不受限制的个人任性的自由。但一旦我们深入考察客观世界,就会发现这种任性的自由几乎是不存在的。

"中国传统文化陷阱论"的先生们,你们看过电视节目《动物世界》吗?动物在某些时候的确有它的自由,如牛在草地上可以自由自在地吃草,它可多吃,可少吃;可吃这种草,也可吃那种草;可以在这儿吃,也可以在那儿吃。别的牛也不会去奈何它。但是,大家看到没有,在非洲大草原上,当雄狮成群结队自由地向野牛发起进攻,牛儿们还会有悠闲吃草的自由吗?当鳄鱼凶猛地冲向正欲饮水的小野牛,小野牛还会有安全饮水的自由吗？当大雕以雷霆万钧之势扑向正在食草的羔羊，羔羊还能自由进食吗？在整个生物世界，弱肉强食，有强者的自由，就没有弱者的自由。这就是血腥的生存竞争的普遍法则！在动物世界没有绝对的自由。

当人们告别了动物世界进入了人类社会后，人们就结成一定的社会组织或群体按约定俗成的规则而生活生产。在这种社会环境下，人必须克制自身固有的动物属性即原始的野性，即不能任性而为。人必须服从社会的习俗、约定和各类公德规范。人的这种服从实际上就是增加了自身的文明性即社会性。文明落实到个人行为上即是对原始的野性的自由的否定，是对个人欲望的克制。如原始的群婚制进化到对偶婚制并进一步进化到一夫一妻制，这就是一种最大的文明进步。然而一夫一妻制的形成却是对群婚制状态下婚姻完全自由的一种否定。这就说明，人类社会中人与人之间的相互联系、相互依存、相互制约的社会性、组织性本身就是对原始的任性自由的一种克服，一种超越与进步。强调人的社会性就意味着人应放弃自身固有的原始的自由性与非分之想。所以在人类社会中，只要你是人，就必须懂得约束自己，为人处世就必须懂得有节制不可胡来，因而也就不可能有绝对的自由。如果说人类社会有自由，那么这种自由肯定是有条件的，是相对的。大家看吧，在奴隶社会中，当然有奴隶主花天酒地的自由，但对于奴隶，却被奴役，甚至被屠杀、被殉葬，哪里有生存的自由呢？在封建社会中，地主当然有收取地租的自由，农民只能如数交纳地租，绝不可能有不交地租的自由。

在今天的现实生活中，要保证广大人民群众过上自由自在的生活，同样必须压制某些个人有损他人利益的自由。请问袁伟时先生、尹胜先生、黄奕锋先生，我们能允许贩毒者自由贩毒吗？能允许造假者自由造假吗？能允许强盗自由翻墙入室行凶抢劫吗？在城市大街上，能允许他人驾着汽车不顾交通规则自由行驶吗？香港的"港独"分子公然叫嚣要香港独立，台湾的"台独"分子极力在推动台湾独立，试问几位先生，你们能允许香港、台湾自由独立吗？我还要问问广大读者朋友，我们能允许任何一个"第三者"自由插足破坏自己的家庭吗？能允许某些人黑心白牙、无中生有谩骂自己的祖宗吗？能容忍他们篡改历史，歪曲真理，颠倒黑白，混淆是非，搞乱思想，误导民众，贻害社会吗？

纵观西方历史，不论哪个历史阶段，自由总是与不自由相随相伴的。就是在被西方自捧为奴隶民主制典型甚至东方也有人推崇备至的古希腊，奴隶主也没有给奴隶以自由！西方中世纪宗教神学信奉天体运行"地心说"时，更没有科学家"日心说"传播的自由。西方政界叫得最响的"四大自由"中，信仰自由是根本。但古代的西方世界从来没有信仰自由过！大家知道，欧洲宗教改革后，产生了对抗梵蒂冈天主教的新教。"宗教自由"最早是新教各派的口号，无非是说自己有权不信仰天主教只信奉自己的教派。故罗马天主教教会视他们为异端，与新教各派之间爆发了无数次血腥战争。后来"宗教自由"反过来变成了天主教扩张势力范围的口号。天主教希望推行"宗教自由"以拥有超越世俗政治的权利。所以，欧洲史上只允许信奉罗马天主教的自由，不允许信仰其他教的自由。进入现代社会后，许多西方国家在其他政治、经济、文化等领域也大喊自由，但实际行为却相差很远。

1933 年至 1945 年德国法西斯统治期间，希特勒在其领土各处建立了大量关押反对纳粹政权人士的集中营，试想集中营里的被关押者还有什么自由呢？日本侵略中国期间，在日本占领区内的中国老百姓，尤其是抗日人士，他们会有行动的自由吗？

二、美国推崇的自由是什么货色？

下面，我们先考察一下被尊为当代西方自由世界之老大的美国及其追随国的所谓自由状态吧！

西方世界鼓吹的"四大自由"是 1941 年 6 月时任美国总统罗斯福在就任总统 8 年后，为谋求连任在华盛顿国会大厦发表演讲时提出的政治口号，同年 8 月，被写入由美国主导的《大西洋宪章》。1942 年 1 月，又被由美国主导的 26 国联合发表的《联合国家共同宣言》所采用。此后还被写进过其他一些国际公约，也写进了 1966 年联合国通过的人权公约。当然公约中有这样的规定，"所有人民都有自决权，他们凭这种权利自由决定他们的政治地位，并自由谋求他们的经济、社会和文化发展"，公约还规定所有人拥有"自由处置他们的天然资源和财富"的权利，拥有"生命权、免于酷刑和不人道待遇的自由等"。

罗斯福总统当时提出"四大自由"是出于对第一次世界大战和第一次世界经济危机给西方世界造成巨大伤害的一种反思及一种补救，人权公约是对人民的生存及其应享受权利的一种明确，二者的愿望不可谓不好，其文字不可谓不使人赞赏，其内涵不可谓不具有极大诱惑力，但这些响亮的口号从此成为人类社会共同遵守的普世原则了吗？回答是否定的。正如历史学家埃里克·方纳告诉《华盛顿邮报》的，自由在美国一直是个有争议的概念，在不同时代有不同含义。所以在美国要把自由作为普遍使用原则也是一句空话。

就在罗斯福提出并极力宣扬"四大自由"这段时间，希特勒举起了屠刀，欧洲大陆千千万万的普通老百姓未享受到"四大自由"与"人权保障"，整个欧洲血流成河，尸骨成山。当英国被法西斯纳粹打得遍体伤痕独力难支时，十分渴望美国能站出来保护欧洲人的自由与人权，对德国法西斯宣战，但顽固秉持孤立主义的美国认为打仗纯粹是欧洲人自家的事，坚持袖手旁观。这不仅违背了罗斯福在 1941 年国会演讲时关于"我们所追求的世界秩序，是为了让自由国家展开合作，共同生活在一个友好文明的社会中"的铮铮誓言，而且，在此后的国际关系中，美国一次又一次严重违背这一原则。1950 年 6 月至 1953 年 7 月，美国为扩张在亚洲的势力以中国和朝鲜为目标发动对朝鲜的侵略战争；1958 年美国武装入侵黎巴嫩；1960 年美国军队进入多米尼亚，干涉其内政，致使多米尼亚总统身亡，同一年内，美国对刚果实行武装侵略，直至杀害刚果总统卢蒙巴；1961 年 6 月，美国又发动了为期 10 年的越南战争。此后美国在全世界不休止地发动了几十次直接武装侵略或联合他国以干涉别国内政，推翻反美政权，建立亲美傀儡政府的战争，包括 1961 年武装入侵古巴、第七舰队入侵老挝，1962 年武装封锁古巴，

1965 年再次武装进攻多米尼亚，1970 年武装干涉柬埔寨推翻西哈努克政府，1971 入侵也门，1983 年发起"暴怒"行动武装侵入格林纳达，1986 年开始轰炸利比亚，1987 年开始武力打击伊朗，1988 入侵洪都拉斯，1989 攻占巴拿马。1991 年为争夺石油资源以美国为首的多国部队对伊拉克实施了长达 38 天的狂暴轰炸和空袭，出动战机 112000 架次，发射巡航导弹 288 枚，投弹量 20 万吨。1999 年以美国为首的北约出动 1000 多架飞机和 40 多艘战舰对南联盟轰炸 78 天，在仅 10 万平方公里的土地上倾泻了数千枚导弹、两万多吨炸药，彻底推毁了这个主权国家。2001 年美国对阿富汗又实施两个多月的轰炸，推翻了当时的阿富汗政府。2003 年 5 月，美国组织联合部队未经联合国授权再次出动 1100 架飞机，2.7 万枚导弹彻底推翻了作为一个主权国家的伊拉克。2011 年，美国在利比亚通过武装干预支持反政府军推翻了执政的卡扎菲政府。从 2011 年开始至今，美国又策划并武装支持叙利亚国内的反对派发动的推翻叙利亚现政权的战争。试想，在美国发动侵略打击的这些国家和地区，这些国家还有内政外交的"自由"吗？在铺天盖地的枪林弹雨中，那些上天无路入地无门的老百姓还有"免于匮乏的自由和免于恐怖的自由"吗？包括双方互相击杀的士兵，他们有保障生存权利的自由吗？当人们对第一次世界大战期间参战的西方列强施放化学毒气使数万人死亡，二次世界大战纳粹德国使 600 万犹太人丧生，中国抗日战争期间日本制造的旅顺惨城、南京 30 万民众惨遭屠戮这一系列剥夺人类生存权利事件记忆犹新的时候，人们怎能理解罗斯福总统在 1941 年 6 月提出"四大自由"，4 年后美国却在日本的广岛和长崎开世界之先河投下了全球最具杀伤力的原子弹呢？虽然这是对日本挑起侵略战争的有力的惩罚，却使千千万万平民百姓在蘑菇云浪中丧失了生存权利。而且悲剧还在发生，2003 年美英发动的侵略伊拉克战争使 20 万儿童死于非命。美国当时堂而皇之的理由是要让伊拉克的人民为他们的国家付出代价。所以当美国能自由地对国际上其他不如己意的国家发动侵略时，这些被侵略国家就处于不自由的境地，这些地区的平民百姓也就谈不上自由和人权保障。再看看美国国内，在罗斯福总统提出"四大自由"70 多年后的今天，尽管美国声称自己是实现"免于匮乏和恐惧的国家"，但仍有 30％的非洲裔黑人、28％的原住民和 23％的拉丁裔儿童处于贫困状态，年轻黑人男子生活在警察暴力和监禁的恐惧中。《赫芬顿邮报》曾指出，美国和 70 多年前一样，寻找今日的"四大自由"同等重要；这意味着，今日的美国仍有许多不符合"四大自由"的东西。

由此看来，美国推崇的自由，其本质就是可以任意妨碍他人的意志，夺取他人的利益。这是彻头彻尾的绝对的利己主义。

三、西方言论自由吗？

言论自由是西方世界"四大自由"中吹得最响的口号。事实是否如此呢？这里介绍 2015 年 10 月 26 日中国人民大学博士，长期定居加拿大的李建宏先生在察网发表的一篇文章《绝对超出你想象：这就是西方的言论自由》，文章认为，"不少中国人还误以为在西方可以随意批评甚至谩骂政府、政党及国家领导……其实，这是中国人对西方所谓言论自由的又一严重误解。如果说以前的西方在公共领域确实还存在一些范围极为有限的言论自由的话，近年来这种自由已经受到越来越严重的侵蚀"。维基解密网站创始人阿桑奇曾抨击奥巴马"扼杀言论自由的力度远胜过历届总统"。在今日西方，因言获罪已成常态。2014 年 11 月 28 日，美国共和党众议员芬奇的公关主任劳坦在脸书上发帖称奥巴马的女儿在感恩节火鸡特赦大会上穿着不得体。此事导致劳坦公开道歉与被迫辞职。曾在关塔那摩工作的美国空军退役上校由于在《华尔街日报》和《华盛顿邮报》撰文批评奥巴马当局，结果也惨遭被新雇主解雇的命运。实际上，在美国无论何时何地，谁的言论能透露国家的核心国防力量？谁能透露其核心尖端科学技术？谁敢发表影响美国形象和利益的言辞？这都是不可能的！而且，李建宏先生还指出，西方言论自由的本质是顺我者昌，逆我者亡。对符合他们心意的言论确实不受限制；同时，他们毫不留情地将一切肮脏的不实之词尽情倾倒到不合他们心思意念者的头上。他们对不赞同西方所谓"民主""自由""人权"为"普世价值"的国家，如中国、俄罗斯、伊朗、古巴、朝鲜、委内瑞拉等予以极力丑化。尤其是对那些揭露西方阴暗面的声音，"则不惜一切代价予以残酷打击"。进入 21 世纪以来，西方便恶意攻击与西方对抗的俄罗斯为"一个由'大独裁者'普京统治的'邪恶帝国'"，并严禁发表任何有利于俄罗斯的言论。与此同时，西方掀起了一轮又一轮反华、辱华运动。他们采用封杀不同声音与制造虚假新闻等卑鄙手段，让妖魔化中国的歪曲报道不断见诸西方媒体。他们经常喜欢将那些给中国人民生命财产造成巨大威胁的恐怖分子称作反抗专制统治的英雄。而那些客观报道中国发展、进步与成就的记者与编辑，则成了西方主流社会中某些组织攻击的主要目标。2008年因德国之声电台记者张丹红在接受采访时说了中国政府"为保护西藏文化做了很多事情"，中国政府成功地"使四亿人脱贫"，德国《焦点》杂志罔顾事实，谎称张丹红向中国"献媚"。因此不仅张丹红被免职，王凤波、朱虹、李琦和王雪丁四名资深华人编辑亦被德国之声停职。理由就是"没有维护德国之声所一贯坚持的维护自由民主和人权的价值观"。德国体育通讯社记者迪特黑希尼也因客观报道中国的发展被公司以"与通讯社的宗旨无法协调"为由解雇。西方世界对那些在国内事务方面持不同观点的人也设法打击迫害。一位英国妇女由于举着一个写有反对同性恋的牌子而被罚款；加拿大法院甚至终身禁止一个发表反同性恋言论的神职人员布道。西方不仅仅通过国家及体现国家意志的机构或媒体出面打压有违国家意志的不同声音，还通过由资本家及其所控制的工作单位限制工人的言论自由，工人不仅不能批评企业经理和老板，也不能发表不同的政见。老板剥夺持不同政见的雇员的工作权，在西方已成为社会常态。2015 年 4 月，加拿大多伦多交响乐团一位出生在乌克兰的俄罗斯钢琴家，因下班后在自己的私人推特上发表有亲俄倾向的言论而被解雇，理由是她"发表挑衅性言论"，"在推特上引发仇恨"，交响乐团"不是让有些人发表感受到冒犯的意见"的地方。上述数不胜数的事例说明，西方的所谓言论自由，或是吹牛，或是说谎而已！

四、我们需要什么样的自由？

那么我们应怎样理解、怎样践行自由呢？

由于自由总是与权利利益联系在一起的，所以在不同的历史时期及不同国度里，不论是个人还是群体，自由总是相对的。你在享受生活自由的时候，就必须节制自己的行为，不得从事违背法律和社会公德的活动；你在自由履行公职职权的时候，就必须服从相关纪律、制度对你的约束，不能越过政策法规的界限。自由应该是也只能是建立在不伤害他人、不破坏或不消极影响社会、不损害公众及民族利益前提之下的一种自主行为。凡影响破坏他人、社会、国家、民族的眼前利益或长远利益的自由行为，无论是个人的还是群体甚至国家的，无论是政治的、经济的或文化的，都应该予以反对。我们绝对不要忘记，近代史上的大英帝国在贸易自由的旗帜下向中国大量推销鸦片，给中国人带来的不仅是数额巨大的白银的外流及对国民精神身体的毒害，还有西方列强的铁蹄在中国大地上自由驰骋、刀剑在自由挥舞时带给中国人民那山河破碎血泪横流的灾难岁月。我们绝不能允许这种充满血泪的自由在我国重演！我们同样要杜绝受西方极端自由思想影响出现的违背法律良心，不顾国家社会及民众利益的自由行为的发生。近几十年来，随着国门大开，西方奉行的唯利是图、个性至上价值观的长驱直入，一些不惜危害他人、民族、国家利益，我行我素、牟取私利的行为时有出现。如有人以贩毒、传销、电信金融诈骗、造假贩假牟利，有人以破坏环境、生产伪劣产品牟利。电视媒体为了提高收视率获取最大的广告收入，大量拍摄娱乐至上，或社会丑相奇闻，或变相传播色情暴力等对青少年成长负面影响极大的节目。这些对肇事者来说很自由的行为，对国家社会及人民大众当前及今后造成了极其恶劣的影响。还有一些所谓文人学者或专家教授，在西方自由价值观的熏陶下，尽管享受着国家给予的优越的政治待遇和物质保障，却自觉或不自觉充当西方反华仇华势力的御用枪手，以新中国成立以来70多年中的个别或局部缺失事件，攻其一点不及其余，歪曲历史，混淆理论是非，或撰书著文，或授课讲学，否定中国文化，否定当下经过实践证明适合我国国情的制度路线政策，否定中国共产党的领导地位及领袖人物。这种放肆的别有用心的自由行为使相当一部分中国人思想陷入混乱，同时也抹黑了共产党领导的人民政府的合理性。对这种所谓自由给国家和民族当下以至未来带来的损害，广大人民特别是一些具有真知灼见的人士无不纷纷指责，我们切不可低估这种所谓自由的危害性，我们更要旗帜鲜明地抵制这种自由的发生。我们所谋求的，应是人民群众在不损害他人、社会及国家利益的前提下，能保持自己的人格，自主地工作并过上幸福美满的生活。这就是自由的真正含义。

由此可见，"中国传统文化陷阱论"所极力宣扬的西方式的自由，对于中国来说，只不过是水中之月，好看却不可用，仅此而已！

32 这个世界是谁在践踏人权？

尹胜先生在《我为什么要彻底否定中国传统文化》网文中，指责中国文化"唯独没有人权，没有自由和平等，没有对现实生命的尊重"。他认为，"中国民众从古至今都没有拥有过真正的权利。一切打着文化、国度、传统和文化概念，践踏人权，损害人的尊严的东西，无论它以什么面目出现，都是虚伪和野蛮的"。袁伟时先生则在他的《中国传统文化的陷阱》网文中与之相呼应，鼓吹西方的人权观念是一种"普世价值"，认为中国的政治体制改革"按照联合国人权公约来办，这就够了"。

这些观点都是不能成立的。

一、究竟什么是人权？

什么叫人权？人权是法国 18 世纪启蒙思想家、文学家、哲学家伏尔泰针对封建特权和神权提出来的一个政治概念。"百度百科"对人权的解释是：人权是指人因其为人而"应享有的权利"。人权包括个人人权和集体人权两种，前者是指个人依法享受的生命、人生和政治、经济、社会、文化等各方面的自由平等权利，后者是众多个人生存于其中的集体应该享有的权利，如种族平等权、民族自决权、发展权、环境权、和平权等。按照权利的内容来划分，人权包括公民的政治权利和经济、社会、文化权利两大类。前者是指一些涉及个人的生命、人身自由的权利，以及个人作为国家成员自由平等地参与政治生活方面的权利；后者是指个人作为社会劳动者参与社会、经济、文化生活方面的权利，如就业、劳动条件、劳动报酬、社会保障、文化教育等权利。总之，"人权是人的人生、政治、经济、社会、文化诸方面权利的总称，它既是个人的权利，也是集体的权利"。所以，在讨论人权问题时，我们必须对它有科学的理解。

第一，人权"既是个人的权利，也是集体的权利"。人权的个人权利是不言而喻的，集体的权利指包含众多人的阶层、群体以至社会广大民众的权利。我们说维护人权，既要维护社会个体的人权，更应该维护集体和绝大多数人的权利。所以评价一个国家一个社会的人权保障水平，关键是看执政的出发点是维护国家、民族和绝大多数国民的利益，还是维护某一集团、某一群体以及少数人和个别人的利益。如果一个国家政府的行为是以维护某一社会阶层、某一集团或某一群体及少数人和个别人的利益为出发点，就谈不上这个国家有真正的或全面的人权保障。这种人权观念就不是全面的和科学的。

第二，人权所维护的是那些遵守社会正常秩序、维护社会公众利益的人的权利，而不是保护那些破坏社会正常秩序，损害国家、民族公众利益与他人利益和生命的不法分子的权利。对于那些破坏社会正常秩序，损害国家、广大民众利益的不法分子，如果只强调保护他们的人权，实际上就等于剥夺了广大人民群众的人权。在这个问题上，就连美国对那些违反社会公正利益的不法分子，也丝毫不给予迁就。美国"警察暴力地图"网站 2018 年 1 月 1 日发布的统计数据显示，美国警察 2017 年共杀死了 1129 名被认为在实施暴力的人。

第三，人权在不同的国度不同的地区有不同的标准和要求，不能用一把尺子、一个标准来衡量评价。不同的文化传统、历史传承和基本国情，决定了世界各个国家有不同的人权发展情况，故必须走适合自己特点的人权发展道路。如世界许多国家是实行一夫一妻制，这是保障女性人权的表现；而东南亚、中东及非洲一些国家却还可以实行一夫多妻，个别男女比例不协调的国家还强制实行一夫多妻。我们能指责这些国家不保障女性的人权吗？这显然是不行的。

第四，人权本身是一个不断发展的过程，在不同的历史阶段有不同的人权要求。西方早期的人权思想，主要是相对于神权提出来的，这就是用人权反对神权，用人性反对神性；现在则强调的是人的自由和政治上参与选举的权利。所以促进和保护人权是一个动态的历史进程。鸦片战争之后，西方列强入侵中国，中国主权丧失，中国人受尽了西方列强的掠夺迫害之苦。在外国人的租界内，中国人遭受的是"华人与狗不得入内"的欺凌与侮辱。在那个年代，西方列强何曾考虑过中国人的民主、自由、人权、平等！如果中国人在那个时候企求什么民主、自由、人权，岂不等于是竹篮打水？所以，不同的国家在不同的历史时期有不同的人权发展方向和重点。

第五，必须澄清社会上流传的一些关于人权的错误观念。在对人权理解上，社会上还流传一些模糊观念在误导人们。

有人说，人权就是人"能自由自在，不受任何约束地去追求自己认为能实现幸福人生的自由"。这种人权观点显然是不能成立的。社会是由单个的人组成的，许许多多单个的人之所以能组成一个社会共同体长期生存下去，就在于人们能相互之间遵守一些大家认同的约定。这种约定使大家能不影响他人以至社会共同体的根本利益，故能使社会共同体长期存在并有序地运转。所以按约定有序地生存，是人类社会存在的根本条件，更是社会区别于动物界的根本标志。然而，社会要做到按约定有序运转，就意味着每一个社会成员，在处理人与人之间、人与社会的关系上，必须遵守大家认定的公共规则，而不能任意妄为。就如古代开展狩猎活动，大家齐心合力猎获了一头野猪，然而在分配战利品时，野猪身上的各个部位，猪头、脖子、前腿、猪身、后腿等骨头的多少，肉的品质可不一样；从个人愿望来说，谁都希望分配到骨头少、部位好的野猪肉，那怎么分配呢？大家就只能议定一种分配办法，或均衡分割搭配，或抓阄确定，而不能都是"我要最好的"。这就需要每个人都有一点节制，有一点退让，而不能完全按个人的意志行事。20 世纪中国在住房制度改革之前，机关事业单位分配职工的住房，也是让大家事先议定一种办法分配，不可能完全按每一个人的意见分配。所以，只要你是一个人而不是其他动物，只要你还生活在人类社会，就面临着能干什么与不能干什么的选择。能干的事，就可以放开手脚"自由自在"去干；对于损害他人利益和社会、国家利益的事，对于违背公共规则和社会公德的事，就必须束缚住自己的手脚，退而远之。因而也就不可能"自由自在，不受任何约束地去追求自己认为能实现幸福人生的自由"。那种"不受任何约束"的行为只存在于动物界。道理非常简单，如果社会上每一个人，都"自由自在""不受任何约束"地追求自己的幸福与自由，就很有可能影响社会的公众利益和公共秩序，以及他人的幸福与自由。这个社会就会出现谁也管不了谁，谁也不服人管的现象，从而导致一片混乱。比如一个男子要"自由自在""不受任何约束"地去追求一个已经组成家庭的漂亮女性，就肯定会导致这个女子的丈夫失去自己的幸福与自由。如果这类现象合法，就必然成为一种大众化行为，那时这个社会还能和谐吗？

还有人认为人权是平等权，平等权就是要"不存在凌驾于他人之上的机构与组织"。这种说法一看就是上一种观点的另一种表述，简要说即是，人权"就是不存在凌驾于他人之上的机构与组织"。说白了，这句话的意思是人权就是不要有机构与组织管理；反过来就是说有机构与组织管理的地方就没有人权，或者说人权就是个人"不受任何约束"。

这种观点当然是异想天开。远在原始社会进入氏族社会时期，氏族组织就已经成为社会基本的、最初的社会组织形式。在母系氏族制度下，子女属于母方氏族成员，世系随母方，妇女成为氏族社会的中心。所以在这种制度下，妇女对氏族群体的管理，就具有原始的"机构与组织"管理性质。进入父系氏族时代后，子女成为父方氏族成员，实行子女承袭父方财产的新继承制度，丈夫在家庭中居于统治地位，因而在这个历史阶段，原始的"机构与组织"管理性更加明显。

随着私有财产的出现，原始部落之间经常发生战争，被捉获的战败部落的人成为奴隶，如此就产生了管理部落的机构与组织，甚至有了部落联盟。在此基础上发展出了奴隶制国家，如此有了人类社会之必然特征的组织管理。由此可见，没有任何机构组织管理的时代只出现在人类远古时代的原始社会，或者动物世界。如果哪位先生真的希望能在不存在任何个人之上的"机构组织"中"自由自在"地生活，那就只能请他回到原始社会和现在的动物世界中去。

实际上人既然成为人，人既然要生活在一个社会中，就必然有人与人之间以及个人与社会之间的关系，所以人是一切社会关系的总和。社会关系要有序而不乱，就必然要有协调和维护这种和谐社会关系的机构和组织存在。试想，假如没有国家政权组织的存在，遇到强大的外敌入侵怎么办？遇到自然灾害，如洪水、旱灾、冰灾怎么办？社会上匪盗横行、邪恶当道怎么办？现代社会要发展，文明要进步，要建设大型的基础设施工程，如高速公路、机场、港口怎么办？要治理大范围的环境污染怎么办？这些事业，仅靠个人的力量无论如何是完不成的。要做好这些事，就需要把大家的力量组织起来，这就需要组织机构。所以，只要是人类社会，就必然要有机构和组织存在。这是不以个人的意志为转移的。没有组织机构的社会，必然是无政府主义社会，这种社会一旦真的出现，必然会天下大乱，它带给人类的只会是无情的灾难。

上述说明，那些强烈反对组织管理，提倡极端自由主义，把个人利益绝对化的思想观念，完全是一种反人性、反文明，极端自私、完全堕落为只能与动物为伍的极端落后的人权观，对此必须予以否定。还有人说："人权的主要内容是自由、平等和博爱。自由是什么？如果你是一只鸟，自由就是天空；如果你是一条鱼，自由就是海洋；如果你是一匹马，自由就是草原。自由就是你的大自然，而平等只是你作为鸟之一、鱼之一、马之一的方式而已。"

这的确是一段富有文学色彩且优美的对人权的新表述的文字。但仔细一看，内容却是陈旧的。这里强调的人权就是自由、平等和博爱。何为自由？何为平等？本人已另文做了论述。其实在人类社会中，只要存在着私有制，存在着国家，存在着人的生理差别，就必然会存在着政治的、经济的、社会的差别。不承认这种客观存在的事实是不现实的，所以自由平等总是相对的，是有条件的。西方世界那种把自由平等绝对化的言论和思想说起来是很动听，实际上是泡了糖水的稻草，越嚼越没有味，其价值多少也就不言而喻了。至于博爱，如果从政治范畴看能爱广大人民群众，那当然是高尚极了，但实际上西方世界几乎从来没有对广大人民群众博爱过。因为在几个党派轮流执政的国家，执政者优先关心并保护的是本党派、本阶层及支持他们登上执政宝座的大财团的利益；至于广大普通民众的利益始终被放在次要地位。所以西方世界政权最先爱的不是普通人民群众。试想，如果16世纪欧洲殖民者有对非洲黑奴的博爱，他们怎么会产生进行非人道的黑奴贸易之念？怎么会在把黑奴运往美洲的过程中让千千万万的黑奴因遭受残忍的折磨而死于非命？如果希特勒有对犹太人的博爱，那600万犹太人怎么会只留下一堆白骨呢？如果当年已"脱亚入欧"的日本有对中国人的博爱，那"南京大屠杀"的惨案又怎么会发生呢？如果现在的美国统治集团对美国百姓的生命有真正的博爱，怎么会让美国枪支泛滥，以致每年数万平民百姓的生命无缘无故丧失在街头巷尾的枪击之中呢？

至于这一论者举例说"自由"就是鸟的天空、鱼的海洋、马的草原，这也仅仅是想象中的"自由"而已。试想，当天空飞翔着老鹰的时候，会有鸟的自由吗？当海洋遨游着鲨鱼的时候，其他鱼儿还有自由吗？当草原横行着狮子、猎豹、狼之类的猛兽的时候，马还能自由奔驰吗？所以即使你是"鸟之一""鱼之一""马之一"，你的自由也是相对的，而不是绝对的。

由此看来，所谓人权就是自由只能是一种臆想而已。

二、古今中国关于人权的科学认识与实践

中国古代虽没有"人权"一说，但这并不等于中国古代不重视人权。实际上，中国自古以来推崇"以人为本"的思想理念，"天地万物，唯人为贵"，这就是"人权"观念在中国古代的经典表达。孔子强调"仁者爱人"，主张仁者应善良，应做充满慈爱的人和满怀善意的人。《论语》记载：有一次马棚失火，孔子问伤人了吗。孔子在这个时候只问人不问马，说明在孔子看来人比马重要。孟子提出了"人性本善"的观点，认为"恻隐之心，人皆有之"，从这一点出发，孟子提出了仁政的思想，主张"民贵君轻"。他认为人民群众是国家的基础，更是国家的根本，所以人民比君王更加重要。在这个基

础上，孟子首先严厉批判了一些诸侯国的君王无视人民的生存权，以至于"狗彘食人食而不知检，涂有饿莩而不知发"的残酷无人性行为。另外，孟子特别强调君王治理国家首先必须获得民心，所以他提出了"民为贵、社稷次之"的民本理念。孟子指出尽管天子有极高的地位，但他只有获得民众，才能做天子，如果失去了民心，就不能做天子。孟子把民本思想升华到一个相当高的政治道德境界，其思想对历朝历代的国家治理实践产生了极大的影响。墨子则特别讲究人民的生存权利，指出诸侯国的君王必须保证人民"不饥不寒"，"养生丧死无憾"，否则无异于"率兽而食人"的独夫民贼。

新中国成立以来，特别是改革开放以来，中国特别重视人权事业的发展，树立了"以人为本"的科学发展理念，提出了"以国情为基础，以人民为中心，以发展为要务，以法治为准绳，以开放为动力"的中国特色人权发展观，以及"没有安全何谈人权"，"发展是重要的人权"，"减贫促人权"，"合作促人权"等理念。这就是把加快经济发展，提高全体人民的生活水准，为广大人民群众创造安定和谐的社会环境，减少贫困等作为人权事业的重点。这一人权观符合中国的国情和全国广大人民群众的需求和愿望，是适应中国发展道路的人权保障模式。

在践行人权保障上，中国交出了一份出色的答卷。

新中国是在为广大人民群众谋利益的共产党的领导下建立起来的国家。新中国的建立废除了帝国主义列强强加给中国的一切不平等条约及其各种特权，使国家实现了真正完全的独立，从而为全体中国人民的人权的保障创造了必需的前提条件。从新中国成立的那一天起，保障广大人民群众的各项权利就成了国家的重要任务，经过连续不断的艰苦努力，中国的人权事业得到了快速的发展与进步。

防治疾病，事关人民群众的生命安全和健康，新中国把其作为新中国成立后的一项重要任务。新中国成立初期，在中国已流行了两千余年的血吸虫病仍威胁着中国南方农村广大劳动人民的生存。儿童被感染后会影响发育，甚至成为侏儒；妇女被感染后多数不能生育；青壮年被感染以后就会丧失劳动能力。不少晚期病人只能挺着大肚子下地干活，病情严重者甚至死亡。当时，血吸虫病遍及中国南方 12 个省，病人达 1000 多万，受感染威胁的人口 1 亿以上。该病死亡率极高，致使不少疫区人烟稀少，田园荒芜，甚至出现了不少无人村。当时的江西省余江县便有病人上万，有些村庄由几百户减少到几十户，有的甚至十几户。在当时的重灾区蓝田坂，有 20 多个村庄被毁，14000 多亩田地变成荒野区，有些水田虽然尚在种植但由于缺少劳动力管理，每亩地只能收获数十斤稻谷。为了消灭危害大半个中国的血吸虫病，1955 年 11 月毛泽东亲自召集华东、东南地区省委书记开会，成立了全国性的血吸虫病防治领导小组。事后所有有血吸虫病的省、市、县都成立了血吸虫病防治领导工作机构，在广大血吸虫病疫区开展了消灭血吸虫的斗争。如江西省余江县从 1955 年冬至 1958 年春，共发动了 3.6 万人投入灭螺战斗，采取开新沟填平老沟深埋血吸虫寄生体钉螺的办法消灭血吸虫。共填平老沟 347 条191 公里，开新沟 87 条 167 公里；填旧塘 503 个，移动土石方 416 万立方米。在以后的20 多年中，余江县大规模查螺 23 次，参加查螺的群众累计数万人，最终有效控制了血吸虫病对人民群众的生命危害。1958 年 6 月 30 日，当《人民日报》以醒目标题发表了江西省余江县消灭血吸虫病的消息时，毛泽东主席非常兴奋，当即写了两首《送瘟神》赞扬全国开展消灭血吸虫病斗争这一伟大历史事件。其中一首写道："绿水青山枉自多，华佗无奈小虫何！千村薜荔人遗矢，万户萧疏鬼唱歌。坐地日行八万里，巡天遥看一千河。牛郎欲问瘟神事，一样悲欢逐逝波。"

黄河是中国第二大河流，发源于中国青海，流经四川、甘肃、宁夏、内蒙古、陕西、山西、河南、山东8个省区的69个地区（州、盟、市）和329个县（旗、市）。千百年来，黄河水患一直对整个黄河流域广大人民群众的生产生活和生命安全造成巨大的威胁。1931年黄河泛滥，有300万人丧身，1938年初夏黄河再一次泛滥，50多万人被淹死。同年6月国民党军队为了阻止日本军队西进，在郑州以北的花园口炸开了黄河大堤，导致89万人被淹死，1200万人无家可归，并间接导致了惨绝人寰的1942年河南由于大旱、蝗灾造成的大饥荒。此次灾情涉及河南111个县中的96个县，受灾总人数达1200万人。其中有150万人死于饥饿和饥荒引起的疾病，另有300万人被迫外出逃荒。因此，治理以黄河为首的大江大湖，解除水患对广大人民群众生命财产的威胁，一直是中国人民的渴望。1949年新中国成立以后，国家把对黄河的治理作为为人民群众提供生产生活保障的一项重大工程。1952年10月毛泽东主席第一次离京外出巡视，首先就是视察黄河，并发出了"要把黄河的事情办好"的号召。1950年1月25日，中央人民政府成立了黄河水利委员会，统一领导和管理黄河的治理与开发。国家制定了黄河的综合利用规划，明确要在黄河干流和支流上修建一系列的拦河坝和水库以拦洪、拦沙、调节水量、发电、灌溉，以及在黄河上中游地区大规模植树造林以开展水土保持工作。通过几十年的努力奋斗，在黄河上修建的大型水利工程有：龙羊峡、刘家峡、青铜峡、李家峡、盐锅峡、八盘峡、三盛公、天桥大砂沟、万家寨、延河、小浪底等水利枢纽工程项目。黄河的洪水得到了一定程度的控制，防洪能力比过去显著提高。同时，我国在黄河中上游黄土高原地区开展了水土保持建设。截至1995年底，累计新修梯田、条田、沟坝地等基本农田7755万亩，造林11802万亩，新建治沟骨干工程854座，淤地坝10万余座，沟道防护及小型蓄水保土工程400多万处，这些地区的生产条件和生态环境有了明显改善，输入黄河的泥沙逐步减少。由于开展了黄河全流域的综合治理，新中国成立70年来黄河没有发生过一次决口。而且黄河的水资源在上中下游都得到了较好的开发利用，整个流域内建成了水库3147座，总库容574亿立方米，引水工程4500处。黄河流域及下游的引黄灌区的灌溉面积，由1950年1200万亩发展到1995年的10700万亩，流域内河谷川地基本实现水利化，黄河供水范围还扩展到海河、淮河平原地区。这样，通过对黄河的综合治理及黄河水资源等的开发利用，不仅解除了黄河对两岸广大人民群众的威胁，还极大地改善了整个黄河流域广大地区人民群众的生产生活环境。

随着政治、经济、社会事业的不断发展，中国人民的人权保障水平不断提高，国家对人权事业的发展越来越重视。从1991年始，中国多次发布了介绍中国人权状况的白皮书，向全世界展示了中国的人权事业发展情况。根据《中国人权新成就（2012—2017）》提供的资料，党的十八大以来，中国"将人权得到切实尊重和保障"确立为全面建成小康社会的重要目标，从战略层面确立了人权事业的重要地位。十八届三中全会首次提出了"完善人权司法保障制度"，十八届四中全会进一步明确"加强人权司法保障"的改革方案。这五年中，我国还制定和修改了《中华人民共和国民法总则》《中华人民共和国慈善法》《中华人民共和国反家庭暴力法》等多部法律，从而从顶层设计上为加强人权保障提供了条件。五年中中国经济社会发展持续推进。经济总量一直稳居世界第二位，对世界经济增长的贡献率平均每年为31.6%，多项主要经济指标名列世界前茅，年人均国民总收入由5940美元提高到8260美元，每年新增就业超过1300万人，九年义务教育全面普及，社会保障体系全面覆盖，农村贫困人口大幅减少，减贫规模年均超过1300万人。按现行国家农村贫困标准测算，全国农村贫困人口由9899万人减至4335万人，2.6亿老年人、8500万残疾人和6000多万城乡低保人口的生活得到基本保障。有关国际组织调查表明，70%的中国年轻人认为生活在祖国非常幸福，联合国《2016中国人类发展报告》指出，中国已成为高人类发展水平国家，是过去30余年进步最快的国家。2018年11月初，中国出席了联合国人权理事会国别人权审议。这是继2009年和2013年之后，联合国对中国人权状况的第三次例行综合考核。有150个国家在审议中国人权状况时报名发言。中国政府组织的代表团针对这150个国家代表在发言中提出的问题，选取了有代表性的30个大类问题进行回应与交流互动，以充分的自信和担当精神，以建设性的态度向大会介绍了内容涵盖中国经济社会发展、减少贫困、人权司法保障、言论和宗教自由、涉藏涉疆、减少死刑、国际人权合作等方面的情况，受到与会各方的高度评价。其中120多个国家明确表示支持中国关于人权状况的报告，绝大多数国家认为中国此轮人权审议情况非常出色，给中国人权事业发展打了高分。在审议过程中，广大发展中国家充分肯定中国在促进经济、社会文化权利、公民政治权利和发展权等各方面所取得的巨大成绩，赞叹中国是"过去30年发展最快的国家"，既创造了经济发展的伟大奇迹，又谱写了人权进步的宏伟篇章。厄立特里亚、约旦、老挝、俄罗斯、乌兹别克斯坦等国家纷纷表示，中国帮助7亿多人脱贫，既是中国减贫促人权的生动故事，也是中国对世界人权事业的重要贡献。中国坚持民族团结和国家统一的许多政策举措值得借鉴，中国依法保障妇女、儿童、老年人、残疾人、少数民族等的各项权利，确保了广大人民群众的人权。西班牙、匈牙利、希腊等发达国家也纷纷表示，中国在减贫领域取得了重要进展，在加强人权司法保障方面取得了积极进步，在严格落实罪刑法定、证据裁判、疑罪从无、非法证据排除等方面成效显著，并对中国建立世界最大的裁判文书网，采用大数据互联网的手段加强司法的公正公开和透明的做法给予充分赞赏。

三、血迹斑斑，美国的扼杀人权记录

"中国传统文化陷阱论"者极力鼓吹西方的人权观念具有"普世价值"，这简直是天下第一大谎言。美国的发展史，就是一部剥夺人权的历史。

　　历史上，美国就是一个以剥夺北美洲土著印第安人的生存权利而建立起来的国家。美国建国之前的英国殖民统治时期，移民美洲的白人为了掠夺印第安人的土地，即开始屠杀印第安人。他们甚至制定了对印第安人头皮高额悬赏的制度，以鼓励对印第安人的血腥屠杀。美国独立建国以后，继续实施对印第安人进行大屠杀以夺取其土地的政策。1779年，美国开国元勋、首任总统、美国独立战争时期任大陆军总司令的乔治·华盛顿指示他的将军说："在所有印第安人居留地被有效摧毁前，不要听取任何和平的建议。"按照华盛顿对印第安人的灭绝政策，当时的美国军队从建军那天起就实施征剿印第安人的计划，美国陆军第一团甚至以征剿印第安人作为其基本任务。当时幸存的印第安人将美国第一任总统改名为"城镇摧毁者"。大部分被征剿的印第安人的城镇在五年之内被灭绝。提出"所有的人都是生而平等的""天赋人权"说的美国《独立宣言》的主要起草人，美国第三届总统托马斯·杰斐逊，他在任期内将美国疆土大规模向印第安人聚居的西部推进，从而开展了一系列大规模驱逐和屠杀印第安人的行动。杰斐逊指示他的战争部门，"如果印第安人反抗美国人去获取他们的土地，那么对印第安人的反抗就要用短柄斧头反击"。第二次人民战争的英雄安德鲁·杰克逊将军，后来成为美国第七任总统，他在第二次英美战争期间就宣布"有必要灭绝全体印第安人部落"。南北战争的英雄谢尔曼将军说，"我见过唯一的印第安好人就是死人"。美国南北战争以后，获胜的北方军队无事可干，讨伐印第安人就成为另一场战争。1814年，美国詹姆斯·麦迪逊政府参考1703年北美各殖民地议会做出的屠杀印第安人的奖励规定，重新颁布法律规定，每上缴一个印第安人（不论男女老少甚至婴儿）的头盖皮，美国政府将会发奖金50—100美元，具体说就是杀死12岁以下印第安人和杀死女印第安人奖50美元，杀死12岁以上印第安男子奖100美元。19世纪60年代到90年代，特别是1864年即美国内战结束以后，根据林肯颁布的《宅地法》，屠杀印第安人的活动达到高潮，许多印第安人村庄在一夜之间变成鬼城。美国联邦正规军采取分进合击等战术，集中发起了1000多次不同规模的征剿行动，到1890年美国基本上完成了灭绝印第安人的作战任务。滑稽可笑的是，美国在1776年7月召开的第二次大陆会议上发布了提倡"人生而平等"的《独立宣言》，与此同时又对印第安人实施一次又一次的大屠杀计划，并把这种大屠杀持续了100多年，直到把印第安人这个种族基本灭绝为止。北美大陆原有印第安人8000多万，在经历100多年的大屠杀之后只剩下200万左右。美国又把这残存的200来万人强制"圈养"在固定的"保留地"里。为了强迫印第安人将以游猎为生的生活方式改为在固定狭窄贫瘠的保留地内以种植作物为生，美国政府还对作为印第安人生存基础的北美野牛实行灭绝计划。在政府的主导下，不到20年的时间，北美野牛的数量从原先的1300多万头减少到不足1000头。即使在今天，美国违反人权的现象也数不胜数。首先是公民权利遭受严重侵犯，近年来美国暴力犯罪一路攀升。美国联邦调查局2017年9月发布的《2016年美国犯罪报告》显示，2016年美国共发生暴力犯罪约120万起，较2015年增加4.1%，平均每10万居民中发生暴力案件386.37起。与2015年相比，严重暴力伤害案增加5.1%，谋杀案增加8.6%，强奸案增加4.9%。美国枪支泛滥导致枪击事件持续高发。美国联邦调查局《2016年美国犯罪报告》显示，2016年

73％的凶杀案与罪犯滥用枪支有关。美国枪支暴力档案《2017年枪支暴力伤亡统计》显示，截至12月25日，2017年美国共发生枪击事件60091起，共造成15182人死亡，30619人受伤，其中大规模枪击事件338起。2017年10月1日晚，64岁的白人男子史蒂芬·帕多克在拉斯维加斯曼德勒海湾宾馆32层的房间，向楼下露天演唱会上万多名观众开枪扫射，枪击持续了10—15分钟，造成近60人死亡，500余人受伤，这是美国现代史上最为严重的枪击案。11月5日，得克萨斯州萨瑟兰泉镇发生恶性枪击案，至少造成26人死亡，20人受伤，死者的年龄从5岁到72岁不等。美国警察滥用执法权力，美国联邦调查局2017年发布的数据显示，2016年美国执法部门共实施10662252次逮捕，这还不包括违反交通规则的逮捕，平均每10万居民中有3298.5人被逮捕。据《华盛顿邮报》网站统计，2017年美国有987人被警察枪击致死。《华盛顿邮报》网站2017年7月26日报道，两名警察在执行逮捕令的过程中走错地址，枪杀了一名无辜者，而受害人并无任何犯罪记录。皮尤研究中心2017年1月11日披露，在过去两年中有近500名非洲裔美国人被警方枪杀。美国的网络监控侵犯个人隐私的情况也相当严重，英国《每日邮报》网站2017年4月6日报道，推特公司2017年3月收到行政命令，要求其提供反对美国总统强硬移民政策的账户使用者的信息，且政府并未给任何理由，该公司认为政府是在滥用权力。《纽约时报》网站2017年9月13日报道，2016年10月至2017年3月，美国边检强制搜查手机和电脑15000次，比2015年同期的8383次大幅提升。英国《独立报》网站2017年9月27日报道，美国政府宣布将继续收集移民的社交媒体信息，丹佛大学法学副教授塞萨尔·赫尔南德斯认为监控社交媒体账户会对言论自由产生可怕的影响。美国司法部对发生在总统就职日的抗议活动展开调查，要求"梦的主人"公司交出负责协调抗议活动网站130万访问者的IP地址。

美国的种族歧视至今十分严重。《赫芬顿邮报》网站2017年11月18日报道，美国量刑委员会2017年11月的报告发现，针对同样罪行，非洲裔男性罪犯的刑期比白人男性罪犯平均高19.1％。据美国全国免罪记录中心2017年3月7日发布的研究报告，对1989年至2016年10月被改判无罪案例的分析发现，非洲裔美国人比白人更容易被错判犯有谋杀、性侵犯、非法毒品活动等罪行。在1900名被宣判有罪但后来改判无罪的被告人中，非洲裔占47％。斯坦福大学"警务公开项目"2017年6月19日发布研究报告，对美国20个州6000万次警察交通拦截数据分析显示，警察在执法中对非洲裔与拉美裔司机使用与白人不同的标准，非洲裔与拉美裔司机被警察检查的可能性是白人的两倍。一旦被拦截，他们更容易被搜查、罚款乃至逮捕。美国的少数族裔群体在就业、薪酬等方面严重受歧视。《洛杉矶时报》网站2017年9月15日报道，从美国劳工部20世纪70年代开始记录失业率以来，非洲裔的失业率一直接近于白人的两倍。旧金山联邦储备银行2017年9月5日发布的研究报告显示，1979年非洲裔的时薪是白人的80％，到2016年已经下降到70％。《今日美国报》网站2017年12月16日报道，在全国范围内，典型的非洲裔家庭的收入均为普通白人家庭收入的61％。在宾夕法尼亚州伊利市，白人失业率为4％，非洲裔却高达24.6％，非洲裔收入的中位值仅是白人的43.2％。美国白人对非洲裔美国人的仇恨无处不在，《纽约邮报》网站2017年9月15日报道了俄亥俄州一名志愿消防队员在社交平台上发表的种族主义言论，声称"在发生火灾的房子里，我宁愿选择先救狗而不是黑鬼，那是因为一只狗比 100 万个黑鬼更重要"。

在美国，女性的权益得不到保障。美国劳工统计局发布的焦点报告显示，2016 年 10 月至 2017 年 10 月，美国零售业岗位共减少 54300 个，但男性和女性的遭遇却截然不同。女性失去的职位超过 16 万个，而男性却增加了 10.6 万个职位。皮尤研究中心的调查显示，57% 的女性认为国家在保障男女平等权利方面做得不够，38% 的女性列举了自己在雇用、薪酬和精神方面遭受了性别歧视。美国贫富分化加剧，贫困人口生活状况堪忧。《英国卫报》网站 2017 年 12 月 8 日报道，有 5230 万美国人生活在"经济贫困社区"，约占美国总人口的 17%。美国人口普查局的统计数据显示，超过 4000 万美国人生活在贫困中，其中有 1850 万人处于极度贫困状态，其家庭收入低于贫困线的一半。伊朗新闻电视台网站 2018 年 5 月 20 日报道，研究发现"美国超过 5000 万个家庭没有足够的收入来支付生活基本开销，其中包括住房、食品、医疗、交通和手机费用"。美国联合慈善总会 ALlCE 项目发布的数据显示，这样的家庭达 5080 万户，在美国总共 1.19 亿户家庭中，占到 43%。这份研究报告还披露了美国的首席执行官和普通员工之间的巨大薪酬差距。美国明尼苏达州的民主党议员基思·埃利森在 2018 年 5 月 16 日公布的报告中说，首席执行官和普通员工之间的薪酬对比平均值现在已达到 339∶1，差距最大的竟接近 5000∶1。埃利森说："现在我们知道为什么首席执行官不希望公布这些数据了，我过去就知道贫富不均是我们这个社会存在的大问题，但我不知道问题严重到这种程度。"美国斯坦福大学贫困与不平等问题研究中心 2017 年发布的报告显示，美国南部农村的整体贫困率为 20%，其中非洲裔美国人的贫困率是 33%，非洲裔妇女的贫困率高达 37%，而美国西部农村居民的贫困率也高达 32%。在美国由于贫困而无家可归者的生活更加悲惨，《英国卫报》网站 2017 年 12 月 6 日报道，美国有多达 553742 人至少有一夜无家可归。纽约无家可归者增长率高达 4.1%，在洛杉矶县无家可归者的露营地，约有 1800 流落街头无家可归者，晚上只能共用九个没有门作遮拦的卫生间。美国《纽约时报》网站 2018 年 5 月 5 日发表作者莉萨·费瑟斯题为《大数据如何正在"让不平等自动化"》的文章，文章认为，美国实施的大数据正在加大对穷人的惩罚。文章指出，美国洛杉矶市利用大数据算法来确定该市数万名无家可归者当中哪些可以获得住房，这一算法最先照顾到的是那些最困难的人群和短期无家可归的人，而对那些既没有希望找到工作，又没有吸毒成瘾难以控制，即夹在这两种情况之间的人，似乎永远没有得到帮助的可能。德意志银行首席国际经济学家托斯塔·斯洛克以收入水平计算美国家庭财富的报告显示，美国 0.1% 最富有家庭的财富，相当于最底层 90% 家庭所拥有财富的总和。《波士顿评论》网站 2017 年 9 月 1 日报道，在过去的 40 年，80% 中低收入人口的收入仅增长约 25%，而 20% 高收入人口的收入却几乎翻了一番。而且，自特朗普执政以来，美国正在推进的税制改革将进一步加剧美国的贫富不均。路透社日内瓦 6 月 2 日电，一名联合国人权调查员发现，在特朗普政府领导下，美国的贫穷问题在扩大并加剧，其政策似乎旨在让数千万贫困人口失去安全保障，同时奖赏富人。联合国赤贫和人权问题特别报告员菲利浦·奥尔斯顿在一份报告中说，随着福利待遇和健康保险渠道的削减，美国总统唐纳德·特朗普的税制改革给超级富人和大公司带来了"金融横财，进一步加剧了不平等"，"过去一年的政策似乎有意解除对最贫困人口的基本保障，惩罚那些失业的人，将基本医疗保健变为特权，而不是公民权"。奥尔斯顿明确指出：2017 年 12 月"美国国会通过的税制改革将确保美国仍是发达世界中最不平等的国家"。联合国贫困和人权监测机构则指责美国领导人试图把这个国家变成"极端不平等的世界冠军"。

四、出尔反尔，美国正在以"人权"棒打天下

美国自己在国内不讲人权，却把自己打扮成维护人权的卫道士，经常无所顾忌地挥舞人权这根大棒批评指责别的国家违背他们所推崇的"自由、民主"，从而干涉别国内政，甚至对看不顺眼的国家，不惜实行武装侵略。美国正是打着人权的旗号，发动了朝鲜战争、越南战争、伊拉克战争、利比亚战争。美国在对其他国家采取军事手段颠覆其政权的过程中，甚至无所顾忌地损害他国人民群众的人权。如美国针对叙利亚的军事行动，造成了大量的平民伤亡。《纽约时报》网站 2017 年 6 月 19 日报道，美国政府全面授权在伊拉克和叙利亚的美军自主决定如何使用和使用多少武力，却丝毫没有提出对平民伤亡的监督、调查和问责机制。《琼斯夫人》杂志网站 2017 年 8 月 6 日报道，美国领导的联军和美国海军陆战队几个月来在叙利亚各地轰炸了至少 2 所学校、15 座清真寺、15 座桥梁以及多处民用设施、医疗机构、文化古迹和难民营。2018 年路透社布鲁塞尔 4 月 24 日电，联合国一位高级官员说，由于叙利亚周边国家因大量涌入难民而不堪重负，开始对边境实行严格控制，叙利亚平民已经无法逃离战争和轰炸。在叙利亚捐助者会议上，格兰迪对路透社记者说，"这个国家正在成为一个陷阱，一些地方已经成为平民的死亡陷阱"。总部位于英国的叙利亚人权观察组织 2018 年 3 月说，自 2011 年 12 月战争爆发以来，已经有约 51.1 万人丧生，有约 550 万人成为难民生活在伊拉克、约旦、黎巴嫩和土耳其，难民数相当于黎巴嫩人口的 1/4；另有 610 万人在叙利亚境内流离失所。美国还不顾国际社会的强烈反对，在关塔那摩监狱长期非法关押外国人并实施酷刑。美国还制造网络战争工具，肆意侵入他国网络实施监控。美国《国家利益》双月刊网站 12 月 31 日报道，美国目前还拥有 3822 枚核武器，比法国、中国、英国、巴基斯坦、印度、以色列和朝鲜拥有的核武器的总和还要多，这对世界各国人民的人权保障是一个严重的威胁。

值得指出的是，美国为了本国的战略利益，罔顾中国人权事业日益发展的基本事实，经常对中国的人权事业说三道四、横加指责。一个很典型的例子是，美国别有用心地批评中国政府压制所谓的"异见人士"。如 20 世纪末 21 世纪初期，任职于由有美国中央情报局背景的美国国家民主基金会资助的"民主中国"公司的刘晓波曾发表一系列文章，宣传煽动推翻中国现有国家政权，其行为已远远超出了"言论自由"的界限，构成了颠覆国家政权罪。刘晓波之流的这种"言论自由"在美国及欧盟国家在内的国际社

会也是不被允许的。然而西方国家不仅公开支持他，还授予他诺贝尔和平奖，其用心是何其险恶。对臭名昭著的欲把西藏从中国分裂出去的达赖，美国却在"宗教信仰自由"的幌子下，在舆论上经费上给予大力支持，给中国施加压力，其支持达赖集团成为分裂中国的工具的险恶用心昭然若揭。世界人民都知道，美国的中央情报局很早就进入了中国的西藏，后来达赖出逃外国，就是美国中央情报局策划的。西藏和平解放之前，那儿的百万农奴在达赖的统治之下，生活在水深火热之中。美国关注过那时候百万农奴的人权状况吗？没有。美国曾经驱动坦克镇压自己国内的邪教组织"大卫教派"，却把中国一个臭不可闻的邪教组织收养起来保护起来，以此标榜美国社会的"民主""自由""人权"，实际上是利用他们攻击中国使之成为美国反华的工具。美国对那些受"大卫教派"邪教组织迫害者的人权从来不予关心，对国内存在的严重人权问题也是三缄其口，但是对他们看不顺眼的国家的所谓人权问题，却那么关切。这充分表现出美国在人权问题上的双重标准、两副面孔，十足的伪君子面貌。

现在，以美国为首的西方世界宣扬的所谓"民主、自由、人权"，是香？是臭？是红？是黑？善良的人民心里都清楚了吧！可是尹胜先生、袁伟时先生还在那儿为西方的"人权"摇旗呐喊，不遗余力地为使其"普世"推波助澜，这除了说明他们是西方世界的帮工、爪牙、哈巴狗之外，还能说明什么呢？

33 中国的现代化应是"西方化"吗？

宣扬中国的现代化就是要西方化，这是"中国传统文化陷阱论"者一致的观点。尹胜叫嚷："西方文化就是现代人类文明的普世价值。"袁伟时先生在《中国传统文化的陷阱》一文中认为，近代西方创造的政治制度及思想理念是全世界应普遍遵守的原则，"是20世纪人类文明的新成就"，是"人类的核心价值"，"是任何国家不能违背的"。袁伟时先生公开提出了中国实现西方化的道路，他说："中国要什么样的现代化，遵守WTO（世界贸易组织）的规则，按照WTO的规则改造经济制度，政治体制改革就按照中国政府签了字的联合国人权公约来办，这就够了。"

所有这些观点，真是荒谬至极！

关于西方文化是否在当代具有普世价值，中国是否能"脱亚入欧"？本人已另外作文对此做出了彻底否定的结论。

下面我们再看看袁伟时先生关于中国现代化就是要西方化之说有多么荒谬！

一、按照 WTO 规则和联合国人权公约改造政治、
经济制度，中国就能现代化吗？

袁伟时先生认为当今时代的中国只要经济按 WTO 这一国际贸易原则实行改革，政治体制改革按联合国人权公约办事就"万事大吉"了，情况果真能如此吗？1995 年成立的世界贸易组织 WTO 基本原则是通过实施市场开放、非歧视和公平贸易等原则，来实现世界贸易自由化的目标。的确，中国自 2001 年 12 月加入 WTO 组织，也在尽力按 WTO 规则办事。但美国是否真实地执行过 WTO 规定的原则呢？美国是否真心实意让中国享受其他发展中国家所享受的贸易自由化待遇呢？回答是否定的。国际关系的实践已经证明，美国依仗自身强大的经济实力和军事实力，使各种国际条约在美国没有"自动执行设定"的效力。美国在处理国际关系上，只考虑自身经济利益，无视世界贸易组织规则，无视业已达成的双边和多边协定，千方百计绕过国际条约的约束，千方百计将它的某些不合理行为变为"合理"行为，肆无忌惮地滥用"反倾销"措施，严重扰乱了国际经济秩序。美国不仅自己限制，还幕后操纵其他国家对一些事关美国国家安全和重大利益的军用和民用产品及其技术限制出口中国，如通信系统的芯片、软件、雷达、飞机大功率发动机、精密机床设备等；同时美国对从中国进口产品实行提高关税壁垒和严格的配额限制政策。如 2018 年 3 月，美国总统特朗普就决定对主要来自中国进口的钢铁征收 25％的关税，对铝征收 10％的关税。美国还对中国进入美国的投资采取严格的

选择性审批制度。一些对美国有深入研究的学者和政治家已察觉到，"华盛顿无论是强硬派还是理性的自由派，基于不同的逻辑，都开始主张对中国采取更加强硬的措施，无论是南海压制中国的力量扩张，还是在贸易领域加强对中国输美商品和投资的限制，美国对中国产品正在展开的调查和已经准备实施的制裁措施的力度前所未有。特朗普政府一面不停质疑自由贸易带给美国的伤害，一面拒绝给予支持自由贸易的中国市场经济地位"。这就看出，当今世界，一方面是美国自身没有按照 WTO 国际贸易规则办事，同时对力图按 WTO 规则办事的中国又严加打压。况且，中国经济的现代化建设不仅仅是国际贸易问题，在国内中央与地方之间，东西南北不同地区之间，内陆经济与海洋经济之间，不同的产业之间，经济发展与科学技术、教育文化发展及国防建设相互关系之间，近期发展与长远发展之间，经济增长与环境保护之间，国家的积累与消费之间，这都是一个庞大繁杂的系统工程，岂能仅仅按一个 WTO 原则推进经济体制改革就能走向现代化呢？那完全是南柯一梦而已！

下面再说政治体制改革"按联合国人权公约办"就够了吗？

中国进入现代化，政治体制改革绝不是如袁伟时先生所说仅按联合国人权公约办就能了事的。

首先，联合国人权公约其内容虽然是对人的经济、社会、文化权利，公民权利和政治权利，以法律形式固定成为具有约束力的国际约定，是对人的尊严、自由、平等的确认，从字面来看不可谓不好；但就其本质来说它是维护推广西方世界提出的自由、平等、民主的价值观，或者说是把西方的人权观当作一种普世价值来推广，这本身就带有很大的局限性。这是因为国际社会对人权的内容和分类本来就存在很大分歧。如西方世界宣扬的人权强调的是保护作为社会个体的个人的各种权利，而中国文化中的人权更强调保护广大人民群众群体的权利，尤其是广大人民群众生存的权利。中国人权观重视人际的和谐，西方人权观重视人际的界分，东方人权观注重人生价值尤其是精神世界的完满，西方人权观注重人生物质享受的满足。从这个角度看，按照人权公约进行政治体制改革简直无从下手。

其次，西方世界一方面凭借自身强大的军事势力和经济势力，强行要求世界把它们的人权观作为普世价值来推行，但它们自身并没有把保护人权落到实处。如美国就是人权口号喊得最响，并且还常常挥舞人权这根"大棒"敲打它认为不听使唤的国家，然而自己却常常干着剥夺他国人民生存权利的勾当。试想，当它当年把原子弹投向广岛，把战火烧到伊拉克，把炸弹丢到南联盟，当数以百万计的生灵遭受涂炭之时，它想到过保护这些国家老百姓的生命权利吗？近几年当它干涉利比亚、叙利亚这些国家内政，造成中东地区动乱不安，致使数百万难民涌向欧洲，它考虑过保护这些难民生存的权利吗？它高喊"言论自由"，然而在美国国内，你能随意批评美国政要或议论事关美国国家核心利益的机密事项吗？有谁能随意赞扬美国对其抱有深深敌意的中国、俄罗斯、伊朗等国家任何一点美好的事情吗？对于一个连美国都出尔反尔的国际公约，对于这根美国经常用来揍打中国的"大棒"，袁伟时先生却要我们按照它去进行政治体制改革，这难道不会笑煞世人吗？

再次，中国的政治体制改革内容繁杂，这要求在国家政治总格局和权力结构形式不变的前提下，对政权组织、政治组织的相互关系及其运行机制进行调整和完善。比如加强领导、扩大民主、全面落实依法治国、政府与企业脱钩、精简机构、下放权力、完善加强制约和监督机制等。这绝不是联合国人权公约所包含得了的。也就是说按联合国人权公约改革并不能为中国进入现代化提供政治保障。所以如果按照袁伟时先生所说，让中国现代化的伟大进程去适应人权公约，这无疑会将中国引入歧途。

二、踏着鲜血崛起的美国，中国的现代化建设能重走美国之路吗？

在讨论中国的现代化不能西方化的同时，有人可能要问，为什么以西方文化为背景的美国却又发展得这么快呢？美国的崛起难道不是西方文化影响的结果吗？

下面我们简单分析一下美国之所以能崛起进入欧洲体系并发展成为世界超级大国的原因。

第一，首先得益于欧洲早期资本主义经济及思想文化的传入。美国原是印第安人的聚居地。1481年对冒险痴迷的西班牙人桑切斯登上美洲，11年后意大利人哥伦布在西班牙国王的资助下再次登上美洲。随着16世纪初世界大航海时代的开始，西班牙、荷兰、法国、英国人相继移民美洲。到18世纪中叶，英国在美国大西洋沿岸建立了13个英属北美殖民地，并不断向北美移民。美国通过1775年至1783年的独立战争结束了英国的殖民统治，建立了完全独立的主权国家。由于此前正在进行资本原始积累的西欧各工业强国已相继进入北美洲，因此建国前的美国已经拥有了一大批来自欧洲的资本家、殖民主义者、工商业者和政治家，同时大批的科学家和工程技术人员也移民美国。这些移民将欧洲先进国家的现代技术、制度、思想文化带进了北美洲，在政治经济、科学技术和文化方面为美国崛起奠定了基础。

第二，得益于对美洲土著民族印第安人的肥沃土地及猎物、农产品等生活资料的血腥掠夺，完成了资本原始积累。美洲大陆自然资源丰富，土地肥沃，适宜于发展农牧业。在欧洲殖民者15世纪进入美洲前，美洲大陆的土著是印第安人，人数大约1亿。他们遍布美洲全境，但多半仍处于原始社会母系氏族阶段，仅有少数地区形成早期奴隶制国家，有较高文化的则更少。绝大部分印第安人长期从事原始采集、狩猎以及种植玉米、土豆、棉花、番茄等作物的农业生产。自哥伦布发现美洲新大陆以后，欧洲殖民主义者开始大量移民进入美洲。从15世纪始至以后几个世纪，先后约7000万欧洲人移民美洲及大洋洲地区。进入美洲的殖民主义者对土著印第安人的反抗实行了血腥镇压。殖民主义者因为势力的扩大，对印第安人实行灭绝种族的大屠杀，对印第安文化实行疯狂的摧毁；同时他们又肆无忌惮地把印第安人的土地夺为己有。殖民主义者利用这些占有的土地兴办种植园，种植棉花、咖啡、土豆等经济作物，同时发展贩卖非洲黑奴、动物毛皮、棉花、咖啡、珍宝等的殖民地商业贸易，以满足欧洲的日常生产生活。这些做法极大地促进了北美洲早期资本主义经济的发展。1783年，美国独立建国后，为了促进资本主义经济发展，美国政府还对印第安人采取驱逐出祖居地政策。1830年，美国政府通过了《印第安人迁移法案》，规定祖居土地肥沃的东部的印第安人要全部迁往密西西比河以西政府为他们划定的"保留地"去，以实行严格的种族隔离，进行迫害。而西部的这些印第安人"保留地"绝大部分处于偏僻贫瘠的山地或沙漠地带。百度"铁血社区"有一张美国华盛顿印第安博物馆的摄影图片，这张图片的数字显示，1490年美洲西半球共有大约7500万印第安人，150年后幸存的印第安人仅为600万人，时至1900年，美国只剩下25万印第安人。从这张图片还可看出，1790年前，美国本土有5/6的地区生活着印第安人，到1912年，印第安人生活的地区则被圈定零星分布在千百个贫瘠的"印第安人保留地"上，总面积不及原来的百分之十。图片上有美联社的一句话："美欧殖民者迫害印第安人堪比纳粹大屠杀。"正是通过对印第安人的土地、劳动力及其财产的血腥掠夺，移民美洲的欧洲殖民者积累了大量财富，从而为美国早期资本主义经济的兴起奠定了基础，这些人中也有相当一部分人成为美国资产阶级的前身。

第三，得益于工业革命起步早。美国虽然没赶上19世纪上半叶在欧洲兴起的第一次工业革命，却赶上了19世纪60年代开始的以电气化为标志的第二次工业革命。到20世纪初，美国的工业产值已占世界首位。20世纪40年代兴起的以原子能技术、航天技术、信息技术为内容的第三次工业革命爆发于美国。19世纪的1861年至1865年，美国国内虽然爆发了南北战争，但仅4年就结束了。由于这场战争是北方的工业资本主义发起的战胜南方农奴庄园制的战争，战争不仅没有对美国的工业现代化造成多少破坏，反而由于结束了"一国两制"实现了全国的政治统一，为资本主义工业快速发展赢得了全国市场，所以从此美国一直处于世界工业科技强国前列。当20世纪50年代新中国才刚刚脱离半殖民地半封建社会、尚处于极端贫困状态时，美国已是世界强国了。通过第三次工业革命，美国与世界各国的差距进一步拉大，成为稳固的世界霸主。

第四，得益于优越的地理条件。美国地处北美洲大陆，东西两边是浩瀚大洋，南北两端没有与之匹敌的强国悍族。这样美国就处在一个周边没有天敌的非常安全的国际环境之中，既避免了卷入欧洲那种无止境的内部弱肉强食的战争，又不会像中国那样百余年受外域列强的不断欺凌。中国受列强欺凌掠夺的这100年正是美国专心致力于国内现代化建设并飞速发展的100年。所以一旦欧洲先进的生产力和科学技术传进美洲，美国就凭借其地理优势得以迅速发展。

第五，得益于在世界范围内领土的扩张和势力范围的无限扩大。美国建国时只有东部的13个州，后来通过战争、兼并、西进运动、购买等措施，将版图一直从大西洋扩充到太平洋沿岸。1803年美国仅以每英亩约3美分共1500万美元的价格从法国购买了路易斯安那214.5万平方公里土地，购地面积是今日美国国土面积的22.3%，与当时美国国土面积大致相当。1867年10月，美国仅以720万美元从沙俄手中购买了阿拉斯加170多万平方公里土地。美国还通过一系列的战争进行领土扩张。1898年美国击败西班牙夺取了加勒比海的古巴和波多黎各、太平洋的关岛及菲律宾群岛，接着合并了夏威夷群岛；1903年美国夺取了巴拿马运河区。20世纪初，美国对西半球墨西哥、尼加拉瓜等国家进行武装入侵。美国建国至今仅230余年，但通过购买、胁迫、战争、欺骗等手段，把国家版图从 200 多万平方公里 13 个州扩展到由 50 个州和关岛等众多海外领土组成的共 983.4 万平方公里，人口达 3.2 亿，成了领土面积位于世界前列的大国。可以说，美国的领土发展史就是侵略扩张史。

第六，得益于在世界列强竞争世界霸权的过程中坐收渔翁之利。罗斯福执政的 1901 年至 1909 年前后，美国实行"大棒加金元"政策，使整个美洲基本上臣服于美国，从而使美国获得了巨大的经济利益并开拓了一个安定的周边环境。第一次世界大战中，美国虽然保持中立没有参战，却是协约国主要的军需和消费品供应商，并为协约国提供了大量贷款。美国参加了战胜国召开的巴黎和会，并从参战的老牌资本主义国家手中夺取了巨大利益。相关资料统计，一战使美国不仅由最大的债务国变为最大的债权国，还使其成为最大的黄金储备国；战后美国海外市场大面积扩张，商业大幅度发展。所以美国是一战的最大受益者。一战后美国大幅扩大军队规模，提升军事装备，并开始研制尖端武器，为争夺世界霸主地位做了充分准备。第二次世界大战，美国既向同盟国销售军火和其他战争物资，又作为战胜国从战败方获得了巨大利益，使自身成为名副其实的超级大国。而且这两次世界大战都不在美国本土进行，对美国国内无丝毫破坏。而整个欧洲由于成为一个大战场而变成一片废墟，战后美国对欧洲实行"马歇尔计划"即欧洲复兴计划，美国向欧洲大面积提供贷款和经济上的援助，客观上促进了欧洲的复兴及一体化，但美国也从中获取了巨大的经济利益，同时几乎使欧洲臣服于美国。

第七，得益于国内政局长期比较稳定。美国自 1783 年结束独立战争建国和 1865 年结束南北战争后 150 余年国内没有发生过伤筋动骨的政治动乱，更没有发生过国内战争，美国在此期间可以一心一意发展国内经济。

从美国发展的历史看出，美国建国后迅速崛起进入世界强国行列，完全是因为其特定的历史社会条件及独特的自然地理环境，加之同时代欧洲亚洲接连不断的利益争夺战使美国获得了快速发展的空间与时间，并趁火打劫从这些战争中坐收了渔翁之利。这就是美国在建国后迅速发展成为资本主义强国的真正原因。当然，不能否定以民主、自由、平等、人权为核心的资产阶级价值理念在美国新兴阶级结束英国殖民统治和奴隶制度，建立资产阶级民主国家，发展资本主义经济过程中发挥过动员民众的作用。美国倡导的 WTO 这一国际贸易原则，在美国已成为世界独一无二霸主的时代，对美国实施全球贸易自由化、繁荣美国经济有重大意义。但是如果没有上述这些历史地理及时代条件，民主、自由、平等、人权这些原则理念完全有可能成为空洞的口号，WTO 原则给美国带来的利益也将大打折扣。所以美国的崛起之路，中国是不可能复制的。

三、夺井水灌河水，不可效法的美国成为世界霸主之路

河水不犯井水，这是中国人奉行的相处之道，意思是大家各走各的路，你休妨碍我，我也不妨碍你。

可是美国人的思维不一样，他千方百计要把井水舀到自己河里，甚至不惜把井水抽

干。因为美国总是想自己优先，就好比世界所有国家都在参与长途赛跑，美国总是想在长跑队列中跑到最前面，不愿让他人超过自己或者与自己并列而行。美国深深懂得成为全球老大会得到很多很多的好处。

现在来看，近几十年来，美国的确做到了。那么美国是通过什么手段达到自己的目的的呢？

1. 美元在世界"吸血"开道，助美国成为全球老大

二次世界大战结束后，美国成为主要战胜国。战后初期西欧各国普遍衰落，英国经济更是严重衰落。美国一方面在政治上挟持联合国以号令天下，另一方面凭借当时拥有全球四分之三的黄金储备和强大军事势力的大国地位，强力推行以美元和黄金为基础的金汇兑本位制，制定了有利于美国经济发展的世界贸易规定。1944 年夏天，美国召集44 国代表在美国的布雷顿森林召开会议，会议确立了新的国际货币体系——布雷顿森林体系。会议签署的协定规定，实行美元与黄金挂钩、其他国家的货币与美元挂钩的固定的汇率制度。这一制度的建立，标志着传统的以英镑为中心的资本主义世界货币体系的破灭，以美元为中心的国际体系的形成。此后，美国凭借强大的国力支撑和以美元为中心的国际贸易体系，极力扩张海外市场，使全世界几乎成为美国的商品销售地，从中获得了高额利润。

到了 20 世纪 70 年代，由于资本主义世界的内部矛盾，布雷顿森林体系逐渐失去了作用。为了继续确保美元的霸主地位，从 1972 年至 1974 年，美国政府与沙特政府达成一系列不可动摇的协议，建立了石油美元体系。石油是一种被称为"黑色金子"的珍贵能源，也是一个国家生存和发展不可或缺的战略资源，美国前国务卿基辛格说："一旦你能将石油控制在手，那就意味着你控制了所有国家。"根据石油美元体系，美元与石油挂钩，任何国家想进行石油交易，必须把美元作为储备，美元成为世界石油贸易的唯一流通货币，即石油交易必须用美元结算。

美元作为国际结算货币，给美国带来了巨大经济利益，经济学家分析了石油美元结算对美国国内经济发展以及控制全球的重要性。

第一，维护用美元结算可以使美国在世界货币圈里发行美元。这主要通过世界贸易对美元的需求来实现。当今时代，世界货币很长时期内除了美元以外，还有欧元、英镑、日元以及人民币等，但这些货币在国际贸易中占的份额相对较小。随着国际贸易的发展，世界货币圈对美元的需求不断增加，这就为美元成为世界货币并获得霸主地位提供了可能性。美元结算可以使美国通过世界贸易在世界货币圈里发行美元，实质上是让世界财富美元化。这又为美国空印美钞以换取他国财富创造了最好条件，相当于美国控制了全球财富，有利于美国政府及个人用美国印发的钞票换取世界各地财富。有专家嘲讽这样就相当于美国获得了财富永动机，通过印发钞票有了永远花不完的钱。美国通过剪世界各国的羊毛就可以永远过上富裕生活。

第二，维护美元国际结算地位维护了美元的全球"借债权"。美国发行世界货币的本质是向全球借债，再由此通过美元贬值向全球透支。2018 年美国 GDP 规模达到 20 万亿。人均 GDP 达到 6 万美元，其外债总额却达到 22 万亿，相当于 GDP 的 110%。美

国就是这样通过寅吃卯粮、举债度日，从中获取利益。首先，正是美国国家超前发展及全体国民提前消费拉动了当下美国经济的发展。其次是美国人由此成功操控并绑架了世界经济。美国通过美元国际结算使现在世界各国手中掌握了巨额多余美元，如中国、日本及欧洲的一些国家对美国都有巨大的贸易顺差因而有大量美元储备。这主要是美国要向别国进口大量的商品，而美国对本国拥有的高端技术和制造产品进行封锁，不让这方面的技术和高端制造产品销售给其他国家。这就直接导致了其他国家手中有了大量美钞，却无法从美国买回自己所需的商品，无奈之下，这些国家只能买美国的国债。美国国债卖出得越多，美元在全球的流通范围越广，那么美国在全球借债的范围就越广，这等于美国是集全球的人力、物力、财力为自己当下所用；或者说美国眼下发展经济及国人提前享受生活是全球老百姓给他买单。再次是通过美元国际结算和大举国债，美国可以把国内的金融风险转嫁给世界各国。留意观察近几十年来世界上发生的几次金融危机就可以发现，别的国家和地区发生的金融危机很难波及美国，而一旦美国发生金融危机，就会迅速传遍全球。这使美元成了美国金融风险的单向屏障，只能出，不能进。所以在美国人看来，这样的账不欠白不欠，反正他有强大的军力谁都不怕，所以也就更加大手大脚大规模地发行国债。当然，如果美国债务规模继续上升，美国就会发生信用危机，总有一天会发行国债没有人要。那么，美国经济就会崩溃，世界经济也会受到影响。这也就是近几年来俄罗斯、中国等许多国家纷纷抛售美国国债的原因。

第三，维护美元国际结算货币地位，有益于美国控制住世界每一个国家的经济命脉。因为在美元作为国际贸易结算货币之后，各个国家的部分财富就会以美元的形式存在美国的各大银行。当美国要制裁一个国家时，可以通过冻结该国存在美国银行里的所有资金，对该国进行经济打击。

第四，维护美元国际结算地位，实质是维护美国对全球商品的定价权。货币可以通过升值和贬值的方式来影响商品的价格，美国可以通过操纵美元汇率的变动来操控全球商品的价格以对付债权国家。20世纪80年代中期，随着日本经济的高速增长，日本成了世界外汇第一储备大国，也成了美国的第一大债权国。结果美国通过变动汇率逼迫日元升值，短短几年，不仅使日本人把所购买的资产如数吐出，还导致日本经济进入了长达十年的停滞期。

第五，美元国际结算有助于美国了解世界经济发展态势和掌握国际关系走向。美国借助反恐法获得了全球美元所有交易数据的监控权，通过对全球美元交易数据的监控分析，美国不但可以获得世界上所有大公司的商业信息尤其是商业布局，为美国企业布局提供了商业竞争上的优势；还可以由此监控世界国与国之间的关系、国与国之间的战略合作及发展方向等。

所以，石油用美元结算这种美元霸权对美国是百利而无一害的，它不仅为美国控制世界经济创造了强有力条件，也为美国经济发展和综合国力不断提升提供了强大的经济保障，对助力美国的超级大国地位起了决定性的金融支撑作用。但对世界其他国家来说，只能望洋兴叹，除非他们也称霸了世界。所以维护美元在全球的霸主地位是美国的重要任务，这是美国能成为全球老大的主要经济原因。

2. 人才加科技，美国成为独霸的"加油剂"

美国是世界上人口素质比较高的国家。这是因为美国建国之前，当美洲大陆被发现后，正值世界资本主义大扩张时期，到美国淘金成为一股热潮。所以美国初期的社会构成，要么是身经百战的商人、军人、政客，要么是在欧洲国家聪明才智得不到发挥而到美国一试身手的冒险家，要么是被欧洲国家迫害的社会才俊或不服管教的黑道侠客；美国成为世界超级大国独霸全球以后，则要么是各国一些富豪携巨款，包括盗窃、贪污受贿等赃款或各种来历不明的财物前往美国，要么是各类社会精英万里投奔。而且由于美国优越的自然环境及经济势力的增长和国际影响的提升，世界各地一些科学技术、文化人才及富人大量移民美国，为美国的快速发展提供了坚实的人才保障。有关资料显示，美国是全球最大的移民接纳国家，其移民人口中 1/3 以上拥有大学及以上学历。2011年到 2017 年，美国在化学、医药与物理等领域获得 78 项诺贝尔奖，其中 40% 的获奖者属于移民。中国清华大学几乎集中了全国最优秀的学子，清华大学副校长施一公曾在《开讲啦》节目中谈到，清华大学每年毕业的学生有 1/3 左右去了美国，这些学生在美国完成学业以后，又有 86% 左右的学生留在美国工作。一位教授向社会公布了这样一组数据，清华大学一年招收的学子大约为 3500 人，在 1978 年到 2015 年这 37 年中，有 5 万多学子留在美国，仅硅谷就有两万多清华学子。所以有人称中国清华大学、北京大学都成了美国的"预科班"。可以肯定世界其他各国的优秀人才移民美国的绝对不是少数。

美国高度重视科技强国，坚持科技领先作为强国战略。世界各国大量的优秀人才尤其是知识分子会聚到美国，这使美国有足够的人才优势始终占领世界科技阵地的制高点。而科技创新又助推美国在经济和军事两大领域处于世界领先地位。反过来，美国又利用发展科学技术的成果即高端技术和高端制造产品制约世界其他国家。所以，人才和科技是美国保持世界超级大国地位的有力支撑。

3. 铲平"高峰"我独大，谁想超过就揍谁

美国的潜意识里认为自己是世界的老大，眼里容不得任何超过它的国家。

二战以后，世界进入冷战时期。当时的苏联非常强大，反而是西方表现出了颓势，尤其是美国在朝鲜半岛战争、越南战争之后更表现出明显的守势。美国深知靠武力打垮不了苏联。但是美国始终容不得苏联称雄于世，于此它耍了三个阴谋手段：一是以美国为首的西方国家故意挑起跟苏联的武器装备竞赛。每年故意夸大拥有的战机、军机、核武器等数量，故意引导苏联搞导弹拦截、太空竞赛。苏联被迫不断加大在重工业和军事工业的投入，不断压缩农业和轻工业的发展，使得百姓的生活需求迟迟得不到满足，整个国家生活物资奇缺，致使百姓对苏联政府极为不满。二是抓住苏联的缺陷，即苏联是由 15 个国家组成的联邦，这些联邦国家之间本来历史联系少，有些还是世仇。美国通过制造矛盾不断地分化这些加盟共和国。首先分化了波罗的海三国，接着分化乌克兰，再是打入高加索地区支持车臣的独立力量，不断地激化格鲁吉亚跟俄罗斯的传统矛盾。以美国为首的西方国家通过这些手段，使苏联内部离心离德。三是在苏联内部扶持向往西方国家的政治人物戈尔巴乔夫，搞乱了苏联上层，扶持叶利钦作为西方世界的代理人

掌控俄罗斯。这两人利用苏联民众的不满、加盟共和国之间的分离，上下联手，在1991年12月26日宣布苏联解体为15个国家。曾经数十年作为美国最强大对手的苏联就这样被美国彻底搞垮了。

美国对与自己同道又想与美国同起同坐的日本也没有放过。

20世纪五六十年代，日本得益于美国的援助，经济获得蓬勃发展。至80年代，日本长期以出口带动经济发展，不仅规模大，而且发展速度快，呈现出一片繁荣景象。由于日本这种繁荣是与美国、欧洲乃至世界上很多国家的贸易顺差的结果，美国认为日本的行为"挤压了他国发展空间"。相比之下，当时美国经济长期受到贸易、财政和消费三大赤字困扰，经济滞胀近十年来难以摆脱。1987年美国经济经历"黑色星期一"，股市暴跌，经济衰退，危机四伏。随着洛克菲勒总部大楼落入日本人手中，多数媒体评论认为"美利坚合众国正面临着与大不列颠相同的命运"。日本方面也有评论家称："21世纪将是日本的世纪。"美国政治家布热津斯基也叹息"冷战结束了，输的是苏联，赢的却不是美国而是日本"。以至当时在美国掀起了一股"日本威胁论"潮流。

美国当然容不得冷战时期的盟友日本赶上或超过自己。为了确保独霸世界的地位，美国决定对具备挑战者资格的日本采取强硬的打压措施。在强烈要求日本开放封闭市场没有效果的情况下，美国与日本进行持久的全面磋商，1992年美国时任总统老布什甚至亲赴日本指挥对日磋商。这实际上是进行一场持久的经济战。美国要求日本调控进出口增长速度，减小顺差；要求日本废除调整规范流通业的《大规模零售店铺法》，允许美国商业企业进入日本市场；要求日本改革固定的、具有排他性的企业合作关系；等等。1985年美国主导日本、西德、法国、英国等五国签订"广场协议"，决定五国联手干预外汇市场，此后迫使日元对美元连续10年升值，从1∶240上升至1∶79，升值幅度达到67%，由此刺激日本经济过度扩张，国际资本大量流入日本，内外资金大举进入日本股市和房地产市场。于是日本股市疯涨，房地产经济泡沫急剧扩大。美元兑日元的贬值还削弱了日本出口产品的竞争力，致使日本产品的出口被堵住，日本的经济发展严重受阻，1993、1994年日本经济仅增长0.5%和0.7%。最终，日本房地产泡沫的破灭造成整个经济长期陷入停滞之中。

美国就是这样通过打压日本再次保住了世界的霸主地位。这就好比是"小弟弟你想超过我，揍你一顿，休得胡来！"

今天，中国的发展正呈蓬勃之势，经济总量已远远超过日本而直追美国。美国认为今日之中国就是往日之日本，是对它作为全球老大的挑战。在国际贸易中人民币开始作为世界货币结算，这会被认为是动摇美元的金融霸主地位；中国主导的亚洲银行、"一带一路"建设、构建人类命运共同体，美国都会认为是对它的世界霸主地位构成威胁，"中国威胁论"在美国甚嚣尘上。所以美国又挑起了对中国的贸易战，而且在对中贸易战中使用的手段之卑鄙、险毒都远超当年对付日本的手段，达到了无以复加的程度。除非中国放弃自己的发展与强大甘心跪服美国膝下，不然美国就不会停止这场对中国的贸易战，甚至还有可能发动对中国局部以至全局的军事侵略。这是由美国的本质所决定的。所以，只要美国作为世界大国而存在，中国人对它就绝不能掉以轻心。

4. "胡萝卜加大棒"，看谁不臣服

美国始终相信军事力量决定一切，始终坚持建设世界一流的军队。美国政府为什么入不敷出呢？主要是军费开支连续上涨，已经达到了一年9000亿美元，是世界上军费开支最多的国家，相当于除美国外世界前十名国家军费开支的总和。所以，美国军队是世界上总体实力最为强大的军队，陆军、海军、空军、太空军总兵力共143万；有全球唯一的拥有11艘航母的航母战斗群在海外执行任务；同世界上40多个国家和地区订有多边和双边军事条约，向409个国家和地区提供军事援助，与90多个国家和地区订有援外军事训练计划。

在国际关系上，美国依仗强大的军事势力实行强权政治和炮舰政策，其目的主要是维护美国的核心利益，确保美元作为世界货币的霸主地位，维护国际贸易中用美元结算，以使美国能不劳而获地大剪世界各国经济的羊毛。因此如果有哪个国家在国际贸易中不使用美元结算，美国就会对其大打出手。尤其是石油生产国如果在石油结算中放弃美元，美国必欲置其于死地而后快。

伊拉克的萨达姆打算使用欧元代替美元，萨达姆即被美国置于死地。

利比亚卡扎菲想搞一种非洲货币代替美元作为石油出口结算货币，结果卡扎菲政权被推翻。

叙利亚石油出口是以多种货币来结算，没有单独使用美元或欧元，结果美国给叙利亚制造了不少致命麻烦。

伊朗在2015年与美国签署核协议后，加强了其他货币在本国石油出口中的结算地位。美国对其大为恼火，不久美国即退出与伊朗的核协议，并对伊朗实施严格的经济制裁。

委内瑞拉在国际油价下跌时经济发展很糟糕，所以想推出数字货币"石油币"作为自己国家石油出口的结算货币，但立即遭到美国的强烈警告。没多久美国就支持反政府人士瓜伊多出来开展推翻现政府总统马杜罗政权的活动，导致委内瑞拉大乱。美国则趁机对委内瑞拉实施经济制裁。

这就可以看出，谁想断美国的财路，美国就断其生路！

5. 拉人入伙，横行天下

美国依靠第二次世界大战主要战胜国的地位，政治上挟联合国以令诸侯。美国对联合国是认为对自己有利时能用则用，不能用时即绕过联合国自行其是。美国平常善于挑拨是非、拉帮结派，尤其是拉人入伙，如北约、欧盟等都是它的盟友；更喜欢挑起侵略战争，在战争中喜欢拉他国下水，如20世纪50年代美国牵头组织16个国家的军队侵略朝鲜。2003年3月20日美国又和英国等少数盟国绕过联合国发起了对伊拉克的侵略战争。

综上所述，当不知美国底细的人们迷惑于美国为什么在二战后能迅速发展成为世界超级大国以至成为全球霸主时，一翻美国的老底就可看出，这几十年美国的发展之路仍然是一条极不光彩的海盗式赤裸裸或变相掠夺之路。中国从来是和谐万邦，中国几乎没有侵略掠夺他国的历史；在进入21世纪的今天，中国当然不可能复制美国这样的损人利己的强国之路。

四、西方的现状值得世界"西方化"吗？

尽管美国凭借其独特的自然地理环境及社会历史条件崛起成为一个现代超级大国，美国目前的社会状况是否那么值得仰慕呢？美国确实是人间天堂吗？我们先看看美国内外民众对美国的感受吧！如 2018 年法新社的报道《50 年后的今天，美国面临着和 1968 年同样的恶魔》。首先，文章介绍了 1968 年在美国发生的两起震动全球的谋杀案。当年 4 月 4 日在孟菲斯，诺贝尔和平奖得主、美国民权运动领袖马丁·路德·金被一名支持种族隔离的白人枪杀。事后引发了包括华盛顿在内的美国大城市的骚乱。同年 6 月 5 日在洛杉矶，参议员罗伯特·肯尼迪在赢得加州的民主党初选胜利当晚被一名巴勒斯坦人枪击后不治身亡。此事导致了美国共和党人理查德·尼克松最终成为美国总统。接着文章报道今日的美国，"军队陷入没完没了的战争，大学生怒火中烧，女性起来反对性别歧视，黑人运动员谴责警察种族主义"。文章继而转述了堪萨斯大学历史学教授戴维·法伯对当今美国的评价："谋杀、骚乱、反抗、示威、无序与混乱，我们在 1968 年经历过的那些不同寻常的冲击现在仍有现实性。"美国无疑是世界上最富有的国家之一，但这里财富两极分化严重。2018 年伊朗新闻电视台网站报道："根据一项新的研究，美国超过 5000 万个家庭没有足够的收入来支付生活基本开销，其中包括住房、食品、医疗、交通和手机费用。"文章说，"根据美国联合慈善总会 ALICE 项目发布的数据，这样的家庭达 5080 万户，在美国 1.19 亿户家庭中占到 43%"。路透社 2018 年也报道，联合国赤贫和人权问题特别报告员奥尔斯顿在一份调查报告中说，"美国有近 4100 万人处于贫困状态，占人口的 12.7%，1850 万人处于极度贫困，1/3 的贫困人口是儿童"，"在工业化国家中，美国的青年贫困率最高"。这里说的"极度贫困"的标准，根据世界银行的定义，即日均生活费不足 1.25 美元。就是每天不足人民币 8 元的生活标准称为"极度贫困"。虽然这两篇报告评判的标准不一，但不论有多少怀疑，美国贫富分化严重并日益扩大这一事实却是不容置疑的。

美国的民主政治运转到今天是个什么状况呢？概而论之是漏洞百出。最典型的是，依靠大财团金钱支撑的总统竞选制度，带来的是社会政治的制度腐败，政府成为大财团的代言人而不是代表广大人民群众的利益。如美国总统特朗普，居然不顾美国社会多年来居民持枪泛滥成灾，每年有 3 万多无辜民众死于枪杀这一血腥事实，继续支持对其竞选总统给予了资金保障，与枪支生产、销售商利益捆绑在一起的全国步枪协会的反对控枪的主张。从历史来看，美国民间持枪对社会的危害由来已久。美国历史上就有多位总统遇刺，从 1835 年 1 月美国第 7 任总统杰克逊至 1981 年 3 月第 40 任美国总统里根被刺，这 140 年间美国共有 9 位总统遭遇暗杀，其中林肯、加菲尔德、麦金莱、肯尼迪 4 位总统遇刺丧生。但为了维护枪支生产厂家及销售商的利益，美国执政当局可以置这种影响美国政治生态及民众生命安全的险恶状况于不顾。此外，形式民主对各政治派别利益的平衡带来的是决策效率的低下。这表现在决定是否建设一些牵涉面广的大型基础设施项目时，往往因为各派别或地区的利益难以平衡而久拖不决。美国在当今社会暴露出来的种种弊端，直接导致了政府公信力的下降。同时这些痼疾的长期存在导致了广大社会民众对解决这些问题充满了无奈与失望。

不仅仅是美国社会，放眼全球，由美国引领的整个西方世界都呈现出令人不安的情况。一段时期以来，美国本土抗议贫富差距悬殊的"穷人运动"，法国的"黄背心运动"，英国的苏格兰和北爱尔兰的独立运动，智利、厄瓜多尔等拉美国家发生的此起彼伏的政治动乱，把整个西方世界搞得焦头烂额。政局的不稳定也严重影响到社会民众的安宁。德新社有文章报道，英国内政部曾发表一份报告，警告"右翼极端分子恐怖威胁正在英国兴起"。报道称，自2017年3月以来，英国安全部队已经挫败了12起伊斯兰主义者和4起右翼极端分子的恐袭阴谋，大约3000名涉嫌有袭击图谋的人正处于警方监控之下。报道还称，2017年3月，英国发生英国货车袭击和歹徒持刀杀人事件造成8人死亡，后又发生曼彻斯特演唱会现场爆炸案，事件造成22人死亡，大多数死者为儿童和青少年。

2018年美国《纽约时报》网站文章指出："二战后，战胜的西方国家建立了诸多机构，包括北约、欧盟和世贸组织，旨在通过集体军事力量和共同繁荣维持和平。他们推动民主理想与国际贸易，同时推行一种理念：联盟是对付破坏性民族主义的解药……但是，如今，这种主宰了世界地缘政治事务70多年的模式似乎一天比一天脆弱。……从贸易纠纷、安全问题到气候变化，取而代之的是国家利益占据优先地位。多边合作的观点湮灭在小团体的愤怒呼吁中。"文章还引用布鲁塞尔自由大学的政治学家阿芒迪娜·克雷斯皮的话："我们看到的是自由民主引发的某种对抗性反应。大批民众觉得自己在自由民主制中没有被恰如其分地代表。"文章认为西方世界"如果说自由秩序的公正性一直存在争议，那么现在基本的存续性都成问题"。根本原因就在于"一个共同的因素是民众对机制的不信任，他们觉得自己被抛弃了"。所以，文章作的最终结论是，"西方世界呈现集体焦虑"，"民众不信任西方机制"，这就是"给自由世界秩序的新讣告"。

综上所述，无论尹胜先生、袁伟时先生如何美化西方及其文化，而且西方文化中也有一些合理的东西可以借鉴和学习，但它绝不能称为现代人类文明的普世价值。这就如一位虽然看上去漂亮美丽的西方姑娘，山姆大叔可与她情投意合，东方的帅哥与她不一定能情投意合。尹公与袁公这个"月老"不可能做成功。因中国有中国的实情，中国人必须走中国的路，中国的现代化绝不能西方化。何况西方世界的今天，即使暂不能说是走进了死胡同，也是前途未卜。令人费解的是，不仅仅是袁、尹二公，还有其他"中国传统文化陷阱论"者，他们一方面污蔑中国人有奴性，另一方面又是如此顶礼膜拜迷恋西方，在西方面前充满奴性，而且又是这样不遗余力地要引领中国人去接受西方的价值观，这岂不是体现出更大的奴性？反奴性者自己更奴性，这真是天大的笑话。这些人是知识贫乏或迂腐，还是另有所图？

上述一切告诉袁伟时、尹胜及"中国传统文化陷阱论"的各位先生，中国的现代化既不能走欧洲的老路，也不能走美国之路。所以，不管你们为进入"西方自由世界秩序"费多少口舌，不管你们的梦想多么迫切，其结果都是——此路不通！

34 "脱亚入欧"是中国之路吗？

中国应像日本那样"脱亚入欧"，这是"中国传统文化陷阱论"的核心主张。尹胜先生在《我为什么要彻底否定中国传统文化》中说道："日本是一个觉醒的亚洲国度，一战前就明确提出'脱亚入欧'论，很多人说日本没有反传统文化，他连亚洲都反了，怎么会不反传统文化呢？正是因为'脱亚入欧'的观念，日本才得到了极大的发展和进步。"海旻则在《为什么必须彻底批判中国传统文化》中叫嚷："离开对中国传统文化的彻底批判，离开'脱亚入欧'的康庄大道，中国的现代化、文明化将永无实现之可能。"所以海旻接着呼叫，"进入 21 世纪，先进的中国人和有志于中国社会文明、进步的知识者的历史任务，是……把彻底批判中国传统文化，推进中国社会'脱亚入欧'现代化、文明化的历史任务推向前进！"

袁伟时先生在《中国传统文化的陷阱》中的论述与上述观点遥相呼应。他以日本明治维新的成功与中国洋务运动的失败相对比，认为应该否定中国传统文化，中国应西方化。他列举了中国传统文化的所谓问题后说道："有这些问题存在，中国不但不能成为第一批原发转型的国家，在后转型的国家里也一再跟不上。我们的洋务运动和明治维新是同一时期起步的，但是日本成功了，我们却失败了。第二次世界大战日本彻底失败，但它很快恢复发展，中国还是不行。我们不能盲目鼓吹传统文化，要冷静分析它的成败得失。"

"中国传统文化陷阱论"的这些观点，似是而非，一驳即溃！

一、可望而不可即，日本的"脱亚入欧"之路

首先，我们先看看"中国传统文化陷阱论"者主张中国应实行的"脱亚入欧"的内涵是什么。

"脱亚入欧"是 19 世纪下半叶日本思想家福泽谕吉提出的一个政治口号。福泽谕吉（1835—1901）是日本著名私立大学庆应义塾大学创立者，明治期间六大教育家之一。1851—1859 年间，他三次游历欧洲和美国，受近代科学和西方自由民主思想影响很深，回国以后一方面极力介绍西方国家状况，传播西方思想，另一方面又鼓励日本人发扬独立精神，以保持在列强并立下的日本民族的独立。他第一次提出了"脱亚入欧"这一政治口号。他在其所著的《文明论概略》中说："如果想使日本文明进步，就必须以欧洲文明为目标，确定它为一切议论的标准，以这个标准来衡量事物的利害得失。"他在报纸上发表《脱亚论》一文，主张日本"所奉行的主义，唯在脱亚二字"。他还进一步呼

吁说："我国不可狐疑，与其坐等邻邦之进，退而与之共同复兴东亚，不如脱离其行伍，而与西洋文明国家共进退。"可以看出，福泽谕吉为日本选择的民族振兴之路，就是摆脱以中国为中心向中国朝贡的东亚体系，实行全盘西化，使日本成为欧洲型的民族国家。所以福泽谕吉也是日本历史上歧视中国的第一人。

福泽谕吉当时提出"脱亚入欧"这一政治主张，有多方面的社会历史原因。日本从1192年开始至1867年间，国家处于幕府时代。这段时间内，形式上日本天皇是国家的最高统治者，但实际权力掌握在武士阶层的代表"征夷大将军"手中，天皇完全成为傀儡，由武士阶层掌握实权的幕府则是最高权力机构。到了19世纪中叶，幕府统治下的日本民族矛盾和社会矛盾日益激烈，经济发展缓慢，幕府财政困难，农民起义时有发生。随着商品经济的发展，新兴的工商业阶层强烈要求改变封建的幕府政治格局，实行封建锁国政策的江户幕府统治开始动摇。而在这个时候，欧美等一些西方国家通过第一次工业革命，科学技术极大地解放了生产力，资本主义经济得到了高速发展，西方资产阶级急于扩大海外商品交易市场。1853年7月8日，美国东印度舰队司令官海军准将马休·佩里，率领4艘战舰来到日本的心脏、政治中心江户，其目的是通过武力的方式威胁日本停止闭关锁国政策，实行开国通商。这就是19世纪日本发生的"黑船事件"。"黑船事件"之后的第二年，佩里再次率领7艘战舰进入日本江户，逼迫日本与美国签订了第一个不平等条约《日美亲善条约》。此后日本也开始与英国、俄国等国家签订类似的条约，从而结束了日本"闭关锁国"的时代。外国资本主义的入侵进一步激化了日本国内的矛盾，具有资本主义改革思想的日本地方实力派萨摩和长州等西南强藩，在改革派下级武士推动下，逐渐采取与幕府不同的政策。殖民兴业，发展工商经济。他们在政治上提出了"尊王攘夷""富国强兵"的口号，开始实行倒幕活动。正是资本主义思潮在日本日益兴起的社会背景下，见证了欧美资本主义生产力蓬勃发展并深受其思想影响的福泽谕吉提出了"脱亚入欧"的政治口号。毋庸讳言，福泽谕吉这一口号迎合了当时日本社会工商业阶层要求发展资本主义的政治需求。此后几十年中，日本从政治、军事、经济、文化等方面采取了一系列措施，推进日本从传统封建社会向现代资本主义社会的转变，最终使日本成为欧美资本主义阵营的现代化国家。

日本之所以能在19世纪末和20世纪初这几十年间实现"脱亚入欧"，是因为它具备了亚洲其他国家所没有具备的一些条件，采取了一些其他亚洲国家没有采取也难以采取的政治、军事、经济等措施，这些措施使日本获得了巨大的利益，为其"脱亚入欧"创造了十分有利的政治、经济、军事条件。这主要表现在如下几个方面。

第一，对以中国为中心的朝鲜等东亚国家大规模的侵略扩张，是日本能快速发展成为近代欧美资本主义强国的重要原因。日本是个典型的海洋型国家，具有得天独厚的防御外来入侵的优势。但是日本国土面积小，本土资源匮乏，19世纪中叶之前，生产力水平低下。当日本进入工业化时代后，资源供需矛盾特别突出，商品销售市场受到限制。因此，明治维新以后，日本统治集团就确立了通过对外扩张振兴本国的战略。早在1867年，明治天皇睦仁登基伊始，即在《天皇御笔信》中宣称，"开拓万里波涛，宣布国威于四方"，蓄意向海外扩张。因为中国是日本的近邻，资源丰富，加之晚清政府腐朽透顶、国力衰弱，所以中国就成为日本首选的侵略目标。1887年日本参谋本部制定了所谓"清国征讨方略"，初步制定了吞并朝鲜，灭亡中国，征服亚洲，称霸世界，以促进国内资本主义发展的战略计划。1894年7月25日，日本发动了侵略中国的甲午战争。这场战争历时九个月，由于清政府的腐败以及指挥的失误，以清政府彻底失败而告终。战后中日两国签订了《马关条约》，中国割让辽东半岛、台湾及其附属岛屿、澎湖列岛给日本，赔偿军费和以赎辽费及威海卫驻军费的名义，共付给日本白银2.3亿两，约35亿日元，相当于日本年度财政收入的四倍。不仅如此，日本还从战争中掠夺了大量的珍贵财物，并取得了各国列强在中国所拥有的一切不平等特权，迫使清政府对日本开放沙市、重庆、苏州、杭州四个通商口岸，日本轮船可沿内河驶入以上各口岸，并且允许日本在中国的通商口岸开设工厂，产品远销内地并免征税收。从此日本商品打开了中国市场，对扩大日本国内的工业生产起到了巨大的推动作用。就这样通过甲午战争，日本在一夜之间变成一个战争暴发户，财力雄厚，军事后备充足，国力大大提升，一举成为亚洲的巨头，并摘掉了在西方列强胁迫下签订的套在日本脖子上的一切不平等条约，获得了立国自主权，跻身帝国主义列强俱乐部。战后十年中，日本国内资本主义得到了很大的发展，民众的信心和军队的士气大幅提升。日本国民开始支持国家开展对外战争以提升本国国力。1900年，日本与英法等几个西方资本主义国家的军队组成"八国联军"攻入北京，迫使清政府与日、英、法等八国签订了《辛丑条约》，条约规定清政府赔款相关8个国家4.5亿两白银，年息4厘，39年还清，本息共计9.8亿两白银。日本在这次入侵中国行动中又大捞了一把。1904年至1905年，日本与俄国为了争夺朝鲜半岛和中国东北的控制权，在中国东北的土地上进行了一场帝国主义战争，这场战争以俄国的失败日本的胜利而告终。经过这场战争，日本取代沙俄享受原沙俄在东北的一切权利。俄国承认日本在朝鲜享有政治军事经济上之"卓越利益"，将中国东北旅顺口、大连湾，及其附近领土领水之租借权以及有关的其他特权，全部让与日本政府，同时将由长春至旅顺口的铁路及一切支线以及附属的一切权利、财产和煤矿，全部转让给日本，将库页岛南部和俄国对辽东半岛的租借权，以及附近一切岛屿永远让与日本。就这样，日本在短短几年内在中国获得了巨大的经济利益和殖民地利益。这些利益使日本国力大增。日本一下成为东亚地区首屈一指的军事强国，完全跨入了帝国主义列强的行列。

第二，得益于日本国内政治上及政治与军事实现了统一，尤其是形成了通过变革实现富民强军的共识。19世纪六七十年代，随着日本国内阶级矛盾和民族危机的加深，以中下级武士为主体的改革派中心在西南部经济较发达的萨摩、长州、土佐、肥前四藩，开展了以推翻幕府统治为主要目标的"尊王攘夷"的维新运动。1867年日本明治天皇即位。同年10月，天皇下达讨幕密诏，1868年1月，明治天皇发布《王政复古大号令》，宣布废除幕府。同时组织了以推翻幕府统治为目标的天皇军。通过一年的倒幕战争，实际统治日本260多年的德川幕府彻底垮台，大政归还天皇。日本建立了统一的控制全国权力的新政权——明治政府。倒幕运动实际上是日本的中下级武士、高利贷商人、资本家、新兴地主和西南诸藩的改革派，在人民群众的支持下武装推翻封建幕府统治的一场资产阶级革命运动。这一运动的胜利标志着日本从此迈入了资本主义社会。从1868 年开始，在明治政府的领导下，日本立即开始了一系列的政治经济改革，即开始了资产阶级革命的明治维新。政治上首先采取"奉还版籍""废藩置县"的措施，结束了日本长期以来的封建割据局面，建立了中央集权国家。同时实施富国强兵、殖产兴业和文明开化三大政策。富国强兵就是改革军警制度，创办军火工业，实行征兵制，建立新式军队和警察制度，以此作为日本立国之本。殖产兴业就是引进西方先进技术、设备和管理方法；改革土地制度，允许土地买卖；废除各藩设立的关卡，统一货币，设立日本银行，大力扶持资本主义的发展。文明开化就是学习西方文明，发展现代教育，提高国民知识水平，培养现代化人才。日本这一资本主义的改革，在明治政府的强力主导下全国同心，顺利向前推进，经过 20 多年的发展，日本国力日益强盛，先后废除了幕府时代与西方各国签订的一系列不平等条约，重新夺回国家主权，走上了独立发展的道路，并迅速成长为亚洲强国以至世界强国。同时，这也为日本后来走向对外侵略扩张之路奠定了基础。

第三，得益于日本通过明治维新成功实现了产业革命。日本在 1868 年建立明治政权跨入资本主义门槛时，欧美先进资本主义国家已经完成了产业革命，并开始从自由资本主义向垄断资本主义过渡。为了避免沦为欧美国家的殖民地，日本在明治维新后大力实施"富国强兵""殖产兴业"。在 1868 年至 1885 年间，在接收幕府和各藩经营的军工厂和矿山的基础上，日本大力引进英国等西方先进国家的技术设备，聘用外国专家和技术人员，建设了一批军工企业，采矿场以及以生产纺织品、水泥、玻璃、火柴为主的民用"模范工厂"。从 1884 年至 1893 年的十年间，日本的产业革命已扩展到一切主要的工业部门，从过去以国营军事工业为中心的重工业转移到以私营纺织业为中心的轻工业。1890 年日本从棉纺织品进口国变成了棉纱出口国。1894 年 7 月日本侵略中国的甲午战争是日本产业革命进入完成阶段的转折点。战争中比战前高出两倍的军事开支，使资本家得到了大批军事订货，积累了巨额资本。战后日本靠从中国索取的巨额赔款作基金，在 1897 年 10 月实行了金本位制，提高了日本的金融地位，并利用战争赔款大规模加强陆海军建设，扩建铁路网，极大地推动了私人资本的发展。同时，战争使日本独霸了朝鲜市场，夺占了部分中国市场，扩大了日本商品的销路，从而再次促进了交通运输业、工业、金融贸易业的大发展。到 1900 年日本进入世界纺织工业发达国家行列，20世纪初煤产量实现自给有余，以后甚至有煤炭出口，1901 年钢铁实现自给自足。以钢铁工业和采煤工业的发展为基础，铁路和航运发展也很快，1898 年日本的造船能力接近世界先进水平，很快发展成为世界造船大国。跨入 20 世纪时，近代工业的主要部门在日本都已经建立起来，大机器生产在各个产业明显占了优势，日本产业革命的目标基本实现。就这样，日本用 30 多年的时间走完了欧美国家半个世纪到一个世纪的工业化路程。

第四，得益于西方列强把掠夺的重点放在中国，这使日本国内赢得了一个和平的发展环境。19 世纪下半叶，当时欧洲很多资本主义列强国家在海外都建立了殖民地，他们早就希望向东方发展。但他们没有把矛头指向日本，所以那时日本并没有成为殖民地或半殖民地国家。西方不以日本为主要目标的重要原因是列强们眼睛已重点盯着中国。这因为一是中国国土辽阔,人口众多,市场广大,这是西方列强最羡慕的。二是西方从《马可·波罗游记》一书中看到了中国资源的丰富,物产的富饶,文化的深厚,所以他们迫切希望与中国通商。三是西方原来认为当时晚清统治下的中国强大可怕,自从英国以虎门销烟为借口挑起战争打败了中国后,他们已看清了晚清政府的腐败无能与软弱可欺。西方不仅渴望进入中国夺得财富,更希望长期占有中国土地,获取各种特权。所以当英国通过中英鸦片战争敲开了中国的大门后,其他西方列强纷纷仿效相继侵入中国,后来侵华的八国联军就是这些国家的军队组成的。这就为日本短期内脱亚入欧迈入现代社会创造了一个相对和平的外部环境。日本国内自1868年1月倒幕运动中发生"戊辰战争",1877年2月至9月明治维新期间平定反政府军叛乱进行的"西南战争"以外,以后发生的甲午战争,参加八国联军入侵中华,日俄东北战争,都是在日本本土之外进行的。到1945年美国在日本投下原子弹并对日本主要城市狂轰滥炸前,日本本土上近70年没有发生过战争。这为日本发展成现代化强国创造了有利的国际国内环境。

第五,得益于二战后美国对日本的大力扶持。这是二战失败的日本重新崛起的重要原因。在第二次世界大战进行中的1941年12月,日本海军突然袭击美国海军太平洋舰队在夏威夷基地的珍珠港以及美国海军和陆军在瓦胡岛上的飞机场,太平洋战争爆发。1945年8月,美国在日本的广岛、长崎投下了两颗原子弹。接着,美国空军对日本几十座城市实行毁灭性的战略轰炸。1945年8月15日,日本被迫宣布投降。此后美军对日本实行独立占领并驻军至今。二战中日本成为战败国使其发展遭受重创,很多优秀人才被迫投身战争最终被战争吞噬,战前日本侵略所得的领土几乎全部吐了出来,东北三省、台湾回归中国,朝鲜独立,太平洋岛屿给了美国,冲绳岛也几乎独立,北方四岛被苏联占领。尤其是其工业基础被摧毁,战后几年,日本国内的GDP还不如中国。这说明二战中美国对日本的打击是毁灭性的。日本经济几乎到了崩溃的边缘。但是,第二次世界大战结束之后,美国对日本的政策却发生了根本性的变化,即由无情打击转变为大力扶持。这种变化的主要原因,一是美国不愿意看到二次世界大战结束以后以苏联和中国为主要力量的社会主义阵营日益扩大对世界的影响。美国企图完全用西方的价值观彻底改造日本社会,使日本成为欧美资本主义阵营俱乐部的一个重要成员,成为欧美资本主义世界在远东地区的代言人。二是要把日本建设成为美国在亚太地区的一个前沿堡垒,扩大美国在亚太地区的影响力,实现美国称霸亚大地区的企图,并通过美日联合遏制苏联和新建立的社会主义中国的发展。三是二战中美国在广岛、长崎投下两颗原子弹以及大规模轰炸使日本东京等几个主要城市变成一片废墟,平民死亡几十万,伤者数百万。美国这一暴行使日本全国民众心理上产生了强烈的反美情绪,也引起了世界舆论道义上的一片谴责。而美国出于与日本建立长期的对抗社会主义苏联和中国这一战略目标的政治考虑,希望通过对日本的大力支持作为美国对日本二战中国家和广大民众遭受巨大伤害的一种补偿。说简单点就是美国要收买日本的民心,以利于美国军队在日本的长期存在及保持和日本的长期联合关系。

美国扶持日本的内容有如下方面,在政治层面保留了天皇制度,实现了政治的稳定性；制定了民主宪法，确立了具有资本主义性质的现代民主制度，消除了生产关系中阻碍经济发展的落后因素。在经济上，首先美国对日本战后经济的恢复和发展给予大力支持，美国放弃了对日本的战争索赔，撤销了以拆迁日本军事工业作为战争赔偿的计划，向日本提供20多亿美元的援助和贷款，并向日本提供大量的石油、煤、铁矿石等能源和原料。日本正是利用美国放弃索赔、给予各种大力援助以及日本自身在第二次世界大战期间在整个东亚南亚掠夺的运回本土的资源、产品、珍宝等巨大财富迅速恢复生产，发展经济。从1945年到1955年间，日本大力发展战后经济，其工业生产超过了战前和战时的最高水平，国民平均消费也达到了战前的标准，生铁、粗钢、化纤、电子、汽车等产量出现了巨大的增长。同时，美国帮助日本扩大内外贸易，提高了日本经济的对外开放程度；美国保留了日本的军事工业及其生产能力，在后来攻打朝鲜和越南的两场侵略战争中，美国向日本大量订购军需物资，使日本成为美国进行这两场战争的后勤保障基地并从中获得了巨大的经济利益。日本在美国的支持下，积极消除生产关系中的落后因素，充分发挥二战前形成且保存下来的生产力的积极作用，实行国民经济非军事化，大力发展外向型经济，大力发展教育事业，培养优秀人才，从西方引进最先进的科学技术，从而又实现了日本经济的重新崛起。其GNP（国民生产总值）于1966年超过英国，1967年超过法国和西德，跃居世界资本主义国家的第二位。1987年，日本的国民生产总值超过苏联。日本用42年时间发展成为仅次于美国的世界经济大国。直到2010年20余年间一直保持世界第二大经济体地位。

以上就是日本明治维新之所以能够成功，并顺利实现"脱亚入欧"，以及在第二次世界大战中彻底失败后又能很快恢复并崛起的原因。

二、中"洋务运动"、日"明治维新"得失之比较

那么中国为什么在19世纪下半叶及20世纪初这几十年间没有顺利实现"脱亚入欧"呢？这主要是因为当时的中国没有日本所具有的国际和国内环境。具体地说就是中国没有具备日本那时所具有的政治条件和思想条件。日本推行"脱亚入欧"之时，已推翻幕府统治还政于天皇。全国政局统一，且上至天皇下至平民百姓，有一个共同的心愿就是富国强兵。而中国当时国内面临着错综复杂的矛盾。一是生活在社会底层处于水深火热之中的广大劳动人民不满清封建政权统治与清统治集团的矛盾。二是新兴成长起来的工商业阶层以及晚清统治集团中部分开明人士希望改革腐朽没落的清封建制度，以实现资本主义的快速发展与以慈禧太后为首的满族旧贵族势力为维护其既得利益，反对社会政治变革二者之间的矛盾。三是从1875年到1908年间，名义上是光绪皇帝在位，但光绪皇帝并没有掌握朝廷的实际权力。光绪十五年（1889）之前是两宫太后垂帘听政。虽然从光绪十五年到光绪二十四年（1898）戊戌变法失败这段时间是光绪亲政，但光绪对国家大事也仅仅是参与，决定权掌握在慈禧太后手中。戊戌变法失败，光绪被囚禁在瀛台以后，光绪更无权过问国政。这样在清朝统治集团内部就存在着光绪皇帝及其追随

者渴望掌握朝廷实际权力与慈禧太后不愿放弃实际权力的矛盾。四是帝国主义列强为了变中国为它们的殖民地企图瓜分中国的行径与清政府以及中国广大爱国知识分子和广大人民群众的矛盾。这种种矛盾的存在，就决定了中国不可能和日本一样走"脱亚入欧"的现代化之路。

从 19 世纪 60 年代开始，也就是在日本开展明治维新之前几年，晚清统治集团内的曾国藩、李鸿章、张之洞、左宗棠以及在朝廷中枢执掌大权的满族名臣恭亲王奕䜣、文祥等人，他们通过第一次、第二次鸦片战争清醒地认识到了当时的中国与西方资本主义发达国家的差距，以及中国面临西方列强侵略的巨大危机。他们提出了"中体西用"，即以坚持中国的传统文化为主体，辅以学习西方的富强之术，实现中国"求富""自强"的指导思想。在这一思想的指引下，中国开始了一场以救亡图存为目标的洋务运动。即大量引进西方先进的科学技术，开办近代化军事工业和民用工业、修建铁路、创建现代化军队、开创报刊、架设电线、举办新式学堂、选派学生出国留学、翻译外国书籍等，从而使中国的近代化运动也迅速开展起来。

但是，中国的洋务运动没有使晚清社会像日本那样在短短 30 多年时间内很快实现向现代社会的转变。影响"洋务运动"实现这种转变的原因有如下几个方面。

第一，中国的洋务运动没有像日本明治维新那样实行比较彻底的社会政治变革，没有触动旧的封建体制。日本实行的明治维新，是一场资本主义性质的改革。在整个过程中，日本除了保留具有封建性质的天皇以外，其他政治、军事、经济、文化、教育全面学习西方。而且日本天皇也全力支持通过"明治维新"使日本富国强兵。而中国开展的洋务运动，由于长期受中国是天朝大国这种自高自大思想的影响，对于变革束手束脚，而且在有些人看来变革近乎是一种异端行为，因此，中国的洋务运动本质上变成了一场由代表着封建大地主利益的晚清统治阶级领导的自救运动。在这场运动中，无论是改革的洋务派，还是反对改革的保守派，都没有想到要改革当时中国旧的封建体制。随着洋务运动的发展，1894 年爆发了中日甲午战争。由于清朝当时政治腐败，官场派系林立，且明争暗斗，国防军事外强中干，加之日本以中国为中心向外侵略扩张的计划蓄谋已久，清朝政府仓皇迎战。这场战争以清朝政府战败，作为洋务运动成效之标志的北洋水师全军覆没而结束。甲午战争的失败说明了不改革清政府这一旧的封建体制，单靠以振兴经济、科技、军事为主要内容的洋务运动就不可能彻底改变中国落后挨打的命运，不可能使中国走上富国强兵之路。基于这种对当时中国落后原因的进一步的认识，四年以后的 1898 年 6 月，以康有为、梁启超为代表的维新派人士，在光绪帝的倡导支持下开展了学习西方，提倡科学文化，改革政治、教育制度，发展农、工、商业等的戊戌变法这一资产阶级改良运动。这一运动的主要内容有：改革政府机构，撤销多余的衙门和无用的官职，任用维新人士；鼓励私人兴办工矿企业；开办新式学堂吸引人才，翻译西方书籍，传播新思想，创办报刊，开放言论；训练新式陆军和海军；规定科举考试废除八股文；等等。可以看出"戊戌变法"的内容比此前开展的洋务运动要全面深入得多，它已触及当时的政治、经济、军事、文化、教育等各个领域，尤其是深化到改革封建政治领域的官僚制度。这对比之前的洋务运动无疑是一个很大的进步。

很遗憾的是"戊戌变法"仅仅进行了 103 天就失败了。其失败的原因主要有如下几个方面：首先，这场变法虽然取得了光绪皇帝的支持，但光绪皇帝并没有掌握朝廷的实际权力，真正的权力掌握在慈禧太后手中，而这场变革影响到了满族统治集团内部高层旧官僚的既得利益，尤其是影响到了慈禧太后的实际权力，所以这一变法遭到了慈禧太后与满族高层官僚贵族守旧派的坚决反对。其次，这场变革既没有军队的支持，也没有像日本"明治维新"那样得到地方实力派的拥护，更没有在朝廷广大官员中形成共识，尤其是没有得到全国广大工商阶层及人民大众的响应。变法变成了局限在少数维新派人士小圈子内的一种政治基础和社会基础很薄弱的行动。再次，变法没有系统的理论路线指引，也没有严密的行动纲领，变法一开始就显得很盲目。比如 1898 年 9 月 4 日，光绪皇帝一下子下令将怀塔布、许应骙等阻碍变革的礼部六位堂官革职，而怀塔布夫人与慈禧太后有亲戚关系；维新派甚至主张把蒙古、新疆、西藏、青海等地区出卖给英国等西方列强国家以筹措变法的经费。康有为的行为尤其激进，他甚至提出要策划中日甲午战争的主要人物伊藤博文为光绪变法的顾问并授予处事权，企图借助日本的影响推进变法。更甚的是康有为等人还策动暗杀慈禧太后，事情却又暴露。这些近乎荒唐的行为不仅给守旧派以反对变法的口实，而且进一步激化了守旧派与变法派、光绪与慈禧太后的矛盾。1898 年 9 月 21 日，慈禧太后在守旧派的支持下发动戊戌政变。光绪皇帝被囚禁于瀛台，康有为、梁启超分别逃往法国、日本，谭嗣同等戊戌六君子被杀，历时 103 天的戊戌变法彻底失败。而洋务运动的受挫，戊戌变法的失败对近代中国由传统社会向现代社会的转变产生了严重影响。戊戌变法失败后的 1900 年，八国联军侵略中国，慈禧太后被迫逃到西安。这对慈禧太后是一个惨痛的教训。之后慈禧也下令实行"新政"，其内容包括：编练新军，废科举，建学堂，奖励民办工厂，改革法制，派五位大臣出洋考察，预备立宪，成立咨政院、谘议局等。可以看出，慈禧太后实行"新政"的有些措施已经超出了当年戊戌维新变法的内容。但由于晚清政府的一误再误已经错过了改革的最好时机，当时国际国内面临的十分紧迫的民族危机，十分尖锐的社会危机，以及飞速发展的社会思潮与晚清政府这架封建政治机器的过分陈旧、过于锈坏和运转不灵所形成的巨大反差，使晚清政府企图自救推进的改革已无成功的可能。当时成长起来的民族资产阶级愈来愈觉得依靠晚清政府自救式的改革不可能砸碎旧中国半殖民地半封建社会的枷锁走向现代社会。所以随着中国民族资产阶级发动的以推翻清朝君主专制统治、成立民主国家为目标的资产阶级民主革命的推进，晚清政府推动的自救式改革最终被 1911 年孙中山领导的资产阶民主革命即辛亥革命所取代。

第二，近代中国没有获得日本那种相对和平的国际环境。日本作为太平洋海域的一个孤立岛国，自 1274 年"文永之役"、1281 年"弘安之役"之后，直到第二次世界大战结束之前，600 多年中没有发生任何外国军队攻入日本本土的战争。1853 年美国舰队驶入江户发生的"黑船事件"仅是以炮舰威胁日本打开国门通商，双方并没有发生战争。从 19 世纪开始西方列强疯狂地实施海外扩张，但它们掠夺的重点不是日本而是中国。西方列强关注中国，并不希望中国真正实现独立自强，它们的目的是要掠夺中国的资源和财富甚至独霸或瓜分中国，使中国变为它们的殖民地。所以，从 19 世纪中叶到

20 世纪初这半个世纪中，西方列强不间断地向中国发动侵略战争，包括 1840 年至 1842 年的第一次鸦片战争，1856 年至 1860 年的第二次鸦片战争，1883 年至 1885 年的中法战争，1894 年至 1895 年的中日甲午战争，1900 年至 1901 年的八国联军侵华。每一次侵略战争之后，西方列强都不择手段地强迫中国政府或割地或赔款。西方帝国主义列强对中国连续不断的侵略战争，造成了中国政府和中国民众无法全心全力发展本国经济，从而严重影响了近代中国由传统社会进入现代社会的进程。

第三，近代中国没有日本那种相对稳定的有利于发展经济的国内环境。日本国内自 1868 年 1 月 27 日至 1869 年 6 月 27 日发生过新政府军为推翻幕府统治进行的"戊辰战争"以及 1877 年 2 月至 9 月平定旧幕府、旧藩国势力的"西南战争"以后，直到第二次世界大战爆发前就没有发生过战争。这种相对稳定的国内环境为日本发展经济顺利进入现代社会提供了极其有利的条件。而 19 世纪中叶以后的中国完全不同。当时的中国社会动荡不安，国内战争不断。1851 年至 1864 年的太平天国运动，历时 13 年，影响大半个中国的十来个省，由于战争死亡 2000 多万人。1852 年至 1864 年的捻军起义，波及安徽、江苏、山东、河南四省，历时 12 年之久，人口死亡数百万。1851 年中国人口统计是 4.1 亿，20 余年以后的 70 年代下降到 3.5 亿。接连不断的国内战争既严重破坏了中国的社会生产力，衰弱了国力，加剧了国家在几次抵抗西方列强入侵的战争中的失败，使中国政府和国内民众不可能像日本那样集中精力从事经济建设。这是中国不能像日本那样短期内顺利转入现代社会的一个重要原因。

第四，向西方列强大规模割地赔款带来的国家贫穷，严重削弱了中国向现代社会转化的内力。19 世纪下半叶，中国不仅不能像日本那样通过对外国的野蛮侵略掠夺为本国经济的发展积累资金，反而要对日本等西方列强国家大规模地割地赔款和出让主权，这使已经十分困难的晚清社会的经济雪上加霜，从而严重削弱了中国发展现代经济的内生动力。1842 年 8 月中英第一次鸦片战争后签订的中英《南京条约》，英国强迫中国赔款白银 2100 万两；割让香港岛给英国，开放广州、厦门、福州、宁波、上海五处为通商口岸；同时还规定英国商人进出口货物的关税税率，中国须与英国商定以后才能确定。《南京条约》的签订，使中国开始沦为半殖民地半封建社会。1844 年清政府与美国签订的《望厦条约》规定美国在中国除割地赔款外，享受其他与英国同等的权利。在同一年间，法国强迫清政府签订《中法五口贸易章程》，简称《黄埔条约》，条约规定法国在中国取得了更多的侵略权益。第二次鸦片战争期间的 1858 年夏，英国、法国、俄国、美国强迫清政府在天津签订的《天津条约》规定，清政府赔偿英法两国军费各自 200 万两白银，同时赔偿英商 200 万两白银；增开沿海沿江 10 处通商口岸，外国军舰商船可以在长江各口岸自由航行，外国人可以到中国内地游历、经商、传教，外国公使进驻北京。1860 年清政府与英国、法国、俄国在《天津条约》的基础上又签订了《北京条约》。这一条约规定：增开天津为商埠，割让九龙司地方一区给英国，对英法两国的赔款各增至 800 万共 1600 万两白银。中日甲午战争结束以后的 1895 年 4 月，日本强迫清政府签订了中日《马关条约》。这个条约规定割让辽东半岛、台湾及其附属岛屿、澎湖列岛给日本，赔偿日本军费 2.3 亿两白银，开放沙市、重庆、苏州、杭州为通商口岸，日本轮船可以沿内河自由出入以上各口岸。日商可以在上述通商口岸投资办厂，其产品可远销中国内地并免收内地税。《马关条约》的签订，进一步使中国半殖民地半封建化。1901 年中国义和团运动失败、八国联军攻入北京后，晚清政府和英国、美国、法国、德国、俄国、日本、意大利、奥匈帝国、西班牙、荷兰、比利时等十一国政府签订了《辛丑条约》。条约规定，清政府向入侵中国的各个列强国家赔偿白银 4.5 亿两，分 39 年还清，本息共计 9.8 亿两，在北京东交民巷设立"使馆界"，不许中国人居住，各国派兵保护；拆毁北京至大沽的炮台，准许列强各国派兵驻守北京到山海关铁路沿线的战略要地；永远禁止中国人民成立或参加反帝性质的各种社会组织。《辛丑条约》使中国完全沦为半殖民地半封建社会。自第一次鸦片战争之后这几十年间，随着帝国主义列强侵略的加深，西方资本主义经济大幅入侵以及大量财富被西方列强掠夺，极大地影响了中国民族资本主义经济的发展。这是导致中国不能像日本那样顺利地由传统社会转入现代社会的重要经济原因。

通过上述分析，我们可以看出，19 世纪下半叶日本的"明治维新"之所以能够成功，日本之所以实现"脱亚入欧"顺利转入现代社会，并在二战中失败以后又能迅速崛起，中国的洋务运动之所以会失败，中国进入现代社会的时间之所以晚于日本，完全是由当时中国和日本各自所处的国际背景不同和所面临的政治、军事、经济、社会情况的不同造成的，而不是如袁伟时、海旻、尹胜等"中国传统文化陷阱论"者所胡扯的那样，认为日本顺利进入现代社会是因为否定了传统文化、中国不能顺利进入现代社会是因为继续坚持本民族的文化传统。实际上，即使在日本已经成为高度现代化国家的今天，其国民文化中仍保留许多中华传统文化的元素。所以不能把造成中国和日本这种差别的原因简单归结为一个文化问题。文化对一个社会的变革虽然有影响，但绝不是主要和直接的。

三、中国还需要"脱亚入欧"吗？

那么在当今的中国，是不是还要如"中国传统文化陷阱论"者袁伟时、海旻、尹胜等人所鼓噪的要继续推进"脱亚入欧"呢？回答无疑是否定的。中国人在 20 世纪上半叶经过半个多世纪的艰苦奋斗，于 1949 年 10 月结束了半殖民地半封建社会建立了新中国。从新中国成立到今天，中国人经过 70 多年的顽强拼搏，今日的中国已经成为一个完全独立自主的现代化国家。2010 年中国的经济总量已经超过了日本居于仅次于美国的世界第二位。2017 年中国的国内生产总值是 120146 亿美元，日本是 48721 亿美元，中国的国内生产总值几乎接近日本总量的三倍。2017 年德国的国内生产总值是 36848 亿美元，英国是 26245 亿美元，印度是 26110 亿美元，法国是 25836 亿美元，意大利是 19379 亿美元。可见，中国的经济体量远远超过了欧洲各主要资本主义国家。1978 年日本的国内生产总值占世界总量的 11.8%，中国仅占 1.8%，到 2017 年中国的国内生产总值占世界的比重上升到 15.0%，日本占世界总量的比重则下降到 6.1%。2018 年，美国的国内生产总值达到 20.51 万亿美元而居于世界第一位，中国达到 14.09 万亿美元仍居于第二位，日本达到 5.17 万亿美元居于第三位。但是，如果根据国际货币基金组织的调查，按照购买力，即国民得到收入之后购买东西或者服务的能力计算，2018 年美国的 GDP 总量仍然是 20.51 万亿美元，而中国的 GDP 总量可高达 25.31 万亿美元，超过了美国而成为全球最大的经济体。按照中国经济的发展速度分析，即使继续按 GDP 计算，许多研究中国问题的专家都认为中国在 2035 年左右会超过美国成为世界第一大经济体。国际上同时认为，中国的军事实力正在飞速发展，仅次于美国和俄罗斯居世界第三位，科技实力很多方面在国际上已处于领先地位。中国的国际影响力已大幅度提升，现已成为世界事务中一个举足轻重的国家。2018 年 3 月 6 日，西班牙《经济学家报》网站发表《如果中国避开陷阱，将让西方颤抖》的文章，文章作者比森特·涅韦斯在文中分析了中国近几十年来发生的巨大变化，他说，"中国这种转变是惊人的，在不到 40 年的时间里，中国从一个人均国内生产总值（GDP）仅为 250 美元的农业国变成了人均 GDP8000 美元的工业大国，以轻工制造业为主的发展阶段，已经碰到了'天花板'，北京现在正试图沿着日本或韩国的脚步转型成为技术上领先的经济体"，这对西方来说意味着一种新的经济竞争，而这一次面对竞争的将是技术含量较高的工作岗位和高技术产业。文章分析说，"中等收入陷阱"往往能使经济高速发展国家逐渐丧失其发展优势。那么，"中国能否避开中等收入陷阱，最终成为真正的发达国家呢？只有时间能给出答案。一些专家经过分析得出了乐观的结果，这些结果'预示着中国能避开中等收入陷阱'。人口老龄化、环境问题和债务增多等因素，都不能阻碍中国成为一个高收入国家"。

反观今天的西方世界，继 1929 年至 1933 年的世界金融危机引发的经济大恐慌之后，1994 年在资本主义国家墨西哥爆发了金融危机。1997 年，在世界头号资本主义强国美国支持下建立起来并已成为美国经济附庸和亚太地区资本主义统一战线的韩国、日本以及东南亚的泰国、菲律宾、马来西亚、新加坡、印度尼西亚也爆发了金融危机。危机导致这些国家的货币大幅贬值，亚洲大部分主要股市大幅下跌，亚洲许多大型企业倒闭，工人失业，一些国家政局混乱，经济萧条，一下打破了许多亚洲资本主义国家经济飞速发展的景象。尤其是日本的经济从此一蹶不振，从世界第二大经济体下降为第三大经济体。著名经济学家刘诗白先生在分析这场金融危机产生的根源时指出，"可见，金融危机有其制度性根源，是资本主义危机。金融危机的可能性存在于市场经济固有的自发性的货币信用机制，一旦金融活动失控，货币及资本借贷中的矛盾激化，金融危机就表现出来"。这次危机之后，亚洲的一些资本主义国家特别是日本经济一直处于低迷状态。欧洲的形势也不乐观。2010 年始于希腊的债务危机引起欧洲其他国家以至整个欧盟都发生债务危机，欧元大幅下跌，整个欧洲股市暴挫。由此导致世界市场对欧元区国家债务危机的恐慌心理加重，这种现象又推动了欧元区部分国家的债务危机愈演愈烈。此后欧洲经济复苏缓慢。英国宣布退出欧盟，这对于作为美国盟友的欧盟的生存发展前景是一个严重的挑战。

美国虽然在第二次世界大战后凭借其强大的军事势力坐上世界霸主地位使其长期居

于世界第一大经济体地位，但国内矛盾和经济危机仍然接连不断。1987 年 10 月美国由于连年出现的财政赤字和贸易赤字引发了股市危机。当年 10 月 19 日，美国的道琼斯工业股票下跌了 508 点，跌幅为 22.6%，全国损失 5000 亿美元，这一天被称为"黑色星期一"。美国的这一危机迅速波及整个资本主义世界。10 月 20 日，伦敦股票市场下跌 249 点，跌幅达 11%，约为 500 亿英镑。巴黎股票市场下跌 9.7%。东京股票市场下跌 14.9%。从 2006 年春季开始美国又发生了由于"房地产泡沫"引发的次贷危机，又称"次债危机"。这一危机自 2007 年 8 月开始席卷美国、欧洲和日本等世界主要金融市场，其直接后果是引发了美国和全球范围内的又一次信用危机。有的经济学家评价这次危机使"美国可能面临过去 76 年以来最严重的金融冲击"。

另外，还要看到，以政党民主选举为核心的西方政治制度也日益陷入无法自解的矛盾。一是代表着不同利益集团的不同政党执行或制约权力的决策机制导致了政府决策效率的低下，而这种低效率的运行又直接影响了社会经济的发展。二是政党竞选制度隐藏着巨大的无法回避的腐败。三是由于不同政党代表着各自不同的利益集团，因此西方政府形成的决定往往是各利益集团经过长期争斗后相互妥协的产物，这种决策不可能真正代表广大国民尤其是处于社会最底层的广大普通民众的利益。西方社会面临的上述经济上、政治上不可回避的矛盾，使其完全不是 18 世纪下半叶至 20 世纪这两百余年间所处的那种欣欣向荣的状态，而是陷入了泥潭难以自拔甚至带有走向没落的趋势。2018 年 4 月中旬，《参考消息》发表的一篇文章写道：本月 10 日，西班牙皇家埃尔卡诺研究所网站发表该所研究员安德烈斯·奥尔特加名为《西方的衰落》的文章。文章说，1918 年德国哲学家奥斯瓦尔德·斯宾格勒在一战结束前出版的《西方的没落》书中认为西方文明到 1918 年进入没落阶段。"如今……西方及其建立的自由世界秩序正在衰落的观点再次兴起。"文章举例说，伊朗哲学家拉明·贾汉贝格鲁也出版著作《文明的衰落》，该书认为"如今社会已经进入了'野蛮化'进程，而且这一现象已经从西方蔓延到全世界"。奥尔特加分析道：虽然斯宾格勒对西方世界形势的分析不很准确，因为一战和二战把美国扶上了世界第一强国的宝座，而且西方打赢了冷战。然而在此期间，"中国从上世纪 80 年代逐渐崛起，共产党领导中国抓住自由世界秩序和全球化浪潮带来的机遇，在世界范围内重振雄风，如今中国的世界地位甚至比 19 世纪之前更加重要"。斯文还指出，当今"西方衰落的观念萌生于西方世界内部，美国外交学会会长埋查德·哈斯认为，特朗普领导的美国决定放弃超过七十年来一直扮演的角色就是一个转折点"。文章最后指出，"从 1918 年到现在，西方自由世界已经走过了 100 年，但面对中国的崛起，它不再占据主导地位，即便是在西方内部也存在一种紧张的氛围，美国曾经是全球化的倡导者，如今却希望能够将其终结。……如果搬起石头砸自己的脚，那么西方将加速衰落。预言是一项艰巨的任务，虽然和斯宾格勒预测的诱因并不相同。但衰落确实发生了"。

2018 年 3 月 6 日，德国《法兰克福评论报》发表题为《我要说的只是中国，中国，中国》的文章，文章作者阿尔诺·威德曼在文中介绍：德国前外交部长约施卡·菲舍尔从很久以前开始讲起，"我们看到西方的衰落是对世界秩序的破坏，……直到 18 世纪，中国一直是世界第一大国，我们目前所经历的只不过是回到旧秩序"。威德曼接着介绍约施卡·菲舍尔出版的一部名为《西方的衰落》的新书的观点。菲舍尔在书中列举了欧洲近代发生的几个重大事件说明西方正在走向衰落。1918 年 11 月,"最后一位哈布斯堡王朝皇帝被迫离开奥地利,标志着一个时代结束了。下一个日期是 2016 年 6 月 24 日,英国脱欧支持者获得胜利。唐纳德·特朗普在同一年赢得了总统选举,特朗普企图着手让美国再次变得伟大,但实际上它正让中国变得伟大。欧洲的做法也没有什么不同,它不是团结一致而是四分五裂"。菲舍尔接着分析道,"现在欧洲及其经济几乎不再增长,1970 年中国国内生产总值在全球经济总量中的比重为 2.8%,2015 年的时候已经达到 15.5%,今天单个欧洲国家甚至没有一丝希望跟上全球玩家美国和中国的步伐,他们只有共同行动才有机会"。在菲舍尔看来, "没有理由认为中国的崛起会被阻止,……中国目前提供了最令人感兴趣的发展模式,没有哪个国家的经济增长像中国那样快速强劲。欧洲如果不想完全掉队,就必须做出努力……,中国也将赶超美国,西方必须表明,数字化民主不仅是可能的,而且要优于'数字化列宁主义',否则西方没有机会对抗以算法'和大数据为导向的计划经济'。"

说够了吧!以欧美为首的西方世界,它现在是走向衰落还是怎样,西方世界比我们更关注,看得更清楚。至少西方世界矛盾重重,发展缓慢是不争的事实。"中国传统文化陷阱论"的吹鼓手们全然不顾今日之中国已不是 100 多年前贫穷落后的中国这一事实,还在那儿重弹 100 多年前日本弹过的不合时宜的老调,走什么"脱亚入欧"之路,这无异于强制一个生机勃勃、血气方刚的青壮年大汉踏着一位重病在身的耄耋老人的步伐蹒跚前行。这要么是得了对今日之中国取得的成就视而不见的"色盲症",要么是得了走火入魔的对西方世界的"相思病",舍此又还能做什么解释呢?

35 整个亚洲都是落后于西方吗？

——兼对"西方文明中心论"质疑之一

美化西方，丑化中国，鼓吹中国的现代化就是要西方化，这是"中国传统文化陷阱论"的实质和最终目标。尹胜在《我为什么要彻底否定中国传统文化》网文中直言不讳地说："不仅仅只是中国从古到今皆落后于西方，整个亚洲都是如此。"尹胜又写道，"我们目前从衣食住行、生活器物、社会制度，一应具有文明意义的都是来自西方文化。……事实上我们现在所说的西方文化就是现代人类文明的普世价值"。所以尹胜做结论说："现代文明是西方文化产生的吧？而且是他们自发推进和创造的吧？……这个问题已经充分说明文化的优劣了，充分证明中国文化以及佛教没有普世的原因，没有普世价值也就是根本上不符合人的客观性需要，也就是不符合真理。"这里尹胜想说明是西方文化产生了现代文明，故西方文化优于中国文化具有普世价值；所以他认为中国要进入现代社会就必须批判中国放弃传统文化，普及西方文化。

曾长期主编我国中小学语文教材的温立三先生也公开宣称"是西方文明改变了中国，我们却不知感恩"，他认为侵略者和殖民者是"文明的播种者"。

真不愧是彻头彻尾的西方世界的"孝子贤孙"！

首先应当指出，中国及亚洲落后于西方，这个观点并不是尹胜的独创，这种观点源于近代以来西方兴起的"西方文明中心论"。人类进入近代以后，西方通过"文艺复兴""宗教改革"、农民起义等一系列的变革，彻底砸碎了近千年的农奴式封建统治和近乎窒息的封建桎梏，经过几百年的殖民扩张和工业革命，先于东方进入现代社会。由此许多西方人下意识感觉欧洲对于世界有一种优越感。他们认为西方人是人类文明的主宰，西方人是上帝的"骄子"；认为西方文化优于、高于非西方文化，人类的历史是围绕西方文化而展开的，因此西方文化从形式到内容，从价值观到各种思想理念具有普遍性，西方文化代表了世界发展的方向。可以肯定地说，提出此观点的尹胜先生与"西方文明中心论"者完全是一丘之貉。但他们这种种观点都严重违背了人类文明史的实际。

一、世界文明之源，不在西方却在东方

中国及亚洲是否如尹胜先生所言"从古到今皆落后于西方"，这就需要我们弄清楚世界文明源头在何处的问题。

这里，我们先要问：尹胜先生懂点世界地理吗？尹先生知不知道举世公认的世界四大文明古国都不在西方呢？根据考古学提供的"贾湖文化"的最新研究结果和关于文明

标准的定义表明，中华文明起源于数千年前的亚洲黄河、长江流域。古印度又称身毒、天竺，它于公元前 2500 年至公元前 1500 年立世于亚洲恒河流域。公元前 3500 年至公元前 729 年的古巴比伦文明存在于现在的亚洲西部，即今天的伊拉克、伊朗、叙利亚一带。形成于 7000 年前的古埃及位于今天非洲东北部尼罗河流域，在地球上处于东半球。因此，四大文明古国都是在世界的东方。既然文明古国均在东方不在西方，尹胜反而认为东方落后于西方，请问这是什么逻辑呢？这只能说明，尹胜关于"不仅仅只是中国从古到今皆落后于西方，整个亚洲都是如此"，"一应具有文明意义的都是来自西方文化"这些谬论都是不合乎人类历史发展的实际的。

更为可笑的是，尹胜在这里陷入了自相矛盾之中。尹胜前句说"一应具有文明意义的都是来自西方文化"，他后句又说西方文化"就是现代人类文明的普世价值。这个普世价值是由基督文化所衍生发展过来的，而基督文化又是从古罗马文化演化出来的，古罗马文化又是从希腊文化演化的，希腊文化又是从古巴比伦和古埃及文化演化的"。尹胜的后一句话实际上是告诉大家，作为西方文化的基督文化、古罗马文化、古希腊文化是从东方的古巴比伦和古埃及文化演化出来的，也就是说西方文化是由东方文化演化出来的。这里尹胜的前一句和后一句是彻头彻尾的自相矛盾，在逻辑上完全不能自圆其说。

那么，人类历史上文化发展的客观实际情况究竟怎样呢？

下面我们简要考察一下世界各大洲的文明进化状态。

亚洲文明的进化状态是：世界四大文明古国中的古代巴比伦、古代印度、古代中国都在亚洲。贾湖文化遗址证明，中华文明在公元前 7000 年前后就已经出现。虽然古巴比伦文明、古印度文明在历史上已经消失，但中华文明一直连续至今。

古埃及文明是非洲历史上最古老的文明。公元前 5000 年埃及就出现了农业，埃及人在公元前 4241 年就制定了相当精确的人类最早的太阳历，在公元前 3400 年左右创造了象形文字。后来还建造了人类建筑史上的奇迹——金字塔。公元前 525 年，西亚地区崛起的波斯帝国向北非扩张征服了古埃及，古埃及王国灭亡。往后，古埃及依次成为亚历山大帝国、古罗马的一个省，后来又被阿拉伯帝国、奥斯曼土耳其帝国管辖千余年。古埃及王国的灭亡让古埃及人也慢慢消亡。随着历史的演变，古埃及的文字失传了，知识失传了，思想也失传了，文化也失传了，所以古埃及文明彻底消亡。至于广大的非洲内陆及南部地区，由于被广阔的沙漠和原始丛林地带所阻隔，直到 19 世纪末期，这些地方在很大程度上还是一块"黑大陆"，这儿的大部分地方是没有探测过的荒野，文明之光几乎没有照射到这里。19 世纪末期以后，从 1880 年到 1914 年间，非洲成了欧洲几个列强国家的殖民地。所以自古埃及文明之后，非洲文明整体上落后于亚洲欧洲而处于一种后进状态。

包括澳大利亚和新西兰在内的大洋洲，由于海洋把它和世界其他大陆隔开了，所以这儿的土著居民在与世隔绝的情况下，独自生活了好几万年；在欧洲人闯入这块土地以前，他们基本上过着原始人的生活。直到 1768 年，英国皇家海军军官、航海家、探险家库克船长从英国出发前往南太平洋发现了澳洲大陆。澳大利亚从 1770 年开始成为英国的殖民地后，才受欧洲文明的影响有了文明的曙光。所以澳洲文明远远落后于世界其他各大洲的文明。

我们再看美洲文明的发展状况。公元前1500年前后，位于现今墨西哥东南部及危地马拉、洪都拉斯、萨尔瓦多和伯利兹一带产生了美洲历史上最古老的丛林文明玛雅文明。玛雅文明产生于中美洲的新石器时代，在天文学、数学、农业、艺术及文字等方面都有极高的成就。但是玛雅文明从来没有像中国、埃及文明那样建立一个统一的强大帝国，全盛期的玛雅地区分成了数以百计的城邦。这些城邦只是在语言、文字、宗教信仰以及习俗传统上属于同一个文化圈。14—16世纪墨西哥中部地区新崛起了阿兹特克帝国，于此，阿兹特克文明取代了玛雅文明。11—16世纪，位于南美洲今日的秘鲁、厄瓜多尔、哥伦比亚、玻利维亚、智利、阿根廷一带产生了作为美洲三大文明之一的印加文明。16世纪初期印加文明由于内乱也日趋衰落。

1492年10月，意大利探险家哥伦布在西班牙王室的支持下，开始向西航行建立贸易航线和寻求殖民地来扩充财富。这年10月12日哥伦布登上了现在中美洲加勒比海中的巴哈马群岛从而发现了中美洲。他10月底到达古巴，12月初到达海地，1493年3月返回西班牙。由于新大陆的发现，美洲逐渐成为西方列强各国的殖民地。16世纪，玛雅文化的传承者阿兹特克帝国以及印加帝国都被西班牙帝国消灭。美洲的玛雅文明、阿兹特克文明和印加文明16世纪之后随着帝国的垮塌而消失。

欧洲文明最早起源于希腊文明。希腊位于欧洲巴尔干半岛南端，包括附近1500多个海岛。20世纪著名学者钱穆先生指出："西方与中国春秋略同时的是希腊，希腊是一个很小的半岛，在这半岛上只有许多分裂的城市，没有一个希腊国，也没有一个统一希腊的中央政府。"（见钱穆著《中国历史精神》，贵州人民出版社2019年版，第25页）直到公元前8世纪至公元前6世纪，希腊才形成许多奴隶制城邦。斯巴达是其中最早的一个由少数奴隶主贵族统治的城邦，雅典是其中一个发展了奴隶民主政治的奴隶制共和国城邦。公元前5世纪，希腊两强雅典与斯巴达各组织一些城市岛国同盟为争夺希腊霸权不断进行战争并引发不断的奴隶起义，导致两败俱伤、日益衰落。公元前338年以后，马其顿王国统一希腊全境。公元前356年至公元前323年马其顿国王亚历山大大帝在位时，古希腊的文化发展到巅峰。但公元前323年6月亚历山大在筹备远征阿拉伯半岛国家时突然病亡，亚历山大帝国四分五裂。公元前9世纪，在意大利半岛中部的罗马人开始兴起。公元前2世纪，由于匈奴西迁进入罗马人的活动区域，迫使野蛮而落后的罗马人南下进入希腊。为争夺地中海的霸权，罗马人与掠夺资源和奴隶的马其顿进行了四次大战。公元前146年罗马帝国彻底战胜了马其顿。希腊和欧洲各个国家都成了古罗马帝国的一部分，游牧民族日耳曼人的古罗马文明彻底摧毁了希腊文明。

古罗马文明历经罗马王政时代、罗马共和国时代，于公元前1世纪前后发展成为横跨欧洲亚洲非洲的庞大罗马帝国。古罗马文明作为西方文明的另一个重要源头，在建立和统治国家过程中，吸收和借鉴了先前发展的各个古代文明的成就，并在此基础上创建了以罗马律法为主要成就的文明。395年，罗马帝国被分裂成为东西两部。410年，日耳曼的西哥特人攻入西罗马城将其洗劫一空。476年西哥特人废除了西罗马最后一位皇帝并控制了意大利全境。西罗马帝国灭亡，首都罗马古城遭受了西哥特人的反复洗劫，变成了一片废墟，罗马文化也破坏殆尽。

西罗马帝国灭亡以后，欧洲进入封建社会。中世纪的欧洲正如有学者指出的："这个时期没有文艺，没有科学，人民只知道天主教，生活落后而且愚昧、闭塞。"所以西方文艺复兴和启蒙运动的学者们称欧洲中世纪是"无知和迷信的时代"，"是文明衰落的时期"。而且欧洲中世纪从 476 年一直连续到 1500 年，其黑暗整整延续了 1000 年时间。直到经过 14—17 世纪文艺复兴运动，西方文明才再度兴起发展成为现代文明。

考察世界文明史，华夏文明是从"贾湖文化"时代一直连续到现在的最古老的文明。西方文明经历了古希腊文明到罗马文明及 1000 年中世纪停滞黑暗时期直到 14—17 世纪才再度兴起，其他文明都随着历史的演化而烟消云散。

对世界文明源头的考察说明，所谓亚洲自古至今落后于西方之说无从谈起。

二、东西方文明之比较，究竟谁先谁后？

对比东方和西方，两大文明在如下几个方面有着巨大的差别。

第一，西方文明的产生比东方文明晚得多。据世界历史记载，希腊文明是欧洲最早出现的文明，存在于公元前 800 年至公元前 146 年。它比古印度文明晚产生 1700 多年，比古巴比伦文明晚了 2700 多年，比古埃及文明晚了 5200 多年。

至于中华文明与希腊文明的时间差问题，很长时期以来，学界认为中华文明是从中国历史上建立第一个奴隶制家族世袭王朝夏朝（约前 2070—前 1600）开始，后来通过考古的一些新发现和新技术的运用及多学科的综合分析，认为中华文明起源于 5600 多年前的黄帝炎帝建立联盟击败蚩尤时期。在古希腊神话中，青铜时代被认为是人类最早的时代。两河流域最早的苏美尔文明在公元前 4000 多年进入了青铜时代，西方一些学者据此认为人类最早的文明就是苏美尔文明。根据新的考古发现，中国早在公元前 6700 年，就已经进入青铜时代。我国的考古专家在甘肃马家窑文化遗址中，发现了一把单刃青铜刀，经过碳 14 鉴定距今约 5000 年，是世界上最古老的青铜武器。而在陕西省临潼姜寨遗址发掘过程中，出土了黄铜片和黄铜环，经过碳 14 测定距今约 6700 年，这是已知发现的世界上最早的青铜文物。所以，根据进入青铜时代的时间，中华文明至今也有了 7000 余年。

更有说服力的是，经过 20 世纪七次大的考古挖掘，发现了位于河南省舞阳县北舞渡镇西南 1.5 公里的贾湖村有新石器时代早期遗存的"贾湖遗址"。遗址保护区面积达到 5.5 万平方米，距今 9000 年至 7500 年。出土的文物中有 30 多支 8000 年前的骨笛，其用鹤的尺骨制成，一根 8 个音阶，仍然可以吹奏，其八度音和现代乐器的音的频率非常接近，是世界上迄今发现最早也是保存最完整的乐器。大批骨笛的发现，充分说明当时的史前音乐文明高度发达，也说明了当时的制笛技术水平相当高。遗址中还发现了 17 件分别刻在甲、骨、陶器、石上的锲刻符号。这些刻符结构为横、点、竖、撇、捺、竖勾、横折等笔画，书写的特点也是先横后撇、先左后右、先上后下、先里后外，总体上与汉字基本结构相一致。有些契刻符号的形状与四五千年后商代殷墟甲骨文有许多相似之处，如形似眼目的"目"字、光芒四射的太阳纹等。许多专家经过研究认为，贾湖锲刻的发现至少说明了两个问题。一是"为商代甲骨文的历史源头的探索提供了可靠的证据"，这就是说贾湖锲刻是甲骨文之前的文字表现形态，是现今适用的汉字的源头。二是说明当时已经有了很浓厚的宗教意识——龟灵崇拜，卜卦文化已很发达。在挖掘中又发现了大量的碳化的人工栽培稻米和菱角果实。通过对出土陶器上的附着物进行研究，发现9000年前的贾湖人已掌握了酒的酿造方法。所用的原料包括大米、蜂蜜、葡萄和山楂等。这说明当时的农业已经高度发达。遗址中发现了大批房屋基础、墓葬群、陶窑，说明当时人们是筑房而居、群体聚居、集中一地埋葬，充分说明当时这里的人们社会化意识已非常强烈，社会组织化程度及生产力发展水平都很高。遗址中还发现了大批生产工具。人们知道，生产工具的使用与制造是人类彻底告别类人猿时代进入文明的标志，所以贾湖遗址为当时的人们已具有相当高的文明程度提供了充足的依据。

上述说明，距今9000年的以贾湖文化为标志的中华文明是至今世界上最早的文明，它整整比存世于公元前800年至公元前146年的西方古希腊文明早了8000多年。古希腊文明存在时，中国已进入公元前770年至公元前476年的春秋时期和公元前475年至公元前221年的战国时期。这就是说中国已经经历了漫长的文明进化并走过了夏商周三个文明时代，欧洲才告别蛮荒时代进入文明状态。

第二，西方文明的具体形态都具有短暂性。作为西方文化历史开源的古希腊文明从公元前800年持续到公元前146年，立世只有650多年。古罗马帝国从公元前27年至476年西罗马帝国灭亡，其文明形态也只存在了503年。这个时候中国已进入汉朝及魏晋时期。476年至1500年为欧洲中世纪，而中世纪被西方学术界认为是"最黑暗的时代"。直到经过文艺复兴运动，从16世纪开始，西方文明才开始复兴，18、19世纪才真正影响世界。所以现代意义上的西方文明存世仅仅二三百年。东方文明与西方欧洲文明相比较，就好比中国文明之巨人快进入壮年时代了，西方文明小子才呱呱落地；600余年后，西方文明中断，又陷入中世纪的黑暗；再过了1200多年直到18、19世纪才重耀光辉。在整个文明发展史上，西方文明之光灿烂的时间累加起来也不过八九百年。

第三，古代西方的文明化进程比东方慢。细心观察世界地图可以发现，欧洲的纬度处于北纬40度附近至北纬70度附近之间。北纬40度经过欧洲的西班牙、意大利、希腊的北部，与中国的长城基本处在同一条纬线上；威尼斯与中国的哈尔滨处于同一纬度。北纬50度经过英国南部、德国北部、波兰、白俄罗斯，与中国东北的漠河在同一条纬线上。在北纬40度与50度之间，还有法国、奥地利、乌克兰，北纬50度以北还有爱尔兰、英国、丹麦、挪威、瑞典、芬兰。可见，欧洲的地理纬度位置与中国东北哈尔滨以北的广大地区相近。这一区域内冬季寒冷，古代人迹罕至，不具备产生早期人类文明的条件。故欧洲在古代只有地中海沿岸适合人类生存发展。而地中海沿岸本来面积就小，山多地少，土地和草地为人类能提供的生活资料不充足，所以这一带的先人们结束原始状态向人类社会迈进的进程也相当缓慢，这是欧洲古代文明进化既起步晚又发展慢的重要原因。

直到公元前 2850 年至公元前 1450 年，地中海地区终于缓慢进入青铜时代，同时也产生了位于爱琴海一带的米诺斯文明即爱琴文化。爱琴文化经历了克里特文明、迈锡尼文明千余年的发展，才开始进入具有真正文明意义的古希腊文明。但古希腊不是一个国家的概念，仅是一个地区的名称。它位于欧洲东南部，地中海的东北部；包括希腊半岛、爱琴海和爱奥尼亚海上的群岛和岛屿、小亚细亚半岛西部沿海地带。在公元前 1100 至公元前 1000 年，多利亚人入侵希腊地区毁灭了开始萌芽的早期迈锡尼文明，希腊历史进入了所谓"黑暗时代"。公元前 9 世纪前后，希腊地区建立了许许多多新的城邦。这些城邦一般就是由一个城市及周边的乡村组成，各城邦相互独立。有时城邦与城邦之间，以及多个城邦之间相互结盟形成对立为争夺地盘还会发生战争；有外族入侵时，诸多城邦又结成联盟统一抵抗外敌的入侵。所以古代整个希腊地区是一种松散的、基本上各自独立的社会结构，与中国历史上当时夏、商、周朝建立的那种由许许多多城市和广大乡村组成的疆域庞大、社会功能齐全的国家相比，其文明程度的差距不知有多远。公元前 2000 年爱琴海克里特岛和迈锡尼进入了青铜文明时代时，这里才开始有奴隶社会的萌芽。直到公元前 683 年，位于希腊半岛和小亚细亚西海岸的希腊人结束了王政时代，雅典城邦才开始向奴隶制社会迈进。476 年随着西罗马帝国灭亡，欧洲才结束奴隶社会进入封建社会。

中国的自然地理条件比欧洲好多了。中国的绝大部分区域处于北纬 40 度以南地区，古往今来气候条件都适宜人类生存发展；尤其是长城以南的黄河流域及长江中下游广大地区为早期人类活动提供了比欧洲优越得多的生存发展环境，也为古代华夏文明的快速发展提供了客观条件。中国 6000 年以前就进入青铜时代，比从公元前 2800 年至公元前 1450 年进入青铜时代的欧洲时间要早 2000 多年。在距今 3000 多年的上古时代是黄帝炎帝蚩尤并存时期，先有黄帝与炎帝发生了几次激烈的战争，炎帝最终被黄帝打败，与黄帝结成联盟并尊黄帝为天子；此后炎黄联盟打败了蚩尤。有了天子，有了大的集团联盟和相互之间发生的大规模战争，自然也就有了战俘与奴隶。所以中国开始进入奴隶社会的时间是在公元前 3000 至前 4000 年。中国脱离野蛮的原始社会进入奴隶文明社会的时间比西方早了一两千年。在公元前 476 年，当希腊正处于奴隶制的兴旺期时，中国就结束奴隶社会进入了封建社会，中国进入封建社会的时间比西方整整早了 1000 年。我们知道，人类社会从原始社会、奴隶社会、封建社会向工业化大生产及现代社会迈进的过程，就是一个由低级文明向高级文明发展的过程。中华文明比希腊文明早数千年产生，中国比西方早一两千年进入奴隶社会、早一千年进入封建社会，这些事实，充分说明中国在文明进化上远远先进于西方。所以，光凭这一点就不能说东方落后于西方。

在世界文明发展历史上，不仅中华文明在 19 世纪以前先进于西方文明，就是整个亚洲文明也比西方先进。从古至今，文明的先进与否反映出国家政治、经济、军事、文化、科技等综合实力的强弱；文明先进的国家必然最终表现为以强国立世。有学者对 5000 年人类社会各个历史时期国家综合实力的强弱做了对比分析，列出了世界历史上各个时期最强的国家名单。公元前 15 世纪以前的远古社会至公元前 4 世纪，世界上最强的国家按历史发展的顺序依次是古埃及王国、古巴比伦王国、中国的夏王朝、中国的商王朝、中国的周王朝、亚述帝国、新巴比伦王国、波斯帝国。上述数千年世界强国中没有一个出现在西方。从公元前 5 世纪开始直到 16 世纪，世界上最强的国家依次是希腊城邦、波斯帝国、亚历山大帝国、秦帝国（含战国时期诸国）、孔雀帝国、汉帝国、罗马共和国、罗马帝国、匈奴王国、波斯帝国萨珊王朝、拜占庭帝国、隋帝国、唐帝国、阿拉伯帝国、宋帝国、金帝国、辽帝国、元帝国、明帝国、玛雅王国、奥斯曼帝国、清帝国。在这一漫长的历史时期中，欧洲西方世界的强国仅有希腊城邦、罗马共和国和罗马帝国、拜占庭帝国，比亚洲产生的强国不知少了多少。从 16 世纪开始直至 20 世纪，世界强国中亚洲只有 18 世纪中叶以前的清帝国、俄罗斯、日本，西方世界则产生了西班牙王国、葡萄牙王国、荷兰共和国、法兰西共和国、英国、德国、美国。这说明在世界文明发展史上，只有在近代这短暂的三四百年里，西方世界出现的强国数量才超过了亚洲。而且在上述几千年的世界强国名单中，中国除了 265 年至 317 年的晋朝，907 年至 979 年的五代十国及鸦片战争之后的晚清政府总共 300 余年的短暂时期不属于世界强国之列外，其他数千年不论王朝如何更替都立于世界强国之林。

第四，西方文明是几经中断的文明。人们都知道，东方古代文明中古巴比伦、古埃及、古印度文明都中断了，但中华文明根据贾湖遗址证实至今 9000 年没有中断过，即使是按传统的说法也是 5000 年文明延续至今。中国文明还影响了东南亚，以及包括朝鲜、日本在内的东北亚广大地区。西方文明却不同，它经历了兴起—摧毁—又兴起—再摧毁—再兴起这种兴起中断的反复过程。

下面我们分析一下欧洲文明不断中断对欧洲文明进化的负面影响。从古希腊文明到罗马文明，再到欧洲进入千年黑暗的中世纪，西方世界城邦与城邦、国与国、民族与民族之间弱肉强食的争斗导致了社会的极不稳定，整个西方周而复始地陷入稳定—动乱—稳定—动乱的恶性循环之中。钱穆先生分析西方世界这种民族争斗的情况时指出："从直线时间来看，中国自从夏、商、周以迄现在，仍是一条线的中国人之中国。西方则开始为希腊人，转而为罗马人，为北方的拉丁人，日耳曼人，斯拉夫人，直到今天，他们脑海中，依然我们是英国人，或是法国人，或是德国人。就文化上讲，或许他们都觉得大家都是欧洲的白种人，但就政治上讲，仍是多头的，有极高的堡垒，极深的鸿沟，无法混合。"（见钱穆著《中国历史精神》，贵州人民出版社 2019 年版，第 26 页）所以，从时间线来看西方人种的交替变化，每一个循环都意味着旧的民族国家政权被新的民族所推翻并代之以建立新的民族政权；新的民族建立新的国家政权以后，一方面对旧的民族文化进行破坏性的否定，同时又要在占领区建立自己的民族文化体系。这种民族政权一破一立的行为实质就是原有文明秩序的中断。而且每次政权变更都是对以往文明的破坏。日耳曼野蛮游牧民族入侵古希腊掌控全境后对古希腊文明实施破坏是这种情况；日耳曼的西哥特人结束罗马帝国的统治后对古罗马文明进行洗劫也是这种情况；中世纪欧洲大陆分裂成无以计数的国家后出现无以计数的语系也是这种情况。西方文明发展史上几乎没有中国出现的蒙古族、满族执掌全国政权，五胡十六国时期众多少数民族建立地方政权实行割据以后继续用史上流传的汉语作国语这种情况。在欧洲，同一地区民族政权变换次数越多，说明这一地方文明中断越多，对文明的传承和发展破坏越严重。这就是造成欧洲中世纪极度黑暗的一个重要原因。

谁都知道，社会的进化就是文明长期持续不断积累的结果，文明的中断意味着原有文明的毁灭或被破坏。古代西方由于文明的多次间断造成西方文明与中华文明之间产生非常明显的差距。中华文明在春秋战国时期经过夏、商、周几个历史时代的连续发展已经达到高度文明状态。到汉朝时期，中国文明已基本定型：政治上建立了大一统的中央集权制加郡县制，经济上是小农经济，文化上文字经几千年发展已完全成熟，文学作品已大量问世。战国末期的长平之战其参战人数、后勤人数比拿破仑战争动员的人数还多，西方差不多到 16 世纪才达到中国战国末期的这种战争水平。

而当中国经过夏、商、周三代进入春秋时期时，西方刚兴起古希腊文明。公元前 146 年古罗马文明取代古希腊文明至 476 年西罗马帝国灭亡标志着古罗马文明的终结；这一时期中国已进入民族大融合的魏晋南北朝。欧洲从 476 年西罗马帝国灭亡至 1500 年这 1000 年中都处于黑暗的中世纪时代；中国在这一时期经历了南北朝、隋、唐、五代十国、宋朝、元朝，一直到明朝初期的发展变化，在此期间中国产生了隋朝的"开皇之治"，唐朝的"贞观之治""开元之治"，明朝的"洪武中兴""永乐盛世"，把中国封建制的政治、经济、文化发展到了历史的顶峰。

上述一切说明了什么呢？它充分说明了"中国传统文化陷阱论"的"现代文明是西方文化产生的""整个亚洲都是落后于西方""是西方文明改变了中国"，以及"西方文明中心"的种种观点都是一番没有事实依据的鬼话而已。

三、中世纪欧洲是何等黑暗！

中世纪时代，日耳曼民族主宰了欧洲。当时的日耳曼民族既野蛮又落后。古代罗马和古代中国一样，都是农业民族国家，匈奴人和日耳曼人却都是游牧民族。农业民族的特点是定居，人口越来越多，地域越来越大，文化越来越统一；游牧民族则正好相反，流动性大，地域不固定，人口时多时少。这种状态很容易造成分裂。日耳曼人主宰的中世纪欧洲就是这种情况。欧洲直到 1000 年前后封建制度才基本完成，到 1500 年前后才发展到顶峰。这个时期的欧洲，没有一个强有力的政权来统治，封建割据带来了频繁的战争，天主教对人民的思想高度禁锢，科学技术与生产力处于停滞状态。日耳曼民族几乎没有继承罗马的先进生产技术和科学经验，罗马遗留下来的浴场、神殿随着时间的推移因无人修理而大量垮塌，因割据引起的战争不断，社会生产力大大下降。有学者指出，"在这个时期内，领主之间土地争夺，国家分裂，瘟疫和战争等此起彼伏，给欧洲老百姓带来了几乎毁灭性的打击"。

2018 年 3 月 20 日，一位名为孤星的作者在网上发表了一篇文章揭示欧洲中世纪的黑暗。他写道：西罗马帝国灭亡不久后，从欧洲北部森林里走出了属日耳曼人一支的法兰克人，他们建立了属于法兰克人的第一个王朝——墨洛温王朝。"虽然王朝建立，但无论政治、经济、文化都大不如罗马时代，当日的法兰克人落后、愚昧、肮脏，城市臭气熏天。"墨洛温王朝末期，欧洲建立了土地采邑制度，进而演变为土地占有制度。普通农民未经允许不得离开村子，需要轮流到领主的土地里去干活并交税，领主对农民进行残酷的剥削。

"在思想上中世纪时期文化极为闭塞，人民不知有天文历法、数学、哲学、人文，只知道有基督教神学，人性被无情地泯灭，学术界死水一潭。"教皇为了保护自己的地位建立教皇国，设立宗教裁判所，无数先进的科学家、知识分子如哥白尼、布鲁诺、伽利略惨遭迫害。国王利用宗教控制教会使人民无条件地服从于国王的绝对权威，对一切不符合《圣经》的理论，都让其消失。

整个欧洲被各个王国分裂成了无数个部分，大的是国家，"国家下面是多如牛毛的大大小小的领主，许多地方相距 4 里路就会有一个领主。领主们表面上服从于国王，暗地里互相结盟对抗国王；有的彼此敌对，焚烧他人领地村落，致使老百姓流离失所，无家可归，饿死大道者时有所见"。"这种松散的社会政治体系既不能维系社会的稳定，也不能阻挡外族的入侵"，当维京人、匈奴人、蒙古人入侵欧洲时，欧洲人就无法抵抗。这种社会政治经济制度的弊病暴露无遗。

"这个时期所有的城市和乡村全部都如大萧条一般，那个时候的人从不洗澡，连王公贵族也是一样，或者一辈子就洗澡三次，出生一次，结婚一次，入殓一次。中世纪的欧洲人认为洗澡是罪恶，人越脏越接近上帝，故对于虔诚的修士来说更是一辈子不洗澡。同时随便大小便也很常见，在王宫里，在大城市的主干道，在城堡内，到处都是人和动物的粪便。再加上不洗澡的病态作风使整个城市臭气熏天，苍蝇蚊子漫天飞舞，地上的人浑身爬满蛆虫。城市没有任何排污水设施，生活垃圾、粪便堆积如山，即使像浪漫的法国巴黎、奥地利维也纳这样的大城市也是这样，在此环境下不懂卫生的欧洲暴发了大规模的黑死病（1347—1453），黑死病首先从意大利登陆，仅短短两年便席卷了整个欧洲。"

不要以为中世纪的领主可以为所欲为，"在中世纪神权大于军权，你的生活无一不被残酷的教条所限制，周边的敌对邻国对你虎视眈眈也需要严加防范。在城堡外面，盗贼出没，瘟疫盛行；城堡内为了提高防御性能会封死所有的窗户，只留几扇窗户供战斗时瞭望之用。所以城堡里没有阳光，冬冷夏热，房屋阴暗潮湿，整日点蜡烛，周边就是无穷的黑暗，如水泥洞一般，墙壁裸露，到处都滴着水"。整个城堡内只有领主一个人有权利睡床，其余人只能随便打个地铺糊里糊涂地睡。

上述这些说明了什么呢？它说明了中世纪的欧洲的确如文艺复兴时期被誉为"文艺复兴之父"的意大利学者、诗人彼特拉克所指出的那样，是"黑暗年代"，又如美国前总统尼克松所形容的处于一种"蒙昧状态"。

四、中世纪辉煌灿烂的东方文化

对中世纪的欧洲与同时期的东方几大文明进行比较，可以发现那个时代的欧洲远远落后于东方。如当时伊斯兰文明远远超过了欧洲文明。伊斯兰世界的"百年翻译运动"，使得希腊古代的典籍能完整保存下来，为欧洲文艺复兴提供了指路明灯。伊斯兰文明在科技方面取得了很大成就，在医学方面，直到19世纪欧洲的专科院校仍用其著述作为经典教材。阿拉伯语借《古兰经》迅速向世界各地传播，成为既活跃又富有生命力、应用范围最广的世界语言之一。美国前总统尼克松在《抓住时机》一书中这样评价中世纪时期伊斯兰文明对世界的作用："当欧洲还处于中世纪的蒙昧状态的时候，伊斯兰文明正经历着它的黄金时代……，几乎所有领域里的关键性进展都是穆斯林在这个时期里取得的，当欧洲文艺复兴时期的伟人们把知识的边界往前开拓的时候，他们能眼光看得更远，是因为他们站在伊斯兰世界巨人们的肩膀上。""讲阿拉伯语的各国人民是第三种——神教的信仰者，是另外两种——神教的受益者，是与西方分享希腊至罗马文化传统的人民，是在整个中世纪时期高举文明火炬的人民，是对欧洲文艺复兴做出过慷慨贡献的人民。"东方伊斯兰文明对西方欧洲文明的超越可从奥斯曼文明的发展过程得到进一步的说明。奥斯曼文明是土耳其语民族创建的文明。历时从1299年至1922年，持续六百多年。最早土耳其人是中亚罗姆苏丹国下属的一个小型突厥部族，通过不断地征战日益壮大，1299年土耳其人建立了多民族国家奥斯曼帝国。在而后的扩张过程中，于1396年发起尼科堡战役一举打败欧洲的匈牙利、法国、德国等国的联军。1453年攻入欧洲拜占庭帝国首都君士坦丁堡，并将其改名为伊斯坦布尔。东罗马（拜占庭帝国）由此灭亡。奥斯曼帝国从而成为欧洲东南部及地中海东部地区的霸主，此后又在欧洲继续扩张直至北非。奥斯曼帝国实力极盛时横贯亚洲、欧洲、非洲三大洲，占有巴尔干半岛、中东及北非的大部分领土。

封建社会时期的中华文明同样先于欧洲文明。只要尹胜先生能分清东西南北并稍微懂点中华文明史和中国科学技术发展史，就不会对这个问题产生疑问。

早在20世纪下半叶，曾于1968年在巴黎获得第12届国际科学史和科学哲学联合会授予的国际科学史界最高荣誉奖乔治·萨顿奖章，并于1974年当选为国际科学史与科学哲学联合会科学史分会主席的英国著名科学史专家李约瑟教授，在《中国科学技术史》这一世界名著中有一个很权威的论断：从科学整体而言，有大量无可争辩的事实证明，从远古时代直到15世纪前，中国科学技术的成就，遥遥领先于欧洲，这一上万年的历史时期中，中国在科学技术方面被世界公认是"发明和发现的国度"。这是说中国古代的科学技术远远超过了西方的欧洲。

2002年3月，英国伦敦传出了一个惊人的学术信息，英国退休海军军官加文·孟席斯在一个200多人参加的学术发布会上宣布，中国人最早绘制了世界海图，中国明代郑和船队先于哥伦布到达美洲大陆，郑和是世界环球航行第一人。孟席斯不是信口开河！他经过了14年潜心的研究，做了大量调查，追踪了郑和船队在全球的航线，足迹遍及120个国家，访问了900多家图书馆、档案馆和博物馆，还走访了中世纪末期世界所有的主要港口，他把全部研究成果写入自己的书中，书名表明了他的主旨《1421——中国发现世界》。通过研究，孟席斯在书中做出结论：早于哥伦布70年，中国人发现了美洲大陆，并且在麦哲伦的100年之前就环游地球，中国人更是在库克船长的350年前就发现了澳洲与南极洲，并且领先欧洲人 300 年解决了经度测量的问题。孟席斯在书中写到他认真研究郑和下西洋这段历史时发表感慨："我学的越多，我就越为惊叹，那些古代的充满知识的、难以置信的高度发展的文明的辉煌。在那个时代，他们的科学和技术以及对于周围世界的知识远远超过了同时代的欧洲，以至于要到 300 年、400 年后，有些方面要到 500 年后，欧洲人的知识才能赶上中世纪的中国人。"（加文·孟席斯著《1421——中国发现世界》，金华出版社 2005 年）。

岂止是科学技术呢？中国的封建社会还把大一统的中央集权封建政治制度，自给自足的小农经济制度，以儒学为尊儒释道结合的封建文化发展到登峰造极的境界。在这个历史时期内，中国创造了辉煌于世的汉代"文景之治""光武中兴"，隋朝"开皇盛世"，唐朝"贞观之治""开元盛世"，明代"永宣盛世"，清朝"康乾盛世"。极力宣扬"中国传统文化陷阱论"的袁伟时先生自己也不得不在文章中写道："从商代起算至道光年间，3000 多年的岁月形成了一个人口高达 4 亿多居世界第一、国土面积居世界第二的共同体，其思想文化的主要支柱是汉族的传统文化。这个灿烂的文化，拥有世界最丰富的典籍，源远流长的各个思想流派，独特的文学艺术，在世界历史上占有重要一席的科学技术成就，至今仍在发挥重要作用的中医中药。这个文化大体上与当时的经济发展水平相一致，且影响超越国境，泽被东亚。如此等等都已铭刻在人类史册上。"在这个时期内，中国的影响力已远达欧非两大洲。中国的藩属国最多时有 50 多个，这些国家主要集中在中亚地区，同时也包括朝鲜、越南、日本等国家。汉朝的军威影响到了中亚、欧洲里海、俄罗斯贝加尔湖地区。唐代的繁荣兴盛影响到了印度、阿拉伯和东欧地区。就是到了明朝和清朝，中国还有 40 多个藩属国，包括朝鲜、越南、日本、老挝、柬埔寨、缅甸、暹罗（泰国）、爪哇（印度尼西亚）、菲律宾、锡兰（斯里兰卡）、马六甲（马来西亚）等。上述这些，古代世界包括欧洲、南美、北美、澳洲、非洲谁能与之媲美呢？这就是真实的中世纪世界文明发展状况。它不容置疑地告诉人们一个事实：古代东方先进于西方。其实中国的小学生都明白这个道理，尹胜先生却不顾这个事实还大谈什么亚洲和中国落后于西方，尹胜先生难道不怕被人取笑吗？

五、当代"一切具有文明意义的东西都是来自西方文化"吗？

尹胜先生说，"我们目前衣食住行、生活器物、社会制度，一应具有文明意义的都是来自西方文化""现代文明是西方文化产生的"，温立三说"是西方文明改变了中国"。这些话能成立吗？

什么叫文明？综合学界各种观点，文明是人类脱离野蛮与愚昧状态所进行的改造自然、推动社会进步的一切活动成果的总和。它至少包括：人类赖以生产生活的生产工具、物质资料、维系社会运转的城邦国家、法律制度、民族观念、宗教信仰、道德理念、风尚习俗、语言文字等。那么，能说一切具有文明意义的东西都是来自西方文化吗？这里尹胜先生可能忘了中国古代的造纸术、指南针、火药、印刷术这四大发明。这四大发明不仅对中国古代社会的政治、经济、文化产生了深刻的影响，而且通过阿拉伯人传到欧洲之后，在很大程度上改变了欧洲而且改变了全世界的文明进程。英国哲学家弗朗西斯·培根指出，印刷术、火药、指南针"这三种发明已经在世界范围内把事物的全部面貌和情况都改变了，第一种是在学术方面，第二种是在战事方面，第三种是在航行方面；并由此引起难以计数的变化来；竟至任何教派、任何帝国、任何星辰对人类事务的影响都无过于这些机械性的发现了"。马克思在谈到四大发明对资本主义工业化社会带来的影响时指出："火药、指南针、印刷术——这是预告资产阶级社会到来的三大发明。火药把骑士阶层炸得粉碎，指南针打开了世界市场并建立了殖民地，而印刷术则变成了新教的工具，总的来说变成了科学复兴的手段，变成对精神发展创造必要前提的最强大的杠杆。"（《机器、自然力和科学的应用》）这里马克思虽然没有提到造纸术，但是谁都知道正是造纸术的发明为印刷术的产生和推广提供了必要条件。四大发明传入西方，成为"资产阶级发展的必要前提"，为欧洲资产阶级走上政治舞台提供了物质基础：印刷术的出现改变了只有僧侣才能读书和受高等教育的状况，便利了文化的传播；火药和火器的使用摧毁了封建城堡，帮助资产阶级去战胜封建贵族；指南针传到欧洲航海家的手里，使他们有可能去发现美洲和实现环球航行，从而为资产阶级奠定了世界贸易和工场手工业迅速发展的基础。所以，正是中国的四大发明推动了人类文明的发展并极大地造福于全世界。

那么，能否概而论之现代文明是西方文化产生的呢？所谓现代文明，它是指历史上形成的各种文明要素在当代呈现出的先进状态。这种状态是对落后陈腐状况的扬弃，它引领着社会进步的方向。审示我们中国今天的文明状态，怎么能说今天一切有文明意义的东西都是来于西方文化呢？先说中国现在实行的具有中国特色的社会主义制度，包括人民代表大会制度、民族区域自治制度、中国共产党领导的多党合作和政治协商制度，这些制度是在彻底否定旧中国的帝国主义、封建主义、官僚资本主义之后，在将新民主主义革命转化为社会主义革命的基础上建立起来的。它是马克思主义理论与中国革命实践相结合的产物。它既是对半封建半殖民地旧中国制度的否定，同时又有别于西方世界资本主义制度。正因如此，西方资本主义世界对现代中国仇视打压至极。能说这种中国特色的政治制度也是产生于西方吗？我国由中央至省、市、县、乡的地方治理结构，很大程度上是秦代以来实施的郡县制的继承，它避免了中世纪欧洲那种松散式的社会管理给人们带来的混乱之苦，能说这也是来源于西方文化吗？我国今天取得的其他物质文明和精神文明的成就，当然也吸收了西方世界一些有价值的成分，但更主要的是吸收了中国五千年文明的成果和当代社会主义现代化建设的实践经验。所以中国现代文明是中国化的文明，是以中国文化为主体、吸收了世界其他文化中的先进成果产生的，它绝不是什么纯西方文化的产物！比如中国的南水北调工程、中国的高铁、中国的港澳珠大桥、中国的超级计算技术、中国的深海探测技术、中国的填海造岛技术、中国自主研发制造的 003 号航母、中国袁隆平培育的杂交水稻、中国屠呦呦发现的治疗疟疾的药物疗法，难道这些没有构成全新的现代化中国文化吗？再如成为中国现代文明重要组成部分的中华优秀传统文明，人们生活其中的古代园林建筑，即那些飞檐翘角的亭台楼榭，清明、端午、中秋、春节这些体现中华民族几千年人文情怀的传统节日，中国广大民众喜爱的唐诗、宋词、元曲及中国的绘画、书法、篆刻等文化艺术，难道也都是来于西方文化？就是"尹胜"这个非同一般的名字，寄托着父母对你的事业与人生永远制胜的美好愿望，体现着父愿子成龙这一典型的中国传统文化理念，能说这也是来自西方文化吗？由此可见，尹胜先生关于中国人目前的衣食住行、生活器物、社会制度及一切有文明意义的东西都来源于西方的论调，不是荒谬又还能是什么呢？

从整个东方世界更大范围来看，更不能说"现代文明是西方文化产生的"。因为当今世界各种文明状态从主体来说都是本地域历史文化积累的产物，怎么可能会是西方文化产生的呢？如现在西亚诸多国家共有的阿拉伯文明，作为一种信奉伊斯兰教的广大地域的文明，你能说这是西方文化产生的吗？充分体现东正教色彩，其社会风尚、生活习俗、性格特征等在世界文化中占有独特地位的俄罗斯文明，难道也是西方文化产生的？实际上，西方文化再厉害，也只能说它产生了西方文明，对于世界其他早已在历史上形成的文明状态，只不过有不同程度有所影响而已。

六、西方文化"是基督文化所衍生发展过来的"吗？

尹胜在坚持现代文明是西方文化产生的观点的同时，又说西方文化"这个普世价值是由基督文化所衍生发展过来的"。这可是尹胜先生的一大发明，可惜是一个天方夜谭而已。

顾名思义，基督文化即基督教文化。基督教是包括了信奉耶稣基督为救世主的天主教、新教、东正教各教派的统称。它于1世纪发源于罗马的巴勒斯坦地区，即今日的以色列、巴勒斯坦和约旦地区。基督教信仰以耶稣基督为中心，以《圣经》为蓝本，核心思想是上帝耶稣对全人类和整个宇宙的大爱，上帝主宰世界；它认为人类从始祖起就因不遵守上帝的律法而犯了罪，并在罪中悲苦受死，人类只有信仰三位一体的上帝，借助耶稣基督才能获救。的确，基督教至今已有两千余年历史，它现在已发展成为与佛教、伊斯兰教并称的世界三大教之一，而且信众遍布世界各地。我们没必要讨论个人信仰基督教的是非对错，因宗教信仰是自由的。但如果认为现代文明是基督文化产生的，那可是个天大的笑话了。首先，历史没有忘记，正是1世纪基督教从罗马诞生之后，欧洲开始走向黑暗，之后的1000多年间，随着基督教的蓬勃兴起，或者说随着越来越多的欧洲人以一片赤诚之心认耶稣为"父""主"的时代的到来，席卷欧洲的却是如动物世界弱肉强食般的邦国之间的争斗，与之相随的是此兴彼亡的短命的封建王朝的更替，以及千千万万生命的丧失。这说明并不如基督教文化所宣扬的那样，上帝一直呵护、领导着人类历史的进程，它没有对那些挑起战争、制造野蛮与愚昧、给人类带来无穷灾难的反人性行为者及时做出惩罚与审判，没有及时制止罪恶行为的发生，相反，它带给欧洲的不仅是古代文明的丧失，使自身远不如东方的华夏文明灿烂，还使欧洲陷入无穷的战争中，生产与科学发展停滞，民众深度贫困，从而使西方陷入"黑暗的时代"。历史更不会忘记，欧洲中世纪的基督文化本身就是一种对文明的否定。16 世纪以前，地球处于宇宙中心的地心说成为天主教教会公认的世界观。1513 年，波兰天文学家、数学家哥白尼经过观察研究提出了日心说。但这一学说违反了《圣经》坚持的地心说观点，从而也否定了教会的权威，故而遭到了天主教会的强烈反对。直到 30 年后即 1543 年 5 月哥白尼去世那一天，哥白尼宣传日心说的《天体运行论》才正式出版。在哥白尼去世 5 年后出生的意大利人布鲁诺，后来成为著名的思想家、自然科学家、哲学家和文学家，他勇敢地捍卫和发展了哥白尼的太阳中心说，并把它传遍欧洲。结果他于 1592 年被捕入狱，1600 年 2 月 17 日被宗教裁判所判为"异端"烧死在罗马鲜花广场。请问尹胜先生，这难道就是基督文化产生的文明吗？对西方史略知一二的人更不会忘记，欧洲中世纪后期开始持续数百年大规模的猎杀女巫活动使数十万无辜女性死于非命，而且这种处死女巫的方式充满了野蛮凶残与淫邪下流。据史料记载，那些道貌岸然的审判者们审判女巫时，一般会把女巫剥得一丝不挂，审判过程成为他们"欣赏"、玩弄和侮辱女子的过程，他们可以对女巫为所欲为以满足自身的欲望。甚至他们还把赤身裸体的所谓女巫置于万众瞩目的场合处以如砍头、穿刺、锯刑、火烧、水淹等名目繁多的极刑。令人不可思议的是，这种种令人发指的野蛮行径在距今仅 300 年前的欧洲达到高潮。请问尹胜先生，这是基督文化社会的文明吗？如果尹胜先生认为是，这难道不是对基督社会文明的讽刺？如果尹胜先生认为这不是文明行为，这难道不是对尹胜先生关于"现代文明是基督文化产生的"高论的狠狠一记耳光？还要问"中国传统文化陷阱论"者，尹胜说"现代文明是西方文化产生的"，温立三说"西方文化改变了中国"，那不等于说是基督教创造了现代文明，是基督教改变了中国吗？这不是鬼话又是什么呢？

七、西方文化在当今世界有普世性吗？

尹胜先生说"西方文化就是现代人类文明的普世价值""这个普世价值是由基督文化所衍生发展过来的"，这种理论是难以置信的。著名美国学者亨廷顿 1993 在他的《文明的冲突》书中分析，现代人类文明状态区分为中华文明、伊斯兰文明、日本文明、东正教文明（俄罗斯为代表）、印度文明、西方文明，候选文明有非洲文明和拉丁美洲文明。这就看出，在亨廷顿先生眼中，西方文明仅是当今世界诸多文明状态中的一种而已。然而这诸多文明体系，都是在相对固有的地域范围内，经过漫长的历史文化沉淀而形成的，各自具有鲜明的地域及文化特色。就如中华文明就是在华夏神州这个地域范围内，通过中华民族几千年的生产生活活动的积淀而形成的。各种文明状态都属此种情况。虽然各文明状态之间也互相渗透，但每种文明的主体特征并未发生改变。如中华文化中虽然吸收了很多外国的元素，但只要我们的语言文字、思想理念、制度习俗没有根本改变，华夏文明就区别于其他文明而存在。世界其他文明也因各具特性而独立存在。说西方文明就是现代文明，实质上是完全否定了世界其他文明状态的存在。所以尹胜先生这种观点，不仅中华文明不能接受，伊斯兰文明、俄罗斯东正教文明更不能接受，印度文明、拉美及非洲文明在骨子里也不会接受。

此外，尹胜先生说西方文明最具有普世价值，这也很不符合当前世界发展的大势。学界认为，现代文明的标志是工业化、城镇化及适应当代先进生产力发展的先进社会制度。当前西方的工业化及科学技术发展水平从整体看确实领先于其他文明状态，但就城市建设水平而言，世界有相当多国家及地区的城市建设并不比西方逊色。而就其政治制度，尤其是思想道德价值观而言，西方并不见得领先于东方，尤其是西方的一些理念，东方更是不能接受。故当代美国政治学家亨廷顿认为，未来国际政治的核心部分将是西方文明和非西方文明之间的相互作用，文明的冲突是未来世界和平的最大威胁，世界文明的冲突又主要集中在东方文明与西方文明的矛盾上。"……所以，未来社会人类文明的最高水平就是建立一种合乎人道的世界秩序和消灭世界战争"，这里我们不讨论亨廷顿先生关于"文明的冲突是未来世界和平的最大威胁"的论断有多大准确性，至少亨廷顿先生在这里肯定西方文明与东方文明的对立差别性质时，实质上就否定了西方文明是一种普世价值。袁伟时先生也在另一篇文章中说建设未来美好世界关键是要没有战争和没有贫困；然而，西方世界推崇的是个性自由至上、个体利益先于群体利益、局部利益先于全局利益、见利可以忘义的价值观，在这种价值观引导下，西方社会践行的那些不顾道义、唯利是图的抢劫、偷盗、欺骗，国家之间、地区之间的掠夺、侵略都不觉为耻。正是这种价值观的影响，人类遭遇了第一次世界大战、第二次世界大战这两次惨绝人寰的大灾难。此后以美国为首的西方世界为扼杀不同意识形态国家发动了侵略朝鲜、越南的战争；美国为了自身利益，压制不同政见，巩固自身世界霸主地位，发动了入侵或颠覆黎巴嫩、刚果、古巴、柬埔寨、洪都拉斯、巴拿马、多米尼亚、南联盟、阿富汗、伊拉克、利比亚、叙利亚的几十场战争。连续不断的战争给世界人民带来了无穷无尽的灾难。尤其是近几十年间，美国为了自身利益通过武力干预，发动"颜色革命""阿拉伯之春"，把中东变成了"马蜂窝"，从而使数百万难民衣食无着，拖儿带女离乡背井涌向欧洲。美国作为一个建国已数百年的老牌资本主义发达国家，至今也没有消灭贫困。联合国 2018 年的调查报告显示，现在全美国仍有 4000 万贫困人口，其中有 1850 万属于"极度贫困"人口。而且从其发展情况看，美国的贫富悬殊还在进一步扩大。所以西方的这种价值理念既无法消除战争，更无法消灭贫困。谁能认可西方这种文化理念是人类文明的普世价值呢？钱穆先生通过对中国与西方的比较后指出："据我个人看法，就政治论政治，希腊不会比春秋时代好，罗马也不会比汉代好，西方中古时代更不会比唐代好，即使在今天，我们也不能说西方欧洲列强分峙一定比中国的国家一统好。"（见钱穆著《中国历史精神》，贵州人民出版社 2019 年版，第 27 页）既然不比人家好的东西又怎么能成为"普世价值"呢？

看过以上这些后，大家可能不禁要问，温立三、尹胜及"中国传统文化陷阱论"的各位极力宣扬西方文化优于东方文化，鼓噪现代一切有文明意义的都来源于西方等一系列高论，其用意何在？其实，不难明白，这种种论调对于包括中国在内的东方世界的广大民众来说，是没有任何意义和裨益的。但对于西方来说，这种种论调是很有意义的，因为这可以使包括中国在内的东方世界的广大人民对本民族的历史和文化彻底失去自信，等于是摧毁他们的精神长城；为当年西方世界的列强们在全世界实行殖民掠夺找到了合理性，从而为他们洗清了罪责；为这些列强们尤其是美国今天仍在向全世界强行推销他们的价值观鸣好了锣，开好了道；为他们鼓吹的中国要现代化必须西方化找到了佐证。然而正是这四点充分暴露出"中国传统文化陷阱论"者一副作为西方世界哈巴狗的奴才嘴脸。

中国的文字语言落后于西方吗？

——兼对"西方文明中心论"质疑之二

文字语言是文化的载体，既是人类文明的基础，又是文明的重要内容与标志。"中国传统文化陷阱论"鼓噪东方文化落后于西方文化，自然也极力贬低中国的文字语言。尹胜在他的文章中写道："很多人都说，汉语存在了几千年，总还是有它好的一面，或者说有精华的一面。这句话的论据是几千年这个时间，时间越长就越好吗？为什么存在几千年不能是更糟糕的呢？"显然，在尹胜看来，古老的中国汉字"是更糟糕的"。如果真是这样，西方的文字语言当然就优于东方大国中国的文字语言了，中国文化当然就应该西方化了。不难看出，尹胜先生的这些论点实际上与西方世界推崇的"西方文明中心论"是一唱一和，遥相呼应。

一、中国的汉字逊色于西方文字吗？

对比中国的汉字和西方文字，中国的汉字一点不逊于西方。

西方最早期的文明是欧洲古希腊文明，古希腊早期的克里特文明和迈锡尼文明使用的线性文字 A 和线性文字 B 是古希腊时期最早的文字。公元前 2000 年左右，古希腊人开始在巴尔干半岛南端定居。在公元前 16 世纪上半叶起逐渐形成了一些奴隶占有制国家中，出现了迈锡尼文明。在公元前 1450 年左右，迈锡尼人取代了米诺斯人成为爱琴海地区艺术和商业活动的垄断者。而米诺斯人使用的线性文字 A，也被迈锡尼人用来书写自己的语言，后来渐渐演变成迈锡尼的"线性文字 B"。随后希腊进入了黑暗时代。公元前 1100 年左右，迈锡尼文明衰落，线性文字消失。古希腊人借助了腓尼基人的字母文字进行创新改造，创新之处就在于首创给辅音字母加入元音字母从而创造了希腊字母。又由希腊字母衍生出拉丁字母和斯拉夫字母，由此成为后世西方文字的起源。

当西方世界由罗马文明取代了古希腊文明后，欧洲的古罗马人使用的文字是拉丁文，语言是拉丁语。拉丁文字起源于今意大利中部拉提姆地区的方言。由于发源于此地的罗马帝国势力扩张，故拉丁语被广泛流传于罗马帝国境内，并以拉丁文为罗马帝国的官方语言。但罗马帝国时期的拉丁语也分两种情况：罗马帝国皇帝奥古斯都时代使用的拉丁语称为"古典拉丁语"，而 2—6 世纪民众所使用的拉丁语则称为"通俗拉丁语"。通俗拉丁语在中世纪又衍生出一些"罗曼语族"。包括中部罗曼语，有法语、意大利语、萨丁语、加泰罗尼亚语；西部罗曼语，有西班牙语、葡萄牙语；东部罗曼语，有罗马尼亚语。

罗马帝国灭亡，欧洲进入中世纪社会以后，整个欧洲四分五裂，最多时被撕裂成千百个城邦国家。国与国之间因争夺领土财富而战争不断。正是在这种背景下产生了现在仍世界流行的英语。英语产生的具体时间应从5世纪开始。在此之前，英国本地居民都是说凯尔特语。5世纪，原生活在今天的德国北部和丹麦的三个日耳曼部落盎格鲁人、撒克逊人和朱特人横渡北海通过英国东海岸和南海岸侵入英国。在入侵者的逼迫下，说凯尔特语的英国本地人被赶到了西部和北部偏远地区。由于侵入英国的几个日耳曼部落的语言基本相近，这些语言的融合便形成了现在所说的英语。所以古英语时代至今已经有了1500多年的历史。在发展过程中，每一次历史的巨变，都为英语引入了大量的外来词汇。而随着历史的进程，这些词汇又在不断完善和变更，最终形成了今天的语言形态。英语的发展经历了三个历史阶段，一是古英语时期，二是中古英语时期，三是现代英语时期。

古英语是从450年到1150年的英语。古英语和现代英语无论是在读音、拼写、词汇和语法上都很不一样，古英语的语法和德语比较相近，形态变化很复杂，古英语的名词有数和格的区别，数分为单数、复数，格分为主格、所有格、与格、宾格，如此一个名词加起来共有8种变化形式。此外，名词还分阳性、中性和阴性。这些性的区分并不是以性别来判断的，没有性别的事物也未必是中性。例如妇女就有阳性的。形容词的形态变化分为强弱两种，它的数和格共有8种变化。动词则有现在式和过去式两种极大变化。举个最简单的例子，如"你是谁？"

现代英语中是这样说的：Who are you?

而用古英语则是这样说：Who art thou?

因为盎格鲁人来自Englaland，他们的语言为Englisc，后来这两个词演变为现代英语中的England和English。

谈到古代英语和现代英语有何区别，有学者举例说：翻看《圣经》，经常会看到一些怪单词，那就是古英语。

由于古英语的发音、书写与现在的英语并不一样，因此即使以英语为母语的人对于阅读古英语书籍也有很大的困难。然而现代英语最常用的词语中，大约就有一半起源于古英语。古英语一直被使用到1100年左右，流传使用了近700年。

古英语文学上比较具有代表性的著作是撒克逊部落的长篇史诗《贝奥武夫》。这是迄今为止发现的盎格鲁-撒克逊时期最古老、最长的一部较完整的文学作品，也是欧洲最早的方言史诗，出版于8世纪左右。

到了1066年，现是法国一部分的诺曼底的公爵威廉率军征服了英国。征服者在英国极力推广本国语言法语，由此法语成为皇室贵族、官员、商人等上流社会的语言。曾经一段时间内，英国出现了以语言区分阶级的现象，下层阶级说英语，上层阶级说法语，法语成为英国的主流语言。这个时代可以算是古英语结束的时代。到了14世纪，英语重新成为英国主流语言时，增加了许多法语单词。这就产生了中古英语。从而开启了英语的另一个时代。

中古英语从1150年使用到1500年。与古英语比较，在读音和拼写、词汇和语法方面产生了较大的变化。一大部分古英语词汇被淘汰,同时又吸收了很多法语和拉丁语的词汇。在语法和形态变化方面做了一些简化,名词没有复杂的数和格的变化,简化成了单数和复数两种形式。但是对于今天的人来说,阅读中古英语书籍仍然十分吃力。

莎士比亚于 1564 年至 1616 年在世。莎士比亚用中古英语创作的剧本中有大量的自创单词以及大量古英语,和现在流通的英语并不一样。所以现在的英国人将近半数看不懂莎士比亚的剧本。

现代英语指的是大约 1500 年后至今的英语,其中又以 1700 年为界分为早期现代英语和后期现代英语,直到 1700 年英语的标准化和规范化才完成,这以后英语语音和语法才无大的变化。所以现代人们阅读中古及以前的英语仿佛是阅读一种外语。这对于中古以前英语文化的传承产生了极大的困难。

中国的文字与西方文字比较,具有如下明显的特点。

第一,中国的文字比西方文字更古老。中国文字是历史上最古老的文字之一,也是至今通行的世界上最古老的文字。世界上现存的文字没有任何一种像汉字这样历史久远。考古发现原始社会晚期及有史社会早期中国就有了出现在陶器上面的刻画和彩绘符号,另外还包括少量刻在甲骨、玉器、石器上面的符号。中国最早的契刻符号出现在河南舞阳贾湖遗址,至今已有八九千年的历史。根据中国河南省安阳市殷墟遗址的考古挖掘,中国人在公元前 17 世纪至公元前 11 世纪的商朝时期,即距今 3600 多年前在刻画符号的基础上发展出了汉字甲骨文。这样中国汉字与西方文字比较,中国最古老的甲骨文比希腊公元前 8 世纪产生的古老的希腊文早了 900 多年,比西方产生于 5 世纪的古英语早了 1200 多年,比现代英语早了 2200 多年。如果将希腊早期文明时代的符号文字"线性文字 A"与中国"贾湖遗址"时期的契刻符号文字比较。后者比前者更是早了 5000 多年。

第二,中国文字比西方文字更具有统一性。这种统一性表现在,从纵向看,中国使用的文字汉字,从产生到今天使用了 5000 多年,不论朝代怎么变革,历朝历代对汉字的使用是不变的。中国不像西方那样,青铜时代用线性文字,希腊时代用希腊文字,罗马时代用拉丁文字,中世纪也有用古英语与中古英语、现代英语之别。这种不同时代使用不同文字的行为,毫无疑义将对文明的传承与发展产生不利影响。中国的汉字在发展过程中虽然经历了甲骨文、金文、大篆、小篆、隶书、楷书的变化,但无论怎么变,它都是作为汉族的通用文字,汉语作为国语而存在,即使是蒙古族和满族入主国家中央政府的元朝和清朝,汉语作为国语的地位始终没有变化。这种汉字使用的一贯性,能有效地实现今人与古人的对话,非常有利于中华文明的传承与发展。

汉字统一性强的第二种表现是,无论是在哪一个历史朝代,汉字作为国语通用于全国广大地区。如周朝时期,国家法定文字是汉字的大篆;到了春秋时期,各诸侯国尽管相互之间为了生存和争夺霸主地位杀个你死我活,但各国使用的文字还是周朝时官方规定的统一文字大篆。到了战国之后,因为各国分裂有数百年之久字形有了一些变化,秦始皇统一全国以后稍微做了规范整理,后全国统一用小篆。三国时期,魏、蜀、吴三个国家间虽然斗来斗去,但同样还是用汉字,只是字体发展出隶书、草书、楷书,而且行书也开始萌芽。西晋时期，北方众多少数民族趁西晋八王之乱在中国北方建立了数十个非汉族政权，造成五胡十六国的局面；唐代后期出现五代十国情况；宋朝与少数民族政权辽国、西夏、金国对立；这些时候尽管国家四分五裂，但汉字仍然通用于中国全境。而西方世界却不同，西方世界一个民族取代另一个民族建立政权后推广本民族文字，排斥甚至毁灭原有民族文化。这就导致了历史文化的断层以及传承下来的文化具有不利于普及流传的显著地域性和民族局限性，这也是造成欧洲中世纪长期处于黑暗之中的重要原因。所以就中国文字的历史悠久性和古代流传的普遍性这一点看，西方文字是无可比拟的。

二、令西方愧颜的中国古代人文科学与文学

中国古代利用文字在文学、人文科学领域产生的辉煌远远超过了西方。

中国最原始的语言应追溯到远古时代。那时，人类的祖先们为了战胜强大的自然力，正如鲁迅所描述的那样，他们抬着巨大的木头，共同有节奏地发出"吭唷吭唷"的号子声，节省体力、统一大家的意志和行动步伐；或者他们举着火把，共同呼着"吭唷吭唷"的号子，为大家壮胆，以驱赶那些凶猛的野兽。这种共同的劳动和共同的号子声就产生了语言、文字，以至文化随之产生并不断发展，如此就有了先人们最原始的文学即原始诗歌。到了原始社会晚期有史社会早期的1万多年前后，中国已有了刻画在陶器、甲骨、玉器、石器上面的彩绘符号，然后在此基础上创造出甲骨文字，并在此基础上创造了优美的文化。

中国最早的集哲学、文学、逻辑学于一体的著作是《易经》。根据学者们考证它产生于5000年之前，也有学者说是7000年之前。成书的年代是在商朝末期周朝初期。相传是周文王被商朝囚禁在今河南省汤阴县北的羑里时所作。书的内容源自"河图、洛书"。传说在远古时代，黄河出现了背上长有图形的龙马，洛水出现了背上有文字的灵龟；我国文献记载的华夏民族最早的人文始祖、三皇之一、所处时代约为旧石器时代中晚期的圣人伏羲因此画出了"先天八卦"。周文王根据伏羲的"先天八卦"演绎出了"后天八卦"，也就是"文王八卦"，并进一步推演出了六十四卦，并作卦辞和爻辞；《易传》是春秋时期孔子所著；由此《易经》又有"人更三圣，世历三古"的说法；意思是说《易经》的成书，经历了上古、中古、下古三个时代，由伏羲、周文王、孔子三个圣人完成。所以《易经》的起源应追溯到公元前5000年夏朝之前的远古时代。

《诗经》是中国最早的一部诗歌总集，由春秋时期孔子在当时鲁国的太师和乐工的帮助下从春秋至周朝之间的3000多篇诗歌作品中挑选了311篇编辑整理而成。书中很多作品是西周朝廷的采诗官深入民间收集的歌谣。内容有反映西周以前民间劳作的歌谣、有男女青年相爱的情歌、有军人的军歌、有旅行者的吟唱，还有祭祀时乐师吟唱的祭曲。西周建立于公元前1066年之前，因此这些诗歌篇章成文距今有3000多年的历史。在诗经之前，中国还产生了很多人类早期诗歌作品。如神农时代（距今7000年以

前）有《蜡辞》，黄帝时代（距今 4500 年前后）有《弹歌》《有炎氏颂》《游海诗》，少昊时代（前 3900 年至前 3500 年）有《皇娥歌》《白帝子歌》，唐尧时代有《击壤歌》《康衢谣》，虞舜时代有《卿云歌》《南风歌》，夏代有《涂山歌》《五子歌》《夏人歌》，商代有《盘铭》《商铭》等。

公元前 770 年至公元前 221 年，即距今 2400 年至 2970 年的春秋战国时代是中国历史上百家争鸣、人才辈出、学术风气非常活跃的时代。这是中国历史上思想、文化、科学辉煌灿烂的时期，公元前 571 年老子问世，他创作的经典文献《道德经》距今已有 2600 多年的历史。《道德经》对传统哲学、科学、政治、宗教等产生了深刻的影响，联合国教科文组织统计，《道德经》是除了《圣经》以外被译成外国文字最多的著作。思想家、教育家孔子诞生于公元前 551 年，他创作了距今 2500 多年的《论语》。《论语》内容博大精深，包罗万象，论语的思想主要有三个既各自独立又紧密相依的范畴：伦理道德范畴——仁，社会政治范畴——礼，认识方法论范畴——中庸。《论语》对中国古代社会的政治、伦理、文化、教育产生了巨大的影响。北宋政治家赵普说半部《论语》治天下。公元前 545 年至公元前 470 年，世界著名军事家孙武在世，他著的《孙子兵法》被世界兵法家所推崇，被誉为"兵学圣典"，在中国乃至世界军事史、军事学术史和哲学思想史上都占有极为重要的地位，被译成英文、法文、德文、日文在全世界流传。孙武也被尊称为"兵圣""兵家至圣"，被认为"百世兵家之师""东方兵学的鼻祖"。这一时期，生活于公元前 369 年至公元前 286 年的庄子创立了道家哲学学派。公元前 476 年至公元前 390 年，被后世尊称为"科圣"的思想家、教育家、科学家兼军事家的墨子在世，他创立了墨家学说，尤其是针对当时诸侯国之间战争不断，社会动荡不安的状况提出了"尚贤""尚同""兼爱""非攻"思想，在当时产生了很大的影响；而且，这些思想对解决当今时代世界纷争问题也不乏指导意义。公元前 372 年至公元前 289 年，被后世称为亚圣的另一位儒学代表人物孟子在世。他提倡的"仁政""民贵君轻"思想也对后世产生了深远影响。在这一时期内，包括孔子的《论语》在内的"四书五经"成书问世，这些经典距今有 2200 年以上历史。

尤其可贵的是，中国在此时期及之前在科学技术方面也取得了辉煌的成就。鲁文公十四年，即公元前 613 年，中国就有了关于彗星的记载。当时的中国人就已经把彗星看作天体。中国历史上有 1000 多次关于彗星的记录。相比之下，西方从亚里士多德开始一直到 16 世纪，一直把彗星当成大气中的燃烧现象。公元前 1 世纪，我国历史上最早的数学著作《周髀算经》问世。根据 2002 年湖南湘西龙山县的里耶考古发现，春秋战国时期的秦国已经有了乘法口诀表；考古挖掘的秦国简牍记载，春秋战国时期乘法和乘法口诀表已经普遍运用。西方最早发现的乘法口诀表是在 1600 年前，比我国晚了 600 多年。

中国春秋时期创造的科学文化上的辉煌深深地影响着世界。美国学者迈克哈特著了一本书——《影响人类历史进程的 100 位名人榜》，记录了有史以来全球 100 位对世界产生了深远影响的人物。孔子、老子、孟子三人都入选。

进入距今 1400 年至 700 年的唐代和宋代，中国产生了世界文化瑰宝唐诗和宋词。

金末元初，被西方称为"东方莎士比亚"的我国著名的元曲大家关汉卿出生，他创作的著名戏曲作品《窦娥冤》不仅被东方人喜爱，也被西方人喜爱。

对比中国，西方在文学、思想方面创造的成果不仅要晚得多，也要少得多。

被西方世界最引以为傲的是作为西方文明源头之一的古希腊文明及古罗马文明。古希腊文明产生于公元前 800 年，持续了 650 多年。这一时期中国已经到了春秋战国至秦始皇统一中国时期，即公元前 770 年至公元前 221 年这段时期。古罗马文明通常指从公元前 8 世纪在意大利中部兴起的文明，经历罗马王政时代和罗马共和国时代，于公元前 1 世纪前后扩张成为横跨欧洲、亚洲、非洲的庞大罗马帝国。这段时间中国已经进入西汉汉武帝时代，即经历了"文景之治"进入"汉武盛世"时期。这就说明，在西方进入最早的希腊文明之前，中华文明已经走过了夏、商、周三个文明时代。中华文明比西方文明足足早了 1200 多年。

毫无疑义，古典时代的希腊首次创造了在西方历史上最早的辉煌灿烂的文化。这一时期造就了一批有着深远影响的哲学家和科学家。他们的代表人物有：阿基米德（前 287—前 212）、苏格拉底（前 469—前 399）、柏拉图（前 427—前 347）、亚里士多德（前 384—前 322）、毕达哥拉斯（前 580—前 500）。他们创造的哲学科学的确影响了西方世界，对世界的文明进程也产生了深远影响。然而已于前述，与古希腊同期的中国正处于春秋战争时期，此时期内中国孔子、老子、孟子、孙武、墨子等思想巨匠创造的思想文化同样辉煌灿烂。中国与古希腊同一时期宛如一对双子星座，闪耀在人类文明的高空。但值得指出的是，中国在希腊文明之前 4000 年已经有了《易经》，在此之前 1000—2000 年已经有了夏商周时代的早期诗歌。在此之前数百年已经有了《诗经》，已经有了关于彗星的记录和包括二十八宿在内的天体运行理论。

《圣经》作为基督教的经典产生于 1 世纪，但比孔子的《论语》问世晚了 500 多年，比老子的《道德经》晚了 600 年左右，比《易经》则晚了几千年。

纵览欧洲文化发展史，欧洲古代文化受神学的影响严重，中世纪更是被教会控制，受教育者仅存在于教会和贵族之中，老百姓基本都是文盲，加上欧洲文明出现中断，这就造成了欧洲中世纪文明的停滞以致陷入长期的黑暗。这就使欧洲文学的发展同样受到很大影响。

被并称为欧洲文学的三大英雄史诗，英国民族史诗《贝奥武夫》、法国民族史诗《罗兰之歌》、德国民族史诗《尼伯龙根之歌》都是记叙欧洲进入中世纪之后三个国家民族发展奋斗的故事。欧洲人都以此作为西方文学的骄傲。但这几大史诗比《易经》至少晚产生 3000 年，比夏商周时代的中国早期诗歌晚了 2000—3000 年，比《诗经》至少晚了 1700 年。

英国文学史上最杰出的戏剧家莎士比亚出生于 1564 年 4 月 23 日，逝世于 1616 年 4 月 23 日。他的四大悲剧——《哈姆雷特》《奥赛罗》《李尔王》《麦克白》，创作于 1588 年至 1616 年。莎士比亚创造的西方戏剧高峰比中国金末元初的关汉卿创造的《窦娥冤》晚了将近 400 年。

欧洲历史上的小说创作在文艺复兴运动之后才进入高峰期，1605 年，西方文学史上的第一部现代小说，同时也作为世界文学瑰宝之一的《唐·吉诃德》由西班牙小说家米格尔·德·塞万提斯·萨维德拉创作问世；1847 年 10 月，英国女作家夏洛蒂·勃朗特创作长篇小说《简·爱》；法国文学家雨果于 1831 年出版世界文学名著《巴黎圣母院》，1862 年出版《悲惨世界》。

然而，中国文学创作的高峰期比西方来得要早数百年。元朝末年，即 1296 年至 1370 年在世的施耐庵创作了《水浒传》，1330 年至 1400 年的元末明初时期，罗贯中创作了《三国演义》，16 世纪中叶明朝时期吴承恩创作了《西游记》，18 世纪清朝时期曹雪芹创作了《红楼梦》。《水浒传》和《三国演义》问世的时间比《唐·吉诃德》早了两百多年。

此外，从书法的美观灵动，语言的丰富与形象，表达的准确与简明来看，汉语及汉字都有明显的优点。尤其是中文非常简练，像英文，除了个别的单词比中文简短，其他绝大部分比中文占幅大。故每次联合国发布文件，最简洁的一篇必然是中文，播报花时间最短的也是中文文件。

三、中国与西方信史发展的差距

信史是一个国家文明发达程度的依据。何谓信史？信史就是较为翔实可信的史书，是纪事真实可信、无所讳饰的史籍，内容为有文字记载，或有实物印证的历史。一个国家、一个民族可供研究的历史往往是以信史为依据的。

西方古代没有严格意义的信史，西方记载历史的文学作品有荷马的《荷马史诗》，希罗多德的《历史》和修昔底德的《伯罗奔尼撒战争史》。这三本书实际上不是历史，而是故事甚至是神话传说。而且这三本书都没有见到原本流传下来，这些都是文艺复兴后根据阿拉伯人提供的信息和希腊民间流传的故事编写而成的文学作品。

然而，就是这样的欧洲信史，也直到 14 世纪至 17 世纪文艺复兴时期才开始。欧洲第一部信史被认为是法国宗教领袖和学者斯卡利杰 1583 年编写的《时间校正篇》，这被称为是欧洲的第一部编年史，这本书为西方世界开发出一系列古典概念。它包括"古代"希腊、罗马、埃及、波斯、巴比伦、腓尼基和犹太人的历史，即记录了从古希腊到中世纪早期欧洲的历史。但是，斯卡利杰编写的这本史书西方世界很多学者根本不认可，称他这本书是"世界历史伪造工程"（译者按）的创业板，称他本人是"世界伪史的首创者"（译者按）。英国神职学者马克·帕蒂森说：作为"编年史之父"或"科学编年史之父"，斯卡利杰把一系列随意猜测（神话传奇、虚构故事），变为了"固定规律的理性程序"，这就诞生了西方的历史学和"普世历史编年"。如果这本书真的不能被认可，西方引以为自豪的古希腊文明和古罗马文明都因缺乏文字资料记载而难免被人怀疑。然而就是这本西方世界唯一拿得出的"世界伪史"，也比中国创作于公元前 403 年至公元前 386 年之间的《左传》晚了 2000 余年。

中国在殷商时代开始使用甲骨文，故中国的信史早在商代就开始了。殷墟出土的第

513 片甲骨就是一份由殷的边境传至京城的书信,考古学家吴汝浩和潘悠两先生断言,"这是侯伯和大将军报告方国入侵向朝廷的急报"。(《中国甲骨学史》)

中国最早的第一部史书是《尚书》,成书于公元前 10 世纪的周代。而且中国不论是官方还是个人,都有修史的爱好,官方所修为正史,个人所修为野史,其中很多原本保存至今。

英文现在是西方世界最通用的文字。但是直到 1564 年至 1616 年间莎士比亚在世,英文才第一次被用于写作。

1517 年马丁·路德发表《九十五条论纲》,这是德国人首次把《圣经》翻译成德语。

近代欧洲文明直到 14 世纪文艺复兴时期才开始萌芽。文艺复兴从地中海沿岸的意大利城邦开始,逐步扩展到欧洲其他地区,随后经过宗教改革,地理大发现,开辟殖民地,靠着殖民掠夺积累的财富,欧洲列强们才得以完成其政治、经济及其制度的重构,欧洲文明才最终定型,欧洲文学才得以快速发展。15—19 世纪是欧洲发展最快的时期,也是欧洲文明最终定型的时期。所以欧洲文明是依靠吸收历史上人类其他文明的文化成果,迅速过渡到近代产生的新型文明。人类文明发展就是一场接力赛,中华文明、伊斯兰文明等文明完成了这场接力赛的前几棒,欧洲只是接过来完成了近代社会最后一棒而已。

上述一切告诉世人,中国从文字、语言到文化的优越性是不可动摇的。这就从语言学上说明,所谓东方文化落后于西方文化,以及"西方文明中心"的种种观点都是不能成立的。

37 抗疫标尺检验下的中国与西方

——从 2020 年春夏全球抗疫看"中国传统文化陷阱论""丑陋的中国人""西方文明中心论"的荒谬

自 2019 年年底至 2020 年初,一种新型冠状病毒如一股暗流偷偷在地球上开始流窜。很快,它变成来势汹汹的洪水猛兽并以迅雷不及掩耳之势吞噬着人类的生命。这场病毒与人类的生死决战首先发生于中国武汉。有幸的是中国人民一认识到新型冠状病毒的危害性,以雷霆万钧之力万众一心将疫情危害控制在有限范围内。中国从国家卫健委高级别专家组 2020 年 1 月 19 日在武汉实地考察确认新型冠状病毒能"人传人",20 日国家在北京召开电视电话专题会议就全国抗击疫情做出部署安排,全国从城市到乡村全民全力配合抗疫,仅两个多月时间,绝大多数省份就实现确诊病例和新增病例"双清零",7 万多名患者治愈出院。3 月 10 日,武汉所有方舱医院因已无新冠肺炎患者全部收舱,4 月 8 日武汉解除封城。至此中国境内已迅速扭转了疫情快速蔓延的严峻局面。至 2020 年 9 月 20 日止,中国国内累计确诊新冠肺炎患者 90840 例,境外输入 2730 例,累计死亡 4744 例。中国以较高的治愈率和较低的病亡率创造了抗击重大传染病的"中国奇迹"。

然而在中国与疫魔进行了两个多月生死决斗并节节取胜后,从 3 月中旬开始,疫情在西方世界大暴发。根据美国约翰斯·霍普金斯大学提供的数据:至北京时间 2020 年 3 月 30 日 24 时,全球新冠肺炎确诊病例为 720717 例;到 9 月 20 日,全球累计确诊病例上升为 30896309 例,死亡总计为 956654 人。美国至 9 月 20 日累计确诊病例 6967403 例,是中国确诊病例的 76 倍;累计死亡 203824 例,是中国死亡人数的 43 倍。美国早已成为世界上确诊病例和死亡病例"双最多"的国家。《人民日报》海外网 4 月 13 日凌晨 2 时消息:当时意大利新冠肺炎确诊病例累计 156363 例,死亡 19899 人,死亡人数占确诊病例人数的 12.7%。根据英国卫生部数据,4 月 11 日下午英国累计报告新冠肺炎确诊病例 84279 例,其中死亡病例 10612 例,死亡率已达到 12.59%。

这就向人们提出了这样一个问题,为什么中国的抗疫能在短期内取得如此的成功?西方疫情是在中国抗疫有了成功的经验后开始的,本应该从中国的抗疫中总结吸取经验教训,在本国防控疫情上取得更为理想的效果,结果却适得其反。曾经被多少人推崇备至,医疗保险体制那么完善,社会制度那么优越,文化那么先进的西方很多国家在病毒面前却是那么弱小。这究竟是什么原因造成的呢?其中的经验教训有哪些呢?认真思考这一深层次问题对中国和世界进一步推进有效治国理政无疑是大有裨益的。

4 月 10 日,俄罗斯"自有媒体"网站文章指出:"历史告诉我们,任何升级为大流行的疫情都会暴露政府和社会经济制度的真正实力,展示其应对危机的能力。"澳大利亚洛伊解读者网站 4 月 6 日文章认为:"新型冠状病毒疫情是一个巨大的标尺,对全世界政府和执政哲学都是一场可怕的检验。"的确如此，抗疫如一把标尺，它丝毫不差地量出了中国与西方在应对疫情危机能力上的差距。

下面我们来比较一下中国与西方在抗疫上的所作所为吧！

一、中国抗疫的成功做法与经验

中国政府在抗击疫情的过程中始终秉着人民群众身体健康生命安全为第一要务的原则，充分体现出积极、务实、高效的鲜明特点。

第一，中国最高领导层把防控疫情、挽救生命置于最重要位置。人民网2020年2月11日网上发布的《中央应对疫情工作领导小组战"疫"日志》报道：1月25日，正是中国人民几千年来看得最重的全家团聚的传统节日，即正月初一，中共中央总书记习近平召开中共中央政治局常务委员会会议，对加强疫情防控做出了全面部署，习近平在会上做重要讲话，强调"把疫情防控工作作为当前最重要的工作来抓"。这次会议决定，党中央成立应对疫情工作领导小组，在中央政治局常务委员会领导下开展工作；会议还决定向湖北等疫情严重地区派出指导组，推动有关地方全面加强防控工作。2月3日正月初十，2月12日正月十九，中央政治局常委会又两次围绕疫情防控工作召开会议。这样，中央政治局在十九天之内就召开了三次常委会研究疫情防控工作。与此同时，1月26日，1月28日，1月31日，2月1日，国务院总理李克强4次主持召开中央应对舆情工作领导小组会议，贯彻落实习近平总书记重要讲话和中央政治局常委会议精神，研究具体落实疫情防控工作。其间，李克强总理受习近平总书记委托，于1月27日赴武汉考察指导疫情防控，1月30日又到疫情防控国家重点医疗物资保障调度平台调研调度医疗物资保障工作。1月25日国家向湖北等疫情严重地区派出了以中央政治局委员、国务院副总理孙春兰为组长的指导组。指导组进驻武汉以后，立即马不停蹄地开展调研调度督办疫情防控工作。

第二，中国的抗疫行动迅速果断。这从84岁的国家卫健委高级别专家组组长钟南山的抗疫行程就可以看出。钟南山1月18日上午在广州参加广东省抗击疫情部署会议时接到国家卫健委的通知，由于临近春节高铁票紧张，他只能买一张无座票乘高铁从广州赶赴武汉，晚上10时在武汉参加了一个研究疫情会议。19日上午在武汉实地考察疫情，下午3点急赴北京汇报并参加国家卫健委晚上召开的研究疫情会议，直至凌晨才休息。20日国务院总理李克强主持召开国务院常务会议研究疫情防控工作。接着国家就抗击疫情对全国做出部署，同时召开新闻发布会，通过媒体向中外通报疫情情况。钟南山参加了这些重要会议。同一天钟南山通过媒体采访报道向全国民众介绍抗击疫情的专业技术知识。21日钟南山又在广州参加广东省防控疫情新闻发布会。从钟南山参加的这些抗疫活动中，反映出中央政府及国家卫健委，广东、湖北等地方政府一旦认识到新冠病毒危害的严重性之后其反应是如此敏锐和行动是如此快速。中央就整个抗疫工作做出部署后，地方政府雷厉风行，整个工作仅一两天即在全国全面展开。

　　"战疫"正如一场战役，胜负就在分秒之间。中国人用神奇的"中国速度"争分抢秒取得了主动，掌握了与新冠病毒生死决战的主动权。

　　在武汉急需补充医疗力量时，国家组建的第一支支援武汉的医疗队于1月24日除夕之夜抵达武汉。所有支援湖北的医疗队从接到指令到组建完成，平均不超过两小时，从成员集结到抵达武汉，平均不超过24小时。

　　在武汉医疗床位严重不足时，从1月23日前接受任务开始，成千上万名建设工作者以十天十夜的付出，让一座占地3万多平方米的火神山医院拔地而起，2月2日即交付使用。几天后，用12天完工的雷神山医院又交付使用。2月2日武汉市决定对新冠肺炎轻症患者集中收治和隔离，病床供需矛盾非常突出。2月3日中央指导组决定建设方舱医院，当天晚上3所总共4300张床位的方舱医院在武汉开建。设计人员凌晨一点绘图，建筑工人凌晨4点跑步进场，29个小时后，4300张床位全部到位。2月5日，位于江汉区武汉国际会展中心的方舱医院正式启用收治病人。为了实现"床等人不能人等床"的目标，后来武汉方舱医院的建设是与时间赛跑，几乎以"一日一方舱"的进度至2月16日就建成了11个方舱医院，达到了高速度、低成本、高效益控制传染源和救治患者的两大目标。这在中国医学救援史上具有开创性意义。

　　第三，国家表现出超常强大的动员力、组织力和凝聚力。在整个疫情防控中，中国上下同心，全民步调一致。从1月23日10时开始，中国对有1100万人口的武汉实施城市公交、地铁、轮渡、长途客运停止营运，机场、火车站等离汉通道关闭的"封城"措施，这对遏制新冠疫情的蔓延具有重大意义。4月6日1时26分《健康时报》官方账号网文报道，当地时间3月31日，国际顶级学术期刊 *Science* 在线发表的来自中、美、英包括牛津大学、哈佛大学等15家全球顶级学校和研究机构，22位科学家联合完成的研究成果显示：50天内（2019年12月31日至2020年2月19日），"武汉封城就使武汉以外的全国71万余人免于感染新冠，使潜在的感染人数减少了96%"，"也使新冠病毒延缓2.91天蔓延至其他城市"，相比采取措施较晚的城市，提前采取措施的城市在疫情暴发第一周报告的病例数少33.3%。武汉封城以后，紧接着全国基本上实行关闭公共活动场所，机关事业单位停止集中上班，与民众生活无直接关联的企业停产，停止人员聚集；停止各类公共活动，就连应于3月5日召开的第十三届全国人民代表大会第三次会议，应于3月3日召开的全国政协第十三届第三次会议都推迟召开；按以往习惯从中央至省市县各级应召开的各类工作会议都被停止；国内历史最悠久、规模最大的贸易博览会中国进出口商品交易会（又称广交会）改为6月中旬在网上举行。全国从城市街道社区，到农村村组屋场，全体民众无一例外实行居家防疫，出门戴口罩，勤洗手；因与民众日常生活息息相关没有停止营业的超市、居民住宅小区对外来人员实行严格检测，实施早发现、早报告、早隔离、早治疗的一系列防疫措施。

　　为了确保中央的严防严控部署落到实处，中国政府甚至采用了强有力的监察督查措施。早在1月30日，国家最高纪检监察机关中央纪委国家监委就印发了《关于贯彻党中央部署要求，做好新型冠状病毒感染肺炎疫情防控监督工作的通知》，要求各地严格执纪抓好疫情防控。随后，各级纪检监察机关对在疫情防控工作中贯彻落实党中央决策部署和习近平总书记重要指示批示敷衍塞责、弄虚作假、阳奉阴违的行为从严查办，对不担当、不作为、乱作为、推诿扯皮、消极应付等形式主义官僚主义问题严肃查处。有多名机关事业单位党员干部、工作人员因防控不力被追责，从物资调拨不及时的武汉红十字会到一问三不知的黄冈卫健委主任（正处级），从天津卫健委巡视员（正厅级）到云南罗平县的普通居委会主任，都被严肃查处！据武汉市东西湖区政府官网5月11日10时18分消息：该区长青街三民小区因封控管理不力，在5月2日至10日期间连续出现5例新冠肺炎确诊病例，西湖区长青街道党工委书记张宇新因防控不力而被追究免职。这充分说明中央的防控决策部署到哪里，政治纪检监督就跟进到了哪里。

第四，突出重点集中力量打歼灭战。全国对疫情实施上游堵截，即武汉封城截断传染源，在全国开展群防群治、联防联控。同时，按照国家部署，举全国之力支援疫情最严重的武汉。截至2月9日，广东省就组建了12批次医疗队，总计1176人进驻湖北支援抗疫。全国医学界公认医疗水平最高的一流医院"南湘雅，北协和，东齐鲁，西华西"会聚武汉，中国医院呼吸科的王者——广州医科大学附属第一医院、浙江大学医学院附属第一医院派出由顶尖级的治疗传染病和呼吸道疾病专家组成的团队奔赴武汉。兵贵神速。除夕之夜，解放军派遣了来自陆军军医大学、海军军医大学、空军军医大学及三所军医大附属医院的450名军医，还有128名广东医疗队队员，组成先遣部队疾奔武汉。而后，全国各地医院纷纷派出了由医护骨干组成的医疗团队支援湖北。如吉林大学白求恩第一医院派出了5批共206人，中日友好医院共派出了5批155人，复旦大学附属华山医院派出了268人，北京协和医院派出了两批共163人，中南大学附属的湘雅医院、湘雅二医院、湘雅三医院共派了400多人，新疆医科大学附属医院、新疆维吾尔自治区人民医院也派出共计386人飞越2757公里支援武汉。武汉以外的16个地市由于受疫情的影响，抗疫形势也比较严峻，而这些地区又是疫情向全国扩散的过渡地区。按照中央的统一部署，建立了16个省市以一省包一市方式对口支援武汉以外16个地市的病人救治工作机制。在整个抗疫过程中，全国有346支医疗队，4.26万余名地方医务人员奔赴荆楚参与抗疫，有4000名解放军医务人员支援武汉抗疫。在武汉封城期间，全市抗疫人员来往及医疗生活物资的运输全部由解放军承担。武汉火神山医院建成之后，由北京301医院、解放军北部战区总医院接管。据一份内部数据统计，抗疫初期，武汉市某家医院相当多的医护人员被感染或隔离，剩下的医护人员不管是来自哪个科室，经过紧急培训后全部转岗为呼吸科医护；他们明知疫情期间进入呼吸科很危险也义无反顾。在建设火神山、雷神山医院的过程中，来自全国各地的数万建设大军、数十家建设单位迅速会集，协调推进。在整个湖北抗疫期间，国家以至各省的防疫物资及生活物资，通过国家调配、单位支援、私人捐献，都源源不断地运送武汉以至湖北全省。截至2020年3月4日，医疗物资保障组累计向湖北省供应医用防护服502.88万件，隔离衣192.54万件，医用隔离眼罩134.09万个，红外测温仪18.6万台。在生活物资方面，新疆的洋葱、内蒙古的马铃薯、辽宁的大白菜、山东寿光的蔬菜、江西的萝卜、广西的口罩，这些地方自己都在遭逢疫情的情况下，还是把自己最好的东西支援了湖北。由于实现了全国一盘棋，突出重点，全面推进，一方有难，八方支援，故中国内地除湖北以

外的各省市区仅两个月时间就基本控制住了疫情的蔓延；武汉从 1 月 23 日封城到 4 月 8
日解除封城仅持续了 70 余天。

第五，雄厚的经济实力做保障。中国这次能取得防控疫情的胜利，雄厚的经济实力
和完善的工业体系，为其打下了坚实的基础。

新冠肺炎疫情暴发初期，全国对口罩的需求量巨大，中国生产口罩的企业立即开足
马力生产口罩。许多生产汽车的企业也跨界转型。据相关部门统计，2 月初全国的口罩
日产量约一千万只，到月底即提升了近十倍，日产达到了一亿只。而同时，产量暴增的
还有各种医用防护服、防目镜，从之前日产两万套暴增近 25 倍。这些救命的口罩，当
时不仅满足了国内民众的需求，而且后来还出口到欧洲国家，为全世界的生命输血。火
神山医院和雷神山医院的建设更是神速，几千上万名建设工人，24 小时连续作业，1 月
23 日和 25 日开建，到 2 月 2 日晚、2 月 8 日晚，具有 34000 平方米、1000 张病床的火
神山医院，75000 平方米、1500 张病床的雷神山医院先后交付使用。法国媒体惊叹，西
方要花四年甚至五年才能建成的医院，中国怎么可能一两个星期就建起来呢？这真是了
不起的壮举！2 月份，武汉共建了 17 所方舱医院。其中有 9 所于 2 月 15 日就开放接收
治疗新冠病人。

对新冠肺炎的治疗需要一笔巨大的经费开支。专家分析，新冠轻症患者的检测及治
疗费用一般在 5000 元左右，普通型患者费用一般一万元左右，重症患者其治疗费用则
上百万元。3 月 15 日，武汉大学人民医院东院乳腺外科的杨青峰医生发布的微博显示，
一位新冠肺炎病人从入院到出院总开支为 112.9 万元。很显然，新冠病毒的治疗费用对
普通老百姓尤其是重症患者来说是一个很大的负担。如果这笔开支全要老百姓个人承
担，一方面很多患者特别是重症患者，不仅将忍受疾病的折磨，甚至有可能倾家荡产；
另一方面，很多患者必然会因为担心付不起医疗费从而隐瞒病情不愿及时就医最终引起
病毒扩散，这很不利于全国对新冠病毒的防控。因此，1 月 22 日，财政部国家医保局
联合下发文件，决定国家为新冠肺炎患者兜底。1 月 27 日，国家又决定扩大保障范围
对疑似病人的费用实行适当的补助。因此中国是全世界最早宣布为所有新冠肺炎病人免
费治疗的国家。而正是这一决定为中国疫情防控速战速胜创造了有利条件。国家医保局
的数据显示，截至 3 月 15 日，31 个省区市和新疆生产建设兵团因新冠肺炎确诊或疑似
患者发生的医保结算费用为 10.3960 亿元。为缓解医疗机构垫资的压力，国家医保机构
于 3 月 19 日拨付全国各地用于患者救治的专项资金就达 193 亿元。然而上述仅仅是用
于医疗的费用，除此之外还有外地支援武汉的医护人员的食宿费用、装备费用、抚恤金
以及国外进口的医疗设备费用，还有患者隔离期间在宾馆的住宿及三餐生活费用。从政
府层面看还有征用宾馆酒店、交通运输工具、用于人流密集公共区域的消毒及相关人员
必用的防护服装、口罩费用，以及从市镇社区到乡村实行群防群治的各类费用等，这是
一笔很大的开支。4 月 16 日新华社客户端官方账号刊登的一篇介绍疫情对地方财政影
响的文章报道："截至 2 月 25 日中部某省通过动用预备费，盘活以前年度结转结余资
金，在此次疫情防控中累计投入资金超过 40 亿元。一位县长介绍，当地抗疫支出已达
到 2000 万元左右。"这里仅是一个省的情况。如果扩展到全国，中国这次用于疫情防控

的总费用可想有多大。如果国家没有雄厚的物质基础，要取得这场抗击疫情的胜利是根本不可能的。

第六，坚持科学抗疫，充分发挥科技专家的力量。在这场没有硝烟的抗疫战争中，国家尤其注意尊重科学，充分发挥科技专家在整个抗疫战争中的积极作用。国家卫健委高级别专家组组长、中国工程院院士钟南山1月19日在武汉实地考察做出了这次肺炎会"人传人"的判断后，引起了中国高层对新冠病毒危害性的高度重视。1月20日国务院总理李克强立即主持召开国务院常务会议，对新冠肺炎疫情防控工作做出安排部署。中国工程院院士、国家卫健委高级别专家组成员李兰娟院士根据对疫情的预判，提出了要对武汉采取"不进不出"的"封城"措施，对冠状病毒感染要作为乙类传染病甲类管理等重要建议。中央即决定在1月23日10时开始对武汉实行"封城"。针对武汉医疗场地严重不足的实际，根据专家们的提议，武汉迅速开工建成火神山、雷神山医院，及十余所方舱医院。中国工程院院士王辰、复旦大学附属华山医院感染科主任张文宏针对全国民众关心的问题，如武汉抗疫的情况分析，如何判断抗疫的拐点等都给予非常清晰的释疑解惑，这既为国家组织抗疫斗争科学决策提供了参考价值，也为避免广大民众在抗疫中盲目行动发挥了积极引导作用。运用高科技手段也是中国这次防控疫情的一大特点。如通过社交媒体（最大的社交媒体微信覆盖12亿用户）了解和通报公民信息，运用人工智能的百度制图和定位系统来判定高传染风险区的人员流动情况等。这些高科技手段的运用为新冠肺炎疫情的防控发挥了重大作用。

第七，坚不可破的人民群众的凝聚力。新冠病毒是无处不流、无孔不入、无缝不钻的恶浪。要抵挡住新冠病毒对人类的入侵，只有动员起千千万万的民众，大家同心同力，做到全民参与、八方配合，才有可能取得抗疫的最后胜利。

在中国这场抗疫阻击战中，14亿中国人一呼百应，前赴后继，充分表现出一种可贵的以家国为重、敢于担当、团结合作精神，迸发出强大的民族凝聚力。

疫情暴发以后，居家不外出、不聚集、勤洗手，外出戴口罩，自觉接受体温检测，已经成为全体中国人的自觉行动。在2020年三四月份，中国广大地区已经没有发生本土新冠病例，但直至2020年5月上旬，在公共场地、公共交通上的绝大部分中国人仍然戴着口罩。

武汉疫情防控工作最艰难、最危险的时候，民意社区接到辖区居民的紧急求救电话：一名疑似新冠肺炎患者病情加重！当时专业救护车满负荷运转，无法在短时间内及时来转运，而且没有公交车，也没有出租车。时任社区党委委员、居委会副主任的廖建军借来轮椅，及时把这名患者送到医院。不幸的是，一直冲在社区抗疫前线的廖建军感染新冠病毒，2月4日经抢救医治无效以身殉职。在这次抗疫中，有多少这样可歌可颂的名字！武汉市民警吴涌，南京市辅警廖建雄，白衣天使刘智明、李文亮、夏思思、彭银华等。面对当时人们尚未完全知晓的新冠病毒，有多少医护人员、社区工作者，没有退缩，迎难而上，用他们自己的血肉之躯，构筑起守护生命的第一道防线，用各自的星星之火燃起了人间大爱的熊熊烈焰。

18岁的朱如归是陕西省眉县职业教育中心学生。大年三十晚上，他吃完年夜饭，瞒着家人，乘火车，搭汽车，转步行，只身一人前往千里之外的湖北孝昌，在当地医院隔离病区担任志愿者。

武汉市民朱伟和王紫懿、王震、李文建、杨学彬等一群普通市民，自发成立"W大武汉紧急救援队"，每天24小时机动待命，自愿接送缺乏交通工具而需去医院的待产孕妇。有41位留守孕妇在他们的帮助下到达医院顺利生下小宝宝。

学生、快递员、退休老人等各行各业的普通民众，纷纷自觉加入抗疫志愿者行列服务社区，挨家挨户排查患者、清洁消毒、买药送菜，用自己的双肩结成了一道群防群治的牢固抗疫防线。

当一个目标成为从政府至广大民众的共同奋斗目标，当一种事业成为全体人民所认同并愿意为之奉献一切的事业，在推进这个事业与实现目标的征途中又有什么困难不能克服？这个事业与目标又怎么会不成功与实现？

第八，具有大国风范的责任担当。随着病毒在全球的广泛传播，中国大范围开展了对世界各国的医疗援助，送去物资，送去医疗经验，送去专家团队。

2020年4月17日20点17分《环球时报》官方账号评论文章报道，意大利媒体以《中国将从COVID-19（新冠肺炎）传播中拯救全球》为标题，大篇幅赞扬中国面对疫情的做法："在新冠肆虐流行期间，中国是唯一能够满足全球对防护口罩不断增长的需求的国家"，"截至3月1日，中国为COVID-19出口了38.6亿个口罩，3750万套细菌防护服，16000个人工通风支架和284万个棉塞。"文章刊登了源自《澎湃新闻》的一张新闻图片及其文字介绍："3月18日东航派包机送中国政府派的医疗专家组赴意大利协助应对疫情，浙江省13名医疗救治专家从上海出发，飞赴米兰，随身携带17.3吨医疗救治和防护物资"，文中也有福建省福州肺科医院赴意大利紧急救援医疗队举行出征仪式的图片。

《环球时报》文章还报道，根据中国海关总署发言人金海4月5日提供的消息，"中国已收到来自50多个国家的订单"，"中国已将COVID-19检测试纸的生产能力提高到每天400万支"。目前中国每天生产超过1.1亿个口罩，是疫情暴发前产量的12倍。

《环球时报》还另有文章报道：从3月底开始，中国出于人道主义原则也对美国大批大批地支援医疗救助物资。4月20日，外交部发言人耿爽表示，中国海关不完全统计，3月1日—4月17日，中国对美国提供了各类口罩18.64亿只。

中国已与100多个国家和多个国际医疗组织分享技术文件和诊疗方案。

中国第一时间甄别病原体；第一时间与世界卫生组织共享病毒全基因序列；第一个采取最有力、最严格、最全面的防控举措；第一个取得疫情防控阶段性成果；第一个毫无保留地与有关国家分享抗疫经验；第一时间向包括英国在内的120多个国家和4个国际组织提供抗疫援助。

由于中国政府和人民在抗疫中充分体现了上述特点，故中国的抗疫取得了极大成功。正如4月17日17点30分《人民日报》网站文章所说："中国全民动员起来，以一场荡气回肠的人民战争，迅速控住了疫情，中国一下成了全世界最安全的地方。"而且中国政府在抗疫上采取的一系列措施得到了国内广大人民群众出自内心的认同，党和政府在人民群众中的威望大幅度提升，党群干群关系有了极大的改善。中国的抗疫行动也得到了世界上绝大多数国家、政党及社会组织的赞赏。有篇外媒文章写道："中国在这次疫情里的作为，现在世界上许多国家都在学习仿效。中国人的巨大凝聚力和笑傲全世界的执行能力真的太让人佩服了。"俄罗斯自由媒体网站 4 月 10 日文章报道，2 月底曾经赴中国武汉考察疫情的世界卫生组织总干事、高级顾问、专家组负责人布鲁斯·艾尔沃德表示："如果我感染了新冠肺炎，我希望能在中国接受治疗。"世界卫生组织总干事谭德塞充分肯定中国采取的抗疫作为，他说："我记得英国代表在会议上说，中国的行为是英雄式的。中国采取了有利于巩固世界安全的必要措施。"

二、中国抗疫成功的原因分析

中国之所以能取得防控疫情的巨大成就，分析其深层次原因具体有如下几点。

第一，中国有着适合中国国情的比较优越的社会政治制度。人们都知道，社会制度的构建是社会文明的重要内容。人类文明由低级向高级不断发展的过程就是社会制度不断进步不断优化的过程就充分说明了这一点。而一个国家在某一历史阶段的社会制度是不是合理，其优劣程度、先进程度如何，最终要看这个国家是否政通人和，人民是否安居乐业；国家在面临或是强敌入侵，或是重大天灾人祸时，能否上下齐心，八方合力，以及由此展示出的国家的动员力和组织力，这些治国理政行为都能从不同角度反映出国家制度的优与劣、先进与落后程度。

中国当今的社会制度无疑因具备了上述这些特征而具有鲜明的优越性。这种优越性又突出表现在中国是由中国共产党领导的多党合作和政治协商制度。中国共产党是由当代代表先进生产力的阶级、阶层、社团及广大民众中的先进分子组成的先进组织，它代表了广大人民群众的根本利益。它不需要像某些西方国家多党联合或两党轮流执政那样尤其注重为某些政党某些阶层或某些大财团和大金融帝国去牟取私利。这样，中国共产党领导下的中央政府制定的路线方针政策更符合广大人民群众的意愿，更加符合国家的整体利益和广大人民群众的长远利益，执政的基础也更具有全民性，出发点更具有普惠性。所以在 2020 年的疫情防控中，中国共产党中央政治局制定的政策宗旨是不惜代价以抢救广大人民群众的生命和保护人民身体健康为最高准则。这种防控疫情的基本态度和最高准则极大地维护了全国广大民众的利益，故得到了全国广大人民群众的拥护，被完全落到实处。

第二，中国国家机构的组织和活动原则是民主集中制。在这种制度下，中央和地方国家机构职权的划分是遵循中央的统一领导，充分发挥地方的主动性和积极性。故在疫情防控中，这种全国服从中央统一领导的国家制度能极大地集中国家的力量防控新冠病毒的危害，能充分动员全国各地力量支援重灾区武汉。正如俄罗斯著名国务活动家科斯季科夫 4 月 15 日在俄罗斯《论据与事实周报》发表的文章所指出的："中国的政治模式，其权力和管理体制显现出少有的高效和如此有效，以至于北京在极短的时间内就能组织起抗疫物资和设备的生产，用军事化方式动员医护人员，并向许多国家提供帮助。"

第三，强调义在利先。在防控疫情过程中，如何处理保持经济发展速度和减少经济开支与保护人民群众身体健康抢救人的生命的关系，这实质上是一个如何处理义利关系的问题。与西方世界主张利在义先的观念不同，中国则"始终把人民群众生命安全和身体健康放在第一位"，在整个抗疫过程中，对所有新冠肺炎患者，不放弃任何一个，有一线希望就不计成本付出百分之百的努力。中国的抗疫过程，谱写的是一曲壮烈的人民至上、生命至上的大爱之歌。

第四，强调整体利益置于局部利益之上、群体利益置于个体利益之上。几千年来，这种伦理价值理念已深深融入中华民族的血液与灵魂之中。在中国现代社会中，广大共产党员是中国人民和中华民族中的先进分子，他们具有为了国家和人民利益敢于牺牲个人一切的奉献和担当精神。正是在这种文化理念的支配之下，以广大共产党员为主体或受他们影响的千千万万的医护工作者舍小家为大家，置生死于度外，自告奋勇奔赴武汉抗疫第一线，谱写了一曲曲可歌可泣的大爱之歌；全国从省、市、县，至乡、村、街道，无以计数的单位和个人自觉为武汉、为抗疫事业奉献上物资、资金或个人的体力和精力；全国从城市到街道社区，从集镇至农村村组，十多亿人民群众响应国家号召，自觉宅居抗疫。这些激动人心的事例都与包括中国优秀传统文化在内的当代中国先进的价值观的影响是分割不开的。

第五，构建人类命运共同体的价值追求。远在春秋战国时期儒家就提出了"大同"思想，《礼记·礼运》有文："大道之行也，天下为公。"这种"大同"思想中的一个重要内容是：邻里之间互爱互助，友好往来；相互之间"讲信修睦"，没有战争或国际阴谋。几千年来，这种"大同"思想深深地影响到广大中华儿女。2012年11月中国共产党十八大明确提出了倡导"人类命运共同体"观念，这种观点主张：人类共处在同一个地球上，国与国之间你中有我，我中有你；各国在谋求本国发展中应对他国给予合理关切，促进其他各国共同发展。受这种理念的影响，在这次全球抗疫中，尽管西方世界对中国的抗疫进行极端污名化和无理指责，中国政府仍能以博大的胸怀对世界各国抗疫在医护医疗物资和技术上给予大力的支持。

三、美国疫情沦陷的政治原因分析

西方世界尤其是包括美国在内的不少资本主义发达国家在抗疫上认识模糊，行动迟缓，抗疫措施显得软弱乏力，国家在新冠病毒的荡涤下混乱不堪，国民被感染以至死亡数字巨大。

在2020年3月30日，一位署名木棉姐姐的作者在网站发表文章，文章在报道了美国确诊病例当天远超中国的数字后尖锐提问："美国在疫情疯狂增长的同时，他们的总统特朗普在做什么呢？在忙着甩锅，在国际上对中国大撕特撕。一会儿哭天喊地骂'中国病毒'，一会儿又川剧变脸要求全美国人赶快复工。"

美国《大西洋》月刊网站也发表文章，批评美国"政府浪费了无法挽回的两个月时间"。

英国《卫报》网站 4 月 12 日报道：美国著名公共卫生专家安东尼·福奇周日证实了《纽约时报》的一篇重磅报道。报道称他和特朗普政府的其他官员 2 月份曾建议实施保持社交距离的措施以对抗新冠疫情，但这一建议在将近一个月的时间里都没有被接受。美国《新闻周刊》网站 4 月 12 日也报道：白宫应对传染病首席专家安东尼·福奇说，如果保持社交距离等控制疫情的措施能够更早一些实施的话，美国显然可以救回一些人的命。

俄罗斯"自由媒体"网站 4 月 10 日文章写道："据一些专家估计，美国损失了大约六周为疫情做准备的时间。现在其国内不仅缺少检测试剂、呼吸机、医用口罩，就连医院床位也不够。"

4 月 13 日美国《华盛顿邮报》发表长达万字的文章，批评特朗普政府在抗疫问题上的失误给美国带来的严重伤害。文章说：早在 1 月 3 日特朗普就收到了第一个关于美国发生疫情的通知，但直到 70 天（3 月中旬）以后特朗普才认识到疫情对美国危害的严重性。1 月 22 日特朗普在回答记者的提问时还说，美国已完全控制了新的肺炎病毒（实际情况是新冠病毒此时正好在美国国内汹涌流动）。特朗普对冠状病毒的无知及对科学蔑视的态度使美国广大民众对抗疫陷入了无所适从的困顿之中。而美国政府的大意和行动迟缓，造成了美国在防控疫情上的重大失败。

特朗普主政下的美国在抗疫问题上犯下了被认为是极度低级的错误，有着深刻的政治、经济和伦理价值观方面的原因。

下面我们首先分析一下美国抗疫沦陷的政治原因。

第一，美国疫情沦陷源于两党轮流执政及由此产生的竞选制度。美国是民主党、共和党两大政党轮流执政，无论哪个党派人士要当上总统都必须经过竞选。而竞选总统在美国被称为"烧钱游戏"。美国上届总统民主党的奥巴马为竞选共花费了十多亿美金。特朗普是共和党人，他竞选总统之初美国民众对他并不看好，只是经过了铺天盖地的广告宣传和集会演说后才获得了选票当上总统。尽管特朗普在竞选总统时自我表白自己拥有资产数十亿不需要财团支持，当上总统后也不需看财团的眼色行事，但特朗普在竞选中究竟烧了多少钱接受了大财团大资本家多少赞助可想而知。这就说明，在美国无论哪个党派的人参加竞选，都必须在本党的一些大财团大资本家捐献大笔资金的支持下才能竞选上总统。当他们竞选上总统以后，自然也就成为这些大财团大资本家利益的保护人。他在治国理政上的一切具体做法都必须考虑是否符合这些大财团大资本家的利益。

另一方面，全世界人们都知道现在美国称霸全球凭借的是两根拐棍：这首先是成为世界货币的美元，其次是强大航母舰队群的军事势力。然而，美国的美元并不是由政府掌控，而是由美联储掌控；每一张美元都是出自美联储之手，美联储制定货币政策和发行货币，它相当于美国的中央银行。但是这么一个掌控美国经济命脉的金融帝国，却是一个由私人银行家和大企业集团组成的私人组织。世界大银行家梅耶·罗切斯尔得很自信地说："只要我能控制一个国家的货币发行，我不在乎谁制定法律。"所以美联储根本不受美国政府控制，相反美国政府却受美联储所制约。4月20日，首席财经智库发表网文《美国控制世界，谁操纵美国?》，文章分析说"美国这种'权力分散'的民主制度，美国两大执政党'为了保护本党派的利益不惜牺牲国家利益的特性，都方便美国庞大的金融帝国进行实际上的控制'"。在美国历史上，先后于1863年有林肯、1963年有约翰·肯尼迪等7位总统因想摆脱金融帝国的控制、夺回国家对货币的发行权而被暗杀，这还不包括因此而丧命的议员们。还有第7任总统安德鲁·杰克及后来的里根也遭暗杀未遂，但两次刺杀总统的凶手都被法院判为"精神病"而逃避了法律制裁。首席财经智库网站中的这篇文章还透露，目前美国国家欠美联储的债务为44万亿美元。文章评论说："在美国你可尝不到欠债当大爷的滋味，在那里欠债的话就老老实实当孙子好了。由于经济完全被这些银行家的资本控制，所以他们想让谁上台就让谁上台，想让谁担任什么职务谁就可以担任什么职务。由于政治、外交、军事、经济完全被美联储所控制，美联储也就成了美国的'影子政府'。但是它毕竟不是一个政府，而是一个庞大的营利性组织，所有目的都是让他们自己获得更多利润。"

上述情况必然导致的结果是，执掌美国政府的总统必须代表本党派大资本家大财团的利益，尤其是要代表支持他竞选当上总统的大财团大资本家们的利益，更要代表"影子政府"美联储银行家们的利益，否则他这个总统就当不牢靠。

而上述所有的大财团、大资本家、美联储的银行家共同的目的是什么呢？这就是发展经济让他们从中赢得最大利润。当然，美国总统特朗普自己也是大资本家，他个人的最终目的也是做大经济蛋糕从中赢利。

这就决定了作为美国政府掌门人，总统执政治国的初衷愿望也是最理想的愿望是运用国家机器来搭建好国际国内平台发展经济，让国家及大财团、大资本家、大银行家共同获利，而最大的愿望是让后三者实现利润最大化。因为如果做不到这一点，不仅不执政的一党会极力反对他，就是他自己所在的党的大财团、大资本家们也要反对他，美联储的大银行家们更要反对他。所以美国政府治国的最基本出发点是保障大财团、大资本家、大银行家的最大利润的实现，而不是追求国家和民众总体利益的实现，更不是把占人口绝大多数的社会底层民众的生产生活和生命安全保障放在第一位。

这种执政理念便决定了西方世界那种两党或多党通过竞选轮流执政的所谓民主制国家在应对非经济公共卫生事件上的基本态度是冷漠而不是热心，因为它们最热心的是经济发展。

影响2020年美国政府在疫情中行为的还有另一重要因素，这就是共和党人特朗普本届总统任期2020年已经届满，美国又必须进行新的总统大选，特朗普一心希望连任总统。民主党人也希望能在2020年选举中由本党产生总统以执掌政府。而要获得选举成功就必须争取美国大资本家、大财团、大银行家们的支持。这就要满足他们的愿望尽力做大2020年美国的经济蛋糕，让他们的利润最大化。所以在2020年特朗普最关心的是经济而不是疫情也就是很自然的了。2020年4月1日《知道日报》刊登网文：《冷冻车街头收尸，重症患者医院等死，纽约上演"美国末日"》。文章报道了美国由于特朗普对疫情的不作为导致新冠病毒死亡人数越来越多的境况，在分析造成这种状况的原因时指出："特朗普只重视复工生产而忽略抗疫的原因在于 2020 年美国要照常开始新一轮美国总统大选。特朗普此次的所作所为完全是为了赢得美国国内财团和资本家的支持。与其说解决疫情，特朗普更希望的是能够忽悠美国人民出来工作以止住经济下滑趋势。"

在这种理念的支配下，特朗普在 2020 年美国抗疫中的基本态度是：

首先是尽力淡化人们对疫情的关注以减少其对生产、股市等经济活动的影响。香港《南华早报》网站 4 月 10 日刊文说：美国有线电视新闻网（CNN）和美国广播公司 8 日报道，美国国防部情报部门下属的国家医学情报中心（NCMI）2019 年 11 月就开始举行关于这种疾病的会议。本周媒体报道了由特朗普贸易顾问纳瓦罗撰写的一些备忘录的细节，备忘录从 1 月底开始在整个白宫传阅，其中一份标注日期为 1 月 29 日的备忘录提出警告，可能会暴发"全面的新冠肺炎大流行疫情"。美国广播公司的报道还说，NCMI 的会议内容"最终于今年 1 月初某时就被送至特朗普的办公室"。可是，"除了 1 月 31 日宣布针对中国发布旅行禁令外，特朗普政府整个 1 月和 2 月都在淡化新冠肺炎威胁，尽管有证据表明当时这种疾病正在美国数个城市传播"。4 月 1 日《知道日报》也刊文说，特朗普在 1 至 3 月份迟迟不愿对抗疫采取实际行动，他对早在 1 月、2 月份美国疾控中心及他的执政团队官员向他提出的新冠病毒可能在美国流行并造成极大危害的警告毫不在意，他讥讽说美国人是反应过度，认为大家只要在各自的活动区域各做各的，只需要减少聚会就行了。后来，面对美国确诊病例人数暴发式增长的疫情，他并不觉得很奇怪反而表现得很淡定，他甚至自豪地认为这是美国"检测做得很详细而彻底"才能检测出这么多患者。

《印度教徒报》网站 10 月 10 日报道，"中国去年 12 月 31 日向世卫组织发出了警报。在 1 月 20 日确认有人传人现象，美国也在 1 月 21 日出现病例。然而特朗普 1 月 22 日却打消了对病毒传播的担忧，'我们将它完全控制住了'。……尽管情报机构发出提醒，他在 1 月和 2 月始终对风险轻描淡写。甚至到 3 月 15 日，病例数达到 3000 例时，他仍然坚持病毒处在'控制之下'"。

所以在整个疫情暴发期间，特朗普始终最关心的是如何防止美国的股市下滑和阻止美国的经济衰退。抗疫初期美国的一些城市因实施居家令、禁足令致使一些企业停产，特朗普就主张这些企业二三月份复工，后来鉴于疫情越来越严重才不得已改至 6 月份复工。

二三月份美国联邦政府用 2 万亿美元规模刺激经济拯救美国，结果其真实情况是这些资金都进入美国股市和大公司的账户里，没有一分钱进入救援民众的医疗领域。

其次是特朗普尽可能节制国家财政对防控疫情的开支。美国为了实现最大的经济利益，在国家经费支出上，重点保障的是有利于确保美国保持世界霸主地位及做大国内经济的相关费用，如直接用于刺激经济的费用、国防军队建设费用，用于捣乱甚至颠覆其他竞争对手国家的活动费用，发展科学技术经费等。而对于国内公共卫生及民众生活医疗保障等方面的许多行为则是走市场化道路，联邦政府的财政支持相比之下极其有限，尤其在公共卫生保障上严重缺乏。美国《大西洋月刊》网站 4 月 24 日发表题为《我们生活在一个失败国家》的文章，文章也批评美国政府是"为了服务私营企业盘剥公共资产，希望政府尽可能少地提供公共服务"。4月12日，俄罗斯国际事务理事会网站发表了该事务理事会主任安德烈·科尔图诺夫的一篇文章，科尔图诺夫在分析这次新冠病毒在西方世界失控的原因时指出，"自由市场原则和利润最大化很大程度上是美国和意大利局面极其糟糕的原因。美国总统特朗普放弃了前任奥巴马旨在使更多人享受医疗服务的卫生计划。而意大利则持续削减医疗开支，不断减少人均病床数量"。这自然导致了在抗疫中医护人员、医疗设施严重不足，防护及医疗物资严重缺乏。

《知道日报》4月1日的网文转载了3月31日环球网一则报道，美国纽约一名医生在接受美国有线电视新闻采访时透露："两周前突然有大量的患者前来就医。而医院设备、床位乃至医生护士的防护用品都非常有限。全纽约的医院根本无法接收如此多的患者！""这里一切都乱套了！"受访的医生这样说，"如此多的患者已经彻底压垮了整个纽约乃至整个美国的医疗系统！如今纽约这样的现代化大都市一片混乱。……纽约到处都是用制冷卡车充当停尸房，里面摆满了因为新冠病毒感染而失去生命的人，因为很多重症患者得不到有效的治疗。全纽约任何一间医院的呼吸机都是不够的。医生只能评估每个患者的情况来给一些有可能治愈的患者使用呼吸机。"一位化名斯密史的医生也在采访中表示自己的精神快要崩溃了。他觉得每每谈到美国所有人都会认为这是世界上最发达的国家，患者都应该受到很好的救治；事实是作为医生的他们必须选择让一部分人"等死"，因为这样才能使医疗用品的消耗价值最大化。但是这样的选择每次都是在摧残每一位从医人员的心灵。这种感觉并不是在面对一场传染病，仿佛是正在经历一场"世界末日"。

这种由于公共投入不足导致在防控疫情期间医疗物资紧缺的情况在西方世界普遍存在。4月14日，《参考消息》刊登了该报驻意大利记者刘咏秋题为《意大利抗疫前线遭遇医者之殇》的文章。文章报道意大利"上百医生殉职，上万医护感染"。文章写道："3月11日以后，病亡医护人员名单以惊人的速度增长。之所以如此，一是暴发初期医护人员在不知情的情况下被感染。二是暴发后因医疗物资严重短缺保护不力。"

证券时报网4月7日18时23分一篇介绍全球疫情的文章说：近日，数十名法国护士用裸体抗议政府未给医护人员提供必需的防护设备。他们用4A纸遮住隐私部位，写上"裸抗新冠病毒护士"，表达对"政府让我们赤裸着抗击疫情"的不满。

上述就是美国等一些西方国家把谋求经济利益放在最高位置淡化抗疫带来的悲惨结果。俄罗斯《军工信使》周报网站在4月7日发表康斯坦丁·西夫科夫的评论文章，文章指出："要战胜类似灾难，经济应当服务于国家福祉，而非谋求最大利益。将经济利益置于国家的发展及安全利益之上，只会促成不惜一切代价地减小支出，导致每个领域原有的产能储备因为'低效'而被砍掉。殊不知恰恰是这些产能储备，能够在危机爆发后最短时间内被激发起来，迅速强大，以战胜困境。中国便是最好的例子，它正是以此将疫情控制在最初阶段。"

西方政府尽力控制公共财政对公共卫生需求支出的根源在于两党或多党轮流执政的竞选制度。

第二，美国疫情沦陷源于两大执政党严重的党派争斗及由此导致的社会政治分裂。

美国疫情的沦陷与美国党派争斗密切关联，或者说美国的党派争斗加速了美国疫情的沦陷。7月30日海外网文章介绍，皮尤研究中心等民调机构的最新调查研究显示，美国不同政治群体对疫情存在明显认知差别和党派倾向。有美国学者指出，美国严重的党派之争是限制民众执行"保持社交距离"等防疫指南的最大障碍。皮尤研究中心的最新民调数据显示，在民主党支持者中，大约有76％的人认为新冠肺炎疫情是美国面临的一大严峻问题；而在共和党支持者中，只有37％的人持这一观点。出于党派斗争的需要，就连戴口罩这样的公共卫生措施，也被一些美国政客高度政治化，由此导致疫情防控形势雪上加霜。皮尤研究中心此前的一份民调显示，民主党支持者中，63％的人认为公众外出时应该佩戴口罩；共和党人中支持这一主张的比例仅为29％。佐治亚州因疫情持续加重，首府亚特兰大市长为此发布了"戴口罩令"；然而，共和党籍州长却将亚特兰大市长告上法庭。白宫冠状病毒应对工作组成员、知名传染病学家安东尼·福奇在疫情期间一直推动美国采取严格的疫情防控措施，这在不同政治群体中引起了截然不同的反应，支持者称他为"英雄"，反对者则对他发出死亡威胁。他本人透露，他，甚至他的妻子和女儿都招致了大量的言语攻击和人身威胁。所以，福奇认为，"目前疫情被政治化，反映了美国社会在政治层面上的分裂"。美国民意调查网站"五三八"日前发布的一份分析指出："在疫情期间，党派之争正在影响人民对自身风险和个人行为的看法。"

尤其严重的是，特朗普也把这一党派之争带入联邦政府的决策之中。5月6日观察者网讯称，美国媒体报道："纽约市长批特朗普把党派偏见置于国家需要之上。"文章说，5月4日，特朗普在接受《纽约邮报》采访时表示，他不愿意利用新的经济刺激方案，来帮助那些受新冠肺炎影响最严重的州。他指的是那些民主党占多数的州。特朗普认为这些州不应该得到资金，原因之一是这些州是民主党人担任领导。特朗普毫不掩饰地说，"这对共和党人不公平，因为所有需要帮助的州都是由民主党人管理的"。纽约市长白思豪愤怒地指出：特朗普虽然启动了刺激经济计划，但他不愿意救助消防员、警察、医生、护士等抗疫一线人员，而是把钱都给到企业和富人手里。如联邦政府很迅速向航空业提供了580亿美元的援助，而航空业中的军工巨头恰恰是共和党在选举方面重要的"合作伙伴"。观察者网这篇文章还分析道：由民主党人领导的纽约是美国最大的城市和金融中心。如果没有纽约经济的复苏，美国经济永远无法复苏。但纽约是美国疫情的重灾区，据纽约市政府官方网站发布的数据，截至当地时间5月5日13时，纽约共确诊新冠肺炎171723人，累计死亡13724人，另外还有5383人也可能是死于新冠肺炎。在这种严重的疫情之下，纽约市的财政压力猛增，急需联邦政府的援助。而特朗普却给防控疫情的措施涂上严重的政治色彩，拒绝对有严重困难的民主党领导的州给予援助。所以纽约市长白思豪严厉批评特朗普的抗疫政策："特朗普不应该因为人们住在民主党占多数的州，就把他们拒之（经济救助）门外。"

党派之间的争斗也影响了美国联邦政府与各州抗疫形成合力。4月中旬，美国密歇根州、明尼苏达州、弗吉尼亚州这三个州都爆发了由保守派组织的反对这三个州颁发的"居家令"的游行示威活动。特朗普在疫情正在高速发展的情况下，竟公然发推文支持这三个州保守派举行反对政府"居家令"的游行示威活动，力推这三个州解放复工。特朗普之所以这样做，是因为这三个州州长都是民主党人，特朗普是保守派共和党人。特朗普的目的无非是搞乱三个民主党人执政的地方，在他竞选总统时作为攻击民主党的材料。特朗普此举立即引发美国舆论的热议。《纽约时报》称，特朗普的推文是在怂恿示威者。美国时政新闻网评论称：（特朗普）之所以会这样，是因为支持特朗普的共和党保守派团体对居家隔离导致的美国经济"刹车"非常恼火，因为经济是特朗普争取连任的最大的卖点，所以特朗普支持共和党保守派的"反隔离示威"行动。然而特朗普这种态度又违反了自己发布的防御指导意见。他在之前一天还表示各州有权根据自身情况决定重新开放的节奏。这就足以看出，美国联邦政府与各州之间的矛盾与民主党和共和党党派斗争的矛盾已经交织在一起，这是造成抗疫严重受制的重要原因。

第三，美国各州的自治权造成了在抗疫中美国联邦政府与各州政府上下左右步调难以一致。美国是联邦制国家，虽然联邦地位最高，但宪法规定联邦与各州实行分权，州对联邦具有一定独立性。在联邦体制下，各州的官员由各州选民选出和州政府委派。各州保留了建立地方政府、管理州内工商业、维持本州社会秩序、保护民众生命和健康、批准宪法修正案、举行选举等权利；尤其是根据美国宪法，涉及公共卫生和安全领域时，州政府和地方政府负首要职责。这就说明，美国的州拥有较大的相对独立性和自主权利。美国的这种国家制度使美国联邦政府与各州之间在全国防控疫情中难以做到联邦政府有令即行、有禁必止；有时双方甚至互相对立、相互打架。

美国《纽约时报》网站 4 月 6 日发表文章《美州长抱怨白宫"拦截"医疗物资》称：由于医疗物资短缺，美国"医疗物资供应体系造成混乱"。疫情在美国开始时，特朗普政府一直敦促各州自行采购防护装备，比如口罩、手套、呼吸机和医用面罩等。但后来美国成立的联邦紧急措施署却不顾特朗普的这些规定，它甚至强行拦截各州自行组织的医疗物资。"在马萨诸塞州，州政府负责人说他们之前已经确认了为该州医护人员提供大量个人防护装备的一个订单。然后特朗普政府控制了这批物资。……在肯塔基州，州长贾理得·波利斯认为，他所在的州已经弄到了 500 台呼吸机，但也被联邦政府'卷走'了。"

4 月 21 日，一位署名世之鉴的作者在"掌上国政"公众号发表文章说：至 4 月 18 日时，美国感染新冠病毒人数累计已超过 70 万，死亡 3.7 万例，无论是确诊病例还是病亡人数都居全球第一。但在美国疫情还没有严格控制之际，本周早些时候，有保守派团体组织的上千名抗议者在密歇根州州议会大厦前示威，反对州政府防控疫情的措施。还有一些示威者挥舞着支持特朗普的横幅，抗议该州州长格里芬·惠特默发布居家令，甚至高喊"把她（惠特默）铐起来"。4 月 17 日，在明尼苏达州，一个自称解放明尼苏达的组织，不顾州政府下发的"居家令"的规定，在州长蒂姆·瓦尔茨的住所前示威。当天，福克斯新闻播出了这些抗议活动的报道以后，特朗普便连发 3 条推文喊出"解放弗吉尼亚州""解放密歇根州""解放明尼苏达州"的口号，支持群众上街游行抗议，鼓励美国民众反对州长，反对封锁、恢复自由，支持抗议者推翻当地政府禁足令。受特朗普蛊惑，一些州的民众纷纷开车出门，带上枪支，在各州政府门口游行抗议，要求政府解除禁令让他们复工上班。而且这些上街的人除了带枪支和示威牌之外，其他防护措施都没带。这样的后果，必然会导致 COVID-19 出现大面积的聚集性传播。世之鉴文章评论说："作为最懂 COVID-19 的总统特朗普，其实最清楚他这样煽动民众上街游行会导致什么样的后果，但他依旧这么做了。"可以想象，特朗普作为美国一国之总统，在疫情正在高速发展的情况下，竟然全力要"解放"密歇根州、明尼苏达州、弗吉尼亚州，支持这几个州的保守派团体反对州长下发的居家隔离规定的示威游行，这就足以看出，美国联邦政府与各州之间的关系在抗疫中是何等不协调甚至对立。

第四，联邦制也决定了美国各州在应对重大公共事务时会各自为战，联邦政府不可能像中国那样集全国之力对突发重大公共事务地区实行堵源围剿，这必然影响美国快速高效应对疫情的防控。由于实行联邦制，各州相对独立并具有较大自主权，故各州类似于我国春秋时期的各个小国，在运转中各人自扫门前雪，不管他人瓦上霜。所以遇到了突发重大事件，各州之间难以做到互相支持。美国国家联邦政府因受体制及党派利益制约也没有多大办法动用国力和动员各州相互支持。美国这次疫情防控上的整体沦陷与受这种联邦制度的制约也是分不开的。

美国这次疫情最严重的地方是纽约州，尤其是其中的纽约市。3月31日金融界网站报道，纽约州当时确诊病例已超 6.7 万例，占全美确诊病例数的 40% 以上；其中纽约市确诊病例超 3.8 万例，死亡近千例。纽约州州长科莫在 3 月 30 日的新闻发布会上表示，与病毒战斗的前线医生和护士已经不堪重负，超负荷工作，这个城市需要增援。然而正如 4 月 1 日《知道日报》网文转载的，3 月 27 日《纽约时报》发文痛斥美国政府：这是一个杂乱无章的国家，各州各自为战，自己制定自己的政策，而特朗普在应对疫情上又发出了各种各样的信息，对于这一公共危机始终没有统一一致的应对。网文附上了一位美国小哥纽约街头拍下的一个视频。视频中这位美国小哥用中国话字正腔圆地吐槽美国政府不帮纽约，"与武汉人不同，纽约只能自己帮自己"。这位小哥在视频中介绍，纽约对新冠肺炎的防控措施很不到位，在纽约大街上看不到在中国武汉那些城市里正在喷洒消毒液的高大消毒汽车；纽约的地铁上也没有人检测体温；纽约的口罩、消毒液、呼吸机等医疗救治物资也极度短缺。纽约州州长科莫向美国联邦政府要求提供 3 万台呼吸机，但特朗普纠结了很久以后也只给了 400 台。《纽约时报》31 日发表了题为《护士死亡，医生生病，抗疫一线人员恐慌情绪上升》的文章，文章直指纽约医院内部情况，"重症监护室快要爆炸了"，"一半特服人员感染"。纽约北岸大学医院 ICU（重症加强护理病房）护士 Elyse Lsopo 自拍一天的生活，早上四点就起床去医院，视频里她累哭了，称这已经是连续五天工作十三小时以上，她还称医院里收治的年轻新冠病人越来越多。视频中的医生未穿防护服，仅穿普通手术服。后来的情形更糟糕，有视频显示医护人员因没有防护服只能披着垃圾袋与新冠肺炎患者打交道。这又大大增加了医护人员的被感染以至死亡风险。

这就是纽约在这次抗疫行动中的混乱状况。纽约是美国第一大城市和第一大港口，与英国伦敦并列为全世界顶级的国际大都市，是世界的金融中心，至 2017 年 6 月该市总人口 851 万。纽约在疫情防控上的失败不仅使该市民众生活与工作混乱不堪并影响到美国经济，更由于人口的大量流动使疫情不断向美国各地蔓延；由此又加速了美国国内疫情形势的恶化。这就是联邦制和所谓民主制美国让各州自生自灭抗疫造成的恶果。所以，曾在民主党州长协会负责沟通事务的贾里德·利奥波德说："他（特朗普）基本上是在生死攸关的事情上玩弄政治游戏，让各州自生自灭，在国家陷入危机之际，一个总统没有展现出一丁点对联邦政府的领导力，这是闻所未闻的。"

世界卫生组织4月26日公布的最新数据显示，纽约州有确诊病例288045例，其中死亡病例22246例。纽约州新冠肺炎确诊病例是武汉市的5.7倍，死亡病例是武汉市的7倍。纽约州州长科莫26日才提出了一份分两个阶段重新开放纽约的经济计划，但首先被考虑开放的北部地区最早也要5月15日以后才逐步开放；南部地区可能需要更长的时间才能开放。

州与州之间各唱各的调对抗疫期间美国的经济活动也产生了极为不利的影响。据科学新农网4月30日21点45分文章报道：根据美国《国会山报》消息，"疫情下，美国出口大受影响，一些养鸡场为鸡实施安乐死，农民倒掉牛奶，屠宰场杀仔猪"；菜蔬瓜果"直接在农田碾压、销毁"；"美国最大的乳制品公司'美国奶农'每天大约倾倒1400万升的牛奶"。农产品期货网4月29日报道：来自美国的消息，随着疫情的暴发，美国最大的两家肉类加工厂，泰森食品和史密斯菲尔德下属的多家肉类加工厂关闭。据美国经济学家史蒂夫·迈耶提供的信息："上周有60万头猪无法按时送去屠宰场，本周该数字已经上升至90万了。"美国各大农场在接下来的数周内，因无法把养殖的生猪及时运出，需宰杀并处理掉至少150万头生猪。

科学新农网这篇文章还报道：同美国疫情农产品滞销形成鲜明对比的是，中国在疫情最为严重的2至3月份，尽管全国各省市区城乡为防控新冠病毒传播实行封路停止交通运输，但全国各地的农产品物资一车一车顺利运向武汉；这不仅使全国各地农产品销售流畅，又使封城的武汉物资供应有了保障；湖北有些县为了解决疫情期间农产品滞销的问题，县长亲自联系销售渠道。更为关键的是，国家各部门为农产品运输尽力提供方便，路途免税，交通放行，确保了全国物资运输顺畅。

上述说明，在突发性的重大灾害面前，需要国家的协调、社会的支持、各方各面的配合；如果是孤军奋战，就难免被重大灾害的狂风恶浪所吞没。面对这样的问题，中国在现行的制度之下是可以协调各方妥善解决的。故中国无论是在重大灾害面前，或平常的经济活动中，正常情况下基本不会出现因产品滞销而自行销毁的事件。而美国由于是联邦制，联邦政府与各州县之间，各州相互之间的松散性使它们难以互相调剂。所以，这次疫情中美国大面积出现农产品滞销直至自行销毁的事例，反映出美国联邦及各州政府在组织经济社会活动及处置重大公共卫生突发事情上的软弱无力。

四、美国疫情沦陷的经济原因分析

美国疫情沦陷深受美国经济的影响。

第一，美国疫情的蔓延导致了美国经济的严重下滑。2020年8月2日CCTV4（中文国际频道）网文《数千美企破产，疫情冲击美国经济》介绍，"新冠疫情在美国暴发以来，数以千计的美国企业先后走上破产法庭，其中不乏百年老店、具有标志性的品牌和资产过百亿美元的行业巨头。疫情冲击影响深远，对美国经济整体构成全面损害"。据国际在线 7 月 29 日 21 时 10 分《疫情拖垮多少美国企业》文章提供的资料，全球连锁汽车租赁品牌赫兹、老牌页岩油气企业切萨皮克能源公司、百年服装品牌布克兄弟、零售巨头阿塞纳零售集团等企业纷纷宣告破产。由此产生的影响又波及所在的整个产业链，如阿塞纳零售集团 2 月之前在美国拥有 2800 家门店，是许多商场营运商至关重要的租户，受疫情的影响，该集团决定关闭旗下主要品牌部分门店，削减量将达到 1600家，留下的大量空置商业用地却无法发挥经济效益。全球领先法律服务企业埃贝公司日前公布的数据显示，截至 2020 年 6 月 30 日，美国已有 3600 家企业申请破产保护，同比增长 26%。房地产金融资讯网站 2020 年 8 月 2 日 16 时文章《新冠疫情对美国经济的影响》介绍，随着新冠疫情的蔓延，美国经济大幅下跌，第二季度 GDP 同比下降9.5%。在这之前，从 1947 年有记录以来，美国季度 GDP 从未超过 3% 的跌幅，2020年二季度是创下 1947 年以来的最大跌幅。新冠疫情严重影响了民众的就业，由于大量企业关闭，美国至 8 月止已超过 5000 万人失业，并且在美国很多地区限制复工的措施仍在继续。新的失业人数连续 19 周超过一百万。占美国经济 2/3 以上的消费者支出，在 4 月创下历史性急跌 12.6%。

疫情造成的美国经济的下滑对特朗普政府构成巨大的压力。从宏观及长远来看，经济的连续下滑将影响美国在全球的美元经济霸主地位；从近期来看又直接影响特朗普在11 月份总统选举中能否继续当选连任，同时给当下美国民众尤其是中下层民众和贫困群体的生活带来严重困难。所以特朗普政府不得不在疫情未得到全面控制的情况下，总是强行督促各州复工复产恢复经济。殊不知复工复产引起的大规模人员集聚又会加速疫情的进一步传播；疫情的进一步传播又反过来影响经济的恢复。美国就是这样在抗疫和恢复经济上陷入二律背反之中不能自拔。由于特朗普政府最终选择了恢复发展经济为先、防控疫情其次的错误发展道路，自然也就使美国的抗疫陷入了不可收拾的困境。

第二，美国民众贫富悬殊也是造成美国疫情失控的重要原因。美国是一个贫富差距越来越大的国家。2019 年 8 月 29 日中亿财经网文章报道：美国 2010 年以来 20% 的最低收入人群的收入增长幅度仅为 17.7%。相比之下，5% 的最高收入人群的收入增长幅度达到 30.6%。除了收入差距扩大以外，美国居民财富分配不均等情况更为明显。2014 年美国 10% 的最富有人群掌握了 73% 的社会财富，并且前 1% 人群的财富占比达到 37%。2017 年美国的财富基尼系数高达 0.85，在发达国家中处于较高水平。根据美国制定的贫困线标准，美国有 4500 万贫困人口。特朗普执政以后，实施了一套更有利于富人财富增长不利于穷人的税收方案，并试图废除奥巴马时期推行的医疗普惠制度，而推出的医改举措使得低收入人群看病支出增多，高收入人群却因为税收降低而获利。这就使得美国的贫富悬殊日益扩大。在美国有 40% 的民众没有 400 美元的积蓄用于应急支出。故 2 月份向政府申请救济金的民众由过去的几十万人猛增至 300 万人，此后持续增长到 3000 万人。

美国这种财富占有悬殊的状况极大地影响了对疫情防控的效果。2020 年 3 月 6 日 17 时，一个名为"喻家山咨询"的网络平台发表一篇《美国新冠肺炎已免，其他辅助医疗费用高昂，不是所有的人都看得起》的网文，文章说美国规定年满 65 岁以上的老年人能够免费检测，但医治费必须自己负担；对于 65 岁以下的民众，从检测到治疗必须自费。对于 65 岁以上的老人而言，尽管病毒检测已经免费，但可能出现的其他费用，如用救护车费用、拍片子费用等都需要自己支付，这些费用很昂贵。一位叫阿兹库尔的迈阿密居民 1 月份曾到过中国，返回美国后出现流感症状。他担心自己感染了新冠病毒，于是前往当地的杰克逊纪念医院就诊。诊断结果显示并没有感染新冠病毒，整个诊疗费共 3270 美元，虽然大部分由保险公司承担，但他个人仍支付了 1400 美元，这是一笔非常大的开支。美国用救护车的费用，一般会从 500 美元起，并且打表按里程收费，有人用了 15 分钟（里程九英里）的救护车，共花了 1772 美元。美国医疗费用之高使有些人即使感染了新冠肺炎，也因无钱没有到医院去做检测并接受治疗，这就为疫情的传播创造了条件，从而导致了美国新冠肺炎患者数的快速增长。

美国巨大的贫富差距、医疗设施的缺乏引发了一些新的社会问题。环球网 3 月 27 日消息，美国媒体报道：抗疫初期特朗普坚持只用美国 CDC（美国疾控预防中心）研发的检测试剂。由于试剂供应紧张，为了保证一些症状严重的人及时得到检测，CDC 设定了一个非常高的检测标准，这个标准使很多有症状的中下层民众被排除在检测之外。但一些有钱人可以随便接受检测，哪怕是没有症状，哪怕他正在蹲监狱。反观中下层民众，被限制在家里之后，一日三餐都成问题，想要检测更是难于登天。一名年近 70 的老人已经有明显症状了，就是因为不符合 CDC 标准去了 4 次医院都没有检测成功。随着确诊人数增加，这种事情越来越多，这就导致大量美国中下层民众心态失衡，有人甚至产生了报复心理。一名 36 岁的嫌犯准备在堪萨斯城地区医疗中心引爆汽车炸弹，结果被警察开枪击中。根据警察调查报告，嫌犯的目的就是在新冠肺炎流行之际在医院引爆汽车炸弹以造成大规模人员伤亡，从而发泄对美国抗疫行为的不满。

第三，美国人不储存、"及时行乐"的消费观也加速了疫情的沦陷。健康合理的生活方式是人类文明的重要内容。因而人们的生活方式是否科学合理，也是衡量一个国家文明程度高低的重要尺度。中华民族自古以来就有积蓄的文化理念。成书于两千多年前西周初期的《诗经·邶风·谷风》记载了公元前 11 世纪至公元前 6 世纪华夏民族先民的生活习俗是"我有旨蓄，亦以御冬"。这就说明那时的民众就懂得在夏秋季准备好美味菜食的贮藏以度过冬季那物资匮乏的时光。唐朝魏徵向唐太宗建议的《谏太宗十思疏》中提出"居安思危，戒奢以俭"，意思是说在平安的时期，也要想到有出现危机的可能；物资充足时也要想到因重大灾害有可能出现物资匮乏；要用节俭来消除奢侈。元代戏曲《琵琶记·谏父》中明确提出要"积谷防饥"。这样，平安防盗、积蓄防饥成为中国民众一种主流文化意识。在这种主流思想理念的影响下，当今时代的中国是一个典型的有着储蓄习惯的国度。"手中有钱，心中不慌"是全民的共同理念，全国绝大部分人民群众都有存钱的习惯。即使有些家庭生活并不宽裕，他们也会省吃俭用来积蓄以做应急之用。根据银行发布的消息，2018 年我国居民存款金额为 72.4 万亿元，按当时全国人口 13.9 亿多计算,人均存款 5 万多元。因此,一个三口之家的家庭约有存款 15 万元。当然由于多种原因,有些家庭在一段时间内也可能没有存款甚至有债务,但有积蓄或略有积蓄者肯定占国民的大多数。中国人这种乐于积蓄的理念对有效防控新冠病毒起了很大的支撑作用。1 月底当新冠病毒开始在全国流行时,中国大都采取了生产企业停工,商店、酒店停止营业等一系列防控措施。毫无疑义,这影响了广大企业尤其是私企和广大职工的经济收入。但尽管如此,中国广大民众对停工停产、居家隔离这些举措无丝毫反感,能始终按照国家的要求坚守到底。这与中国人对生命的尊重,对国家社会的责任担当情怀有关;同时,也与广大人民群众有着一定的经济积蓄,居家隔离不上班也没有生活危机感有关。

与中国人这种文化理念相反,美国人喜欢享受当下甚至超前消费,他们大都没有存钱的习惯,似乎更追求及时行乐的生活方式。2019 年 12 月 4 日一位署名"上善若水"的网友在文章中写道:"根据美国银行的利率询问机构统计数据,69% 的美国人银行账户存款低于 1000 美元,34% 的美国人银行账号里一分钱都没有。不过在美国有很多的福利",这也是美国人没有存钱习惯的原因。这位网友继续写道,"美国人的经济水平特别的高,但是网上经常有这样的话题,就是美国民众大部分连 1000 美元都拿不出来,这是的确存在的。并不是因为他们穷,而是很多美国人都没有存钱的习惯和高消费导致的。所以在紧急需要钱的时候,美国人有时真的挺窘迫的"。还有资料显示,"据调查,美国居民中大约 40% 的人口拿不出 400 美元现金"。本来个人是否存钱及存多少作为一种个人生活方式看来是小事,但当它成为一个国家国民的普遍行为时其影响就大了。这次甚至在一定程度上影响了美国对新冠肺炎的防控进程。这表现在随着新冠肺炎在美国的暴发,从 3 月中下旬开始,美国一些州不得已发布了"居家令"。"居家令"实际上是"封州"行为,它要求除基本生活服务业以外的所有企业员工全部待在家里;可以外出运动、散步,但也要保持六英尺距离。这样"居家令"几乎停止了大部分企业的经济活动。受"居家令"的影响,美国很多企业被迫关闭或大幅缩小经营规模,这又导致美国非农业居民的大量失业。美国《华盛顿邮报》网站 5 月 9 日报道,"美国 4 月份失业率飙升至 14.7%。一个月内 2050 万人丢掉饭碗"。疫情使这么多企业及其职工在此期间没有了经济收入,而且不少失业的美国人因疫情及各种原因还不能及时领到失业救济金。因而他们"居家"没多久生活就陷入特困状态。为生活所迫,他们不得不要求早日复工。从 4 月下旬开始,密歇根州、得克萨斯州、华盛顿州等地就发生了民众集体抗议,要求取消"隔离政策",早日复工。

而从 4 月中下旬美国新冠肺炎疫情形势来看,据署名为"南生今世说"的网友著文记载:截至 4 月 27 日上午 9 时,美国的确诊病例已经高达 986045 例,单日新增 30554例,死亡累计 55377 例。每百万人确诊 2995 例。每百万人确诊数仅次于西班牙 4948例,意大利 3295 例。"与其他国家相比,美国新增确诊病例数量仍很高,疫情仍在扩散中。"因此,根据美国当时疫情,各州应该继续加强防控措施,加大人员自我隔离力度。然而特朗普出于尽快恢复经济以为他连任总统获取选票考虑,也想推动企业早日复工复产,为生活所迫的民众急于复工的愿望正符合特朗普竞选连任总统的战略,如此,特朗普连续发布多篇推特要求最早在 5 月 1 日开始部分复工。出于特朗普及部分民众要求复工的压力，美国一些州先后冒着疫情风险复工了。结果这又导致美国疫情的大反弹。8月 3 日 14 时疫情实时大数据报告，美国现有确诊病例 2275065 例，累计确诊 4813647例，累计死亡 158365 例，单日新增确诊病例超过 7 万例。这就是美国急于复工带来的恶果，然而这一恶果又与美国人不尚积蓄及时行乐的生活方式有着密切的关系。

五、美国疫情沦落的文化原因分析

第一，西方世界"利在义先"的伦理道德观是造成疫情失控的重要原因。

西方世界推崇利在义先的原则。利在义先就是经济利益与伦理道德、人道良心比较，经济利益被看成最重要的，伦理道德、人道良心是次要的。这种文化价值观决定了西方世界在抗疫中其所作所为是把制止经济下滑放在第一位，而不是把抢救国人的生命安全放在第一位。

美国约翰斯·霍普金斯大学疫情实时监察系统显示，截至美东时间 4 月 25 日下午 5时，美国共有新冠病毒感染病例 933050 例，其中包括死亡病例 53391 例。与 24 小时之前的数据比较，美国一天内新增感染病例 43526 例，新增死亡病例 2374 例。这组数据说明，新冠肺炎的确诊人数仍在美国继续激增。然而，面对这十分猛烈的新冠疫情蔓延态势，美国并不以为然，在特朗普的一再力推下，很多州已经开始复工了。

谁都知道，复工导致人员的集聚，这必然会助长新冠病毒的传播。这就足以说明，无论疫情多么险恶，美国仍然是以经济发展为最重要，而不是以抢救人的生命安全为最重要。

在西方，老年人的生命尤其不值钱。

2020 年 3 月 31 日，论参谋网站发布一个视频，视频标题是《丧尽天良！刚刚美国传来消息，高官公开鼓吹准备牺牲几千万人！》，视频报道美国得克萨斯州副州长帕特里克 2020 年 3 月 23 日晚上在接受美国福克斯新闻电视台记者采访时公开认为，"国家经济比老年人生命重要"。他说"美国的老年人包括他自己愿意牺牲自己以换取美国经济的繁荣"。美国约 3.3 亿人口，老年人几千万。在美国政要看来，老年人感染新冠病毒的可能性比年轻人要大得多，治愈的成本比年轻人要高得多，而且老年人都要享受养老保险，因而老年人是国家沉重的经济负担。所以他们提出放弃对老年人的治疗，以减轻国家医疗和养老支出的压力。帕特里克的观点实际上是呼应总统特朗普的观点，说穿了就是牺牲几千万老年人的生命来换取美国经济的持续繁华。美国政要在这笔账经济上确实没有算错，只可惜是丢了人性和做人起码的良心。

2020 年 4 月 1 日 "西瓜视频" 发布了一个视频，报道意大利和西班牙面对越来越多的新冠肺炎患者，做出让人心碎的决定，这就是拔掉老年患者正在使用的呼吸机给年轻患者使用。意大利和西班牙这一做法无疑是把老年患者送上了死亡之路。

英国政府最初决定在全国实行 "群体免疫" 抗击新冠肺炎疫情计划，即计划让占全国人口 60％的国民感染新冠肺炎病毒，治愈后让每个国民提高自身免疫力，以达到"群体免疫"的目的。英国这种理论表面上看上去似乎有理，但从国际抗击新冠肺炎的实践看，代价将非常惨重。意大利的死亡人数占确诊病例总人数的比例高达 10％，英国死亡人数占确诊病例人数的比例为 1.5％，英国总人口 6600 万，如果实施"群体免疫"，按照英国死亡人数比例计算，将有 100 多万人死亡；如果按照意大利死亡人数的比例计算，英国将有 660 多万人走向死亡。所以世界舆论认为英国这种抗击新冠疫情计划是无可奈何的"破罐子破摔"计划。这个计划一出笼就立即遭到了英国民众的强烈反对，迫使英国政府采取措施抗击疫情。外媒传法国和德国也企图采用"群体免疫"办法，后都因遭到了两国国内民众的强烈反对才没有实施这一计划。

西方世界鼓吹所谓"群体免疫"以及放弃对老年人的治疗以换取经济的持续发展的观点是相当矛盾的。因为在实施"群体免疫"中失去生命的不一定全是老年人，也可能有很多的年轻人。4 月 6 日 11 时 50 分，"华尔街见闻"网站刊登一篇文章《美国疫情之谜，为何年轻病例这么多?》，文章引用了美国疾控预防中心提供的一张数据图表，这些数据显示美国将近 40％的患者需住院治疗，他们的年龄在 20 至 54 岁，其中 20％的住院病人和 12％的重症监护病人年龄都在 20 到 44 岁。这就说明，如果对疫情听之任之，像西方某些政要鼓吹的采取让 60％的人口感染新冠肺炎以提高国民"整体免疫力"的办法，许多中年人、年轻人都将失去生命。为何中青年也会在新冠病毒危害下死亡呢?英国《独立报》网站 4 月 7 日发表文章报道说："年轻人会死亡的可能因素是，他们可能拥有非常敏感的免疫系统，该系统在应对病毒时反应过度，在这种情况下，巨大的炎症风暴可能会不慎吞噬肺部等重要器官"，由此也引起了年轻人在疫情中死亡。中国武汉抗疫中李文亮等不少不同年龄段的医护人员因感染而牺牲的事实，也说明了新冠病毒对包括青年在内的各个年龄层次的人同样具有极大的伤害性。

人类文明的基础是人的生命的存在。正是从这个角度出发，人们才认为"生命诚可贵"，生命无价。一个国家，一个社会，如果漠视人的生命，文明从何谈起? 在中国，只要是新冠肺炎患者，无论你年龄是大是小，都会享受到国家同样的免费治疗。即使是耄耋老人，他的生命都会像小孩、青年人、中年人一样受到国家、社会的重视。在这次抗疫中，武汉的新冠肺炎确诊病例中有 2500 多名 80 岁以上高龄患者，通过不计成本的抢救，这批老人中治愈的成功率接近 70％，其中有不少 90 多岁上百岁的老人，年龄最长的为 108 岁。而西方世界居然有人提出用牺牲千千万万老年人的生命来减轻新冠病毒医疗费用支出换取经济的发展，不惜让数百万人失去生命使 60％的人感染病毒来提高国人身体免疫力的观点，这完全是不把老百姓的生命当回事。这在伦理上是何等缺乏人性，在医学上又是何等荒谬绝伦!

中国有个成语叫"草菅人命"，原意是把杀人看得像割草一样随便，现引申为漠视人的生命。西方世界这种只关注经济和股市，对多少人死于新冠肺炎漠不关心的行为与草菅人命有什么区别呢?

西方世界对人类生命的漠视无可避免带来了惨痛的后果，这从下列数据中就可见一斑。

根据世界人口统计数据显示，目前中国人口约 14 亿，美国人口约 3.3 亿，英国人口 6648 万，意大利人口 6000 万。在 2020 年疫情防控行动中，至 5 月 1 日止，中国新冠肺炎确诊病例累计 84387 例，美国累计确诊 1099275 例，英国累计确诊 171253 例，意大利累计确诊 205463 例。中国人口是美国人口的 4 倍多，是意大利的 23 倍多，是英国的 21 倍多；新冠肺炎确诊人数美国却是中国的 13 倍多，意大利是中国的 2.4 倍多，英国是中国的 2 倍多。

上述这些说明了什么呢？这说明在这次疫情防控中中国对人的生命健康的重视及保障程度远远超过了西方世界。

美国对人的生命的漠视程度不仅仅表现在这次对新冠病毒的防控上，在其他方面亦有充分的表现。

合众国际社华盛顿 2020 年 4 月 10 日报道：美国疾控中心称，截至此时，这个冬季至少有 3900 万美国人感染流感，41 万人因此而入院治疗。大约 2.4 万人死亡，其中包括 166 名孩童。另有媒体报道，这类严重流感大范围感染、死亡人的案例，美国多年来不断发生。

君清观察网站 2019 年 12 月 15 日文章报道：至本月 10 日止，美国在 2019 年有 36993 人因为枪击事件死亡，其中有 196 名是儿童。实际上美国多年来因普遍性私人持枪发生枪击案死亡的人数都在两万以上。

对于这些血淋淋的数字，如果美国能把保护人的生命安全和健康放在最重要位置，难道就没有办法减少或避免人的无故死亡吗？为什么中国却没有发生过这样的问题呢？

俄罗斯国际事务理事会网站 10 月 12 日报道，俄罗斯国际事务理事会主任安德烈·科尔图诺夫 4 月 10 日接受塔斯社记者采访时说，美国意大利等西方国家在防控疫情上陷入困境的原因是"自由市场原则和利润最大化"；他还尖锐地指出："现在如下事实正变得越发清楚，在保障诸如生存权和健康权这样的基本权利方面，西方自由体系不及中国的行政命令体系。"（引自 2020 年 4 月 14 日《参考消息·海外视角》）

其实，西方一些国家尤其是美国在疫情中漠视人的生命的行为，根源于他们重利轻义、利在义先的文化道德观。历史上欧洲人曾不顾道义发起了抢占农民土地的圈地运动，不顾道义进行黑奴贸易。美国人为了自身利益不顾道义枪杀上千万印第安人以掠夺他们的领地；近一二十年来又不顾道义搞乱中东制造了千百万难民。现在当他们国内面对疫情的肆虐横行，在以保持经济的持续繁荣，维护大资本家、大财团、大银行家的利益为重，还是以抢救老年人为主体的社会基层贫困群体的生命为重的选择上，他们毫不犹豫地选择了前者。在他们看来，无论用多少老年人和社会基层普通民众的生命来换取国家经济的持续繁荣以保护大资本家、大财团、大银行家的利益都是值得的。这里充分暴露了资产阶级唯利是图的丑恶本性。

第二，强调个体先于社会与群体，蔑视政府和组织的个人绝对自由意志导致西方世界难以形成全社会抗疫的统一意志。

民主自由是西方世界最响亮的口号。美国则自称是西方民主式国家的代表。在这个制度下，不仅是各州政府可以不听联邦政府的，州长可以不听总统的；就是普通民众，也特别崇尚没有任何约束的个性自由，可以将约束自己的各类政府和社会组织完全不放在眼里。在看待整体与局部、群体与个体的关系上，西方伦理观更主张局部与个体利益先于整体与群体利益。

在这次防控疫情中，西方世界这一特性有了充分的体现。

抗疫早期，英国政府发布禁止聚会的政令，但是国内的民众没有人执行；他们无视疫情危险，继续搞聚会，而且他们上街都不戴口罩，导致了新冠肺炎病例的暴发式增长。

《纽约邮报》3月30日报道：在疫情特别严重的纽约，这里的居民"表现得好像非常淡定"。美国海军"安慰号"医疗船周一抵达纽约，为这个受新冠肺炎疫情影响最严重的城市提供医疗帮助。在这艘世界最大医疗船靠岸时，一群美国民众无视纽约市市长白思豪于29日宣布的关于市民参与社交活动必须保持距离否则将面临最高500美元罚款的规定，在曼哈顿西区聚集围观。而且这些围观的人群都没有戴口罩。事后有十几名纽约警员赶到现场才驱散了聚集人群。这则报道还刊登了市民围观"安慰号"医疗船的照片。

4月中旬后，美国的许多地方为了防范疫情的传播，纷纷下发"居家令"要求老百姓留在家中，但这必然导致各项经济活动的停顿，影响了经济的发展。美国当地媒体《洛杉矶时报》在4月26日的报道中称，近来美国加州发生了一系列反对"居家令"的抗议活动，其中有多名抗议者因违反当地法规而被捕。

美国当地时间4月18日，有近百人聚集在加州圣地亚哥的海滩附近，用抗议的方式表达对"居家令"限制的不满。

当地时间4月25日，美国得克萨斯州民众举行聚集抗议活动，反对当地的"居家令"。示威者甚至高喊"逮捕比尔·盖茨"。因随着美国疫情蔓延，一些美国民众散布骇人阴谋论，称新冠疫情是一场骗局，幕后元凶比尔·盖茨要利用这场流行病来牟取私利。其实际情况是，比尔·盖茨及其基金会早在疫情暴发之初就积极参加抗疫，至此时已投入数十亿美元为解决全球疫情而努力。（来源，综合央视新闻北京日报客户端）

环球报评论网文4月17日20点11分报道，意大利总理孔特鉴于国内疫情仍然严重宣布将原定4月3日解除的全国封城令延迟至5月3日，有许多意大利人对此表示强烈不满。"意大利普通人迫切需要复工"，这一方面是"意大利人的天性所致"，他们认为意大利全国封城"让憋闷的意大利人天然地抱怨"，"憋在家里要疯了"，"我们对目前的状况已经疲倦了"等。

西方世界这种不服约束、追求个人绝对权利与绝对自由的文化价值观及其行为毫无疑义对防控新冠病毒产生了极为不利的影响。

第三，"西方文明中心论"、西方文化优于东方文化、白种人优于其他种族的偏见及"美国优先"的短视与傲慢态度等思想痼疾对西方世界抗疫产生了极大的反作用。

武汉在疫情初期行动有点迟缓，这是因为新冠病毒在人类历史上还是第一次出现，人们对其产生、发展的趋势及其危害性全无了解。中国疾控中心高福院士接受美国《科学》杂志采访，他在被问到中国1月20日之前为什么观测不到病毒"人传人"时，高福表示是因为当时还没有详细的流行病学数据。但当中国最高决策层一经了解疫情的真实情况后，以雷厉风行的手段举全国之力迅速控制了疫情。人类认识世界不可能先知先觉，人类历史上似乎也没有百战百胜的将军。所以在疫情发生初期及在随后抗疫的过程中偶有认识及行为上的失误都多少有点在所难免。但这次抗疫以欧美为代表的西方世界不同，西方许多国家是在中国人经历了两个月的血与火、生与死的决斗并取得了抗击疫情阶段性胜利，也就是说人类已经取得了对新冠肺炎疫情发生、发展及其危害性的初步认识与防控经验之后才开始抗疫行动的。因而西方世界在防控疫情上应该也完全可以比中国更主动一些，让新冠病毒的危害更轻一些。

然而适得其反，正如"财经会议资讯"网于4月4日发表的香港大学SPACE学院刘宁荣教授在他的网文指出的："欧美的不少医学专家初期都低估了这个疫情的风险。从意大利大意失荆州，到英国的全体免疫，再到美国的全线沦陷，在一定程度上都和他们对这个病毒的有限认知有关，说难听点就是无知。"

疫情暴发初期，欧美各国从普通民众到包括一些国际上有名的传染病专家，对疫情的危害性、严重性认识不足。美国有不少人甚至把新冠肺炎和普通的季节性流感等同起来，因而根本不把新冠病毒当回事。

美媒报道，随着疫情在美国传播，华盛顿州也成为疫情最严重的地区之一时，周围民众的疫情防患意识仍几乎为零。

疫情在西方蔓延初期，牛津大学的一个研究团队得出了一个结论，认为新冠病毒在英国已经传了一个多月，大约一半以上的英国民众已经获得了实质的群体免疫能力，言下之意是新冠病毒对英国民众来说已没有多大威胁。

4月23日《人民日报》海外网报道巴西新冠肺炎确诊病例已达45757例，德国新闻电视频道网站4月19日文章甚至认为："目前初步估计巴西的实际感染人数是官方公布感染人数的7到15倍。"尽管巴西已成为南美疫情最严重的国家，巴西总统博索纳罗却"一再嘲笑新冠病毒是'流感'，'是媒体的发明'"。"他一直反对各州的隔离措施"。他甚至开除了卫生部部长路易斯·恩里克·曼德塔，因为"后者数周来理智地抵制了总统的疯狂要求"。另埃菲社巴西利亚4月19日电：4月19日当天，博索纳罗无视疫情，在首都出席支持者举办的集会，并抨击疫情封锁令，赞扬反对疫情封锁的支持者们为"爱国者"。他在会上没有戴口罩，在演讲中还不时咳嗽。

西方民众在疫情初期对戴口罩的偏见，也助长了新冠肺炎的传播。

3月28日14时31分，"环球网·环球时报新媒体"刊登了一篇中国疾控中心高福院士接受美国杂志采访的文章，文章报道：高福院士近日在接受美国《科学》杂志采访时指出，在这次全球抗疫行动中，"欧美犯下的一个大错误，是人们没有戴口罩"。这篇采访高福的文章写道："中国顶尖的科学家说，在应对新冠病毒时不戴口罩进行保护是'大错误'。"文章评论说："看来美国人不习惯戴口罩是恶习啊！连中国小孩子都懂的道理，美国人居然不懂。"文章说：高福表示，新冠病毒是通过空气飞沫和密切接触传播的，其中飞沫在传播中扮演了非常重要的角色，所以人民必须戴口罩。但是在美国人的理念中，只有"病人"才戴口罩，所以在美国人看来，一个人若戴口罩出门，说明他是病人，是不健康的人，而一个人得病了就不应该出现在公共场合。所以疫情在西方发生以后，当地华人戴口罩出现在公共场合时，被西方人视为怪物而不被理解。有许多华人甚至受到白眼还遭到毒打。西方人不知在病毒大流行的时期，外出不戴口罩会便利新冠病毒的传播。

恶劣的种族歧视也影响了西方世界在疫情初期对新冠肺炎病毒的防控。

香港大学刘宁荣教授4月4日在"财经会议资讯"网发表的文章指出："这次疫情在欧美的迅速蔓延终于让西方意识到新冠病毒不只属于亚洲人；他们原先冷眼旁观，以为白种人可以刀枪不入。"在西方世界眼中，西方文化优于东方文化；白种人优于世界其他民族，特别是优于黑人和亚洲人。西方甚至断定"病毒与中国的国民性和低劣文化相联系"，新冠病毒的流行是中国人的过错。俄新社莫斯科4月8日发表伊万·丹尼洛夫的文章也认为，西方世界的种族歧视和偏见使他们把中国为防控疫情所采取的一系列有效措施，"包括对居民小区实施封闭管理，用无人机送餐，大范围展开病毒测试，要求企业停工，甚至切断了某些地区之间的公路交通，并派出警察值守道路。这一切都被指责为呈现中国政府'专制'缺乏理性的证据"。所以，英国《自然》周刊网站4月7日社论指出："这场大流行助长了恶劣的种族主义和歧视，特别是对亚洲人的种族主义和歧视。"受这种傲慢态度和偏见的长期影响，使他们认为新冠病毒防控对于白种人来说无关紧要，因而他们抗疫行动很迟缓，致使新冠肺炎乘虚而入得以迅速传播。

当疫情在西方世界一发不可收拾，给西方国家造成了极大危害的时候，西方世界的许多政要和媒体人士又制造恶劣的种族歧视，把疫情的发生"甩锅"给中国。

英国《自然》周刊网站4月7日社论文章写道：本来，"世界卫生组织今年2月宣布将这种由新型冠状病毒引起的疾病称为COVID-19，这个名称很快被参与传播公共卫生信息的机构采用。然而包括美国总统特朗普在内的西方世界不少政界人士和新闻媒体，却将这种病毒与中国联系在一起，污蔑新冠病毒传播是中国的过错"。更有甚者，包括美国、英国、澳大利亚在内的西方的一些社会组织和政界官员还采取流氓手段向中国"索赔"。据统计他们索赔的金额累计达到了50万亿美元，折合为350万亿人民币。

西方世界把新冠病毒的发生归咎于中国既暴露了西方某些政客对中国的偏见，也暴露出他们对科学的无知。4月11日13点44分《全球每日趣闻》优质原创作者文章报道，据英国《太阳报》4月10日消息，英国剑桥大学遗传学家彼得·福斯特（Peter Forster）博士研究团队通过采集2019年12月24日至2020年3月4日期间从世界各地的样品数据进行分析研究，重建了新冠病毒的早期进化路径，绘制了新冠病毒最初在人类中传播的地图。这项研究结果发表在最新一期《美国国家科学院院刊》（PNAS）上。研究中发现有三个不同但密切相关的病毒变体，它们被称为A型、B型和C型。研究结果认为，A型病毒与蝙蝠和穿山甲中发现的病毒关系最密切，研究人员将其描述为疫情暴发的根源。B型病毒是由A型衍生而来，被两个图片分开。然而C型反过来又是B型的"女儿"。这位科学家表示，通过分析从患者身上发现的第一批160个完整的病毒基因组序列发现，变体A型病毒主要来自美国和澳大利亚的患者身上，而不是在中国武汉患者身上。武汉患者的主要病毒类型是B型，B型病毒在东亚各地的患者中也存在，如果没有进一步的变异，它不会在该地区以外传播太多。C 型病毒是主要的欧洲病毒类型，在来自法国、意大利、瑞典和英国的早期患者中均有发现；在新加坡、韩国及中国香港也见过；在中国内地患者样本中则没有出现 C 型病毒。该分析还表明 C 型病毒最早是在 1 月 27 日进入意大利，是通过德国感染而来的；意大利另一种早期感染途径则与新加坡有关。上述研究结果告诉世人，美国和澳大利亚一带的 A 型冠状病毒来源于它们国家本土。欧洲的 C 型冠状病毒来源于意大利、德国，远追新加坡。由于福斯特博士的这一发现，自然科学杂志《自然》就以前曾经把新冠病毒冠名为"中国病毒"做出检讨，4 月 7 日《自然》发社论说："我们当时这么做是我们的错。我们为此承担责任并道歉。"由此看来，西方某些人把冠状病毒污名化为"中国病毒"是完全没有依据的流氓行为。西方一些政要还污蔑新冠病毒向全球传播是因为中国政府没有采取适当的措施。俄新社莫斯科 4 月 8 日发表作者伊万·丹尼洛夫的文章痛斥了这种观点，他认为：西方某些人"尽管动用多种媒体，竭尽全力只怕未必能够说服欧美民众相信一切问题都是中国人隐瞒情况所致"，因为"数周以来，人们通过西方媒体，看到了中国政府所采取的抗疫措施"。所以，他进一步指出，西方世界为了给本国抗击疫情沦陷"甩锅"而对中国索取巨额赔款相当荒唐，出现这种行为的实质是"为了转移欧盟或是美国普通民众的不满情绪"。

综上所述，西方与中国在防控新冠病毒行为与效果上存在的巨大差距，完全是双方在社会政治制度及文化价值理念上存在巨大差异所致。正如西班牙《世界报》网站 2020 年 4 月 12 日报道，NJF 控股集团创始人妮可·朱克曼在接受该报记者切马·罗德里格斯采访时指出："要理解中国、欧洲和美国处理这场疫情的不同方式，就有必要分析其中的文化差异。中国是一个文明古国，共产党政府将集体利益置于个人之上，人民具备令人印象深刻的牺牲精神。在美国，个人利益受到更多的捍卫，他们是经济自由主义的拥护者。特朗普领导的政府似乎更侧重于经济民族主义，而不是领导全球化。欧洲则是文化和民主价值观的最大代表。……每个地区的结果将非常不同。中国可以承受得起更多严厉的措施，其中一些措施在西方国家是不可想象的，这帮助他们更快地控制了这一流行病，他们很可能比其他国家更快地从经济危机中恢复过来。"

朱克曼这种分析是一针见血的。《首席财经智库》2020 年 4 月 20 日发表网文揭示美国联邦政府不能代表全国民众利益的原因时也指出："美国人更喜欢民主制度，因为国家权力的分散，僵化的法律体系，为了上台不择手段甚至私下里可以向任何人摇尾乞怜的政党，以及为了保护本党派的利益不惜牺牲国家利益的特性，都方便美国庞大的金融帝国进行实际上的控制。"可以看出，这里的分析是对朱克曼前述观点的进一步补充和完善。这两段论述都是对美国不可能竭尽全力防控新冠病毒、拯救普通民众生命原因的深刻揭示。

一个无视普通民众生命的政府，一个置本党利益于全民利益之上的政党，怎么有可能领导一个国家取得防控疫情的胜利呢？

六、中国抗疫胜利，再次敲响"中国传统文化陷阱论"的丧钟

中国与西方抗疫成效的巨大差别，进一步宣告了"中国传统文化陷阱""丑陋的中国人"等谬论的破灭。

从 2019 年底出现的新冠肺炎疫情当下仍在西方世界之中蔓延，人类彻底战胜新冠病毒要走之路还很漫长。中国在经历了对新冠肺炎疫情 2 个多月的艰苦奋战之后，终于基本上控制了疫情蔓延，并很快赢得恢复生产、恢复商业、恢复教学、恢复正常生活秩序的喜人景象。即使新冠肺炎疫情后来在中国一些地方又偶尔卷土重来，中国仍完全将它置于掌控之中。对比世界上那些正受新冠肺炎疫情影响的国家和地区，中国不愧是一块相对安全的"绿洲"了。

世界各国对新冠肺炎疫情的防控是一条标尺。它丈量出了世界各国在防控新冠肺炎疫情上表现出来的在认识、态度、作为以及效果上的长与短、得与失等重大差异。而当我们仔细分析这些差异时，可以清楚地发现世界各国尤其是中国与欧美一些国家在防控疫情上出现的这些差异并不是偶然的，这完全是各国不同的社会政治制度及历史形成的文化价值观的影响造成的。

俄罗斯人民友谊大学教授尤里·塔夫罗夫斯基在俄罗斯伊兹博尔斯克俱乐部网站 2020 年 4 月 17 日文章中分析了中国与西方在抗疫中表现出的在政治体制及文化价值理念上的巨大差别，他指出："中国以最小代价击退了新型冠状病毒突如其来的首次进攻，再次令全世界惊动。当警报从武汉传来时，中央当即下达明确而严格的命令，隔离感染源、建设临时医院、启用战略储备、补偿损失、减免税款。"文章接着分析了当时世界各国对中国抗疫的不同态度：当世界对中国的抗疫"在观看的同时，各国各有感受，也各有说法，自由派对中国'人权遭破坏'深感愤怒，而现实派则开始从中国取经。数以十万计的人因中国的方法被采用而得救，另外数以十万计的人因中国的方法被蔑视而受难"。如此，他发表评论做出结论："中国的方法难以在国外奏效，别国也不可能将其完全复制。这在很大程度上是由著名的'中国特色'所决定的，中国传统的网络化社会体系在其中发挥了重要作用。数百年来中国人为了大兴土木、修缮水利和抗击天灾而形成了一种集体社会。最近几十年，另一个网络——党组织的网络得到了显著加强。"

现在我们思考一下上述国外学者的论述，用抗疫这一标尺丈量中国与西方在抗疫上的重大差别，人们就会进一步发现袁伟时、端木赐香、黄奕锋等人咒骂"中国传统文化的陷阱"，柏杨讥讽"丑陋的中国人"，尹胜与西方世界某些文人政客鼓噪"西方文明中心论"这一系列丑华、污华、反华观点是多么的荒谬和卑劣！

"中国传统文化陷阱论"者是如此疯狂地叫嚣要"彻底批判中国传统文化"，他们可曾想过没有，中国在这次防控新冠肺炎的战斗中始终坚持的以抢救人的生命为第一要务的理念正是源于中国传统文化中以人为本的理念；之所以能在这次抗击新冠肺炎病毒中举全国之力控制住疫情，根本在于中国共产党的领导和中国特色社会主义制度，而这一

制度从文化渊源上讲，很大程度上源于自秦朝以来建立的大一统中央集权的国家制度传统；之所以能在这次防控疫情中中央政府一声令下上下一心八方响应，很大程度上源于中国传统文化中报效国家的家国情怀以及"仁爱""仗义"的伦理道德观。

纵观中国抗击疫情的全过程，正是植根于中国优秀传统文化沃土上的中国共产党的执政理念之树结出了取得这次抗击新冠病毒疫情重大胜利的丰硕之果。那么这里要问"中国传统文化陷阱论"的各位先生，你们还有什么理由能对中国传统文化予以彻底否定、彻底批判呢？

袁伟时、黄奕锋、尹胜、海旻等人不是极力宣扬西方的民主自由具有普世价值吗？

俄罗斯政治评论家康斯坦丁·西夫科夫在俄罗斯《军工信使》周报网站 4 月 7 日的文章中指出："在那些自由主义理念最是根深蒂固，全民精神动员难度最大的国家，植根于此类价值观基础之上的卫生保健系统，显然对严峻的疫情危机最为束手无策。而在那些公民的精神动员度极高的国家，例如中国，国家能号令经济，国内卫生保健系统得以表现出极高的疫情防控水准。……如此一来，我们可以断定，此次新冠肺炎疫情已高调证明，资本主义尤其是最极端的自由原教旨主义形式，对于现全球化的人类社会而言极端危险。"

2020 年 3 月 31 日，一位作者在"强国网"网文中说，"人类是一种社会性生物群落，无论何时都需要秩序，都需要有领导，都需要集合共同的力量，唯有如此，人类才能不断战胜困难，走向更高的文明"。

所以追求绝对的民主和自由，蔑视合理的社会组织的存在，反对社会的有序管理，这只会把人类社会引向混乱和倒退，更是对文明的践踏。

袁伟时不是认为中国道德观念"明显的不足"是"群体的利益是第一位的"吗？显然，袁伟时是主张个人利益高于社会利益的。

俄罗斯《军工信使》周报网站 2020 年 4 月 7 日有文章彻底否定了这种观点。这篇文章阐述了如下观点："中国遏制新冠疫情蔓延取得成功，反观欧洲却问题百出，方寸大乱，这证明了在紧急关头，唯有将社会利益置于私利之上，才能确保人类社会的存续。"的确，如果中国在这次疫情防控中各方各面不是以社会利益为重，企业在最短时间内停工、学校、商场、办公楼和其他公共场所关闭，公路、航空封锁，对确诊病例最多的湖北完全隔离、对千多万人口的武汉实行封城，中国对新冠肺炎的防控能在短期内取得这么好的成效吗？

尹胜不是咒怨"中国社会目前还是专制社会"，是"推翻强权专制，再建立强权专制，周而复始"吗？但俄罗斯国际事务理事会主任安德烈·科尔图诺夫 2020 年 4 月 12 日在该理事会网站发表文章指出："此次危机让我们确信，中国的社会政治制度能够比自由民主制度更有效应对疫情挑战……现在如下事实变得越发清楚。在保障生存权和健康权这样的基本权利方面，西方自由体系不及中国的行政命令体系。"的确，无论尹胜如何曲解污蔑仇视中国现存的政治制度"专制"，试想，如果没有中共中央坚强的领导力和凝聚力，没有中央政府强有力的推动力和执行力，中国能在短时期内组织起这么强大的人力和物力，这么坚强的技术力量和精神力量将新冠病毒的危害控制在最小的限度内吗？

不论黄奕锋怎样咒骂"中国的政府部门""没有一个是为人民的利益服务的"，然而，从中共中央政治局及国家防控疫情应急领导小组多次开会研究防疫，从李克强多次深入抗疫一线，从钟南山、李兰娟、孙春兰挑战死神在武汉坚守，从全国各地组织 346 支医疗队 4 万多医护人员 4000 多解放军支援武汉，以及十余天建成火神山、雷神山医院，一天建一座方舱医院来看，这种抢救千千万万新冠患者生命的行为不是为人民的利益服务，又是为什么呢？

柏杨在《丑陋的中国人》书中说：中国人"最明显的特征之一就是脏、乱、吵"，"中国人最拿手的是内斗……中国人永远不团结"。柏杨说的这些话现在还能立住脚吗？这次抗疫，长城内外，大江南北全力支持武汉，能说中国人永远不团结吗？大疫面前，中国人自觉戴口罩，自觉居家隔离，自觉不聚集；美国人却难做到这几点，还能概而论之中国人不讲卫生吗？

现在人民终于看清了，"中国传统文化陷阱论""丑陋的中国人"这座荒谬理论大厦完全是建立在一堆稀泥巴之上，当正义的洪流滚滚而来时，它们一冲即垮！

七、对比中国与西方的抗疫，"西方文明中心论"还有底气立世吗？

近百多年来，世界上尤其是西方流传着一种"西方文明中心论"。这种观点认为西方文化优于、高于非西方文化，或者认为西方文化的特征、价值理念具有普遍性代表了未来发展方向。这种思潮是人类进入近代工业社会后随着西方对全球实行殖民化，由于东方特别是晚清中国衰落而产生的一种傲慢态度和偏见。从 20 世纪初上海外国人租界公园里竖着"华人与狗不准入内"的牌子到 2020 年抗疫初期，西方世界把新冠病毒污名化为"中国病毒"，指责新冠肺炎的发生是"黄祸"，指责中国抗疫采取隔离措施是"人权遭破坏"，以及美国坚持"美国优先"观念等，这无一不是"西方文明中心论"的翻版。至于袁伟时、黄奕锋、尹胜等人宣扬西方的价值观是"人类的核心价值"，鼓吹中国应"脱亚入欧""西方化"，温立三叫嚷"中华民族是一个野蛮落后的民族"，"是西方文明改变了中国"，所有这些胡乱的鼓噪，都是呼应"西方文明中心论"的种种唱和之词而已。

然而人类历史上发生的几次疫情到 2020 年全球抗击新冠病毒的事实，足以宣告"西方文明中心论"的土崩瓦解。

瘟疫是毁灭人类的元凶。历史上欧洲发生的瘟疫比中国要多得多。

公元前 430 年爆发了伯罗奔尼撒战争。当雅典人与斯巴达人血战正酣时，一场瘟疫突然袭来，战场上因瘟疫死亡的人数超过了战争中死亡人数。雅典有一半人口死于瘟疫。一度被西方世界引以为骄傲的雅典社会治理体系在瘟疫的浩劫中全面崩溃。

165 年至 191 年，古罗马帝国发生了安东尼大瘟疫。这次瘟疫从罗马帝国的东部暴发并迅速向西部的意大利、高卢和日耳曼地区蔓延。罗马史学家迪奥卡称，疫情暴发期间每天就有两千人因病死亡，总死亡人数高达 500 万之多，相当于罗马帝国总人口的 1/3，有两位皇帝及多数社会高层人士都死于这次瘟疫。这场瘟疫延续了 7 年之久后，191 年又再一次大规模暴发，每天死亡人数 2000 人以上，很多村庄从此消失。

250 年，疫情再一次在古罗马帝国暴发，迦太基的基督教主教西普里安记载了此次疫情，故这场瘟疫被称为西普里安瘟疫。这次瘟疫席卷了西方世界的所有已知国家，疫情一直持续了 15 年之久，高峰时期每天接近 5000 人死亡，到疫情结束死亡总人数达 2500 万人，疫情给当时世界带来了极大恐慌，甚至有人认为是"世界末日"来了。

541 年到 599 年，此时中国已进入了南北朝时期。欧洲从君士坦丁堡到地中海沿岸的大量城镇，先后暴发了五次严重瘟疫，史称查士丁尼大瘟疫，死亡人数达 2500 万。不仅欧洲人口因此下降，社会生产力遭到了严重破坏，瘟疫还彻底毁掉了拜占庭帝国重建罗马盛世的梦想。

1347 年，意大利暴发了黑死病，这场瘟疫到 1349 年传遍了整个西欧，直到 1352 年初才逐步消退。有学者估计黑死病使整个欧洲死亡人数在五千万以上，死亡率达到 1/3。面对瘟疫，有人因痛苦而失去了理智，有人因恐慌而疯狂，他们四去寻找替罪羊，指控瘟疫的暴发来自犹太人的投毒，于是将很多犹太人投入火中烧死。接受了现实的人则变得无情而麻木。史书中有大量亲人相互遗弃，死者孤单离世的记载。

接连不断的瘟疫对欧洲文明的破坏是严重的。欧洲至今人口总数不多，这与瘟疫的不断发生、每次持续时间长、流行面积广、死亡人数多有极大关系。值得人们思考的是，欧洲不断地发生瘟疫，西方的民众及有识之士们理应从中总结出防控疫情的经验和教训，取得新的疫情暴发时防控的主动权。但出人意料的是，当 2020 年初新冠肺炎疫情在欧美世界暴发时，欧美等西方国家有这么多的政要、医疗专家以至民众对新冠肺炎的认识是如此偏见和缺乏科学，以致落得现在如此悲惨的结果。

中国历史上在持久的大规模的战争之后也暴发过一些局部区域性疫情，但疫情暴发的次数比西方要少得多，流传的范围要小得多，而且一旦疫情暴发以后，国家重视，国民配合，防控措施也及时跟进，因而其危害的严重性比西方要轻得多。史书记载，中国在先秦以前就发生过瘟疫，当时即用巫术配合中药治疗。秦汉时期已经出现了隔离集中治疗的办法。从南北朝起，政府就实行征集、实验与发放药方给百姓，并提供防疫汤药的政策，从而大大减轻了疫情的危害程度。北宋时期，国家很重视防疫。朝廷委派官员专门收集各种防疫的中草药方，编辑成书。一旦某地（如临安）发生瘟疫，立即由皇帝下令和剂局，研制防疫汤药，免费发给百姓。而且皇宫的太医也会被派往灾区，带领并指导当地医生救治百姓。明朝年间，嘉靖二十年（1533）京城暴发"疾疠"，皇帝明世宗懂中医，他研制了《济疫小饮子方》"颁下所司"，"遵用济民"。他还命令官员向民间印发药方。明万历十五年（1587）京城大疫，明神宗将太医院医生全部调出在北京城内及周边免费医治患者。当时抗疫采取的手段就是中医医治和将患者隔离。满族人入主中原以后，畏惧天花如畏魔鬼。当时对患者的隔离措施极其严格，顺治、康熙皇帝都下过命令，凡民间出痘者，移之三四十里外，"防传染也"。

清朝末期的 1910 年 10 月至 1911 年 4 月，中国东北地区暴发了被称作 20 世纪世界上最严重的流行性大鼠疫。当时的晚清政府已百孔千疮。鼠疫暴发以后，清政府丝毫没有怠慢，立即下令各处严防，并指派北洋陆军医学院副监督伍连德为全权总医官，赴哈尔滨开始大规模的鼠疫防控工作。随后清政府又抽调所能调动的陆军军医学堂、北洋医学堂和协和医学院的医护人员及直隶、山东等地的一些医生前往东北抗疫。在伍连德的提议下，晚清政府指令各地方当局组建了防御组织，颁布防疫法规，采取隔断交通，对病人及疑似病人实施隔离，焚化尸体，对疫区严格消毒等具体防御措施。终于用 5 个多月的时间，把整个东北疫区死亡人数控制在 6 万人这一较低限度之内并斩断了鼠疫的蔓延。

2020 年初，当凶神恶煞的新冠肺炎在中国首先被发现时，新时代的中国政府以非同一般的手段迅速控制了这场疫情对人类的大面积危害。正如俄罗斯"自由媒体"网站 4 月 4 日文章说的，"的确，事后证明，没有一个政府能复制中国的抗疫方法。在这种关键时刻，接受考验的还有民众动员能力，政府的果断行动和全民应急准备让完全隔离湖北省成为可能。这也解释了中国在抗击疫情中取得的令人难忘的胜利"。

中国与西方在抗击新冠疫情成效上的巨大差别，可从疫情死亡人数及其比例对比上得到充分说明。

下面是百度"疫情实时大数据报告"提供的数据。该数据显示了至北京时间 2020 年 5 月 3 日 23 时止部分国家抗击新冠肺炎的相关情况。

至 2020 年 5 月 3 日 23 时 4 分，全球新冠肺炎确诊病例 3430075 例，累计死亡 241046 例。据此计算，全球新冠肺炎死亡人数占确诊感染人数的比例（下同），即死亡率为 7％；全球总人数 76 亿，全球新冠肺炎感染人数占总人数的 1/2216；也就是说 2216 人中有一人被确诊为新冠肺炎病例。

中国新冠肺炎确诊病例 84393 例，境外输入 1672 例，累计死亡 4643 例，患者死亡率为 5.5％。中国总人口 14 亿，新冠肺炎确诊病例占全国总人口的 1/16589，即是说 16589 人中有一人确诊为新冠肺炎病例。

美国新冠肺炎确诊病例 1165868 例，累计死亡 67552 例，患者死亡率为 5.8％。美国总人口 3.3 亿，新冠肺炎确诊病例为总人口的 1/283。

意大利确诊病例 209328 例，死亡 28710 例，死亡率为 13.7％。意大利总人口 6000 万，新冠肺炎确诊病例为总人口的 1/286。

西班牙确诊病例 247122 例，死亡 25264 例，死亡率在 10％以上。西班牙总人口 4673 万，新冠肺炎确诊病例为总人口的 1/188。

法国确诊病例 168396 例，死亡 24760 例，死亡率为 14.7％。法国总人口 6698 万，新冠肺炎确诊病例占总人口的 1/398。

英国确诊病例 182260 例，死亡 28131 例，死亡率为 15.4％。英国总人口 6648 万，新冠肺炎确诊病例占总人口的 1/365。

荷兰确诊病例 40571 例，死亡 5056 例，死亡率在 12.46％。荷兰总人口 1726 万，新冠肺炎确诊病例占总人口的 1/425。

德国确诊病例165753例，死亡6938例，死亡率为4％。德国总人口8293万，新冠肺炎确诊病例占总人口的1/500。

实际上，各国自己提供的数据比上述指标还要高得多。根据美国约翰斯·霍普金斯大学的统计，截至美东时间5月3日16时30分，全球新冠肺炎累计确诊超过350万例。据英国卫生与社会保障部消息：英国至当地时间5月3日上午9时，确诊病例为186599例，死亡病例28446例。

上述一个不容争辩的事实是，首先是中国的新冠肺炎疫情死亡率除了略高于德国以外，远远低于美国、英国、法国、荷兰、意大利、西班牙等欧美国家及全球平均数；英国、法国、荷兰、意大利等国家的死亡率更是中国的两到三倍。患新冠肺炎死亡的绝对人数欧美世界比中国要多得多：美国是中国的14.5倍，意大利是中国的6倍，法国是中国的5.3倍，英国是中国的6倍。而且在西方世界，新冠肺炎仍在凶猛蔓延中。许多国家新增新冠肺炎确诊人数和死亡人数仍居高不下，5月2日这天，美国就新增确诊病例28400例，西班牙新增确诊病例3648例，英国新增确诊病例4339例。所以西方国家的数据与中国数据的距离还将继续扩大。

对比中国与西方自历史上几千年直至2020年在防控疫情上的态度与作为，不难看出中国在每次抗疫行动中比西方从政府到民众更具有主动性、组织性和科学性。故中国对疫情的防控比西方世界效果要好得多。传染病疫情对人类生命和健康的重大破坏力决定了它无疑是人类文明的天敌。而西方在几千年历史上面对疫情几乎是任其肆虐横行，自生自灭，致使每一次疫情暴发对人类文明的破坏是如此巨大。在2020年新冠肺炎疫情的防控上，尽管人类已经进入现代文明社会，西方世界仍表现得如此迟缓，认识如此偏执，疫情初期甚至有国家企图采取"群体免疫"这种近乎重演西方历史上每次疫情任其泛滥成灾自生自灭的无奈态度，后来的防疫行为措施也显得那么迟钝乏力。西方自古至今几千年防控重大疫情的缺失充分表现出在文化价值观念及社会组织上的巨大缺陷，所以有什么理由称西方是人类文明的中心呢？

让"西方文明中心论"在这次新冠病毒催生的千千万万欧美冤魂的悲惨呻吟和滔天泪水中彻底破灭吧！

38 "中国传统文化陷阱论"的文道之痞！

似疯子的神经质发作，采取如泼妇骂街、造谣、曲解等方式极力诽谤、抹黑中国历史、中国人与中国文化，是"中国传统文化的陷阱论"者们惯用的卑鄙手段。我们一看黄奕锋、尹胜、端木赐香、海旻、袁伟时等人有关中国传统文化的文章及图书就知道，他们或无中生有，或夸大其词，或节外生枝，或栽赃陷害，不惜冷嘲热讽、戏谑谩骂，对中国的历史，上至帝王将相，下至大小官吏；对中国的文化，从儒、释、道到"马毛"学说，从文学到自然科学；对中国的民众，从男人到女人，从知识分子到农、工、商；对当今时代的中国，从政治到经济，从文化到习俗，其诬蔑、诽谤、中伤、丑化真可谓登峰造极；笔锋之尖刻、语言之辛辣、内容之荒谬、行为之无耻、用心之险恶，无不达到了无以复加的程度。我佩服这些男女们文才如此奇妙，但叹息这绝顶才华没有用在惠世济民、光宗耀祖上，却是如老鼠用那灵巧的身爪、机警的反应、锋利的牙齿在茫茫黑暗中跳梁穿洞、咬东嚼西、偷谷摸瓜、传播瘟疫，干着害人勾当一样，用极其卑劣的文学手段上演了一场意在摧毁中国这个大厦、搞乱中华民族这个大家庭的恶作剧。

看看他们为文之时所采取的手段你就可以知道，这是一群十足的文痞！一伙混迹在文化圈中打诨卖俏戏弄文化的江湖骗子！

一、他们痞在只会泼妇骂街上

"中国传统文化陷阱论"者不讲文道，他们只知道用最肮脏、最丑恶的文字对中国、中国人、中国历史和中国文化进行抹黑丑化。他们的行为就像神经质般的泼妇在歇斯底里骂街。请先看看黄奕锋的《一篇批判中国的文章》，看此公是如何把那些臭气熏天、污秽不堪的文字往中国及中国人的脸上泼的吧！

"能正确地解释普遍存在于中国人之间的丑恶行为，我们需要了解中国憎恶文化的根髓。如此这样以至一段时期后，中国人这个概念，无论是在种族还是文化上，都已经退化成一个贬义词用来去形容那些令人讨厌的行为或者有着类似行为的特定人群了，……中国人这个字眼已经成为一个用于描述普遍堕落人性的非常贴切的形容词。"

"当今中国究竟处于何种境地，很难有一个精确的描述。……中国见证着多元化：一个文明古国，一个有着无法描述的天灾人祸的国家，一个充满谎言和背叛的国家……中国总是让人联想起神话传说中的多头巨人，每一张脸孔都承载着人类的苦难与身陷绝望的悲凉。"

中国人的"思想还停留在专注于动物本能对性和食物那点贪婪可怜的欲望上"。

"中国人脑海中就从未接受过任何国家和社会人的概念，……我们不把中国当一个意义上的国家而只不过是一块聚集了不同属性但有相同生活习惯的人群的土地"，"中国是一个统一的国家和中国人是一个统一的民族的说法除了是用来愚弄那些没有开化的脑袋以外没有任何意义"。

"毫无疑问，这种以血缘关系为基础的道德观势必导致自私、冷酷，这种自私和冷酷已经成为阻碍中国社会向前发展的最关键因素。"

"中国人是不配受到正派人的尊敬的。"

"中国人生来就有无情和自私的特点，它已成为中国落后的主要原因"，"中国人没有勇气追求他们认为正确的事情，首先，他们没有从错误中筛选正确事物的能力，因为他们的思想被贪婪所占据。再有，就算他们有能力筛选出正确的事情，他们也缺乏勇气把真理化为实践"。

"随着传统文化价值观的破坏和逐步衰弱，大多数的中国人，包括受过教育的人徘徊在精神和内心世界的路口，像迷失的狗一样不知何去何从。"

"中国人如此之愚昧地认为别人（西方人）会用他们一样的方式去行为和思考，看来没有什么能比这个肤浅的假想更能令这些野蛮的中国人去享受的了。"

"无论中国怎样进步最终都无法获得一个双赢的结局。如果中国的现代化进程失败，其腐败的政府垮台，整个世界将面临一股从中国涌来的巨大的难民潮。如果这样，似乎只能动用核武来进行一次'消毒'了；还有一个假设（尽管听上去不太可能），中国设法成为一个发达的工业国，那么世界面临的将是什么呢？便宜的中国制造充斥市场，全球竞争加剧，工业产品泛滥，……这将不可避免地导致另外一个全球经济危机，一个人类只有诉诸暴力才能化解的经济危机。此外，一个工业发达的中国将会是一个人类历史上前所未有的污染源。一言以蔽之，无论中国向哪个方向发展，都会给人类社会带来灾难。"

海旻在《为什么必须彻底批判中国传统文化》中讽刺说："中国人在本质上都是奴化僵尸，所以，他们变成了纯粹的动物，它们只是在棍棒和皮鞭的约束之下才能生存。"

"而世界历史的进程则是由铁血写成的，中国人将无立足之地。"

我这样不厌其烦地把这几位"中国传统文化陷阱论"大师的这些越读越令人生厌、越读越令人恶心的文字展示在广大读者面前，我明明知道其效果是好像捧上一堆狗屎要大家去看去闻，以至于读者朋友们会误认为我是得了神经病。其实我是想让大家见识见识，这个世界上竟还有这么一些善于血口喷人之徒，可惜他们吐出的不是鲜红的血浆却是又黑又脏又臭的废弃物。看了他们这些东西后，大家对蛮横无理这个汉语词汇的理解肯定是由抽象变为具体，由想象变为直观了吧。上述这诸多对中国、中国文化、中国人的口诛笔伐中有分析举例、事实论证吗？有解释说明吗？没有，一行行、一页页、一篇篇的谩骂，除了谩骂还是谩骂！清一色的凭空捏造，清一色的恶言脏语。我痴长了六十来年，只是小时候在农村见到过一次泼妇骂街，那呼天号地、拍手跺脚、胡言乱语、口无遮拦的形态使得全村人目瞪口呆、惊讶不已。但后来这人真的得了神经病。这里摘录的他们这些文字不就是一群泼妇骂街的文字记录吗？让大家在这儿开开眼界也是我的动机之一。那么，为什么这些人要用这种骂街的办法来以售其奸呢？这使我联想起《三国演义》中诸葛亮骂死王朗的故事。王朗为曹魏的老臣，官至司徒，晋封兰陵侯。76 岁时随魏军与诸葛亮交兵，战前王朗想凭自己的才气痛骂诸葛亮，挫其锐气以败蜀军，结果却被诸葛亮层层驳斥，气得口喷鲜血，当场一命归天。"中国传统文化陷阱论"大师们是想学王朗给人一顿痛骂以把对手打倒吧？只是王朗想打倒的仅是对方一人，"陷阱论"大师想打倒的却是五千年文明古国中国，还想打倒有十四亿儿女的中华民族及有五千年辉煌的中国文化。差别就此而已，可惜这上演的是一场蝮蛇吞象的滑稽剧。

二、他们痼在文辞丑态百出上

"中国传统文化陷阱论"的文道之痼，表现多多，可以说是无所不用其极。

1. 诡辩

他们善于别有用心的诡辩。袁伟时先生在《中国传统文化的陷阱》中阴阳怪气地说："1840 年鸦片战争失败了，但是英国不是用铁甲舰将中国打败的，那个时候他的军舰还是木头造的，而 15 世纪郑和下西洋的时候，中国的造船技术已经是世界一流的了；到了 19 世纪，却被别人打得一败涂地。中国传统文化是优秀的，有很多珍宝，然而为什么社会转型这么困难，没有产生出现代经济？为什么没有产生现代科学？这是一个问题。"接着袁伟时又步步进逼，他以 19 世纪到 20 世纪中国被迫割地赔款，以及因战争等原因非正常死亡几亿人为据提出质问。"原因在哪里？中国文化那么优秀，为什么不能解决这些问题？"

这里袁伟时从 19 世纪到 20 世纪中国割地赔款、死亡几亿人，推论出中国文化不优秀，其观点之荒谬我在前文已作论述；中国晚清时期出现的问题主要是西方列强的侵略和中国晚清王朝的腐败所致。袁伟时这些论述牵强附会，由此看出他多么会诡辩！

端木赐香教授为论述中国传统社会传统农民素质低劣，以一个西北放牛娃对人说他的人生理想就是放牛、挣钱、娶老婆、生娃娃为例写道："别震惊于这放牛孩子的人生理想，因为这就是传统农民的真实的生存状态，生存的天空没有足够的光线，导致他们先天的短视，环境的污染，没有足够的空间，导致他们后天的短视，短视与愚昧，就是传统农民的素质，这素质，是农民长期面朝黄土背朝天的结果，是统治者长期'饱其腹弱其智'的结果。"（端木赐香著《中国传统文化的陷阱》，第 261 页）

农民脸朝黄土背朝天，所以会短视蒙昧，这是端木赐香理论。15、16 世纪的葡萄牙人和西班牙人没有脸朝黄土背朝天，他们当时的确称雄于世界；可是今天他们还是没有脸朝黄土背朝天，他们还能在中国人面前乃至世界称王称霸吗？今天的中国农民，他们有时还是要脸朝黄土背朝天，但他们搞品种改良，搞机械化生产，搞农业产业化，搞一村一品，他们在网上学习农业科技，通过电商网购使农副产品畅流天下。你能说今天的中国农民愚昧短视吗？端木赐香教授这些高论不是诡辩又是什么呢？

尹胜先生对中华民族有五千年的历史，中华文明是有五千年辉煌的文明这种说法非常反感。他讽刺说："以时间长短判断文化的优劣，以事物的新旧判断事物的价值，这都是盲目和感性的。比如说新中国，人们直接把新中国当成了好中国，事实上新的东西未必就是好的，比如刚拉的屎也是新的，刚发生的抢劫案也是新的，刚发现的病毒也是新的，但你能说新的就是好的吗？"

真可鄙，尹胜先生竟以新拉的屎、新发生的抢劫案、新发现的病毒为据否定新生事物进而否定新中国。世界上有过用如此下流的手法去谩骂攻击别人的事例吗？我没有见过，我相信广大读者也没有几人见过。但是，尹胜敢于这样说。我真惊讶尹先生这是勇敢还是无耻还是不要脸！然而尹先生未免不知道，中国先人是如何赞美新事物的。"长江后浪推前浪，一代新人赶旧人"；唐代著名文学家刘禹锡说："芳林新叶催陈叶，流水前波让后波"；唐李商隐诗曰"桐花万里丹山路，雏凤清于老凤声"。这些诗句非常明显地体现出对新事物的肯定与赞美。现实生活中，谁不知道新生事物代表着希望，代表着未来？在时间的变换中，新的一天的到来难道不是好的？春种秋收，新芽破土难道不是好的？对于辛苦凭手工劳作的工人而言，大机器的发明难道不是好的？对于年轻夫妻，包括尹先生的问世对尹先生父母，新生儿的呱呱落地对尹先生夫妻，这难道不是好的？对于被西方列强撕扯得四分五裂，中国劳苦大众被帝国主义、封建主义、官僚资本主义拨弄于水深火热之中的旧中国，新中国的诞生宣告中国结束了近代受屈辱的历史，苦难深重的中华民族获得了新生，这是好事坏事还在被尹先生怀疑，尹先生难道就不怕被人怀疑自己的心是良心还是狼心吗？

看了尹胜这些谬论，难道你不觉得他是在耍流氓，搞诡辩吗？

2. 造谣诬陷

他们的为文之道是无中生有，造谣惑众，捣乱人心，看看下面这段文字吧。

"由于古老的中国一直以来都带着'地球上人口最多的国家'的头衔，但仔细彻底地分析却揭示了另外的结论。这一血腥的头衔并不能归于主的照顾，而是由于中国政府不负责任的生育政策和中国人难以置信的生育能力。"

黄奕锋指责中国"人口最多"是由于"中国政府不负责任的生育政策"，这种指责有道理吗？中国封建社会实行一家一户的小农经济，这种经济形态最需要劳动力；国家的军队建设、劳役、税赋管理等更需要人力，所以封建社会时期从国家到普通百姓家庭都盼望人丁兴旺。人口数量多少及增长情况甚至成为一个朝代一个国家是否兴旺发达的标志。这就造成中国人口自古以来基数就很庞大。清道光年间，中国人口就高达4亿。新中国成立后，中国人口呈现出增长过快趋势。为使人口增长与经济、社会发展相协调，中国政府从20世纪70年代开始采取积极的计划生育政策，并把这一政策定为国策，明确规定"一个家庭一对育龄夫妇有计划地安排生育孩子的时间和数目"。那个时代中国各级政府直至基层组织为推行计划生育采取的措施、工作的力度至今令人记忆犹新。有些地方的做法甚至因为过激招致国人乃至海外不同程度的批评。由此看来，"中国传统文化陷阱论"者批评中国人口多了是由于政府生育政策不负责任是何等横蛮！何等不顾事实！

3．曲解

他们骂中国文化"三纲五常"斩掉了人之"阳刚之气"，"忠孝礼义使中国男人的膝盖从此直不起来，长跪数千年"。

谁都知道，以儒家文化为核心的中国传统文化提倡的是建立有秩序的社会使人们和谐相处；推崇修身齐家治国平天下是提倡有志之士担当社会责任。可"中国传统文化陷阱论"者却把其曲解为培养了国民的奴性，真是一派胡言。

4．无中生有

他们骂中国人"已经退化成一个贬义词"，"普遍堕落人性"，"思想还停留在专注于动物本能对性和食物那点贪婪可怜的欲望上"，中国人"像迷失的狗一样不知何去何从"，"中国人生来就有无情和自私的特点"，中国人"思想被贪婪所占据"，中国人冷酷、堕落、欺骗、背叛、荒谬、绝望，"令人讨厌"。

他们骂中国："充满谎言和背叛"，中国不是一个"真正意义"上的国家，"中国的农业政府更是蒙昧"。

他们口里喷出的这些污泥浊水，不讲来由，不讲依据，纯粹凭空捏造，无中生有。何须多费唇舌，与之相论！

看透了吧，他们就是这样用极其肮脏的语言和卑劣的手段来攻击中国、中国人和中华传统文化。但他们所奉行的是不讲事实，不讲道理；所骂的除了诡辩，除了无中生有的捏造，除了别有用心的歪曲肢解，还有什么呢？在这里大家应该是平生第一次见到这么多的"欲加之罪何患无辞"！第一次领略南宋年代卖国贼秦桧欲置爱国英雄岳飞于死地所用罪名"莫须有"的真正含义。

三、他们痼在逻辑混乱，自相矛盾上

这些人骂中国人无理性，然而上述谩骂中却暴露出很多他们自身的不理性。请看看他们是何等可笑地用自己的手打自己的嘴巴吧！他们一方面承认中国是"一个文明古国"，另一方面又说"中国人的思想还停留在专注动物本能对性和食物那点贪婪可怜的欲望上"。一个国民的思想还停留在专注动物本能对性和食物的欲望上的国家能成为文明古国吗？这不是牙齿咬舌头又是什么呢？他们一方面说"中国文化赋予它自身是具有书卷气的富有智慧和道德的学说"，回过头来又说"中国人如此之愚昧"；接着又谩骂中国"古代汉人宽厚仁慈和荣耀的文化已经完全被奴性思想所代替"。看看这些就知道了，这里所暴露出来的，除了以子之矛攻子之盾外，又还有什么呢？

黄奕锋说"中国因它在历史上对知识的贡献而闻名"。对知识的贡献肯定有教育的功劳吧！但是，黄奕锋又叫嚷："中国教育的真相和实质"是，"教育不是扮演它应该扮演的角色，……即改善全民的整体素质，……中国教育的目的不是为了帮助社会改善总体水平，而是为统治阶层和少数富有阶层服务，……这个教育体系不能提供给社会许多有用的个体。它只是制造出一群投机分子"。

中国的教育真"只是制造出一群投机分子"吗？看看新中国成立至今中国在机械制造、军事装备、航空航天、桥梁高铁、电子信息、杂交水稻等一系列领域所取得的令世界瞩目的巨大成就吧！难道这些辉煌业绩都是中国教育体系以外的什么体系的人创造的吗？再请问黄奕锋先生，你能说说在"杂交水稻之父"袁隆平，诺贝尔医学奖获得者屠呦呦，"中国小麦远缘杂交之父"李振声，中国历届国防科技工业创新人物如导弹武器专家朱坤、电子技术专家符兴斌、卫星激光通信技术专家马晶、无人机专家祝小平、雷达专家邢文革等数以百千计的中国高科技领域顶尖人物中，有哪几个不是由中国教育体系教育出来的呢？可敬的先生，你及你的同道们是不是从中国的教育体系中教育出来的呢？如果不是，只能说明你们身在中国教育体系之外不了解实情又妄加评论纯属乱说而已！如果是，按照你们的逻辑，你们自己也成为被中国教育体系制造的投机分子！

最可笑的是，端木赐香教授在她的《中国传统文化的陷阱》中说：中国社会是一个不道德的社会，但是组成分子，每一个人都可能是道德的。也就是说道德的人构成了"不道德的社会"。这可真是自相矛盾的诡辩了。道德的人组成的社会是不道德的社会，这等于是说用黄金做货币是不值钱的，用河里的石头做货币倒是值钱的，天底下有这样的事吗？这不是信口雌黄又是什么呢？可端木赐香在同一本书中又说："中国传统文化，经线是伦理，纬线乃道德，伦理道德合成一张铺天盖地的网。"中国社会既然伦理道德铺天盖地，又怎么能说中国社会是不道德的社会呢？这里还要问端木赐香教授，中国作为一个社会的不道德表现在哪里呢？中国人不像西方人那样如强盗穿窗破户到别人家抢劫东西；中国人没有像古罗马那样连续两百多年向遥远的东方发动十字军东征抢掠他国的财富；没有像十五十六世纪的欧洲人那样把非洲的黑人像猪狗一样卖到美洲获取高额利润；没有像移居美洲的欧洲人那样把美洲当地的几千万土著居民印第安人几乎赶尽杀绝以夺取他们那肥沃的土地；没有像19世纪的英国人那样先是走私后用铁甲炮舰轰开别国的大门，强行把害人的鸦片卖给他国百姓以换取那白花花的银圆；没有像20世纪的西方列强国家那样丧心病狂发动第一次第二次世界大战使数亿世界人口陷入战火纷飞、血泪滔滔的汪洋大海。中国有日本帝国主义在南京屠杀30万老百姓的惨案，但没有德国法西斯分子在国内屠杀600万犹太人的悲剧。如果说没有这些罪恶历史的中国社会是一个不道德的社会，那么，古往今来制造了这么多滔天罪恶的西方世界该是一个什么社会？难道他们倒是道德社会吗？端木赐香教授划分道德社会与不道德社会到底是用的什么标准呢？而且，"中国传统文化陷阱论"的各位先生们、教授们那么极力主张中国要"脱亚入欧"实行"西方化"，你们对不讲伦理道德的西方世界这么情有独钟，不知道诸位究竟是安的什么心？

四、他们痞在无事生非，制造事端上

他们在漫无边际的咒骂声中偶尔举出的意在作为污蔑诽谤中国、中国人和中国文化炮弹的论据，或是出于无知，或是由于认知有偏见，这些论据全无事生非，当然软弱无力，不值一驳。

先说黄奕锋怀疑"中国是一个统一的国家，中国人是一个统一的民族"，这不荒唐可笑吗？中国自秦始皇统一六国建立中央集权的封建制国家以来，至今已两千多年。其间虽然有些年代出现过短暂分裂，但为时甚短。即使是国家在蒙古族、满族主政时期，国家仍然以统一的版图立足于世。正因为中国"五千年血脉相连、五千载豪雄承传"，故举世公认中国是文明古国。"中国传统文化陷阱论"者黄奕锋先生对此却持怀疑态度，除了说明对历史的无知对祖国的无情外还能说明什么呢？

至于"中国人是一个统一的民族"一说，难道这也值得怀疑？谁都知道，我们国家有汉、满、蒙古、回、藏等56个民族，统称为"中华民族"。"中华民族"这个概念于1902年由梁启超提出，1905年他进一步阐述并做结论说："中华民族自始本非一族，实由多民族混合而成。"1912年元旦，孙中山在《中华民国临时大总统宣言书》中郑重宣告："国家之本，在于人民。合汉、满、蒙古、回、藏诸地为一国，即合汉、满、蒙古、回、藏诸族为一人……是曰民族之统一。"在《中华民国临时约法》中规定，"中华民国人民一律平等，无种族、阶级、宗教之区别"。所以，中华民族"这个概念是我国境内56个民族的统称。正是在这个意义上说"中华民族"是一个统一的民族。这个概念自梁启超提出经孙中山领导的中华民国确定沿用至今。它不仅为广大中华儿女所认同也为全世界人民所认可。"中国传统文化陷阱论"中的"中国人"毫无疑问是中国境内的所有公民。所以，怎么能怀疑中国人是一个统一的民族呢？如果因为有56个民族存在而否定中华民族是一个统一的民族，那么自称美利坚民族，由英格兰人、德意志人、爱尔兰人、亚洲人、印第安人等多种族组成的美国，能说不是一个统一的民族国家吗？

尹胜先生在《我为什么要彻底否定中国传统文化》中叫嚷："所谓的现代文明，没有任何一样和中国传统文化有关系"，他断定中国古代的"四大发明全部是欺人之谈"，"中国从古到今皆落后于西方，整个亚洲都是如此，人类有记载的历史里，整个亚洲都是落后于西方的"。

中国古代有"四大发明"是欺人之谈，尹胜先生竟然有如此高论。中国古代的四大发明影响了世界，国内无人不知，国际无人不晓。尹胜先生这种不顾史实违背公论的谬论不就像戴着墨镜的人在唱"天上没有太阳地上没有海洋"一样荒唐可笑吗？

"中国从古到今皆落后于西方"吗？世界四大古文明中，其他三大文明在历史长河中烟消云散，而中华文明却从五千年前延续至今，这是落后于西方吗？人类社会是由原始社会、奴隶社会、封建社会向工业化现代社会迈进。中国比欧洲早1000年结束奴隶社会进入封建社会。中世纪的欧洲落后腐朽被学术界称为黑暗的欧洲，而中国封建社会自秦统一全国以后近两千年中接连出现汉的"文景之治""汉武盛世""光武中兴"，唐的"贞观之治"，明的"永乐盛世"，清的"康乾盛世"，尤其是唐贞观之治期间，中国是海晏河清，万邦来朝。所以学界普遍认为，晚清政府以前的封建社会中国的文明进化状况远远超过了欧洲的中世纪。中国科学技术史的权威李约瑟博士认为，从远古时代到15世纪，中国科学技术的成就远远超过了欧洲。由此可见，尹胜先生"中国从古到今皆落后于西方"的论断不是胡说八道、主观臆造又是什么呢？

整个亚洲"从古至今"都落后于西方吗？可是世界四大文明古国没有一个产生于西方。四大文明古国繁荣发展时，西方最早的希腊文明还没有问世呢！

现代文明"没有一样和中国传统文化有关"吗？这里要问尹胜先生，中国古代四大发明是不是中国传统文化发展的产物？英国哲学家弗朗西斯·培根指出："印刷术、火药、指南针这三种发明已经在世界范围内把事物的全部面貌和情况都改变了；第一种是在学术方面，第二种是在战事方面，第三种是在航行方面，并由此引起难以计数的变化来；竟至任何教派、任何帝国、任何星辰对人类事务的影响都无过于这些机械性的发现了。"

中国的政府部门"没有一个是为人民的利益服务的，唯一服务的对象就是他们自身集团的利益"，这也是黄奕锋先生"独具慧眼"。但黄先生是否知道，中国历史上当政府完全不顾及人民只谋自身集团利益的时候，人民就会站起来把它砸个粉碎。商末殷纣王时期如此，秦朝秦二世时期如此，隋末杨广王朝如此。如果中国历史上绝大部分时期的政府不是在为民众为国家办事，中国历史能连续五千年吗？在进入现代社会之前中华文明能如此辉煌吗？再看看当今的政府部门，虽然其中可能会有个别人不为人民在为自己牟利，但绝大部分部门及绝大部分公职人员都在为国家发展为民众利益谋划呼号。看看从 20 世纪 70 年代开始的国有企业改制及产业结构调整，近几年来全国掀起的上至中央下至乡镇村的精准扶贫，惠及全国城乡百姓的养老保险医疗保险，连贯全国城乡的农村公路网及纵横东西南北的铁路，席卷全国的环境治理等无数牵一发而动全身的重大举措，哪一项不是在中央及地方各级政府部门的协调下、在全国人民共同努力下完成的呢？当然在实施这些工作过程中，有的地方和部门的工作态度、工作效率还不行，但他们确确实实在做事。黄奕锋先生这样完全否定当前的政府及公职人员所做的工作，难道不怕受道德舆论及良心的谴责吗？

听说社会上有那么一种人——预测大师，能预测个人或事物的未来。黄奕锋先生可能也在练习践行此道，他在上述文字中给中国的发展前景也做了一个预测。只可惜他可能耳目已失灵，其预测犹如猴儿观水论月，难识真假了。

如他预测如果中国的现代化失败了，中国将涌来巨大的难民潮，世界"只能动用核武来进行一次'消毒'"了，这不是乱扯淡吗？看看今天这世界，中国的现代化建设会失败吗？失败了即用核武消毒，这只在 20 世纪美国人对日本人干过，黄奕锋先生是要谁对中国人干这事呢？这里除了暴露出对中国人的刻骨仇恨外还有什么呢？他预测如果中国现代化成功变为一个发达的工业国，就会使中国制造充斥市场而成为"人类历史上前所未有的污染源"，这真是荒谬至极！如果工业发达会造成污染源，现在日本工业高度发达难道日本成为污染源了？实际上只有工业高度发达了才能有效控制污染。这里黄先生的预测又是驴子打屁放空炮，还露出了对工业无知的马脚。所以，他说的"无论中国怎样进步最终都无法获得一个双赢的结局"这种推测又不堪一击了。至于他"无论中国向哪个方向发展，都会对人类社会带来灾难"的叫嚣，让我们用西方学者提供的事实来封他的嘴吧！

西班牙《经济学家报》网站 2018 年 3 月 6 日刊登比森特·涅韦斯的文章：《如果中

国避开陷阱，将让西方颤抖》，比森特在文中分析了中国自 1978 年以来的变化，他说中国"这种转变是惊人的，在不到 40 年时间里，中国从一个人均国内生产总值（GDP）仅 250 美元的农业国变成了人均 GDP8000 美元的工业大国"，"中国已经开始对美国硅谷和德国、日本、韩国最重要的产业构成威胁，德国墨卡托中国研究中心在一份报告中提醒'中国制造 2025'涵盖了所有推动当今发达国家经济增长的高技术产业，如航空航天、工业机械、机器人、电动汽车、医疗设备等"。这里，比森特高度肯定了中国自改革开放以来经济上取得的巨大成就。但他没有如黄奕锋这样认为中国经济的高速发展会祸害世界进而产生哀鸣。比森特介绍了墨卡托中国研究中心专家们研究得出的结论："中国能避开中等收入的陷阱，人口老龄化、环境问题和债务增多等因素都不能阻碍中国成为一个高收入国家"，中国"这种经济发展模式的变化将影响和塑造全球范围的产业结构和竞争的结局，……相当数量的中国企业将变得非常有竞争力，并将成为全球创新的领导者"。另有权威媒体报道，2017 年中国经济对世界经济增长的贡献率达到了 34%。所以许多国际权威人士认为，世界经济的发展离不开中国经济的发展。2018 年 4 月 10 日，俄罗斯塔斯社报道了中国国家主席习近平当日在博鳌亚洲论坛年会开幕式上的讲话："中国永远不会成为其他国家或现行世界秩序的威胁"，"中国始终是世界和平的建设者、全球发展的贡献者、国际秩序的维护者"。

上述国际舆论的观点对比黄奕锋之流的哀鸣说明了什么呢？是黄奕锋无知？还是杞人忧天？恐怕都不是。这是一种对中国发展的恐惧与仇恨，一种对中华民族傲然立于世界民族之林的仇恨，除此再无其他。

"中国传统文化陷阱论"者对中国人极尽诽谤污蔑之能事，对中国文化、对中国的灿烂辉煌视而不见，在他们的嘴中，中国人及中国全是落后与黑暗，中国的发展是那么可怕，其根本原因是什么？端木赐香自己对此做了充分说明。她在《中国传统文化的陷阱》书中说："我在此窗看风景，你在那山搭凉棚，我们就座的位置不同，选择的地域不同，甚至仅仅因为心情不同，看到的风景也就不同。"真是不打自招。我们希望中国强大，希望中国百姓安居乐业，当然要实事求是看中国人，要实事求是评价中国；他们希望中国乱，他们要引中国"脱亚入欧"，他们想以此向那些仇视中国的西方人献礼，当然要把中国人说得一无是处，把中国白的说成黑的，黑的说成白的了。只可惜，无论乌云如何遮住太阳的光辉，阳光总会穿透黑幕而四射，谎言说一万遍始终成不了事实，这就是公理。

"中国传统文化陷阱论"的
方法与立场错位

　　"中国传统文化陷阱论"者以晚清时期中国由传统社会转入现代社会落后于西方，以及中国在漫长历史上出现的某些缺失事件为例，全盘否定中国、中华民族及中国传统文化，他们严重歪曲历史、违背真理、混淆是非，背离了人类认识客观世界的正确方法和轨道，陷入了严重的形而上学的歧途。

一、屈光不正的眼科病，"中国传统文化陷阱论"的方法论之劣

　　人民要正确认识事物，就要有正确的世界观和正确认识事物的方法。理论界认为，马克思主义的辩证唯物主义、历史唯物主义及其辩证法是人民正确认识世界及其客观事物的世界观和方法论。因此，人民认识世界时，就应懂得用辩证唯物主义和历史唯物主义的世界观和方法论来认识客观事物。然而"中国传统文化陷阱论"的各位教授先生在看待客观世界时，却不同程度地得了屈光不正的眼病。何谓屈光不正？这是指眼睛在不使用调节时，平行光线通过眼的作用后，不能在视网膜上形成清晰的物像，而在视网膜前和视网膜后成像。屈光不正者一般表现为眼睛的近视、远视、散光等。"中国传统文化陷阱论"者在看待中国、中国历史及中华民族时就患了屈光不正这种眼科病。这表现在如下几个方面。

1. 只见树木，不见森林

　　按照辩证唯物主义的观点，客观世界任何事物都是整体与局部的辩证统一；整体是由局部构成的，局部只是整体中的一个部分。整体与局部的关系也就是森林与树木的关系。大片大片的树木构成了森林。树木是森林中的单个个体。"中国传统文化陷阱论"者关于中国人、中国历史及中国文化的种种观点则完全违背了整体与局部对立统一的辩证法，他们只看局部，不看整体；只看树木，不看森林。任何事物都是局部与整体、现象与本质的统一。我们观察事物，应从局部与整体的对立统一关系上去把握，不能抓其一点不及其余。观察事物只见局部忽视整体，只见树木不见森林是不对的；反之亦然。考察中国社会发展史的某一历史阶段，就应把它放到五千年中华文明史的全局来思考；同样，考察其中某一重大社会历史事件，应把其放至纷繁复杂的社会整体现象中去观察和分析。但袁伟时先生评价中国传统文化的得失成败时，仅仅以晚清时期中国从传统社会转入现代社会进程缓慢这一特殊短暂历史现象本身为依据，断定中国传统文化落后于西方文化。这一观察问题的方法完全忽视了中华传统文化伴随着中华民族的诞生发展至

今五千年整体上灿烂辉煌，奴隶社会时期的科学技术发明创造，中国与西方互映光辉，两千多年封建社会中中国明显领先于西方，近代半个多世纪以来中国飞速崛起这些事实。这是典型的只见树木不见森林，只见局部不见整体的近视眼行为。

"中国传统文化陷阱论"者分析晚清落后这一社会现象时，也是停留在晚清社会的表面肤浅论道，没有深入分析造成晚清落后问题的本质，没有认识到晚清落后的时代环境是西方列强对世界实行殖民扩张，没有深入分析这一时期统治集团内部的权力之争、对民众的压迫及由此引起的农民起义这诸多因素对晚清政府的重大影响。造成这种落后的直接外部原因是英国的入侵；内部原因是晚清政府的政治、军事腐败。因此，袁伟时先生在分析造成晚清时期中国落后于西方这一问题时，其说明不仅苍白无力，而且是非混淆，完全违反了辩证法。

2. 只见旋涡回流，不知大江东去

"中国传统文化陷阱论"者的种种观点也不符合历史哲学关于社会波浪式发展、在曲折中前进的发展观。人类文明是不断向前发展的，宛如大江东去，是不以人的意志为转移的客观规律。但具体到某一阶段或某一民族某一地域的发展状况，又好像汹涌澎湃的江流之中有旋涡、有暗流回荡，其文明的发展不是直线向前而是迂回曲折螺旋式前进的，人类文明史就是一部充满曲折、波浪式发展的历史。公元前3150年至公元前30年，非洲尼罗河第一瀑布至三角洲地区涌现出人类历史上最古老的文明状态即古埃及文明。这三千多年间埃及人曾使强有力的中央集权君主制得以高度发展，同时也创造了灿烂辉煌的文字、草纸及金字塔等古埃及文化，并使其成为人类四大文明发祥地之一。公元前30年欧洲罗马帝国攻入埃及使这一人类最引以为自豪的文明归于毁灭，从此也宣告了最使非洲人骄傲的古埃及文明的终结。此后在漫长的历史岁月中，非洲文明的发展一直处于迟缓状态。

欧洲的文明进程也充满了曲折。欧洲直到约公元前800年才在东南部巴尔干半岛由1500多个岛屿组成的希腊岛国产生古希腊文明。这一文明时期虽然科学技术、哲学、文学和艺术都极为发达，而且在政治上还创造了雅典奴隶制民主政体这种至今仍为许多人称颂的国家形式，但到了公元前6世纪，爱琴海岸希腊两强雅典和斯巴达因争霸战争不断导致两败俱伤，以致最终被北方的马其顿消灭。继之而起的亚历山大帝国虽然使希腊文明短暂中兴，但很快被与巴尔干半岛隔海相望的亚平宁半岛上的罗马军团的铁蹄所踏灭。希腊文明持续到公元前146年仅存在654年即不复存在。所以古希腊文明在其发展的过程中也是波浪起伏的。

欧洲文明的另一个源头古罗马文明起源于公元前9世纪的意大利中部。公元前5世纪发展成为地中海西部的大国。到公元1世纪扩张成为称霸地中海，横跨欧洲、亚洲、非洲的庞大罗马帝国。古罗马破坏性地吸收了希腊文明的成果，它创建的罗马律法为西方文明的发展做出了重要贡献。但到395年罗马帝国被分裂成为东西两部分，西罗马仅存在81年，于476年即告灭亡，辉煌灿烂的古罗马文化至此几乎中断。这一年，东罗马帝国（又称拜占庭帝国）由奴隶共和制变为君主专制的封建制国家，欧洲进入了黑暗的中世纪时代。1453年东罗马为奥斯曼帝国所灭。有2300多年历史的罗马文明至此彻

底终结。在整个中世纪，欧洲世界的文明进化是在黑暗中前进。

奥斯曼文明作为中亚文明存在于 1299 年至 1922 年由土耳其人创立的奥斯曼帝国期间。他们初居中亚，后迁至小亚细亚，日渐兴盛。极盛时版图覆盖亚欧非三大洲。其间掌控东西文明的陆上交通线达 600 年之久。它是 15 至 19 世纪唯一能挑战欧洲基督教国家的伊斯兰势力。但到 1922 年，随着第一次世界大战爆发，在西方列强协约国的炮火之下，奥斯曼帝国土崩瓦解，它仅存世 600 余年。

古印度文明昌盛于公元前 1800 年至公元前 600 年的南亚印度河流域，是古代人类四大文明之一。其地域包括今天的印度、巴基斯坦、孟加拉国、尼泊尔、不丹诸国。它创造的文学、哲学和自然科学对人类文明做出了重大贡献，其宗教也深远影响了世界。但古印度在 16 世纪被突厥化的蒙古族侵入并建立了莫卧儿帝国，从而宣告了持续数千年的古印度文明的结束。蒙古族莫卧儿帝国统治的印度到 1858 年后又被英国征服成立英属印度。英属印度人全部改用英语，印度彻头彻尾成为英属殖民地，1947 年 8 月印度才宣告脱离英国殖民统治而独立。经过 16 世纪的蒙古化与英国化改造，今天的印度已不是历史上的古印度的延续。

中华文明始于三皇五帝，历经夏、商、周、秦、汉等皇朝至今已有五千年历史。其间既有汉武雄风、贞观气象、康乾盛世的辉煌，也曾有王朝更替、割据混战、外虏入侵造成的短暂衰败，更有蒙古族、满族曾先后主政全国。但不管朝廷的名称及举政全国的民族发生怎样变化，中华文明从诞生至今五千年血脉相连，并且成为世界上最伟大的文明。直至今天，作为中华文明脉络的几大因素仍然没有发生什么变化。

（1）汉字在 2000 多年前被发明后一直作为国家主体文字被使用。夏商时期国家通用甲骨文，西周后期发展到全国统一用大篆（金文），从而奠定全国统一使用方块字汉字的基础。秦时全国统一用小篆，并很快发展到用隶书。汉朝之后发展到用楷书、行书、草书；之后诸种字体全国兼用通用至今。其间神州大地曾经分裂出现过多种形式的国家政权，如春秋战国时期的诸侯国割据，东汉之后魏、蜀、吴三国鼎立。东晋时期中国北方出现五胡十六国。唐朝之后出现五代十国。之后宋朝与辽国、西夏、金国长期对立。在国家四分五裂期间，国家通用文字仍然是汉字。汉字自古至今的通用，能使今人与古人对话，远古文明能流传至今。

（2）维系中华民族的思想理念始终没有变化。中华民族在漫长的历史进程中，形成了"崇仁爱、重民本、守诚信、讲辩证、尚和合、求大同的思想，有自强不息、敬业乐群、扶正扬善、扶贫济困、见义勇为、孝老爱亲等传统美德"，这些价值理念已深深融入中华民族的血肉之中。至今仍是中华民族的灵魂和血脉。

（3）中国从秦朝开始实现了全国领土版图的大一统，在发展中虽有偶然的分裂，领土版图偶然也有增减，但国家的大一统格局始终未变，国土面积至今居世界第三位。

（4）秦朝时建立的郡县制的国家组织构架，在发展中虽偶有挫折或者名称各异，最终基本上是按照中央、省、市（州）、县、乡至村的金字塔结构组建，从而保证了中华五千年基本上是统一且有序运转的。正因为有上述几点，华夏文明血脉能持续五千年而不衰。

比较世界几大文明发展历史,可以看出华夏文明具有如下几个鲜明特点:第一,它是世界上唯一延续时间最长且至今没有中断,最具稳定性、持续性的文明。第二,它孕育了占世界人口总数 1/4 的华夏民族,这个民族经过数千年的发展到现在人口高达 14 亿,人口数量在商代至今的漫长历史长河中长期雄踞世界第一,并使这个民族以勤劳智慧雄踞于世界民族的前列。第三,中华文化蕴含的智慧和伦理观念创造的成就使中国在奴隶社会及之前具有了远超过欧洲的远古文明,又避免了欧洲中世纪那种千余年的黑暗,在封建社会时期创造了令世界瞩目的辉煌灿烂文化。中国在远古时代、奴隶社会、封建社会这漫长历史阶段创造的文明成就,是 16 世纪以后西方现代文明快速发展的前提条件。正是有了中国的造纸术和印刷术,才会有西方文艺复兴运动的产生。正是中国发明了指南针,才会有西方人的地理大发现。正是有了中国的火药技术,西方才能创造出先进的枪炮器械并用以实施殖民扩张,开拓出巨大的世界商品市场。所以,没有中华文明在近代社会之前创造的巨大成就,西方现代文明就不可能得以产生并迅速发展。中华文明在世界文明史上做出贡献的时期要远远多于西方。中华文明尽管有晚清前后近百年的灰暗时期,但这仅是朗朗阳天瞬间飘逝的一阵阴云,是文明长河滚滚向前过程中的一个回旋。经过 20 世纪中叶至今天 70 年的快速发展,中国一甩之前百年的贫困与落后,创造了西方世界几百年才能创造的文明成效,使中国成为人口继续居世界第一,经济总量居世界第二,综合国力居世界前列的现代化大国。"中国传统文化陷阱论"者没有看清华夏文明波澜向前这一历史规律,却以文明洪流在晚清前后时期短暂的迂回曲折大力抹黑华夏文明的先进性,这纯粹是对历史的曲解和污蔑。

3. 不知三九有暖日、暖春有酷寒的认识片面性

"中国传统文化陷阱论"者的种种观点违背了辩证哲学关于事物是在必然性与偶然性的对立统一运动中前进的发展观。客观世界充满了必然性与偶然性的对立统一,两者相互包容、相互对立又相互转化。如春夏秋冬四季更替这具有必然性,而具体每一天的阴晴风雨却具有偶然性。因而三九时节有时也会暖日当空,阳春三月偶尔也会寒风袭人。人类文明的发展也是必然性与偶然性的辩证统一。随着人类活动的不断深入,人类的智慧及创造的成果不断增长,因而人类文明状态总是向前发展的。这是人类文明发展的必然性。然而具体到每一个地区或某一社会历史阶段,其文明发展速度或快或慢,或多或少,这又具有偶然性。这也是文明发展过程中的迂回曲折性表现。奴隶社会时期,文明的高峰出现在:西亚的两河流域为巴比伦文明、北非的尼罗河流域为埃及文明、南亚的印度河流域为古印度文明、南欧的爱琴海诸岛为古希腊文明、亚洲东部黄河流域为华夏文明。到了封建社会,文明的高峰华夏文明却在中国继续保留发展。欧洲的古希腊文明被古罗马文明所取代,非洲的古埃及文明与西亚的古巴比伦文明、南亚的古印度文明都不复存在。人类进入资本主义和社会主义社会后除亚洲文明、欧洲文明继续放射出昔日光彩外,新文明的巅峰开始在美洲突起。这就充分说明人类文明的发展具有历史的必然性,然而其发展程度在人类社会的不同历史阶段和不同地区表现出偶然性。而且这种偶然性是通过一些重要人物的行为或一些重大事件的发生出现的,但它对人类文明的进程产生影响。如 1861 年沙皇俄国由沙皇亚历山大二世推动实行农奴制改革,使农奴

成为"自由人",为资本主义的发展提供了自由劳动力,巨额的份地赎金为工业的发展提供了大力的支持。俄国从此走上了资本主义发展道路。第一次世界大战后,希特勒当上了德国元首,他狂热好战,实行灭种大屠杀,又挑起第二次世界大战,使全世界尤其欧洲、亚洲人民遭受了长期的战火之苦,严重影响欧洲文明的发展。华夏文明的发展同样是必然性与偶然性的辩证统一。它因有五千年的积淀与历练将磅礴前进这具有必然性,而由于社会历史条件的复杂多变在某一时期有可能短暂停滞迂回曲折,或某一事件上可能有缺失反复,这又具有偶然性。故人们对漫长的中国历史社会的观察思考,绝不可只见偶然而不见必然,只见局部不见整体。可笑的是,袁伟时先生在分析中华传统文化时,却在其历史必然性与偶然性的相互关系上陷入混乱。他列举的晚清前期至后期出现的一些历史事件:郑和下西洋时期,明朝失掉了发展海洋贸易的机会,明末清初失掉东西方文化交流的机会,17、18世纪失去与西方通商的机会,以及李鸿章不允许私人在天津办轮船企业,张之洞不允许私人在洞庭湖和长江办轮船公司等都属于漫长历史发展过程中的一些偶然现象。袁伟时先生却以中国社会进程在晚清的短暂曲折全面否定中华文化之伟大,这完全是以偶然否定必然,是对历史辩证法的一种曲解。而且很难理解,袁伟时先生丝毫不因为西方文明有的如流星短暂,有的给人类带来滔滔血泪苦难而评其长短,却极力抹黑有五千年历史的中华文明的碧玉微瑕是什么"陷阱",其用心显然是不可思议的!

4. 只关注高楼却无视其基础的简单粗暴认识方法

"中国传统文化陷阱论"者的种种观点违背了历史辩证法关于经济基础决定上层建筑、上层建筑对经济基础有反作用的历史观。上层建筑是建立在某种经济基础之上并受其支配和制约的政治、法律、哲学、伦理、宗教、文学、艺术等观念,以及与这些观点相适应的政治、法律等制度。上层建筑对经济基础的反作用是指构成上层建筑的诸因素对经济基础产生的影响力或作用力。在上层建筑中,各种因素对经济基础的反作用是有差异的,力度有轻重之别,范围有大小之异,时效有长短之殊,方式有平和与暴力之分。首先,对人类社会影响时间即其时效性来说最长的是属于思想意识形态的文化、伦理、宗教等,如中华文化中爱国、勤劳、孝老、行善的理念伴随着中华民族的产生发展影响至今;其次是国家观念、政治制度与法律,如东汉初朝实行的分封以及推恩令制度,唐代实行的藩镇制度,清朝的八旗制度,这能影响整个朝代;再次则是具体的行政措施如政令、规定,如晚清为对抗太平天国允许汉族官吏组建地方武装等,这仅影响几十年。然而从对某一历史时期社会政治经济军事的影响力度而言,影响时间越短的政治举措或军事行动等因素力度越大,作用越明显;影响时间越长的因素如文化在一定短时期内力度越小,作用越不明显。这是人类历史社会的普遍规律。为什么具体的政策措施对社会政治经济军事影响力最大呢?因这些是针对社会政治经济活动中出现的特定情况而制订的特定举措,所以能立竿见影。思想文化宗教理念对人们的影响是潜移默化的,故长久才能生效也能长远生效,这就是历史的辩证法。所以分析晚清时期中国社会转型落后于西方的原因,从外部原因也是最主要原因看,首先是西方帝国主义列强对中国发动无休止的侵略战争;其次是西方列强为使中国成为他们的殖民地而采取的一系列政治打压与经济剥夺举措。从内部原因来看，首先是晚清政府自身政治腐败，由此导致统治集团内部矛盾、统治阶级与人民大众矛盾加深，引发接连不断的国内战争；其次是清政府实行闭关锁国政策。中国传统文化对晚清落后当然有影响，但这种影响比起当时帝国主义列强入侵掠夺的影响和国内连绵不断的战争、腐败的政治生态、失误的外交政策等因素的影响要小许多许多。所以把晚清落后于西方的原因归于中华传统文化的缺失就好像分析一栋大厦垮塌的原因只知从楼层顶部而不知从大厦的基础去分析一样，这明显不符合历史辩证法。况且，中华传统文化影响了中华民族四千多年经久不衰，怎么会一到晚清文化本身就变得腐朽落后了呢？从这个角度分析说文化导致晚清落后也是解释不清的。

综合以上论述，可以看出"中国传统文化的陷阱"一说，是把自己的一孔之见强加于客观实际之上。他们在评价中国历史时，抓住晚清这一历史阶段的短暂落后及中华民族漫长发展过程中发生的个别缺失事件把其无限放大，以此全盘否定中国五千年历史的辉煌成就。他们分析晚清时期中国落后于西方这一具体事件时，不深入分析这一问题的本质，即造成这种落后的国际环境与国内政治经济社会诸因素，而是仅凭表面现象把原因归之于中国传统文化。他们对西方世界及其文化的分析，满足于对西方提出的一些空洞的政治概念加以粉饰并力求照搬用于中国的实践，却没有对西方世界在这些空洞口号掩饰下的肮脏与罪恶做丝毫揭露。他们对中国五千年传统文化的批判，不是从中国传统文化整体上是如何引导国人勤劳、上进、克己、担当，如何引领国家社会稳定、和谐、安宁、文明发展这一全局去研究，而是抓住传统文化践行中出现的一些局部问题及社会上出现的个别落后、不文明现象，攻其一点，不及其余。所以袁伟时先生这篇文章完全是以主观代替客观，以个人偏见代替客观真理，既违背了辩证唯物主义，又背离了历史辩证法，从世界观到方法论都是十分错误的。

二、屁股摆错了方向，中国传统文化陷阱论的立场错位

"中国传统文化陷阱论"者极力否定中国人、中国历史及中国传统文化，顶礼膜拜、推崇西方文化，鼓吹中国的现代化应该是西方化，这种种观点，在政治立场和社会态度上，是一种严重的错位行为。

1. 这是与"西方文明中心论"遥相呼应

从 19 世纪晚清末年开始，中国陷入百年灾难之中，中华文明失去昔日的光辉。西方资本主义迅速发展以来，西方兴起了一种"西方文明中心论"，这是西方资本主义发达国家在全球范围内以实现自身利益最大化为目的而建构的理论。这种理论认为西方文明高于非西方文明，西方文明代表了世界发展的方向。因而一些西方资本主义大国采取强力手段向非西方国家尤其是与他们的价值观不一致的国家强力推行他们的核心价值观。具体体现为对非西方国家实行文化殖民甚至是赤裸裸的政治干涉。2011 年以来，在西方发达国家对埃及、突尼斯、利比亚、叙利亚，以及俄罗斯、南斯拉夫等国家的内

政干涉中，"西方文明中心论"在捣乱这些国家的思想、挑起内乱方面发挥了重大的作用。现在以美国为首的西方国家继续在这种思想观念的支撑下来处理与非西方国家的关系。"中国传统文化陷阱论"者在此时却大力丑化自己的国家、自己的民族和自己国家的文化。这就好比舞台上的两个小丑，一个在高唱"老子天下最美"，另一个马上不打自招"小子天下最丑"；两个小丑，里应外合，一唱一和，表演得何等滑稽可笑。

2. 这是为美国强力推行西方核心价值观，对不同政见国家实施干涉内政，颠覆政权的为虎作伥行为

长期以来，以美国为首的西方世界，一直标榜他们所推崇的民主、自由、人权等价值理念及与之联系在一起的社会政治制度具有人类的"普世价值"。他们试图以此证明本国的资本主义政治经济制度，或者说是资产阶级财团统治制度的合法性和长期性。因此，他们对有着不同意识形态色彩及不同政治制度，尤其是对他们不是俯首帖耳但地缘政治重要的国家，内心极度仇视，恨不得置之死地而后快。进入 21 世纪后，时任美国总统布什首次把伊拉克、伊朗、朝鲜列为邪恶轴心国，此后又先后在不同场合把利比亚、叙利亚、阿富汗、中国、古巴、缅甸、白俄罗斯、津巴布韦等国家都称为"邪恶国家"。何谓美国所说的"邪恶国家"？说穿了，就是那些没有实行美式民主的国家和那些没有跟着美国屁股走的国家。几十年来，美国或是通过采取军事和经济手段直接干涉他国内政，颠覆其政权；或是使用文化手段向这些不同政见国家输入西方国家的民主、自由、人权等理念，在这些国家内部挑动不明真相的群众与政府发生对立，进而成立反政府组织，颠覆国家原有政府，建立亲美政权。在 20 世纪末期和 21 世纪初期，美国采用这种方法在独联体国家和东亚地区推动了一场以一种特殊颜色或花朵命名，以和平和非暴力方式进行政权变更的"颜色革命"运动。在塞尔维亚、格鲁吉亚、乌克兰和吉尔吉斯斯坦几个国家推翻了原来的亲俄罗斯政府，建立了亲美国的民选政府。2003 年，美国直接发动了伊拉克战争，使用军事手段推翻了不听美国使唤的伊拉克国家政权。在2010 年前后，美国又在阿拉伯世界推动了一场以突尼斯的自焚事件为导火线，由激进势力发动民众走上街头示威游行，要求推翻本国专制政体的"阿拉伯之春"运动，西方媒体称之为"和平抵抗运动"。这场运动波及中东地区的埃及、突尼斯、利比亚、也门、巴林和叙利亚诸多国家。一些国际评估结果显示，经历了这场"阿拉伯之春"的国家，基础设施损失达 9000 亿美元，造成了超过 140 万人死亡，1500 多万人沦为难民。被认为"阿拉伯之春"最成功的突尼斯，虽然推翻了独裁统治建立了民选政府，但经济上却开始大倒退，GDP 从 2010 年以来一直停滞不前，人均 GDP 从每年 4000 美元下降至3600 美元，年轻人的失业率高达 35%。

然而在这样的国际环境下，"中国传统文化陷阱论"者一方面大力宣扬西方的民主、自由、人权具有"普世价值"，另一方面肆无忌惮地谩骂："中国社会目前还是专制社会"，"所谓的中国传统，连自由和平等的观念都是不具备的"。同时又极力鼓吹："在中国实现民主的途径只有一条，那就是从文化根基上西方化、文明化"，"离开'脱亚入欧'的康庄大道，中国的现代化、文明化将永无实现之可能"。由此可以看出，"中国传统文化陷阱论"者的种种论调，与美国在中东国家推动"阿拉伯之春"，在东欧独联体国家实施"颜色革命"的动机与理念完全如出一辙。值得惊讶的是，2014年9月28日凌晨，在中华人民共和国管辖之下的香港特别行政区发生了"占中"事件，造成香港局部交通瘫痪、秩序混乱。2018年6月9日，香港的"港独"势力与一些激进分子又以反对香港特区政府修例为名发动大规模的示威游行，从袭击警察到攻击路过的市民、污损国徽、冲击打砸香港特区政府机关，到冲击中央人民政府驻港办事机构，挑战中央权威。其表现形式与"阿拉伯之春""颜色革命"没有什么差别。正如有学者评论的，同样是"有美国长期资助、培植反对派骨干和头面人物，建立旨在颠覆政府的政党及组织，向香港社会灌输极端'西方价值'，利用突发事件制造街头政治活动，每次行动都有组织及有预谋的部署，不断制造颠覆政权的舆论"。这就是"中国传统文化陷阱论"者所极力鼓吹的西方的民主、自由、人权等核心价值观体现的所谓"普世价值"，由此明眼人一看就清楚，以美国为首的西方世界所鼓吹的民主、自由、人权理念对于他们维护本国的政治格局以及称霸天下的确有价值，但对于广大发展中国家尤其是被他们视为"异类"的非西方国家来说，就只有造成天下大乱、百姓遭殃的"价值"。"中国传统文化陷阱论"者却如此不遗余力为西方销售其思想理念，尽职尽责充当西方的文化旗手，其屁股到底是坐在哪一边？葫芦里到底是卖的什么药？这不是已昭然若揭了吗？

3. 这是捣乱中国百姓价值观的一种腐蚀剂

自19世纪下半叶至20世纪上半叶，中国的知识分子为探索中国振兴之路提出学习西方文化，新中国成立之后尤其是从20世纪七八十年代开始实行改革开放、大开国门学习引进西方的科学技术和管理经验，这的确是富民强国的好事。但与此同时，西方的文化、思想及价值观念也一并进入中国，对中国人民的思想观念也产生了不同程度的影响。20世纪80年代后，一些国人中产生了严重的崇洋媚外心理。在一些人的心中，西方的月亮比中国的圆，西方的一切比中国的好。如有人提出中国人应该放下筷子学习用刀叉，放弃中餐、学习用西餐；在一些城市建设中，抛弃中国美观而古老的建筑风格，崇尚西方"火柴盒式"的建筑风格，中国人经营的楼盘酒店套用乱七八糟的西方名字；一些人轻视甚至厌恶中国汉字语言的学习，有人甚至叫嚣要抛弃汉字，甚至在人才的评价、选拔过程中过于偏重英语；许多年轻人对本国的传统节日如春节、端午、中秋毫无兴趣，以过圣诞节、感恩节、情人节这些洋节为乐，甚至一度兴起"出国热""留学热"。由于自20世纪初期以来旷日持久的对中国传统文化的批判及西方价值观念的大量涌入，中国传统文化中一些优秀的思想理念也被淡化甚至否定。如不少人对国家、民族的情怀有所淡化，对父母的孝顺，对老人、贤者的尊敬，对他人的谦让，有人认为是"奴性"或"愚昧"；道德观念、社会习俗对个人行为的约束，如对婚姻爱情的坚守会被认为是没有"自由"和压抑人的个性；国家对社会的有序管理会被认为是专制；在商务活动中不守诚信、假冒伪劣不会被认为是一种丑行；书法中的"丑书"会说成是美。面对如此状况，大多数人都在痛心于中国优秀传统美德的丧失，期盼通过弘扬优秀传统文化，使中华民族优秀的道德理念早日回归。在这样的历史背景下，袁伟时、端木赐香等人却还在大肆叫嚣"中国传统文化的陷阱"，这完全是一种违背民心的行为。

4. 这是对提高文化自信的釜底抽薪

什么叫文化自信？文化自信是一个民族、一个国家以及一个政党对自身文化价值的充分肯定和积极践行，同时又是对自身文化的生命力与持久性的一种坚定信念。文化自信是维系一个国家、一个民族、一个政党万众同心的精神力量。习近平同志指出："文明特别是思想文化是一个国家、一个民族的灵魂。无论哪一个国家、哪一个民族，如果不珍惜自己的思想文化，丢掉了思想文化这个灵魂，这个国家、这个民族是立不起来的。"历史发展的实际已经证明，民众幸福有赖于国家的强大，而国家的强大不仅需要经济的富足，军队的强大，更需要人心的凝聚；而人心的凝聚只能来源于民众对本民族文化的认同与坚守。所以中央提出我们要建设现代化强国，不仅要坚持理论、制度、道路的自信，更要坚持文化自信。当下大力弘扬优秀传统文化，使之"感国运之变化、立时代之潮头、发时代之先声，为亿万人民、为伟大祖国鼓与呼"，这是国策所在，是国家利益所在，更是全体中华儿女的愿望所在。在这么一个大背景下，袁伟时先生却大谈"中华传统文化的陷阱"，极力往有着五千年辉煌历史的中华文化的脸上涂屎抹尿，甚至诽谤"中国人的思维方法有问题"，这无疑极大地满足了西方反华势力的需要，是一支射向作为华夏民族赖以生存发展之精神力量的中华传统文化的毒箭，这对于广大中华儿女"举精神之旗，立精神支柱，建精神家园"，对于中华文化走向世界完全是一种釜底抽薪。一言以蔽之，动摇中华民族的文化自信，摧垮我十四亿中华儿女的精神长城，削弱我中华民族在世界之林崛起的软实力，影响中国民富国强的进程，就是"中国传统文化陷阱论"者的立场与危害所在。难怪网上有人说袁伟时此文是与当下整个国家机器对抗。由此可见这些论调，其恶之狠、毒之重、臭之远！

然而中华文化已有五千年辉煌，仅凭袁伟时等几人"陷阱"一说丝毫抹不掉其灿烂光辉。今日之中国传统文化，四海共举，上下同声。如此人们要问，袁伟时等人的这些胡乱之说，对当下还有什么社会价值呢？当然有，它是那些对中国今日之崛起充满仇恨心态之人的一种无奈呻吟，是那些对中华民族充满敌意但理屈词穷又陷入穷途末路之徒的回光返照，更是那些对中国文化另眼相待者之险恶之心彻底暴露的一篇反面教材。狂犬吠日堪笑止，大树沐阳正逢春，这就是中华文化的今天明天以至未来。

中国怎样走向明天

40 反动是知识分子的最高境界吗?

端木赐香教授在她的《中国传统文化的陷阱》一书中认为，"我觉得反动这个词最能体现中国知识分子的原生状态，基于这个层面我认为，反动应是知识分子的最高境界"。(见端木赐香著《中国传统文化的陷阱》，第 147 页)

端木赐香这里所讲的是关于知识分子的人生立场与态度等根本性问题。

难道知识分子本性就是要反动吗? 真是匪夷所思!

一、反动不是中国知识分子的"原生状态"

什么叫反动呢? 百度对反动的解释是：反动是汉字词语。在物理学中指反向运动；在历史学中指社会发展过程中的倒退行为，或者逆于正常历史进程的行为；在中国的政治话语中主要指反对进步、反对社会变革的集团或个人。端木赐香教授这里提倡的知识分子的"反动"是什么意思呢? 联系她的《中国传统文化的陷阱》一书来看，该书从头到尾是采取哂笑、讽刺、谩骂的笔调攻击、否定中国传统文化，否定中国的历史及中国和中国人，这就看出，端木赐香教授所讲的知识分子应具备的反动，从宏观的方面来说，就是知识分子应逆历史、逆社会、逆客观实际、逆社会主流舆论、逆公众思维而行动；具体说来，就是知识分子应与政府、组织、社会及广大民众说相反的话，做相反的事，而且这应作为知识分子的"原生状态"。所谓原生状态，就是指与生俱来的，即天生的状态吧。《三国演义》中诸葛亮很早就看出魏延有反骨，认为魏延来到人世间天生就只知道反主人，当然诸葛亮这种分析得不到科学的认可。这里端木赐香是说知识分子天生就是反动的。分析一下其他几位"中国传统文化陷阱论"先生的文章、论述，他们的所思所言也完全体现出这一观点：他们诅咒中国文化是万恶之源，把中国历史、中国人抹黑得一无是处，这的的确确是对中国、中国人、中国历史、中国文化的彻底反动。所以在端木赐香看来，他们这是进入了"知识分子的最高境界"。

端木赐香等"中国传统文化陷阱论"先生们的这种思维，真令人不可思议!

按照中国人的思维方式，如果按照他们所倡导的这种方式去思考、说话或行动，人们会称之为"异类""反常""不正常"，或"精神错乱""得了神经病"。

端木赐香教授说"反动这个词最能体现知识分子的原生状态"，这等于是说知识分子的本质就是反动，这纯粹是胡说!

中国古代如造字之仓颉，著《周易》之周文王姬昌，著《论语》之孔子，著《道德经》之老子，著《史记》之司马迁，著《孙子兵法》之孙武，著《太极图说》《爱莲说》

之周敦颐，著《传习录》之王阳明等，他们各自或从世界本体运动的角度，或对自然、社会、人生偏重不同的某一方面进行认真思考并做出某些学说，而这些学说思想尽管由于所处时代所限具有不同程度的历史局限性，但其主旨精神却显示出思想的光芒，它们是华夏文化的智慧之花，是推动历史前进的精神食粮，更是让世界文明长河滚滚向前的滔滔波浪。他们是古代优秀知识分子的杰出代表。怎么能说中国知识分子的原生状态就是反动呢？

中国社会还有灿若群星的文学家，如唐宋时代的诗人李白、杜甫、刘禹锡、孟浩然、苏东坡、李清照、文天祥，以及后来开小说文学创作之极的《三国演义》《水浒传》《西游记》《红楼梦》的作者罗贯中、施耐庵、吴承恩、曹雪芹等。他们的作品让人如沐春风，使人获得愉悦、获得智慧、获得正义，明确人生的价值。他们是不是知识分子？回答不容否定。那么，他们的行为叫反动吗？

中国历史上还有不计其数在探索自然及生产规律、总结提高人类生存技能方面做出卓越成就的人，如在世界数学史上占有杰出地位、著有《九章算术注》的刘徽，著有《数学九章》的秦九韶，著有《天文》八卷的石申；农学方面有著《齐民要术》之贾思勰；医学领域有著《扁鹊内经》的扁鹊、著《伤寒杂病论》之张仲景、著《千金方》的孙思邈；等等。他们是不是知识分子？他们揭示了客观真理，探明了客观规律，使人们增长了见识，提高了技能，增强了适应自然与社会的能力。他们毫无疑义是知识分子。难道，他们的思想和行为也是反动的吗？

诚然，中国历史上也有这么一些人，他们愤世嫉俗，其见识与行为不随波逐流，不落俗套。如屈原，面对楚怀王的昏庸无能、听信小人之言、破坏联赵抗秦大计，楚国面临着被强秦所灭危险的严峻形势，发出"举世皆浊我独清"的感叹，立志"路漫漫其修远兮，吾将上下而求索"！在秦军攻破楚国都城郢都，屈原感到复国无望后，他含恨自投汨罗江中。明末清初湖南人王夫之，他对大明王朝有着深厚的故国之情，在清兵南进后，积极投入南明政权的抗清斗争；南明灭亡清朝统一全国后，王夫之隐居家乡衡阳曲兰乡船山之下，拒绝进入清朝政府为官，也拒绝清朝地方官员的物资接济，而且出行不分阴晴雨雪，戴草笠、穿木屐，表示自己头不顶清朝的天，脚不踏清朝的地。中国近代女性民主革命家秋瑾，她作为一位女性，不屈从于传统的女性观，自少习文练武；初为人母即不顾家人的反对留学日本，在日本又投身于孙中山领导的推翻清朝封建帝制的资产阶级民主革命运动中，最后甚至与丈夫分手全身心投身革命运动以至壮烈牺牲。从屈原到王夫之到秋瑾，他们的思想与行为，与社会的世俗观念的确是不相符的，尤其是与那个时代统治集团的政治经济利益及其思想观点截然相反。但他们的行为与思想，从历史的角度看，却符合中华民族的主流价值标准，而且与人们推崇的忠于国家民族、报效社会这种最高道德标准相一致。这里要问端木赐香教授，如屈原、王夫之、秋瑾等人，谁能怀疑他们不是知识分子呢？除了少数不顾民众意愿的执政者认为他们是反动分子外，社会广大民众及正义的知识分子会认为他们的行为是反动的吗？

上述几千年的历史事实说明，端木赐香教授关于"知识分子的原生状态是反动"之说完全违背了历史上广大知识分子的实际情况，是对古今广大知识分子的极大污蔑，而且又不符合历史实际，纯粹是一种杜撰。分析端木赐香教授《中国传统文化的陷阱》一书的思想体系，她提出所谓知识分子的本原就是反动的观点，无非是为她通篇对中国传统文化、中国人、中国社会实施反动寻找理论支撑，同时也是想以此说明她的"反动"就是履行知识分子的通常职责。她的这些观点会把千千万万的知识分子误导到与国家、民族、人民相对立，与中国五千年文化相对立的反动立场上去，故不可谓不荒谬，也不可谓不险恶！

二、知识分子在历史发展长河中应扮演什么角色？

这个问题实际上是讨论知识分子在人类社会发展的历史长河中应担负什么责任，发挥什么作用。

端木赐香下面这段论述是对她在这个问题上的态度观点的一个最好的注释和说明。她写道："可以说东西方都有自己的'殉道者'，西方有苏格拉底和布鲁诺等；中国有屈原和文天祥。但区别是有的，他们所殉的'道'是不一样的，苏和布殉的是'知识'之道、真理之道；屈原和文天祥殉的是忠君爱国之道、伦理之道。这里不论他们殉道的境界之高下，只论后果。在西方知识分子的努力之下，先是有了文艺复兴——上帝死了，人活了；后是有了法国的启蒙主义——君权走了，人权来了。……中国历史中士大夫们殉道……收获不佳——只收获了一个忠君爱国！而且爱得稀里糊涂，君主、国家、政府、民族等概念都分不清楚。"（见端木赐香《中国传统文化的陷阱》，第162页）

这一段话把端木赐香的灵魂暴露无遗。她的逻辑推理是：苏格拉底和布鲁诺等西方知识分子殉知识之道，使西方有了文艺复兴和启蒙运动，是值得的。屈原和文天祥等中国的士大夫知识分子殉的是"忠君爱国"的伦理之道，而"忠君爱国"是稀里糊涂不值得的。端木赐香的态度非常清楚，知识分子只需尊重知识而不要忠君爱国。我们知道，在中国历史上，君王是国家的代表，忠君与爱国实际上是一致的。所以端木赐香的基本立场是，中国知识分子的士大夫们不应该爱国。

端木赐香认为知识分子应该尊重知识这没有错。但她在这儿搞错了历史，我在前面的文章中也说过，西方的文艺复兴和启蒙运动并不是西方知识分子殉道"殉"出来的。它是在欧洲中世纪极度黑暗，神权和宗教使整个西方思想界处于高度窒息状态，西方自给自足的封建制庄园经济开始瓦解，资本主义经济正在萌芽并欣欣发展，新兴资产阶级知识分子们急需打破欧洲封建神权桎梏的时代背景下发生的反封建运动。所以文艺复兴和启蒙运动是西方兴起的新的经济形态与以宗教神权为核心的封建政治相矛盾运动的产物，而不是知识分子殉道的结果。如果只靠知识分子殉道就能够殉出文艺复兴和启蒙运动，那么，这一运动应该早在1000多年前古希腊的苏格拉底、亚里士多德、德谟克利特等知识分子异常活跃的时代就会发生，而不必要等到15、16世纪。所以，端木赐香这段文字直接违反了历史唯物主义。

中国的知识分子士大夫们忠君爱国应不应该？是不是稀里糊涂搞错了？

　　端木赐香知不知道，假如中国历史上没有商鞅、李斯的忠君爱国，秦国的商鞅变法及大一统中央集权的封建制秦朝就不可能诞生。没有卫青、霍去病的忠君爱国，西汉封建王朝就有可能被游牧立国的匈奴铁骑踏碎。正是卫青、霍去病的英勇打击迫使匈奴铁骑放弃南侵汉朝转而西进欧洲，由此使罗马帝国一步一步走向衰落，华夏民族却从此一步一步走向强大。正是由于李纲、岳飞、韩世忠等人的忠君爱国，华夏民族才抵抗住了西北女真族的南进在江南地区保存了一席生存之地。明朝英宗时期，也正是由于于谦的忠君爱国，才有力抵制住强大瓦剌的侵犯，使国家免于分裂。也正是因为左宗棠的忠君爱国，中国才从被西方列强控制的分裂势力手中收回了新疆160万平方公里的土地。可见，如果中国的士大夫知识分子都不忠君爱国，中国的历史就将重写，今日强大的中国就将以另一种面貌立世。

　　端木赐香知不知道，中国的文化浸透了爱国主义精神，是以爱国为灵魂的文化。从屈原的《离骚》、唐诗宋词，到记载着历史上无以计数的具有深厚家国情怀的历史人物感人故事的各类传记、小说、戏剧散文等，如《木兰辞》《三国演义》《薛仁贵征西》《罗通扫北》《杨家将》《穆桂英挂帅》《十二寡妇征西》《岳飞传》《戚继光》《岳阳楼记》等，如果中国的士大夫知识分子们都不爱国，如果没有这些以体现爱国情怀为主题的文学作品的存在，中国的文化不会黯然失色吗？又怎么可能在世界文化舞台上熠熠生辉呢？

　　由此看来，端木赐香这一段说辞的荒谬及立场的错位不是昭然若揭了吗？

　　知识分子应履行哪些职责？端木赐香在这个问题上也陷入迷蒙状态。她引用了19世纪德国社会学家、思想家马克斯·韦伯（1864—1920）的一段话以说明自己的观点。她在书中写道："韦伯给教师提出一个价值中立性原则。——在大学的课堂上，教师更应该保持自己的价值中立性。要教给学生的是经验科学的正确结论，而不是自己所持有的价值准则或宗教信仰。教师也不应该用自己的价值信念去影响学生的判断力，使学生对社会事物的观察染上价值观念的偏见而失去客观性。价值判断是要有宣传的，但那是政治家、宗教传教士们的事业，应该拿到教场和公共场合去做。"（同上书，第162页）

　　端木赐香这段话的核心是，知识分子如大学教师一样只需传授知识，不需引导社会民众尤其是学生如何树立正确社会价值观和信仰。

　　端木赐香这种观点是用错误去继续误导读者。她的这种观点是以马克斯·韦伯提出的价值中立说为依据。韦伯提出社会学研究时科学家必须停止使用自己和他人的价值观，只尊重他所发现的资料的引导。但是学界对他的观点一直存在质疑，学界认为社会学的研究不可能没有研究者本人的价值取向。比如18世纪法国启蒙思想家卢梭在《社会契约论》中提出"天赋人权和主权在民"这一民主理念，刚一问世就遭到了禁止，卢梭本人也被迫流亡到英国。但卢梭这一思想很快风靡全世界，并引发了震动世界的法国大革命。马克思、恩格斯研究资本主义社会矛盾运动的规律，他们创立的理论是关于无产阶级和人类解放的理论，这一理论敲响了资本主义的丧钟，为无产阶级的解放指明了方向，所以马克思主义理论就有鲜明的价值取向。中国抗日战争时期，毛泽东关于抗日战争发展规律的一系列理论研究，其目的就是指导人民如何科学智慧地开展抗日战争，打败日本帝国主义,所以毛泽东的抗日战争理论同样具有鲜明的价值取向。因此所谓社会科学研究的价值中立是不存在的。

那么,教师在传授社会科学知识的过程中,应不应该有价值取向?应不应该"用自己的价值信念去影响学生的判断力"?答案无疑是肯定的。教师与学生的关系,是施教与受教的关系。教师对学生不仅要传授知识,更要教育引导学生怎么样做人做事。孔子至今被世界公认是大教育家,记载他思想的《论语》一书,既体现孔子本人的价值取向,也是他对学生的要求。宋朝时期的朱熹既是大思想家也是大教育家。他在江西白鹿洞书院办学行教时,明确提出"五敬"纲目:父子间要有骨肉之亲,君臣间要有礼义之道,夫妻间要挚爱又要有内外之别,老少间要有长幼之序,朋友间要有诚信之德。这些思想成为朱熹在白鹿洞书院教学的核心理念,深刻影响着在这儿求学的学子。就是在现代社会,不同政治制度的国家,不同观点的党派组织都会要求他们的成员利用学校等各种场合去宣传他们的价值观念。在 2019 年发生的香港暴乱中,未成年的青年学生成了暴乱的重要力量。是什么因素让这些年轻学生如此暴力,又如此敌视这个社会呢?社会明智人士指出,这"首先是教育者出了问题"。原因在于香港大中小学校以及幼儿园持激进观点的老师,在通识教学中弱化甚至丑化中国历史,极力宣传美化西方的价值观。"结果培养出一代缺乏历史感、文化观,没有理想楷模的年轻人。"这就说明,端木赐香所谓"教师也不应该用自己的价值信念去影响学生的判断力"之主张,这在古今中外都是不可能存在的。

三、知识分子应"反动"什么?

知识分子所反的应是对象本身已经反动了的政治、经济、文化。他们所反的应该是那阻碍历史车轮滚滚向前的绊脚顽石,或是那朗朗阳天中骤然而起的浊雾乌云,那滔滔清流中泛起的沉沙垢浪,那晶莹玉璧上的脏点污瑕,那叙事明理中的荒谬邪说。知识分子本人不应该成为历史前进的阻力,观察问题时不是要把阳天污蔑成暗日,把碧水诽谤成臭浪,把白玉说成劣石,把谬误说成真理。形象地说,就是不能不分青红皂白香臭优劣乱反一气。

纵观历史,中国几千年以来的广大知识分子能够顺应历史潮流,作为推动历史前进的动力而出现在历史舞台上,他们与历史的发展同心同声同步。他们也可能有端木赐香所谓的"反动",那他们反的是什么呢?让我们翻开历史的记载看看吧!

首先,知识分子反的应是那些本身已经反动的腐朽社会、腐恶势力,或者是远落后于时代的思想理念和陈旧习俗。如唐代中期,韩愈和柳宗元针对文学界始于汉朝、盛行于南北朝并流传下来的骈文,发起一场以文学改革和复兴儒学为目标的古文运动。因骈文形式僵化,内容空虚,流于对偶、声律、典故、辞藻等形式,华而不实,不适于用。他们在文学上反对骈文,强调要以文明道,在文风、文体、文学语言方面进行革新,提倡推广在先秦和汉朝时代流行的质朴自由,以散行单句为主,不受格式限制,充分反映现实生活和表达思想的散文文学体裁。这次文化革新运动延续到了宋朝，欧阳修、王安石、曾巩、苏洵、苏轼、苏辙等人也是这一运动的积极推动者。这一运动使当时以儒学为主要内容的传统文化得到复兴，对散文的发展起到了积极的推动作用。20世纪初期陈独秀、李大钊、鲁迅、胡适、钱玄同、刘半农等知识分子在思想文化领域发起了"新文化运动"，这一运动前期的确是对袁世凯等人提倡的尊孔复古、维护封建旧传统行为的一种"反动"。这次运动旗帜鲜明地提出要提倡新道德、反对旧道德，提倡新文学、反对旧文学，反对封建专制愚昧、提倡民主与科学。所以，这是一次资产阶级文化反对封建旧文化的革命运动，是辛亥革命在思想文化领域的延续。这次运动严重冲击了人民头脑中的封建思想，使全国人民的思想得到了空前的解放，先进的知识分子们受到了一次民主与科学的洗礼，同时推动了中国自然科学的发展；特别是运动后期陈独秀、李大钊等人对马克思主义的传播成为中国人民改造中国、拯救社会的思想武器。所以，以陈独秀、李大钊、鲁迅等人为代表的广大知识分子在这一历史时期的行为，符合历史发展的潮流，是值得充分肯定的。

其次，知识分子的反动是对光明时的黑暗、优良中的低劣、前进时的落后的鞭挞，是对文明进程中愚昧的揭露，是对干扰真善美的假丑恶行为的声讨与批判。西汉文景时期的著名政治家、文学家晁错，才学出众，勇于任事，深受汉文帝、汉景帝两位帝王的器重和宠信。汉景帝前元二年（前155），为从根本上解决汉中央集权与诸侯国之间的尖锐矛盾，消除诸侯王权对皇权的严重威胁，巩固大汉王朝的封建统治，晁错向汉景帝上书《削藩策》，建议减少诸侯王的封地，将其收归朝廷直接管辖。晁错这一建议，无疑有利于巩固大一统的大汉王朝，是忠于汉室、维护汉王朝封建中央集权的正确主张，完全符合历史发展的要求与规律。但由于晁错的这一主张损害了诸侯的利益，以吴王为首的七国诸侯以"请诛晁错、以清君侧"为名举兵反叛，汉景帝迫于压力杀了晁错。汉天子对晁错的处分是不公正的，但晁错反诸侯的主张顺应历史发展潮流是值得充分肯定的。

韩愈不仅是唐朝杰出的文学家，发起"古文运动"，带头反对局限于形式的骈文以改革文风，同时还是一位敢于直言的官员。凤翔法门寺宝塔里供奉着释迦牟尼佛的一根指骨，宝塔每30年开放一次，供人瞻仰礼拜；传说这样做能帮助人们求得风调雨顺，保证平安。相信佛法的唐宪宗便派了30人的队伍把佛骨隆重地迎接到长安。他先把佛骨放在皇宫里供奉，再送到寺里，让大家瞻仰。韩愈向来不信佛，更不相信佛骨的作用。所以，他就给唐宪宗上了一道奏章，劝谏唐宪宗不要干这种迷信的事。他认为中国古代是没有佛法的，只有到汉明帝时才从西域传进中国；他还进一步指出历史上凡是信佛的皇朝寿命都不长。唐宪宗见到韩愈的奏章以后，大发脾气，认为韩愈是诽谤朝廷，非要把韩愈处死不可。由于替韩愈说情的人很多，唐宪宗最后把他贬到潮州当刺史。现在看来，韩愈反对迎佛骨的行为既有利于端正社会风气，又有利于反对铺张浪费，完全是一心为国的正义之举。这就正如韩愈被贬赴潮州途中作诗《左迁至蓝关示侄孙湘》写的，"欲为圣明除弊事，肯将衰朽惜残年"。毫无疑义，韩愈这种反对信佛与迎佛骨的行为是值得肯定的。

再次，知识分子更应懂得用正义去压制邪恶，用光明去驱除黑暗，用进步去取代落后。所以知识分子的社会行为不应该只是叛逆，他们既然是腐朽落后的反动者，就应该成为文明与进步的推动者，更应该是光明曙光与新生事物的助力者。他们应该明白这样一个道理：为树立正义、为新生事物、为光明到来而鼓与呼，为国家为民族为人民喜庆而鼓与呼，这都是知识分子的职责。因此，对社会上千千万万的事物，该赞颂时赞颂之，该反对时反对之，该气愤时气愤之，该怒骂时怒骂之，这才是知识分子的正常状态。秦始皇消灭六国建立秦朝初期，秦国围绕要不要分封诸子为王的问题发生了一场争论。以丞相王绾为首的一批官吏，请求秦始皇将诸子分封到秦军占领不久的燕国、齐国、楚国的故地为王，认为这样有利于巩固秦国刚建立的政权。李斯这时候在朝廷任廷尉，他坚决反对国家实行分封制。他认为春秋战国时期之所以天下大乱，就是因为诸侯割据，只有废除分封制，才能够实现国家的安定。秦始皇最终采纳了李斯的意见，认为立封国就是树敌兵，因此秦朝废除了分封制，在全国确立了郡县制度。时隔 8 年之后，到秦始皇三十四年，即公元前 213 年，在秦始皇于咸阳宫举行的一次盛大的宫廷宴会上，又发生了一场秦朝应师古还是应师今的争论。皇太子的老师、博士淳于越在宴会上批评秦始皇建立新政权后"今陛下有海内，而子弟为匹夫……事不师古而能长久者，非所闻也"。他明确反对当时实行的郡县制，要求恢复古制，分封皇室子弟。臣相李斯加以驳斥道：三代之争，何可法也，儒生不师今而学古，道古以害今，如不加以禁止，则主势降乎上，党与成乎下，国家的统一就可能遭到破坏。李斯明确驳斥淳于越依古制实行分封制的主张不合时宜，支持秦始皇在全国实行的郡县制度，为秦朝建立和巩固大一统的中央专制集权国家做出了贡献，从而为中华文明五千年经久不衰奠定了基础。

从次，知识分子的反动应是使不知者知之，不明者明之，落后者进步之。知识分子作为社会的精英，其所作所为，所思所想所说，首先应是自身及引导广大民众遵循客观规律、顺应历史潮流而动，对历史负责，对社会负责，对国家与民众利益负责。范仲淹在朝廷为官时，他心里想的就是国家利益与民众，不存任何私心杂念。1028 年，范仲淹上奏朝廷万余言的《上执政书》，奏请改革吏治、裁减冗员、安抚将帅、加强军备。1029 年，当时仁宗皇帝十九岁，由刘太后主持朝政。这年冬至，宋仁宗准备率领百官在会庆殿为太后祝寿。范仲淹认为这种行为是混淆家庭礼节与国家礼节，即混淆家事与国事，他上书仁宗皇帝建议改变这一做法。不久，他又上书刘太后，意思是仁宗皇帝已步入成年，具备了亲政的能力，请求刘太后还政于仁宗皇帝。1033 年，刘太后驾崩，仁宗亲政，当时很多官员议论刘太后听政时的一些过失，范仲淹认为太后主政多年，虽有过失，但也有养护仁宗之功，他建议朝廷掩饰刘太后过失，成全其美德，有利于避免出现思想混乱。这一建议被朝廷采纳。由于刘太后去世，仁宗皇帝准备立先皇宋真宗的章惠皇后为皇太后，让她参与军国大事。范仲淹又奏请仁宗，指出频立太后有皇帝不能亲政之嫌。此议也被仁宗皇帝采用。当年七月，天下大旱，蝗灾蔓延，江淮和京东一带灾情尤其严重。范仲淹奏请仁宗皇帝同意后赶赴灾区视察灾情，开仓济民。范仲淹调任外地任职期间，也多次上书议政。朝廷准备兴建太一宫和洪福院，范仲淹知情后上书朝廷"大兴土木，劳民伤财"，建议停工。在吏治方面，他多次上书建议削减州县，精简官吏；他还多次上书陈述中央直接下令任用地方下属官员的危害。对于范仲淹之种种出以公心的仗理直谏，一些朋友都劝他不要这样做，但范仲淹仍然不为所动。当时推荐范仲淹到朝廷为官的南京留守晏殊听到范仲淹上书刘太后要她归政于仁宗皇帝这一消息后大惊失色，他批评范仲淹过于轻率，不仅有碍自己的前途，还会连累举荐之人。范仲淹便给晏殊写了一封长信《上资政晏侍郎书》，他在信中讲述自己这样做的缘由，"侍奉皇上当危言危行，绝不逊言逊行，阿谀奉承，有益于朝廷社稷之事，一定秉公直言，虽有杀身之祸也在所不惜"。

清代启蒙思想家、政治家、文学家魏源（1794—1857）生活在晚清时期。当时统治中国的清政府已进入腐朽没落阶段，官场腐败，思想僵化，国力日趋衰落，民不聊生。面对国家这种衰败景象，魏源提出了许多有利于富民强国的治国理政措施，他认为论学应以"经世济用"为宗旨，提出"变古愈尽，便民愈甚"，力主国家变法图强。他针对西方世界大机器生产带来的蓬勃兴起的资本主义工业经济，西方列强凭着坚船利炮掠夺海外市场这一国际新形势，在1842年问世的《海国图志》一书中，倡导大力学习西方先进科学技术，并提出了"师夷长技以制夷"的主张，开启了中国了解世界，向西方学习的新潮流，成为中国思想从传统转向现代的重要标志。在实践上，这是后来中国开启的洋务运动，甚至维新变法、辛亥革命等一切革新运动的先声。魏源不愧是中国传统社会知识分子的优秀代表。

四、什么是知识分子的最高境界？

端木赐香认为"反动应是知识分子的最高境界"，这可真是岂有此理！

1. 知识分子的最高境界应是铁肩担道义，良心系家国

这里的义就是国家大义、民族大义。

在中国历史上，真正高尚、进步、开明的知识分子都能心系国家民族，关心社会进步和广大民众利益，他们个人的脉搏随时代兴衰而跳动，个人的忧乐随国家安危而变化；他们懂得自己的所作所为要对历史负责，对国家负责，对人民负责；他们在纷繁复杂的社会生态，尤其是政治生态环境中，懂得如何把握住方向，坚守住符合广大人民群众利益，符合历史社会发展方向的正确的立场与态度。反之，一个知识分子也只有始终坚持推动文明与社会发展，维护广大人民群众利益的正确立场，才能为人民所欢迎，为历史所铭记。

孔子是春秋末期人，他出身贫寒，年轻时就有报效社会的情怀。他所处的时代，诸侯割据争霸，天下动荡不安，他企图通过宣传"德政""礼治"，推崇仁、义、礼、智、信来实现对天下的治理，求得社会的和谐安宁。他带着弟子周游列国13年，积极传播他的为仁治政思想。晚年修订《诗》《书》《礼》《乐》《易》《春秋》六经。他的思想对后世影响很大，被后世尊为孔圣人、至圣先师、万世师表。孔子去世以后，他和弟子们的语录、思想被整理编成《论语》一书，自汉以后成为历朝历代治国理政、处世为人的

经典，不仅流传至今影响中国社会几千年，而且深深影响了日本、东南亚乃至全世界。孔子被列为"世界十大文化名人"之首。20 世纪美国著名学者迈克尔·哈特进行了历史上最具影响力人物排名，孔子位列"世界最有影响力 100 位名人"中第五位。

墨子是春秋末期战国初期宋国人，他目睹当时天下各诸侯国家为争夺地盘战争不断，广大人民群众深受战争之害，站在维护小手工业者、农民、小生产者利益的立场，呼吁天下应"饥者得食，寒者得衣，劳者得息"；他反对战争，主张和平，极力主张选举贤者为官吏及做天子国君。为了推崇他的这些政治主张，他周游列国，阻止了鲁阳文君攻打郑国，又说服鲁班停止攻宋，晚年曾试图说服齐国放弃进攻鲁国。当时的楚国、越国都想把墨子留在本国，并许给他数百里的封地。墨子以"听我的劝告，按我讲的道理办事"作为前往条件，不计较封地与爵禄。墨子的目的就是要实现自己的政治抱负和思想主张。在他的心里，想的是对平民大众的"兼爱"，平息各个诸侯国之间的战争，实现天下和平。

当然，人类社会纷繁复杂，充满了是与非、新与旧、正确与错误、先进与落后，是一个真善美与假丑恶并存的矛盾统一体。生活在人类社会中，所有人都要承受顺利与挫折、成功与失败、忧愁与快乐的多种可能性。那么，知识分子可不可以，或者应不应该因一些特殊社会历史原因在自己遭受了挫折甚至委屈后，为发泄私愤而做一些危害国家、民族、社会的事呢？回答应该是否定的。知识分子作为社会精英，应有大情怀、大境界，正确面对坎坷人生。其所作所为应以国家民族利益为重，而不应陷于个人一己之悲欢。

在中国历史上，由于某些原因，出现过不少知识分子社会理想未能实现，有的甚至遭受委屈的情况，但他们能把个人的恩怨与对国家、对社会的态度区别开来，不因个人得失而做危害国家、社会、民众的事。杜甫毕生有着"致君尧舜上，再使风俗淳"的宏伟抱负。但他仕途坎坷，总是遭遇不幸。年轻时他几次科考都落第。747 年他再次参加唐玄宗诏天下"通一艺者"考试，但由于奸相李林甫编导了一场"野无遗贤"的滑稽剧，参加考试的士子无一人入选。此后杜甫客居长安十年郁郁不得志。其间因安史之乱爆发，生活更是惨淡艰辛，连他的小儿子也饿死家中。直到 757 年，当时杜甫已 45 岁，他才得以被唐肃宗授为左拾遗。这是负责给朝廷提意见的谏官。杜甫上任不久，由于在对宰相房琯的处理上向皇帝提了不同意见激怒了唐肃宗，差点被杀。获救后杜甫被贬出朝廷至华州（今华县）任一闲职。此后他的仕途如西山落日。759 年他辞去官职漂泊乡野过着极其艰难的生活。尽管如此，杜甫对国家对人民大众的赤子之心始终未灭，他心系天下百姓，"安得广厦千万间，大庇天下寒士俱欢颜"。杜甫 51 岁那年，是他因安史之乱而流落到蓟门之外的梓州的第五个年头。一天他忽然听说官军收复了被叛军占领的蓟北广大地区，喜不自禁，当即写下《闻官军收河南河北》这首名诗："剑外忽传收蓟北，初闻涕泪满衣裳。却看妻子愁何在？漫卷诗书喜欲狂。白日放歌须纵酒，青春作伴好还乡。即从巴峡穿巫峡，便下襄阳向洛阳。"此诗既体现了杜甫对朝廷平定叛乱、实现国家统一的由衷赞美，也表现了杜甫与国家同呼吸共命运的一种人生态度。

北宋政治家范仲淹，他出身家道衰落家庭，自小寒窗苦读，有慷慨兼济天下的抱负。1015 年他通过科举考试成为进士，官居九品。由于生性耿直，常仗理执言，他多次得罪朝廷权贵而遭受打击，致使在朝廷任职是"四进四出"。朝廷对范仲淹太不公平了，然而范仲淹对国家对人民的那种情怀始终不改。他每到一地任职，都是情系社稷江山，关注民生疾苦。1046 年 10 月 17 日，正是范仲淹第 4 次被贬出朝廷在邓州任知州期间，他应好友巴陵太守滕子京之请为重修岳阳楼写《岳阳楼记》。他在文中呼吁，要"不以物喜，不以己悲，居庙堂之高则忧其民，处江湖之远则忧其君"，"先天下之忧而忧，后天下之乐而乐"，那种深厚的爱国爱民情怀跃然纸上，千百年来成为从政之士为官做人的最高道德境界，亦成为社会贤人志士的楷模。当代的知识分子是否应从杜甫、范仲淹等先贤们面对自己坎坷人生的事例中得到启示？

2. 知识分子的最高境界应是做引领历史潮流的人

如何理性地看待知识分子在人类历史进程中的作为及应承担的社会责任？知识分子应因其有知识而区别于那些知识贫乏的人。所以在通常情况下知识分子应该比那些知识贫乏的人想得更多些，看得更远些，走得更快些。但这种"多""远""快"应建立在与历史潮流发展趋势相一致，与成为社会共识、代表着社会发展方向的社会价值观即人民所追求的目标相一致的基础上。历史潮流好比一场野外马拉松长跑赛，知识分子与大家一起在这场社会马拉松赛中跑步前进。知识分子与普通大众的区别在于：当普通大众只看到前面五百米时，知识分子却看到了前面一千米、两千米；当普通大众还只看到眼前的平川坦道、朗阳轻风时，知识分子却看到了远方的高山深壑、骤雨寒霜；当普通大众尚在眼前的黑暗中摸索、困惑中徘徊之际，知识分子却透过眼前迷雾看到了远方的曙光，以至敢于大步向前。但是不管怎样，这里的知识分子的所思所盼所行，都是和普通大众的期盼与行为相一致的，他们不逆历史潮流、不逆大众意愿、不逆社会伦理去思索、去述说、去行动；他们不是鼓动或引导普通大众偏离甚至走向与马拉松长跑赛道相反的方向，而是引导大家沿着历史马拉松赛的正确方向前进。代表了中国历史上千千万万知识分子形象的如屈原、司马迁、杜甫、范仲淹、魏源等社会贤达和知识精英们都属于这种情况。他们的远见卓识如茫茫黑夜大海中的航标灯，从不同角度引领了人们前进的方向，使人们少走弯路，能大步从远古走到今天，并继续前行奔向光明的未来。

知识分子要成为引领历史发展潮流的引路人，就应全面、客观、辩证地观察、思考、认识客观世界。客观世界是个万花筒，难以计数的客观物象千姿百态、色彩缤纷。它展现在人们面前的既有光明，也有阴暗；既有先进，也有落后；既有真、善、美，也有假、丑、恶。因此，知识分子认识并反映世界时，首先应该懂得用唯物辩证法的观点去观察客观世界与社会历史，坚持如实反映客观事物，杜绝一叶障目，不见泰山，防止犯片面性的错误。决不能看到一株秀树上有一枯枝就说这树是死的，看到河里泛起了一点沉沙就说这河水是浊的，看到女人额上有一个黑痣就说这女人是丑的。尤其是观察社会时要独立思考，要准确把握住历史的脉搏；不人云亦云，不随波逐流，不见到风就是雨。邵雍是北宋著名的理学家、数学家、诗人，他与周敦颐、张载、程颢、程颐并称"北宋五子"。他少即有志，知识广博。宋仁宗嘉祐与宋神宗熙宁年间，邵雍两度被举荐进朝廷为官，他因对朝廷某些政治行为有不同的看法故称疾不赴任。但即使如此，他对所处的北宋早期时代仍充满喜爱与赞美之情。看看他写的这首《插花吟》吧:"头上花枝照酒卮,酒卮中有好花枝。身经两世太平日,眼见四朝全盛时。况复筋骸粗康健,那堪时节正芳菲。酒涵花影红光溜,争忍花前不醉归。"此诗既流露出他作为一个不在官场的知识分子,追求超凡脱俗、洁身自好的人生态度,同时又赞美当时国家"两世太平""四朝全盛"的可喜形势,充分表现出他对国家充满喜爱而自信的情怀。邵雍作为古代的一个知识分子,能把对朝廷个别具体政治行为的不同政见与整个时代全局形势区别看待,这一正确的观察问题方法是值得称道的。

但现在却有少数人,对自己的国家、本国的文化、自己的同胞,总是看不顺眼,喜欢在仓谷里挑沙子,挑到一两粒沙子就攻击说全仓皆沙。这些人对国家的进步与荣耀、社会的光明与喜庆视而不见,"端起碗来吃肉、放下筷子骂娘","对自己的祖国充满了鄙视","逢中必反,逢国必黑"。这种种行为,显然是不可取的。

知识分子应该怎样看待当今社会虽然不是主流但确实存在的某些阴暗面和社会问题,如腐败、特权、官员的不作为、局部环境污染、社会上的欺蒙拐骗和假冒伪劣、吸毒、看病贵、小孩读书成本太高等?必须看到,这些问题在西方发达国家同样存在。当然一方面作为国家和政府不能以上述理由而忽视这些问题的逐渐解决,应全力以赴创造风清气正、政通人和、人民安居乐业的社会环境。另一方面,作为一个知识分子在看待国家社会的形势时,也要学会用辩证的观点看世界,既要看社会阴暗、落后的一面,更要看到它光明、进步的一面;对其阴暗落后面当然可以批评、抨击,对其光明进步面也应该为之歌颂,为之欢呼。新中国的成立还只有70多年,在这么短的时间内,取得了西方世界某些人口比我们少得多、资源丰富得多的发达国家几百年所取得的成效,是难能可贵的。面对中国今天的发展形势,如果一个知识分子看不到社会的进步和国家的成就,却凭一孔之见只知道抓住社会的一些阴暗落后现象如泼妇骂街般谩骂,就好像是在那百花灿烂的春时夏月,苍蝇不懂得去欣赏那鲜花的灿烂、花蕊的芳香,却总是盯着那路边的一堆牛粪转来转去,然后又破口大骂这个世界臭气熏天,这难道不是既可耻又可悲吗?由此就可以看出,包括"中国传统文化陷阱论"在内的所有对今日之中国的种种过分的指责和挑剔是多么荒唐可耻!

3. 知识分子的最高境界应该是正声先正己

知识分子应志向远大,坚守正义,追求高洁,不追名逐利。在这一方面,中国历代知识分子做出了榜样。

战国时期的伟大爱国诗人屈原在《离骚》中抒发感慨,"亦余心之所善兮,虽九死其犹未悔",充分表达了自己为追求国家富强,坚持高洁品行而不怕千难万险,纵然失去生命也不悔恨的忠贞情怀。明代政治家于谦清正廉洁,因遭受奸臣迫害身陷囹圄,在绝命诗《石灰吟》中表示"粉骨碎身浑不怕,要留清白在人间"。齐白石是中国近代史上最著名的艺术家,1937年7月北平沦陷以后,齐白石心情悲愤。因为他名声大,当时日寇汉奸、文武官员都上他家找他买画,他坚决拒绝。后来他干脆在门上贴出一张告示,"中外长官,欲买白石画者,到琉璃厂南纸店可也,从来官不入民家,官入民家,主人不祥,谨告"。日本人还想聘他当北平艺专的校长,齐白石以年老多病为由退回了聘书。他拒绝北平艺专配给用煤，表示是"送错了"，让门人拒不接受。齐白石这种坚守国家民族立场，不为个人名誉和物质利益丧失民族气节的高风亮节是值得当代文化人学习的。

当代知识分子作为社会的精英，应该向先贤学习具备良好的德行与情操。2014年10月15日，习近平同志在全国文艺工作座谈会上谈到文艺工作者的艺术与思想修养时指出："文艺工作者要自觉坚守艺术理想，不断提高学养、涵养、修养，加强思想积累、知识储备、文化修养、艺术训练，努力做到'笼天地于形内，挫万物于笔端'。除了要有好的专业素养之外，还要有高尚的人格修为，有'铁肩担道义'的社会责任感。在发展社会主义市场经济条件下，还要处理好义利关系，认真严肃地考虑作品的社会效果，讲品位，重艺德，为历史存正气，为世人弘美德，为自身留清名。"这里，习近平同志虽然是对文艺工作者说的，实际上对广大知识分子，尤其对从事社会科学研究的知识分子适用，这为广大知识分子追求最高境界指明了方向。

4. 知识分子的最高境界应是践行真善美，反对假丑恶

知识分子要坚持践行报效社稷江山，就要有大情怀、大境界、大格局。其所思、所言、所行要有正确的价值取向。作为有良知的知识分子，研究自然时应着眼于正确认识和了解自然界发展的客观规律，帮助人民大众更好地认识自然、改造自然，以造福人类。研究社会历史时要着眼于了解历史真实情况，揭示历史发展的客观规律，帮助人民懂得以史为鉴，从历史发展中得到启迪，得到智慧。有良知的知识分子著书立说，更应懂得"文以载道"，通过自己的文章揭示并传递真善美，弘扬向上尚善的价值观，弘扬鼓舞人、激励人奋勇向前的正能量。有担当精神的知识分子，对符合时代进步潮流，符合民族根本利益，符合社会道德价值标准的事物应极力为其鼓与呼；反之，则应痛加贬斥。只有这样，人类社会才能正气压倒邪气，光明战胜黑暗，先进战胜落后，人民才能树立起进步的信心，鼓起前进的勇气。知识分子的天职就是要褒扬真善美、批驳假丑恶。当代著名词人蔡世平在谈到诗人对客观世界的反映时指出："人从一出生就走在回家的路上，一路上会见到很多很多东西。风景有美丽的，也有不美丽的；事情有美丽的，也有不美丽的；人心有美丽的，也有不美丽的；见了美丽的就歌唱，见了不美丽的就鞭挞，这就是一个诗人的立场与态度。"蔡世平先生这一关于诗人的处事立场与态度无疑对广大知识分子都是适用的。知识分子看社会看历史当然要看到它阴暗的一面，更要看到它光明的一面。一个知识分子如果对社会、对国家、对他人只知视其短，而对其进步、先进、光明、美丽视而不见，或见之却麻木不仁不知赞颂，这是不正常不健康的思维与行为，自然会偏离造福人民大众的轨道。

知识分子坚持真善美，就要坚持他们的知识成果必须有利于文明进化、有利于社会、有利于人民大众。孔子特别推崇产生于公元前11世纪即西周以前的《诗经》对社会及民众的教化作用，他说"《诗》可以兴，可以观，可以群，可以怨，迩之事父，远之事君"。意思是说《诗经》可以激发情志，可以观察社会与自然，可以结交朋友，可以讽谏怨刺不平之事，近可以侍奉父母，远可以侍奉君王。这就说明《诗经》体现了后来儒家学说提倡的仁、义、孝、忠等思想。成书于汉时的诗歌理论著作《毛诗序》在谈

到诗词的社会作用时指出:"故正得失,动天地,感鬼神,莫近于诗。先王以是经夫妇,成孝敬,厚人伦,美教化,移风俗。"北宋著名诗词评论家黄彻认为,诗词"有补于时,有辅于名教",这些都充分说明,古代知识分子都懂得他们创作作品要有利于社会和民众,而不是实施什么"反动"。

值得指出的是,在之前相当长一段时间内,一些知识分子在从事精神产品生产时出现了很不正常的行为,这就正如2014年10月15日习近平同志在全国文艺工作座谈会上分析文艺界存在的问题时指出的:"同时,也不能否认,在文艺创作方面,也存在着有数量缺质量,有'高原'缺'高峰'的现象,存在着抄袭模仿、千篇一律的问题,存在着机械化生产、快餐式消费的问题。在有些作品中,有的调侃崇高、扭曲经典、颠覆历史、丑化人民群众和英雄人物;有的是非不分、善恶不辨、以丑为美、过度渲染社会阴暗面;有的搜奇猎艳、一味媚俗、低级趣味,把作品当作追逐利益的'摇钱树',当作感官刺激的'摇头丸';有的胡编乱写、粗制滥造、牵强附会,制造了一些文化'垃圾';有的追求奢华,过度包装、炫富摆阔,形式大于内容;还有的热衷于所谓'为艺术而艺术',只写一己悲欢、杯水风波、脱离大众、脱离现实。"习近平同志批评的这些问题,何止在文艺创作中存在!"中国传统文化陷阱论"的一些代表性文章,尤其是书籍,对中国历史、中国人、中国文化、中国现状,以及中华文化在世界文明发展中的地位及其贡献,对中国发展走向的分析,几乎都是别有用心的"扭曲经典、颠覆历史、丑化民众",是"是非不分、善恶不辨",的确是粗制滥造、牵强附会的"文化垃圾"。显然,他们的反其道而行之,其真实意图无非是"去思想化、去价值化、去历史化、去中国化、去主流化"。他们践行的不是真善美,而是假丑恶!他们有愧于中国知识分子的称号!说穿了,他们的所作所为,无非一群文化汉奸、一群民族败类之所为!

5. 知识分子的最高境界应是坚持真理

自然界和人类社会都是遵从其自身固有的规律而运动发展的。人类也是从认识自然和社会的发展规律中不断地修正错误,坚持真理而摆脱蒙昧走向文明。坚持真理就应该尊重客观实际、尊重历史。中国历史上的史官,是历史的记录员,也是是非曲直的责任鉴定者。"在齐太史简,在晋董狐笔"这句诗讲了《左传》里的两段故事。齐国的权臣崔杼杀了齐国国君齐庄公,另立了一个新君。齐国史官如实记载:"崔杼杀其君。"崔杼大怒把史官杀了。史官的二弟继任,还是这么写。二弟又被崔杼杀了。史官的三弟继任,也是这么写。三弟又被杀。最小的弟弟继任后,他继续这么写。周边诸侯国的史官听到这个消息以后,都捧着"崔杼杀其君"的史简来到齐国。崔杼害怕了,他迫不得已接受了史官做这样的记录。

司马迁是汉武帝时期的史官,公元前99年,他由于为战将李陵辩护说情被朝廷处以不应该遭受的极刑腐刑。但是司马迁心中有正义,他心里仍装着一种醒时、醒世、察人心的史家态度。他对国家形态以及社会生态的记载,包括对汉朝历代皇帝的判断,仍能做到秉笔直书,不隐恶,不虚美。比如他写刘邦,既写他的建国功绩,也写他的"慢而侮人"。他写汉朝第三代皇帝汉文帝刘恒,既写他亲民养国,尤其写他免除老百姓的田租,也写他赏罚不分明。写第五代皇帝汉武帝刘彻,既写他励精图治,开拓局面,也写他好大喜功，穷兵黩武，卖官鬻爵。齐国史官和司马迁的可贵之处，就在于他们对历史负责，对客观实际负责，对真理负责。他们这种尊重历史实际、实事求是的学术态度是值得当代知识分子认真学习的。

尤其值得重视的是，坚持真理就应该尊重客观规律，尊重事物的本质；绝不能违背客观规律违反事物本质标新立异，哗众取宠。当今社会上一个不可忽视的现象是，极个别文人学者为了获取虚名，不遗余力在自己耕耘的领域搞所谓"创新"。诚然，立足于客观实际基础上的科学创新是文明进步的动力，这是社会所必需的。但遗憾的是这些人的某种所谓"创新"纯粹是为了吸引眼球而标新立异，如有的学者提出的一些思想观点表面上石破天惊，但实际上背离了客观规律而匪夷所思；有的所谓"大家"在艺术创作上搜奇猎艳，其行为与创作的作品严重违背科学，业界同人及广大观众都对此嗤之以鼻。任何事物的发展都有其内在的规律，正是这种内在规律的作用决定了事物是自身而不是他物。如果背离事物的内在规律及自身实际而标新立异，那么事物就会发生本质的变化而改变其属性。所以离开事物内在规律及其客观实际的标新立异都是不可取的。而且，任何创新都不是为创新而创新，创新的目的是推动社会的发展和文明的进化。科学家发明新的机器，如果这种新的机器不是有利于发展生产力，而是束缚和阻碍生产力的发展从而影响社会民众的生产和生活，那么发明出这种机器又有什么意义？思想理论属于上层建筑领域的意识形态，它的价值也就是它的社会作用应该是给人们以启示，同时又能教化社会并引领人民进一步接近真理，走向文明与进步。理论的创新如果背离了这一基本原则，其创新就没有什么价值甚至可能有害于社会。

知识分子因其拥有知识在社会上扮演着非常重要的角色，其言行会对社会和他人产生不同程度的影响。如果知识分子违背客观规律而标新立异，就会对社会思潮、社会风尚，以及对他人的世界观价值观产生误导，以致社会的发展、文明的进化偏离正确的轨道。在欧洲历史上就发生过一场由于知识分子误导而发生的人类大悲剧。欧洲进入中世纪以前，女人在传统日耳曼文化地区一直很受尊重，尤其是那些会制药、行医、读书写字的女人，社会地位更高。当时欧洲社会由于存在对未知世界的无知和恐惧，有人便从事一种巫术活动来解释说明这种无知现象以消除人们的恐惧心理，从事巫术活动的既有男人也有女人。到了中世纪初期，基督教在日耳曼地区得以发展，由于按照基督教的教义女人应该绝对服从于男人，所以教会便极力贬低并丑化女人形象。从 15 世纪开始，基督教的教士们根据《圣经》关于"行邪术的女人，不可容她存活"这段话，对女巫发起了长达近 300 年的迫害。一些从事魔术、念咒及巫术活动的女人被无中生有指控与魔鬼性交害人，因而遭到了社会世俗法院的审判。1485 年，有两位德国修士创作了一本猎巫手册《女巫之槌》，该书宣称："巫术是来自肉体的色欲，这在女人身上是永难满足的，魔鬼知道女人喜爱肉体乐趣，于是以性的愉悦诱使她们效忠。"该书详细记述了对女巫具体的审讯方式和保证审讯成功的有效方法，这种审判既没有起诉程序，也没有辩护人，除了严刑拷打作为逼供手段外，还有所谓的女巫测试法。该书在教会的推动下从 1487 年至 1669 年近 200 年间再版 30 余次。在该书的影响下，整个欧洲社会把猎巫的矛头都指向女性。当时的政界和司法界对猎杀女巫更加积极，在猎杀女巫的巅峰期，甚至很多未从事巫术的妇女也被人诬告而轻易地被审判。在三个世纪内，欧洲有 10 万以上（有人估算要多得多）女性被以与魔鬼性交罪处死。大家知道，中世纪的欧洲有知识的人一般都集中在教会，由教士杜撰由教会推崇的《女巫之槌》一书在欧洲历史上竟然演绎出了这样一场惨绝人寰的历史悲剧，这足以说明知识分子如果违背客观真理而标新立异，将会给社会带来多么深重的危害。20 世纪 50 年代末期，我国经济领域曾经掀起一股自下而上虚报产量的浮夸风。1958 年 8 月 27 日，有报纸报道山东寿张县亩产万斤粮食的调查报告时，用了《人有多大胆，地有多大产》做头版的通栏标题，脱离客观规律把人的主观能动作用夸大到极端荒谬的程度。这种出于知识分子之手的违背实际的文章对当时经济上的急躁冒进、浮夸风的兴起的推波助澜作用是可想而知的。由此可知，知识分子在理论思想上的创新，可不能临摹文学艺术中的浪漫。李白写庐山瀑布可以"飞流直下三千尺，疑是银河落九天"，写他自己的愁情可以"白发三千丈，缘愁似个长"，这种诗词创作中不拘泥于客观物象的浪漫不会危及社会和民众；而知识分子在理论上思想上的著书立说如果不尊重科学脱离客观实际标新立异，就会造成思想混乱而危及社会。因此，对于知识分子来说，一切为了个人私利，或者为了迎合他人，或者为了图虚名以致故意违背自然、社会、历史的实际，违背客观真理的文化行为都是不可取的。

综上所述，无论从思维到实践都说明，所谓知识分子的最高境界是"反动"之说，是完全彻底地反理性反客观反历史的奇谈怪论。一个知识分子如果误入此途，必然会走到历史和人民的反面，以致被社会被人民群众所唾弃，甚至成为历史的垃圾。所以，当代知识分子必须懂得用唯物辩证法和全面的历史观去研究客观世界，能认真揭示和传播客观真理，推动社会不断前进，这样，知识分子才是真正站在历史的列车头上，成为推动历史发展的首要力量，也只有这样，知识分子才真正实现了自身的价值。

41 当前提倡优秀传统文化是陷阱吗？

为了实现全盘西化，袁伟时先生极力推崇西方文化，反对弘扬中华传统文化。他在网文中说：中国"应该接受普世性的核心价值和共同的先进制度"。他认为"当前提倡传统文化的三大陷阱"之一是"企图利用传统文化否定和修改现代文明的核心价值"。他甚至批评"现在闹得很凶的'读经'（读四书五经），这是一个很大的陷阱"。他咒骂当前提倡传统文化会"被民族国家的局限蒙住自己的眼睛"。

袁伟时先生的这些观点是极端错误的。

一、源远流长，中国传统文化蕴含的先进理念的长久价值

中华传统文化是中华民族在漫长的征服自然改造社会的生产生活实践中的经验总结，是中华民族集体智慧的结晶。继承弘扬中华传统文化对于今世之中国非常需要，绝不是一种"陷阱"。

第一，中华文化植根于具有五千年历史的华夏文明沃土，深深影响了人类文明发展进程，不仅是中华民族"五千年血脉相连，五千载豪雄承传"的精神动力，而且对世界文明的形成与发展早就产生了深远而积极的影响，是举世公认的优秀文化形态。德国著名哲学家雅斯贝尔斯在《历史的起源与目标》一书中写道，公元前 800 年—前 200 年是人类文明的"轴心时代"，是人类文明的重大突破时期，当时古希腊、古代中国、古代印度等文明都产生了伟大的思想家，他们提出的思想原则塑造了不同文化传统，并一直影响着人类生活。那么这一时期的中国产生了哪些著名思想家？他们提出了哪些影响人类生活的思想原则呢？公元前 551 年—前 479 年孔子在世，他倡导忠、孝、仁、义、礼、智、信等儒学原则。另一位大思想家老子提出了"道法自然""无为而治""物极必反"等一系列辩证思想。约公元前 468 年—前 376 年的政治家、思想家墨子，提出了"兼爱""非攻""尚贤""尚同"的反对战争、崇尚大同的主张。约公元前 372 年—前 289 年，儒家学派另一思想家孟子提出了民贵君轻的民本理念，他提倡仁政，主张以德治理国家，反对不义战争。这一时期的著名思想家韩非（约前 280—前 233）提出了用法治理国家的观点。作为韩非的同学，李斯在协助秦统一六国、建立中国历史上第一个封建制王朝的过程中，把法家的思想充分运用于政治实践，其治国理念及实施对中国和世界产生了深远影响，奠定了中国两千多年政治制度的基本格局。雅斯贝尔斯作为一名西方哲学家，他对古代中国的思想家及其思想理念的肯定，无疑包括了对前文列举的这些思想家及其思想的肯定，还包括对那个时代的屈原及其诗歌，庄子"内圣外王"及其

庄学思想，公孙龙、惠施的"实""名"思辨学说，以孙武为代表的兵家学说的肯定与赞赏。这也充分说明，诞生于几千年前的中华传统文化已深刻影响了世界，得到了世界有识之士的肯定。从人类历史发展的实践来看，中国不仅指南针、造纸术、印刷术、火药四大发明及数学、天文学、化学、农学、医学等许多方面的发明创造对世界文明的发展产生了巨大而深远影响，就是在人文科学方面的一些学说也深深影响了世界。早在唐朝时，《道德经》就被译成梵文传到了印度等中亚国家；从16世纪开始，《道德经》就流传到了欧洲，被翻译成了拉丁文、法文、德文、英文等广为传播；到了近代，《道德经》在德国广受欢迎，德国的大多数家庭都有《道德经》。从17世纪开始，中国的《论语》《大学》等儒家经典书籍，也通过法国传入欧洲，巴黎曾成为欧洲"中国文化热"的中心。法国思想家伏尔泰在其名著《风俗论》中写道："中国拥有世界上任何其他国家无法相匹的悠久历史，而且形成了光辉的理性主义文化，当世界上其他民族尚处在神话传说的时代，中国人已经在编撰自己的历史了。"这从一个侧面向世人说明了中华文化的源远流长和博大精深。中国的《孙子兵法》已成了美国西点军校的教科书。明朝时期著名思想家王阳明去世70多年后的1602年，他的代表作《传习录》传入日本，1650年在日本出版，此后在日本广为流传。日本一些先进的知识分子和社会精英十分看重阳明学说关于强调人的精神力量和意志、强调实践的论点；并以实际行动变革社会，从而取得了日本明治维新的成功。阳明学说成为日本近代社会迅速崛起的重要的精神力量。传说还有这么一个故事，日本维新派中有一位大名鼎鼎的人物，他打败过清朝北洋舰队，击败过俄国海军，创造过近代史上东方黄种人打败西方白种人的先例，在世界上享有"东方纳尔逊"之誉，他就是被称为日本"军神"的东乡平八郎。1905年，东乡平八郎大胜俄国波罗的海舰队回国，日本天皇为他举行了庆功宴会。在这次庆功会上，面对着与会者的一片夸赞之声，东乡平八郎默不作声，只是取出了自己的腰牌展示给大家，上面只有7个大字："一生俯首拜阳明。"上述足以说明，中国传统文化在世界上的影响力有多大。袁伟时先生作为一个毕生从事中国历史研究的名牌大学教授却如此中伤蔑视中华传统文化，这实在让人笑话，也使人匪夷所思。

第二，中华传统文化中蕴含着中华民族在长期实践中培育和形成的独特良好的思想理念和道德规范。正如习近平主席概括的，"有崇仁爱、重民本、守诚信、讲辩证、尚和合、求大同等思想，有自强不息、敬业乐群、扶正扬善、扶危济困、见义勇为、孝老爱亲等传统美德"。这些思想理念和传统美德适应了华夏子孙几千年来治国理政、处世做人、修身养性的实际需要，对中华民族产生了巨大的凝聚力和影响力，是中华文明生生不息的精神力量。中华文化之所以能辉煌立世，既得益于其文字形式之优美和博大精深，更在于它思想高尚，对人民大众能起到启迪智慧、振奋精神、培养情操的积极作用，是激励民族同心同德、自强不息的精神食粮。这些思想理念过去是，现在也是，将来还会是推动中华民族走向长远未来的精神力量。

第三，中国传统文化推崇的大一统思想是引领中华民族走向长久未来永远不可缺失的民族理念。中国地域辽阔，地理差异巨大，民族众多，内地发展不平衡，国情比较复杂。特别是美国企图永远保持其世界霸主地位，与西方反华势力结成同盟企图破坏中国的发展；他们干涉中国内政，制造民族分裂，支持周边国家与中国的领土争端。中国周边又是大国林立，一些国家与中国的领土纷争也在短时间内难以解决。所以，中华民族必须牢固树立大一统的思想理念，强化中央的领导权威，正确处理好中央与地方的关系，确保中央政令畅通，才能永远维护国家的统一、领土的完整、民族的团结、国内的安定。只有这样才能形成强大的民族凝聚力和保持强大的国力，在风云变幻、激烈竞争的国际环境中屹立于世界民族之林。

第四，中国传统文化崇尚的爱国主义精神永远是中华民族精神的核心。当今世界，动物界那种以大欺小、以强欺弱，强者生存、弱者淘汰的生存法则并没有完全在人类历史舞台上消失。国际社会很类似于中国历史上春秋战国时期那种群雄逐鹿的社会。中华民族将长期承受着对内发展和防御外侮的压力。中国人民只有永远保持发扬爱国主义的民族精神，才能动员全国广大人民群众为了国家的强盛而艰苦奋斗，尤其是当国家面临重大困难或面临危机时，才能激发大家的家国情怀，使之勇往直前，这样我们的国家才会产生无比强大的向心力和行动力，万众一心，同仇敌忾，使国家永远立于强盛不败的地位。

第五，中国文化中重义轻利、先国家后个人、先整体后局部的义利观对于我们建设和谐社会具有永久价值。我们只有坚守这种理念，崇尚讲大局，守规矩，坚持个人及局部利益服从于整体和国家利益，坚决反对西方文化中的个体意志、个体利益绝对化，把个体及局部利益置于群体及全局利益之上的价值观，才能保证国家政通人和。所以中华文化上述理念是中华民族坚持团结、保持民族凝聚力并实施和谐发展的文化基础，我们务必长期坚持不能放弃。

值得指出的是："中华传统文化陷阱论"者认为中华传统文化中这种关于"克己"的理念束缚了中国人的思维和创造力，阻碍了中国科学技术的发展，故认为中国文化是奴性文化。这完全是一种不顾史实、违背逻辑、无视常识的胡言乱语。的确，中国文化认为个人是群体的一分子，因而强调个人应该以社会整体利益为重，个人在整体中应自我修养、自我节制。但是，中国文化从来没有否定人们放飞思想对真理的探索，从来没有否定个人的自强进取。在中华传统文化的宝库中，有哪一点束缚了中国人的思维和创造力？有哪一条规定中国不必发展科学技术？是哪一条会使中国人失去气节而成为奴才？由此看来，所谓中国文化奴性、愚昧、毒药之说纯粹是一种违背人类理性、社会伦理的荒谬透顶之说而已。

第六，中国文化崇尚的勤劳节俭的优秀品格对于当下和今后我们建设伟大祖国和美好家园仍具有十分重大的意义。《尚书·大禹谟》提出"克勤于邦，克俭于家"，这一理念对于我们具有长久价值。我国人口众多，又是在一穷二白基础上开展建设的发展中大国，无论多么巨大的财富数字，分摊到每一个国民身上都会变得很小。我们与世界上的一些老牌先进国家相比某些方面还有相当大的差距，国内的经济发展水平及财富的分配也极不平衡；而且国内正滋长一种大手大脚盲目贪大的奢靡之风。因而更需要我们提倡并长期保持克勤克俭、艰苦奋斗这一优良传统和作风。

第七，中国文化崇尚的孝道和家风建设今天仍没有过时。作为人类社会，提倡父慈子孝、夫唱妇随、敬老尊贤，保持家庭和谐具有永久的积极意义。家庭是社会的细胞，家庭的和谐稳定能促进社会的相对安宁与和谐。今天，虽然我国已进入社会性很强的工业化社会，但育儿养老、照顾病弱等许多与家庭相关的事务还不可能全部交给国家和社会，而仍需家庭来承担，而且这样更合乎人性，更能体现出社会的文明状态。所以，继续推崇以家庭与社会和谐为主要内容的家庭伦理观和以爱国、勤勉、好学为内容的家风，无疑有益于避免大范围出现西方那种亲情淡化、婚姻关系不稳定及社会冷漠状况。这对有效促进和谐社会建设具有重大的现实意义。

第八，中国文化推崇礼节的风尚无论是当前还是今后都是文明建设的需要。人与人之间交往讲究礼节行事，这是人区别于动物的标志之一，因而尚礼是社会文明的重要特征。当今时代，中国要长期兴盛，就必须走向世界，和各国友好相处。因而在国际交往中更要讲礼节。所以，讲礼节必须成为中华民族长期保持的优良风尚。

尤其应该指出的是，中国传统文化并不如某些人所言的保守封闭，而是开放发展，极富包容性与融创性。中华民族在几千年的发展历程中，汉文化和其他民族文化不断交流碰撞，所以华夏文明本身就是以汉文化为主体融合多种民族文化的有机整体。如成为中国文学明珠的元曲就是来源于蒙古文化，中国的佛教是对传入的印度佛教的创新改革。中国近代及当代用以指导新民主主义革命和现阶段社会主义革命的理论、思想甚至制度是马克思主义中国化的结果。中国现在的一些经济管理手段也运用了西方资本主义国家运用过的一些先进举措。正因为中国文化开放而不封闭，故不保守而充满时代活力，能保持先进。否则无法解释历史上各域外民族尤其像大唐时代日本民族不惜经受艰难漂洋过海来学习中国文化，无法解释历史上有那么多周边国家甘心做中国的藩属国，更无法解释蒙古、满族入主中国为什么不推崇本民族文化而推崇华夏文化！

综上所述，中华传统文化是一种与中华民族共生共荣五千年，为中华民族的繁荣发展做出过突出贡献的文化，是一种包容了古今中外优秀文化元素的文化。经过与世界各主要文化形态对比证明更是一种先进优越的文化。当然，中国传统文化各种元素都是在历史发展过程中产生的，所以它的某些观点也有一定的历史局限性，但这不是中国传统文化的本质和主流。所以，分析中国传统文化一定要运用马克思主义唯物辩证法，要坚持历史的、发展的、全面的观点。首先要看到它作为中华民族的主体文化对中华民族发展所做出的历史贡献，在中华文明发展过程中的重大作用，以及它对于指导中华民族胜利跨过今天以走向灿烂明天的伟大意义；绝不能只看它某些不合时宜的方面，攻其一点否定全部。如前文所述尹胜把中国传统文化咒骂成"奴性文化"，咒骂一些优秀的中国传统道德理念如忠、孝、仁、义是"以诡辩和玄学进行愚民、弱民、欺民"，是"骗人的把戏"。试问尹胜先生，在当今之世，我们提倡人民要忠于国家，我们提倡子女要体贴关心父母，提倡兄弟姐妹要互相帮助，提倡夫妻要忠于爱情，提倡商业行为要讲诚信，提倡见到歹徒行凶要敢于见义勇为，难道这些都是骗人的把戏？都不应该坚持？我还要问尹胜先生，你对你的父母应不应该有一点孝心？对你的夫人应不应该有一点爱情？对你的朋友应不应该有一点道义？你对国家以及与人相处时应不应该有一点忠诚？难道都不需要吗？可如果按照你的逻辑，这些都是"陷阱"，"是骗人的把戏"，似乎没有这些，那倒是一种高尚。由此看来，"中国传统文化陷阱论"者们对中国传统文化这种不分青红皂白打倒一切，这种不分是非曲直的污蔑诽谤，是真正的逆历史、逆良知、逆理性的反动！它充满了自私！充满了肮脏！充满了丑恶！是完完全全对人性的背叛！

二、雪天望炭，弘扬优秀传统文化是今日中国之急需

这个问题需要从三个方面来予以理解。

首先，这是提升国人思想道德素质的迫切需要。自 20 世纪下半叶开始，随着中国实行改革开放国门大开，西方文化及其意识理念大幅度侵入中国，剥削阶级的思想观念沉渣泛起，中华优秀传统文化的影响力日益丧失。今日之中华，一方面经济高速发展，人民生活水平显著提高，综合国力大幅提升，另一方面在思想观念领域却出现了很多问题。今日相当多的年轻人，可能津津乐道于由西而来的圣诞节、情人节，却对中国传统的清明节、端午节、中秋节那深厚的思想文化内涵知之很少，更多的人对几千年华夏文明发展中形成的忠、孝、仁、义、礼、智、信、廉这些充满着圣洁与智慧光芒的文化精髓不屑一顾，致使中华民族许多优秀的传统道德在当今时代严重缺失。

2018 年 8 月《扬子晚报》一则消息报道：盐城一位 91 岁的母亲因生了 4 个"禽兽"不肖子，8 月 7 日中午，生病中正轮到大儿子赡养的她，竟被大儿子扔在马路边的垃圾桶旁。在现实生活中，这种违背伦理道德的事可真不少。有的年轻人为了自己及时行乐，可以不顾父母不管儿女。有的企业老板挥金如土，却不讲诚信长期欠账不还。生活中见死不救、见难不助、忘恩负义的现象也时有发生。2014 年 10 月 15 日，习近平主席在全国文艺工作座谈会上，在分析当今社会思想道德领域的缺失时指出："我国社会正处在思想大活跃、观念大碰撞、文化大交融的时代，出现了不少问题。其中比较突出的一个问题就是一些人价值观缺失，观念没有善恶，行为没有底线，什么违反党纪国法的事情都敢干，什么缺德的勾当都敢做，没有国家观念、集体观念、家庭观念，不讲对错，不问是非，不知美丑，不辨香臭，浑浑噩噩，穷奢极欲。现在社会上出现的种种问题病根都在这里。"习近平主席这段论述对当今社会思想道德领域存在的问题的分析真可谓入木三分，切中要害。众所周知，核心价值观是一个民族赖以维系的精神纽带，是一个国家共同的思想道德基础。如果没有共同的核心价值观，一个民族、一个国家就会魂无定所，行无依归。因此，根据我国思想道德领域一度出现的较混乱的现状，必须大力弘扬优秀传统文化，坚持和发扬中国精神，坚持文化自信，用植根于五千年中华优秀传统文化中的社会主义核心价值观统一全国人民的意志，凝聚全部力量，为富民强国奠定思想基础，为中华民族再次崛起准备先决条件。

其次，这是对抗"西方中心论"错误思潮之需要。鸦片战争以后，中华文明在与西方文明的比较中逐渐落伍，西方资本主义文化在世界范围内占据主导地位，一些西方国家及民族通过实行全球殖民化迅速发展成为世界强国后逐步形成了一种优等心理：他们自以为是地认为优先发生在欧洲的西方近代文明是世界上唯一正确的文明；西方文化优

于高于非西方文化；西方是世界文明与文化的中心，西方文化的理念、价值和理想具有普遍适用性，代表了世界未来发展的方向。至于亚洲与其他非洲拉丁美洲国家，仅是处于文明和文化的边陲，需要通过西方的征服、殖民、教化才能得到开发与开化。随着这种观念的逐渐流传，在世人的心目中，似乎西方成了人类文明的"主宰"，西方人成了上帝的骄子，全球的"西化"之风也从此弥漫开来。

这种"西方中心论"对近代中国国民的思想观念产生了很大的副作用。一方面使很多人产生了崇洋媚外的思想，总认为西方的一切都是好的，从政治、经济、文化到风尚习俗，似乎西方的月亮比东方圆；哪怕是一些在西方面临淘汰的东西，有些国人却把它们当作时髦。移居国外热、国外留学热、出国旅行热、购洋货热、洋企就职热、学外语热，一浪高过一浪，就是这种崇洋心理的反映。更为严重的是，不少国人产生了严重的民族自卑心理。说话做事先看西方人的脸色，以西方的是非为是非，以西方的标准为标准，一切以西方马首是瞻，国民的民族自信心受到了很大的损害。因此，必须通过大力弘扬中华优秀传统文化，让国人从祖国悠悠数千载辉煌历史及浩瀚的优秀传统文化中吸取智慧营养，增强自信心，提升精气神，进一步凝聚人心，加快中华民族振兴的步伐。

再次，是中华民族大步走向世界的需要。当今时代全球化飞速发展，一个国家的复兴，一个民族的兴旺，有赖于融入经济全球化的大潮。文化是一个国家走向世界的先决条件，如果世界对一个国家的文化一无所知或知之甚少，异国他乡的人民怎么可能接受这个国家？怎么可能与这个国家往来交友？唐朝"贞观之治""开元盛世"年间之所以"万邦来朝"，日本之所以两百余年间，19次派遣庞大的"遣唐使"队伍来中国，不仅是因为唐朝有强大的经济和军事实力，更是因为唐朝有优秀的文化。在当今时代，文化不仅是一个民族、一个国家凝聚力和创造力的基因和源泉，更是评判一个国家综合国力、国际竞争力的重要因素和指标。只有让世界先真正了解中国文化，中国才可能大步走向世界。中国文化要走出去，既要让世界人民了解中国辉煌的五千年历史和灿烂的传统文化，更要让世界人民了解今天欣欣向荣充满了生机与活力之真实中国。但是由于某些仇视中国的西方国家利用本国强势的文化力量干涉中国的内政外交，诋毁中国的核心价值观，封杀有关中国正面形象的报道，集中并无限夸大渲染中国的阴暗面，加之我们在相当长时间内比较重视对外的经济交往，对文化走出去工作缺乏力度，所以，我国文化还远远没有达到国际主流文化的地步，文化竞争实力与日益增长的综合国力、经济实力很不相称。有资料显示，在世界文化市场上，美国占43%，欧盟占34%，亚太地区占19%，其中日本占10%，澳大利亚占5%，其余4%才属于包括中国在内的其他亚太地区国家。我国的电视节目、报刊及通讯社的报道在国外"落地"的不多，"落地"之后观众读者也不很普遍；特别是在华人圈以外的民族群体中影响力比较有限。现在许多国外民众对中国、中国人、中国文化知之甚少，在很多方面甚至存在误解，有许多外国民众对中国的形象还停留在改革开放前，甚至新中国成立前那种落后状态。这种状况直接决定了我国在国际话语权格局中处于不利地位，以至我们的声音往往被西方强大的话语所淹没，我们的主张得不到全面的宣示，我们的利益缺乏可靠的舆论保证。所以，为了提高国家的综合国力，迫切需要加快中华文化走出去的步伐。要把中国传统文化中那独特的理念，所包含的无穷智慧，所展示的独特的魅力展示给全世界。要把中国先进文化的元素，文字的变为场景，抽象的变为具体，呆板的变为生动，物质的变为文化，文化的融入生活，使之成为世界人民所喜闻乐见的形式。让世界人民进一步从这些文化符号中认识中国，从而让中国进一步走向世界。

三、金玉其外，败絮其中的西方文化在当代有"普世性的核心价值"吗？

为什么说西方文化不是"普世性的核心价值"和"共同的先进制度"呢？前文我们已对西方文化中的民主、自由、人权、平等等政治观点一一做了剖析，并得出了否定的结论。这里我们换一个角度再看看西方文化，同样可看出袁伟时先生这种论点的非科学性。

从整体上看，西方文化包含着三种不同的内容。

第一部分是对人类有启迪价值的部分。这就是那种对自然规律穷根究底的探索精神，以及与此紧密相连的那充满人类智慧之光并为人类文明做出了积极贡献的灿烂的科学技术和文学艺术，还有那敢于冒险敢于进取的勇气，那种不懈追求体现自身个体价值的态度。

第二部分主要是体现在政治人文科学领域，为反抗封建主义和宗教神权而提出的民主、自由、平等、人权等理念。这些理念在资产阶级早期革命运动中，为激励新兴资产阶级砸碎封建桎梏和宗教神权，建立资本主义制度发挥过鼓舞人心的作用，从而为人类迈入文明社会做出过积极贡献。但随着时间的推移，西方帝国主义国家在近代几个世纪的社会实践中常常违背这些原则而显示其虚伪性，因而也越来越明显地表现出，这些理念具有相当大的时代局限性，和仅有利于某些国家或特定阶层群体而不利于其他具有不同国情的国家或阶层群体的阶级局限性，所以无论怎样都不可能成为当今时代具有普世性的价值标准。而且，在吸收践行这些政治理念时，如果不注入时代内容，不对其做出符合本国国情的理解说明和与之相适应的规定，反而会对社会的发展产生负面作用。香港2014年发生持续数月"占领中环"的非法集会，尤其是2019年下半年发生暴乱，导致交通无法正常运转，店铺不能正常经营，民众无法返工，学校不能上课，整个社会陷入半瘫痪状态，就是一些"港独"分子以西方的民主、自由、人权理念鼓动青年学生发起非法街头运动所致，其教训是非常深刻的。

第三部分是西方文化中那种金钱利益至上、重利轻义、强化个性、否定全局及群体突出个体的价值理念，暴露出赤裸裸的崇拜金钱、自私自利、穷奢极欲、个性第一、无所顾忌的本性。这是对正义、道德、良心等人性的否定，是破坏社会公德与秩序，引起群体、社会乃至全球动荡不安的思想理论渊源。从实践上看它为人类社会尤其是几千年的西方世界带来了血与泪的深重灾难；在西方世界进入资本主义现代社会这几百年中，在这种理念支配下的西方列强把这种血与火的灾难扩大到了全世界，由此造成了世界的极不稳定。所以西方世界这种个体利益至上的本性和理念，对人类文明的发展和社会的进步具有极大的破坏作用，对整个世界都是十分有害的。这也就是我们今天不能盲目照搬西方，不必重复西方空喊的那些陈词滥调的理由所在。如果空洞地，不加注释地，不择优劣、不分取舍地重复或照搬西方某些过时的口号和理念，只能混淆视听、模糊是非，引起思想混乱，这对于今天提高民族自信、统一全体中华儿女的意志和步伐，对于中国现代化伟业，只会釜底抽薪，有百害而无一利。

上述清楚地说明，西方文化中对我们适用的部分主要是处理人与自然关系的科学技术，以及在社会化大生产中产生的组织管理经验。但这仅仅是属于技术层面的一部分，而且是非常小的部分；除此以外的其他部分，有些经过改造或注入新的内容，可能有所裨益，但相当多的内容特别是处理社会关系及人文理念方面的思想价值观点完全不适用于中国社会及广大中国民众。

西方文化不能作为普世性的核心价值，还因为西方文化解决不了当今世界存在的有碍世界和平与发展的突出问题。

当今世界什么样的文化最具普世价值？要深刻理解这个问题，首先有必要弄清楚什么样的文化对解决当今世界存在的突出问题最具有实际意义。其实，袁伟时先生在另一篇批判中国传统文化、宣扬西方文化的文章中提出了一个观点，他说："新的轴心时代的伟大思想家必然与解决世界两大问题紧密联结：一是世界实现一体化；二是建设一个没有战争、没有贫困、没有污染的美好世界。"这真的是有些出人意料，我没想到袁伟时先生在这个问题上说得还真客观。这就是说当今世界最具有实用价值的，也就是最需要的是一种有利于消除战争、消灭贫困、控制污染的文化。那么"中国传统文化陷阱论"者举到天上去了的西方文化有利于解决这几个世界性的问题吗？回答无疑是否定的。

（1）西方文化熏染下的西方世界是不是实现了一体化？或正在向一体化迈进？谁都知道，尽管西方世界高喊着民主、自由、平等、人权，实行资本主义治理已数百年，但当今世界用中国一句成语形容仍是"多事之秋"。大家都可以看到，今天，一些西方发达国家为自身利益引起的国际竞争加剧，贸易摩擦、边界纠纷、民族纷争、宗教冲突不断。尤其是美国凭借其超级大国、世界霸主地位，充当世界宪兵，看谁不顺眼，轻则经济制裁，重则改旗易帜颠覆政权。美国还推行"美国优先"原则，理义不讲，见利就抢，责任便让。近20年来，它出兵伊拉克、利比亚，搞乱了阿富汗、叙利亚，使这些国家因战乱生灵涂炭，难民遍野。近年来，单土耳其收容这些难民就达170万人，坦桑尼亚也收容了数十万人。而对引发"难民潮"负主要责任的美国却只愿承担1万人。美国甚至退出有关二氧化碳排放的《巴黎协定》以拒绝承担减排义务。所以当今世界已被西方文化中赤裸裸宣扬的极端个性自由、个人利益至上、重利轻义等一些资产阶级价值观糊弄得秩序颠倒、乱象丛生。整个世界已被西方文化喂养的这只恶狼撕扯得四分五裂，这哪里是在实现一体化呢？

（2）西方文化是否有利于消除战争呢？的确，悠悠数千年人类历史，给人类带来最大灾难的是什么？是战争。人们最害怕的是什么？也是战争。那么，西方文化能消除战争吗？否！截然相反，西方文化是以斗争为基本精神的文化。赫拉克利特在西方思想史上首次提出了关于对立面的统一和斗争的学说。他认为："应当知道，斗争是普遍的，正义就是斗争，一切都是通过斗争和必然性而产生的。"这种文化理念鼓励人民展开竞争，甚至不惜采取极端手段获取最大利益。所以，西方文化中的唯利是图、利在义先、个体意志第一、整体服从个体、个性自由至上的价值观，放大运用到群体与群体、地区与地区、国与国的交往中，正是激化矛盾、引起对立、催发战争的精神催化剂。睁眼看世界吧，数千年的西方世界发展史，有多少时间没有发生国与国之间、地区与地区之间那种你死我活的战争？而且，历史上那种以消灭对方夺取其利益为目标的大规模的侵略战争几乎全是由西方文化孕育的西方国家所挑起。从欧洲中世纪连续 200 年的十字军东征，14—15 世纪的英法百年战争，19 世纪法国拿破仑向英、普、奥、俄"反法联盟"大战，血洗全球的第一次世界大战和第二次世界大战，以及第二次世界大战以后美国对亚洲、非洲、拉丁美洲，包括对朝鲜、越南以及中东诸国等几十个国家发起的侵略战争。一部西方文化史就是一部西方侵略史。西方世界那种利在义先、唯利是图、个体先于整体、局部先于全局、个性至上的文化理念正是催生战争的温床，是造成世界战乱的思想根源。

（3）西方文化能消灭贫困吗？消灭贫困是人类的梦想，也是实现人类文明的基本条件。我们先看看已建国 200 多年，已成为世界第一大经济体，成为西方世界领头羊的美国有没有贫困吧。2018 年 6 月 26 日，《环球时报》官方账号在网上发表一篇评论文章。文章转述了之前联合国发表的一份关于美国极端贫困和人权的报告。报告提供了一组这样的数据："美国有 4000 万人生活贫困，其中 1850 万人极度贫困，每年有 500 多万人生活在绝对贫困的第三世界水平当中。"由于美国贫富分化严重，2018 年美国爆发了一场经过长时间筹备在 30 多个州府和首都华盛顿举行的"穷人运动"。各地有成千上万的群众走上街头举行抗议活动，发起对贫困、种族、移民以及收入平等议题的抗争。这项活动持续了一个多月时间。

（4）西方文化有利于解决环境污染难题吗？当今世界面临的最大的环境治理难题是气候变暖问题。2018 年联合国秘书长古特雷斯在纽约大学就气候变化问题发表了一次演讲，他指出全球气候变化已是不可否认的事实，2017 年是有气象记录以来最热的一年，过去的十年也是有气象记录以来最热的十年，现在人们已经看到了大规模的洪水，更强烈的龙卷风，没有雨的雨季，以及更加猛烈的飓风和台风，在以往每十年发生一次干旱的地方周期变为每五年甚至每一两年发生一次，2016 年全世界 118 个国家和地区有 2400 万人由于自然灾害流离失所，这是由于国际冲突而流离失所人数的三倍。所以应对全球变暖已成为全球的共识。2015 年 12 月 12 日，第 21 届联合国气候变化大会在法国巴黎举行，195 个与会国家和欧盟代表一致通过了《巴黎协定》，协定的主旨是通过改变依赖石化燃料的能源结构，减少全球温室气体排放，对抗气候变暖。协定要求缔约国家以"自主贡献"的方式参与全球应对气候变化行动，发达国家将继续带头减排，并加强对发展中国家的资金、技术和能力建设支持，帮助发展中国家减排和适应气候变化。会后，在全球的 197 个国家中，《巴黎协定》已经对其中 147 个国家生效，另有 48

个签约国正在办批准协定手续，只有尼加拉瓜和叙利亚两个国家没有签署协定。美国作为世界上经济最发达的国家，也是工业化程度最高的国家，本来就应该在减少工业污染气体排放方面承担着更多的责任，但是，就是在2016年美国总统大选时，竞选总统的特朗普就宣布他一旦当选就将退出《巴黎协定》，2017年3月特朗普撤回了奥巴马总统执政时为履行《巴黎协定》而制定的一系列能源气候法案。2017年6月1日下午3时36分，美国总统特朗普正式在美国白宫玫瑰园宣布美国将退出《巴黎协定》。美国的退出就意味着美国不愿意在减少温室气体排放上承担每年筹资1000亿美元支持发展中国家的责任。作为西方文化旗手的美国在气体环境治理问题上尚是这么一种态度，能说西方文化能解决好世界环境污染问题吗？

（5）还有一个不容忽视的事实是，当今世界由于生态环境的破坏引发的全球性重大传染病明显增多，因而作为世界普世性的核心价值观应有利于防控重大传染病在全球的发生和传播。西方文化能做到这点吗？从2020年春全球抗击新冠肺炎疫情的实践来看，只有中国在不到三个月的时间内控制了疫情的蔓延，并很快就恢复了经济发展和人民正常的生活秩序。而西方世界尤其是美国陷入疫情重灾之中不能自拔。西方世界疫情的失控又使全球包括早已控制了疫情的国家承担了重大压力。

上述在西方文化孕育下的西方世界被战争、贫富悬殊、环境污染、重大疫情弄得混乱不堪的历史与现实说明，西方文化根本解决不了困扰当今世界存在的一系列问题。世界呼吁盼望有新的思想理念、道德准则来洗涤人的心灵，重塑世界秩序。

四、众里寻它千百度，蓦然回首，它却在灯火阑珊处，中国传统文化对解决世界难题的重大价值

那么，解决世界性难题的文化价值理念在哪里呢？人们在对世界纷繁复杂的价值理念的探索中，从五千年中国历史的辉煌中看到了中国传统文化的伟大；一些有识之士呼吁用中国文化拯救世界。英国有位汤因比博士（1889—1975），他完全肯定中国传统文化能救现在的世界。他在《展望21世纪》中说："解决21世纪社会问题，只有孔孟学说跟大乘佛法。"汤因比博士这么看，佛教界高僧净空法师也是这么看的。2015年9月27日他在香港讲学时说："中国传统文化不是一般人所能想象的，它是大道，它跟大自然的运行融合成一体万古常新"，"常新是什么？它适合任何时代、适合任何地区，在这个地球上过去适合、现在适合、未来还是适合"。一般说来，佛教界远离利益争斗这一是非之地，所以他们的观点也相对比较客观。那么，佛教界为什么这么看重中华文化在解决当今世界所存在的疑难问题中的作用呢？因为他们从中国文化与西方文化的比较中，看到了中国传统文化包含的许多价值理念能解决当今世界存在的诸多问题。

第一，产生于社会动荡不安并发生剧烈变革的春秋到秦汉时期的"天下大同"思想，对于解决困扰当今世界的许多国际纠纷具有重大意义。《礼记·礼运》说："大道之行也，天下为公，选贤与能，讲信修睦。故人不独亲其亲，不独子其子，使老有所终，

壮有所用，幼有所长，矜寡孤独废疾者，皆有所养。男有分，女有归。货恶其弃于地也，不必藏于己；力恶其不出于身也，不必为己。是故谋闭而不兴，盗窃乱贼而不作，故外户而不闭，是谓大同。"近代康有为在《大同书》中，也提出要"人人相亲，人人平等，天下为公"。可以看出，"天下大同"思想是古代儒家为中国未来社会设计的一种理想社会制度，在这种制度下，人人通过劳动为社会承担应尽的责任。老幼病残受到社会照顾，儿童由社会教养。大家都是平等的，对外"讲信修睦"，社会秩序安定，夜不闭户，路不拾遗。中国传统文化中这种"天下为公""天下大同"的理念，对于当今世界社会加强和谐，消除贫富对立，通过大家积极合作保护环境，共同建设好人类家园显然具有重大的现实意义。

第二，中国传统文化中孔子的"礼之用，和为贵""和而不同""四海之内皆兄弟也"的思想，就是提倡国与国之间以和为贵，反对国与国相互发生战争。尤其是墨子提出了"兼爱""非攻"思想，他主张的"非攻"，就是"大不攻小也，强不侮弱也，众不贼寡也，诈不欺愚也，贵不傲贱也，富不骄贫也，壮不夺老也，是以天下庶国，莫以水火毒药兵刃以相害也"。当然，墨子反对的是侵略战争，对于反侵略的自卫战争他是支持的。墨子提倡的"兼爱"思想是大到国家之间要兼相爱交相利，小到人与人之间也要兼相爱交相利，只有兼爱才能做到非攻，也只有非攻才能保证兼爱。墨子的这些思想有利于世界人民从思想深处筑起一道反对战争的道德藩篱，从而从道义上防范当今世界以强欺弱，个别超级大国横行霸道、处处杀伐的行为，对减少国与国之间的战争，尤其是避免世界性战争，建立人民所渴望的和平相处的世界秩序大有裨益。

第三，孔子的"君子喻于义，小人喻于利"，荀子的"先义而后利者荣，先利而后义者辱"，即义在利先的道德理念，有利于克服西方世界推崇的唯利是图、利在义先、见利忘义的剥削阶级价值观，有效制约西方推崇的为了利益可以不择手段掠夺他人利益行为的发生，从而也有利于世界的稳定。

第四，中国传统文化中注重礼节、主张建立良好的社会秩序的思想理念，有利于充分发挥联合国在协调平衡世界各国利益中的作用，建立国与国之间平等的友好往来关系，稳定世界秩序，减少国与国之间的矛盾冲突。

第五，中华文化在处理整体与局部、个体与群体的相互关系上，主张群体先于个体、整体先于局部，以及整体与局部、群体与个体相互协调发展的思想理念，能有效克服西方世界强调突显个性自由、个体利益先于群体利益、局部利益先于整体利益，甚至为了个体及局部利益可以为所欲为、无所顾忌这种国际关系中的极端利己主义、极端自由主义价值观念，减少个别强势国家横行霸道导致世界无秩无序、混乱状态的发生。总的来说，中国传统文化中这些优秀的伦理道德观念和价值取向，能从思想文化的层面有效化解困扰当今世界混乱不堪的一系列问题，有利于帮助世界建立一个全球人民渴望的和平与稳定的世界秩序。

应当指出的是，中国的外交政策高度体现了中国传统文化这种良好的价值观念。中国外交政策主张国家不分大小、强弱、贫富，主权平等，相互尊重，互不干涉内政，各国有权自主选择社会制度和发展道路；新形势下，中国坚持主权平等，推动权利平等、机会平等、规则平等，坚持互赢和开放的发展战略。最近几年，习近平主席提出了人类命运共同体思想，这一理念的具体内涵，就是在经济全球化、文化多元化的世界浪潮中，世界各国之间都处于一种相互依存的状态。因此世界各国在追求本国利益时要兼顾他国合理的关切，在谋求本国发展中促进各国的共同发展。这是运用中国优秀传统文化中的价值理念解决当今困扰世界难题的有效治理方案，也是中国优秀传统文化走向世界的具有深远历史意义的具体实践。

五、应辩证看待 20 世纪初新文化运动对传统文化的批判

20 世纪初，国内爆发了新文化运动，一些激进的民主主义知识分子对中国传统文化展开了猛烈批判。这一时期批判中国传统文化的一些言论，近几年来常被"中国传统文化陷阱论"者攻击中国传统文化时所引用。那么应该怎样看待中国这一历史时期对传统文化的否定行为呢？

新文化运动是 1915 年至 1919 年，由陈独秀、李大钊、鲁迅、胡适等一些受过西方教育（当时称为新式教育）的人发起的一次"反传统、反孔教、反文言"的思想文化革新、文学革命运动，历史上称为"新文化运动"。这次运动发生的起因是，鸦片战争以后，中国日益沦为西方帝国主义的殖民地并不断地遭受列强凌辱，1911 年的辛亥革命推翻了清王朝，但却被袁世凯篡夺了胜利果实。袁世凯上台之后积极进行复辟帝制活动，大搞尊孔祭天，1913 年颁发"尊孔令"，1914 年颁布《祭圣告令》，通告全国举行"祀孔典礼"，他大力鼓吹"孔学博大"，提倡尊孔读经。与袁世凯复辟帝制活动相呼应，社会上的守旧势力也兴起了一股尊孔复古逆流，从 1912 年起全国很多地方先后成立了"孔教会""孔道会""尊孔会"等组织，康有为甚至提出要定孔教为"国教"。当时中国的大部分知识分子认为中国的落后及辛亥革命失败的根源在于民众封建意识严重，民主共和意识缺乏；针对社会上又兴起的尊孔复古及复辟帝制逆流，他们更觉得必须在文化思想上发动一场群众运动以冲击封建思想和封建意识。如此，以陈独秀、李大钊、鲁迅、胡适为代表的激进民主主义者奋起开展了反封建的新文化运动。他们高举民主和科学两面大旗，从政治观点、学术思想、伦理道德、文学艺术等方面，对封建复古势力进行猛烈的批判，并集中批判旧文化的代表儒家学说，掀起"打倒孔家店"的潮流。在这场运动中，鲁迅的批判尤其尖锐。鲁迅在《新青年》上发表了中国新文学史上第一篇白话小说《狂人日记》，指出藏在封建仁义道德后面的全是"吃人"二字，"那些吃人的人，话中全是毒，笑中全是刀"，中国两千多年封建统治的历史就是"人吃人"的历史。为了推广白话文，推广新文学，鲁迅对文言文也猛烈开火。

这次新文化运动对近代中国的发展具有十分重大的意义。它严重冲击了中国传统文化中那些腐朽落后的观念，启发了人民的民主觉悟，推动了现代科学在中国的发展，为马克思主义在中国的传播和五四爱国运动的爆发奠定了思想基础。但是，在新文化运动过了 100 来年之后的今天，对照当今中国社会在思想意识领域出现的某些价值观念混

乱、物欲膨胀、诚信缺失、道德低下等新出现的问题，再反思那场批判中国传统文化的新文化运动，人民也似乎感觉到当时某些批判传统文化的言论，有点类似于倒洗澡水时把木桶里面的小孩也倒出去了。如鲁迅先生那时的批判用词特别激烈，对传统文化的否定尤其尖锐。2019 年 5 月初，英国纽卡斯尔大学汉学讲座教授钱锁桥先生应邀在斯洛伐克考门斯基大学纪念"五四运动"100 周年国际学术研讨会上，做"中国文化如何重生，林语堂的启示"的主题演讲时指出，批评家、哲学家和思想家林语堂与鲁迅、胡适这两位中国现代知识思想史上的"双子星座"成"三足鼎立"。林语堂和鲁迅、胡适一样，"虽然也批评中国传统文化，但他不像鲁迅胡适那样激烈，他修正了新文化运动一些激烈反传统的论调，重新发掘中国传统文化资源并发展出一套'抒情哲学'，在推向世界的过程中大获成功。从而证明中国传统文化对中国现代化之路而言仍具备可用资源与活力"。所以钱先生评价林语堂对中国传统文化的批评"是一种具有全球视野，带有理性的、建设性的态度的批评"。2018 年 7 月，一位署名云也退的先生在《领导文萃》上发表纪念俄国伟大的文学家高尔基诞生 150 周年的文章中高度赞扬高尔基："或许正是个人处境上的不同，让高尔基并不像鲁迅那样，从小说到政论都那么坚决地批判同胞。高尔基尖锐地批评俄国人身上的奴性，然而，他在小说里却时不时地给民族的创造力、想象力唱赞歌，因为他本人就是最好的证明。此外鲁迅觉得中国是一间难以破毁的'铁屋子'，而高尔基则认为俄罗斯可以通过'舍东方就西方'拯救自己。"

应该指出，鲁迅在 20 世纪初新文化运动中针对当时尊孔复古逆流及尔后对国民性中的落后思想行为进行猛烈批判的一些论述，尽管似乎过于尖锐，但其目的是批判已经深深影响了中国上千年的传统文化中的阴暗面，这对在当时进行的民主革命运动以彻底否定封建主义是很有意义的，鲁迅这种大无畏的革命精神是值得充分肯定的。随着旧中国的被推翻和新中国的建立，中国当今时代的政治、经济、文化及其人民的思想观念已经发生了巨大的变化；今日的中国已不是 19 世纪下半叶至 20 世纪上半叶在西方列强面前饱受欺凌的中国，今日的中国政府也不是 19 世纪下半叶至 20 世纪初对外出卖国家利益，对内鱼肉人民的政府，今日的中国人民也不是 19 世纪下半叶至 20 世纪初刚从封建桎梏中解放出来又处于水深火热中的迷蒙的中国人。因而今天人们完全没有必要仿效鲁迅在新文化运动及尔后文学革命中批判封建礼教及旧文学的那种态度和言辞来批判整个中国的文化，鲁迅在那种特定历史条件下批判旧礼教旧文化的言论，也不宜用来作为彻底否定几千年中国传统文化的依据。事实上，鲁迅本人也并没有按照自己所批判的那样去否定中国的传统文化。如鲁迅曾说过当时的中国要转入现代社会，就必须消灭文盲普及文化；他认为繁体方块汉字难学难普及，所以他曾说"汉字不灭，中华必亡"。但鲁迅本人就是一位非常精巧的运用汉字的文学专家，正因为他把汉字运用到了炉火纯青的程度，他的杂文才达到了几乎登峰造极的水平。鲁迅对作为传统文学之典型形式的古典格律诗词，不但不否定，自己反而带头写。鲁迅一生写了四五十首传统诗词。他写的《自嘲》："运交华盖欲何求，未敢翻身已碰头。破帽遮颜过闹市，漏船载酒泛中流。横眉冷对千夫指，俯首甘为孺子牛。躲进小楼成一统，管他冬夏与春秋。"《无题》："雪沃中原肥劲草，寒凝大地发春华。英雄多故谋夫病，泪洒崇陵噪暮鸦。"这两首诗在传统格律诗词中，从思想境界到格律声韵要求，都是可与唐诗宋词媲美的。

总之，新文化运动中提倡新道德、反对旧道德，提倡新文化、反对旧文化，这是当时特定历史时期政治、经济、思想、文化诸因素综合作用的产物。"中国传统文化陷阱论"者们今天却用新文化运动时期鲁迅等一批知识分子对中国传统文化中的那些糟粕与腐朽的批判之词来全盘否定中国优秀的传统文化，这是不合历史时宜的，因而也是不值得提倡的。

上述充分说明，中华优秀传统文化不论是过去还是当今时代，都是中华民族赖以生存立世的思想基础，它蕴含的中国精神是今天推行社会主义核心价值观源流的重要组成部分，是我们推进新时代社会主义现代化建设不可缺失的精神食粮。所以袁伟时先生把今天提倡弘扬优秀传统文化说成是一种"陷阱"，这是目光短浅，更是思想荒谬，是极不可信的！

42 "高筑墙"是强国之重

——对中国强国之路的历史思考之一

中国如何实现强国的宏伟目标？"中国传统文化陷阱论"所鼓吹的"脱亚入欧""全盘西化"之路在中国肯定走不通，中国必须探索符合自己国情的强国之路。

在探索中国的富民强国之路时，人们必须对中国当前所处的内外环境有一个清醒的认识。当今时代的中国处在一种充满了竞争和矛盾且复杂多变的国际大背景下，处在世界唯一超级大国美国为保持世界霸主地位而企图联手西方世界对中国崛起极力打压的恶劣状态下，处在与周边多个邻国存在着领土纷争、潜藏着领土安全危机的环境下，处在国内经济及社会条件先天不足且很多方面尚落后于早已崛起的美国等西方国家的状况下，处在国人对比发达国家对新时代美好生活的期望值非常之高的情况下。中国正是在这种处境下开启赶超世界强国、建设现代化国家进程的。因此中国的现代化建设相比过去一些西方国家如英国、美国、日本面对的形势要复杂得多，压力要大得多，困难多得多，任务艰巨得多。所以中国绝不可能轻信如袁伟时等"中国传统文化陷阱论"者所宣扬的，用一个两个多世纪以前提出的"人权宣言"和一个专门处理国际贸易关系并且已被美国破坏的 WTO 原则，喊几句空洞的民主自由人权口号，就能实现富民强国的宏伟目标。中国人只有如几千年前的屈原所呼喊的，"路漫漫其修远兮，吾将上下而求索"，坚持从中国的实际出发，不懈奋斗，才能达到富民强国的理想目标。

中国是一个有着悠久历史的文明古国，先人们在中华文明发展的历史长河中积累了许多治国理政的经验，也吸取了许多深刻的教训。创造了光照千秋的"贞观之治"的唐太宗李世民说了一句名言："以铜为镜，可以正衣冠；以古为镜，可以知兴替；以人为镜，可以明得失。"这就启发我们，可以从悠悠五千年中华民族的发展史中去总结治国理政的经验和教训；同时我们也可以借鉴当今世界一些国家发展的经验，探索一条适合当下我国国情的发展道路。

《明史·朱升传》写了这么一个故事：元朝末年，朱元璋率领他的农民起义军占领了南京，当时朱元璋的职位是小明王农民起义政权授予的江南地区中书省平章，即江南地区的行政长官。当时南京周边的割据政权徐寿辉自称皇帝，张士诚自封吴王，小明王则号令其他农民起义军在长江以北地区与元朝的蒙古军作战。面对这种局势，朱元璋召见一位弃官隐居的谋士朱升，问他在当时形势下应当怎样行动以建立宏图大业。朱升向朱元璋提了九字箴言"高筑墙，广积粮，缓称王"。朱升这九字箴言的意思是建议朱元璋先在江南地区多扩大自己的地盘，多储备以粮食为主的战略物资，先充分壮大自己的实力，不要急于称王称帝。朱元璋采纳了朱升的这些建议，取得了消灭徐寿辉、张士诚政权，推翻元朝建立大明王朝的胜利。我们从朱升对朱元璋治国的提议中可以得到关于治国理政的许多启示，首先，高筑墙是强国之重。当然我这里说的"高筑墙"并不仅是字面上的筑高城墙，或者如朱元璋在明朝建国前那样去扩大地盘，而仅是借用朱升之语指提高城墙的整体建筑水平，即把城墙筑得更高、更厚、更牢固等多层含义。其真实意思是指民族要振兴、国家要强大，就要高筑仁德之墙以得民心、高筑治理之墙以顺国政、高筑强军之墙以防外侮。

一、高筑仁德之墙以得民心

电视连续剧《雍正王朝》的主题歌中有一句名言，即"得民心者得天下"。这里揭示了一个普遍的执政真理，只有获得民心，才能治理好天下。一个国家的强与弱，当然与这个国家的经济、军事、科技、文化紧密相关，与能否赢得民心，能否形成强大的凝聚力，即人心的向背有很大关系。人心不顺，纵然有强大的经济军事科技实力，对内也难以长治久安。2019年法国发生的"黄背心运动"，英国2011年8月发生的几乎波及全国的社会大骚乱事件，近年来发生的苏格兰谋划"脱英"独立事件，都说明了这一点。人心不顺，在抵抗外族的侵略时就难以在国内形成合力赢得民众的支持。鸦片战争时期，就有个别地方老百姓出于对晚清政府的痛恨，面对清军和英军作战采取隔岸观火、事不关己高高挂起的态度。所以，凝聚人心、内部形成强大合力，是建设强国的重要内容。

而凝聚民心实质上是讲治国理政要注意处理好政府与百姓、官与民的关系。官民关系事关天下兴亡、国家兴衰。唐太宗李世民把君王与百姓的关系比喻为船与水的关系。他说："君者，舟也；庶人者，水也，水则载舟，水则覆舟。"他又说，"天子者，有道则人推而为主；无道，则人弃而不用"，"为君之道，必须先存百姓，若损百姓以奉其身，犹割股以啖腹，腹饱而身毙"。从这里可看出李世民对君王与百姓关系的认识是非常深刻的，也正因为他在执政期间能较好地处理好官与民的关系，因而能在中华发展史上创造出名垂千秋的贞观盛世。执政者要怎样才能获得民心？就是要实行德仁之政。德政，指国家要采取有益于人民的政治措施，多做让人民获利的实事。《西湖佳话·白堤政迹》一文评价白居易在杭州为老百姓办实事时说："乐天因行了这几件德政，见民间渐渐有富庶之风！"德政也就是我国历史上赞颂的仁政。春秋时期，孔子提出了"仁"的学说，主张"仁者爱人""己所不欲，勿施于人"。孟子把孔子的"仁"的理念扩充发展为包括政治、经济、文化、思想等各个领域的施政纲领，即"仁政"学说。他认为实行"仁政"就必须"制民恒产"，让每家农户有百亩之田、五亩之宅，有起码的生产资料；要"勿夺农时"，保证农民有劳动的时间；"省刑罚，薄税敛"，使人们有最低的物质生活条件；加强道德教育，使人们懂得"孝悌忠信"的道理。孟子的仁政学说对中国历史上许多君王的治国理念产生了深远的影响，中国历史上出现的许多盛世，如汉代的"文景之治"，唐代的"贞观之治"，北宋的"咸平之治""仁宗盛治"，南宋的"乾淳之治"，明朝的"洪武之治""永乐盛世""仁宣之治"，清代的"康乾盛世"，无不与"仁政"思想有重大关系。

中国历史上的许多官员在任上也做了许多有利于百姓的实事。唐代著名政治家、书法家颜真卿，768年调任抚州刺史。在抚州任职的5年中，他关心民众疾苦，重视农业生产，热心公益事业，针对抚河河道淤塞、淹没农田的状况，他带领当地百姓治理河道，依据江心岛屿修筑引水坝，不仅解决了水患，缺水季节还能引水灌田。抚州百姓为了纪念颜真卿，将这一水利工程命名为"千金陂"，并建立祠庙四时祭祀。宋代白居易在杭州任刺史期间，修筑西湖堤防，疏浚六井。范仲淹、苏东坡、郑板桥等人也都因在任上做了很多有利于百姓的事而深得百姓爱戴，名扬千古。上述这些都充分说明，欲得民心就应努力为民谋利。

当今之世，我国已经进入社会主义现代化建设高速发展的时期，人民群众的生活水平已经有了很大的提高。但正确处理好官与民的关系，确保国家长治久安，这是建设社会主义强国的根本条件。要使民心在执政党、民心在国家，我们尤其要注意如下几点。

第一，政府要心系人民群众，真心实意做让人民群众满意的事。中国共产党自成立以来一直以为人民谋福利为己任。习近平同志强调："说到底还是为人民服务这句话，我们党是为人民服务的，中央的考虑，是要为人民做事。"如何按照习近平总书记的要求为人民做事？答案是多做并善于做两类事：一是善于为了人民利益多"做加法"；二是善于为了人民利益多"做减法"。

"做加法"就是要多做增加人民群众幸福指数的事，这包括当下人民群众生产生活急需的事、人民群众需要办又自身难办的事。这几十年来我们党和政府确实为人民群众做了不少好事。如在经济建设和社会建设方面，广大农村尤其是边远山区的交通、水利、电力、通信等的设施建设，各种扶贫济困的举措，以及惠及全民的养老保险、医疗保障等福利，这些都深为老百姓所称道。

应该指出，为老百姓办实事应注重实际效果，切忌做沽名钓誉甚至劳民伤财的事。有些地方领导干部在这方面思想有偏差，做的有些事并不为人民群众所称心，如有的地方领导贪大喜功、脱离实际、不讲实效，盲目投资建设，不惜把老百姓儿子、孙子要用的钱都提前拿来搞一些老百姓当前并不急需，或对当前地方的发展没有多大实效的"面子工程""政绩工程"。陕西省商洛市镇安县是一个刚摘帽的深度贫困县，2019年完成地方财政收入仅1.78亿元，公共预算支出主要靠中央转移支付。然而正是在争取摘帽期间，该县建了一所豪华中学，内部设施形似五星级酒店，喷泉假山瀑布一应俱全，共用去资金7.1亿元，如此大手大脚让人震惊。有的地方领导心血来潮，城市道路修了又挖，挖了又修，城市绿化树栽了又挖，挖了又栽。我曾经写诗形容这些地方是"华城月月换新装，处处挖机处处忙，搬走前山筑后岭，移开梧桂又栽樟"。政府的钱没有用在刀刃上，人民群众盼望做的事并没有得到解决。如有些贫困边远山区的交通、电力、通信、教育、卫生条件仍然较差，老百姓重病大病防治难，这些难以给领导干部马上带来"面子"的事，有些地方政府舍不得花钱投入。干部群众对这种现象看在眼里，不满在心里。所以做那种老百姓不认同的事，尽管花了钱出了力，却不仅不会获得民心，反而会失去民心。

　　为人民利益多做并善"做减法"是指不仅要为老百姓经济上造福，还要注重严厉惩治老百姓深恶痛绝的各类丑恶落后现象，减少老百姓身边的祸害，为他们打造一个安宁祥和的社会环境。如对黑恶势力、毒品贩卖、拐卖妇女儿童、盗窃抢劫的严厉打击，对放高利贷、非法集资、金融诈骗、电信诈骗的严肃查处等。值得指出的是，这种为老百姓消除邪恶、保一方安宁与平安的事，虽然难以为当地的领导干部带来看得见、摸得着的"面子"，但老百姓却赞在口里、喜在心里，更能体现党和政府对人民群众利益的重视。所以这种事更值得认真做，做到让广大人民群众真正满意为止。总之，要改善官民关系，政府就要急民众之所急，想民众之所想，干民众之所急需。

　　第二，要切实缩小国民收入差距。孔子曾经说过："闻有国有家者，不患寡而患不均，不患贫而患不安。盖均无贫，和无寡，安无倾。"孔子这段话讲的是春秋时期的治国之道，用意是告诉诸侯国的国君及有了封地的士大夫们，不应担心国家和封地内财富不多，但要担心国内及封地内财富分配不均；不要担心封国或封地内人口少，但要提防境内不安宁。财富分配公平合理了，便无贫富之分；人民和睦相处，便不觉得人口少了；境内安宁，便无亡国之险。孔子这些见解在以后的历史发展中得到了印证。宋太宗淳化四年，四川发生了农民起义并提出了"均贫富"的口号；南宋时期的农民起义军则提出了"等贵贱"的政治要求。宋朝在军事上虽然比较软弱，但在经济发展上不仅超过了大唐的盛世时期，就连后来的明清时代也不能与之相提并论。史书记载宋朝的农业生产从种植规模到耕种技术都居世界第一，出现了粮食亩产四石的最高纪录；手工业和采矿冶炼技术也在世界上遥遥领先，瓷器的发展达到了顶峰，铁的年产量达到 15 万吨。英国直到工业革命后的 1788 年铁年产量才达到七八万吨，这就是说英国在宋朝八九百年之后铁的产量还没有达到宋时一半的水平。宋时已经具备了建造超大型船只的实力，南宋时泉州成为世界上最大的舰船制造基地。宋朝的城镇化程度最高，北宋首都和南宋首都人口都超过了百万，最多的时候达到 250 万，人口 20 万至 50 万的城市不计其数。而同一时期的欧洲城市人口一般为两三万人，多的也只有十来万人。宋朝的财政税收为世界之最，北宋熙宁年间，财政收入为 7000 万贯，商业税就达到了 5000 万贯。明朝与其相比，只是宋朝的 25％的水平。宋朝时期百姓的平均收入也居世界前列。史书记载当时人均收入保持在 450 美元左右，顶峰时期能达到 600 美元，就连新中国成立初期也没有达到这一水平，直到西方工业革命后这一纪录才被打破。但是，尽管宋朝在经济上非常繁荣，宋朝的农民起义却是历代王朝中次数最多的。两宋统治时间总计是 320 年，历史记载的农民起义就有 434 次，从建国开始就没有断过。其中比较出名的有 993 年即北宋刚刚建立不久时王小波、李顺在四川青城发动的起义，并持续了两年时间；宋徽宗时期有方腊、宋江领导的农民起义；1130 年南宋时期有钟相、杨幺在湖南的起义。这就说明，即便是在经济繁荣时期，贫富不均也会激化社会矛盾，导致社会动乱。孔子的论述和宋朝的这种现象在当今世界依然存在。2019 年 10 月 29 日《参考消息》刊登了美国《华盛顿邮报》网站的一篇文章，文章题目是《世界乱局根源何在》。文章原作的题目是《经济上的愤怒和政治上的无助成为全球抗议的主题》，作者是亚当·泰勒。文章写道："最近几周，拉美、欧洲和亚洲国家都出现了示威活动，全球的抗议活动引发金融投资者的不安加剧了全球经济健康状况的不确定性。一些抗议活动也有惊人的相似之处，抗议的主题是经济上的愤怒和政治上的无助。"文章分析了引发抗议活动的动因："许多抗议活动看似是很小的经济因素引发的，本月厄瓜多尔爆发的示威活动是源于政府取消持续数十年的燃料补贴。在智利，地铁涨价引发本月的暴力事件。而前不久洋葱涨价在印度也导致抗议活动。"文章分析产生这些抗议活动的深层次原因是："收入不平等似乎加剧了经济不安全感，导致了愤怒和抗议。"这种大规模的民众抗议活动，在西方的资本主义发达国家也在不断发生。2018年6月26日《环球时报》发表评论文章披露，"眼下一场经过长时间筹备的美国穷人运动正在包括30多个州府和首都华盛顿举行，发起对贫困、种族、移民以及收入平等议题的抗争"。美国之所以发生这样的骚乱，是因为美国国内有着严重的贫富对立。"在美国，现在0.1％的人口占有着超过20％的社会财富。大约有一半的人口净资产为负数，实际工资水平与40年前几乎相同。死亡率曲线经历了一个世纪以来首次上升。"（见西班牙《起义报》网站2018年10月26日报道）《参考消息》以《不平等加剧令资本主义"失宠"》为题转载了英国《泰晤士报》网站2018年12月3日的文章。文章分析了当今时代"资本主义不再受青睐的根本原因是社会财富的不平等加剧"，尤其是青年人在资本主义体制下生活的艰辛，小于30岁的年轻人只有1/3的人拥有自己的住房。"20年前，仅仅依靠可支配收入、存款3年就可以购买房产，而今天却需要18年。"财富差别在法国也导致了严重的动乱。2018年11月17日，法国巴黎爆发了50年来最大的有28万人参加的骚乱"黄背心运动"，起因是抗议政府加征燃油税，这项运动持续半年之久，重创了法国经济；高潮时期还影响到加拿大、比利时等西方发达国家。西方世界连续不断的这些抗议活动说明，当今时代的民众并不像过去大革命时期那样，只有到了生活贫困得生存难以为继的时候才发动对官府的抗议甚至革命。社会的动乱、民众的愤怒在经济虽然发达但财富分配过于悬殊的时代也会发生。

上述古今中外的事例对于我们今天的治国理政有着深刻的启示。现在我国已成为世界第二大经济体，国民收入也达到了世界中等以上国家并向发达国家靠近的水平，但我国有一个不可忽视的问题是国民对财富的占有不够平衡。学者估计当今社会财富还是遵守"二八定律"，即20％的人掌握了80％的财富，80％的人只掌握了20％的财富。基尼系数是国际上通用的用以衡量一个国家和地区居民收入差距的常用指标。国际上通常把0.4作为收入分配差距的"警戒线"，0.3—0.4视为收入相对合理，0.4—0.5视为收入差距较大；当基尼系数达到0.5以上时，则表示收入差距大；现一般发达国家的基尼系数在0.24—0.36，美国达到了0.45。北京大学中国家庭动态跟踪调查显示，2012年我国的基尼系数超过了美国，如不加大力度控制，以后可能还会更高一些。这说明我国的国民收入的差距已相当悬殊。由于社会的绝大部分财富掌握在小部分人手中，这小部分占有大量财富的人对生活享受的追求导致了物价的飙升。如城市尤其是一线二线城市的房价，对于占人口绝大多数的普通企业的普通职工、事业单位年轻工作人员、基层单位公务员、进城务工农民来说，远远超过了他们的承受能力。物价水平的提高会给只占有小部分社会财富的绝大部分国人生活带来压力。这样，尽管我们国家人均国民收入的指标比较高，但有相当一部分人掌握的财富会远远低于社会平均水平，因此这一部分人的生活难免相对比较困难。由于在那 20% 的富有人员群体中，更有那么一部分人掌握了社会的巨额财富，如果这些人是为国家的发展和社会进步做出了巨大贡献的科学家、发明家，基础工业、高科技产业、新兴产业的企业家，知识分子或解放军的官兵，其收入再怎么高，老百姓都没有意见；问题是这 20% 中的一部分人或是通过占有国家垄断行业的特殊地位，或是借助权力侵蚀国有资产和占有优质资源，或是钻国家政策漏洞及管理不到位的空子巧取豪夺，或是通过偷税漏税从而占有了社会巨额财富，对这些并非平等竞争手段造成的财富差别，许多老百姓心里是有意见的。而有些偏激的人，遇到不顺心的事就可能发泄内心的不满，这也是前些年尽管人民的生活水平比以前大大提高了，但社会上的仇官仇富心理一段时期内明显增多，甚至有人拿起筷子吃肉，放下筷子骂娘；政府为百姓做了不少好事实事，对政府对社会有不满情绪的人却没有减少多少，干群关系的改善仍不理想的原因。因此，切不可以为经济发展了，人民生活水平普遍提高了，就可以忽视国民收入贫富悬殊的危害性，应采取切实有效的措施缩小国民收入的差距。必须改变某些国有企业的垄断地位状态，为不同类型的企业提供公平竞争的发展环境；应合理确定国有大型企业经营管理人员与普通职工的工资比例，避免相差悬殊；要加强对公共权力的约束和监督，堵住官员以权谋取非正常收入的渠道；对党政官员配偶、子女、亲属参与商业活动的行为进行严格的约束；要建立税收征管绩效与税收征管人员工资待遇挂钩的激励机制，切实加大对超高额个人收入群体的税收征管力度；要引导鼓励巨额财富占有者多投资慈善和社会公益事业，缩小社会贫富差距，同时国家要建立相应的荣誉奖励制度，对这些在慈善和社会公益事业方面做出重大贡献的人士可给予较高的政治荣誉或奖励。通过采取这一系列措施切实减小国民财富差距。

第三，要坚决克服官僚主义和形式主义，坚持发扬实事求是的思想作风。官僚主义和形式主义是剥削阶级思想和旧社会衙门作风的严重表现，在现实中这两种落后现象在一些地方都不同程度存在。官僚主义突出表现为高高在上、做官当老爷的处世态度，视百姓为草芥、不关心群众疾苦、无视群众所求的思想理念，处事拖延、互相推诿、不讲效率的工作作风。形式主义表现为以会议传达会议、以文件传达文件，造假作秀、哗众取宠、搞花架子、做表面文章、欺上瞒下。这种种行为，群众是最反感的。

导致形式主义盛行的思想根源是在工作中违背实事求是的原则。实事求是是我们党的优良传统和作风。中国共产党能够从无到有，从小到大，直至推翻帝国主义的基本经验也是最主要的经验，就是坚持从中国的实际出发确定党的路线方针政策，故中国革命能够无往而不胜。但现在有部分领导干部却习惯于唯本本、唯文件、唯指示处事。结果做出的决定相对于实际或超前，或滞后，或不合情理，故所办的事也不为民众所认可。所以形式主义既影响党和国家的事业，又损害人民群众的根本利益，而且败坏党的形象，对党和政府与人民群众的关系造成严重危害。因此坚持发扬实事求是的思想作风，杜绝官僚主义、形式主义，对我国建设现代化强国而言是十分必要的。

二、高筑治理之墙以顺国政

中国地域辽阔，人口众多，国情复杂。只有加强治理，做到政通人和，才能富民强国，长治久安。那么，应如何加强对国家的管理呢？

当前在治国理政上，要重视在以下几个方面着力。

1. 纲举目张，加强中央领导集体权威

有次友人聚会，一朋友乘兴表演了用一张 100 元的人民币一下斩断两根筷子的绝技。以纸断竹，大家观后惊讶不已。朋友解释说这是经过长期操练可以习得的一种"硬功夫"。后来，另有朋友也表现过用这种"硬功夫"斩断十根筷子。虽然有人怀疑是纸币后面的手指之力斩断了竹筷，但无论是以纸还是以指断竹，其基本原理都是凝聚全身的力量到一点就可以所向披靡。这种现象近似于管理学揭示的一个原理：一只狮子带领一群羊，能轻易击败一只羊带领的一群狮子。这里揭示了团队里"主心骨"的重要性。团队是否强势是由团队的主心骨是否强势所决定的。所以在现代社会里，一个国家能否强盛取决于这个国家的最高领导集团是否强劲有力。

中国要建设现代化强国，首先要坚持在政权建设上强化中央的集中统一领导，确保国家政权机构有强劲有力的主心骨。中国是一个有五千年大一统历史的文明古国，有 960 万平方公里的国土面积，由于地域辽阔以及高山峻岭、河流大川等天然屏障的阻隔而形成了很大的地域差别，历史上曾因这些地域差异而引起政治上的不统一。即使在当代，这种地域差别也在一定程度上导致了经济发展的不平衡。中国有近 14 亿人口，有 56 个民族，以汉民族为主体，以汉文化为主流；但各民族又保留着自身独特的文化理念、宗教信仰、生活习俗。中国历史上也曾出现过不同民族主体的国家政权或民族地区割据；发生过多次，不同民族为争夺国家最高统治权或争夺领地的战争，如汉朝对匈奴，宋朝对契丹、女真，宋元明时代对蒙古，明末对满族，民国时期对西藏，等等。至今，还有一小股分裂势力在西方的支持下独立之心未死，故中国反对民族分裂，实现和巩固国家统一、民族和谐是一个长期的任务。中华民族自身发展的历史和西方世界发展史都已证明，凡中央政权弱化时，国家就难免内乱，甚至出现分裂，而在这种情况下最终吃苦受害的是广大老百姓。这种情况在中国古代出现过，在不到 100 年前的北洋政府执政时期也出现过。只有在中央政权强盛的情况下，国家才能避免内乱，实现有效的统一，社会才能稳定发展，老百姓才能有安定平和的生活。古今中外的历史同样证明，国家的强盛有赖于国家最高领导集团的强盛，中国历史上出现的各个"盛世""中兴""之治"，都是出现在中央王朝坚强有力、风清气正的历史时期。因此，不必在乎外界的评长论短，中国必须始终维护有着数千年历史传统的大一统的国家政权格局，必须始终保持中央政权的执政核心地位。

在国家政治生活中，中国共产党是执政党。中国人民通过近百年改造社会的实践深深懂得，中国共产党是中国当之无愧的无可替代的领导核心。因此加强对国家的管理，就是要加强党对各项工作的领导，突出党在国家事务中的核心作用。要在中央的领导下

组织协调好中央与地方之间、不同地区之间、不同群体之间的利益关系，充分调动方方面面的积极性，促使其均衡和谐发展。坚决反对各自为政，反对地区拥兵自重，以统一的意志和强大的合力实现国家的稳定和发展。当然，在这样的情况下党系国家民族的兴衰成败于一身，所以必须切实加强党自身的政治建设、组织建设与思想建设，尤其要加强中央领导集体的建设，要努力在党中央领导集体内打造清明的政治生态，确保中央能坚强有力地担负起领导全国的任务。

2. 有效发扬民主

有效发扬民主要求切实加强民主政治建设。中国共产党处于一党执政的地位，权力高度集中，这毫无疑问有利于统一全党和全国人民的意志，调动一切积极因素。这是全国广大人民群众根本利益得以实现的根本保证，是不容置疑的。总结历史上党的建设正反两方面的经验和教训，要使高度集中的权力在运转中不出现偏差，使党和国家在前进的过程中少走甚至不走弯路，就要充分发扬民主。不过这里讲的民主，不是要像西方世界那样搞什么两党或多党轮流坐庄，更不是如西方某些极端自由主义者所期望的那样取消或放松对社会的组织管理，不顾国家、社会整体利益而坚持个人意志第一和局部利益至上。中国的民主应突出在如下几个方面：一是党和政府执政的出发点应该是代表全国广大人民群众的根本利益，而不是代表少数人的利益；二是坚持依照体现民众意志和公平法则的法律办事；三是在重要干部的选用上注重群众的口碑，坚持选贤任能。

在工作中坚持在集中领导的前提下充分听取方方面面的意见，集中各方面的智慧决策重大问题，这是中国民主政治建设的重点，也是中国民主政治建设的难点。《资治通鉴》记载了这么一件事，唐太宗问魏徵曰："人主何为而明，何为而暗？"魏徵答道："兼听则明，偏信则暗。"由此可见，在魏徵看来，一个开明的领导者，只有认真听取多方面的意见，才能明辨是非，如果只听信单方面或者少数人的意见，就会不明情况以致犯片面性的错误。所以，党和政府的各级组织，在作风建设上，既要坚持在民主基础上的集中，又要坚持在集中指导下的民主；不主观武断，不搞个人和少数人说了算。要突出民主政治建设的重点：在全社会政治生活中加强民主建设很重要，加强中国共产党党内的民主建设更加重要；在党组织的民主政治建设中，党的各级基层组织的民主建设很重要，加强党的各级领导班子的民主建设更重要；在党的各级领导班子的民主作风建设中，党的高层领导班子的民主作风建设，尤其是各级党委领导班子一把手的民主作风建设更是党组织建设中的重中之重。中国共产党对中国社会主义现代化建设事业的领导是通过党的各级组织，尤其是党的最高组织中央委员会政治局领导集体来实现的。党的这种集体领导的政治体制从顶层制度设计上既能避免中国封建社会专制主义中央集权体制下由帝王、宰相个人或极少数权臣说了算的弊端，又能避免现代社会按西方模式两党或几党轮流执政的国家和地区的那种党争不断、效率低下之缺失。只要中国共产党的各级领导班子，尤其是党的最高领导集体即中央委员会政治局能充分发扬民主，广泛听取方方面面的意见，坚持民主决策、科学决策，中国建设社会主义现代化强国的伟大事业就完全有可能少走甚至不走弯路而实现理想的目标，社会主义的中国就能永远昂首立于世界。

3. 治官清政

治国之要，在于治吏。这是中国历史上几千年国家治理经验教训的深刻总结。汉朝之所以有"文景之治""汉武盛世""光武中兴"，这与有效地加强了对官吏的管理有很大关系。唐太宗李世民创造的"贞观盛世"在人类发展史上将永远放射出令世界景仰的光辉。史书记载："贞观年间，官吏多自清谨。制驭王公、妃主之家，大姓豪猾之伍，皆畏威屏迹，无敢侵欺细人。商旅野次，无复盗贼，囹圄常空，马牛布野，外户不闭。又频致丰稔，米斗三四钱，行旅自京师至于岭表，自山东至于沧海，皆不粮，取给于路。入山东村落，行客经过者，必厚加供待，或发时有赠遗。此皆古昔未有也。"杜甫曾这样写诗称赞紧接着贞观之后的开元年间唐朝的富庶："忆昔开元全盛日，小邑犹藏万家室。稻米流脂粟米白，公私仓廪俱丰实……"有人评价"贞观盛世"时社会安宁得"路不拾遗，夜不闭户"。唐太宗执政二十二年间之所以能出现这种海晏河清的局面，是因为他坚持以民为本的执政理念，还勤于政务、重视人才、虚心纳谏，这也与他有效地治理官吏队伍有着密切关联。史书记叙贞观之治时期的唐朝官场，可以说是风清气正，精干高效。那么，唐太宗是如何治理官吏的呢？

第一，裁减冗员。唐朝建国之初唐太祖李渊为了安置那些投降唐朝的隋朝旧官员和割据势力的首领，在朝廷中增设了很多官员岗位，还把地方的州县分切成小块以安置官员。资料记载唐初朝廷官员超过了 2000 人，地方的州县比隋朝时期多了数倍。唐太宗执政以后，朝廷的文武官员被精简到 643 人，地方的行政机构合并了一半。冗官的精简，减轻了百姓的负担，缓和了官民矛盾，提高了行政效率。

第二，任人唯贤，知人善任。唐太宗求贤若渴，先后五次颁发求贤诏令，并增加科举考试的科目，扩大应试的范围和人数，让更多的人才显露出来，使朝廷人才济济、文武皆备。他前期重用的房玄龄和杜如晦，人称"房谋杜断"；后期任用长孙无忌、褚遂良等忠直廉洁之士；他任用的武将李勣、李靖等都是一代名将。唐太宗唯才是举，不计出身，不问恩怨。在他的文臣武将之中，魏徵是唐太宗原来的政治对手太子李建成的部下，曾提议李建成谋杀秦王李世民，后因直谏而受太宗重任，官至光禄大夫，封郑国公；尉迟恭做过铁匠，又是敌军降将，也受到重任，官封右武侯大将军，封鄂国公。太宗从谏如流，鼓励臣下直言相谏，有 35 位官员给太宗上书进谏，如王珪、马周、孙伏伽、褚遂良都以极谏知名。其中魏徵谏事 200 余件，他直陈太宗过失，太宗多克己采纳，或择善而成。

第三，严格考核奖罚。唐太宗十分重视对官员的考核，并建立了一套较为完善的考核制度。当时对官员的考核叫"考课"，由考功司负责，每年一小考，每四年一大考。考课的标准以德行为先，考核包括体形容貌、语言表达能力、书写能力、断案能力，即身、言、书、判四个方面，还要考察官员的实际工作成效。然后根据考核结果划定为相应的等级，由尚书省公布考核结果，并作为升降赏罚的标准。列为一至四等的官吏，每进一等增发一季的俸禄，五等不增不减，六等以下每退一等减发一季俸禄。为了提高考核的准确性，还结合使用"校""监""判"的监督措施。校，是由皇帝选拔信任的大臣，担任校考史，对每年年终考核结果进行审核；监，就是监督考课过程的合法性，由门下省的给事中和中书省的中书舍人任监考使；判，主要是解决考核过程中出现的矛盾，确保考课的顺利进行。唐太宗还特别重视对地方大员的考察，会不定时地派遣德高望重的大臣担任黜陟大使。黜陟大使犹如皇帝亲临，拥有很大的权力，在地方巡查时可以对违法乱纪的官员直接做出罢免入狱甚至取斩处罚决定，考核的结果作为赏罚官员的依据。唐太宗特别强调考核结果的公正性。贞观二十年（646），有官员对黜陟大使孙伏伽等人的考察不服，他亲自对考察结果进行过问，最终亲自裁决，晋升20人，处死7人，流放上百人。在赏罚的标准上，唐太宗认为，国君对臣下进行赏罚，不是看臣下是"适己"还是"逆己"，而是要看他"便国"与否，要以他对国家的是非功过为标准来进行赏罚。他对那些爱民惜民、勤勉为政的官员倍加爱戴并不惜予以重任，对那些有贪腐行为的官员倍加痛恨贬斥，奖优罚劣，赏罚分明。如当时对官员超编的行为设置的奖罚条款是：一人杖一百，三人加一等，十人徒二年。

第四，监督权力，防止腐败。唐太宗深知权力失去监督就会导致腐败，他重视对官员的监督。首先坚持分权原则，从源头上防腐。贞观之治时期实行三省六部制，由中书省发布命令，门下省审查命令，尚书省执行命令。一个政令形成的先后程序是：先由各位宰相在设于中书省的政事堂举行会议，形成决议后报皇帝批准，再由中书省以皇帝名义发布诏书，诏书发布之前，必须送门下省审查，门下省认为不合适的，可以拒绝"副署"，不予发布。这里尤为可贵的是太宗规定了自己签署的诏书也必须由门下省"副署"以后才能生效，从而有效地防止了自己在心血来潮和心情不好时做出的有损国家事业和他个人声誉的决定。这种政治运作方式，很有点类似现代西方国家的三权分立制度。在贞观初年，唐太宗还下令实行封驳制度，这一制度的主旨是既可奉还皇帝举措不当的诏令，又可以驳议其他官员的错失，从而有效地改变了以往封建王朝"上下相蒙，君臣道隔"的统治方式，使君臣相互制约、拨正失误，提高了国家政策的准确性。唐太宗还恢复建立了监察制度，他对监察官员精挑细选，赋予其极大的权力，使其无往不利、无所不察，"察长吏贤不肖，问民间疾苦，礼高岁，赈穷乏"，使这些监察官员真正成为皇帝的耳目，协助自己了解民情，惩奸除恶。由于唐太宗的励精图治，贞观年间不仅实现了民富国强，同时还形成了一种清廉、公正、高效的官场风气。

唐太宗治理官吏的一系列做法，给我们建设文明富强的社会主义现代化强国以许多深刻的启示：要富民强国，就必须政治清明；要政治清明，就必须治官治吏；而要治官治吏，就必须在以下几个方面努力。

一要切实推进精兵简政。精兵简政的首要内容是精简机构。机构多必官多，官多兵多乱政，因官在位兵在岗必找事做以显其能。无事成有事，小事成大事。如此，政出多门的事、职能重叠的事就多了，工作效率反而降低了。官多"吃皇粮"人员太多会加重国家的负担，所以精简机构、精简领导职数、逐步精简多余人员，这对于提高工作效率，改进政风，减少行政成本，是十分必要的。我们国家已进行了多次机构改革，机构也撤销了不少，又新增了不少，总体效果仍不十分理想。如以往的机构改革都只注重政府机构的改革，而省以下地方各级都有党委、人大、政府、政协及相关部门，这几大家领导班子及相关部门领导成员多，有的职责多，有的职责少，有的工作职责工作对象相同，忙闲不均。因此，机构改革时间上可以有先后之分，但总体上应是全国一盘棋统筹考虑，不宜只进行政府机构改革而不动其他。从实际情况看，省尤其是市以下几大家领导班子的设置，很多可以采取一套人马，分挂不同牌子；或保留牌子，实行少数领导成员专职，大部分领导成员相互交叉兼职。这样能大大精简领导成员职数。至于几大家领导机关的内设机构和工作部门，有的内部分工太细，有的工作对象相同，有的工作职能相近，这几种情况也可以实行整合、理顺。将职能相同或相近、工作联系紧密的部门整合到一块，可以大大减少综合及行政后勤管理人员。从纵向的角度看，有的领导机关的设置站在国家的层面看非常重要，而越往下，越到市县级基层，由于工作对象减少，工作任务越来越轻，其构架的设置及运转方式不一定要与省和国家层面一个模式。也就是说有些机构在中央和省级层面有必要设立，但是在省、市以下的县（市、区）就不一定非独立设立不可。精兵简政的第二方面的内容就是"吃皇粮"人数的精简与调剂。吃皇粮人数太多，百姓和政府负担太重，就会影响政府的正常运转和加重百姓的负担，因此百姓和官吏之间应该有一个比较正常的比例。据《1987年中国第三次人口普查资料分析》中的资料，官民比例西汉为1：7945，唐朝为1：2927，元朝为1：2613，明朝为1：2299，清朝为1：911。从数据来看，官对民的比例，随着社会发展分工的细化会慢慢增大，但这种增大一定要与机构内部人员的调整同步。现在随着社会的变化和形势的发展，有些部门的工作职能在增加，有些部门的职能却在减少。现在往往是职能增加的部门人员加上去了，职能减少的部门人员却难以减下来，有些部门的工作职能本身就不饱满。最理想的结果是随着机构及工作职能的转变而随时精简、调剂多余人员，从整体上减少"吃皇粮"人员过多的现象。

二要切实加强对官员的考核与奖罚。宋朝古文大家苏洵说过："有官必有课，有课必有赏罚。有官而无课，是无官也；有课而无赏罚，是无课也。"这里苏洵深刻阐明了对官员的考核与奖罚的重要性。有官而不严格考核，或有考核而没有严肃的奖励与处罚，官员就难以有功过是非之分，更无优劣高下之别；就会或不思进取，只求无过，不求有功，或阳奉阴违，或胡作非为。现在对领导干部虽然也有考核，但对不少对象的考核不够深入，不够细致，有的地方甚至是党委只是在讨论人事任免时临时抱佛脚走走考察过场，使考核流于形式。特别是对干部的了解往往是先划定谈话人范围找部分人谈谈话而已，形式单一，难以听到基层和掌握真实情况的干部群众对被考察对象的意见，故不时出现有的干部带"病"提拔，有的干部早已败坏透顶仍"深藏不露"，虽多次考察也难以发现的现象。在考核结果的运用上，奖罚也不够分明，干部只要没有出现严重的贪污腐败行为和政治立场错误，不管你工作绩效如何，群众评价怎样，在领导位子上几乎是稳如泰山；有的干部即使工作有失误，群众有意见，最多也只是换个地方换个岗位了事，职级可不动，待遇可不减。这就导致在这些地方和部门，工作好的不香、差的不臭，干部失去动力与奋斗目标。故官场上推却拖延、多做不如少做、少做不如不做的现象不断出现。这些问题的存在，不利于充分调动干部积极性，对加快推进社会主义现代化强国的建设产生了不利影响。因此要切实加强对领导干部的考核工作，要把对领导干部的定期集中考察与日常工作中的随时实地考察相结合，要把对干部的定性考核与对具体问题的查实分析相结合，要把对干部实绩的考核作为重中之重。考察中既要重视"官场"对干部的评价，更要重视干部在基层民众中的口碑。对干部提拔任职的考察，既要重视对干部在任期间表现的考察，又要重视对干部以往任职情况的考察。要充分运用考核的成果，对领导干部在任职期间的表现，要根据其考核的结果与任职岗位、工资待遇挂钩，真正做到奖优罚劣。对经过考察发现确实不称职，或工作中有严重问题的干部，必须能上能下及时做降职或免职安排，不能"换位"了事。只有这样，官员在领导岗位上才有压力和动力，工作才有推动力。

三要切实注重选贤任能。中国有"尚贤"的传统，推崇贤人政治。历史上各代朝廷对于贤才干才的重视超过了现代社会对制度健全的重视。北宋王安石当政时，重视用财、法、吏三大法宝治理国家，而在这三要素中，吏居其首。他说："吏不良，则有法而莫守。"在他看来，即使有好的法律制度，如果官吏素质差，好的法律制度也执行不了。春秋时期鲁国国君鲁哀公向孔子咨询治国之方，孔子说："其人存则政举，其人亡则政息。"意思是说选拔优秀的人才治理国家，政治就清明，国家就昌盛；让昏庸甚至贪腐的人来管理社会，百姓就要吃苦，国家就要遭殃。唐太宗曾说："为政之要，唯在得人，用非其才，必难致治。"明朝开国皇帝朱元璋也认为："举贤任才，立国之本。"中国历史上各个王朝的兴衰更替，事业的成败得失，与其是否选贤任能有着极大的关系。战国末期赵国与秦国交战，由于赵王轻信并重用只善空谈的赵括为主将，导致赵国在长平之战中被秦国打败，赵国从此一蹶不振，不久亡国。三国时期，诸葛亮首次出祁山伐魏，由于错任了善于纸上谈兵的马谡守街亭，结果街亭失守，导致诸葛亮一出祁山失败。1126 年，金兵围攻北宋汴京，宋钦宗轻信一士兵郭京会用法术施"六甲法"退敌，便授予郭京为将领兵退金兵，结果被金兵打得大败，不久宋徽宗被金人所俘，北宋亡国。19 世纪中英鸦片战争的失败加速了清朝政府的衰落，究其失败原因，是道光在鸦片战争期间及其以后任人唯亲。鸦片战争初期他让昏庸无能的直隶总督琦善取代林则徐指挥对英作战，琦善的乱作为一开始就造成清朝政府在鸦片战争中处于被动挨打地位。后来道光又重用奕山，他在鸦片战争中延误战机、打了败仗却向道光皇帝谎报军情是"大获全胜"，事情败露被革职后他竟然很快又被重新起用到新疆协办军务。他当上了伊犁将军后，与俄国先后签订了几个不平等条约，导致外东北 160 多万平方公里的土地拱手让给了俄国人。由此可以看出，晚清政府用人在很大程度上是不尚贤能。如此"黄钟毁弃，瓦釜雷鸣"，鸦片战争焉能不失败？晚清政府怎能不短命？得人才者得天下，企业有德才兼备之老总，企业兴焉；部门有德才兼备之领导，部门旺焉；省、市、县有德才兼备之一把手，百姓福也，地方安也。故选贤任能，是治吏的重中之重。而要选贤任能，一是不可如古人早就反对的"累日以取贵，积久以致官"，即论资排辈；二是断然不可任人唯亲；三是也不能任人为近。唯有用人重实绩，坚持唯才是举、用人唯贤，民众才可幸福，地方才能发展，国家才有希望。

四要持续严反腐败。能否有力反腐关系到官员和民众的相互关系。一方面，官员腐败必然会和国家争利、和老百姓争利，从而引起老百姓对腐败官员的痛恨；另一方面，官员的腐败如果得不到及时的制止，一粒老鼠屎坏了一锅汤，必然会使老百姓失去对党和国家的信任，党和国家就会失去公信力和凝聚力。在反腐的途径上，既要重视对腐败分子的严厉惩处，更要重视从顶层设计上加强对权力的监督。腐败随着私有制和权力的存在而存在，所以反腐工作绝不可潮起潮落、时紧时松，必须常抓不懈。

在反腐问题上还有一个必须引起重视的问题就是如何减少甚至彻底取消政治、经济及社会生活中的一些特权现象。特权的存在就意味着社会公平的丧失，所以特权存在是一种落后的社会现象。特权现象、不公平现象是广大人民群众最反感的。我们党之所以在战争年代经得起血雨腥风，不惧怕山摇地动，是因为在我们的党和军队中，官与兵、官与民能同甘共苦，没有任何特权。人民始终没有忘记，红军在井冈山时期有朱德的扁担，毛泽东在延安时那打了补丁的衣服及"忙时吃干、闲时吃稀"的口号。2011 年 6 月 24 日网文《党史博览》记载，1959 年到 1962 年，新建立的共和国由于经济上的急躁冒进，陷入了生活资料匮乏和饥荒的严酷现实。为了引领全国渡过难关，毛泽东对身边全体工作人员宣布，我们要实行"三不"："不吃肉、不吃蛋、吃粮不超定量。"这段时间毛泽东本人曾一星期不吃米饭，七个月不吃肉不喝茶。几位国家领导人也跟着毛泽东不吃肉。在中南海，机关干部们开始吃饭重新定量，先由本人自报数量，再由群众公议评定。身高体阔的毛泽东自报的粮食定量是每月 26 斤，刘少奇只报 18 斤，周恩来报了 24 斤，朱德也只报了 26 斤。群众公议时认为他们报少了要提高点，但他们不同意。后来食堂的师傅和干部们为了不使领导们饿肚子，便在粮食中掺入野菜给他们吃。领导们不搞特殊，领导的小孩也没有搞特殊。像朱德、董必武、李富春、谭震林、陈毅、李先念等家里的小孩，都被大人们要求到大灶食堂和机关干部、工作人员一起用餐。毛泽东的女儿李讷在学校读书吃不饱，饿得慌，毛泽东的卫士长李银桥知道以后自作主张悄悄给李讷送去了一包饼干。毛泽东知道了这件事后，他批评李银桥："三令五申不要搞特殊化，为什么还要搞特殊化？"在那困难的岁月，正是由于我们的党和领导干部能和人民群众打成一片，不搞任何特殊，故任何艰难困苦都不能阻止党和人民群众同心同德一步一步走向胜利。今天，新中国成立已七十余年了，对在和平环境下发展成长起来的行业、团体和个人，谁都没有理由除工作需要外享受与众不同的特别权利。另外，只要我们的各级领导干部真正能够保持人民公仆的初心，尽可能缩小甚至取消官民之间的差别，减少甚至消除特权现象，就绝对有利于消除政府与民众的隔阂，减少民众心中的怨气，融洽党群干群关系。在这种情况下，不论我们党和国家要实现什么样的奋斗目标，不管遇到了多大的困难，老百姓都会和你心往一处想，劲往一处使。这样，我们的国家又何愁不能实现长治久安？中华民族又何愁不能长久昂然挺立于世界民族之林？

五要正确处理民族关系，大力促进民族团结和民族融合。民族关系的正确处理对于国家的长治久安尤其重要。我们要吸取历史上多次因民族矛盾引起国家分裂给社会发展和民族进步带来深重灾难的教训，深刻认识到近半个世纪以来偶尔发生的民族对立事件对国家现代化进程造成危害的严重性，把妥善处理好民族关系作为事关国家统一和社会稳定的大事抓紧、抓到位。要在认真贯彻落实国家制定的坚持民族平等、民族区域自治、培养少数民族干部、民族共同繁荣等一系列民族政策的同时，尤其要重视加强各民族的相互融合。民族之间的差别是历史上由于自然地理环境、文化心理、生活习俗的长期相互作用而形成的，这种差别不可能在短期内人为取消。协调两个属于不同民族的基层群众的矛盾冲突比协调同一民族中两个民众的冲突要更加困难，而且稍一处理不当就会引发大的民族矛盾冲突。中国历史上多次发生的社会动乱就与这种民族差别的存在不无关系。在人类文明发展程度大大提高的今天，尤其是在我国这种众多民族共同生活在一个国家范围之内的有利条件之下，加大民族融合的力度，既有必要性，更有可能性。在人类发展的历史长河中，有的民族不断壮大了，有的民族在与其他民族的争斗中消亡了，有的民族与其他民族融合演变成新的民族，有的民族完全融入了其他民族。东汉时期的匈奴，在汉武帝的打击之下分裂为南北两个部分，北匈奴部分西迁，南匈奴归附了东汉。归附了东汉的这一部分匈奴人在经历了"五胡乱华"之后，他们的后裔基本已被汉化，用汉姓，分布于中国的山西、陕西、山东等地。向西迁徙的那部分北匈奴人到了东亚与当地的民族融合以后又形成了新的种族。历史上有个乌桓族，49 年从内蒙古、甘肃、宁夏一带迁到了辽宁、吉林等地，两汉之际他们继续南下归附了汉朝，在"五胡乱华"及南北朝以后逐渐被汉化，改汉姓，比如改为郝、刘、张、王等姓氏。历史上有个鲜卑族，其主体也被汉族同化，有一部分则演化为蒙古族。历史上北魏第 7 位皇帝鲜卑族北魏孝文帝，于 471 年至 499 年在位。他在位期间全面改革鲜卑旧俗向汉族学习，规定以汉服代替鲜卑服，以汉语代替鲜卑语，改鲜卑姓为汉姓，自己也改姓元，鼓励鲜卑贵族与汉族联姻，参照汉族朝廷的政治制度改革北魏政治制度，并严厉惩处反对改革的守旧贵族。北魏孝文帝一系列的汉化改革，推动了北魏经济、文化、政治、军事等方面的大力发展，消除了民族隔阂，为北方各民族人民的融合和发展做出了重大贡献。契丹族在历史上也很有名，后来其主体也被女真族和汉族同化。在已进入 21 世纪的今天，加强民族融合更有利于从长远和根本上加强民族团结，有利于全社会的和谐发展，有利于提高中华民族的凝聚力和向心力，有利于中华民族更加昂然挺立于世界民族之林。当然，民族之间的差异是自然与历史形成的，人们不能也不应在短期内消灭这种差异。但是，随着生产力发展、科学技术进步导致的社会文明化程度的加快，消除民族隔阂，加快民族融合的步伐完全是有可能的。因此，一方面要强调尊重少数民族保持原有历史文化风俗习惯的自由，另一方面又要充分保障少数民族改革那些相对落后不合时代风俗习惯的自由。要通过改进交通设施建设改变少数民族地区相对偏僻闭塞的状况，加强少数民族聚居地区与外界的联系，鼓励各民族之间在语言文化艺术等方面的相互学习，在风俗习惯上的相互交流与认同。减少各种强化民族差别和民族对立的人为因素；对紧跟时代、追随文明、改进本民族陈旧落后习俗的行为不仅要予以鼓励，而且要予以法律保护。要大力扶持少数民族聚居地区发展经济和科学文化教育医疗事业，但这种扶持宜以支持边远或相对落后地区发展的名义实施，而不宜以强化民族心理和民族界限的其他形式出现。要加大对中华民族大家庭中各民族同种同源、共生共荣理念的宣传，增强各民族对中华民族大家庭的认同感。

另一方面，我们也应当看到，民族差别民族隔阂的存在有其历史原因，而民族问题和宗教问题又有着千丝万缕的联系，所以要完全消除民族之间的差别和隔阂还需要一个漫长的历史过程。在这种情况下，国际上的一些敌对势力和恐怖势力，国内一些对现实不满分子，尤其是政治野心膨胀分子，随时都有可能制造民族问题。因此任何时候都不能在民族问题上放松警觉，对企图通过制造民族矛盾以扰乱天下的民族分裂势力和个别极端分子必须毫不留情及时坚决予以打击。只有这样，才能最有效地保护少数民族同胞的利益，才能求得各民族地区的稳定与安宁，才能实现中华民族大家庭的团结和谐发展。

三、高筑强军之墙以防外侮

高筑强军建设之墙以防外侮，这里强调的是国家要建设强大的军队，具备充足战略物资，做好打仗的准备。1972 年 12 月，毛泽东曾借用朱升九字箴言指示全国要"深挖洞，广积粮，不称霸"。毛泽东提出这一观点，是因为 20 世纪 60 年代中国与苏联关系紧张，苏联在中苏边境陈兵百万，台湾国民党在美国的支持下仍幻想反攻大陆。毛泽东这话的意思是，在当时那种国际国内形势下，要准备打仗，要建设好军事设施，多储备战争物资，广种粮食，不宣扬自己的霸主地位，韬光养晦，有所作为。朱升的思想在今天这个时代对我们仍有一定的启示。古今中外的历史事实证明，军强才国安，军强才国强，没有强大的军事力量做保障，国家的安定与强盛都是一句空话。宋朝是我国历史上最繁华的时代，在经济上远远超过了"贞观盛世"的唐朝，财政税收是明朝的四倍，人均收入在世界上处于最高水平。但宋朝武备松弛，军无战力。北宋建国后不久，在与北方少数民族契丹族建立的辽国作战时屡屡战败，不得不每年给其提供钱币以乞求和平局面。后来西北的少数民族党项族成立西夏，北宋在反击西夏的侵略时又屡吃败仗。1044年，北宋不得不给西夏钱财以求和。北宋末期，虽然辽国、西夏开始衰败，但塞外女真族建立的金国又开始崛起，宋军与金国作战时又连吃败仗，以致不得不向金国割地赔款求和。金兵灭辽之后，举兵直抵北宋都城汴京，北宋救兵战而不胜，迫使北宋割让太原、中山、河间三镇，宋朝皇帝称金国皇帝为伯父，并且送金 500 万两，银 5000 万两，牛、马万头，表缎百万匹讲和。后来金国不愿就此罢休，再次兴兵两路攻破汴京，北宋太上皇宋徽宗和皇帝宋钦宗都成了金国人的俘虏，北宋灭亡。此后宋人在江南建立南宋，持续 152 年。由于南宋占领地区土地肥沃，故仍然经济发达，社会富庶。但由于大多数执政者均是碌碌无为之辈，只求偏安江南一隅，贪图享乐，纵情声色，不求进取，故军备同样无力。南宋与金国对战多次，结果仍然是以失败忍受屈辱告终。1141 年南宋与金国双方达成"绍兴和议"，内容规定：南宋向金国称臣，金国册封宋康王赵构为南宋皇帝；宋割唐、邓二州以及商、秦二州之大半予金国；南宋每年向金缴纳贡银 25万两、绢 25 万匹。1164 年，南宋与金国再次交兵，在金国大军威逼下双方又达成和议，史称"隆兴和议"，具体内容规定：南宋皇帝称金国皇帝为叔皇帝，自称侄皇帝；每年上缴金国银 20 万两，绢 20 万匹；南宋除把从金人手中收复的唐、邓、海、泗四州再次割让给金外，还加割商、秦二州与金。1208 年南宋与金国交兵再次失败，被迫签订"嘉定和议"。和议规定：南宋皇帝称金国皇帝为伯，自称侄；南宋每年向金国纳银30 万两，绢 30 万匹；金归还新侵占的土地给宋；南宋另外给金国犒军银 300 万两。北宋与南宋的屈辱史充分证明：富国不等于强国。空有经济实力而无军事实力的国家，就等于是一个身体虚胖的拳击手，被对手一击就倒。

今日我国已成为世界仅次于美国的第二大经济体，但我国所处的国际环境异常复杂。"这是最好的时代，也是最坏的时代"，这是 19 世纪 50 年代英国文学家狄更斯对工业革命后的世界状况的描述。当今时代的世界格局从某种意义上说也是这种情况，尽管和平与发展仍然是当今时代的主题，但国与国之间、不同势力之间竞争激烈，国际局势风云变幻，我国在这种国际大背景下谋求富民强国，既面临着竞争，又充满了挑战，也面临着风险。

首先是当前国际力量对比近来发生了最具革命性的变化。西方列强既希望通过中国崛起带动世界经济使他们从中获得收益，但又担心中国崛起影响他们既得的国际利益，特别是超级大国美国更担心中国崛起会影响美国的世界霸主地位。所以以美国为首的西方列强对中国的压制及中国为了自身崛起对其进行反压制的斗争将长期持续下去。

其次是中国近邻印度、日本、俄罗斯、韩国、越南等国竞争世界强国之愿望越发强烈。日本、韩国是美国在亚洲东部地区的盟友，也可以说它们是美国安插在中国身边的桥头堡；印度与越南既由于自身经济上的原因，也由于与中国的特殊地缘关系，与美国保持着千丝万缕的联系，甚至两国有时候还要看美国的眼色行事；俄罗斯目前与美国是竞争对手，为抗衡美国，俄罗斯在近期肯定要与中国站在同一条战线上，但随着时间的推移当中国和美国的力量对比发生变化，中国和俄罗斯的这种战略合作关系也有可能会向竞争关系转化。中国与美国、中国与周边强邻国家的这种种关系，从其本质来看，地缘政治上的对立性有时候要大于经济上的合作性。这就使中国在建设现代化强国的进程中既充满了矛盾和竞争，也充满了希望与风险。中国完全没有美国 19—20 世纪崛起时那种得天独厚的国际环境以及自然地理环境。

再次是中国确保领土完整的任务异常艰巨。台湾在美国、日本等西方列强的支持下至今未能统一，且"台独"势力猖獗。而台湾又是美国用以抗衡中国大陆的一着棋子，台湾民进党已把台湾利益紧紧绑在美国这辆大车之上，所以大陆对台湾的每一个举动，都会触动美国的神经。大陆如果万不得已用武力统一台湾，美国是否会用武力干涉？两种可能性都存在。所以台湾的统一问题，很大程度上都会演化为中国与美国的对立。中国与几个东南亚国家有南海海域之争，与日本有东海钓鱼岛归属之争，与印度在西部边境有领土边界之争。中国清代前期版图面积达到 1300 万平方公里，19 世纪由于西方列强的侵略被减少到现在的 960 万平方公里，国土之失使国人切齿痛心。面对强邻的虎视眈眈，中国必须随时准备为保卫祖国领土而战。

在这样复杂的时代背景之下，要把建设强有力的人民军队放在国家建设的重要位置。强国必须强军，军不强则要挨打，我们走和平发展之路，也必须以强大的人民军队做保障。有强大的军队做后盾，人家不敢来动你，只要你不去动人家，和平发展之路就走得通；没有强大的军队做后盾，你想和平人家也不让你和平，宋朝、晚清的遭遇充分说明了这一点。所以，建设强大军队，是富民强国的先决条件，而且是最重要的条件之一。

要坚持科技强军。在现代化战争条件下，决定战争胜负的主要因素在于军事装备是否实现了现代化。因此，军事装备的建设就必须紧跟世界发展大势，坚持用现代科技武装军队，力争实现军事装备处于时代的最高水准。中国的军事史证明，没有先进的军事装备，就不可能有强势的军队；没有强势的军队，焉能有强盛的国家？所以用现代化的装备武装军队，是实现富民强国的重要保障。早在 1044 年以前，北宋军队已装备有多种原始的早期火药兵器。靖康元年（1127）宋军守汴京时就使用了威力较大的爆炸性武器——"霹雳炮""震天雷""铁火炮"。1132 年，宋朝将军陈规守德安时还使用了长杆火药枪。史书记载，后来宋军在这个基础上又造出了原始金属管形射击火器，这就是后来世界普遍使用的长短火枪的前身。这说明北宋时期我国的火药枪炮制造技术已经走在世界的前列。元明时期中国这些技术传到西方以后，西方世界资本主义的发展及殖民扩张需求极大地促进了枪炮技术的发展。而中国在明清时期尤其是清朝的故步自封使我国火药枪炮器械技术的改进及生产远远落后于西方，以致在鸦片战争中晚清政府在西方世界的坚船利炮的打击之下惨遭失败，由此造成在后来的 100 多年内，中国人民多次忍受西方列强优势军械的欺凌之害。这就充分说明，中国的强军之路，必须坚持科技强军战略。要紧紧盯住世界军事领域变革及军事装备发展的新态势，大力发展军事科学技术；要坚持自主创新，用高新技术改进军事工业。在现代化战争中，武器的优劣在更大程度上决定了战争的胜负。中国的神话小说《封神演义》中，各路神仙都有克敌制胜的护身法宝。女娲娘娘有江山社稷图，太上老君有天地玄黄玲珑宝塔，元始天尊有盘古幡，接引道人有十二品莲台。仙人们有了这些法宝，敌方不仅伤不了身，还能置对方于死地。所以中国的强军建设，要站在军事装备建设的制高点，不仅要制造大量敌人伤不着我的护身器，更要制造出能够置敌于死地的撒手锏。

当然我们强调强军建设，并不意味着我们像某个超级大国那样要称霸世界。当年朱升向朱元璋提的第三条建议是"缓称王"，意思是提醒朱元璋不要急于当皇帝，先要尽可能壮大自身的力量，尽可能击败以至消灭各路竞争对手，待稳操胜券时再黄袍加身称帝。20 世纪 60 年代毛泽东吸取了朱升这条建议的内核，把这里的第三句话修改成为"不称霸"。这里的"不称霸"就是说我们中国不要也不会称霸于世界。所以在当今时代，我们国家要坚持强军，但仍然要坚持走和平发展之路，绝不要当世界霸主。中华民族是一个爱好和平的民族，建立国与国之间的睦邻友好关系是中华民族的优良传统。正如习近平主席所说的："古往今来，中华民族之所以在世界有地位、有影响，不是靠穷兵黩武，不是靠对外扩张，而是靠中华文化的强大感召力和吸引力。"从国家的综合情况来看，我国仍然需要一个养精蓄锐的过程。所以走和平发展之路，既是世界人民的愿望，也更符合中国人民当前的根本利益。实际上，只要我们以强大的军事力量做保障，又有足够的经济实力，又能坚持走和平发展之路，我国就将以军威与仁德获得世界的认同，傲立于天下。

43 / "广积粮"是强国之基

——对中国强国之路的历史思考之二

　　"广积粮"是强国的重中之重，《明史·朱升传》记载的朱升向朱元璋提出的治国建议之二是"广积粮"。我们从朱升的提议中得到的启示是，要以广积粮作为富民强国之基础。当然，这里说的"广积粮"不是单指生产粮食，而且要大力发展整个经济。我国经过 70 多年的艰苦奋斗，经济实力快速发展，人民生活水平大幅度提升，但从整体上与世界发达国家比较还有一定的差距。世界发展的潮流是不进则退，当今世界国与国之间的竞争，最终是经济实力的竞争，经济落后就要受欺负甚至挨打，这是回避不了的定律。因此，加快经济发展，缩小我国与世界发达国家的差距，从根本上提升综合国力，满足人民群众日益增长的生活需要，仍然是而且永远是党和全国人民工作的重中之重。

　　在发展经济的过程中，有几点值得引起国人的高度重视。

一、不可厚此薄彼，坚持不同区域不同产业的协调发展

　　自新中国成立以来我国经济虽然有了快速发展，但也存在着经济发展不平衡、地区差异大的矛盾。我国东南部地区与西部地区土壤、气候、水量、资源差别很大，因山岭、河流屏障以及气候差别形成了各具特色的经济发展区域。东部通江达海，畅达天下，受海洋经济影响外向性突出，工业、高科技产业、服务业发展速度比较快，农业所占的比重越来越小，发展的水平整体比西部高。西部资源优势比较突出，但由于交通闭塞等地理自然条件的劣势，工业、高科技产业、服务业发展水平相对较低，农业在三大产业中所占的比重比东部地区相对较大，内陆经济特色明显。因此中国经济在重视区域经济协调发展的过程中，尤其要注意如下几个方面。

　　首先，要注意各地应从自身的实际出发，切忌千篇一律。如东部沿海及近海地区应注重于发展以加工、制造、高科技为主导的外向型经济和海洋经济。西部地区应注重于发展第一、二、三产业协调并进的民族经济和服务于本地区的地方特色经济。具体到每一个局部地区，经济的发展都要立足于本地资源特色、产业基础和人才基础。从以往的实际来看，不少地方存在着脱离实际跟风跑的情况。如一讲发展工业，内地曾经有些偏远地区也高喊甚至不惜成本要引进高科技企业、要引进全球 500 强，却忽视本地区原有的中小企业的扶持发展，结果往往事与愿违。当然，这些现象的出现不是偶然的。由于地域和历史条件差异这些地方经济发展水平严重落后于经济发达地区，渴望迅速发展地方经济改善民生，故不得不惜成本去引进发展一些本地没有地缘优势的工业与高科技

项目，但这种做法因脱离实际往往不理想。

其次，要正视经济发达地区与欠发达地区经济发展水平的差距，促进其平衡发展。现在这两类不同地区的经济发展水平差距较大。国家统计局于 2019 年 1 月 21 日公布了 2018 年全国各省 GDP 总量、人均 GDP、人均收入数据排行榜。根据排行榜提供的数据，2018 年 GDP 总量排前的省份：最高位广东超过 97277 亿元，江苏超过 92595 亿元，山东超过 76469 亿元，浙江超过 50000 亿元。而排在后面的倒数第 1 位甘肃 27508 亿元，其他省份倒数依次是：云南 31358 亿元，贵州 33242 亿元，山西 35285 亿元，西藏 35496 亿元。从上述数据看出，经济发达地区 GDP 总量是经济欠发达地区的三倍以上，甚至接近四倍。

从人均 GDP 数字来看，2018 年人均 GDP 排前的省份从高到低依次是：北京 14 万元，上海 13.5 万元，天津 12.1 万元，江苏 11.5 万元，浙江 9.9 万元。2018 年人均 GDP 排后的省份：甘肃 3.1 万元，云南 3.7 万元，贵州 4.1 万元。从这组数据看出，人均 GDP 经济发达地区是欠发达地区的四倍多。

从人均收入来看，2018 年排前位的依次是：最高位上海 64183 元，北京 62361 元，浙江 45840 元，天津 39506 元，江苏 38096 元，广东 35810 元。2018 年人均收入排后的省份最后一位西藏 17286 元。从这些数据来看，人均收入经济发达地区是欠发达地区的三倍到四倍。

上述情况表明，我国经济发达地区与欠发达地区的差别，从其地域分布来看就是东部地区与西部地区的差别。从实际情况看，东部地区与中部及西部地区不仅是在经济数据上有这种差距，就是在城乡的基础设施建设、产业发展、文化教育、医疗卫生等社会事业方面也明显存在着差距。这种差别在农业经济为主导的时代表现不很突出，对国家发展和社会进步的负面影响也不会太大；但是随着工业社会甚至信息化社会的到来，这种差别有继续扩大的趋势，对国家和民族的整体利益带来的负面影响也会逐步增加。这是因为：第一，我国西部地区是中华民族赖以生存之基础水的源流地，因而西部在保护生态环境、保护水资源方面比东部地区承担着更大的责任，其成效影响到整个国家和民族的长远利益。现在西部地区也在为整个民族的生存，为东部地区的快速发展默默地做出奉献。如果这种地区之间的差距不是逐步缩小反而继续扩大，就会对西部地区事关民族长远利益的生态环境尤其是水资源的保护带来更大的压力。第二，当前拉动我国经济发展的动力已由过去的出口、投资转为偏重依靠国内消费需求。东部地区经济的快速增长带来了个人收入的大幅提升，但东部地区的个人消费已趋向饱和，新的消费需求群体的产生有限。中西部地区是一个巨大的潜在消费市场，但这些地区经济的相对落后导致个人收入不高，群体消费能力不足。因而加快中西部地区的经济发展，缩小其与东部地区的差距，从拉动需求的角度对于促进东部地区的发展以至整个国民经济的平衡发展都具有重大的意义。第三，从政治与国防的角度看，西部地区主要是我国少数民族地区，同时又是我国的边疆地区，如果东部地区与西部地区的差距拉得太大，特别是东部地区与西部地区居民的经济收入与生活水准悬殊太大，既不利于民族的团结，也不利于边疆的稳定与巩固。所以缩小东西部地区的经济差距，不仅仅是局部经济问题，也是事关国家和全民族长远利益的全局问题。鉴于上述事实，东部地区要通过国家的财税调拨作用加大对西部地区的回报，国家更要加大对中西部地区的投入；就是在中部地区，国家也要加大对这一地区广大农村的投入，尽快缩小城乡差别，以在全国实现东、中、西部地区包括城市与乡村的协调发展。

再次，注重产业的协调发展，在经济振兴中尤其显得重要。第一产业农业、第二产业工业、第三产业服务业这三大产业之间是相互联系相互制约的。农业是整个国民经济的基础，是14亿中国人生活资料和第二、三产业生产加工原料的主要来源。我国人口多，粮食多少事关国本，不管外国的粮食多么价廉物美，粮食供应上绝不能寄希望于完全或主要从外国进口，那样难免受制于人。所以农业兴则国安，农业稳则国稳，要千方百计稳住并发展农业。工业是国民经济的主导，是国家技术装备、能源及原材料供应、国防建设保障和国家积累的主要来源，也是现代化水平的主要标志。无工业则国不富。所以，建立完整的工业体系，重点发展制造业，在一些事关国计民生全局及产业发展未来的关键技术领域实现完全的自主创新，这是富民强国的制高点和基本点。所以必须在充分发展第一、第二产业的前提下，突出发展第三产业。当前我国在产业发展方面存在的问题主要是：农产品质量不高，品种结构不优，加工及保鲜、贮运、销售体系发展滞后，由于农业比较效益低，许多地方农民种粮积极性下降，农业劳动力后继乏人，农田荒芜现象严重；工业方面表现为现代化的装备制造业中关键产业自主创新能力欠强；第三产业为工业农业配套服务不足，物流成本较高。所以，产业发展中存在的主要缺失仍然是结构不优。因此，优化三大产业结构以实现其相互之间及产业内部的协调发展，加速产业升级，是当前及今后经济发展中的重中之重。

二、注重经济发展中的统筹兼顾

1. 始终坚持走开放发展之路

从晚清至新中国成立再到实行改革开放的历史证明：封闭加速弱国，开放是强国之道。因此，中国在推进社会主义现代化建设的过程中，必须始终坚持开放发展不动摇。当前，经济全球化在曲折中发展前进。经济全球化对我国经济社会的发展来说，既是机遇也是挑战。我国要不断提高对外开放水平，在把握机遇的同时规避风险，使我国的经济发展在经济全球化的浪潮中立于不败之地，以此提高我国的经济实力，提高我国经济对世界经济的影响力。

2. 坚持走自主创新、发展科学技术之路

科学技术是社会发展的核心动力。18世纪下半叶至19世纪上半叶，欧美等发达国家只用了不到一个世纪的时间，在工业革命阶段将近代科技成果转化为强大的物质力量，推动了经济的飞速发展，并由传统社会顺利进入了现代社会。而具有五千年历史的中国却由于晚清政府的自大封闭而错过了这次西方工业革命的潮流，拉大了中国与西方世界的差距，并从鸦片战争开始沦为了屈辱的半殖民地社会。一个个不平等条约的签

订，一次次领土的割让，一幕幕血的教训，中国近代悲痛历史表明，科学技术的落后只会拖延社会的发展甚至让社会倒退。因此，中国要实现富民强国，首先必须坚持科学技术是第一生产力，走科技引领经济社会发展之路。这在现在乃至将来，都是不可动摇的。

值得注意的是，由于科学技术是现代社会国家综合国力的重要组成部分，因而现代社会国际竞争实际上也包含了科学技术发展水平的竞争。一个国家核心科学技术掌握的多少，决定了这个国家在国际竞争中的胜负。这就导致了国与国之间完全有可能对核心科学技术实行技术封锁，以及对竞争对手实施科学技术的打压。中国长期以来遭受以美国为首的西方发达国家的禁运和技术封锁。由美国发起主要由西方发达国家参与的巴黎统筹委员会就是专门针对社会主义国家实行禁运和贸易限制的组织，禁运产品包括军事武器装备、防空防天尖端技术产品和战略产品。美国为了保持自己的霸主地位，极力打压阻碍其他国家科技企业的发展。2018年以来，美国以"危害国家安全"这种莫须有的罪名为由，联合其盟国澳大利亚、英国、日本等一些西方国家抱团抵制使用中国企业华为的5G通信技术。2018年8月，美国贸易办公室以国家安全和外交利益为由，将44家中国企业，包括8个实体加36个附属机构，列入出口管制"实体清单"，其中包括多家电子、航空研究机构。所以阻碍中国获得高精尖技术，控制中国的技术发展能力已成为西方国家遏制中国发展的主要手段之一。因此，中国的科学技术发展之路，既不能排斥学习和引进其他国家的科学技术，但也绝不能依赖于引进的科学技术；中国的科技发展，要走自主创新之路。要努力提升国家的自主创新能力，国家要组织方方面面的技术力量，政府要加大财政投入，突出加强对基础科学以及航天、生物、新能源等高科技领域的投入。加强对事关国家根本利益的核心技术、关键技术、尖端技术等方面的研究，争取在这些领域不受制于人甚至领先于世界先进水平。

3. 要坚持节约资源和环境保护

中国地大物博，这是我国经济发展的基础条件。但相对于某些大国来说我国的特点不突出。如中国国土面积虽然有963.3万平方公里，但少于加拿大998.46万和俄罗斯1709.8万平方公里。中国人口总量2017年达14.05亿，占世界人口的18.82%，人均资源占有量严重缺乏。如国土面积，中国每平方公里人口密度为193.6人，美国仅34人，俄罗斯仅8.6人，加拿大仅3.5人，所以中国人均占有国土面积为美国的1/6、俄罗斯的1/22、加拿大的1/55。中国人均矿产资源占有量仅为世界人均的58%。石油占有量占世界第41位，仅相当于世界平均水平的11%，2018年中国原油进口量远超美国成为全球最大原油进口国，对外原油依存度达到70.9%。人均淡水资源占有量还不到世界人均的1/4。人均森林占有面积不到0.12公顷，低于世界人均占有森林面积的1/5。仔细分析，中国是一个人口众多、人均资源相对匮乏的国家，所以中国快速发展所依托的资源很多需依赖进口，而资源和技术进口又容易受西方制约。所以从总体上看，中国经济的快速发展还面临资源短缺的压力。中国必须走资源节约型和环境友好型道路。因此，必须在社会生产、建设、流通、消费的各个领域，在经济和社会发展的各个方面切实保护和合理利用各种资源，提高资源的利用效率，用尽可能少的资源消耗获得最大的经济效益和社会效益。要切实加强生态环境的保护，有效实施对污染的治理。要加大资源循环利用的力度，使污染物产生量最小化，并通过废弃物的无害化处理使其回收利用最大化。

三、以良好的精神和方法促经济发展

要加快发展经济，必须保持良好的心态，更要讲究良好的方法。

1. 要充分调动方方面面的积极性，国家不可大包大揽

在发展经济的过程中，要坚持充分调动国家、地方、企业、个人多方面的积极性，走合力齐心共图发展之路。其中尤其要注意调动人民群众的积极性。中国虽然已快速发展成为世界第二大经济体，但中国有 14 亿人口，是世界上人口基数最大的国家，不论一个多么大数字的福利开支，平均分配到 14 亿人口中，都会变成一个很小很小的数字。如果每一个国民都增加一点点福利，哪怕是一个很小很小的数字，集中起来由国家承担，也会变成一个大得吓人的数字。所以中国的 GDP 总量 2018 年突破了 90 万亿元，稳占全球第二，但人均 GDP 为 64520 元，世界排名只占第 68 位。中国的这种国情，决定了发展经济中的很多方面不能与世界绝大多数国家尤其是中小国家相比。而且中国地区差异大，民族众多，人们的消费需求千门万类，这就决定了我们国家从事有关社会建设和民生建设，不可大包大揽，必须充分调动国家、社会、地方、企业、个人等各方面的积极性。国家重点要做的，首先必须是事关国家全局和未来的事，是地方或一家一户的老百姓做不了的事。符合国家发展大局要求，地方和老百姓想做而且自身也有能力做的事，应采取充分调动地方和百姓的积极性、国家给予支持奖励、形成合力共同实施的方法。如进村入户公路的建设，在国家支持下发动百姓一起参与，不仅可减少国家的资金压力，还有利于使百姓发扬主人翁精神加强对农村道路的保护与维护。还有农村党建示范村的建设、美丽乡村的建设、贫困村的脱贫，这些都应该调动农村农民的积极性。农村的水、电、路的入家入户，农村居民屋前屋后的清洁卫生、绿化、美化，这些同样应该调动每家每户农民的积极性，增强各自的责任感。国家在这些方面当然应该给予扶持奖励，但不能、更没有必要由国家包打包唱。国家包打包唱有关民生事务的一切，不仅增加了国家财政的负担，而且正如有学者指出的，"政府包揽一切造成的具体问题是老百姓没有社会动力"，一个只有国家动力，缺乏社会动力的社会是不可能长远快速发展的。的确，如果当地基层组织、社会家庭和个人在上述事务中置之度外，上述工作就难以形成普遍性、长效性机制，不利于这些事业全面、持续、良性发展。

2. 不可随心所欲，要坚持按客观经济规律办事

经济法则就是经济规律，如商品按照价值相等的原则互相交换的规律、商品生产者之间互相展开竞争的规律、商品生产过程中各部门各环节之间的供求关系、经济项目投资中的投入与产出关系。只有遵循经济规律，经济发展才能取得实实在在的成效。就是在为百姓服务的以社会效益为主的民生项目建设时，也要讲究经济法则，以较小的投入

办较大的好事；或者以同等的投入，做更多的好事；或以较少的投入，做老百姓最欢迎的事。这是在经济建设中应遵从的基本原则。

但是，在以往的经济建设和经济工作中，有些地方却不同程度做了一些不符合经济规律的事。近年来很多地方都在大力发展旅游业，发展旅游既不污染环境又能惠及长远，当然是好事。几年前中西部地区有个县苦于缺乏经济发展门路，在既无名胜文化古迹，又无特色山水风光的情况下，不惜花巨资在县城打造旅游景点，如修建起供游览的旅游观光铁路，配备好观光小火车。实际上谁都知道，爱好旅游的人都是趋向名川大山、名胜古迹和有特色的人文村镇，对于这种没有任何自然景观及人文特色的县城，除了需来办事的人以外，有哪个异国他乡的人会到你这儿来旅游呢？所以，这个地方花大钱发展旅游，就是东施效颦，其效果自然是竹篮打水了。谁都知道每年立春后植树最为适宜，但有一年南方有个地方搞绿化工程，在三伏天里大力种树，结果到第二年时这批树大都"见阎王爷"去了。

这里还有一个为百姓办实事要不要讲究经济成本的问题。必须明白做社会效益突出的事也不能不讲经济效益，换一个说法是为社会为老百姓办好事也要符合经济规律。几年前有报纸报道，中部地区黄河流域某省有不少地方为了解决散居在边远偏僻山区的老百姓的贫困问题，在一些交通比较方便、地势比较平坦的地方集中建农民新区，在新区给农民盖几十栋十几二十层的高楼。当地政府想为贫困农民做好事是一片好心，但没有考虑到中国当代的农民特别是年龄大不能离家外出打工的农民还是需要土地搞种植养殖以维持生产生活。这种十几二十层的成片高楼给这类农民的生产生活自然又带来了新的困难。所以农民根本不愿意搬进新房，或者住了一段时间以后又搬回老宅去了。当地的政府是有好心却没得到好的效果，可想而知这种决策使这个省经济损失巨大。这就说明，在经济建设和经济工作中，地方政府掌握着国家的巨大资源，一定要按经济规律办事，使所办之事符合国情、省情、市情、民情。

坚持按经济规律办事，还有一个如何处理好经济发展中近期和长远的关系问题。发展经济的正确做法应是立足当前，着眼长远。要做到这一点就必须防止出现两种倾向：一种是只顾眼前，不顾及长远。经济发展中的急功近利，资源开发上的目光短浅，不顾及生态环境，不重视投资较大、建设周期长、经济回报见效慢的基础产业的发展，都属于这种情况，显然这是不可取的。另一种情况则相反。有些地方领导者为求任内政绩在投资基础设施建设上过度超前，把应该在十年二十年以后才需要做的事提前做了，这就好比孩子刚呱呱落地，就为他准备结婚用的新房。如有的城市连接并深入乡村的道路也是按城市道路标准建设，6个车道、路灯、道路绿化全部到位。然而乡村除节假日之外毕竟车流量少，夜晚路上人流车流更少。有的城市与周边城市相距本来就不远，市与市之间原先就形成了铁路、国道、省道、高速公路等齐备的交通网络，但主政者突然心血来潮又要建耗资巨大的其他城际交通设施。这种过早的、近乎重复的巨大基础设施建设投资会给政府造成巨大的债务负担，这对一个地方经济的持续健康发展显然是十分不利的。

3. 不可乐而忘忧、贪大求洋，要继续发扬艰苦奋斗的优良传统和作风

"艰苦奋斗"是中国传统文化的重要内容，也是中华民族的优秀品德。孟子说："生于忧患，而死于安乐。"这句话的意思是说，只有经常处于忧患之中，才能使人经受各种考验，发愤图强。张载在《西铭》中说："贫贱忧戚，庸玉汝于成也。"张载告诉人们，贫穷卑贱和忧伤的客观条件，其实可以磨炼人的意志，帮助人们使事业取得成功。后来人们从张载这句话中总结出"艰难困苦，玉汝于成"这句名言。古人的这些思想说明，对于个人，必须艰苦奋斗，坚持不懈，才能实现自己的奋斗目标；对于一个民族，一个国家，也只有坚持艰苦奋斗，坚持自强不息，反对奢侈腐化，才能兴旺发达，否则就要沉沦灭亡。中华民族在其发展的历程中，几次历经磨难，但每次都能在困境中奋起，以至今天能昂然挺立于世界民族之林，最可贵之处，就在于我们有一种英勇顽强、艰苦奋斗的进取精神。今天我们的国家已经初显繁荣，绝大部分国人生活已经走向丰衣足食，但遗憾的是，国人中却滋长了一种追求享乐、追求豪华的奢靡之风，吃苦耐劳、艰苦奋斗的优秀民族精神正在丧失。如中国人在世界各地往往花钱大手大脚，以超常的购买力而被外国人另眼相看。日本观光厅数据显示，2018 年中国内地到日本旅游人数达到 800 万人，在国外赴日游客中排名第一；人均消费约合 1.5 万元人民币。中国人在日本的"大方慷慨"令人均 GDP 比中国人高得多的日本人羡慕不已。再从中国国民在全世界的奢侈品消费中占的比例来看，贝恩咨询调查统计数据显示，中国的奢侈品市场（指不包括港澳在内的内地交易规模）从 2008 年的 1403 亿元，快速增长到 2011 年的2661 亿元。2009 年，当全球奢侈品市场下滑 80％时，中国市场仍然保持了 12％的增长，此后两年增长都在 30％左右。2012 年中国消费者更是全球第一的奢侈品消费群体，其奢侈品消费占全球总额的 25％。根据麦肯锡的预测，到 2025 年，中国人在境内境外奢侈品市场的消费金额将占全球奢侈品消费总额的 50％。上述二组数据说明了什么呢？一方面说明中国人的口袋里有钱了；另一方面说明中国人在追求一种虚荣享受。奢侈品在国际上被定义为一种超出人们生存与发展需要范围，具有独特、稀缺、珍奇等特点的非生活必需品。奢侈品在中国这么红火，不正说明艰苦奋斗精神在中国人心中的淡化吗？在 20 世纪晚期至 21 世纪初，国内流行一种"娱乐至上"倾向，追求快乐、追求感官刺激成为一种时尚。如一档没有任何思想、艺术价值的《快乐向前冲》电视娱乐节目，获得了很多国人尤其是年轻人的喜爱，以至这台节目以极高的收视率在全国许多省级电视台上红了近 10 年。而每次看完节目观众能获得什么呢？仅是几个喝彩大笑而已。一些地方政府在经济社会项目建设中也大手大脚，追求脱离国家经济、社会、民情实际的高、大、上。2006 年湖南省衡阳市新建了一个规模 500 多亩的市民公园，公园内青山碧水，还建了方便市民娱乐休闲的楼宇回廊、亭台索桥、球场跑道，总计开支还不到900 万元。几年后，海南有一个贫困县，在县城边上围绕一片未进行任何开发的荒山建了一条有 1 里多长的石雕豪华牌坊，花钱一个多亿。牌坊现在一般是建在纪念性建筑物前面，作为一个附属建筑，按正常的规模定位建设花几十万或百来万也就差不多了，可这个县却用了 1 亿多，而且还把它作为一个标志性文化项目引外地人参观。一段时间内，不少地方兴起过一股大建非生产性广场园林、楼台馆所之风，而且在建设中追求所

谓"一流""最大""最高""国际水平",一个项目花几亿、十几亿甚至几十亿。百姓对这种过度奢华的项目投资多有议论。

对于一个国家来说,物质的贫困当然可怕,但最可怕的是国人不思艰苦奋斗、顽强进取而陷入贪图安逸、奢侈享乐之中。宋朝时期,金兵攻陷北宋首都汴京以后,宋朝康王赵构逃亡到南方杭州建立了南宋政权,而后南宋统治者忘却北宋亡国之痛,不思收复中原失地,只求苟且偏安,每日沉迷于酒醉金迷、声色犬马之中。"山外青山楼外楼,西湖歌舞几时休?暖风熏得游人醉,直把杭州作汴州。"可惜好景不长,南宋很快就在蒙古铁骑的践踏之下政息国亡了。1960 年,河南省勤劳勇敢的 30 万林县人,为了改变当地千百年来年年干旱缺水的状况,在连饭都吃不饱、靠挖野菜充饥的困难条件下,苦战十个春秋,没有任何机械化设备,仅仅凭着锄头、铲子、手和肩膀,硬是在巍巍太行山悬崖峭壁上,修成了"人工天河"红旗渠。该工程削平了 1250 座山头,架上 151 座渡槽,开凿 211 个隧道,修建各种建筑物 12408 座,挖砌土石方 2225 万立方米。红旗渠总干渠全长 70.6 公里。1960 年春,红旗渠拦河坝工程合龙时,95 米的坝体剩下 10米宽的龙口尚未合好,当时河水奔腾咆哮,500 多名共产党员、共青团员跳进冰雪未消、寒气逼人的激流中,排起三道人墙,臂挽臂、手挽手,高唱"团结就是力量",挡住了汹涌澎湃的河水,确保了大坝的顺利合龙。这就是艰苦奋斗精神的力量,有了这种精神,中华民族的伟大事业,可以从无到有、从小到大、从弱到强。所以在社会主义现代化建设蓬勃发展的今天,既要鼓励国人享受美好的新生活,更要引导国人始终不忘勤劳俭朴、艰苦奋斗这一中华民族的传家宝。应坚决抵制大排场、大气派,挥金如土追求时髦奢侈,不计实效追求形式,过度超前、过度消费的行为。

4. 不可盲目攀比,要树立科学的经济发展观和民生观

首先是如何科学看待人均 GDP 水平。2018 年世界 185 个国家和地区排名中,中国 GDP 总量为 13.6 万亿美元,增长速度为 6.6%;人均 GDP 是 9768.8 美元,约合人民币 6.46 万元,居世界第 72 位。根据 IMF 预测,2018 年美国的 GDP 总量为 20.51 万亿美元,增长速度为 2.9%;人均 GDP 为 61687 美元,约合人民币 412180 元,在全球排在第 8 位,美国的是中国的 6 倍多。此外日本、英国、法国、意大利等一些发达国家都走在中国的前面。有些人可能由此对中国的综合国力和人民的生活水准以及能否进入现代化强国行列产生了怀疑。事实上中国的经济发展的速度已远远快于美国,经济总量也越来越接近美国,这是明摆着的事实。更应明白的是,人均 GDP 指标并不能完全反映一个国家人民的幸福指数和国力的强弱。为什么这么说呢?在一定的 GDP 总量之内,如果财富大量集中在极少数富翁手中,绝大多数国人并没有占有多少财富;或者财富大量掌握在国家手里,老百姓手中掌握的以及用于老百姓消费的财政开支很少。在这两种情况下,人均 GDP 指标可能很可观,但绝大多数国民掌握的财富实际上都要远远低于人均 GDP 指标,人们的生活水准相应地也要远远低于与人均 GDP 指标相对应的水平。世界各国人民对奢侈品的购买力远远低于中国人的购买力这一现象,也在一定程度上说明了这一点。为什么说人均 GDP 指标不能体现一个国家国力的强弱呢?因为国力是指一个主权国家生存和发展所拥有的全部实力,它不仅仅指国家的经济力,还包括国家的

政治力、科技力、军事力、文教力、外交力、资源力等；而且军事力、科技力与经济力都是对一个国家综合国力起决定作用的因素。在全球人均 GDP 排名中，卢森堡、中国澳门、冰岛、瑞士、挪威、爱尔兰、卡塔尔等 7 个国家和地区的人均 GDP 依次排在美国前面，但不能说这 7 个国家和地区的综合实力比美国要强。我国历史上宋朝时期的人均财富占有指标是世界上最高的，同时也远远超过了唐朝；但宋朝在我国历史上又最弱，受辽国、西夏、金国、蒙古的窝囊气最多，最终皇帝被俘，国亡政息。所以在对我国人均 GDP 指标的认识上不能陷入误区。不要因为这个指标在全球排名偏后而沮丧，在建设思路上也不能只专注于提高人均 GDP 指标的排位，而忽视缩小贫富差距，忽视在国民财富分配上要正确处理好国家用于公共开支部分与用于百姓生产生活部分的比例关系。只有在大力发展经济、切实提高人均 GDP 水平指标的同时，尽力缩小财富差距，正确处理好国家集中财力办大事与国民生产消费的关系，着力提高基层普通民众的生活水准，才能实现国民经济的科学协调发展和国家的长治久安。

其次是要科学把握国民的福利标准。经济生活中，一般来说国民都希望政府提供福利保障，保障水平越高越满意；而且普通国人对福利保障的要求几乎是没有止境的。对国家来说，过度的福利保障是弊大于利、还是利大于弊呢？从西方一些高福利国家的实践来看，是弊大于利的。一方面，西方有些中小国家对国人实施的高福利保障制度，不但包括从小学到大学的全部教育费用，还有医疗交通、住房费用，而且还有每年从国家领到的福利款。这种福利保障不论收入高低和贫富程度人人有份。这一制度带来的恶果是培养了国人不劳而获的习惯。有些年轻人是享受着国家的福利保障，不思劳动，天天拿着福利金到酒馆喝啤酒；救济金喝完了又去政府领，领了又喝，日月不止。这种不是激励劳动、激励生产而是奖励懒惰的机制，既滋长了部分人的懒惰依赖之风，同时又导致了国家劳动生产率的下降，影响了生产的发展并造成国家财政税收的减少。另一方面，高额的福利开支又使政府财政运转捉襟见肘，只能靠出卖国家资源或寅吃卯粮度日，而且国家根本无财力实施很必需的大的建设，现西方国家有些城市零乱陈旧，基础设施建设明显落后，整个社会暮气沉沉，国家陷入国民尽情享受眼前高福利待遇，却无力从事社会公益事业和长远发展的短视行为之中。所以，一些有远见的学者针对西方某些高福利国家的不良后果时指出："养懒汉的制度是没有生命力的。"

值得警示的是，国家的高福利保障制度并不能确保社会稳定和百姓安居乐业，实施高福利的国家也难以避免社会动乱的发生。法国是一个百姓的福利保障水平较高的国家。2018 年，法国政府为了推广新能源车辆，减少空气污染，履行国际公约《巴黎气候协定》，决定将柴油税每公升上调 6.2%。这一决定导致了油价上涨，民众负担的燃油成本增高，引发了民众的不满和抗议。2018 年 11 月 17 日开始，法国巴黎爆发了 50 年来最大的骚乱"黄背心运动"。11 月 17 日，超过 28 万法国民众穿着黄背心走上街头，抗议政府加征燃油税。12 月 10 日，法国总统马克龙被逼发表电视讲话，宣布对"黄背心运动"做出让步。12 月 17 日法国总理爱德华·菲利普公开认错。这项运动一直延续到 2019 年上半年才低落下去，高潮时期还影响到加拿大、比利时等西方发达国家。"黄背心"运动的恶果是重创了法国经济。法国是欧洲的老牌资本主义国家，其经济实力在欧洲处于领先地位。法国对老百姓社会保障的水平也很高,实行的是一种惠及全民的"从摇篮到坟墓"的高福利保障制度。如法国政府规定:子女从幼儿园到大学学费全免;企业员工失业以后可以享受同等失业金待遇和退休金待遇;有法国居留证没有工作的人,每月补贴 200 多欧元基本生活费;法国的青年人和老年人在交通方面包括铁路、公交、地铁等可享受免费和减费的待遇。法国百姓有这么高的福利保障,政府从环境保护出发加点燃油税,老百姓经济上应该还是承受得了的。但人的欲望是无穷的,民众盼望的是国家给他的越多越好,自己支付给国家社会的越少越好,这是不可回避的现象。所以"黄背心运动"这种全球少有的大规模对抗政府的事竟然在法国发生了。这说明,如果脱离国家的客观条件,一味追求通过实施高福利来获得民心,也有可能达不到理想的效果。

值得指出的是,西方社会常常有人或是缺乏政治远见,或是为沽名钓誉捞取选票而提出一些实施高福利的主张。而这些主张往往因为迎合了某些国人短视的过高要求而在当时获得支持。这种行为长久实施使国家财力不堪重负而使国家陷入困境,国人的生活水准也失去了继续提高的动力。我国必须吸取西方这些国家的教训,防止走上陷入高福利泥潭的老路。因为我国人口基数大,哪怕每人增加一元福利支出,集中起来就是一笔巨大的财政开支;而我国人均资源又相对短缺,不可能像世界某些国家靠出卖资源增加财政收入;我国也不可能像西方某些大国一样靠武力去强占世界市场把他国财富夺为己用。当然,我们国家目前的社会福利保障水平还比较低,当前乃至今后,我们仍然需要着力提高国人的福利保障及生活水准,使人民的生活水平接近直至进入世界先进行列。但国家从导向上应鼓励走勤劳致富之路,政府应全力打造有利于经济发展的社会环境,通过减免税收、扶持创业、帮助创新、奖励劳动、提高工资标准等一系列措施,鼓励国人通过劳动创造财富,提高生活水平。对由地域差异、劳动能力差别以及天灾人祸造成的相对困难群体,国家应提高帮扶标准,缩小贫富差别。这样,我们国家和民族就能长久处于一种自强不息、充满生机与活力的状态而阔步前进。

再次是要理智地看待经济发展速度。中国在 20 世纪末和 21 世纪初经历了一个经济快速发展的阶段,一些地区的经济每年以百分之十几的速度高速增长。一段时期以后这种增长速度逐渐下降,现在则处在 6% 上下浮动。我国的经济能否再出现以往那种异常的高速增长呢?可以肯定地说是难以出现的,因那种高速发展所依靠的是大规模的基础设施建设投资,依靠廉价劳动力带来的廉价产品的大量出口,以及不顾环保影响对资源的过度开发利用。这种不太协调的高速发展实际上为后来这些年国民经济的健康运转带来了很多副作用。在当今时代,我们不可能用那种办法来发展经济。必须通过生产领域的产业结构的调整、产业升级、产品技术含量的提高、核心技术的自主创新以及扩大内需带动消费等方式加速经济的发展。这种发展模式无疑有利于中国经济的长期持续健康发展,但经济发展的速度在一定时期内自然有所降低,这是合乎经济发展规律的。西方资本主义发达国家现在的经济发展速度一般也是在年均增长 2%—4%。所以我国在当前及今后一段时期内对经济发展速度期望值不能脱离实际要求太高,经济发展中切忌急躁冒进,尤其是不能通过不讲效益、不考虑是否急需的盲目投资来拉动当下的经济增长。经济持续、稳定、协调发展才是我们的目标。

44 "美教化"是强国之急

——对中国强国之路的历史思考之三

美教化是指对国内人民群众进行美德教育。中国漫长的历史实践证明，美教化与国家政权的安危、社会的稳定有着密切的关系。

一、中国古代"美教化"对国家兴衰的影响

国家社会是由千千万万乃至数亿计的民众个体组成的。国家要安宁，社会要和谐，这需要全体国人能够遵照国家制定的法律规章及社会约定俗成的道德习俗有秩序地生产生活。然而，人能否天生自觉地做到这一点呢？中国古代的思想家们对此有不同的看法。春秋战国时期儒学的代表人物之一孟子认为"人之初，性本善"。孟子认为，人生下来时性是善的，但由于后来受到社会上的不良思想及不良习俗的影响可能会变得不善。因此，孟子主张要通过教育而使人保持这种善的本性从而达到社会有序的管理，实现社会的和谐安宁。孟子主张"施仁政"，他认为"仁政"的根本在"得民心"，而教育是"得民心"的最有效的手段，他认为好的行政管理还不如好的教育，他说："善政不如善教之得民也。善政，民畏之，善教，民爱之；善政得民财，善教得民心。"

战国时期的另一位思想家荀子提出了人性恶的观点。荀子在《性恶篇第二十三》中说："今人之性，生而有好利焉，顺是，故争夺生而辞让亡焉；生而有疾恶焉，顺是，故残贼生而忠信亡焉；生而有耳目之欲，有好声色焉，顺是，故淫乱生而礼义文理亡焉。然则从人之性，顺人之情，必出于争夺，合于犯分乱理，而归于暴。故必将有师法之化，礼义之道，然后出于辞让，合于文理，而归于治。"

荀子在这种人性恶的基础上强调了教育的重要意义。他在《荀子·荣辱》篇中有一段经典的论述。他说："凡人有所一同。饥而欲食，寒而欲暖，劳而欲息，好利而恶害。是人之所生而有也。……是无待而然者也。"所以荀子认为恶这种天生秉性会使人在后天的发展中产生不同的结果，"是禹桀之所同也，可以为尧禹，可以为桀跖，可以为工匠，可以为农贾"。他认为只有通过自身的修养和社会的教育才有可能抑制恶，"故枸木必将待檃栝烝矫然后直；钝金必将待砻厉然后利；今人之性恶必将待师法然后正，得礼义然后治"。他认为提高国人的素质就是让国人接受教育学习。"我欲贱而贵，愚而智，贫而富，可乎？曰：其唯学乎。"他认为教育与学习是人的素质和命运的决定因素，从而否认了道德是天生的先验论，肯定了人的素质是后天环境与教育的产物。

分析孟子的性善论与荀子的性恶论，虽然二者在人性的本质上观点不一致，但二者

共同肯定了环境对人的影响，也就是后天的教化对人的素质品行的感染作用。社会教化既然会影响国人的品行素质，自然也会影响社会风尚的优劣并对国家的兴衰成败产生影响。

那么，社会教化对国家和社会安危的影响到底有多大呢？我们分析一下中国古代历代王朝存在的时间就能得到说明。中国古代最早的王朝夏朝建于约公元前 2070 年，至公元前 1600 年覆灭，历时 400 多年；商朝自约公元前 1600 年至公元前 1046 年历时 500 余年；周朝自公元前 1046 年至公元前 256 年历时将近 800 年。夏商周以后，中国古代的国家统治政权存在的时期都比较短，如汉代相对较长也只持续了 425 年，其间又中断为西汉 230 年、东汉 195 年；宋朝 319 年，其中又中断为北宋 167 年、南宋 152 年；其他如唐朝仅 300 多年，明朝仅 276 年，清朝仅 296 年。其他封建王朝存在时间则更短。

可以看出，中国夏商周王朝特别是周朝比之后的历代封建王朝存在的时间都要长，为什么会出现这种状况呢？原因之一是这几个奴隶制王朝建立的国家体制与宗法制度紧密结合，但这还不是根本原因。因为周朝以后中国封建社会的历代王朝同样是实行宗法专制制度，也就是说中国自夏商周开始到晚清的历代王朝都是实行同样的皇位世袭及官僚等级制度。这就说明与宗法制度紧密相连的等级制并不是周朝延续时间长于其他王朝数百年的主要原因。那么造成这种区别的原因是什么呢？这就在于周朝在治国理政中采用了比以前及之后的历代王朝更有效的措施。

一是周朝立国初期，在周公的主持下将自夏朝开始实行的宗法传统习惯进行补充、整理，从而建立了更加完备、更加系统的宗法制度。这种制度的重点环节是强化了嫡长子世袭继承制，以"立嫡不立贤，立长不立幼"为基本原则，从而避免了众多儿子相互争夺继承权而带来的混乱，并严格按血统的亲疏来确定权力的分配。同时周公又将"以德配天""天命无常"作为维护周朝的基本思想，通过宗法制度将政权、神权、族权结合起来，从而使周朝的国家政权建立在更为牢固的基础之上。

二是周公还建立了一套维护宗法等级制度的行为规范以及相应的典章制度、礼节仪式。这种礼制规定每个社会成员只能做与自己身份的尊卑贵贱相符的事，也就是自觉地"顺从"国家的各种规定及社会已形成的约定习俗，并把这种礼制升华到伦理道德的高度，从思想观念上予以强化，使社会共同认为，无论是谁，凡做了与自己身份不相符的事都是违背伦理的"大逆不道"。

三是周朝还大力推行以诗教乐教为主要内容的社会教化。诗言志，歌咏言，所以周人坚持用诗乐与声律教化社会。那时"诗"与"乐"不分，当时的大师用诗即以"六诗"为教。"六诗"是《周礼》对《诗经》的一种分类，即大雅、小雅、正风、变风、变大雅、变小雅。《诗经》是中国最早的一部诗歌总集，收集了西周初年至春秋中叶，即公元前 11 世纪至公元前 6 世纪的诗歌共 311 篇，由孔子编订而成。《诗经》在春秋时期称为《诗》，或者取其篇章整数称《诗三百》，西汉时期被尊为儒家经典，始称《诗经》并沿用至今。《诗经》反映了周代约 500 年间的社会面貌。孔子高度评价《诗经》说："诗三百，一言以蔽之，曰：'思无邪'。"他教育弟子读《诗经》以作为立言立行的标准。先秦的各位思想家、政治家如孟子、荀子、墨子、庄子、韩非子等人在说理论证时都引用《诗经》中的句子以增强说服力。司马迁论及《诗经》时也说："《诗》300篇，大抵贤圣发愤之所为作也。"所以至汉武帝时，《诗经》被奉为国家经典。有学者认为，《周礼》"六诗"乃周代"乐教之纲领，习乐之教程"。《礼记·乐记》说："乐者，通伦理者也"，又说当时"审乐以知政"。

于汉代中期成篇为《诗经》之序的《毛诗序》在谈到中国古代诗歌与社会教化的关系时指出："故正得失，动天地，感鬼神，莫近于诗。先王以是经夫妇、成孝敬、厚人伦、美教化、易风俗。"这段话向人们揭示了两个现象：一是指出中国古代的君王重视对国人的"经夫妇、成孝敬、厚人伦、美教化、易风俗"的教化；二是说明中国古代作为文学主体的诗歌能"正得失"，能"经夫妇、成孝敬、厚人伦、易风俗"，能起到自上而下的社会教化作用。

周朝正是通过强化礼制和以"六诗"为教程的诗教、乐教来实行社会教化，这种社会教化在当时不仅对维护等级制度、教化民众、凝聚宗族、调节社会矛盾、稳定社会秩序、巩固国家政权起了重大的积极作用，也促进了中华民族国家观念、尊老观念、家庭观念、亲情观念的形成，从而从较高程度上统一了王朝统治阶层的行动及国民认识。这就不仅从政策制度层面，而且从思想层面为王朝的政局稳定提供了保障，这是周朝的连续时间远远长于其他王朝的重要原因之一。但是，到了春秋后期，天下出现了"礼崩乐坏"的局面。那时的卿大夫在夺取国君权力的同时，不但僭用诸侯之礼，甚至僭用周天子之礼。按礼制，天子的舞用"八佾"，"佾"即"列"的意思，每列八人，八佾为六十四人。但这时鲁国的季孙氏也用"八佾舞于庭"。按礼制，只有天子可以祭祀于泰山，但鲁国季孙氏也到泰山祭祀，这是严重与礼制不相符的行为。所以孔子批评季孙氏这种行为"是可忍，孰不可忍也"。随着礼制的日益被破坏，社会教化的日益淡化，天下秩序日益混乱，周朝权威丧失殆尽，于是诸侯争霸，天下刀兵四起，战火不断。公元前256年，周王朝被秦国所灭。分析周朝由盛直到灭亡的原因，首先要归因于奴隶制经济的解体和封建经济形态的产生；但"礼崩乐坏"，即政治制度管理与思想教化的弱化，也是加速周朝灭亡的重要原因。自春秋战国之后，中国以一家一户小农经济为基本特征的封建制经济形态一直持续到晚清时期，其间一千多年内没有什么大的变化。但自秦朝以后，中国历代封建王朝政权存在的时间都比较短，究其原因，则与缺乏周代尤其是西周时期那种严格的制度管理与社会教化、社会秩序有着密切的关系。思想混乱导致政局动乱。所以中国古代治国理政的经验教训及《毛诗序》关于诗教的论述提示我们，国家在完备的制度管理的基础上，必须注重"美教化"以使社会风清气正、协调和谐；同时，国家推崇的文化也必须符合"美教化"的需要，发挥"美教化"的社会功能。

二、中国近百余年来文化建设的曲折之路

中国虽然在五千年历史发展中创造了辉煌灿烂的传统文化，同时也有对建党、建军以至成立中华人民共和国的经验进行科学总结的革命文化。但不容回避的是，中国的文化建设自20世纪初开始，百余年来走的是一条曲折之路，以致相当一部分人的思想理

念至今仍处于迷蒙不明的境况之中。

首先是 20 世纪初期的"新文化运动""五四运动"及中期"文革"对中国传统文化不同程度的持续的批判否定。19 世纪末至 20 世纪初，由于近代中国积贫积弱，在与西方列强的交手中屡战屡败，自身的变革也是屡改屡败。故当时国内的一批知识分子便把国家近代落后的原因归结于中国古老的文化和制度的落后，一方面他们主张从器物到制度和文化观念全盘学习西方，另一方面他们对中国的古老的文化和制度进行了尖锐的批判与否定。如新文化运动的"反传统、反孔教、反文言"，虽然对于肃清传统文化中的封建主义意识形态具有很积极的意义，但这种批判，就好像是有人倒洗澡水时，把小孩和脏水一起都倒掉之势。20 世纪六七十年代，由于政治的原因，中国兴起的"破四旧立四新"，及批判孔子的"批孔"运动又是对传统文化的再次批判。受这几次大批判的影响，中国几千年形成的传统文化在国人的心中已黯然失色，往日的光辉近于消失殆尽。

其次是 20 世纪八九十年代西方文化对中国文化的冲击。这一时期内，中国兴起了改革开放的浪潮，而当时的西方正经历了二战以后 30 年的发展黄金期，而我们国家还相对贫困落后。于是就有一些知识分子把这种差距归根于中国与西方在制度上文化上的差异，使优秀的传统文化再一次受到否定。有人甚至提出引入西方民主制度，以西方为标准彻底批判、否定当代中国经济、政治、社会的方方面面。而且，随着国门大开，伴随西方实施文化渗透战略力度的加大，西方世界的政治、经济、伦理、道德价值理念及生活方式如滚滚浪潮涌入中国。广播、影视、书刊、网络以及人的思想深处和社会生活的方方面面，都充斥了西方的东西。应该说，如果是有选择性地向西方学习，如学习其先进的科学技术和管理经验，这肯定无可厚非；但国人特别是青年人在学习的过程中很多方面是良莠不分，泥沙俱下。这种西方文化的大量涌入，不仅对中国的传统文化又是一次雪上加霜，而且对我们党和国家在 20 世纪建党、建军和建立新中国的革命实践中形成的革命文化同样是一次大的破坏。

新中国成立以后，我们国家走上了在探索中建设社会主义的发展道路。由于社会主义建设是一个新生事物，没有现成的道路和经验可以借鉴，所以在社会主义建设过程中难免会经历"大跃进""文化大革命"的曲折。20 世纪后期改革开放以来，我们的社会主义建设在较长时期内同样是在"摸着石头过河"。所以中国的社会主义现代化建设几乎是在"曲折—纠偏—再曲折—再纠偏"中发展，直至走上富有中国特色的社会主义道路。中国现代化建设发展的曲折性使新时期社会主义文化的形成也有了复杂性，因而有相当一部分人在经历了这些挫折之后对中国共产党的领导、对实行社会主义制度、对坚持走社会主义道路产生了动摇，对党在长期的革命和建设中产生的革命理论和形成的优良作风也有了怀疑甚至否定。有人甚至否定在中国革命和建设时期产生的，凝结了中国共产党人的集体智慧的，作为社会主义革命和建设文化主要组成部分的毛泽东思想的先进性。

还有一种现象是，在推进社会主义现代化建设的过程中，有人在强调以经济建设为中心时忽视精神文明建设的重要性，在精神文明建设中对思想文化建设的内容、步骤、目标这些重大问题也缺乏具体的、操作性很强的解说和界定。比如我们的社会主义核心价值观包含了民主、自由、平等这些内容。然而民主、自由、平等这些概念是 17、18

世纪启蒙运动中启蒙思想家们反对封建主义、批判愚昧教会的思想武器。因而这些理念和口号后来也成为欧洲资产阶级革命的一面旗帜。到了 21 世纪初期，美国为了实现本国的最大利益达到永久独霸世界的目的，对一些与美国政见不同或者不按美国眼色行事的国家，采取扶植国内反对势力的手段，通过输出民主、自由、平等、人权这些资产阶级所谓的"普世价值"，在这些国家内部挑唆不明真相的民众发起对政府不满的街头游行示威运动，直至搞乱社会最后颠覆该国国家政权。美国正是使用这些手段，通过发动所谓"颜色革命"，实现了对捷克斯洛伐克、格鲁吉亚、乌克兰、伊拉克、黎巴嫩、吉尔吉斯斯坦、缅甸、伊朗、白俄罗斯、哈萨克斯坦等国家政权的"和平演变"。2019 年香港发生的因"修例"引起的持续数月的社会动乱，也与西方国家运用这些价值理念挑起部分民众尤其是青少年学生对香港特区政府的不满分不开。这就说明，这些概念口号至今仍然是西方帝国主义世界，尤其是美国用于打击对手、维护世界霸权的思想工具。那么，作为中国共产党领导下的社会主义国家和西方世界用相同的概念口号并把其作为社会主义核心价值观是否妥当？如果坚持把这些口号作为社会主义核心价值观，我们的思想界、理论界应不应该把作为社会主义核心价值观重要内容的民主、自由、平等与西方世界鼓吹的民主、自由、平等予以区分？我们尤其是要从其内容、实现的方法及途径、达到目标等方面做出明确的界定，以使全国民众尤其是青年学生在这些问题上不至于出现思想混乱。但至今我们的主流舆论在这些方面尚缺乏有力度和深度的系统阐述。这样，虽然我们一方面否定西方的政治文化理念是一种普世价值，实际上又放任这种理念在国内的传播。而随着西方价值伦理观念在国内影响的扩大，不仅中国优秀的传统文化深受影响，社会主义的先进文化思想观念也受到了严重冲击。

因此，近几十年来，中国的思想文化领域就不可避免地出现了这么一种状况：一方面作为中华民族五千年精神食粮的中国优秀的传统文化被否定而大大降低了社会影响力，中国人民在砸碎旧世界建设新世界的过程中形成的革命文化还缺乏深度的系统总结就经受了风风雨雨的侵蚀而使其在人民的心中失去了应有的光彩；另一方面，以近几十年来社会主义现代化建设的理论、路线、方针、政策为主要内容的社会主义文化还处在实践、总结、逐渐形成的过程中。这就是说在这一时期内，中国原有的文化体系被打破，而新的适用于各个不同层次人民群众的文化体系却没有完全建立起来。所以在这一较长历史时期内，中国的思想文化建设几乎陷入了一种迷茫状态，相当一部分国人的思想难免处于较大程度的混乱之中。

三、坚持文化自信，刻不容缓

中国文化发展进程的曲折性在 20 世纪末至 21 世纪初这几十年间表现得非常突出，这主要体现为相当一部分人思想比较混乱，道德价值观不同程度地沦落等。

大家看看如下事实吧！

在思想政治领域，随着西方价值观在国内的传播，有人主张照搬西方世界的所谓民主、自由、平等、人权等社会政治制度，鼓吹中国要"脱亚入欧"，全盘西化。受西方价值观的影响，有些人崇洋媚外思想严重，许多有钱人尤其是青年学生以出国获取外国国籍为荣耀。还有那么一批人主张极端个性自由，仇视共产党的领导，仇视社会管理，仇视政府，仇视官员。正是在这种理念的支配下，加之西方世界的幕后操纵，香港在2019年陷入了连续不断的游行示威、冲击政府机关、堵塞交通、毁坏公共设施、袭击警察，甚至毁坏中华人民共和国国旗的极度混乱之中。

每年12月24日晚的平安夜，12月25日的圣诞节，这本来已是西方基督教纪念圣子耶稣诞辰的节日，既是西方的传统节日，又是一个宗教节日。20世纪下半叶随着国门的打开，"平安夜""圣诞节"在国内尤其是青少年中广泛传播，特别是广大城市年轻人表现出来的那种欢快气象，是中国流传几千年的清明、端午、中秋这类传统节日远远不能比拟的。许多中国人就是这样在不知不觉中成为西方文化的感染者，又成为西方文化的传播者。借助宗教节日的推动，天主教徒由1949年的约270万，发展到2006年的500多万人；基督教徒1949年只有70多万人，截至2006年基督教信徒超过了1600万人。

"情人"，按字典解释首先是指相爱中的男女的一方；再是特指情夫或情妇。按照中国的传统文化及中国人的通常的理解，情人多是指情夫和情妇。而随着西方基督教2月14日情人节这一男女爱情节日风俗在中国的传播，加之对中国传统文化中关于女性的"贞洁观"及"好女不嫁二夫"观点的批判，以及对"恋爱自由"观念的过度宣扬，导致许多青年男女在恋爱、婚姻问题上轻率和过于随意。结果，未成年青年学生在两性关系上的随意，恋爱男女的试婚、早婚，已婚男女的婚外恋现象大量发生，并由此导致离婚率大幅上升。有关部门提供的数据表示，2018年中国男女登记的离婚率超过了50%；其中，80后90后青年男女离婚的比例达到了60%。高离婚率导致中国家庭极不稳定。尤其是一些有了孩子的青年父母，离婚后对孩子的心灵造成了极大的伤害，对小孩以后的学习与成长造成了极端不利的影响。

自改革开放以来，随着国内人们生活水平的大幅度提升，国内兴起了一股娱乐至上之风。特别是一些年轻人追求感官刺激，追求轻松快乐。2019年6月19日，网名"实秋文化"的网友发表网文《被电游毁掉的日常生活，与被冷落了的传统文化》，作者揭示当下包括少年学生在内的许多年轻人沉溺于电游、抖音，"在享受短暂快感之后，伴随着的是意志消磨，生活节奏错乱，精神的进一步空乏"。2018年7月，西南财经大学经济学院教授、中国人民大学长江经济带研究院研究员袁正教授发表文章指出，"当国人把娱乐至死发挥到极致的时候，我们离科学越来越远，孩子的理想是做明星而不是科学家；我们离思想越来越远，媒体舆论关注的是明星蛋碎这样的鸟事，而不是宣扬思想开启民智；离教育越来越远，媒体充斥着明星结婚、离婚、生孩子、出轨、找小三等这样的事"，"娱乐至死让人们忘记什么是正义，什么是文明，什么是进步，什么是价值"。

在西方世界崇尚的金钱至上、唯利是图思想的影响下，"一切向钱看"从经济领域不同程度泛化到社会生活的各个领域，一切都要讲等价交换，一切人际关系社会关系被看成金钱利益关系。结果，制造假冒伪劣的生产厂家有之，销售假冒伪劣的门店有之，坑蒙拐骗者有之，不顾法律道德、不惜破坏环境谋财图利者有之。正如有人所说的：一些地方楼越盖越高，道德水平却越来越低；马路越修越宽，人心却越来越窄；存折越来越厚，人情却越来越薄。而且这种道德堕落现象还蔓延到教育、卫生领域，有的老师在课堂上讲课不是全盘托出，而是把知识的关键点留到课外辅导去讲，以换取学生高额的课外辅导费；有的医院给病人看病滥开高价药，小病滥检查，高额收取病人的药费和检查费。

随着西方的家族观念及生活方式在国内的传播，历史上形成的一些优秀的道德理念也正在日益失去其社会影响力。

中国文化推崇孝道，可现在许多人却不懂得要孝顺父母。社会上甚至不时演绎着老父老母久卧病床，儿女不闻不问，以及"正是豪宅儿乐处，远方孤老泪寒窗"的人间悲剧！

中华民族精神以进取、自强、担当、奉献为荣，以贪图安逸、奢靡、堕落为耻，可现在这种理念受到了严重的挑战。现有相当一部分人追求享受、追求安逸，无责任感。每年的 11 月 11 日的光棍节是近些年兴起的流行于年轻人中的一个娱乐性节日，这个节日给人造成的印象是单身是一种时尚。所以现在许多青年男女都不顾中国传统文化所提倡的"男大当婚，女大当嫁"这一价值导向，他们以崇尚单身、追求个人无牵无挂为快乐，社会上未婚的或婚后轻易分手的单身男女遍地皆是。这种思潮如果长此以往，将影响民族繁衍和导致国家劳动力的减少。

中国传统文化提倡诚信至上。《论语·子路》中说："言必信，行必果。"可现在人民的诚信观念日益淡化。借钱不还，赖账不觉为丑；生产及交易过程中偷工减料、产假售假不觉为耻；虚假广告屡见不鲜。不诚信行为已殃及经济及社会的方方面面。在中央的统一部署下，近几年来国家相关部门对社会各领域违反诚信的单位及个人实施联合惩治，其办法是把其列入黑名单，并对其行为给予惩罚性的限制。根据国家公共信用信息中心 2019 年 2 月发布的《2018 年失信黑名单年度分析报告》，截至 2018 年底，各相关部门依据联合惩戒备忘录，对依法列入黑名单的各类主体实施了多项联合惩戒措施。共限制近 100 万户参与招投标，限制 1.28 万户参加政府采购活动，限制 3.79 万户获得政府供应土地、政府性资金支持及商品进口关税配额分配，限制 1.22 万户发行企业债券，限制 1.27 万户适用海关认证企业便利管理，限制 1.24 万户受让收费公路权益，禁止 469 户进入证券市场。截至 2018 年底，全国法院累计发布失信被执行人名单 1277 万人次，限制购买飞机票 1746 万人次，限制购买高铁动车票 547 万人次，限制失信被执行人担任企业法定代表人及高管 29 万人次；税务总局累计公布税收违法案件 16642 件，限制融资授信共 12920 户，阻止欠税人员出境 128 人次；海关对各相关领域的 19180 家失信企业实施了联合惩戒措施，下调了 188 家企业的信用等级，限制了 19180 家企业成为海关认证企业，并对上述企业进行了风险布控，加大查验力度。报告显示，对比 2017 年，2018 年全国新增失信黑名单主体 359.4 万个；同时，通过自身纠正失信行为，2018 年有 217.52 万个主体退出了失信黑名单。

然而值得人们深思的是，许多因违反诚信而进入黑名单的人，他们并不觉得自己的行为不光彩。从 2018 年最高法院工作报告统计的数字可以看出，因失信列入老赖黑名单的主体，也只有 20% 左右的失信被执行人履行了法定义务，还有 80% 左右的人继续充当老赖。正如在资金借贷领域有人所形容的，当有人向你借钱的时候，他把你做爹娘看；当你要向他讨回借款的时候，你认他做爹娘也没有用。诚信作为一种道德价值体系，可想而知已经被破坏到了何等程度。

经济领域不诚信行为的泛滥对我国经济的发展产生了极其不利的影响。改革开放初期，严重违背诚信原则而生产和销售的假冒伪劣产品不仅在国内市场十分盛行，也对我国的产品在国际上的竞争造成了很大程度上的破坏，严重影响了经济的发展。如 2008 年震惊全国的知名品牌奶粉"三鹿"被曝含有大量化工原料三聚氰胺，此物质可以使奶粉中的蛋白质含量虚高。当时中国乳协统计，全国食用三聚氰胺奶粉的婴幼儿有 30 万人以上。尽管后来这些患儿的家长都领取了一次性赔偿金，但国人对国产奶粉普遍失去信任，全国婴幼儿奶粉市场一片萧条。2011 年中央电视台《每周质量报告》发布调查显示，有七成中国民众不敢买国产奶粉而食用国外奶粉。近几年来，全国采取一系列措施对奶粉市场进行整顿，2018 年年底国家出台了最严厉的奶粉注册管理标准。国家质监部门发布的信息显示，2018 年我国婴幼儿配方奶粉的抽检合格率高达 99.7%，每月抽检大品牌奶粉的合格率达到 100%，所以直到 2017 年中国奶粉市场才首次实现回升。不诚信行为导致我国奶粉产业付出了 10 年萧条的沉重代价，导致了国人对市场甚至对社会的极不信任，以致对社会的和谐建设和经济的健康发展造成了严重的破坏。

上述状况，正如新加坡国立大学中亚研究所所长郑永年教授在他的专著《通往大国之路，中国的知识重建和文明复兴》中指出的："与经济相比，当代中国文化其实很苍白"，由于中国存在着"道德解体"问题，郑永年教授还认为，在通往大国的道路上，中国走到了关键的一步：中国必须在知识上扮演有力角色才能成为真正的大国。强大文明的核心是强大的知识体系，中国只有从思想殖民、权力和利益的束缚中解放出来，重建自己的知识体系，才能实现文明的复兴。

四、重建新的文化体系，弘扬三大文化

新时代的中国要走富民强国之路，必须大力发展本民族的文化。习近平总书记在论述建设社会主义现代化强国与发展文化的关系时指出："文化是一个国家、一个民族的灵魂"，"没有先进文化的积极引领，没有人民精神世界的极大丰富，没有民族精神力量的不断增强，一个国家、一个民族不可能屹立于世界民族之林"。文化对民族复兴之所以有如此巨大的作用，是因为文化是一种蕴含于民众灵魂深处，能持之以恒发挥作用的力量，它表现的是一个国家、一个民族的软实力。20 世纪 90 年代，美国哈佛大学教授小约瑟夫·奈提出：一个国家的综合国力，既包括由经济、科技、军事实力表现出来的"硬实力"，也包括以文化和意识形态吸引力体现出来的"软实力"。小约瑟夫·奈还认为，在充满竞争的国际环境下，硬实力和软实力都很重要，"但是在信息时代，软实力

正变得比以往更为突出"。正因为文化软实力已成为国力的重要组成部分，故世界各国，尤其是西方世界都重视自己的文化构建。西方国家还通过传播各种文化符号，包括文化理念、生活习俗，意图改变他国人民的文化观念，最终按照西方世界的愿望改造世界，因而它们以此为标准对不愿追随的其他国家轻则"经济制裁"，重则发动"颜色革命"颠覆其国家政权。中国作为社会主义大国，又是世界第二大经济体，故西方世界对中国实行文化渗透的力度也不断加大。所以中国必须切实加强文化建设，以文化凝聚人心，让文化走出国门，走向世界，充分发挥文化在中华民族复兴伟大进程中的软实力作用。

那么当下中国应当怎样重建自己的文化体系呢？

党的十九大报告指出，"推动中华优秀传统文化创造性转化，创新性发展，继承革命文化，发展社会主义先进文化，不忘本来，吸收外来，面向未来"。这一论述为新时代社会主义文化体系建设指明了方向。

要大力弘扬中国优秀传统文化。为此，首先要对中华民族五千年辉煌历史及创造的文化做一个全面、客观的分析，在这种分析中树立起对我们的历史、我们的民族、我们的文化的充分自信，要以清醒的头脑走出在这些方面曾经存在过的一些思想认识误区。

一是中国人要自信中国传统文化本质是优秀的，主流是进步的、积极的。正如2014年10月15日，习近平总书记在他主持召开的文艺工作座谈会上指出的："中华优秀传统文化是中华民族的精神命脉，……是我们在世界文化激荡中站稳脚跟的坚实根基。"中国人必须明白，从远古时代开始，几千年来我们民族的先哲们遗留至今的如《周易》《诗经》《论语》《孟子》《道德经》《中庸》《大学》《尚书》《礼记》《史记》《孙子兵法》《资治通鉴》等有关文学、农学、医学等经典著作及唐诗、宋词、元曲，这些经典文献都是中国优秀文化的载体，是中华民族赖以生存的精神食粮。正如习近平总书记所指出的："中华民族在长期实践中培育和形成了独特的思想理念和道德规范，有崇仁爱、重民本、守诚信、讲辩证、尚和合、求大同等思想，有自强不息、敬业乐群、扶正扬善、扶危济困、见义勇为、孝老爱亲等传统美德。中华优秀传统文化中很多思想理念和道德规范，不论过去还是现在，都有其永不褪色的价值。"要充分认识这些传统思想道德规范正是现在我们提倡发扬的社会主义核心价值观的重要内容，没有这种优秀的思想理念和道德规范的影响，中华民族就不可能经历五千年千难万险而走到现在，也不可能进一步走向光辉灿烂的未来。中华传统文化中虽然也有消极、落后、必须抛弃的东西，但这不是主流；不能轻信某些人攻其一点、不及其余的对中华文化整体的攻击污蔑，避免陷入对弘扬中国优秀传统文化必要性产生怀疑的认识误区。

二是必须自信中华民族历史总体上充满了辉煌灿烂。要充分认识到中国是世界上唯一一个未中断文明的国家，中国不仅有与西方世界竞相辉映的奴隶社会，更有远远超过欧洲黑暗中世纪的封建社会，因而在19世纪以前的悠长历史上，中国取得的成就远远超过了西方世界，中国的历史具有永远不可抹黑的灿烂与辉煌。要彻底走出以鸦片战争后中国经受百余年屈辱历史而否定中国近五千年辉煌的认识误区。

三是必须自信中华民族是一个不惧任何艰难困苦，能在磨难中奋起，曲折中前进，自强不息，永远不可战胜的伟大民族。自信中华民族具有非常的凝聚力和顽强的战斗力，这是激励中华民族自强不息、不断开拓进取的精神动力。中华民族既是优秀的中国传统文化的创造者，又是优秀中国传统文化的受益者；是孕育中国优秀文化大树之土壤，又是中华文化大树结出之花果。要从中华优秀传统文化与中华民族这种相辅相成的辩证关系的把握上，充分自信中华文化的先进性和不可替代性。避免陷入"中国传统文化陷阱论"者那样以存在少数素质不高者就否定整个中华民族之伟大的认识误区。

四是必须自信我们今天所生存的国家具有蓬勃的生气，中国用仅仅几十年的时间走完了西方发达国家几百年走过的路。中国人应充满对于自己国家由衷的喜爱与自豪，充满对于本民族文化的信仰与推崇。中国人没有必要什么事情都必须依赖于西方的定论，以西方之好恶为好恶，以西方之是非为是非，从而彻底走出西方的月亮比东方的圆、西方的星星比东方的亮，以致盲目崇拜西方的认识误区。

中国人民只有在文化自信上做到这"四个必须"，避免陷入"四个误区"，中国优秀传统文化才将在社会主义现代化强国建设中大放异彩。

当然，中华传统文化是华夏民族在五千年的历史长河中汇集而成的，它集中了全民族各个历史时期的思想智慧，同时各历史时期的某些思想观点又难免打上时代的烙印，有些观念则仅仅反映某一特定阶层的利益，故传统文化中的某些思想理念也难免具有时代或阶级局限性。所以，要弘扬传承优秀传统文化，就必须实现对中国优秀传统文化的"创造性转化，创新性发展"，要对中国传统文化做全面的、辩证的分析，取其精华，去其糟粕。如封建文化中对皇权的美化神化，男尊女卑，与蔑视体力劳动观念相联系的"万般皆下品，唯有读书高""学而优则仕"的读书理念，还有某些脱离实际的孝道形式，对这些观念习俗必须因其腐朽落后予以抛弃。

要随着社会的发展，时代的变化，对中华优秀传统文化中一些思想理念赋予与时代相符合的新解释。如传统孝文化有"父母在，不远游"的规矩：古代交通不发达，又是一家一户的小农经济，父母老了要求儿子不远游这有一定的道理；现在经济发展了，社会主导经济产业是工业化大生产和社会化的服务业，劳动力肯定要离土离乡，同时交通也高度便利了，所以再提"父母在，不远游"就显得迂腐荒唐了。因此弘扬优秀传统文化，绝不是照搬照抄照念就行了，而是要紧密联系社会实践，给予合于时宜的新理解，注入新的内容，使之指导新的实践。

要反对弘扬传统文化过程中的形式主义。传统文化重在学习践行其优秀内容，不必拘泥于形式。现在有的地方在电视节目中或学校里花很多精力讲形式，如着古装，两人见面如佛教徒弯腰合掌等，这些东西用于舞台表演是可以的，用于日常工作生活则过于迂腐不合时宜。

要突出重点，学以致用。中华五千年文化是一个知识的海洋，无论是谁穷毕生之力也学不完，学不透。因而学习中要突出重点，要有选择性地读经典原著。对于广大人民群众来说，学经典也只宜选择其中那些对今天人们的社会实践有引导启示作用，即充满了正能量的篇章段落，不能眉毛胡子一把抓。

要根据工作及思想修养的需要进行学习，掌握精髓，融会贯通，用于实践。更应该强调的是，弘扬传统文化并不排斥学习借鉴世界优秀文化成果。对世界各国人民创造的新的科学技术及先进人文理念，要坚持洋为中用，开拓创新，做到中西合璧，融会贯通。只有这样，弘扬中华传统文化才是走在健康的正道上。

要大力弘扬革命文化。革命文化是中国共产党领导中国人民在推翻帝国主义、封建主义、官僚资本主义三座大山，建立起新中国的伟大斗争中构建的文化。它起源于五四新文化运动和中国共产党成立的时期，形成于新民主主义革命时期，在社会主义革命与建设以及改革开放时期得到丰富与发展。革命文化是中国革命实践经验的科学总结，是中国革命精神的结晶与传承，是中国共产党人和广大人民群众优良传统、品格风范和优良作风的集中体现。具体说来，革命文化来源于中国革命发展过程各个不同历史阶段的革命实践。如上海南湖精神、井冈山精神、长征精神、延安精神、西柏坡精神、抗美援朝精神等。现在看来，这些伟大时期的革命实践活动虽然已成为过去，但每当我们回顾起革命先辈们在那峥嵘岁月，在那生死关头，或是舍生忘死报效革命伟业，或是官兵同甘共苦共渡危艰，或是军民鱼水情深同斗强敌的那一幕幕艰苦奋斗场景，品味先辈们那一句句充满情怀或智慧的箴言，目睹那一件件体现着先辈们高贵品格与风范的遗物，有谁不是被深深感染以至震撼于心？所以革命文化就是那个伟大历史时代千千万万革命先辈用他们的热血凝聚、用他们的智慧结晶、用他们的风范铸造的具有鲜明的革命特色的文化。这种文化的内涵是：不图名利、一切为了国家和民族、天下为公的奉献精神，舍生忘死、勇往直前的无畏勇气，情系群众、为人民着想的民本情怀，不畏艰难、无坚不摧的英雄气概，不忘初心、永葆本色的高洁风范，严于律己、官兵一致的优秀品格，实事求是、一切从实际出发的优良作风，前赴后继、齐心合力的团队意识，坚持真理、修正错误、敢于批评与自我批评的浩然正气。中国共产党人和中国人民正是在中国革命的伟大实践中创造了这种伟大的革命文化，又在这种文化精神的鼓舞和指引下，取得了彻底粉碎旧世界、建立新中国的伟大胜利。所以革命文化是具有巨大实践意义、指引人民走向胜利的文化。在我们建设现代化强国的进程中，弘扬革命文化仍然具有重大的指导意义。只要我们在实践中真正能坚持上述革命文化，我们在现代化建设的道路上有什么困难不能克服？任何敌对势力对我们的围堵打压又何愁不能战胜？党群干群之间又何愁不能再次出现鱼水关系？国家统一、民族复兴，建设现代化强国的宏伟目标又何愁不能实现？

应该指出，毛泽东思想是革命文化中极其重要的组成部分，因为毛泽东思想是中国共产党人和中国人民在中国革命伟大实践中集体智慧的结晶。毛泽东本人在中国革命长期实践中那种舍小家为大家的高尚情怀，那种情在人民，与人民群众心连心的人民意识，那种不惧任何艰难险阻，泰山压顶不弯腰的英雄气概，那种自强不息、独立自主的民族气节，那种运筹帷幄、纵横天下的胆识和智慧，那种指点古今、文韬武略的博大才气，是中国人民推翻三座大山，结束百余年屈辱，重新昂然挺立于世界之东方的重要保障。他现在是、今后也将是中国人民心中永远不落的太阳。作为世界人民所仰慕的英雄，毛泽东虽然也有过过失，但金无足赤，人无完人，他的过失比他做出的贡献要少许多许多，因而人民不能因为他有过失而否认他对民族的伟大贡献，这就好比即使太阳有黑子也不能否认太阳的光辉一样。所以毛泽东思想必然是革命文化的重要组成部分。

构建适应新时代的文化体系必须大力弘扬社会主义先进文化。社会主义先进文化指的是中国共产党领导广大中国人民在进行社会主义现代化建设过程中创造的文化，是马克思主义的普遍真理、中国优秀传统文化、社会主义现代化建设进程中各历史阶段创造的经验与中国现代化建设的实际情况紧密结合的产物。社会主义先进文化的内涵，就是弘扬以爱国主义为核心的民族精神，坚持中国优秀传统文化"以德治国"及"仁政"的理念，坚持以经济建设为中心，坚持对外开放，坚持改革开放和科学技术是第一生产力，加强执政党的执政能力建设，发扬"不忘初心"的中国共产党人的优良传统和作风，树立社会主义核心价值观，具备建设"人类命运共同体"的国际主义的责任担当。社会主义先进文化是符合新时代广大人民根本利益，能推动社会主义现代化建设继续前进的文化。

所以，构建中国新的文化体系，就是要把中国优秀传统文化、革命文化、社会主义先进文化有机结合起来，依据其各自特色运用于社会教化的实践。我们强调坚持文化自信，就是要坚持对这三大各具特色文化的自信，要通过充分发挥这三大特色文化的作用，使其转化为社会主义文化的强大软实力，促进社会主义现代化建设。

五、如何使文化自信落到实处？

1. 要对社会主义新时期文化的内涵做出细节化和具体化的解说，增强文化自信的践行性和操作性

文化要被广大人民群众所接受并身体力行，必须具体化、细节化、标准化，不仅要使广大人民群众一看就明白，而且要便于践行，便于落到实处。如中国传统文化强调子女对父母的孝顺，就有"父母在，不远游"，"父母呼，应勿缓"，"父母命，行勿懒"，"父母教，须敬听"，"父母责，须顺承"，"出必告，反必面"的具体规定，人们一看就懂子女在父母面前该怎么做不该怎么做。中国共产党自成立以来就提倡要走群众路线，要与群众打成一片。为了做到这一点，党的高层组织对党的基层组织以及各级党员领导干部在处理与群众关系上的规定就非常明确。1934年，毛泽东主席在江西瑞金召开的第二次全国工农代表大会上做《关心群众生活，注意工作方法》的报告，"我郑重地向大会提出，我们应该深刻地注意群众生活的问题，从土地、劳动问题，到柴米油盐问题。妇女群众要学习犁耙，找什么人去教她们呢？小孩子要求读书，小学办起了没有呢？对面的木桥太小会跌倒行人，要不要修理一下呢？许多人生疮害病，想个什么办法呢？一切这些群众生活上的问题，都应该把它提到自己的议事日程上。应该讨论，应该决定，应该实行，应该检查"。也是在那个年代，中国共产党为保护人民群众的利益，正确处理好党群关系，为中国工农红军制定了三大纪律八项注意。三大纪律是，一切行动听指挥，不拿群众一针一线，一切缴获要归公；八项注意是，说话和气，买卖公平，借东西要还，损坏东西要赔，不打人骂人，不损坏庄稼，不调戏妇女，不虐待俘虏。可以看出，革命文化中充分体现共产党的群众路线的这些规定，非常的具体细致。党的组

织、党员干部个人一看就知道该怎样去做，人民群众也从这些具体的细化的规定中，看到了党对人民的关怀，所以那时候党群干群的那种鱼水关系也就自然而然地建立起来了。

对比起来，近几十年来我们在文化体系建设上对我们应坚持的文化缺乏这种具体化细节化的阐述和规定。我们在很多方面有点近似于说大话，讲空话，喊口号，缺乏具体细节，缺乏可行性和操作性。如社会主义核心价值观中的民主、自由概念，这本来是资产阶级革命时期资产阶级提出的现在仍继续推崇的口号；我们使用这种口号，就应该将我们提的民主、自由与西方世界宣扬的"民主、自由"相区别，对中国的人民大众应该怎样去追求自己的民主、自由这些问题做出明确的解说，对于中国优秀传统文化中的一些规则与概念，如忠、孝、信、仁、义等也应根据时代的变化与要求，做出新的注释。总的说来，我们坚持文化自信，就应该对新时期的文化从体系到具体观点及概念做出具体的细致的规范化的阐述，使人一看就明明白白，并方便践行，防止被人曲解误导。

2. 要把坚持文化自信工作落到实处

坚持文化自信的落脚点就是要实现社会风气的根本好转，文化自信有无实效，最终要靠社会风气有无根本好转、民族精神有无进一步的提高来检验。所以，坚持文化自信就是要实现社会的"美教化"。文化自信不能只停留在书本刊物上、媒体上和会议上，必须落到实处，使其深深影响社会，深入人心，使社会能风清气正，崇尚真、善、美，摈弃假、恶、丑，真正实现海晏河清。

要把坚持文化自信落实到党和国家的政策法令中。在这方面新加坡传承中华优秀传统文化的一些做法值得借鉴。新加坡是一个华人占国民人口总数80％的国家，该国积极传承弘扬中华传统文化中的孝道文化，把"百善孝为先"作为重要的社会道德加以扶持和传承。新加坡前总理李光耀曾表示，如果孝道不受重视，文明的生活方式会变得粗野。接任总理的李显龙也曾在新春致辞中说，虽然社会价值观正在转变，但人们还是必须继续推崇孝道，重视家庭。新加坡把推崇孝道作为一项国家战略。1994年新加坡成为世界上第一个制定《赡养父母法》的国家。该法律规定：凡拒绝赡养父母或资助贫困的父母者，法院将判决对其罚款1万新加坡元或判处1年有期徒刑。1996年6月，新加坡还根据该法律设立赡养父母仲裁法庭，对不赡养父母的儿女由仲裁法庭开庭审理判断。新加坡建屋发展局还规定对与老人同住，即三代同堂的家庭优先分配政府组屋并给予价格优惠；规定单身青年不可租赁或购买组屋但是如愿意与父母或50岁以上老人同住的可优先考虑；同丧偶的父母或有残疾的兄妹一起居住的纳税人可享受税收优惠政策。上述新加坡关于推崇孝道的一系列措施，加强了社会的文明建设；同时，做到了在国家的扶持推动下，充分发挥家庭和个人在推进养老事业过程中的作用，使这一事业能持续稳定健康推进。这些做法是值得称道的。我们要在坚持文化自信上取得实效，就必须把其变为一系列政策法令，比如如何发扬爱国主义精神，新时期如何坚持孝道，如何弘扬正气守诚信，如何发扬艰苦奋斗精神，社会民众如何接受中华优秀传统文化、革命文化、社会主义先进文化的美化教育等。对于这些问题，只有从国家政策层面提出要求使其具有可操作性和强制性，才能取得实实在在的成效。

要把坚持文化自信变为全国各行各业的自觉行动。中华优秀传统文化、革命文化、社会主义先进文化不仅应成为各级各类党校、干部培训学校的重要教育培训内容，而且应该成为广大公务员、企事业单位工作人员的必读书。乡镇、街道等基层组织要组织适当的活动对广大农民、市民进行三大文化的培训，使之真正做到入村入家入户。在三大文化中，由于中华优秀传统文化历史久远，经典著作文字比较难懂，近百年对中华传统文化的理解与解读也有许多片面性，当前社会在思想道德领域存在的许多负面现象都与中华优秀传统文化的缺乏有关。因此，要把优秀中华传统文化的教育作为重中之重。政府应组织出版界有选择地出版富有时代内涵的传统文化书籍；广播、电视、网络等媒体要加大对优秀传统文化的宣传力度；要积极宣传弘扬优秀传统文化的先进典型事例，抨击违背优秀传统文化的反面典型。

坚持文化自信，加强"美教化"的重点对象应是青少年尤其是大中学生，这不仅是因为这个群体所出生的年代仍是传统文化受压抑、革命文化受冷落的时代，而且他们代表着民族的未来。如何在青少年中进行"美教化"？新加坡在传承中华优秀传统文化方面的做法，也为我们提供了示范。早在1981年，在时任总理李光耀的推动之下，新加坡政府把儒家伦理教育纳入国民基础教育体系，在中学三四年级的道德教育必修科目中，增设了儒家伦理课程，向学生传授忠孝、节义、廉耻等传统儒家伦理思想，其中孝的内涵就是"孝敬父母，尊重长辈"。新加坡中小学每年开展许多与弘扬孝道有关的活动，如围绕二十四孝的故事举办全国中小学网上作答比赛、中学生动画制作比赛、中学生短剧比赛、小学生讲故事比赛等。此外新加坡还规定中小学生每学期要拿出一定的时间从事公益劳动，具体就是去养老院照顾老人及上街道进行公益募捐活动等。为了教育基层民众养成敬老尊贤的风尚，政府规定每年11月份的第3周为"全国敬老周"，借此向青年一代灌输尊老爱老的传统美德，倡导各阶层的志愿者为老年人提供义务服务。全国上至总统、总理，下至平民百姓都积极参加"敬老周"的各项活动，这对全社会敬老风气的形成起了很大的推动作用。新加坡的这些管理实践能给我们良好的启示。根据他们的经验，要在学校教育中，尤其是在政治伦理教育、文学历史课程及各类考试中增加中华优秀传统文化、革命文化、社会主义先进文化的比重。要组织青少年多到革命纪念地、革命历史纪念馆、老一辈革命家纪念馆、革命文物陈列馆参观学习，让他们接受革命前辈的思想作风的洗礼，这应该成为他们的必修课。要组织青少年积极参加社会各类公益活动，使之形成良好的世界观、人生观、价值观。

弘扬优秀文化，最终要落实到广大民众的践行中。广大人民群众要在对祖国的文化、祖国的历史及本民族充分自信的基础上，认真学习践行优秀传统文化。要认真学习古人遗留下来的经典著作，有正确的社会责任感和深厚的家国情怀，力争做到"达则兼济天下，穷则独善其身"；要树立先进合理的义利观、婚姻观、家庭观，坚守忠、孝、仁、义、理、智、信、廉等道德信念，以使社会风清气正，国家政通人和。弘扬革命文化，要坚持党的领导，坚持社会主义制度，尤其要学习和发扬我们党和老一辈革命家在艰难困苦的战争岁月中所形成的优良传统和作风。弘扬社会主义先进文化，要牢固树立坚持走中国特色社会主义道路的自觉性，始终坚持改革开放、树立社会和谐、建设生态文明的理念。中国人民只要把弘扬优秀文化落到实处，中国文化的软实力必将大大提升，中华民族振兴的千秋大业就有了取之不竭用之不尽的精神力量。

六、教育强国，不可偏废

建国靠枪杆子，强国兴邦靠教育。因教育事关优秀人才的脱颖而出，也事关国民素质的整体提高，所以教育乃强国之道，兴邦之基。世界上有很多国家，如美国、英国、法国、德国、加拿大等通过发展教育加速了现代化的进程，它们兴办教育的一些做法和实践值得我们借鉴。我国的教育经过新中国成立 70 多年来的努力已取得了相当大的成就，已经进入世界教育大国的行列。但从实际效果来看，我国的教育尤其是培养的学生与建设社会主义现代化强国还有不少不相适应的地方。下一步教育发展的着力点应是切实解决农村教育的落后。在学生的培养上，在注重知识教育的同时，一是要切实加大提升学生实践能力的教育。二是切实加强培养家国情怀，树立自强不息、勤劳勇敢、笃实俭朴的优良作风的教育。优秀传统道德品质的教育也应加大力度，以使培养的学生既能做好事，更要做好人。三是根据国民经济产业发展的需要，积极发展职业教育和技能教育，大力培养工匠型人才，使教育能真正服务于我国的现代化经济建设。

教育作为强国之路，要注重教育的层次性，应根据不同的社会群体实施分类教育。我国现在的教育，有以培训党的建设理论和党的路线方针政策为主要内容的对各级领导干部和国家公务员的培训教育；以传授知识、技能和提高素质为目标的大、中、小学生的学校教育。应该说党和国家对前一类教育很重视并坚持得比较好，学校教育这一块总体上也与社会主义现代化建设基本相适应，但我们缺乏对已走入社会的普通民众的继续教育，而社会上的普通民众在人口总数中占大多数。这部分人素质参差不齐，这一方面是因为他们中有的人接受学校教育的时间很短；另一方面是由于受社会上各种思潮的影响，人走向社会以后其思想素质也会发生变化。所以芸芸众生中虽然优良贤德、循规蹈矩者是大多数，但违法乱纪、伤风败俗者也不乏其人。社会总是真、善、美与假、恶、丑并存。弘扬真、善、美，消除假、恶、丑，是社会走向文明的标志，也是政府治理社会的职责。要达到建设社会主义现代化强国的目标，就要提高整个社会民众的素质，就要加强对已走入社会的广大基层民众的教育。我国现在一方面是通过对社会各种丑恶行为的打击以警示教育民众，另一方面主要是通过广播、电视、报纸、网络等媒体传播正能量信息以教育和影响民众。这当然具有一定的影响力，但无论是从时间上和内容上都比较分散、零乱，而且传输的内容也过于肤浅，故难以达到理想的效果。因此要探索如何加强对占国民绝大多数的基层民众实施继续教育的有效途径，如由政府统一组织，不仅在机关、学校、企事业单位，而且在农村及城市街道社区定期开展有关传统及优秀文化和有关法治建设的专题讲座，在全社会开展一些专项教育活动，以促进全社会树立正确风尚，提高民族的整体素质，增强国家的整体实力。

45 如此信口雌黄

——首评柏杨《丑陋的中国人》

《丑陋的中国人》是 1985 年中国台湾出版的一本杂文汇编。作者柏杨先生（1920—2008），原名郭定生，中国当代作家，出生于河南省开封市通许县，祖籍为河南省辉县。1949 年后前往台湾，曾任台湾《自立晚报》副总编辑及艺专教授，长于小说、杂文，曾被列为台湾十大畅销书作家之一。1985 年 8 月，柏杨在台湾出版了《丑陋的中国人》一书。该书收集了作者 20 世纪 80 年代初期在美国一些学校所做演讲的讲稿及平时撰写的一些杂文，主要内容是柏杨在序言中所说的"批判中国人的劣根性"。该书问世后引起了巨大的轰动和争议，曾被当时的台湾执政当局列为禁书。

一、我为什么要批判《丑陋的中国人》

20 世纪 80 年代末 90 年代初，我在一位朋友处看到了《丑陋的中国人》这本书。我一看到书之标题便大吃一惊。出于好奇，我向朋友要了此书看了一遍。我对柏杨先生在书中列举的中国国民性的种种"痼疾"及中华传统文化的各类弊端；关于五千年中华民族文化是一个"酱缸"，一个"发酸发臭"的酱缸（见柏杨著《丑陋的中国人》，人民出版社 2017 年 6 月出版，第 5 页）；中华民族的成员"上上下下，大大小小"，"大多数中国人"是生活在这个"发酸发臭"酱缸里的"酱缸蛆"；"在这种长期酱在缸底的情形下，使我们中国人变得自私、猜忌"，以致"落到今天这种丑陋的地步"，中国人统统成为"丑陋的中国人"以及中国传统文化有一种滤过性疾病，使子孙后辈永远受感染，而且不能痊愈等种种观点，只觉得很新奇，但也许是自己当时涉世不深的缘故，总体感觉还是懵懵懂懂，不置可否。以致后来我还是和很多善心人一样，轻信了柏杨先生对于中国国民性和中华传统文化"指出劣根并不等于否定优根，否定一个民族"的观点，所以也就没有把柏杨先生的这些可谓惊世骇俗的言论当作一回事了。直到 2017 年底，我无意中看到了《中国传统文化的陷阱》这本书以及一些类似文章，而后，又先后看到了几篇大张旗鼓地批判中国传统文化，主张中国"全盘西化""脱亚入欧"的文章，我才隐隐感觉到，他们这些文章的思想和 20 多年前看过的《丑陋的中国人》的理念有很多相似性。于是我又网购了《丑陋的中国人》一书并认真看了一遍。也许是自第一次阅读此书以来的这 20 多年风风雨雨打磨了我的思想和目光，这次我才真正地发现《丑陋的中国人》书中所陈述的观点，与上述"中国传统文化的陷阱论"的观点是何其相似，也许中国传统文化陷阱论的很多观点就是来源于《丑陋的中国人》。所以，我认为不管柏杨先生在 30 多年前写作此书时究竟是出于什么目的，或者说柏杨先生当时主观上并没有后来的"中国传统文化陷阱论"的先生们那种彻底否定中国文化、中国人、中国历史以至中国本身的动机，但就其客观效果来说，正如他的一位听众评价他的演讲时说的，"今天他说的话，把我们五千年的历史说到坟墓里去了，不能使我们唤起民族精神"。所以，从这个时候开始，我从思想触角上也对《丑陋的中国人》是否真的是"指出劣根不等于否定优根"产生了很大的怀疑。

另一方面，我从手中这本《丑陋的中国人》书中知道，该书已于 2008 年 4 月进入大陆由人民出版社第一次印刷出版，至 2017 年 6 月已重印 8 次，也许今后还有继续重印之可能。这说明当今时代，柏杨先生此书在大陆仍有市场，也许这些读者中还有很多人与其有共鸣。2018 年 12 月 2 日，有个"议城"网站刊登了一篇《历史留给中国的 14 个文化糟粕》的文章，长篇大论总结了中国文化、中国人的 14 个特色。文章概括的这14 个特色也就是社会上流传的中国人的劣根性。这样，中国人展示在世界人民面前的特色，就是中国人的十四大劣根性；而这十四大劣根性与《丑陋的中国人》一书批评的中国人的丑陋性在内容上大同小异，方法上也是从悠悠五千年的中国历史中和纷繁多样的中国社会现实生活中挑选一些落后事例，只见树木，不见森林，批其一点，不及其余。联想到《中国传统文化陷阱论》一书及一些文章中的观点，还有网络上至今仍不断涌现的骂中国、骂中国文化的零零散散的言论，我才发现《丑陋的中国人》对自 20 世纪 80 年代至今在东西方世界出现的否定中国、否定中国文化这股思想暗流的泛滥起着推波助澜作用。所以，尽管柏杨先生早已在 2008 年 4 月作古仙逝，现在再拿他的遗作说长道短不仅有违我往常待人立世的秉性，而且也要冒被"戳脊梁骨"的风险，但我觉得如何看待《丑陋的中国人》书中阐述的这些观点，事关对中国人、中国文化、中国历史的客观公正评价，还是很有必要用笔去挑开该书对于我们的国民性和传统文化仅是"检点自己""积习"的这一观念的虚伪面纱，让人民真正看清楚《丑陋的中国人》违背科学、违背历史、误导世人、危害国家民族的真相及本质，也就是让世人深入认识《丑陋的中国人》的丑陋本性，还我五千年中华文化的清白面目，还我当下十四亿活生生的中国人的清白面目。

对于《丑陋的中国人》的评价，说重点是祸国殃民，说轻点至少是误人子弟！

一看该书的题目就知道，《丑陋的中国人》就是说中国人丑陋。这里的"中国人"指的是所有有中国血统的人。有人认为柏杨先生可能不是这个意思，以为他这里指的是中国人中的个别人或少数人，这种说法不符合柏杨先生的本意。柏杨先生于 1981 年 8 月 16 日在美国纽约华府孔子大厦做了一次关于《中国人与酱缸》的演讲，《北美日报》记者记录了他这次演讲的内容。柏杨首先说了一个僧人的前世今生的故事，然后接着说道："我的意思是，这故事使我们联想到中国文化，在座各位不管是哪一个国籍的人，大多数都有中国血统。这个血统不是任何方法可以改变的。不高兴是如此，高兴也是如此。我们所指的中国人是广义的，并不专指某一个特定地区，而只指血统。"（见柏杨著《丑陋的中国人》，人民文学出版社 2017 年 6 月第 8 次印刷，第 40 页）。这里柏杨已经说明了他所讲的"中国人"是指所有"有中国血统"的人。此外，那种认为柏杨先生所说的"中国人"仅是指个别中国人的观点也不符合逻辑，因为比如我们说"雪是白的""冰是凉的"时，绝对不是"少数雪是白的，大多数雪是黑的；少数冰是凉的，大多数冰是热的"这种意思。所以《丑陋的中国人》中的"中国人"毫无疑问是指全体中国人。而且柏杨先生提"丑陋的中国人"，等于是说不管是生活在过去什么年代，也不论是属于什么国籍，只要是有中国血统的中国人都是丑陋的。柏杨先生祖籍河南开封，按照他的逻辑，那就是说柏杨先生的祖先，柏杨先生本人，甚至还包括柏杨先生的子孙后代都属于"丑陋的中国人"之列。而且对于任何一个中华儿女，都可以做这种推论。柏杨先生在黄泉之下听到对他如此评价可能很反感，但是按照柏杨先生自己理论的逻辑，得出此结论实在必然。

所以，柏杨说"丑陋的中国人"等于是说"所有的中国人都丑陋"。这可真是一个骇人听闻的论断。对这样的胡说八道，我不批判能行吗？

二、《丑陋的中国人》严重违背历史实际

当我们细看此书，可以看出柏杨先生《丑陋的中国人》严重违背了中国历史的实际。

我们先看柏杨是怎样评价中国历史的吧！

柏杨说："中国虽然有五千年的历史，但五千年来，对人性尊严摧残的封建力量，不是一天天减少，而是一天天增加。"

这段话真有睁着眼睛说瞎话之嫌。中国五千年历史中，的确有对人性尊严摧残的封建力量，但这种力量绝对是一天天在减少，而不是一天天增加。如中国自远古时代起就有以人殉葬的劣习，考古学家对几千年以前的大汶口文化、龙山文化及齐家文化等原始遗址考古发掘时发现，那些时代不仅有成年的女子殉葬，还有儿童女婴殉葬。殷商时期这种人殉风俗达到最高峰。位于洹北侯家庄西北岗的一座殷代王陵中，发现殉葬的骸骨有三四百副。据《墨子·节葬》一文记载，"天子杀殉，众者数百，寡者数十；将军大夫杀殉，众者数十，寡者数人"。到了春秋战国时期，中原地区国家反对人殉的人越来越多，在这些国家人殉制度就开始受到禁止。秦国由于地处偏远，文化落后，所以一直实行人殉制度，就是在秦统一天下建立秦朝之后依旧如故。秦二世就让上万人为秦始皇陪葬。到了汉代，人殉制度则遭到了明确禁止。汉宣帝刘询在位时，赵缪王刘元病重，要求善于吹拉弹唱的奴婢陪葬，因此有 16 人被迫自杀。汉宣帝知道以后，撤销了刘元一族的封国，可见汉朝对禁止人殉劣习的力度之大。汉代以后，除少数民族地区之外，大规模的人殉现象越来越少，绝大部分死者是采用木俑或者陶俑殉葬。但是帝王死后，后妃们殉葬的制度，一直延续了下去。蒙古族执政期间，殉葬现象又有反复，成吉思汗死后棺木经过之处，所遇之人都杀之。杀人数字之大，无法估计。明英宗执政后，下决心废除后妃殉葬制度。他病危时下遗诏说："用人殉葬，吾不忍也，此事宜自我而止。"明英宗之后的几代帝王也明令禁止后妃殉葬。清人关之后，曾一度延续帝王由后妃殉葬

之恶习。康熙时期，他对人殉做法深恶痛绝，下令禁止。于是中国帝王死后用后妃殉葬这一摧残人性的恶习到了 18 世纪才真正结束。

柏杨先生书中还提到，在历史上，曾经由于兵荒马乱或大面积洪灾、旱灾、蝗灾，老百姓无食果腹，不断出现过"人相食"现象。应该看到，随着历史的发展和文明的进化，此种现象越来越少，到了现代再也没有发生过了。

中国历史上，从秦代开始实行了阉割男性生殖器的宫廷宦官制度。正如柏杨先生在书中所说的，"对男人的迫害呢，就是宦官。根据历史记载，宋王朝以前，但凡有钱有权人家，都可自己阉割奴仆。这种事情一直到 11 世纪，也就是宋王朝开始后才被禁止"。从宋代开始兴起的女性缠足制度延续到了清代。随着清朝政府被推翻，这一恶习也被禁止。此外，在历史上长期存在的童养媳劣习在新中国成立以后也不复存在。

由此看来，中国历史就是一步一步结束对人性摧残的历史，是一步一步由野蛮走向文明的历史，所以中国历史上摧残人性的力量，也是一天一天在减少。柏杨关于中国历史上摧残人性的力量不是一天天减少，而是在一天天增加之说，不知从何谈起！

柏杨说，"中国五千年历史，只有三个黄金时代，第一个黄金时代指的是春秋战国，那时候各式各样的思想、各式各样生活方式同时并行。第二个黄金时代指的应该是唐王朝，从唐太宗李世民大帝的贞观之治，到唐明皇李隆基在位中期，不过 100 年左右。第三个黄金时代指的应是 17 世纪 60 年代到 18 世纪 60 年代清王朝中叶。中国五千年历史里只有这三个黄金时代。其他四千余年呢，几乎每一年甚至每一天都有战争。……战争影响水利，水利工程被破坏之后，接着来的是大旱灾，旱灾之后又是大蝗灾。这样的旱灾、水灾、蝗灾，赤地千里"。

从柏杨这段话来看，中国五千年文明发展史上的黄金时期只有唐朝"贞观之治"和"开元之治"，加上清王朝中叶的 100 年，总共约 200 年。因为按照柏杨的观点，战争影响水利导致"赤地千里"的时期就不是黄金时代。从春秋战国的实际情况看，从公元前 770 年至公元前 221 年，这五百多年是中国历史上的大分裂时期，诸侯混战，民不聊生。虽然思想领域出现了百家争鸣、人才辈出、学术氛围浓厚的局面，但是百姓遭受的战火之害是史上最深而且时间最长的。连续不断的战争也对生产力发展造成极大的危害。所以综合来看，春秋战国难以成为中国历史上的黄金时期。所以按照柏杨的观点推理，中国五千年文明史上，黄金时期只有 200 余年，其他 4000 多年都是"赤地千里"的时代。

然而，历史事实绝非如此。

根据唯物主义的历史观，所谓历史上的黄金时期应该是社会最繁荣昌盛的时期。衡量一个国家是否兴旺，从整体上来说，首先要看国家是否统一，社会是否稳定，生产力是否得到了发展，科学技术是否进步，人民是否安居乐业。我们现在看美国、日本、英国、法国、德国等一些西方发达国家，也是因为它们在很大程度上具备了这些因素。现在世界人民对今日之中国刮目相看，也是因为中国仅仅通过几十年的努力，就彻底摆脱近代中国受西方列强欺凌 100 多年的屈辱历史，能够昂然立于世界民族之林，同时又具备了上述条件。按照这些条件来看待中国五千年的历史，除了柏杨先生点到的这几个时期之外，实际上还有很多的时期总体上也是处于这种状态。现在史学界公认的中国历史上的兴旺时期有：夏朝第六代天子少康时期的"少康中兴"，商朝时期的"太甲盛世""武丁盛世"，周朝时期的"成康之治"，西汉的"文景之治""武帝盛世"，东汉的"光武中兴"，隋朝初期的"开皇之治"，唐代的"贞观之治""开元盛世"，宋代的"仁宗盛治"，明朝的"洪武之治""永乐之治""仁宣之治"，清代的"康乾盛世"，这些都是中国历史上发展辉煌的时期。此外还有汉代的"昭宣中兴""明章之治"，北宋的"咸平之治"，南宋的"元嘉之治"，明代的"弘治中兴"，这些时期整体上也是政通人和、海晏河清，人民为之称颂的时代。这些"盛世""中兴"年代在中国历史上超过千年，加上平常的年代，从而成为中国历史的主体。中国历史上的乱世是公元前770年至公元前221年的春秋战国时期，220年至280年的三国时期，304年至439年的东晋十六国五胡乱华时期，907年至979年的五代十国时期，19世纪鸦片战争之后到20世纪中叶这一时期。由此看来，如果把春秋战国视为乱世，中国历史上的乱世满打满算是1000年左右。如果按照柏杨先生的观点，把春秋战国视为中国历史上的黄金时代，则中国历史上的乱世只有367年左右。再加上十余次改朝换代进行的战争和几次大的农民起义战争（不包括历代皇朝为扩大疆域对外族进行的战争和为抵抗外族入侵在边疆进行的战争），所以中国五千年历史上那种在大范围内对社会生产力发展和广大民众生活生存造成巨大破坏作用的战争时期，包括春秋战国在内也只有八九百年，如果不包括春秋战国在内就只不过三四百年。柏杨先生却把其夸大为有"四千余年"战争并导致"赤地千里"，从而把五千年中国文明史丑化为天灾人祸战争史，这显然是违背历史的。

其次，柏杨在这段论述中认为战争引起"水利工程被破坏"，这既不符合历史事实也不符合逻辑。因为中国历史上的水利工程主要集中在黄河流域和长江流域。秦朝时的都江堰在四川、灵渠在广西、郑国渠和白渠在陕西，隋朝时修建的大运河集中在长江流域。而中国历史上隋唐以前数千年与外来游牧民族的战争主要是在干旱少雨少水利设施的西北地区；明朝中期主要是东南沿海边境，明朝后期主要是东北地区。这些地区都不是大规模水利工程的集中地区。另外，中国古代的战争是刀对刀枪对枪进行的，这对地形地貌的破坏力有限，而古代水利工程的破坏必须是通过人工毁坏江河堤坝才能发生。所以，在漫长的中国历史上，通过破坏江湖堤坝去推进战争的事例发生的频率不高。而且，从实际情况看，中国历史上修建的许多古老水利工程，如都江堰、灵渠、隋唐大运河等至今仍留存于世，并仍在灌溉、航运、旅游方面发挥着巨大作用。所以中国历史上四千余年战争引起"水利工程被破坏"缺少事实依据。而且，虽然通过破坏水利工程推动战争的事在中国历史上偶尔也发生过，但是，这不可能导致"赤地千里"，也不可能连续四千年时间。比如始皇帝二十二年，即公元前225年，秦军王贲进攻魏国都城大梁，他引黄河水围城迫使魏国投降。但这次水灾危害也仅是"坏其城"而已。三国时期，关云长引汉水淹曹军，也仅是对樊城曹军驻地一带造成危害而已。由此可见，柏杨先生关于战争破坏水利"4000年""赤地千里"之说，完全是夸大其词、杜撰历史。

纵观世界文明发展史，作为西方世界代表的欧洲从公元前2600年克里特文明时代进入奴隶社会，直到476年西罗马帝国灭亡才进入封建社会。中国从公元前21世纪进入奴隶社会，在公元前476年进入封建社会。中国进入封建社会的时间比欧洲早了约1000年。世界史学界普遍认为，西欧封建社会城市衰落，经济发展缓慢，工商业不发达；中国封建社会却有比较繁华的城市，工商业发达，经济快速发展。所以中国在封建社会时期的经济社会发达程度远远高于同时期欧洲。中国与欧洲在封建社会的这种差距，在元代初期意大利商人马可·波罗游览中国之后留下的《马可·波罗游记》一书中可以得到证实。在科学技术发展方面，英国近代生物化学家和科学技术史专家李约瑟博士主持的中英科学合作馆从20世纪中叶抗日战争时期开始，通过数十年的研究发现：从公元前1世纪到15世纪，在把人类的自然知识应用于人的实际需要方面，中国文明比西方文明要有效得多。因此，直到清朝进入晚期之前，中华文明遥遥领先于西方。中世纪的欧洲被西方学术界认为是最黑暗的时代。中国之所以在奴隶社会和封建制社会都取得远远超过西方的成就，就是因为中国有大一统的国家组织和深厚的文化底蕴而产生的强大的民族凝聚力，使我们国家既没有被外来民族征服，也不像西方世界那样长期四分五裂，"你方唱罢我登场"，从而大大减少了战火导致的社会动乱和生产力的破坏。所以柏杨先生杜撰中国历史4000余年中，战争导致灾害"赤地千里"，是严重违背历史事实的。

三、盲人摸象，《丑陋的中国人》违背了历史辩证法

中国流传一个盲人摸象的寓言，其大意是：国王要大臣们牵来一只大象，让盲人们各自用手触摸大象。事后国王问盲人们大象是什么样子。一位摸了大象牙齿的盲人回答大象如一个萝卜；摸了大象耳朵的盲人说大象像一个簸箕；摸了大象头顶的盲人说大象像一块大石头；摸了大象鼻子的盲人说大象像舂米用的一头粗一头细的圆木棒；摸了大象腿的盲人说大象像一只舂米的石臼；摸了大象背部的盲人说大象像一张床；摸了大象肚子的盲人说大象像装东西的陶罐；摸了大象尾巴的盲人说大象像一根绳子。国王问盲人们，怎么你们摸到的象都不一样呢？如此盲人们各执己见，争吵不休。明眼人一眼就看出，盲人们评论大象时犯了一个错误，那就是他们只了解了大象的局部，没有了解大象的整体，对事物一知半解就妄下结论。这实际上是犯了只见树木不见森林的形而上学的错误。

柏杨先生在对中国文化、中国人、中国历史的评价上同样犯了盲人摸象的错误。让我们来分析一下柏杨先生是如何陷入盲人摸象认识误区的吧！

1. 关于中国人是否讲卫生

柏杨先生说："中国'最明显的特征之一是脏、乱、吵'。……我们的厨房脏乱，我们的家庭脏乱，有很多地方，中国人一去，别人就搬走了。至于吵，中国人的嗓门之大，真是天下无双，尤以广东老乡的嗓门最为叫座。"（同上书，第9—10页）

这里柏杨先生指责中国人脏乱是批评中国人不讲卫生，指责中国人爱吵是批评中国人不讲文明。可是大家都知道，柏杨先生在世时，中国已经有近10亿人口了。在一个

上 10 亿人口的大国里，文化程度有高有低，道德水准、性格习惯有良有差，各式各样的人都会有。有人说话嗓子大，也有人喜欢轻声细语；有人不讲卫生，但也有人很讲卫生。我本人就碰到过这样的事：我的一位同事的夫人很讲卫生，家里各人有固定的碗筷，女儿女婿过年过节回来也给他们准备了固定的碗筷。我的一位同事出远门公干还自带碗筷。能说他们不讲卫生吗？史书记载，历史上的法国人一辈子仅出生、结婚、逝世洗三个澡。那么，那个时期的法国人比中国人是讲卫生还是不讲卫生呢？我有一位男子汉亲戚，说话轻声细语，如果离他稍微远一点甚至听不清他说些什么。《三国演义》一书里描写张飞，"当阳桥上三声吼，吓退曹家百万兵"，曹操身边的大将夏侯杰竟然惊得肝胆俱碎，倒撞马下而死。所以在茫茫人海之中，卫生习惯之异，声音大小之别者太多了。柏杨先生以一些生活习性之差别来评论一个国家之优劣，有何实际意义呢？据说印度人不论尊卑贵贱上厕所大便不用纸却直接用手用水洗，他们认为用纸不卫生。非洲人就餐不用刀叉不用筷，是直接用手抓住就往口里送。柏杨先生在书中也说中美洲洪都拉斯的卫生状况比中国要差，"当地非常脏"。如果按照柏杨先生的思维，人们该怎样去区分非洲人、印度人、洪都拉斯的美洲人的优劣呢？

2. 关于中国人心灵是否封闭

柏杨先生说："中国人的心灵完全封闭，不开阔，……你们看过哪一个中国人有泱泱大国民的心境？中国人'没有包容性的性格，如此这般狭窄的心胸'。"（同上书，第18页）

其实柏杨先生自我否定了自己的这一观点。他说："中国人崇拜释迦牟尼的更多，崇拜耶稣的更多，现在还有很多人崇拜马克思，崇拜林肯。"这句话可是柏杨先生自己说的啊！柏杨先生自己就说明了中国的宗教里面有西方的释迦牟尼、耶稣，中国人的世界观中有马克思的观点，政治理念中有林肯的观点。尽管柏杨先生说崇拜这些人的"更多"不一定合乎实际，但至少说明了中国人对西方的思想理念有包容性。柏杨先生还说："我们现在整个思想体系、经济思想、学术思想、民主思想、法治人权思想都不是老祖宗传下来的。社会制度、意识形态、生活方式都是从外国来的，哪一个是传统传下来的？我们的物质生活，如汽车、飞机、眼镜、理头发的方式、房子、刮胡刀都不是中国发明家发明的。"柏杨先生这段话的意思非常明白，就是这些东西都是学了西方的。那么，请问柏杨先生，这是不是中国人的包容性？如果中国人具有包容性，又怎么能说中国人的心灵完全封闭呢？

3. 关于中国人是否讲团结

柏杨说："中国人是天生的不会团结。"他还认为，"中国人的窝里斗，可是天下闻名的中国人的重要特性"，"中国人最拿手的是内斗。……中国人永远不团结，似乎中国人身上缺少团结的细胞"。（同上书，第10页）

中国人不团结吗？春秋战国时期廉颇与蔺相如的将相和是不是讲团结呢？

管仲与鲍叔牙、羊角哀与左伯桃之交，三国时关羽、张飞、刘备的桃园三结义，北宋时期的农民好汉聚义梁山，这些都是中国人讲团结的佳话。鸦片战争时期，广州三元里周边200多个乡的农民自发组织一支10多万人的义军奋起抗英。柏杨先生想到与否，如果没有高度的团结精神，这些人会有这种壮举吗？

4. 中国人没有"自我检讨，自我反省，自我调整"能力吗？

柏杨说：中国人"没有了自我检讨、自我反省、自我调整的能力"，"中国人不习惯认错，反而有一万个理由，掩盖自己的错误"。（同上书，第 14 页）

这是柏杨先生批评中国人的一个重要内容。柏杨先生应该知道孔子说的"吾日三省吾身"这句话吧，孔子这儿提倡的是不是属自我反省呢？中国人纠正了古代沿袭下来虐待妇女的女性缠脚、童养媳、一夫多妻及活人殉葬、宦官阉割等陈规恶习，这还不能说明中国人有自我调整的能力吗？司马迁《史记》记载的赵国将军廉颇负荆向上卿蔺相如请罪的故事，难道还没有充分体现中国人有"自我检讨，自我反省"的精神？我们再看看中国历史上皇帝公告天下自责反省的例子吧！据史学家统计，在中国历史上有 89 位皇帝下过自我检讨的罪己诏。最早下罪己诏的皇帝是公元前 179 年的汉文帝，最后一份罪己诏是 1916 年袁世凯下诏撤销帝制，整个时间跨度有 2000 多年。这足以说明中国历史上的皇帝有自我发现、自我检讨精神吧。西汉汉武帝在执政期间，为了征服长期南侵中原、对汉朝的安全造成巨大威胁的西北游牧民族匈奴，改变以往采取与匈奴和亲、妥协相处的办法，连续发起对匈奴的征战，打得匈奴元气丧尽，远遁西方，不仅确保了中原地区的安宁，还将大汉的版图扩大到广大西北地区。汉武帝还在越南、朝鲜半岛设立了郡府，加强了汉朝对这些地区的管理。汉武帝开疆拓土，为建立和巩固大一统的华夏江山立下了不朽的功勋。但是，连续不断的战争给国家财政、百姓生活造成了极大的困难，所以，晚年的汉武帝为此深感不安，他便下了一道罪己诏，检讨自己几十年来不断征战、劳民伤财的错误，宣布与民休养生息，发展生产，停止征战。唐太宗李世民下过好几次罪己诏。有一次是因为大将军党仁弘在做广州都督时，贪污了大量钱财，被告发以后，主管司法的大理寺将其依法判决死刑。可是唐太宗一直很喜欢党仁弘，认为他是一个非常难得的人才，舍不得杀他。唐太宗便下了一道圣旨，取消大理寺的判决改为撤销其职务流放边疆地区。后来唐太宗反思此事觉得自己带头违法不对劲，他寝食难安，便下了一道罪己诏，检讨自己在处理党仁弘问题上有三大过错：一是知人不明错用了党仁弘；二是以私情乱法包庇了他；三是奖罚不明，处理得不公正。明朝神宗皇帝朱翊钧也下过罪己诏，深刻检讨自己以往荒废朝政的过错，表示自己今后将勤勉执政。谁都知道，中国历史上的皇帝集天下最高权力与威严于一身，他们尚能对自己执政期间的过失进行自我检讨反省，并且诏告天下，这难道还不能证明中国人有反省精神吗？

5. 关于中国人是否有担当精神

柏杨先生说，中国人没有担当精神，"缺少敢讲敢想的灵性"。"中国传统文化里……再强调明哲保身……所以中国人就越来越堕落萎缩"。（同上书，第 90 页）

但是，柏杨先生在另一个场合说的一段话，却对这个观点做了彻底的否定。柏杨先生那段话是这么说的："中国人平常爱国爱得不像话，每一件事都要爱国，结果把国爱成今天这个样子，我常想，不要再爱国了！……先把自己爱好，自爱就是爱国。"

柏杨先生这里批评中国人太爱国不正好说明中国人有担当精神吗？

的确，当安禄山首先在他的管辖之地河北烧起"安史之乱"的战火时，颜真卿、颜杲卿兄弟在安禄山的管辖地内率先扛起反抗安禄山的大旗，组织义军与安禄山叛军英勇奋战；当蒙古人的铁蹄即将踏遍整个中国，南宋政权已成为即将垮塌的危楼之时，文天祥却临危而上捐献家产作为军资并组织军队奋起抗元。颜氏兄弟及文天祥这种行为难道是"明哲保身"？难道不是对国家对社会的责任担当？

6. 关于中国的知识分子是否有想象力和思考能力

柏杨先生说：中国"知识分子的想象力和思考能力，全都扼杀、僵化"。（同上书，第 23 页）"由于没有思考能力，因之也没有想象能力，由于没有想象能力，因之也没有鉴赏能力。"（同上书，第 31 页）

《丑陋的中国人》在这里应该说又犯了对历史无知的错误。且问，周文王著《周易》、孔子的《论语》、老子著《道德经》、孙子著《孙子兵法》、屈原作《离骚》、公元1世纪成书的数学天文学专著《周髀算经》、贾思勰著《齐民要术》、张仲景著《伤寒论》、东汉的《九章算术》、宋应星著《天工开物》、李时珍著《本草纲目》等，这是不是体现了中国知识分子的思考能力？唐诗宋词中的那些精美诗句，如李白写庐山瀑布"飞流直下三千尺，疑是银河落九天"，写秋天的愁思"白发三千丈，缘愁似个长"，以及庄子著《逍遥游》、吴承恩著《西游记》、许仲琳著《封神演义》，这是不是体现了中国知识分子的想象力？真不知道柏杨先生在做了如此荒谬结论后，会不会为自己历史知识的缺乏而感到羞愧！

其实根本不需要我多费唇舌，柏杨先生如下一段话就对他上述观点给予了彻底否定！

他说道："中国人可是世界上最聪明的民族之一，在美国大学考前几名的往往是中国人，许多大科学家包括中国原子科学之父孙观汉先生，诺贝尔奖得主杨振宁、李政道先生都是第一流的头脑，中国人并不是质量不好，中国人的质量可以使中国走到一个很健康很快乐的境界，我们有资格做到这一点。我们有理由相信中国会成为一个很好的国家。我想我们中国人有高贵的质量。"（同上书，第 8 页）

这里，柏杨可是狠狠地打了自己一个嘴巴。

7. 印第安人的白骨与汪伦的"情"，"美国有人情味，中国没有人情味"吗？

柏杨先生认为，中国绝对不是礼仪之邦。他说"中国人好像是一种不会笑的动物"。他把美国和中国作对比来说明这一观点，"中国人初到美国最大的困扰，是美国人的礼貌多端。马路上随随便便擦肩而过……对方总要致歉曰，'对不起'。……在我们中国，却是另一种镜头，两人一旦在石板上摔乌龟，硬碰了硬，那反应可是疾风如闪电，目眦尽裂。……软弱一点的，边走边骂，边骂边走……刚强一点的，一拳下去，杀声大作"。（同上书，第 37 页）所以柏杨先生的结论是，美国有人情味，中国没有人情味。

我们先问问柏杨先生，美国的人情味在哪里？

柏杨先生 1981 年 8 月 22 日在美国旧金山斯坦福大学历史系演讲时的讲稿中讲了美国建国初期白人屠杀印第安人及后来虐待印第安人的事。他说道："在没有开始正题之前，我愿意报告另一个感想，那就是印第安人——美国的主人，真正美洲的原居民——他们给我的印象。我参观过印第安人的废墟，也参观过印第安人的保留地，也曾经和印第安人碰过面。虽然时间这么短,交谈那么少,但是印象都十分深刻。……尤其是有一次在 carefree 时,我去附近 40 分钟车程的一个印第安人废墟,看到了印第安人的手工艺,他们现在的手工艺和 600 年前的手工艺比较,无论是形式或者花纹,编制的手法和所有的材料,简直完全一样。这件小小的手工艺品,使我想到和了解到他们目前面对的是什么样的命运。我们不能想象这么一个伟大的、历史悠久的民族,会在美国政府给他们的保留地内,苟延残喘。印第安人本身的遭遇,和他们悲痛的历史,他们被欺骗、被屠杀、被羞辱之后,有什么样的反应?我自己有一个印象,那就是他们的反应令人沮丧。我认为,印第安人目前面对的,不是经济或道德问题,而是灭种的危险。我不是一个预言家,不是一个算命先生,我只是用我自己的印象和一般朋友告诉我的种种事迹作为根据。各位,我们是不是可以这样猜想,再过 100 年、500 年、1000 年,或许长,或许短,印第安人总有一天要灭种。……固然,他们目前有他们的保留地,他们不侵犯别人,别人也不侵犯他们,但是这个保留地是美国政府的,也可以说是白人赏赐给他们的。当然,在理论上,在感情上,我们可以说那不是赏赐的,那是印第安人自己争取来的,是印第安人自己的故土。但是如果我们的感情不是文学的、不是诗的,而是理性的话,就知道这点保留地出自美国白人的恩典,也可以说出自美国白人的赎罪态度。所以,假如有一天,美国人口增加,需要那些保留地,我想印第安人的下场将非常凄凉。"(同上书,第 53 页)"印第安人老讲别人杀光了他们,把白人恨入骨髓。仅恨有什么用?自己复兴才对,你不能复兴,白人将来可能杀得更多。"(同上书,第 83 页)柏杨先生对美国印第安人的前景做了如下分析:"现在他们还可以在保留地马马虎虎过日子,估计是两三百年前美国西部武打片上差不多的日子。可是,不知道酋长老爷们想过没有,一旦有一天(这一天不是不可能来临),美国人口急剧地增加到十亿,别说十亿啦,十亿能吓死人,就是美国人口急剧地增加到三亿四亿吧,第一件事,你敢跟我打赌乎哉,恐怕就是把印第安同胞驱逐出保留地,赶到洛基山区。在那里,深雪没胫,无尽荒山,他们在草原上的古老求生技能派不上用场,最后只好全体饿死。盖那些保留地的贫瘠不毛,在现代科学技术之下,开水利,施肥料,都会变成良田。目前美国政府还不在乎,到那时候可要非常在乎矣!美国政府绝不可能永远允许印第安人占着茅坑不拉屎,糟蹋那些土地。"(同上书,第 116 页)。值得肯定的是,柏杨先生在这里是以印第安人惨遭美国政府迫害灭种失地的事例来说明我们中华民族必须自强。但这个例子也告诉人们,美国哪有人情味?过去没有,现在也没有!美国在日本丢原子弹,在朝鲜、在越南杀人,有人情味吗?

中国人不讲礼仪,中国人不讲理,中国人没有人情味,这可是平生第一次听到如此论断。难道凭生活中个别人发生争吵这样简单的例子就可以断定中国人都不讲理吗?在一个有 10 多亿人口的国度里有几个性格差点的人,碰到几件来言不顺、发生争吵的事,有什么大惊小怪的呢?凭此就能断定这个国家的人都不讲理,都没有人情味,这怎能令人信服呢?

实际上,中国的文化,中国人的践行都坚守着礼仪。中国传统文化的核心理念是忠、孝、仁、义、礼、智、信。礼在中国传统文化中占有重要地位。孔子说:"非礼勿视，非礼勿听，非礼勿言，非礼勿动。"孔子的观点非常明确，不符合礼教的视、听、言、动都不能为。中国人讲不讲礼节，有没有人情味？再听孔子如何说吧："有朋自远方来，不亦乐乎"；西汉礼学家戴圣在《礼记》中说："来而不往，非礼也"；李白诗"桃花潭水深千尺，不及汪伦送我情"；王维诗"劝君更尽一杯酒，西出阳关无故人"，"独在异乡为异客，每逢佳节倍思亲"。这是中国人的交友之礼，亲朋好友之情。婚丧喜庆，节日佳期，中国人都要搞庆祝仪式。春节到了，儿女们不管是在天涯还是在海角，都要赶回家中陪父母过年；重要亲友之间都要上门互相拜年，关系一般的也要发个信息以表祝贺。单位同事之间见面，性格外向者都会道个好，或者相逢一笑。柏杨先生在自己的书中也说："中国人无论自己怎么苦怎么困难，总要让孩子上学，有些民族就不见得是这样子。……这是我发现的中华民族的一个长处。"悠悠五千年中华，有谁说中国不是礼仪之邦？有谁说中国人不讲情义？没想到柏杨先生这位地道的中国人却这么说了，这真有点匪夷所思！

8. 中国人"什么都和稀泥，没有是非"吗？

柏杨先生说：中国人"什么都是和稀泥，没有是非，没有标准。中国到今天这个地步，应该从文化里找出原因"。

这可是柏杨先生为中国人制造的一个天大的冤案。中国人的骨子里都讲义。孟子甚至主张，当一个人的生命与坚守正义发生矛盾时，宁可舍生取义，也不能舍义求全。中国的历史上演绎了多少舍生取义的故事！商末孤竹君两位王子伯夷、叔齐在周灭商后不食周食饿死首阳山；项羽觉得有愧于山东父老自刎于乌江之畔，宁肯战死也不肯跪着死；苏武守节牧羊几十年不屈从于匈奴；颜真卿至死不屈从于李希烈；文天祥誓死不降元；王夫之宁可贫居偏乡也不愿为清朝之官，宁可家中缺食也不接受清朝资助；朱自清宁死不吃美国救济粮；齐白石守贫不为日本人画画。所有这些，能说中国人没有是非标准、和稀泥吗？

四、以子之矛，攻子之盾；柏杨先生痛打自己的耳光

柏杨除了攻击中国、中国文化和中国人的缺陷以外，他造谣生非，竟没头没脑地给中国文化和中国人头上戴了好多项丑陋至极的帽子。

他说："封建社会控制中国这么久，发生这么大的影响和力量，在经济上的变化比较小，在政治上却使我们长期处在酱缸文化之中，特征之一就是以官的标准为标准，以官的利益为利益，因而变成一种一切标准皆指向'政治挂帅'，使我们的酱缸文化更加深、更加浓。这种长期酱在缸底的情形，使我们中国人变得自私、猜忌。"（同上书，第42页）。

有这种事吗？柏杨先生的依据在哪里呢？信口雌黄能令人相信吗？

他又说，中国人，"缺少敢讲敢想的灵性"。儒家精神"在中国造成坚强的保守意识，而中国社会在这种意识之下，因而丧失了创新的动力"。

笑话，中国古代的四大发明，张衡发明地动仪，郑和七下西洋，一部中国史就是一

部中华民族的创新史。怎么能说"中国人缺少敢讲敢想的灵性"呢？

他还说："不认真，不敬业，悠悠忽忽、吊儿郎当地混，是大多数中国人的生活特征。"

这又是放屁！中国人如果真是这样，凭什么会成为世界四大文明古国之一呢？又凭什么能一枝独秀五千年傲立于世界民族之林呢？中国大地凭什么能够先于西方千余年进入奴隶社会呢？中国凭什么在封建社会中远远超过中世纪黑暗欧洲，创造出辉煌灿烂的文化呢？

他再次说："中国人喜欢讲大话，喜欢讲空话，喜欢讲假话，喜欢讲谎话，更喜欢讲毒话。"（同上书，第18页）。

屁话，自古以来，大多数中国人都是以"满招损，谦受益"，"言必信，行必果"，"良言一句三冬暖，恶语伤人六月寒"作为自己的道德信条和行为准则。

柏杨还认为，中国的方块字难学难普及，必须抛弃改用拼音文字。他说道："我赞成简体字，而且更赞成应该进一步改成拼音文字"，"我的意思是学拼音很容易，一个礼拜就会了，方块字搞10年也搞不通"。

柏杨先生号称世界著名学者，可是不知道文字的成熟程度是象征文明程度的标志。公元前1000年前在世的苏美尔人的楔形文字曾经成为世界四大文明古国之一的巴比伦文明的象征。公元前539年，新巴比伦王国被波斯帝国吞并，随着巴比伦王国的消亡，巴比伦文字也随之消失，巴比伦文明不复存在。

文明古国埃及也有一种楔形文字，但埃及的文字始终掌握在贵族僧侣阶层手中，从始至终这种文字没有推广到平民阶层。埃及文字在发展的过程中，开始流行的僧侣体又称圣书体变化成为更加易于书写易于记录的草书体。但是由于书写的方式简化得太多，导致人民对于原来的圣书体文字倒不认识了，古埃及文字的传承出现了断层，埃及文明也就随着埃及古代文字的失传而消失了。

美洲大陆还有一种古文明文字叫玛雅文字，随着玛雅文明的覆灭，玛雅文字也没有传承下去。

上述三种文字失传是由于这三个文明古国不存在了，现在的埃及人和古埃及人是两个不同的种族。原来的国家和民族都消亡了，他们使用的文字怎么可能会继续完整地流传下去？

中华文明和前述几个文明古国不同，中国几千年来一直有国家和民族连续存在。中国汉字经过长时间的发展以后，早已经形成了结构严谨、表述精密的风格，这是其他文明古国的文字所不具备的。这就是中国文字几千年长存于世的根本原因，故中国汉字是西方任何文字所无法媲美的。

柏杨说中国的方块字难学难普及，拼音文字一个星期就学会了，汉字学习十年也学不懂。所以他主张把方块字汉字改成拼音文字。

如前所述，远古时期曾与中国汉字并存的世界最古老的拼音文字即古埃及文字、古希腊文字、腓尼基文字这三种拼音文字都失传了；这就说明中国方块字比拼音文字更具有永久流传性。至于说中国方块字比拼音文字难学，情况未必如此吧？且看中国方块字在中华文明发展史上流传了几千年，几千年来的中华儿女并没有感觉到方块字难学。而且，中华民族利用它创造了辉煌灿烂的中华文化，用方块字作载体的唐诗、宋词、元曲甚至是任何一种拼音文字都无法生成的文学形式，成为世界文学皇冠上的明珠。历史上古人用茅草泥巴糊墙建房很容易，搭建这种房子时间短，方法简单，但这种房子使用时间也短；后来人们用坚石、砖瓦、佳木筑房，建这种房子难度大得多，所花时间长得多，但是房子美观好用，使用时间也长得多。学方块字与拼音文字是同样的道理。所以拼音文字易学并不见得比中国汉字好用。柏杨作为一个大学者却说出这样的话，真有点可笑。

尽管柏杨先生给中国人、中国文化戴上了很多丑陋至极的帽子，但丝毫不能掩饰中华民族和中国文化的伟大。中国人和中国文化就算在某些方面有点瑕疵，但在悠悠五千年中华历史上，在历朝历代中华儿女中，这只是极少数，这构不成中国历史、中国文化、中华民族的主流。关于这个问题，我在前面几十篇文章中，在对"中国传统文化陷阱论"提出的一些错误观点进行批判时，就早已给予分析评说以及否定。在这里就不再重复多说了。

其实《丑陋的中国人》在上述问题上多次陷入了自相矛盾之中。柏杨先生给中国文化贴上丑陋标签的几段话，用柏杨先生自己在一些场合评价中国文化、中国人的几段话就可以彻底否定。

他说："世界上没有一个国家像中国那么历史悠久，没有一个国家有我们这样一脉相传的文化，而且这个文化曾经达到高度的文明。现代的希腊人跟从前的希腊人无关，现在的埃及人跟从前的埃及人无关，而新一代的中国人却是古中国人的后裔。"（同上书，第6页）柏杨这段话是说中国是世界四大文明古国之一，其优秀传统文化一直承传至今。而西方的古希腊文明早就消亡了，现在的希腊人跟古希腊无关，这一对比就看出了中国文化的无比伟大。

他还说："中国人太聪明，我想世界上的民族包括犹太人在内，恐怕都没有中国人这么聪明。假如是单对单，一个人对一个人的话，中国人一定是胜利者。"（同上书，第71页）

他又说："有一种现象大家无不乐于承认，那就是，中国同时也是一个很聪明的民族，身在'番邦'的中国留学生，无论留日的焉，留美的焉，留英的焉，留法的焉，学业成绩差不多都比本国学生拔尖。辜鸿铭先生在英国学海军，他的分数远超过日本留学生伊藤博文先生；蒋百里先生在日本学陆军，学科兼术科，都是该期第一名，日本人那时候比现在还要小气，忍受不了外国学生的优越成绩，才把他阁下挤下来。这些是远例，近例最惊天动地的，莫过于围棋大王吴清源先生和围棋小大王林海峰先生，在日本本土，横冲直撞、所向披靡，这固然是日本棋坛的优美环境所致，但更是中国人的先天智慧所致。如果一定说中国人的聪明远超过洋大人，似乎吹牛，但至少有一点，中国人的聪明绝不亚于洋大人。——中国同胞沾沾自喜，当然没啥争议，就是洋大人，甚至三K党都不能说中国人聪明差劲，大不了说中国人群体差劲，洋朋友往往把中国人叫作东方的犹太人，当然是轻蔑，但同时也是一种敬意和畏惧。"（同上书，第156—158页）

他再次说："我可以笼统地说，中国人的质量并不差，例如在美国，学校考第一名

的很多都是华人，显示中国人的智商并不低。"（同上书，第 30 页）

看，柏杨先生这几段话把中国人、中国文化赞美得多么在理，有论有据。这不是对《丑陋的中国人》书中那些诋毁中国人、中国文化、中国历史的种种胡言乱语的一记响亮耳光吗？

以子之矛，攻子之盾，陷泥潭之内，何以自拔！

五、造谣中伤，《丑陋的中国人》的曲解之道

《丑陋的中国人》的本能就是歪曲。它歪曲中国历史，曲解仁人志士的经典学说，曲解中华民族的优良秉性。

第一，儒家文化只提倡个体主义而不提倡群体主义吗？

柏杨说："盖儒家在原则上只提倡个体主义而不提倡群体主义。孔丘先生对那些'有教无类'的二级圣人教来教去，……大多数言论都是训练个体的焉。儒家最高的理想境界似乎只有两个项目，一个项目是叫小民如何藏头缩尾，国家事管他娘，而只去维护自己的身家财产，用两句成语，那就是'明哲保身'，'识时务者为俊杰'，鼓励中国人向社会上抵抗力最弱的方向走。……儒家的全部教训中，很少激发灵性，很少提到权利义务，很小鼓励竞争，而只一味要他的徒子徒孙，安于现状，踌躇满志，啥都可干，就是不可冒任何危险。"（同上书，第 99—100 页）

不知道柏杨先生对儒家文化是真知道还是假知道，但是绝大多数对中国传统文化懂得一点皮毛的人都知道，中国传统文化是提倡群体主义，不提倡个人主义。作为儒学的创始人孔子，他提倡一种积极入世的精神，主张个人自我的实现与对群体的社会责任感是联系在一起的。孔子提出了"修己以安人"的主张。"修己"即自我的道德修养，"安人"泛指社会整体的稳定和发展。在儒家看来，自我人格的完善，最终是为了实现社会安定等群体价值。因而，修身、齐家、治国、平天下是中国古代士大夫们最高的人生境界，这种思想几千年来被广大知识分子所接受。所以范仲淹提出的"先天下之忧而忧，后天下之乐而乐"，"居庙堂之高则忧其民，处江湖之远则忧其君"，千百年来被奉为为官做人的信条。屈原、孔明、魏徵、李纲、岳飞、文天祥、林则徐、左宗棠等仁人志士是践行这一价值观的典型代表。

正因为中国传统文化提倡群体主义不提倡个体主义的价值观，所以它遭到了那些对中国传统文化持敌视态度的人的强烈反对。《中国传统文化的陷阱》一文的作者袁伟时是这样批判提倡群体主义、不提倡个体主义的传统价值观的，他写道："中国道德观念里群体的利益是第一位的，可是，人要现代化，社会要现代化，都必须将个人权利个人利益放在第一位。""此外，作为蔑视个体权利的重要内容，是经济上没有坚决彻底的保护私有财产，有一个原则：'普天之下，莫非王土；率土之滨，莫非王臣。'皇帝和官府侵犯民产，屡见不鲜。而自从中国传统文化法典化以来，因为要维护宗法专制，维护三纲，所以就规定一条：祖父母，父母在，不准分户口、分财产，不准'别籍'，不准

'异财'。唐、宋、元、明、清一直都延续这一条规定，谁违反这一条是要受惩罚的。另外一点是不准你经营新的经济形式，比如中国学外国人要经营轮船，19 世纪 70 年代，李鸿章做直隶总督时，广东商人在天津申请办轮船企业，李鸿章不准。1890 年张之洞做湖广总督，湖南的一些商人要在洞庭湖、长江上办小轮船公司，张之洞说不行。一直到戊戌变法前后，张之洞还是不同意。也就是说，这些新企业，只准公家办，不准私人办，即使私人可以办，也要批准，限制私人财产进入某些经济领域，等于你的财产权不能充分实现，经济自由受到限制，私有财产就大打折扣了。"袁伟时先生这个长篇大论，就是列举中国儒家文化提倡群体主义，不提倡个体主义的价值观在中国传统宗法观念及封建经济领域的具体表现。我们这里不讨论这些具体表现形式在那个时代的合理性到底有多大，但从这些表现形式可以看出，作为中国传统文化主体内容的儒家学说，其提倡群体主义、不提倡个体主义的价值观已经融入中国传统社会的政治经济生活及思想观念领域之中。这就充分说明了柏杨先生关于儒家只提倡个体主义，不提倡群体主义的观点完全是对儒家思想的严重曲解。

第二，儒家文化最高的理想境界是教育人"国家事管他娘"，只去维护自己的身家财产吗？

真是笑话！如果儒家文化真是这样，怎么解释屈原忧国投江呢？怎么解释杜甫在自己的茅屋被秋风吹垮时，却还在忧思"安得广厦千万间，大庇天下寒士俱欢颜"呢？怎么解释李纲"但得众生皆得饱，不辞羸病卧残阳"呢？怎么解释陆游临终时尚嘱咐儿子："王师北定中原日，家祭无忘告乃翁"呢？怎么解释辛弃疾，"醉里挑灯看剑，梦回吹角连营"呢？

实际上儒家文化就是一种"国事、家事、天下事、事事关心"的责任担当文化，它体现出高度的爱国主义和民本情怀。

第三，儒家文化只教育人"安于现状"吗？

我们看看儒家文化的那些经典著作是怎样教育人的吧！

《尚书》说："玩人丧德，玩物丧志。"

《论语》说："温故而知新，可以为师矣。""仁者不忧，知者不惑，勇者不惧。"

《礼记》说："博学而不穷，笃行而不倦。""博学之，审问之，慎思之"。

韩愈说："业精于勤，荒于嬉；行成于思，毁于随。"

稍微有点文化的人一看就知道，这些儒家经典就是教育人要自立自强，不断开拓进取，迈入新的境界。

第四，儒家文化只教育人"明哲保身"，"不可冒任何危险"吗？

看看《孟子·告子上》是如何说的吧！"生，亦我所欲也；义，亦我所欲也。二者不可得兼，舍生而取义者也。"

孟子就是这样提倡：为了正义，连生命都可以不要。这难道是明哲保身吗？

战国时期，蔺相如出使秦国坚持用和氏璧换秦 15 座城池时，他肯定没有想到要明哲保身吧？

唐高宗李治要立武则天为皇后时，褚遂良冒着丢官杀头的危险坚决反对，他哪里想到要明哲保身？

宋朝包拯经常顶住皇亲国戚的压力，秉公办案，他丝毫没有想到明哲保身。

由此可见柏杨先生这一次又曲解了传统儒家文化。

第五，柏杨先生还曲解了中国人知忍让的优良本性。

他说"中国人认为要忍让，……其实这是屈辱的惯性，……很少中国人敢据理力争"。

讲忍让难道是屈辱？

《论语·卫灵公》说："巧言乱德，小不忍则乱大谋。"这句话有两个含义。一是说人要知道忍耐，凡事要忍耐包容一点，如果一点小事不能忍耐，脾气一来可能坏大事。第二个意思是做事要有忍劲，下狠心，敢决断。概括起来讲，"忍让"二字就是说做人要包容宽恕，要懂得克制；做事要坚韧果断。纵览社会人生，忍让是一种智慧。因为在处理人际关系上，懂得忍让，意味着有了克制，有了冷静思考；不会冲动、不会鲁莽，就会"忍得一时之气，免得百日之忧"。古代的贤人志士，都有志于修身齐家治国平天下，他们懂得修身是实现自己人生目标的基础。儒学经典《大学》说道："物有本末，事有终始。知所先后，则近道矣。古之欲明明德于天下者，先治其国；欲治其国者，先齐其家；欲齐其家者，先修其身；欲修其身者，先正其心；欲正其心者，先诚其意；欲诚其意者，先致其知。"《大学》这段话与孔子提出的"修己以安人"有异曲同工之妙，都是强调修身是"安人""治国平天下"的前提条件，忍让正是修身的重要内容。历史上因一时冲动影响大事的事例不少。三国时期，关羽被东吴所害之后，张飞与刘备急于为关羽报仇，以致出现张飞丧命、刘备兵败白帝城的悲惨后果。忍让就是一种对他人的包容和宽恕，与人相处没有包容，就会水至清则无鱼，人过苛则无友。"安史之乱"中的史思明、安禄山对部下过于严苛，以致儿子都与他们反目。唐太宗李世民有包容之心，听得进不同意见，所以能凝聚力量终成"贞观之治"。此外，大事当头，能否忍让、坚韧、果断，关乎事情成败，项羽"破釜沉舟"大败秦兵的故事就说明了这一点。所以忍让是一种气量、一种美德，也是一种智慧。柏杨先生却把忍让说成是屈辱，这是对中华民族优良品性的一种曲解。

第六，中国哪来的酱缸文化？

柏杨还认为造成中国人、中国社会中存在各种各样落后现象的原因统统在于中国的传统文化，所以他认为中国传统文化是一种"酱缸文化"。看看柏杨如下这段论述吧！

柏杨说道："中国人智商并不低，而这种智商在单枪匹马时尤其显著，可是三个智商加在一起，就起了很大的变化，互相抵消。这就是中国的文化问题——酱缸可以消灭智商。至于酱缸如何形成？我认为形成原因并不很重要，因为到目前为止，我还不敢肯定到底出于哪一个因素。但就我个人认为，可能是受儒家思想影响所致。儒家思想从定于一尊以后，经过100多年，到了东汉，成了一个模式。那个时候规定，凡是知识分子，无论他的思想、讲学、辩论，都不可以超过'师承'。学生只可围绕着老师所说的话团团转。如果讲得太多，超过老师，那就无效，而且有罪，不过汉王朝时的罪并不严重。但是到了明王朝清王朝，如果官方规定用朱熹的话解释，就绝不可以用王阳明的话解释，根本不允许知识分子思考，他们已完全替你思考好了，时间一久，知识分子的思

考能力衰退。由于没有思考能力，因之也没有想象能力，由于没有想象能力，因之也没有鉴赏能力。"（同上书，第 31 页）

柏杨这段话矛盾百出，根本不能自圆其说。

首先，他没有解释清楚酱缸文化怎么样使"三个智商加在一起"就"互相抵消"。柏杨这句话的意思是中国传统文化导致中国人走到一起就会不团结，就会"窝里斗"。但柏杨接下来从理论到实际都没有对这个问题做出解释。中国传统文化中是谁讲过不要团结呢？有哪句话讲过不要团结呢？没有啊！其实，儒家文化提倡人以修身为先，提倡修身要懂包容，"宰相肚里能撑船"；要知谦忍退让，"让人三尺"；更提倡在处理个人与社会的关系上要先天下后个人。这些思想，都是教育人克己容人，能和谐处理社会人际关系，加强人与人之间的团结。所以说传统文化会使三个智者不团结以至互相抵消之说是没有任何文献和理论依据的。从历史发展的实际情况来看，中华民族是一个团结奋斗的民族。"揭竿而起""群起而攻之"这些文学词汇都体现着人民团结奋斗的精神气概，狼牙山五壮士、八女投江更是 20 世纪中国人民在推翻三座大山战争中团结奋斗的光辉典范。

当然，在中国历史上以及现实生活中，不讲团结的中国人确实也存在。但这些人不讲团结，有的是由于性格或过于固执，或过于暴躁，或过于偏激，以至不合群；有的是由于私心太重，自我膨胀；有的则是观点不合，意见各异。况且不团结者，也不仅是在中国人中存在，外国人中亦存在。所以，笼统地说中国传统文化是酱缸使人不讲团结，这无论从理论到实际都是不能成立的。

其次，柏杨这段话使自己陷入一个泥潭不能自拔。柏杨说中国传统社会，知识分子只能"师承"，不允许知识分子独立思考，"学生只可围绕着老师所说的话团团转"。如果真是这样，中国北宋时代确定了朱熹的理学思想在中国文化史上的统治地位，又怎么会产生出王阳明的心学思想呢？而且王阳明在中国文化史上又何以会有这么高的地位？这充分说明柏杨关于酱缸文化下知识分子不能独立思考之说缺乏根据。此外，明清时期思想领域的成就也足以证明柏杨先生这一论说之谬。因为正是在明代，宋应星编辑了《天工开物》，这是一部农业与手工业相结合的综合性著作，它甚至被外国学者称为"中国 17 世纪的工艺百科全书"，李时珍著作了《本草纲目》；还有《三国演义》《水浒传》《西游记》《红楼梦》这四大名著也是成书于明清时期。也是在明清时期，涌现出了王夫之、黄宗羲、顾炎武三大思想家，这是对柏杨先生关于知识分子只能"师承"之说的彻底否定。

这充分说明，柏杨所谓传统文化是酱缸文化之理论根本不能自圆其说。

46 如此背祖离宗

——再评柏杨《丑陋的中国人》

一、《丑陋的中国人》伤己媚外、出卖祖宗

《丑陋的中国人》汇编了柏杨先生 1981 年 8 月 16 日在美国纽约华府孔子大厦、同年 8 月 22 日在美国旧金山斯坦福大学历史系的演讲稿，1984 年 11 月 12 日在时任《北美日报》总编辑俞国基先生寓所与众学者的讨论记录，同年 9 月 24 日在美国爱荷华大学的演讲稿及平时他写的一些杂文。在这些演讲稿和杂文中，柏杨先生不遗余力地说中国人丑，尤其是把中国的历史、中国的文化，否定得一无是处。他在几个大学的演讲，开口闭口都是中国文化如何害人、中国人如何丑不堪言，以致许多听众都听不下去了。有听众希望他也讲一讲中国值得美国学习的地方，也讲一讲美国的不足，对此他一概予以拒绝。有人讥笑柏杨是一副十足的吃里爬外、出卖祖宗的嘴脸。

下面让我们看看柏杨先生在这几次演讲中吃里媚外的真实记载吧！

《丑陋的中国人》记载，1981 年 8 月 22 日柏杨在旧金山斯坦福大学历史系演讲时，有这样的场面。

听众 A 问柏杨先生：柏杨先生刚才提到封建制度摧残人权的问题，你提到明王朝摧残人权，其实西方情形也差不多。我想西方文化也是同样经过君主专制的洗礼，为什么能够产生后来的那种个人自由主义的人权观念，为什么中国就不能产生？……

柏杨：这不是讨论，这是考试（笑声）……可惜我没有能力答复你这个问题，就好像我们没有能力了解为什么西洋人吃饭用刀叉，中国人吃饭用筷子一样。（见柏杨著《丑陋的中国人》，人民文学出版社 2017 年 6 月第 8 次印刷，第 40 页）

听众 K：您今天演讲的题目好像是专门说中国人的坏话，我想请您也说说美国的坏话，（笑声）就您所看到的书，及您在美国所看到的事，您觉得美国有什么地方应该向有五千年历史的中国学习？

柏杨：关于美国人的坏话，美国人自己讲得太多了，这是我非常羡慕的地方。

柏杨先生接下来的谈话回避了美国的问题。（同上书，第 79 页）

听众 H：柏杨先生谈中华民族的问题很有趣，我有一个错觉，不晓得是因为你有顾忌不愿意讲，或者是……总之，我有个印象，中华民族是有这么多的缺点，自私得没有救药。但是，关于中国现代史，柏杨先生没有提到中国人民反帝国主义反封建等轰轰烈烈的斗争。在 1949 年之后，建设社会主义，在整个过程中，一方面在经济方面、物质

554

方面……建立了一些科学基础，另一方面在人的意识形态上，做了很多教育的工作。不知道柏杨先生愿不愿意评论这件事，因为你也是研究所谓"匪情"的（笑声）。

柏杨：这是政治问题，我们不谈，我们只谈历史，同时，这个我也不太清楚。（笑声）（同上书，第77页）

柏杨先生这个回答太不能自圆其说了。这里有两个问题可说明这一点。一是柏杨先生说因为听众提问是关于近代中国人民反帝反封建及中国大陆的社会主义建设这类政治问题，所以不谈。但是，柏杨先生在另一场演讲中大谈这样一件事，"上一次美国总统竞选的时候，我们看到候选人的辩论，从不揭露对方隐私，因为这样做选民会觉得你水平不够，丧失选票"。我们要请问柏杨先生，总统选举这类问题是不是政治问题？恐怕不好说这不是政治问题吧？那么，为什么美国的总统选举这类政治问题可以谈，中国人民近代的反帝反封建斗争这类政治问题不愿意谈，这说明了什么呢？

另外，如果说柏杨先生不谈中国大陆建设情况是因为对1949年之后大陆的建设情况不清楚尚可说得过去，但中国人民近代反帝国主义反封建主义的斗争情况，柏杨先生却说不清楚就值得怀疑了，因为柏杨先生正是从那个时代走过来的！如果真不清楚，柏杨先生与这个大学教授的头衔怎么相配呢？如果柏杨先生清楚却不愿说，这只能说明柏杨先生葫芦里卖的药有问题了。

听众L：柏杨先生是一个博士，是一个病理学家，他今天说我们丧失了民族自尊心，也包括柏杨先生自己在内，今天他说的话把我们五千年的历史说到坟墓里去了，不能使我们唤起民族精神。这一点我今天听来，觉得很遗憾。我觉得中国受了封建思想的荼毒很浓厚，……我们希望柏杨先生告诉我们怎样去治这个病，我们不能放弃。您说崇洋，在座的许多中国人并不见得在美国就是崇洋，这一点，希望柏杨先生谅解。这一点，您错了。这是我一点意见。我希望柏杨先生讲的五千年文化不至于在五千年后仍充满了封建、廷杖、官场。（同上书，第80页）

柏杨：我跟你的意见完全一样，追求的也完全一样。

听众M：在大学之时我读过柏杨先生的一些作品，觉得柏杨先生喜欢用讽刺、泼辣、尖酸的笔法，来揭发社会上不合理的现象，今天又听到您讲了中国人这些缺点，我们心里的感触很深，觉得很痛心、很生气、很难过，但我觉得这就好像看病一样已经看出来了，就要对症下药。我不知道柏杨先生作品中是不是能告诉我们如何去面对这些？

柏杨对这个问题没有做任何说明，他转而谈其他问题去了。（同上书，第81页）

上面这几个场景有两点值得大家思考。第一，听众们几次要求柏杨先生谈一谈美国存在的问题，柏杨先生却避而不谈。第二，柏杨先生揭露了中国这么多丑陋的事，听众要求柏杨先生谈一谈如何去看待这些问题，柏杨先生也未予理会。按社会常识，听众们提这几个问题都是顺理成章的事，柏杨先生就这几个问题做说明也是应该的，更是对听众们的一种尊重。可是柏杨先生拒绝这样做。这是为什么呢？无非就是不想给美国涂一点黑，不想给中国人留一点脸子而已。

柏杨对中国人的恨，对中国老祖宗的恨，还不到此为止。他还继续骂道，"中国人的劣根性造成中国人前途的艰辛。……因为没有集体的力量"，中国人"不要说永远赶不上犹太人，就是距日本人、朝鲜人都相差十万光年"。

就是这样，柏杨把中国、中国文化、中国人的面子，一脚踢到太平洋里喂鱼去了，你说这不是卖国、卖家、卖祖宗又是什么呢？

二、《丑陋的中国人》乐在做西方的干儿子！

柏杨在演讲中拒绝听众的要求，他不说美国人半句坏话，因为他崇洋太深，所以他接下来大干崇洋的勾当。

"我觉得崇洋很好吗？有什么不好，不但要崇洋，而且要彻底地崇洋，我如果有权利，我一定规定每个人不崇洋不行，哪一个人不是从头到尾都是洋，而且各位还住在美国，而我还住在台湾，我觉得这是醒悟不醒悟的问题。"

这段话说明，柏杨把崇洋看得至高无上，认为不崇洋就是不醒悟。

"中国人似乎一直在死不认错，一认错就被认为是崇洋。是的，为什么不崇洋？我们现在整个思想体系、经济思想、学术思想、民主思想、法治人权思想都不是老祖宗传下来的。社会制度、意识形态、生活方式都是从外国来的，哪一个是传统传下来的？我们的物质生活，如汽车、飞机、眼镜、理头发的方式、房子、刮胡刀都不是中国发明家发明的，所以我觉得不是崇洋的问题，而是学习的问题。"

从这段话看得出来，在柏杨的眼中，中国现在的一切都是洋人的功劳，所以更应该崇洋。

但是，柏杨这段话里错误百出。因为中国社会现在存在的东西，虽然有很多是吸收了西方世界一些先进的理念，尤其是在科学技术管理方面学习了西方不少先进的东西；但是另一方面，中国在紧密结合当今社会实际的基础上，特别注意从中国五千年历史文化中吸收政治营养，尤其善于把那些从历朝历代的实践中获得的成功经验及得到的启示运用于当今社会的实践。所以，中国社会今天所取得的成果，从政治理念、法治、经济、科学技术、文化教育到民众生活风尚等，无不闪耀着中国优秀传统文化的光辉。

中国能有效地实现国家统一、民族团结，能集中力量高效办大事难事，这得益于自秦朝开始建立的大一统的中央集权的国家制度。

中国的法制思想，不同程度受先秦法家思想的影响。

农业是国民经济基础的理念，这是中国历史上"重农"传统一定程度的延续。

当今社会重视民生的思想及践行，这无疑受中国古代民本理念的影响。

中国人对清明、端午、中秋、春节这四大节日的重视远远胜过对西方传入的圣诞节、情人节的重视。

绝大多数中国人还是喜欢用流传了几千年的筷子进食，不习惯用刀用叉进食。

何止这些，在今天之中国社会展示的方方面面中，绝大部分都打上了中国优秀传统文化的烙印。

由此观来，柏杨把中国社会今天取得的一切都归之于"崇洋"，这仅仅说明他对西方的感情太深而已。

柏杨在他的演讲中特别喜欢拿美国和中国做对比，不遗余力地吹美丑华。他说："在洛杉矶的时候有人问我对美国的印象怎样，我说我觉得美国是个礼仪之邦。他又问我中国是不是礼仪之邦呢？我认为中国绝对不是礼仪之邦。中国人是这么粗野，几乎随时都准备给对方一个迎头痛击。各位一定可以发现，中国人很少面露笑容，是不是因为灾难太多、痛苦太多，忧愁的时间太长，使中国人笑不出来。"

"美国这些缺点是不是真的，当然是真的，甚至比我所想象的还要坏。但是我们应该注意到另外一个问题是，他们有没有改正的能力？有没有自我反省的能力？现在是不是比以前好？假如没有的话，我们就觉得这个国家没有前途；假如有的话，我们就觉得这个国家伟大，充满了活泼的生命。美国以前也有吊人树的，可是现在没有了；美国以前对囚犯用过水牢，可是现在逮捕人的时候，他们会把宪法第几条念给他听，美国有错误，有偏失，但是美国有改正错误的能力。可是，我们中华民族，就没有这个能力，长久的崇古、不求上进、保守，使这个能力丧失了。"

"美国有自我平衡、自我反省、自我调整的力量，有错的地方，都自己讲出来，自己能接受，自己能鉴赏，这一点，我们中国人不能。"

就这么几个对比，大家一清二楚了吧，柏杨把中国人的脸抹得那么黑，但他把美国人的马屁又是拍得那么响。难道，美国就真的那么完美吗？柏杨几次去美国，每次逗留的时间也不短，他就没有看到美国一点缺点吗？

然而柏杨先生非但不对美国主子挑缺点，还要给主子脸上涂一层金粉。

他说："有这么多中国人跑到美国不肯回去，以当美国人为荣，到底是谁崇拜谁的文化？"

柏杨先生以为这句话戳到了中国人的痛处搔到了美国人的痒处，因为的确有那么多中国人跑到美国去没有回国了。但是，这些不想回国的人是崇拜美国的文化吗？

谁都知道，动物都有趋利避害的本性。哪儿水草丰茂，野牛群就往哪里跑。人是有智慧的高级动物，中国有句俗话说，"人往高处走，水往低处流"，所以，撇开价值观、道德观不谈，人知道怎样选择他们所认为的乐园，追求他们所认为的幸福。美国对比中国，就其物质条件来说，美国国土面积与中国相当，人口却不及中国的1/4。这就好像是一块同样大小的蛋糕，美国可以一个人占有，中国却要4个人分着吃。美国地理位置优越，自然风光优美，气候宜人。同时，美国自第一次世界大战以来，采用明的、暗的、硬的、软的手段把世界的财富搜刮了不少。美国有了这么一两百年的积累，自然富得流油了。到美国当个公民，就可以在美国这口装满了美味佳肴的大锅里分食吃。所以世界上有很多国家的人想去美国。对比美国，中国人均资源贫乏得多。加之19世纪中叶至20世纪上半叶，中国的财富被包括美国在内的西方列强搜刮得差不多了。中国人自1949年建立新中国在一穷二白的基础上开始创造美好生活才70多年。所以具体到一个人与一个人比，中国人目前的物质生活条件对比美国人而言还存在一些差距。而且中国人口这么多，就好像一个母亲生了很多的孩子，十崽十性：有的是"子不嫌母丑，狗不嫌家贫"，恋母情怀重；有的追求生活的宁静；有的追求天下江湖，人生波澜起伏。

所以，特别是在 20 世纪下半叶，有那么一些中国人跑到美国去不肯回来，从总体上说这是人性的趋利性的表现，并不能说明这是崇拜美国的文化，更不能说明美国的文化如何好。因为，美国的文化和整个中美洲、南美洲的文化有多大区别？和英国、法国、德国、西班牙、葡萄牙、意大利、新西兰、澳大利亚等许多西方老牌资本主义发达国家的文化有多大区别？这些人为什么不去上述国家而去了美国？无非是美国的经济发达而已。怎么能说这些人就是崇拜美国的文化呢？对于这一点，柏杨先生在斯坦福大学演讲时，有一位中国听众反驳他的观点说，许多中国人在美国并不见得是崇洋，也就是说并不见得他们崇拜美国文化。所以，柏杨先生以有些人到美国去后不回为理由证明美国文化优于中国文化的观点是不能成立的。

柏杨说："我们应该感谢鸦片战争，如果没有鸦片战争，现在会是一个什么情况，至少在座的各位，说不定头上还留着一根辫子，女人还缠着小脚，大家还穿着长袍马褂。陆上坐两人小轿，水上乘舢板。如果鸦片战争提早 300 年发生，也许中国改变得更早一些；再往前推到 1000 年前发生的话，整个历史就会完全不一样，所以我认为这个'国耻纪念'实际上是对我们酱缸文化的强大冲击，没有这一次冲击，中国人还将深深地陷在酱缸之中，最后可能将窒息而死。"（同上书，第 44 页）

这里足以说明柏杨真是丧尽了良心！

谁都知道鸦片战争给中国人民带来了深重的灾难。政治上，外国政府驻京加强了对清政府的影响和控制，使中国丧失了更多的主权，中国的国际地位一落千丈；鸦片战争使中国割让了香港，之后又通过几个不平等条约使中国丧失了 100 多万平方公里的土地；经济上外国侵略势力可以进入中国沿海各省市，并纵深扩展到中国内地，方便了西方列强倾销商品，由此导致了中国的封建经济解体。史料记载，鸦片战争之后，我国东南沿海一带棉纺织业已"无纱可纺"，"布市消减大半"。这主要原因是对英的通商口岸增加，英国关税极低，英国价格低廉的棉纺织品进入中国东南沿海地区，冲击了这些地区的家庭手工棉纺织业，导致了千千万万的棉花生产及手工纺织家庭陷入贫困，一大批棉纺织作坊陷入破产，随着中国大量的资源被英国商人所掠夺，严重影响了中国本土民族资本主义的发展。战后，英帝国主义者迫使清政府支付高达 2100 万银圆的战争赔款；又由于鸦片贸易得以无限制发展，大量白银被英国鸦片所换，中国劳动民众陷入水深火热之中，这不仅加深了中国人民同帝国主义的矛盾，也加深了中国广大民众同清政府的矛盾。如此导致了太平天国起义、捻军起义、白莲教起义的爆发。也是从这时候起，中国陷入了长达百多年既有外扰又有内患的战火之乱，这百余年的战争导致了中国近一个半世纪的贫困。所以，我敢肯定地说，鸦片战争是导致中国近代落后于西方世界的罪魁祸首。没有鸦片战争，近代中国绝不至于懦弱落后到那种令人痛心的程度。

柏杨断言，似乎没有鸦片战争，中国至今都会停滞在封建社会而不能进入现代社会；甚至如果鸦片战争提早 300 年或更早发生，中国可能要提早数百年进入现代社会。柏杨的言下之意是，中国进入现代社会是由于英国人用枪炮打开了晚清中国的大门，因此是鸦片战争帮了中国的大忙。

柏杨这一观点有可能迷惑了不少善良的中国人。可是，回顾世界近代史，难道进入现代社会的国家都是靠外国人用枪剑砍开国门得以实现的吗？可日本没有靠外国人的枪炮而是凭国人的努力迈入了现代社会。俄国也不是依靠外国人的枪炮敲开国门而是于1861年通过自身实行农奴制改革，破除了封建生产方式进入了资本主义社会。此等情况，世界史上绝不仅是两例。

根据辩证唯物主义历史观，一个国家经济形态的改变虽受政治权力及社会组织形式的影响但并不完全由其决定。也就是说政治制度及政策措施只能加速或减缓社会经济形态的形成和发展，但对社会经济形态的产生和发展趋势不能起决定作用。从当时中国社会的实际情况看，史料记载，早在北宋时期中国工商业的发展已在世界处于领先地位。这从北宋时期成画的以描绘当时北宋都城开封繁华状况的《清明上河图》及元朝初期意大利旅行家马可·波罗旅行中国内地后整理成书的《马可·波罗游记》完全可以得到说明。明朝时期随着封建农业经济的快速发展，许多农产品如粮食、棉花、蚕桑、茶叶、烟叶等产品进入商品领域，大大促进了手工业及商业的发展。这里值得指出的是，明清两朝时期，执政当局曾经反反复复在中国实行"闭关锁国"即所谓"海禁"政策。以往学术界普遍认为是这一政策阻碍了中国与世界的商业贸易，也阻碍了西方先进科学技术传入中国，从而认为"闭关锁国"是中国进入现代社会落后于西方的主要原因。柏杨先生认为要感谢鸦片战争，也可能是基于因为鸦片战争迫使清朝政府彻底结束"闭关锁国"政策这一点而说的。从实际情况看，明清政府实施"闭关锁国"的"海禁"，对当时的海外贸易会有一定的影响，但这种影响还是有限的。这是因为，中国的海外贸易虽在隋以前已经产生，但直到唐、宋朝才有了较大的发展。由于海外贸易有较大的商业利益，因此中国对于海外贸易采取了官营和民营两种经营形式，对一些利润空间大、需求量大的商品由国家控制的市舶司、商行等专职机构实行管理，其他商品则由民间经营。这种做法的实质是政府垄断了有高额关税的外贸，确保了国家利益。这一经营形式一直延续到清朝之后。在20世纪新中国成立后的计划经济时代也实行了这种做法。明清时期实行"闭关锁国"海禁的目的，首先是防止海内外敌对势力勾结危害国家稳定，以及防止海盗武装侵扰沿海地区掠夺财富以破坏百姓的生产生活。其次，当时推行海禁还有这么一种考虑：那时的中国商人赚了钱后主要是干两件事，一是大量收购土地，二是放高利贷，导致土地兼并严重和大量农民破产成为流民，从而引起国家税收的锐减和社会的动荡。这说明当时朝廷禁海是出于对政治利益的考虑。当然，这一政策的实施的确制约了民营海外贸易的发展，但它对官营海外贸易的实施妨碍不大。而且明清两朝实行海禁也是时断时续的。明朝初期朱元璋实行了海禁，到明成祖年间又放松了海禁。明成祖甚至派郑和进行了7次下西洋活动，一路到过亚洲、非洲39个国家和地区，最远到达非洲麻林地。明隆庆元年（1567）宣布解除海禁，允许民间私人远贩东西二洋。因而明朝海禁并没有完全堵住海外贸易，更没有阻住那时工商业的发展。历史资料统计，从1567年到1644年这段时间，海外流入明朝的白银总数大约为3亿3000万两，相当于当时全世界生产白银总量的1/3。白银的大量进入促进了明朝时期生产力的发展。史学界公认中国在明朝时期已有了资本主义经济萌芽。康熙二十六年（1687），随着"三藩"的平定及台湾的收复，康熙皇帝停止实行闭关锁国。这一时期，因为西方各国对中国的丝绸、茶叶、甘蔗、陶瓷等产品的需求与日俱增，而中国市场对西方产品的需求大多是奢侈品，整体需求量不大，所以中国对外贸易呈现大幅出超的情况。大量银圆流入了中国，刺激了物价上涨，促进了商业繁荣。在此期间中国沿海的泉州、漳州、厦门、福州、广州先后崛起成为对外贸易的大城市。直到乾隆二十二年（1757），由于外商频繁不断的掠夺和违法行为，清廷出于稳定原因只保留广州一地为通商出口。但即使到这个时候，中国对英国的出口仍远远超于进口。直到19世纪英国在印度大量种植鸦片，并且大量销往中国，不仅导致中国白银大量外流，中国的对外贸易由此逆转为入超，而且鸦片严重毒害了中国人的身体，清朝政府才不得不实行"禁烟"以致引发鸦片战争。由此可见，没有英国对中国的鸦片输入，就不会引发鸦片战争。所以鸦片战争说到底仅仅是英国人用枪炮打开中国大门，为用鸦片换取中国的银圆和剥夺中国人的身心健康进行的战争而已。如果没有鸦片及西方商品的大批量进入，导致白银的大量外流，家庭手工业、手工作坊，以交换为目的的家庭农业的破产，中国人民的贫困也不可能在短时期内达到那种严重的程度，国内矛盾也有可能不会激化那么快，西方众多列强也就有可能不在这样短的时间内接二连三地向中国发起侵略。而随着国内生产力的发展，工商业水平的提高，中国也有可能渐进式地进入资本主义社会。当然，可能有人认为当时腐败落后的晚清政府已成为中国进入现代社会的阻力，这当然也是事实。但是，中国的历史已经证明，当一个封建王朝真正腐败透顶的时候，中国人民就不会让它长久存在下去。秦王朝如此，隋王朝也如此，元王朝更是如此。当晚清腐朽得不可救药的时候，中国人民自会把它打倒。所以中国通过自身生产力的发展由传统社会进入现代社会是历史的必然，只是时间早晚的区别而已。我们没有必要自卑得把中国由传统社会进入现代社会归功于英帝国主义的鸦片和枪炮的威力，更不能用晚清的腐朽柔弱来掩盖西方列强对中国犯下的滔天罪恶。

三、《丑陋的中国人》坐歪了屁股，站错了方位

1.《丑陋的中国人》伤了中国人的元气

柏杨在美国演讲时抛出"丑陋的中国人"的观点以至后来结集出书，真可谓是"一石激起千层浪"，在中国思想界引起了巨大反响。因为，中国的一些知识分子在五四运动和后来的"文革"时期批评过中国传统文化，但时隔那么久后像柏杨这样大骂特骂中国传统文化、骂中国、骂中国人的有几人呢？而五四运动时期批评中国传统文化中的腐朽完全是出于推翻清帝制和封建主义之需要，因为在那个火热的革命时代人们似乎觉得不把传统文化的丑骂够、不把封建社会骂透，人民就难以起来革命，压在中国人民头上的"三座大山"就推不倒。所以五四运动中有人大批中国传统文化的封建落后是有其深刻重要的历史社会原因的。"文革"中对传统文化的批评也有其政治缘故。然而离五四运动半个多世纪之后的柏杨所处的时代，包括当时的台湾在内的中国，已不是"五四"之前的那个中国的状况了，柏杨此时又跳出来大骂中国，其行径一开始就遭到了有良知

的中国人的质疑与批评，如前文所述他在斯坦福大学演讲时当即有听众批评他的演讲"专门讲中国人的坏话"。毫无疑问，这里也是批评柏杨这种对美国无原则的吹捧。他对美国社会存在的问题，要么是视而不见，或者是见了也避而不谈。如他说"有人讲到美国的种族迫害，对印第安人无情的杀戮，对黑人的虐待，对中国人的歧视，我曾参观过安琪儿岛，看到中国人留下来的文字和惨苦的诗句。美国这些缺点是不是真的？当然是真的，甚至比我所想象的还要坏"。（同上书，第 67 页）柏杨在书中对美国的这些问题没有半点的批评，更没有表示丁点愤慨。但他对中国人、中国文化的批判，只见树木，不见森林；攻其一点，不计其余。对中国文化中半点看不顺眼的事，或者夸大其词，上纲上线，或者歪曲解释，极端丑化。人们一看就知道，柏杨完全是坐歪了屁股，他屁股坐到了美国人大腿上。

柏杨散布的关于"丑陋的中国人"的这些观点产生的社会影响是极其恶劣的。他在斯坦福大学演讲时，当场就有听众指责他的演讲，使"我们丧失了民族自尊心"，"把我们五千年的历史说到坟墓里去了，不能使我们唤起民族精神"。有人当场表示听了他说的这些话后，觉得"很痛心、很泄气、很难过"。有位叫刘前敏的先生在柏杨演讲之后，于 1985 年 3 月 6 日在洛杉矶《论坛报》上发表了《中国文化不容抹黑》的文章。文章说："有的人看到外国人的富强，那就因贫而谄，打从心底觉得外国月亮比中国圆；再回顾自己如此穷酸，乃又因贫起怨，打从心底把中国人、中国文化骂得一文不值。到目前为止，世界上除了柏杨这种人外，还没有一个贫穷国家的老百姓，在谄媚、怨恨的心态下，急急乎诋毁自己的同胞和赖以生存的文化。"柏杨到爱荷华市时，当地燕京饭店的老板裴竹章先生对他说："我在没有看到你的书之前，我觉得中国人了不起，看了你的书之后，才觉得不是那么一回事。"的确，如果相信了柏杨所认为的中国传统文化是那么丑陋、中国人是那么丑陋，普天之下中华子孙的自尊心将置于何地？中国人的尊严会在何处？今天我们讲文化自信又有什么基础？

2.《丑陋的中国人》是自毁中国人自身

值得指出的是，本来自从《马可·波罗游记》流行之后，西方人眼中极其正面的中国形象开始上升，17 世纪西方出现了"中国热"，处处流传着对中国赞美性的评价。西方的知识阶层不仅羡慕中国广大的疆域，充足的人口，丰富的物产，还对中国的政治制度、法律体系、儒家文化都不同程度地予以赞扬。然而在"中国热"走上高峰不久，1748 年，英国海军准将乔治·安森出版了一本书《环球航行记》。此书记载了安森自 1740 年至 1744 年环球航行的经历。安森以自己在中国广州遇到的一位清朝地方官吏没有兑现为他提供生活物资的承诺，及一次他们采购生活物资时被商人做"手脚"掺假等几个典型事例，极力对中国的弊端尤其是国民性进行了抨击与批判。《环球航行记》出版以后"贬华"的论调成为西方世界的主流。加上 18 世纪以后，随着西方社会的发展与科技水平的提高，西方人自身的优越感不断增强，中国在西方人眼中不仅失去了昔日耀眼的光芒，反而成为贫困、落后、愚昧的代名词。从 19 世纪下半叶以后，由于西方列强的侵略和掠夺，也由于清朝政府的腐朽，故积贫积弱至极，加之在与西方交手中几次失利，中国人的形象在西方世界的眼中越来越卑贱蒙昧。以致 19 世纪下半叶在上海英租界的公园内竖起了"华人与狗不得入内"这种公开欺凌中国人的丑恶事件。

那么,当西方世界不把中国人当人看的时候,中国人自己该怎样看待自身?

我们先看一看西方世界是怎样来看待他们自身的文化和历史的。大量事实证明,西方世界对自己的文化发展史是隐恶扬善。1981 年 9 月 11 日,美国纽约《华侨日报》发表了学者徐瑾先生的一篇文章,徐先生在文章中揭示:"美国西部的开发,现在被宣称是一部创业奋斗的史诗,而当时的黑暗残酷,虽然是其重要的一面,却被消减到最低点,更有的成了传奇浪漫故事。"

这里提到了对美国西部大开发的评价。2018 年 4 月 7 日,百度发布"探旅新媒体"的文章《美国西部大开发,大国崛起之西进运动》。文章介绍道:"美国立国以后,大力推动西进运动。成千上万的美国人和移民从加州往东和越过密西西比河,往西部开采矿产、经营牧场、开垦荒地和建立城镇。这场运动持续了几十年,不仅把密西西比河以东的土地从印第安人及英国人手中夺了过来,而且把美国的疆域从密西西比河往西推进了1500 英里,1 英里约等于 1.61 公里,这就相当于往西扩展了 2400 多公里或 4800 多华里,使得美国领土扩大了两倍半。美国西部在开发前,这里有几千万世世代代在这儿生息的印第安人。为了西进开拓疆土,美国政府把印第安人驱逐出祖居地,全部迁往密西西比河以西偏僻贫瘠的山地和沙漠地带,让他们自生自灭。可怜这些印第安人不仅无端地被抢走家园、土地,还被大批屠杀,幸存下来的人生活也举步维艰。总之,美国通过西进运动,在西部土地上建立起了现代化的农业、畜牧业、工业,这对美国成长为世界上头号经济强国产生了决定性的影响,所以说没有西进运动,也就没有今天的美国。"然而,今天在美国除了听到西进运动是美国人艰苦奋斗的壮丽史诗这种赞美声音之外,有哪个美国人在为数千万印第安人只留下堆积如山的白骨,几百万幸存者只能在近乎牲畜圈养的保留地内凄凉生活而检讨自责呢?

1985 年 3 月 6 日,学者刘前敏先生在洛杉矶《论坛报》发表的文章中写了 20 世纪七八十年代俄罗斯作家索尔仁尼琴因为一次在美国的演讲而被美国社会封杀的故事。他写道:"写到这里令人想起被苏俄放逐来美的诺贝尔文学奖得主索尔仁尼琴数年前发生的一段往事。索氏在一次庆典活动中应邀发表演说。人们原先期待他会有一篇精彩的有关自由、人权之类的演讲,孰料他将他的话锋转向批评美国的经济制度。他攻击美国商人丧尽天良,为了赚取蝇利,不惜把有害人体的防腐剂加进食品之中。演说甫毕,回响立刻传来,美国发行量最大的《纽约时报》撰文还以颜色。《纽约时报》说,虽然索氏在苏俄为一己之信念,不屈不挠,历经苦难,令人佩服,但不能因此就取得随意批评美国社会的权利。从此以后,未再听闻索氏有类似的演说发表,可能是他噤若寒蝉,也可能不再有人请他演讲了。在一个言论自由的国度里,信口说话、出口伤人的事,政府和法律对之奈何不得,但是,权威报纸的制裁力量往往令人吃不完兜着走。"这个事例可以看出,美国人也不允许别人随意批评他们的文化。

《丑陋的中国人》作者柏杨先生说这本书是受《丑陋的美国人》《丑陋的日本人》两书的影响而写的。那么,《丑陋的美国人》与《丑陋的日本人》是怎样写他们国家之丑陋的呢?《丑陋的美国人》是由美国作家贝·李德拉、尤珍·柏里二人合著的一本书。

该书仅是揭露美国驻外使节的过失和丑态，没有涉及美国国家及全体民众和美国的历史，所以该书出版后没有被禁止，美国国务院出于修正美国驻外使节过失的目的还以此做参考。《丑陋的日本人》其命运可不一样了。这本书是日本教育评论家高桥敷于1970年出版的。作者根据他在南美生活八年的见闻和感受，揭示生活在日本本土的日本人的种种劣迹。此书出版以后在日本遭到了社会各方激烈的批判，作者甚至被日本当局撤职。从上述中可以清醒地看到，无论是美国还是日本，是不能随随便便地骂自己的国家、民族及其历史的。

我们现在再回过头来讨论，我们应该如何看待自己的传统文化？我们是应该扬自己之善，也不隐瞒自己的丑，实事求是讲自己这个中国人的优点和缺点、长处和短处，讲自己老祖宗的成绩和错误，还是只扬自己之丑，只讲自己的祖宗如何之蠢，甚至帮西方世界老大爷之腔，说你西方大老爷骂得对，骂得英明，我们中国人连猪狗不如呢？我相信90％以上的中国人，尤其是那些开明之士，绝不会赞成《丑陋的中国人》这种只揭自己疮疤而为他人打粉的做法。前面提到的刘前敏先生，他在《中国文化不容抹黑》文章中明确指出："中国现代史是一部内忧外患的民族灾难史，长期的贫困苦难，已使我们中国人的民族自信蒙上阴影。我们的国家，无论是大陆还是台湾，相对发达国家仍有差距。所以就整个形势而言，中国人现阶段应该注意的，倒是'贫而无谄'，至于'富无骄'，富而好礼的不急之务，恐怕还需等上半个世纪。到了那时，再写一本《丑陋的中国人》不迟。"刘前敏先生这段话说得多好。西方世界骂中国人愚昧已骂了200多年；从20世纪初开始中国人为了砸烂旧世界也骂自己以往的文化骂了大半个世纪，在中国人已经被骂得直不起腰、中国传统文化已经被骂得只能尘封的情况下，如果再来大骂特骂中国人的愚昧和中国传统文化的腐朽落后，这无异于对中国人、对中国人的老祖宗落井下石，是要把中国人骂得缩到地下去，把中国文化骂得埋到土里去。其结果毫无疑义是亲者痛、仇者快，中国人哭，西方人笑。舍此又还有什么后果呢？

当然，柏杨在他的演讲中反复表明他之所以放肆揭中国人、中国文化之短是因为他对中国爱得太深，是"恨铁不成钢"。中国存在的问题实在太多太多，故他尽量揭中国人之短以警醒国人，目的是使国人悔过自新。这么一说，我们的柏杨先生可是"举世皆浊"他"独醒"的屈原式爱国大英雄了，一些随意听听柏杨演讲，随便翻翻他《丑陋的中国人》一书的人，也可能会轻信柏杨的表白。其实，对于中国五千年历史文化、对中国人的认识，并不是举世皆醉柏杨独醒的状况。中国的广大民众及绝大部分知识分子，都认为中国传统文化的主流是积极的、进步的，中国传统文化中虽有糟粕、有丑陋的地方，但绝非柏杨所言都是丑陋的。十四亿的中华儿女中，好的肯定占绝大多数，丑陋分子只是极少数。

其实，稍有政治眼光的人都心知肚明，柏杨当时大骂中国人丑陋，很大程度上是骂当时的中国社会丑陋。那么，当时的中国社会真是那么丑陋吗？

这里先看看柏杨先生当时所处的台湾。当年把柏杨送进监狱的第五任台湾主政蒋介石先生已于1978年4月病逝，改由他儿子蒋经国先生执政，直至1988年1月13日蒋经国先生去世。蒋经国先生执政的这10年及此前担任"行政院长"期间，采取了许多不同于以往的举措,在经济上推动了十大建设,使台湾的经济取得了较大的发展,成为"亚洲四小龙"之一。蒋经国在其执政晚年开始民主改革,即解除"戒严"、开放党禁和报禁,以及实行民意机构改革等,从而开启了台湾政治民主化之路。而且蒋经国先生坚持"一个中国"立场,反对"台湾独立"。1987年11月宣布开放部分人士赴大陆探亲,结束了近40年来两岸同胞不相往来的局面。蒋经国先生作风亲民,在台湾民众中口碑较好,当他在台湾逝世的消息传出时,曾有民众为之流泪。当时大陆领导人对蒋经国先生的不幸逝世深表哀悼,并发表谈话,肯定了他反对"台独"、主张国家统一的立场。中共中央还向台北发了唁电。蒋经国先生主政这段时间,柏杨先生已从监狱释放获得自由,因而他对当时台湾的状况,应该是一清二楚的。

再看中国大陆,自新中国成立后,抗美援朝取得了击退西方16个国家联合军企图扼杀新生人民政权的胜利,中国完全取得了民族的独立。通过实施"一五""二五""三五"计划等几十年的社会主义建设,从1958年至1978年这20年中,中国产生了独立的、比较完整的社会主义工业体系和国民经济体系,发展了钢铁、机械、化工、煤炭、电力、石油、轻纺等传统工业,建立了汽车、飞机、电子、原子能、宇航、石油化工、合成材料、自动化仪表仪器等新型工业,农业的现代化、科学技术、文化教育都取得了显著的成就。特别是从1978年开始,中国加快了改革开放的步伐,国家呈现出日益欣欣向荣的气象。所以在柏杨写《丑陋的中国人》的那个时代,无论是中国大陆或者台湾省,对比晚清时代的中国,都不存在一个"恨铁不成钢"的问题。无论是谁,在这个时候跳出来大骂特骂自己的国家,大骂特骂自己的同胞,大骂特骂自己的祖宗,如果不是神经病,就是别有用心了。

可喜的是,当柏杨在美国的几所大学及机构做演讲时,许多明智而又有良知的听众当场对他的种种荒谬观点给予驳斥。柏杨离开美国回台湾后,海外华人界中的许多有识之士,纷纷著文对柏杨的荒谬观点提出严厉的批判。如南日先生在《爱荷华大学中国同学会会讯》,徐瑾先生在纽约《华侨日报》,王亦令先生在洛杉矶《论坛报》、香港《百姓半月刊》、纽约《华语日报》,刘前敏先生在洛杉矶《论坛报》等发文发声。他们纷纷揭露《丑陋的中国人》的反历史、非科学、祸国殃民的本质。这也彻底说明:真理总在人间。

四、《丑陋的中国人》损公德,泄私愤,更用错了拐杖

剖析柏杨的人生经历,柏杨对自己的国家、自己的同胞、自己的祖宗如此痛恨,除了对美国情有独钟之外,发泄其个人对祖国之私愤也是其重要原因。

柏杨学龄时期曾在很多学校念过书,但从没有拿到过一张文凭。他由于上大学多次使用假学历证件,曾被教育部永远开除学籍。1968年1月,柏杨在妻子倪明华主编的《中华日报》妇女版刊登了由他翻译的一部美国连环漫画《大力水手》,故事内容是记述"父子合购一岛,要在小岛上建立国家各自竞选总统";柏杨还将英文的fellow(伙伴

们）翻译为类似时任台湾地区领导人蒋介石的语气"全体军民同胞们"，故被执政当局以"侮辱元首""通匪"罪逮捕并判处死刑；后经改判，减刑至 1977 年 4 月 1 日获释，实际被囚禁坐牢 9 年又 26 天。也许由于柏杨这种特殊的经历，他对所处的社会总是看不顺眼，他的言论和书籍总是言辞颇偏以至在社会各界不断引起广泛争议。所以学者徐瑾先生指出，"柏杨先生的看法，相信是由衷之言，是由他自身的不平经验而发"，由此愤而写出了《丑陋的中国人》这种丑陋的书，"我中华民族五千年的文化，唐宗宋祖开创的天地，被他锋利地挖出那一点藏污纳垢的一角。使我们对文化的信心和骄傲，被浇了一盆冷水"。

这里我们不去讨论柏杨被台湾教育部门永远开除其学籍，被台湾执政当局收入监狱 9 年多，合不合理应不应该，就算柏杨是受了委屈，是当时台湾社会对他不公，难道他就可以站到国家和人民的对立面，甚至痛骂自己的国家、痛骂自己国家的文化、痛骂自己的同胞，以泄私人之愤吗？

在中国历史上，有许多仁人志士在受到社会不公正对待的状况下仍能高风亮节，其行为永远为人民所赞颂。

战国时期楚国政治家屈原，早年受楚怀王的信任，任左徒、三闾大夫，兼管内政外交大事。他提倡"美政"，主张举贤任能，修明法度；对外力主联合齐国抵抗秦国。屈原的主张无疑是正确的，但他因得罪了贵族而遭到了贵族的诽谤，先后两次被流放至汉北和沅湘流域。尽管朝廷对屈原太不公平，屈原对朝廷也满怀悲愤，但他并没有由此而咒骂诽谤自己的祖国。以至在楚国国都郢都被秦国攻破以后，他满怀爱国之情自沉于汨罗江，以身殉国。

唐代名臣、政治家、书法家颜真卿，他于 734 年登进士第。749 年，颜真卿升任殿中侍御史，因受宰相杨国忠厌恶，被外调为东部采访判官。次年，调回京师任殿中侍御史，后转任武部员外郎。但杨国忠始终排挤他，753 年又将他挤出京师，任平原太守。此后不久，安史之乱爆发。颜真卿任职的平原郡正是安禄山的管辖之内。颜真卿冒着生命危险在平原郡率先举起反抗安禄山的大旗，在当地组织义军与叛军英勇战斗。756 年后颜真卿被调入朝廷任宪部尚书。他坚持按法律治事，朝廷厌恶他的劝谏直言，调他出京任冯翊太守，随即转任蒲州刺史，其间又遭诬陷，降为饶州刺史。至此，颜真卿已三次遭贬职调离京师。此后又有几次由于得罪权臣遭贬职。但即使这样，颜真卿对朝廷仍是忠心耿耿。783 年，河西节度使李希烈叛乱，朝廷派颜真卿前往李希烈军中，劝阻其停止叛乱。当时颜真卿已 74 岁。谁都知道颜真卿此时去劝阻叛军，凶多吉少。也有人劝他以年老为由拒绝前去，但颜真卿义无反顾前往。在叛军中，他几次不顾李希烈的威逼利诱拒绝屈服，最后被李希烈缢杀。消息传出后，皇帝为他流下眼泪，三军都为之痛哭。

北宋政治家范仲淹心怀天下，敢于直言抨击时弊，一生几度遭贬。1028 年，范仲淹升任秘阁校理，为天下兴衰着想，他几次大胆直言章献太后垂帘听政带来的弊端，因此被贬为通判；章献太后去世以后，范仲淹又被调回京城任右司谏。不到一年，他又因为进言仁宗皇帝废除皇后被贬知睦州。景祐二年（1035），他又晋升为国子监，因批评宰相吕夷简用人不当，再次被贬知饶州。范仲淹的从政经历可以说是"三出京城""三起三落"，即使这样，他对朝廷忠心不改。1040后任职西北边境重镇延州、庆州一带以抵抗西夏侵略。他精心治边，功勋卓著。庆历三年（1043），范仲淹因治军有功又被提升为相当于副宰相的参知政事。他提出有利于改革朝政的"十事疏"新政建议。在仁宗皇帝的支持下，推行有利于富国强兵的"庆历新政"。可惜由于保守派的反对新政失败，范仲淹再次被贬为陕西四路宣抚使，后来在赴颍州途中病死。范仲淹一生行为，可谓忠心为国，然而朝廷多次使他遭受委屈。即使这样，范仲淹依然在他的《岳阳楼记》一文中呼吁要"居庙堂之高，则忧其民，处江湖之远，则忧其君"；"先天下之忧而忧，后天下之乐而乐"。范仲淹丝毫没有对国家泄己之私愤。

从屈原、颜真卿、范仲淹几位先贤的事迹可以看出，中国历史上有社会责任、有家国情怀的仁人志士，是能够把个人恩怨与实现社会责任区分开来的。也就是说，由于各种政治原因，在朝廷与社会对他们不公时，他们即使心中对当时的皇帝或强权人物有怨恨，但绝没有因泄私愤而忘公理，即没有为解个人之恨而去把中国的文化、中国的历史，以至所有中国人都骂得一文不值。如果这些人都像柏杨先生一样，那么中国历史上的屈原，就不会跳入汨罗江以尽其义，他留下来的巨著也就不可能是光照千秋的《离骚》；司马迁留下来的就不可能是《史记》；杜甫在自己几乎穷困潦倒茅屋为秋风所破时，也就不可能留下"安得广厦千万间，大庇天下寒士俱欢颜"的千古名句；于谦在狱中绝命时就不会留下"千锤万凿出深山，烈火焚烧若等闲，粉骨碎身浑不怕，要留清白在人间"这种闪耀着圣洁光辉的诗篇；谭嗣同在生命垂危之际，也就不会发出那"我自横刀向天笑，去留肝胆两昆仑"的充满血泪的惊天呐喊！

由此看来，对比古代先贤，柏杨先生对中国的文化、中国的历史、中国人，痛骂十天以解个人之愤的行为，其思想之阴暗、行为之卑劣、气量之狭小、目光之短浅，不是昭然若揭了吗？

值得指出的是，柏杨先生之所以对自己的国家、自己的同胞、自己的老祖宗这么恨之又恨，是因为他在观察自己赖以生存的祖国、祖国的数千年历史、自己所归依的民族时用错了方法，以致入目的事物都变态了。这就如老人走路拿错了拐杖，摔跤也就是难免的了。

按照辩证唯物主义的观点，任何事物都有两面性，都不是十全十美的；金无足赤，人无完人。因此我们看事物看人既要看到其美好的一面，也要看到其缺失的一面，反之亦然。用这个观点来看中国的文化、中国的历史、中国的民众都是适用的。然而《丑陋的中国人》看中国、看中国的文化、看中国人时却是戴了有色眼镜，他看中国和中国的历史时只看其阴暗的一面，不看其光明的一面；他看中国人时只看其缺陷的一面，不看其优秀的一面。他从悠悠中华五千年历史中，十数亿中华儿女中挑选为数不多的、体现人们劣根性的典型事例，攻其一点，不及其余。试想，在十多亿中国人中，有那么几个人脏，有那么几个人好乱，有那么几个人爱吵，有那么几个人不团结，甚至有那么几个人有私心，或者还有那么一些人有别的缺陷，你就能如瞎子摸象般断定十多亿中国人都是脏、乱、吵、有私心、好窝里斗、不讲礼仪吗？你就能凭此认定中国的传统文化是酱缸吗？真是横蛮不讲理！可以看出，《丑陋的中国人》在观察世界的方法上是片面性的绝对化，是彻头彻尾地陷入了形而上学。而且《丑陋的中国人》在诽谤中国人之不足时，正如学者刘前敏所指出的，是"打从心底把中国人、中国文化骂得一文不值"。用词之尖刻恶毒，几乎达到了"语不惊人死不休"的程度。

《丑陋的中国人》作者自称是"受到《丑陋的美国人》《丑陋的日本人》两书的影响"而写此书。他说《丑陋的美国人》《丑陋的日本人》"这些书都是作者对自己国度丑陋面的一种感触、一种观察、一种检讨，不是纯学术性的一种分析。我也听过许多专家谈到民族性的问题，实在是术语太多，行语太多，而不是我原来的想法"（同上书，第30页）。从这段话可以看出，柏杨并不满足于《丑陋的美国人》《丑陋的日本人》的方法，他更不赞成以往的专家对中国民族性问题的一般性评价。他要别出心裁，别开生面，所以《丑陋的中国人》提出了中国文化是"酱缸"之说。何谓酱缸？柏杨为什么要把中国的古老文化称为"酱缸文化"？与柏杨持相同观点的一位叫朱正生的学者对此做如下解释："酱缸里面所存储的东西，固然不全是一无是处的渣滓，但其内容之陈腐污浊，则是一定不易的。柏杨先生在《猛撞酱缸集》中劈头就下了一个定义：'夫酱缸者，腐蚀力和凝固力极强的混沌社会也。也就是一个被奴才统治、畸形道德，个体人生观和势利眼主义，长期斫丧，使人类特有的灵性僵化和泯灭的混沌社会'，柏杨先生对于'酱缸文化'深恶痛绝，成见越来越深，久之他干脆把这个混沌的酱缸看作一个垃圾坑，把一切有恶名的东西通通往里丢。"（见1981年8月24日至26日纽约《北美日报》）柏杨就是用这种无所不用其极的词语来丑化中国古老的文化。为此，他掘地三尺，挖出中国历史、中国文化之劣根，搜尽中国人之丑事。把"一切有恶名的东西通通往"中国文化里面丢，致使十多亿受中国古老文化滋润的中国人"觉得很痛心，很泄气，很难过"。因而《丑陋的中国人》一书对中国文化、中国民众心理之毒害，已远远超过了《丑陋的美国人》对美国文化和美国人民心理的毒害，也超过了《丑陋的日本人》对日本文化和日本民众的毒害。

但是，尽管《丑陋的中国人》如此狠毒地把中国文化骂成是"酱缸文化"，真正暴露出的却是柏杨先生本人思想的偏激、学术的贫乏。徐瑾先生1981年9月11日在纽约《华侨日报》撰文对其批驳说："中国文化的精美深奥，真正研究中国文化的洋人，不止赞美，而且叹服。日本明治维新，一切仿效西洋，但在江户时期以前，对中国文化不但佩服得五体投地，他们文化的根本精神是从中国来的，18世纪的大画家谢春新，不但用中国姓名，画中国画，写中国诗，别人给他的最高赞语乃'真汉人也'！如今在日本，大街小巷尚有受中国文化深刻影响的痕迹。现代的日本堪称是世界闻名的先进，他从不敢排斥我中国文化……何也？是否我们中国人自己应该多反省一下，不是中国文化有什么问题，而是我们了解了多少！为什么要自己作践糟蹋这样美丽的属于自己的文化，而把一切中国人现代的厄运，归咎于'酱缸文化'这种似是而非的理论上。"

学者王亦令先生于1985年1月2日在洛杉矶《论坛报》就撰文指出："我不同意《丑陋中国人》一文的主旨和基调，……通读全文，中国人究竟有什么丑陋呢？柏杨倒并非空言无物，拉拉扯扯堆砌了许多实例，证明中国人'脏、乱、吵、窝里斗'，我相信柏杨不会造谣吧，但即便如此，又能说明什么问题呢？世界上哪一个民族、哪一个国家是百分之百不吵闹，没有窝里斗的？美国嬉皮脏不脏？纽约的地铁乱不乱？美欧日本的政坛上大吵大闹、钩心斗角的丑闻还少吗？哪个角落没有窝里斗？按照柏杨的逻辑，应该把这题目正名为'丑陋的人类'。"

柏杨先生最懂得"天底下最容易的事莫过于责备人，挑别人的眼"，因而，他的所作所为就是不遗余力地以从鸡蛋里挑骨头、从骨头里挑刺为快乐。对柏杨先生这种对学术性书籍读之甚少，却喜欢挑刺作"情绪性判断"的爱好，学者南日先生于1984年10月8日在《爱荷华大学中国同学会会讯》中撰文批评道："作为一个知识分子，我比较相信严谨的学术性论证，而不相信情绪性的判断，街谈巷议的率尔之言。……我认为一个人不可能懂所有的东西，'不懂就不要说'，这是对自己诚实，对听众尊重。如果柏杨先生只想当杂文、小说作家，我没什么可建议的，但是如果他想严肃地谈儒家传统这类话题，我建议他应多读点学术性书籍，以免有'不惜羽毛'之讥。"

综上所述，柏杨所著的《丑陋的中国人》一书，其思想之阴暗性、学术之荒谬性、危害之严重性已大白于天下。把它抛到九霄云外去吧！中国文化、中国人的光彩是永远抹不黑的！更愿普天之下的中华儿女，心明眼亮，不为妖言乱心，不为乱云蔽目，昂首挺胸，驰骋天下。扫清玉宇尘埃日，正是中华纵马时。